DROGEN- UND SUCHT-LEXIKON

Dieses Buch ist meiner geliebten Frau Claudia gewidmet.

Bernhard van Treeck

DROGEN- UND SUCHT-LEXIKON

ÜBERARBEITETE UND ERWEITERTE NEUAUSGABE

Schwarzkopf & Schwarzkopf Verlag

Danksagung:

Ich danke dem Innenministerium Baden-Württemberg und dem LKA Baden-Württemberg für die kostenfreie Zurverfügungstellung von Bildmaterial. Außerdem danke ich Daniel Spitzer (du weißt schon wofür) und Norbert Liedtke (du weißt auch wofür).

Rechtliche Hinweise:

Diesem Buch liegt eine lange Vorbereitungszeit zu Grunde. Dennoch kann die Richtigkeit der Angaben nicht garantiert werden – Irrtümer sind vorbehalten.

Dieses Lexikon kann sicher helfen, Probleme mit Suchtmitteln zu vermeiden und bereits entstandene Schwierigkeiten zu lösen. Dennoch kann es einen Arzt oder Psychotherapeuten natürlich nicht ersetzen. Diagnosestellung und Therapieplanung erfordern immer den persönlichen Kontakt zum Arzt und/oder Psychotherapeuten. Ein Gleiches gilt für rechtliche Probleme. Hier ist im Zweifel bei der komplizierten deutschen Gesetzeslage stets ein Anwalt hinzuzuziehen.

Wenn Handelsnamen nicht als solche gekennzeichnet sind, heißt das nicht, dass sie nicht geschützt sind. Eine Haftung des Verlages und des Autors bleibt ausgeschlossen.

Die abgebildeten Szenen sind teilweise nachgestellt – es kann daher daraus im Einzelfall nicht geschlossen werden, dass der Abgebildete tatsächlich Drogen konsumiert.

Der Autor ist beim Medizinischen Dienst der Krankenversicherung (MDK) tätig, die Meinung des Autors muss deshalb aber nicht der des MDK entsprechen.

EINLEITUNG

Die drogenfreie Gesellschaft ist eine Utopie. Die größten Probleme für die Gesellschaft gehen dabei nicht – wie häufig dargestellt – von harten Drogen wie Heroin oder Crack aus. Auch wenn es immer wieder erschütternde Schicksale in diesem Zusammenhang gibt. Es sind vor allem die weichen Drogen, die aufgrund der hohen Konsumentenzahlen in Deutschland das weitaus größere Problem darstellen. Viel mehr Menschen haben zum Teil erhebliche gesundheitliche, berufliche und soziale Schwierigkeiten damit.

Neben Alkohol und Nikotin ist das nur scheinbar harmlose Cannabis seit Ende der sechziger Jahre des letzten Jahrhunderts ungebremst auf dem Vormarsch. Der Konsum dieser illegalen Droge ist für viele junge Leute etwas Selbstverständliches geworden. Mit zum Teil gravierenden Folgen bei Langzeitkonsum. Da diese oft eher unspektakulär sind, werden sie von der Öffentlichkeit und von den Konsumenten selbst kaum beachtet, teilweise auch bewusst ignoriert – in jedem Falle werden sie jedoch unterschätzt.

Probleme drohen auch weiterhin von legalen Drogen. Wer über Drogen schreibt, darf Rauschmittel wie Nikotin, Alkohol und Coffein nicht vergessen. Zu Beginn des neuen Jahrtausends buhlt die Alkoholindustrie mit alkoholhaltigen Mischgetränken, Alcopops genannt, unverhohlen und zunehmend erfolgreich um eine immer jünger werdende Kundschaft. Der Jugendalkoholismus droht eine ganz neue Dimension anzunehmen. In der Zwischenzeit haben einige Regierungen auf diese Entwicklung reagiert und die Steuern auf Alcopops deutlich erhöht.

Doch was ist überhaupt Sucht? Was versteht man unter Missbrauch, was unter schädlichem Gebrauch und was unter Abhängigkeit? Wer wird süchtig und warum? Wie kann man sich schützen und welche Wege aus der Sucht gibt es? Im Bereich von Drogen und Sucht gibt es viel Halbwissen und vieles ist durch Ideologie verbrämt.

Grund genug für ein Buch, das Fragen, die in Verbindung mit Drogen und Sucht auftauchen, in klar verständlicher Form ausgewogen zu beantworten versucht. Alle bekannten harten und weichen Drogen werden mit Rauschwirkung, Risiken und Nebenwirkungen vorgestellt. Bei den wichtigsten Rauschmitteln wird die geschichtliche Entwicklung nachvollziehbar gemacht. Seit Urzeiten verwendete Pflanzendrogen, ein wichtiger Bestandteil fast aller Formen der Naturmedizin, werden vorgestellt. Auch in Mitteleuropa war die Medizin über Jahrhunderte von Pflanzendrogen wie Alraune und Bilsenkraut geprägt. Das Wissen über den Nutzen und die Wirksamkeit der alten Pflanzendrogen ist leider begrenzt und man muss befürchten, dass der kulturelle Zusammenhang, in dem ihre Verwendung über Jahrtausende bei den Naturvölkern stattfand, verloren geht, ehe das Wissen für die moderne Medizin gerettet wird.

Jede Subkultur hat ihre Sprache. In den einzelnen, zum Teil voneinander abgegrenzten Drogenszenen ist das nicht anders. Die eigene Sprache stärkt den Zusammenhalt und die Abgrenzung nach außen. Wer nicht dazugehört, hat es oft schwer, den Gesprächen zu folgen. Das Drogen- und Sucht-Lexikon führt deshalb auch Szeneausdrücke auf und erklärt, was sich dahinter verbirgt. Eltern und Lehrer, Sozialpädagogen und Sozialarbeiter, Psychologen und Ärzte, Polizisten und Beamte im Strafvollzug, aber auch Freunde im Umfeld der Betroffenen, die selbst keine Drogen nehmen und helfen wollen, können möglicherweise von den übersetzten Szenevokabeln profitieren.

Die möglichen rechtlichen Folgen des Drogenbesitzes bleiben nicht unerwähnt. Bei der Überarbeitung wurden zahlreiche Gesetzestexte ergänzt, die in Zusammenhang mit Drogen und Sucht von Bedeutung sein können.

Dass Drogen nicht gesund sind, wissen die meisten Konsumenten. Welche Schäden und Probleme aber im Einzelnen verursacht werden können, darüber ist das Wissen bei den Betroffenen oft erschreckend gering. Aus diesem Grunde werden detailliert die psychischen und körperlichen Probleme bei Drogenkonsum ungeschönt aufgeführt. Erste-Hilfe-Maßnahmen bei Notfällen werden praxisnah beschrieben. Zudem werden Inhalt und Ziele der Arbeit von Beratungsstellen und Therapieeinrichtungen aufgeführt.

Bei vielen Süchtigen liegen zusätzliche psychische Auffälligkeiten vor. Diese Krankheitsbilder werden in leicht verständlicher Form dargestellt. Außerdem zeige ich auf, welche Wege es gibt, mit psychischen Problemen fertig zu werden. Detailliert werden – im Unterschied zu den vorherigen Auflagen – auch Begriffe und Techniken aus der Psychotherapie beschrieben, die bei der Behandlung von Sucht eine Rolle spielen. Dies dürfte für Therapeuten, aber vielleicht auch für den einen oder anderen Patienten, der sich vorab informieren will, von Bedeutung sein.

Ziel des Buches ist es, den Gebrauch von Suchtmitteln vernünftiger zu gestalten. Am sichersten gelingt dies mit einer abstinenten Lebensführung. Wo das nicht gewollt ist, muss die Minimierung von Risiken angestrebt werden. Wer genug über Drogen und Sucht weiß, so meine Hoffnung, hat es leichter, darauf zu verzichten. Ich hoffe, dieses Buch hilft bei der Entscheidungsfindung. Wenn nur ein Mensch aufgrund dieses Buches den Schritt aus der Sucht schafft, so hat sich die Mühe gelohnt.

Rheinland, November 2004 *Dr. Bernhard van Treeck*

A

A: **1.** Ein »A« auf einem → BtM-Rezept bedeutet, dass das verschriebene → Betäubungsmittel die nach dem → BtMG bzw. der BtMVV vorgesehene Höchstdosis überschreitet. **2.** Szeneausdruck für → Amphetamin.

AA: Abk. für → Anonyme Alkoholiker.

AB: Szeneausdruck für → Abszess, der durch intravenösen Drogenkonsum verursacht wurde.

Abbau: Unter Abbau versteht man den allmählichen Verlust von geistigen Fähigkeiten, der bei langjährig Süchtigen häufig zu beobachten ist. Am längsten bleiben in der Regel die Eigenschaften und Gedächtnisinhalte erhalten, die der Patient vor langer Zeit erworben hat. Bei ständig intoxizierten Menschen kann im Einzelfall schwer zu beurteilen sein, ob ein Abbau vorliegt oder nicht, weil die Drogenwirkung in der Regel ebenfalls mit einer Einschränkung der geistigen Leistungsfähigkeit einhergeht. Eine entsprechende Diagnose (z.B. F10.5, F10.6 oder F10.7 nach → ICD 10) sollte nur dann gestellt werden, wenn der Patient sicher entgiftet ist und es keine anderweitigen organischen Ursachen für die Auffälligkeiten gibt. Neben dem geistigen Abbau ist bei Suchtkranken auch nicht selten ein → körperlicher Abbau beobachtbar.

Bei von harten Drogen Abhängigen ist ein geistiger Abbau seltener als bei Alkoholabhängigen, weil die Drogenabhängigen entweder früher sterben oder aber – wegen gravierenderer Nebenwirkungen des Konsums – ihre Sucht eher aufgeben. Bekannte Abbauerscheinungen bei Alkoholkranken sind die → Wernicke-Enzephalopathie und das → Korsakow-Syndrom.

ABC-Regel gibt die Reihenfolge des Vorgehens bei erster Hilfe vor (→ erste Hilfe).

ABCDE-Interventionstechnik: 1977 von Ellis beschriebene Methode der → Verhaltenstherapie, die auch bei der Behandlung von Süchtigen angewendet wird. Bei der ABCDE-Technik geht es darum, das Denken und Handeln nach einer gewissen Ordnung zu strukturieren, um so besser mit

Problemen fertig zu werden. Die einzelnen Buchstaben stehen dabei für Gedankenschritte, die nacheinander vollzogen werden sollen. A beschreibt dabei aktivierende Erfahrungen (z.B. »Beim Gang über die Szene bekomme ich sofort Lust auf Drogen«). Es folgt B, die Bewertung von A. Argumente werden gesammelt (z.B. »Eigentlich könnte ich es mir noch einmal gönnen« oder »Wenn ich jetzt wieder damit anfange, bin ich bald wieder ganz unten«). C steht für die Konsequenzen in Form von Verhalten, die die Umsetzung der einzelnen Überlegungen haben würden (z.B. erneut abhängig zu werden bei Nachgeben gegenüber der → Droge). D steht für die Disputation und gedankliche Auseinandersetzung mit den → Grundannahmen und Überzeugungen (entspricht dem Ankämpfen gegen irrationale Überzeugungen) und E steht für Effekte der Disputation auf das Denken mit Ausprobieren von Alternativen. In der Regel kommt bei Schritt E nach Abwägung aller Argumente heraus, dass sich die Drogeneinnahme letztlich nicht lohnt. Das Alternativverhalten kann dann ebenfalls nach dem ABCDE-Schema aufgebaut werden.

Abces de fixation: Franz. Szeneausdruck für ein Lokal, in dem → Drogen verkauft werden.

abdröhnen: Szeneausdruck für »berauscht sein«.

Abdul Nasser: Szeneausdruck für eine starke → Cannabis-Sorte.

Abessinischer Tee: Bezeichnung für einen → Tee, der → Khat enthält.

abfahren: 1. Szeneausdruck für die Neigung zu einem bestimmten Suchtmittel. Bsp.: »Der fährt voll auf Koks ab« heißt, dass der Konsument → Kokain sehr gut findet. **2.** Szeneausdruck für das Einsetzen der Drogenwirkung.

AB-Fentanyl: Handelsname einer Injektionslösung, die das → Opiat → Fentanyl enthält.

abgreifen: 1. Szeneausdruck für das Festnehmen von Drogenkonsumenten oder Drogenhändlern. **2.** Szeneausdruck für »stehlen«.

Abhängigkeit, körperliche: Zustand, bei dem der Konsument, wenn er seine → Droge nicht einnimmt, Zeichen eines körperlichen → Entzuges entwickelt. Dies äußert sich in vermehrter Unruhe, Schwitzen, gesteigerter Schweißabsonderung, Schlafstörungen, eventuell auch Gliederschmerzen, Magenschmerzen und Krämpfen. Entgleisungen des Kreislaufes mit Blutdruckkrisen können nach höherdosiertem Suchtmittelgebrauch beim Absetzen ebenfalls auftreten. Psychoseähnliche Zustände (→ Psychose) sind als Entzugsfolge möglich.

Körperliche Abhängigkeit kommt vor allem bei sedierenden, d.h. müde machenden Drogen (so genannte → Downer) wie zum Beispiel → Heroin und → Alkohol vor und kann, losgelöst von psychischer Abhängigkeit, eine Rolle spielen. Patienten, die nach schweren Operationen zum Beispiel mit → Opiaten ihre Schmerzen behandeln, entwickeln bei Absetzen dieser Medikamente Symptome eines Entzuges, sind also körperlich abhängig. Eine psychische Abhängigkeit liegt bei diesen Patienten aber nicht vor. Für die Entwicklung einer → Suchterkrankung ist die psychische Abhängigkeit weitaus bedeutsamer als die körperliche. Bei szenenahen Darstellungen wird das gerne übersehen.

Grundlage der Abhängigkeit ist, dass sich der Körper auf die dauerhafte Vergiftung mit Drogen mittels → Gegenregulationsmechanismen einstellt. Werden zum Beispiel regelmäßig Stoffe wie Heroin, die müde machen, Ängste unterdrücken und die Aufmerksamkeit herabsetzen, eingenommen, so stellt der Körper sich darauf ein und erhöht im Gegenzug die Aufmerksamkeit, die Wachheit und auch die Ängstlichkeit. Werden die Drogen weiterhin eingenommen, fallen diese Gegenregulationsmechanismen als so genannte → Toleranzbildung auf. Das heißt, die Drogen wirken nicht mehr so wie früher und der Konsument, der die Rauschwirkung erwartet, ist enttäuscht. Aufgrund der psychischen Abhängigkeit von dem Suchtmittel erhöhen manche Konsumenten dann die Dosis oder steigen auf stärkere Drogen um. Werden die Drogen bei Vorliegen von körperlicher Abhängigkeit abgesetzt, so ist der vom Körper eingestellte Sollwert für Wachheit und Aufmerksamkeit viel zu hoch, der Patient ist dann zu ängstlich, kann nicht schlafen, wird von Unruhe getrieben (→ Entzug).

Abhängigkeit, psychische: Zustand des Suchtmittelkonsumenten, in dem dieser sich nicht in der Lage fühlt, ohne die Einnahme eines Suchtstoffes zu leben. Jemand, der psychisch abhängig ist, tut sehr viel, um seine → Droge zu bekommen, selbst wenn er sich oder anderen dadurch Schaden zufügt.

Alle Stoffe, die eine positive Wirkung auf das Gehirn haben können, das heißt alle Drogen, können zu psychischer Abhängigkeit führen. Wird die Droge nicht eingenommen, so führt dies beim Konsumenten – bei Vorliegen einer psychischen Abhängigkeit – zu einer Verschlechterung der Stimmung, innerer Unruhe und dem starken Drang, sich die Droge zu besorgen und erneut einzunehmen. Im Gegensatz zur → körperlichen Abhängigkeit treten bei psychischer Abhängigkeit keine körperlichen → Entzugssymptome auf, wenn die Droge nicht eingenommen wird. Weltweit gültige Kriterien, wann eine Abhängigkeit vorliegt und wann (noch) nicht, sind in der → ICD 10 und im → DSM IV beschrieben.

Die Fähigkeit eines Suchtmittels, eine Abhängigkeit verursachen zu können, nennt man Suchtpotenzial oder auch Abhängigkeitspotenzial. Neben der psychischen Abhängigkeit kennt man die → körperliche Abhängigkeit. Drogen, die zu überwiegend psychischer Abhängigkeit führen können, sind → Crack, → Kokain, → Amphetamine, → Coffein, → Nikotin sowie → Halluzinogene wie → Psilocybin, → LSD und → Cannabis. Bei → Opiaten wie → Heroin, → Methadon und → Codein, bei → Benzodiazepinen und bei → Alkohol besteht zusätzlich die Gefahr, körperlich abhängig zu werden. Während die körperliche Abhängigkeit praktisch immer nach einer gewissen Einnahmezeit entsteht, hängt die Entwicklung psychischer Abhängigkeit in ihrer Ausprägung sehr von individuellen Eigenschaften ab. Man erkennt dies z.B. daran, dass Patienten, die nach einer schweren Operation Opiate zur Schmerzlinderung bekommen, zwar körperlich abhängig werden (mit der Folge, dass die Schmerzmedikamente nicht plötzlich abgesetzt werden können, sondern schrittweise abgesetzt werden müssen), aber praktisch nie psychisch abhängig. Für sie bekommt das Medikament keine Funktion, die über die (vorübergehende) Anwendung als Schmerzmittel hinausgeht. Bei jemandem, der psychisch instabil ist oder unter Ängsten oder Depressionen leidet, kann es hingegen schon sehr bald nach dem Beginn des Konsums zu einer starken psychischen Abhängigkeit kommen.

Eine Droge birgt umso mehr die Gefahr, den Konsumenten psychisch abhängig zu machen, je unmittelbarer und stärker die Drogenwirkung nach Einnahme einsetzt. Man kann dies gut am Beispiel des → Kokains erklären. Beim Kauen von Kokablättern wird nur wenig Wirkstoff freigesetzt, der wegen der Einnahme über die Mundschleimhaut und den Magen-Darm-Trakt zudem noch einen gewissen Weg zurücklegen muss, bevor er wirkt. Die Wirkung tritt langsam und milde ein. Kokain, eine durch chemische Synthese aus Kokablättern gewonnene Droge, wirkt wesentlich stärker und schneller. Die Gefahr, psychisch abhängig zu werden, ist schon deutlich größer. Wird Kokain nun auch noch »gespritzt«, d.h. intravenös eingenommen unter Umgehung des Magen-Darm-Traktes, flutet es noch schneller im Gehirn an; das Suchtpotenzial ist somit noch höher. Verwandelt man Kokainhydrochlorid chemisch in die basische Form, so kann es die Blut-Hirn-Schranke wesentlich besser passieren; die Drogenwirkung setzt noch unmittelbarer und heftiger ein. Die basische Form des Kokains hat also das höchste Abhängigkeitspotenzial. Szeneausdrücke für diese Form des Kokainkonsums sind → Basen, → Freebasen und → Crackrauchen. Die Folgen des Crackrauchens und des

Freebasens sind deshalb so verheerend, weil hier der Rausch so blitzartig und heftig auftritt (Weil der Rauschzustand auch ebenso schnell wieder abklingt, werden enorme Mengen Kokainbase eingenommen mit all den bekannten medizinischen, sozialen und juristischen Folgen).

Abhängigkeitsbeziehung: Die Verbindung zwischen zwei Personen kann so eng werden, dass eine normale Entwicklung und ein ausgeglichenes Leben der Betroffenen nicht mehr möglich ist. Im Extremfall kann der eine keinerlei Entscheidung mehr treffen, ohne den anderen zu fragen. Der Partner hat dann eine ähnliche Funktion wie eine → Droge und zwar insofern, weil er die Belange des täglichen Lebens allumfassend beeinflusst. Man beobachtet derartige Beziehungsmuster häufig bei Süchtigen. Oft findet man die Konstellation des »starken Mannes« und der »schwachen Frau«, die in ein Verhältnis Zuhälter-Nutte übergehen kann (→ Beschaffungsprostitution). Beide Seiten »profitieren« subjektiv von dieser Art der Beziehung. Der »starke Mann« leidet in Wirklichkeit unter erheblichen Defiziten des Selbstwertgefühles (→ Narzisstische Persönlichkeitsstörung). Im Kontrast zu der »schwachen Frau« erlebt er sich als kompetent und selbstsicher. Die »schwache Frau« hat ein ähnlich gestörtes Selbstbild. Dadurch, dass sie dem Mann alle Entscheidungen überlässt, entzieht sie sich systematisch Misserfolgserlebnissen, die mutmaßlich ihr labiles Selbstwertgefühl weiter schwächen könnten. Natürlich gibt es auch die umgekehrte Abhängigkeitsbeziehung der »starken Frau« und des »schwachen Mannes«. Nicht selten sind die »schwachen« Partner süchtig und die »starken« nicht. Man bezeichnet das Verhalten des »starken Partners« dann auch als → Co-Abhängigkeit.

Abhängigkeitserkrankung: Weil der Begriff → Sucht in den Medien mittlerweile in derart unterschiedlicher Weise (z.B. durch Erweiterung auf nicht Stoff-gebundene Verhaltensauffälligkeiten wie die zu häufige Benutzung des Internets) gebraucht wird, dass er für den Fachgebrauch kaum noch taugt (→ Arbeitssucht, → Esssucht, → Internetsucht, → Kaufsucht), ist man von ihm weitgehend abgerückt. Statt von Sucht spricht man in Fachkreisen daher meist von Abhängigkeitserkrankungen. Der Ausdruck wird weitgehend synonym mit »Sucht« verwandt, setzt den Schwerpunkt aber mehr auf den Krankheitsaspekt.

Abhängigkeitserkrankungen sind die Erkrankungen mit der höchsten Lebenszeitprävalenz aller psychischen Störungen. In der TACOS-Studie lag bei einer Stichprobe von 18- bis 64-Jährigen (untersucht in einer Region mit eher ländlichem Charakter, N = 4075) die Lebenszeitprävalenz von Abhängigkeitserkrankungen (unter Ausschluss von Tabakabhängigkeit)

bei 25,8 % (untersucht mit dem Münchener Composite International Diagnostic Interview, klassifiziert nach DSM IV). Für die USA schwanken die Angaben zwischen 19,3 % (ECA-Studie mit N=19182) und 26,6 % (NCS-Studie mit N=8098).
Männer sind wesentlich häufiger betroffen als Frauen (TACOS: 32,3 % : 19,5 %). Das Risiko für Abhängigkeitserkrankungen ist negativ korreliert zu Schulbildung bzw. zu hohem → sozioökonomischem Status.
Das Vorkommen von Abhängigkeitserkrankungen ist nicht auf den Menschen beschränkt. Ratten, denen man im Tierversuch wahlweise Wasser oder mit Drogen versetzte Lösungen zu trinken gab, entschieden sich durchweg für einen mehr oder weniger ausgeprägten Drogenkonsum (Andrea Heine & Prof. J. Wolfgramm, Klinische Neurobiologie, Universitätsklinikum Benjamin Franklin, Berlin, 1998). Die Ratten setzen die Suchtmittel gezielt zur Stimulation ein. Etwa die Hälfte der Ratten steigerte den Konsum und nahm – selbst nach mehrmonatiger Abstinenz – freiwillig extrem hohe Dosen zu sich. Dies erfolgte sogar dann, wenn der Lösung Bitterstoffe beigemischt waren, die Ratten normalerweise nicht freiwillig zu sich nehmen würden. Die in diesem Experiment beobachteten Auffälligkeiten sind typische Zeichen einer Abhängigkeit. Wolfgramm und Kollegen gehen davon aus, dass sich zu dem Zeitpunkt, wo auch Bitterstoffe nicht mehr konsumverhindernd wirkten, offenbar ein Suchtgedächtnis entwickelt hat, dessen Sitz sie – wegen der nachgewiesenen veränderten Signalverarbeitung – in der Nähe des limbischen Systems vermuten.

Abhängigkeitspotenzial bezeichnet die Eigenschaft einer → Droge, das Verhalten des Menschen in Richtung eines ungewollt häufigen Konsums zu lenken (→ Abhängigkeit, körperliche, → Abhängigkeit, psychische). Je positiver die Drogenwirkung und je unmittelbarer und stärker das Rauscherlebnis eintritt, desto stärker ist das Abhängigkeitspotenzial. Drogen wie → Heroin oder → Kokain haben ein starkes Abhängigkeitspotenzial, → Alkohol und → Cannabis ein

Abhängigkeitspotenzial – hier ein diesbezüglicher Warnhinweis

eher schwächeres. Drogen, die ein starkes Abhängigkeitspotenzial haben, bezeichnet man auch als harte Drogen.
Zu wenig beachtet wird, dass auch Medikamente ein Abhängigkeitspotenzial besitzen können. Etwa 7 % aller Medikamente können zu einer → Sucht aufgrund des Wirkstoffes führen (→ Benzodiazepine) . Dazu gehören z.B. → Beruhigungsmittel, Schmerzmittel, Schlafmittel, aber auch Appetitzügler, Anabolika und Cortisonpräparate. Zusätzlich sind viele Medikamente in Alkohol gelöst, sodass sich auch dadurch bedingt eine Sucht ausbilden kann.

Abini: Indische Bezeichnung für → Opium.

Ablehnungsgründe für Drogen: Die meisten Menschen stehen → Drogen ablehnend gegenüber. Der wichtigste Grund dafür ist laut einer BZgA-Studie Desinteresse. Die weiteren Gründe sind in nach Wichtigkeit geordneter absteigender Reihenfolge Angst vor gesundheitlichen Schäden und Angst davor, süchtig zu werden.

abliegen: Szeneausdruck für einen Rauschzustand, der durch → Downer hervorgerufen wird. Da Downer eine muskelentspannende und die Koordination störende Wirkung haben und zudem müde machen, ist die Einnahme einer liegenden Position nach Konsum höherer Dosen fast zwangsläufig.

Abnormität ist die Bezeichnung für ein Verhaltensmuster, das weit von dem des Durchschnitts einer Gesellschaft abweicht. Abnormitäten sind von der Gesellschaft in der Regel mit negativen Konsequenzen belegt. Die Definition der Abnormität unterliegt breiten Schwankungen und wird im sozialen Konsens bestimmt. Regelmäßiger Drogenkonsum gilt in allen Gesellschaften als Abnormität. Bei Konsum, der an bestimmte Situationen gebunden ist, bestehen aber deutliche regionale Unterschiede in der Akzeptanz. Von nicht wenigen Menschen wird ein abstinenter Lebensstil (→ Abstinenz) als Abnormität betrachtet.

Abre-o-sol: Weitere Bezeichnung für → Sinicuichi.

Absehen von Strafe: Bei geringfügigen Verstößen gem. § 29 Abs. 5 oder gem. § 31a des → Betäubungsmittelgesetzes kann das Gericht von Strafe absehen, wenn die Straftat dem Eigenverbrauch in geringer Menge dient. Es kann die Strafe mildern oder von Strafe absehen gem. § 31, wenn der Täter durch freiwillige Offenbarung der Tataufklärung oder der Verhinderung von Straftaten dient. Es gibt ferner die Möglichkeit, dass das Gericht von einer Verurteilung absieht, wenn der drogenabhängige Täter sich freiwillig in Therapie begeben hat (§ 37).

Absehen von Strafe gem. § 29 Abs. 5

a) Zweck der Vorschrift

Der Zweck dieser Vorschrift ist, den Eigenverbrauch als eine Form der Selbstschädigung straflos zu belassen, den Erwerb und Besitz zum Eigenverbrauch aber wegen der Gefahr der Weitergabe unter Strafe zu stellen. Die Vorschrift ist Ausdruck des Grundsatzes: Hilfe statt Strafe. Sie trägt aber auch dazu bei, den Verwaltungsaufwand des Staates zu reduzieren.

b) Voraussetzungen

- **Tathandlung**

Ein Absehen von Strafe ist bei allen Tatbegehungsweisen des § 29 Abs. 1 möglich, die den Eigenkonsum vorbereiten können und als Selbstgefährdungsakte angesehen werden können: Anbau, Herstellung, Beschaffung in sonstiger Weise und Besitz. Abgabe, Veräußern, Inverkehrbringen und Handeltreiben sind ausdrücklich ausgenommen, da sie dritte Personen gefährden können (z. B. der Dealer und derjenige, der Drogen mit Freunden teilt).

- **Täter**

§ 29 sollte denjenigen vor Strafe und Eintragung in das BZR bewahren, der erstmals und einmalig mit Drogen in Berührung kommt. Der Wortlaut der Vorschrift schließt aber den Wiederholungstäter, den einschlägig Vorbestraften oder den Dauerkonsumenten nicht aus, so dass diese Vorschrift in Ausnahmefällen auch auf diese Personengruppe angewendet werden könnte (vgl. Körner, BVMG, 5. Aufl. München 2001, § 29, Rz 1654).

- **Art der Betäubungsmittel**

Die Vorschrift des § 29 Abs. 5 gilt für alle Stoffe und Zubereitungen der Anlagen I – III. Das Gesetz unterscheidet nicht nach weichen und harten Drogen. Im Rahmen des Ermessens können aber die Besonderheiten der einzelnen Betäubungsmittel (Wirkstoffgehalt, Gefährlichkeit, Konsumfähigkeit usw.) berücksichtigt werden.

- **geringe Menge**

Im BtMG wurde nicht definiert, was unter einer geringen Menge zu verstehen ist. Die meisten Oberlandesgerichte orientieren sich bei der Definition von geringen Mengen am Tagesbedarf eines nicht abhängigen Konsumenten. Die Menge ist so lange gering, wie sie bei ein bis drei Gelegenheiten verbraucht werden kann (3 Konsumeinheiten).

Nach Rechtsprechung des BGH obliegt die Frage der geringen Menge der tatrichterlichen Würdigung. D. h., das jeweils zuständige Gericht hat anhand aller Umstände des Einzelfalles zu bestimmen, ob eine geringe Menge vorliegt. Diese ist nicht mit der Gewichtsmenge, sondern mit der

Wirkstoffmenge der vorgefundenen Stoffe zu bestimmen. Da bei Kleinmengen eine Qualitätsuntersuchung vielfach nicht möglich ist, muss im Zweifel von einer für den Angeklagten günstigen, also geringen Konzentration ausgegangen werden.

Geringe Cannabismenge:

Der BGH entschied, dass zur Erzielung eines Rauschzustandes durch Rauchen 0,015 g THC notwendig sind. Er hat nach Auswertung der Haschischqualitäten auf dem illegalen Cannabismarkt bei fehlender Wirkstoffbestimmung unter Zugrundelegung einer schlechten Qualität zugunsten des Konsumenten eine Bruttogewichtsmenge bis zu 10 g als geringe Menge i. S. d. § 29 Abs. 5 anerkannt (BGH NJW 1996, 794). Dabei ging er von 1,5 % THC = 0,15 g THC aus, was 10 Konsumeinheiten von 0,015 g THC ausmacht.

Geringe Amphetaminmenge:

Von einer geringen Menge ist bei 0,2 g Amphetaminzubereitung unbekannter Qualität (= unbekannter Wirkstoffgehalt) ausgegangen worden (OLG Karlsruhe MDR 1997, 85). Spätestens bei 0,15 g Amphetamin-Base (Wirkstoffmenge) ist die Obergrenze der geringen Menge erreicht.

Geringe Kokainmenge:

Bei Kokain ließen die Gerichte Kokaingemische von drei Konsumeinheiten à 0,3 g Wirkstoff als geringe Menge zu (BayObLG NStZ 1982, 473, OLG Stuttgart NJW 1998, 134).

Geringe Heroinmenge:

Nach der Rechtsprechung der Oberlandesgerichte liegt die Grenze für eine geringe Menge Heroin bei höchstens drei Konsumeinheiten eines Gelegenheitskonsumenten. Der BGH hat bei der Bestimmung einer nicht geringen Menge eine durchschnittliche Konsumeinheit eines Heroingemisches bei 0,01 g festgelegt.

- **Ermessensausübung**

Selbst wenn alle Voraussetzungen des § 29 Abs. 5 vorliegen, steht es im Ermessen des Gerichts, ob von Strafe abgesehen werden soll oder nicht. Das Gericht kann, muss aber nicht von Strafe absehen. Von Legalisierung geringer Drogenmengen kann also keine Rede sein. Bei der Ermessensausübung ist eine Gesamtbetrachtung aller Umstände des Einzelfalles vorzunehmen.

c) Verfahren

Die Polizei kann auch bei geringfügigen BtM-Mengen nicht von der Einleitung der Ermittlungen absehen. Sie ist verpflichtet, bei der Staatsanwaltschaft Strafanzeige zu erstatten (= Legalitätsprinzip). Die Staatsanwaltschaft unterliegt – wie die Polizei – ebenfalls dem Legalitätsprinzip und ist verpflichtet einzuschreiten, sofern hinreichend tatsächliche Anhaltspunkte für eine Straftat vorliegen. Sie kann nicht nach Gutdünken von einer Anklageerhebung absehen. Die Vorschrift des § 29 Abs. 5 ermöglicht aber der Staatsanwaltschaft mit Zustimmung des zuständigen Gerichts von der Anklage abzusehen. Stimmt das Gericht zu, kann sie aber bei veränderten Erkenntnissen immer noch Anklage erheben.

Strafmilderung oder Absehen von Strafe gem. § 31

Die Vorschrift soll dem nicht organisierten Täter, der über das Geständnis seiner eigenen Taten hinaus Angaben über Auftraggeber und kriminelle Organisationen macht, Vergünstigungen gewähren. § 31 gilt also für Straftäter, die eine erweiterte tätige Reue gezeigt haben.

a) Voraussetzungen des § 31 Nr. 1

Gem. § 31 Nr. 1 kann die Strafe nach Ermessen gemildert werden, wenn der Täter durch freiwillige Offenbarung über seinen eigenen Tatbeitrag hinaus wesentlich zur Tataufdeckung beiträgt.

• Offenbarung

Unter Offenbarung ist die Mitteilung von Fakten zu verstehen, die dem Adressaten – also den Strafverfolgungsbehörden – ganz oder teilweise unbekannt sind (Körner, BtMG, München 2001, § 31, Rz 8). D. h., der Gefasste gibt der Staatsanwaltschaft z. B. Hinweise über Hintermänner.

• Freiwilligkeit der Offenbarung

Dies muss freiwillig – also in freier Entscheidung – geschehen sein, was nicht schon dann ausgeschlossen ist, wenn der Täter aus Angst oder unter dem Eindruck der Festnahme, Straferwartung usw. z. B. Aussagen über Hintermänner macht. Unfreiwillig ist die Offenbarung, wenn sein Hintergrundwissen z. B. durch Komplizen oder Zellengenossen bekannt wird.

• Motive der Offenbarung

Im Rahmen des § 31 spielen nicht die Motive, sondern der Aufklärungserfolg die entscheidende Rolle. Es müssen keine ethisch anzuerkennenden Motive sein, die den Täter zu seinen Aussagen veranlassen. Die Hoffnung auf Strafmilderung reicht z. B. völlig aus.

• Form, Inhalt und Wahrheitsgehalt

Der Täter muss sich eindeutig zu seinen Aussagen bekennen, anonyme Hinweise oder verdeckte Vernehmungen sind keine Offenbarung. Des Weiteren setzt eine Offenbarung Wissen voraus. Bloße Vermutungen oder Verdächtigungen ohne konkreten Hintergrund stellen keine Offenbarung von Wissen dar. Die Aussagen müssen sich zur Aufklärung eignen. Daraus ergibt sich die Voraussetzung, dass sie wahr sein müssen. Der Angeklagte kann z. B. nicht einfach irgendwelche Namen ihm bekannter Personen angeben, er muss schon die Leute benennen, von denen er und eventuell Freunde regelmäßig seine Ware bezogen haben.

- **der eigene Tatbeitrag**

Um in den Genuss der Vergünstigungen des § 31 Nr. 1 zu kommen, muss der Täter Taten erhellen, zu denen er selbst einen eigenen Tatbeitrag geleistet hat und er muss das Tatgeschehen über seinen eigenen Tatbeitrag hinaus aufklären. Z. B. wenn er Drogen an Freunde weiterverkauft hat, könnte er diejenigen benennen, von denen er größere Mengen hat abnehmen können.

- **Zeitpunkt**

Es reicht aus, wenn der Täter seine wesentlichen tataufklärenden Angaben am Ende der Beweisaufnahme macht. Wichtig ist, dass Ermittlungen noch durchgeführt werden können.

- **Ziel der Offenbarung**

Ziel der Offenbarung ist der Aufklärungserfolg. Die Äußerung eines Verdachts, die Schaffung einer Aufklärungsmöglichkeit oder das Aufklärungsbemühen reichen nicht aus. Ein Aufklärungserfolg ist eingetreten, wenn Personen verdächtig sind, gegen das BtMG verstoßen zu haben, wenn sie identifiziert und überführt werden können. Also – um bei dem Beispiel zu bleiben – wenn die Polizei Namen und Anschrift der Hintermänner hat und bei einer Kontrolle dort größere Mengen an Drogen gefunden hat, so dass es zur Anklage kommen kann.

b) Voraussetzungen des § 31 Nr. 2

Nach § 31 Nr. 2 muss der Täter sein Wissen so rechtzeitig mitteilen, dass Straftaten noch verhindert werden können. Die Vorschrift setzt also voraus, dass der Täter durch freiwillige und rechtzeitige Angaben schwere BtM-Delikte verhindert, die sich noch im Planungsstadium befanden. Z. B. wenn der Betroffene von seinem »Hausdealer« erfahren hat, dass demnächst eine große Menge geliefert wird und er dieses Wissen entsprechend weitergibt.

Anwendung des § 31

Die in § 31 genannten Vergünstigungen können nur durch das zuständige Gericht nach Durchführung einer Hauptverhandlung gegen den Täter gewährt werden.

<u>Absehen von Verfolgung gem. § 31 a</u>

a) Abgrenzung

Im Verhältnis zu § 29 Abs. 5 verlangt § 31 a weitere Voraussetzungen, nämlich geringe Schuld und fehlendes öffentliches Interesse. Liegen diese vor, ist § 31 a lex specialis zu § 29 Abs. 5 und §§ 153, 153 StPO (lex specialis geht als das speziellere Gesetz dem Allgemeineren vor). Fehlt das Merkmal der geringen Schuld oder gibt es ein öffentliches Interesse, ist § 29 Abs. 5 einschlägig.

§§ 45, 47 JGG gehen wiederum als jugendstrafrechtliche Spezialregelungen dem § 31 a vor, wenn Jugendliche oder Heranwachsende als Täter betroffen sind.

§ 31 a soll die Strafverfolgungsbehörden entlasten; §§ 37 Abs. 1, 38 Abs. 2 soll zu möglichst frühzeitiger Therapieaufnahme anregen. Selbst bei Straferwartungen von bis zu zwei Jahren Freiheitsstrafe kann die Aufnahme der Therapie mit dem Absehen von der Anklage belohnt werden, wenn das zuständige Gericht zustimmt.

b) Voraussetzungen

Tathandlung

§ 31 a findet auf Vergehen Anwendung, die in dem Straftatenkatalog des § 29 Abs. 1, 2 und 4 enthalten sind, wenn der Täter Betäubungsmittel lediglich zum Eigenverbrauch in geringer Menge anbaut, herstellt, erwirbt usw.

Täter

Die Vorschrift ist nicht auf eine bestimmte Auswahl von Tätern wie z. B. Erstkonsumenten beschränkt und verlangt auch kein bestimmtes Verhalten wie z. B. Aufklärungshilfe oder Therapiebereitschaft.

• Betäubungsmittel

§ 31 a gilt für alle Betäubungsmittelarten. Die Gefährlichkeit einer Droge darf dem Angeklagten bei einer ausschließlichen Selbstschädigung nicht angelastet werden. Die Art der Betäubungsmittel kann aber bei der Ermessensentscheidung berücksichtigt werden.

• Geringe Menge

Unter geringer Menge ist eine kleine Verbrauchsmenge eines Gelegenheitskonsumenten zu verstehen.

• Eigenverbrauch

Eine geringe Menge indiziert noch keinen Eigenverbrauch. Der Täter muss die Betäubungsmittel ausschließlich selbst verbrauchen.

• Geringe Schuld

Nach Abwägung aller die Tat und die Täterpersönlichkeit betreffenden Einzelumstände ist eine Schuldbeurteilung zu treffen. Dabei spielen eine Rolle: die Gefährlichkeit, die Gewichtsmenge, die Wirkstoffmenge, die Beweggründe, das Vorleben, das Tatverhalten, die soziale Situation, die Unrechtseinsicht, die Aufklärungsbereitschaft, die Therapiebereitschaft, das Verhalten nach der Tat, etc. Diese Umstände müssen überwiegend zugunsten des Täters sprechen und erheblich unter dem durchschnittlichen Maß von Schuld bei vergleichbaren Verfehlungen liegen.

fehlendes öffentliches Interesse

Ein öffentliches Interesse darf nicht vorliegen. Es liegt vor, wenn das friedliche Zusammenleben der Bürger über den Lebensbereich des Beschuldigten hinaus gestört ist und die spezielle Strafverfolgung ein Anliegen der Allgemeinheit ist. Z. B. ist das öffentliche Interesse berührt, wenn sich eine Gruppe von Junkies auf einem Kinderspielplatz aufhält und ihre Spritzen dort zurücklässt.

c) Ermessensentscheidung

Auch § 31 a ist eine Kann-Vorschrift, das heißt, es liegt im Ermessen der Behörde, ob sie Anwendung findet oder nicht. Die Staatsanwaltschaft hat alle Umstände des Einzelfalles bei ihrer Ermessensentscheidung zu berücksichtigen. Hat die Staatsanwaltschaft Anklage erhoben, kann noch das Gericht gem. § 31 a Abs. 2 S 1 nach einer Gesamtabwägung von Strafe absehen. Diese Einstellung des Verfahrens setzt aber die Zustimmung der Staatsanwaltschaft und des Beschuldigten voraus (→ Betäubungsmittelgesetz, → Jugendliche und Heranwachsende, → Straftatbestand, → Strafverfolgung).

Absehen von Verfolgung: → Absehen von Strafe.

Absinth: → Branntwein, der aus Wermut (Artemisia absinthium) und anderen Kräutern hergestellt wird. Wermut ist eine deutlich riechende Pflanze mit gelben Blüten an einer länglichen Rispe, die in warmen Regionen wächst. Der Geruch ist bedingt durch die ätherischen Öle der Pflanze, die 1,5 bis 2 Prozent ausmachen, darunter das psychoaktive Thujon und Bitterstoffe wie Absinthin.

Thujon gehört zu den → Halluzinogenen und kann, wie andere → Drogen auch, Krampfanfälle hervorrufen. Darüber hinaus schädigt es Nerven, Nieren und Magen. Die Wirkungen von Thujon und → Alkohol potenzieren sich. Absinth kann, wenn er hohe Dosen Thujon enthält, zu einem gesteigerten Farbempfinden sowie – in größeren Mengen – zu → Halluzinationen und psychischen Problemen führen. Wegen dieser besonders berauschenden Wirkung war Absinth bis in die 1920er Jahre ein beliebtes Getränk. Die durch Absinth bedingten → Abhängigkeitserkrankungen und Organ- und Nervenschäden führten in den 20er Jahren zu einem Verbot in fast allen westlichen Staaten. Dadurch geriet Absinth fast in Vergessenheit (→ Angebotsstrukturen).

Erst Ende der 1990er Jahre erlebte Absinth eine Renaissance – wenngleich mit stark reduziertem Thujongehalt. Seit 1998 sind bei Absinthgetränken in der EU höchstens 10 mg Thujon pro Kilogramm Flüssigkeit erlaubt. Für Getränke, die als Bitterspirituosen deklariert werden, gilt ein Höchstwert von 35mg/kg (zum Vergleich: Im letzten und vorletzten Jahrhundert betrug der Thujongehalt ca. 250 mg/kg). Der Absinth, der heute angeboten wird, ist aufgrund des geringen Thujongehaltes nicht mehr halluzinogen. Mit einem Alkoholgehalt von 50 bis 80 % bleibt er aber ein gesundheitsschädliches Rauschgift. Trotz reduziertem Thujongehalt ist von hochdosiertem oder regelmäßigem Konsum abzuraten.

Abstinenz: Bezeichnung für eine Lebensweise mit völliger Suchtmittelfreiheit, die in der westlichen Gesellschaft nur von einem kleinen Teil der Bevölkerung praktiziert wird (→ Abnormität). Die meisten Entwöhnungskliniken setzen Abstinenz als Voraussetzung für die Aufnahme einer Therapie (→ Entwöhnungsbehandlung) voraus. Dieser Zustand wird i. d. R. durch eine → Entzugsbehandlung vorab sicher gestellt. Der Hintergrund dieses Vorgehens ist, dass unter Rauschmitteln stehende Menschen nur sehr eingeschränkt in der Lage sind, Informationen zu verarbeiten und die Psychotherapie zu nutzen. Am Ende einer jeden Therapie steht in idealisierter Form der Patient, der ohne Fremdkontrolle in der Lage ist, dauerhaft, eigenmotiviert und ohne fremde Hilfe auf die Einnahme von → Drogen und → Alkohol zu verzichten.

Abstinenz ist die Lebensform, die Menschen mit Suchterkrankungen prognostisch die besten Aussichten bietet. Wichtig ist dabei, dass nicht einfach Verzicht gepredigt wird. Die große Lücke, die durch den Wegfall des Suchtmittelkonsums beim ehemals Abhängigen entsteht, muss mit an-

Absinth, eine nicht ungefährliche Alkoholzutat sind die Thujone

deren Lebensinhalten gefüllt werden. Dies ist eine wesentliche Aufgabe in der → Entwöhnungsbehandlung. Auch auf Cocktails muss bei abstinenter Lebensführung nicht verzichtet werden: Unter dem Titel »Alkoholfrei ist besser« kann über die → BZgA (www.bzga.de) oder über die DHS (info@dhs.de) z.B. ein Geburtstagskalender angefordert werden, der Rezepte für alkoholfreie Cocktails (und weitere nützliche Informationen) enthält. Seit vielen Jahren führt das Blaue Kreuz in Deutschland die Aktion »Lohnender Verzicht« durch. Hier wird die Fastenzeit zum Anlass genommen, konsequent auch auf Suchtmittel zu verzichten. Informationsmaterial ist der Homepage des Blauen Kreuzes unter www.blaues-kreuz.de/bkd/dasbk/akt_alv.htm zu entnehmen oder unter bkd@blaues-kreuz.de anzufordern.

Alternative zur Abstinenz ist der kontrollierte Konsum. Hierfür muss der Patient über weitaus umfassendere Selbstkontrollmöglichkeiten verfügen (→ Selbstmanagement). Aufgrund des → Suchtgedächtnisses birgt der kontrollierte Konsum ein weitaus höheres Risiko für ein erneutes Abgleiten in die Abhängigkeit. Der Patient muss sich bei jedem Kontakt mit Suchtmitteln sehr genau überlegen, welche Menge er in welchem Zeitrahmen konsumieren kann, wann er woran erkennt, dass ein Kontrollverlust droht und wie er dann mit welchen Mitteln die riskante Situation meistern kann.

Es ist einleuchtend, dass der Versuch eines kontrollierten Konsums für ehemals abhängig Konsumierende ein enormes Risiko darstellt, in alte, krankhafte Konsummuster zu verfallen. Oft wird z.B. von (ehemals) Heroinabhängigen unterschätzt, dass → Cannabis oder Alkohol eine enthemmende Wirkung haben. Sie glauben, nach abgeschlossener Entwöhnungsbehandlung Cannabis oder Alkohol konsumieren zu können, weil sie damit in der Vergangenheit keine Probleme hatten und werden dann in drogenbedingt enthemmtem Zustand auch mit → Heroin rückfällig. Es kann nicht oft genug wiederholt werden, dass ein vollkommen abstinenter Lebenstil für ehemals Süchtige den bequemsten und sichersten Weg darstellt.

→ Sucht ist nicht unheilbar. Es wird gerne übersehen, dass die Mehrzahl der Abhängigkeitskranken vermutlich ohne jede Therapie einen Weg aus der Krankheit findet (sog. → Selbstheiler). Denjenigen, die es allein nicht schaffen, kann eine Therapie die nötige Unterstützung bieten. Etwa 2/3 aller Alkoholkranken, die sich einer Entwöhnungsbehandlung unterziehen, sind ein halbes Jahr nach Abschluss der Maßnahme noch abstinent. Immerhin 40 % davon sind nach vier Jahren noch abstinent. Bei den rückfällig gewordenen kann eine erneute Entwöhnung zur Auffrischung sinnvoll sein. Bei Abhängigen von illegalen Drogen sind die Zahlen bezüglich der Erreichung von Abstinenz zwar schlechter; hierbei muss aber berücksichtigt werden, dass Drogenabhängige meist weitaus schlechter sozial integrierbar sind. Sie sind oft geprägt von Subkulturen, die mit den Erwartungen der Durchschnittsbevölkerung (einschl. Einhaltung der Gesetze) schwer vereinbar sind. Das heißt, um Abstinenz zu erreichen, sind umfassendere Lernprozesse notwendig (wie sie z.B. → Synanon leistet).

Abstinenzdelir: Mit Störungen des Kreislaufs verbundener psychoseähnlicher Zustand, der durch das Absetzen von sedierenden → Drogen und vor allem → Alkohol und → Benzodiazepinen hervorgerufen werden kann. Die häufiger verwendete Bezeichnung für diese Form des Delirs ist »Entzugsdelir« oder schlicht → Delir.

Abstinenzprinzip bedeutet, dass grundsätzlich als Endziel jeder Behandlung von Suchtkranken die → Abstinenz steht – und sei es nur als Fernziel. Sämtliche von Krankenversicherung und Rentenversicherung bezahlten therapeutischen Leistungen folgen dem Abstinenzprinzip, auch bei der Substitution.

Abstinenzsyndrom: Veraltete Bezeichnung für → Entzugserscheinungen.

Abstinenzverletzungssyndrom: Bezeichnung für eine typische Reaktion von abstinenzmotivierten Patienten, die trotz bestehender → Motivation nach einer Behandlung rückfällig geworden sind. Das Abstinenzverletzungssyndrom beschreibt den dabei empfundenen inneren Widerspruch. Der Patient stellt sich die Frage: »Warum bin ich rückfällig geworden, obwohl ich doch so fest entschlossen bin, abstinent zu bleiben?« und folgert daraus (→ Denkfehler): »Offenbar bin ich nicht heilbar, sondern unwiderruflich der Sucht verfallen.« Daraus wiederum kann der → Rückfall in erneuten unkontrollierten Dauerkonsum übergeht. (»Jetzt ist eh alles zu spät«).

Letztlich beruht das Abstinenzverletzungssyndrom auf zwar nachvollziehbarer, aber nicht sachgerechter Verkürzung der Zusammenhänge (einem Schwarz-Weiß-Denken). Aufgrund der Tatsache, dass die Einnahme des Suchtmittels beim Abhängigkeitskranken vor der Therapie den Alltag dominiert hat (→ ICD 10-Kriterien), ist es wahrscheinlich, dass er irgendwann einmal rückfällig wird. Es gibt eine Vielzahl von kritischen Situationen, die zu meistern gelernt sein will. Da Abhängigkeitskranke aber meist nicht gelernt haben, alle derartigen Situationen zu erkennen und richtig zu reagieren, muss realistischerweise auch bei motivierten Menschen stets mit einem Rückfall gerechnet werden. Für den Abhängigen aber, dessen Denken oft zu wenig differenziert abläuft, bricht nach dem einmaligen Rückfall regelrecht eine Welt zusammen. Die Tatsache, dass er konsumiert hat, obwohl er doch abstinent bleiben wollte, versteht er nicht. Es entsteht eine kognitive → Dissonanz. Gelöst wird die mit der kognitiven Dissonanz verbundene Spannung durch die Erklärung: »Du bist halt ein Nichts. Du schaffst das nie«. Durch diese (mögliche, aber falsche) Erklärung wird die Rückfallsituation scheinbar durchschaubar und verliert damit ihren bedrohlichen Charakter. Nachteil dabei ist, dass das Abstinenzverletzungssyndrom dann den Beginn eines erneut ungünstig hohen Suchtmittelkonsums darstellt.

Von therapeutischer Seite muss versucht werden, beim Patienten Schritt für Schritt die Möglichkeit der Wahrnehmung und Bewertung von potenziell rückfallgefährdeten Situationen zu verbessern und ggf. nach erfolgten Rückfällen konstruktiv damit zu arbeiten.

Abszess: Bezeichnung für eine Ansammlung einer großen Menge Eiter. Abszesse kommen beim Spritzen (→ fixen, → Joypoppen) von → Drogen nicht selten vor und können zu unschönen Narben führen. Lebensgefährlich wird es, wenn die Keime des Abszesses Anschluss an die Blutbahn gewinnen und im ganzen Körper verteilt werden.

Abtörnen: Ursprünglich Szeneausdruck für das in Verbindung mit sinkendem Drogenpegel verbundene Nachlassen der Wirkung einer → Droge, was vom Konsumenten als unangenehm erlebt wird. Kommt von engl. to turn = wenden, drehen. Abtörnen ist umgangssprachlich inzwischen auch weiter gefasst im Umlauf. Beispiel: »Das miese Wetter törnt mich total ab.«

Abulruh: Weitere Bezeichnung für → Alraune.

Abusus: Lat. Ausdruck, der von Medizinern manchmal anstelle von Missbrauch verwendet wird (z.B. »Nikotinabusus«). Die Verwendung des Begriffes »Abusus« ist nicht einheitlich. Die meisten Autoren sprechen bei einem nicht-abhängigen Gebrauch, der aber bereits schädliche Auswirkungen hat, von Abusus (→ schädlicher Gebrauch). Für andere ist hingegen jedweder Gebrauch von Mitteln mit psychoaktiver Wirkung ohne medizinische Indikation ein Abusus. Wegen fehlender Eindeutigkeit sollte der Begriff »Abusus«, insbesondere von Fachleuten, nicht mehr verwendet werden. Die → ICD bietet alternativ dazu gut definierte, weltweit verwendete Diagnosen.

Acamprosat: Wirkstoff eines unter dem Handelsnamen → Campral vertriebenen Medikamentes. Acamprosat ist eine so genannte → Anti-Craving-Substanz, die beim »trockenen Alkoholiker« das Verlangen nach erneuter Suchtmitteleinnahme, auch → Craving genannt, dämpfen soll. Acamprosat hat kein → Abhängigkeitspotenzial und wird ergänzend zu psychotherapeutischen Maßnahmen verabreicht. In Studien kam es durch Acamprosat zu einer nachweisbaren Verlängerung von Abstinenzzeiten. Andere psychische Probleme wie z.B. → Ängste oder → Depressionen, die bei Süchtigen häufig sind, werden durch Acamprosat nicht beeinflusst.

Acapulco: Bezeichnung für eine → THC-reiche Marihuana-Sorte.

Acapulco Gold: Szenebezeichnung für eine → Marihuana-Sorte aus Mexiko.

Aceton ist eine klare, farblose, aromatisch riechende Flüssigkeit, die in armen Ländern als halluzinogen wirkendes Suchtmittel gelegentlich missbraucht wird. Schnell kommt es dabei zu irreversiblen Hirnschäden.

Acetylierung: Acetylierung bezeichnet einen Vorgang, bei dem eine Bindung von Essigsäure an ein Molekül erfolgt. → Morphin wird z.B. durch Acetylierung zu → Heroin.

Acetyl-LSD: Name eines → LSD-Abkömmlings, dessen Wirkungen und Nebenwirkungen im Wesentlichen denen des LSD entsprechen.

Acetyl-Methadol: Name eines → Methadon-Abkömmlings, der zur → Substitutionsbehandlung eingesetzt wird und eine längere Halbwertzeit als Methadon hat. Dadurch muss das Medikament seltener gegeben werden; der Nachteil ist die schlechtere Steuerbarkeit.

Achuma: Bezeichnung für ein berauschendes Getränk, das aus → Aguacolla hergestellt wird.

Acid: **1.** Engl. = Säure, Szeneausdruck für → LSD, einen Abkömmling der Lysergsäure. **2.** Stilrichtung aus dem Bereich → Techno, die durch die Verwendung des Drumcomputers Roland TB 303 gekennzeichnet ist. Sowohl Herstellung wie auch Konsum dieser → Musik sollen nicht selten in den Anfängen mit der Einnahme von LSD in Verbindung gestanden haben. Je mehr diese Musik ihren Subkulturcharakter verloren hat, desto weniger eng ist der Zusammenhang mit LSD geworden.

Acid Freak: Szeneausdruck für einen → LSD-Konsumenten, bei dem der Konsum bereits deutliche Veränderungen der Persönlichkeit bewirkt hat. Acid-Freaks sind oft zerfahren, ungepflegt, körperlich abgewirtschaftet und reden wirr (→ Abbau).

Acid Head: Szeneausdruck für → LSD-Konsument.

Acid House: Bezeichnung für eine Musikrichtung, deren Entstehung eng mit der Einnahme von → LSD und anderen → Halluzinogenen verknüpft war. Ein Gerücht besagt, dass im Warehouse Club in Chicago, der Geburtsstätte der House-Musik, Anfang der achtziger Jahre LSD in die Klimaanlage eingefüllt worden sein soll, um die Gäste lockerer zu machen. Acid House ist gekennzeichnet durch die »blubbernden und quirlenden Klänge des Baßcomputers Roland TB 303« (Techno-Lexikon, Schwarzkopf & Schwarzkopf, S. 37), wodurch die Stücke etwas surreal Wirkendes bekommen, das der Rauschwirkung von LSD nicht unähnlich ist.

Acid Jazz: Musikrichtung, die Elemente des → Jazz mit der von → Acid House kombiniert. Obwohl sowohl Jazz wie auch Acid House in ihren Anfängen eng mit der Einnahme von → Halluzinogenen einschließlich → Cannabis verbunden waren, spielen diese → Drogen bei der Entstehung von Acid Jazz keine wesentliche Rolle mehr. In den achtziger und neunziger Jahren des zwanzigsten Jahrhunderts war die durch DJ Gilles Petersen ins Leben gerufene Musikrichtung Acid Jazz sehr populär. Viele wichtige Tracks erschienen auf seinem Label »Talking Loud«.

Acid Junkies: **1.** Szeneausdruck für Personen, die von der Einnahme von → LSD psychisch abhängig sind. **2.** Name eines DJ-Duos aus Eindhoven.

Acid Rock: Musikrichtung, die sich in den sechziger und siebziger Jahren des 20. Jhs. parallel zu einem damals hohen → LSD-Konsum entwickelte. Die Kompositionen des Acid Rock sind meist eher ungeordnet mit langsamem Rhythmus und einer Neigung zur Theatralik.

ack-ack: Szeneausdruck für eine besondere Konsumform des → Heroins, bei der die → Droge auf eine senkrecht nach oben gehaltene → Zigarette gestreut und dann geraucht wird.

Ackermagen: Weitere Bezeichnung für → Kalmus.

ackern: Szeneausdruck für »sich prostituieren«.

Ackerschachtelhalm (Equisetum arvense) wird in der Naturmedizin nicht nur gegen Durchfall eingesetzt, er soll auch psychoaktive Wirkung haben. Letztere beruht aber wahrscheinlich eher auf der Einbildungskraft der Konsumenten als auf physiologisch wirksamen Substanzen.

Ackerwurz: Weitere Bezeichnung für → Kalmus.

Acne rosacea: Bezeichnung für entzündliche Hautveränderungen, die bei Alkoholabhängigen gehäuft vorkommen.

AC 17: Name eines synthetischen Adrenalinabkömmlings, der → Halluzinationen hervorruft.

Actiq: Handelsname von Lutschtabletten, die das → Opiat → Fentanyl in unterschiedlicher Dosis enthalten.

AD: Szeneausdruck für einen Drogensüchtigen. Kommt von engl. addicted = einer Sache voll und ganz verfallen sein.

A.D.C.: Abk. → Anti Drug Coalition.

Adam: Veralteter Szeneausdruck für MDMA, das man heutzutage als → Ecstasy kennt.

Adam-kökü: Weitere Bezeichnung für → Alraune.

Adaptionsphase heißt übersetzt Anpassungsphase. Sie bezeichnet die letzte Phase einer → Entwöhnungsbehandlung, in der der Patient schrittweise lernen soll, sich in Suchtmittel-freiem Zustand (→ Abstinenz) an das Leben außerhalb der Klinik zu gewöhnen. Während einer Adaptionsphase finden meist Berufspraktika statt; auch das Erlernen von Freizeitaktivitäten ohne Suchtmittelkonsum und der Aufbau von Beziehungen zu nichtabhängigen Personen spielen eine wichtige Rolle.

Additive bezeichnen Zusatzsstoffe, die ursprünglich in einem Rohstoff nicht vorhanden sind. Die Tabakindustrie benutzt eine Vielzahl von Additiven, um Wirkung, Geschmack, aber wohl auch, obwohl das stets dementiert wird, um das → Abhängigkeitspotenzial und damit die Kundenbindung zu erhöhen. Die Liste der bei → Tabak zugelassenen Additive umfasst mehrere hundert Substanzen. Wer keine Additive inhalieren möchte, hört entweder mit dem Rauchen auf oder aber raucht Biotabak.

ADH: Abk. für Alkoholdehydrogenase, ein Enzym, das wesentlich am → Alkoholabbau beteiligt ist. Manche Medikamente wie → Benzyl-Senföl hemmen die ADH und senken dadurch die Alkoholtoleranz. Zudem ist die Ausstattung mit ADH von Mensch zu Mensch unterschiedlich. Dadurch erklärt sich u.a., warum manche Menschen nach Alkoholkonsum unterschiedlich starke Beschwerden (→ Kater) entwickeln. Menschen mit wenig ADH werden zudem seltener alkoholabhängig.

Adrenalin wird im Körper von der Nebenniere gebildet. Es dient – im Wechselspiel mit anderen Botenstoffen – u.a. der Regulation des Herz-Kreislauf-Systems, aber auch der Verhaltenssteuerung, z.B. in Flucht- und Kampfsituationen. Adrenalin ist außerdem ein Medikament, das u.a. bei Drogennotfällen eingesetzt wird. Bei Schock und bei → Herzstillstand wird es per Spritze oder über eine Infusion gegeben. Es führt zur Verengung der Gefäße in Armen und Beinen. Adrenalin stimuliert zudem das Herz. Meist wird es in Verbindung mit anderen Reanimationsmaßnahmen angewandt. Drogen mit stimulierender Wirkung (→ Stimulanzien) haben oft eine erhöhte Adrenalinausschüttung zur Folge.

Adumbran: Handelsname eines mittellang wirksamen → Benzodiazepins, das zur Behandlung von → Angst und Erregungszuständen sowie zur Behandlung von Schlafstörungen eingesetzt wird. Inhaltsstoff ist Oxazepam. Leider wird es oft zu lange gegeben, die Entwicklung einer psychischen und physischen → Abhängigkeit kann rasch erfolgen. In der Drogenszene wird das Medikament gelegentlich als → Downer gehandelt.

Affe: Szeneausdruck für → Entzugserscheinungen. »Einen Affen haben« oder »einen Affen schieben« heißt, dass der Betreffende unter Entzugserscheinungen leidet.

Affekt: Medizinischer Ausdruck, der in etwa dem umgangssprachlichen Ausdruck »Gefühl« entspricht. Dazu gehören z.B. Freude, → Angst, Wut oder Trauer. Die meisten → Drogen verändern den Affekt; bei chronischer Einnahme nehmen Störungen des Affektes in Richtung größerer Angst und schlechterer Stimmung zu. → Halluzinogene und hier insbesondere → Cannabis können ebenso wie → Benzodiazepine zu → Affektverflachung führen.

Affekthandlung: Handlung, die überwiegend durch das Gefühl, auch Affekt genannt, und nicht durch den Verstand gesteuert ist. In der Regel ist eine Affekthandlung durch → Aggressivität geprägt. Meist werden Affekthandlungen von Menschen begangen, die nur unzureichend in der Lage sind, ihre Gefühle wahrzunehmen und ihr Verhalten danach auszurichten. Bei Süchtigen ist dies oft der Fall. Lange Zeit »schlucken sie ihren Ärger herunter«, d.h., sie lassen ihrem Ärger keine angemessenen Taten folgen, um ihn dann im Rahmen einer Affekthandlung plötzlich und unangemessen zu entladen. Der Mord am Partner ist – wenn er nicht aus finanziellen Motiven heraus begangen wird – oft eine Affekthandlung. Das Vorliegen von Persönlichkeitsstörungen erhöht die Wahrscheinlichkeit von Affekthandlungen ebenso wie die Einnahme von → Stimulanzien und → Alkohol und anderer enthemmender Suchtmittel.

Affektverarmung ist ein Ausdruck, der weitgehend synonym mit → Affektverflachung verwandt wird.

Affektverflachung ist die Bezeichnung für einen langsamen Abbau der Fähigkeit, Gefühle (auch → Affekt genannt) zu erleben. Affektverflachung ist bei vielen → Süchtigen zu beobachten. Besonders häufig ist sie bei → Kiffern und → Benzodiazepin-Abhängigen. Nach außen sichtbar wird sie an einer individuell unterschiedlich ausgeprägten »Scheißegal-Haltung«. Nicht immer ist diese nach der Umstellung auf eine suchtmittelfreie Lebensführung vollständig umkehrbar.

Afghane: Szeneausdruck für eine dunkle → Cannabis-Sorte aus → Afghanistan. Auch schwarzer Afghane genannt.

Afghanistan ist einer der größten Drogenproduzenten der Welt. Das in Europa verkaufte → Heroin stammt zu fast 90 % von dort. Geschmuggelt werden die → Drogen über die Türkei und osteuropäische Länder.

Afjum: Ägyptische Bezeichnung für → Opium.

Afrikanische Juckbohne: → Juckbohne, afrikanische.

After E: So genannte → Smart Drug, die aus Aminosäuren, Vitaminen und Mineralstoffen besteht. After E gilt als Nahrungsergänzungsmittel und soll dem Körper helfen, sich nach dem Konsum von → Ecstasy zu erholen (daher der Name). Die Darreichungsform reicht von Kapseln hin zu Pulvern und → Tees. After E hält nicht, was es verspricht. Es ist lediglich eine neue Masche, unbedarfte → User um ihr Geld zu bringen.

After Hour: Szeneausdruck für Partys, die sich nach durchgetanzter Nacht an die eigentliche Party anschließen. After Hours gehen vom frühen Morgen (ca. 6.00 h) bis zum späten Nachmittag. Manche → Raver stehen frühmorgens extra für die After Hour auf. Ein Teil der Raver aber nimmt wach machende → Drogen wie → Ecstasy, → Amphetamine oder → Kokain, um nach der nächtlichen Party auch noch die nachfolgende After Hour mitmachen zu können.

After-Hour-Eule: Szeneausdruck für einen übermüdet aussehenden Partygänger mit großen schwarzgeränderten Augen, der sich nach der eigentlichen Party in der Regel durch die wenig gesundheitsfördernde Einnahme von → Drogen durch die → After Hour schleppt.

After-Image: Szeneausdruck für Nachbilder von Objekten, die nach Einnahme von → Halluzinogenen auftreten können. Der Konsument sieht dann noch Dinge, die sich längst aus seinem Blickfeld entfernt haben. Es handelt sich um Störungen auf Ebene der Sinneswahrnehmung – im Unterschied zu → Halluzinationen wird aber etwas tatsächlich Vorhandenes wahrgenommen (nur eben zeitverzögert).

Afterglow: Szeneausdruck für lang anhaltende, sanft ausklingende Rauschzustände, die durch lang wirksame → Halluzinogene ausgelöst wurden.

Afyun: Bezeichnung der Araber für → Opium.

Agara: Die Rinde und die Blätter des Agara (Galbulimia belgraveana) werden von einigen Eingeborenen Papua-Neuguineas wegen der halluzinogenen Wirkung als → Droge konsumiert. Agara wird dabei mit einer Homalomena-Art vermischt als Teeaufguss eingenommen. Der eigentliche psychoaktive Wirkstoff von Agara ist bislang nicht bekannt.

Age: Szeneausdruck für → Heroin. Es handelt sich um die engl. → Aussprache des Buchstaben »H«, dem Anfangsbuchstaben der → Droge.

Ageing-out: Gleichbedeutend mit → Herauswachsen aus der Drogensucht. Dahinter steht die mittlerweile unbestrittene Tatsache, dass eine große Zahl von Süchtigen ohne fremde Hilfe irgendwann ihren Konsum reduziert oder einstellt. Sogar bei → Heroin- und → Kokain-Abhängigen kennt man diesen Effekt. Unklar ist die Größenordnung dieses Phänomens. Manche Autoren halten es sogar für möglich, dass die Mehrzahl der Drogenabhängigen – sofern sie nicht versterben, eine Psychose entwickeln oder → Abbauerscheinungen entwickeln – diesen Weg geht.

Aggravation: Absichtliche und zielgerichtete Übertreibung von Krankheitssymptomen, die bei Süchtigen oft zu beobachten ist. Ziel ist es, mehr Medikamente mit → Suchtpotenzial vom Arzt verschrieben zu bekommen. Manchmal geht es den in der Regel vereinsamten Süchtigen auch darum, durch die Aggravation mehr Zuwendung von Angehörigen, Sozialarbeitern, Psychologen oder Ärzten zu erlangen.

Aggressivität bezeichnet ein Verhalten, das der Erreichung von individuellen Interessen des Individuums und der Abwehr von Gefahren dient. Aggressivität ist grundsätzlich ein natürlicher Bestandteil der menschlichen Kommunikation.

Bei Suchtmittelkonsumenten kann Aggressivität aber oft ein unnatürlich hohes Maß annehmen. Alle → Stimulanzien, wie z.B. → Amphetamine oder → Kokain, erhöhen die Aggressivität. Zudem senken die meisten → Drogen die Hemmschwelle und erhöhen damit – allerdings in individuell sehr unterschiedlich ausgeprägter Form – zusätzlich die Wahrscheinlichkeit für unangemessen aggressives Verhalten. Meist gegenläufig wirksam sind → Halluzinogene, die durch die Unordnung, die sie im Kopf bewirken, eher aggressivitätsdämpfend wirken. Geradezu klassisch findet man eine Aggressionsreduktion bei chronischen → Kiffern. Bei dieser Konsumentengruppe liegt i.d.R. eine mehr oder weniger ausgeprägte → Affektverflachung vor. Bei durch Halluzinogene ausgelösten Angstzuständen kann die Aggressivität aber erhöht sein, wenn der Betreffende sich bedroht fühlt. Da chronische Alkohol- oder Drogeneinnahme mit Verschlechterung der Stimmung und erhöhter Reizbarkeit verbunden ist, nimmt auch dadurch die Aggressivität zu.

Aguacolla: Bezeichnung für eine Kakteenart (Trichocereus pachanoi), die von den Indianern Boliviens, Ecuadors und Perus zur Berauschung eingesetzt wird. Das

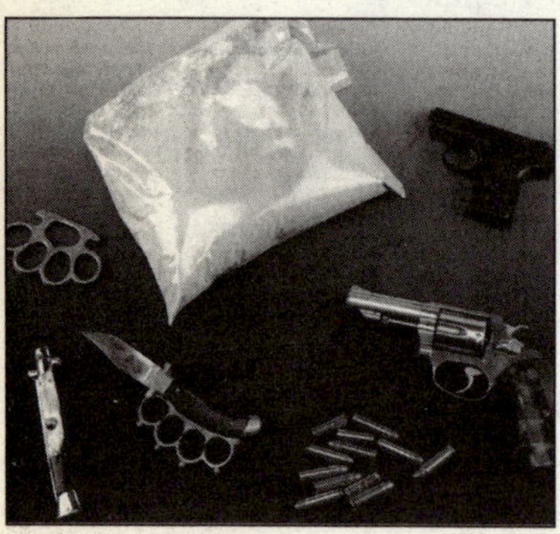

Aggressivität – Handwerkszeug aus der Drogenszene

daraus zubereitete Getränk heißt Achuma. Wirkstoff scheint vor allem → Meskalin zu sein. Weitere Bezeichnungen sind San Pedro und Gigantón.

A-Head: Szeneausdruck für → Amphetamin-Abhängigen.

AIDS ist die Abk. für das Aquired Immun Deficity Syndrom, das durch Stämme des HIV-1- und des HIV-2-Virus hervorgerufen wird. Das HIV-Virus, ein so genanntes Retro-Virus, befällt u.a. bestimmte Zelltypen von weißen Blutkörperchen und schwächt damit die Abwehrfähigkeit des Körpers gegen Infekte. Die Übertragung erfolgt vor allem über Blut und Sperma. Ungeschützter Geschlechtsverkehr (→ Beschaffungsprostitution, → Stricher) und das gemeinsame Verwenden von Nadeln bei intravenösem Drogenkonsum (→ Needle Sharing) stellen mögliche Infektionsquellen dar. Eine Übertragung des Virus findet leichter statt, wenn die Schleimhaut, z.B. durch Geschlechtskrankheiten, bereits vorgeschädigt ist, was bei dem Lebenswandel von Drogensüchtigen häufiger vorkommen dürfte.

Auch wenn das Thema mittlerweile fast aus den Medien verschwunden ist, die AIDS-Gefahr ist noch lange nicht gebannt. Jedes Jahr infizieren sich nach Angaben des Robert-Koch-Institutes in Deutschland 2000 bis 2500 Menschen neu mit dem HIV-Virus und das, obwohl die Infektionswege weitgehend bekannt sind. Für das Jahr 2001 werden ca. 700 AIDS-Neuerkrankungen benannt und ca. 600 Todesfälle an AIDS allein in Deutschland. Homosexuelle stellen mit 50 % unverändert die Hauptrisikogruppe dar, aber auch Drogenkonsumenten, die sich ihre → Drogen spritzen, gehören nach wie vor zu den Hochrisikogruppen. In Deutschland lebten 2003 etwa 43 000 HIV-Infizierte, davon 5000 mit dem Vollbild AIDS. Wegen der Tatsache, dass Infizierte nach Ansteckung viele Jahre weiterleben, ist mit einem weiteren Ansteigen der Prävalenz zu rechnen.

Die Tendenz, beim Geschlechtsverkehr Kondome zu benutzen, ist in den letzten Jahren wieder gesunken. Erkennbare Auswirkung ist neben der Erhöhung der Neuinfektionen mit HIV auch die Zunahme von Syphilis und Gonorrhöe. Ungeschützter Geschlechtsverkehr, z.B. bei Beschaffungsprostitution, bleibt unvermindert ein Ansteckungsrisiko. Laut einer Studie der Bundeszentrale für gesundheitliche Aufklärung wissen zwar die meisten Jugendlichen, wie sie sich vor einer Infektion schützen können. Die Umsetzung des theoretischen Wissens in die Praxis lässt aber bei vielen zu wünschen übrig (→ Prävention).

Was viele verdrängen oder nicht wissen: Es gibt zwar Medikamente gegen den HIV-Virus, bislang ist aber keine Heilung von AIDS möglich.

Gängige Medikamente gegen das HIV-Virus zielen darauf ab, die HI-Protease, ein Enzym, das das Virus zur Vermehrung benötigt, zu hemmen. Dadurch kann der Krankheitsverlauf gebessert werden. Bislang ungelöstes Problem bei dieser Behandlung ist, dass das Virus durch Neumutationen andere Proteasen herstellen kann, gegen die die Medikamente nicht so gut wirken. In den USA arbeiten Wissenschaftler an einer Therapie gegen AIDS, die andere Wege geht. Die in der Fachzeitschrift »Nature Medicine« vorgestellte Behandlungsmethode hat nicht nur die Hemmung der Protease, sondern die selektive Zerstörung der infizierten Zellen zum Ziel. Dazu setzen sie ein Eiweiß ein, Kaspase-3 genannt, das bei Anwesenheit des Virus in der Zelle zum programmierten Zelltod führen soll. Anschließend injizierten die Forscher T-Killer-Zellen, die sie dem Patienten zuvor entnommen und dann gentechnisch verändert hatten. Diese T-Killer-Zellen sollten infizierte T-Helfer-Zellen in den Lymphknoten der erkrankten Patienten abtöten. So zumindest in der Theorie. Bei den drei bislang behandelten HIV-Infizierten war eine Wirkung der Therapie nur von kurzer Dauer. Die Gründe dafür sind unklar. Informationen zum aktuellen Stand gibt es z.B. unter www.aidshilfe.de.

Akinese: Medizinischer Fachausdruck für eine Bewegungslosigkeit, die bei → Psychosen vorkommt, aber auch durch → Drogen ausgelöst sein kann.

Akineton: Handelsname eines Medikamentes, das gegen das Parkinson-Syndrom, bestimmte körperliche Nebenwirkungen von → Neuroleptika, bei Nikotinvergiftungen und Organophosphatvergiftungen eingesetzt wird. Inhaltsstoff ist Biperiden. Akineton gibt es als schnell wirkende und als Retard-Form in Tablettenform und als Injektionslösung. Weil es in höherer Dosierung euphorisierend wirkt, wird es in der Drogenszene auch als Rauschmittel verwendet. Insbesondere bei der Behandlung von drogeninduzierten Psychosen sollte es deshalb zurückhaltend und nur in der Retardform (die weniger → »törnt«) eingesetzt werden.

Aktinin: Handelsname eines Medikamentes, das Methylphenidat enthält und zur Behandlung des hyperkinetischen Syndroms eingesetzt wird. Missbräuchlich wird es als → Speed gehandelt.

Aktionsplan Drogen und Sucht: Name eines Ende 2003 von der Drogenbeauftragten der Bundesregierung herausgegebenen Dokumentes, das auf den Ergebnissen der Gesundheitsministerkonferenz von 1997 beruht und das in enger Abstimmung mit den Bundesländern erstellt wurde. Der Aktionsplan stellt die Drogenpolitik der rot-grünen Regierung im Detail dar. Besonderer Wert wird auf → Prävention gelegt. In Abgrenzung vom »Nationalen Rauschgiftbekämpfungsplan« der Vorgängerregierung sehen die Verfasser des Aktionsplanes den Fortschritt ihres Dokumentes u.a. darin, dass sie mehr auf die Risikogruppen der Kinder aus suchtkranken Familien, auf junge Aussiedler und auf → Partydrogen-Konsumenten eingehen. Der Aktionsplan Drogen und Sucht kann über www.bmgs.bund.de oder per Telefon über 0180/51 51 51 0 kostenlos angefordert werden.

Akupunktur: In der → Entzugs- und → Entwöhnungsbehandlung von Abhängigen wird auch Akupunktur eingesetzt. Laut einer Untersuchung von Arthur Margolin (Yale-Universität), die in »Archives of Internal Medicine« 2000 veröffentlicht wurde, lässt sich Akupunktur gut mit anderen in der → Entzugsbehandlung eingesetzten Methoden kombinieren. Die akupunktierten Patienten blieben nach dem Entzug zu etwa 50 % → clean, während in der Kontrollgruppe nur etwa jeder Vierte bis Zehnte → abstinent blieb. Obwohl weitere Untersuchungen über die Wirksamkeit der Akupunktur noch ausstehen, ist dies ein möglicher Hinweis darauf, dass das nebenwirkungsarme Instrument der Akupunktur weitere Verbreitung in dieser Indikation finden könnte. Eine Studie der Friedrich-Schiller-Universität Jena (Anaesthesia & Analgesia 2004; 98; 141–147) wies im Doppelblindversuch in Narkose eine immerhin leichte analgetische Wirkung der Akupunktur nach. Da viele Suchtstoffe, insbesondere → Opiate, zu einer Herabsetzung der Schmerzempfindlichkeit im nüchternen Zustand führen, könnte eine schmerzlindernde Wirkung der Akupunktur vielleicht kompensatorisch wirken. Da die Jenaer Studie nicht an Süchtigen durchgeführt wurde, ist allerdings offen, ob die Ergebnisse überhaupt übertragbar sind.

Akutbehandlung: Der Begriff ist nicht eindeutig definiert. Das Sozialgesetzbuch kennt ihn z.B. nicht. Wenn er in Publikationen auftaucht, so ist i.d.R. unklar, ob damit → Entzugsbehandlungen oder → Entwöhnungsbehandlungen gemeint sind. Oft werden therapeutische Konzepte damit beschrieben, die anfänglich einer Entzugsbehandlung entsprechen, die dann aber rehabilitativen Charakter annehmen. Da das Kostenübernahmeverfahren über die Krankenkasse einfacher ist als über den Rentenversicherungsträger, wird von Klinikseite manchmal versucht, die Gesamtkosten derartiger »Akutbehandlungen« über die Krankenkasse erstattet zu bekommen. Diese ist für den Bereich der Rehabilitation aber meist gar nicht zuständig. Probleme bei der Kostenübernahme sind damit vorprogrammiert. Da Entzugsbehandlungen und Entwöhnungsbehandlungen in unterschiedlicher Kostenträgerschaft erfolgen, sollte der Begriff »Akutbehandlung« grundsätzlich vermieden werden.

Akzept e.V.: Name eines Vereins, der sich für → akzeptierende Drogenarbeit einsetzt (Näheres unter www.akzept.org).

akzeptierende Drogenarbeit: Bei der a. D. geht man davon aus, dass dem Klienten »so, wie er ist, geholfen wird« (→ niedrigschwellige Angebote, → Safer Use, → Harm-Reduction). Eigentlich ist das eine Selbstverständlichkeit im Rahmen jeder Therapie. In der Drogenarbeit aber bedeutet akzeptierende Arbeit auch, dass mit → Klienten gearbeitet wird, wenn sie weiterhin → Drogen nehmen. Das → Abstinenzprinzip, das lange Jahre die → Drogenhilfe bestimmte, wird von Befürwortern akzeptierender Drogenarbeit in Frage gestellt. Ziel der akzeptierenden Drogenarbeit ist es, die Risiken des Drogenkonsums möglichst gering zu halten. Problematisch ist, dass akzeptierende Drogenarbeit oft am Rande oder gar jenseits der Legalität arbeitet (→ Drug checking). Ein wichtiges Ziel der → Resozialisation, nämlich das Akzeptieren von gesetzlich (z.B. durch das → Betäubungsmittelgesetz) vorgegebenen Grenzen, wird mit akzeptierender Drogenarbeit nur schwer erreichbar sein. Therapeuten bewegen sich hier schnell in juristischen Grauzonen.

Al-Anon: Name von in größeren Städten vertretenen, selbstorganisierten Selbsthilfegruppen für Angehörige von Suchtkranken. Al-Anon-Gruppen gibt es in über 100 Ländern. Informationen im Netz erhält man über www.al-anon.de.

ALA-10: Name eines synthetischen → Halluzinogens, dessen chemische Struktur → LSD-ähnlich ist.

Alateen: Name von Einrichtungen, die Selbsthilfegruppen für Kinder von Suchtkranken anbieten.

Alcoholics anonymous: Name einer Selbsthilfegruppe für Alkoholiker. In Deutschland heißen diese Gruppen → Anonyme Alkoholiker.

Alcokey: Name eines Systems, das in Schweden entwickelt wurde und das verhindern soll, dass jemand unter Alkoholeinfluss ein Kraftfahrzeug bewegt. Der Fahrer muss, sofern Alcokey installiert ist, zunächst über einen Atemtest nachweisen, dass er nüchtern ist; ansonsten startet das Auto nicht (→ Fahrerlaubnisverordnung, → Fahrtüchtigkeit, → Führerscheinentzug).

Alcopops: Bezeichnung für alkoholhaltige Mischgetränke, die seit Anfang des neuen Jahrtausends ein zunehmendes Problem darstellen. Das Mischen von → Alkohol mit süßen, den Geschmack des Alkohols überdeckenden Brausen ist nicht neu. Berliner Weiße wird seit langem mit Sirup gesüßt, Bier mit Cola gemischt oder mit Limo (= Radler, Alsterwasser, Krefelder). Relativ neu ist, dass die Mischgetränke fertig gemischt auf den Markt kommen als so genannter Premix. Sie enthalten meist 5 bis 6 Promille Alkohol und darüber hinaus weitere Inhaltsstoffe (→ Additive), die aber in der Regel nicht im Detail angegeben werden (Zutatenverzeichnis). Verkauft werden Alcopops in Flaschen, Dosen und Tuben in Mengen von 0,275 l bis 0,5 l. Durch die bereits ab Werk hergestellten Kombinationen von Limonaden und Cola mit Alkoholika, wie z.B. Wodka oder → Bier, wird der Alkohol geschmacklich so verändert, dass er auch von jüngeren Konsumenten gern getrunken wird. Alcopops schmecken fast wie Limo. Die Industrie experimentiert mit ständig neuen Mischungen, u.a. auch mit Milch, Wein oder Kräutern. Letztere werden von den Jugendlichen auch »Viagrapops« genannt. Wenngleich Alcopops bereits seit 1995 auf dem Markt sind, so sind sie erst seit etwa 2003 durch die deutlich ansteigenden Konsumentenzahlen in der öffentlichen Diskussion. Der Jahresbericht der Europäischen Beobachtungsstelle für Drogen und Drogensucht (EBDD) stellte im Oktober 2003 eine erhebliche Zunahme des Alkoholkonsums unter Jugendlichen in vielen europäischen Ländern fest. Die Bundeszentrale für gesundheitliche Aufklärung hat eine repräsentative Wiederholungsbefragung zu Bekanntheit und Konsum und zum Kauf von Alcopops durchgeführt. Die Ergebnisse der Untersuchung sowie die Zusatzbefragung bei 14- bis 17-jährigen Jugendlichen sind dramatisch. Das Jugendschutzgesetz wird bei Abgabe von Alcopops nicht mit der nötigen Konsequenz beachtet. Auch für unter 16-Jährige ist es in der Regel kein Problem, an diese legale Droge zu gelangen (siehe Stiftung Warentest, test Nr. 3, 2004, S. 20). Bereits ein Drittel aller 15-Jährigen war nach einer Untersuchung von Currie bereits mehr als zweimal betrunken, obwohl sie rein rechtlich noch gar keinen Alkohol hätten konsumieren dürfen (→ Jugendalkoholismus). Die Folge ist, dass über den Weg der Alcopops viele junge Menschen an den Alkohol erst herange-

Alcopops gehören nicht in Kinderhände

führt werden; dem Jugendalkoholismus wird Vorschub geleistet (→ Alkoholismus).

Eine 275-ml-Flasche Alcopops enthält etwa 12 Gramm Alkohol und damit mehr als ein 0,2-l-Glas Bier, ein 0,1-l-Glas Wein oder ein 0,02-l Glas Schnaps. Viele Jugendliche setzten Alcopops gezielt ein, um sich zu berauschen. Allerdings wissen die wenigsten, welche großen Mengen Alkohol sie mit diesen harmlos schmeckenden Getränken tatsächlich aufnehmen (immerhin etwa einen doppelten Schnaps pro Flasche). Die Werbung für Alcopops zielt genau auf jüngere Konsumenten. Dahinter steht eine für viele Jugendliche wichtige Abgrenzungsstrategie von der Alkohol-Produktpalette der Erwachsenen, die den Konsum in dieser besonderen Zielgruppe zusätzlich fördert. Dazu gehören auch die Versuche, gänzlich neue trendige Verpackungen zu etablieren, z.B. Alcopops aus der Tube (Go-Wodka Drink). 90 % aller 16-Jährigen haben bereits Erfahrung mit Alkohol. Die Bundeszentrale für gesundheitliche Aufklärung (BZgA) warnt aufgrund einer Repräsentativerhebung, die Ende 2003 durchgeführt wurde, dass die Altersgruppe der 14-bis 29-Jährigen im Vergleich zu 1998 sechsmal so häufig Alcopops konsumiert. Tranken 1998 lediglich neun Prozent dieser Altersgruppe die Premixe, so waren es 2003 bereits 42 Prozent. Noch ist allerdings unklar, inwieweit sich dadurch die Zahl der Alkoholabhängigen erhöht.

Um den Verkauf einzudämmen, haben Frankreich 1997 und 2003 auch die Schweiz eine Sondersteuer eingeführt. In Frankreich hat sich der Verkaufspreis nach Einführung der Steuer verdoppelt; die Alcopops sind seitdem auf dem Markt deutlich rückläufig. In Deutschland wird ab 01.07.04 eine Sonderabgabe auf Alcopops erhoben. Ob derartige Schritte Erfolg haben, muss allerdings bezweifelt werden, solange andere Alkoholika unter Missachtung des Jugendschutzes den Weg in die Hände von Jugendlichen finden. Hier wäre wahrscheinlich eine strengere Anwendung der Jugendschutzbestimmungen mit unmittelbarer Bestrafung von Verstößen dagegen zielführender. Eine Alternative wäre eine generell erhöhte Steuer auf alle Alkoholika. Eine vom Autor bei Fachleuten durchgeführte (nicht repräsentative) Umfrage ergab, dass diese eher keinen messbaren Effekt erwarten. Argument: Früher haben die Jugendlichen sich selbst die Cocktails gemischt, heute kaufen sie sie abgepackt. Das Problem sei die generelle Verfügbarkeit des Alkohols für junge Leute, nicht die Alcopops.

Alfentanil: I.v. Narkosemittel, das als Rapifen-Injektionslösung in Deutschland auf dem Markt ist und das dem → Betäubungsmittelgesetz unterliegt. Alfentanil ist ein → Opioid.

Alkaloide: Alkalisch reagierende Gruppe von chemischen Verbindungen, die in vielen Pflanzen (sog. → Nachtschattengewächsen) vorkommt und oft nicht nur eine halluzinogene Rauschwirkung hat, sondern dadurch auch hochgradig giftig ist. Alkaloide finden sich z.B. in → Alraune, → Koka, → Tabak und → Tollkirsche.

Alkohol, genauer Ethylalkohol = C_2H_5OH, ist eine legale → Droge und unterliegt nicht dem → BtMG. Über 90 % aller Bundesbürger haben Erfahrungen mit Alkohol, rund ein Drittel trinkt regelmäßig. Wie viele dieser regelmäßigen Trinker alkoholabhängig sind, ist umstritten. Studien wie die TACOS-Studie gehen von einem hohen Anteil aus. Die → DHS schätzt, dass fast 10 Millionen Deutsche gefährlich viel Alkohol trinken, von denen wiederum etwa 1,6 Millionen alkoholabhängig sind. Im → Aktionsplan Drogen und Sucht ist von »neun Millionen Bundesbürgern mit gravierenden Alkoholproblemen« die Rede. Man vermutet, dass allein in Deutschland jedes Jahr über 40 000 Menschen an den Folgen ihres Alkoholkonsums versterben. Alkohol ist eine der wichtigsten Ursachen für geistige Behinderung: Jedes Jahr kommen über 2000 Neugeborene alkoholgeschädigt mit einer so genannten → Alkoholfetopathie zur Welt.

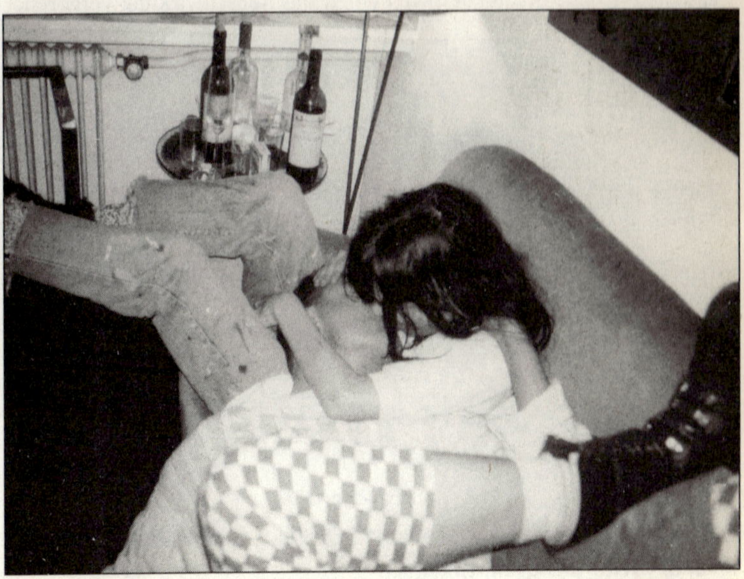

Alkohol enthemmt und hebt die Stimmung

Der besonderen Schutzwürdigkeit von Kindern und Jugendlichen soll durch das → Jugendschutzgesetz Rechnung getragen werden. Unter 16 Jahren ist der Genuss von Alkohol in der Öffentlichkeit grundsätzlich untersagt. Jugendliche von 14 bis 16 Jahren dürfen nur in Begleitung eines Erwachsenen → Bier, Wein oder Sekt trinken. Ab 16 Jahren ist der Konsum von → Bier und Wein erlaubt. Stark alkoholhaltige Getränke, z.B. → Branntwein, dürfen nicht an Personen unter 18 Jahren abgegeben werden. Leider werden die Vorschriften des Jugendschutzgesetzes oft nicht beachtet; es ist für Jugendliche kein Problem, auch an hochprozentigen Alkohol zu kommen (→ Alcopops).

Die berauschende Wirkung des Alkohols ist nicht nur den Menschen bekannt. Jedes Jahr berauschen sich z.B. Elefanten gezielt mit vergorenen Früchten der Borassus-Palme. Hier sind es – welche Parallele zum Menschen – überwiegend die jungen Elefantenbullen, die diese Früchte bis zum Vollrausch konsumieren. Auch andere Säugetiere, wie z.B. die syrische Springmaus, schätzen den Alkoholgenuss.

Der Name Alkohol stammt aus dem Arabischen. Das arabische Wort »alkuhl« heißt so viel wie »das Feinste vom Feinen«. Doch lange vor den Arabern war Alkohol bereits in menschlichem Gebrauch. Schon in vorgeschichtlicher Zeit nutzten Menschen die Rauschwirkung vergorener

Alkohol – seine positiven Wirkungen werden nicht nur in der Werbung gepriesen

Früchte. Nach Einführung des Ackerbaus wurden auch gezielt Pflanzensorten wie Wein oder Getreide angebaut, deren Früchte nicht nur zur Ernährung, sondern auch zur Herstellung von Alkohol dienten. Bereits vor 5000 Jahren beherrschten die Sumerer die Kunst des Bierbrauens. Beim Bau der Pyramiden wurde den Arbeitern Bier gegeben. Die Menschen konnten so die damit verbundenen Belastungen leichter ertragen, gleichzeitig diente das kalorienreiche Bier als billiges Nahrungsmittel. Dionysos, der Gott des Weines, wurde von den Griechen verehrt und römische Soldaten erhielten täglich Wein als Lohnersatz.
Suchtmittel werden oft mit religiösen Überzeugungen in Verbindung gebracht. Eng verbunden ist der Alkohol mit dem Christentum. Noah, sofern es ihn gegeben hat, ist wohl der erste geschichtlich dokumentierte Trinker überhaupt (1. Buch Mose, 9, 20-25). Bei den Christen symbolisiert Wein das Blut Christi. Mit dem Christentum verbreitete sich der Alkoholkonsum in aller Welt. Gebraut oder gekeltert wurde nicht selten in Klöstern. Das deutsche Reinheitsgebot hatte ursprünglich weniger die Gesundheitsfürsorge im Auge als vielmehr das Seelenheil der Trinker. Die früher dem Bier (und Wein) zugesetzten weiteren Drogen wie z.B. → Bilsenkraut (daher der Name Pils) waren ein Suchtmittel aus den heidnischen Kulturkreisen. Die Priester der Urreligionen in Mitteleuropa, von

Alkohol sediert und enthemmt

den Christenpriestern Hexen genannt, arbeiteten viel mit derartigen halluzinogenen Drogen. Somit war klar, warum der Gebrauch dieser von christlichen Kirchenführern nicht gern gesehen wurde. Es kam zu Hexenverfolgungen, die direkte Konkurrenz wurde ausgeschaltet. Mit ihr verschwanden die lokalen Drogen, die Leitdroge des Christentums setzte sich durch (→ Religion).
Suchtprobleme mit Alkohol in größerem Umfang traten erst mit dem Umbau der Gesellschaft im Zuge der Industrialisierung auf. Wenngleich die → Destillation schon seit dem Mittelalter bekannt war, nahmen erst mit der Industrialisierung hochprozentige Alkoholika an Bedeutung zu. Zum Teil wurden sie vom Arbeitgeber als Lohnersatz herausgegeben. Der Zweck war ähnlich wie bei den Sklaven im alten Ägypten. Die Arbeiter ertrugen leichter ihre Arbeitsbelastung und hatten gleichzeitig billige Nahrung in Form von Alkohol. Die Nebenwirkungen und Folgeerscheinungen wurden damals erheblich unterschätzt. Heute versuchen die meisten Arbeitgeber, den Alkoholkonsum ihrer Angestellten so niedrig wie möglich zu halten (→ Prävention). Der Grund dafür liegt auf der Hand. Alkohol verursacht enorme volkswirtschaftliche Schäden. Ca. 10 % der US-Amerikaner sind Alkoholiker; mindestens 2,5 Millionen Deutschen geht es genauso. Lag der Pro-Kopf-Verbrauch an reinem Alkohol 1950 in Deutschland bei 3,2 Liter, so sind es heute über 10 Liter. Im internationalen Vergleich nimmt Deutschland damit seit Jahren einen traurigen Spitzenplatz ein. Ungefähr ein Viertel aller Arbeitsunfälle geht auf Alkohol zurück. Alkoholkranke sind fast dreimal so oft krank wie Arbeitnehmer ohne Alkoholproblem. Man geht davon aus, dass bis zu einem Drittel der Betriebs- und Wegeunfälle auf Alkoholkonsum zurückzuführen sind (→ Punktnüchternheit). Alkoholabhängige bleiben 16-mal häufiger der Arbeit fern als andere Arbeitnehmer, sie sind 2,5-mal häufiger krank und fehlen auch nach Unfällen länger (wahrscheinlich aufgrund der geringeren Regenerationsfähigkeit des Kör-

Alkohol spielt in vielen Musikstücken eine Rolle

pers). Im Durchschnitt verursacht jeder einzelne Alkoholiker betriebswirtschaftliche Kosten von 10000 Euro pro Jahr. 17 Milliarden Euro Schaden verursachen allein die Fehlzeiten von Alkoholikern jedes Jahr in Deutschland.

Ein erheblicher Anteil der Verkehrsunfälle geht auf die Wirkung von Alkohol zurück. Nach einer Senkung der Promillegrenze von 0,8 Promille auf 0,5 Promille kam es 1999 im Vergleich zu 1998 zu einem Rückgang der alkoholbedingten Unfälle um 13 Prozent. Die Zahl der Toten verringerte sich sogar um 23 Prozent. Folgerichtig wäre nach diesen Ergebnissen die Einführung einer 0,0-Promillegrenze. Widerstände von Alkoholkonsumenten und der Alkoholindustrie werden diesen Schritt aber sicher noch eine geraume Zeit hinausschieben können.

Alkohol wirkt keimtötend und findet sich deshalb in Desinfektionsmitteln. In Alkohol lassen sich viele Medikamente besser lösen als zum Beispiel in Wasser. Deshalb enthalten viele Tropfen Alkohol als Trägersubstanz.

Als Genussmittel wird Alkohol oral in Form von Getränken aufgenommen. Meist handelt es sich dabei um vergorene Frucht- oder Getreidesorten, bei denen z.T. durch Destillation der Alkoholgehalt erhöht wird (→ Branntwein). Wirkstoff ist, wie schon erwähnt, Ethylalkohol, auch Ethanol genannt, ein giftiger Kohlenwasserstoff. Der Wirkstoffgehalt der alkoholischen Getränke ist schwankend und liegt zwischen ca. 4,6 % beim Bier und über 50 % bei Rum oder → Absinth.

Das körperliche und psychische → Abhängigkeitspotenzial ist mittelgradig. Alkohol ist ein beliebtes Rauschmittel, weil seine Wirkung gut steuerbar ist und weil er bei gelegentlichem maßvollen Konsum kaum nachteilige Folgen hat. In geringen Mengen wird Alkohol bereits im Magen aufgenommen, die überwiegende Aufnahme geschieht aber im Dünndarm. Bei leerem Magen erfolgt die Aufnahme schneller und vollständiger als bei vollem. Aufgrund der guten

Alkohol – (Illustration B. Hoppek)

Wasserlöslichkeit verteilt sich Alkohol schnell und gleichmäßig im Körper. Das Maximum des Blutalkoholspiegels wird nach ca. 1 bis 2 Stunden erreicht. Der Abbau des Alkohols erfolgt überwiegend in der Leber. In geringen Dosierungen wirkt Alkohol anregend, in höherer Dosierung dämpft er das zentrale Nervensystem. Alkohol wirkt im Gehirn auf verschiedene Rezeptoren, z.B. den → GABA-Rezeptor und den → NDMA-Rezeptor. Mit der Wirkung auf den GABA-Rezeptor wird die beruhigende Wirkung in Verbindung gebracht. Wahrnehmung und Bewusstsein werden in der Regel nicht so stark gestört wie z.B. bei → Halluzinogenen. Alkohol hat in höheren Dosierungen eine beruhigende, schlafanstoßende Wirkung und lindert Schmerzen. Früher wurde er deshalb bei operativen Eingriffen als Betäubungsmittel eingesetzt. Die Einnahme führt zu allgemeinem Wärmegefühl mit einem Zustand gesteigerten Wohlempfindens und gehobener Stimmung. Die Droge wirkt angstlösend. Die Kritikfähigkeit ist oft während des Rausches vermindert. Die auch zu beobachtende anregende, enthemmende Wirkung des Alkohols wird auf eine erhöhte → Dopamin-Ausschüttung zurückgeführt. Durch die enthemmende Wirkung des Alkohols wird der Kontakt zu anderen Personen – insbesondere wenn diese auch alkoholisiert sind – erleichtert. Zum Teil wird das enthemmte Verhalten aber auch als aufdringlich und unangemessen empfunden.
Bei einem Teil der Konsumenten führt Alkohol – wahrscheinlich als Folge der enthemmenden Wirkung – zu gesteigerter → Aggression. Ein nicht unwesentlicher Teil der Gewaltverbrechen, der Selbstverletzungen und der Selbstmordversuche wird unter Alkoholeinfluss begangen. Van Gogh zum Beispiel schnitt sich nach einem Streit mit Gauguin in alkoholisiertem Zustand das linke Ohr ab. Im französischen Lens prügelten 1998 alkoholisierte Hooligans den Gendarm Daniel Nivel fast zu Tode. Ca. 30 % aller → Selbstmorde und die Hälfte aller Morde werden unter Alkoholeinfluss begangen. Auch bei den Verkehrsunfällen mit Todesfolge spielt häufig Alkohol eine Rolle.
Alkohol wirkt nicht nur auf das Gehirn, sondern auch auf die Peripherie. Jede Körperzelle wird von ihm beeinflusst. Er erweitert die peripheren Gefäße. Dadurch kann es zunächst zu einer Erwärmung der Arme und Beine bei Kälte kommen, die im Winter meist als angenehm empfunden wird. Da die Wahrnehmung der Körpertemperatur gestört und die Blutgefäße zu weit gestellt sind, droht die Gefahr der Unterkühlung. So kommt es immer wieder zum Tod durch Erfrierung nach Alkoholkonsum im Winter.

Bei chronischem Alkoholkonsum verschiebt sich das Wirkungsspektrum. Die stimmungshebende Wirkung lässt nach. Was bleibt, ist der schlafanstoßende und enthemmende Effekt. Die Stimmung wird immer öfter gereizt-depressiv und kann stark schwanken. Bei meist verminderter Kritikfähigkeit kommt es bei Alkoholikern in der Folge häufig zu Konflikten. Soziale Probleme sind oft das erste Zeichen einer Alkoholkrankheit. Ständiger Streit mit dem Partner, Schwierigkeiten am Arbeitsplatz und zunehmende Fehlzeiten stellen sich ein. Es kann zur Ausbildung eines Teufelskreises – wie bei anderen Drogen auch – kommen. Nachlassende Leistungsfähigkeit und Belastbarkeit führen zu Schwierigkeiten auf der Arbeit und in der Partnerschaft. Entzugserscheinungen stellen sich ein, was wiederum dazu führt, dass der Betreffende sich mit Alkohol betäubt, um die Probleme und Entzugserscheinungen nicht ertragen zu müssen.
Eine Expertengruppe ermittelte 1998 im Auftrag des Bundesgesundheitsministeriums, dass allein in Deutschland etwa 8 Millionen Menschen Alkohol in gesundheitsschädlichen Mengen konsumieren (→ schädlicher Gebrauch). Obwohl von diesen 8 Millionen nur ein Teil alkoholabhängig ist, riskieren auch die anderen Konsumenten durch ihren Konsum Schäden und einen Tod vor der Zeit. Als gesundheitsschädlich gilt im Mittel für Männer ein täglicher Konsum von 40 g reinem Alkohol und für Frauen von 20 g. 40 Gramm Alkohol sind etwa ein Liter Bier, zwei Gläser Wein oder ein Glas Whisky. Je nach genetischer Ausstattung oder bei Vorliegen von anderen Erkrankungen, z.B. Diabetes oder → Gicht, können aber auch schon geringere Mengen Alkohol schaden.
Körperliche Schäden sind bei chronischem Konsum die Regel (→ Abbau). Alkohol kann bei

Hier ruht John Walker – Namensgeber des weltweit bekanntesten Whiskys

chronischem Konsum alle Organsysteme irreversibel schädigen, weil er den Körperzellen Wasser entzieht. Zudem raubt die Entgiftung des Alkohols dem Körper wichtige Vitamine. Das Risiko, an Krebs zu sterben, ist um ein Vielfaches erhöht. Ca. 40 000 Menschen sterben, wie oben bereits aufgeführt, in Deutschland Jahr für Jahr an den Folgen von Alkohol. Die Dunkelziffer dürfte weitaus höher liegen.

Alkohol schädigt das Nervensystem. Häufig sind Ausfälle des peripheren Nervensystems wie die Polyneuropathie. Das Tastempfinden der Hände ist dann meist gestört, die Patienten sind oft nicht einmal mehr in der Lage, Knöpfe zuzumachen. Auch das Gefühl in Füßen und Beinen kann gestört werden, Lähmungen sind möglich bis hin zur Gehunfähigkeit. Durch Absterben von Zellen des Kleinhirns kann die Koordination erheblich gestört werden. Der Gang wird – auch beim nichtbetrunkenen Patienten – unsicher-breitbeinig, feinere Arbeiten können nicht mehr verrichtet werden. Das Schriftbild wird unsicherer. Gleichzeitig werden auch die Zellen anderer Hirnteile angegriffen. Gedächtnisleistungen, Konzentrationsfähigkeit und intellektuelle Fähigkeiten lassen schleichend im Laufe der Jahre nach. Wahnhafte (→ Wahn) und psychoseähnliche (→ Psychose) Zustände können sich ausbilden. Chronische Alkoholiker zeigen nicht selten gesteigerte Eifersucht bis hin zum → Eifersuchtswahn. Auch Verfolgungswahn kann sich als Folge jahrelangen Alkoholkonsums entwickeln. Diese Gruppe von chronisch mehrfach geschädigten Alkoholkranken erfordert besondere Therapieangebote (→ CMA).

Alkohol schädigt dosisabhängig die Leber. Es kann bei regelmäßigem Alkoholkonsum zur Ausbildung einer → Fettleber kommen, später auch zur → Leberzirrhose. Die Zirrhose ist nicht mehr rückbildbar, die Leber wird hart und kann den Körper nicht mehr richtig entgiften. Die durch die nicht mehr voll funktionsfähige Leber bedingte zunehmende Vergiftung des Körpers lässt weitere Hirnzellen absterben, die Patienten verblöden. Da die Leber für das Blut schwerer passierbar wird, bilden sich Umgehungskreisläufe z.B. über die Speiseröhre. Diese Umleitungen sind empfindlich und können bei Überbelastung platzen. Der Tod kann durch plötzlich auftretende Blutungen in die Speiseröhre eintreten. Zwar gibt es alternativ dazu grundsätzlich die Möglichkeit einer Lebertransplantation, doch es gibt zu wenig Spenderorgane und die transplantierten Organe werden – sofern der Patient nicht vorher verstirbt – vom Körper wieder abgestoßen.

Weitere Organe werden fast immer durch chronischen Alkoholkonsum mehr oder weniger geschädigt: Die Bauchspeicheldrüse wird durch Al-

kohol angegriffen und kann ausfallen. Alkohol erhöht das Risiko für → Gicht und für Krebserkrankungen von Mundhöhle, Speiseröhre, Magen, Pankreas und Leber, wahrscheinlich auch für andere Krebsarten.
Unter Prominenten sind Alkoholprobleme weit verbreitet: Kate Moss, englisches Supermodel der neunziger Jahre, litt während ihrer gesamten Karriere unter Alkohol- und Drogenproblemen. »In zehn Jahren bin ich nicht einmal nüchtern über den Laufsteg gegangen«, berichtete sie gegenüber der Szene-Zeitung »The Face«. »Vor jeder Show gibt es Champagner. Immer. Schon um zehn Uhr morgens.« Auch andere Drogen wie → Cannabis spielten eine Rolle in ihrem Leben. Als ihr Freund Johnny Depp sie verließ, entschied sie sich im November 1998 endlich zu einer Entwöhnungsbehandlung und soll jetzt alkohol- und drogenfrei leben. Campino, Sänger der Punkrock-Formation »Die Toten Hosen« aus Düsseldorf, hat im Verlauf seines Lebens eine Reihe von Drogen ausprobiert und über lange Zeit schädlich hohe Dosen Alkohol getrunken. Mehrfach musste er deswegen stationär im Krankenhaus behandelt werden. Jerry Lee Lewis hatte bereits als Jugendlicher begonnen zu trinken. Zusätzlich nahm er später → Amphetamine. Er galt als schwieriger Mensch, wurde insgesamt viermal geschieden. Die Drogen schwächten sein Immunsystem. 1977 erlitt er eine schwere Rippenfellentzündung. 1981 wäre Jerry Lee Lewis beinahe an einem Magendurchbruch gestorben. Er selbst sah seinen Lebensstil nicht unkritisch: »Ich bin ein ständig betrunkener Hohlkopf, der glaubt, er sei der Größte.« Trotz dieser Schwierigkeiten ist Jerry Lee Lewis eine der Ikonen des Rock'n'Roll geworden. Auch Joe Cocker hatte über viele Jahre Alkoholprobleme. Erst Anfang der achtziger Jahre gelang es ihm, durch eine → Entwöhnungsbehandlung »trocken« zu werden.
Nicht nur Musiker haben Alkoholprobleme, auch in anderen kreativen Branchen gibt es immer wieder Probleme mit diesem Suchtmittel. Der Schauspieler Michael Douglas war jahrelang alkoholabhängig. Er litt unter dem Ruhm seines Vaters Kirk Douglas. Erst nach einer Therapie und eigenen großen Filmerfolgen kam er vom Alkohol los. Sein Sohn Cameron Douglas musste 1999 in eine Entziehungsanstalt. Er hatte im betrunkenen Zustand einen Polizisten angefahren. Eric Douglas, der jüngste Halbbruder von Michael Douglas, wurde 2004 im Alter von 46 Jahren tot in einem New Yorker Appartement aufgefunden; er hatte seit Jahren Alkohol- und Drogenprobleme.
Romy Schneider hatte ebenso Alkoholprobleme wie Martin Semmelrogge. Yul Brunners Sohn Rocky trank sich fast zu Tode. Auch von Schau-

spieler Sean Penn ist bekannt, dass er mit Alkohol und Drogen nicht immer kontrolliert umgehen konnte. Weil er seine damalige Frau Madonna im Rausch immer wieder schlug, verließ sie ihn schließlich. Deutschlands prominentester Trinker ist sicherlich Harald Juhnke. Obwohl er – bedingt durch seine Alkoholerkrankung – im Laufe seiner Karriere immer wieder massive Verhaltensauffälligkeiten gezeigt hatte, blieb seine Fangemeinde ihm über Jahre hin treu. Schließlich aber musste der beliebte Entertainer dem Alkohol endgültig seinen Tribut zollen. Sein Gehirn nahm dauerhaft Schaden, Harald Juhnkes Leben endete in geistig verwirrtem Zustand im Pflegeheim.
Fußballer Helmut Rahn, der 1954 für Deutschland das entscheidende 3:2 gegen Ungarn schoss und mit diesem Tor einer ganzen Nation ihr Selbstbewusstsein zurückgab, verkraftete den plötzlichen Ruhm nicht und versackte im Alkoholismus. Dieter Müller, dessen Tore 1972 Deutschland erneut zum Titel führten, ging es ähnlich.
Auch in der Politik ist hoher Alkoholkonsum weit verbreitet. Willi Brandt soll phasenweise ebenso Alkoholprobleme gehabt haben wie Franz Josef Strauß. Auch George Bush war jahrelang alkoholkrank. Die Einnahme von Alkohol erfolgt oft, um nach einem oft streitbesetzen 14-Stunden-Tag überhaupt abschalten zu können. Ein Gleiches gilt für Manager. Die Arbeitswelt verlangt von ihnen ein hohes Maß an beruflichem Einsatz, verbunden mit erheblicher Mobilität. Die Einnahme von Suchtmitteln kann dann als Versuch verstanden werden, Einsamkeit und Defizite im Privatleben zu füllen (→ Selbstheilungsversuch).
Leider nimmt nur ein kleiner Teil der Menschen, die Probleme mit Alkohol haben, überhaupt therapeutische Hilfen in Anspruch. Die Tatsache, sich eingestehen zu müssen, dass man Alkoholiker ist, ist einfach für viele zu schambesetzt und kommt einer → Kapitulation gleich. Die Tatsache, dass der → Hausarzt in unserer ambulanten Versorgung die Behandlung steuert, dürfte im Einzelfall dazu beitragen, dass zu spät psychotherapeutische oder psychiatrische Behandlung in Anspruch genommen wird. Viele Menschen wissen auch nicht, wo sie sich beraten lassen können und dass der Besuch von Beratungsstellen kostenlos ist und anonym erfolgen kann. Außerdem gibt es immer noch Vorbehalte gegenüber der → Psychotherapie.

Alkohol und Fahrtüchtigkeit: → Alkohol beeinträchtigt selbst in geringen Mengen die → Fahrtüchtigkeit. Man sieht das unter anderem daran, dass seit Einführung der 0,5-Promille-Grenze am 1. Mai 1998 die Zahl der Unfälle durch Alkoholisierte um 12,5 % zurückging und dass es

17,7 % weniger Schwerverletzte und 23 % weniger Tote bei Unfällen mit betrunkenen Fahrern gab.

Wer unter Alkoholeinfluss ein Auto bewegt, riskiert nicht nur seinen Führerschein, sondern u.U. auch seinen Versicherungsschutz, wenn es zu einem Unfall kommt. Atemkosmetik mit Minze und → Petersilie hilft wenig. Wird ein Verkehrsteilnehmer mit einem im Atem festgestellten Alkoholgehalt von 0,5-Promille oder höher aufgegriffen, erfolgt im zweiten Schritt die Messung mit einem genaueren Test auf der Polizeiwache. Das dort z.B. eingesetzte Atemalkohol-Testgerät »Dräger Evential 2001« ist vor Gericht zugelassen. Ab 1,1 Promille erfolgt die Zweittestung anhand eines Bluttestes. Dies muss – im Gegensatz zum Test des Atemalkohols –, weil es mit einem Eingriff in die körperliche Unversehrtheit (Nadelstich) verbunden ist, durch einen Arzt erfolgen. Wird das Ergebnis eines zu hohen Blutalkoholspiegels bestätigt, wird eine Strafe fällig und zudem bekommt der Verkehrssünder Punkte in Flensburg. Auch der Entzug der Fahrerlaubnis ist möglich (→ Fahrerlaubnisverordnung, → MPU). Zu beachten ist, dass nur etwa 0,1 bis 0,15 Promille des Alkohols pro Stunde abgebaut werden können. Nach einer durchzechten Nacht kann also durchaus am Morgen noch Fahruntüchtigkeit bestehen. Für 2 Liter → Bier braucht der Körper etwa 8 Stunden zum Abbau, für 1 Liter Wein 9 Stunden und bei sechs doppelten Schnäpsen sind es schon 12 Stunden.

Alkoholiker, anonyme: → Anonyme Alkoholiker.

Alkoholismus: Der Begriff wurde erstmals 1849 vom schwedischen Arzt Magnus Huss verwendet. Es sollte aber noch lange dauern, bis Alkoholismus als Krankheit anerkannt wurde. Maßgeblich daran beteiligt waren die Arbeiten von Jellinek in den 60er Jahren des zwanzigsten Jahrhunderts. Heute ist der Begriff »Alkoholismus« durch die Bezeichnung »Alkoholabhängigkeit« weitgehend verdrängt (→ ICD 10).

Alkopops: → Alcopops.

Alkoholabbau: → Alkohol wird im Körper vor allem über die Leber abgebaut, z.B. über die → Alkoholdehydrogenase, kurz ADH. Über die Zwischenstufe des Acetaldehyds entsteht Acetessigsäure. Unter anderem wegen einer geringeren Menge an ADH vertragen Frauen weniger Alkohol als Männer. Pro Stunde werden etwa 0,1 Promille Alkohol abgebaut. D.h., wer um Mitternacht nach der Einnahme von 5 Flaschen → Alcopops noch 1,5 Promille im Blut hat, ist erst nach mehr als zehn Stunden wieder nüchtern.

Alkoholdehydrogenase: Abk. ADH. Name eines Enzyms, das wesentlich am → Alkoholabbau beteiligt ist. Die Menge an Alkoholdehydrogenase ist von Mensch zu Mensch unterschiedlich. Frauen besitzen weniger ADH als Männer. Viele Asiaten besitzen eine andere Variante der ADH, die weniger gut → Alkohol abbaut. Je weniger ADH ein Mensch besitzt, umso schlechter kann er Alkohol entgiften und umso weniger des Suchtmittels verträgt er. Es sammelt sich mehr Acetaldehyd an, der Alkoholkonsum ist von deutlich unangenehmeren Folgen (→ C-), im Volksmund Kater genannt, geprägt. Menschen, die weniger ADH oder eine weniger effektive Variante dieses Enzyms, besitzen sind weniger gefährdet, alkoholabhängig zu werden. Dem Trinkverhalten folgt unmittelbar die Strafe, nämlich der Kater, was die Wahrscheinlichkeit reduziert, dass erneut große Mengen getrunken werden (→ Kanfer-Formel, → Aversionstherapie).

Alkoholdelir: → Delir.

Alkoholfetopathie: Bezeichnung für irreversible Schäden, die Kinder im Mutterleib durch Alkoholkonsum ihrer Mütter erleiden. Alkoholfetopathien können sich auf jedes Organsystem des Kindes beziehen; nicht selten sind die Kinder geistig behindert. Von Geburt an haben derart geschädigte Kinder schlechte Chancen, zumal die Umgebung, in der sie aufwachsen (möglicherweise mit alkoholabhängigen Eltern), zusätzlich ungünstig für die Entwicklung ist.

Alkoholfreies Bier ist mittlerweile in zahlreichen Varianten auf dem Markt. Ihm wurde der → Alkohol so weit entzogen, dass beim Konsum keinerlei Rauschwirkung mehr auftritt. Ganz frei von Alkohol ist es aber nicht. Aus diesem Grund sollten es »trockene« Alkoholiker nicht trinken. Die Restmengen an Alkohol können ausreichen, um einen → Rückfall auszulösen.

Alkoholhalluzinose ist ein sehr seltenes Krankheitsbild. Sie äußert sich, wie der Name schon sagt, in → Halluzinationen, deren Ursache in dem Konsum von → Alkohol gesehen wird. Die Halluzinationen sind meist akustischer Natur – d.h. der Patient hört real

Alkoholfreies Bier – für Alkoholiker ein Rückfallrisiko

nicht Vorhandenes (z.B. Stimmen). Zusätzlich können Angst- und Erregungszustände vorkommen. Eine Abgrenzung zu einer → Schizophrenie ist schwierig – eine Alkoholhalluzinose klingt allerdings in der Regel nach Wochen ab; eine Chronifizierung ist selten. Im Gegensatz zur Schizophrenie weiß der Patient in der Regel noch, wer er ist.

Im Unterschied zum häufigeren → Delir gibt es bei der Alkoholhalluzinose keine Störung der Orientierung und keine vegetativen Störungen. Kreislauf und Körpertemperatur sind stabil. Im akuten Zustand erfordert eine Alkoholhalluzinose meist die Unterbringung in einer geschlossenen psychiatrischen Abteilung. Die Behandlung besteht in der Gabe von → Neuroleptika und nach Abklingen der Halluzinose ggf. in einer → Entwöhnungbehandlung.

Alkoholintoxikation heißt übersetzt eigentlich Alkoholvergiftung. Damit wäre eine Alkoholintoxikation gleichbedeutend mit einem Zustand, in dem der eingenommene → Alkohol lebensbedrohlich ist (wie es z.B. beim → Kampftrinken vorkommt).

Manche Autoren verstehen darunter aber bereits jedweden Zustand nach Alkoholeinnahme, also auch z.B. leichte Rauschzustände. Sie stellen sich auf den Standpunkt, dass Alkohol ein Gift sei und somit jede Einnahme eine Intoxikation. In jedem Fall ist eine Alkoholintoxikation nicht gleichzusetzen mit einer Alkoholabhängigkeit (→ ICD 10-Kriterien).

Alkoholischer Eifersuchtswahn: → Eifersuchtswahn.

Alkoholkonsum, risikoarmer: Als risikoarmer Alkoholkonsum gilt für Frauen eine tägliche Menge von unter 15 Gramm und für Männer, die eine andere Verstoffwechselung aufweisen, von unter 30 Gramm. 15 Gramm entsprechen etwa 1 ½ 0,2-l-Gläsern Bier. Zudem sollte, mindestens zwei bis drei Tage pro Woche gar kein → Alkohol getrunken werden, um nicht in ungünstige Verhaltensmuster wie Gewöhnung oder schädlichen Gebrauch zu verfallen. Die o.a. Werte sind letztlich aber nur grobe Richtwerte; im Einzelfall können auch schon diese Mengen zu viel sein (z.B. wenn Medikamente eingenommen werden oder Enzymdefekte bestehen).

Allgemeinzustand, reduzierter: → körperliche Veränderung durch Alkohol, → Abbau.

Allylprodin: Name eines synthetisch hergestellten → Opiates.

Alpha-Methyl-Acetyl-Fentanyl: Name eines chemisch hergestellten → Opiates, dessen Wirkung ca. zehnmal stärker ist als die von → Morphin. Die → Droge wurde zunächst hergestellt, um gesetzliche Verbote zu umgehen. Es handelt sich also um eine so genannte → Designerdroge.

Alphaprodin ist eines der ersten → Opiate, das rein chemisch hergestellt wurde. Die schmerzstillende Wirkung ist hoch, das → Abhängigkeitspotenzial ebenso.

Alprazolam: Unter den Handelsnamen AZU, Alprazolam ratiopharm, Alprazolam TEVA, Cassadan, Tafil und Xanax sind in Deutschland mehrere Medikamente auf dem Markt, deren Inhaltsstoff Alprazolam ist. Es handelt sich dabei um ein mittellang wirksames → Benzodiazepin, das zur Behandlung von Angst- und Spannungszuständen eingesetzt wird. In der Drogenszene wird das Medikament als Heroinersatz gehandelt. Alprazolam kann schon nach wenigen Wochen zu einer psychischen und physischen → Abhängigkeit führen. Ein besonders hohes Risiko bergen dabei die Präparate, die sehr schnell anfluten. Oft reichen zur Entwicklung einer ausgeprägten → Abhängigkeitserkrankung wenige Wochen. Da eine Dosiserhöhung oft nicht erfolgt, spricht man auch von → Low-Dose-Abhängigkeit, und da keine negativen sozialen Folgen zu beobachten sind, wird eine derartige Abhängigkeit oft übersehen (→ Benzodiazepinentzug).

Al-qât: Weitere Bezeichnung für → Khat.

Alraune (Mandragora officinarum), ein → Nachtschattengewächs, hatte im europäischen und asiatischen Kulturkreis über viele Jahrhunderte eine große Bedeutung als Hexenpflanze. »Alraune« kommt aus dem Germanischen und bedeutet so viel wie »Der alle Runen kennt« oder »Der Allwissende«. Wahrscheinlich ist die Alraune die wichtigste Zauberpflanze in der Geschichte der Menschheit. Die Vielzahl weiterer Bezeichnungen verwundert daher nicht: Abulruh, Adam-kökü, Alraun, Alraunmännchen, Alrune, Antimenon, Armesünderblume, Baaras, Dollwurz, Erdmännchen, Galgenmännlein, Henkerswurzel, Hundsapfel, Kindleinkraut, Liebeswurzel, Mandragora, Mardom ghia, Matryguna, Menschenwurzel, Satansapfel, Tufah al-jinn, Womandrake, Wurzel des Folterknechts, Yabruh, Zauberwurzel. Die Wurzel der Alraune hat manchmal menschenähnliche Gestalt, worauf viele der o.a. Bezeichnungen anspielen. Zum ersten Mal wird die Alraune in einer ugaritischen Keilschrift aus dem 15. Jahrhundert vor Christus im Rahmen eines Fruchtbarkeitsrituals erwähnt. Über Jahrtausende hinweg war die Alraune mit der Vorstellung von gesteigerter Fruchtbarkeit und Sexualität verbunden. Die griechische Liebesgöttin Aphrodite wurde auch als Mandragoritis, Herrscherin der Mandragora, bezeichnet. Bis ins 20. Jahrhundert hinein wurde die Pflanze unfruchtbaren Paaren geschenkt. Die fruchtbarkeitssteigernde Wirkung ist bislang wissenschaftlich nicht bewiesen.

Alraune hat auch psychoaktive Wirkung. Schon die Assyrer kannten die berauschende Wirkung, die in ihrer Sprache »Nam-Tar-Gir« heißt. Sie setzten Auszüge der Pflanze Wein zu, den sie nach der pupillenerweiternden Wirkung der Alraune »Rindsauge« nannten.

Die Blätter und die Wurzel der Alraune enthalten eine Reihe von halluzinogen wirkenden → Alkaloiden wie Hyoscyamin, → Atropin, → Scopolamin und Mandragorin. Der durch Alraune erzeugte Rausch ist durch Euphorie und leichte optische → Halluzinationen geprägt. Außerdem soll Alraune schlafanstoßend wirken. Die Einnahme der bitter schmeckenden Wurzel ist mit Mundtrockenheit, Schwindelgefühlen und Übelkeit verbunden. Das Abgleiten in psychotische Zustände ist möglich. Die Lust auf Sex soll durch Alraune erhöht werden. Pharmakologisch ist dies nicht erklärbar, da nach Einnahme der Pflanze eher mit Müdigkeit zu rechnen ist. So heißt es folgerichtig in Shakespeares »Antonius und Kleopatra«: »Lasst mich Mandragora trinken, dass ich die leere Zeit verschlafe, mein Antonius ist fort.«

Alraune galt als wichtiges Heilmittel. Sie wurde gegen Schmerzen, bei Magenbeschwerden, gegen → Depressionen, bei Hautkrankheiten, Augenentzündungen, Unterleibsbeschwerden, Hämorrhoiden, Impotenz, Würmern sowie gegen Schlangenbisse eingesetzt. Plinius beschrieb den Einsatz als Narkosemittel vor Operationen. Die Pflanze diente auch bei Wahrsagerei. In den deutschen Sagen der Gebrüder Grimm finden sich u.a. Hinweise darauf. Manche Frauen, die sich mit Heilkräutern auskannten, besser bekannt als Hexen, legten sich ein Alraune-Männchen unter ihr Kopfkissen, um die Kraft ihrer wahrsagerischen Träume zu steigern. Nicht wenige wurden im Mittelalter als Hexen verbrannt, weil sie die Pflanze bei sich trugen. Alraune galt vielen Völkern aber auch als sehr gefährlich, weswegen das Sammeln der Pflanzen an rituelle Schutzhandlungen gebunden war. In einer Beschreibung von Theophrast im dritten Jahrhundert vor Christus ist zu lesen, dass die Sammler zunächst Kreise um die Alraune beschritten. Dann wurde – mit Blick nach Westen – das oberste Stück der Wurzel abgeschnitten. Nach Vollführen von Tanzschritten und Aufsagen von Schutzformeln konnte die Alraune dann geerntet werden. Man glaubte nämlich, dass die Pflanze beim Ausreißen Schreie ausstoßen könnte, die den Sammler um den Verstand bringen können. Hintergrund dieses Aberglaubens ist vermutlich, dass einige der Alraune-Sammler nach dem Konsum der Droge in psychotische Zustände entglitten sind. Mit der Verdrängung des germanischen Urkultes durch das Christentum nahm die Bedeutung der Alraune ab. Heute spielt Alraune als → Droge keine Rolle mehr. Nachdem immer mehr Wissenschaftler ihre Wirksamkeit als Heilmittel bezweifelten, wurde Alraune auch als Medikament kaum noch angewendet.

Alsterwasser: Bezeichnung für ein Mischgetränk, bestehend aus Orangenlimonade und → Bier.

Amaymustak: Weitere Bezeichnung für den → Stechapfel.

Amayuhc: Weitere Bezeichnung für den → Stechapfel.

Ambulante Psychotherapie: → Psychotherapie kann stationär – in einer Klinik – oder ambulant bei niedergelassenen → Psychotherapeuten durchgeführt werden. Voraussetzung ist das Vorliegen einer psychischen Erkrankung, erkennbar an einer Diagnose nach → ICD 10. Außerdem muss die Erkrankung psychotherapeutisch behandelbar sein. Der Therapeut muss eine Approbation besitzen und eine KV-Zulassung.

Nicht alle therapeutischen Ausrichtungen werden bezahlt. Kostenträger der ambulanten Psychotherapie sind die Krankenkassen, bei Süchtigen auch die Rentenversicherungsträger (für ambulante Rehabilitation). Früher fand Suchttherapie ausschließlich stationär statt, man sah eine Herausnahme aus einem vermutet pathogenen Milieu als wesentlich an. Heute legt man mehr Wert auf Alltagsnähe, zumal die »Therapie unter der Käseglocke« fernab der Heimat nicht die gewünschten Effekte gebracht hatte. In den letzten Jahren bemüht man sich darum, zum einen wohnortnah zu behandeln, zum anderen auch Möglichkeiten zur ambulanten Therapie für Süchtige zu schaffen. Früher ging man davon aus, dass dies nicht möglich sei, weil ein Süchtiger grundsätzlich ohne stationären Rahmen nicht in der Lage sei, bei einer ambulanten Therapie nüchtern, beziehungsweise drogenfrei zu bleiben. Jetzt weiß man, dass für einen Teil der Abhängigen eine ambulante Therapie ausreicht. Voraussetzungen sind eine hohe Motivation, ein stabiles soziales Umfeld und evtl. auch Therapievorerfahrung. Für Süchtige, die noch im Erwerbsleben stehen, kann die ambulante Psychotherapie ein Weg sein, den Arbeitsplatz zu behalten. Auch im Anschluss an eine stationäre → Entwöhnungsbehandlung kann eine ambulante Therapie sinnvoll sein.

Kontraindikationen für eine ambulante Therapie sind → Obdachlosigkeit, mangelnde soziale Einbindung des Süchtigen, akute Suizidalität (→ Selbstmord), schwere seelische Krankheit ohne Aussicht auf Behandlungserfolg.

Ameise: Szeneausdruck für einen Drogenhändler, der nur kleine Drogenmengen verkauft. So genannte »Ameisen« sind in der Regel selbst abhängig und finanzieren mit dem Verkauf ihren Eigenkonsum.

American Dream: Szeneausdruck für einen Fingernagel voll → Kokain.

Amerikanischer Rausch: Szeneausdruck für ein alkoholisches Getränk, dem Beruhigungsmittel zugesetzt wurden. In Amerika werden solche Mischungen manchmal ahnungslosen Frauen angeboten, die danach vergewaltigt und ausgeraubt werden.

AMM: Name eines synthetischen → Halluzinogens.

Amme: Szeneausdruck für Hafterlass. Kommt von »Amnestie«.

AMOC: Name einer niederländischen Hilfsorganisation, die deutschen Drogenabhängigen in den Niederlanden bei der Rückkehr in ihre Heimat hilft.

Amorphan: Handelsname eines Appetithemmers, dessen Wirkung auf → Amphetamin beruht.

Amotivationssyndrom: Medizinische Bezeichnung für einen psychischen Zustand, der sich durch Antriebslosigkeit, Interessenverlust, emotionale Verflachung und Abstumpfung auszeichnet. Er tritt bei chronischem → Cannabis-Gebrauch auf. Es ist nicht sicher, ob es sich beim Amotivationssyndrom um eine direkte Drogenwirkung handelt oder ob durch die Drogenwirkung bereits vorhandene Persönlichkeitszüge akzentuiert werden. Die Tatsache, dass sich bei den meisten Konsumenten nach Absetzen der → Droge – wenn auch oft erst nach mehreren Monaten → Abstinenz – das Amotivationssyndrom verliert, spricht eher gegen die zweite These.

amped: Szeneausdruck für »berauscht sein durch → Amphetamin« oder durch ähnlich wirkende Stoffe (→ Upper).

Amphetamine gehören zu den verbreitetsten → Drogen. Das körperliche → Abhängigkeitspotenzial ist gering, das psychische mittelgradig bis hoch. Szeneausdrücke sind Arbeiterkoks, Black Beauty, Cappies, Crank (in Kombination mit Metamphetamin), Croak (in Kombination mit → Kokain), Frisco Speed (in Kombination mit → LSD), → Speed, → Uppers, Ice, Power, Vitamin A, Pink Football, Peppers, Line (wenn es durch die Nase »gesnieft« wird). Einige Amphetamine stehen in → Anlage III des BtMG, sind also verschreibungsfähige Medikamente. Die Anwendung und Verschreibung ist dann nur Ärzten und nur bei bestimmten Krankheitsbildern erlaubt. Andere Amphetamine sind vollständig illegal und finden sich in → Anlage I.

»Speed« ist die gebräuchlichste Gruppenbezeichnung für eine Reihe von synthetischen, antriebssteigernden Drogen, deren Struktur sich vom Amphetamin ableitet. Edelana synthetisierte 1887 als Erster Amphetamin. 1930 kam es als Schnupfenmittel auf den Markt. Medizinische Anwendungsgebiete waren die Erweiterung der Bronchien und die Hemmung

des Schlafes (z.B. bei Encephalitis lethargica). Die stimulierende Wirkung auf die Psyche wurde erst 1933 erkannt.
Aufbauend auf dem Grundgerüst des Amphetamins wurden im Laufe der Jahre fast 200 neue Drogen synthetisiert, wie z.B. das MDMA, bekannter als → Ecstasy. Die wachmachende, blutdrucksteigernde Wirkung führte dazu, dass Amphetamin in der Medizin neben den o.a. Krankheiten z.B. bei Kreislaufkollaps und Fettleibigkeit versuchsweise eingesetzt wurde. Außerdem versuchte man → Neurosen, Parkinsonismus, Lähmungen nach Schlaganfällen und sogar Drogensucht und Alkoholismus mit Amphetaminen zu heilen. Die mäßigen Erfolge der Behandlung, verbunden mit erheblichen Nebenwirkungen, führten dazu, dass Amphetamine sich in der Medizin kaum durchsetzen konnten.

Amphetamin in Pulverform

Eine größere Bedeutung bekamen Amphetamine im Laufe der Jahre als Droge. Billiger als Kokain (deshalb auch die Bezeichnung »Arbeiterkoks«), konnte Speed es vielerorts zurückdrängen. 1919 wurde – ausgehend vom Amphetamin – das stärker wirksame Metamphetamin entwickelt. Zunächst fand es Verwendung als Wachmacher für amerikanische Studenten in den dreißiger Jahren und als Dopingmittel für Sportler. Im Zweiten Weltkrieg setzten viele Armeen Amphetamine bei ihren Soldaten ein, denn es macht wach, aggressiv und unterdrückt Hunger und Schmerz. Erste Abhängigkeiten wurden beschrieben. Auch nach dem Krieg wurden Amphetamine beim deutschen Wiederaufbau in Mengen konsumiert. Schweden wurde in den sechziger Jahren von einer regelrechten Speed-Epidemie überollt. Erst durch die Illegalisierung aller Amphetamine gelang es dort, diese Welle zu stoppen.

Auch bei einigen Prominenten spielt diese Droge eine wichtige Rolle. Don und Phil Everly z.B., besser bekannt als die Everly Brothers, hatten in den fünfziger und sechziger Jahren eine Reihe von Hits. Anfang der sechziger Jahre begannen beide Aufputschmittel zu nehmen, um den Tourneealltag besser bewältigen zu können. Zu dieser Zeit waren die Brüder schon zerstritten, traten aber noch gemeinsam auf. Inwieweit die Drogen Auslöser der Streitigkeiten waren, lässt sich heute nicht mehr feststellen. Es ist aber wahrscheinlich, dass sie eine Rolle gespielt haben, weil gerade Aufputschmittel aggressiv und selbstgerecht machen. Don Everly musste mehrmals ins Krankenhaus eingeliefert werden. Obwohl als Ursache nervliche Erschöpfung und Ähnliches angegeben wurde, waren es jedesmal Drogennotfälle, die zur Einweisung von Don Everly führten.

Bis heute werden Amphetamine in Europa von vielen Menschen konsumiert. Insbesondere Personen, die hohen beruflichen Belastungen ausgesetzt sind, greifen nicht selten darauf zurück. Die Droge ist billig, lässt sich unauffällig konsumieren und steigert positiv besetzte Eigenschaften wie Leistungsfähigkeit und Selbstbewusstsein. Der Raubbau am Körper bleibt allerdings nicht ohne Folgen. Der brillante Kabarettist Wolfgang Neuß zum Beispiel erlitt aufgrund seines Amphetamin-Konsums einen schweren Nervenzusammenbruch, von dem er sich nie mehr richtig erholt hat. Iggy Pop, der neben → Heroin auch Amphetamine in großen Mengen einnahm, verletzte sich auf der Bühne mit Glasscherben demonstrativ selbst – ein Verhalten, das mit einiger Wahrscheinlichkeit auf seinen Speedkonsum zurückgeht. Wochenlang wurde Iggy Pop von heftigen Angstzuständen gequält und litt unter → Halluzinationen.

Seit Beginn der achtziger Jahre hat der Amphetaminkonsum in Deutschland zugenommen. Wurden 1984 z.B. nur 14 kg Amphetamin sichergestellt, so waren es 1995 schon 138 kg. Punker, New Waver und Rocker konsumieren Speed ebenso wie die immer größer werdende Techno-Gemeinde. Beim → Techno sind es insbesondere die Anhänger von → Gabber und → Speedcore, zwei härteren, schnellen Technostilen, die zu dieser Droge neigen. Mittlerweile scheint aber eine gewisse Sättigung des Marktes eingetreten zu sein.

In der Kinder- und Jugendpsychiatrie werden Amphetaminderivate zur Behandlung des hyperkinetischen Syndroms eingesetzt. Die Behandlung zeigt bei einem Teil der Kinder gute Erfolge. Kritisch dabei ist das Abhängigkeitspotenzial der Droge, da man weiß, dass gerade hyperkinetische Kinder gefährdet sind, ein Suchtproblem zu entwickeln. Zudem treten Wachstumsverzögerungen auf, sodass regelmäßig Unterbrechungen der Behandlung – z.B. in den Schulferien – vorzunehmen sind. Manche Kliniken behandeln auch Narkolepsie – das sind anfallsartige Schlafanfälle – mit Amphetaminen. Nicht mehr üblich ist die Behandlung von Asthma mit Amphetaminen und die Verwendung als Appetitzügler.

Amphetamine werden in der Drogenszene meist in Pulverform angeboten. Die häufigste Anwendungsform ist das »Sniefen«. Dabei wird das Pulver in einer Linie (»Line«) angeordnet und durch ein aufgerolltes Papierstück durch die Nase aufgesogen. Die Droge wird auch in Tablettenform angeboten. Einige Konsumenten lösen die Tabletten in Wasser auf und injizieren sie dann intravenös, um die Wirkung zu verstärken. Amphetamine mildern die → Entzugserscheinungen von → Opiaten wie z.B. → Heroin und werden auch zu diesem Zweck missbraucht.

Amphetamine bewirken die Freisetzung von körpereigenen Botenstoffen, in erster Linie Noradrenalin. In geringeren Mengen wird auch → Dopamin freigesetzt, was wahrscheinlich Ursache des unter Amphetamin zu beobachteten überhöhten Selbstwertgefühles ist. Außerdem hemmen Amphetamine die Monoamino-Oxidase, sind also → MAO-Hemmer.

Amphetamine werden nach oraler Aufnahme nahezu vollständig im Darm aufgenommen und im Organismus dann ungleichmäßig verteilt. Die höchste Konzentration findet sich im Fettgewebe. Die Halbwertszeit von Speed beträgt zwischen 5 und 30 Stunden, im Mittel zwischen 8 und 12 Stunden. Ausgeschieden werden Amphetamine über die Niere.

Amphetamin ist ein antriebssteigerndes Rauschgift. In der Partyszene dient es dazu, die natürliche Müdigkeit zu unterdrücken, um die Nacht besser durchtanzen zu können. Der Schlafentzug und die Überbelastung des Körpers durch das »Durchtanzen« können eine extreme körperliche Belastung darstellen. Der Rededrang ist vermehrt, die Spontanität ist höher als normal. Die Denkabläufe sind beschleunigt, allerdings sinkt die Fähigkeit, einen Gedankengang zu Ende zu verfolgen. Amphetamine vermindern die Kritikfähigkeit und erhöhen die Risikobereitschaft. Die Wahrscheinlichkeit für Unfälle steigt. Amphetaminkonsumenten wirken oft überheblich und anmaßend. Konflikte mit anderen sind nicht selten die Folge. Die Wahrscheinlichkeit von Gewaltverbrechen ist vermutlich erhöht, wobei Gewalttätigkeit unter Ravern die Ausnahme ist. Auf Gabber-Raves allerdings kommt es gelegentlich zu Schlägereien – vielleicht auch ein Zeichen des dort weiter verbreiteten Speed- und Kokainkonsums.

Wie alle antriebssteigernden Drogen unterdrücken Amphetamine das Hungergefühl. Der appetitzügelnde Effekt ist von vielen – insbesondere weiblichen Konsumenten – durchaus erwünscht. Bei längerfristigem Konsum kann eine deutliche Gewichtsabnahme die Folge sein. Die Gefäße des peripheren Kreislaufes stellen sich nach Einnahme von Speed eng, der Blutdruck steigt, es kann zu Herzrasen kommen, selten auch zu einer Verlangsamung des Herzrhythmus. Nach hohen Dosen kommt es gelegentlich zu einer Störung des Herzrhythmus, das Herz schlägt unregelmäßig. Der Tonus der glatten Muskulatur wird erhöht, so dass z.B. das Wasserlassen erschwert sein kann. Eine Vielzahl von Warnsystemen des Körpers wird durch Amphetamine gestört. Eine häufig zu beobachtende Wirkung ist eine Erhöhung der Körpertemperatur, die vom Körper nicht wahrgenommen wird. Es kann – insbesondere auf Partys und an anderen heißen Orten – zu gefährlichen Überhitzungen kommen.

Halluzinationen sind eine seltene mögliche Akutwirkung. Insbesondere bei ängstlicher Grundstimmung können Amphetamine – selbst bei einmaligem Gebrauch – zu unkontrollierbaren Angstzuständen bis hin zu psychotischem Erleben führen. Es besteht dann akute Gefahr, dass der Betreffende sich oder – seltener – anderen etwas antut. Im Gegensatz zur alkoholbedingten → Psychose, die erst nach längerem exzessiven Alkoholmissbrauch auftritt, kann eine Amphetaminpsychose bereits nach einmaligem hochdosierten Gebrauch auftreten. Schlafstörungen und depressive Zustände sind nicht selten, Letztere treten regelmäßig – zumindest leicht ausgeprägt – nach Abklingen der Wirkung auf (sog. Psychokater). Rasender Puls, erhöhte Temperatur, Zittern und Brechreiz deuten auf eine Vergiftung mit Amphetaminen hin. Hirnblutungen mit plötzlich auftretenden halbseitigen Lähmungen, starken Kopfschmerzen und begin-

nender Bewusstlosigkeit können hinzukommen. Eine Amphetaminvergiftung stellt einen lebensbedrohlichen Zustand dar. Plötzliche Bewusstlosigkeit, weite, nicht auf Licht reagierende Pupillen, fehlender Puls, Unregelmäßigkeiten der Atmung, aschgraue, kalte Arme und Beine sowie rasender Puls sind ebenfalls Zeichen eines akut dekompensierten Zustandes mit Lebensgefahr. Der Notarzt ist in jedem Fall ohne Zeitverzögerung zu verständigen. In der Zwischenzeit muss beim Verdacht auf Herzstillstand sofort von zwei Personen mit Herzmassage und Mund-zu-Mund-Beatmung begonnen werden, bis der Notarzt am Ort eintrifft. Auch psychoseartige Bilder können Zeichen einer Amphetaminvergiftung sein. Die Sinneseindrücke werden verzerrt erlebt. Starke Angst kann das Bild bestimmen. Hier ist ebenfalls ohne Zögern der Notarzt zu verständigen. Der Betreffende darf nicht allein gelassen werden, da in solchen Zuständen die Selbstmordgefahr erhöht ist. Er ist in einen ruhigen Raum zu bringen, jede Aufregung und Hektik muss so weit wie möglich vermieden werden. Der Notarzt kann durch sedierende → Neuroleptika oder → Benzodiazepine diesen Zustand unter Umständen rasch verbessern. Wegen der Suizidgefahr ist es aber in jedem Fall wichtig, dass der Betroffene unter Beobachtung bleibt, unter Umständen ist sogar der kurzfristige Aufenthalt auf einer geschlossenen psychiatrischen Station unvermeidbar. Bei wiederholter Anwendung von Amphetaminen ist ein Wirkungsverlust zu beobachten, der mit einer Abnahme des Noradrenalins in den Nervenzellen erklärt wird. Die körpereigenen Speicher sind dann entleert, mit einer Erhöhung ist die gewünschte Wirkung nicht mehr zu erreichen. Fälschlicherweise gehen dann viele Drogenkonsumenten davon aus, dass die Qualität der Drogen abnehme. Der Wirkungsverlust wird von manchen Konsumenten mit einer Erhöhung der Dosis beantwortet, die Gefahr der Entwicklung einer Abhängigkeit ist hier sehr hoch.
Bei längerfristiger Einnahme von Amphetaminen sind – meist im Wechsel mit depressiven Stimmungstiefs – unangemessen erhöhte Aktivität, vermehrtes Reden (»Laberflash«) sowie ein scheinbar überhöhtes Selbstwertgefühl zu beobachten. Die Betroffenen sind reizbar und launisch. Die Stimmung kann stark schwanken. Es kann zu aggressiven Ausbrüchen mit verminderter Kritikfähigkeit bis hin zu paranoiden Zuständen kommen. Campino, Sänger der Toten Hosen, hatte eine Zeit lang Probleme mit seinem Amphetaminkonsum. Immer wieder geriet er in Schlägereien. Aus heutiger Sicht beschreibt Campino seinen damaligen Lebensstil als »Selbstzerstörung« und stellt fest, dass ihn die »Aufputschmittel zum Arschloch« gemacht hätten.

Psychoseähnliche Zustände mit Beziehungs- oder Verfolgungswahn sind – seltener – ebenfalls zu beobachten. In schweren Fällen können Bilder auftreten, die von einer → Schizophrenie kaum zu unterscheiden sind. In Tierversuchen wurde festgestellt, dass die chronische Einnahme von Amphetaminen zu einem Mangel des Botenstoffes → Dopamin im Gehirn führt. Es ist möglich, dass dadurch das Belohnungsgefühl nach sozial positiven Aktionen ausbleibt. Somit könnte es sein, dass auf organischer Grundlage dauerhaft eine normale soziale Kommunikation durch die neurotoxische Wirkung von Amphetaminen gestört wird.
Durch die blutdrucksteigernde Wirkung ist die Gefahr von Schlaganfällen erhöht. Bei Patienten mit Herzschäden besteht wegen der möglichen arhythmischen Wirkung die Gefahr eines Herzstillstandes. Der dauerhafte Gebrauch von Amphetaminen führt oft zu einer Umstellung des Körpers ähnlich wie bei Magersüchtigen oder Menschen aus Hungerregionen. Im Zusammenhang damit ist wahrscheinlich auch zu sehen, dass es zu Unregelmäßigkeiten der Menstruation bis hin zu deren Aussetzen kommen kann. Speed kann zu Magenschmerzen führen. Im Extremfall kann es zu einem Magendurchbruch mit eventuell tödlichen Folgen kommen.
Amphetamine unterdrücken das Immunsystem. Eine häufige Nebenwirkung sind »Speedpickel«, dabei lagern sich Kristalle unter der Haut ab. Nach intravenösem Amphetamin-Abusus wurden bei AIDS-Patienten rasch tödlich verlaufende Fälle beobachtet. Todesursache waren Pilzansiedlungen im Gehirn. Chronischer Amphetamingebrauch bei Jugendlichen kann zudem zu Wachstumsstörungen führen.
Insbesondere in den ersten Wochen der Schwangerschaft ist die Gefahr von Missbildungen groß. Unter anderem können Missbildungen des Herzens, ein unvollständiger Verschluss des Rückenmarks oder der Wirbelsäule und eine Missbildung der Liquorräume (sog. Hydrozephalus) auftreten. Es kann zu einer Lippenspalte sowie zu Verformungen der Extremitäten kommen.
Der Amphetamingehalt der angebotenen Produkte schwankt stark, Überdosierungen sind so leicht möglich. Unkalkulierbar ist der Mischkonsum mit anderen Substanzen, hier kann es zu tödlichen Wechselwirkungen kommen. Bei intravenösem Gebrauch drohen bei unhygienischer Handhabung (z.B. Spritzentausch) u.a. Infektionskrankheiten wie → Hepatitis und → AIDS.

Amphetaminsaft: Medikament, das, ähnlich wie das vergleichbar wirkende → Ritalin, bei der Behandlung von hyperkinetischen Syndromen eingesetzt wird. Zu Risiken und Nebenwirkungen → Speed, → Ritalin, → Amphetamin und → Methylphenidat.

AMT: Name eines synthetisch hergestellten → Halluzinogens.

Amylnitrit wird in der Medizin bei Herzkrankheiten wie Angina pectoris und bei Vergiftungen mit Atemgiften eingesetzt. Eine in der Szene gebräuchliche Bezeichnung ist Amys. Missbräuchlich findet Amylnitrit seit Jahren – vor allem in der Homosexuellenszene – als Rauschmittel unter dem Namen → Poppers Anwendung. Amylnitrit wird nachgesagt, ein Aphrodisiakum zu sein. Bei häufigem Konsum sinkt allerdings die sexuelle Lust; Männer werden unter Umständen sogar impotent. Schwere Störungen des Herz-Kreislauf-Systems sind eine mögliche Nebenwirkung.

Amys: Szeneausdruck für → Amylnitrit.

Amytal: Handelsname eines in den USA häufig missbräuchlich verwendeten → Barbiturates.

Anabolika: Name einer Gruppe von Eiweißstoffen, die den Muskelaufbau fördern und beim → Doping eine große Rolle spielen. Nebenwirkungen von Anabolika sind Impotenz, gesteigerte → Aggressivität, Angstzustände bis hin zu → Psychosen. Im Gefäßsystem kommt es zu rasch einsetzender Arterienverkalkung; die Folge sind u.U. Herzinfarkte und Schlaganfälle schon in jungen Jahren. Anabolika können zu psychischer und körperlicher → Abhängigkeit führen, beim Absetzen können → Entzugserscheinungen auftreten.

Analbombe: Szeneausdruck für → Drogen, die über den After – ähnlich wie Zäpfchen – eingenommen werden. Süchtige machen dies manchmal, wenn durch häufiges Injizieren die Venen verhärtet und unzugänglich geworden sind.

Analgetika: Medizinischer Ausdruck für Schmerzmittel, die zu den am häufigsten missbräuchlich eingesetzten Medikamenten gehören. Einige Analgetika wie die → Opiate können süchtig machen. Bei chronischem Gebrauch können viele Analgetika zu schweren Organschäden, wie z.B. der Analgetika-Nephropathie, führen, bei der die Patienten an der künstlichen Niere (Dialyse) hängen.

Anandamide: 1992 entdeckte Transmitter des Körpers, die an den gleichen Stellen im Nervensystem angreifen wie die → Cannabinoide (→ Rezeptoren). Der Name leitet sich ab vom sanskritischen ananda = Glückseligkeit und amid, der Bezeichnung der Chemiker für Substanzen mit Amino-Gruppen.

Bei dem ersten entdeckten Anandamid handelt es sich um das Ethanolamid der Arachidonsäure, das etwa 10-mal schwächer wirksam ist als →

THC und auch schneller abgebaut wird als die Droge. Bereits 30 Minuten nach der Gabe von Anandamid sind dessen Effekte vollständig verschwunden. Über die 1993 entdeckten zwei weiteren Anandamide weiß man noch wenig. Anandamide scheinen u.a. eine wichtige Funktion bei der Schmerzverarbeitung und der Integration von Wahrnehmungen zu erfüllen. Hier besteht noch erheblicher Forschungsbedarf. THC setzt an den gleichen Rezeptorstellen an wie die Anandamide und stört das empfindliche Wechselspiel der körpereigenen Botenstoffe. Eventuell lassen sich daraus aber medizinische Verwendungsmöglichkeiten von Hanf ableiten. Man vermutet, dass auch Schokolade und Kakao Stoffe enthalten, die Anandamid-ähnlich wirken.

Anapancu: Weitere Bezeichnung für den → Stechapfel.

Andenschnee: Szeneausdruck für → Kokain.

Andolor-Tropfen: Kombinationspräparat, das → Tilidin und → Naloxon enthält. Es wird bei starken und sehr starken Schmerzen eingesetzt. Bei länger andauernder Einnahme entwickelt sich eine körperliche → Abhängigkeit. Abrupter → Entzug kann lebensgefährlich sein. Außerdem kann das Medikament psychisch abhängig machen. Der Hersteller verbietet deshalb ausdrücklich die Anwendung bei Vorliegen einer → Abhängigkeitserkrankung.

andrücken: Szeneausdruck für »erstmalig jemandem eine Injektion → Heroin setzen«. Gleichbedeutend mit »anfixen«.

AN1: Handelsname eines rezeptpflichtigen Arzneimittels, das gegen Narkolepsie, eine besondere Form der Epilepsie, eingesetzt wird. In der Drogenszene wird AN1 häufig missbräuchlich eingenommen. Es enthält das Amphetaminderivat Amfetaminil und wird als → Speed verkauft.

anfixen: Szeneausdruck für »jemandem eine Injektion Heroin setzen«. Gleichbedeutend mit »andrücken«.

Angebotsstrukturen: Wie häufig ein Rauschmittel konsumiert wird und wie viele Menschen süchtig davon werden, hängt ganz entscheidend von der Angebotsstruktur ab. Nichts hat größeren Einfluss. Je leichter ein Suchtmittel verfügbar ist und je billiger es ist, desto mehr Menschen konsumieren es. In der Schrift »Suchtforschung auf neuen Wegen« des Bundesministeriums für Bildung und Forschung heißt es auf Seite 17 passend dazu: »Heute (...) begünstigen (...) niedrige Preise den übermäßigen Alkoholkonsum.«

In Deutschland verursachen daher vor allem die legalen → Drogen → Alkohol und → Tabak die größten Probleme (→ Coffein wird zwar auch sehr häufig konsumiert, führt aber praktisch nicht zu volkswirtschaftlich

bedeutsamen Schäden). → Cannabis verdankt seine ständig steigende Verbreitung u.a. der Tatsache, dass es in jeder Stadt und jedem Ort leicht erhältlich ist, dass es billig ist. Seit 1994 kann eine Strafverfolgung bei Delikten mit → geringen Mengen ausgesetzt werden. Die politisch gewollte laxe Strafverfolgung hat dazu geführt, dass man heute auf praktisch jedem Schulhof Cannabis-Produkte bekommt, deren → THC-Gehalt durch → Hybridzüchtungen weitaus höher ist als früher. → Head-Shops, in denen Utensilien zum Konsum legal verkauft werden, stellen ebenfalls eine konsumerhöhende Veränderung der Angebotsstruktur dar.
Ein warnendes Beispiel, wohin ein zu liberaler Umgang mit Cannabis führen kann, ist die Schweiz. Dort kann → Drogenhanf z.B. in → Duftsäckli in → Head-Shops legal erworben werden mit dem Effekt, dass in einer Studie der WHO nirgendwo mehr 15-Jährige Erfahrungen mit Cannabis hatten als in der Schweiz. Mittlerweile steuern die Schweizer gegen und beginnen, ihre in diesem Bereich verfehlte Drogenpolitik in Richtung einer härteren Gangart rückabzuwickeln. In den Niederlanden ist die Situation ähnlich; dort werden die ehedem mit hohen Erwartungen eröffneten → Coffeeshops zunehmend kritischer betrachtet. Beispielhaft hingegen stellt sich die repressive Drogenpolitik der Schweden im Umgang mit Cannabis dar: In der bereits erwähnten WHO-Studie stellte sich heraus, dass noch nicht einmal jeder zwanzigste 15-jährige Schwede Cannabiserfahrungen hat.
Auch wenn in den Medien oft ein anderes Bild gezeichnet wird, stellen die teureren harten Drogen mit ihrer geringeren Verfügbarkeit, also einer anderen Angebotsstruktur, ein deutlich geringeres Problem dar. Es gibt in Deutschland um ein Vielfaches mehr Trinker, Raucher und → Kiffer als Konsumenten harter Drogen.
Bei psychoaktiven Medikamenten kann man gut beobachten, wie die Angebotsstruktur die Verordnungszahlen beeinflusst. Reicht eine Verordnung auf einem normalen Rezept aus, stellen sich rasch hohe Verordnungszahlen ein – die süchtig machenden → Benzodiazepine gehören beispielsweise zu den bei älteren Leuten am häufigsten verordneten Medikamenten. Erfolgt die Verordnung hingegen über das kompliziertere Verfahren mit BtM-Rezept, verordnen die Ärzte das Medikament kaum noch. Das Angebot und damit die Anzahl der Abhängigen von diesen Medikamenten sinkt.
Zuzahlungen und Steuererhöhungen, die für den Patienten gleichbedeutend mit einer Erhöhung des Preises für ein Produkt sind, führen ebenfalls dazu, dass der Absatz sinkt. Die Stadt New York z.B. erhöhte die Ta-

baksteuer pro Schachtel → Zigaretten von 1,50 Dollar auf 7,50 Dollar und erreichte in Verbindung mit → Rauchverboten laut Aussagen des Gesundheitsbeauftragten der Stadt, Thomas Frieden, von 2002 auf 2003 eine Reduktion der Raucher um 100 000. → Rauchverbote sind ein weiteres geeignetes Mittel, das Angebot zu verknappen und den Konsum zu reduzieren.

Da auch die Politik dies dem Grunde nach alles weiß, bleibt zu fragen, warum Zigaretten und Alkohol an Tankstellen, Supermärkten und Kiosken verkauft werden dürfen und warum es so etwas wie Zigarettenautomaten überhaupt noch gibt. Es stellt sich die Frage, warum das »Zwangspfand« ausgerechnet für Wein nicht gilt. Unverständlich ist auch, warum eine höhere Besteuerung derzeit zwar für → Alcopops, nicht aber grundsätzlich für Alkohol im Gespräch ist. Und warum gibt es in Deutschland immer noch keine grundsätzlichen Rauchverbote an allen öffentlichen Plätzen?

Völlig unverständlich erscheinen schließlich die Forderungen aus mehreren Fraktionen, Cannabis zu legalisieren. Schon jetzt sind die mit dem Cannabiskonsum verbundenen Probleme kaum lösbar. Wenn im → Aktionsplan Drogen und Sucht geklagt wird: »Der Konsum psychoaktiver Substanzen ist in unserer Gesellschaft insgesamt zu hoch und wird – insbesondere bei legalen Suchtmitteln – zu wenig in seinen gesundheitlichen, psychischen, sozialen und ökonomischen Auswirkungen betrachtet«, muss die Frage erlaubt sein, warum der Gesetzgeber seine Möglichkeiten zur Reduzierung der Angebotsstrukturen bislang nicht hinreichend nutzt.

Angel Dust: Szeneausdruck für → PCP.

angemessenes Verhalten wird auch als assertives oder selbstsicheres Verhalten bezeichnet. Es ist Grundlage für eine zufrieden stellende Lebensführung und wird im gesellschaftlichen Konsens definiert. Davon abweichendes unangemessenes Verhalten ist ein Grund, warum viele Menschen – zur Kompensation – Drogen nehmen (→ Selbstheilungsversuch). Allerdings ist den Konsumenten dieser Zusammenhang meist nicht bewusst. Ziel jeder Therapie ist es, zunächst dem Patienten zu erklären, wie Situationen, Gefühle, Verhalten und Drogenkonsum zueinander in Beziehung stehen und welche Bedeutung in diesem Zusammenhang angemessenes und unangemessenes Verhalten hat (→ Frustrationstoleranz, → Selbstsicherheit, → Selbstmanagement).

Ob ein Verhalten angemessen ist oder nicht, kann immer nur in Zusammenhang mit der Situation und den handelnden Personen beurteilt werden. → Aggression z.B. kann in unterschiedlicher Weise geäußert bzw. in

Verhalten umgesetzt werden und ist grundsätzlich ebenso eine normale menschliche Reaktion wie Zurückhaltung. Selbstsicheres Verhalten darf nicht mit Rücksichtslosigkeit verwechselt werden (Alberti & Emonds 1978). Es erfordert in jedem Falle Flexibilität vom Patienten, um situationsabhängig unterschiedlich reagieren zu können.
Angemessen verhält sich derjenige, der ehrlich ist und der so konkret und so direkt wie (in der Situation) möglich seine Gedanken und Wünsche äußert. Angemessenes Verhalten berücksichtigt sowohl eigene Interessen wie auch die Wünsche anderer. Welches Maß an Egoismus/Altruismus angemessen ist, wird im gesellschaftlichen Disput festgelegt und ist stark vom kulturellen Kontext abhängig (in einer christlichen Gemeinde wird die Trennlinie z.B. anders informell definiert sein als in einer Gruppe von Immobilienmaklern). Beim → Selbstsicherheitstraining bzw. der Einübung angemessenen Verhaltens muss deshalb immer Rücksicht darauf genommen werden, in welchem Kontext der Patient lebt (ansonsten kann das Training ihm auch erheblich schaden).
Vor Beginn eines Selbstsicherheitstraining steht deshalb immer eine gründliche Erfassung der Lebenssituation des Patienten. Nicht die Wertvorstellungen des Therapeuten sind in der Therapie handlungsleitend, sondern die des Patienten. Der Patient muss festlegen und übend prüfen, welches Verhalten angemessen und nützlich für ihn ist. Für die Einübung angemessenen Verhaltens bedarf es eines Mindestmaßes an Selbstwahrnehmung. Es kann deshalb notwendig sein, dass vor Beginn eines Selbstsicherheitstrainings ein Wahrnehmungstraining (Stevens, 1975) oder ein Skills Training (Linehan) vorgeschaltet werden muss. Erst wenn der Patient sich realistisch wahrnehmen kann, ist er in der Lage, sein Verhalten zu steuern und sich angemessen zu verhalten.

Angst ist ein menschliches Gefühl, das hilft, Gefahren zu vermeiden. Tritt Angst häufig oder in unangemessen starker Form auf, kann sie Krankheitswert bekommen. Bei Konsumenten von Halluzinogenen und → Stimulanzien wie → Amphetaminen, → Kokain oder → Ecstasy kommen starke Angstzustände häufig vor. Sie können sich bis zum Verfolgungswahn steigern.

Anlage I: Wenn von Anlage I in Zusammenhang mit → Betäubungsmitteln die Rede ist, so ist damit i.d.R. Anlage I des → Betäubungsmittelgesetzes gemeint. In Anlage I sind die nicht verkehrsfähigen Betäubungsmittel aufgelistet. Es handelt sich um gesundheitsschädliche Stoffe, die für medizinische Zwecke ungeeignet sind oder deren therapeutischer Wert in keinem vernünftigen Verhältnis zu ihrer Schädlichkeit steht. In Anlage I aufgelistet sind unter anderem: → Cannabis (→ Marihuana), Cannabisharz (→ Haschisch), Cathinon, Diamorphin (→ Heroin), Dimethoxybromamphetamin (→ DOB), Dimethoxylethylamphetamin (→ DOM), Dimethoxyamphetamin (DMA), Dimethoxymethylamphetamin (→ DOET), Dimethyltryptamin (DMT), Lysergid (→ LSD), → Mescalin, Methylendioxyamphetamin (→ MDA), Methylendioxymethamphetamin (→ MDMA), Phencyclidin (→ PCP), → Psilocybin.

Pflanzen und Pflanzenteile der Gattung Cannabis fallen grundsätzlich unter die Anlage I. Ausgenommen ist hiervon lediglich deren Samen, sofern er nicht zum unerlaubten Anbau bestimmt ist. D.h., wer in einem → Head-Shop Samen einer → THC-haltigen Sorte kauft, wird trotzdem im Falle einer Ergreifung davon ausgehen müssen, dass er strafverfolgt wird. Ebenfalls ausgenommen vom Verbot sind Cannabis-Pflanzen von nahezu THC-freien Sorten, sog. → Faserhanf, mit zertifiziertem Saatgut aus den Ländern der Europäischen Union. Die Erlaubnis des Anbaus von Faserhanf erfordert aber die Einhaltung einer Reihe von Formalitäten, die allerdings nicht im → BtMG geregelt sind.

Anlage II: Wenn von Anlage II in Zusammenhang mit → Betäubungsmitteln die Rede ist, so ist damit i.d.R. Anlage II des → Betäubungsmittelgesetzes gemeint. Anlage II umfasst die verkehrsfähigen Betäubungsmittel, die nur in der Pharmaindustrie als Rohstoffe, Grundstoffe, Halbsynthetika und Zwischenprodukte verwendet werden dürfen. Zur Anlage II gehören neben anderen → Drogen → Delta-9-Tetrahydrocannabinol, Dextromoramid, Kokablätter und → Kokapflanzen, Dextropropoxyphen (Wirkstoff in Dromoran), Papaver Bracteatum, Pethidin, Phendimetrazin, Propiram, Thebain. Der Umgang mit in der Anlage II aufgeführten Stoffen ist nur einem beschränkten Personenkreis unter Einhaltung von Auflagen erlaubt.

Anlage III: Wenn von Anlage III in Zusammenhang mit → Betäubungsmitteln die Rede ist, so ist damit i.d.R. Anlage III des → Betäubungsmittelgesetzes gemeint. Die Betäubungsmittel der Anlage III sind die verkehrs- und verschreibungsfähigen Betäubungsmittel. Diese dürfen von Ärzten im Rahmen von ärztlichen Behandlungen eingesetzt werden, sofern die Behandlung das erfordert (§ 13 Abs. 1 BtMG). Voraussetzung ist, dass die Verschreibung medizinisch begründet ist (→ Begründete Verschreibung).

Zu den in Anlage III BtMG aufgelisteten Stoffen gehören unter anderem: → Alfentanil, → Amphetamin, Barbital, Buprenorphin (BPN, Wirkstoff in Temgesic), Cathin (Norpseudoephedrin), → Cocain, → Codein, → Diazepam (Alium), → Dihydrocodein (DHC, z.B. Remedacen), Etorphin (Wirkstoff in Immobilon), → Fentanyl (Wirkstoff in Thalamonal), → Fenetyllin (Wirkstoff in Captagon), Flunitrazepam (Rohypnol), → Hydrococon (Wirkstoff in Dicodid), → Hydromorphon (Wirkstoff in Dilaudid-Atropin), → Levacetylmethadol (LAAM), → Levomethadon (L-Polamidon), → Methadon, → Methamphetamin (Wirkstoff in Pervitin), Methaqualon (Wirkstoff in Mandrax und Norminox), Methylphenidat (Wirkstoff in → Ritalin), → Morphin, → Nabilon (Wirkstoff in Cesametic), Normethadon (Wirkstoff in Ticarda), → Opium, Oxycodon (Wirkstoff in Eucodal), Papaver somniferum (= Schlafmohn), Pentazocin (Fortral), Pethidin (Wirkstoff in → Dolantin), Phenmetrazin (Wirkstoff in Cafilon), Secobarbital (Vespar X, Medinox), → Tilidin (Wirkstoff in → Valoron).

Anonyme Alkoholiker: Abk. A. A. Name einer 1935 in Akron, Ohio, gegründeten Selbsthilfeorganisation. Mittlerweile gibt es AA-Gruppen in weit über 100 Ländern. Bei den Anonymen Alkoholikern treffen sich Betroffene in regelmäßigen Abständen, um über ihre Probleme zu sprechen. Man redet sich mit Vornamen an; die bürgerliche Identität ist nicht bekannt, um den Betreffenden vor sozialen Nachteilen seiner Sucht zu schützen. Der Besuch von AA-Gruppen ist eine gute Hilfe für Menschen, die nach einer Entwöhnungsbehandlung → trocken bleiben wollen. Ohne vorangehende Therapie ist der Besuch der Gruppen weniger erfolgreich. Im Netz findet man die Anonymen Alkoholiker unter www.anonyme-alkoholiker.de.

Anonyme Esssüchtige: Name einer Kette von → Selbsthilfegruppen für essgestörte Patienten. Die Essstörungen gelten nach der → ICD 10 nicht als Suchterkrankung. Sie sind deshalb auch nicht mit F1-Diagnose, sondern mit F5-Diagnosen zu verschlüsseln.

Anonyme Raucher: Name einer in größeren Städten vertretenen, selbstorganisierten → Selbsthilfegruppe für Raucher.

Anonyme Spieler Interessengemeinschaft e.V.: Name einer in größeren Städten vertretenen Selbsthilfegruppe für Spielsüchtige. Abk. AS.

Anordnung der einstweiligen Unterbringung: § 126 a der Strafprozessordnung (StPO), geregelt in der Fassung vom 7. April 1987 (BGBl. I S. 1074, 1319), zuletzt geändert durch Artikel 6 des Gesetzes vom 11. Oktober 2002 (BGBl. I S. 3970) regelt die einstweilige Unterbringung von psychisch kranken Straftätern (z. B. Drogenabhängigen):

(1) Sind dringende Gründe für die Annahme vorhanden, dass jemand eine rechtswidrige Tat im Zustand der → Schuldunfähigkeit oder verminderten → Schuldfähigkeit (§§ 20, 21 des Strafgesetzbuches) be-

gangen hat und dass seine → Unterbringung in einem psychiatrischen Krankenhaus oder einer Entziehungsanstalt angeordnet werden wird, so kann das Gericht durch Unterbringungsbefehl die einstweilige Unterbringung in einer dieser Anstalten anordnen, wenn die öffentliche Sicherheit es erfordert.

(2) Für die einstweilige Unterbringung gelten die §§ 114 bis 115a, 117 bis 119, 125 und 126 entsprechend. Hat der Unterzubringende einen gesetzlichen Vertreter, so ist der Beschluss auch diesem bekannt zu geben.

(3) Der Unterbringungsbefehl ist aufzuheben, wenn die Voraussetzungen der einstweiligen Unterbringung nicht mehr vorliegen oder wenn das Gericht im Urteil die Unterbringung in einem psychiatrischen Krankenhaus oder einer Entziehungsanstalt nicht anordnet. Durch die Einlegung eines Rechtsmittels darf die Freilassung nicht aufgehalten werden. § 120 Abs. 3 gilt entsprechend.«

Anorexie: Auch A. nervosa oder Magersucht genannt, gehört zu den → Essstörungen; das damit verbundene Verhalten weist Ähnlichkeiten zu → Abhängigkeitserkrankungen auf.

Anorexika: Name für eine Gruppe von Medikamenten, deren Wirkstoffe in der Regel → Amphetamin ähnlich sind. Anorexika werden häufig missbräuchlich verwendet.

Anoxie: Medizinischer Fachausdruck für eine Unterversorgung des Körpers einschließlich des Gehirns mit Sauerstoff. Ursache einer Anoxie sind z.B. Vergiftungen mit → Drogen oder → Alkohol. Die Folge einer Anoxie können nicht heilbare Organschäden und geistige Behinderung sein.

Anrechnung und Strafaussetzung zur Bewährung: Unter bestimmten Voraussetzungen ist es möglich, dass ein wegen Verstoßes gegen das → Betäubungsmittelgesetz Verurteilter seine Haftstrafe nicht oder nicht vollständig ableisten muss. Geregelt ist das in §36 des → Betäubungsmittelgesetzes:

»§ 36 Anrechnung und Strafaussetzung zur Bewährung:

(1) Ist die Vollstreckung zurückgestellt worden und hat sich der Verurteilte in einer staatlich anerkannten Einrichtung behandeln lassen, so wird die vom Verurteilten nachgewiesene Zeit seines Aufenthaltes in dieser Einrichtung auf seine Strafe angerechnet, bis in Folge der Anrechnung zwei Drittel der Strafe erledigt sind. Die Entscheidung über die Anrechnungsfähigkeit trifft das Gericht zugleich mit der Zustimmung nach § 35. Sind durch die Anrechnung zwei Drittel der Strafe erledigt oder ist eine Behandlung in der Einrichtung zu einem frühe-

ren Zeitpunkt nicht mehr erforderlich, so setzt das Gericht die Vollstreckung des Restes der Strafe zur Bewährung aus, sobald verantwortet werden kann zu erproben, ob der Verurteilte keine Straftaten mehr begehen wird.

(2) Ist die Vollstreckung zurückgestellt worden und hat sich der Verurteilte einer anderen als der in Abs. 1 bezeichneten Behandlung seiner Abhängigkeit unterzogen, so setzt das Gericht die Vollstreckung der Freiheitsstrafe oder des Strafrestes zur Bewährung aus, sobald verantwortet werden kann zu erproben, ob er keine Straftaten mehr begehen wird.

(3) Hat sich der Verurteilte nach der Tat einer Behandlung seiner Abhängigkeit unterzogen, so kann das Gericht, wenn die Voraussetzungen des Absatzes 1 Satz 1 nicht vorliegen, anordnen, dass die Zeit der Behandlung ganz oder zum Teil auf die Strafe angerechnet wird, wenn dies unter Berücksichtigung der Anordnungen, welche die Behandlung an den Verurteilten gestellt hat, angezeigt ist.

(4) Die §§56 a bis 56 g des Strafgesetzbuches gelten entsprechend.

(5) Die Entscheidungen nach den Absätzen 1 bis 3 trifft das Gericht des ersten Rechtszuges ohne mündliche Verhandlung durch Beschluss. Die Vollstreckungsbehörde, der Verurteilte und die behandelnden Personen oder Einrichtungen sind zu hören. Gegen die Entscheidung ist sofortige Beschwerde möglich. Für die Entscheidungen nach Absatz 1 Satz 3 und nach Absatz 2 gilt § 454 Abs. 3 der Strafprozessordnung entsprechend; die Bestimmungen über die Aussetzung des Strafrechtes erteilt das Gericht.« (→ Therapie statt Strafe, → Therapie statt Strafvollzug, → Strafverfolgung).

anschaffen: Szeneausdruck für »sich prostituieren«.

Antabus: Handelsname eines Medikamentes, das, begleitend zur → Psychotherapie, bei Alkoholkranken eingesetzt wird. Inhaltsstoff ist Disulfiram. Antabus führt in Verbindung mit Alkohol zu heftiger Übelkeit und soll Alkoholiker damit abschrecken, die legale → Droge zu sich zu nehmen. Allerdings setzt dies voraus, dass Antabus regelmäßig eingenommen wird, was nicht immer zu gewährleisten ist. Bei Herzkrankheiten, Durchblutungsstörungen des Gehirns und Überfunktionen der Schilddrüse darf Antabus nicht gegeben werden. Vorsicht ist lt. Hersteller auch bei → Depressionen, → Psychosen, Medikamentenabhängigkeit und → Leberzirrhosen geboten.

Antelepsin: Handelsname eines → Benzodiazepins, das gegen Epilepsien eingesetzt wird. Missbräuchlich wird es auch als → Droge eingesetzt. Inhaltsstoff ist Clonazepam.

Anti-Craving-Substanzen: Eine Reihe von chemisch sehr unterschiedlichen Substanzen wie z.B. → Acamprosat, → Naltrexon und Gamma-Hydroxybuttersäure sollen das → Craving, das Verlangen nach → Alkohol bzw. → Opiaten, verringern. Erste Erfolge im Umgang mit diesen Medikamenten deuten darauf hin, dass Anti-Craving-Substanzen eine gute Ergänzung zu psychotherapeutischer Behandlung sein könnten. Anti-Craving-Substanzen selbst haben kein eigenes → Abhängigkeitspotenzial. Bei anderen Suchtmitteln außer → Alkohol und → Opiaten kennt man noch keine Anti-Craving-Substanzen, deren Wirkung überzeugend ist.

Antidepressiva gelten als Medikamente ohne Abhängigkeitspotenzial. Sie werden vom Arzt gegen depressive Stimmungen, aber auch gegen Schmerzsyndrome, Ängste und zwanghaftes Verhalten, teilweise auch bei bestimmten Persönlichkeitsstörungen, bei → Essstörungen und im Rahmen von → Entzugsbehandlungen eingesetzt.

Bei Drogennotfällen, z.B. bei Cannabisvergiftungen, werden Antidepressiva auch vom Notarzt eingesetzt und zwar vorwiegend solche, die in der Anfangszeit müde machen wie z.B. Doxepin. Man fängt durch die müde machende (Neben)Wirkung dieses Antidepressivums die Angstzustände auf.

In der Drogenszene werden Antidepressiva manchmal zur Stimmungsverbesserung missbräuchlich eingesetzt und auch mit → Drogen kombiniert. Mögliche gefährliche Wechselwirkungen mit der Gefahr der Atemlähmung, des Herzstillstandes oder → Krampfanfällen werden meist unterschätzt. Besonders häufig scheinen derzeit Präparate wie Fluctin, Fevarin und Fluoxetin missbraucht zu werden.

Werden sie allerdings vom Arzt in der richtigen Dosierung bei Vorliegen der entsprechenden Indikation gegeben, so sind sie eine wertvolle Hilfe, die auch beim (zusätzlichen) Vorliegen von Abhängigkeitserkrankungen (→ Komorbidität) eingesetzt werden können und sollen. Voraussetzung ist allerdings eine ausreichende → Motivation und Mitarbeit des Patienten, weil sie nur bei regelmäßiger, vorschriftsmäßig dosierter Einnahme eine ausreichende Wirkung entfalten. Leider bestehen immer noch in einzelnen Kliniken historisch bedingte, unberechtigte Vorbehalte gegen den Einsatz von Antidepressiva bei Suchtkranken.

Anti Drug Coalition: Name einer international operierenden Organisation mit Sitz in New York, deren Ziel die Bekämpfung des internationalen Drogenhandels ist. Die Abk. ist A.D.C.

Antiepileptika: Nahezu alle → Drogen können Krampfanfälle auslösen. Antiepileptika benutzt der Notarzt zur Durchbrechung von Krampfanfällen. Hierzu gehört z.B. das Phenytoin. Antiepileptika werden auch im Rahmen von → Entzugsbehandlungen zur Anfallsprophylaxe bei Patienten gegeben, bei denen bereits mehrere Entzugsanfälle aus der Vergangenheit bekannt sind. Antiepileptika haben zum Teil schwere Nebenwirkungen und gehören deshalb nicht in die Hände von Laien. Es ist nicht sinnvoll, suchtkranke Patienten mit Antiepileptika zu behandeln, wenn keine verlässliche Mitarbeit besteht. Unregelmäßig eingenommen, schaden diese Medikamente mehr, als sie nützen. Außerdem erhöht die kombinierte Einnahme von Antiepileptika und Suchtmitteln das Risiko für Nebenwirkungen und Komplikationen erheblich.
Manche Antiepileptika haben auch eine ausgleichende Wirkung auf das Gefühlsleben und werden als → Mood Stabilizer eingesetzt.

Antifreeze: Szeneausdruck für → Alkohol, der die stimmungshebende, auflockernde Wirkung dieses Suchtmittels herausstreicht.

Antimenon: Weitere Bezeichnung für → Alraune.

Antitussivum Bürger: Name von Tabletten, die 30 mg Codein (phosphat) enthalten (→ Codein).

antörnen: Szeneausdruck für »sich in einen Rauschzustand versetzen«. Es handelt sich um die eingedeutschte Form des engl. Verbs »to turn« = »wenden«. Gewendet wird in diesem Fall der Bewusstseinszustand. Der Ausdruck wird mittlerweile weiter gefasst und steht für jede Situation, die mit einem Lustgewinn verbunden ist. Extremsport oder attraktive Frauen können somit auch als »antörnend« empfunden werden.

Antoniusfeuer: Vergiftungen mit → Mutterkorn wurden wegen der damit verbundenen brennenden Schmerzen und dem Schwarzwerden von Händen und Füßen früher nach dem heiligen Antonius »Antoniusfeuer» genannt (→ Mutterkorn).

anturnen: Szeneausdruck für »sich berauschen« (→ törnen).

Anxiolytika: Bezeichnung für Medikamente mit angstlösender Wirkung. Dazu gehören z.B. → Benzodiazepine wie → Adumbran, → Diazepam, → Faustan, → Dormicum, → Lexotanil oder → Tavor und auch die heute praktisch nicht mehr gebräuchlichen → Barbiturate.
Die meisten Anxiolytika können süchtig machen. Alternativ bieten sich niedrigpotente → Neuroleptika mit anxiolytischer Wirkung wie Dapo-

tum, Dominal oder Imap an, die keine → Abhängigkeit hervorrufen. Außerdem wirken viele → Antidepressiva, die klassischerweise nicht als Anxiolytika bezeichnet werden, auf Ängste. Bei Menschen mit einer Suchterkrankung in der Vorgeschichte sollten nach Möglichkeit keine Anxiolytika gegeben werden, da hier das Risiko neuer Suchtprobleme droht.

Ap: Abk., die in Verbindung mit Medikamenten für »apothekenpflichtig« steht. Apothekenpflichtige Medikamente bergen ein größeres Risiko für Nebenwirkungen (zu denen u.a. ein → Suchtpotenzial gehört) als frei verkäufliche. Die meisten Medikamente mit Suchtpotenzial sind aber verschreibungspflichtig oder nur auf → BtM-Rezept erhältlich.

Aphin: Indische Bezeichnung für → Opium.

Aphrodisiakum: Vielen → Drogen werden aphrodisierende Wirkungen nachgesagt. Beispiele sind → Alraune, → Datura, → Harmalkraut, → Kokain, → Poppers und → Yohimbin. Eine direkte aphrodisierende Wirkung besitzen die meisten Drogen nicht. Kokain z.B. verlängert zwar u.U. die Erektion, hat aber keine Wirkung auf das Lustempfinden. Die aphrodisierende Wirkung ist vor allem bei selbstunsicheren, gehemmten Menschen zu beobachten, die ohne Drogen zu verklemmt für ein zufrieden stellendes Sexualleben sind. Viele Drogen bauen Hemmungen ab und steigern so bei dieser Personengruppe den Lustgewinn.

Apollinaris: **1.** Handelsname eines bekannten, kohlensäurehaltigen Getränkes ohne → Suchtpotenzial. **2.** Weitere Bezeichnung für → Bilsenkraut.

Apolloniakraut: Weitere Bezeichnung für → Bilsenkraut.

Apomorphin: Abkömmling des → Morphins ohne Suchtpotenzial, das von Ärzten zum Auslösen von Erbrechen verwendet wird.

Apotheke: Bezeichnung für eine Sonderform eines Gewerbebetriebs, der Arzneimittel zubereiten und verkaufen darf. Der Leiter einer Apotheke muss ein staatlich geprüfter Apotheker mit abgeschlossenem Pharmaziestudium sein. Ähnlich wie ein niedergelassener Arzt bedarf er zur Berufsausübung außerdem einer staatlichen Bestallung (früher Approbation genannt). Drogenabhängige brechen manchmal in Apotheken ein, um sich Medikamente mit psychoaktiver Wirkung zu besorgen.

Apotheken-O: Szeneausdruck für → Opium, das aus einer Apotheke gestohlen wird und einen hohen Reinheitsgehalt hat.

apothekenpflichtig: Bezeichnung für Medikamente, die nur in der → Apotheke abgegeben werden dürfen.

Appetitsteigerung ist eine typische Nebenwirkung von → Cannabis. Wegen seiner Appetit-steigernden Wirkung wird → Cannabis experimentell auch von manchen Ärzten bei Krebskranken oder A.I.D.S.-Kranken mit dem Ziel einer Gewichtszunahme eingesetzt. In Deutschland und in fast allen anderen Ländern der Erde ist eine derartige Verwendung der Pflanze und ihrer Produkte verboten (→ BtMG).

Grundsätzlich möglich ist in Deutschland die Verordnung von → THC-haltigen Medikamenten (→ Dronabinol) im Sinne eines → Off-Label-Uses. Damit aber sind rechtliche Probleme verbunden und der Patient muss die Kosten tragen. Die Krankenkasse zahlt Therapien, deren Nutzen nicht erwiesen ist, nicht. Selbst wenn eines Tages THC in dieser Indikation zugelassen sein sollte, wird die Krankenkasse die Kosten nicht übernehmen, weil nach § 17.1 der Arzneimittelrichtlinien Medikamente zur Gewichtsregulation grundsätzlich nicht bezahlt werden. Sie gelten als Lifestyle-Medikamente.

Approximation, sukzessive: Begriff aus der → Verhaltenstherapie, der eine schrittweise Annäherung an ein angstbesetztes Objekt oder an eine angstbesetzte Situation beschreibt, die zur Reduktion der Angst führt. Man nähert sich dabei von einer noch wenig angstbesetzten Situation Schritt für Schritt an immer mehr mit Ängsten verbundene Situationen. In der → Suchttherapie werden z.B. soziale Ängste vor der Auseinandersetzung mit anderen mit dieser Methode abgebaut. Die meisten Süchtigen haben ein geringes Selbstwertgefühl und sind von ständiger Angst geplagt, von anderen nicht akzeptiert zu werden. Zunächst lernen die Patienten, ihre Meinung zu bestimmten Dingen zu formulieren, weil bereits dies angstbesetzt ist. Wenn sie merken, dass ablehnende Reaktionen auf ihre Meinung nicht so ablehnend sind, wie sie befürchtet haben, werden im nächsten Schritt zum Beispiel Streitsituationen eingeübt. Dabei wird der Streit zunächst in der Vorstellung im Gespräch mit dem Therapeuten durchgespielt und eine angemessene Position des Patienten im Streit entwickelt. Im nächsten Schritt vertritt der Patient dann seine Position – in Anwesenheit des Therapeuten – z. B. gegenüber dem Partner. Durch die Unterstützung durch den Therapeuten ist die Auseinandersetzung noch nicht so angstbesetzt wie ein Streit im wirklichen Leben, der im letzten Schritt vorbesprochen und dann – ohne Unterstützung – eingeübt wird.

Arabischer Tee: Weitere Bezeichnung für → Khat.

Arbeiterkoks: Szeneausdruck für → Amphetamin.

Arbeitsdatei Rauschgift: Name eines 1978 vom Bundeskriminalamt errichteten Registers, in dem zur Bekämpfung des Rauschgifthandels wichtige Daten gespeichert werden.

Arbeitsdrogen: → Kokain und → Amphetamin werden manchmal als Arbeitsdrogen bezeichnet, weil sie die Müdigkeit unterdrücken, Erschöpfungszustände überspielen und so ungesund lange Arbeitszyklen, z.B. bei Musikern, ermöglichen.

Arbeitssucht meint, dass ein Mensch der Arbeit in seinem Leben einen derart großen Stellenwert einräumt, dass andere Aktivitäten dahinter völlig zurücktreten. Ähnlich wie bei stoffgebundenen Süchten hat die Arbeit dabei stark selbstbelohnenden Charakter. Eine → Abhängigkeitserkrankung, wie z.B. → Alkoholabhängigkeit, ist Arbeitssucht aber nicht. Es ist ohnehin angesichts der zunehmenden Leistungsverdichtung in der Arbeitswelt schwierig zu unterscheiden, inwieweit ein hoher Einsatz auf der Arbeitsstelle unvermeidlich oder aber Ausdruck einer suchtähnlichen Eigendynamik ist. Informationen im Internet finden sich unter www.arbeitssucht.de oder www.workaholic-hilfe.de.

Arbol de los brujos: Weiterer Name für → Latua.

AR-DRG: → DRG.

Argyreia nervosa: → Holzrose.

Areca-Nuss: Weitere Bezeichnung für die → Betelnuss.

Arkanum: Name eines Heilmittels aus dem Mittelalter, das → Opium enthielt.

Armeleutekoks: Szeneausdruck für → Amphetamine.

Armesünderblume: Weitere Bezeichnung für → Alraune.

Artilin: Handelsname eines Medikamentes, das → Methylphenidat enthält und das in der Szene als → Speed gehandelt wird.

Artillerie: Szeneausdruck für → Drogen, die intravenös eingenommen werden.

Arzneimittelabhängigkeit: → Medikamentenabhängigkeit.

Arzneimittelgesetz: Abk. AMG, regelt den Umgang mit Medikamenten. Arzneien, die dabei ein Gefährdungspotenzial, z.B. ein → Abhängigkeitspotenzial, besitzen, sind besonderen Beschränkungen unterworfen. Besteht nur ein geringes Gefährdungspotenzial, besteht lediglich Apothekenpflicht, abgekürzt AP. Diese Medikamente dürfen nur in Apotheken verkauft werden, der Apotheker hat eine Beratungspflicht, der Patient darf ansonsten das Präparat aber frei erwerben. Besteht ein größeres Gefährdungspotenzial, besteht Verschreibungs- oder Rezeptpflicht, abgekürzt auf Rezepten mit RP. Diese Medikamente dürfen nur dann abgegeben werden, wenn die Verschreibung eines Arztes vorliegt. Bei ausgeprägtem abgenommenen → Suchtpotenzial reicht selbst das nicht. Hier ist entweder eine Verschreibung mit einem Betäubungsmittelrezept möglich

(Stoffe in → Anlage III des → BtMG) oder der Stoff steht in → Anlage I des BtMG und ist komplett verboten (→ Anlage II). Die aktuelle Fassung des AMG ist z.B. einsehbar unter: www.pei.de.

Ascorbinsäure: Auch Vitamin C. genannt, ist ein feines, leicht in Wasser lösliches Pulver, das in der Szene ebenso wie → Zitronensäure dazu benutzt wird, → Heroin gemeinsam mit Wasser aufzulösen, um es dann zu spritzen.

ASI: Abk. für Addiction Severity Index, einem Messinstrument zur Feststellung der Schwere einer → Abhängigkeitserkrankung.

Asthmakraut: Weitere Bezeichnung für den → Stechapfel. Der Name bezieht sich auf eine frühere therapeutische Verwendung.

Ataraktika: Medizinische Bezeichnung für → Beruhigungsmittel. Zum Teil werden Ataraktika missbräuchlich in der Drogenszene verwandt.

Atemlähmung: Viele → Drogen einschließlich → Alkohol können in hohen Dosen zu Atemlähmung führen, die u.U. tödlich ist. Durch → Mischkonsum steigt die Gefahr einer Atemlähmung.

Äther: Auch Ether genannt, bezeichnet eine Gruppe organischer Verbindungen, bei denen zwei gleiche Kohlenwasserstoffmoleküle über ein Sauerstoffatom verbunden sind. Der einfachste Ether, der Dimethylether mit der chemischen Formel CH_3-O-CH_3, ist ein Gas. Alle höhermolekularen Ether sind flüssig oder fest. Wichtigster Ether ist der Diethylether (Ethylether, Schwefelether), der in der organischen Chemie ein viel benutztes Lösungsmittel ist und noch heute zu Narkosezwecken verwendet wird. Äther wurde im 19. Jahrhundert auch als → Droge gebraucht (→ Ätherismus).

Ätherismus: Abhängigkeit von → Äther, die Ende des 19. Jahrhunderts in Deutschland eine Rolle spielte, als durch Steuererhöhungen der → Alkohol deutlich teurer geworden war. Äther wurde dabei getrunken oder inhaliert. Einige Konsumenten injizierten sich den Äther auch intramuskulär.

Äthylismus: Veralteter Ausdruck für → Alkoholismus.

Atomoxetin: Name eines vom US-Unternehmen entwickelten Wirkstoffes, der ähnlich wie → Ritalin gegen Aufmerksamkeitsstörungen eingesetzt wird. In Deutschland wird mit der Zulassung von Atomoxetin 2004 gerechnet. Inwieweit auch dieses Medikament ein → Suchtpotenzial hat, ist noch unklar.

ATP ist die Abk. für »Assertiveness-Trainings-Programm« (Ullrich de Muynck & Ullrich, 1976/1996). Das ATP ist ein hochstrukturiertes Trainingsprogramm im Rahmen einer bedingungsanalytischen → Gruppen-

therapie zum Erlernen von → angemessenem Verhalten. Abhängigkeitskranke können mithilfe des ATP lernen, selbstsicherer aufzutreten.
Das ATP sieht sich in inhaltlicher Nähe zu Kanfers → Selbstmanagement-Ansatz. ATP ist u.a. gut für noch unerfahrene Therapeuten. ATP ist auch für Patienten mit schweren psychischen Störungen geeignet. Es ist mit ansteigendem Schwierigkeitsgrad der 110 Übungen (Querschnitt möglicher Probleme) aufgebaut und dient dem Abbau von Vermeidungsverhalten. Auf einer subjektiven Angstskala von 0 bis 100 % sollte bei den Übungen ein Angstgrad/aversiver Grad von 30 % nicht überschritten werden.
Beim ATP durchlaufen die Patienten eine Reihe von hierarchisch aufgebauten, sozialen Anforderungssituationen. Das hat den Nachteil, dass eine Einengung durch vorgegebene Übungen besteht mit der Gefahr, dass das Training in Richtung »Normopath« verläuft. Ein weiterer Nachteil des ATP: Situationen sind so konkret, dass sie im Einzelfall und im Verlaufe gesellschaftlicher Entwicklung nicht mehr passen. Ein Erarbeiten von Trainingsschwerpunkten mit der Gruppe ist im Gegensatz zu anderen Verfahren nicht möglich. Evt. können die Patienten im Vorfeld ankreuzen, welche Übungen sie für besonders geeignet halten.
Angst wird von Ullrich und Ullrich de Muynck in vier Hierarchien eingeteilt:

- Fehlschlag- und Kritikangst
- Kontakt- und Bindungsangst
- Angst vor Ablehnung eigener Bedürfnisse
- Angst, nicht nein sagen zu können

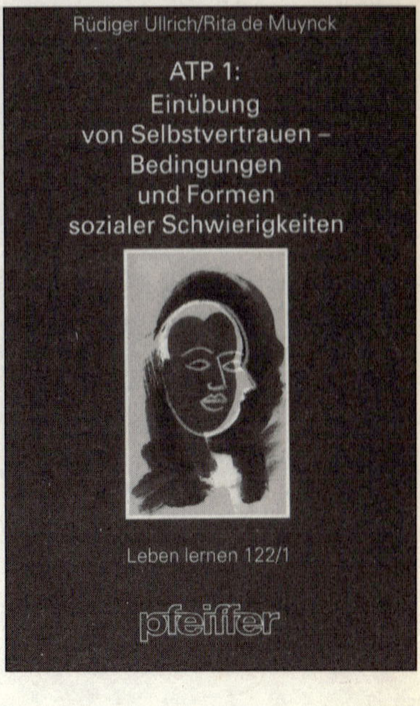

Die therapeutische Arbeit findet an drei Problembereichen statt:

- Prozesse der Selbstwahrnehmung und Selbstbewertung (Arbeit in Richtung von Kontrolle der Verstärkerbedingungen mit konsequentem Abbau von Selbst- und Fremdabwertung → Neubewertung)

ATP – ein auch für Anfänger leicht zu lernendes Verfahren

- Abbau von sozialer Unsicherheit und sozialem Gehemmtsein (Abbau von Vermeidungsverhalten, z.B. häufiger Partnerwechsel bei Bindungsangst, und »Vorwärtsvermeidungs«-Verhalten, z.B. bei »Helfer-Syndrom«)
- Erwerb sozialer Fähigkeiten (Aufbau von Handlungsalternativen)

Die 110 Übungen sind in vier Hauptkategorien eingeteilt:

- Forderungen stellen
- Neinsagen und kritisieren
- Kontakte herstellen und aufrechterhalten
- Sich Fehler erlauben und sich öffentlicher Beachtung aussetzen
- Erfolge des ATP sind: Über 80 % der Patienten beschreiben nach dem Training ihr Verhältnis zu Freunden als gebessert, knapp 70 % bemerken ein positiv verändertes Verhalten anderer ihnen gegenüber, nach Therapie haben nur noch 15 % keinen Partner (vorher 51 %), 75 % bemerken zwei Jahre nach Therapie, dass ihre Arbeitssituation verbessert sei und die Krankschreibungen sanken von 30 Tagen/Halbjahr auf 3,5 Tage/Halbjahr.

Atropin ist das Gift der → Tollkirsche, des → Stechapfels und anderer → Nachtschattengewächse. Atropin blockiert die Wirkung von Acetylcholin in den Verbindungsstellen zwischen den Nerven. Es wirkt auf das vegetative Nervensystem ähnlich wie ein → Stimulantium. Heftige Nebenwirkungen mit erheblichem Risiko wie Tobsuchtsanfälle, Verwirrtheit, Koma oder Herzrhythmusstörungen sind häufig. Schon allein deswegen sollte die Anwendung Narkoseärzten vorbehalten bleiben. Weitere Nebenwirkungen sind Wärmestau, Unruhe, → Halluzinationen und Angstzustände, Sehstörungen, Mundtrockenheit, Herzrasen und Beschwerden beim Wasserlassen. Psychotische Episoden (→ Psychose) wurden ebenfalls

Die Tollkirsche, Rohstoff für Atropin

vereinzelt als Folge des Atropinkonsums berichtet. Der Tod kann durch Herzstillstand und → Atemlähmung eintreten.
Atropin dient – neben anderen Narkosemitteln – zur Operationsvorbereitung. Dem Augenarzt dient Atropin zum Weittropfen der Pupillen und gegen bestimmte Entzündungen des Auges. Zudem wird es gegen Krämpfe im Magen-Darm-Trakt, Schmerzen beim Wasserlassen, Menstruationsbeschwerden und Reizblase mit Erfolg eingesetzt. Das Medikament wird vom Notarzt bei zu langsamem Herzschlag, bei Kammerflimmern und Vergiftungen mit Insektiziden der Organophosphatgruppe verwendet.
Doch Atropin wird auch als → Droge missbraucht. Der Rausch ist geprägt durch Halluzinationen, Unruhe und Rededrang und ist schlecht steuerbar. Die extreme Austrocknung der Schleimhäute durch Atropin ist vom Operateur gewünscht (so kann der Patient sich nicht am eigenen Speichel verschlucken), wird bei der Anwendung als Rauschmittel aber als sehr unangenehm empfunden.
Atropin unterliegt der Gefahrstoffverordnung und ist verschreibungspflichtig. Handelsnamen sind: Atropin 1 % Dispersa-Augensalbe, Atropin Augenöl, Atropin EDO Augentropfen, Atropinol Augentropfen, Atropin POS Augentropfen, Atropinsulfat 100 mg Injektionslösung, Atropinsulfat Braun 0,5 mg Injektionslösung, Atropinum sulfuricum AWD Tabletten, Atropinum sulfuricum Eifelfango Injektionslösung, Dysural N Dragees und Tropfen und Nexenur S Tropfen. In den letzten Jahren war es immer wieder in Tabletten, die als → Ecstasy verkauft wurden, enthalten. Da Atropin langsamer anflutet und weitaus gefährlicher ist als zum Beispiel → MDMA, besteht dadurch ein erhebliches Risiko für die Konsumenten.

Attributionstherapie: Die Attributionstheorie, auf der bestimmte Maßnahmen der → Verhaltenstherapie beruhen, geht davon aus, dass unser Verhalten dadurch beeinflusst wird, dass wir einem Ereignis eine bestimmte Ursache zuordnen. Zweck der Attribution ist eine Reduktion der Informationsmenge angesichts einer begrenzten Wahrnehmungskapazität. Wenn man sich zum Beispiel einmal an einer Herdplatte die Hand verbrannt hat, wird man künftig jeder Herdplatte mit größerer Vorsicht begegnen. Man wird aber nicht bewusst über jede Herdplatte neu nachdenken, sondern sich z.B. ganz automatisch nicht auf sie stützen. Dies ist ein einfaches Beispiel einer Attribution: Herdplatte = Gefahr.
Wie beim Beispiel mit der Herdplatte sind die meisten Attributionen nützliche Erfahrungsmuster, die die Informationsmenge reduzieren und damit das Reagieren auf komplexere Situationen vereinfachen. Wenn Kin-

der nicht gefördert werden, entwickeln sie meist nur einfache Attributionsmuster. Diese Kinder sind dann im Laufe ihrer Entwicklung oft überfordert. Eine differenzierte Attribution von Erlebtem zu der entsprechenden Ursache muss gelernt werden.
Süchtige, als eine Gruppe von Menschen, die oft wenig Förderung in ihrer Jugend erlebt haben, neigen deshalb fast immer zu vereinfachten Attributionsmustern. In ihrer Entwicklung haben sie nur wenig Unterstützung beim Aufbau adäquater Attributionen erfahren. Sie ordnen bestimmten Vorfällen schematisch vermutete Ursachen zu, ohne geprüft zu haben, ob die Ursache auch zutrifft. Die Bewertung von Situationen und die Reaktionsmuster beim Auftreten von Problemen sind nicht selten schablonenhaft und zu extrem. Häufig zu beobachten ist dabei eine unzulässige Verallgemeinerung. Viele Süchtige gehen z.B. davon aus, dass man sie als Person vollständig ablehnt, wenn man z.B. ein bestimmtes Verhalten kritisiert (z.B. Unpünktlichkeit). Das Denken ist von Schwarz-Weiß-Mustern geprägt, die Betreffenden sind oft überfordert.
In der Therapie werden unangemessene Attributionsmuster offensichtlich gemacht und eingeübt. Der Süchtige erkennt z.B., dass sein Arbeitgeber ärgerlich ist, weil er stets zu spät kommt, und nicht weil er ihn ablehnt. Nach und nach werden unangemessene Attributionen durch angemessenere ersetzt.

Auffangbehandlungen nennt man Therapien von Süchtigen, die es nach einer Entwöhnungsbehandlung zunächst geschafft haben, einen längeren Zeitraum »clean« zu bleiben, dann aber wieder rückfällig geworden sind (→ Rückfall). Auffangbehandlungen sind in der Regel kürzer als andere reguläre stationäre Entwöhnungsmaßnahmen (→ Therapiedauer). Grund ist, dass Suchtpatienten, die erst nach mehrjähriger Abstinenz rückfällig geworden sind, bereits auf eine Vielzahl von Alternativ-Verhaltensweisen zur → Sucht zurückgreifen können. Diesen Patienten wird im Rahmen einer Auffangbehandlung geholfen, das in früheren Therapien Erlernte zu stabilisieren. Eventuelle Defizite bei der Rückfallprophylaxe werden behoben.

auflängen: Szeneausdruck für das Strecken von → Drogen.

aufpeppen: Szeneausdruck für die Einnahme von → Stimulanzien.

Aufputschmittel sind Stoffe, die die Müdigkeit vertreiben, den Antrieb steigern, das Selbstbewusstsein heben und – zumindest in der Anfangszeit – die Stimmung verbessern. Heutzutage werden sie eher als → Upper oder → Stimulanzien bezeichnet.

Augenweißer: Szeneausdruck für Augentropfen, die die geröteten gereizten Augen der → Kiffer weißen, sprich die → Konjunktivitis zum Abklingen bringen. Sie sind rezeptfrei in → Apotheken erhältlich.

ausflippen: Szeneausdruck für unangemessenes, mit heftigen Gefühlsausbrüchen verbundenes Auftreten eines Menschen, das meist in Verbindung mit → Halluzinogenen oder → Stimulanzien steht. Inzwischen wird der Ausdruck aber auch ohne den Zusammenhang mit → Drogen gebraucht.

ausfreaken: Szeneausdruck für »sich zunehmend und dauerhaft seltsam verhalten«. Ursache dafür ist meist Drogenkonsum.

ausklinken: Szeneausdruck für unangemessenes, von starken Gefühlsäußerungen, manchmal auch von psychoseähnlichen Zuständen (→ Psychose) geprägtes Bild.

Aussetzung zugleich mit der Anordnung: Die Unterbringung im → Maßregelvollzug muss nicht zwingend vollstreckt werden. § 67 b des Strafgesetzbuches StGB (in der Fassung der Bekanntmachung vom 13. November 1998, zuletzt geändert durch Artikel 1 des Gesetzes vom 22. August 2002) regelt die »Aussetzung zugleich mit der Anordnung« :

»(1) Ordnet das Gericht die Unterbringung in einem psychiatrischen Krankenhaus oder einer Entziehungsanstalt an, so setzt es zugleich deren Vollstreckung zur Bewährung aus, wenn besondere Umstände die Erwartung rechtfertigen, dass der Zweck der Maßregel auch dadurch erreicht werden kann. Die Aussetzung unterbleibt, wenn der Täter noch Freiheitsstrafe zu verbüßen hat, die gleichzeitig mit der Maßregel verhängt und nicht zur Bewährung ausgesetzt wird.

(2) Mit der Aussetzung tritt Führungsaufsicht ein.«

Ausstiegsmotiv: Die Gründe, warum Menschen ihren Drogenkonsum beenden, sind von Person zu Person, aber auch von → Droge zu Droge unterschiedlich.

Neugier und nicht etwa persönliche Probleme (→ Komorbidität) sind bei den meisten Konsumenten der Grund, warum sie Drogen probieren (→ Probierkonsum). Als häufigstes Ausstiegsmotiv über alle Drogen hinweg wird genannt, dass man nur habe ausprobieren wollen, wie die Droge wirkt (Daten aus: EDSP 2 Folgeuntersuchung). Nach dem einmaligen oder auch mehrmaligen Konsum fällt dieses Motiv weg, die Neugier ist gestillt. Das zweithäufigste Argument von → Kiffern und auch von → Koksern, warum sie »ausgestiegen« sind, ist, dass der Drogenkonsum »nichts gebracht habe«.

Bei Amphetamin-Konsumenten hingegen steht an zweiter Stelle der Ausstiegsmotive bereits die Angst vor gesundheitlichen Schäden. Dieses Argument steht bei → Cannabis-Konsumenten und Koksern erst an dritter

Stelle. Nur 9,8 % der Cannabis-Konsumenten gaben an, dass die Angst vor Gesundheitsschäden sie zur Aufgabe des Konsums bewegt hat. Dies verdeutlicht eindrücklich, wie wenig verbreitet das Wissen über die Schädlichkeit dieser Droge unter Konsumenten ist. Cannabis gilt immer noch zu Unrecht als harmlos. Weitere Ausstiegsmotive sind »Drogenwirkung unangenehm«, »Angst vor Sucht« und »Angst vor nachlassenden Leistungen«. Hier ist besonders erschreckend, dass nur 4 % der Kiffer wegen der Angst vor Leistungsverlust den Konsum beendeten, obwohl gerade diese Droge regelhaft die Leistungsfähigkeit durch drogeninduzierte Aufmerksamkeits-, Antriebs- und Konzentrationsstörungen sowie die nachlassende Motivation (= »Scheißegal-Haltung«) beeinträchtigt. Aus diesen Daten wird erkennbar, dass gerade bei der am häufigsten konsumierten illegalen Droge, Cannabis, noch großer Aufklärungsbedarf besteht (→ Prävention).

Nach den in der EDSP-Studie erhobenen Daten sind »Verbot durch die Eltern« und »Angst vor Bestrafung« nur für wenige Konsumenten ein Grund, den Konsum zu beenden. Daraus den Schluss zu ziehen, Repression wäre nutzlos, ist nicht zulässig. Zum einen wissen viele Jugendliche gar nicht, dass Cannabiskonsum illegal ist. Außerdem wird nur ein kleiner Teil der Konsumenten bestraft – die meisten Verstöße dürften straffrei bleiben. Schließlich sind die tatsächlich vollzogenen Strafen bei Drogenkonsum möglicherweise nicht hoch genug, um abschreckend zu wirken.

Autofahren unter Drogeneinfluss: → Drogen greifen in die Sinneswahrnehmung ein und können dort zu erheblichen Beeinträchtigungen führen. Seit 1991 hat sich die Anzahl der Unfälle mit Toten und Verletzten, bei denen nachweislich Drogen im Spiel waren, vervielfacht. Eine vom Gesamtverband der Deutschen Versicherungswirtschaft in Auftrag gegebene Studie ergab, dass mehr als die Hälfte der befragten Jugendlichen und jungen Erwachsenen angab, mindestens einmal im Monat Drogen zu konsumieren. Dies ist zwar schon ein erschreckendes Ergebnis; schlimmer aber war die Feststellung, dass von den Konsumenten 94 % angaben, unter Drogeneinfluss Auto zu fahren. Rund 40 % waren bereits im berauschten Zustand in eine Polizeikontrolle geraten, ohne dass das aufgefallen war. Jeder Siebte berichtete von einem Unfall unter Drogeneinfluss, bei dem niemandem der Rausch aufgefallen war.

Diese dramatischen Resultate decken zum einen enormen Aufklärungsbedarf auf (→ Prävention). Es ist vielen Jugendlichen und jungen Erwachsenen nicht bewusst, welches Risiko sie beim Fahren im berauschten Zu-

stand für sich und andere eingehen. Zum anderen wissen viele aber auch nicht, welche drastischen Strafen auf sie zukommen. Bis zu 1500 Euro Bußgeld, 4 Punkte in Flensburg sowie bis zu drei Monate Fahrverbot drohen, wenn man mit Drogen am Steuer erwischt wird (Darüber hinaus sind, je nach der Menge Drogen, mit der man erwischt wird, auch Haftstrafen bis zu 5 Jahren möglich.) Damit nicht genug; im Falle eines Unfalls besteht kein Versicherungsschutz. Die Kosten bei Personenschäden können schnell in die Hunderttausende oder gar in den Millionenbereich gehen, die der (berauschte) Unfallfahrer dann selbst tragen muss.
Zum Entzug des Führerscheins reicht übrigens aus, wenn man in unberauschtem Zustand als Fußgänger erwischt wird und Drogen dabei hat. Es wird vom Gesetzgeber grundsätzlich aufgrund der o.a. Ergebnisse unterstellt, dass Drogenkonsumenten nicht zum Autofahren geeignet sind. Wird man mehrfach mit Drogen aufgegriffen, wird der Führerschein dauerhaft entzogen. Geht man von einem Gelegenheitskonsum aus, kann der Konsument u.U. nach psychologischen Tests (»Idiotentest«, → MPU) seinen Führerschein zurückbekommen.

Automatisierung des Verhaltens: Darunter versteht man, dass nicht mehr über ein Verhalten nachgedacht wird, bevor es ausgeführt wird. Früher hätte man wohl gesagt, das Unterbewusste steuere das Verhalten. Automatisierungen von Verhalten dienen dazu, den Kopf frei zu machen für andere Dinge. Das Verhalten jedes Menschen ist von derartigen Automatisierungen geprägt; Tätigkeiten wie die Fahrt zur Arbeit und zurück oder das Zähneputzen erfolgen z.B. i.d.R. ohne großes Nachdenken.
In der Therapie, auch von Suchtkranken, muss gegen Ende der Therapie darauf geachtet werden, dass eine Automatisierung erwünschter Verhaltensweisen (z.B. das Meiden von Szeneorten) eintritt. Erst wenn der Patient automatisch das Richtige tut, besteht eine sichere Basis für → Abstinenz. Wurde ein erwünschtes Verhalten aufgebaut, kommt es im Weiteren darauf an, dass dieses Verhalten auch ohne großes Nachdenken und ohne Hilfestellung von außen in das Repertoire des Patienten übergeht. Eine Phase, in der eine solche Automatisierung stattfindet, sollte immer am Abschluss einer Therapie stehen (z.B. in der Adaptionsphase), sonst droht verstärkt der → Rückfall in alte Verhaltensmuster.
Günstig ist dabei, wenn gegen Ende der Therapie zu intermittierender Verstärkung übergegangen wird (→ Fading). Intermittierende Verstärkung bedeutet, dass nicht jedes Mal ein Lob oder Selbstlob (→ Selbstmanagement) erfolgt, wenn der Patient sich richtig verhält. Daraus wird erkennbar: Das richtige Verhalten ist derart selbstverständlich geworden,

dass es keines Lobes bedarf. Der Patient sollte gezielt dazu aufgefordert werden, das aufgebaute Verhaltensmuster (z.B. »nein« zu sagen, wenn ihm Drogen angeboten werde) auch außerhalb der therapeutischen Situation auszuüben, wenn eine entsprechende Situation vorliegt, und zwar auch dann, wenn nicht jedesmal eine Verstärkung auftritt. Erst durch Variabilität im Verstärkerplan entsteht nach Kanfer und Phillips (1975) ausreichende Stabilität für die neu erworbenen Verhaltensmuster.

Aversionstherapie: Methode der → Verhaltenstherapie, bei der angenehme → Reize, wie z.B. das Suchtmittel, mit unangenehmen, bestrafenden Reizen kombiniert werden. Aversive, bestrafende Reize sind solche Reize, die die Auftretenswahrscheinlichkeit einer Reaktion vermindern (= negative Verstärker). Die Bezeichnung »aversiv« definiert sich somit über die Funktion. Beispiele für aversive Reize, die unmittelbar und ohne Lernerfahrung wirken, sind z.B. Hitze, Kälte, Schmerzreize, üble Gerüche, laute Geräusche, grelles Licht. Auch Demütigung, Kritik, Missachtung wirken aversiv, wobei hier Lernerfahrungen in der Regel modifizierend die Wirksamkeit beeinflussen.

In der Suchtbehandlung findet die → Aversionstherapie teilweise Anwendung: Alkoholikern wird z.B. in der Therapie gleichzeitig ein Glas mit → Bier und ein Glas mit Urin vorgesetzt. Die Patienten müssen beide Gläser betrachten, daran riechen und sich das Bild genau einprägen. Bei den nächsten Kneipenbesuchen ist der Durst auf Bier dadurch meist deutlich geringer. Ohne weitere psychotherapeutische Maßnahmen ist der Effekt der Aversionstherapie aber i.d.R. nicht von langer Dauer.

Eine weitere Einsatzmöglichkeit von mit den Mitteln → klassischer Konditionierung arbeitender Aversionstherapie ist die Gabe von Antabus bei Alkoholkranken. Dieses Medikament sorgt dafür, dass nach Einnahme von → Alkohol heftigste Übelkeit auftritt. Auch die → verdeckte Sensibilisierung ist eine Aversionstherapie. Aversive Therapie allein aber reicht nicht. Bei Wegfall des aversiven → UCS würde die aversive Reaktion auf den → CS langsam wieder gelöscht, weil die positive Verstärkerwirkung des Bieres ja nicht grundsätzlich erloschen ist. Wichtig ist, dass im Rahmen der Therapie der CS sukzessive zum diskriminativen Hinweisreiz (SD) wird und dass dieser SD dann auslösender Reiz für alternative Verhaltensweisen, z.B. Trinken von Fruchtsäften oder auch Verlassen der Kneipe, wird (man nennt dies auch Stimuluskontrolle bzw. Stimulussubstitution). Ergänzend sollten Problemlösetraining, Selbstsicherheitstraining oder Selbstkontrollverfahren eingesetzt werden. Aversionstherapie kann immer nur ein Baustein einer umfassender angelegten Therapie sein.

Awol: Abk. für Alcohol without liquid (Alkohol ohne Flüssigkeit). Unter dem Namen Awol werden von englischen Herstellern seit Anfang 2004 Zerstäuber angeboten, mit denen sich alkoholische Getränke direkt in den Mund sprühen lassen. Die Applikation ist auch als → Alkohol aus der Spraydose bekannt. Da bei dieser Anwendung der Alkohol direkt über die Schleimhäute des Mundes aufgenommen wird – unter Umgehung von Darm und vor allem von der alkoholabbauenden Leber –, ist die gleiche Alkoholdosis wesentlich stärker wirksam und entsprechend auch schädlicher. Die Angaben des Herstellers, man könne damit einen → Kater vermeiden, sind natürlich Unsinn. An den Nebenwirkungen des → Alkohols ändert sich nichts. Awol gilt bei vielen jungen Leuten wegen der ungewöhnlichen, zum Ritual taugenden Einnahme mit dem Zerstäuber als Kult. Darin liegt die besondere Gefahr. Awol ist neben den bekannten → Alcopos ein weiterer Versuch der Industrie, junge Menschen gezielt an den Konsum von Alkohol heranzuführen.

Axocatzin: Auch Malva colorada oder Chichipe genanntes Malvengewächs (Sida acuta), das in Mexiko teilweise als → Cannabis-Ersatz geraucht wird.

Ayahuasca: Auch Yage, Yaje oder Caapi genannt. Name einer Lianenart (Banisteriopsis caapi), aus der von einigen Indianerstämmen durch Auskochen eine halluzinogen wirksame → Droge gewonnen wird. Manchmal wird die Rinde auch gekaut oder als Schnupfpulver inhaliert. Hauptwirkstoff ist nach heutigem Wissensstand das → Harmin. Ayahuasca wirkt nicht nur halluzinogen, es hat auch antidepressive Eigenschaften, da es die Mono-Amino-Oxidase hemmt (→ MAO-Hemmer). Der → Rausch ist oft von Übelkeit und Erbrechen begleitet. Indianer des Amazonasgebietes und aus den Anden trinken Ayahuasca im Rahmen von Geisterbeschwörungen. Die Seele des Menschen soll durch Ayahuasca den Körper verlassen und zu den Vorfahren Kontakt aufnehmen können. Die kolumbianischen Tukano-Indianer verwenden es außerdem bei Männlichkeitsritualen. Die Produkte, die in → Head-Shops als Ayahuasca verkauft werden, nutzen nur den Namen, haben mit der → psychoaktiven Liane ansonsten meist nichts gemein.

Azacyclonol: Name eines Medikamentes, das bei akuten Vergiftungen mit → Halluzinogenen eingesetzt wird. Es hebt die Rauschwirkung teilweise auf. In niedrigerer Dosierung wirkt Azacyclonol beruhigend; in höherer Dosierung stimulierend. Ähnlich wie bei Methylphenidat ist Missbrauch als → Droge möglich.

Azalla: Weitere Bezeichnung für → Cannabis.

Azureus-Kahlkopf (Psilocybe azurescens), ein → Pilz, enthält → Psilocybin und kann nach Einnahme zu → Halluzinationen führen.

Azutranquil: Handelsname eines mittellang wirksamen → Benzodiazepins, das zur Behandlung von → Angst und Erregungszuständen sowie zur Behandlung von → Schlafstörungen eingesetzt wird. Inhaltsstoff ist → Oxazepam. Leider wird es oft zu lange gegeben, die Entwicklung einer psychischen und physischen → Abhängigkeit kann rasch erfolgen. In der Drogenszene wird das Medikament als Heroinersatz gehandelt.

B

Baaras: Weitere Bezeichnung für → Alraune.

Babystrich: Szeneausdruck für eine Örtlichkeit, wo sich Minderjährige prostituieren. Die meisten der jugendlichen Prostituierten, die dort ihre Dienste anbieten, sind drogenabhängig.

Back up: Szeneausdruck für das Ansaugen von Blut in die Injektionsspritze vor Injektion der → Droge. Damit wird sichergestellt, dass die Droge in die Vene gelangt und nicht ins umgebende Gewebe. Ohne Back up ist die Gefahr, dass → Abszesse entstehen, groß.

Backpulver: Backpulver wird zur Herstellung von → Crack aus → Kokain gebraucht. Auch die Wirksamkeit anderer → Stimulanzien, wie z.B. → Amphetamine, kann durch Beimischung von Backpulver erhöht werden.

Badoh: Weitere Bezeichnung für → Ololuiqui.

Badoh Negro: Weitere Bezeichnung für → Tlilitzin.

Bad Trip: Szeneausdruck für einen mit unangenehmen Empfindungen verbundenen Rauschzustand.

Bag: Szeneausdruck für eine Portion → Heroin.

Bagman: Szeneausdruck für → Dealer.

BAK: Abk. für → Blut-Alkohol-Konzentration. Die BAK wird in Promille angegeben.

Bakana: Kakteenart (Coryphanta compacta), die von mexikanischen Indianern als Heilmittel eingesetzt wird. Weitere Bezeichnungen sind Hikuli und Wichuri. Der halluzinogene Wirkstoff der Pflanze ist bislang nicht bekannt. Da die Indianer großen Respekt vor der Gefährlichkeit der Pflanze haben, darf sie nur von Schamanen verwendet werden.

Baldrian (Valeriana officinalis) wurde bereits in germanischen Ritualen verwendet. Er wirkt beruhigend und schlafanstoßend. In Deutschland ist er in Form von → Tees oder in Kapselform erhältlich. Die Entwicklung einer psychischen oder physischen → Abhängigkeit von Baldrian ist bislang nicht bekannt.

Bale: Szeneausdruck für eine größere Drogenmenge.

Balkanroute: Bezeichnung eines bekannten Drogenschmuggelwegs, bei dem die Drogen aus der Türkei und dem Nahen Osten über Bulgarien und das ehemalige Jugoslawien nach Deutschland transportiert werden.

Ball: **1.** Szeneausdruck für eine Mischung aus → Alkohol und → Drogen. **2.** Szeneausdruck für das Einreiben von → Kokain auf die Genitalien.

Ballon: → Drogen werden von → Dealern manchmal in Luftballons verpackt. Droht Gefahr, werden diese Ballons verschluckt und – sofern der Ballon bei der Magen-Darm-Passage nicht platzt – später wieder unversehrt ausgeschieden. Auch Drogenkuriere befördern ihr Frachtgut manchmal auf diese Weise. Die Gefahr liegt darin, dass sich die Ballons im Magen-Darm-Trakt öffnen und den Träger dann durch eine → Überdosis umbringen können.

Bambinos: Szeneausdruck für → Stimulanzien.

Banane: Ausgelöst von Donovans Song »Mellow Yellow« hält sich seit den sechziger Jahren hartnäckig das Gerücht, dass das Rauchen von getrockneten Schalen der Banane (Musa sapientum) zu einem → Cannabis-ähnlichen → Rausch führt. Reißerische Zeitungsberichte Ende der sechziger Jahre sorgten für eine weite Verbreitung der Vermutung, dass Bananenschalen eine → Droge seien. Bis heute fehlt dafür aber jeder Beweis.

Bandje: Arabische Bezeichnung für → Cannabis.

Bandsch: Weitere Bezeichnung für → Cannabis.

Bang: **1.** Weitere Bezeichnung für → Cannabis. **2.** In den USA auch gelegentlich Szeneausdruck für → Heroin.

Banisterin: Wirkstoff von → Ayahuasca. Banisterin ist identisch mit → Harmin.

Banisteriopsis caapi: → Ayahuasca.

Baldrian

Banj: Weitere Bezeichnung für → Cannabis.

Barbitale: Veralteter Ausdruck für→ Barbiturate.

Barbiturate: Medikamentengruppe, die als Schlafmittel oder → Beruhigungsmittel verwendet wird, heute aber weitgehend in der Medizin durch → Benzodiazepine und Medikamente ohne → Suchtpotenzial verdrängt wurde. Die → therapeutische Breite von Barbituraten ist gering; dadurch ist die Gefahr tödlicher Vergiftungen hoch. Dies ist der wesentliche Grund, warum sie kaum noch verwendet werden. Lediglich bei der Behandlung von Epilepsien werden Barbiturate noch vereinzelt eingesetzt. Barbiturate haben ein psychisches und körperliches → Abhängigkeitspotenzial. In höheren Dosen wirken Barbiturate paradoxerweise erregend, manchmal sogar euphorisierend. Mit → Alkohol eingenommen, sind → Halluzinationen möglich, ein rascher Umschlag in Apathie bis hin zu lebensbedrohlicher Lähmung von Herz und Atmung ist auch möglich. Nebenwirkungen sind Hautausschläge, Schulterschmerzen, Gleichgewichtsstörungen, Müdigkeit, → Kopfschmerzen, Krampfanfälle, Sehstörungen, Leberfunktionsstörungen bis hin zum Leberversagen, Herzrhythmusstörungen, Blutbildungsstörungen, → Atemlähmung und Allergien. Barbiturate werden in der Drogenszene auch missbräuchlich eingesetzt, um die Wirkung von → Uppern aufzuheben. Der → Entzug von Barbituraten ist langwierig und unangenehm, vergleichbar mit dem von Benzodiazepinen.

Barbs: Szeneausdruck für → Barbiturate.

Barren: Szeneausdruck für eine größere Drogenmenge in Form eines Barrens.

Base: Szeneausdruck für die basische Form des → Kokains, die durch das Lösen in Ammoniak hergestellt wird und ein noch erheblich höheres → Abhängigkeitspotenzial hat als reines Kokain.

Baseball Rocks: Weiterer Szeneausdruck für die basische Form von → Kokain in Kristallform, besser bekannt als → Crack.

Base House: Szeneausdruck für eine Lokalität, in der → Crack konsumiert wird.

basen: Szeneausdruck für das Inhalieren von in Ammoniak gelöstem → Kokain.

Bash: Szeneausdruck für → Marihuana.

BASIC-ID: Von Lazarus 1973 kreiertes Akronym, das seine Idee von einer → Verhaltenstherapie umreißt, die verschiedene Ebenen des Erlebens einbezieht. Folgende Ebenen eines Problems sollen nach Lazarus bei der Therapieplanung, z.B. bei Vorliegen einer → Abhängigkeitserkrankung, berücksichtigt werden: B = behavior (dtsch. = Verhalten), A = affect (Gefühl), S = sensation (Empfindung), I = imaginery (Vorstellungen), C = cognition (Gedanken), I = interpersonal (soz. Beziehungen), D = drugs (Medikamente). Jede dieser Ebenen kann süchtiges Verhalten beeinflussen und muss in Diagnostik und Therapie berücksichtigt werden.

Basuco: Bezeichnung für eine Paste, die durch das Zerstampfen von → Koka-Blättern entsteht.

Bazooka: Szeneausdruck für verunreinigtes → Crack.

Bau: Szeneausdruck für die Justizvollzugsanstalt.

Bauen: Szeneausdruck für das Drehen eines → Joints.

Baum des bösen Adlers: Weitere Bezeichnung für → Brugmansia.

B-Bombe: Szeneausdruck für → Benzedrin-Inhalationen.

BDI: Abk. für Behavioral Disturbance Index, ein Maß, das die Anzahl von Verhaltensauffälligkeiten beschreibt, die durch → Drogen ausgelöst werden.

BDMPEA: Droge aus der Gruppe der Phenetylamine, die halluzinogene Wirkung hat. Zu Risiken und Nebenwirkungen → Halluzinogene.

Beast: Szeneausdruck für → LSD.

Bedingungsanalyse, funktionelle: Am Beginn der → Verhaltenstherapie steht immer die (ursprünglich von Skinner entwickelte) funktionale Bedingungsanalyse, in der das problematische Verhalten bzw. Erleben des Patienten und die Ursachen dafür erfasst werden. Sie entspricht in etwa der Diagnosestellung bei körperlichen Erkrankungen. Es muss festgestellt werden, wann, ausgelöst durch welche → Reize in welchen Situationen konsumiert wird und welche Faktoren den Konsum aufrechterhalten. Ebenso wichtig ist es, gemeinsam mit dem Patienten zu ergründen, ob es Zeiten gab, in denen weniger → Drogen vom Patienten eingenommen wurden und was die Gründe dafür waren.

Begründete Verschreibung ist Voraussetzung dafür, dass ein in → Anlage III stehendes → Betäubungsmittel von einem Arzt verwendet werden darf. Eine Begründete Verschreibung setzt voraus, dass der Arzt den Patienten vorher selbst untersucht hat; er darf sich nicht auf das Urteil anderer verlassen.

Die Anwendung des Betäubungsmittels muss nach den anerkannten Regeln der ärztlichen Wissenschaft erfolgen (→ Off-Label Use). Es reicht nicht aus, dass einzelne Ärzte von einem Nutzen ausgehen, wie es z.B. derzeit beim Einsatz von → Cannabis als Therapeutikum für einzelne Krankheitsbilder diskutiert wird und wie es früher bei der → psycholytischen Therapie üblich war.

Zudem muss vom Arzt sichergestellt sein, dass dem Patienten nicht mehr als den Umständen nach unvermeidbar Schaden zugefügt wird (inwieweit die aktuelle Substitutionspraxis dem im Einzelfall noch Rechnung trägt, ist zumindest fraglich). Die Grenzen, wann eine Begründete Verschreibung vorliegt, sind also eng gefasst (→ Verschreibung).
Darüber hinaus kann eine Verschreibung begründet sein im Falle einer befristeten Umstellung auf ein Substitutionsmittel bis zur Aufnahme in eine Langzeittherapie. Die Tatsache, dass hier eine »Kann«-Formulierung gewählt wurde, schließt ein, dass ein solches Verhalten eines Arztes auch eine nicht begründete Verschreibung und damit einen Verstoß gegen das → BtMG darstellen kann.
Nicht begründet ist die Verschreibung von Betäubungsmitteln, wenn andere Maßnahmen alternativ in Betracht kommen.
Der Gesetzgeber sieht eine Verschreibung von Betäubungsmitteln also als Ultimo ratio an. Hat man das Wohl der → Abhängigkeitskranken und die Prävention von Sucht im Blick, ist eine derart restriktive Handhabung sinnvoll. Problematisch ist, dass durch die engen Rahmenbedingungen für begründete Verschreibungen Krebspatienten in Deutschland oft keine ausreichende Schmerztherapie erfahren.
Nicht begründet ist eine Verschreibung auch dann, wenn die verordnete Menge medizinisch nicht sinnvoll ist. Welche Höchstmengen von welchem Betäubungsmittel in welchem Zeitraum gegeben werden, ist im Einzelnen genau festgelegt und kann z.B. in der → Roten Liste nachgesehen werden. Werden mehr als zwei Betäubungsmittel oder mehr als die vorgegebene Höchstdosis eines Stoffes gegeben, so muss dies anhand des Einzelfalles begründet werden (derartige Verschreibungen sind außerdem vom Arzt mit »A« zu kennzeichnen).
Eine Begründete Verschreibung liegt schließlich auch nicht vor, wenn nicht sichergestellt werden kann, dass eine bestimmungsgemäße Verwendung durch den Patienten erfolgt. Eine bestimmungsgemäße Verordnung ist durch die derzeit übliche Praxis bei → Substitutionsbehandlungen, dem Patienten größere → Take-Home-Dosen von → Methadon mitzugeben, kaum zu gewährleisten.

Behavior Therapy: Der Begriff »Behavior Therapy«, im Deutschen → Verhaltenstherapie, erschien zum ersten Mal 1953 in Zusammenhang mit der operanten → Konditionierung in einer Veröffentlichung von Skinner und Salomon. Die Behavior Therapy wurde zu einer wichtigen Säule bei der Behandlung von → Abhängigkeitserkrankungen.

Beikonsum: Konsumieren Patienten in → Substitutionsprogrammen neben der ärztlich verordneten → Droge, wie z.B. → Polamidon, andere Drogen, wie z.B. → Kokain, → Cannabis oder → Alkohol, so spricht man von Beikonsum. Beikonsum ist bei → Substitution häufig. Eigentlich müssten die Patienten, wenn sie Beikonsum haben, aus dem Programm ausgeschlossen werden, doch das geschieht selten. Nicht wenige Entgiftungsstationen führen folgerichtig Entzüge von Beikonsum durch.

Beilwurz: Weitere Bezeichnung für die → Tollkirsche.

Belinuntia: Weitere Bezeichnung für das → Bilsenkraut.

Belladonna: Weitere Bezeichnung für die → Tollkirsche. Früher tröpfelten sich Frauen manchmal den Saft der Tollkirsche in die Augen. Die Pupillen weiteten sich dadurch, die Damen sahen schöner aus. Im Mittelalter soll es Menschen gegeben haben, die von Belladonna abhängig waren.

Bendj: Weitere Bezeichnung für → Bilsenkraut.

Beng: Iranischer Ausdruck für → Cannabis.

Bengali: Weitere Bezeichnung für → Cannabis.

Bengué: Weitere Bezeichnung für → Cannabis.

Bennis: Szeneausdruck für → Benzedrin-Tabletten.

Benzedrin: Handelsname eines Medikamentes, das → Amphetamin enthält und als → Speed in der Szene gehandelt wird. Ein dem Benzedrin verfallener Prominenter war Elvis Presley. Bereits zu seiner Armeezeit nahm er regelmäßig Benzedrin, um den Belastungen gewachsen zu sein. 1964 probierte er, wohl aus Angst vor der neuen Droge, → LSD zunächst an seinen Freunden aus. Presleys oft herrischer Art konnten sich nur wenige entziehen. Exzessiver Drogen- und Alkoholkonsum, verbunden mit ungesunder Ernährung, führten beim ehemaligen Sexsymbol im Laufe der Jahre zu einer wenig attraktiven Aufschwemmung und zunehmendem sozialen Rückzug. Paradoxerweise wurde der durch die Drogen bereits gezeichnete Presley 1970 von Nixon zum ehrenamtlichen Rauschgiftagenten ernannt. Er starb schließlich an den Folgen seiner → Sucht.

Benzin wird – vor allem in Entwicklungsländern – als Rauschmittel missbraucht. Der → Rausch ist halluzinogen und dauert etwa 20 Minuten. Bei den Konsumenten kommt es meist schon bald zu ausgeprägten Leber- und Hirnschäden, die oft nicht mehr heilbar sind.

Benzodiazepine: → Valium, → Rohypnol, → Tavor und → Faustan sind Handelsnamen bekannter Benzodiazepine. Die Wirkdauer ist unterschiedlich. Kurz wirksame Benzodiazepine wie → Dormicum, → Halcion und Lendormin wirken weniger als sechs Stunden, mittellang wirksa-

me wie → Alprazolam, → Bromazepam, → Lorazepam und → Oxazepam sechs bis 24 Stunden und lang wirksame Benzodiazepine wie → Chlobazam, → Chlordiazepoxid, → Diazepam, → Medazepam, → Prazepam sogar länger als einen Tag.
Stoffe dieser Gruppe können als Tabletten, Zäpfchen, Spritzen oder über Infusionen verabreicht werden. Sie wirken entängstigend, beruhigend, die meisten machen auch müde. Bei → Horrortrips und ängstlich gefärbten → Drogenpsychosen sind sie für den Notarzt das Mittel der Wahl. Auch bei Vergiftungen mit → Stimulanzien werden sie zum Beruhigen eingesetzt. Zudem gehören Benzodiazepine zu den Akutmedikamenten, die bei Krampfanfällen verabreicht werden. Weitere Anwendungsfelder sind → Angst- und Erregungszustände, Ein- und Durchschlafstörungen, psychische Magen-Darm-Beschwerden, Zustände mit erhöhter Muskelspannung und die Vorbereitung von Operationen. Zur Behandlung von → Schlafstörungen und Befindlichkeitsstörungen sollten Benzodiazepine nur in Ausnahmefällen verwendet werden.
Benzodiazepingebrauch führt dazu, dass die Leber viele andere Medikamente, insbesondere Schmerzmedikamente, wesentlich schneller abbaut. Es muss außerdem beachtet werden, dass Benzodiazepine süchtig machen können und zu den am häufigsten missbräuchlich angewandten Medikamenten gehören. Die Anwendungsdauer wird daher von jedem verantwortungsbewussten Arzt begrenzt. Leider gilt dies nicht für alle Ärzte. Benzodiazepine werden immer noch zu häufig verordnet. Dabei gibt es gut wirksame Alternativen ohne das Risiko der Entwicklung einer Abhängigkeitserkrankung. In der Drogenszene werden Benzodiazepine als → Downer gehandelt. Der → Entzug ist weitaus heftiger als z.B. ein Heroinentzug.

Benzin – nützlich im Tank – schädlich im Hirn

Mögliche körperliche Nebenwirkungen bei einer Vergiftung sind Schwindel, Müdigkeit bis hin zur Bewusstlosigkeit, verwaschen wirkende Sprache, Gangunsicherheit, Muskelschwäche, Verlangsamung der Atmung bis hin zur → Atemlähmung, Verlangsamung des Herzschlages bis hin zum → Herzstillstand, Blutdruckabfall, Schock. Chronische Nebenwirkungen können sein: Leberschäden bis hin zur → Leberzirrhose und Krampfanfälle. In der Schwangerschaft ist eine Schädigung der Frucht möglich. Bei Neugeborenen von Benzodiazepinabhängigen können Muskelschlaffheit (so genanntes Floppy infant) und Entzugserscheinungen auftreten.

Mögliche psychische Nebenwirkungen des Benzodiazepinkonsums sind Störung von Konzentration, Aufmerksamkeit und Leistungsfähigkeit, Einschränkung des Bewusstseins mit Minderung der Kritikfähigkeit und Müdigkeit bis hin zu Bewusstlosigkeit, Koma und Tod, → Schlafstörungen (besonders Durchschlafstörungen), Enthemmung, manchmal verbunden mit gesteigerter → Aggressivität, → Angst (vor allem im Entzug), Fremdheitsgefühl, Unwirklichkeitserleben (vor allem im Entzug), psychoseartige Zustände, Verfolgungswahn, Reizbarkeit und Stimmungsschwankungen sowie aggressive Durchbrüche. Auch Persönlichkeitsveränderungen wurden beschrieben, die allerdings nach Absetzen der Benzodiazepine (→ Benzodiazepinentzug) meist rückläufig sind. Bei der persönlichkeitsverändernden Wirkung durch Benzodiazepine spricht man auch von einer Entkernung der Persönlichkeit. Typisch ist Antriebsschwäche, Klagsamkeit und verflachter Affekt. Jahrelanger Benzodiazepingebrauch kann zu Panalgesie, also Schmerz am ganzen Körper, führen.

Benzodiazepinentzug: → Benzodiazepine können schon nach wenigen Wochen zu einer psychischen → Abhängigkeit führen. Eine körperliche Abhängigkeit bildet sich immer aus. Deswegen warnen die Hersteller vor einer länger andauernden und unkritischen Vergabe. Leider halten sich viele Ärzte nicht daran. Immer noch werden Benzodiazepine gegeben, wo sie nicht indiziert sind (→ Off-Label-Use). Zudem werden sie oft zu lange verabreicht. Bei vielen Menschen, bei denen im Alter eine → Depression diagnostiziert wird, liegt in Wirklichkeit eine nicht erkannte Benzodiazepinabhängigkeit vor (→ Low-Dose-Abhängigkeit). Problem bei der Behandlung ist, dass ein Benzodiazepinentzug (→ Entzugsbehandlung) sehr belastend sein kann. Oftmals sind die Beschwerden stärker als bei einem Heroinentzug. Daher scheuen viele Patienten (und auch Ärzte) einen solchen Entzug. Symptome beim Absetzen der Benzodiazepine können sein: → Angst, → Depression, → Schlaflosigkeit, Umtriebigkeit, Übelkeit, Überempfindlichkeit gegen Licht und Geräusche, Herzrasen,

Muskelschmerzen, Tremor, Schwitzen, Fieber und Krampfanfälle. Die Angst kann sich steigern bis zu → Depersonalisations- und → Derealisationserleben. Psychotisches Erleben mit → Halluzinationen kann auftreten. Unbehandelt kann ein Entzug von Benzodiazepinen sogar tödlich enden. Deshalb wird ein Benzodiazepinentzug i.d.R. medikamentengestützt vorgenommen. Dabei werden vom Arzt ausschleichend Benzodiazepine gegeben, sodass die Entzugssymptome nur mäßig ausgeprägt auftreten. Am ausgeprägtesten sind bei einem solchen »warmen« Entzug die Beschwerden beim Absetzen der letzten Benzodiazepindosis und einige Tage danach. Trotz der Belastung, die ein Benzodiazepinentzug darstellt, sollte er durchgeführt werden, weil länger andauernde Benzodiazepingaben die Lebensqualität der Patienten fast immer erheblich verschlechtern. Hinzu kommt, dass Benzodiazepine die Sturzneigung erhöhen, vor allem bei älteren Leuten droht nach einem (benzodiazepinbedingten) Sturz immer die Immobilität und das Abrutschen in den Status der Pflegebedürftigkeit.

Benzoylecgonin: Name des Hauptabbauproduktes von → Kokain. Wird Benzoylecgonin in Haar, Blut oder Urin nachgewiesen (→ Drogenschnelltests, → Haaranalyse), so ist dies ein sicherer Hinweis darauf, dass Kokain konsumiert wurde.

Benzyl-Senföl ist der Hauptwirkstoff der Kapuzinerkresse (Tropaeolum majus). Es dient in der Naturheilkunde zur Behandlung von Harnwegsinfekten, z.B. in Form von Filmtabletten. Es hemmt die → ADH und erniedrigt die Alkoholtoleranz.

Berliner Tinke: Opiumhaltige Essiglösung, die in den siebziger Jahren als Heroinersatz auf den Markt kam. Sie war sehr viel gefährlicher als → Heroin und führte oft rasch zu → Leberzirrhosen. Seit einigen Jahren scheint die Berliner Tinke vom Markt verschwunden zu sein.

Berliner Wasser: Gleichbedeutend mit → Berliner Tinke.

Beruhigungsmittel: Bezeichnung für eine inhomogene Gruppe von Medikamenten, die → Ängste mildern, den Antrieb reduzieren und schlafanstoßend wirken. In der Szene werden Beruhigungsmittel als → Downer verkauft und z.B. als Ersatz für → Heroin verwendet. Fast alle Beruhigungsmittel können körperlich und psychisch abhängig machen – ein Problem, das der Öffentlichkeit kaum bewusst ist. → Benzodiazepine, → Barbiturate und → Opiate gehören zu den Beruhigungsmitteln. Laut UN-Angaben nimmt jeder Zehnte in Europa Beruhigungsmittel. Besonders ältere Menschen geraten nicht selten in → Abhängigkeit von dieser Medikamentengruppe. Sie nehmen sie, um die Einsamkeit des Alters und die ra-

schen Veränderungen der heutigen Zeit, denen sie nicht mehr gewachsen sind, besser zu bewältigen. Nicht selten stellt eine unkritische Vergabe von Beruhigungsmitteln durch Hausärzte die Ursache für die Entstehung von Beruhigungsmittelabhängigkeit dar.
Werden Beruhigungsmittel abgesetzt, kann es zu heftigen Entzugserscheinungen führen. Der → Entzug muss deshalb nicht selten im Krankenhaus erfolgen. Zuständig sind Abteilungen für Psychiatrie und → Psychotherapie.

Beschaffung: Szeneausdruck für meist illegale Aktivitäten von Süchtigen, die dem Gelderwerb dienen.

Beschaffungskriminalität: Bezeichnung für kriminelles Verhalten, dessen Einnahmen überwiegend zum Kauf von → Drogen verwendet werden. Beschaffungskriminalität ist ein Ausdruck, der unterstellt, dass kriminelles Verhalten in Zusammenhang mit regelmäßigem Drogenkonsum nur der Beschaffung von Drogen dient. Manchmal wird sogar behauptet, dass Süchtige zwangsläufig kriminell werden, weil der Drang nach Drogen so groß sei. Süchtige sind aber – auch im → Entzug – sehr wohl in der Lage, die Konsequenzen ihres Verhaltens zu überblicken. Die Entscheidung zu stehlen oder Überfälle zu begehen, erfolgt bei vollem Bewusstsein. Eine Einschränkung der Schuldfähigkeit ist nur selten gegeben. Außerdem: Nicht wenigen Süchtigen bringt ihr kriminelles Verhalten einen zusätzlichen »Kick«. Die so genannte Beschaffungskriminalität hat also einen Wert an sich. Oft waren die Süchtigen auch schon vor Beginn ihrer → Drogenkarriere kriminell. Selbstverständlich benutzen sie im Falle einer Anklage das Argument Beschaffungskriminalität trotzdem gerne, um eine Strafmilderung zu erreichen. Es ist in der Regel aber nicht von einer verminderten Schuldfähigkeit bei Drogenabhängigkeit auszugehen. Eine Anwendung des § 21 StGB (verminderte Schuldfähigkeit) dürfte bei sog. Beschaffungsdelikten so gut wie nie erfolgen.

Beschaffungsprostitution: Bezeichnung für Prostitution, deren Erlös überwiegend zum Kauf von → Drogen verwendet wird.

Beschaffungskriminalität: Stehlen und Einbrechen

Beschlagnahme von Klientenakten in einer Suchtberatungsstelle: Art. 1 Abs 1, 2 Abs. IGG; § 203 Nr. 4 StGB und der BVerfG Beschl. vom 24.5.1977; NJW 1977,1489 regeln die Beschlagnahme von Klientenakten in einer Suchtberatungsstelle. Nach Artikel 2, Abs. 1 des Grundgesetzes ist der Schutz der Suchtberatungsstellen und ihrer Handlungsfreiheit gewährleistet. Dieser Schutz umfasst nicht nur die Räume einer Beratungsstelle, sondern auch deren bestimmungsgemäßes Wirken, das ihnen im Rahmen der Gesetze vorgegeben ist. Den Klienten der Beratungsstelle steht das Grundrecht auf Achtung ihrer Intim- und Privatsphäre zu.
Da die Klientenakten der Beratungsstelle Informationen über die durch das Grundgesetz geschützte Privatsphäre enthält, stehen diese unter dem Schutz des Grundrechtes – allerdings nicht in dem Maße wie zum Beispiel ärztliche Unterlagen. Staatliche Eingriffe sind nicht grundsätzlich ausgeschlossen. Gleichfalls schutzwürdige Interessen anderer oder der Gemeinschaft können – im Gegensatz zum Umgang mit Arztakten – dazu führen, dass der Schutz der Privatsphäre des Klienten nachrangig wird. Hier muss stets abgewogen werden, wessen Interesse Vorrang hat.
Für die Arbeit von Drogenberatern ist das deshalb problematisch, weil deren Arbeit die Bildung eines Vertrauensverhältnisses voraussetzt. Wenn der Patient damit rechnen muss, dass seine während der Beratung gemachten Äußerungen einschließlich des Geständnisses strafbarer Handlungen, des Erwerbs und Besitzes von Drogen nicht vertraulich behandelt werden, so wird er unter Umständen gar nicht bereit sein, von der Möglichkeit sich beraten zu lassen Gebrauch zu machen.
Viele Patienten beschränken sich deshalb in der Drogenberatungsstelle darauf, ihr Suchtproblem und die Lebensgeschichte zu erzählen. Informationen, die juristische Komplikationen bergen, werden dann erst gegenüber Ärzten und Psychotherapeuten offenbart, die außer geplanten schwersten Straftaten, wie z.B. einen kurz bevorstehenden Mord, nichts weitergeben dürfen.

Bespar: → Beruhigungsmittel, das zur Bekämpfung von → Angst, innerer Unruhe und Spannungszuständen eingesetzt wird. Inhaltsstoff ist Buspiron. Das Medikament hat eine Vielzahl z.T. heftiger körperlicher und psychischer Nebenwirkungen. Obwohl eigentlich gegen Angst eingesetzt, kann Bespar auch zu Ängstlichkeit, → Depressionen bis hin zu Selbstmordgedanken, → Halluzinationen bis hin zu → Psychosen führen.

Besteck: Szeneausdruck für Gegenstände, die zum → intravenösen Drogenkonsum verwendet werden. Dazu gehören ein Löffel zum Aufkochen, ein Gummi zum Abbinden, eine Spritze, ein Feuerzeug zum Erhitzen der Droge und evtl. Ascorbinsäure, in der sich → Heroin gut löst.

Besuchskommissionen: Ob suchtkranke Patienten regulär im → Maßregelvollzug untergebracht sind, wird durch Besuchskommissionen geklärt. Der diesbezügliche Auszug des → PsychKG ist im Folgenden in der Fassung vom 17. Dezember 1999 aufgeführt (→ Unterbringung in einer Entziehungsanstalt):

»§ 23 Besuchskommissionen

(1) Das für das Gesundheitswesen zuständige Ministerium beruft Besuchskommissionen, die mindestens einmal in zwölf Monaten unangemeldet die Krankenhäuser, in denen Betroffene nach diesem Gesetz untergebracht werden, besuchen und daraufhin überprüfen, ob die mit der Unterbringung von psychisch Kranken verbundenen besonderen Aufgaben erfüllt werden. Dabei können Betroffene Wünsche und Beschwerden vortragen. Soweit zur Erfüllung ihrer Aufgaben erforderlich, darf eine Besuchskommission personenbezogene Daten der Betroffenen, der Beschäftigten und in diesem Zusammenhang unvermeidbar mitbetroffener Dritter erheben und unter Wahrung der schutzwürdigen Belange weiterverarbeiten. Für eine ausreichende Datensicherung hat die Besuchskommission Sorge zu tragen.

(2) Jede Besuchskommission legt alsbald, spätestens drei Monate nach einem Besuch der Aufsichtsbehörde einen Besuchsbericht mit dem Ergebnis der Überprüfung vor, der auch zu den Wünschen und Beschwerden von Betroffenen Stellung nimmt. Der Bericht wird von dem in Absatz 4 Nr. 2 genannten Mitglied der Kommission erstellt. Die Aufsichtsbehörde leitet ihn unverzüglich mit einer Stellungnahme und einem Bericht über die veranlassten Aufsichtsmaßnahmen an das für das Gesundheitswesen zuständige Ministerium weiter. Der Krankenhausträger erhält zeitgleich eine Durchschrift des Berichts nach Satz 2.

(3) Das für das Gesundheitswesen zuständige Ministerium legt dem Landtag alle zwei Jahre eine Zusammenfassung der Besuchsberichte nach Absatz 2 vor.

(4) Den Besuchskommissionen müssen angehören:

1. eine staatliche Medizinalbeamtin oder ein staatlicher Medizinalbeamter der Aufsichtsbehörde,
2. eine in der Psychiatrie weitergebildete Ärztin oder ein in der Psychiatrie weitergebildeter Arzt und
3. eine Vormundschaftsrichterin oder ein Vormundschaftsrichter oder

eine Beamtin oder ein Beamter mit der Befähigung zum Richteramt oder zum höheren Verwaltungsdienst. Das für das Gesundheitswesen zuständige Ministerium kann weitere Mitglieder, auch für einzelne Besuche der Kommission, bestellen, insbesondere der Betroffenen- und Angehörigenorganisationen. Angehörige der unteren Gesundheitsbehörde können an den Besuchen teilnehmen.

5) Das Petitionsrecht, die Aufsichtspflichten und -rechte der zuständigen Behörden sowie das Gebot der Schweigepflicht der Angehörigen der Heilberufe bleiben unberührt«.

Beta-Carboline: Mit den → Tryptaminen nah verwandte Stoffgruppe, die in vielen psychoaktiv wirksamen Pflanzen vorkommt, wie z.B. in → Schlafmohn, → Passionsblume, → Ayahuasca und anderen Winden, → Tabak und → Fliegenpilz. ß-Carboline sollen stimmungsaufhellend wirken und können, werden sie zusammen mit → MAO-Hemmern eingenommen, zu gefährlichen Komplikationen führen.

Betäubungsmittel: Im → BtMG ist die Rede von Betäubungsmitteln, der Begriff → Droge oder Rauschgift kommt nicht vor. Die Bezeichnung wurde seit dem internationalen Opiumabkommen von 1912 zunächst neben den Begriffen »Suchtmittel« und »Drogen« gebraucht und findet seit dem Opiumgesetz von 1929 (Gesetz über den Verkehr mit Betäubungsmittel) allgemein Anwendung. Das Bundesverfassungsgericht definiert Betäubungsmittel als Stoffe, die wegen ihrer Wirkungsweise eine Abhängigkeit hervorrufen können, deren betäubende Wirkungen wegen des Ausmaßes einer missbräuchlichen Verwendung Gefahren für die Gesundheit begründen oder als Stoffe, die der Herstellung von Betäubungsmittel dienen (BVerfG, NJW 1998, 669). Der Gesetzgeber hat in einer Positivliste alle Stoffe aufgeführt, die er zu den so genannten Betäubungsmitteln zählt. Betäubungsmittel im Sinne des Gesetzes sind damit nur die in den → Anlagen I – III zum → BtMG abschließend genannten Stoffe und Zubereitungen. Der Umgang mit den in Anlage I bis III aufgeführten Stoffen ist in Deutschland entweder verboten oder aber an enge Voraussetzungen gebunden. Dieser Katalog kann durch Rechtsverordnung (vgl. § 1 Abs. 2, 3 und 4) ergänzt oder geändert werden.

In »§ 1 Betäubungsmittel« des → BtMG heißt es:

»Betäubungsmittel im Sinne dieses Gesetzes sind die in den Anlagen I bis III aufgeführten Stoffe und Zubereitungen.

(2) Die Bundesregierung wird ermächtigt, nach Anhörung von Sachverständigen durch Rechtsverordnung mit Zustimmung des Bundesrates die Anlagen I bis III zu ändern und zu ergänzen, wenn dies

1. nach wissenschaftlicher Erkenntnis wegen der Wirkungsweise eines Stoffes, vor allem im Hinblick auf das Hervorrufen einer Abhängigkeit,
2. wegen der Möglichkeit, aus einem Stoff oder unter Verwendung eines Stoffes Betäubungsmittel herstellen zu können, oder
3. zur Sicherheit oder zur Kontrolle des Verkehrs mit Betäubungsmitteln oder anderen Stoffen oder Zubereitungen wegen des Ausmaßes der missbräuchlichen Verwendung und wegen der unmittelbaren oder mittelbaren Gefährung der Gesundheit erforderlich ist. In der Rechtsverordnung nach Satz 1 können einzelne Stoffe oder Zubereitungen ganz oder teilweise von der Anwendung dieses Gesetzes oder einer auf Grund dieses Gesetzes erlassenen Rechtsverordnung ausgenommen werden, soweit die Sicherheit und die Kontrolle des Betäubungsmittelverkehrs gewährleistet bleiben.

(3) Der Bundesminister für Gesundheit wird ermächtigt, in dringenden Fällen zur Sicherheit oder zur Kontrolle des Betäubungsmittelverkehrs durch Rechtsverordnung ohne Zustimmung des Bundesrates Stoffe und Zubereitungen, die nicht Arzneimittel sind, in die Anlagen I bis III aufzunehmen, wenn dies wegen des Ausmaßes der missbräuchlichen Verwendung und wegen der unmittelbaren oder mittelbaren Gefährdung der Gesundheit erforderlich ist. Eine auf der Grundlage dieser Vorschrift erlassene Verordnung tritt nach Ablauf eines Jahres außer Kraft.

(4) Der Bundesminister für Gesundheit (Bundesminister) wird ermächtigt, durch Rechtsverordnung ohne Zustimmung des Bundesrates die Anlagen 1 bis III oder die auf Grund dieses Gesetzes erlassenen Rechtsverordnungen zu ändern, soweit das auf Grund von Änderungen der Anhänge zu dem Einheits-Übereinkommen von 1961 über Suchtstoffe in der Fassung der Bekanntmachung vom 4. Februar 1977 (BGBl. 11 S. 111) und dem Übereinkommen von 1971 über psychotrope Stoffe (BGBl. 1976 11 S. 1477) (Internationale Suchtstoffübereinkommen) in ihrer jeweils für die Bundesrepublik Deutschland verbindlichen Fassung erforderlich ist.«

Unter »§ 2 Sonstige Begriffe« heißt es im BtMG ergänzend:

»(1) Im Sinne dieses Gesetzes ist

1. Stoff: eine Pflanze, ein Pflanzenteil oder ein Pflanzenbestandteil in bearbeitetem oder unbearbeitetem Zustand sowie eine chemische Verbindung und deren Ester, Ether, Isomere, Molekülverbindungen und Salze – roh oder gereinigt – sowie deren natürlich vorkommende Gemische und Lösungen;

2. Zubereitung: ohne Rücksicht auf ihren Aggregatzustand ein Stoffgemisch oder die Lösung eines oder mehrerer Stoffe außer den natürlich vorkommenden Gemischen und Lösungen;
3. ausgenommene Zubereitung:eine in den Anlagen I bis III bezeichnete Zubereitung, die von den betäubungsmittelrechtlichen Vorschriften ganz oder teilweise ausgenommen ist;
4. Herstellen: das Gewinnen, Anfertigen, Zubereiten, Be- oder Verarbeiten, Reinigen oder Umwandeln.

(2) Der Einfuhr oder Ausfuhr eines Betäubungsmittels steht jedes sonstige Verbringen in den oder aus dem Geltungsbereich dieses Gesetzes gleich (...).«

Betäubungsmittelgesetz: Abk. BtMG. Inwieweit der Umgang mit → Drogen und süchtig machenden Medikamenten in Deutschland erlaubt ist, ist im Betäubungsmittelgesetz geregelt. Wer gegen das BtMG verstößt, dem drohen Haftstrafen.

Die Einschränkung des Konsums von Genussmitteln hat in Deutschland eine lange Geschichte. Das erste Gesetz, das psychoaktive Zubereitungen in Deutschland regelte, war wahrscheinlich das Reinheitsgebot des deutschen → Bieres. Seine Entstehung geht auf den Machtkampf zwischen dem Christentum und den Urreligionen (→ Religionen) zurück und nicht etwa auf wissenschaftliche Erkenntnisse. Bier enthielt vor Inkrafttreten des Reinheitsgebotes psychoaktive Pflanzenextrakte, wie z.B. aus dem halluzinogenen Bilsenkraut, die in den Urreligionen von religiöser und naturmedizinischer Bedeutung waren. Deshalb wurden die Zusatzstoffe von den

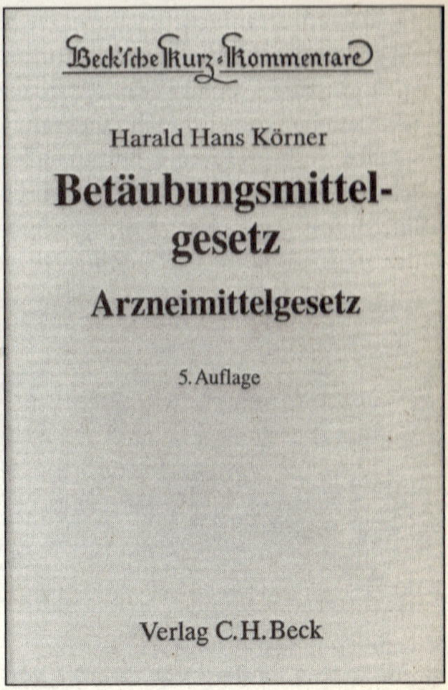

Betäubungsmittelgesetz – dieses Buch von Körner hilft zum Verständnis

Christen verboten. Und es ging bei der Gesetzgebung nicht nur um Religion oder → Prävention; auch der Kampf um Marktanteile spielte eine Rolle. Die damals verfügbaren Suchtmittel wie Bier und Wein wurden oft von Mönchen in Klöstern gebraut. Sie hatten auch ein finanzielles Interesse, der Konkurrenz das Geschäft zu erschweren.
Probleme mit → Abhängigkeitserkrankungen (die damals allerdings nicht als solche gesehen wurden) entstanden erst mit der Industrialisierung im 19. Jahrhundert.
Zu Beginn des 20. Jahrhunderts waren der europäische und amerikanische Markt überflutet mit Arzneimitteln und Elixieren, die erhebliche Mengen → Morphin, → Kokain und → Heroin enthielten. Das hatte erheblichen negativen Einfluss auf die Arbeitskraft der Menschen. Der Gesetzgeber reagierte vor allem aus ökonomischen Überlegungen – gestern wie heute. 1920 wurde das Opiumgesetz infolge des Haager Übereinkommens von 1912 in Deutschland verabschiedet. Damit sollte zukünftig die Einfuhr von Rauchopium verhindert und die Verbreitung von → Opium, Morphin, Heroin und Kokain kontrolliert werden.
Nicht erfasst wurde zunächst → Cannabis, da es als Rauschmittel nicht die heutige Verbreitung hatte. Bis in die 40er Jahre wurde heimisches Cannabis als Hanf breitflächig in Deutschland angebaut und für die Textilproduktion (Herstellung von Armeebedarf und Uniformen), Papierherstellung und zu Genusszwecken genutzt. Erst 1961 wurden die Vereinten Nationen dazu gebracht, nicht nur den Großhandel von Cannabis gesetzlich zu begrenzen, sondern auch den individuellen Konsum einzuschränken. In Amerika war Cannabis fast 200 Jahre als gesetzliches Zahlungsmittel zugelassen. Erst nachdem der Konsum von Cannabis Ende der sechziger Jahre als Rauschdroge weitere Verbreitung fand und damit

Übler Streich von drei Schülerinnen

Lehrerin Drogen in Hirsebrei gemischt

Düsseldorf Express 26.11.03

STRAFTAT *Der Staatsanwalt ermittelt wegen gefährlicher Körperverletzung*

Das Betäubungsmittelgesetz sieht harte Strafen für derartige »Späße« vor

verbunden Probleme auftraten, wurde 1971 auch dort der Cannabiskonsum illegal.

Von 1975 bis 2000 hat sich die Zahl der Delikte in Zusammenhang mit Betäubungsmitteln in etwa verzehnfacht. Heute ist das Betäubungsmittelgesetz das in Deutschland geltende Gesetz, das Einfuhr, Ausfuhr, Herstellung, Verarbeitung und Aufbewahrung, die ärztliche Verordnung und die Abgabe von Betäubungsmitteln regelt. Zunächst mit eher repressivem Charakter ausgestattet, verfolgt es inzwischen auch eine Vielzahl therapeutischer Anliegen (→ Therapie statt Strafe). In anderen Ländern gibt es vergleichbare Gesetze (het opiumwet in den Niederlanden, the narcotics act in den USA, usw.). Welche Substanzen als Betäubungsmittel zu bewerten sind, wird im BtMG in → Anlage I – III festgelegt. Der Gesundheitsminister kann ohne Zustimmung des Bundesrates jederzeit diese Anlagen abändern. Die jeweils aktuelle Betäubungsmittel-Liste ist bei der Pressestelle des Bundesinstituts für Arzneimittel und Medizinprodukte in Berlin erhältlich. Der vollständige Gesetzestext kann eingesehen werden unter: *http://bundesrecht.juris.de/bundesrecht/GSEAMT_index.html.*

Wegen der Häufigkeit des Cannabis-/Hanfkonsums hier noch einige ergänzende Bemerkungen zur rechtlichen Lage: Aufgrund der Theorie, dass

Betäubungsmittelgesetz – sein Vorläufer war das Reinheitsgebot

Cannabis als eine → Einstiegsdroge zu gelten habe, wurden 1971 die Bestimmungen des Opiumgesetzes zu Cannabis in das Betäubungsmittelgesetz übernommen. Mit dem gleichen Argument wurden 1982 die Verschärfungen des Gesetzes begründet, die vorsehen, dass nach der Änderung nicht nur die Verwendung der Blätter und des Harzes, sondern die aller Pflanzenteile strafbar ist. Seit dem 01.01.1982 ist nach dem Betäubungsmittelgesetz der Anbau von Hanf grundsätzlich verboten. Ausnahmegenehmigungen müssen schriftlich aufwendig beantragt werden.
Hanf findet sich in → Anlage I des BtMG. Ob es dort richtig eingeordnet ist, dazu gibt es unterschiedliche Meinungen, die dadurch begründet sind, dass die Gefährlichkeit und insbesondere das → Abhängigkeitspotenzial der Droge unterschiedlich eingeschätzt werden. Der Lübecker Richter Neskovic beispielsweise schrieb 1992 in einem Beschluss: »Alkohol und Nikotin sind sowohl für den Einzelnen als auch gesellschaftlich evident gefährlicher als Cannabisprodukte« (Jz.-713Js 16817/90 StA Lübeck – 2 Ns Kl. 167/90). Neskovic hielt damals im Übrigen das ganze Betäubungsmittelgesetz für verfassungswidrig. Durchsetzen konnte sich diese Ansicht nicht. Das Bundesverfassungsgericht bestätigte 2004 erneut das Verbot von Cannabis (Az.: 2 BvL 8/02). Unter bestimmten Voraussetzungen ist allerdings der Anbau von Hanfsorten mit einem THC-Gehalt unter 0,3 % jetzt wieder erlaubt.
Nicht nur Besitz, Anbau oder Verkauf von Drogen sind strafbar. Wer in seinen Räumlichkeiten die Herstellung oder den Anbau von Drogen zulässt, macht sich strafbar. D.h., man kann z.B. verhaftet werden, wenn ein Mitbewohner der Wohngemeinschaft in den Räumen der WG Cannabis anbaut. Auch wer Drogen (z.B. eine → Ecstasy-Tablette) verschenkt, verstößt gegen das BtMG. Bereits der Umgang mit Stoffen, die zur Herstellung von Drogen dienen können, ist strafbar, sofern man nicht über eine entsprechende Genehmigung verfügt.
Die Höchststrafen beim Besitz einer → geringen Menge betragen 5 Jahre, bei einer nicht geringen Menge 15 Jahre. Dabei unterscheidet das Gesetz nicht, um welche illegale Droge es sich handelt.
Das Herstellen von Drogen ist auch dann strafbar, wenn diese nicht im Betäubungsmittelgesetz aufgeführt sind. Der Bundesgerichtshof stellte fest, dass es wesentlich ist, zu welchem Zweck z.B. noch nicht im Gesetz aufgeführte pflanzliche Drogen oder Designerdrogen hergestellt werden. Steht die Berauschung im Vordergrund, so kann auch dann eine Verurteilung erfolgen, wenn das Mittel nicht in Anlage I des → BtMG steht. Möglich sind Haftstrafen von bis zu 10 Jahren. In der Änderung des BtMG

vom 1. Februar 1998 wurde am Ende der → Anlage I dahingehend eingefügt, dass auch »Pflanzen und Pflanzenteile, Tiere und tierische Körperteile in bearbeitetem oder unbearbeitetem Zustand mit in dieser oder in einer anderen Anlage aufgeführten Stoffen, wenn sie als Betäubungsmittel missbräuchlich verwendet werden sollen«, illegal sind. Das heißt im Klartext: Jede Droge, die nicht ausdrücklich erlaubt ist, ist verboten und der Umgang mit ihr strafbar.

Betäubungsmittelrezept: Abk. BtM-Rezept. Medikamente, die der Gesetzgeber für besonders gefährlich hält, sog. → Betäubungsmittel, dürfen nur über ein besonderes Rezept, das Betäubungsmittelrezept, verordnet werden. Formulare für die dreiteiligen Betäubungsmittelrezepte sind erhältlich bei der → Bundesopiumstelle. Das BtM-Rezept muss, um gültig zu sein, u.a. die BtM-Nummer des verschreibenden Arztes enthalten und es darf nicht älter als sieben Tage sein. Die → Verschreibung muss medizinisch begründet sein und ist eng reglementiert (→ Begründete Verschreibung). Daneben unterliegt der verordnende Arzt streng festgelegten Dokumentationspflichten. Die Stoffe, die über Betäubungsmittelrezept abgegeben werden dürfen, sind in → Anlage III des → BtMG aufgeführt.

Betelnuss: Nussähnliche Frucht der Betelpalme (Areca catechu), die v.a. in Indien und Indonesien wächst. → Psychoaktive Wirkstoffe der Betelnuss sind Arecaidin, Arecain und Arecolin. Werden Betelnüsse zusammen mit Kalk gekaut, kann ein halluzinogener Rausch erzeugt werden. Chronische Einnahme führt zu Appetitlosigkeit und Verdauungsstörungen. Betelkauer sind am desolaten Zustand von Zahnfleisch und Zähnen gut zu erkennen.

Bewusstseinserweiterung: Die im → Rausch erlebte Veränderung der Wahrnehmung wurde in den 1970er Jahren von nicht wenigen Drogenkonsumenten als Bewusstseinserweiterung bezeichnet. Sie interpretieren den Rauschzustand als Zugang zu den verschütteten Bergwerken ihres Unterbewussten. Eigentlich handelt es sich bei dem Rausch aber schlicht um eine chemisch bedingte Störung von Wahrnehmung und Informationsverarbeitung des Nervensystems, wie sie auch in anderen Extremsituationen auftreten kann. Die meisten → Drogen schädigen bei chronischer Einnahme das Nervensystem und führen so zu einer Einschränkung der Erlebnisfähigkeit und Entwicklungsmöglichkeiten. Hinzu kommt, dass in intoxiziertem Zustand das Leben an den Betreffenden vorbeiläuft und dass sie somit wichtige Erfahrungen versäumen, die ihr Bewusstsein erweitern könnten. Mittlerweile glaubt kaum noch ein → User an eine Bewusstseinserweiterung durch Drogen.

Bewusstseinsstörung: Einschränkung des Bewusstseins, die dadurch gekennzeichnet ist, dass der Betreffende seine Umgebung durch verminderte Wachheit nicht mehr voll wahrnimmt. Es gibt verschiedene Stufen der Bewusstseinsstörung, beginnend bei leichter Benommenheit über Somnolenz (deutliche Schläfrigkeit, aber noch weckbar) und Sopor (nicht mehr weckbar, aber Reaktion auf Schmerzreize u.ä.) bis hin zum Koma. Insbesondere → Downer führen regelhaft zu Bewusstseinsstörungen, aber auch bei allen anderen → Drogen ist dies möglich.

Beziehungsaufbau in der Therapie: Ziel jeder → Psychotherapie ist zunächst der Aufbau einer vertrauensvollen, offenen Beziehung. Sie ist Grundlage der weiteren Therapie. Das klingt banal, ist aber bei Menschen, die jahrelang ihr Leben überwiegend auf Selbstbelohnung mithilfe von Suchtmitteln aufgebaut haben, nicht ganz einfach. Vielfach haben Abhängigkeitskranke keinerlei Vertrauen zu anderen. Ohne eine tragfähige Beziehung lassen sich Veränderungen in der Therapie nicht erreichen. Dazu gehört auch, dass der Therapeut als Modell geeignet ist, d.h. er sollte selbst nicht in schädlichem Maße Suchtmittel konsumieren und über ein ausreichendes Maß an Kommunikations- und Problemlösefähigkeit verfügen.

Beziehungsunfähigkeit: Die → Angst, vom Partner verlassen zu werden, ist bei den meisten Süchtigen sehr groß. Eine große Zahl von ihnen lässt sich deshalb gar nicht erst längerfristig auf andere Menschen ein. Hintergrund sind fast immer schlechte Erfahrungen mit engen Bezugspersonen in der Vergangenheit. Viele Süchtige kommen aus Familien, in denen die Eltern nicht zuverlässig für ihre Kinder da waren. Häufige Gründe dafür sind Scheidungen oder eine Suchterkrankung bei den Eltern. Der Süchtige hat meist nicht die Erfahrung gemacht, dass enge Beziehungen etwas Schönes und Wichtiges sind. Er ist es gewohnt, für sich selbst zu sorgen und anderen zu misstrauen, weil das in seiner Vergangenheit die einzige Möglichkeit war zurechtzukommen. Nach außen treten Süchtige folglich oft sehr selbstbewusst und

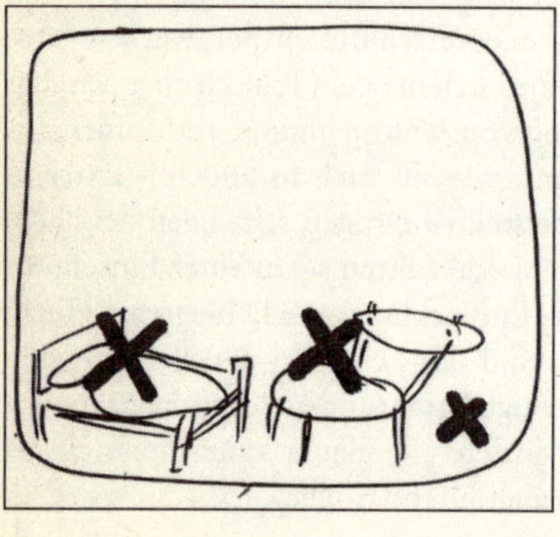

Beziehungsunfähigkeit (Illustration: B. Hoppek)

herrisch auf (→ Persönlichkeitsstörung). Dahinter steht aber nie ein gesundes Selbstwertgefühl, das sich nur dann entwickeln kann, wenn der Betreffende in einem stabilen Beziehungsrahmen groß geworden ist. Es gibt nicht nur den unangemessen fordernd auftretenden Süchtigen. Die Art und Weise, wie sich die Schwierigkeiten bei der Aufrechterhaltung von Beziehungen ausdrücken, sind vielfältig. Nicht wenige Suchtkranke reagieren auf schlechte Erfahrungen mit Beziehungspersonen mit Rückzug. Sie wirken depressiv und antriebslos. Aus Angst vor Enttäuschung oder dem Verlassenwerden, vermeiden sie jede Auseinandersetzung mit ihren Mitmenschen und vermeiden jede Handlung, die sie Kritik aussetzen könnte. Alle Süchtigen reagieren im Übrigen ungewöhnlich empfindlich auf Kritik, was auf ihrem verletzlichen, instabilen Selbstbild beruht. Aus den o.a. Gründen sind die meisten Süchtigen nicht in der Lage, länger andauernde Beziehungen zu führen. Viele leben völlig vereinsamt, einige – Männer ebenso wie Frauen – haben ständig wechselnde Partner. Beides ist Ausdruck mangelnder Beziehungsfähigkeit. Um die mit diesem Lebenswandel verbundene Unzufriedenheit nicht spüren zu müssen, greifen viele dann verstärkt zum Suchtmittel. Dies wiederum erhöht die Wahrscheinlichkeit von depressiver Verstimmung und anderen psychischen Auffälligkeiten, was die Wahrscheinlichkeit einer funktionierenden Beziehung weiter verringert.

BfA: Abk. für Bundesversicherungsanstalt für Angestellte. Die BfA ist u.a. zuständig für die Durchführung von → Entwöhnungsbehandlungen bei Suchterkrankungen.

BfArM: Abk. für Bundesinstitut für Arzneimittel und Medizinprodukte (www.bfarm.de).

Bhang: **1.** Weitere Bezeichnung für → Cannabis. **2.** Weitere Bezeichnung für das → Bilsenkraut.

Bhanga: Weitere Bezeichnung für → Cannabis.

Bicentenniel Gold: Szeneausdruck für hochwertiges → Heroin.

Bienen: Szeneausdruck für drogenabhängige Prostituierte, die für ihren → Dealer → anschaffen gehen.

Bier: Bezeichnung für ein → alkoholhaltiges Getränk, das durch die Vergärung von Getreide unter Zusatz von Hopfen (einem Verwandten von → Cannabis), Hefe und Malz gewonnen wird. Weitere Zutaten sind aufgrund des Deutschen Reinheitsgebotes (→ Betäubungsmittelgesetz) nicht erlaubt. Deswegen darf sich Bier, dass Cannabis-Essenzen enthält, auch nicht Bier nennen. Es heißt dann z.B. »Cannabia«. Der Alkoholgehalt beträgt bei Bier meist zwischen 4,5 % und 6 %, Starkbiersorten können über 10 % Alkohol enthalten. In früheren Jahrhunderten, vor Einführung des Reinheitsgebotes im Jahr 1516, enthielt Bier auch andere, meist halluzinogene → Drogen (z.B. → Bilsenkraut).

Big Boys: Szeneausdruck für eine Portion → Heroin.

Big C: Szeneausdruck für → Kokain.

Big Chief: Szeneausdruck für → Meskalin. Manchmal wird der Ausdruck auch für andere → Halluzinogene gebraucht.

Bilsenkraut: Die Bilsenkräuter (Hyoscyamus niger, Hyoscyamus albus und Hyoscyamus muticus) spielen in Europa, Nordafrika und Asien seit Jahrtausenden eine wichtige Rolle als Heilkraut und → Droge. Anscheinend kannte man die Wirkung bereits im Paleolithikum. Die alten Ägypter kannten es ebenso wie die Römer und die Griechen. Wahrscheinlich ist Bilsenkraut identisch mit dem von Homer beschriebenen Heilkraut Nepenthes. In der Antike war es das am meisten verbreitete Heilkraut. Die Priesterinnen des Orakels von Delphi machten ihre Weissagungen im Bilsenkraut-Rausch. Die Assyrer setzten dem Bier Bilsenkraut zu, um sich alsdann heftig zu berauschen.

Bilsenkraut

Bis 1516 war es auch in Deutschland ein beliebter Bierzusatz; dann wurde es vom »Deutschen Reinheitsgebot« verboten. Schon damals wusste man, dass Bilsenkraut zu Wahnsinn, Raserei und Tod führen kann. Die Gallier vergifteten deswegen beispielsweise ihre Pfeilspitzen mit Bilsenkraut. Wirkstoffe sind – soweit bekannt – vor allem Hyoscyamin und Scopolamin. Wegen seiner schmerzstillenden Wirkung wurde Bilsenkraut bei Operationen eingesetzt, aber auch z.B. zum Tode Verurteilten gegeben, damit diese die Schmerzen nicht so spüren. Die Hippokratiker gaben es gegen Fieber, Tetanus und Unterleibsbeschwerden. Im Mittelalter fand Bilsenkraut vor allem in der Hexenkunst Anwendung. Es war wichtiger Bestandteil der → Hexensalbe. Weitere Namen sind: Apollinaris, Apoloniakraut, Asharmadu, Bazrul, Belendek, Bendj, Belinuntia, Bhang, Bily Blin, Blyn, Bülsenkraut, Diskiamos, Gur, Hühnertod, Hyoskyamos, Jupiterbohne, Lang-tang, Obecny, Pilsenkraut, Rasenwurz, Rindswurz, Sakra, Saubohne, Schlafkraut, Sekara, Sikran, Tollkraut, Zahnkraut.

Bily Blin: Weitere Bezeichnung für das → Bilsenkraut.

Bindehautentzündung: Bei einer Bindehautentzündung schießt Blut in die Haut, sie rötet sich (→ Augenweißer). Man spricht dabei auch von konjunktivaler Injektion. Die Entzündung der Bindehaut des Auges ist eine typische Folge des Konsums von → Cannabis. Allerdings können auch andere Gründe dafür ursächlich sein, z.B. eine Allergie. Die Tatsache, dass jemand häufig ein Bindehautentzündung hat, muss nicht heißen, dass er → kifft.

Bindle: Szeneausdruck für eine Portion → Heroin.

Bing: Szeneausdruck für eine kleine Drogenmenge.

Binge drinking: Bezeichnung für das anfallsartige Trinken großer Mengen → Alkohol, das zu schwersten Vergiftungen führen kann. Binge drinking hat – insbesondere unter jungen Leuten – in den letzten Jahren erheblich zugenommen. Es gilt in manchen Kreisen als »cool«, sich bis zur Bewusstlosigkeit zu besaufen (→ Alcopops, → Jugendalkoholismus).

Bioday: Handelsname eines Medikamentes, das → Guarana-Samenpulver enthält und das gegen geistige und körperliche Ermüdungserscheinungen eingesetzt wird.

Biofeedback: Hier werden eigentlich unbewusst ablaufende physiologische Vorgänge (Blutdruck, Herzaktion, Durchblutung der Extremitäten, Atmung, Gehirnströme, Muskelspannung u.a.) der Wahrnehmung und der Steuerung zugänglich gemacht. Erreicht wird dies durch objektive Messung und optische oder akustische Rückmeldung der zu verändernden Messparameter an den Patienten (z.B. Spannung der Schläfenarterie

bei Migränepatienten). Wodurch und wie genau sich dann die Möglichkeit der Veränderung dieser Parameter durch das Biofeedback ergibt, ist bis heute unklar.
Mithilfe von Biofeedback-Verfahren (dazu gehört im weiteren Sinne auch das autogene Training) lässt sich erwünschtes Verhalten systematisch aufbauen bzw. lassen sich unerwünschte Reaktionen abbauen (z.B. Verspannungen oder Schmerzen wie Migräne). Für Opiatabhängige, die nach der → Entzugsbehandlung oft über Monate anfälliger sind für Schmerzen, können Biofeedbackverfahren eine Alternative zum → Rückfall mit schmerzlindernden → Opiaten sein. Insgesamt allerdings sind die Anwendungsfelder begrenzt, zumal in Biofeedback-Verfahren ausreichend ausgebildete Therapeuten Mangelware sind.

Biperiden: Name eines Medikamentes, das als Akineton, Biperiden-neuraxpharm, Biperiden-ratiopharm, Desperiden und Norakin auf dem Markt ist. Anwendungsfelder sind das Parkinson-Syndrom, bestimmte körperliche Nebenwirkungen von → Neuroleptika, Nikotinvergiftungen und Organophosphatvergiftungen. Akineton gibt es als schnell wirkende Variante, als Retard-Form in Tablettenform und als Injektionslösung. Weil es in höherer Dosierung euphorisierend wirkt, wird es in der Drogenszene auch als Rauschmittel verwendet. Insbesondere bei der Behandlung von drogeninduzierten → Psychosen sollte es deshalb zurückhaltend und nur in der Retardform (die weniger → »törnt«) eingesetzt werden.

Biz: Von eng. business = Geschäft, das Dealen mit → Drogen.

BKA: Abk. für Bundeskriminalamt, eine Behörde, die u.a. mit der Strafverfolgung von Drogendelikten befasst ist.

Black Beauty: Szeneausdruck für → Amphetamin.

Black Bird: Szeneausdruck für → Amphetamin.

Black Domina: Handelsname einer hoch THC-haltigen → Cannabis-Sorte.

Black Heroin: Szeneausdruck für ein Gemisch aus → Heroin und → Coffein, das u.a. sehr leberschädlich ist.

Black Magic: Szeneausdruck für eine dunkle, sehr wirksame → Heroin-Sorte.

Black Prinz: Weitere Bezeichnung für → Cannabis.

Blackout: Szeneausdruck für Erinnerungslücke, die meist durch Alkohol- oder Drogeneinnahme bedingt ist.

Blank: Szeneausdruck für ein Gemisch aus verschiedenen Stoffen, das keine → psychoaktiven Wirkstoffe enthält.

blasted: Szeneausdruck für »berauscht sein«.

Blättchen: Umgangssprachliche Bezeichnung für Papierstreifen, die zum Selbstdrehen von → Zigaretten bzw. → Joints verwendet werden.

Blauer Engel: Szeneausdruck für → Barbiturate.

Blauer Gott: Szeneausdruck für → LSD.

Blaues Kreuz: Name einer in größeren Städten vertretenen Selbsthilfegruppe für Alkoholkranke. Träger ist die evangelische Kirche. Abk. BKD. Im Netz findet man das Blaue Kreuz unter www.blaues-kreuz.org. bzw. www.blaues-kreuz.de.

Blaue Träne: Szeneausdruck für → LSD.

blau sein: Szeneausdruck für »betrunken sein«.

blau werden: Szeneausdruck für einen durch → Drogen ausgelösten Zusammenbruch, der mit Sauerstoffmangel verbunden ist (wodurch Arme, Beine und Lippen blau erscheinen können) und zum Tod führen kann.

Blockbuster: Szeneausdruck für → Barbiturate.

blotter: Szeneausdruck für auf Papier geträufeltes → LSD.

Blowen: Szeneausdruck für eine Anwendungsform des → Heroins, bei der dieses auf einer Aluminiumfolie verdampft und dann inhaliert wird.

Blubber: → Wasserpfeife, die zum Rauchen von → Tabak, → Marihuana und anderen → Drogen genutzt werden kann.

Bluebird: Bezeichnung eines Geheimprojektes der CIA, bei dem diese ahnungslose Testpersonen unter → Drogen setzte, um die Fähigkeit der Drogen als Kampfstoffe zu testen. Gefängnisse, Krankenhäuser und Universitäten waren an den ethisch verwerflichen Untersuchungen beteiligt. Nach Todesfällen änderte die CIA mehrmals den Namen des Projektes (→ MK Ultra). Seit Mitte der siebziger Jahre sollen solche Versuche eingestellt sein.

Blue Cheer: Szeneausdruck für → LSD.

Blue Heaven: Szeneausdruck für → Barbiturate.

Blue Sky Blond: Szeneausdruck für → Marihuana aus Kolumbien (→ Cannabis).

Blue Velvet: Szeneausdruck für ein Gemisch aus → Alkohol, Antihistaminika und → Codein.

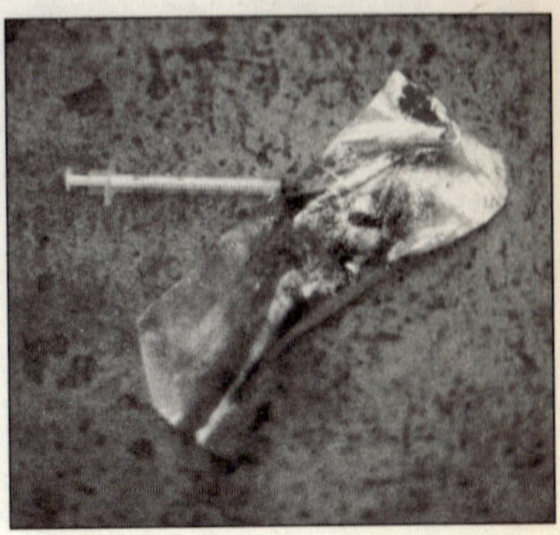

Reste vom Blowen und Fixen in einem Kölner Hauseingang

Blunt: Szeneausdruck für einen → Joint, der nicht, wie üblich, ein Gemisch aus → Tabak und → Marihuana bzw. → Haschisch enthält, sondern ausschließlich → Cannabis-Produkte.

Blutalkoholkonzentration, kurz BAK, wird in Promille gemessen. 1 Promille BAK bedeutet, dass 1 Liter Blut 1 ml reinen → Alkohol enthält. Die Höhe des Blutalkohols hängt von der Art der eingenommenen Getränke und deren Alkoholgehalt ab, aber auch von der individuell unterschiedlichen Resorptions- und Entgiftungsrate des Konsumenten.

Blyn: Weitere Bezeichnung für das → Bilsenkraut.

Bobbel: Szeneausdruck für in ein Kondom oder einen Fingerling verpacktes → Heroin, das vom Kleindealer im Mund transportiert wird und bei drohender Verhaftung verschluckt werden kann.

Bockwurz: Weitere Bezeichnung für die → Tollkirsche.

Bodybuilding: Körperliche Betätigung, bei der es zu einem gezielten Aufbau bestimmter Muskelgruppen kommt. Auch viele Süchtige, insbesondere Menschen mit Hafterfahrung, betreiben exzessiv Bodybuilding. Bodybuilding ist für sie eine Möglichkeit, innere Spannungen, → Aggressionen und → Ängste abzubauen. In den meisten stationären Therapieeinrichtungen wird versucht, den Spannungsabbau durch Bodybuilding schrittweise zu reduzieren und durch angemessenere Techniken der Stressbewältigung zu ersetzen.

Body-Drugs: Szeneausdruck für → Drogen, die besonders starke körperliche Wahrnehmungsstörungen mit sich bringen. Das Gegenstück sind → Head Drugs, die vor allem das Denken verändern.

Body-Packer: Szeneausdruck für → Dealer, der die → Drogen, z.B. durch Verschlucken von mit Drogen gefüllten Ballons, im Körper transportiert.

Boleta: Szeneausdruck für ein Paket → Kokain.

Blunt als Namensgeber für einen nicht unbedingt siegreichen Comic-Helden

Bollwurz: Weitere Bezeichnung für die → Tollkirsche.

Bomb: **1.** Szeneausdruck für → Cannabis. **2.** Szeneausdruck für eine Tablette mit → Amphetaminen.

Bong: Szeneausdruck für eine spezielle Pfeife zum Rauchen von → Cannabis. Manchmal wird auch eine Cannabis-Zigarette als Bong bezeichnet.

Borderline-Persönlichkeitsstörung: Hinter nicht wenigen Suchterkrankungen steckt eine Borderline-Persönlichkeitsstörung (→ Komorbidität). Die erkrankten Patienten zeichnen sich durch eine große gefühlsmäßige Empfindlichkeit, starke Stimmungsschwankungen und hohe innere Anspannung aus. Als Folge der heftigen Gefühlsschwankungen leiden diese Menschen zusätzlich oft unter → Ängsten, → Depressionen und großer Selbstunsicherheit. Vielen gelingt es nicht, ein stabiles Selbstbild zu entwickeln. Der Kontakt mit der Umwelt gestaltet sich schwierig, da diese Menschen für ihre Umgebung sehr anstrengend sind. Sie fahren oft unangemessen schnell Auto, neigen zu Gewalt und Exzessen jeder Art. Selbstschädigendes Verhalten, wie zum Beispiel das Ritzen der Haut mit Messern oder Rasierklingen, ist häufig. Überraschenderweise empfinden viele Patienten mit einer Borderline-Persönlichkeitsstörung bei einer Selbstverletzung keinen Schmerz, sondern – im Gegenteil – körperliche Erleichterung. Die Selbstmordrate ist bei dieser innerlich zerrissenen Personengruppe deutlich erhöht. Die psychotherapeutische Behandlung dauert lange und ist schwierig. Besonders erfolgreich scheint die Methode nach Linehan zu sein (→ DBT).

Borrachero ist ein Sammelbegriff für verschiedene psychoaktive Pflanzen wie → Chiricaspi, → Engelstrompete, → Paguando und → Taique.

Borretsch (Borago officinalis), eine alte Gewürzpflanze, soll stimulierend wirken und in hohen Dosen auch zu → Halluzinationen führen. In der Naturmedizin wird Borretsch gegen → Depressionen und Stress und zur Blutreinigung eingesetzt. Die Wirkung ist unbewiesen.

Bota: Weitere Bezeichnung für → Cannabis.

Botellón: Spanische Bezeichnung für das rapide Trinken großer Mengen → Alkohol, das zu schwersten Vergiftungen führen kann. Botellón, auch → Binge drinking oder Kampftrinken genannt, hat insbesondere unter jungen Leuten in den letzten Jahren erheblich zugenommen. Es gilt in manchen Kreisen als »cool«, sich bis zur Bewusstlosigkeit zu saufen (→ Alcopops, → Jugendalkoholismus).

Boto: Weitere Bezeichnung für den → Koka-Strauch.

Boy: Szeneausdruck für → Heroin.

Bradykardie, ein unnatürlich verlangsamter Herzschlag, ist ein Symptom, das nach dem Konsum vieler → Drogen auftreten kann. Typisch ist Bradykardie nach der Einnahme von → Downern. Bei hochdosierter Einnahme, z.B. von → Methadon, kann es dann zum → Herzstillstand und damit zum Tod kommen (→ Drogentote).

Branntwein: Getränk, bei dem durch Erhitzen, das so genannte Brennen, der Alkoholgehalt erhöht ist. Der Vorgang wird auch als Destillation bezeichnet. Der Alkoholgehalt von Branntwein liegt meist bei 40 %. Ursprünglich wurden nur Getränke Branntwein genannt, deren Basis Weintrauben waren, also z.B. Trester oder Grappa. Heute gelten auch stark alkoholische Getränke auf anderer Grundlage als Branntwein, z.B. Cognac, Rum oder Wodka. Die Tradition der Branntweinherstellung ist lang, schon um 100 v. Chr. kannten die Chinesen sie. In Vorderasien ist die Destillation im 9. Jahrhundert nach Christus erstmals beschrieben und nach Europa kam diese Technik wohl erst um 1100.

Brauner Libanese: Szeneausdruck für braunes → Haschisch aus dem Libanon.

Brauner Pakistani: Szeneausdruck für eine → Haschisch-Sorte aus Pakistan (→ Cannabis).

Braunes: Szeneausdruck für → Heroin, das meist als bräunliches Pulver vorliegt.

breit sein: Szeneausdruck für »berauscht sein«.

Brick: Szeneausdruck für eine größere Menge → Drogen in Form eines Ziegelsteins.

Brief: Szeneausdruck für eine Portion → Heroin, → Kokain oder → Amphetamin, die in Form eines kleinen Briefes abgepackt ist. Man nennt diese Portion auch Briefchen. Ein Brief enthält z.B. ca. 100 mg Heroin.

Briefchen: → Brief.

Briefgeheimnis: Artikel 10 des Grundgesetzes für die Bundesrepublik Deutschland vom 23. Mai 1949 (BGBl. S. 1), zuletzt geändert durch Gesetz vom 26. Juli 2002 (BGBl. I S. 2863), regelt das Briefgeheimnis. Die Kenntnis des Briefgeheimnisses ist von Bedeutung z.B. beim Schriftverkehr mit den Kostenträgern. Wird beispielsweise von einer Klinik ein Brief an den → MDK in einem verschlossenen Umschlag an die Krankenkasse geschickt, so darf die Kasse diesen nicht öffnen.

In Artikel 10 des Grundgesetzes heißt es:

»(1) Das Briefgeheimnis sowie das Post- und Fernmeldegeheimnis sind unverletzlich.

(2) Beschränkungen dürfen nur auf Grund eines Gesetzes angeordnet

werden. Dient die Beschränkung dem Schutze der freiheitlichen demokratischen Grundordnung oder des Bestandes oder der Sicherung des Bundes oder eines Landes, so kann das Gesetz bestimmen, dass sie dem Betroffenen nicht mitgeteilt wird und dass an die Stelle des Rechtsweges die Nachprüfung durch von der Volksvertretung bestellte Organe und Hilfsorgane tritt.«

Bei Patienten, die in Einrichtungen des → Maßregelvollzuges untergebracht sind, können abweichende Regelungen gelten.

Briefkasten: Szeneausdruck für ein illegales Drogenversteck. Der Konsument bezahlt zunächst die Ware und bekommt dann die Stelle des Briefkastens mitgeteilt, wo er die Ware abholen kann. So verringert der → Dealer das Risiko juristischer Konsequenzen seines Tuns.

Brigham-Tee: Bezeichnung für eine Teesorte, die Bestandteile des → Ephedrakrautes enthält.

Bring down: Szeneausdruck für die Unterbrechung eines Halluzinogenrausches durch → Benzodiazepine oder → Opiate.

brock: Szeneausdruck für eine größere Menge → Haschisch.

Bromalich: → Bromazepam.

Bromazanil: Handelsname eines mittellang wirksamen → Benzodiazepins, das zur Behandlung von Angst und Erregungszuständen sowie zur Behandlung von → Schlafstörungen eingesetzt wird. Inhaltsstoff ist → Bromazepam. Leider wird es oft zu lange gegeben, die Entwicklung einer psychischen und physischen → Abhängigkeit kann rasch erfolgen. In der Drogenszene wird das Medikament als Heroinersatz gehandelt.

Bromaz: → Bromazepam.

Bromazep: → Bromazepam.

Bromazepam: Name eines mittellang wirksamen → Benzodiazepins, das zur Behandlung von → Angst und Erregungszuständen sowie zur Behandlung von → Schlafstörungen eingesetzt wird. Im Handel ist es als Bromalich, Bromazanil, Bromaz 6 1A Pharma, bromazep 6, Bromazepam 6 Heumann, Bromazepam AL 6, Bromazepam Atid 6, Bromazepam beta 6, Bromazepam-neuraxpharm 6, Gityl, Lexostad, Lexotanil. Leider wird es oft zu lange gegeben, die Entwicklung einer psychischen und physischen Abhängigkeit kann rasch erfolgen. In der Drogenszene wird das Medikament als → Downer gehandelt.

Brotherhood of Eternal Love: Bezeichnung einer sektenähnlichen Verbindung, die von Timothy Leary ins Leben gerufen wurde. Die Brotherhood of Eternal Love betrieb in großem Stile Drogenhandel und wurde 1973 zerschlagen.

Brown: Szeneausdruck für eine minderwertige → Haschisch-Sorte.

Brownie: Ein Brownie ist eigentlich ein drogenfreies Gebäck. Als Szeneausdruck steht Brownie für einen Schokoladenkuchen, der → Cannabis enthält.

Brown Sugar: Szeneausdruck für → Heroin.

Brugmansia: Weitere Bezeichnung für → Engelstrompete.

BSHG: Abk. für Bundessozialhilfegesetz. Maßnahmen, die keine Therapie im eigentlichen Sinne darstellen, die aber für den Krankheitsverlauf eines Süchtigen von Bedeutung sind (z.B. betreutes Wohnen), werden nach BSHG bezahlt.

BtM: Abk. für → Betäubungsmittel.

BtM-Anforderungsscheine: Das Pendent zu → Betäubungsmittelrezepten, die im ambulanten Bereich verwendet werden, stellen im stationären Bereich die von der → Bundesopiumstelle ausgegebenen dreiteiligen → BtM-Anforderungsscheine dar. Ausschließlich mit diesen Formularen dürfen → Betäubungsmittel für den Stationsbedarf angefordert werden.

BtMG: Abk. für → Betäubungsmittelgesetz.

BtMler: Szeneausdruck für Menschen, die gegen das → Betäubungsmittelgesetz verstoßen haben und deswegen verurteilt wurden.

BtM-Rezept: Abk. für → Betäubungsmittelrezept.

Brugmansia

BtMVV: Abk. für die Betäubungsmittel-Verschreibungsverordnung, in der die Verschreibung, die Abgabe und der Nachweis des Verbleibs von → Betäubungsmitteln geregelt sind.

Bud: Szeneausdruck für eine → THC-haltige → Cannabis-Blütendolde.

Bufotenin gehört zur Klasse der Tryptamine und wurde 1893 erstmals aus dem Sekret der Erdkröte extrahiert. Es kommt auch bei anderen Krötenarten, in → Cohoba und in einigen Pilzen vor. Chemisch ähnelt es dem Melatonin. Bei der Herstellung von Hexentränken sollen Kröten und das von ihnen produzierte Bufotenin eine Rolle gespielt haben. Bufotenin hat keine sicher nachgewiesene bewusstseinsverändernde Wirkung. Es soll → Halluzinationen auslösen. Wie es in Zusammenhang mit anderen → Drogen, z.B. in → Hexentränken wirkt, ist bislang nicht erforscht.

Bulimie: → Essstörungen.

Bullet: Szeneausdruck für → Droge in Tablettenform.

Bullkraut: Weitere Bezeichnung für die → Tollkirsche.

Bülsenkraut: Weitere Bezeichnung für das → Bilsenkraut.

Bummer: Szeneausdruck für unangenehmes Rauscherlebnis.

Bundesgesundheitsamt: In § 19 des → Betäubungsmittelgesetzes wird dem Bundesgesundheitsamt, zu dem auch die → Bundesopiumstelle gehört, in Zusammenhang mit → Betäubungsmitteln eine wichtige Funktion zugeschrieben:

»§ 19 Durchführende Behörde

Der Betäubungsmittelverkehr sowie die Herstellung ausgenommener Zubereitung unterliegt der Überwachung durch das Bundesgesundheitsamt. Diese Stelle ist auch zuständig für die Anfertigung, Ausgabe und Auswertung der zur Verschreibung von Betäubungsmitteln vorgeschriebenen amtlichen Formblätter. Der Betäubungsmittelverkehr (...) unterliegt der Überwachung durch die zuständigen Länder.

Das Bundesgesundheitsamt ist zugleich die besondere Verwaltungsdienststelle im Sinne der internationalen Suchtübereinkommen.«

Wichtige Informationen erhält das Bundesgesundheitsamt vom → Bundeskriminalamt. Dies ist geregelt in §27 BtMG:

»§ 27 Meldungen und Auskünfte

(1) Das Bundeskriminalamt meldet dem Bundesgesundheitsamt jährlich bis zum 31. März für das vergangene Kalenderjahr die ihm bekannt gewordenen Sicherstellungen von Betäubungsmitteln nach Art und Menge sowie gegebenenfalls die weitere Verwendung der Betäubungsmittel. Im Falle der Verwertung sind der Name oder die Firma und die Anschrift des Erwerbers anzugeben.

Die in § 26 bezeichneten Behörden haben dem Bundesgesundheitsamt auf Verlangen über den Verkehr mit Betäubungsmitteln in ihren Bereichen Auskunft zu geben, soweit es zur Durchführung der internationalen Suchtstoffübereinkommen erforderlich ist.«

Bundeskriminalamt: Das BKA nimmt in Zusammenhang mit Drogendelikten eine wichtige Funktion ein. Gemäß §27 → BtMG meldet es wichtige Daten an das → Bundesgesundheitsamt.

Bundesopiumstelle: Ist Teil des → Bundesgesundheitsamtes in Berlin und seit 1979 zentrale Aufsichtsbehörde für alle Stoffe, die dem → Betäubungsmittelgesetz unterliegen.

Bundessozialhilfegesetz: → BSHG.

Bundeszentrale für gesundheitliche Aufklärung: Abk. BZgA. Die Bundeszentrale für gesundheitliche Aufklärung ist eine Bundesinstitution, die Studien und Kampagnen begleitet oder selbst durchführt, die der → Prävention dienen. Eine Vielzahl interessanter Materialien ist dort kostenfrei erhältlich. Man kann diese über www.bzga.de, per Fax: 0221-8992-300 oder aber per Post: Bundeszentrale für gesundheitliche Aufklärung, Ostmerheimer Straße 220, 51109 Köln bestellen.

Bundle Bag: Szeneausdruck für eine größere Menge an → Crack-Hülsen, die in einem Plastiksack zusammen verkauft werden.

Bunker: Szeneausdruck für Drogenversteck.

Buprenorphin: Synthetisches → Opiat, das in der → Anlage III des → Betäubungsmittelgesetzes aufgeführt ist. Es wird in der Drogenszene als Heroinersatz missbraucht. Unter dem Handelsnamen Subutex wird es auch beim medikamentengestützten, »warmen« Entzug eingesetzt. Buprenorphin hat gegenüber dem in gleicher Funktion eingesetzten → Methadon den Vorteil, dass es weniger müde macht. Die Patienten erleben den Entzug also mit klarerem Kopf. Nicht alle Patienten empfinden das als besser.

Bupropion: Wirkstoff, der bei der → Nicotinentwöhnung eingesetzt wird (→ Zyban).

burned: Szeneausdruck für »vom Drogenhändler betrogen worden sein«. »Der ist geburned worden« heißt so viel wie: »Dem wurden vom Dealer minderwertige Drogen verkauft.«

Buschmanntee: Weitere Bezeichnung für → Khat.

busted: Szeneausdruck für »von der Polizei gefasst worden sein«.

Button: Szeneausdruck für eine getrocknete Kaktusscheibe, die → Meskalin enthält.

Buzz: Szeneausdruck für eine → Zigarette, die → Haschisch enthält.

BVEK: Abk. für Bundesverband der → Elternkreise drogengefährdeter und drogenabhängiger Jugendlicher.

BZgA: Abk. für → Bundeszentrale für gesundheitliche Aufklärung.

C

C: Szeneausdruck bzw. in der Szene gebräuchliche Abk. für → Kokain, das auf englisch cocaine heißt.

Caapi: Bezeichnung der Amazonas-Indianer für Rinden mit → psychoaktiver Wirkung. Dazu gehören z.B. → Ayahuasca und Caapi-Pinima (lat. Tetrapteris methystica). Die Caapi-Rinde wird mit Wasser zu einem Trank mit halluzinogener Wirkung verarbeitet.

Cactus buttons: Szeneausdruck für getrocknete Kakteenscheiben, die psychoaktive Wirkstoffe, vor allem → Meskalin, enthalten.

Cadillac: Szeneausdruck für → Kokain.

Cake: **1.** Szeneausdruck für ein Gebäck, das → Cannabis enthält. **2.** Szeneausdruck für → Kokain.

California indica: Name einer hoch → THC-haltigen → Cannabissorte.

Came: Szeneausdruck für → Drogen im Allgemeinen.

Campral: Medikament, das begleitend zu psychotherapeutischen Maßnahmen bei der Therapie von Alkoholkranken eingesetzt wird. Inhaltsstoff ist Acamprosat. Campral soll das Verlangen nach → Alkohol vermindern, ohne selbst süchtig zu machen. Voraussetzung ist natürlich, dass Campral regelmäßig eingenommen wird, was oft nur schwer zu gewährleisten ist. Nebenwirkungen sind u.a. Bauchschmerzen, Übelkeit, Erbrechen, selten auch Verwirrtheit und → Schlafstörungen. Bei Nieren- und Leberfunktionstörungen, in der Schwangerschaft sowie bei Kindern und Patienten über 65 Jahren darf Campral nicht gegeben werden.

C&H: Szeneausdruck, der eine Mischung aus → Heroin und → Kokain bezeichnet und der – wohl nicht ganz ohne Ironie – ein wenig an die Bekleidungskette C & A erinnert.

Cáñamo de India: Spanische Bezeichnung für → Cannabis.

Canapem india: Italienische Bezeichnung für → Cannabis.

Candies: Szeneausdruck für → Barbiturate.

Canhamo da india: Weitere Bezeichnung für → Cannabis.

Cannabinoide: Bezeichnung für die Wirkstoffe der → Cannabis-Pflanze. Über 50 Cannabinoide sind bekannt, z.B. → THC.

Cannabis: Weitere Bezeichnungen sind Azalla, Azallû, Bandsch, Bang, Banj, Bendsch, Bengali, Bengué, Bhamgi, Bhang, Nhanga, Black Prince, Bon, Bota, Brown, Cánamo de India, Canapem india, Canhamo, Canxa, Caras, Churrus, Donja Juanita, Dope, Gai ando, Gage, Ganajâ, Ganca, Ganja, Gangué, Gánzigùnu, Garda, Ghariga, Ghee, Gunja, Gras, Grass, Hasch, Haschisch, Heilige Rose, Hemp, Herb, Hierba santa, Indian hemp, Juanita, Jvalana rasa, Kashwar modak, Kancavu, Kancha, Keralagras, Kiff, Kimbis, Konopie indyjskie, Kumari asava, La amarilla, Lai chourna, La Mona, La Santa Rosa, Liamba, Maconha, Madi, Maguoon, Manali, Maria Rosa, Marihuana, Marijuana, Mariquita, Mary Warner, Mazar-i-Sharif, Menali, Misara, Muggles, Mustang Gold, Parvati, Piece, Pott, Qun-

Cannabis-Pflanze

nab, Qunnubu, Ramras, Riefer, Rosa Maria, Santa Rosa, Shit, Shivamuli, Siddhi, Soft hemp, Stoff, Pot, Tarakola, Tea, Tee, Trava, True hemp, Utter, Vijaya, Yaaseep tit, Weed und Zazatechino.
Cannabis ist die Bezeichnung für eine Hanfpflanze, die den Wirkstoff Tetrahydrocannabinol, kurz → THC genannt, enthält. THC ist ein ätherisches Öl, das sich in verschiedenen Pflanzenteilen in unterschiedlicher Konzentration nachweisen lässt. Verwendung finden vor allem das Harz und die Blütenstände der weiblichen Pflanzen; die männlichen enthalten kaum Wirkstoff.
Bei Haschisch handelt es sich um das getrocknete Harz aus Drüsenhaaren der Pflanze. Marihuana ist die Bezeichnung für getrocknete Blütenblätter, Blätter und Stengel der Pflanze. Der Wirkstoffgehalt von Cannabis beträgt zwischen 1 und 18 Prozent bei Haschisch und Marihuana. Haschisch ist im Mittel etwa 5-mal wirksamer als Marihuana. Seltener ist das hochkonzentrierte Haschischöl, das bis zu 50 % THC enthält. Sowohl Haschisch wie auch Marihuana werden entweder mit Tabak vermischt geraucht (sog. Joint) oder zusammen mit anderen Nahrungsmitteln wie Tee und Kakao oder in Plätzchen eingebacken (sog. Spacekekse) aufgenommen.

Aus Cannabis lassen sich nützliche Dinge machen

Cannabis untersteht dem → BtMG in → Anlage I und ist eine illegale → Droge. Cannabis wird entweder von den Konsumenten selbst angebaut oder aber importiert, z.B. aus den Niederlanden, Afghanistan, Ghana, Pakistan, Libanon, Marokko, Nepal oder Türkei. Es ist die mit Abstand am häufigsten konsumierte illegale Droge. Über ein Viertel aller Jugendlichen hat bereits Erfahrung damit. In Deutschland gibt es mit Sicherheit mehrere Millionen → Kiffer. Jedes Jahr werden allein in Deutschland etwa 150 000 Ermittlungsverfahren wegen Verstößen gegen das BtMG in Zusammenhang mit Cannabis eingeleitet.
Die Höchststrafe beim Besitz einer »→ geringen Menge« beträgt fünf Jahre (oder Geldstrafe). Bei einer » → nicht geringen Menge« drohen bis zu 15 Jahre Haft. Bei geringfügigen Mengen kann allerdings nach § 31a des BtMG von einer Strafverfolgung abgesehen werden. Welche Menge als geringfügig angesehen wird, ist von Bundesland zu Bundesland unterschiedlich. Während eine Menge größer als drei Gramm in Bayern als nicht mehr geringfügig gilt, sieht man in Schleswig-Holstein und Niedersachsen unter Umständen beim Besitz von 30 Gramm noch von einer Strafverfolgung ab. Letztlich obliegt es dem Richter festzustellen, was er als geringe Menge erachtet.
Außerdem droht jedem, der Cannabis konsumiert, jederzeit der Entzug des Führerscheins. Hintergrund ist, dass davon ausgegangen wird, dass Drogenkonsumenten grundsätzlich kein ausreichendes Verantwortungsbewusstsein zum Führen eines Kraftfahrzeuges besitzen. Hier sind Cannabis-Konsumenten rechtlich erheblich schlechter gestellt als Alkoholkonsumenten.
In anderen Staaten sind die Strafen wegen Cannabisbesitzes oft deutlich höher. In West Virginia beispielsweise wurde der 23-jährige Bobby S. wegen Haschischanbaus zum Eigenbedarf zur dort gesetzlich vorgeschriebenen Mindeststrafe von 5 Jahren Haft verurteilt. In manchen Staaten gilt die Todesstrafe auf Vergehen in Zusammenhang mit Cannabis.
Cannabis sativa ist eine strauchartige Pflanze, die bis zu fünf Meter hoch wird. Ursprünglich stammt die Pflanze aus Zentralasien, wahrscheinlich aus dem Himalaya. Wann genau Cannabis erstmals kulturell verwendet wurde, ist nicht bekannt. Wahrscheinlich wurde Hanf in der Region des Himalaya bereits in vorchristlicher Zeit in schamanistischen Ritualen eingesetzt. Auch die Verwendung in der Medizin, die historisch mit dem Schamanismus eng zusammenhängt, ist alt. In China soll der Hanf bereits 5000 v. Chr. bei Menstruationsbeschwerden und als Psychostimulans benutzt worden sein. Etwa im 8. Jahrhundert vor Christus führten

es Chinesen in Indien ein. In Indien hatte es Bedeutung z.B. bei Fruchtbarkeitsritualen. Von da aus breitete die Pflanze sich wahrscheinlich im 8./7. Jahrhundert nach Mesopotamien aus und fand Eingang in den arabischen Kulturkreis. Herodot schrieb über den Gebrauch von Haschisch bei den Skythen im 5./4. Jahrhundert. Sie berauschten sich durch Erhitzen von Cannabis-Pflanzen auf heißen Steinen in Dampfbädern. Auch die Thraker und Kelten kannten diese Droge. Auf 5500 vor Christus werden Cannabissamen datiert, die man in einem Grab bei Eisenberg in Thüringen fand. In den Ruinen des Totenorakels von Ephedra fanden Forscher ebenso Haschisch wie in 4000 Jahre alten ägyptischen Fundstätten. Mit der Islamisierung nach 800 nach Christus breitete sich Cannabis im gesamten Vorderen Orient und in Afrika aus. Hildegard von Bingen empfahl Hanf als Sedativum bei Fieber und krankhaften Erregungen. Die europäischen Eroberer führten ab dem 16. Jahrhundert die Pflanze dann in Amerika ein.

Im Laufe der letzten zweitausend Jahre hat sich die Pflanze nach und nach über alle Kontinente verbreitet. In den westlichen Kulturen hat sie sich seit etwa 150 Jahren zunehmend fester etabliert. Oft waren es Intellektuelle, die die Verbreitung förderten. Studien des französischen Psychiaters Moreau de Tours über die Pflanze im 19. Jahrhundert trafen nicht

Cannabis-rauchendes Skelett in einem Graffiti von Can 2

nur in medizinischen Kreisen auf Interesse, sondern erregten bei zahlreichen Künstlern und Schriftstellern Neugier. In Szenekreisen nahm der Konsum deutlich zu. Theophile Gautiers »Le Club des Haschischins«, dem Honoré de Balzac, Charles Baudelaire, Victor Hugo und Gerald de Nerval angehörten, erhöhte das Interesse für das Rauschmittel enorm.
Cannabis ist eine relativ anspruchslose Pflanze, was sicherlich auch zur Verbreitung der Droge beigetragen hat. Sie wächst sowohl in subtropischen als auch in tropischen Regionen. In gemäßigten Breiten – z.B. in Holland – wird Cannabis in Treibhäusern gezüchtet. Seit den sechziger Jahren werden in so genannten Indoor-Anlagen immer THC-reichere Sorten gezüchtet. In den westlichen Kulturen war Cannabis fast immer auch mit bestimmten Musikstilen verbunden. Reggae ist mit Cannabiskonsum ebenso eng verknüpft wie → Jazz – zumindest der Jazz der Anfangsjahre.
Louis Armstrong war beispielsweise ein begeisterter Kiffer – nach einer Hausdurchsuchung und drohenden Repressionen gab er seinen Konsum in den vierziger Jahren auf. Bob Marley rauchte exzessiv Cannabis. Betrachtet man diese beiden Musikrichtungen, findet man einen deutlichen, nicht zu leugnenden Niederschlag der Cannabiswirkung auf Rhythmus und Songstruktur.

Cannabis als Graffiti-Motiv

Auch mit der Rockmusik war Cannabis in den Anfängen eng verknüpft. Die Beatles waren ebenso wegen Konsum in juristische Probleme verstrickt wie ihre Konkurrenten, die Rolling Stones. Im Juni 1967 wurde Mick Jagger wegen Drogenbesitzes zu sechs Monaten Gefängnis und Keith Richards zu einem Jahr Gefängnis wegen Cannabisbesitzes verurteilt. In der Berufungsverhandlung wurden die Urteile allerdings abgemildert. Brian Jones wurde wegen Cannabisbesitzes zu neun Monaten Gefängnis verurteilt. Wegen Jones' psychischer Probleme wurde auch dieses Urteil im Dezember 1967 in eine Geldstrafe und Bewährungsauflagen umgewandelt. Brian Jones nahm weiter Drogen und wurde zunehmend psychisch auffälliger. Er litt unter Verfolgungswahn und war immer weniger in der Lage, Musik zu machen.
Die Hippie-Bewegung der sechziger Jahre verhalf der Droge zu einer bis heute anhaltenden Popularität. Neben Alkohol und Nikotin ist es die verbreitetste Droge unter jungen Leuten. Auch in der Partyszene wird es häufiger konsumiert als z.B. → Ecstasy.
Der allgemein zu beobachtende Trend zu unkontrollierter gleichzeitiger Einnahme von Drogen geht auch an Cannabis nicht vorüber. Fast immer spielt bei Mischkonsum auch Cannabis eine Rolle. Zunehmend wird es jetzt schon zu Beginn einer Party geraucht. Der Konsum steigt. Marokko verzeichnet seit 1996 jedes Jahr steigende Rekordernten. Auf 60 000 Hektar wurden 1998 2000 Tonnen Cannabis gewonnen. In Südrussland und östlich des Urals wächst auf mehr als einer Million Hektar unkontrolliert Cannabis. Über 100 000 Hektar dienen in der Ukraine zum Cannabisanbau. Satellitenüberwachungen haben zwar zahlreiche Erkenntnisse über den Anbau geliefert – die entsprechenden Regierungen gehen aber

Cannabispflanze auf einem Grünstreifen in Kreuzberg

nur halbherzig gegen die Drogenbauern vor. Welche Folgen der stetig steigende Cannabisanbau für die westlichen Nationen haben wird, ist noch unklar.
Hanf dient momentan überwiegend als Ausgangsprodukt für Drogen. Dabei ist Hanf eine vielfältig nutzbare Kulturpflanze. Nur wenige Sorten enthalten in nennenswerten Mengen THC. Früher dienten Hanffasern zur Herstellung von Textilien und Papier. Auch Speiseöl lässt sich daraus gewinnen. Der dafür verwendete so genannte Industriehanf enthält kaum psychoaktiven Wirkstoff. Die Hanfmarktordnung schreibt einen THC-Gehalt bis max. 0,3 Gewichtsprozent vor. Da Holz besser zu verarbeiten ist, hat sich Hanf bei der Papierherstellung nicht durchgesetzt. Ähnlich ist es bei der Textilherstellung, wo Baumwolle und Kunstfasern unter anderem wegen derzeit besserer Verarbeitbarkeit und z.T. deutlich günstigeren Preisen den Markt bestimmen.
Wird THC-haltiges Cannabis geraucht, tritt die Wirkung schneller ein als bei oraler Aufnahme und ist besser steuerbar. Beim Rauchen tritt die Wirkung nach wenigen Minuten ein. Die Wirkdauer beträgt ca. 2–3 Stunden, je nach Dosis aber bedeutend länger. Die Gefahr einer Überdosierung ist bei oraler Aufnahme wegen der schlechteren Steuerbarkeit größer. Bei oraler Einnahme muss zur Erreichung der gleichen Wirkung zudem etwa zwei- bis dreimal höher dosiert werden als beim Rauchen, da weniger Wirkstoff aufgenommen wird. Die Wirkung tritt nach ca. 1/2 Stunde auf, je nach Füllungszustand des Magens auch später. Die Wirkung dauert dann ca. 3 bis 5 Stunden.
THC ist der Hauptwirkstoff der Droge. Durch → Hybridzüchtungen und Optimierung der Anbaumethoden hat der THC-

Cannabis – wer mehr über die Pflanzen wissen will, sollte dieses Buch lesen

Gehalt in den letzten Jahrzehnten stetig zugenommen (Der Spiegel 27/2004). Daneben enthält Haschisch etwa dreißig weitere Cannabinoide. THC ist praktisch wasserunlöslich, dafür aber gut fettlöslich. Es wird über die Darmschleimhaut aufgenommen und flutet rasch im Gehirn an. Es besetzt dort wahrscheinlich spezielle Rezeptoren. Zudem lagert es sich in Lunge, Leber und Milz ein, aus denen es nur langsam wieder abgegeben wird. THC wird dann zu 80 % über den Darm und zu 20 % über die Niere eliminiert.

Cannabis ist derzeit neben → Alkohol, → Nikotin und → Coffein die am häufigsten verwendete Droge bei Jugendlichen und jungen Erwachsenen. Man schätzt, dass etwa die Hälfte der 15- bis 25-jährigen bereits Kontakt zu Cannabis haben. Für die meisten Konsumenten stellt der Cannabiskonsum ein vorübergehendes Phänomen dar (→ Ausstiegsmotiv).

Cannabis wird vorwiegend zur Entspannung benutzt. Anhaltende unerwünschte Wirkungen von antriebssteigernden Drogen wie → Ecstasy, → Speed oder → Kokain, so genannten → Uppern, werden mit Cannabis unterdrückt. Bei hohem Konsum von Uppern ist es dem Partygänger kaum möglich, ohne Cannabis zur Ruhe zu kommen oder gar zu schlafen. Von vielen Ravern wird Cannabis deswegen nach dem Tanzen zum Abkühlen und Beruhigen, dem sog. »Chill-out«, benutzt.

Bei einmaligem Konsum von Haschisch kann es zu folgenden unerwünschten körperlichen Wirkungen kommen: Steigerung der Herzfrequenz, Erhöhung des Blutdrucks, gesteigerter Appetit, Übelkeit bis hin zum Erbrechen, Schläfrigkeit und Müdigkeit, Kopfschmerzen, Erkaltung der Finger, Erweiterung der Pupillen, Reflexsteigerung, Missempfindungen im Bereich der Haut, Zittern der Hände, Gangunsicherheit. Typisch ist aber auch, dass bei Personen, die die Cannabiseinnahme nicht gewohnt sind, beim ersten Konsum keinerlei Wirkungen auftreten.

Cannabis regt den Appetit an. Es verstärkt in der Regel die vorherrschende Gefühlslage. Es bewirkt neben einer größeren Gelassenheit meist eine gehobene Stimmung, die in grundlose Heiterkeit umschlagen kann. Diese Wirkung wird über Cannabinoid-Rezeptoren im mesolimbischen System des Gehirns vermittelt. Die Wirkung ist dort ähnlich der von → Opiaten. Vermutlich wird sogar durch Cannabis die Empfänglichkeit für den Konsum von Opiaten auf physiologischer Ebene erhöht. Es handelt sich bei der Drogenwirkung um eine Selbststimulation des Belohnungssystems. Die Stimmung nach Cannabiseinnahme wird als intensiviert erlebt. Mehrere, eigentlich unvereinbare Gefühlszustände können gleichzeitig erlebt werden. Angst-, Scham- oder auch Schuldgefühle können z.B. neben Glücksgefühlen gleichzeitig bestehen. Während des Rausches kann es zu plötzlichen Stimmungsumschwüngen kommen. Das Kritikvermögen ist vermindert mit erhöhter Risikobereitschaft. Ist die Grundstimmung ängstlich oder depressiv, kann es zu Todesängsten oder Verfolgungserlebnissen kommen. Durch die Kritikschwäche kann es zu unkontrollierbaren Reaktionen kommen. Wegen der langen Halbwertszeit der Droge im Körper von 30 Stunden, sind die Veränderungen in der Wahrnehmung und auch bei der Reaktionsfähigkeit nach 12 Stunden noch deutlich eingeschränkt. Dies hat Auswirkungen auf praktisch jede Leistung des Gehirns einschließlich der Fahrtüchtigkeit. Selbst 3 Tage nach dem Konsum kann bei moderaten Konsumenten noch eine Verschlechterung

Zubehör für den Konsum von Cannabis

der Hirnleistung nachgewiesen werden (Feldmann 1997). Millsaps und Mitarbeiter konnten bei der Untersuchung von 17-jährigen Cannabiskonsumenten nachweisen, dass selbst fast einen Monat nach dem letzten Konsum noch Störungen des Gedächtnisses und der Intelligenz vorlagen. Der dahinter stehende Wirkmechanismus ist bislang nicht geklärt.

Auch akute psychotische Dekompensationen sind nach Cannabiskonsum beschrieben. Nur selten gehen diese mit auffälligen → Halluzinationen einher. Meist sieht ein solcher Zustand so aus, dass die Betreffenden sich »wie ausgeschaltet« fühlen. Von außen betrachtet ähnelt das Bild dem einer katatonen → Schizophrenie (→ Psychose). Die Handlungsfähigkeit ist durch die Droge völlig blockiert. In den meisten Fällen ebbt dieser Zustand nach ein bis zwei Stunden wieder ab. Manchmal dauert es aber bedeutend länger, bis selbstbestimmtes Handeln wieder möglich ist.

Ähnlich wie bei psychotischen Patienten verliert unter Cannabis-Einnahme das Denken seinen Sinnzusammenhang, seine Kontinuität. In vielen Fällen wird dies als befreiend erlebt, die ungerichtet auftretenden Gedanken werden als kreative Leistung gedeutet. Unter Cannabis-Einnahme kann es zu Verknüpfungen von unterschiedlichen Sinneseindrücken kommen. So kann zum Beispiel Musik mit optischen Vorstellungen verknüpft werden, optische Eindrücke können mit bestimmten Gerüchen in Verbindung gebracht werden. Gleichzeitig ist es unter der Einnahme von Cannabis schwieriger, das Erlebte in Worte zu fassen. Illusionen und Pseudohalluzinationen können auftreten und sind, sofern sie emotional posi-

Verschiedene Bücher über Cannabis

tiv getönt sind, auch eine erwünschte Rauschwirkung. Es ist eindeutig widerlegt, dass Cannabis die Kreativität steigert. Die Wahrnehmung und das Erleben sind gestört. Bruchstückhaftes Denken mit Herabsetzung der Merkfähigkeit und einem Verlust kontinuierlichen Erlebens ist häufig. Wahrgenommene Inhalte werden in der Regel nach assoziativen Gesichtspunkten und nicht sinnvoll geordnet. Die Aufmerksamkeit ist deutlich gestört, es besteht eine erhöhte Ablenkbarkeit. Häufig ist auch eine Ausrichtung auf irrelevante Nebenreize, denen inadäquate Bedeutung zugemessen wird. Es kann zu Gedächtnis- und Erinnerungsstörungen kommen. Cannabis führt bei vermehrtem Konsum zu einer Gegenregulation des Zentrums im Gehirn, das für Motivation und Lernvermögen zuständig ist (→ ventrales Tegmentum, ventrales Striatum, Frontalhirn). Die freie Willensentscheidung ist eingeschränkt. Charles Baudelaire, sicher kein Feind von Suchtmitteln, schrieb 1860 nach einer Zeit intensiven Haschischkonsums, die Droge sei ein »Werkzeug des Teufels«, weil sie die Freiheit des Willens raube.

Cannabis kann depressive Stimmungen verstärken und senkt die Hemmschwelle. Die Selbstmordgefahr bei Cannabiskonsumenten ist deutlich erhöht (Andreasson und Allenbeck 1997).

Bei häufigem Cannabisgebrauch nimmt bei einigen Konsumenten ein Teil der erwünschten Cannabiswirkung ab. Die halluzinogene Wirkung lässt nach, es dominiert der antriebsvermindernde Effekt. Die Konsumenten wirken leer, unsortiert und ausgebrannt, eine zwar nicht zwangsläufige, aber häufige Folge des Dauerkonsums. Da die Droge im Fettgewebe gespeichert wird, treten Entzugserscheinungen praktisch nicht auf. Typisch für chronische Kiffer ist eine allgemeine Antriebsverminderung bis hin zum völligen Amotivationssyndrom. Kurz- und Langzeitgedächtnis sind ebenso gestört wie das Konzentrationsvermögen. Die ursprüngliche Leistungsfähigkeit geht verloren. Typisch sind eine Zunahme der Kritikschwäche sowie eine Wesensänderung in Richtung einer vermehrten Selbstzuwendung, Selbstbeobachtung und Selbstbeschäftigung (siehe oben). Deutlich wird meist auch ein Mangel an sozialen Kontakten, das Interesse an diesen lässt nach, der Kiffer hat nur noch mit sich selbst oder ähnlich Abhängigen zu tun. Einbrüche der schulischen Leistungen oder im Arbeitsbereich treten fast immer auf und führen nicht selten zu Abbrüchen von Ausbildungen oder dem Verlust des Arbeitsplatzes.

Zu Unrecht gilt Cannabis unter jungen Menschen – im Gegensatz zu Alkohol – als körperlich harmlose Droge. Es ist zwar richtig, dass Cannabis bisher lange nicht so intensiv erforscht wurde wie Alkohol, doch die wenigen Ergebnisse zeigen eindeutig, dass auch Cannabis süchtig machen kann. Im → Aktionsplan » Drogen und Sucht« wird von 200 000 Cannabisabhängigen allein in Deutschland ausgegangen (→ Cannabisabhängigkeit). Wenig bekannt ist, dass Cannabiskonsum zu körperlichen Schäden und schweren psychischen Störungen führen kann. Amerikanische Untersuchungen zeigen darüber hinaus, dass Cannabis in nicht unerheblichem Maße das Erbgut schädigt. Es kommt zu Chromosomenbrüchen. Wieweit die Missbildungsrate von Kindern der Konsumenten erhöht ist, kann man derzeit noch nicht exakt sagen. Von einem erheblich erhöhten Risiko ist aber auszugehen.

Aus orientalischen Ländern gibt es Berichte, dass Cannabis Hirnschäden auslöst. Bislang sind diese Ergebnisse allerdings nur zum Teil wissenschaftlich überprüft worden. Bei chronischer Einnahme sind eine Entzündung der Bindehäute sowie des Nasen-Rachenraums und des Atemsystems häufig. Fast alle Kiffer leiden unter chronischer Bronchitis (sog. Potthusten). Das Lungenkrebsrisiko ist gegenüber Rauchern um das Fünf- bis Zehnfache erhöht. Grund hierfür ist wahrscheinlich der hohe Teergehalt der Droge. Cannabis kann außerdem zu Leberschäden führen. Es ist leider bislang unter den Konsumenten kaum bekannt, dass Cannabis das Immunsystem unterdrückt.

Cannabisabhängigkeit: Die Tatsache, dass auch → Cannabis abhängig machen kann, wird von vielen → Kiffern verdrängt. Das körperliche → Abhängigkeitspotenzial von Cannabis ist schwer einzuschätzen, da die → Droge schnell im Fettgewebe aufgenommen und von dort erst langsam wieder abgegeben wird. Der Konsument hat auch noch lange Zeit nach der Drogeneinnahme Rauschgift im Körper und kann so keine körperlichen → Entzugserscheinungen entwickeln. Das psychische Abhängigkeitspotenzial ist mittelgradig, wahrscheinlich vergleichbar mit → Alkohol. Zumindest gibt es eine Vielzahl von »Dauerkiffern«, die deutliche Zeichen einer Abhängigkeit zeigen. Durch → Hybridzüchtungen ist der → THC-Gehalt der Pflanzen kontinuierlich gestiegen und damit das Risiko der Entwicklung von → Abhängigkeitserkrankungen. Einer Untersuchung des Drug Research Center in Frankfurt zufolge kiffen schon vier Prozent der Schüler täglich – ein deutlicher Hinweis auf eine wahrscheinlich vorliegende Abhängigkeit.

In einer Studie von Kleiber (1997) zeigten 2 % der Konsumenten eine Abhängigkeit vom Cannabistyp nach → DSM IV, wenn sie in ihrem bisherigen Leben ausschließlich Cannabis eingenommen hatten. Wurden jedoch auch andere illegale Drogen konsumiert, lag die Zahl der Abhängigen bereits bei bis zu 20 %. In der Gesamtgruppe waren immerhin 8 % cannabisabhängig. Die Aussage, Cannabis mache nicht abhängig und führe nicht zu Sucht, ist somit schlichtweg falsch.

Cannabis als Medizin: Es gibt einige Ansätze, die sich mit einem möglichen Einsatz von Cannabis in der Medizin beschäftigen. Bereits die Assyrer verwendeten Hanfprodukte in der Geburtshilfe. Gegen Darmkrämpfe wurde es als Klistier verordnet. In Nepal wird es seit langem als Mittel bei Magenbeschwerden und als Schlafmittel eingesetzt. Auch in westlichen Kulturen – im Zuge steigender Akzeptanz der Alternativmedizin – sucht man nach Möglichkeiten der medizinischen Anwendung. Es wird z.B. versucht, den appetitanregenden Effekt von Cannabis bei → AIDS- und Krebskranken zu nutzen, um die erwünschte Gewichtszunahme zu bewirken. Cannabis wird dabei aber nicht geraucht, sondern in Form unschädlicherer Pflaster oder Kapseln verabreicht. In den USA ist z.B. seit 1985 das Präparat marinol im Handel. Bei Chemotherapie soll Cannabis den Brechreiz senken. Kritisch dabei ist, dass Cannabis das Immunsystem zusätzlich schwächt, was den Verfall dieser Patienten noch beschleunigen könnte. Da → THC den Augeninnendruck senkt, wurde Cannabis versuchsweise in den Niederlanden zur Behandlung des grünen Stars eingesetzt. Hierbei zeigte sich ebensowenig ein positiver Effekt wie bei der Behandlung von Migräne und Morbus Parkinson.

THC-Wirkungen wie Verminderung der Schmerzempfindlichkeit, Muskelentspannung und Appetitsteigerung (maßgeblich über den CB1-Rezeptor vermittelt) werden dabei als nützlich diskutiert. So soll THC z.B. gegen die Schmerzen und die Spastik bei Multipler Sklerose und anderen chronischen Schmerzen helfen. Für das → Cannabinoid CBD wird diskutiert, ob es eine ausreichende, über den CBD2-Rezeptor vermittelte, entzündungshemmende Wirkung, z.B. zur Behandlung des Morbus Crohn, hat. Obwohl in Deutschland derzeit kein THC-Präparat zugelassen ist, kann das THC-haltige Medikament Dronabinol über → Betäubungsmittelrezept auch in Deutschland verschrieben werden. Es handelt sich dabei allerdings um einen → Off-Label-Use (mit all den damit verbundenen rechtlichen Problemen) und die Krankenkassen übernehmen die Kosten nicht. Abgesehen davon gibt es für alle diskutierten möglichen Anwendungsgebiete bereits Medikamente (deren Wirkung oft besser ist und die zudem keine psychischen Nebenwirkungen wie THC haben). Wer mehr dazu wissen möchte, sei auf »Das große Cannabis-Lexikon« (erschienen beim Schwarzkopf & Schwarzkopf Verlag) und auf die Internetseite www.cannabis-med.org verwiesen.

Cannabisharz: → Haschisch.

Cannabisurteil: Das Urteil des Bundesverfassungsgerichtes aus dem Jahr 1994 (BVerfG Beschl. vom 16.06.1994: NJW 1994, 2412) wird auch als Cannabisurteil bezeichnet. Es hat zu vielerlei Missverständnissen geführt. So glauben heutzutage viele Jugendliche, dass seitdem der Besitz von Cannabis erlaubt sei. Dem ist nicht so. Das Bundesverfassungsgericht bestätigte 2004 erneut die Gesetzmäßigkeit des Verbotes von Cannabis (Az.: 2 BvL 8/02). Ein Recht auf Rausch existiert nicht. Die Androhung von Kriminalstrafe für den unerlaubten Besitz von Haschisch verletzt nicht den Art. 103 Abs. 2 GG. (siehe auch: GG Art. 1 Abs. 1, 103 Abs 2; § 29 Abs 1 S1 Nr. 3; StGB § 1). Das Gericht hat allerdings die Möglichkeit eröffnet, bei geringfügigen Mengen von Cannabis von der Strafverfolgung abzusehen.

CannaBusiness: Name einer seit 1996 stattfindenden Fachmesse zum Thema → Cannabis, in der Gerätschaften zum Anbau und zum Konsum, nicht aber → THC-haltige Pflanzenteile (das wäre verboten) ausgestellt werden.

Canxa: Weitere Bezeichnung für → Cannabis.

Cap: Szeneausdruck für → Drogen, die in Kapselform angeboten werden.

Cappies: Szeneausdruck für → Amphetamin. Kommt von → Captagon, wird aber inzwischen für jede amphetaminähnlich wirkende Substanz in Tablettenform gebraucht.

Capros: Handelsname eines opiathaltigen Medikamentes, das gegen starke Schmerzen eingesetzt wird. Inhaltsstoff ist Morphinsulfat (→ Morphium). Die Entwicklung einer → Abhängigkeit ist möglich.

Captagon: Handelsname eines amphetaminähnlichen Medikamentes, das von Ärzten gegen das Hyperkinetische Syndrom eingesetzt wird. In letzter Zeit ist – vor allem in den USA – ein zunehmender Trend zur missbräuchlichen Verschreibung von → Stimulanzien wie Captagon an Kinder und Jugendliche zu beobachten. Captagon ist ein Präparat mit hohem → Suchtpotenzial, das in der Szene als → Speed verkauft wird. Inhaltsstoff ist Fenetyllin (Zu Risiken und Nebenwirkungen → Amphetamin).

Captas: Szeneausdruck für → Captagon.

Caras: Weitere Bezeichnung für → Cannabis.

Carbohydrate-deficient-transferrin: → CDT.

Carfentanyl: → Opiat mit hohem → Suchtpotenzial, das in der Szene kaum verbreitet ist.

Carrie: Szeneausdruck für → Kokain.

Cassadan: Handelsname eines mittellang wirksamen → Benzodiazepins, das zur Behandlung von → Angst und Erregungszuständen sowie bei einigen Formen der → Depression eingesetzt wird. Inhaltsstoff ist → Alprazolam. Leider wird es oft zu lange gegeben, die Entwicklung einer psychischen und physischen → Abhängigkeit kann rasch erfolgen. In der Drogenszene wird das Medikament als Heroinersatz gehandelt.

Castalia-Foundation: Name einer 1963 von Timothy → Leary ins Leben gerufenen Organisation, in der → Halluzinogene – angeblich zu wissenschaftlichen Zwecken – eingenommen wurden.

Cath: Weitere Bezeichnung für → Khat.

Cawe: Kakteenart (Pachycereus pecten aboriginum), die wegen ihrer halluzinogenen Wirkung von mexikanischen Indianern als Heilmittel eingesetzt wird. Bislang wurden 4-Hydroxy-3-methoxyphenyläthylamin und Tetrahydroisochinolin als → psychoaktive Wirkstoffe identifiziert. Der Kaktus wird auch als Wichowoka bezeichnet, was soviel wie Wahnsinn bedeutet. Die Indianer wissen sehr wohl um die Gefährlichkeit der → Droge. Einen Drogenkonsum im westlichen Sinne kennen sie deshalb nicht.

CDT: Abk. für Carbohydrate-deficient-transferrin, ein Marker, der bei Alkoholabhängigen im Blut häufig erhöht ist (→ Gamma-GT).

Cebolletta: Orchideenart (Oncidium cebolletta), die von den mexikanischen Tarahumara als → Halluzinationen hervorrufendes Rauschmittel eingesetzt wird.

Centedrin: Handelsname eines Medikamentes, das zur Behandlung von Hyperaktivität eingesetzt wird. Auf dem Schwarzmarkt findet es als → Speed Abnehmer.

Chai: Weitere Bezeichnung für → Tee.

Chaining: Bezeichnung für ein Therapieverfahren, das auf den → Lerntheorien beruht und zu den operanten Konditionierungsverfahren gehört (→ operante Konditionierung). Die hinter dem Chaining stehende Annahme ist, dass menschliches Verhalten verkettet abläuft, d.h. eine bestimmte Reaktion dient als diskriminativer Hinweisreiz, als Auslöser, für die nächste Reaktion usw.

In der Therapie wird beim Chaining das anzustrebende Zielverhalten zunächst in Teilschritte, d.h. eine Reiz-Reaktionskette, zergliedert. Das Zielverhalten wird beim Chaining vom letzten Glied ausgehend, Schritt für Schritt aufgebaut bzw. verstärkt. Am Ende läuft dann die vollständige erwünschte Verhaltenskette nach Auftreten des Stimulus von Anfang bis Ende ab. Begleitet wird der Prozess von positiver Verstärkung durch den

Therapeuten. Bei einem Beispiel von Watson (1973) sollte ein autistisches Mädchen lernen, sich anzuziehen. Die Verhaltenskette ging von der Aufforderung »Zieh dich an!« bis zur Tätigkeit »Schuhe anziehen« als letztes Kleidungsstück. Angefangen wird beim Chaining in diesem Beispiel damit, dass das Mädchen sich zunächst nur die Schuhe allein anzieht, bei allen vorangehenden Schritten hilft der Therapeut. Dann übernimmt das Mädchen sukzessive vom Ende der Kette ausgehend alle anderen Aktivitäten. Man macht sich beim Chaining zu Nutze, dass beim Erlernen einer komplexen Handlung die Belohnung in der Regel erst am Ende der Kette erfolgt.

Bei einem Drogenabhängigen mit starken sozialen Defiziten kann Chaining beispielsweise in der → Entwöhnungsbehandlung beim Zimmeraufräumen und -säubern ansetzen. Zunächst wird ein Plan aufgestellt, in welcher Reihenfolge das Zimmer aufzuräumen ist. Der Therapeut unterstützt den Patienten zunächst beim Zimmeraufräumen aktiv, lässt ihn lediglich den letzten Schritt selbstständig machen (z.B. das Staubsaugen) und lobt ihn dann. Beim nächsten Mal lässt er ihn dann die letzten zwei Schritte (z.B. Staubsaugen und Tischabwischen machen) und lobt ihn dann. Am Ende des Chainings steht in diesem Beispiel ein Patient, der alleine sein Zimmer aufräumt, dafür gelobt wird und der stolz auf sich ist.

Champagner: **1.** Alkoholhaltiges Getränk, das aus Weintrauben gewonnen wird. **2.** Szeneausdruck für → Kokain.

Chandu: Bezeichnung der Chinesen für → Opium.

Charas: Bezeichnung der Hindus für → Haschisch oder für die Stängel und Blattspitzen der → Cannabis-Pflanze.

Charlie: Szeneausdruck für → Kokain.

Chat-Café: Bezeichnung für ein Beratungsinstrument, das im Rahmen von → Drogenberatung online angeboten wird. Der Vorteil des Chat-Cafés ist, dass alle Teilnehmer anonym miteinander kommunizieren können. Das »Chat-Café« ist zu bestimmten Zeiten geöffnet und wird von den Mitarbeitern der Beratungsstelle moderiert. Wird von einem Drogenkonsumenten eine individuelle Beratung gewünscht, kann in einen separaten virtuellen Raum gewechselt werden, in dem der Gesprächsverlauf nicht von den übrigen Teilnehmern verfolgt werden kann.

Chautle: Weitere Bezeichnung für → Hikuli sunamé.

Checker: Szeneausdruck für einen Mittelsmann, der die Verbindung zwischen Konsument und Kleindealer herstellt.

Chicago Green: Szeneausdruck für eine grünlich gefärbte → Cannabis-Sorte.

Chichipe: Weitere Bezeichnung für → Axocatzin.

Chief: Szeneausdruck für → LSD.

Chilicote: Weitere Bezeichnung für → Colorines.

Chillum: Bezeichnung der Inder für die dort gebräuchliche Haschischpfeife. Manchmal ist mit Chillum auch das Verbindungsstück zwischen dem Ansaugbereich/Kopf und dem mit Wasser gefüllten Körper gemeint, durch den der Rauch strömt, bevor er durch das Wasser der → Wasserpfeife geleitet wird.

China White: Szeneausdruck für eine sehr helle → Heroin-Sorte, die aus China kommt.

Chinese Cat Powder: Weitere Bezeichnung für den → Strahlengriffel.

chinesing: Szeneausdruck für das Inhalieren von → Heroin.

Chiricaspi: Auch Borrachero oder Chiric-Sanago genannter Strauch (Brunfelsia chiricaspi), der in der Heilkunde einiger Amazonas-Indianerstämme eine Rolle spielt. Chiricaspi bedeutet wörtlich »Kalter Baum«, was auf den Inhaltsstoff → Scopeletin zurückzuführen ist, der ein Kältegefühl des Körpers hervorruft. In erster Linie werden Bestandteile des Strauches dem → Yage-Trank zugesetzt.

Chiric-Sanago: Weitere Bezeichnung für → Chiricaspi.

Chloralhydrat ist ein Schlafmittel ohne körperliches → Abhängigkeitspotenzial, das wegen seiner Toxizität von den Ärzten kaum noch verschrieben wird. In der Drogenszene wird es mit → Alkohol kombiniert, dessen → Rausch es verstärken soll. Die Kombination ist gefährlich und hat schon oft zum Tode des Konsumenten geführt. Mit Alkohol vermengt, wird es wegen seiner stark müde machende Wirkung auch als K.O.-Trunk eingesetzt.

Chlordiazepoxid: Lang wirksames → Benzodiazepin, das in Deutschland unter den Handelsnamen Librium, Multum und Radepur verkauft wird. Dieses Medikament ist wegen seines hohen → Abhängigkeitspotenzials zu länger andauernder Anwendung nicht geeignet. In der Szene wird es als Ersatz für → Opiate gehandelt.

Chlormethiazol, besser bekannt als → Distraneurin oder Distra, wird meist in Kapselform gegeben. Es dient zur Bekämpfung des ansonsten oft tödlich verlaufenden Alkoholdelirs (→ Delir) und ähnlicher Zustände. Auch zur Bekämpfung von Unruhezuständen bei alten Leuten wird es manchmal eingesetzt. Eine Gefahr von Distraneurin ist, dass es selbst schnell süchtig macht. Zudem kann es – überdosiert oder in Verbindung mit → Drogen – zu → Atemlähmung und → Herzstillstand führen. In der Drogenszene wird es als Heroinersatz gehandelt.

Chris: Szeneausdruck für → Methamphetamin.

Christmas Tree: Szeneausdruck für → Stimulanzien.

Chrotteblume: Weitere Bezeichnung für die → Tollkirsche.

Chunk: Szeneausdruck für → Crack-Stücke.

Churrus: Weitere Bezeichnung für → Cannabis.

CIDI-SAM: Abk. für »Composite International Diagnostic Interview-Substance Abuse Module«, ein Messinstrument zur Feststellung einer → Abhängigkeitserkrankung.

Cidre: Bezeichnung für ein → alkoholhaltiges Getränk, das durch die Vergärung von Äpfeln gewonnen wird.

Cinderella: Name einer Reihe von in größeren Städten vertretenen, selbstorganisierten → Selbsthilfegruppen für Essgestörte.

clean sein: Von engl. clean = sauber. Szenebezeichnung für den Lebensstil eines ehemaligen Drogenkonsumenten, der nun suchtmittelfrei lebt (→ Abstinenz).

Clobazam: Lang wirksames → Benzodiazepin, das in Deutschland unter dem Handelsnamen Frisium verkauft wird. Dieses Medikament ist wegen seines hohen → Abhängigkeitspotenzials zu länger andauernder Anwendung nicht geeignet. In der Szene wird es als Ersatz für → Opiate gehandelt.

Clonidin: Medikament, das bei → Entzugsbehandlungen eingesetzt wird. Clonidin senkt den Blutdruck und lindert vegetative Entzugserscheinungen.

Cloninger-Typologie: In der 1987 von Cloninger aufgestellten Typologie werden zwei Typen von Alkoholabhängigen beschrieben. Typ I beschreibt dabei Alkoholabhängige, deren Krankheit erst nach dem 25. Lebensjahr begonnen hat, bei denen weniger häufig Alkoholkrankheiten in der Familie bekannt sind und die eine entsprechend bessere Prognose haben. Davon unterschieden werden Typ II-Alkoholiker, die schon früh, d.h. vor dem 25. Lebensjahr, alkoholabhängig geworden sind, bei denen eine erhöhte familiäre Belastung besteht, dissoziale Persönlichkeitszüge häufiger sind und die demnach eine schlechtere Prognose haben. Beide Typen sollen Unterschiede bezüglich von Charaktereigenschaften (Persönlichkeitsdimensionen) wie → Novelty Seeking, → Harm Avoidance und → Reward Dependence aufweisen. In Untersuchungen hat die Unterscheidung von Cloninger nicht die nötige Trennschärfe aufgewiesen; sie spielt heute kaum noch eine Rolle.

CMA: Abk. für Chronisch Mehrfach geschädigte Alkoholabhängige. CMA beschreibt eine besondere Gruppe von Alkoholabhängigen, die sich von

den »normalen« Alkoholkranken durch das zusätzliche Vorliegen von Beeinträchtigungen der geistigen Leistungsfähigkeit (z.B. organisches Psychosyndrom oder → Korsakow-Syndrom) oder erheblichen anderweitigen Abbauerscheinungen unterscheidet (Fleischmann 2001). CMA-Patienten sind im Schnitt 10 Jahre älter als »normale« Alkoholkranke in Entwöhnungseinrichtungen und haben normalerweise ein hohes Maß an Therapieerfahrung. CMA-Patienten sind meist männlichen Geschlechtes. Sie verfügen oft über eine nur geringe Krankheitseinsicht (was auch durch den bereits vorliegenden Hirnabbau mitbedingt sein kann) und zeigen meist (zumindest beginnende) Verwahrlosungserscheinungen.
Typische → ICD-10-Diagnosen für diese Patientengruppe sind F10.5 (alkoholbedingte psychotische Störung), F10.6 (durch → Alkohol bedingtes amnestisches Syndrom) und F10.7 (durch Alkohol bedingter Restzustand und verzögert auftretende psychotische Störung). Auch das Vorliegen von F0.70 (organische Persönlichkeitsstörung) neben F10.2 (Alkoholabhängigkeit) ist eine typische ICD-10-Diagnosen-Konstellation.
Im Gegensatz zu »normalen« Alkoholkranken fällt auf, dass diese CMA-Patienten häufiger unspezifisch entgiftet werden, aber seltener an → Entwöhnungsbehandlungen teilnehmen. Auf den ersten Blick überraschend ist, dass CMA-Patienten in der Vorgeschichte seltener kriminell werden, dass Trinkexzesse seltener sind und dass sie während der Behandlung seltener disziplinarisch auffällig werden (Fleischmann 2001). Insgesamt scheint es sich um Personen zu handeln, die über eine lange Zeit trotz ihrer Krankheit darum bemüht sind, sozial unauffällig zu bleiben. Zudem scheint es so zu sein, dass ein Toleranzverlust als Folge des Abbaus im Laufe der Jahre eine Reduktion der Trinkmenge zur Folge hat. CMA-Patienten trinken also oft recht moderate Tagesdosen, diese aber über Jahre oder Jahrzehnte hinweg.
Bei CMA-Patienten liegt oft eine nur noch begrenzte Rehabilitationsfähigkeit vor. CMA-Patienten sind vielfach nicht mehr in der Lage, von den klassischen Entwöhnungsmaßnahmen ausreichend zu profitieren. Auf Seite 18 des → Aktionsplanes Drogen und Sucht wird deshalb gefordert, entsprechende Angebote für CMA-Patienten zu schaffen. Dem sind die Rehabilitationskliniken bislang leider nicht nachgekommen; stattdessen findet die Rehabilitation dieser Patienten derzeit noch immer im Sinne einer Fehlbelegung in psychiatrischen Krankenhäusern statt.
In der → Psychiatrie-Enquete von 1975 wurde bereits gefordert, dass im Rahmen einer integrierten Versorgung Suchtkranker, Einrichtungen zur langfristigen stationären Versorgung für diese Klientel zu schaffen seien

mit dem Schwerpunkt auf »Bewahrung« kombiniert mit einem »therapeutischen Mindestprogramm«. Die begrenzte Therapiefähigkeit der CMA-Patienten erfordert spezielle Behandlungsangebote auf soziotherapeutischen Rehabilitationsstationen oder die Unterbringung in soziotherapeutischen Einrichtungen wie den → SECA-Häusern.

Als optimales Zeitfenster werden 30 bis 60 Behandlungstage angesehen. Zeiträume über 4 Monate bringen kaum noch messbare Effekte. Solche Behandlungsangebote für CMA-Patienten existieren zwar; durch die oft von den Kliniken vorgenommene leistungsrechtliche Zuordnung zum Bereich Krankenhaus (die durch den §107 SGB V in keiner Weise gedeckt ist) steht die Finanzierung aber auf tönernen Füßen. Eigentlich zuständiger Kostenträger der Maßnahme sind – bei noch bestehender Rehabilitationsfähigkeit – in der Regel die Rentenversicherungsträger; in den übrigen Fällen ist der Sozialhilfeträger zuständig (→ BSHG).

C - : Ausgesprochen: »C minus«. Bezeichnung aus der → Lerntheorie für → Verstärker oder auch Konsequenzen, deren Wirkung als negativ empfunden wird (z.B. Schmerz oder aber auch z.B. durch → Kokain ausgelöste Angst). Man nennt diesen Verstärker auch negativen Verstärker. C – verringern die Wahrscheinlichkeit des Verhaltens, mit dem sie in Verbindung stehen. Der → Kokser, der → Paranoia bekommt, wird z.B. danach seltener → Kokain konsumieren.

~~C-~~ : Ausgesprochen: »Wegfall von C minus«. Bezeichnung aus der → Lerntheorie für einen → Verstärker, dessen Wirkung zum Wegfall vorher bestehender aversiver Zustände (=C-) führt und der deshalb als positiv empfunden wird. Man spricht hier auch von negativer Verstärkung (nicht zu verwechseln mit der Änderung der Auftrittswahrscheinlichkeit durch einen negativen Verstärker C-), z.B. wenn jemand, der unter Höhenangst leidet, durch Meidung hoher Gebäude seiner Angst aus dem Weg geht oder aber, wenn ein gehemmter Mensch durch Kokaineinnahme seine Unsicherheit mildert.

CMY: Name eines synthetischen → Halluzinogens, das dem → Psilocybin ähnlich ist.

Co-Abhängigkeit: Die Eltern und Partner von Süchtigen sind selbst nicht süchtig, stützen aber mit ihrem Verhalten die → Sucht des Partners. Dieses Verhalten nennt man Co-Abhängigkeit. Nicht selten liegen bei den Partnern von Süchtigen ähnliche psychische Probleme vor wie beim Patienten. Der Unterschied besteht darin, dass sie ihre Defizite über die Helferfunktion ausleben. Eine andere Ursache für Co-Abhängigkeit ist das schlechte Gewissen der Eltern. Sie fühlen sich fast immer schuldig, weil ihr Kind süchtig geworden ist, und versuchen gegen dieses Schuldgefühl anzugehen, indem sie dem Süchtigen viele Dinge abnehmen, die er im Sinne der Genesung besser selber machen müsste, um selbstständig zu werden. In der Therapie wird die Co-Abhängigkeit in Form von Paar-Therapien, Mutter-Kind-Therapien und Angehörigengesprächen bearbeitet. Außerdem gibt es in jeder Stadt → Selbsthilfegruppen (z.B. → Elternkreise), in denen sich die Partner oder Eltern mit dem Problem der Co-Abhängigkeit auseinander setzen können (→ Al-Anon).

Coca: Engl. Bezeichnung für → Koka.

Coca-Cola: Koffeinhaltiges Erfrischungsgetränk, das in den Anfängen weitaus stärkere → psychoaktive Substanzen wie → Koka und → Kolanuss

Mutter versorgte ihren Sohn (13) mit Haschisch

Von BARBARA KIRCHNER

Düsseldorf – Sie wollte ihren Filius nur schützen - und landete am Ende selbst vor Gericht.

Weil sie ihrem Sohn (13) Joints besorgt hatte, wurde die dreifache Mutter Andrea J. (38) jetzt zu zwei Jahren Bewährungsstrafe verurteilt.

Andrea J. litt selbst unter ihrer Drogenproblematik, rauchte nach ihrer Scheidung immer mal wieder Hasch. Meist abends, wenn die Kinder schliefen. Dann aber bemerkte sie: „Mein Junge kam immer häufiger mit glasigen Augen nach Hause, lallte." Seine Mutter stellte ihn zur Rede, aber er stritt ab, Joints geraucht zu haben. Dann gestand er doch noch: „Ich habe das Zeug von Freunden angeboten bekommen."

Hilfesuchend wandte sich Andrea J. an die Drogenhilfe. Sie wollte nicht, dass ihr Sohn in diesen Teufelskreis gerät, den sie selbst nur allzugut kennt. Die Drogenberater meinten: „Hasch nur zu verbieten, bringt gar nichts." Man bot ihr an, ein ernsthaftes Gespräch mit dem Sprössling zu führen. Andrea J. zum Richter: „Damit er sich die Joints nicht auf der Straße besorgt und in schlechte Gesellschaft gerät, habe ich mit ihm ein Abkommen geschlossen."

Demnach gab die Mutter ihrem Sohn aus dem eigenen Vorrat einmal im Monat einen Klumpen Hasch. Und er erklärte sich im Gegenzug bereit, mit der Drogenhilfe zusammen zu arbeiten. Doch als der Junge mit Neurodermitis ins Krankenhaus kam, wurde dieser Deal bekannt. Die Polizei ermittelte. Schließlich ist dieses ungewöhnliche Familienabkommen nach dem Strafgesetzbuch Drogenabgabe an Minderjährige.

Andrea J.: „Mein Sohn lebt jetzt bei meiner Mutter auf dem Land. Es geht ihm gut. Er hat dort den richtigen Weg gefunden." Das hat Andrea J. ebenfalls: Sie macht selbst eine Therapie, will dann ihre Kinder (der Fünfjährige lebt bei ihr, die Tochter beim Vater) wieder zu sich holen.

Express, 03.04.04

Co-Abhängigkeit – auch Süchtige sind davor nicht gefeit, wie dieses Beispiel aus Düsseldorf zeigt

enthielt. Die heutige Rezeptur ist nicht bekannt, illegale → Drogen sind aber mit Sicherheit darin nicht mehr enthalten.

Cocaine Tree: Weitere Bezeichnung für den → Koka-Strauch.

Cocktail: Szeneausdruck für eine Mischung aus → Heroin und → Kokain.

Codein: Schmerz- und hustenstillendes Medikament, das zur Gruppe der → Opiate gehört und ein hohes psychisches und körperliches → Abhängigkeitspotenzial hat. Es handelt sich bei Codein um den Monomethyläther des → Morphins. Drogensüchtige benutzen es als Heroinersatz, wobei der Codeinentzug weitaus unangenehmer ist als der von → Heroin. Durch missbräuchliche Verschreibungen und Apothekendiebstähle gelangt jedes Jahr eine große Menge von Codein in die Szene.

In Deutschland sind eine Vielzahl von Codeinpräparaten auf dem Markt. Die folgenden Medikamente enthalten i.d.R. Codeintartrat: Antitussivum Bürger, Codeinum phosphoricum Berlin-Chemie, Codeinum phosphoricum Tabletten, Codicaps mono Kapseln, Codicompren retard, Codi OPT, Codipertussin mite Tabl., Codipertussin-Tabletten, Codipront mono, Dicton Hustenkapseln, Neo Codion NN, Tryasol Codein, Tussoret Tag-Kapseln und Tussoret Nacht-Kapseln. Das ähnlich wirksame Dihydrocodein (DHC) enthalten: DHC Mundipharma, Paracodin, Remedacen und Tiamon.

codi OPT: Handelsname eines opiathaltigen Medikamentes, das gegen mäßig starke Schmerzen eingesetzt wird. Inhaltsstoff ist → Codeinphosphat. Die Entwicklung einer → Abhängigkeit ist möglich.

Codicaps: Handelsname von Kapseln, die → Codein enthalten.

Codicompren: Handelsname von Kapseln, die → Codein enthalten.

Codipertussin: Handelsname von Kapseln, die → Codein enthalten.

Codipront: Handelsname von Kapseln, die → Codein enthalten.

Coffeeshop: Café-ähnliches Geschäft, in dem in den Niederlanden unter bestimmten Auflagen → Cannabis verkauft wird. In den Niederlanden wird seit 1976 der Verkauf bei Einhaltung bestimmter Auflagen (AHOJ-G-Kriterien) nicht mehr strafverfolgt. Strafbar aber ist der Handel nach wie vor auch dort.

Mehr als 5 g Cannabis pro Transaktion dürfen beispielsweise in Coffeeshops nicht verkauft werden. Ziel bei Einrichtung der Coffeeshops war es, den Verkauf von harten und weichen Drogen zu trennen und die Zahl der Heroinabhängigen zu reduzieren. Dies ist nach jetziger Einschätzung nicht gelungen (NDM 2000).

Es scheint im Gegenteil so zu sein, dass solche Coffeeshops die Verkäufer anderer illegaler Drogen geradezu anziehen. Das ist aus marktwirtschaftlicher Sicht gut nachvollziehbar, da in Coffeeshops mit einiger Wahrscheinlichkeit auch das Zielpublikum für den Verkauf harter Drogen erreicht wird. Natürlich greift nur ein kleiner Teil der Kiffer auch zu härteren Drogen, aber die Akzeptanz von Drogen jedweder Art ist in Coffeeshops in jedem Fall größer als in anderen Cafés. Das wissen natürlich auch die Dealer. Entsprechende Probleme mit der Bildung offener Drogenszenen in Zusammenhang mit den Coffeeshops haben bereits zur Schließung einiger solcher Einrichtungen geführt.

Von Anfang an haben die Anrainerstaaten der Niederlande das Projekt »Coffeeshops« kritisch beäugt. Auch die Niederländer sehen ihre Coffeeshops zunehmend kritischer. Seit der Ermordung des Rechtspopulisten Pim Fortuyn im Jahre 2002 ist von der Regierungspartei in der Drogenpolitik ein deutlich anderer Kurs eingeschlagen worden, der von der größten Oppositionspartei, den Sozialisten, mitgetragen wird. Es ist geplant, die Coffeeshops aus den Wohnvierteln grundsätzlich zu verbannen, Cannabisanbau stärker zu bestrafen und Ausländern den Erwerb von Cannabis in Coffeeshops grundsätzlich zu verbieten.

Coffein: Antriebssteigernde legale → Droge, die sich in → Kaffee, → Coca Cola, schwarzem → Tee und den meisten Energydrinks befindet. Coffein erhöht unter anderem den Serotoninspiegel. Es wurde festge-

Coffeeshop in Amsterdam

stellt, dass Coffein die Leistungsfähigkeit von Sportlern erhöht (→ Doping). Ruderer verbesserten z.B. in einer Untersuchung ihre Zeiten über 2000 m um 1,2 Prozent nach der Einnahme von 6 mg/kg Körpergewicht. Das Internationale Olympische Comitee hat deshalb die Einnahme von Coffein begrenzt (Urinkonzentration < 12 mg/L).

Coffein beeinflusst in Dosen bis 5,0 mg den Nucleus accumbens (einen wichtigen Teil des Belohnungssystems im Gehirn) nicht, woraus manche Wissenschaftler den Schluss ziehen, Coffein mache nicht abhängig. Ein Irrtum, den leidenschaftliche Kaffeetrinker aus eigener Erfahrung schnell als solchen erkennen. Die Tatsache, dass auch Coffein abhängig machen kann (verschlüsselt wird dies im → ICD 10 unter F15.2), sieht man unter anderem daran, dass es bei Kaffetrinkern bei abruptem Absetzen zu Entzugskopfschmerzen kommen kann.

Coffein selbst kann Schmerzen lindern. Wird es abrupt abgesetzt, kann es nicht nur zu → Kopfschmerzen, sondern auch zu mürrischer Verstimmung und Übelkeit kommen. Die IHS (International Headache Society) verschlüsselt den Entzugskopfschmerz unter dem Code 8.4.2. Der Coffeinentzugsschmerz sollte in der Diagnostik nicht übersehen werden, zumal er häufig auftritt und leicht zu behandeln ist (durch Vermeidung abrupten Absetzens der Droge).

Coffein wirkt harntreibend, d.h., die Flüssigkeitsmenge, die man mit Kaffee oder Tee zu sich nimmt, wird alsbald wieder ausgeschieden. Deshalb wird – zumindest in südlichen Ländern – zur Tasse Kaffee meist ein Glas Wasser gereicht.

Coffeinum: Als Coffeinum N 0,2 g und Coffeinum purum sind zwei Medikamente auf dem Markt, die → Coffein enthalten und gegen geistige und körperliche Ermüdungserscheinungen und gegen → Migräne eingesetzt werden.

Cohoba: Weitere Bezeichnung für → Yopo.

Cojon del diabolo: Weitere Bezeichnung für den → Stechapfel.

Coke: Szeneausdruck für → Kokain. In der Normalbevölkerung ist damit allerdings meist ein → coffeinhaltiges Erfrischungsgetränk namens → Coca Cola gemeint, das in den Anfängen seiner Geschichte Coca enthielt (daher der Name).

Cokey: Szeneausdruck für → Kokain-Abhängigen.

Cold Turkey: Szeneausdruck für den nichtmedikamentösen → Entzug, auch »kalter Entzug« genannt.

Columbian Flake: Szeneausdruck für eine hochwertige → Kokain-Sorte aus Kolumbien.

Colorines: **1.** Mexikanische Bezeichnung für die Früchte der Korallenbäume (Erythrina americana und andere), deren Bohnen halluzinogene Wirkung haben und in höheren Dosen atemlähmend wirken. In Mexiko werden Colorines nicht selten zusammen mit Meskal-Bohnen verkauft. Sie dienen auch als Heilmittel bei Unterleibsbeschwerden und Zahnschmerzen. **2.** Weitere Bezeichnung für die → Meskal-Bohne.

Come down: Szeneausdruck für Nachlassen der Drogenwirkung. Im Deutschen spricht man vom »Runterkommen«.

Concombre à chien: Weitere Bezeichnung für den → Stechapfel.

Concombre zombi: Weitere Bezeichnung für den → Stechapfel.

Connection: Szeneausdruck für eine Verbindung zu einem Menschen, der → Drogen verkauft.

Containering: Szeneausdruck für den Transport von in Ballons verpackten → Drogen im Körper.

Cook a Pill: Szeneausdruck für das Rauchen von → Opium.

Cop: Szeneausdruck für Polizist.

Copelandia: Kleiner, graublauer Lamellenpilz (Copelandia canescens), der in den tropischen und subtropischen Zonen beider Erdhalbkugeln vorkommt. Er enthält bis zu 1,2 Prozent → Psilocin und 0,6 % → Psilocybin. Es ist die Pilzart mit dem stärksten Gehalt an diesen beiden → Halluzinogenen. Copelandia wird in einigen Regionen als Rauschmittel benutzt. Die Balinesen züchten ihn auf Kuhmist.

Co-Pilot: Szeneausdruck für → Amphetamin.

Corgie: Szeneausdruck für → Heroin.

Corpus amygdaloideum: → Mandelkern.

Corpus striatum: Name einer Hirnregion, zu Deutsch »Streifenkörper«, der bei der Steuerung von Handlungen große Bedeutung zukommt. US-Forscher vom National Institute of Health verglichen Jugendliche im Alter von 12 bis 17 Jahren und Erwachsene im Alter von 22 bis 28 Jahren. Sie stellten kernspintomographisch Unterschiede der beiden Gruppen bezüglich der Reaktionen im Corpus striatum fest, die für die Entstehung von → Sucht eine Rolle spielen könnten.

Die Probanden nahmen bei der Studie an einem Spiel teil, bei dem kleinere Geldmengen zu gewinnen waren. Begleitend wurde das Spiel durch Kernspintomographien, in der die Aktivität im Corpus striatum gemessen wurde. Zwar zeigte sich, sobald ein Gewinn in Aussicht stand, sowohl bei den Jugendlichen wie auch bei den Erwachsenen eine erhöhte Aktivität im Corpus striatum, doch waren diese Reaktionen bei Erwachsenen deutlich stärker ausgeprägt als bei den Jugendlichen. Das heißt, die

Aussicht auf Erfolg stimulierte die Jugendlichen offenbar nicht so stark wie die Erwachsenen. Dieser Befund könnte erklären, warum gerade Jugendliche oft auf der Suche nach extremerer Stimulation, neudeutsch auch → Kick genannt, sind. Der Konsum von Suchtmitteln kann als Versuch gewertet werden, den im Vergleich zu Erwachsenen bestehenden Mangel an Stimulation auszugleichen. Darüber hinaus könnte das Ergebnis der Forscher dahingehend gewertet werden, dass die Jugendlichen über eine geringere → Selbsteffizienz-Erwartung verfügen. Sie glauben weniger als Erwachsene daran, dass sie Erfolg haben können und das kann im Einzelfall natürlich auch ein Grund dafür sein, sich Glücksgefühle auf anderem Wege, nämlich über → Drogen und → Alkohol, zu verschaffen. In jedem Fall sprechen die Ergebnisse der Untersucher dafür, dass die Gehirne von Jugendlichen anders funktionieren als die von Erwachsenen und dass es deshalb besonders wichtig ist, Jugendliche vor Suchtmitteln zu schützen, damit sich ihr Gehirn ungestört zu Ende entwickeln kann (→ Prävention).

Cortikoide: Cortison und verwandte Präparate beeinflussen die Immunabwehr. Sie werden u.a. bei → Drogennotfällen eingesetzt, z.B. bei Schockzuständen, die auf allergische Reaktionen zurückzuführen sind. Liegt eine Schwellung des Gehirns durch Wassereinlagerung vor (sog. Hirnödem), was bei Drogennotfällen vorkommen kann, so helfen Cortikoide bei der Abschwellung. Cortikoide sollten nicht über längere Zeit gegeben werden, da sie erhebliche Nebenwirkungen haben und sich in Einzelfällen auch eine → Abhängigkeit ausbildet, da Cortison in hoher Dosierung eine euphorisierende Wirkung hat.

Cosmic Space: Szeneausdruck für → PCP.

Cotics: Szeneausdruck für → Downer. Kommt von engl. narcotics.

Covert Sensitization: → Verdeckte Sensibilisierung.

C+ : Bezeichnung aus der Lerntheorie für → Verstärker, deren Wirkung als positiv empfunden wird, z.B. Lob, Anerkennung oder aber auch durch → Heroin ausgelöste Euphorie.

~~C+~~ : Ausgesprochen: »Wegfall von C plus«. Bezeichnung aus der → Lerntheorie für einen → Verstärker, dessen Wirkung zum Wegfall vorher bestehender als angenehm empfundener Zustände (= C+) führt und der deshalb als negativ empfunden wird.

Crack: Szeneausdruck für durch Backpulver in die basische Form überführtes → Kokain, das ein noch weitaus höheres → Abhängigkeitspotenzial hat als reines Kokain (→ Abhängigkeit, psychische). Crack entfaltet seine psychoaktive Wirkung bereits wenige Sekunden nach Einnahme. Die

Wirkung lässt bereits nach einigen Minuten wieder nach. Das führt bei einigen Konsumenten dazu, dass sie in halbstündigen Abständen konsumieren mit der Folge, dass bereits nach wenigen Wochen Schulden von mehreren 10 000 Euro vorliegen.
Der Name ist abgeleitet von engl. to crackle = knistern, weil es beim Rauchen von Crack zu knisternden Geräuschen kommt. Die Neigung zu Gewalttätigkeit soll unter Crack-Einfluss deutlich erhöht sein. In Westeuropa hat es sich, anders als z.B. in den Slums US-amerikanischer Großstädte, nie durchgesetzt. Hintergrund ist, dass den Konsumenten illegaler → Drogen das Gefährdungspotenzial von Crack von Anfang an bewusst war. Eine größere Nachfrage bestand hier nie und so bildete sich auch kein entsprechender Markt aus.

Cracker: Szeneausdruck für → LSD.

Crank: Szeneausdruck für → Amphetamin, das mit → Metamphetamin versetzt ist.

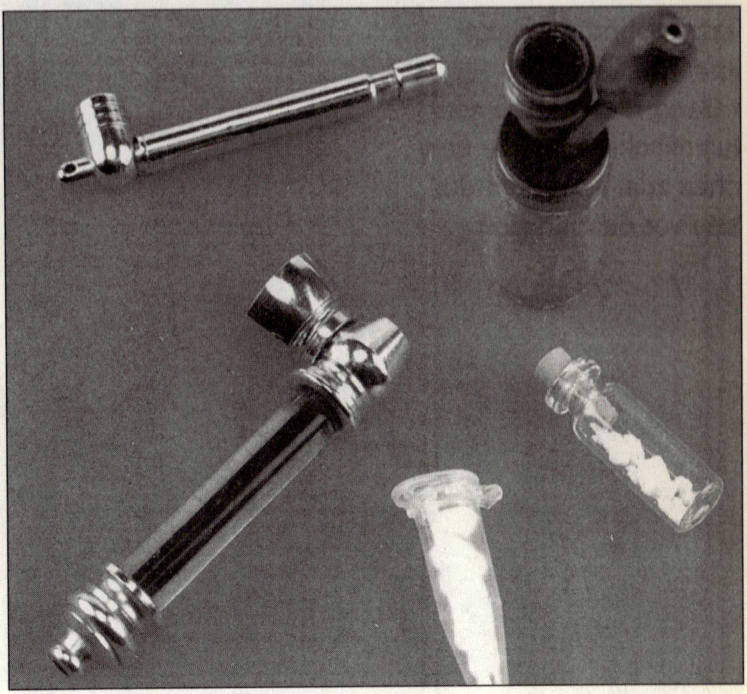

Zubehör zum Rauchen von Crack

Craving: Medizinisch-psychologischer Ausdruck für das Verlangen nach der → Droge, welches vom Konsumenten oft als unaushaltbar empfunden wird. Umgangssprachlich spricht man auch von Suchtdruck. 1992 definierte es ein Expertenteam der United Nations International Drug Control Programme und der World Health Organization als das Verlangen, Wirkungen von zuvor schon in ihrer Wirkung erfahrenen Substanzen wieder zu erfahren (→ Nucleus accumbens).
Man unterscheidet positives Craving und negatives Craving. Unter positivem Craving versteht man das Verlangen nach dem Suchtmittel zur Auslösung positiver Gefühlszustände (→ C+, → Kick, → Startle-Reaktion). → Anti-Craving-Substanzen wie → Naltrexon wirken gegen dieses positive Craving, weil sie verhindern, dass sich eine derartige Drogenwirkung

Crack

entfalten kann. Sollte eine → Impfung gegen Drogen eines Tages möglich sein, so würde sie auch über diesen Mechanismus wirken. Negatives Craving beschreibt ein Verlangen nach dem Suchtmittel, um unangenehme → Entzugserscheinungen (→ C) zu vermeiden. Eine Anti-Craving-Substanz wie Campral wirkt gegen dieses negative Craving und wird mittlerweile mit Erfolg ergänzend zu psychotherapeutischen Maßnahmen eingesetzt. Je nachdem, welche Form des Cravings beim Patienten vorliegt, sollte entweder → Naltrexon oder aber → Campral als unterstützende Anti-Craving-Substanz gegeben werden.

CRISIS-Behandlungsprogramm: Von J. Flowers entwickeltes Stressbewältigungsprogramm (→ Stress), das auf den → Lerntheorien beruht und auch in der Behandlung von Süchtigen angewendet wird. Das Akronym CRISIS umschreibt die einzelnen Schritte des Programms zur Stressbewältigung und bedeutet: C = Conditioning (körperliche Kräftigung), R = Relaxation (Entspannung), I = Identification (Identifikation der zu beeinflussenden Faktoren), S = Solve (Auflösung der Stresssituationen), I = Identification (hier: Akzeptieren unvermeidbarer Stressoren), S = Surrender (entspanntere Umgangsformen mit unveränderbaren Stressoren).

Croak: Szeneausdruck für → Amphetamin, das mit → Kokain versetzt ist.

Croaker: Szeneausdruck für Arzt.

Darstellung von Crack (rechts)und LSD (links) in einem Graffiti von Ces und Loomit in New York.

Crystal: Szeneausdruck für → Amphetamine, der sich auf die kristallförmige Pulverform der → Droge bezieht.

Crystal-Speed: Szeneausdruck für → Methamphetamin und ähnlich wirkende Stoffe. Gebräuchlicher ist die Bezeichnung → Speed.

Cube: Szeneausdruck für → LSD, das auf einen Zuckerwürfel geträufelt ist.

Cube-Head: Szeneausdruck für einen → LSD-Abhängigen.

Cuca: Weitere Bezeichnung für den → Koka-Strauch.

Culebra Borrachero: Baum (Methysticodedendron amesianum), dessen hauptsächlicher psychoaktiver Wirkstoff das → Scopolamin ist. Kolumbianische Indianerstämme halten den Baum als Kulturpflanze. Aus den Blättern bereiten sie einen → Tee mit halluzinogener Wirkung zu, der bei religiösen Handlungen eine Rolle spielt.

Cut: Szeneausdruck für eine verschnittene, d.h. unreine → Droge.

CYP2A6: Name eines Enzyms, das maßgeblich am Abbau von → Nikotin beteiligt ist. Es gibt verschiedene Varianten. Die Ausstattung mit CYP2A6 ist von Mensch zu Mensch unterschiedlich. Je schlechter das Nikotin durch das CYP2A6 abgebaut werden kann, desto stärker sind die unangenehmen Nebenwirkungen des Rauchens und desto geringer ist die Gefahr, tabakabhängig zu werden (→ ADH).

CZ 74: Vollsynthetisches → Halluzinogen, das in der Szene kaum gebräuchlich ist.

D

DA: Szeneausdruck für einen Drogenabhängigen. Die Abk. kommt von »drug addicted«.

Dagga: Szeneausdruck für → Cannabis.

Dalmadorm: Handelsname eines → Benzodiazepins, das gegen → Schlafstörungen eingesetzt wird. Missbräuchlich wird es auch als → Droge eingesetzt. Inhaltsstoff ist Flurazepam.

Dama da Noite: Strauch (Cestrum laevigatum), der an der südbrasilianischen Küste wächst und dessen Blätter und Früchte wegen seiner milden halluzinogenen Wirkung als Cannabisersatz geraucht werden.

D-Amphetaminsaft: Medikament, das, ähnlich wie das vergleichbar wirkende → Ritalin, bei der Behandlung von hyperkinetischen Syndromen eingesetzt wird. Zu Risiken und Nebenwirkungen: → Speed, Ritalin, → Amphetamine.

Datenschutz: Der Datenschutz ist durch das Gesetz zum Schutz personenbezogener Daten im Gesundheitswesen (Gesundheitsdatenschutzgesetz – GDSG NW), im Folgenden in der Fassung vom 22. Februar 1994, geändert am 17. Dezember 1999 geregelt (hier die Fassung aus NRW): »§ 2 Geltungsbereich

(1) Dieses Gesetz gilt für die Verarbeitung der personenbezogenen Daten

1. von Personen, die, auch auf Grund eines gesonderten ärztlichen Behandlungsvertrages, in einem zugelassenen Krankenhaus im Sinne von § 107 Abs. 1, §108 und in einer Vorsorge- und Rehabilitationseinrichtung gemäß § 107 Abs.2, § 111 des Sozialgesetzbuches, Fünftes Buch – Gesetzliche Krankenversicherung – (SGB V) vom 20. Dezember 1988 in der jeweils geltenden Fassung, deren Träger nicht der Bund oder eine bundesunmittelbare Körperschaft gemäß Artikel 87 Abs. 2 des Grundgesetzes ist, ambulant oder stationär untersucht oder behandelt werden,
2. von Personen, für die Maßnahmen auf Grund des Gesetzes über Hilfen und Schutzmaßnahmen bei psychischen Krankheiten (PsychKG)

vom 17. Dezember 1999 (GV. NW. S. 14) in der jeweils geltenden Fassung getroffen werden,

3. von Personen, die vom Gesundheitsamt untersucht oder von dessen Maßnahmen getroffen werden, und
4. für die Führung von bevölkerungsbezogenen Krebsregistern zur Erfassung und Beobachtung von Krebserkrankungen und zur Krebsforschung (Patientendaten).

Den Patientendaten sind gleichgestellt personenbezogene Daten Dritter, die bei Tätigkeiten nach Satz 1 den dort genannten Stellen bekannt werden.

(2) Dieses Gesetz gilt, soweit nichts anderes bestimmt ist, nicht für die Verarbeitung von personenbezogenen Daten von Gefangenen und Sicherungsverwahrten sowie von Personen, die nach §§ 63, 64 des Strafgesetzbuches, nach §§ 81, 126a der Strafprozessordnung oder nach § 73 des Jugendgerichtsgesetzes untergebracht sind.

(3) Kirchen und Religionsgemeinschaften treffen für Krankenhäuser und Einrichtungen im Sinne dieses Gesetzes, die ihrem Bereich zuzuordnen sind, eigene Regelungen, die den Zielen dieses Gesetzes entsprechen.

§ 3 Subsidiaritätsklausel

Soweit dieses Gesetz nichts anderes bestimmt, gilt das Datenschutzgesetz Nordrhein-Westfalen (DSG NW) vom 15. März 1988 (GV. NW. S. 160) in der jeweils geltenden Fassung. Für Krankenhäuser und Einrichtungen privater Träger gilt an Stelle des Zweiten Teils des DSG NW § 38 des Bundesdatenschutzgesetzes (BDSG) vom 20. Dezember 1990 (BGBl. I S. 2954) in der jeweils geltenden Fassung.

§ 4 Einwilligung

(1) Eine Einwilligung bedarf der Schriftform, soweit nicht wegen besonderer Umstände eine andere Form angemessen ist. Eine mündlich erteilte Einwilligung muss schriftlich dokumentiert werden. Soll die Einwilligung zusammen mit anderen Erklärungen schriftlich erteilt werden, ist die Einwilligungserklärung im äußeren Erscheinungsbild der Erklärung hervorzuheben. Der Patient ist über Art, Umfang und Zweck der beabsichtigten Erhebung und Speicherung der Daten schriftlich zu unterrichten.

(2) Patienten sind einwilligungsfähig, wenn sie die Bedeutung und Tragweite der Einwilligung und ihrer rechtlichen Folgen erfassen können und ihren Willen hiernach zu bestimmen vermögen. Ist der Patient aus tatsächlichen oder rechtlichen Gründen nicht in der Lage, die Einwilligung zu erteilen, ist die Erklärung durch seinen gesetzlichen Vertreter abzugeben.

(3) Auch mit Einwilligung dürfen unzumutbare oder sachfremde Angaben weder erhoben noch gespeichert werden.

§ 6 Datenverarbeitung für wissenschaftliche Zwecke

(1) Die Übermittlung von Patientendaten und die Verarbeitung sind zu Zwecken der wissenschaftlichen Forschung nur zulässig, soweit der Patient eingewilligt hat.

(2) Ohne Einwilligung des Patienten darf das wissenschaftliche Personal zu Zwecken der wissenschaftlichen Forschung Patientendaten nutzen, auf die es in den Einrichtungen oder öffentlichen Stellen auf Grund seiner Tätigkeiten nach § 2 Abs. 1 ohnehin Zugriff hat. Der Einwilligung des Patienten bedarf es ferner nicht, wenn

1. der Zweck eines bestimmten Forschungsvorhabens nicht auf andere Weise erreicht werden kann,
2. das berechtigte Interesse der Allgemeinheit an der Durchführung des Forschungsvorhabens das Geheimhaltungsinteresse des Patienten erheblich überwiegt und
3. es entweder nicht möglich ist oder dem Patienten auf Grund seines derzeitigen Gesundheitszustandes nicht zugemutet werden kann, ihn um seine Einwilligung zu bitten.

(3) Die übermittelnde Stelle hat den Empfänger, die Art der übermittelten Daten, den Namen des Patienten und das Forschungsvorhaben aufzuzeichnen.

(4) Sobald der Forschungszweck es gestattet, sind die Patientendaten so zu verändern, dass ein Bezug auf eine bestimmte natürliche Person nicht mehr erkennbar ist. Merkmale, mit deren Hilfe ein Personenbezug wieder hergestellt werden kann, sind gesondert zu speichern; sie sind zu löschen, sobald der Forschungszweck dies gestattet.

(5) Veröffentlichungen von Forschungsergebnissen dürfen keinen Rückschluss auf die Person zulassen, deren Daten verarbeitet wurden, es sei denn, der Patient hat in die Veröffentlichung ausdrücklich eingewilligt.

(6) Einem Dritten dürfen Patientendaten nur übermittelt werden, wenn er sich schriftlich verpflichtet,

1. die Daten nur für das von ihm genannte Forschungsvorhaben zu verwenden,
2. die Bestimmungen der Absätze 4 und 5 einzuhalten und
3. der für die übermittelnde Stelle zuständigen Datenschutzkontroll- oder Aufsichtsbehörde auf Verlangen Einsicht zu gewähren und die technischen und organisatorischen Voraussetzungen zur Erfüllung dieser Verpflichtungen nachweist.

§ 7 Datenverarbeitung im Auftrag

(1) Patientendaten sind grundsätzlich in der Einrichtung oder öffentlichen Stelle zu verarbeiten; eine Verarbeitung im Auftrag ist nur nach Maßgabe der Absätze 2 bis 4 zulässig.

(2) Die Verarbeitung von Patientendaten im Auftrag ist nur zulässig, wenn sonst Störungen im Betriebsablauf nicht vermieden oder Teilvorgänge der automatischen Datenverarbeitung hierdurch erheblich kostengünstiger vorgenommen werden können.

(3) Vor der Vergabe eines Auftrages zur Verarbeitung von Patientendaten hat sich der Auftraggeber zu vergewissern, dass beim Auftragnehmer die Wahrung der Datenschutzbestimmungen dieses Gesetzes und der ärztlichen Schweigepflicht sichergestellt ist. Patientendaten aus dem ärztlichen Bereich sind vom Auftragnehmer auf physisch getrennten Dateien zu verarbeiten. Der Auftragnehmer darf Patientendaten nur im Rahmen der Weisungen des Auftraggebers verarbeiten. Der Auftraggeber hat erforderlichenfalls dem Auftragnehmer Weisungen zur Ergänzung seiner technischen und organisatorischen Einrichtungen und Maßnahmen zu erteilen.

(4) Sofern Auftragnehmer eine nicht öffentliche Stelle ist, hat der Auftraggeber sicherzustellen, dass der Auftragnehmer sich, sofern die Datenverarbeitung im Geltungsbereich dieses Gesetzes durchgeführt wird, der Kontrolle durch den Landesbeauftragten für den Datenschutz unterwirft. Bei einer Auftragsdurchführung außerhalb des Geltungsbereichs dieses Gesetzes ist die zuständige Datenschutzkontrollbehörde zu unterrichten.

§8 Löschung von Daten

Patientendaten sind zu löschen, wenn ihre Speicherung unzulässig ist, sie zur Erfüllung der in diesem Gesetz genannten Zwecke nicht mehr erforderlich sind, die durch Rechtsvorschriften oder durch die ärztliche Berufsordnung vorgeschriebenen Aufbewahrungsfristen abgelaufen sind und kein Grund zu der Annahme besteht, dass durch die Löschung schutzwürdige Belange der Patienten beeinträchtigt werden. § 6 Abs. 4 bleibt unberührt.

§11 Übermittlung und Nutzung von Daten

(1) Die Übermittlung und Nutzung von Patientendaten ist außer in den Fällen des § 5 Abs. 1 auch zulässig soweit dies erforderlich ist zur

a) jeweiligen Aufgabenerfüllung im Sinne von § 10 Satz 1 Buchstabe a,

b) Nachbehandlung oder Rehabilitation, soweit der Patient nach Hinweis auf die beabsichtigte Übermittlung nichts anderes bestimmt hat,

c) Abwehr einer gegenwärtigen Gefahr für Leben, körperliche Unversehrtheit oder persönliche Freiheit des Patienten oder eines Dritten,
d) Abrechnung und Durchsetzung von Ansprüchen auf Grund der Behandlung,
e) Rechnungs- und Pflegesatzprüfung.
(2) Für die Qualitätssicherung und die Aus-, Fort- und Weiterbildung im Krankenhaus ist der Zugriff auf Patientendaten nur insoweit zulässig, als diese Zwecke nicht mit anonymisierten Daten erreicht werden können.«

Datenübermittlungspflicht: Um die Interessen der Solidargemeinschaft der gesetzlich Krankenversicherten zu schützen und Missbrauch zu vermeiden, haben die gesetzlichen Krankenversicherungen gem. §275 → SGB V die Verpflichtung, eine Überprüfung durch den → MDK vorzunehmen. Dies dient der Qualitätssicherung und der Vermeidung unnötiger Kosten.
Die Verpflichtung der Übersendung der für die Überprüfung notwendigen Informationen, d.h. die Datenübermittlungspflicht, ist für Krankenhäuser im §§ 112 und 301 des SGB V geregelt. Die Krankenkasse muss dem Krankenhaus dabei den Überprüfungsanlass mitteilen. Die eigentliche medizinische Überprüfung erfolgt dann über den unabhängigen, umlagefinanzierten Medizinischen Dienst der Krankenversicherung, kurz MDK genannt. Gemäß § 2 Abs. 2 Satz 2 in Übereinstimmung mit § 276 Abs. 2 Satz 1 SGB V ist ausdrücklich geregelt, dass alle beurteilungsrelevanten Unterlagen in Kopie dem MDK zu überlassen sind. Dies wurde vom Bundesbeauftragten für Datenschutz (BfD) mit Schreiben vom 12.1.2001 bestätigt.
Die Übersendung der Unterlagen kann entweder direkt an den MDK oder aber über die Krankenkassen an den MDK erfolgen (z.B. in einem verschlossenen Umschlag). Letzteres hat den Vorteil, dass dem verschlossenen Umschlag gleich der Prüfauftrag beigefügt werden kann (ohne den der MDK nicht tätig werden kann). Für die Herausgabe der zur Beurteilung notwendigen Informationen an den MDK benötigen die Krankenhäuser keine Schweigepflichtsentbindung des Patienten.
Gemäß § 277 SGB V haben die Krankenhäuser nach Beurteilung durch den MDK einen Anspruch darauf, das Ergebnis der Überprüfung zu erfahren.

Datura: Auch Arhiabamisang, Bunjdeshtee, Chosen-asagau, Datula, Devils trompet, Dhatra, Dhatura, Dhustura, Dhutro, Dornapfel, Dotter, Doutro, Ganga Bang, Gelber Stechapfel, Indischer Stechapfel, Insane Herb,

Jouzmathal, Kachubong, Kalu-athana, Metel-Nuss, Nao-yang-hua, Neura, Rauchapfel, Shanch'ieh-êrh, Shivas Plant, Tatorah, Teufelstrompete, Umana oder Umata genannt. Hinter all diesen Namen verbirgt sich in der Regel ein → Nachtschattengewächs (Datura metel, Indischer Stechapfel, Duftstechapfel), dessen halluzinogene Wirkung seit Jahrtausenden bekannt ist. Wirkstoffe sind → Hyoscyamin und → Scopolamin.
Die Datura-Samen werden für den Konsum zerrieben und alkoholischen Getränken oder Rauchmischungen beigemengt. Auch die Blätter werden verwendet. Ursprünglich stammt die Datura-Pflanze wohl aus Nordindien. Dort hieß die Pflanze auch »Shiwas Gestrüpp«. Shiwa ist nicht nur der Gott der schöpferischen Kräfte, sondern auch der Gott der Zerstörung; man wusste also offensichtlich um die Gefährlichkeit der → Droge. Von Indien gelangte Datura in den chinesischen Raum und wurde Teil der Volksmedizin. Man setzte es in China gegen Hautausschläge, bei Erkältungen und Nervenleiden ein. Vermischt mit → Haschisch, fand die Pflanze Verwendung als → Betäubungsmittel bei Operationen. In China, wo Datura hoch geschätzt ist, gibt es die Legende, dass der Himmel die Pflanze immer dann mit Tau besprengt, wenn Buddha predigt. Nach einer taoistischen Geschichte ist Datura identisch mit einem der Polarsterne und immer, wenn von diesem Stern ein Himmelsbote zur Erde herab-

Datura

steigt, trägt er eine Datura-Blüte in der Hand. Auch im alten Griechenland war Datura wohl bekannt. Man vermutet, dass die appollinischen Priester im Datura-Rausch ihre Weissagungen machten. Heutzutage ist die Droge vor allem in Indien, Pakistan und Indochina, aber auch in Teilen Afrikas verbreitet. In Afrika wird Datura geraucht und in dieser Form nicht nur als Rauschmittel, sondern auch gegen Asthma eingesetzt.

Datura stramonium: Lateinische Bezeichnung für den → Stechapfel. Der Weiße Stechapfel enthält überwiegend das Alkaloid (S-) Hyoscyamin, junge Pflanzen auch Scopolamin. Der Alkaloid-Gehalt von Datura stramonium ist mit 0,6 % in den Samen und Blüten am höchsten, während die Blätter etwa 0,4 % Alkaloid enthalten. Der Wirkstoffgehalt des Stechapfels liegt somit zwischen → Bilsenkraut und → Tollkirsche. In Europa wächst Stechapfel zwar auch, spielt aber derzeit als → Droge kaum eine Rolle.

Dauer der Unterbringung: § 67 d des Strafgesetzbuches StGB (in der Fassung der Bekanntmachung vom 13. November 1998, zuletzt geändert durch Artikel 1 des Gesetzes vom 22. August 2002), regelt die »Dauer der Unterbringung« im → Maßregelvollzug (→ Unterbringung in einer Entziehungseinrichtung):

»(1) Die Unterbringung in einer Entziehungsanstalt darf zwei Jahre nicht übersteigen. Die Frist läuft vom Beginn der Unterbringung an. Wird vor einer Freiheitsstrafe eine daneben angeordnete freiheitsentziehende Maßregel vollzogen, so verlängert sich die Höchstfrist um die Dauer der Freiheitsstrafe, soweit die Zeit des Vollzugs der Maßregel auf die Strafe angerechnet wird.

(2) Ist keine Höchstfrist vorgesehen oder ist die Frist noch nicht abgelaufen, so setzt das Gericht die weitere Vollstreckung der Unterbringung zur Bewährung aus, wenn zu erwarten ist, dass der Untergebrachte außerhalb des Maßregelvollzugs keine rechtswidrigen Taten mehr begehen wird. Mit der Aussetzung tritt Führungsaufsicht ein.

(3) Sind zehn Jahre der Unterbringung in der Sicherheitsverwahrung vollzogen worden, so erklärt das Gericht die Maßregel für erledigt, wenn nicht die Gefahr besteht, dass der Untergebrachte infolge seines Hanges erhebliche Straftaten begehen wird, durch welche die Opfer seelisch oder körperlich schwer geschädigt werden. Mit der Erledigung tritt Führungsaufsicht ein.

(4) Ist die Höchstfrist abgelaufen, so wird der Untergebrachte entlassen. Die Maßregel ist damit erledigt.

(5) Ist die Unterbringung in einer Entziehungsanstalt mindestens ein Jahr vollzogen worden, so kann das Gericht nachträglich bestimmen, dass sie nicht weiter zu vollziehen ist, wenn ihr Zweck aus Gründen, die in der Person des Untergebrachten liegen, nicht erreicht werden kann. Mit der Entlassung aus dem Vollzug der Unterbringung tritt Führungsaufsicht ein (Anm.: Gem. Entscheidung des BVerfG vom 16. März 1994 (BGBl. I S. 3012).

§ 67d Abs. 5 Satz 1 ist mit Artikel 2 Abs. 1 und Abs. 2 Satz 2 des Grundgesetzes insoweit unvereinbar und nichtig, als hiernach die Unterbringung in einer Entziehungsanstalt mindestens ein Jahr vollzogen sein muss, ehe das Gericht bestimmen kann, dass sie nicht mehr weiter zu vollziehen ist.«

Dauerkonsum: Bei dieser Konsumform hat der Suchtstoff in der Lebensgestaltung des Konsumierenden bereits eine nicht mehr wegzudenkende Funktion übernommen. Die → Droge wird regelmäßig konsumiert und nicht selten auch in wesentlich höheren Mengen als bei → Gelegenheitskonsum und → Probierkonsum. Der Suchtstoff nimmt beim Dauerkonsum für den Konsumenten eine wichtige Regulationsfunktion für das Seelenleben ein. Er wird regelmäßig und systematisch zur Unterdrückung unangenehmer Gefühle oder zur Erreichung von Gefühlszuständen eingesetzt, von denen der Süchtige nicht gelernt hat, sie anders zu erreichen. Viele Dauerkonsumenten töten mit Hilfe von Drogen ihre Langeweile ab, andere betäuben Ärger, eine dritte Konsumentengruppe fängt damit Ängste, depressive Verstimmungen und Unsicherheiten (→ Komorbidität) auf. Und natürlich geht es nicht wenigen Dauerkonsumenten auch um den Lustgewinn, den Drogen schenken können. Dieser verliert sich allerdings im Laufe der Zeit. Das Konsummuster hat dann aber bereits einen so großen Raum im Leben des Dauerkonsumenten eingenommen, dass der Ausstieg schwierig ist. Oft hilft dann nur noch eine → Entwöhnungsbehandlung.

Dawamesk: Aus dem indischen Raum stammendes Gebäck, das u.a. Kardamon, → Muskatnuss, Zimt und → Cannabis enthält und dadurch einen leicht euphorisierenden Rausch mit → Halluzinationen auslöst.

DAYTOP: Abk. für »Drug addicted youth treatment on probation«. Name eines international verbreiteten Suchthilfeträgers, der bei der Entwicklung der Therapie von Drogenabhängigen Pionierarbeit geleistet hat. Die deutschen Einrichtungen von DAYTOP wurden 1997 vom Deutschen Orden übernommen und sind jetzt Teil der DO-Suchthilfe. Schwerpunkt der DAYTOP-Aktivitäten ist Bayern, doch auch in Berlin, Nordrhein-

Westfalen und Niedersachsen gibt es Einrichtungen, in denen Patienten aus dem gesamten Bundesgebiet behandelt werden. Hatte der Träger in den siebziger Jahren teilweise noch den Ruf einer strengen und unflexiblen Therapie, so gehören die DAYTOP-Einrichtungen heute ohne Zweifel zu den profiliertesten Suchthilfe-Einrichtungen. Basis der → Entwöhnungsbehandlung bei DAYTOP ist die → Therapeutische Gemeinschaft. Im ursprünglichen DAYTOP-Konzept hatten professionelle Helfer nur eine beratende oder auch gar keine Funktion. Das hat sich mittlerweile geändert, doch immer noch sind → Ex-User bei DAYTOP als Vorbilder von Bedeutung. Allerdings setzten die Kostenträger in den letzten Jahren durch, dass sämtliche Kliniken unter Leitung von Fachärzten stehen (wie es u.a. § 107 (2) SGB V vorsieht). Zudem machen verkürzte Verweildauern eine gelebte therapeutische Gemeinschaft schwieriger. Die Behandlung ist durch die Veränderungen der letzten Jahrzehnte nicht billiger und auch nicht effektiver geworden. Autoren wie Hans Ulrich Gresch und Ulrich Johannes Osterhues wünschen sich deshalb seit langem eine Rückkehr zum alten Konzept, bei dem die Selbsthilfe und die Therapeutische Gemeinschaft größeren Raum einnehmen.

DBT: Abk. für Dialektisch Behaviorale Therapie. Dieses Psychotherapieverfahren wurde von Marsha Linehan für die Behandlung von Menschen mit einer → Borderline-Persönlichkeitsstörung entwickelt. Die einzelnen Bausteine der DBT eignen sich aber auch zur Behandlung anderer psychischer Störungen, z.B. von → Abhängigkeitserkrankungen. Bei der sehr praxisorientierten DBT lernen die Patienten gezielt bestimmte Fertigkeiten/Fähigkeiten, Skills Training genannt. Übungen und Hausaufgaben spielen dabei eine wichtige Rolle. Es geht dabei auch darum, die Wahrnehmung und Bewertung von Situationen zu verändern und Gefühle (→ Emotionen, → Affekte) zu erkennen, zu benennen und neu zu bewerten. Ziel ist es, die Toleranz für → Stress zu erhöhen (→ Frustrationstoleranz). Die → Selbsteffizienz wird durch die DBT gesteigert; Linehan spricht vom Training der interpersonellen Wirksamkeit. Selbst schwierigste Patienten können u.U. durch eine DBT in die Lage versetzt werden, Kontrolle über ihr Leben zu gewinnen (→ Selbstkontrolle, → Selbstmanagement).

DD: Abk. für → Designerdrogen.

DDD: Abk. für »Definded Daily Dose«, eine Maßzahl, die angibt, in welchem Ausmaß die Bevölkerung im statistischen Mittel bestimmten Stoffen ausgesetzt ist.

DEA: Abk. für »Drug Enforcement Administration«, die Behörde, die vor allem in den USA, aber auch in anderen Ländern, → Drogen bekämpft.

Ziel der DEA ist es, internationale Drogenhändlerorganisationen aufzudecken und zu zerstören.

dealen: Szeneausdruck für »mit Drogen handeln«. Manchmal wird der Ausdruck auch für andere illegale Geschäfte, z.B. »der dealt mit geklauten Radios« verwandt.

Dealer: Szeneausdruck für Drogenhändler.

Dealer mit Zulassung: Szeneausdruck für Ärzte, die verantwortungslos und über den eigentlichen Indikationsbereich hinausgehend Medikamente mit → Suchtpotenzial (vor allem → Benzodiazepine, → Codein, → Methadon und → Methylphenidat) verschreiben.

Death Wish: Szeneausdruck für eine vor allem in den USA erhältliche, besonders hochkonzentrierte Sorte → Heroin.

Deck: Szeneausdruck für eine kleine Portion → Drogen.

Deep Purple: Szeneausdruck für → LSD.

Dekonditionierung: Der (gezielte) Abbau unerwünschter bzw. pathologischer Verhaltensweisen und Überzeugungen wird als Dekonditionierung bezeichnet. Dies kann z.B. durch → Psychotherapie im Rahmen einer → Entwöhnungsbehandlung erfolgen, wo ein ganz maßgebliches Ziel der Behandlung ist, die Verhaltensweise »Einnahme von Suchtmitteln« zu dekonditionieren.

Delir: Auch Delirium tremens oder Delirium genannt. Ausdruck für einen psychoseähnlichen Zustand, der vor allem im → Entzug bei Alkoholikern und Konsumenten von → Benzodiazepinen vorkommt. Auch bei organischen Erkrankungen und als Nebenwirkung von manchen Medikamenten kann ein Delirium auftreten. Ein Delirium ist gekennzeichnet durch → Halluzinationen. Diese zeigen sich vor allem als optische Halluzinationen, die Patienten sehen Tiere, z.B. weiße Mäuse. Im Unterschied zu → Psychosen, zu wahnhaften Störungen (→ Eifersuchtswahn) und zur → Alkoholhalluzinose ist das Bewusstsein getrübt und es bestehen Störungen der Herz-Kreislauf-Regulation und des vegetativen Systems. Rund die Hälfte der Delirien beginnt mit einem Krampfanfall. Unbehandelt kann ein Delir zum Tod führen.

Dealen

Delirium: → Delir.

Delirium tremens: → Delir.

Delta-Alkoholiker: → Jellinek-Typen.

Delta-9-Tetrahydrocannabinol ist einer der Wirkstoffe von → Cannabis. Abgekürzt wird es mit → THC. Es findet sich in Hanfprodukten wie → Haschisch und → Marihuana, aber auch in Medikamenten wie dem → Dronabinol.

Demenz: Medizinischer Fachausdruck für eine erworbene, d.h. im Laufe des Lebens sich entwickelnde und nicht etwa angeborene Hirnleistungsschwäche (→ Abbau). Die chronische Einnahme von → Drogen oder → Alkohol kann zu Demenz führen.

Demetrin: Handelsname eines lang wirksamen → Benzodiazepins, das zur Behandlung von → Angst, Spannungs- und Erregungszuständen sowie bei → Schlafstörungen eingesetzt wird. Inhaltsstoff ist → Prazepam. Die Entwicklung einer psychischen und physischen → Abhängigkeit kann rasch erfolgen. In der Drogenszene wird das Medikament als → Heroinersatz gehandelt.

Denkfehler, auch »irrational beliefs« genannt, sind nach Beck (1970) die wichtigsten Ursachen für die Entstehung von → Depressionen (→ Kognitive Therapie nach Beck). Auch bei Drogenkonsumenten sind sie eine häufige Ursache für schädliche Suchtmitteleinnahme. Sechs systematische Denkfehler werden von Beck beschrieben:

- willkürliche Schlussfolgerungen (z.B. »Warum werde gerade ich beim Schwarzfahren erwischt; ich glaube, die haben es auf mich abgesehen.«),
- selektive Verallgemeinerungen (»Wenn meine Freundin mich kritisiert, liebt sie mich wohl nicht mehr.«),
- Übergeneralisierung (»Wenn ich nach meiner dritten Bewerbung immer noch keine Stelle habe, bin ich ein Versager.«),
- Maximierung und Minimierung (»Wenn ich warten muss, wird mein Suchtdruck unerträglich groß.«),
- Personalisierung (»Mein Chef kritisiert mich in letzter Zeit häufig. Ich bin sicher, er kann mich nicht leiden.«),
- Verabsolutiertes, dichotomes Denken (»Wenn du mich wirklich liebst, musst du alles für mich tun. Wenn du mich aber heute, obwohl ich breit bin, nicht in deine Wohnung lässt, musst du mich wohl hassen.«).

Weitere häufige Denkfehler, die allesamt einer der oben aufgeführten Kategorien zugeführt werden können, sind:

- »Einmal ist keinmal.« (Dieser Denkfehler ist Teil der Verharmlosungsstrategie [→ Verharmlosung], die fast alle Süchtigen praktizieren. Auch

Rückfälle bei Patienten, die nach einer Therapie längere Zeit drogenfrei gelebt haben, gehen nicht selten von diesem Denkfehler aus).

- »Ich bin der Größte.«: Denkfehler, der bei vielen Süchtigen im Kopf herumgeistert. Mit dieser Vorstellung versuchen sich die Betreffenden vor den Ängsten und Unsicherheiten zu schützen, mit denen sie sich ansonsten herumplagen müssen. Die sich selbst suggerierte Überzeugung eigener Größe verschafft ein trügerisches Gefühl der Sicherheit. Erlaubnisgebende → Gedanken zum Drogenkonsum sind da nicht fern: Wer der Größte ist, dem kann schon nichts passieren, der kann auch mit → Drogen umgehen.
- »Ich bin doch kein Junkie.«: Denkfehler, der bei vielen Süchtigen aus der Partyszene im Kopf herumgeistert. Nur weil die von ihnen genommenen Drogen keine körperliche → Abhängigkeit erzeugen, glauben sie, etwas Besseres als Opiatabhängige zu sein und kein Suchtproblem zu haben. Unterstützt wird dieser Denkfehler von zahlreichen szenenahen Publikationen, die diese Fehleinschätzung teilen.
- »Ich kann mit Drogen umgehen.«: Denkfehler fast aller Süchtiger. Ein kontrollierter Konsum mit Drogen ist für jeden Menschen überaus schwierig, der einmal abhängig war.

Wer aus dem Erlebten die falschen Schlussfolgerungen zieht und zu falschen Überzeugungen gelangt (also Denkfehler begeht), ist nicht in der Lage, sein Leben zufrieden stellend zu gestalten. Bei genauerer Prüfung der Gedanken und Überzeugungen – die bei vielen Süchtigen ohne Therapie aber oft nicht stattfindet – sind alle oben aufgeführten Überzeugungen als Denkfehler erkennbar. In der Therapie werden Denkfehler systematisch aufgespürt und korrigiert. Der Patient ist danach besser als zuvor in der Lage, in kritischen Situationen angemessen zu reagieren (→ angemessenes Verhalten).

dependente Persönlichkeitsstörung: Hinter vielen → Abhängigkeitserkrankungen steckt eine → Persönlichkeitsstörung (→ Komorbidität). Eine vor allem bei süchtigen Frauen nicht selten zu beobachtende Persönlichkeitsstörung ist die dependente Persönlichkeitsstörung. Menschen mit diesem Krankheitsbild leiden unter großer innerer Unsicherheit und neigen dazu, wichtige Entscheidungen anderen zu überlassen. Dies führt zu Störungen im Miteinander (→ Beziehungsunfähigkeit).

Menschen mit einer dependenten Persönlichkeitsstörung leben oft mit einem dominanten Partner zusammen, der ihnen alle Entscheidungen abnimmt. Im Drogenmilieu ist das nicht selten ein Zuhälter. Obwohl solche Beziehungen über Jahre hinweg stabil verlaufen können, sind beide

Partner nicht glücklich. Vor allem der Partner, der sich unterordnet, leidet. Regelmäßiger Suchtmittelgebrauch kann ein Versuch sein, das Befinden zu verbessern. Sinnvoller ist es natürlich, wenn Menschen mit einer dependenten Persönlichkeitsstörung schrittweise selbstsicheres Verhalten (→ angemessenes Verhalten) lernen, damit sie eigene Entscheidungen treffen können. Mögliche Hilfe dabei kann die → Psychotherapie sein (z.B. → ATP). Gerade bei Menschen mit diesem Krankheitsbild darf die Gefahr nicht außer Acht gelassen werden, dass im Rahmen der Psychotherapie wesentliche Entscheidungen an den »allmächtigen« Therapeuten abgegeben werden. Nimmt der Therapeut diese Rolle an, hätte die Psychotherapie nur eine Verfestigung der Krankheit zur Folge (→ Kanfers Gesetz Nr. 3).

Dependenz: Weitere Bezeichnung für → Abhängigkeit oder Sucht.

Depersonalisation: Auch Depersonalisationserleben genannt. Zustand, in dem die eigene Person als unwirklich und fremd erlebt wird. Depersonalisation kommt bei Angstzuständen und → Psychosen vor. Die Einnahme von → Drogen, insbesondere von → Stimulanzien (wie → Kokain, → MDMA oder → Amphetaminen) und → Halluzinogenen (z.B. → Cannabis, was häufig unterschätzt wird), kann zu Depersonalisationserleben führen. Auch im → Entzug, insbesondere im → Benzodiazepinentzug, kann es auftreten.

Depravation: Medizinische Bezeichnung für zunehmende soziale Verwahrlosung mit Enthemmung des Betroffenen. Depravation kommt bei Drogensüchtigen im Endstadium oft vor.

Depression: Unter Depression versteht man eine Gruppe von Krankheitsbildern, die durch eine gedrückte Stimmungslage, Interessenlosigkeit, negative Gedanken, Antriebsminderung und → Schlafstörungen gekennzeichnet ist. Appetitsteigerung und Appetitverlust sowie verringertes sexuelles Interesse können zusätzlich auftreten. Eine Depression oder eine mildere depressive Verstimmung können Folge, aber auch Ursache (→

Dependente Persönlichkeitsstörung

Komorbidität) von Alkohol- oder Drogenkonsum sein. Depressionen treten bei Menschen, die regelmäßig Drogen konsumieren, häufig auf. Fast alle Drogen können – vor allem im Entzug – zu Depressionen führen. Die Therapie der Depression besteht in einer Behandlung mit → Psychotherapie. In mittelschweren Fällen sollte die Psychotherapie, in schwereren Fällen muss sie mit der Gabe von (ausreichend hoch dosierten) → Antidepressiva kombiniert werden. Auch bei zusätzlich zur Depression vorliegenden → Abhängigkeitserkrankungen können Antidepressiva, die kein → Abhängigkeitspotenzial haben, gegeben werden.

Derealisation: Auch Derealisationserleben genannter Zustand, in dem die Umgebung als unwirklich und fremd erlebt wird. Derealisation kommt bei → Angst und → Psychosen vor. Die Einnahme von → Drogen, insbesondere von → Stimulanzien (wie → Kokain, → MDMA oder → Amphetaminen) und → Halluzinogenen (auch → Cannabis, was häufig unterschätzt wird), kann zu Depersonalisationserleben führen. Derealisationen können zudem im → Entzug, insbesondere im → Benzodiazepinentzug, auftreten.

Dermatozoenwahn: Unter einem Dermatozoenwahn versteht man die krankhafte Überzeugung (→ Wahn), dass Tiere auf oder unter der Haut seien. Ein Dermatozoenwahn kommt im Rahmen von → Psychosen vor, z.B. nach dem Konsum von → Stimulanzien, → Cannabis oder anderen → Halluzinogenen. Seltener tritt sie auch bei → Alkoholikern auf.

Desensibilisierung, systematische: Sich stützend auf Experimente von Pawlow (1927), Jones (1924) und Watson (1913), entwickelte Wolpe in den 50er Jahren dieses Verfahren zur Behandlung von → Ängsten. Es hat sich seitdem als erfolgreiche Methode weltweit etabliert und findet auch bei Süchtigen, die fast alle unter einer Vielzahl von sozialen Ängsten leiden, zumindest in modifizierter Form Anwendung.

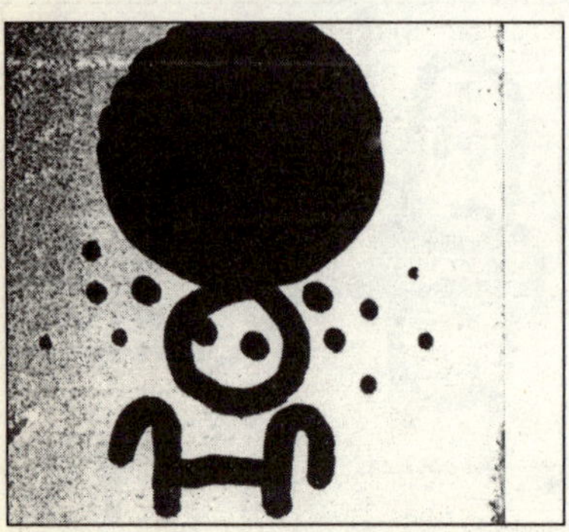

Depression

Wolpe ging bei der Entwicklung dieses Therapieverfahrens von experimentell ausgelösten Ängsten bei Katzen aus. Die ängstlichen Katzen führte er in hierarchisch gestuften Schritten nach und nach an die angstbesetzte Situation heran. Durch Verbindung der angstauslösenden Situation mit einem angenehmen → Reiz (hier Futter) wurden die Ängste abgebaut. Beim Menschen werden die angstbesetzten Situationen gedanklich Schritt für Schritt durchgeführt. Der angstreduzierende, angenehme Reiz ist bei der systematischen Desensibilisierung ein Entspannungsverfahren, z.B. die Jacobsen-Relaxation (1938). In folgender Reihenfolge wird die systematische Desensibilisierung durchgeführt:

- Entspannungstraining (um den Patienten möglichst entspannt und damit angstfrei zu machen),
- Erstellung einer Angsthierarchie (Was macht am meisten Angst, was weniger?),
- Darbietung des Angstreizes unter Entspannung (entweder in der Vorstellung oder aber real).

Designerdroge: → Droge, die speziell entwickelt, neudeutsch designed, wird, um das → Betäubungsmittelgesetz zu umgehen. Designerdrogen haben ein vergleichbares Wirkungsspektrum wie illegale Drogen und boten früher dem Hersteller den Vorteil, nicht illegal zu sein (Der Vorteil besteht nicht mehr; inzwischen muss ein → BtM nicht in den → Anlagen des → BtMG stehen, um verboten zu sein). Das bereits 1913 synthetisierte → MDMA (auch → Ecstasy genannt) ist somit nie eine Designerdroge gewesen. Fälschlicherweise werden mittlerweile oft alle synthetisch hergestellten Drogen als Designerdrogen bezeichnet.

Destillation: Vorgang, bei dem aus niedrigprozentigen Alkoholika, die durch Gärung entstanden sind, hochprozentige gemacht werden. Man nutzt dabei, dass → Alkohol bei niedrigeren Temperaturen siedet als Wasser. Wird eine alkoholhaltige Flüssigkeit, z.B. vergorene Reste, die bei der Weinherstellung entstehen, auf unter 100 Grad Celsius erhitzt, verdampft der Alkohol, nicht aber das Wasser. Der verdampfte Alkohol kann dann über spezielle Apparaturen aufgefangen und abgeschieden werden. In dem hier erwähnten Beispiel ist das Produkt Trester. Die Technik der Destillation ist seit dem Mittelalter bekannt.

Deteriorationseffekt: Bezeichnung für eine Verschlechterung von Patienten in und durch die Therapie, die bei Suchtkranken z.B. dann auftreten können, wenn nach einer → Entzugsbehandlung eine Reizabschirmung (z.B. durch → Opiate) nicht mehr gegeben ist und in der Therapie belastende Ereignisse zum Thema werden. Auch Ausgrenzungsphänomene in → Gruppentherapien können zu Deteriorationseffekten führen. Eine der wichtigsten Funktionen des Gruppentherapeuten ist es deshalb, Ausgrenzungen zu vermeiden.

Develin retard: Handelsname eines Schmerzmittels, dessen Inhaltsstoff Dextropropoxyphen ist. Zu Risiken und Nebenwirkungen: → Opiate.

Devil's root: Weitere Bezeichnung für → Peyote.

Dextromethorphan: Dextromethorphan ist ein hochgradig süchtig machender Stoff, der in einigen frei verkäuflichen Hustenpräparaten enthalten ist. Die vom Hersteller empfohlende maximale Tagesdosis beträgt für Erwachsene 130 mg. Zur Berauschung wird ein Vielfaches dieser Menge eingenommen.

DET: Abk. für Di-Ethyl-Tryptamin, ein synthetisches → Halluzinogen, das einen Rausch von etwa drei Stunden Dauer erzeugt. Das DET-Wirkungsspektrum ist ähnlich dem von → Psilocybin, nur stärker. Es kann starke → Depressionen und → Psychosen hervorrufen; auch Gewaltausbrüche sind beschrieben.

Deutscher Guttempler-Orden: Name einer Reihe von in größeren Städten vertretenen, selbst organisierten Selbsthilfegruppen für Alkoholiker.

DHC: DHC ist die Abk. für Dihydrocodein. Es handelt sich dabei um ein → Opiat, das gegen starke Schmerzen eingesetzt wird. Inhaltsstoff ist Dihydrocodeinhydrogentartrat. Die Entwicklung einer Abhängigkeit ist möglich (→ Codein).

DHS: Die Abk. DHS stand früher für »Deutsche Hauptstelle gegen die Suchtgefahren«. Anfang des 21. Jahrhunderts fand eine Namensänderung

Destillationskessel, hier zum Herstellen von Whisky in Schottland

in »Deutsche Hauptstelle für Suchtfragen« statt. In der DHS, die ihren Sitz in Hamm hat, sind fast alle Verbände der Suchtkrankenhilfe und Institutionen der Suchtprävention vertreten. Die DHS gibt u.a. das »Jahrbuch Sucht« und Informationsschriften für Ärzte zum Thema »Abhängigkeitserkrankungen« heraus. Wer sich über das Internet informieren möchte, kann kostenlos den DHS-Newsletter abonnieren unter www.optipage.de/newsletter/.

Diacetylmorphin: Chemische Bezeichnung für → Heroin.

Diagnosen: → ICD, → DSM.

Diamorphin: Chemische Bezeichnung für → Heroin.

diazep: Handelsname eines lang wirksamen → Benzodiazepins, das zur Behandlung von → Angst, Spannungs- und Erregungszuständen, bei → Schlafstörungen sowie vor und nach operativen Eingriffen eingesetzt wird. Inhaltsstoff ist → Diazepam. Die Entwicklung einer psychischen und physischen → Abhängigkeit kann rasch erfolgen. In der Drogenszene wird das Medikament als → Downer gehandelt.

Diazepam: Name eines lang wirksamen → Benzodiazepins, das zur Behandlung von→ Angst, Spannungs- und Erregungszuständen (→ Beruhigungsmittel) sowie bei → Schlafstörungen eingesetzt wird. Es ist unter folgenden Handelsnamen im Umlauf: diazep, Diazepam Desitin, Diazepam Lipuro, Diazepam ratiopharm, Diazepam stada, Faustan, Lamra, Stesolid, Tranquase, Valium, Valiquid und Valocordin. Die Entwicklung einer psychischen und physischen → Abhängigkeit kann rasch erfolgen. In der Drogenszene wird das Medikament als Heroinersatz gehandelt.

Diazepam Desitin rectal tube: Handelsname eines → Benzodiazepins, das gegen Epilepsien und bei → Angst- und Erregungszuständen eingesetzt wird. Missbräuchlich wird es auch als → Droge eingesetzt.

Dicton: Handelsname von Hustenkapseln, die → Codein enthalten.

Dihydrocodein: Abk. DHC. Halbsynthetischer → Morphin-Abkömmling, dessen schmerzstillende Wirkung etwa doppelt so stark ist wie die von → Codein. DHC ist eigentlich ein Mittel gegen Husten, wird in der Drogenszene aber auch als Heroinersatz missbraucht. Dihydrocodein führt zu sehr unangenehmen → Entzugserscheinungen und hat ein hohes → Abhängigkeitspotenzial.

Dikaliumclorazepat: Lang wirksames → Benzodiazepin, das in Deutschland unter dem Handelsnamen Tranxiulium verkauft wird. Dieses Medikament ist wegen seines hohen → Abhängigkeitspotenzials zu länger andauernder Anwendung nicht geeignet. In der Szene wird es als Ersatz für → Opiate gehandelt.

Dilaudid: Handelsname eines → Opiates, dessen schmerzstillende Wirkung doppelt so stark wie die von → Morphin ist. Inhaltsstoff ist → Hydromorphon-HCL. Es hat ein hohes körperliches und psychisches → Abhängigkeitspotenzial.

Dilaudid-Atropin: Name eines opiathaltigen Medikamentes, das gegen starke Schmerzen eingesetzt wird. Inhaltsstoffe sind Hydromorphon-HCL und Atropinsulfat. Das Medikament gibt es in den Formen stark und schwach sowie als Zäpfchen. Die Entwicklung einer → Abhängigkeit ist möglich.

Dill (Anethum graveolensis) ist der Name eines Gewürzes, aus dem sich halbsynthetisch → Ecstasy herstellen lässt. Getrockneter Dill wird von manchen Drogenkonsumenten geraucht, weil er einen Rausch mit leichter Stimmungsanhebung und gesteigertem Antrieb auslösen soll. Wirkstoffe sind wahrscheinlich ätherische Öle wie z.B. → Myristicin.

Dillies: Szeneausdruck für opiathaltige Medikamente.

Dime Bag: Szeneausdruck für eine Drogenportion.

Dinky Daus: Szeneausdruck für → Marihuana-Zigaretten. Auch Dinky Dows genannt.

Dimethoxyethylamphetamin: → DMA, → DOET.

Dimethoxybromamphetamin: → DOB.

Dimethoxylmethylamphetamin: → DOM.

Dimethyltryptamin: → DMT.

Dipidolor: Handelsname eincs → Opiates, dessen schmerzstillende Wirkung sehr stark ist. Inhaltsstoff ist Piritramid-hydogentartrat und Piritramid-bis-hydrogentartrat. Dipidolor hat ein hohes körperliches und psychisches → Abhängigkeitspotenzial.

Diskiamos: Weitere Bezeichnung für das → Bilsenkraut.

Diskrimination: Fachausdruck für die Fähigkeit zur Unterscheidung verschiedener → Reize. Diskrimination ist das Gegenteil von Generalisation. Nur wer in der Lage ist, unterschiedliche Reize, z.B. unterschiedliche Streitsituationen, zu unterscheiden, kann angemessen und individuell unterschiedlich darauf reagieren. Viele Süchtige sind zu einer ausreichenden Diskrimination nicht in der Lage. Sie können z.B. kaum zwischen gut gemeintem Rat, angemessener Kritik und persönlichem Angriff unterscheiden und reagieren nicht selten auf alle drei mit unangemessener → Aggressivität. Ziel der Therapie ist u.a., die Diskriminationsfähigkeit zu verbessern.

Disodon: → Hydrocodon.

Dissonanz, kognitive: Eine kognitive Dissonanz entsteht, wenn zwei Gedanken miteinander unvereinbar sind. Wenn ein Süchtiger z.B. alles so-

fort und ohne Aufwand haben will, andererseits aber ein anerkanntes Mitglied der Gesellschaft sein will, stellt dies eine kognitive Dissonanz dar, weil das erste Ziel in aller Regel nur über kriminelles Verhalten erreichbar ist, das zweite aber nur ohne.
Festinger (1957) geht davon aus, dass jeder Mensch nach Dissonanzreduktion strebt. Süchtige entscheiden sich deshalb oft in dem oben genannten Beispiel für Anpassung an eine Subkultur, die Kriminalität billigt, und reduzieren damit die kognitive Dissonanz. Außerdem mildern → Drogen die Spannungszustände, die bei kognitiven Dissonanzen auftreten.
In der Therapie werden oft gezielt kognitive Dissonanzen aufgebaut, um Verhaltensänderungen zu erleichtern (→ paradoxe Intervention). Man führt dem Patienten zum Beispiel vor Augen, dass er als Mensch in der Gesellschaft nur etwas gilt, wenn er Gesetze respektiert und sein kriminelles Verhalten aufgibt. Durch jeden Schritt in Richtung Normalität, der vom Therapeuten gelobt und belohnt wird, entsteht eine kognitive Dissonanz, weil der Patient sich gleichzeitig natürlich von seinem gewohnten Umfeld, auf das er eingespielt ist, entfernt. Kontinuierlich muss der Patient in diesem Prozess begleitet werden. Es hilft auch, ihm immer wieder zu erklären, warum er sich trotz stetiger Verbesserung seines Verhaltens oft unwohl fühlt – u.a. wegen heftiger kognitiver Dissonanzen. Die alten Überzeugungen sind eben nicht so einfach über Bord zu werfen; die Phase der kognitiven Neuordnung ist ein unter Umständen Jahre dauernder Prozess.

Distra: Szeneausdruck für → Distraneurin.

Distraneurin: Handelsname eines Medikamentes, dessen Wirkstoff → Clomethiazol ist. Distraneurin hat ein hohes körperliches und psychisches → Abhängigkeitspotenzial.

Disulfiram: Inhaltsstoff von → Antabus.

D-Man: Szeneausdruck für einen → LSD-Abhängigen.

DMAE: Abk. für Di-Methyl-Amino-Ethanol, ein Medikament, das bei Antriebsarmut und Hirnleistungsstörungen eingesetzt wird. In der Drogenszene findet es auch missbräuchliche Verwendung als Stimulantium (→ Stimulanzien).

DMMPEA: → Droge aus der Gruppe der Phenethylamine, die halluzinogene Wirkung hat (→ Halluzinogene).

DMP: **1.** Abk. für Dimethyltryptamin, ein synthetisches → Halluzinogen, das wenige Minuten nach Einnahme einen knapp eine Stunde andauernden Rausch auslöst. **2.** Abk. für Disease-Management-Programm. DMPs sollen die Behandlung der Patienten verbessern. Es gibt sie für verschiedene Krankheiten, bislang aber nicht für → Abhängigkeitserkrankungen.

DMT: Abk. für Dimethyltryptamin, eine in → Anlage I des → BtMG stehende Substanz mit halluzinogener Wirkung.

DOB: Abk. für 4-Bromo-2,5-Dimethoxyamphetamin, eine in → Anlage I des → BtMG stehende Substanz, die zwar auf dem Grundgerüst des → Amphetamins beruht, aber vorwiegend halluzinogene Wirkung hat. Es wirkt etwa 100-fach so stark wie → Meskalin und kann zu lebensbedrohlichen Zuständen führen (→ Halluzinogene).

DOET: Abk. für eine in → Anlage I des → BtMG stehende Substanz, die zwar auf dem Grundgerüst des → Amphetamins beruht, aber vorwiegend halluzinogene Wirkung hat. DOET wirkt etwa 100-fach so stark wie → Meskalin und kann zu lebensbedrohlichen Zuständen führen (→ Halluzinogene).

Dolantin: Handelsname eines → Opiates, das in der Drogenszene als Heroinersatz missbraucht wird. Inhaltsstoff ist → Pethidin-HCL. Es hat ein hohes körperliches und psychisches → Abhängigkeitspotenzial.

Dollies: Szeneausdruck für → Drogen in Tablettenform.

Dollkraut: Weitere Bezeichnung für die → Tollkirsche.

Dollwurz: Weitere Bezeichnung für → Alraune.

DOM: Abk. für 2,5-Dimethoxy-4-Methylamphetamin, eine in → Anlage I des → BtMG stehende Substanz, die chemisch auf dem Grundgerüst des → Amphetamins beruht, aber vorwiegend halluzinogene Wirkung hat. In der Szene wird DOM auch als Super-LSD bezeichnet. Es wirkt etwa 100-fach so stark wie → Meskalin und kann zu lebensbedrohlichen Zuständen führen (→ Halluzinogene).

Doña Juanita: Weitere Bezeichnung für → Cannabis.

Dopamin ist ein Botenstoff, dem eine wichtige Rolle bei der Entstehung von → Abhängigkeitserkrankungen zugeschrieben wird. Es wird vermutlich nur von wenigen zehntausend der ca. 100 Milliarden Nervenzellen produziert, u.a. im Nucleus accumbens. Dopamin scheint die Aufmerksamkeit zu erhöhen und den Körper bereit zu machen für Situationen, in enen Belohnungen (→ C+) zu erwarten sind.

Dopamin spielt u.a. bei Prozessen → klassischer Konditionierung eine Rolle. Der Neurophysiologe Wolfram Schultz aus Fribourg entdeckte z.B., dass die Gehirne von Affen, die zunächst nur beim Anblick von Bananen vermehrt Dopamin ausschütteten, später auch auf Lichtreize mit Dopamin-Ausschüttung reagierten, sofern die Lichtreize zuvor gleichzeitig mit den Bananen präsentiert worden waren.

Entscheidend ist, welche Menge an Dopamin an der Kontaktstelle zwischen zwei Nervenzellen, dem so genannten synaptischen Spalt, verfügbar ist. Einige Wissenschaftler vermuten, dass Abhängigkeitskranke genetisch bedingte niedrige Dopamin-Spiegel haben und dass die Drogeneinnahme ein Versuch ist, dem entgegenzuwirken (→ Selbstheilungsversuch). → Drogen erhöhen die Menge an freiem Dopamin zwischen den Nervenzellen (→ GABA). → Kokain und → Amphetamine erreichen das dadurch, dass sie die Pumpe, die das Dopamin aus dem synaptischen Spalt in die Nervenzelle zurückpumpt, blockieren. So bleibt das Dopamin länger wirksam. Das Belohnungssystem ist dadurch unnatürlich lange und hoch stimuliert – typisch nach dem Konsum beider Drogen ist ein Hochgefühl.

Allerdings reagiert der Körper bei länger andauernder Vergiftung mit Kokain und Amphetaminen mit einer Reduktion der Dopamin-Rezeptoren. Damit wird versucht, das Belohnungssystem in normale Bahnen zurückzuführen. Das Hochgefühl bleibt aus – eine → Toleranz bildet sich aus. Da auch nach einer → Entzugsbehandlung die Dopamin-Rezeptoren über Monate hinweg reduziert sein können, sind die Betroffenen kaum oder gar nicht in der Lage, sich an den alltäglichen Dingen des Lebens zu freuen. Nur die Droge ist – in Grenzen – dazu in der Lage, positive Gefühle hervorzurufen.

Es ist klar, dass es in dieser Phase zum einen wichtig ist, den Patienten über diese Zusammenhänge aufzuklären. Ansonsten muss er fast zwangsläufig denken: »Ohne Droge bin ich nur ein halber Mensch.« Gleichzeitig benötigt er über längere Zeit einen strukturierten Rahmen, der ihn daran hindert, rückfällig zu werden (z.B. durch das Wohnen in einer → Therapeutischen Gemeinschaft oder durch eine stationäre → Entwöhnungsbehandlung).

Nach einigen Monaten normalisiert sich üblicherweise die Rezeptorendichte langsam wieder. Die im Rahmen klassischer Konditionierung entstandenen Reiz-Reaktions-Verbindungen aber bleiben – u.U. lebenslang – erhalten (→ Suchtgedächtnis). Ähnlich wie bei den o.a. Affen, die bereits beim Anschalten eines Lichtes Dopamin ausschütten, spüren Abhängige lebenslang in bestimmten Situationen (→ Stimuluskontrolle) ein Verlangen nach Drogen.

Insofern stimmt der Satz, den viele → Selbsthilfegruppen für sich aufstellen: »Einmal süchtig – immer süchtig«. Wichtiger Bestandteil jeder Suchttherapie ist deshalb, den Patienten zu befähigen, die für ihn gefährlichen Situationen (hier Reiz oder → Stimulus genannt) zu erkennen und zu vermeiden oder – mit viel Mühe – anders als bisher zu meistern (→ Abstinenz, → kontrollierter Konsum).

Dope: Szeneausdruck für jede Art von → Droge, wahrscheinlich abgeleitet von → Doping.

Doping: Doping ist die Bezeichnung für eine Leistungssteigerung, die durch Einnahme von chemischen Stoffen erreicht wird. Seit 1952 ist in Deutschland Doping verboten. Ungenügende Kontrollen des Verbotes sorgen aber dafür, dass Doping unverändert weit verbreitet ist. Obwohl die erheblichen Risiken des Dopings für die Gesundheit bekannt sind, dopen sich viele Leistungssportler (auch das ist ein Beispiel dafür, dass Aufklärung allein zur Eingrenzung von illegalen Substanzen nicht ausreicht).

Es ist ein offenes Geheimnis, dass in vielen Sportarten nur derjenige an die Spitze kommen kann, der seine Leistungsfähigkeit mit Doping erhöht. Regelmäßig geraten vor allem Bodybuilding, Radsport, Schwimmen, Gewichtheben und Leichtathletik deswegen in die Schlagzeilen. Antriebssteigernde → Drogen, wie → Amphetamine, → Kokain und ähnliche, wurden früher oft missbraucht. → Stimulanzien wie Pervertin wurden z.B. über Jahre beim Sechstagerennen in Berlin eingesetzt. Weil die Anwendung illegal und der Nachweis einfach ist, sind heute oft kompliziertere Verbindungen und Hormone im Einsatz. Sportler, die sich dopen, riskieren erhebliche gesundheitliche Schäden, die sich oft erst nach Abschluss der Sportlerkarriere zeigen. Todesfälle durch Doping, z.B. durch plötzlichen Herztod, sorgen periodisch immer wieder für großen öffentlichen Wirbel.

→ Cannabis stand bislang nicht in dem Ruf, zu ungewöhnlichen Leistungen zu animieren. Im Gegenteil, → Kiffer gelten als lustlos und abtriebsschwach. Bei der letzten Tour de France aber geriet die Hippie-Droge unvermittelt in ein neues Licht. In den Haaren eines niederländischen Fahrers fand sich Cannabis. Nachforschungen ergaben, dass in den Proben einer Reihe von Leistungsportlern unterschiedlicher Disziplinen Cannabis gefunden wurde. Man hielt dies zunächst für einen Zufallsbefund. Die Zahl der Kiffer ist groß und warum sollten Leistungssportler generell von diesem Laster verschont bleiben? Inzwischen weiß man, dass ein Teil der Drogenwirkung vermutlich sehr wohl gezielt eingesetzt wird. Die durch Cannabis erzeugte positive Grundstimmung in Verbindung mit dem enthemmenden Effekt kann zu einer gewünschten Erhöhung der Risikobereitschaft führen. Bei Sportarten wie dem Abfahrtslauf oder dem Snowboarden kann dies entscheidende Hundertstel bringen. Noch aber ist man sich nicht einig, was überhaupt ein positiver Befund ist: → THC, der Wirkstoff von Cannabis, lässt sich noch wochenlang nach dem letzten Konsum im Körper nachweisen.

Doppelbindung: Psychologischer Fachausdruck, der eine Konstellation beschreibt, die Menschen, nicht nur Süchtige, krank machen kann. Der Patient steht bei Vorliegen einer Doppelbindung zwischen dem Druck unterschiedlicher Erwartungen, die er nicht gleichzeitig erfüllen kann. Z.B. erwartet die Mutter des Patienten von ihm, dass er »endlich selbstständig wird«, droht andererseits aber: »Lass mich nicht allein!« Beim Patienten entwickelt sich die Überzeugung: »Was immer ich mache, es ist falsch.«

Dormalon: Handelsname eines → Benzodiazepins, das gegen → Schlafstörungen eingesetzt wird. Missbräuchlich wird es auch als → Droge eingesetzt. Inhaltsstoff ist Nitrazepam.

Dormicum: Handelsname eines kurz wirksamen → Benzodiazepins, das beim Status epilepticus, in der Anästhesie und bei schweren Erregungszuständen eingesetzt wird. Es ist ein sehr wirksames Medikament. Ein Leitspruch, der die Potenz dieses Mittels beschreibt, lautet: »Und ist der Arzt auch noch so dumm, so hilft ihm doch das Dormicum.« Missbräuchlich wird es auch als Droge eingesetzt. Inhaltsstoff ist → Midazolam.

Dormopuren: Handelsname eines → Benzodiazepins, das gegen Schlafstörungen eingesetzt wird. Missbräuchlich wird es auch als Droge eingesetzt. Inhaltsstoff ist → Nitrazepam.

Dornapfel: **1**. Der Dornapfel (Datura inoxia) ist ein → Nachtschattengewächs, das in den gemäßigten Breiten beider Erdhalbkugeln vorkommt. Unter dem Namen → Toloache wird er von den Eingeborenen Mexikos als Rauschmittel verwendet. **2**. Die Bezeichnung »Dornapfel« wird nicht nur für Toloache gebraucht, es ist auch eine weitere Bezeichnung für ein weiteres Nachtschattengewächs, den → Stechapfel (Datura stramonium).

Dosis: Menge einer → Droge oder auch eines Medikamentes. Die Medizin unterscheidet zwischen Einzeldosis (Abk. ED) und wirksamer Dosis (Abk. WD). Die Dosis, die sich als tödlich erwiesen hat, bezeichnet man als Letaldosis (Abk. LD). Je geringer die Spannbreite zwischen wirksamer und letaler Dosis ist, desto größer ist das Risiko einer Überdosierung (→ therapeutische Breite).

Die Wirkung jeder Droge hängt ganz wesentlich von → Dosis ab, die man zu sich nimmt. Eine Tasse → Kaffee wirkt zum Beispiel anregend-belebend, eine Kanne Kaffee aber macht unruhig, nervös und kann unter Umständen zu Herzrasen, Schweißausbrüchen und Übelkeit führen. Ein Glas Sekt löst die Stimmung, während eine Flasche Sekt bei den meisten Menschen einschläfernd wirken wird. Unterdosiert wirkt → Ecstasy gar nicht; überdosiert kann es zu Muskelkrämpfen, Übelkeit, Überhitzung und Kreislaufproblemen führen. Nur in einem mittleren Dosisbereich von ca. 1,5 Milligramm MDMA pro Kilo Körpergewicht entfaltet sich in der Regel die erwünschte Wirkung: Das entspricht etwa 80 bis 120 Milligramm. Bei jedem Menschen wirkt aber die gleiche Dosis einer Droge anders. Wer wenig wiegt, ist in der Regel schon von einer geringeren Menge des Wirkstoffs berauscht. Nicht nur das Körpergewicht spielt eine Rolle. Jeder Mensch hat eine etwas unterschiedliche Fähigkeit, Drogen über Haut und Schleimhaut aufzunehmen. Auch die Verteilung der Drogen im Körper verläuft individuell verschieden.

Dots: Szeneausdruck für → LSD.

Double Trouble: Szeneausdruck für eine Mischung aus → Amphetaminen und → Barbituraten.

down sein: Szeneausdruck für »niedergeschlagen und antriebslos sein«.

Downer: Szeneausdruck für → Drogen und Medikamente, die müde machen, den Antrieb dämpfen und angstlösend sind. Dazu gehören vor allem → Opiate, → Benzodiazepine und → Alkohol. Manchmal wird auch → Cannabis dazu gezählt.

DPT: Abk. für Di-Propyl-Trytamin, ein synthetisches → Halluzinogen, das ähnlich wie → LSD wirkt.

Drachen jagen, den: Szeneausdruck für eine besondere Anwendungsform des → Heroins, bei dem die → Droge auf einer Aluminiumfolie erhitzt und dann inhaliert wird (→ Blowen).

drag: Szeneausdruck für das Rauchen von → Cannabis.

drauf sein: **1.** Szeneausdruck für »unter Drogeneinfluss stehen«. **2.** Szeneausdruck für »drogenabhängig sein«.

Drecksack: Bezeichnung für ein Mischgetränk, bestehend aus Cola und → Bier.

Drei-Phasen-Modell: Laut Seligman (1970) gibt es unterschiedliche Reizklassen (→ Reiz). Nur bestimmte Reize mit einem phylogenetisch erklärbaren Gefährdungspotenzial sind dazu geeignet, phobische Reaktionen hervorzurufen (z.B. Schlangen, Hunde als Nachfahren der Wölfe, unnatürlich dichte Menschenmengen ...). Neutrale Reize, z.B. Haushaltsgegenstände, eignen sich hingegen nicht zur Angstauslösung. Die Bereitschaft des Organismus, auf bestimmte Reize mit Angst zu reagieren, bezeichnet Seligmann als Preparedness.

Eysenck (1979) entwickelte darauf und auf Mowrers → Zwei-Faktoren-Theorie aufbauend sein Drei-Phasen-Modell zur Erklärung „neuroti-

schen» Verhaltens. Entsprechend disponierte Personen, so forderte Eysenck, seien bei Vorliegen bestimmter Reize (s.o.) – zumindest teilweise genetisch bedingt – leichter konditionierbar.
Zur Entstehung von → Neurosen seien ausschließlich sog. Typ-B-Konditionierungen geeignet: Ein → UCS (= unkonditionierter Stimulus) hat unabhängig von der Bedürfnisstärke/Triebstärke der Person immer die vollständige Verhaltenskette von UCR (= unkonditionierte Reaktion) zur Folge. Das Gleiche gilt für den → CS (= konditionierter Stimulus), wenn auch oft in abgeschwächter Form (Bei der Typ-A-Konditionierung löst der UCS nur Teile der UCR aus – je nach Triebstärke). Die → CR (= konditionierte Reaktion) auf CS ist meist aversiv und die Bewertung derselben wird ihrerseits zum CS für ein erneutes CR. Es erfolgt somit (operant) eine permanente Selbstverstärkung.
Die Ausbildung des krankhaften, neurotischen Verhaltens erfolgt danach in drei Phasen:
CS + UCS → UCR (vollständig, da Typ-B-Konditionierung).
CS → CR (anfänglich schwach, später vollständig ausgebildet wie UCR)
→ Bewertung von CR = Kognition, die »nocive response« (nach Eysenck)
→ nocive response (= klassisch konditionierter Verstärker) wird zum CS für neue Reaktion.
CS (hier: nocive response) → CR.
Eysenck spricht bei diesem Prozess der Selbstverstärkung bzw. Selbstpathologisierung von Inkubation. Das Vermeidungsverhalten im Rahmen der Inkubation ist, da die Verstärkung nach der Reaktion (durch Ausbleiben befürchteter Bestrafung) erfolgt (R-S-Lernen nach Schlosberg), der operanten Konditionierung zuzuordnen. (Anm: Eysenck selbst ordnet sein Erklärungsmodell ausschließlich dem Muster der → Klassischen Konditionierung zu). Da Personen mit »neurotischem« Verhalten wegen ihres Vermeidungsverhaltens nur kurzfristige Reizkonfrontationen erleben – mit der Folge der Inkubation – besteht die Therapie in Reizkonfrontationsverfahren. Das → Drei-Phasen-Modell kommt u.a. im Rahmen von → Entwöhnungsbehandlungen und bei ambulanter → Psychotherapie zum Einsatz.

DRG: Abk. für Diagnostic Related Groups. DRG sind die Grundlage eines Abrechnungssystems, nach dem in den USA und in Australien (hier AR-DRG genannt) Kosten der Krankenhausbehandlung abgerechnet werden. In Deutschland werden mittlerweile alle Krankenhausleistungen im Wesentlichen über DRG abgerechnet (in Deutschland auch G-DRG genannt).

Hintergrund der DRG ist die Idee, mehr Transparenz und mehr Leistungsgerechtigkeit herzustellen (»Gleiches Geld für gleiche Leistung«). Die Klinik erfasst bei jedem Patienten die für die aktuelle Behandlung relevanten Haupt- und Nebendiagnosen sowie Alter und Geschlecht des Patienten. Auf Diagnosen, die für die aktuelle Behandlung keine Bedeutung haben, sollte verzichtet werden. Findet eine fachübergreifende Behandlung durch verschiedene Fachärzte statt, müssen diese sich – fachübergreifend – auf eine Hauptdiagnose (die am wichtigsten für die Gesamtbehandlung ist) festlegen. Nach einem bestimmten Schlüssel wird dann aus den vorliegenden Daten eine Pauschale berechnet, die die Klinik überwiesen bekommt. Die DRG-Pauschale soll – so die Idee – für jede Klinik gleich sein. Arbeitet ein Krankenhaus sehr schnell und effektiv und kann den Patienten früh entlassen, so darf es den dadurch erzielten Gewinn behalten. Anders als früher macht es dann keinen Sinn mehr, Patienten unnötig lange im Krankenhaus zu behalten.
Einzige Ausnahme bezüglich der Abrechnung von stationären Behandlungen sind die Fachbereiche Psychiatrie und Psychotherapie, Psychotherapeutische Medizin und Kinder- und Jugendpsychiatrie (einschließlich der Behandlung von Abhängigkeitserkrankungen). Hier wird, angelehnt an die → PsychPV, über Tagessätze abgerechnet. Es ist noch nicht abschließend entschieden, ob zukünftig auch in den Fächern, die sich mit der Behandlung psychischer Erkrankungen beschäftigen, eine Abrechnung über DRG erfolgen soll. Seit dem 01.04.2001 sind auch alle Einrichtungen, die der PsychPV unterliegen, verpflichtet, die Dokumentation ähnlich wie in den somatischen Häusern (in Vorbereitung auf die DRG?) vorzunehmen.

Drobs oder Drobse: Szeneausdruck für → Drogenberatungsstelle.

Droge: Ursprünglich verstand man unter Droge pflanzliche oder tierische Bestandteile, die zur Gewinnung von Heilmitteln benutzt wurden. Heutzutage versteht man unter Drogen solche Stoffe, die eine Wirkung auf das zentrale Nervensystem haben und die das Erleben, die Gefühle oder die Wahrnehmung und das Denken verändern können. Manche sprechen nur bei illegalen Substanzen, die diese Definition erfüllen, von Drogen. Zunehmend aber setzt sich durch, bei jedem → psychoaktiven Stoff von Drogen zu sprechen – unabhängig von Legalität oder Illegalität. Im offiziellen Sprachgebrauch, z.B. im Rahmen von Strafverfahren bei Verstößen gegen das → BtMG, spricht man von → Betäubungsmitteln und nicht von Drogen.

Droge, halbsynthetische: → Droge, bei der ein pflanzlicher Grundstoff synthetisch verändert wurde, wie zum Beispiel bei → Heroin (aus dem Rohstoff Schlafmohn) oder → Kokain (aus den Blättern des Koka-Strauches).

Droge, harte: So werden umgangssprachlich chemische Substanzen bezeichnet, deren Wirkung schnell zu körperlicher oder psychischer → Abhängigkeit führt. Hierzu gehören z.B. → Crack, → Kokain, → Amphetamine, → Heroin oder → Methadon. Inwieweit → MDMA und ähnliche Stoffe – besser bekannt als → Ecstasy – dazugehören, ist umstritten.
Längst nicht alle Menschen, die diese so genannten harten Drogen probieren, werden abhängig. Ohne einer Verharmlosung das Wort reden zu wollen, muss gesagt werden, dass das sogar für die Mehrzahl der Konsumenten wahrscheinlich nicht der Fall ist. Das Bundesministerium für Bildung gibt an, dass nur etwa ¼ aller Heroinprobierer (25 %) abhängig wird. Es hängt sehr von der individullen Disposition (→ Set, → O-Variable) und Lebenslage (→ sozioökonomischer Status, → Peer Group) ab, ob sich eine Abhängigkeit entwickelt oder nicht. Dieser Umstand relativiert den Begriff der harten Droge. Aber: Da auch ein Risiko von etwa 25 % ein hohes ist, muss mit großem Nachdruck davon abgeraten werden, harte Drogen auch nur zu probieren. Niemand kann sich sicher sein, dass er zu den 75 % gehört, die nicht abhängig werden und gerade die Selbstüberschätzung ist eine Eigenschaft, die viele Konsumenten illegaler Drogen prägt (→ Denkfehler).

Droge, synthetische: Künstlich hergestellte → Droge, bei der kein pflanzlicher Extrakt die Ursprungssubstanz darstellt, wie z.B. bei → Amphetaminen.

Droge, weiche: Chemische Substanzen, deren Wirkung nur selten zu deutlicher körperlicher oder psychischer → Abhängig-

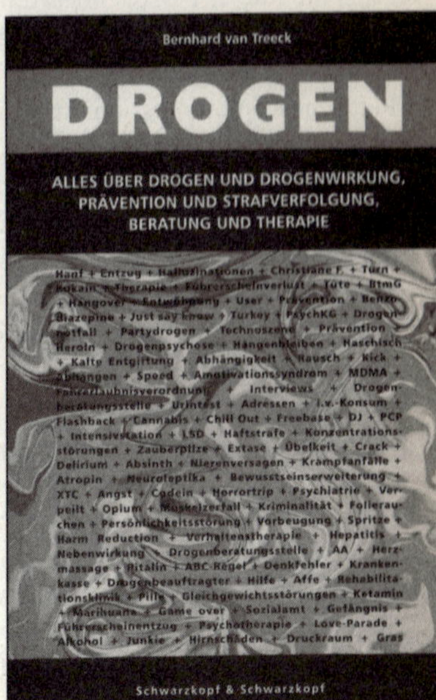

Drogen – das Buch zum Thema

keit führt. Hierunter versteht man vor allem → Cannabis. Inwieweit pflanzliche → Halluzinogene wie z.B. → Psilocybin dazu gehören, ist umstritten. Manche Autoren zählen auch → Alkohol und → Tabak dazu. Da so genannte weiche Drogen aufgrund der ihnen von Konsumentenseite oft unterstellten Ungefährlichkeit weitaus häufiger konsumiert werden als harte Drogen, sind die durch sie verursachten Probleme meist deutlich größer als bei harten Drogen. Volkswirtschaftlich sind sie weitaus schädlicher. Dieser Umstand wird von konsumfreundlichen Publikationen leider gerne übersehen.

Drogenberatung Online: Im Internet finden sich mittlerweile eine ganze Reihe von Online-Beratungsangeboten. Als Beispiel soll »Drogenberatung Online«, ein 1997 ins Leben gerufenes Projekt, das durch den Verein Jugend- und Drogenberatung Frankfurt/Main für Konsumenten von synthetischen → Drogen und → Kokain entwickelt wurde, vorgestellt werden. Die Internetberatungsstelle »Drogenberatung Online« wendet sich an Konsumenten synthetischer Drogen, bei denen oft nur wenig Problembewusstsein hinsichtlich ihres Drogenkonsums besteht. Das Internet-Angebot soll den spezifischen Anforderungen an ein Informations- und Beratungsangebot dieser Klientel entsprechen. Darüber hinaus richtet sich die Internet-Drogenberatung an alle Internetnutzer, die sich zum Thema »Drogen« aktuell und sachlich informieren wollen.

Die Nutzung des Internets schafft für die Drogenhilfe in der Beratungsarbeit neue Kommunikationsstrukturen. Folgende Idee steht dahinter (aus Rauschgiftjahresbericht 1999):

- Im Internet besteht die Chance einer vereinfachten, anonymen ersten Kontaktaufnahme. Diese Möglichkeit mindert bestehende Berührungsängste, eine Drogenberatung in Anspruch zu nehmen.
- Das Beratungsangebot wird zeitlich nicht durch festgelegte Öffnungszeiten begrenzt. Drogenberatung Online ist per E-Mail täglich rund um die Uhr erreichbar.
- Ein weiterer Vorzug des Internets liegt in der direkten interaktiven Kommunikation. Informations- und Beratungsgespräche können per Tastatur in Echtzeit geführt werden. Das Internet ist für viele Menschen ein selbstverständliches und alltägliches Medium und die Kommunikation darin stellt eine Form sozialer Unterstützung dar.

Drogenberatung Online ist somit auch als ein Konzept aufsuchender Drogenhilfe anzusehen. Konsumenten tauschen sich via Internet über ihre Drogenerfahrungen aus. Eine E-Mail-Beratung erfolgt in Kooperation mit der Fachberatung für Kokain des Drogenhilfezentrums Bleichstraße,

Frankfurt/Main sowie kooperierenden Ärzten. Dadurch kann gezielt eine Antwort durch einen Mediziner bzw. durch Mitarbeiter der Fachberatung für Kokain erteilt werden. Das Kooperationsmodell ermöglicht eine schnelle fachkompetente Beantwortung der aufgeworfenen Fragestellungen. Jugendliche und weitere Interessierte wie Eltern oder Lehrer haben die Möglichkeit, per elektronischer Post drogenspezifische Fragen zu stellen oder Probleme zu beschreiben. Die elektronische Post kann gegebenenfalls anonym an die Beratungsstelle versandt werden. Zur Beantwortung zählen die Weitergabe von Informationen zu wohnortnahen Hilfeangeboten bis hin zur persönlichen schriftlichen Beratung. Darüber hinaus werden ausführliche und aktuelle Informationen zu Konsumrisiken von synthetischen Drogen und Kokain ständig überarbeitet und veröffentlicht. Ein Verzeichnis von Internet-Adressen ambulanter und stationärer Suchthilfeeinrichtungen des Rhein-Main-Gebiets, aber auch bundesweiter und internationaler Adressen wurde eingerichtet.
Die Beratungspraxis von Drogenberatung Online zeigt, dass über das neue Kommunikationsmedium Internet Konsumenten von synthetischen Drogen, Kokain und Cannabis in einem hohen Maße erreicht werden. Dieses Informations- und Beratungsangebot findet vor allem bei Jugendlichen und jungen Erwachsenen eine große Akzeptanz. Die ständige Erreichbarkeit per E-Mail, auch am Wochenende und in den Abendstunden, ist vor allem für berufstätige Personen von großem Vorteil. So wird ein Großteil der E-Mail-Anfragen in diesen Zeiträumen außerhalb der regulären Öffnungszeiten der Beratungsstelle abgeschickt. Online-Drogenberatungsangebote sind dem BKA unter den Web-Adressen www.drogenberatung-jj.de und www.xtc.mesh.de bekannt.

Drogenberatungsstelle: Staatlich finanzierte Stelle, in der Süchtige sich beraten lassen können, wo und wie sie am besten Hilfe in Anspruch nehmen können. Drogenberatungsstellen helfen bei der Vermittlung und Beantragung von → Entgiftungsbehandlungen und → Entwöhnungsbehandlungen. Angehörige von Süchtigen können sich dort auch beraten lassen. Die vom Patienten, der dort in der Regel Klient genannt wird, übermittelten Informationen werden von den dort arbeitenden Sozialarbeitern und Sozialpädagogen vertraulich behandelt. Drogenberatungsstellen gibt es in jeder Stadt. Man findet sie im Telefonbuch oder über Stadtzeitungen, kann Adressen aber auch bei der Stadtverwaltung erfragen.

Drogenhilfe: Bezeichnung für Arbeit an den gesundheitlichen, sozialen, ökonomischen und juristischen Problemen, die durch → Drogen verursacht sind. Die Drogenhilfe setzt sich zusammen aus unterschiedlichsten

Berufsgruppen, die eng verzahnt zusammenarbeiten. Hierzu gehören Erzieher, Sozialpädagogen, Sozialarbeiter, → Psychotherapeuten, Ärzte, Juristen und → Ex-User. Das System der Drogenhilfe setzt sich zusammen aus → Drogenberatungsstellen, niedergelassenen Ärzten (die die medizinische Versorgung übernehmen und eventuell → Ersatzstoffe vergeben), niedergelassenen Psychotherapeuten (die ambulante → Psychotherapie anbieten), Sozialtherapeuten und Sozialpädagogen (die ambulante Rehabilitationen in speziellen Ambulanzen durchführen oder unterstützende Wohnformen betreuen), Juristen (zur Rechtsberatung), → Entzugsstationen, → Entwöhnungsfachkliniken und → Selbsthilfegruppen. → Prävention, Drogenhilfe und → Strafverfolgung sind die drei wesentlichen Elemente bei der Bekämpfung von Drogenproblemen.

Drogenkarriere: Zunächst in der Szene gebräuchlicher, dann auch zunehmend von den Medien aufgegriffener ironischer Ausdruck für eine Lebensführung, bei der die Drogeneinnahme zum bestimmenden Element geworden ist. Eine Drogenkarriere ist in der Regel verbunden mit juristischen Schwierigkeiten, sozialem Abstieg, psychischen Problemen und körperlichem Abbau und damit natürlich das genaue Gegenteil einer Karriere.

Drogenkonsumräume sind eine Maßnahme der tertiären → Prävention mit dem Ziel der Schadensbegrenzung (→ Harm Reduction). Weitere Bezeichnungen sind Druckraum und – euphemistisch – Gesundheitsraum. Drogenkonsumräume werden staatlich finanziert. Dort werden Konsumenten, die ihre → Drogen intravenös einnehmen, kostenfrei saubere Nadeln und Spritzen zur Verfügung gestellt.

Drogenkriminalität: Kriminalität, die in Zusammenhang mit Verstößen gegen das → Betäubungsmittelgesetz steht.

Drogenkuriere: Bezeichnung für Personen, die → Drogen transportieren (→ Drogenschmuggel).

Drogenmode: Auch der Konsum von Drogen unterliegt modischen Strömungen. Welche Droge gerade »in« ist, wird in wesentlichen Punkten von der herrschenden Mode und Musikform bestimmt. Blues beispielsweise ist eine Musikform, die ohne → Alkohol undenkbar wäre, mit → Jazz wurde → Haschisch groß. Durch die Rockmusik der 60er und 70er Jahre wurden dann → Halluzinogene wie → LSD und → Pilze salonfähig gemacht. Sie verschwanden mit der Hippie-Kultur zunächst für längere Zeit fast vollständig von der Bildfläche, um in Zusammenhang mit → Acid House Wiederauferstehung zu feiern. Dies sind nur ein paar Beispiele. Drogen kommen und gehen. Sie sind Ausdruck bestimmter Zeitströmungen. Ein besonderer Aspekt bei den so genannten → Partydrogen ist, dass auch die Drogen selbst Teil eines modischen Geschehens werden. In schier unermesslichem Erfindungsreichtum werden die Tabletten mit ständig neuen Logos versehen, in neue Formen gepresst. Dinosaurier tummeln sich da ebenso wie Symbole untergegangener sozialistischer Kulturen oder Phantasietiere. Auch die Farbe wird variiert. Es gibt gesprenkelte Tabletten, monochrome, abgerundete und flache. Zwar waren auch schon LSD-Trips in den Anfängen mit den unterschiedlichsten Motiven geschmückt, doch in Menge und Vielfältigkeit lassen sich diese Ansätze nicht mit der jetzigen Drogenmode vergleichen. Problematisch dabei ist, dass die Motive auf den Tabletten verniedlichend wirken, was durchaus beabsichtigt ist, um den Konsum in die Höhe zu treiben.

Drogennachweis im Urin kann z.B. durch so genannte → Drogenschnelltests erfolgen. Werden dort Drogen nachgewiesen, kann dies zum Entzug des Führerscheins führen oder auch Probleme bei der Musterung und bei Einstellungen nach sich ziehen. Allein der Nachweis von → Betäubungsmitteln im Urin rechtfertigt nicht die Verurteilung wegen Besitzes von Betäubungsmitteln. Der Konsum von Rauschmitteln ist ja straflos. Lediglich der Besitz, d.h. die Sachherrschaft über das Rauschgift, ist strafbar. Ein Drogennachweis im Urin ist kein Beweis dafür, dass der Konsument objektiv für einen nennenswerten Zeitraum eine Sachherrschaft über das betreffende Betäubungsmittel oder subjektiv einen diese Sachherrschaft tragenden Herrschaftswillen ausgeübt hat (BtMG 29 Abs. 1, KG, Beschl. v. 22.1.1992; StV 1992, 424).

Drogennotfall: Wenn → Drogen in einer zu hohen → Dosis eingenommen werden, kann es zu lebensbedrohlichen Zuständen, dem so genannten Drogennotfall kommen. Zu unterscheiden sind psychische und körperliche Komplikationen. Beide erfordern rasche erste Hilfe – am besten unter Einbeziehung eines Notarztes. Die → Erste-Hilfe-Maßnahmen sind allerdings keine Garantie dafür, dass jeder Drogennotfall damit folgenlos aufgefangen werden kann, zumal häufig mehrere Drogen gleichzeitig eingenommen werden, was zu unkontrollierbaren Komplikationen führen kann. Die körperliche Anfälligkeit jedes Einzelnen für Schäden ist unterschiedlich. Es passiert nicht häufig, aber manchmal bleiben schon bei einmaliger Drogeneinnahme unumkehrbare Schäden zurück. Die schlimmste Folge eines Drogennotfalles ist der Tod.

Im Umgang mit Drogennotfällen gibt es einige Grundregeln für die Helfer. Eine der wichtigsten Regeln ist: Ruhe bewahren. Der Patient, auch wenn er nicht mehr voll ansprechbar ist, spürt, ob der Helfer ruhig oder panisch ist. Fast alle Drogennotfälle sind einfacher und besser zu behandeln, wenn der Helfer ruhig bleibt. Wichtig ist auch, dass der Vergiftete keinen Moment aus den Augen gelassen wird.

Als Nächstes gilt es, ruhig und Schritt für Schritt die Situation zu analysieren und folgende Fragen zu klären: Welche Symptome liegen vor? Was kann ich akut und vor Ort dagegen tun? Kann ich die Situation alleine meistern oder brauche ich Hilfe? Welche Drogen, einschließlich der legalen Drogen, hat der Betroffene zu sich genommen? Welche Mengen davon hat er wahrscheinlich eingenommen? Sind Vorschäden wie Herzerkrankungen, Allergien, Leberschäden, Nierenschäden oder psychische Erkrankungen bekannt? Letzteres ist wichtig, um besondere Risiken abschätzen zu können, die bei vorgeschädigten Personen bestehen können. Einige der Fragen sind bei illegalen Drogen oft schwierig zu beantworten. Wer sich mit Drogen auskennt, hat aber anhand der Beschwerden zumindest einen groben Anhaltspunkt, welche Gruppe von Drogen wahrscheinlich eine Rolle spielt. Freunde wissen oft, welche Drogen der Betroffene am liebsten nimmt. Wenn der Betreffende noch Drogenreste bei sich führt, sollten diese unbedingt sichergestellt werden für evtl. notwendige spätere Analysen des Notarztes.

Wurden die Drogen geschluckt, kann es sinnvoll sein, Erbrechen auszulösen, um einen Teil der Drogen zu entfernen. Hierzu kann man entweder dem Vergifteten den Finger in den Hals stecken oder ihn reichlich Salzwasser trinken lassen.

Wenn die Situation nicht alleine zu bewältigen ist, muss der Notarzt verständigt werden. Wichtig ist, mit diesem Schritt nicht zu lange zu warten. Nicht wenige Menschen sind an Drogen verstorben, weil sie nicht rechtzeitig ärztliche Hilfe bekommen haben. Manchmal – z.B. bei der Vergiftung mit → Opiaten – hat man nur wenige Minuten. Dem Notarzt muss unbedingt mitgeteilt werden, welche Drogen eingenommen wurden. Zum einen gibt es gefährliche Wechselwirkungen von Drogen und Notfallmedikamenten, zum anderen kann der Notarzt so gezielt Hilfe leisten. Der Arzt unterliegt der Schweigepflicht, darf also die Angaben nicht an Dritte weiterleiten. Juristische Konsequenzen sind von dieser Seite nicht zu befürchten.

Drogenpsychose: Bezeichnung für eine → Psychose (→ Derealisation, → Depersonalisation, → Halluzination, → Wahn), deren Auftreten in Zusammenhang mit der Einnahme von → Drogen gesehen wird. Die Unterscheidung zwischen Drogenpsychosen und sonstigen → Psychosen ist schwierig – die Übergänge sind fließend. Nur ein kleiner Teil der Dro-

Drogenpsychose, eindrücklich geschildert in Ferris MC's Stück

genkonsumenten reagiert ja auf die Einnahme von Drogen mit einem psychotischen Bild. Man geht davon aus, dass auch bei Drogenpsychosen vorher eine Veranlagung zu psychotischem Erleben vorgelegen hat. Die Drogen haben dann letztlich den Anstoß zum Ausbruch der Psychose gegeben. Drogenpsychosen werden im Wesentlichen wie nicht stoffgebundene, endogene Psychosen behandelt. Das heißt, man gibt → Neuroleptika und hilft dem Patienten, sobald er nicht mehr akut psychotisch ist, sein Leben wieder in den Griff zu bekommen. Besonderer Wert wird in der Therapie natürlich darauf gelegt, dass der Betreffende seinen Drogenkonsum einstellt. Schon kleine Mengen → Cannabis können zu einem erneuten Auftreten der Psychose führen. Daher ist nach erfolgter Stabilisierung oft die anschließende Einleitung einer → Entwöhnungsbehandlung sinnvoll.

Drogenrückstand: Bezeichnung für → Drogen bzw. Drogenabbauprodukte, die nach einem Konsum im Körper nachgewiesen werden können. Im Haar beispielsweise finden sich noch nach Monaten (je nach Haarlänge) derartige Rückstände.

Drogenschmuggel: Illegale → Drogen werden – soweit sie nicht rein synthetisch herstellbar sind – i. d. R. importiert. Die illegale Einfuhr über die Staatsgrenze nennt man Schmuggel. Mehrere tausend Tonnen Drogen überqueren Jahr für Jahr die Grenze. Verstecke sind Hohlräume in Autos und Schiffen. Kleinere Mengen werden am oder im Körper versteckt oder im Reisegepäck eingeführt. → Cannabis aus Marokko wird auf dem Landweg und auf dem Seeweg in großen Mengen nach Deutschland gebracht. Meist fahren die Schiffe außen um Irland und Schottland herum, da die Gefahr, im Ärmelkanal von Zollbooten aufgebracht zu werden, zu groß ist. In kleineren Häfen an der Nord- und Ostseeküste haben Schmuggler den Zoll weniger zu fürchten. Unter den zahllosen Wochenendkapitänen fühlen sich die Schmuggler relativ sicher.
Nicht immer funktioniert die Deckung. 1998 wurde z.B. ein in Hamburg zugelassenes Segelschiff mit 2338 Kilogramm → Haschisch vom Zoll auf-

gebracht. 1999 gelang der spanischen Polizei der zweitgrößte Drogenfund in der europäischen Geschichte. Sie beschlagnahmte 320 kg → Heroin, 52 Kilogramm → Kokain und eine Reihe von Waffen. Gleichzeitig konnten 12 Drogenbosse festgenommen werden. Solch spektakuläre Festnahmen gelingen aber selten. Meist werden die Drogen in kleinen Mengen ins Land gebracht. Manche Transporteure schlucken in Kondomen oder Luftballons verpackte Drogen, bei weiblichen Schmugglern ist die Vagina ein beliebtes Versteck. In Einzelfällen wurden größere Mengen von Drogen sogar durch einen operativen Eingriff im Körper des Kuriers versteckt. Wenn einer der Beutel versehentlich platzt, ist der Tod des → Drogenkuriers die Folge. Geldgier und Verharmlosung des eigenen Tuns lassen viele dieses Risiko in Kauf nehmen.
Die Strafen für Drogenschmuggel können in manchen Ländern bis zur Todesstrafe gehen, was sich viele der Drogenkuriere nicht klar machen. Die Drogen kommen aus aller Welt. Der größte Teil des in Europa konsumierten Cannabis kam Ende des 20. Jahrhunderts aus Marokko. Von den europaweit 1997 sichergestellten 573 Tonnen Cannabis kamen mehr als dreiviertel aus Marokko. Kokain gelangt in die USA vor allem aus Kolumbien. Schätzungsweise 500 Tonnen der Droge wurden 2000 dort produziert; davon fanden etwa 90 % ihren Weg in die Vereinigten Staaten.

Drogenschnelltests werden in Therapieeinrichtungen, bei der Polizei und im niedrigschwelligen Bereich der Drogenhilfe angewendet. In Praxen, die Substitutionsbehandlungen durchführen, soll → Beikonsum durch Tests ausgeschlossen werden. Es gibt eine Reihe von Drogenschnelltests auf dem Markt, mit denen man chromatografisch → Drogen im Urin nachweisen kann. Auf einem Träger (meist eine Kunststoffplatte) befinden sich dabei Antikörper. Träufelt man nun eine bestimmte Menge Urin des Patienten auf den Träger und enthält dieser Drogen, so reagieren die Antikörper chemisch und treten farblich hervor. Eine Vielzahl von Herstellern bietet inzwischen Schnelltests an.
Wie lange eine Droge im Test nachgewiesen werden kann, hängt von Dauer und Dosis des Konsums, vom Stoffwechsel des Patienten, von der Qualität der Abnahme des Untersuchungsmaterials (einschl. Kontrollen zum Ausschluss von Manipulationen) und vom Test selbst ab. Grob orientierend kann man → Amphetamine, → Kokain, → Benzodiazepine und → Opiate ein bis drei Tage nachweisen, → Cannabis bei regelmäßigem Konsum länger (u.U. bis zu einigen Wochen, da es im Fettgewebe abgelagert wird). Im Zweifel ist beim Hersteller des Tests nachzufragen, wie lange mit seinem Test der Nachweis möglich ist und wie hoch die Feh-

lerquote ist. Leider gibt es eine erhebliche Anzahl von Fehlerquellen bei diesen Tests, die den praktischen Nutzen einschränken. Der Beweiswert von Schnelltestinstrumenten ist nicht zufrieden stellend; die Quote falscher Ergebnisse zu hoch. Erstmals wurde 1997 vom Verwaltungsbüro des US-Courts eine umfangreiche Studie in Auftrag gegeben. Die beauftragte Firma Duo-Research untersuchte 15 Tests unterschiedlicher Hersteller und stellte eine breite Streuung positiver, falsch positiver, negativer und falsch negativer Ergebnisse fest.

»Nicht zuverlässige Ergebnisse von Drogenschnelltests sind ein gravierendes Problem bei unserer Arbeit mit Abhängigen«, so Michael Roesler, Leiter der Fachklinik »Waldhaus Södderich« in Waake. Roesler führt in seiner Klinik → Entwöhnungsbehandlungen durch: »Immer wieder haben wir Probleme mit ungenauen Schnelltests. Den Patienten nur nach dem Ergebnis eines Schnelltestes zu entlassen, wäre fatal.« Solange es keine Standards gibt, die juristisch abgesichert sind, sollten schwerwiegende Entscheidungen in keinem Fall allein auf dem Ergebnis eines solchen Tests begründet werden.

Bislang gibt es keinen einheitlichen Standard der Hersteller bezüglich der Grenzwerte. Für → THC, den Wirkstoff von Cannabis, schwanken die Grenzwerte zwischen 10 ng/ml und 50 ng/ml. Je nach Hersteller kann der Test bei gleichem Spiegel im Urin positiv oder negativ ausfallen – mit erheblichen Konsequenzen für den Patienten.

Ein Test kann entweder eine hohe Sensitivität (möglichst alle potenziellen Konsumenten sollen erfasst werden) oder eine hohe Spezifität (es soll möglichst nur der erfasst werden, der wirklich konsumiert hat) haben. Die meisten der gebräuchlichen Drogenschnelltests sind auf hohe Sensitivität ausgelegt, d.h., es soll nach Möglichkeit kein Konsum übersehen werden. Der Nachteil ist dabei, dass falsch positive Ergebnisse relativ häufig sind. So kann bei manchen Tests passives Cannabis-Mitrauchen oder der Verzehr von Hanföl bereits ein positives Ergebnis nach sich ziehen. Der Genuss von Mohnkuchen führt bei vielen Tests zu einem positiven Opiatnachweis. Außerdem trennen viele Tests nicht sauber zwischen einzelnen Stoffen, sondern erfassen ganze Stoffgruppen. Nach Einnahme von Schnupfenmitteln, aber auch durch bestimmte Eiweißabbauprodukte, kann es zu falsch positivem Amphetamin-Nachweis kommen.

Auch falsch negative Ergebnisse von Drogenschnelltests sind möglich. Bei schnell im Körper abgebauten Drogen ist ein Nachweis schon nach kurzer Zeit unmöglich. Die noch im Urin befindlichen Metaboliten werden leider von den Tests nicht erfasst. Verließe man sich nur auf den Test, wä-

re das Ergebnis in → Entwöhnungseinrichtungen mit ungünstigen Folgen behaftet. Man kann mit einiger Wahrscheinlichkeit damit rechnen, dass ein falsch negatives Testergebnis zu weiterer Drogeneinnahme im Haus führen würde. Eine instabile Gruppensituation wäre die Folge.
Durch nicht sachgemäße Handhabung kann eine Reihe von Fehlern auftreten. Stimmt bei einigen Tests der Neigungswinkel der Platten nach Auftrag nicht, so werden die Ergebnisse ebenso verfälscht wie durch Ablesung nach einem zu langen Zeitraum. Das Auftragen einer zu großen Menge von Urin kann ebenso falsche Ergebnisse zur Folge haben wie einer zu geringen. Im Bereitschaftsdienst vieler Kliniken arbeiten Studenten oder → Ex-User auf Niedriglohnbasis. Sie sind daher nur wenige Tage des Monats im Haus. Selbst bei guter Einarbeitung kann man wegen mangelnder Übung bei diesen Mitarbeitern nicht davon ausgehen, dass sie den Drogenschnelltest richtig handhaben. Die Verwertung der Ergebnisse ist in einem solchen Setting oft unzuverlässig. In jedem Fall sollte die Urinprobe vor Testung gesplittet werden, damit mit dem Rest eine Re-Testung vorgenommen werden kann.
Die Abnahme des Urins sollte unter Aufsicht eines Mitarbeiters erfolgen. Geschieht dies nicht, sind den Manipulationsmöglichkeiten keine Grenzen gesetzt.
Viele Drogen werden im Körper rasch abgebaut. Wartet man zwischen dem Verdacht der Intoxikation und der Urinabnahme zu lange, kann ein falsch negatives Ergebnis die Folge sein. Dies gilt z.B. für eine Reihe von → Benzodiazepinen, → Heroin und die alkalisierte Form des → Kokains (→ Crack). Andere wiederum wie z.B. → Cannabis können noch Wochen nach der Einnahme ein positives Ergebnis bewirken.
Die Zahl der bekannten Drogen wächst. Findige Chemiker sind ständig auf der Suche nach neuen Suchtmitteln, die in den → Anlagen des → Betäubungsmittelgesetzes nicht aufgeführt sind und die u.U. in Tests nicht erfasst werden. Jeder der hier vorgestellten Tests prüft den Urin nur auf ein begrenztes Spektrum von Drogen. Der Rest fällt durchs Raster.
Angesichts der Vielzahl möglicher Fehlerquellen gilt es, die Ergebnisse der Drogenschnelltests kritisch zu betrachten. Durch die Erstellung von Standards und die Verwendung zunächst eines hoch sensitiven Tests und dann eines sehr spezifischen Tests ließen sich die Fehlerquellen eins, zwei und drei zwar ausschließen. Fehler durch extrem kurze oder lange Halbwertszeiten der Drogen und die Nichterfassung einer großen Zahl von Drogen, meist → Designerdrogen oder selten konsumierte Drogen, bleiben unvermeidbar. Ebenso wenig lassen sich Handhabungsfehler zur Gän-

ze ausschließen. Eine Besetzung des Bereitschaftsdienstes mit Mitarbeitern des Tagesdienstes, die sicherlich die Qualität der Durchführung von Screening-Untersuchungen verbessern würde, hätte zudem zwangsläufig höhere Pflegesätze zur Folge – bei der derzeit angespannten finanziellen Lage ein sicherlich nicht durchsetzbares Ziel. Ungelöst ist nach wie vor auch das Problem der Archivierung der Testergebnisse von Drogenschnelltests. Fotokopieren der Teststreifen bringt ebenso wenig zufrieden stellende Ergebnisse wie das Ablichten auf Polaroid.

Es ist ohnehin fraglich, wie wichtig Drogenschnelltests in den geänderten Therapie-Settings von Entwöhnungseinrichtungen noch sind. Die meisten Kliniken und Ambulanzen arbeiten inzwischen mit → Rückfallen. Die Einnahme von Suchtmitteln im Heilungsverlauf wird nicht dämonisiert, sondern besprochen und nach Möglichkeit einer Lösung zugeführt. Im Gegensatz zu früher besteht also für den Patienten keine zwingende Notwendigkeit des Verbergens eines Rückfalls mehr (Allerdings bleibt ein Rückfall etwas Schambesetztes und längst nicht alle Patienten sind in Entwöhnungseinrichtungen zu einem Verzicht auf Suchtmittel motiviert.) Statt des Tests, der Kontrolle, werden Gesprächsangebote im Sinne einer partnerschaftlichen Zusammenarbeit beim Verdacht auf Rückfall bzw. Beikonsum gemacht. »Das Wichtigste ist und bleibt die therapeutische Auseinandersetzung mit dem Patienten«, so Roesler. »Daran wird sich, egal wie gut die Tests sind, nichts ändern.«

Drogen-Screening: Unter Drogen-Screening versteht man einen Test, mit dem man sich einen Überblick darüber verschaffen kann, welche Drogen der Betreffende konsumiert hat. Am gebräuchlichsten sind so genannte → Drogenschnelltests.

Drogentote: Insgesamt sterben in Deutschland jedes Jahr etwa 800 000 Menschen, davon – soweit bekannt – etwa 2000 an → Drogen. Die Zahl der Drogentoten pro Jahr gilt neben der Zahl der polizeilich erfassten Erstkonsumenten harter Drogen als wichtige Kenngröße für die Effektivität der Drogenpolitik. Wie sinnvoll das ist und ob es nicht besser wäre, zum Beispiel die Zahl der durch Suchtmittel bedingten Arbeitsausfallzeiten zu nehmen, sei dahingestellt.

Wie viele Menschen an ihrem Drogenkonsum sterben, ist von verschiedenen Faktoren abhängig. Der wesentlichste Faktor ist die Verfügbarkeit von Rauschmitteln. Je leichter und risikoloser Konsum möglich ist, desto mehr Menschen werden Drogen nehmen und desto höher wird im Mittel der Konsum sein und damit das Risiko, an Drogen zu sterben (→ Angebotsstrukturen). Man sieht dies zum Beispiel daran, dass in Hamburg 1998 erstmals mehr Menschen an → Methadon verstorben sind als an → Heroin. Methadon ist in Hamburg leicht erhältlich; es wird von vielen Ärzten mit nur ungenügender Kontrolle abgegeben (mittlerweile haben die Konsumenten mehr Erfahrung mit der Droge Methadon – die Methadon-bedingten Todeszahlen sind trotz hoher Vergabe gesunken). Wirksamstes Mittel gegen die Zahl der Drogentoten ist die Eingrenzung der Konsummöglichkeiten. Dafür fehlt heutzutage aber oft das Geld. Die Polizei ist nicht ausreichend personell ausgestattet, um diese Aufgaben zufrieden stellend zu erfüllen.

Als Möglichkeit, die Zahl der Drogentoten zu reduzieren, wird von einigen Menschen immer noch das Untersuchen von Drogen vor dem Konsum durch Apotheker angesehen, → Drug checking genannt. Inhaltlich spricht dafür wenig. Drug checking als konsumvorbereitende Maßnahme schafft nur Scheinsicherheiten und würde letztlich nur zu einem Anstieg der Drogentoten führen.

Schadensbegrenzende Maßnahmen, wie kostenlose Abgabe von sauberen Spritzen, senken zwar die Wahrscheinlichkeit, an potenziell tödlichen Erkrankungen wie → Hepatitis oder → AIDS zu erkranken, haben aber auf die Zahl derjenigen, die an einer → Überdosis sterben, keine direkte Wirkung (→ Selbstmord). Ein gutes Mittel, um die Zahl der Drogentoten zu senken, scheinen die → Therapie-Sofort-Programme und ein gutes Management an den Schnittstellen zwischen den einzelnen Behandlungsbausteinen zu sein. Als man bei den Drogentoten untersuchte, ob es im Vorfeld des Todes Auffälligkeiten gab, stellte man fest, dass überdurchschnittlich viele der Verstorbenen einige Wochen vor ihrem Tod als so genannter → Drogennotfall in Krankenhäuser eingeliefert worden waren. Nicht selten geschah die Einnahme der Überdosis in suizidaler Absicht. Anfang der neunziger Jahre

Drogentote – auch das Kölner Original Psy gehört dazu

mussten Drogensüchtige oft noch viele Monate auf einen Platz in einer Therapieeinrichtung warten. Jemandem, der mit einer Drogenvergiftung ins Krankenhaus eingeliefert worden war, konnte man nicht direkt im Anschluss daran die Möglichkeit bieten, eine → Entwöhnungsbehandlung zu machen. Und so verließen die meisten Notfallpatienten nach wenigen Tagen die Intensivstation. Einige kamen bald darauf durch Drogen um. Nachdem man das erkannt hatte, war klar, dass lange Wartezeiten auf Therapie für manche Patienten nicht verantwortbar sind. In einigen Großstädten wurden Therapie-Sofort-Programme ins Leben gerufen. Patienten, die nicht in der Lage gewesen wären, lange auf einen Therapieplatz zu warten, schaffen es heute nicht selten, über Therapie-Sofort-Programme ein neues Leben zu beginnen und enden nicht als Drogentote.

Drogen und Graffiti: → Graffiti.

Drogen und Musik: → Musik.

Drogen und Literatur: → Literatur.

Drogies: Szeneausdruck für Drogenkonsumenten.

Dronabinol: Bezeichnung eines Medikamentes (Handelsname Marinol), dessen Wirkstoff Delta-9-Tetrahydrocannabinol ist (→ THC). Das THC ist bei Marinol in Sesamöl gelöst und dann in Kapseln verpackt.
In Deutschland kann Dronabinol auf → BtM-Rezept verschrieben werden; allerdings ist es in keiner Indikation zugelassen (→ Off-Label-Use).

droppen: Szeneausdruck für »Drogen nehmen«.

drop out: **1.** Szeneausdruck für ein unangenehmes Rauscherlebnis. **2.** Szeneausdruck für das Herausfallen aus tragenden sozialen Bezügen durch die Drogensucht.

Dross: Szeneausdruck für → Opium-Abfälle.

Druck: Szeneausdruck für die intravenöse Einnahme von → Drogen. Man spricht dann auch davon, dass der Konsument »sich einen Druck macht«, wenn er z.B. gerade → Heroin spritzt.

Druckraum: Bezeichnung für eine vom Staat zur Verfügung gestellte Räumlichkeit, in der sich Drogenabhängige intravenös → Drogen zuführen können. In Druckräumen stehen sterile Spritzen zur Verfügung, womit das Risko der Übertragung von → HIV und → Hepatitis gemindert werden soll. Weitere Bezeichnungen sind der beschönigende Ausdruck »Gesundheitsraum« und »Spritzenraum«.

drücken: Szeneausdruck für die intravenöse Anwendung von → Drogen. Die Bezeichnung kommt von dem Druck, den man auf den Stempel der Spritze ausüben muss, um die Droge in die Blutbahn zu injizieren.

druff sein Szeneausdruck für »drogenabhängig sein«.

Druffi: Szeneausdruck für einen Drogenabhängigen.

Drug checking bezeichnet die Analyse von → Drogen im Hinblick auf ihren Wirkstoffgehalt. Nach deutschem Strafrecht ist Drug checking illegal. Dennoch wird seit Mitte der neunziger Jahren, u.a. von Bündnis 90/Die Grünen sowie von → Eve & Rave, gefordert, Drug checking als Mittel zur Schadensbegrenzung zu legalisieren.
Schadensbegrenzung, heutzutage → Harm Reduction genannt, ist zu einem wichtigen Stichwort moderner Drogenpolitik geworden. Wenn man schon die Entwicklung von → Sucht nicht verhindern kann – so die Überzeugung einiger –, dann soll der Drogenabhängige zumindest so wenig Schaden wie möglich bei seiner Drogeneinnahme erleiden (Es handelt sich somit um Maßnahmen der tertiären → Prävention.) Dahinter steht beim Drug checking die Vermutung, dass ein Konsument, der um die Zusammensetzung der Droge weiß, weniger Risiken beim Konsum eingeht. Er könnte zum Beispiel Überdosierungen besser vermeiden.
Die sehr teure, konsumvorbereitende Maßnahme des Drug checkings bringt dabei aber kaum zusätzliche Sicherheit. Im Bereich der → Partydrogen gibt es viele gleich- oder sehr ähnlich aussehende Tabletten, die sich bezüglich des Wirkstoffgehaltes deutlich unterscheiden. Aufgrund des Drug checkings wiegt der Konsument sich bei gleichaussehenden Tabletten in falscher Sicherheit, es kann zu gefährlichen Nebenwirkungen und Überdosierungen kommen.
Selbst wenn der Konsument weiß, welchen Wirkstoffgehalt seine Drogen haben, so kann er letztlich bei einer durchschnittlich verkraftbaren → Dosis nicht davon ausgehen, dass die Drogen ihm persönlich nicht schaden. Wie anfällig jemand zum Beispiel für psychotisches Erleben, für Herzkreislauferkrankungen, für Atemstillstände oder Niereninsuffizienz ist, lässt sich letztlich nie im Vorhinein sagen. Man kann sich zwar körperlich gründlich untersuchen lassen, eine 100%ige Sicherheit aber gibt das nicht. Hinzu kommt, dass beim Drug checking lediglich bestimmte Stoffe ausgetestet werden. Eine Vielzahl von Verunreinigungen, Streckmitteln und Nebenprodukten aus unsachgemäßer Herstellung, die zum Teil hochtoxisch sind, wird nicht erfasst.

Drugs: Der engl. Ausdruck »drugs« bedeutet übersetzt → Drogen. Gemeint sind damit aber nicht nur, wie im Deutschen, illegale Suchtmittel, sondern auch sämtliche Medikamente (→ Lifestyle-Drugs, → orphan drugs, → smart drugs). Die unterschiedliche Verwendung des Begriffs führt manchmal zu Verwirrungen.

Drying out: Szeneausdruck für den beginnenden → Entzug beim Alkoholiker.

DT: Szeneausdruck für → Delirium Tremens, einen psychoseähnlichen Zustand, der im → Entzug auftreten kann.

Duftsäckli: In der Schweiz wird → THC-haltiges → Cannabis oft als → Duftsäckli verkauft. In der Regel bleibt die Droge nach dem Kauf aber nicht lange im Säckli, sondern wird geraucht.

Dummy: Szeneausdruck für Tabletten oder → Packs, die keine → Droge, sondern irgendeinen Stoff ohne Rauschwirkung enthalten, die aber dennoch als Drogen verkauft werden. Der Konsument wird folglich betrogen.

Duodenitis: Eine Entzündung von Magen und Dünndarm tritt bei fortgesetztem Alkoholkonsum, aber auch bei regelmäßiger Einnahme vieler anderer → Drogen häufig auf (→ körperliche Veränderung durch Alkohol). Sie kann bis zum potenziell tödlichen Dünndarmdurchbruch führen.

Dupuytren'sche Kontraktur: Bezeichnung für die überschießende Bildung von Bindegewebe in den Innenflächen der Hände mit der Folge, dass einzelne Finger nicht mehr ganz gestreckt werden können. Eine Dupuytren'sche Kontraktur kommt zwar nicht nur bei Alkoholabhängigen, aber dort gehäuft vor.

Duralozam: Handelsname eines mittellang wirksamen → Benzodiazepins, das zur Behandlung von → Angstzuständen sowie bei innerer Unruhe eingesetzt wird. Inhaltsstoff ist Lorazepam. Leider wird es oft zu lange gegeben, die Entwicklung einer psychischen und physischen → Abhängigkeit kann rasch erfolgen. In der Drogenszene wird das Medikament als Heroinersatz gehandelt.

Durazanil: Handelsname eines mittellang wirksamen → Benzodiazepins, das zur Behandlung von Angstzuständen sowie bei innerer Unruhe eingesetzt wird. Inhaltsstoff ist → Bromazepam. Die Entwicklung einer psychischen und physischen → Abhängigkeit kann rasch erfolgen. In der Drogenszene wird das Medikament als → Downer gehandelt.

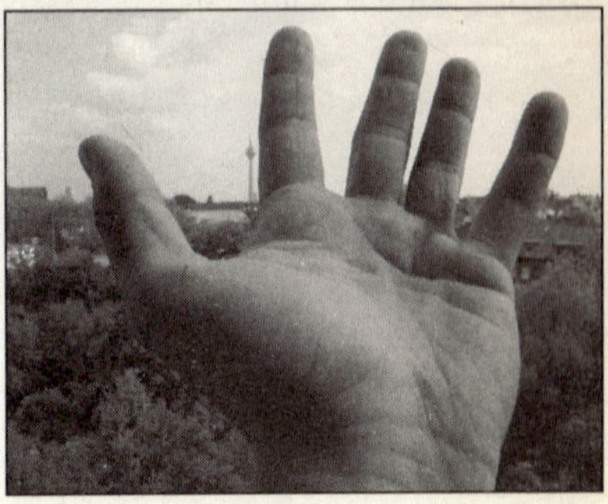

Dupuytren'sche Kontraktur – besonders ausgeprägt auf Höhe des Kleinfingers

Durazepam: Handelsname eines mittellang wirksamen → Benzodiazepins, das zur Behandlung von → Angstzuständen sowie bei innerer Unruhe eingesetzt wird. Inhaltsstoff ist → Oxazepam. Die Entwicklung einer psychischen und physischen → Abhängigkeit kann rasch erfolgen. In der Drogenszene wird das Medikament als Heroinersatz gehandelt.

durchziehen: **1.** Szeneausdruck für das Rauchen von → Cannabis. **2.** Umgangssprachlicher Ausdruck für einen nicht emotional getönten Geschlechtsverkehr mit einer Frau.

Durogesic: Handelsname eines opiathaltigen Pflasters, das gegen starke Schmerzen eingesetzt wird. Inhaltsstoff ist → Fentanyl. Die Entwicklung einer psychischen und körperlichen → Abhängigkeit ist möglich.

Dust: Szeneausdruck für → PCP.

Dynamika: Veraltete Bezeichnung für → Stimulanzien.

Dynamit: Szeneausdruck für hochwertige → Droge von hohem Reinheitsgehalt.

E

E: Szeneausdruck für → Ecstasy.

EARLINT: Abk. für »Early Substance Use Intervention«, einen Forschungsverbund, in dem Mitarbeiter der Universität Greifswald und der Medizinischen Universität Lübeck an neuen Ansätzen zu möglichst frühen Interventionen bei → Abhängigkeitserkrankungen arbeiten (→ Prävention).

Eatan N: Handelsname eines → Benzodiazepins, das gegen Durchschlafstörungen eingesetzt wird. Missbräuchlich wird es auch als → Droge eingesetzt. Inhaltsstoff ist Nitrazepam.

EBDD: Abk. für Europäische Beobachtungsstelle für → Drogen und Drogensucht. Die EBDD setzt sich nicht nur mit den Problemen mit illegalen Drogen, sondern auch mit denen, die durch legale Suchtmittel verursacht werden, auseinander.

ECA: Abk. für Epidemiological Catchment Area Programm, eine Studie zur Feststellung der Häufigkeit von → Abhängigkeitserkrankungen.

Ecgonin: Abbauprodukt von → Kokain, dessen Nachweis in der Drogenfahndung eine wichtige Rolle spielt. Anhand des Ecgonin-Gehaltes kann festgestellt werden, wie alt das beschlagnahmte Kokain ist.

Echo: Szeneausdruck für rauschmittelbedingte → Halluzinationen, die ohne engen zeitlichen Zusammenhang mit der letzten Einnahme von → Drogen auftreten. Sie werden auch → Flashbacks genannt.

Ecstasy: Der Name Ecstasy wird für ringsubstituierte → Amphetamine wie → MDMA, → MDEA oder → MBDB gebraucht. Weitere Namen für die → Droge sind Adam (für MDMA), XTC, Eve (für MDEA), E., Essence, Love, Cadillac und Pille. Da der Name »Ecstasy« auch über die Drogenszene hinaus weitaus gebräuchlicher ist als die chemische Verbindung, wird im Folgenden bei den o.a. Drogen von Ecstasy gesprochen.

Ecstasy ist eine illegale Droge, die unter den verschiedenen chemischen Bezeichnungen in → Anlage 1 des → Betäubungsmittelgesetzes aufgelistet ist. Es hat ein nur geringes körperliches und ein mittelgradiges psy-

chisches → Abhängigkeitspotenzial. Reine Ecstasy-Abhängigkeit ist selten, weil die Droge bei regelmäßiger Einnahme rasch ihre halluzinogenähnliche Wirkung (auch entactogene Wirkung genannt) verliert.
Bereits 1898 wurde MDMA erstmals synthetisiert. 1913 meldete die Pharmafirma Merck es zum Patent an. Gedacht war eine Anwendung als Appetitzügler. Wegen »merkwürdiger Nebenwirkungen«, gemeint war die entactogene Wirkung, kam es aber nie auf den Markt. Obwohl prinzipiell auch die halbsynthetische Herstellung von Ecstasy aus → Petersilie, → Dill und → Muskatnuss möglich ist, spielte von Beginn an nur die synthetische Herstellung eine Rolle, weil sie billiger ist und die Herstellung großer Mengen erlaubt.
In den fünfziger Jahren führten die USA Tierversuche mit MDMA durch. Sie waren auf der Suche nach einer Wahrheitsdroge, z.B. für Verhöre von Kriegsgefangenen. Die Ergebnisse waren wohl nicht überzeugend, das Interesse für die Substanz ließ nach. Der Chemiker Alexander Shulgin stellte 1965 Ecstasy erneut her und testete im Selbstversuch die Wirkung. Er war begeistert. Als vielversprechender Chemiker hatte er bei Dow Chemical begonnen. Nach und nach aber begann er, seine Arbeit nicht mehr zur Zufriedenheit seines Arbeitgebers zu erfüllen. Statt z.B. Insektizide zu erfinden, wie von seinem Arbeitgeber verlangt, entwickelte Shulgin

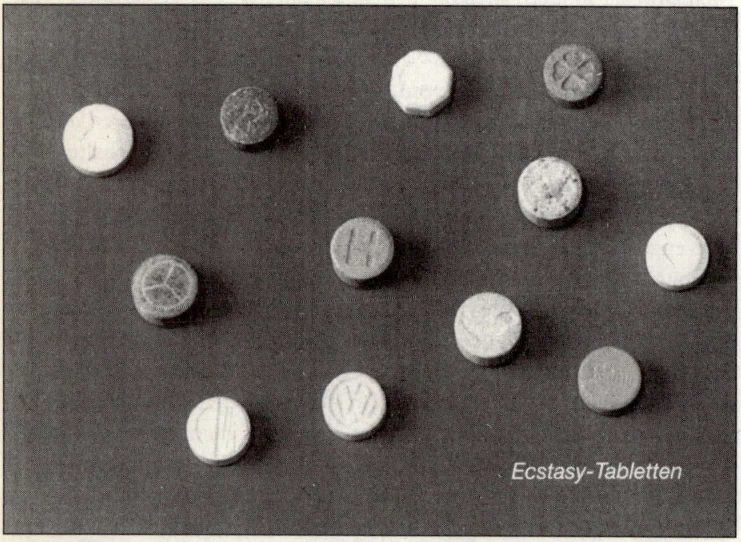

Ecstasy-Tabletten

immer neue Drogen. 179 Substanzen sollen seine Frau und er an sich getestet haben. Schließlich wurde er von Dow Chemicals gefeuert.
In den sechziger Jahren machten einige Psychiater und Psychotherapeuten, die durch Shulgin auf Ecstasy aufmerksam geworden waren, Experimente mit Ecstasy, um den Nutzen für die Psychotherapie zu erforschen. Sie versuchten Widerstände, die im Rahmen der → psycholytischen Therapie auftraten, mit MDMA zu brechen bzw. aufzulösen. Die Patienten sollten mit der Droge in so genannte Regression versetzt werden, einen Zustand, der dem eines unmündigen Kindes gleicht. Ethisch waren diese Versuche ähnlich fraglich wie die der amerikanischen Armee in den Fünfzigern. Letztlich hat sich Ecstasy in der Psychotherapie nicht durchsetzen können und geriet erneut in Vergessenheit. Das Verbot 1985 in den USA unterband solche Menschenversuche endgültig. Allerdings wurden von 1988 bis 1994 ähnliche Versuche in der Schweiz wiederholt. In einigen neueren Publikationen bereits in Vergessenheit geratener Autoren kam der Vorschlag, MDMA in der → Psychotherapie einzusetzen, Ende der 1990er Jahre kurz zu neuer Bekanntheit.
Die Verbreitung von Ecstasy als Rauschmittel blieb bis Anfang der 1980er Jahre überwiegend auf esoterische Kreise beschränkt. Auch in der Schwulenszene wurde es seit den Sechzigern mit einiger Konstanz als Stimulanz geschätzt. Den Namen Ecstasy bekamen MDMA und Co wahrscheinlich 1981. Vorher hatte die Substanz Essence oder Love, manchmal auch Adam geheißen. Der neue Name klang besser, verkaufte sich besser und setzte sich schließlich durch. Ecstasy wurde wieder häufiger konsumiert. Am 01.08.1986 wurde MDMA deshalb verboten, man befürchtete die Entwicklung eines Drogenproblems. Die Illegalisierung konnte die dann folgende rasante Verbreitung von Ecstasy aber nicht mehr stoppen. Im Gegenteil, es spricht einiges dafür, dass das Verbot und vor allem die damit verbundene massive Berichterstattung in den Medien einiges zur Entstehung des dann folgenden Drogenproblems beigetragen haben.
→ Techno entstand und wurde groß. 1987 entstand die erste Rave-Szene auf Ibiza, 1988 schwappte die Welle nach London und Manchester. In den folgenden Jahren breitete sich die Techno- und House-Szene explosionsartig in ganz Europa aus. Im Schlepptau kam Ecstasy zu ungeahnter Verbreitung. Seit Ende der 1990er Jahre ist der Konsum weit über die Grenzen dieser Szene hinaus unter jungen Leuten üblich. Nach Aussagen des Münchener Max-Planck-Institutes konsumierten 1995 bereits dreimal so viele 14- bis 25jährige Ecstasy wie 1990. Die Droge wird auf Schulhöfen, öffentlichen Plätzen und in Diskotheken in Ost- und West-

deutschland verkauft. Längst ist die Verbreitung nicht mehr nur auf die Großstädte beschränkt. Welche volkswirtschaftlichen Schäden das langfristig nach sich ziehen wird, ist derzeit noch in keiner Weise abzuschätzen.

MDMA, der häufigste Wirkstoff in Ecstasy-Pillen, ist ein weißes, kristallines, bitter schmeckendes Pulver und gehört zur Gruppe der Phenethylamine. Es ist chemisch beständig und zersetzt sich weder durch Sauerstoffeinwirkung noch durch Licht. Ecstasy wird überwiegend in Pillenform angeboten. Die Pillen sind meist mit Aufdrucken bzw. Prägungen versehen, wie z.B. politischen Symbolen oder Figuren aus der Comic-Welt. Seltener ist die Anwendung als Kapsel. Die Konsumenten mögen Kapseln deshalb weniger, weil das Risiko größer ist, dass Zwischenhändler die Droge mit anderen Stoffen vermengt haben.

Die Tabletten sind wasserlöslich. Der Wirkstoff wird im Dünndarm aufgenommen und gelangt dann über die Schleimhaut in den Blutkreislauf. Ein großer Teil wird bereits in der Leber entgiftet, ein kleiner Teil der Droge erreicht nur das Gehirn. Ecstasy bewirkt dort – ähnlich wie bestimmte → Antidepressiva – die Ausschüttung des körpereigenen Botenstoffes → Serotonin. Die Wirkung ist vergleichbar mit den Glücksgefühlen, die man auch auf normalem Wege, z.B. durch erfolgreiche Anstrengung im Beruf, erreichen kann. Gleichzeitig verhindert Ecstasy auch die Wiederaufnahme von Serotonin in die körpereigenen Speicher, das körpereigene Serotonin wirkt dadurch länger. In geringerem Maße bewirkt die Droge auch eine Freisetzung von → Dopamin und Noradrenalin.

Die Wirkung von Ecstasy setzt in der Regel nach 20 bis 60 Minuten ein. Die Wirkdauer beträgt dann 3 bis 5 Stunden bei MDMA, 2 bis 3 Stunden bei MDEA und 4 bis 5 Stunden bei MBDB. Die Entgiftung erfolgt dann über die Leber.

Die akute Rauschwirkung von Ecstasy liegt zwischen der von → Halluzinogenen und → Amphetaminen. Bei niedriger Dosierung überwiegt die antriebssteigernde Wirkung, bei höherer Dosis tritt die halluzinogenartige Wirkung in den Vordergrund. Die amphetaminähnliche Wirkung von Ecstasy ist schwächer als bei → Speed, die halluzinogene Wirkung deutlich geringer als die von → LSD. Im Prinzip wirken die in den Tabletten enthaltenden Stoffe MDMA, MDEA und MBDB ähnlich. Die meisten Konsumenten können sie von der Wirkung her nicht unterscheiden. Da der Konsument ohnehin nicht weiß, welchen Wirkstoff er erwirbt, werden die Wirkstoffe hier – trotz etwas unterschiedlichem Wirkprofil – gemeinsam unter dem Stichwort »Ecstasy« beschrieben.

Ursprünglich wurde Ecstasy, wie o.a., als Appetithemmer entwickelt, die appetitreduzierende Wirkung ist insbesondere bei weiblichen Konsumenten ein erwünschter Nebeneffekt. Ecstasy wirkt antriebssteigernd und macht wach. In der Partyszene wird es hauptsächlich dazu verwandt, die Nacht besser durchtanzen zu können. Diese Wirkung ist bei MDMA deutlich stärker ausgeprägt als bei MDEA und MBDB. MBDB und MDEA können sogar müde machen. Häufig kommt es nach Einnahme von Ecstasy akut zu Mundtrockenheit, Übelkeit und Schwindel sowie zu körperlichen Missempfindungen wie Zuckungen der Gesichtsmuskulatur, Muskelkrämpfen, Unruhe und → Schlaflosigkeit. Störungen der Koordination können ebenfalls auftreten. Diese unerwünschten Wirkungen sind dosisabhängig.
Darüber hinaus weist Ecstasy eine leichte halluzinogene Wirkung auf. Das Umfeld wird als verändert erlebt, die Grenzen zwischen Individuum und seiner Umgebung scheinen zu verschwimmen. Viele Konsumenten beschreiben ein Verschmelzungsgefühl mit anderen Personen, das meist als angenehm erlebt wird. Die halluzinogene Wirkung ist bei MDMA stärker als bei MDEA und bei MBDB. Massive Halluzinationen wie bei LSD werden sehr selten beobachtet und sind meist Zeichen einer Überdosierung. Ecstasy, so sagen Konsumenten, »öffnet das Herz« und macht nach Einnahme in den Augen des → Users alle Menschen symphatisch und attraktiv. Man sollte also keine längerfristig gültigen personellen Entscheidungen (wie z.B. Eheschließungen) im Rauschzustand treffen. Das Bedürfnis, auf andere Menschen zuzugehen, ist unter dem Einfluss von Ecstasy verstärkt. Hemmungen sind vermindert. Für diese Wirkung wurde der Ausdruck »entactogen« geprägt. Die entactogene Wirkung ist beim ersten Konsum am ausgeprägtesten und verliert sich bei regelmäßiger Einnahme. Es überwiegen dann die amphetaminähnlichen Effekte. Es gibt Beschreibungen, dass Ecstasy das Liebeserleben steigert und den Sex zärtlicher macht. In Einzelfällen wurden aber auch eine herabgesetzte Liebesfähigkeit und eine Orgasmusstörung beschrieben.
Ecstasy kann zu einer Verminderung des Konzentrationsvermögens, zu einem eingeschränkten Urteilsvermögen führen. Wie bei allen Drogen sollte man in jedem Fall das Autofahren nach Ecstasy-Einnahme vermeiden (→ Führerscheinentzug). Die Veränderung der Wahrnehmung kann als unangenehm oder angenehm erlebt werden. Die Vermischung der Wahrnehmungsebenen sowie die akustischen Wahrnehmungsstörungen können manchmal in Angst, aber auch depressive Verstimmungen und Antriebslosigkeit umschlagen. Seltener sind Verfolgungsängste und psy-

chosenahe Erlebnisse. Es ist derzeit nicht gesichert, ob Letztere auf Ecstasy alleine zurückzuführen sind oder als Folge von Mischkonsum zu gelten haben.

Auf körperlicher Ebene kann es unter Ecstasy zu einer Pulsbeschleunigung mit Blutdruckanstieg kommen. Seltener ist ein Blutdruckabfall. Hitze- und Kältewallungen, Schwindel mit Übelkeit und Erbrechen, → Pupillenerweiterung mit zuckenden Augenfolgebewegungen, Mundtrockenheit, Gangunsicherheit, eine Erhöhung der Muskeleigenreflexe, Kieferklemme sowie eine Versteifung der Muskeln sind bei Vergiftung mit Ecstasy zu beobachten. Der Harndrang ist vermehrt, der dadurch bedingte Flüssigkeitsverlust kann unter Umständen enorm sein. Da die Wahrnehmung herabgesetzt ist, kann es zu Austrocknung und Überhitzung kommen. In Einzelfällen wurde als Folge ein Muskelfaserzerfall mit akutem Nierenversagen beschrieben. Potenziell tödliche Kreislaufregulationsstörungen oder Herztod sind als Folge von Ecstasy möglich.

Sollten sich Zeichen einer Überhitzung oder eines beginnenden Kreislaufversagens andeuten, ist der Betreffende unmittelbar mit nicht-alkoholischen Getränken zu versorgen, um die verloren gegangene Flüssigkeit zu ersetzen. Zu viel zu trinken kann aber nach neueren Erkenntnissen (Lancet, Bd. 351, 1998, S.1784) zur Überwässerung führen mit der Folge von Hirnödemen, Krampfanfällen bis hin zu Koma und Tod.

Der Patient ist bei einer Vergiftung in einen ruhigen Raum zu bringen und darf nicht aus den Augen gelassen werden. Eine andere Person muss den Notarzt verständigen. Unter Umständen muss eine intensivmedizinische Betreuung begonnen werden, um Komplikationen zu verhindern.

Bei Angstzuständen oder psychotischem Erleben (→ Drogenpsychose) muss immer jemand bei dem Betreffenden bleiben, um Kurzschlussreaktionen seitens des Patienten entgegentreten zu können. Der Notarzt ist zu verständigen. Er wird beruhigende Medikamente wie → Benzodiazepine oder → Neuroleptika geben. Letztere können das psychotische Erleben zum Abklingen bringen. Unter Umständen ist es unvermeidbar, dass der Betreffende für kurze Zeit auf eine geschlossene psychiatrische Station gebracht wird.

Wird Ecstasy regelmäßig genommen, so nimmt die entactogene Wirkung schnell ab. Manche Konsumenten denken fälschlicherweise, die Qualität der Wirkstoffe nehme ab. In Wirklichkeit handelt es sich hierbei um eine Toleranzentwicklung. Die körpereigenen Serotoninspeicher sind entleert und müssen erst wieder aufgefüllt werden. Was bleibt, ist eine »Speed-ähnliche«, antriebssteigernde und enthemmende Wirkung des

Ecstasys. Ecstasy schaltet Warnsysteme des Körpers aus und führt so zu unnatürlichen Belastungen. Wer drei Tage durchtanzt, braucht im Anschluss in jedem Fall ein paar Tage Erholung. Wird Ecstasy am Wochenende genommen, so herrscht in den darauf folgenden Tagen bei regelmäßigem Konsum eine depressive Stimmung vor, der so genannte Psychokater. Der Grund ist einleuchtend: Dem Körper fehlt Serotonin, das erst wieder mühsam nachproduziert werden muss. Typische Symptome des Serotoninmangels sind Kopfschmerzen, Abgeschlagenheit, Gliederschmerzen, mangelnder Appetit, Erschöpfung und Schlaflosigkeit. Die Schlafstörungen können nach länger dauerndem Konsum manchmal jahrelang anhalten. Einige User versuchen, derartigen Zuständen mit → Speed und Schlafstörungen mit → Alkohol, → Cannabis oder → Heroin entgegenzutreten. In Smart Shops wird zur Erhöhung der Regenerationsfähigkeit so genanntes → After E verkauft. Sämtliche der geschilderten Gegenmaßnahmen sind letztlich nur wenig hilfreich. Wer an diesem Punkt stehend seinen Konsum nicht einschränkt, läuft Gefahr, dass er süchtig wird.

Ecstasy kann körperliche Schäden verursachen. Ecstasy wird über die Leber verstoffwechselt und kann zu einer akuten Leberentzündung (→ Hepatitis) führen – selten bis hin zum Leberversagen. Es gibt Hinweise darauf, dass es, insbesondere bei vorgeschädigten Personen, zu einer Störung der Herzfunktion bis hin zum Herzversagen kommen kann. Auch hier sind Todesfälle zwar ausgesprochen selten – letztlich aber nicht auszuschließen. Wie alle antriebssteigernden Drogen kann Ecstasy bei dafür anfälligen Personen zu Hirninfarkten, Hirnblutungen sowie Verstopfungen der Hirngefäße mit der Folge eines Schlaganfalles führen. Bei Überhitzung und Austrocknung durch die Droge ist die Niere in Gefahr. Es ist wichtig, beim Ecstasy-Konsum auf ausreichende Flüssigkeitszufuhr zu achten. Eine Schädigung der Nieren ist insbesondere dann zu befürchten, wenn es – aus bisher ungeklärten Gründen – zu einer Auflösung der Muskelfasern kommt. Diese verstopfen die Niere, unter Umständen ist in der Folge ein Leben mit künstlicher Niere nicht mehr zu verhindern. Auch Todesfälle durch Nierenversagen sind bekannt.

Es gibt Hinweise darauf, dass der chronische Konsum von Ecstasy zu schweren Hirn- und Nervenschäden führen kann, die nicht mehr umkehrbar sind. Im Tierversuch kam es bei Ratten und Affen nach chronischem MDMA-Konsum zu einer Zerstörung von serotoninergen Terminalen – sprich Hirnschäden. Bei den Ratten bildeten sich diese nach Absetzen der Droge zum großen Teil zurück, bei den Affen hingegen kaum.

Es wird immer wahrscheinlicher, dass die Droge bei Menschen nach Dauerkonsum zu unumkehrbaren Schäden im Gehirn führt. Beschrieben wurde auch eine Störung der Blutbildung unter Ecstasy.
Der Wirkstoffgehalt der angebotenen Drogen schwankt stark. Dies ist ein weiteres Risiko. Mal enthält eine Tablette so wenig Wirkstoff, dass keine Rauschwirkung erzeugt wird, im zweiten Fall besteht schon nach der Einnahme von ein oder zwei Tabletten die Möglichkeit von tödlichen Komplikationen. Ein weiteres, nicht auszuschließendes Risiko ist, dass in den Tabletten andere Drogen enthalten sind, als angegeben. Besonders gefährlich ist – wie bei anderen Drogen auch – die Kombination von unterschiedlichen Drogen. Es kann zu unkalkulierbaren Wechselwirkungen mit möglicher Todesfolge kommen. Durch Kombination mit Alkohol oder Speed wird die erwünschte Wirkung von Ecstasy zum Teil aufgehoben, die unerwünschten Nebenwirkungen nehmen zu.

Ecuador ist eines der wichtigsten Anbauländer für → Kokain. Ein großer Teil des weltweit verkauften Kokains stammt von dort.

Eidetika: Weitere Bezeichnung für → Halluzinogene.

Eifersuchtswahn: Krankhafte, unkorrigierbare Überzeugung, dass der Partner untreu ist. Betroffen sind oft Menschen, die jahrelang regelmäßig → Alkohol konsumiert haben. Auch bei Konsumenten von → Uppern kann er auftreten. Die Entwicklung eines Eifersuchtswahns erfolgt – im Gegensatz zum → Alkoholdelir oder der → Alkoholhalluzinose – schleichend. Der Betreffende kann so in seinem Eifersuchtswahn gefangen sein, dass er eine Gefährdung darstellt. Es kann zu Tötungsdelikten kommen. Eindrucksvoll dargestellt ist die Entwicklung eines Eifersuchtswahns in Chabrols Spielfilm »Die Hölle«.

eimern: Konsumieren von → Drogen, z.B. → Cannabis, mithilfe eines mit Wasser gefüllten Eimers und einer Wasserflasche.

einbauen: Szeneausdruck für die Einnahme von → Drogen.

einfahren: **1.** Szeneausdruck für die Einnahme von → Drogen. **2.** Szeneausdruck für den Antritt einer Haftstrafe.

Einfuhr, Ausfuhr und Durchfuhr von Drogen: Der Transport (Einfuhr, Ausfuhr und Durchfuhr) von → Betäubungsmitteln, die in → Anlage I bis III des → Betäubungsmittelgesetzes aufgeführt sind, ist in der Regel (Ausnahmen: → Erlaubnis zum Verkehr mit Betäubungsmitteln) verboten (→ Strafverfolgung). Geregelt ist dies in §11 des → BtMG:
»§ 11 Einfuhr, Ausfuhr und Durchfuhr

Wer Betäubungsmittel im Einzelfall einführen oder ausführen will, bedarf dazu neben der erforderlichen Erlaubnis nach § 3 einer Genehmigung des Bundesgesundheitsamtes. Betäubungsmittel dürfen durch den Geltungsbereich dieses Gesetzes nur unter zollamtlicher Überwachung ohne weitern als den durch die Beförderung oder den Umschlag bedingten Aufenthalt und ohne dass das Betäubungsmittel zu irgendeinem Zeitpunkt während des Verbringens dem Durchführenden oder einer dritten Person tatsächlich zur Verfügung steht, durchgeführt werden. Ausgenommene Zubereitungen dürfen nicht in Länder ausgeführt werden, in denen die Einfuhr verboten ist.

Die Bundesregierung wird ermächtigt durch Rechtsverordnung ohne Zustimmung des Bundesrates das Verfahren über die Erteilung der Genehmigung zu regeln und Vorschriften über die Einfuhr, Ausfuhr und Durchfuhr zu erlassen, soweit es zur Sicherheit oder der Kontrolle des Betäubungsmittelverkehrs, zur Durchführung der internationalen Suchtstoffübereinkommen oder von Rechtsakten der Europäischen Gemeinschaft erforderlich ist (...).«

einklinken: Szeneausdruck für die Einnahme von → Drogen.

einpfeifen: Szeneausdruck für »Drogen nehmen«.

Einstieg in die Drogensucht: → Einstiegsdroge, → Peer Group, → Vier-Phasen-Modell, → Zwei-Faktoren-Theorie.

Einstiegsalter: Das Einstiegsalter für Suchtmittel wurde z.B. in der → VERSO-Studie untersucht. Je einfacher ein Suchtstoff verfügbar ist, desto früher ist im Mittel das Einstiegsalter (→ Angebotsstrukturen). Einen Einfluss hat auch, für wie gefährlich ein Suchtmittel gehalten wird. Je harmloser es eingeschätzt wird, desto früher trauen sich die Jugendlichen es zu konsumieren.

Für → Alkohol lag laut VERSO das Einstiegsalter bei 12,4 Jahren, für → Cannabis bei 14,6 Jahren, für → Ecstasy bei 16,3 Jahren, für Aufputschmittel und für Beruhigungsmittel bei je 16,7 Jahren, für halluzinogene → Pilze bei 16,9 Jahren, für → LSD bei 17,1 Jahren und für → Kokain und → Heroin bei 17,5 Jahren.

In Rattenversuchen wurde festgestellt, dass es einen großen Unterschied macht, ob die Konsumenten im Jugendalter oder bereits erwachsen sind. Vermutlich hängt das mit der Hirnentwicklung zusammen. Blieben die Ratten, denen man als erwachsene Tiere erstmals → THC verabreichte, in ihrem Verhalten im Wesentlichen normal, so entwickelten jugendliche erstkonsumierende Ratten erhebliche Antriebs- und Aufmerksamkeitsstörungen. Die Jungratten wurden erst wieder normal, nachdem die Forscher ihnen → Neuroleptika, also Medikamente gegen → Psychosen, gaben. Beim Menschen ist Ähnliches zu beobachten. Je früher ein Konsum beginnt, umso größer ist die Gefahr, dass sich irreversible psychische Störungen oder eine → Abhängigkeitserkrankung herausbilden. Aufgabe der primären → Prävention muss deshalb sein, das Einstiegsalter einzelner Drogen so weit wie möglich nach oben zu verschieben.

Einstiegsdroge: Der Begriff wurde aus der Beobachtung heraus entwickelt, dass praktisch kein → User seinen Konsum direkt mit harten → Drogen beginnt. Meist geht der Konsum weicher (legaler oder illegaler) Drogen voraus, die deshalb auch als Einstiegsdrogen bezeichnet werden. In den Anfängen waren die Modelle zum Thema Einstiegsdroge noch recht schematisch: In den 70er Jahren wurde z.B. behauptet, dass → Haschisch (→ Cannabis) eine Einstiegsdroge sei und dass jeder, der zunächst mit Cannabis in Berührung gekommen sei, später auch zu harten Drogen greife. Die große Zahl der → Kiffer im Verhältnis zu relativ wenigen → Opiat-Abhängigen machte die These von Anfang an unwahrscheinlich. Trotzdem geisterte das in dieser Form zu simple Modell von der Einstiegsdroge Haschisch lange Zeit durch die Medien.
Dahinter stand die Überzeugung, dass Drogenkonsumenten ihr Verhalten nicht steuern können und dass sie – wenn sie einmal mit Drogen in Berührung gekommen sind – dazu verdammt sind, einem stofflich vorgezeichneten Weg von weichen zu härteren Drogen zu folgen. Wäre dem so, dann wäre jede aufklärende Arbeit, jede Therapie sinnlos. Jeder Kiffer würde früher oder später zum Junkie werden. Wäre Haschisch eine Einstiegsdroge in diesem Sinne, wäre nur durch massivere Repression eine Bekämpfung der Drogenprobleme möglich. Inzwischen darf, aufgrund von Untersuchungen des BMG, das o.a. zu schlichte Modell als widerlegt gelten. Es gilt als sicher, dass der Konsum von Cannabis ein vom Gebrauch harter Drogen weitgehend unabhängiges Phänomen ist. Folgeuntersuchungen zeigten, dass das Gleiche für → Ecstasy gilt. Ecstasy ist ebenfalls keine Einstiegsdroge im klassischen Sinne. Die meisten Hasch-Raucher und Ecstasy-User greifen dauerhaft nicht zu Heroin oder Kokain, sondern bleiben bei »ihrer Droge«.
Grund zur Entwarnung besteht bei so genannten »weichen Drogen« dennoch nicht. Fast jeder, der harte Drogen konsumiert, hat einmal mit dem Konsum von → Alkohol (→ Alcopops), → Cannabis, → Ecstasy oder → Nikotin begonnen. Prof. Jobst Böning sieht in der legalen Droge Nikotin sogar die wesentliche Einstiegsdroge.
Jeder psychoaktive Stoff birgt das Risiko, dass der Betreffende süchtig wird. Wer Ecstasy, Cannabis oder Alkohol konsumiert, zeigt zumindest eine gewisse Bereitschaft, Gefühlszustände mit Hilfe von Suchtstoffen zu

manipulieren. Das Risiko möglicher gesundheitlicher Schäden wird in Kauf genommen vor dem Hintergrund, die Befindlichkeit verbessern zu können, mehr Spaß zu haben, besser abschalten zu können. Insofern sind auch die früher zu Unrecht als Einstiegsdroge bezeichneten Rauschgifte nicht unbedingt harmlos.

Bedenklich ist auch der unübersehbare Trend junger Leute zum → Mischkonsum. Hier stehen bei nicht wenigen Konsumenten die weichen Drogen am Beginn einer problematischen Entwicklung, sind also bei einem Teil der Konsumenten durchaus eine Einstiegsdroge im weiteren Sinne.

einwerfen: Szeneausdruck für »Drogen nehmen«.

Einzeltherapie meint in der Regel → Psychotherapie. Dabei wird versucht, die psychische Erkrankung verstehbar zu machen (Diagnostik), um sie dann im Weiteren durch kleinere oder größere Umstellungen in der Lebensführung und im Bewerten von Situationen zu behandeln (→ Gruppentherapie, → Verhaltenstherapie).

Eiserne Klammer: Szeneausdruck für → Heroin-Abhängigkeit.

El Ahijado: Weitere Bezeichnung für → El Nene.

Elefant: Szeneausdruck für → PCP.

Elevat: Name eines Medikamentes, das in Südafrika im Handel ist. Es enthält → THC (→ Cannabis) und wird in der Medizin ähnlich wie → Dronabinol eingesetzt, vor allem gegen Multiple Sklerose in Südafrika.

El Nene: Name eines auf den Philippinen im Rahmen von religiösen Riten eingesetztes Krautes (Coleus blumei), dessen Wirkstoff nicht bekannt ist. Die Pflanze wird gekaut oder mit Wasser zerstoßen. Noch ist unklar, ob El Nene überhaupt → psychoaktive Wirkungen hat.

El Macho: Weitere Bezeichnung für → El Nene.

Elternkreis: Eltern von Abhängigen haben oft erhebliche Probleme, mit der Suchterkrankung ihrer Kinder umzugehen. Unwissentlich stützen sie sogar aus guter Absicht die Sucht, indem sie dem Kind Geld für Drogen geben oder ihm alle Lästigkeiten des Alltags abnehmen. Zudem stellt eine Suchterkrankung des Kindes immer eine erhebliche Belastung der Eltern dar.

Hilfe in solchen Lebenslagen bieten vor allem Elternkreise, die es in allen größeren Städten gibt. Es handelt sich dabei um → Selbsthilfegruppen. Die Adressen können beim Bundesverband der Elternkreise (kurz BVEK) drogenabhängiger Jugendlicher in Berlin erfragt werden. Im Netz findet man den BVEK unter http://home.snafu.de/bvek.

Embalming Fluid: Szeneausdruck für → PCP.

Emotionen: Unter Emotionen versteht man Empfindungen wie → Angst,

Wut, Lust und Freude. Emotionen sind wichtig. Sie helfen dem Menschen, Entscheidungen zu treffen. Angst ist eine Emotion, die warnt und die in der Regel ein Fluchtverhalten zur Folge hat. Wut weist auf eine Situation hin, in denen Bedürfnisse nicht befriedigt werden; in der Regel ist ein Angriffsverhalten die Folge (um doch zur Erfüllung des Bedürfnisses zu kommen). Freude zeigt uns an, das gerade etwas geschieht, dass uns gut tut (z.B. Zuwendung von anderen). Die Folge von Freude ist, dass wir versuchen, derartige Situationen häufiger aufzusuchen.
Menschen, deren emotionales Erleben gestört ist, haben Schwierigkeiten, die richtigen Entscheidungen zu treffen. Man kann dies z.B. bei Psychosekranken erleben, bei denen ein mögliches Symptom die Affektverflachung, d.h. ein vermindertes Erleben von Emotionen, ist. Diese können derart entscheidungsschwach sein, dass sie völlig apathisch nur noch in ihrer Wohnung herumsitzen (sog. Negativsymptomatik). Ein ähnliches Bild kann man bei vielen chronischen → Cannabis-Konsumenten beobachten. Auch schwer depressive Patienten sind in ihrer emotionalen Erlebnisfähigkeit so eingeschränkt, dass eine vernünftige Steuerung des Verhaltens unmöglich ist.
Aber nicht nur ein Mangel an Emotionen kann schaden, auch ein Übermaß ist ab einer gewissen Grenze von Nachteil. Manche Menschen sind emotional derart Schwankungen unterworfen, dass sie Schwierigkeiten haben, ihr Verhalten zum eigenen Nutzen vernünftig zu steuern. Kleinste → Reize oder wenig dramatische Situationen können starke Reaktionen auf Verhaltensebene zur Folge haben. Diese Menschen fallen von einem Extrem ins andere, weil ihr von Augenblick zu Augenblick schwankendes Gefühl ihnen das so sagt. Liegt eine emotionale Instabilität in extremem Maße vor, spricht man von einer emotional instabilen Persönlichkeitsstörung (→ ICD 10: F60.30) oder einer → Borderline-Persönlichkeitsstörung (ICD 10: F60.31).
Nicht selten versuchen Menschen, die emotional instabil sind, diese Schwankungen durch den Konsum von Suchtmitteln einzudämmen. Sie konsumieren dann entweder → Alkohol, Cannabis oder sogar → Opiate. Kurzfristig erweist sich der Suchtmittelkonsum oft – und das kann fatal sein – als hilfreich. Später überwiegen die Nachteile des Konsums. Wenn dann auch noch suchtmittelbedingte körperliche Schäden (z.B. am Gehirn) auftreten, ist es für diese Menschen sehr schwer, ihr eigentliches Grundproblem, die emotionale Instabilität, in den Griff zu bekommen. In diesem Zusammenhang darf auf das tragische Schicksal von Romy Schneider hingewiesen werden. Die überaus sensible, aber emotional sehr

schwankende Schauspielerin, die zudem noch (oder dadurch bedingt?) unter großen Selbstzweifeln litt, war letztlich den rauen Anforderungen des Mediengeschäftes nicht gewachsen. Einerseits bedürftig nach Zuwendung, die sie über ihre Schauspielerei erlangte, vertrug sie andererseits den großen Einfluss, den die Medien auf ihr Privatleben hatten, nicht. Alkohol, → Medikamente und → Drogen spielten im Laufe ihrer Karriere eine immer größere Rolle. Hinzu kamen Schicksalsschläge wie der → Selbstmord ihres Mannes (nachdem sie sich von ihm getrennt hatte) und der frühe Tod ihres Sohnes. Romy Schneider verzweifelte an ihrem Schicksal und starb vor der Zeit – offiziell an einem Herzinfarkt.

Empfehlungsvereinbarung Ambulante Rehabilitation Sucht: Die Empfehlungsvereinbarung Ambulante Rehabilitation Sucht trat am 29.1.1991 in Kraft, geändert am 5.11.96. Sie regelt die Finanzierung der Kosten ambulanter Suchtrehabilitation zwischen Krankenkassen und Rentenversicherungsträgern.

Emsel: Szeneausdruck für → Morphin.

Endorphine sind körpereigene Botenstoffe, die ähnlich wie → Opiate wirken. Sie greifen an denselben Rezeptoren an wie z.B. → Heroin. Endorphine sind beteiligt an einer Vielzahl von seelischen Prozessen (→ Emotionen). Sie beeinflussen nicht nur das Schmerzempfinden, sondern sind auch an jedweder lustvollen Erfahrung beteiligt. Drogen stören das empfindliche Fließgleichgewicht des Endorphinsystems. Positives kann von Drogenkonsumenten nach einer gewissen Konsumdauer deshalb nur noch eingeschränkt empfunden werden. Selbst bei abstinenter Lebensführung kann es viele Monate dauern, bis Süchtige wieder zu normalen Empfindungen in der Lage sind. Dadurch ergibt sich ein erhöhtes Risiko für → Rückfälle und → Selbstmord.

Energy Drinks: Süßlich schmeckende, coffein- und taurinhaltige Kaltgetränke. Kalter → Kaffee in Dosen oder Cola werden, obwohl wirkungsgleich, i.d.R. nicht als Energydrinks bezeichnet. Energy Drinks werden meist in auf jugendlich gestylten Behältern vermarktet. Im Schnitt sind etwa 280 mg Coffein pro Liter enthalten, also etwa so viel wie in einer Tasse Kaffee. Energy Drinks sind tendenziell wegen des hohen Zuckergehaltes ungesund. Das darin enthaltene Taurin kann, wenn der Konsument stark schwitzt, zu Natriummangel führen.

Engelsstaub: Szeneausdruck für → PCP.

Engelstrompete: Die zur Familie der → Nachtschattengewächse gehörenden Engelstrompeten stammen ursprünglich aus Südamerika. Wegen des schönen Aussehens sind sie weltweit beliebt und werden als Zierpflanze

kultiviert. Man kennt den Engelstrompetenbaum (Brugmansia arborea), die Goldene Engelstrompete (Brugmansia aurea), die weiße Engelstrompete (Brugmansia candida), die prächtige Engelstrompete (Brugmansia insignis), die Blutfarbene Engelstrompete (Brugmansia sanguinea), die duftende Engelstrompete (Brugmansia suaveolensis) und die bunte Engelstrompete (Brugmansia versicolor).
Engelstrompeten sollen nach Aussagen von Indianern bei Verletzungen helfen. Die Indianer setzten sie zu Heilzwecken und als Aphrodisiakum ein, die Mapuche-Indianer auch als Erziehungsmittel bei hyperaktiven und aggressiven Kindern (→ Ritalin). Die Chibcha-Indianer gaben es auch den Frauen und Sklaven verstorbener Häuptlinge und beerdigten sie dann lebendig mit ihrem Chef. Weitere Namen der Engelstrompeten sind Baum des bösen Adlers, Floripondio, Borrachero, Huacacachu, Huanto, Maicoa, Toa, Tonga und Tromebeteiro.
Konsumiert werden die optisch prachtvollen, bis zu 30 cm langen, trichterförmigen Blüten oder auch die Blätter, die geraucht oder gegessen werden. Auch die Einnahme als Tee kommt vor. Psychoaktive Wirkstoffe sind Alkaloide wie Scopolamin und Hyoscyamin. Abhängig von der Art der Einnahme tritt nach wenigen Minuten (beim Rauchen) oder nach 30 bis 60 Minuten (nach Einnahme oral) ein Rauschzustand ein mit → Halluzi-

Engelstrompete

nationen und intensiven körperlichen Empfindungen. Mitte der neunziger Jahre gab es – in Zusammenhang mit dem Aufkommen von → Techno – eine kurzfristige Episode, in der Engelstrompeten vereinzelt in Deutschland als → Droge konsumiert wurden. Aufgefallen war dies durch eine Häufung von ungeklärten Vergiftungsfällen in den Notaufnahmen einiger Krankenhäuser.

entactogen: Das Kunstwort setzt sich zusammen aus dem griechischen »en« = »innen« und dem lateinischen »tactus« = »berühren« und dem griechischen »gen« = »entstehen lassen«. Hinter dem Ausdruck steht die euphemistische Annahme, man könne mit Hilfe entactogen wirksamer → Drogen, wie z.B. → Ecstasy, in Kontakt zum eigenen Inneren kommen. Mittlerweile weiß man, dass die so genannten → Entactogene keinesfalls den Kontakt zum Inneren verbessern, sondern dass sie sich sogar höchst negativ auf die Entwicklung auswirken können. Heutzutage wird »entactogen« in der Drogenszene vor allem in Verbindung mit Ecstasy gebraucht. Diese Droge wirkt, wird sie selten eingenommen, sowohl mild halluzinogen wie auch stimulierend. Die Grenzen zwischen eigener Person und Umgebung werden nach Ecstasy-Einnahme als aufgelöst empfunden (ähnlich wie bei → Derealisation und → Depersonalisation) und bei der zusätzlich durch die amphetaminähnliche Wirkung gehobenen Stimmungslage stellt sich das Gefühl ein, alle Menschen seien liebenswert.

Entactogene: Szeneausdruck für → Amphetamin-Abkömmlinge wie z.B. → MDMA, die neben der stimulierenden auch eine geringfügige halluzinogene Wirkung haben. Die milde Störung der Wahrnehmung bewirkt bei vielen Konsumenten das Gefühl, sensibler für innere Gefühlsregungen zu sein. Zudem ist das Zugehen auf andere Menschen unter dem Einfluss von Entactogenen erleichtert, weil die Grenzen zwischen dem Ich und der Umgebung etwas aufgelockert sind.

Entgiftung: Mit Entgiftung ist meist eine → Entgiftungsbehandlung bzw. → Entzugsbehandlung gemeint, manchmal auch das nicht therapeutisch oder medikamentös gestützte Absetzen des Suchtmittels im häuslichen Rahmen.

Entgiftungsbehandlung: Entgiftung des Körpers von → Drogen, → Alkohol und → Medikamenten. Der Begriff wird weitgehend synonym mit → Entzugsbehandlung gebraucht. Da es sich bei Entgiftungsbehandlungen um Prozesse handelt, bei denen neben der körperlichen Entgiftung weitere Maßnahmen wie → Psychotherapie, Soziotherapie u.ä. stattfinden, sprechen die Anbieter lieber von einer qualifizierten Entzugsbehandlung (→ Entzugsbehandlung).

Entheogene: Weitere Bezeichnung für → Halluzinogene.

Entwöhnung: Mit Entwöhnung ist i.d.R. eine → Entwöhnungsbehandlung gemeint.

Entwöhnungsbehandlungen sind abzugrenzen von → Entzugsbehandlungen. Bei einer Entzugsbehandlung geht es darum, den Patienten vom Suchtmittel zu entgiften. Eine mögliche Weiterbehandlung ist die Entwöhnungsbehandlung, ambulante oder teilstationäre Rehabilitationsbehandlungen, die zum Ziel haben, den süchtigen Patienten zu befähigen, ohne sein Suchtmittel zu leben. Dabei kommen vor allem psychotherapeutische Verfahren zum Einsatz, oft kombiniert mit dem Leben in einer → Therapeutischen Gemeinschaft. Kostenträger ist in der Regel der Rentenversicherungsträger (BfA, LVA ...).

Die Entwöhnungsbehandlung ist noch nicht sehr alt. Was heute selbstverständlich erscheint, ist geschichtlich noch neu. Über Jahrhunderte hinweg wurden Süchtige nicht behandelt, sondern geprügelt, vertrieben oder gar gleich in Ketten gelegt. → Sucht wurde nicht als Krankheit, sondern als Charakterschwäche betrachtet. Das erste Trinkerasyl wurde 1857 in Boston eröffnet, doch eine Therapie fand auch hier nicht statt. Die Patienten wurden lediglich verwahrt.

Eine Therapie im heutigen Sinne entwickelte sich erst im 20. Jahrhundert. Die ersten Ansätze entstanden aus der → Selbsthilfe heraus. Bei Suchthilfeeinrichtungen wie → Synanon oder → DAYTOP lebten die Patienten in → Therapeutischen Gemeinschaften. → Ex-User, also Menschen, die selbst früher → Alkohol oder → Drogen konsumiert hatten und davon losgekommen waren, gaben ihre Erfahrungen an andere Süchtige weiter. Später wurden professionelle Helfer wie Ärzte, → Psychologen und Sozialarbeiter in die therapeutische Arbeit integriert. Es entstand die → Entwöhnungsbehandlung, wie wir sie heute kennen.

Dreiviertel aller Entwöhnungsbehandlungen kommen in Deutschland Alkoholabhängigen zu Gute. Die restlichen Entwöhnungsbehandlungen werden von Medikamentenabhängigen, Drogenabhängigen und – vereinzelt – auch von Nikotinabhängigen in Anspruch genommen (→ Nikotinentwöhnung). Am Anfang der → Entwöhnungsbehandlung stehen Motivierung und Informationsvermittlung im Vordergrund. Viele Kliniken stellen den Neuankömmlingen erfahrenere Patienten als Bezugspersonen zur Seite, die ihnen die Integration erleichtern sollen.

Nach und nach treten dann Maßnahmen in den Vordergrund, die die Wahrnehmungsfähigkeit des Patienten erweitern. Sein Repertoire an Verhaltensweisen wird gezielt erweitert durch Verfahren wie → ATP, → Problemlöseverfahren und → Stressimpfungstraining (um nur drei Beispiele zu nehmen). Elemente der Therapeutischen Gemeinschaft und ggf. auch Ergotherapie, Musiktherapie oder Sporttherapie unterstützen diesen Prozess. Gleichzeitig helfen Sozialarbeiter bei juristischen und finanziellen Problemen, begleiten den Patienten u.U. auch zu Ämtern. Verschiedene psychotherapeutische Verfahren, die in der Entwöhnungsbehandlung zur Anwendung kommen, sind unter den entsprechenden Stichwörtern beschrieben.

Letzter Schritt der Therapie ist die Übertragung des in der Therapie Gelernten auf den Alltag. Die Patienten nehmen an Praktika teil, gestalten gemeinsam ihre Freizeit suchtmittelfrei und bauen → Clean-Kontakte auf. In dieser Phase steht die → Automatisierung des Verhaltens im Vordergrund. Ein weiteres Ziel ist die Rückführung in den Arbeitsmarkt, weil eine Entlassung in die Arbeitslosigkeit das Rückfallrisiko erhöht.

Langfristiges Ziel jeder Entwöhnungsbehandlung ist die → Abstinenz. Es wird aber akzeptiert, dass das Erreichen einer Abstinenz realistischerweise von vielen Patienten nicht ohne → Rückfälle erreichbar ist. Falls es zum Rückfall kommt, wird versucht, aus dieser Erfahrung Lehren zu ziehen, die weitere Rückfälle verhindern. Die Erfolgsquoten von Entwöhnungsbehandlungen sind nicht so schlecht, wie oft vermutet. Bei Alkoholabhängigen liegen sie kurzfristig bei 50 bis 70 %, mittelfristig immerhin noch bei 40 bis 50 %.

Entzug: 1. Bezeichnung für den Zustand eines Drogensüchtigen, bei dem die Drogenwirkung nach einigen Stunden so weit nachgelassen hat, dass es zu körperlichem Missempfinden kommt. Ein Entzug ist gekennzeichnet durch innere Unruhe, Nervosität und → Schlafstörungen. Zusätzlich können Frieren und Schwitzen, Muskelziehen, Störungen der Herz-Kreislauf-

Entwöhnungsbehandlung – jeder, der dort arbeitet, sollte dieses Buch kennen

Regulation, Krampfanfälle und psychische Probleme bis hin zum → Delir auftreten. **2.** Weitere Bezeichnung für → Entzugsbehandlung.

Entzugsbehandlung: Auch → Entzug oder → Entgiftung genannt. Meist finden Entzugsbehandlungen stationär in so genannten Entgiftungsstationen in Krankenhäusern statt, die in der Regel von Psychiatern geleitet werden.

Ambulante und teilstationäre Entzugsbehandlungen sind derzeit noch selten. Man geht vielfach davon aus, dass die Willensstärke von Süchtigen für eine ambulante Entgiftung in den meisten Fällen nicht ausreichen würde und somit nicht erfolgreich zum Abschluss gebracht werden könnte. Bei sozial gut integrierten, gut motivierten Patienten ohne → Mischkonsum und ohne zusätzliche → Komorbidität kann eine ambulante oder teilstationäre Behandlung sehr wohl indiziert und von Nutzen sein. In den Rheinischen Kliniken Essen werden z.B. seit Jahren teilstationäre Entzüge durchgeführt und ein Aufbau der ambulanten Entzugsbehandlung ist geplant.

Man unterscheidet »kalte« und »warme« Entzugsbehandlungen. Beim »Kalten Entzug« bekommt der Suchtkranke ab dem Beginn der Behandlung keinerlei Medikamente mehr. Alle Suchtmittel werden abrupt abgesetzt. Die dadurch entstehenden körperlichen Entzugserscheinungen werden i.d.R. als unangenehm empfunden. Bei Mischkonsum oder hochdosiertem Konsum kann ein kalter Entzug gefährlich sein, weil die Belastung für Herz, Kreislauf und Psyche dann erheblich ist. Vorteil einer nicht medikamentös gestützten Entgiftungsbehandlung ist aber, dass sie schneller abläuft und billiger ist als eine medikamentengestützte. Es treten zwar heftigere Entzugserscheinungen auf, aber der Entzug ist schneller überstanden. Beim »warmen Entzug« werden in absteigender Dosis Medikamente gegeben, deren Wirkung ähnlich wie die der Drogen ist. Der Entzug dauert länger, ist dadurch natürlich auch wesentlich teurer, aber weniger unangenehm. Bei Patienten, die polytoxikoman sind, ist ein kalter Entzug oft nicht zumutbar, manchmal sogar gefährlich, wenn die Belastung für Herz, Kreislauf oder Psyche zu groß wird. Beim so genannten warmen Entzug werden Ersatzdrogen wie z.B. → Polamidon oder → Benzodiazepine gegeben, die die Entzugssymptome mildern.

Die mittlerweile für eine Entzugsbehandlung von den Kostenträgern bewilligten Tage reichen für einen ordnungsgemäß durchgeführten medikamentengestützten Entzug manchmal nicht mehr aus. Konsequenz ist, dass zunehmend mehr Patienten noch unter Entzugserscheinungen leiden, wenn sie die Entgiftungsstation verlassen und z.B. in Entwöhnungsbehandlungen verlegt werden. Damit steigt das Risiko für Rückfälle, der Sinn der Entgiftung ist in Frage gestellt. Hier sind die behandelnden Ärzte gefordert; sie müssen durch eine saubere Dokumentation und eine präzise Berichterstellung dafür sorgen, dass die Behandlung der Patienten im Krankenhaus so lange erfolgen kann, bis die Entzugsbehandlung abgeschlossen ist.

Bei Erkrankungen in Zusammenhang mit Suchtmitteln ist bei der Beurteilung der Krankenhausverweildauer sowohl nach dem Aufnahmeanlass (z.B. akute Intoxikation, Entgiftung, → Delir oder psychotisches Erleben bei Suchtmittelkonsum) zu unterscheiden wie auch nach der Art des konsumierten Suchtmittels. Bezüglich des Entzugs von Alkohol hat sich in Nordrhein-Westfalen die Einteilung in verschiedene → Fallgruppen als praktikabel und sinnvoll erwiesen. → Stimulanzien wie → Amphetamine, → Kokain sowie → Halluzinogene und → Cannabinoide verursachen nach dem Absetzen praktisch keine körperlichen Entzugserscheinungen. Eine Entzugsbehandlung unter stationären Bedingungen beim Konsum dieser Suchtmittel ist somit in der Regel unnötig, da diese Patienten auch ohne Entgiftung in eine Entwöhnungseinrichtung aufgenommen werden können.

Bei Erstaufnahmen von Patienten mit Abhängigkeit von diesen Substanzen kann es allerdings sinnvoll sein, sie in die Struktur einer Entgiftungsbehandlung einzubinden und einer Motivationsbehandlung zu unterziehen. Bei sämtlichen Formen der Motivationsbehandlungen ist allerdings zu beachten, dass sie nach § 26 (3) 7. SGB IX als Rehabilitationsmaßnahme möglich sind und dass dafür nicht die besondere Behandlungsdichte eines Krankenhauses erforderlich ist (nach § 107 SGB V und nach § 4 (3) der Richtlinien des Bundesausschusses zur Verordnung von Krankenhausbehandlung). Die Krankenkasse kann, muss aber nicht für Motivationsbehandlungen die Kosten übernehmen. In Zeiten knapper Kassen ist es deshalb so, dass Krankenhäuser zunehmend auf den Kosten für Motivationsbehandlungen sitzen bleiben, da entsprechende Verträge mit den Rentenversicherungen nicht existieren.

Lässt sich ein unkomplizierter Alkoholentzug fast immer in weniger als zwei Wochen abschließen, so ist bei → Opiaten und → Sedativa und → Hypnotika häufig eine vier- bis sechswöchige stationäre Entzugsbehandlung notwendig. Gleiches gilt für polytoxikomane Patienten. Opiate erzeugen eine starke körperliche → Abhängigkeit. Der Entzug ist langwieriger als bei → Alkohol. → Methadon (→ Polamidon) und → Codein erzeugen schwerwiegendere Entzugserscheinungen als → Heroin.

Besteht keine ausreichende → Motivation, so ist die Durchführung einer Entgiftungsbehandlung oft nicht sinnvoll. Hier fragen die Krankenkassen mittlerweile in der Regel frühzeitig nach dem Behandlungsplan, der für den Patienten erstellt wurde. Die behandelnden Ärzte müssen dann darstellen, welche Behandlungsziele sie in welchem Zeitrahmen mit welchen Mitteln und welcher Prognose noch verfolgen. Sind realistische Behandlungsziele und ein Behandlungsplan nicht mehr darstellbar, so darf die gesetzliche Krankenkasse gemäß → § 12 SGB V die Kosten der Entgiftungsbehandlung im Krankenhaus nicht mehr übernehmen. Deshalb kommt der Formulierung konkreter Behandlungsziele mit begründeten prognostischen Einschätzungen zunehmend größere Bedeutung zu.

Patienten, bei denen zusätzlich zur Abhängigkeit eine schwere weitere Erkrankung vorliegt (z.B. Diabetes oder eine floride → Hepatitis), bedürfen unter Umständen längerer Krankenhausbehandlung. Dies ist im Einzelfall von den Behandlern zu begründen.

Entgiftungen vom → Beikonsum bei Patienten, die sich in → Substitutionsbehandlung befinden, erfordern meist keine stationäre Behandlung. Problem ist allerdings, dass bei Aufnahme oft nicht bekannt ist, was und wie viel beikonsumiert wurde. Die dann anstehende Diagnostik und klinische Kontrolle erfordert u.U. einige Tage klinischer Überwachung. Außerdem ist ggf. unmittelbar nach Aufnahme kritisch zu prüfen, warum der Patient bei Vorliegen von Beikonsum nicht aus der Substitution ausgeschlossen und vollständig entgiftet wird. Die Behandler sollten außerdem darlegen, welches längerfristig angelegte Konzept verfolgt wird. Eine hinreichend günstige Prognose ist bei einer derartigen Fallkonstellation immer zu hinterfragen.

Entzugsbehandlungen ohne Einbindung in ein Gesamtkonzept sind in der Regel nicht sinnvoll. Hier ist im Einzelfall die Notwendigkeit der Krankenhausbehandlung von den Behandlern dezidiert gegenüber den Kostenträgern darzulegen. In einer multizentrischen Untersuchung von Reker et al. (2004) war die überwiegende Zahl aller Patienten, die (in psychiatrischen Abteilungen) lediglich entzogen worden waren, nach zwei Monaten bereits rückfällig. Die Autoren sehen trotzdem positive Effekte, weil die rückfällig gewordenen Patienten angaben, zumindest weniger zu trinken. Besser waren die Ergebnisse laut der gleichen Untersuchung aber, wenn im Anschluss an die Entzugsbehandlung eine → Entwöhnungsbehandlung durchgeführt wurde. Bei dieser Gruppe blieben fast Zweidrittel der Patienten abstinent.

Die Entzugsbehandlung sollte stets qualifiziert erfolgen, d.h. nur in Stationen, die über ein entsprechendes Konzept verfügen. Dazu gehört neben der medikamentösen Behandlung eine umfassende psychiatrische Diagnostik sowie – falls notwendig – eine medikamentöse Einstellung auf → Psychopharmaka (z.B. → Antidepressiva, → Neuroleptika, Carbamazepin u.ä.). Zudem ist eine enge psychologische und sozialarbeiterische Betreuung notwendig. Während der qualifizierten Entgiftungsbehandlung wird im Rahmen der multiprofessionellen Zusammenarbeit der o.a. Berufsgruppen angestrebt, den Patienten optimal in weiterführende therapeutische Behandlungen einzubinden. Die Qualität einer Entzugsbehandlung erkennt man u.a. an hohen Vermittlungsquoten (> 30 %) in Entwöhnungsbehandlungen (siehe Reker et al. 2004 und Stetter und Mann 1997).
Leider werden in Deutschland immer noch Patienten auf internistischen Stationen entgiftet. Dies ist kein geeigneter Rahmen. Somatische (internistische) Stationen bieten keine qualifizierte Entgiftungsbehandlung an und sind somit zur Behandlung von Suchterkrankungen in der Regel ungeeignet. Die Indikation zur Behandlung von Patienten mit einer → F-Diagnose kann hier allenfalls z.B. über zusätzlich vorhandene somatische Erkrankungen begründet werden. Bei ungünstiger Versorgungsstruktur in ländlichen Gebieten ist eine solche suboptimale Behandlung aber nicht immer vermeidbar.
Der Patient ist laut Gesetz zur Mitarbeit verpflichtet. Befand sich der Patient im Verlaufe von 12 Monaten bereits mehrfach zur Entgiftung im Krankenhaus, so ist unter Beachtung des in § 12 SGB V festgeschriebenen Wirtschaftlichkeitsgebotes eine ausreichende Motivation des Patienten kritisch zu hinterfragen. Ohne eine hinreichend günstige Prognose darf eine Behandlung zu Lasten der Solidargemeinschaft nicht erfolgen. Hat die Krankenkasse Zweifel an der Sinnhaftigkeit einer weiteren Entzugsbehandlung, ist von den Behandlern anhand von geänderten Verhaltensweisen des Patienten (z.B. Besuch von Selbsthilfegruppen im Vorfeld, Beantragung einer Entwöhnungsmaßnahme, reduzierter Konsum vor Aufnahme, Aufsuchen eines Psychiaters oder Psychotherapeuten) detailliert darzustellen, warum aus ihrer Sicht weitere therapeutische Maßnahmen sinnvoll sind. Fehlen dagegen Hinweise auf eine ausreichende Motivation, werden die Kosten für die Entgiftungsbehandlungen von den meisten Krankenkassen nicht mehr übernommen. Konkrete Beschreibungen von Kriterien, die Hinweise darauf geben, dass eine hinreichende Bereitschaft zur Mitarbeit besteht, sind z.B. auf S. 10 der »Anforderungs-

kriterien für die qualifizierte stationäre Akutbehandlung (Entzug) von Alkoholabhängigen« der Rheinischen Arbeitsgemeinschaft für die Rehabilitation Suchtkranker vom 30.08.99 aufgeführt.
Bereits in der Suchtvereinbarung von 1978 ist festgeschrieben, dass eine Verlegung von der Entgiftung/Entzug in eine Entwöhnung nahtlos erfolgen sollte (siehe hierzu auch »Anforderungskriterien für die qualifizierte stationäre Akutbehandlung von Alkoholabhängigen« der Rheinischen Arbeitsgemeinschaft für die Rehabilitation Suchtkranker vom 30.8.99). Nach Abschluss einer qualifizierten Entgiftung ist die Krankenkasse für die Übernahme der Kosten einer Entwöhnung in der Regel nicht mehr zuständig. Die Nahtlosigkeit des Übergangs in eine weiterführende Maßnahme (z.B. in eine Entwöhnung) ist vom Sozialdienst des Krankenhauses frühzeitig sicherzustellen. Verzögerungen bei der Verlegung in die Entwöhnung aus nichtmedizinischen Gründen gehen nicht zu Lasten der Krankenkasse.
Die zeitnahe Verlegung von einer Entzugsbehandlung in eine Entwöhnungsbehandlung ist mit einigem Aufwand verbunden. Einzelne Krankenhäuser versuchen diesem Aufwand zu entgehen. Sie führen – nach abgeschlossener Entzugsbehandlung – »versteckte Entwöhnungen«, getarnt als Krankenhausbehandlung, durch. Sie verschlüsseln z.B. die Abhängigkeitserkrankung dann nicht mehr als Erstdiagnose, sondern stellen andere psychiatrische Diagnosen (z.B. F3, F4, F6 nach → ICD 10) in den Vordergrund. Manche Krankenkassen lassen sich dadurch täuschen und bezahlen weiter, obgleich sie gar nicht zuständig sind. Sofern für die weitere Behandlung nach Abschluss des Entzuges nicht ständige ärztliche und pflegerische Verfügbarkeit erforderlich ist und damit (nach § 107 (1) SGB V) Krankenhausbehandlung, ist und bleibt dies eine Leistung, die in die Zuständigkeit des Rentenversicherungsträgers fällt (siehe §107 (2) SGB V). → Komorbidität wie → Depressionen, Angststörungen und → Persönlichkeitsstörungen kommen bei Suchtpatienten häufig vor und können im Rahmen einer Entwöhnungsmaßnahme i.d.R. gut mitbehandelt werden. Entscheidend ist in derartigen Fallkonstellationen auch nicht, welche Krankheit zuerst in der Biographie des Patienten aufgetreten ist. Die Tatsache, dass z.B. eine Angsterkrankung vor der Suchterkrankung vorlag, spricht nicht dagegen, dass vorrangig nach Abschluss der Entgiftungsbehandlung eine Entwöhnungsmaßnahme indiziert ist. Entscheidend ist, welche psychischen Auffälligkeiten das aktuelle Bild dominieren und welche Erkrankung aus prognostischen Gründen primär behandelt werden muss. Dies dürfte bei Komorbidität von

Sucht und anderen psychischen Störungen meist die → Abhängigkeitserkrankung sein.

Entzugsdelir: Mit Störungen des Kreislaufs verbundener → psychoseähnlicher Zustand, der durch das Absetzen von sedierenden → Drogen und vor allem → Alkohol und → Benzodiazepinen hervorgerufen werden kann (→ Delir)

Entzugserscheinungen: → Abhängigkeit, körperliche, → Entzug.

Entzugskopfschmerz: Werden → Stimulanzien abrupt abgesetzt, kann es zu Entzugskopfschmerzen kommen.

Epená: Auch Virola, Nyakwana, Paricá oder Yakee genannt. Epená wird aus einem Baum (Virola theiodora) und verwandten Arten gewonnen, die in Mittel- und Südamerika wachsen. Die Anwendung als → Droge findet vor allem im westlichen Amazonasgebiet statt. Die Rinde des Baumes wird über dem Feuer geröstet und dann geschnupft oder als Pille gegessen. Manchmal wird auch das Harz aus der Rinde gepresst und zu Pulver verarbeitet. Der Rausch ist mit → Halluzinationen, Muskelkrämpfen und Übelkeit verbunden und endet in einem Tiefschlaf. Der Konsum findet in religiösen Zeremonien statt und ist bei vielen Indianerstämmen den Medizinmännern vorbehalten (→ Religion). Frauen sind in diesem Kulturkreis vom Konsum ausgeschlossen.

Ephedrakraut: Unter der Sammelbezeichnung Ephedrakraut werden verschiedene Meerträubelarten (Ephedra spp.) zusammengefasst. Bezeichnungen für die Ephedrakräuter sind Ephedra, Meerträubel und Meerträubchen. Die ginsterähnlichen Gewächse kommen in Europa, Asien und Nordamerika vor. Schon die vorgeschichtlichen Menschen im Gebiet des heutigen Iraks haben das Ephedrakraut bei religiösen Zermonien benutzt. In Mittel- und Südamerika dienen Ephedrakräuter seit vorkolumbianischer Zeit als Heilmittel. Wirkstoffe sind vor allem → Ephedrin und Norephedrin. Der durch das Ephedrakraut erzeugte Rausch entspricht im Wesentlichen dem durch → Amphetamin erzeugten. Gleiches gilt für Risiken und Nebenwirkungen. Tee aus Ephredakräutern aber sind in vielen Ländern zur Stoffwechselanregung und Gewichtsabnahme auf dem Markt. Ephedrinhaltige Produkte gelten in Deutschland als apothekenpflichtige Arzneimittel und dürfen nicht als Lebensmittel oder Nahrungsergänzungsmittel vertrieben werden. Während in Deutschland wegen möglicher Nebenwirkungen ephedrinhaltige Präparate nur noch auf Rezept zu erhalten sind, kann man sie in anderen Ländern immer noch ohne Auflagen erwerben, z.B. als Mormonen- oder Brighamtee oder unter der chinesischen Bezeichnun «Mu-Huang«.

Ephedrin ist der Wirkstoff des → Ephedrakrautes. Es wurde 1887 erstmals von Nagai extrahiert. Anfänglich wurde es zur Erweiterung der Pupillen eingesetzt (→ Pupillenerweiterung), ab Mitte der zwanziger Jahre des zwanzigsten Jahrhunderts fand es auch Anwendung als Asthma-Mittel. Ephedrin ist heute wegen seiner abschwellenden Wirkung in vielen Nasentropfen enthalten. Im Sport wird es als illegales → Dopingmittel verwendet. Die Rauschwirkung von Ephedrin ist ähnlich wie die von → Amphetamin. Ephedrin war zu Beginn Inhaltsstoff von Herbal Ecstasy, wurde nach einigen tödlichen Zwischenfällen vom Hersteller aber daraus entfernt.

Ephis: Szeneausdruck für Produkte aus → Ephedra.

Epsilon-Alkoholiker: → Jellinek-Typen.

Equasym: Medikament, das als Inhaltsstoff Methylphenidat (→ Ritalin) enthält und das zur Behandlung des Aufmerksamkeits-Hyperaktivitätssyndroms (abgekürzt ADHS) bei Kindern »im Rahmen einer therapeutischen Gesamtstrategie« (worauf der Hersteller ausdrücklich hinweist) verschrieben werden kann. Equasym kann abhängig machen und wird in der Szene als → Speed gehandelt.

Erdmännchen: Weitere Bezeichnung für → Alraune.

Ephedrakraut

Ergocalm: Handelsname eines → Benzodiazepins, das gegen → Schlafstörungen sowie vor und nach Operationen eingesetzt wird. Missbräuchlich wird es auch als → Droge verwendet. Inhaltsstoff ist Lormetazepam.

Ereriba: Lilienart (Homalomena lauterbachii), deren Blättter – vermischt mit → Agara – von den Eingeborenen Papuas als Rauschmittel eingenommen werden. Der Rausch ist von psychotisch anmutenden Erregungszuständen (→ Psychose) geprägt und endet meist in einem schlafähnlichen Zustand. In der Volksmedizin wird Ereriba vor allem gegen Hautkrankheiten eingesetzt.

Ergotderivate: Bezeichnung für halluzinogen wirksame Stoffe, deren Wirkung auf Stoffe zurückgeht, die dem des → Mutterkorns ähneln. Dazu gehört z.B. → LSD.

Erlaubnis zum Verkehr mit Betäubungsmitteln: Der Umgang mit den in → Anlage I bis III aufgeführten → Drogen (→ Betäubungsmitteln) ist im Regelfall verboten (→ Strafverfolgung). Nur einer kleinen Personengruppe ist es unter Einhaltung eng gefasster Rahmenbedingungen erlaubt mit Betäubungsmitteln umzugehen. Festgeschrieben ist dies im → Betäubungsmittelgesetz in den §§ 3 bis 10:

»<u>§ 3Erlaubnis zum Verkehr mit Betäubungsmitteln</u>

(1) Einer Erlaubnis des Bundesgesundheitsamtes bedarf, wer

1. Betäubungsmittel anbauen, herstellen, mit ihnen Handel treiben, sie, ohne mit ihnen Handel zu treiben, einführen, ausführen, abgeben, veräußern, sonst in den Verkehr bringen, einwerben oder
2. ausgenommene Zubereitungen (2 Abs. 1 Nr. 3) herstellen will.

(2) Eine Erlaubnis für die in Anlage I bezeichneten Betäubungsmittel kann das Bundesgesundheitsamt nur ausnahmsweise zu wissenschaftlichen oder anderen im öffentlichen Interesse liegenden Zwecken erteilen.

<u>§ 4 Ausnahmen von der Erlaubnispflicht</u>

(1) Einer Erlaubnis nach § 3 Abs. 1 bedarf nicht, wer

1. im Rahmen eines Betriebs einer öffentlichen Apotheke oder einer Krankenhausapotheke

a) in Anlage II oder III bezeichnete Betäubungsmittel oder dort ausgenommene Zubereitungen herstellt,
b) in Anlage II oder III bezeichnete Betäubungsmittel erwirbt,
c) in Anlage III bezeichnete Betäubungsmittel auf Grund ärztlicher, zahnärztlicher oder tierärztlicher Verschreibung abgibt oder
d) in Anlage II oder III bezeichnete Betäubungsmittel an Inhaber einer Erlaubnis zum Erwerb dieser Betäubungsmittel zurückgibt oder an den Nachfolger im Betrieb der Apotheke abgibt.

2. im Rahmen des Betriebes einer tierärztlichen Hausapotheke
a) in Anlage II oder III bezeichnete Betäubungsmittel oder dort ausgenommene Zubereitungen herstellt,
b) in Anlage II oder III bezeichnete Betäubungsmittel erwirbt,
c) in Anlage III bezeichnete Betäubungsmittel für ein von ihm behandeltes Tier abgibt oder
d) in Anlage II oder III bezeichnete Betäubungsmittel an Inhaber einer Erlaubnis zum Erwerb dieser Betäubungsmittel zurückgibt oder an den Nachfolger im Betrieb der tierärztlichen Hausapotheke abgibt,
3. in Anlage III bezeichnete Betäubungsmitel
a) auf Grund ärztlicher, zahnärztlicher oder tierärztlicher Verschreibung oder
b) zur Anwendung an einem Tier von einer Person, die dieses Tier behandelt und eine tierärztliche Hausapotheke betreibt, erwirbt,
4. in Anlage III bezeichnete Betäubungsmittel
a) als Arzt, Zahnarzt oder Tierarzt im Rahmen des grenzüberschreitenden Dienstleistungsverkehrs oder
b) auf Grund ärztlicher, zahnärztlicher oder tierärztlicher Verschreibung erworben hat und sie als Reisebedarf ausführt oder einführt oder
5. gewerbsmäßig
a) an der Beförderung von Betäubungsmitteln unter befugten Teilnehmern am Betäubungsmittelverkehr beteiligt ist oder die Lagerung und Aufbewahrung von Betäubungsmitteln in Zusammenhang mit einer solchen Beförderung oder für einen befugten Teilnehmer am Betäubungsmittelverkehr übernimmt oder
b) die Versendung von Betäubungsmitteln zwischen befugten Teilnehmern am Betäubungsmittelverkehr durch andere besorgt oder vermittelt.

(2) Einer Erlaubnis nach § 3 bedürfen nicht Bundes- und Landesbehörden für den Bereich ihrer dienstlichen Tätigkeit sowie die von ihnen mit der Untersuchung beauftragten Behörden.

(3) Wer nach Absatz 1 Nr. 1 und 2 keiner Erlaubnis bedarf und am Betäubungsmittelverkehr teilnehmen will, hat dies dem Bundesgesundheitsamt vorher anzuzeigen. Die Anzeige hat zu enthalten:
1. den Namen und die Anschriften des Anzeigenden sowie der Apotheke oder der tierärztlichen Hausapotheke,
2. das Ausstellungsdatum und die ausstellende Behörde der apothekenrechtlichen Erlaubnis oder der Approbation als Tierarzt und
3. das Datum des Beginns der Teilnahme am Betäubungsmittelverkehr.

Das Bundesgesundheitsamt unterrichtet die zuständige oberste Landesbehörde unverzüglich über den Inhalt der Anzeigen, soweit sie tierärztliche Hausapotheken betreffen.

§ 5 Versagung der Erlaubnis

(1) Die Erlaubnis nach § 3 ist zu versagen, wenn

1. nicht gewährleistet ist, dass in der Betriebsstätte und, sofern weitere Betriebsstätten in nicht benachbarten Gemeinden bestehen, in jeder dieser Betriebsstätten eine Person bestellt wird, die verantwortlich ist für die Einhaltung der betäubungsrechtlichen Vorschriften und Anordnung der Überwachungsbehörden (Verantwortlicher); der Antragssteller kann selbst die Stelle eines Verantwortlichen einnehmen,
2. der vorgesehene Verantwortliche nicht die erforderliche Sachkenntnis hat oder die ihm obliegenden Verpflichtungen nicht ständig erfüllen kann,
3. Tatsachen vorliegen, aus denen sich Bedenken gegen die Zuverlässigkeit des Verantwortlichen, des Antragsstellers, seines gesetzlichen Vertreters oder bei juristischen Personen oder nicht rechtsfähigen Personenvereinigungen der nach Gesetz, Satzung und Gesellschaftsvertrag zur Vertretung oder Geschäftsführung Berechtigten ergeben,
4. geeignete Räume, Einrichtungen und Sicherungen für die Teilnahme am Betäubungsmittelverkehr oder der Herstellung ausgenommener Zubereitungen nicht vorhanden sind,
5. die Sicherheit oder Kontrolle des Betäubungsmittelverkehrs oder der Herstellung ausgenommener Zubereitungen aus anderen als den in Nummern 1 bis 4 genannten Gründen nicht gewährleistet ist,
6. die Art und der Zweck des beantragten Verkehrs nicht dem Zweck dieses Gesetzes, die notwendige medizinische Versorgung der Bevölkerung sicherzustellen, daneben aber dem Missbrauch von Betäubungsmitteln oder die missbräuchliche Herstellung ausgenommener Zubereitungen sowie das Entstehen und Erhalten einer Betäubungsmittelabhängigkeit soweit wie möglich auszuschließen, vereinbar ist oder
7. bei Beanstandung der vorgelegten Antragsunterlagen einem Mangel nicht innerhalb der gesetzten Frist (§ 8, Abs. 2) abgeholfen wird.

(2) Die Erlaubnis kann versagt werden, wenn sie der Durchführung der internationalen Suchtstoffübereinkommen oder Beschlüssen, Anordnungen oder Empfehlungen zwischenstaatlicher Einrichtungen der Suchstoffkontrolle entgegensteht oder dieses wegen Rechtsakten der Organe der Europäischen Gemeinschaft geboten ist.

§ 6 Sachkenntnis

(1) Der Nachweis der erforderlichen Sachkenntnis (§ 5 Abs. 1 Nr. 2) wird erbracht

1. im Falle des Herstellers von Betäubungsmitteln und ausgenommenen Zubereitungen, die Arzneimitel sind, durch den Nachweis der Sachkenntnis als Herstellungsleiter oder Kontrollleiter nach den Vorschriften des Arzneimittelgesetzes,
2. im Falle des Herstellens von Betäubungsmitteln, die keine Arzneimittel sind, durch das Zeugnis über eine nach abgeschlossenem wissenschaftlichen Hochschulstudium der Biologie, der Chemie, der Pharmazie, der Human- oder der Veterinärmedizin abgelegte Prüfung und durch die Bestätigung einer mindestens einjährigen praktischen Tätigkeit in der Herstellung oder Prüfung von Betäubungsmitteln,
3. im Falle des Verwendens für wissenschaftliche Zwecke durch das Zeugnis über eine nach abgeschlossenem wissenschaftlichen Hochschulstudium der Biologie, der Chemie, der Pharmazie, der Human- oder der Veterinärmedizin abgelegte Prüfung und
4. in allen anderen Fällen durch das Zeugnis über eine abgeschlossene Berufsausbildung als Kaufmann im Groß- und Außenhandel in den Fachbereichen Chemie oder Pharma und durch die Bestätigung einer mindestens einjährigen praktischen Tätigkeit im Betäubungsmittelverkehr.

(2) Das Bundesgesundheitsamt kann im Einzelfall von den im Absatz 1 genannten Anforderungen an die Sachkenntnis abweichen, wenn die Sicherheit und Kontrolle des Betäubungsmittelverkehrs oder der Herstellung ausgenommener Zubereitungen gewährleistet ist.

§ 7 Antrag

Der Antrag auf Erteilung einer Erlaubnis nach § 3 ist in doppelter Ausführung beim Bundesgesundheitsamt zu stellen, das eine Ausfertigung der zuständigen obersten Landesbehörde übersendet. Dem Antrag müssen folgende Angaben und Unterlagen beigefügt werden:

1. die Namen, Vornamen oder die Firma und die Anschriften des Antragsstellers und der Verantwortlichen,
2. für die Verantwortlichen die Nachweise über die erforderliche Sachkenntnis und Erklärungen darüber, ob und auf Grund welcher Umstände sie die ihnen obliegenden Verpflichtungen ständig erfüllen können,
3. eine Beschreibung der Lage der Betriebsstätten nach Ort (gegebenenfalls Flurbezeichnung), Straße, Hausnummer, Gebäude, Gebäudeteil sowie der Bauweise des Gebäudes,

4. eine Beschreibung der vorhandenen Sicherungen gegen die Entnahme von Betäubungsmitteln durch unbefugte Personen,
5. die Art des Betäubungsmittelverkehrs (§ 3 Abs. 1),
6. die Art und die voraussichtliche Jahresmenge der herzustellenden oder benötigten Betäubungsmittel,
7. im Falle des Herstellens (§ 2 Abs. 1 Nr. 4) von Betäubungsmitteln oder ausgenommenen Zubereitungen eine kurz gefasste Beschreibung des Herstellungsganges unter Zugabe von Art und Menge der Ausgangsstoffe oder Zubereitungen, der Zwischen- und Endprodukte, auch wenn Ausgangsstoffe oder –zubereitungen, Zwischen- oder Endprodukte keine Betäubungsmittel sind; bei nicht abgeteilten Zubereitungen zusätzlich die Gewichtsvomhundertsätze, bei abgeteilten Zubereitungen die Gewichtsmengen der je abgteilte Form enthaltenen Betäubungsmittel und
8. im Falle des Verwendens zu wissenschaftlichen oder anderen im öffentlichen Interesse liegenden Zwecken eine Erläuterung des verfolgten Zweckes unter Bezugnahme auf die einschlägige wissenschaftliche Literatur.«

§ 8 regelt die Prozeduren zur Entscheidung, § 9 macht Angaben zu Beschränkungen, Befristung, Bedingungen und Auflage und § 10 regelt die Rahmenbedingungen für Rücknahme und Widerruf der Erlaubnis. Ergänzende Regelungen finden sich in § 12 zu Abgabe und Erwerb und in § 13 zur Verschreibung:

»<u>§ 13 Verschreibung und Abgabe auf Verschreibung</u>

(1) Die in Anlage III bezeichneten Betäubungsmittel dürfen nur von Ärzten, Zahnärzten und Tierärzten und nur dann verschrieben oder im Rahmen einer ärztlichen, zahnärztlichen oder tierärztlichen Behandlung einschließlich der ärztlichen Behandlung einer Betäubungsmittelabhängigkeit verabreicht oder einem anderen zum unmittelbaren Verbrauch überlassen werden, wenn ihre Anwendung am oder im menschlichen oder tierischen Körper begründet ist. Die Anwendung ist insbesondere dann nicht begründet, wenn der beabsichtigte Zweck auf andere Weise erreicht werden kann. Die in Anlagen I und II bezeichneten Betäubungsmittel dürfen nicht verschrieben, verabreicht oder einem anderen zum unmittelbaren Verbrauch überlassen werden.

(2) Die nach Absatz 1 verschriebenen Betäubungsmittel dürfen nur im Rahmen des Betriebs einer Apotheke und gegen Vorlage der Verschreibung überlassen werden (...).

(3) Die Bundesregierung wird ermächtigt, durch Rechtsverordnung und Zustimmung des Bundesrates das Verschreiben von den in Anlage III bezeichneten Betäubungsmitteln, ihre Abgabe auf Grund einer Verschreibung und das Aufzeichnen ihres Verbleibens und Bestandes bei Ärzten, Apotheken, Krankenhäusern zu regeln, soweit es zur Sicherheit oder Kontrolle des Betäubungsmittelverkehrs erforderlich ist, insbesondere können

1. das Verschreiben auf bestimmte Zubereitungen, Bestimmungszwecke oder Mengen beschränkt,
2. Form, Inhalt, Anfertigung, Ausgabe, Aufbewahrung und Rückgabe des zu verwendenden amtlichen Formblattes für die Verschreibung sowie der Aufzeichnungen über den Verbleib und den Bestand festgelegt und
3. Ausnahmen von den Vorschriften des § 4 Abs. 1 Nr. 1 Buchstabe c für die Ausrüstung von Kauffahrteischiffen erlassen werden«.

§14 regelt ergänzend Kennzeichnung und → Werbung, § 15 die Sicherungsmaßnahmen, § 16 die Vorschriften zur Vernichtung, § 17 die Verpflichtungen zur Aufzeichnung, § 18 Pflichten zu Meldungen.

erlaubnisgebende Gedanken: → Gedanken, erlaubnisgebende.

Ersatzstoffe: Bezeichnung für Stoffe mit → psychoaktiver Wirkung, die vom Arzt (vorübergehend) als Drogenersatz vergeben werden. Ziel ist die gesundheitliche Stabilisierung der Betroffenen, der Aufbau eines Kontaktes zum Abhängigkeitskranken und die Reduktion von Kontakten des → Klienten zur Szene. Langfristiges Ziel ist immer die → Abstinenz (→ Substitution, → Harm Reduction, → Methadon).

erste Hilfe: Wenn jemand → Drogen eingenommen hat, kann es zu schweren körperlichen und psychischen Problemen kommen, die lebensbedrohlich sein können. Hier gilt es, rasch erste Hilfe zu leisten. Zur Orientierung, in welcher Reihenfolge man vorgehen sollte, dient die aus dem Amerikanischen übernommene → ABC-Regel: A bedeutet dabei »Atemwege freimachen«, z.B. durch Entfernung von Erbrochenem. Als Nächstes kümmert man sich um B wie »Beatmung«, indem man z.B. mit Mund-zu-Nase-Beatmung beginnt. Als Drittes bemüht man sich dann um die Funktion des Herzens. C steht für »core« (engl. = Herz), bzw. »circulation« (engl. = Kreislauf), d.h. im dritten Schritt stabilisiert man Herz und Kreislauf. Spezielle Maßnahmen bei bestimmten Symptomen sind im Folgenden in einzelnen Stichpunkten aufgeführt

erste Hilfe bei Ängsten: Viele → Drogen können Angstzustände bis hin zu Verfolgungswahn verursachen. → Horrortrip heißt das im Szenejar-

gon oder → Paranoia. Vor allem → Halluzinogene, wie z.B. → LSD, und antriebssteigernde Drogen, wie → Amphetamine oder → Kokain, können Ängste auslösen oder verstärken. Dies gilt auch für die Modedrogen der 1990er Jahre, für → Cannabis und → Ecstasy. Ob jemand mit → Angst auf die Einnahme einer Droge reagiert, hängt von Faktoren wie persönliche Veranlagung, Stimmung bei Drogeneinnahme, stoffliche Potenz der Droge und Ausgestaltung der Umgebung ab.
Die Erste-Hilfe-Maßnahmen vor Ort setzen vor allem beim letzteren Faktor an. Das Wichtigste ist in diesem Fall, ruhig mit dem verängstigten Menschen umzugehen. Leichtere Angstzustände, wie sie bei der Einnahme von Drogen häufig vorkommen, erledigen sich durch ruhiges Zusprechen und »An-die-frische-Luft-gehen« vielfach von selbst. Schwieriger wird die Angelegenheit bei stärkeren Angstzuständen oder Paranoia. Scheint der Konsument Angst vor dem Helfer zu haben, so ist darauf zu achten, dass man ihm nicht zu nahe kommt. Er könnte die Annäherung als Bedrohung betrachten und unkontrolliert fliehen oder sich wehren wollen. Beruhigendes Zusprechen ist wichtig. Da die Aufnahmefähigkeit in solchen Zuständen beim Vergifteten eingeschränkt sein kann, ist es unter Umständen sinnvoll, einzelne Sätze öfters zu wiederholen. Man braucht als Helfer hier viel Feingefühl und Geduld. Wichtig ist auch, den Patienten an einen ruhigen Ort zu bringen.
Akute Angstzustände klingen meist im Verlauf von einer halben Stunde bis einigen Stunden ab. Bei chronischem Drogenkonsum ist es allerdings möglich, dass sich Angstzustände und Verfolgungswahn über Wochen halten. Der Übergang in eine → Psychose ist in seltenen Fällen möglich. Man sollte sich nicht scheuen, die Hilfe von Fachleuten zu suchen. Ein erfahrener Psychiater kann durch Medikamente und psychotherapeutische Techniken meist besser mit solchen Zuständen umgehen und damit helfen.

erste Hilfe bei Atemstillstand: Bei einem Kreislaufstillstand kommt es nach ca. 20 – 30 Sek. zunächst zur Schnappatmung und dann zum Atemstillstand. Die Gesichtsfarbe kann grau oder → blau werden. Wenn die Atmung aussetzt und das Hirn nicht mehr mit Blut versorgt wird, drohen schon nach wenigen Minuten unumkehrbare Hirnschäden, die zu bleibenden Behinderungen oder gar zum Tod führen können.
Folgende Maßnahmen müssen bei Atemstillstand ohne Verzögerung ergriffen werden: Sind die Atemwege verlegt, z.B. durch Erbrochenes, müssen sie zunächst freigeräumt werden. Atmet der Vergiftete dann immer noch nicht, bringt man ihn (von der stabilen Seitenlage) in Rückenlage.

Dann beginnt man mit der Mund-zu-Nase-Beatmung. Mit der rechten Hand (bei Rechtshändern) wird der Kiefer zugehalten. Die linke Hand liegt zur Fixierung des Kopfes auf der Stirn (bei Linkshändern ist die umgekehrte Position günstiger). Dann atmet man tief ein, stülpt den Mund über die Nasenlöcher des Vergifteten und bläst die Luft hinein. Wichtig ist, langsam zu beatmen, d.h. über ca. 2 Sek. in den Vergifteten ausatmen. Der Grund: Je langsamer man die Luft einbläst, desto geringer ist der Luftwiderstand in den Atemwegen. An der Hebung des Bauches des Vergifteten sieht man, ob die Luft in den Lungen ankommt. Etwa ab 1 Liter eingeblasener Luft wird eine solche Hebung sichtbar. Während der Helfer wieder einatmet, schaut er auf den Bauch des Vergifteten, ob sich dieser senkt. So kann man kontrollieren, ob überhaupt Luft aus den Lungen entweichen kann. Sollte das nicht der Fall sein, muss man die Hand kurz vom Kiefer nehmen, um die Luft durch den Mund entweichen zu lassen. Die Beatmung kann auch, – wenn die Mund-zu-Nase-Beatmung nicht möglich ist, als Mund-zu-Mund-Beatmung erfolgen. Man sollte die Beatmung ca. 10 bis 20 Mal wiederholen. Wichtig dabei ist, sich nicht völlig zu verausgaben. Verschiedene Helfer können sich abwechseln. Wenn nur ein Helfer vor Ort ist, soll er spätestens nach dem 20sten Mal eine kurze Pause einlegen. Die Atemspende darf aber nicht länger als fünf Sekunden unterbrochen werden. In jedem Fall sorgt die korrekt durchgeführte Mund-zu-Mund-Beatmung, dass Sauerstoff beim Vergifteten ankommt. Also: Nicht entmutigen lassen, wenn der Betreffende nicht reagiert, und weitermachen, bis die Atmung wieder einsetzt oder der Notarzt kommt.

erste Hilfe bei Bewusstlosigkeit: Bewusstlosigkeit ist ein Zustand, in dem der Vergiftete die Umgebung kaum noch bzw. gar nicht mehr wahrnimmt. Bei leichteren Fällen öffnet der Patient auf Ansprache noch kurz die Augen und reagiert in irgendeiner Form, wenn auch nicht immer vernünftig. In schwereren Fällen reagiert er nur noch auf Schmerz (z.B. wenn man ihn fest in den Arm kneift). Der Vergiftete stammelt unvollständige Laute. In ganz schweren Fällen bleibt sogar eine Reaktion auf Schmerz aus.

Ist der Vergiftete bewusstlos, ist es zunächst gemäß der ABC-Regel wichtig zu sehen, ob die Atemwege frei sind, die Atmung funktioniert und das Herz schlägt. Funktionieren Atmung, Herz und Kreislauf, muss man den Patienten in die stabile Seitenlage bringen. Der Patient wird dabei mit zurückgebeugtem Kopf auf die Seite gelegt. Wichtig ist, dass der Patient stabil liegt. Eine große Gefahr bei Bewusstlosen ist, dass sie an ihrem Erbrochenen ersticken. Deshalb soll man Menschen mit deutlich eingeschränktem Bewusstsein keine Flüssigkeiten geben. Die stabile Seitenlage sorgt, falls es zum Erbrechen kommt, dafür, dass das Erbrochene nicht in die Lunge, sondern aus dem Mund läuft. Hat der Vergiftete erbrochen, so müssen die Speisereste so gut wie möglich entfernt werden. Wenn der Vergiftete nicht mehr atmet oder einen Herzstillstand hat, müssen zusätzliche Maßnahmen ergriffen werden. In jedem Fall muss für die weitere Behandlung der Notarzt verständigt werden.

erste Hilfe bei Herzstillstand: Wenn das Herz stehen bleibt, drohen schon nach wenigen Minuten unumkehrbare Organschäden, Behinderungen und der Tod. Man erkennt einen Herzstillstand am fehlenden Puls.

Zum Ertasten des Pulses legt man den Zeigefinger und den Mittelfinger der rechten Hand oberhalb des Handgelenkes auf die Arteria radialis, also an der Daumenseite. Ist am Unterarm kein Puls tastbar, kann man es auch an der Halsschlagader und in der Leiste probieren. Auch beim Schock kann der Puls schwer tastbar sein; beim Herzstillstand fehlen aber zusätzlich die Herztöne.

Der Vergiftete wird in die Rückenlage gebracht, damit man mit der Herzmassage beginnen kann. Man legt dabei beide Hände übereinander auf das Brustbein in der Mitte des Brustkorbes. Man drückt dann fest und bestimmt ca. 1x/Sekunde kräftig nach unten. Der Brustkorb drückt dabei auf das Herz und transportiert so einen Teil des Blutes weiter. Man darf dabei nicht zu zimperlich sein, sonst hat die Herzmassage keinen Effekt. Parallel zur Herzmassage muss eine Mund-zu-Nase-Beatmung durchgeführt werden. Am besten ist es, wenn zwei Helfer das gleichzeitig machen. Hierbei sollte nach je 5 Herzmassagen eine Atemspende erfolgen (5:1-Regel), d.h. der Vergiftete erhält pro Minute ca. 60 Herzmassagen und 12 Atemspenden. Ist der Helfer allein, muss er Herzmassage und Beatmung abwechselnd machen. Hierbei gilt die 15:2-Regel: Nach 15 Stößen Herzmassage folgen 2 Mund-zu-Nase-Beatmungen. Im Wechsel macht man so kontinuierlich weiter, bis Herz und Atmung wieder einsetzen bzw. der Notarzt eintrifft.

erste Hilfe bei Krampfanfällen: Die meisten → Drogen einschließlich → Alkohol senken die Krampfschwelle, erhöhen also die Wahrscheinlichkeit für einen Krampfanfall. Bei einem Krampfanfall kommt es zu rhythmischen Entladungen einzelner Gruppen von Nervenzellen oder aber des gesamten Gehirns. Die Folge sind Zuckungen entweder einzelner Muskelgruppen, z.B. eines Armes oder aber des ganzen Körpers. Das Bewusstsein kann erhalten sein, in vielen Fällen sind Menschen während eines

Krampfanfalles aber nicht mehr ansprechbar. Die Muskeln können starr verkrampft sein oder rhythmisch hin und her zucken.
Die Dauer eines Anfalls liegt in der Regel zwischen wenigen Sekunden und einigen Minuten. Es ist möglich, dass der Betreffende unkontrolliert uriniert. Manche beißen sich im Anfall auch auf die Zunge. Der legendäre Schaum vor dem Mund ist aber nur selten zu beobachten.
Ein Krampfanfall birgt folgende Gefahren: Verletzungen durch unkontrollierte Stürze, Ersticken am Erbrochenen, Unterversorgung des Hirns mit Sauerstoff durch lang anhaltenden Krampfanfall oder eine Serie von Krampfanfällen und Herzstillstand. Besonders Serien von Anfällen, die fast ohne Pause auftreten, sind gefährlich. Hier droht neben dem Herzstillstand die Unterversorgung des Hirns mit Sauerstoff. Schwere Hirnschäden mit Lähmungen oder sogar der Tod können die Folge sein. In jedem Fall sollte bei einem Krampfanfall der Notarzt zu Hilfe gerufen werden. Liegt eine Serie von Anfällen vor, kann der Arzt sie medikamentös unterbrechen. Meist kommt er zwar erst, wenn der Anfall schon vorbei ist; er kann den Patienten aber dann zur weiteren Beobachtung ins Krankenhaus mitnehmen.
Die meisten Krampfanfälle sind nicht gefährlich. Wichtig aber ist, dass der Krampfende nicht stürzt, hart aufschlägt und sich dabei verletzt. Der Helfer sollte versuchen, ihn aufzufangen und so hinzulegen, dass er beim Krampfen nirgendwo gegenschlägt. Eine weiche Unterlage – wenn vorhanden – kann unter den Kopf gelegt werden. Früher schob man noch einen Gummikeil zwischen die Zähne, um zu verhindern, dass der Betreffende sich auf die Zunge beißt. Davon ist man abgekommen, es bringt nicht viel. Mancher Helfer hatte sich dadurch schwere Verletzungen an den Fingern zugezogen, der Patient hatte nachher unter Umständen ein paar Zähne weniger. Sollte der Krampfende sich erbrechen, muss nach Abklingen des Krampfes das Erbrochene ausgeräumt werden.

erste Hilfe bei Psychosen: Die meisten → Drogen, so z.B. → Kokain, → Amphetamine, → LSD aber auch → Cannabis können zu → Psychosen führen. Warum einzelne Konsumenten unter Drogeneinnahme Psychosen entwickeln und andere nicht, ist bis heute nicht geklärt. Patienten mit einer → Drogenpsychose sind in ihrem Erleben und ihrer Wahrnehmung deutlich eingeschränkt.
Es ist ähnlich wie bei einem halluzinogenen Rausch mit dem Unterschied, dass die Kontrolle des Geschehens verloren gegangen ist und der Betreffende nicht mehr die Möglichkeit hat, sich von dem veränderten Erleben zu distanzieren. Der Patient hält für real, was er sieht und fühlt, und lässt

sich davon auch durch gutes Zureden der anderen, die in einer anderen Welt leben als er, nicht abbringen. Das psychotische Erleben kann diffus-ungeordnet sein. Grenzen zwischen Ich und Umgebung werden nicht mehr oder nur noch verschwommen wahrgenommen. Verschiedene Sinneseindrücke werden zerstückelt und ungeordnet, z.T. durchmischt und verknüpft erlebt. Manchmal werden Dinge gehört, gesehen, gefühlt oder gerochen, die nicht da sind. Angstvolles Erleben ist häufig.
Kommunikation ist mit psychotischen Menschen nur eingeschränkt möglich. Andererseits bekommen auch solche Personen überraschend viel von ihrer Umgebung mit. Sie verarbeiten es aber langsamer, ungeordneter und zum Teil sinnlos. Selbst wenn der psychotische Mensch nicht sinnvoll antwortet oder reagiert, darf nicht übersehen werden, wie bedeutsam ein angemessenes Vorgehen des Helfers gerade hier ist. Es ist wichtig, die Aussagen des Psychosekranken im akuten Notfall so zu nehmen, wie er sie äußert. Sie sind Schlüssel zum subjektiven Erleben des Betroffenen und helfen dabei, seine Ängste, Sorgen und Wünsche zu verstehen. Es hilft nichts, einem Menschen in der Psychose etwas ausreden zu wollen. Eine drogeninduzierte Psychose erfordert fast immer die Hinzuziehung eines Notarztes bzw. Psychiaters. Er kann Medikamente geben, die entängstigen und das Erleben wieder in normale Bahnen lenken (→ Benzodiazepine, → Neuroleptika).

erste Hilfe bei Schock: Ein Schock entsteht dann, wenn das zirkulierende Blutvolumen nicht ausreicht, um alle Organe ausreichend mit Blut und den im Blut gebundenen Sauerstoff zu versorgen. Gründe dafür sind u.a. Blutverlust (das Blutvolumen reicht nicht mehr aus), Herzprobleme (das Herz pumpt nicht mehr genug Blut durch den Körper, z.B. weil eine Drogenvergiftung vorliegt), Austrocknung (z.B. bei Konsum von → Ecstasy und ungenügendem Trinken), allergische Reaktionen (z.B. bei Drogenunverträglichkeit), psychische Belastungen (→ Angst z.B. bei einem → Horrortrip kann Gefäße weitstellen. Folge: Das Blut versackt in Armen und Beinen und das Gehirn bekommt zu wenig Blut). Einen Schock erkennt man an blasser, kalter Haut, schwachem, kaum tastbarem Puls, Pulsrasen, Benommenheit bis hin zur Bewusstlosigkeit (durch Unterversorgung des Hirns). Die Maßnahmen, die beim Schock ergriffen werden müssen, dienen in erster Linie dazu, die Blutversorgung des Hirns zu verbessern. Der Patient wird dazu in die sog. Schocklage gebracht: Rückenlage, evtl. Kissen unter den Kopf, Beine hoch. Achtung: Ist der Schock durch Herzprobleme bedingt (erkennbar an den gestauten Halsvenen), so müssen der Oberkörper hoch- und die Beine tief gelagert werden.

Ist der Patient ansprechbar, sollte Flüssigkeit zugeführt werden. Keinesfalls darf dafür Alkohol genommen werden, weil er die Ausscheidung von Flüssigkeit begünstigt und zudem das Bewusstsein weiter einschränkt. Größere Mengen reinen Wassers sind auch nicht gut, weil es zu wenig Mineralien enthält und zu Wassereinlagerung in Gehirn und anderen Organe führen kann. Am besten sind beim Schock Mineraldrinks. Hat man das Gefühl, die Lage nicht zu beherrschen, muss man auch hier den Notarzt verständigen, und zwar lieber zu früh als zu spät. Dieser kann durch Infusionen die fehlende Flüssigkeit ersetzen.
Bei Einnahme von Drogen kommt es häufig zu Übelkeit und Erbrechen. Der Körper wehrt sich damit gegen das Rauschgift und versucht, es durch Entleerung des Magens aus dem Körper zu entfernen. Im besten Fall wird dadurch ein Teil der Dosis eliminiert. Bei Personen, deren Bewusstsein nicht deutlich gestört ist und bei denen die Drogeneinnahme über den Mund noch nicht lange zurückliegt, kann es sinnvoll sein, das Erbrechen durch Reizung der Rachenhinterwand, Trinken von Salzwasser oder Rizinusöl auszulösen. Die Gabe von Ipecacuanha-Sirup löst ebenfalls Erbrechen sicher aus. Ein Teil der Drogen kann so aus dem Körper entfernt werden. Keinesfalls darf Erbrechen ausgelöst werden bei Vergifteten, bei denen das Bewusstsein eingeschränkt ist. Eine Hauptgefahr ist – gerade wenn das Bewusstsein durch die Drogen eingeschränkt ist –, dass der Betreffende an seinem Erbrochenen erstickt. Um dies zu verhindern, muss das Erbrochene mit den Fingern ausgeräumt werden und der Betreffende in die stabile Seitenlage gebracht werden.

Erwartungshaltung und Drogenwirkung: Die Qualität eines Rausches wird maßgeblich von Einstellungen und Erwartungshaltungen des Konsumenten bestimmt. Eine → Droge löst nicht zwangsläufig einen bestimmten Trip aus. Die drogenbedingten Veränderungen von Wahrnehmung und Erleben werden ganz wesentlich von der Persönlichkeit und Verfassung des Konsumenten (→ Set, → O-Variable) bestimmt. Auch lässt sich die Wirkung nach Einnahme noch zum Teil steuern und beeinflussen. Die Kontrollmöglichkeiten sind gegenüber dem drogenfreien Zustand aber eingeschränkt. Wie eine Droge wirkt, hängt wesentlich von der Gefühlslage ab, in der sie genommen wird. Viele Drogen können tendenziell die vorhandene Grundstimmung verstärken. Wer zum Beispiel vor Einnahme von → LSD oder → Cannabis ängstlich ist, wird die Erfahrungen unter der Drogeneinwirkung auch eher ängstlich verarbeiten. Ein so genannter → Horrortrip kann die Folge sein. In guter Laune konsumierter → Alkohol führt wahrscheinlich zu noch gelösterer Stimmung; beim Depressiven aber wird sich unter Alkohol die Stimmungslage weiter verschlechtern. Speed und Kokain können bei ausgeglichener Stimmung zu Hochgefühl führen, bei misstrauischer Grundstimmung aber zu → Paranoia und Verfolgungswahn.

Erythroxylum: Gattungsbezeichnung für eine Reihe von Sträuchern, zu denen auch der → Koka-Strauch gehört.

Esakuna ist ein Gras (Cymbopogon densiflorus), das von den Medizinmännern Tansanias als Rausch- und Heilmittel eingesetzt wird. Die Blüten werden geraucht. Im Rausch, so glaubt man dort, könne die Zukunft vorausgesagt werden. Darüber hinaus dient das nach Zitrone riechende Gras zur Blutstillung und als Kräftigungsmittel.

Esparon: Handelsname eines mittellang wirksamen → Benzodiazepins, das zur Behandlung von → Angst- und Erregungszuständen sowie bei innerer Unruhe eingesetzt wird. Inhaltsstoff ist Alprazolam. Die Entwicklung einer psychischen und physischen → Abhängigkeit kann rasch erfolgen. In der Drogenszene wird das Medikament als Heroinersatz gehandelt.

Esrar: Türkische Bezeichnung für → Cannabis.

Essstörungen: alle Verhaltensauffälligkeiten, die mit dem Essen zusammenhängen. Im engeren Sinne versteht man darunter Anorexie (auch Magersucht oder Anorexia nervosa genannt) und Bulimie (auch Ess-Brech-Sucht oder Bulimia nervosa genannt). Essstörungen gehören zwar nicht zu den → Abhängigkeitserkrankungen, sie stellen aber eine häufige → Komorbidität bei Süchtigen dar. Es wird vermutet, dass bei 10-30 % der Essgestörten zusätzlich ein Missbrauch oder eine Abhängigkeit von Suchtstoffen vorliegt. Umgekehrt soll bei 20-30 % der Suchtkranken zusätzlich eine Essstörung vorliegen. Gesicherte Daten dazu fehlen aber (DHS: Essstörungen, 1997). Erklärbar wäre dieses Phänomen von → Komorbidität wie folgt:

- Die Dämpfung des Hungers, insbesondere durch → Stimulanzien wie z.B. → Kokain oder → Amphetamine, ist als Mittel zur Gewichtsabnahme erwünscht.
- Das von Essgestörten angestrebte Körperschema (Schlankheitsideal) lässt sich durch Einnahme von Stimulanzien leichter erreichen. (»Ecstasy« wurde eigentlich als Appetitzügler entwickelt.)
- Ein bei Essgestörten oft vorhandener Gefühlszustand von Leere und Sinnlosigkeit wird als so unangenehm empfunden, dass das pathologische Essverhalten zur Regulierung nicht mehr als ausreichend angesehen wird. Der Griff zum Suchtmittel führt dann – zumindest kurzfristig – zu einer Verbesserung des Empfindens.

- Die bei Essgestörten vorliegenden Spannungszustände können durch → Drogen und → Alkohol (kurzfristig) abgemildert werden.

Bei der Behandlung (→ Rehabilitation) von zusätzlich zur → Sucht vorliegenden Esstörungen ist darauf zu achten, dass beide Krankheitsbilder, Sucht und Essstörung, adäquat bei der Therapie berücksichtigt werden.

ET: **1.** Abk. für Ergotamin-Tartrat, das selbst zwar keine → psychoaktive Wirkung hat, aber als Grundstoff zur Herstellung von → LSD dienen kann. **2.** Abk. für Einzeltherapie.

Etsch: Szeneausdruck für → Heroin, abgeleitet vom engl. ausgesprochenen »H«.

Euphorika: Veraltete Bezeichnung für → Opiate.

EURAD: Europäische Dachorganisation der → Elternkreise drogenabhängiger Jugendlicher.

Europäische Kommission: Die E. K. hat 2000 Schritte zur Regulierung von Tabakprodukten (→ Tabak) beschlossen (→ Prävention). Die irreführenden Bezeichnungen »light« und »mild« sollten abgeschafft werden. Außerdem wurde die Verwendung größerer Warnhinweise beschlossen.

Europlatte: Szeneausdruck für → Haschisch in Plattenform mit meist mittlerem → THC-Gehalt.

Europol: Name einer staatenübergreifenden Polizeiorganisation der Europäischen Gemeinschaft, zu deren Aufgaben u.a. die Aufklärung der Strukturen des internationalen Drogenhandels gehört (→ Angebotsstrukturen).

Eve: Szeneausdruck für → Ecstasy.

Eve & Rave: Aus der → Techno-Szene entstandenes Projekt, das u.a. Broschüren zu verschiedenen Drogen herausgibt. Ein weiteres Ziel von Eve & Rave ist die Legalisierung des → Drug checkings. Zudem versucht Eve & Rave Einfluss auf drogenpolitische Entscheidungen zu nehmen. Professionelle Helfer werfen Eve & Rave → Verharmlosung von Drogen vor.

Experimentierkonsum: Beschreibung für eine Form des Konsums, bei der → Drogen nur über kurze Zeit genommen werden mit dem Ziel, deren Wirkungsweise aus persönlicher Erfahrung kennen zu lernen. Experimentierkonsum ist unter Heranwachsenden häufig und noch kein Hinweis darauf, dass der Betreffende suchtkrank ist (→ Suchtgefährdung). Die meisten Konsumenten stellen ihren Konsum nach einer kurzen Phase des Experimentierens wieder ein.

Wenn keine akuten, z.B. durch Überdosierung oder Verhaftung bedingten, Probleme auftreten, sind längerfristig bestehende Schwierigkeiten eher unwahrscheinlich. Bei einer kleinen Gruppe von Konsumenten geht der Experimentierkonsum allerdings – meist schleichend über Monate oder Jahre hinweg – in einen → Dauerkonsum und eine → Abhängigkeitserkrankung über (→ ICD und DSM-Kriterien).

Expositionsverfahren spielen u.a. bei der → Entwöhnungsbehandlung eine Rolle, z.B. in der Behandlung von → Ängsten. Die bekannteste Unterform eines Expositionsverfahrens ist die → Systematische Desensibilisierung.

Es gibt weitere Verfahren, denen gemeinsam ist, dass sie auf die Theorie der → klassischen Konditionierung zurückgehen. Gemeinsam ist zudem die Darbietung angstauslösender Stimuli in Verbundung mit einer Reaktionsverhinderung, d.h. einer Verhinderung von Vermeidungsverhalten oder anderen pathologischen Reaktionen auf Angst-auslösende Reize. Zu den Expositionsverfahren gehören:

- Flooding: Der Patient wird mit dem am meisten Angst auslösenden Reiz, dem sog. Top Item in der Angsthierarchie, gleich zu Beginn der Therapie konfrontiert. Die Folge ist eine Reizüberflutung und – bei Ausbleiben des Vermeidungsverhaltens (= Reaktionsverhinderung) – eine Angstverminderung (Habituation oder Löschung).
- Implosion: Dieses Verfahren präsentiert die Items bis zum Top-Item in der Angsthierarchie ähnlich wie beim Flooding. Die Darbietung erfolgt allerdings nur beschreibend in der Vorstellung. Es folgt eine Interpretation der in der Vorstellung erlebten Szene. Im Unterschied zur Systematischen Desensibilisierung fehlt der Einsatz von Angstantagonisten.
- Reguläre, gradierte, verdeckte oder stellvertretende → Löschung.

Wichtig ist es, die Dauer der Exposition ausreichend lange zu wählen (normalerweise > 30 Minuten). Das Plateau der Angst muss im Erleben des Patienten im Rahmen der Exposition deutlich überschritten werden. Er muss erleben, dass die von ihm als Folge des angstauslösenden Stimulus befürchteten Reaktionen ausbleiben (z.B. in Folge einer Panikattacke zu sterben oder verrückt zu werden). Wird die Expositionszeit zu kurz gewählt (Angst hat den Höhepunkt noch nicht erreicht oder flutet noch nicht ab), ist eine massive Steigerung der Angst als Folge der therapeutischen Intervention zu erwarten.

Extinktion: Anderer Ausdruck für → Löschung.

Ex-User: Bezeichnung für einen ehemaligen Drogenkonsumenten, der nun abstinent lebt. Ex-User spielen bei der Therapie von Drogenabhängigen eine wichtige Rolle, weil sie für die aussteigewilligen Drogensüchtigen ein gutes Modell sein können (→ Lernen am Modell, → Therapeutische

Gemeinschaft). Suchthilfeträger wie → Synanon und → DAYTOP arbeiten traditionell mit Ex-Usern zusammen.

Eye-Opener: Szeneausdruck für → Stimulantium, der auf die mit der Einnahme verbundene → Pupillenerweiterung anspielt.

F

FA: Abk. für »Families Anonymous«, eine Kette von → Selbsthilfegruppen, in denen sich von Suchterkrankungen betroffene Familien bei der Bewältigung von Alltagsproblemen gegenseitig helfen.

Fachverband Sucht: Eingetragener Verein mit Sitz in Bonn, der im Netz unter www.sucht.de zu finden ist.

Fading: Fading ist die Bezeichnung aus der → Verhaltenstherapie für das langsame Ausblenden von Hilfestellungen im Rahmen eines Verhaltensaufbaus (ähnlich, wie dies zum Beispiel bei der → Selbstinstruktion nach Meichenbaum der Fall ist). Jede therapeutische Maßnahme endet letztlich mit Fading-Prozessen. Der Therapeut nimmt sich Stück für Stück zurück und der Patient übernimmt zunehmend eigenständig Planung und Ausführung (→ Selbstmanagement).

Fag: Szeneausdruck für → Zigarette.

Fahrerlaubnisverordnung: Abk. FeV. Seit dem 01.01.1999 gilt in Deutschland eine neue Fahrerlaubnisverordnung, die mit alten Rechtsunsicherheiten, wann und wie Autofahrer auf Betäubungsmittelkonsum überprüft werden können und wann der Führerschein entzogen wird, aufräumt. Das neue Recht ist konkreter und bedeutet für Konsumenten von → Drogen eine erhebliche Verschlechterung. Wer regelmäßig Drogen, z.B. → Cannabis, konsumiert, gilt jetzt in jedem Fall als fahruntüchtig. Sobald Umgang mit mehreren Betäubungsmitteln besteht, wird der Führerschein ebenfalls in jedem Fall entzogen. Auch Gelegenheitskiffern kann der Führerschein entzogen werden, wenn der Richter davon ausgeht, dass zum Zeitpunkt des Autofahrens keine Fahrtüchtigkeit bestand. Gegebenenfalls erfolgt hierfür eine gutachterliche Stellungnahme einschließlich → Drogentests. Schon ein Verdacht auf Betäubungsmittelkonsum kann ausreichen, damit der Richter eine Begutachtung veranlasst und die Führerscheinstelle den Führerschein einzieht.

Grundlage des Gesetzes war das Gutachten → »Drogen und Fahreignung« von Kannheiser und Maukisch. Gegenüber Alkoholtrinkern werden Drogenkosumenten nach der neuen Gesetzeslage erheblich schlechter gestellt. Schon der Nachweis von → THC-Derivaten in der Haaranalyse kann zum → Führerscheinentzug führen, und zwar auch dann, wenn sich der Autofahrer bei der Kontrolle unauffällig verhält.
Verhängt werden hohe Geldstrafen und Fahrverbote bis zu drei Monaten. Im Wiederholungsfall sind auch höhere Strafen möglich. Es ist auch nicht einfach, den Führerschein zurückzubekommen, die → medizinisch-psychologische Untersuchung weist hohe Durchfallquoten auf. Hinzu kommt, dass die Versicherung des Kraftfahrers die Übernahme von Unfallschäden ablehnen kann, was bei Personenschäden mit der Vernichtung einer Existenz des Drogenkonsumenten gleichbedeutend sein kann. Jedem, der Drogen konsumiert, kann nach aktueller Rechtsprechung nur dazu geraten werden, auf das Autofahren dauerhaft zu verzichten.

Fahrkarte: Szeneausdruck für ein Papier, das mit → LSD beträufelt ist.

Fahrtüchtigkeit: Jeder Verkehrsteilnehmer hat sich nach § 1 StVO so zu verhalten, dass er niemanden schädigt, gefährdet oder mehr als den Umständen nach unvermeidbar behindert oder belästigt. 2001 ereigneten sich etwa 26.000 Verkehrsunfälle mit fast 1000 Toten unter Alkoholeinfluss – und das sind nur die offiziellen Zahlen. Zu den Unfällen, die unter Drogeneinfluss stattfanden, gibt es keine genauen Zahlen; im → Aktionsplan Drogen und Sucht wird von einem steigenden diesbezüglichen Gefahrenpotenzial ausgegangen.
Alle Substanzen, die eine Wirkung auf die Psyche haben, können die Fahrtüchtigkeit negativ beeinflussen. Dazu gehören → Drogen, → Alkohol und eine Vielzahl von Medikamenten. Die Kenntnis über die Einschränkung der Fahrtüchtigkeit ist für Arzt und Patient wichtig, weil zum einen natürlich Gefährdungen anderer Verkehrsteilnehmer und des Fahrers zu vermeiden sind, zum anderen aber bei eingeschränkter Fahrtüchtigkeit kein Versicherungsschutz mehr bestehen kann. Nach § 2 → Fahrerlaubnisverordnung darf jemand, der unter psychoaktiven Wirkstoffen steht, nur dann am Verkehr teilnehmen, wenn er vorgesorgt hat, dass er andere nicht gefährdet. Es besteht die Pflicht zur Selbstüberprüfung, ob Fahrtüchtigkeit besteht.
Hat der Arzt bei verschreibungspflichtigen Medikamenten den Patienten nicht hinreichend über die Nebenwirkungen von Medikamenten aufgeklärt, kann ihn eine Mitschuld treffen. In einem BSG-Urteil (VI ZR 265/02) wurden dem Arzt umfassende Sorgfaltspflichten auferlegt, um

eine Mitschuld zu vermeiden. Der Apotheker hat eine Aufklärungspflicht bei den frei verkäuflichen Medikamenten mit ähnlichen Konsequenzen. Bei Alkohol und Drogen hingegen oder wenn der Patient warnende Hinweise des Arztes oder des Apothekers ignoriert, bleibt das Haftungsrisiko allein beim Konsumenten bzw. Patienten. Kommen bei einem Unfall Personen zu Schaden, können leicht Schäden in Höhe von hunderttausenden oder gar Millionen Euro entstehen, für die die Versicherung dann nicht haftet.

Zu den Medikamenten, die die Fahrtüchtigkeit beeinträchtigen können, gehören neben allen Psychopharmaka (→ Benzodiazepine, → Barbiturate, → Neuroleptika, → Antidepressiva, → MAO-Hemmer) u.a.

- Schmerzmittel wie Diclofenac (Voltaren©, Diclac© ...), Metamizol (Novalgin©), Tilidin (Valoron N©) und Tramadol (Tramal©),
- Antiallergika wie Cetirizin (Zyrtec©), Diemethin (Fenestil©),
- Asthmamittel wie Clenbuterol (Spasmo-Mucosolvan©), Ipratropium/Fenoterol (Berodual©), Salbutamol (Sultanol©) und Theophyllin (Bronchoretard©),
- Antibiotika wie Cotrimoxazol (Cotrim-ratiopharm©) und Ciprofloxacin (Ciprobay©)
- Diabetesmedikamente wie Glimepirid (Amaryl©) und Insulin,
- Blutdruckmittel wie Amlodipin (Norvasc©), Bisoprolol (Concor©), Captopril (Captohexal©), Enalapril (Enahexal©), Metoprolol (Beloc©), Ramipril (Delix©) und Verapamil (Isoptin©),
- Herzmittel wie Glyceroltrinitrat (Nitrolingual©), Isosorbidnitrat (Isoptin©) und Pentaerythrityltetranitrat (Pentalong©),
- Magen-Darm-Mittel wie Dimenhydrinat (Vomex©), Metoclopramid (MCP-Ratiopharm©, Paspertin©) und Ranitidin

Derartige Risiken sind im Beipackzettel aufgeführt, den man stets vor Einnahme lesen und ggf. mit dem Arzt besprechen sollte. Auch in der → Roten Liste ist für jedes Medikament aufgeführt, inwieweit es die Teilnahme am Straßenverkehr gefährden kann. Darüber hinaus ist zu beachten, und auch darauf wird in der Roten Liste hingewiesen, dass viele Arzneimittel → Alkohol enthalten, der die Fahrtüchtigkeit beeinflussen kann. Besondere Beachtung verdient, dass Medikamente mit psychoaktiver Wirkung/Nebenwirkung, in Kombination gegeben, die Fahrtüchtigkeit deutlich stärker beeinflussen können als das jeweilige Einzelpräparat. Ähnliches gilt, wenn zusätzlich zu Medikamenten Alkohol oder Drogen eingenommen werden.

Besonders unverantwortlich erscheinen derzeit zu beobachtende Bestrebungen einzelner Therapeuten, Patienten, die sich in → Substitution befinden, zu ermutigen, sich ans Steuer zu setzen. Ein Patient, der → Methadon einnimmt, ist denkbar ungeeignet, ein Kraftfahrzeug zu führen. Das gilt auch, wenn es sich um einen der selteneren Fälle handelt, bei denen kein zusätzlicher → Beikonsum besteht. Einige Therapeuten scheinen hier im Laufe ihrer beruflichen Sozialisation den Sinn für die Realität verloren zu haben (→ Co-Abhängigkeit).

Fallgruppen Alkoholabhängigkeit: In Nordrhein-Westfalen hat sich zur Beurteilung, bei welcher Form der Alkoholabhängigkeit welche Dauer der → Entzugsbehandlung indiziert ist, die Einteilung in Fallgruppen bewährt. Patienten, die alkoholabhängig sind, können gemäß Suchtvereinbarung sechs Fallgruppen zugeordnet werden (siehe: »Anforderungskriterien für die qualifizierte stationäre Akutbehandlung (Entzug) von Alkoholabhängigen« der Rheinischen Arbeitsgemeinschaft für die Rehabilitation Suchtkranker vom 30.8.99).

Ziel der Fallgruppeneinteilung ist es, eine ausreichend lange qualifizierte → Entgiftung zu ermöglichen ohne unnötig lange Verweildauern zu Lasten der Solidargemeinschaft.

Kommt ein alkoholkranker Patient wegen einer → Entgiftungsbehandlung zur Aufnahme, so ist ein stationärer Aufenthalt von 7 Tagen zur Entgiftung bei unkompliziertem → Entzug oft ausreichend. Dies gilt für Behandlungen von Patienten, die gemäß Suchtvereinbarung der u.a. Fallgruppe 1 zugeordnet werden können und als Vorstufe der Entwöhnung mit nahtlosem Übergang nach dem AG 1/6-Verfahren (hier: Fallgruppe 3). Die Nahtlosigkeit des Übergangs von der Entgiftungsbehandlung in die → Entwöhnungsbehandlung ist vom Sozialdienst frühzeitig sicherzustellen. Verzögerungen bei der Verlegung in die Entwöhnung aus nichtmedizinischen Gründen gehen nicht zu Lasten der Krankenkasse. Diese Kosten bekommt das Krankenhaus in der Regel nicht erstattet.

Grundsätzlich wäre es wünschenswert, wo indiziert, einen Aufnahmetermin für eine ambulante oder stationäre Rehabilitationsmaßnahme (also eine Entwöhnungsmaßnahme) im Vorfeld der Aufnahme zur Entgiftung festzulegen. Es spricht in vielen Fällen nichts dagegen, einen Patienten, der intoxiziert um Aufnahme zur Entgiftung ersucht, zunächst an eine Suchtberatungsstelle zu verweisen, um dort ein längerfristig angelegtes Therapiekonzept zu erstellen, in dem die Entgiftungsbehandlung einen Baustein darstellt.

Besteht keine ausreichende→ Motivation für weiterführende Maßnahmen (siehe: Fallgruppe 2), so ist bei unkompliziertem Entzug und bei Fehlen akuter Gefährdungsaspekte in der Regel eine über 7 Tage hinausgehende Krankenhausbehandlung nicht indiziert. Wird schon früher, d.h. vor Ablauf von 7 Tagen, deutlich, dass keine ausreichende Motivation besteht, kann bzw. muss die Entlassung aus der Entzugsbehandlung schon früher erfolgen.

Bei den Fallgruppen 4 bis 6 ist eine über 7 Tage hinausgehende Entgiftungsbehandlung angezeigt. Patienten, bei denen die Entgiftung durch schwere vegetative Entzugserscheinungen, ein → Delir oder epileptische Anfälle kompliziert ist (Fallgruppe 4), bedürfen einer Entgiftung von mindestens 14 Tagen. Die weitere, darüber hinausgehende Behandlungsbedürftigkeit muss von den Behandlern auf der Entzugsstation gegenüber den Kostenträgern (hier meist die Krankenkasse) anhand konkreter Befunde und Behandlungsziele nachgewiesen werden.

Alkoholkranke Patienten, die unmotiviert für weiterführende Maßnahmen aufgenommen werden und die sich im Behandlungsverlauf als – belegt durch beschreibbare Verhaltensänderungen – motivierbar für eine Weiterbehandlung erweisen (Fallgruppe 5), können in entsprechend darauf ausgerichteten Stationen bis zu 3 Wochen – in dezidiert darzulegenden Fällen auch bis zu 6 Wochen – behandelt werden. Ziel dieser Behandlungen im Krankenhaus ist es, Krankheitseinsicht und Veränderungsmotivation zu stärken (»qualifizierte Entzugstherapie«). Man spricht bei derartigen Verlängerungen von Entzugsbehandlungen auch von einer Motivationsbehandlung. Dies kann vor allem sinnvoll sein bei Patienten, die wiederholt stationär zur Entgiftung aufgenommen wurden, diese Behandlungen bisher aber immer wieder abgebrochen hatten und/oder die sich nicht zu weiterführenden Maßnahmen entschließen konnten. Gelingt es jetzt, den Patienten durch längere Krankenhausbehandlung für weiterführende Maßnahmen (→ Entwöhnungsbehandlung, Besuch von → Selbsthilfegruppen, Besuch von Suchtberatungsstellen) ausreichend zu motivieren, so kann dieser Drehtüreffekt u.U. unterbrochen werden.

Wurde bereits eine Motivationsbehandlung im Vorfeld durchgeführt, ist die Sinnhaftigkeit einer weiteren vor Ablauf von 12 Monaten kritisch zu hinterfragen. Ohne eine detaillierte und nachvollziehbare Begründung der Behandler ist die erneute Durchführung einer Motivationsbehandlung nicht sinnvoll.

Patienten, bei denen zusätzlich zur Alkoholabhängigkeit eine schwere Folge- oder Begleiterkrankung vorliegt (z.B. ein Diabetes, ein → Korsakow-

Syndrom oder eine → Schizophrenie) bedürfen unter Umständen längerer Krankenhausbehandlung (Fallgruppe 6). Dies ist im Einzelfall von den Krankenhausärzten gegenüber der Krankenkasse zu begründen.

Stationäre qualifizierte Akutbehandlung (Entzug) bei Alkoholkranken (gilt nur für Krankenhäuser, die für eine Behandlung gemäß den Anforderungskriterien qualifiziert sind)

Fallgruppe 1: Behandlung gemäß Suchtvereinbarung

Es handelt sich um Alkoholkranke, die in einer Suchtberatungsstelle betreut und motiviert wurden, eine Entwöhnungsmaßnahme durchzuführen. Der Termin für diese Entwöhnung steht fest. Die qualifizierte Akutbehandlung (Entzug) erfolgt als unmittelbare Vorstufe der Entwöhnung mit nahtlosem Übergang.

Fallgruppe 2: Behandlung bei unkompliziertem körperlichen Entzug und nicht erreichter suchtspezifischer Behandlungsbereitschaft

Diese Patienten werden ohne Bereitschaft zur suchtspezifischen Behandlung in eine Klinik eingewiesen oder notfallmäßig aufgenommen. Sie lassen im Verlauf eines unkomplizierten körperlichen Entzuges auch keine solche Bereitschaft erkennen.

Fallgruppe 3: Behandlung zur Verlegung in eine Entwöhnungseinrichtung

Diese Alkoholkranken sind zwar ohne Vorbereitung durch eine Beratungsstelle in die Klinik gekommen, zeigen sich aber motiviert für eine Entwöhnung. Für diese bedarf es einer Absprache mit dem Rentenversicherungsträger, die bei unkompliziertem Verlauf des Entzuges eine nahtlose Verlegung, wie bei Fallkonstellation 1, ermöglicht. Dafür sind Entwöhnungsabteilungen an Kliniken oder Kooperationsverträge mit speziellen Entwöhnungseinrichtungen aus Gründen der Kontinuität der Behandlung besonders geeignet.

Fallgruppe 4: Behandlung bei kompliziertem Verlauf

Dabei handelt es sich um Alkoholkranke, bei denen der Entzug besonders schwer verläuft bis zum Auftreten eines Delirs oder epileptischer Anfälle. Auch kann ein sehr schlechter Allgemeinzustand den Verlauf komplizieren. Wegen dieses komplizierten Verlaufs ist eine evt. Bereitschaft für eine suchtspezifische Weiterbehandlung erst später als innerhalb der ersten 7 Tage zu beurteilen. Das gilt auch für die Einleitung einer nahtlosen Entwöhnung.

Fallgruppe 5: Behandlung zur Motivierung für eine suchtspezifische Weiterbehandlung

Bei dieser Gruppe von Alkoholkranken besteht bei Aufnahme keine Motivation zur Weiterbehandlung. Der körperliche Entzug verläuft unkompliziert oder auch kompliziert. Sie erweisen sich unter dem Einfluss des Behandlungsangebotes der Klinik als motivierbar. Ziel einer solchen Behandlung ist die Bereitschaft, sich einer Selbsthilfegruppe anzuschließen, Kontakt zu einer Beratungsstelle aufzunehmen und v.a. die Bereitschaft zu einer ambulanten oder stationären Entwöhnung.

Fallgruppe 6: Behandlung wegen schwerer körperlicher und/oder psychischer Begleit- und Folgeerkrankungen

Es handelt sich um Alkoholkranke, die zusätzlich zum Alkoholismus an einer schweren körperlichen und/oder psychischen Begleiterkrankung leiden, wie z.B. an einem Diabetes mellitus, einer Schizophrenie oder Angstneurose sowie einem zusätzlichen schädlichen Gebrauch von Medikamenten. Auch handelt es sich um Kranke, bei denen der Alkoholismus zu einer schweren Folgeerkrankung geführt hat, z.B. einer Polyneuropathie oder einem Korsakow-Syndrom. Diese Kranken werden zwar auch entzogen, die Dauer ihrer Behandlung richtet sich aber nach der Begleit- oder Folgeerkrankung.

Familientherapie: Sonderform der → Psychotherapie, die auch in der Arbeit mit Drogenabhängigen und Alkoholikern eingesetzt wird. Theoretische Grundannahme der Familientherapeuten ist, dass das gesamte System der Familie krank ist und dass die Krankheit des Patienten nur Ausdruck der Störung im Gesamtsystem ist. Unabhängig von dieser Grundannahme ist es in jedem Fall sinnvoll, die Entwicklungsgeschichte des Patienten innerhalb der Therapie zu analysieren. Darüber hinaus ist es schon deshalb sinnvoll, die Familie mit einzubeziehen, weil dann eher erreicht werden kann, dass die Familie den Suchtkranken bei seinem Weg unterstützt. Angehörige von Abhängigen neigen z.B. dazu, dem abhängigkeitskranken Patienten die Verantwortung für sein Leben abzunehmen, ihm ständig Geld zu geben usw. (→ Co-Abhängigkeit).

Faserhanf: Hanfsorten, deren → THC-Gehalt so gering ist, dass beim Rauchen (→ kiffen) kein Rausch entsteht. Der Anbau von Faserhanf ist in der EU erlaubt. Durch besondere chemische Verfahren lässt sich allerdings auch aus Faserhanf THC gewinnen. Das allerdings dürfen nur Apotheker unter bestimmten Voraussetzungen (→ THC-Pharma), der Normalbürger macht sich strafbar → BtMG). Überlässt man Faserhanf sich selbst, so entstehen im Laufe der Zeit wieder THC-reichere → Cannabis-Sorten.

Faustan: Handelsname eines lang wirksamen → Benzodiazepins, das zur Behandlung von → Angst- und Erregungszuständen, → Schlafstörungen sowie vor und nach operativen Eingriffen eingesetzt wird. Inhaltsstoff ist → Diazepam. Die Entwicklung einer psychischen und physischen → Abhängigkeit kann rasch erfolgen. In der Drogenszene wird das Medikament als → Downer gehandelt.

FCTC: Abk. für → Framework Convention on Tobacco Control.

F-Diagnose: Im → ICD 10 werden die psychischen Störungen in Kapitel V abgehandelt. Jeder psychischen Erkrankung wird dort eine Buchstaben-Ziffern-Kombination zugeordnet. Alle psychischen Erkrankungen beginnen mit dem Buchstaben F, z.B. F02.1 für Demenz bei Creutzfeld-Jacob'scher-Erkrankung, F10.2 für Alkoholabhängigkeit und F20.0 für → Paranoide → Schizophrenie .

F1-Diagnose: Oberbegriff für alle psychischen Erkrankungen, die in Verbindung mit Suchtmitteln auftreten. Der Begriff nimmt Bezug auf die → ICD 10, in der diese Krankheitsbilder mit einer F1-Ziffer verschlüsselt werden; F12.2 ist z.B. die Ziffer für → Cannabis-Abhängigkeit.

FDR: 1. Abk. für Falldatei Rauschgift. **2.** Abk. für Fachverband Drogen und Rauschmittel e.V., den man im Internet unter www.fdr-online.info findet.

Fehlbelegung: Die Behandlung von Patienten in einer von den Sozialgesetzbüchern dafür nicht vorgesehenen therapeutischen Einrichtung. Dazu gehören z.B. → Entwöhnungsbehandlungen in psychiatrischen Krankenhäusern (die nur für → Entzugsbehandlungen zuständig sind) statt in Rehabilitationskliniken. Auch die stationäre Behandlung von Kranken, bei denen ambulante Behandlung ausreichend wäre, ist eine Fehlbelegung.

Fehlbelegung bedeutet somit nicht etwa Fehlbehandlung im Sinne eines Kunstfehlers, sondern Fehlmanagement. Durch Fehlbelegungen entstehen den Krankenkassen jedes Jahr hohe Verluste. Die Krankenkassen haben deshalb die Möglichkeit, Fehlbelegungen durch den → MDK in begründeten Einzelfällen und durch → 17-Prüfungen feststellen zu lassen.

Fenchel: (Foeniculum vulgare) soll stimmungsaufhellend und beruhigend wirken. Er wird auch in der Naturmedizin gegen → Depressionen angewandt. Manche Konsumenten berichten, dass getrockneter Fenchel in gerauchter Form ähnlich wie → Cannabis wirke. Beweise hierfür gibt es nicht.

Fenetyllin: → Amphetamin, das in Deutschland unter dem Handelsnamen → Captagon verschreibbar ist.

Fenta-Hameln: Handelsname einer Injektionslösung, die das → Opiat → Fentanyl enthält (→ Fentanyl).

Fentanyl: Hochpotentes → Opiat, das wegen seiner stark schmerzstillenden Wirkung in der Anästhesie eingesetzt wird. In der Drogenszene wird es als Heroinersatz missbräuchlich verwendet. In illegalen Laboratorien hergestelltes Fentanyl ist oft durch hochgiftige Verunreinigungen belastet, die schon nach einmaliger Einnahme zu irreversiblen Nervenschäden führen können. Handelsnamen sind AB-Fentanyl-Inj.-Lsg., Actiq-Lutsch-Tabletten, Durogesic-Membranpflaster, Fenta-Hameln-Inj.Lsg., Fentanyl B. Braun, Fentanyl Curamed, Fentanyl Hexal, Fentanyl-Janssen, Fentanyl-Parke-Davis und Fentanyl ratiopharm.

fertig sein: Szeneausdruck für »hochgradig durch Drogen geschädigt sein«.

Fetale Embryopathie: Bezeichnung für Schädigungen, die Embryos durch → Alkohol, den die Mütter während der Schwangerschaft trinken, zugefügt werden können. Derart geschädigte Kinder weisen nach Geburt Auffälligkeiten auf wie zu geringes Geburtsgewicht, Nierenschäden und Herzfehler, körperliche Missbildungen, geringeren Saugreflex, Ruhelosigkeit, Reizbarkeit, Konzentrationsschwäche und verminderte Intelligenz. Die in der Schwangerschaft erworbenen Schäden sind i.d.R. unheilbar.

fett sein: Szeneausdruck für »berauscht sein«. Der Ausdruck hat nichts mit einem bei Kiffern häufig zu beobachtenden Übergewicht zu tun. Er kommt vom englischen »phat«, das eine Abk. für »phantastic« darstellt.

Fettleber: Wenn die Leber durch Entgiftungsvorgänge – z.B. bei Drogenabhängigen oder Alkoholikern – stark beansprucht wird, lagert sie Fett ein und vergrößert sich. Es entsteht die so genannte Fettleber. Diese ist nach Absetzen der chronischen Vergiftung rückbildungsfähig. Hält die Vergiftung an, kann Lebergewebe zugrunde gehen und durch Narbengewebe ersetzt werden. Es entsteht eine → Leberzirrhose (→ Hepatitis).

Feuerzeug: Feuerzeuge sind Utensilien, die nicht nur zum Anzünden von → Zigaretten oder → Joints benutzt werden. → Junkies köcheln damit auch in einem Löffel ihr mit → Zitronensäure versetztes → Heroin auf; → Kiffer nutzen es zur Erhitzung des → Haschischs.

Fill: Szeneausdruck für → PCP.

Film: Szeneausdruck für ein Rauscherlebnis, das durch Unwirklichkeit geprägt ist.

Filmriss: Bezeichnung für eine Erinnerungslücke nach hochdosiertem → Alkohol- oder → Drogen-Konsum.

Filz: 1. Szeneausdruck für ein Papier, das mit → LSD beträufelt ist. 2. Szeneausdruck für Korruption und Vetternwirtschaft, die u.a. dem Drogenhandel Vorschub leistet.

Findol N: Opiathaltiges Kombinationspräparat, das → Tilidin und → Naloxon enthält. Es wird bei starken und sehr starken Schmerzen eingesetzt. Bei länger andauernder Einnahme entwickelt sich eine starke körperliche → Abhängigkeit. Außerdem kann das Medikament psychisch abhängig machen. Der Hersteller verbietet deshalb ausdrücklich die Anwendung bei Vorliegen einer → Abhängigkeitserkrankung.

Fingernagel: → Kokser lassen sich ihre Fingernägel oft lang wachsen. Dies ist nicht nur ein Zeichen dafür, dass sie körperliche Arbeit ablehnen. Die langen Fingernägel haben auch eine Funktion. Mit ihnen wird das → Kokain auf eine Glasplatte geschaufelt und zu einer → Line angeordnet.

Fisch: Szeneausdruck für eine größere Menge → Heroin.

Fixe: Szeneausdruck für Spritze.

fixen: Szeneausdruck für »intravenös Drogen nehmen«.

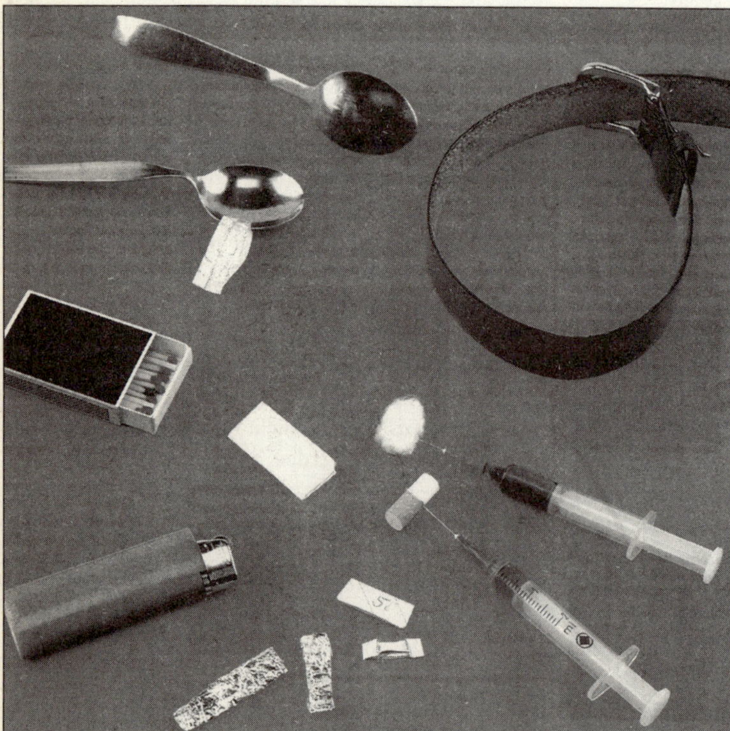

Fixerbesteck

Fixer: Szeneausdruck für einen Drogenkonsumenten, der → Drogen spritzt.

Fixerbesteck: Szeneausdruck für die Utensilien, die ein Drogenabhängiger zum intravenösen Drogenkonsum braucht. Dazu gehören die Spritze mit Injektionsnadel, ein Feuerzeug und ein Löffel zum Aufkochen des → Heroins, ein Stauschlauch zum Abbinden des Arms und ein Päckchen → Ascorbinsäure.

Fixerstube: Auch Gesundheitsraum oder → Druckraum genannt. Bezeichnung für Räumlichkeiten, in denen sich Drogenabhängige intravenös → Drogen zuführen können. In Fixerstuben stehen sterile Spritzen zur Verfügung, womit das Risiko der Übertragung von HIV (→ AIDS) und → Hepatitis gemindert werden soll. Fixerstuben sind somit zur → Schadensminimierung gedacht und der tertiären → Prävention zuzurechnen.

Flake: **1.** Szeneausdruck für → Kokain. **2.** Szeneausdruck für → PCP. Wird meist im Plural gebraucht.

Flash: Szeneausdruck für eine plötzlich einsetzende Drogenwirkung, wie sie z.B. bei → Heroin oder → Crack vorkommt.

Flashback: Szeneausdruck für → Halluzinationen oder → Wahn, die ohne erneute Drogeneinnahme noch Monate nach Einnahme von → Cannabis, → LSD, → Zauberpilzen oder anderen → Halluzinogenen auftre-

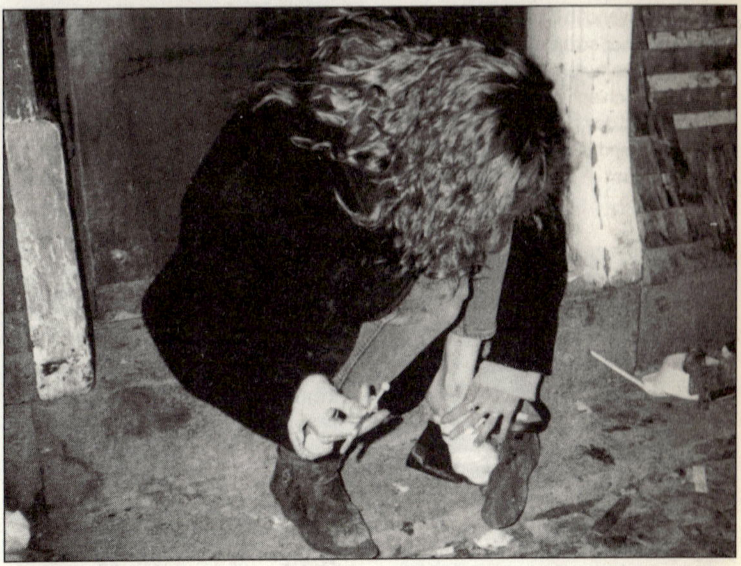

Fixerin

ten können. Flashbacks werden auch als Nachhallpsychosen bezeichnet. Manchmal werden → Flashbacks durch Situationen (Musik, Kerzen ...) ausgelöst, die der Konsument automatisch gedanklich mit Drogen in Verbindung bringt. Bei Drogen, die im Fettgewebe eingelagert werden, wie z.B. → Cannabis und → PCP, können Flashbacks noch Monate nach der letzten Einnahme durch körperliche Aktivität oder Fasten ausgelöst werden.

fliegen: Szeneausdruck für »einen Rausch mit → Halluzinationen erleben«. Man vermutet übrigens, dass es sich bei den Hexen, die im Märchen auf ihrem Besen fliegen, um Kräuterfrauen bzw. Schamaninnen handelt, die nach Einnahme von → Halluzinogenen glaubten, fliegen zu können (→ Hexensalbe).

Fliegenpilz (Amanita muscaria) ist eine lange bekannte → Droge. Man vermutet, dass die geheimnisvolle Droge → Soma mit dem Fliegenpilz identisch ist.

Der Pilz enthält Muscimol, Muscazon und Ibotensäure. Er erzeugt einen vor allem durch optische → Halluzinationen geprägten Rausch, der im eurasischen Raum bei schamanistischen Ritualen eine große Rolle gespielt hat und zum Teil in entlegenen Regionen noch spielt. Der Pilz wird roh gegessen oder als Sud ausgepresst. Auch die Einnahme von in → Alkohol eingelegten frischen Pilzen oder das Essen von in Öl gebratenen frischen Pilzen ist nicht selten. Da die Wirkstoffe des Fliegenpilzes fast ausschließlich im Urin ausgeschieden werden, wird dieser zum Teil auch getrunken. So trinken bei sibirischen Völkern die Armen den Urin der Reichen, nachdem diese sich mit Fliegenpilzen berauscht haben.

Von vielen Konsumenten wird der Rausch als eher unangenehm beschrieben. Nebenwirkungen sind ähnlich wie bei anderen halluzinogen wirkenden Drogen Verwirrtheit, → Angstzustände, → Herzrasen bis zum Herzstillstand, → Atemlähmung bis zum Tod. Auch die Leber und andere innere Organe können geschädigt werden.

Flip: Szeneausdruck für Injektionsspritze.

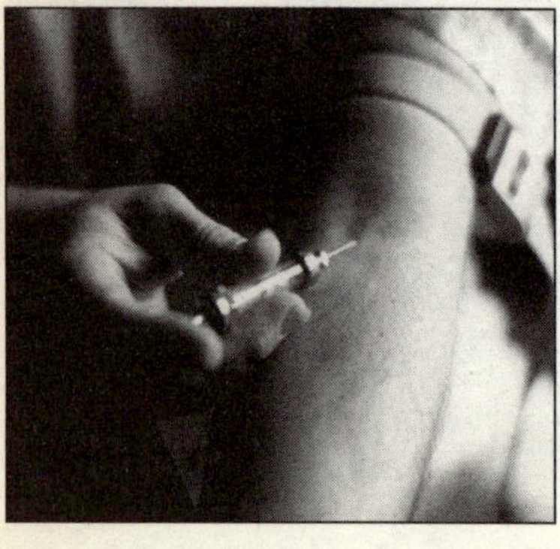

Fixen – hier ist das Infektionsrisiko besonders hoch

Florema: Handelsname eines → Benzodiazepin-Präparates, das Chlordiazepoxid enthält und rasch zu psychischer und physischer → Abhängigkeit führen kann.

Floripondio: Weitere Bezeichnung für → Brugmansia.

Flower of paradise: Weitere Bezeichnung für → Khat.

Fluglinie: Szeneausdruck für → Drogen, die in einer Linie, → Line, angeordnet sind und durch die Nase aufgesaugt werden (→ sniffen).

Flugsalbe: → Hexensalbe.

Flumazenil ist das Gegenmittel, das bei Vergiftungen mit → Benzodiazepinen gegeben wird. Die Gabe von Flumazenil erlaubt auch eine Aussage darüber, ob eine reine Vergiftung mit Benzodiazepinen oder eine Mischintoxikation vorliegt: Wird ein bewusstloser Patient nicht innerhalb von ca. einer Minute nach der Gabe von Flumazenil wacher, so sind mit großer Wahrscheinlichkeit noch andere → Drogen im Spiel.

Flunimerck: Handelsname eines → Benzodiazepins, das gegen → Schlafstörungen sowie bei Operationen eingesetzt wird. Missbräuchlich wird es auch als → Droge verwendet. Inhaltsstoff ist Flunitrazepam.

Flunitrazepam-neuraxpharm: Handelsname eines → Benzodiazepins, das gegen → Schlafstörungen sowie vor und nach Operationen eingesetzt wird. Missbräuchlich wird es auch als → Droge verwendet. Inhaltsstoff ist Flunitrazepam.

Flunitrazepam-ratiopharm: Handelsname eines → Benzodiazepins, das gegen → Schlafstörungen eingesetzt, missbräuchlich auch als → Droge verwendet. Inhaltsstoff ist Flunitrazepam.

Flurazepam 15/30 Riker: Handelsname eines → Benzodiazepins, das gegen → Schlafstörungen eingesetzt wird. Missbräuchlich wird es auch als → Droge verwendet. Inhaltsstoff ist Flurazepam.

Flush: Szeneausdruck für ein körperliches Hitze- oder Kältegefühl, das nach Drogeneinnahme auftreten kann.

Flying Saucers: Szeneausdruck für die halluzinogen wirksamen Samen der Pflanze Rivea corymbosa.

Fliegenpilz

Folierauchen: Szeneausdruck für die Inhalation von → Heroin, das zuvor auf einer Aluminiumfolie gelöst wurde. Aus dem Aluminium können sich beim Folierauchen Metallverbindungen lösen, die das Hirn schädigen. Manche Konsumenten glauben, dass Folierauchen nicht süchtig mache, was natürlich ein fataler Irrtum ist.

Foolish Pleasure: Szeneausdruck für eine vor allem in den USA gebräuchliche → Heroin-Sorte.

Footballs: Szeneausdruck für → Stimulanzien in Tablettenform.

Forensik: → Maßregelvollzug.

Fortral: Handelsname eines opiathaltigen Medikamentes, das gegen starke Schmerzen eingesetzt wird. Fortral gibt es als Injektionslösung, Kapseln und Zäpfchen. Inhaltsstoff ist → Pentazocin. Die Entwicklung einer psychischen und körperlichen → Abhängigkeit ist möglich.

Forwards: Szeneausdruck für → Stimulanzien.

Framework Convention on Tobacco Control: Abk. FCTC. Name einer 1999 gegründeten Organisation, die – basierend auf einer Sammlung von Gesetzestexten – den Tabakkonsum steuern und kontrollieren soll.

Freak: 1. Szeneausdruck für einen Drogenkonsumenten, der durch seinen Drogenkonsum bereits deutliche psychische Schäden oder Beeinträchtigungen erlitten hat. **2.** Umgangssprachliche Bezeichnung für Außenseiter der Gesellschaft. **3.** Positiv besetzter Szeneausdruck für Menschen mit unkonventioneller Lebensführung.

Freebase: Szeneausdruck für → Kokain, das als freie Base vorliegt und inhaliert wird. Manchmal wird auch in Backpulver gebackenes Kokain oder → Amphetamin als Freebase bezeichnet. Es handelt sich um eine der gefährlichsten → Drogen.

Freie Entfaltung der Persönlichkeit: Artikel 2 des Grundgesetzes für die Bundesrepublik Deutschland vom 23. Mai 1949 (BGBl. S. 1), zuletzt geändert durch Gesetz vom 26. Juli 2002 (BGBl. I S. 2863), regelt den Entfaltungsspielraum der Persönlichkeit. Dort heißt es:

»(1) Jeder hat das Recht auf die freie Entfaltung seiner Persönlichkeit, soweit er nicht die Rechte anderer verletzt und nicht gegen die verfassungsmäßige Ordnung oder das Sittengesetz verstößt.

(2) Jeder hat das Recht auf Leben und körperliche Unversehrtheit. Die Freiheit der Person ist unverletzlich. In diese Rechte darf nur auf Grund eines Gesetzes eingegriffen werden«.

Nicht zur freien Entfaltung gehört der Besitz von → Drogen. Dem steht das → BtMG entgegen, das damit auch nicht dem Artikel zwei des Grundgesetzes widerspricht.

Freier: Szeneausdruck für den Kunden einer Prostituierten oder eines Strichers (→ Beschaffungsprostitution).

Fressattacke: Bezeichnung für ein plötzlich auftretendes starkes Hungergefühl, das eine anfallsartige Aufnahme von Nahrungsmitteln (z.B. Schokolade) zur Folge hat. Fressattacken kommen z.B. im Rahmen von Essstörungen wie Bulimie vor, sind aber auch häufig nach Einnahme von → THC-haltigen → Cannabis-Produkten zu beobachten.

Freundschaft: In der Drogenszene gibt es in der Regel nur Zweckgemeinschaften, kaum Freundschaften. Das gemeinsame Interesse ist die → Droge und alles, was damit zusammenhängt. Alle Süchtigen haben Probleme, Freundschaften aufzubauen und zu bewahren. Viele von ihnen sind enorm misstrauisch und haben wenig Zutrauen zu sich selbst (→ Selbsteffizienz). Schon bei geringfügigen Zurückweisungen, die in jeder Freundschaft immer wieder einmal vorkommen können, fühlen sie sich vom Gegenüber verletzt und gehen auf Distanz. Das Gefühl der Nähe, das eine Freundschaft ausmacht und das für jeden Menschen wichtig ist, besorgen sich Süchtige ersatzweise über die Droge. Wichtige Elemente jeder Therapie von Abhängigkeitskranken sind deshalb der Beziehungsaufbau und Hilfestellungen zum Aufbau von Freundschaften (→ Therapeutische Gemeinschaft).

Frijol de Playa: Hülsenfruchtgewächs (Canavalia maritima), das an den Küsten Mittel- und Südamerikas vorkommt und dessen → psychoaktive Wirkung seit mindestens 300 v. Chr. bekannt ist. In Mexiko wird es noch heute gelegentlich als → Cannabis-Ersatz geraucht. Der halluzinogene Wirkstoff ist bis heute nicht bekannt.

Frijol: Weitere Bezeichnung für die → Meskal-Bohne.

Frisco Speed Ball: Szeneausdruck für eine Mischung aus → Heroin, → Kokain und → LSD.

Frisium: Handelsname eines lang wirksamen → Benzodiazepins, das zur Behandlung von → Angstzuständen, bei → Schlafstörungen sowie vor und nach operativen Eingriffen eingesetzt wird. Inhaltsstoff ist → Clobazam. Die Entwicklung einer psychischen und physischen → Abhängigkeit kann rasch erfolgen. In der Drogenszene wird das Medikament als Heroinersatz gehandelt.

Frisky Powder: Szeneausdruck für → Kokain.

Fruchtsalat: Szeneausdruck für eine besonders riskante Form des Drogen- und Medikamentenkonsums. Mehrere → User werfen dabei Tabletten in eine Schüssel und nehmen – ohne zu wissen, welchen Stoff sie aufnehmen – alle möglichen Tabletten gemeinsam ein (→ Missbrauch).

Frustrations-Aggressions-Hypothese: Dollard und Miller stellten 1939 die Hypothese auf, dass jede Frustration (→ Frustrationstoleranz) zu → Aggression führen kann. Diese an sich richtige Überzeugung führte zu Irrtümern wie der antiautoritären Erziehung, spielt aber in der Therapie von Süchtigen zu Recht immer noch eine Rolle. Die Süchtigen lernen den Zusammenhang zwischen Frustration und Aggression zu verstehen, entwickeln dann Strategien, um mit Frustrationen besser umgehen zu können.

Frustrationstoleranz: Frustrationen sind negative → Emotionen, die entstehen, wenn jemand etwas, das er haben will, nicht bekommt bzw. wenn ein gewünschtes Ziel nicht erreicht wird.

Misserfolge sind etwas Normales, aber jeder Mensch geht anders damit um. Es gibt Menschen, die, wenn sie ein bestimmtes Ziel nicht erreichen, es einfach noch einmal versuchen (möglicherweise, indem sie beim zweiten Versuch etwas anders vorgehen). Gelingt auch der zweite Versuch nicht, starten sie einen dritten usw., so lange, bis sie Erfolg haben.

Erfolg oder Misserfolg definieren sich im Leben oft über die Zahl der unternommenen Versuche, weil mit der Anzahl der Versuche rein statistisch die Wahrscheinlichkeit steigt, Erfolg zu haben, und zwar insbesondere dann, wenn man aus gemachten Fehlern lernt und sein Vorgehen verändert.

Daraus erklären sich die Probleme der Menschen, die eine niedrige Frustrationstoleranz haben. Erleiden so strukturierte Menschen einen Rückschlag, geben sie schnell auf. Das angestrebte Ziel erscheint ihnen unerreichbar. Sie sind entsprechend unzufrieden, frustriert. Manche reagieren darauf depressiv (→ Komorbidität), manche aggressiv (→ Frustrations-Aggressions-Hypothese).

Werden derartige Zustände aufgrund fortgesetzter Misserfolge zum Dauerzustand (→ Stress), können Suchtmittel als eine Möglichkeit gesehen werden, das Befinden zu verbessern (→ Selbstheilungsversuch). Die Patienten »machen sich dicht«, das Suchtmittel schirmt sie von der (als unerträglich oder zumindest als unangenehm erlebten) Wirklichkeit ab (G-). Das ist der Grund, warum Menschen mit einer niedrigeren Frustrationstoleranz vermutlich häufig abhängig werden bzw. warum viele Suchtkranke eine niedrigere Frustrationstoleranz haben.

Erschwerend kommt hinzu, dass Suchtmittel meist dergestalt auf das Gehirn wirken, dass die Frustrationstoleranz weiter gesenkt wird. Gleichzeitig sinkt die Leistungsfähigkeit, was weitere Misserfolge noch wahrscheinlicher macht. Ein Teufelskreis entsteht.

Ein wesentliches Ziel in der Therapie (→ Entwöhnungsbehandlung) ist es, die Frustrationstoleranz zu erhöhen. Die Patienten müssen lernen, anders mit Misserfolgen umzugehen, diese nicht als persönliches Versagen zu erleben, sonders als etwas Normales, das lediglich zur Folge haben sollte, einen erneuten Versuch zu starten. Letztlich lernen sie dadurch Probleme anders anzugehen und damit auch zu lösen (→ Problemlösetraining). Dadurch verlieren die Suchtmittel ihre Funktion, → Abstinenz wird möglich. Im Gegenteil wird der Patient das Suchtmittel zunehmend als schädlich empfinden, weil es ihn an der Erreichung seiner Ziele hindert (→ Selbstmanagement). Auch die Selbstwirksamkeitserwartung (→ Selbsteffizienz, → Health-Belief-Modell) und die → Selbstsicherheit des Patienten werden sich durch das geänderte Problemlöseverhalten grundsätzlich ändern.

FSEE: Abk. für Fettsäureethylester, Abbauprodukte, die nach dem Konsum von → Alkohol nachgewiesen werden können. Werden FSEE im Haar nachgewiesen (→ Haaranalyse), so ist dies ein sicherer Hinweis darauf, dass Alkohol konsumiert wurde. In Untersuchungen konnte festgestellt werden, dass die FSEE-Ablagerungen im Haar eine enge Korrelation zu → Rückfällen aufweisen. In abstinenten Phasen finden sich keine FSEE-Ablagerungen.

Führerscheinentzug: Wer → Kokain, → Cannabis oder andere → Drogen konsumiert, kann auch dann den Führerschein entzogen bekommen, wenn er sich im Straßenverkehr unauffällig verhält (siehe z.B. Urteil des Oberverwaltungsgerichtes Rheinland-Pfalz, Az. 7A 12289/99). Geregelt wird der Entzug des Führerscheins in der → Fahrerlaubnisverordnung (Abk. FeV). Diese wurde am 1.1.1999 konkretisiert und verschärft.

Wer regelmäßig Drogen konsumiert, gilt jetzt grundsätzlich als ungeeignet, ein Fahrzeug zu führen. Sobald beim Fahrer nachgewiesen worden ist, dass er mehrere Betäubungsmittel konsumiert hat, wird der Führerschein eingezogen. Selbst Gelegenheitskiffern (→ Kiffen) kann der Führerschein entzogen werden, wenn der Richter davon ausgeht, dass zum Zeitpunkt des Autofahrens keine Fahrtüchtigkeit bestand. Gegebenenfalls erfolgt hierfür eine gutachterliche Stellungnahme einschließlich eines → Drogentests. Schon ein Verdacht auf Betäubungsmittelkonsum kann ausreichen, damit der Richter eine Begutachtung veranlaßt und die Führerscheinstelle den Führerschein einzieht. Grundlage des Gesetzes war das Gutachten »Drogen und Fahreignung« von Kannheiser und Maukisch.

Gegenüber Alkoholtrinkern werden Drogenkonsumenten nach der neuen Gesetzeslage erheblich schlechter gestellt. Schon der Nachweis von Drogen in der → Haaranalyse kann zum Führerscheinentzug führen, und zwar auch dann (wie oben bereits angeführt), wenn sich der Autofahrer bei der Kontrolle unauffällig verhält. Verhängt werden hohe Geldstrafen und Fahrverbote bis zu drei Monaten. Im Wiederholungsfall sind auch höhere Strafen möglich. Hinzu kommt, dass die Versicherung des Kraftfahrers die Übernahme von Unfallschäden ablehnen kann, was bei Personenschäden, die leicht in die Millionen gehen können, mit der Vernichtung einer Existenz gleichbedeutend sein kann.

5-HT: Abk. für 5-Hydroxy-Tryptamin, besser bekannt als → Serotonin.

5-Hydroxy-Tryptamin: → 5-HT.

5-Hydroxytryptophol: Name eines Markers im Blut, der bei alkoholabhängigen Patienten häufig erhöht ist. Neben der Bestimmung der → Leberwerte und → psychologischen Tests kommt der Bestimmung des 5-Hydroxytryptophols daher gewisse Bedeutung im Rahmen der Diagnostik zu.

5-MeO-DMT: Abk. für 5-Methoxy-Dimethyltryptamin, ein Stoff aus der Klasse der Tryptamine, der in vielen Pflanzen und auch in einigen Krötenarten vorkommt. Gerauchtes 5-MeO-DMT erzeugt einen Rausch mit heftigen → Halluzinationen. Einige Indianer im Südwesten Amerikas melken die Colorado-Kröte (Bufo alvarius) ab und berauschen sich mit dem Sekret.

Full Moon: Szeneausdruck für → Halluzinogene.

Fusel: Szeneausdruck für → Alkohol.

G

GABA: Abk. für Gamma-Amino-Buttersäure. Die GABA (nicht zu verwechseln mit → Gabber) ist ein wichtiger Neurotransmitter, der u.a. von den Nervenzellen im → ventralen Tegmentum abgesondert wird, die in Verbindung stehen mit dem → Nucleus accumbens. Die Nervenzellen des Nucleus accumbens werden durch GABA gehemmt. Je mehr GABA ausgeschüttet wird, desto mehr GABA-Rezeptoren sind auf Seiten der empfangenen Nervenzellen besetzt. Dadurch sinkt die Erregung auf der anderen Seite des synaptischen Spaltes und die Zellen schütten ihrerseits weniger → Dopamin aus.

Je stärker dagegen die Stimulation auf der Empfängerseite in den Zellen des Nucleus accumbens ist (z.B. durch Hemmung der GABA-Ausschüttung), desto mehr Dopamin schütten diese Zellen an ihren Synapsen am anderen Ende aus.

Viele → Drogen nehmen Einfluss auf die Menge der ausgeschütteten GABA. → Heroin und andere → Opiate docken z.B. an speziellen Opiatrezeptoren auf Seiten der sendenden Nervenzelle an und hemmen dadurch die GABA-Ausschüttung. Wird, dadurch bedingt, weniger GABA ausgeschüttet, ist die Hemmung auf der Empfängerseite geringer, da weniger Rezeptoren besetzt sind. Es wird dann mehr Dopamin ausgeschüttet.

Auch → Alkohol wirkt am GABA-Rezeptor (aber eben nicht nur dort). Er besetzt den Rezeptor und wirkt dort dämpfend. Gleichzeitig blockiert er Rezeptoren, an denen der Botenstoff Glutamat andockt. Das erklärt seine beruhigende Wirkung. → Nikotin bindet an spezielle Rezeptore und wirkt so der GABA-Wirkung entgegen. Eine erhöhte Dopaminausschüttung auf Seiten der empfangenden Zelle im Nucleus accumbens ist die Folge. → Kawa Kawa erhöht die Zahl der GABA-Rezeptoren im Gehirn; vermutlich beruht darauf seine angstlösende, enthemmende, vigilanzsteigernde Wirkung.

Gabber: Bezeichnung für eine harte schnelle Unterform der → Techno-Musik. Gabber-Hörer sollen eine gewisse Affinität zu → Uppern haben.

Gadja: Weitere Bezeichnung für → Cannabis.

Gai ando: Vietnamesische Bezeichnung für → Cannabis.

Galanga: Auch Maraba oder Galgant genanntes Ingwergewächs (Kaempferia galanga), das in Neuguinea manchmal als halluzinogene → Droge eingenommen wird. In niedrigerer Dosierung wird es als Gewürz verwendet.

Galgenmännlein: Weitere Bezeichnung für → Alraune.

Game: Name der psychotherapeutisch wirksamen, bei → Synanon täglich stattfindenden Gruppensitzungen. Durch das Game, auch Spiel genannt, lernen die Süchtigen im Laufe von Monaten oder gar Jahren, ungünstige Verhaltensmuster und → Denkfehler zu erkennen und auszuschalten. Beim Game sind keine professionellen Helfer wie Ärzte oder → Psychologen anwesend (→ Therapeutische Gemeinschaft); trotzdem gehört es zu den effektivsten Methoden zur Behandlung von Suchtkranken.

Gamma-Alkoholiker: → Jellinek-Typen.

Gamma-GT: Abk. für Gamma-Glutamyltransferase, ein Enzym, das u.a. in den Zellen der Leber vorkommt. Durch den ständigen Zerfall von Zellen sind auch im Blut von gesunden Menschen stets bestimmte Mengen der Gamma-GT vorhanden.

Wird die Leber, z.B. durch → Alkohol, geschädigt, gehen mehr Zellen als normal zugrunde. Der Inhalt dieser Zellen wird ins Blut abgegeben mit der Folge, dass dort eine erhöhte Konzentration an Gamma-GT gemessen werden kann. Bei 70 bis 80 % der Alkoholabhängigen ist die Gamma-GT erhöht, sie normalisiert sich allerdings nach Wochen der → Abstinenz im Regelfall.

Ist die Leber bereits zum großen Teil zerstört, besteht z.B. eine → Leberzirrhose, kann auch die Gamma-GT wieder im Normbereich sein; dann ist einfach nicht genug Lebermasse mehr da, die zerstört werden könnte.

Eine erhöhte Gamma-GT ist kein sicheres Zeichen für Alkoholabhängigkeit. Da auch noch aus anderen Gründen als einer Alkoholerkrankung (Infektionserkrankung, Einnahme bestimmter Medikamente, Drogenabhängigkeit, → Leberkrebs ...) die Gamma-GT erhöht sein kann, müssen weitere Untersuchungen zur Diagnosesicherung erfolgen wie Bestimmung des → MCV, des → CDT oder des → 5-Hydroxytryptophol, Ultraschalluntersuchungen, Abdomen-CT und → psychologische Tests.

Gamma-Hydroxy-Butyrsäure: → Liquid Ecstasy.

Ganaija: Weitere Bezeichnung für → Cannabis.
Ganca: Weitere Bezeichnung für → Cannabis.
Gangue: Weitere Bezeichnung für → Cannabis.
Ganja: Jamaikanische Bezeichnung für → Cannabis.
Gánzigùnu: Assyrische Bezeichnung für → Cannabis.
Garbage: Szeneausdruck für → Drogen mit geringem Wirkstoffgehalt.
Garda: Bezeichnung für → Cannabis in Kashmir.
Gastritis: Bezeichnung für die Entzündung des Magens, eine Krankheit, die bei Alkoholabhängigen gehäuft auftritt und die in Magenkrebs übergehen kann.
Gastroduodenitis: Entzündung von Magen und Dünndarm, die bei fortgesetztem Alkoholkonsum, aber auch bei regelmäßiger Einnahme vieler anderer → Drogen auftreten kann (→ körperliche Veränderung durch Alkohol).
Gatehouse: Szeneausdruck für eine Örtlichkeit, an der → Kokain konsumiert wird.
gebusted werden: Szeneausdruck für »von Polizei oder Bundesgrenzschutz gefasst werden«.
Gedächtnisstörungen können nach Einnahme jeder → Droge auftreten. Besonders typisch sind sie für → Cannabis-Konsumenten. Auch beim Konsum anderer → Halluzinogene treten sie fast immer mehr oder weniger ausgeprägt auf. Bei anderen Drogen und → Alkohol kann es – insbesondere bei länger andauerndem Konsum – zu Gedächtnisstörungen kommen. Bei chronischem Drogenkonsum sind Gedächtnisstörungen oft unumkehrbar und Zeichen eines beginnenden Hirnabbaus.
Gedanken, erlaubnisgebende: Gedanken, die Gründe dafür nennen, warum es in Ordnung ist, etwas zu tun (z.B. Drogen zu nehmen). Sie sind Teil einer komplexen Strategie aus → Verharmlosung und → Selbstbetrug, die allen Süchtigen zu eigen ist. Beispiele für erlaubnisgebende Gedanken sind:

- »Kokain macht nicht körperlich abhängig. Was soll mir schon passieren, wenn ich jetzt eine Line ziehe?«
- »Folie rauchen macht nicht süchtig, ich kann das schon ohne Risiko machen.«
- »Hasch ist harmlos, das kann ich ruhig täglich rauchen.«
- »Ich kann meinen Alkoholkonsum jederzeit kontrollieren. Andere trinken auch täglich. Was ist schon dabei, wenn ich jetzt einen trinke?«
- »Eine suchtfreie Gesellschaft gibt es nicht, warum sollte mein Drogenkonsum da ein Problem sein?«

- »Cannabis ist sogar eine Heilpflanze, warum sollte ich mir nicht täglich ein bißchen Heilung gönnen?«
- »Rotwein ist gut für die Gefäße. Also tue ich täglich etwas für meine Gesundheit.«

Schwieriger wird es für Süchtige, die bereits eine Therapie gemacht haben, Gedanken zu finden, mit denen sie einen erneuten Konsum rechtfertigen können. Sie wissen schon bedeutend mehr über den Mechanismus ihrer Erkrankung und die Folgeschäden der Sucht. Aber auch hier gibt es eine Vielzahl von erlaubnisgebenden Gedanken, die den ersehnten → Rückfall vorbereiten:

- »Ich lebe jetzt schon über ein Jahr abstinent und komme prima zurecht. Da kann ich mir schon mal ein Bier gönnen.«
- »Ich habe ein Heroinproblem gehabt. Mit Cannabis konnte ich immer schon gut umgehen. Jetzt ein Joint, das wär's.«
- »Alle amüsieren sich mit Alkohol. Warum sollte ich mir das verkneifen. Einmal ist keinmal.«
- »Ich habe so hart an mir gearbeitet. Jetzt habe ich mir wirklich einen Joint verdient.«
- »Zum Essen gehört einfach ein Glas Wein. Das hat mit Drogensucht nichts zu tun.«

Bei Menschen ohne Suchtproblem sind die letzten drei Gedanken in der Regel unproblematisch und mit einer geregelten Lebensführung meist vereinbar. Bei Süchtigen führen sie hingegen oft rasch zum erneuten hochdosierten Konsum auch härterer Drogen. Grund ist, dass sowohl → Alkohol wie auch → Cannabis enthemmende Effekte haben. Die lebenslang bei Süchtigen vorhandene Lust auf Drogen (→ Craving, → Suchtgedächtnis) wird nach der Enthemmung in die Tat umgesetzt. Erlaubnisgebende Gedanken dafür finden sich immer.

Gedankenstopp: Verhaltenstherapeutische Technik, die auch in der → Entwöhnungsbehandlung häufig angewendet wird. Dieses Selbststeuerungsverfahren hat in der → Verhaltenstherapie eine lange Tradition. In der Literatur wurde es erstmals von Wolpe erwähnt (1958), wahrscheinlich ist die Methode aber wesentlich älter.

Die Domäne des Gedankenstopps ist die Behandlung von Zwangsgedanken, → Halluzinationen und Süchten. Der Wirkmechanismus ist, dass ein als wenig nützlich eingeschätzter Gedanke durch systematische enge zeitliche Koppelung mit einem erwünschten Gedanken gelöscht wird. Der Patient wird aufgefordert, jedesmal, wenn er den negativen Gedanken denkt, innerlich laut STOPP zu sagen und dann den angemesseneren Gedanken zu sich zu sprechen. Nützlich ist, wenn dieser Prozess durch innere Bilder unterstützt wird. So ist es hilfreich, wenn der Patient sich bildlich vorstellt, wie bei dem STOPP ein Ruck durch seinen Körper geht. Auch die visuelle Vorstellung eines großen roten Stoppschildes kann helfen. Manchen Patienten hilft es auch, die Alternativgedanken auf einen Zettel zu schreiben und mit sich zu tragen. Wichtig ist es, die Technik des Gedankenstopps an mehreren Beispielen in Einzelsitzungen durchzuspielen, damit der Patient Übung darin bekommt und mit der Methode vertraut wird. Der Patient wird vor und nach jedem Durchgang nach Veränderungen seines Befindens gefragt.

Zu erwarten ist eine deutliche Besserung des Befindens schon in der ersten Sitzung. Tritt diese Besserung nicht ein, muss man nach Fehlerquellen suchen. Fehlerquelle 1: Der Therapeut und nicht der Patient hat den Alternativgedanken entwickelt und der Patient kann sich mit ihm nicht identifizieren. Fehlerquelle 2: Der Alternativgedanke ist nicht durch Erfahrung gestützt, und der Patient glaubt letztlich nicht daran. In dem oben aufgeführten Beispiel wäre es beispielsweise nicht sinnvoll, als Alternative zu wählen: »Wenn du nur willst, schaffst du alles!« Der Patient weiß nämlich aus eigener Erfahrung sehr gut, dass er bei weitem nicht alles schafft, nur weil er das will. Fehlerquelle 3: Der Therapeut wechselt zu schnell von einer Übung zur nächsten, bevor der Patient das Verfahren verstanden hat. Fehlerquelle 4: Der Patient kommt mit der Vorstellung zum Therapeuten, → Psychotherapie habe immer etwas mit der Bearbeitung von Kindheitserlebnissen zu tun. Hier muss zunächst Überzeugungsarbeit geleistet werden, dass es unterschiedliche Ansätze gibt, die sich ergänzen. Auch Zweifel des Therapeuten an der Methode können natürlich unter Umständen das Ergebnis beeinträchtigen.

In der Regel ist den Patienten der Zusammenhang zwischen Gedanken und Gefühlszuständen nicht klar. Beide nehmen – vereinfacht ausgedrückt – wie in einem Regelkreis aufeinander Einfluss (→ Zwei-Faktoren-Modell). Fast immer muss vor Durchführung einer verhaltenstherapeutischen Übung wie dem Gedankenstopp dieser Zusammenhang erklärt werden. Der Patient muss lernen, sein Gefühl als wichtigen Signalgeber zu erkennen und sein Verhalten darauf auszurichten. Die Vermittlung dieser Tatsache geht natürlich weit über die Technik des Gedankenstopps hinaus. Der Patient muss lernen, wie er durch Umstrukturierung seines Verhaltens und seiner Gedanken sein Befinden, seine Gefühle spürbar verbessern kann. Speziell bei Erlernen der Technik des Gedankenstopps muss er außerdem darauf hingewiesen werden, dass zu Beginn der unerwünschte Gedanke immer wiederkommen kann. Manchmal beobachtet man sogar eine Erhöhung der Intensität in den ersten Tagen. Dann aber nimmt aller Erfahrung nach (Studien gibt es leider dazu meines Wissens nicht) die Frequenz sehr deutlich ab. Es kommt aber auch vor, dass quälende Gedanken bereits wenige Stunden nach der ersten Übung vollständig verschwunden sind. Ein schöner Erfolg – nicht nur für den Patienten. Soll die Methode des Gedankenstopps Erfolg haben, muss sie regelmäßig angewendet werden, wenn der unerwünschte Gedanke auftritt. Jedes Auftreten muss konsequent mit der erlernten Technik angegangen werden. Dann aber ist Gedankenstopp eine sehr brauchbare Methode in der Behandlung von Abhängigkeitskranken.

Gee: Szeneausdruck für Spritze.

Gee-Head: Szeneausdruck für einen → Opiat-Abhängigen, der sich die → Drogen spritzt.

Gegenregulation, körperliche: Der menschliche Organismus verfügt über eine Vielzahl von Gegenregelungsmechanismen, wenn er mit Giftstoffen, wie zum Beispiel → Drogen, in Berührung kommt. Wird eine Droge regelmäßig zugeführt, so erhöht sich in vielen Fällen die Zahl der Enzyme, die diese Drogen abbauen. Auf der anderen Seite wird oft die Zahl der Rezeptoren, an denen die Drogen im Hirn wirken, reduziert. Effekt ist, dass bei chronischen Drogenkonsumenten die eingenommenen Rauschgifte eine weitaus weniger intensive Wirkung haben als bei nicht an Drogen gewöhnte Konsumenten.

Vorteil der Gegenregulation ist, dass trotz Drogeneinnahme unter Umständen ein angemesseneres Reagieren möglich ist. So sind chronische Alkoholiker zum Teil trotz eines Promillespiegels von über 2,0 in der Lage, für den Außenstehenden fast normal zu funktionieren, zum Beispiel nach Hause zu gehen. Ein nicht an Alkohol gewöhnter Mensch befindet sich bei dem gleichen Alkoholpromillespiegel in einem komaähnlichen Zustand.

Gelber Libanese: Szeneausdruck für eine helle → Cannabis-Sorte aus dem Libanon.

Gelegenheitsfixer: Szeneausdruck für einen Drogenkonsumenten, der sich → Drogen nur gelegentlich intravenös verabreicht (→ Gelegenheitskonsum, → Probierkonsum).

Gelegenheitskonsum: Diese Form des Konsums ist nicht scharf umrissen. Die meisten Autoren bezeichnen damit jede Konsumform, die nicht als regelmäßig zu bezeichnen ist. Einige Autoren betrachten bereits einen einmal pro Monat vollzogenen Konsum von illegalen → Drogen als keinen

Gelegenheitskonsum mehr, weil dies schon auf eine Gewohnheitsbildung hinweist. Andere Autoren sprechen erst von einem regelmäßigen Konsum und nicht nur einem Gelegenheitskonsum, wenn der Konsument täglich die Droge zu sich nimmt.

Gelegenheitskonsumenten haben bezüglich der Einnahme von Drogen keinen Kontrollverlust. Sie sind also nicht abhängig. Dennoch ist auch ihr Konsum nicht risikofrei, stoffliche Schädigungen von Körper und Psyche sind durchaus auch bei Gelegenheitskonsumenten möglich, aber weniger wahrscheinlich als bei Dauerkonsumenten.

Einige Konsumenten stellen nach einigen Jahren ihren Gelegenheitskonsum ohne weitere Maßnahmen wieder ein. In vielen Fällen ist der Gelegenheitskonsum aber die Vorstufe zur Entwicklung einer Suchterkrankung. Je höher das → Abhängigkeitspotenzial, sowohl das psychische wie auch das körperliche einer Droge ist, desto höher ist die Wahrscheinlichkeit, dass ein kontrollierter Gelegenheitskonsum nicht gelingt. Gelegenheitskonsumenten bei »weicheren Drogen« sind häufiger als bei »härteren« Drogen wie → Heroin oder → Kokain.

Gemeinschaft, Therapeutische: → Therapeutische Gemeinschaft.

Gemüse: Szeneausdruck für pflanzliche → Drogen, meist → Cannabis.

Generalisation: Psychologischer Fachausdruck, der die Übertragung einer Lernerfahrung auf weitere ähnliche Situationen bezeichnet (→ Automatisierung des Verhaltens). Ziel der Therapie bei Süchtigen ist es z.B., dass sie gute Erfahrungen aus der Therapie in den Alltag generalisieren.

Genetische Ursache der Sucht: Inwieweit genetische Besonderheiten Ursache von → Abhängigkeitserkrankungen sind, wird immer wieder diskutiert. Sicher ist niemand aufgrund seiner genetischen Ausstattung dazu verurteilt, süchtig zu werden. Je nach genetischer Ausstattung kann allerdings das Risiko, eine Abhängigkeitserkrankung zu entwickeln, von Mensch zu Mensch unterschiedlich sein.

Wissenschaftler des Mannheimer Zentralinstitutes für seelische Gesundheit stellten fest, dass eine genetische Variante auf dem Chromosom sechs mit der Bezeichnung T137346C Auswirkung auf das Enzym Protokinase fyn hat. Diese Protokinase reguliert die Aktivität des NDMA-Rezeptors, einer Andockstelle für → Alkohol im Gehirn. Wieviel Alkohol konsumiert wird und wie ausgeprägt Entzugssymptome auftreten, ist maßgeblich von diesem Gen abhängig. Das legte die Vermutung nahe, dass die Menschen mit der Genvariante T137346C eher abhängig werden. In der Praxis bestätigte sich diese Vermutung allerdings nicht: Eine Untersuchung an einer Stichprobe von 204 Alkoholabhängigen und 258 Personen aus einer Kontrollgruppe konnte einen derartigen Zusammenhang nicht nachweisen.

Selbst wenn trotzdem, was wahrscheinlich ist, die genetische Ausstattung einen Einfluss auf das Risiko hat, abhängig zu werden, ändert dies nichts daran, dass andere, nicht genetisch fixierte Ursachen auch, und zwar in der Regel in größerem Ausmaß, ursächlich beteiligt sind. Die Tatsache, dass Sucht auf allen Kontinenten bei Menschen mit unterschiedlicher genetischer Ausstattung auftritt, kann als deutliches Indiz dafür gewertet werden, dass Gene bei der Entstehung keine so große Rolle spielen.

Genista: Ursprünglich auf den Kanaren beheimatet, wurde dieses Hülsenfruchtgewächs (Cysticus canariensis) nach seiner Einführung nach Amerika Bestandteil religiöser Zeremonien mexikanischer Indianer. Die Wirkungsweise auf die Psyche ist nicht erforscht.

Genusstherapie: Viele Patienten sind – krankheitsbedingt – in ihrem Erleben auf die Wahrnehmung negativer Erlebnisse fokussiert. Das gilt in besonderem Maße auch für Abhängigkeitskranke. Problemlösungsorientiertes Arbeiten ergibt im ersten Schritt der Therapie dann oft wenig Sinn; die Patienten müssen zunächst einmal ihre Fähigkeit Positives zu erleben (neu) entdecken.

Eine Genusstherapie (nach Koppenhöfer und Lutz) eröffnet die Möglichkeit, problemunabhängig Erfolgserlebnisse zu schaffen, die für den Verlauf der Therapie hilfreich sind. Koppenhöfer formuliert folgende Genussregeln:

- Genuss braucht Zeit
- Genuss geht nicht nebenbei
- Genuss muss erlaubt sein
- Jedem das Seine – Genuss ist Geschmackssache
- Ohne Erfahrung kein Genuss
- Genuss ist alltäglich

Wichtig ist dabei natürlich, dass in der Therapie genussbringende Aktivitäten gesucht werden, die mit der Einnahme von Suchtmitteln nichts zu tun haben. Es gilt, die schönen Seiten an Alltäglichem wieder zu entdecken. Die Genusstherapie hat einen deutlichen (klassisch konditionierenden) positiven Verstärkungscharakter. Der Genuss muss dabei individualisiert – unter Beachtung der o.a. Genussregeln – in den Alltag des Patienten eingebaut werden. Für die Zeit, in der genossen wird, fällt automatisch etwas anderes, meist etwas Negativeres, fort (z.B. wird depressives Grübeln durch einen intensiv genossenen Waldspaziergang oder ein Bad mit einer besonderen Badeessenz ersetzt).

Geronimo: Szeneausdruck für Alkoholika, die mit → Beruhigungsmitteln versetzt werden; auch als K.O.-Drink bekannt.

Geschmacksverstärker in Zigaretten: Die Zigarettenindustrie setzt ihren Produkten seit Jahren Geschmacksverstärker zu wie Zucker, Kakao, Lakritz oder Menthol. Zum einen verdecken diese Substanzen bittere Geschmacksanteile des → Tabaks. Darüber hinaus wirken sie indirekt suchtsteigernd, indem sie die Nebenwirkungen des Rauchens verringern. Menthol mindert den Hustenreiz und Kakao erweitert die Lunge, sodass tiefer und mehr inhaliert werden kann. Die Geschmacksverstärker erhöhen damit die Risiken für Gesundheitsschäden.

Gesellschaft, drogenfreie: Drogenfreie Kulturen sind selten. Die Ureinwohner Australiens und Neuseelands beispielsweise kannten ursprünglich keinen Gebrauch von Rauschmitteln. Auch die Bewohner der pazifischen Inseln und die Eskimos lebten vollkommen abstinent. In allen anderen Gesellschaften werden Drogen zumindest gelegentlich eingenommen. In der Regel ist der Drogenkonsum rituell eingebunden und mit bestimmten → Settings verknüpft (→ Religion). In der westlichen Industriegesellschaft ist der Konsum sowohl formal durch Gesetze (Verbot der meisten Rauschgifte) wie auch informell durch Anbindung des Konsums an bestimmte Situationen (z.B. Konsum nur auf Feiern) reguliert. Gesellschaften, die den Konsum von Rauschmitteln nicht eingrenzen, sind nicht lange überlebensfähig, da sich Innovationskraft und Produktivität, aber auch die Fähigkeit zum Zusammenleben einer Gesellschaft umgekehrt proportional zum Rauschmittelkonsum verhalten.

Gesetz über den Verkehr mit Betäubungsmittel: → Betäubungsmittelgesetz.

Gesetz zum Schutze der Jugend in der Öffentlichkeit: Dieses am 25.02.85 in Kraft getretene Gesetz enthält Einschränkungen in Bezug auf legale Suchtmittel und Spielautomaten in der Öffentlichkeit.

Gestalttherapie ist eine Form der → Psychotherapie, die um 1940 von Fritz (Friedrich Salomon) Perls (*1893) entwickelt wurde. Perls, von Hause aus Psychoanalytiker (→ Psychoanalyse) ging von der Überlegung aus, dass → Neurotiker in bestimmten Situationen Figur und Hintergrund nicht unterscheiden können (→ Diskrimination). Menschen, die unter einer → Neurose leiden, so Perls, können »ihr Selbst« nicht wahrnehmen, reagieren nicht spontan auf Situationen, sondern nach einem vorgegebenen Muster. Die Gestalttherapie hat das Ziel, die Persönlichkeit in ihrer vollen Gestalt zu entwickeln bzw. wiederherzustellen. Unnützes Nachdenken des Patienten soll unterbleiben (→ Gedankenstopp). Anders als bei der Psychoanalyse finden in der Gestalttherapie keine Traumdeutungen statt. Es wird versucht, die Person in der Therapie immer wieder in die aktuelle Situation, das »Hier und Jetzt«, zurückzuführen. Hier gibt es durchaus Parallelen zur → Verhaltenstherapie.

Gesundheit für alle: Name einer 1998 verabschiedeten Erklärung der Weltgesundheitsorganisation, bei der als Ziel 12 festgeschrieben ist, bis zum Jahr 2015 in allen Ländern den Anteil der Nichtraucher auf 80 % in der Altersgruppen über 15 Jahre und auf nahezu 100 % bei der Altersgruppe unter 15 Jahren zu senken.

Gewichtsverlust: Die Einnahme der meisten → Drogen (mit Ausnahme von → Cannabis) führt bei regelmäßigem Konsum zu Appetitlosigkeit und Gewichtsverlust (→ körperliche Veränderung durch Alkohol).

Gewichtszunahme bei Ex-Rauchern: Eine amerikanische Langzeitstudie hat es bestätigt: Menschen, die mit dem Rauchen aufhören, werden dicker. Peggy O'Harae, früher selbst Raucherin, untersuchte 5.887 Raucher über einen Zeitraum von mehreren Jahren. Die Männer nahmen im Mittel, nachdem sie mit dem Rauchen aufgehört hatten, um fast 8 kg zu, die Frauen sogar um fast 9 kg. Was die Ursache dafür ist, weiß man bislang nicht genau. Klar hingegen ist: Wer mit dem Rauchen aufhört, sollte sich vermehrt sportlich betätigen. Ausdauersportarten, bei denen eine Trainingseinheit länger als eine halbe Stunde geht, sind ideal. Außerdem ist es für die Ex-Raucher wichtig, die Nahrungsaufnahme zu kontrollieren. Hierzu gibt es eine Reihe von verhaltenstherapeutischen Techniken (z.B.: → Stimuluskontrolle, → Gedankenstopp). Ansonsten macht die offenbar fast zwangsläufig eintretende Gewichtszunahme die anfängliche Freude über das Nichtrauchen bei vielen → Ex-Usern zunichte. Außerdem erhöht Übergewicht ebenso wie Nikotingenuss die Wahrscheinlichkeit für Herz-Kreislauf-Erkrankungen – ein weiterer positiver Effekt des Nichtrauchens ginge somit verloren.
Auch beim Absetzen anderer → Stimulanzien wie z.B. → Kokain, → Amphetamin oder → Ecstasy kann es zu unerwünschter Gewichtszunahme kommen, der in gleicher Form begegnet werden sollte.

Gewöhnung: 1. Bei Einnahme der meisten → Drogen verringert sich bei chronischem Konsum die durch ein und dieselbe Dosis erzielbare Rauschwirkung. Der Körper hat sich dann zumindest zum Teil auf die Dauervergiftung eingestellt. Man nennt dies Gewöhnung oder Toleranzbildung. Viele Konsumenten sehen darin das Signal, ihren Konsum zu reduzieren oder einzustellen. Einige → User aber erhöhen als Reaktion auf die Gewöhnungseffekte ihren Konsum und befinden sich damit auf dem direkten Weg in die Sucht.

2. Gewöhnung, auch Habituation genannt, bezeichnet in den → Lerntheorien eine zeitweilige, aber umkehrbare Verminderung der Auftretenswahrscheinlichkeit eines Verhaltens durch andauernde oder wiederholte Darbietung eines zuvor reaktionsauslösenden → Stimulus. Als Beispiel für Habituation kann man z.B. das habituierbare Verhalten von Rehen (die eigentlich ängstliche Tiere sind) nehmen: Rehe zeigen bei Autogeräuschen normalerweise Fluchtverhalten. Durch fortlaufende Darbietung dieses Geräusches aber (z.B. durch eine an einem Waldstück entlang laufende Autobahn), der keine Schädigung der Tiere folgt, habituiert die Angst der Tiere und sie fliehen nicht mehr und grasen an der Autobahn.

Gewöhnung kann langsam oder schnell erfolgen. Die Geschwindigkeit ist teilweise angeboren (angeborene Habituationsfähigkeit) und auch vom Aktivierungsniveau des Organismus (und somit von Umgebungsvariablen und aktuellen physiologischen Variablen) abhängig. Ein niedriges Aktivierungsniveau begünstigt rasche Habituierungsprozesse (was man sich durch Zuhilfenahme von Entspannungsverfahren in der → Psychotherapie zu Nutze macht). Wird allerdings der angstauslösende Reiz, z.B. Autobahnlärm, über eine längere Zeit nicht dargeboten, stellt sich das alte Fluchtverhalten wieder ein, die Gewöhnung ist aufgehoben.

Ghariga: Weitere Bezeichnung für → Cannabis.

GHB: → Liquid Ecstasy.

Ghee: Weitere Bezeichnung für → Cannabis.

Gicht: Der Konsum von → Alkohol erhöht das Risiko für Gicht. Das ist das Ergebnis einer großen epidemiologischen Studie von Hyang K. Choi und Mitarbeitern vom Massachusetts General Hospital, die an rund 47150 Männern durchgeführt wurde. Der Alkohol erhöht die Menge an Harnsäure im Blut, man spricht auch von Hyperurikämie. Die Ablagerung von Harnsäurekristallen in den Gelenken führt dann zu Gicht. 10 bis 15 Gramm Alkohol täglich erhöhen das Gichtrisiko um 30 Prozent, 30 bis 50 Gramm Alkohol um 50 Prozent. Werden mehr als 50 Gramm Alkohol getrunken, steigt das Risiko um das 2½-Fache. → Bier scheint dabei schädlicher als → Wein oder Spirituosen (→ Branntwein) zu sein.

Giganton: Weitere Bezeichnung für → Aguacolla.

Gi'-i-Wa: Auch Gi'-i-Sa-Wa genannter → Pilz (Lycoperdon marginatum), den mexikanische Indianer als Zaubermittel verwenden. Gi'-i-Wa erzeugt einen Dämmerzustand, der mit akustischen → Halluzinationen verbunden ist. Die Indianer glauben, durch das Essen der Pilze die Fähigkeit zu erlangen, unsichtbar zu werden und andere krank machen zu können. Letzteres ist eine bei Drogensüchtigen real häufig zu beobachtende Eigenschaft. Ihre Angehörigen leiden regelhaft unter dem süchtigen Familienmitglied.

Gilb: Szeneausdruck für → Hepatitis. Der Name kommt von der bleichgelben Hautfarbe, mit der Leberentzündungen oft verbunden sind. Man spricht auch von Gelbsucht.

Ginseng (Panax ginseng) wird nachgesagt, er würde stimulierend wirken und die Durchblutung des Kopfes fördern. In gerauchter Form soll er halluzinogene Wirkung haben. Hierfür fehlt aber bislang jeder Beweis.

Gipsy: Szeneausdruck für eine Mischung aus → Cannabis und → Opium.

Girl: Szeneausdruck für → Kokain.

Gityl: Handelsname eines mittellang wirksamen → Benzodiazepins, das zur Behandlung von → Angst und Erregungszuständen sowie Schlafstörungen eingesetzt wird. Inhaltsstoff ist → Bromazepam. Die Entwicklung einer psychischen und physischen → Abhängigkeit kann erfolgen. In der Drogenszene wird das Medikament als Heroinersatz gehandelt.

Glass: Szeneausdruck für → Amphetamin, das durch Aufbacken rauchbar gemacht wurde.

Gleichgültigkeit, auch »Scheißegal-Haltung« genannt, ist ein für chronische → Kiffer typisches Symptom. Der → Cannabis-Konsum senkt das Interesse für jedweden Außenreiz, der Affekt verflacht wie bei einer chronischen → Psychose. Zudem ist der Antrieb vermindert; zusammenfassend spricht man auch vom → Amotivationssyndrom. Hinweis: Clueso setzt sich mit diesem Zustand im Song »Vergessen ist so leicht« (auf der CD »Gute Musik«) auf angenehm selbstironische Weise auseinander.

Glue Eye: Szeneausdruck für Lösungsmittelabhängigen.

Glue Sniffing: Szeneausdruck für das Schnüffeln von Lösungsmitteln oder → Benzin.

Gold: Szeneausdruck für hellgelb gefärbtes → Marihuana.

Goldener Drachen: Szeneausdruck für Pillen, die → Heroin oder andere → Opiate enthalten.

Goldener Halbmond: Szeneausdruck für das Opiumanbaugebiet in Iran und Irak.

Goldener Schuss: Szeneausdruck für eine Überdosis → Drogen, die nach Injektion zum Tode führt. Manchmal kommt es versehentlich zum »Goldenen Schuss« (→ Qualitätsschwankungen). Oft sind diese Fälle aber auch verkappte → Selbstmorde.

Goldenes Dreieck: Szeneausdruck für das Grenzgebiet zwischen Burma, Laos und Thailand. In den unzugänglichen Bergregionen des »Goldenen Dreiecks« wird vor allem → Schlafmohn, die Basis des → Heroins, in großen Mengen angebaut.

Goldstaub: Szeneausdruck für helles, sehr reines → Heroin.

Gong: Szeneausdruck für → Opium-Pfeife.

Goofys: Szeneausdruck für → Barbiturate.

GOT: Abk. für Glutamat-Oxalacetat-Transferase, ein Enzym, das neben → GPT und → Gamma-GT u.a. in den Zellen der Leber vorkommt. GOT, GPT und Gamma-GT bezeichnet man auch als Leberwerte. Durch den ständigen Zerfall von Zellen sind auch im Blut von gesunden Menschen stets bestimmte Mengen GOT und GPT vorhanden. Wird die Leber, z.B. durch → Alkohol, geschädigt, gehen mehr Zellen als normal zugrunde. Der Inhalt dieser Zellen wird ins Blut abgegeben mit der Folge, dass dort eine erhöhte Konzentration GOT und GPT gemessen werden kann. Ist die Leber bereits zum großen Teil zerstört, besteht z.B. eine → Leberzirrhose, können auch die GOT und GPT wieder im Normbereich sein; dann ist einfach nicht genug Lebermasse mehr da, die zerstört werden könnte. Eine erhöhte Gamma-GT ist kein sicheres Zeichen für Alkoholabhängigkeit. Da auch noch aus anderen Gründen als einer Alkoholerkrankung (Infektionserkrankung, Einnahme bestimmter Medikamente, Leberkrebs ...) die Leberwerte erhöht sein können, müssen weitere Untersuchungen zur Diagnosesicherung erfolgen wie Bestimmung des → MCV, des → CDT oder des → 5-Hydroxytryptophol und → psychologische Tests.

GPT: Abk. für Glutamat-Pyruvat-Transaminase (→ GOT).

Gow: Szeneausdruck für → Drogen.

Graffiti zu sprühen, hat für viele Sprayer Suchtcharakter. Selbst wenn sie schon erhebliche Schwierigkeiten in Berufs- und Privatleben sowie juristische Probleme haben, hören viele Sprayer nicht auf zu sprühen.

In der Graffiti-Szene spielen aber auch reale → Drogen eine nicht zu unterschätzende Rolle. In Spruchgraffiti finden die verschiedenen Drogen ihren Niederschlag. Meist handelt es sich um Plattitüden oder Legalisierungsforderungen. Amüsante Sprüche wie »Kiffn machd blöt« sind selten. Am häufigsten findet man Darstellungen von → Joints und Haschpfeifen innerhalb von großformatigen Bildern. Nicht wenige Sprayer haben eine große Affinität zu Drogen, erkennbar an Namen wie Jive, Jay One, Shore, Izm, Shit, Hero oder Junk bzw. Crew-Namen wie → THC. Während im Ruhrgebiet und den östlichen Bundesländern → Alkohol das

Hauptproblem ist, gab es in der Münchener Sprayerszene lange Zeit große Probleme mit → Kokain. Auch viele Berliner Sprayer haben Drogenprobleme. Die meisten Probleme macht → Cannabis. Es lähmt die Aktivität der Sprayer und verhindert die künstlerische Weiterentwicklung. Wer mehr über Graffiti wissen will, sei auf »Das große Graffiti-Lexikon«, Lexikon Imprint Verlag, verwiesen.

Gran Remidio: Weitere Bezeichnung für den → Koka-Strauch.

Gras: Szeneausdruck für → Marihuana (→ Cannabis).

Grass: Szeneausdruck für → Marihuana.

Greeters: Szeneausdruck für → Marihuana.

Grenzüberschreitung: Wer mit → Drogen (→ Betäubungsmitteln) eine Grenze übertritt, begeht eine Straftat, die nach den Gesetzen des jeweiligen Landes geahndet wird. In Deutschland ist es das → Betäubungsmittelgesetz (→ Einfuhr, Ausfuhr und Durchfuhr von Drogen). Auch Patienten, die sich in → Substitution befinden und denen ihre Droge als → Take-home-Dosis vom Arzt mitgegeben wird (bei Auslandsaufenthalten bis zu 30 Tagen), machen sich damit strafbar. Es gibt aber die Möglichkeit, dass der das Substitutionsmittel verschreibende Arzt auf einem speziellen Formular der → Bundesopiumstelle eine Bescheinigung ausstellt, die die zuständige Landesbehörde beglaubigt. Mit dieser Bescheinigung kann der

Drogen und Graffiti – hier ein Cannabisblatt als Graffitimotiv

Patient dann in einige Länder, mit denen ein entsprechendes Abkommen besteht, reisen.

Griffs: Szeneausdruck für → Marihuana.

Großhirnatrophie: Bezeichnung für die Schrumpfung des Großhirns, eines für die geistige Leistungsfähigkeit, den Antrieb und das Gedächtnis wichtigen Teiles des Gehirns (→ Abbau). Eine Großhirnatrophie ist eine typische Folge langjährigen Alkoholkonsums, z.B. im Rahmen einer Alkoholabhängigkeit. Sie ist bei einem Drittel bis zur Hälfte der Trinker feststellbar. Klinisch äußert sich eine Großhirnatrophie in Störungen von Aufmerksamkeit, Konzentration, Gedächtnis, Auffassungsgabe, Antrieb, die auch dann fortbestehen, wenn der Patient »trocken« ist. In ausgeprägteren Fällen spricht man von einer Wesensänderung des Patienten (die unumkehrbar ist). Je nach Ausprägung werden die atrophiebedingten Ausfallserscheinungen als → Wernicke-Enzephalopathie oder als → Korsakow-Syndrom bezeichnet.

Grünes: Szeneausdruck für → Marihuana.

Grüner Marokkaner: Szeneausdruck für eine → Haschisch-Sorte aus Marokko (→ Cannabis).

Grüner Türke: Szeneausdruck für grün gefärbte → Haschisch-Sorte aus der Türkei.

Grünes Gold: Szeneausdruck für → Koka-Blätter.

Grundannahmen sind Überzeugungen, die das Leben und Erleben jedes Menschen und somit auch sein Verhalten steuern. Grundannahmen sind so tief im Bewusstsein verwurzelt, dass sie im Normalfall nicht bewusst überdacht oder gar verändert werden. Die Grundannahme beispielsweise, ob sich jemand für attraktiv hält oder nicht, ob er davon ausgeht, dass er Proble-

Drogen und Graffiti: »Kifän machd blöt« Berlin

me lösen kann, sind Teil des Selbstverständnisses und oft nicht bewusst. Bei Süchtigen sind pathologische Grundannahmen ein wesentlicher Faktor dafür, dass die Sucht weiter besteht. Liegen Überzeugungen wie »Mit Speed bin ich viel selbstbewusster, dann stehen die Frauen auf mich« oder »Ohne Alkohol kann ich nicht feiern« vor, ist in entsprechenden Situationen der Griff zum Suchtmittel nur eine Frage der Zeit (→ Denkfehler).

Süchtige leiden in der Regel unter einer Vielzahl von Unsicherheiten und Ängsten. Grundannahmen wie z.B. »Ich kann es einfach nicht aushalten, dass meine Freundin mich verlassen hat« oder »Ohne meinen Freund bin ich nichts wert« erschweren ein selbstbestimmtes Leben erheblich und erleichtern den Rückfall. Jeder Abhängigkeitskranke verfügt über eine Vielzahl von krankhaften Grundannahmen, die ihm in der Regel nicht bewusst sind.

Im Laufe der Therapie werden diese Grundannahmen dem Patienten bewusst gemacht und ihre schädliche Auswirkung auf die Lebensführung aufgezeigt. Im nächsten Schritt werden sie durch angemessenere Grundannahmen ersetzt. Man spricht von kognitiver Umstrukturierung. Wichtig hierbei ist, dass der Patient in kritischen Situationen dann auch die Erfahrung macht, dass er mit den neu erworbenen Überzeugungen sein Leben besser meistern kann. Es kommt darauf an, übend die neuen Erkenntnisse so lange in die Praxis umzusetzen, bis das erwünschte → angemessene Verhalten ohne nachzudenken abläuft (→ Automatisierung des Verhaltens).

Grundstoffüberwachungsgesetz, kurz GÜG, regelt den Umgang mit Stoffen, die für die unerlaubte Herstellung von → Betäubungsmitteln missbraucht werden können. So soll die illegale Herstellung von → Drogen erschwert werden.

Es ist laut Grundstoffüberwachungsgesetz verboten, Grundstoffe, wenn sie zur unerlaubten Herstellung von Betäubungsmitteln verwendet werden sollen, herzustellen, mit ihnen Handel zu treiben, einzuführen, auszuführen, durchzuführen, zu veräußern, abzugeben, sonst in den Verkehr zu bringen, zu erwerben oder sich in sonstiger Weise zu verschaffen. Außerdem ist in diesem Gesetz geregelt, wer überhaupt Umgang mit Grundstoffen haben darf: Einer Erlaubnis des Bundesinstitutes für Arzneimittel und Medizinprodukte bedarf, wer in die Kategorie 1 des Anhanges der Verordnung (EWG) Nr. 3677/90 in der jeweils geltenden Fassung bezeichneten Grundstoffe herstellen, erwerben, an Dritte weitergeben, veräußern oder sonst in den Verkehr bringen will. Die Erlaubnis wird dem

Inhaber für seine Person, für eine bestimmte Betriebsstätte und für eine bestimmte Art der Grundstoffe und des Grundstoffverkehrs erteilt. Sie ist nicht übertragbar.

Einer Erlaubnis bedürfen nicht

1. Betreiber einer tierärztlichen Hausapotheke
2. Bundes- und Landesbehörden für den Bereich ihrer dienstlichen Tätigkeit, die von ihnen mit der Untersuchung von Grundstoffen beauftragten Behörden sowie entsprechende ausländische Behörden.

Wer gegen das Grundstoffüberwachungsgesetz verstößt, riskiert hohe Strafen. In § 29 des GÜG, Strafvorschriften, heißt es:

»(1) Mit Freiheitsstrafe bis 5 Jahren oder mit Geldstrafe wird bestraft, wer

1. (...) einen Grundstoff herstellt, mit ihm Handel treibt, ihn ohne Handel zu treiben einführt, durchführt, veräußert, ausgibt, sonst in den Verkehr bringt, erwirbt oder sich in sonstiger Weise verschafft,
2. ohne Erlaubnis nach § 7 Abs. 1 Satz 1, auch in Verbindung mit § 13, einen in Kategorie 1 des Anhangs der Verordnung (EWG) Nr. 3677/90 in der jeweils geltenden Fassung bezeichneten Grundstoff herstellt, erwirbt, einführt, ausführt, durchführt, an Dritte abgibt, veräußert oder sonst in den Verkehr bringt oder
3. einer unmittelbar geltenden Vorschrift in Rechtsakten der Gemeinschaft, die Maßnahmen gegen die Abzweigung bestimmter Stoffe zur unerlaubten Herstellung von Suchtstoffen und psychotropen Substanzen regeln, zuwiderhandelt, soweit eine Rechtsverordnung nach Absatz 5 für einen bestimmten Tatbestand auf diese Strafvorschrift verweist.

(2) Der Versuch ist strafbar.

(3) In besonders schweren Fällen des Absatzes 1 ist die Strafe Freiheitsstrafe nicht unter einem Jahr. Ein besonders schwerer Fall liegt in der Regel vor, wenn der Täter

1. gewerbsmäßig oder
2. als Mitglied einer Bande, die sich zur fortgesetzten Begehung solcher Taten verbunden hat, handelt.

(4) Handelt der Täter in den Fällen des Absatzes 1 fahrlässig, so ist die Strafe Freiheitsstrafe bis zu einem Jahr oder Geldstrafe.

(5) Das Bundesministerium für Gesundheit wird ermächtigt, soweit es zur Durchsetzung der Rechtsakte der Gemeinschaft erforderlich ist, durch Rechtsverordnung mit Zustimmung des Bundesrates die Tatbestände zu bezeichnen, die als Straftat nach Abs. 1 Nr. 3 zu ahnden sind.«

Gruntin Tropfen: Kombinationspräparat, das → Tilidin und → Naloxon enthält. Es wird bei starken und sehr starken Schmerzen eingesetzt. Bei länger andauernder Einnahme entwickelt sich eine deutliche körperliche → Abhängigkeit. Außerdem kann das Medikament psychisch abhängig machen. Der Hersteller verbietet deshalb ausdrücklich die Anwendung bei Vorliegen einer → Sucht.

Gruppentherapie: Man unterscheidet bei der → Psychotherapie Gruppentherapie und → Einzeltherapie. Die Unterschiede des therapeutischen Handelns zwischen Gruppentherapeuten und Einzeltherapeuten stellen sich wie folgt dar:

Fehlende Solidarität des Therapeuten mit Außenseitern ist der wichtigste schädigende Faktor in der Gruppentherapie. In der Einzeltherapie ist der Therapeut ständiger und einziger Ansprechpartner des Patienten. In der Einzeltherapie kann deshalb logischerweise niemand zum Außenseiter werden (Folglich muss der Einzeltherapeut auch nicht darauf achten, potenzielle Außenseiter zu integrieren). Für schwierige Persönlichkeiten bietet sich daher – zumindest zu Beginn der Behandlung eine Einzeltherapie an.

In der Einzeltherapie kommt – im Gegensatz zur Gruppentherapie – »Imageverlust« praktisch nicht vor. In der Gruppentherapie muss der Therapeut zum Beispiel darauf achten, dass er Patienten durch ungefragtes »Feedback« nicht in den Augen der Gruppe herabsetzt.

In der Gruppentherapie ist der Therapeut viel zurückhaltender als in Einzeltherapie. Gruppentherapie ist gekennzeichnet durch eine niedrigere Interventionsfrequenz; einen großen Teil der Arbeit übernehmen die Patienten z.B. als »Co-Therapeuten« (z.B. durch Feedback geben), was durchaus erwünscht ist. Wenn der Therapeut einen großen Teil der Gruppentherapie mit Redebeiträgen gestaltet, macht er etwas falsch. Ausnahme: Erste Sitzungen, Patientenschulung. In der Einzeltherapie gestaltet der Therapeut hingegen einen viel größeren Teil der Zeit mit Redebeiträgen. Manche Themen (Inzest, Suizidalität, Missbrauch, sexuelle Devianz) sind evt. nicht geeignet für Bearbeitung in der Gruppe. Es ist durchaus legitim, diese dann im geeigneteren Setting der Einzeltherapie parallel zur Gruppentherapie zu behandeln Die Entscheidung liegt beim Patienten (Der Therapeutenspruch »Alles muss in Gruppe« ist Unsinn. Wenn sich Patienten außerhalb der Gruppe bei der Lösung ihrer Probleme helfen, ist das übrigens auch wünschenswert und nicht verboten.)

In der Therapie von Süchtigen spielt die Gruppentherapie traditionell eine große Rolle (→ Therapeutische Gemeinschaft). Großgruppen mit bis zu vierzig Leuten haben sich nicht bewährt und sind im Laufe der Jahre in den meisten Therapieeinrichtungen weitgehend kleineren Gruppen von 6 bis 10 Leuten gewichen, in denen das Sprechen über persönliche Probleme leichter möglich ist. Viele Entwöhnungseinrichtungen bieten mittlerweile auch Einzeltherapien an. Vorteil der Gruppentherapie ist, dass die Patienten am Beispiel anderer Gruppenmitglieder lernen können (sog. → Lernen am Modell).

Erste Versuche zu klären, wodurch Gruppentherapie hilft, gab es bereits in den 1950er Jahren (z.B. durch Corsini & Rosenberg, 1955). Yalom postulierte später eine begrenzte Anzahl von Faktoren, die bei Gruppentherapien – unabhängig von Form, Schule und Technik – wirken (= kleinster gemeinsamer Nenner der unterschiedlichen Therapietheorien). Zunächst nannte Yalom diese 10 Faktoren »curative factors« (= Heilfaktoren), später sprach er – bescheidener – von »therapeutic factors« (= therapeutische Faktoren oder Wirkfaktoren):

Mitteilung von Information (Anleitung), Einflößen von Hoffnung, Universalität des Leidens, Altruismus, die korrigierende Rekapitulation der primären Familiengruppe, Entwicklung von Techniken des mitmenschlichen Umgangs, Imitationsverhalten, Interpersonales Lernen, Gruppenkohäsion, Katharsis.

Diese Faktoren sind miteinander verwoben, bedingen sich wechselseitig und erklären auch, warum Gruppentherapien in der Behandlung von Suchtkranken weit verbreitet sind.

Viele Patienten haben aber Vorbehalte gegen Gruppentherapie. Ihre Argumente sind:

- Keine so intensive Beschäftigung mit dem Individuum möglich wie in Einzeltherapie; Angst »zu kurz zu kommen«.
- Spezifische Probleme besser in Einzeltherapie lösbar.
- Angst vor Reaktion der anderen (besonders bei Nicht-VT-Gruppen); Angst vor der Kritik/Aggressivität der anderen Gruppenmitglieder.
- Angst vor dem Zwang zur »Selbstöffnung«.
- Angst, (auch) in der Gruppe zum Außenseiter zu werden (durch Nichterfüllung von Gruppennormen).
- Angst, Schaden durch Gruppentherapie zu nehmen.

Zu beachten ist, dass Gruppentherapie auch schaden kann. Ggf. bestehende Vorbehalte der Patienten sind ernst zu nehmen (→ Kanfers elf Gesetze). Kontraindikationen für Gruppentherapie können bestehen:

bei akuten, instabilen psychotischen Krankheitsbildern, bei fehlender Krankheitseinsicht und Veränderungsmotivation (häufig bei Sucht, Persönlichkeitstörungen, »Sozio- und Psychopathen«), evt. bei Patienten, die die Gruppe als Bühne missbrauchen (z.B. histrionische Persönlichkeitsstörung und narzisstische Persönlichkeitsstörung). Hier u.U. erst Einzeltherapie, dann Gruppentherapie, bei zu großer Inhomogenität der Gruppe bezüglich der Störungsbilder, bei fehlender Kompetenz des Gruppenleiters für Gruppentherapie (z.B. PJ'ler, Krankenschwester, Famulant, Sozialarbeiter, Arzt oder Psychologe ohne psychotherapeutische Ausbildung).

Je nach therapeutischer Ausrichtung können zwei verschiedene Grundkonzepte von Gruppen (nach Fiedler) unterschieden werden. Hauptsächlicher Unterschied dabei ist die Bedeutung von Konflikten. Man unterscheidet

1. Konflikt-, Beziehungs-, Interaktionszentrierte Gruppen (z.B. Psychoanalytische Gruppe, Interaktionelle Gruppe, Gesprächspsychotherapie). Die Gruppe wird dabei gesehen als Abbild der zwischenmenschlichen Umwelt. Der Therapeut verhält sich zurückhaltend (schweigt z.B.). Dadurch kann eine Frustration der Gruppenteilnehmer (die sich Anleitung von einer Fachkraft wünschen) entstehen mit der Folge aggressiver Affekte. Die Gefahr liegt in der Dekompensation schwer gestörter Patienten. Ein häufig bestehendes Missverständnis ist, dass eine konfliktträchtige Gruppendynamik zu Selbstheilungsprozessen führe. Dagegen spricht, dass komplexere Aufgaben nur in einem niedrigen bis mittleren Aktivierungsniveau zu bewältigen sind.

2. Störungs-, Methoden-, Einzelfall-orientiert (Psychodrama, Gestalttherapie, Verhaltenstherapie, auch: Arbeiten in → Therapeutischen Gemeinschaften): Beim Psychodrama wird der interpsychische Konflikt als Rollenspiel vorgetragen mit der Erwartung einer Katharsis. Bei der Gestalttherapie werden Übungen zur Erhöhung der Einsichtsfähigkeit durchgeführt (z.B. Gruppenskulptur, Rollenspiel, leerer Stuhl ...). In verhaltenstherapeutischen Gruppen schließlich werden störungsspezifisch und lösungsorientiert anhand des Einzelfalles zunächst Einsichten zur Genese des Krankheitsbildes gewonnen (funktionelle Bedingungsanalyse), dann Problemlösestrategien entwickelt und schließlich diese Erkenntnisse durch spezielle Techniken in Verhalten umgesetzt. Der Therapeut in Gruppen vom Typ 2 regt an, initiiert, verstärkt (meist positiv). Der Vorteil dieser Gruppenform ist: Entspannteres Klima und wenig Reibungsverlust durch unnötige Konflikte.

Gruppentraining sozialer Kompetenz: Abk. GSK. Das von Rüdiger Hinsch und Ulrich Pfingsten entwickelte GSK ist ein → Gruppentherapeupie-Verfahren, das in der Klinik, auch in der Therapie von → Abhängigkeitskranken, breite Anwendung findet. Das GSK hat zum Ziel, die Fähigkeiten des Patienten zur Wahrnehmung und Interpretation von Situationen zu verbessern, um daraus dann ein verändertes Gefühlserleben (→ Emotionen, → Kanfer-Formel) und verbesserte Problemlösestrategien (→ Problemlösetrainig, → angemessenes Verhalten) zu entwickeln.

GSK: → Gruppentraining sozialer Kompetenz.

Guarana ist ein Lebensmittelergänzungsstoff und findet sich nicht im → BtMG. Es handelt sich um den Extrakt einer Schlingpflanzenart (Paullinia cupana), die in Südamerika an Bäumen bis zu 10 Meter hoch wächst. Frei kultiviert, wird sie etwa 3 Meter hoch. Die Pflanze wird bereits seit der vorkolumbianischen Zeit dort kultiviert. Aus den Samen von Guarana, die die Indios auch »Früchte der Jugend« nennen, stellen sie zunächst eine Paste her, die als Grundlage für ein Getränk dient. Diesem Getränk wird von den Einheimischen eine stimulierende und aphrodisierende Wirkung (→ Aphrodisiakum)nachgesagt. Die Früchte der Guarana-Pflanze werden zunächst geröstet, dann zu Pulver gemahlen. Dieses Pulver enthält als Hauptwirkstoff → Coffein. Das Coffein ist aber etwas anders gebunden als beim Kaffee. Es wird langsamer im Magen-Darm-Trakt aufgenommen und soll schonender wirken. Über die Schleimhaut des Darmes gelangt Coffein in den Blutkreislauf. Ein großer Teil wird bereits in der Leber entgiftet, nur ein kleiner Teil der Droge erreicht das Gehirn. Guarana macht wach und hebt die Stimmung. In Maßen genommen verbessert es die Konzentrations- und Leistungsfähigkeit. Bei akutem → Kopfschmerz kann es lindernd wirken.

In Europa findet Guarana vorwiegend in Form von Energy-Drinks und in Süßwaren eingebacken Anwendung. Höhere Dosierungen führen zu Nervosität, Unruhe, Übelkeit, Schwindel und → Schlafstörungen. Guarana stimuliert das Atemzentrum und steigert den Blutdruck, die Herzschlagfrequenz und die Körpertemperatur.

Vergiftungen durch Guarana sind extrem selten. Sie ähneln dann denen mit → Amphetaminen und müssen genauso behandelt werden. Bei chronischer Einnahme von Guarana kann es zu Nervosität – selten – bis hin zu Angstzuständen kommen. Häufiger sind Schlafstörungen und Kopfschmerzen. Depressive Verstimmungen und Kopfschmerzen können auch auftreten, wenn die → Droge plötzlich nach längerem Gebrauch abgesetzt wird.

Bislang ist nicht bekannt, dass es durch Guarana zu körperlichen Schäden kommen kann. Die Erfahrungen mit dem vergleichbar wirkenden

Kaffee lassen den Schluss zu, dass Guarana für den Körper wahrscheinlich unschädlich ist.

Guaranin: Wirkstoff → von Guarana. Identisch mit → Coffein.

Guaza: Indische Bezeichnung für → Cannabis.

GÜG: Abk. für → Grundstoffüberwachungsgesetz.

Guide: Szeneausdruck für erfahrenen Drogenbenutzer, der Einsteiger in den Drogenkonsum einführt.

Gun: Szeneausdruck für Spritze.

Gunjah: Weitere Bezeichnung für → Cannabis.

Gypsy: Szeneausdruck für eine besonders starke, dunkle → Haschisch-Sorte.

H

H: (englisch) Szeneausdruck für → Heroin.

Haaranalyse: Werden → Drogen konsumiert, so lagern sie sich im Haar ab. Das geschieht entweder direkt über die die Haarfollikel umgebenden Blutkapillaren oder aber über Schweiß und Talg, die sich auf das Haar auflagern. Auch der Kontakt mit drogenhaltigen Gasen und Stäuben kann zur Aufnahme ins Haar führen. Die Muttersubstanz, also die Droge selbst, sowie lipophile, d.h. fettliebende Abbauprodukte werden im Haar in höherer Dosis gefunden als im Urin. So findet sich im Haar das lipophile → THC z.B. in höherer Dosis als das hydrophile THC-COOH.

Bei der Haaranalyse kommen als Analysetechnik Immunoassay und Gaschromatographie-Massenspektrometrie zum Einsatz. Noch nach Monaten kann durch eine Haaranalyse ein Kontakt mit Drogen nachgewiesen werden. Während → Amphetamine und → Ecstasy im Blut nur einige Stunden und im Urin (→ Drogenschnelltests) nur etwa zwei Tage nach Einnahme nachweisbar sind, gelingt der Nachweis im Haar noch Monate später.

Weil man weiß, dass Haare etwa 1 bis 1,4 cm pro Monat wachsen, kann man sogar den Zeitpunkt des Konsums in etwa bestimmen. Haaranalysen spielen auch bei Einstellungstests eine Rolle (Workplace Drug Testing). Das Testergebnis einer Haaranalyse wurde z.B. dem Leverkusener Fußballtrainer Christoph Daum zum Verhängnis. Der Nachweis von → Kokain in seinen Haaren wies einen Verstoß gegen das → Betäubungsmittelgesetz nach und hatte u.a. zur Folge, dass Daum nicht, wie erwartet, Trainer der Deutschen Nationalmannschaft wurde.

Tönen und Bleichen des Haares kann die Konzentration der Drogen im Haar vermindern, ganz herauslösen kann man sie dabei aber nicht. Manche Drogen-User schneiden sich vor einer Haaranalyse die Haare radikal kurz. Das mag zwar die Analyse erschweren oder gar unmöglich machen. Der Richter kann die Tatsache des Haareschneidens aber durchaus als das werten, was es ist, nämlich einen Hinweis darauf, dass tatsächlich Drogen konsumiert wurden und dass das Haareschneiden der Vertuschung dienen soll.

Da auch bei Auflagerung von außen Drogen ins Haar aufgenommen werden können, kommt der Bestimmung von Drogenmetaboliten, also Drogenabbauprodukten, größere Bedeutung zu. Nur wenn Metaboliten im Haar nachweisbar sind, ist das ein sicherer Hinweis auf erfolgten Drogenkonsum. Anhand der Metabolite kann auch unterschieden werden, ob → Heroin oder aber legale → Opiate wie → Morphin oder → Codein konsumiert wurden. Der erste Heroinmetabolit 6-Mono-Acetylmorphin, kurz MAM, kann z.B. nur bei Heroinkonsum nachgewiesen werden. → THC-COOH deutet auf → Cannabiskonsum, → FSEE auf erfolgten Alkoholkonsum hin.

Habituation: 1. auch Gewöhnung genannt, bezeichnet in den → Lerntheorien eine zeitweilige, aber umkehrbare Verminderung der Auftretenswahrscheinlichkeit eines Verhaltens durch andauernde oder wiederholte Darbietung eines zuvor reaktionsauslösenden → Stimulus bzw. → Reizes. D.h. obwohl ein Reiz, der eigentlich eine Reaktion auslöst, präsentiert wird, bleibt nach der Habituation die Reaktion aus.

Als Beispiel für Habituation kann man z.B. das habituierbare Verhalten von Rehen (die eigentlich ängstliche Tiere sind) nehmen: Rehe zeigen bei Autogeräuschen normalerweise Fluchtverhalten. Durch fortlaufende Darbietung dieses Geräusches aber (z.B. durch eine an einem Waldstück entlang laufende Autobahn), der keine Schädigung der Tiere folgt, habituiert die Angst der Tiere und sie fliehen nicht mehr und grasen an der Autobahn.

Habituation kann langsam oder schnell erfolgen. Die Geschwindigkeit ist teilweise angeboren (angeborene Habituationsfähigkeit) und auch vom Aktivierungsniveau des Organismus (und somit von Umgebungsvariablen und aktuellen physiologischen Variablen) abhängig. Ein niedriges Aktivierungsniveau begünstigt rasche Habituierungsprozesse (was man sich durch Zuhilfenahme von Entspannungsverfahren in der → Psychotherapie zu Nutze macht). Wird allerdings der angstauslösende Reiz, z.B. Autobahnlärm, über eine längere Zeit nicht dargeboten, stellt sich das alte Fluchtverhalten wieder ein, die Habituation ist aufgehoben.

2. In Zusammenhang mit Suchtmitteln versteht man unter Habituation auch das Nachlassen der erwünschten Drogenwirkung durch regelmäßigen Konsum. Im übertragenen Sinne passiert dabei Ähnliches: Trotz Darbietung eines eigentlich rauschauslösenden Reizes, der Droge, bleibt die

Reaktion, d.h. der Rausch, nach erfolgter Habituation aus bzw. läuft erheblich abgeschwächt ab.

Hag: Szeneausdruck für einen Drogenabhängigen.

Haircut: Szeneausdruck für → Marihuana.

Halcion: Handelsname eines kurz wirksamen → Benzodiazepins, das gegen → Schlafstörungen eingesetzt wird. Inhaltsstoff ist Triazolam. Missbräuchlich wird es auch als → Droge verwendet.

Haldol: Name eines stark wirksamen → Neuroleptikums, das gegen psychotische Zustände mit gutem Erfolg eingesetzt wird. Es ordnet das Denken und lässt → Wahnvorstellungen und → Halluzinationen verschwinden. Bei akuten → Drogenpsychosen kann es gegeben werden. Wegen der körperlichen Nebenwirkungen – die Patienten können steif und unbeweglicher werden – ist es bei Patienten nicht beliebt.
Früher wurde Haldol auch bei → Entzugsbehandlungen eingesetzt. Wegen der Nebenwirkungen und besserer Alternativen, wie z.B. → Polamidon, ist man davon abgekommen.

Hallo Wach: Szeneausdruck für Aufputschmittel, bzw. → Upper. Ursprünglich wurden nur Aufputschmittel in Tablettenform als Hallo Wach bezeichnet, heute ist der Begriff etwas aus der Mode gekommen und wird – wenn überhaupt – für alle »Wachmacher« gebraucht.

Halloo-Wach N: Handelsname eines Medikamentes, das → Coffein enthält und gegen Ermüdungserscheinungen eingesetzt wird.

Halluzinationen: Wahrnehmungen, für die es in der Realität keine Grundlage gibt. Die Betroffenen sehen, hören, riechen, schmecken oder fühlen Dinge, die nicht da sind. Verwandt mit Halluzinationen sind → Derealisation und → Depersonalisation.
Halluzinationen können im → Entzug auftreten (→ Benzodiazepinentzug, → Delir). Bei → Halluzinogenen sind Halluzinationen Teil des Rauscherlebnisses. Solange das Auftreten von Halluzinationen gut steuerbar ist, sind sie von den meisten Konsumenten erwünscht. Problematisch wird es, wenn Halluzinationen bedrohlichen Charakter annehmen oder lange nach der Drogeneinnahme auftreten (→ Flashbacks).
Im Unterschied zu psychosekranken (→ Psychose) Menschen wissen Drogenkonsumenten meist um die Unwirklichkeit ihres durch Halluzinationen verzerrten Erlebens. Der Übergang solch »kontrollierter« halluzinatorischer Zustände in eine Psychose ist allerdings möglich; im Szenejargon spricht man dann vom »Hängenbleiben«. Bei chronischen Alkoholkonsumenten kennt man das Krankheitsbild als → Alkoholhalluzinose.

Halluzinogene: 1954 von Hoffer eingeführte Bezeichnung für eine Gruppe von Stoffen, deren Einnahme das Bewusstsein qualitativ verändert. Die meisten geschichtlich schon lange verwendete Pflanzendrogen, wie z.B. → Alraune, → Bilsenkraut, → Kalmus, Kakteen, → Mutterkorn, → Pilze, → Stechapfel, → Tollkirsche und Windengewächse, gehören zu den halluzinogenen Drogen. Es gibt aber auch eine Reihe synthetischer und halbsynthetischer Halluzinogene (erkennbar meist an Abk.en mit drei Buchstaben). Zu den Halluzinogenen gehören u.a.:
→ Atropin
→ DOB
→ DOM
→ DMT
→ Ecstasy (mit Einschränkungen; → Upper)
→ Ketamin
→ Lachgas
→ LSD
→ Mescalin
→ Myristicin
→ PCP
→ Psilocybin
→ Schnüffelstoffe
→ Scopolamin
→ THC (Cannabis)
→ Yohimbin
→ 2CB

Halluzinogenrausch: Der durch → Halluzinogene erzeugte Rausch ist geprägt von → Halluzinationen, Vermischung der Sinnesqualitäten, Störungen des Zeitempfindens, Störungen des Gedankenflusses mit leichter Ablenkbarkeit. Die vor Einnahme vorherrschende Gefühlslage wird durch Halluzinogene in der Regel verstärkt.

Bei ängstlich gestimmten Menschen kann so ein → Horrortrip entstehen, gut gelaunte Konsumenten erleben mit größerer Wahrscheinlichkeit angenehme Rauschzustände. Das Selbstwertgefühl ist nicht selten verändert, meist ist es gehoben. Manche Personen entwickeln die Überzeugung, fliegen zu können, andere halten sich unter Drogeneinfluss für übermäßig begabt. Die durch Halluzinogene bewirkte Selbstüberschätzung birgt Gefahren. Schon die Indianer wussten davon. Nicht wenige Personen haben sich in solchen Zuständen schon aus dem Fenster gestürzt und sind gestorben oder blieben verkrüppelt. Überdosierungen oder länger andauernder Gebrauch von Halluzinogenen führen häufig zu erheblichen psychischen Problemen.

Halluzinogenintoxikation: Nach Einnahme von → Halluzinogenen kann es zu Gleichgewichtsstörungen, Gangstörungen sowie fremdartigem Erleben des eigenen Körpers kommen. Nicht selten sind Übelkeit, Brechreiz und Schwindel zu beobachten. Hitze- oder Kältegefühl und Schweißausbrüche können auftreten. Die Temperatur steigt an, das Herz schlägt schneller, die Atemfrequenz nimmt zu und der Blutdruck steigt. Bei akuter Vergiftung, erkennbar an der → Pupillenerweiterung, kann es zu Bluthochdruckkrisen mit Gefäßkrämpfen, einer Überzuckerung oder zu Blutdruckabfall kommen. Herzstillstände sind möglich. Unter → LSD-Einfluss kann, wie bei anderen → Drogen auch, bei → Überdosierung eine Atemlähmung auftreten. Bezüglich dieser Nebenwirkungen verhalten sich Halluzinogene wie → Stimulanzien. Bei gemeinsamer Einnahme erhöht sich das Risiko für körperliche Schäden erheblich.

Halluzinogene, Folgen der Einnahme: Nach Abklingen der Rauschwirkung von → Halluzinogenen sind u.U. noch einige Tage nach Drogeneinnahme weitere unerwünschte Wirkungen wie Müdigkeit und Abgeschlagenheit sowie eine Verminderung der Hirnleistung und des Gedächtnisses zu beobachten. In selteneren Fällen kann es auch ohne erneute Drogeneinnahme zu psychoseartigen Zuständen kommen, den so genannten → »Flashbacks«. Bei entsprechend anfälligen Personen kann das Leistungsvermögen auch durch eine einmalige Halluzinogeneinnahme längerfristig gestört werden. Dies liegt wahrscheinlich daran, dass die meisten Halluzinogene offensichtlich in die integrativen, für das Lernen unmittelbar wichtigen Funktionen des Gehirns eingreifen, wobei die Möglichkeit, zwischen wichtigen und unwichtigen Reizen zu unterscheiden, zum Teil verloren gehen kann. Eine weitere Gefahr, die bei → LSD größer ist als bei den meisten anderen Halluzinogenen, ist die, dass eine → Psychose ausgelöst werden kann, die von einer → Schizophrenie nicht zu unterscheiden ist.

Halluzinogene erzeugen keine körperliche → Abhängigkeit. Daraus ziehen viele Konsumenten den Schluss, dass sie gar nicht abhängig machen können und übersehen dabei das psychische → Abhängigkeitspotenzial.

Hammurapi: Drogenpolitik ist keine Erfindung der Neuzeit. Der altbabylonische König Hammurapi erließ bereits vor ca. 3800 Jahren Gesetze, die den Konsum von Rauschmitteln eingrenzten, wie eine bis heute erhaltene Gesetzesstele beweist.

Hamp: Skandinavische Bezeichnung für → Cannabis.

Handling: Szeneausdruck für die Übergabe von → Drogen.

Hanf: Hanf ist die deutsche Bezeichnung für → Cannabis, eine Pflanze mit vielen nützlichen Anwendungsmöglichkeiten. Bekannt ist Hanf aber derzeit vor allem als die am häufigsten konsumierte illegale → Droge. Einige Hanfsorten enthalten in nennenswerter Menge den → psychoaktiven Wirkstoff → THC.

hängen bleiben: Szeneausdruck für das Vorliegen einer → Drogenpsychose.

Hang out: Szeneausdruck für zielloses Herumlungern, das bei Drogenkonsumenten häufig vorkommt.

Hang over: Szeneausdruck für die lang andauernde Wirkung von → Beruhigungsmitteln, wie z.B. → Benzodiazepinen, die weit über den eigentlich beabsichtigten Zeitraum hinausreichen kann und Arbeitsfähigkeit und Fahrtüchtigkeit erheblich beeinflusst. Ein Hang-over-Effekt zeigt sich in Benommenheit, Schwindel, Koordinationsstörungen und einer erhöhten → Sturzneigung.

Hang up: Szeneausdruck für heftige psychische Probleme, die auf den Drogenkonsum zurückzuführen sind.

Happy Pills: Szeneausdruck für Beruhigungstabletten wie z.B. → Benzodiazepine. Die Bezeichnung ist irreführend, weil → Beruhigungsmittel kei-

Hanf – eine vielfältig nutzbare Pflanze

ne stimmungsaufhellende Wirkung haben, sondern lediglich angstlösend und sedierend wirken. Bei ängstlichen Menschen kann sich dadurch natürlich – indirekt – die Stimmung aufhellen.

Harmal: → Droge, die aus den getrockneten Samen des → Harmalkrautes besteht und vor allem in Indien verwendet wird.

Harmalin: → Halluzinogen, das aus dem → Harmalkraut gewonnen wird, das aber auch in → Ayahuasca und in Caapi vorkommt. Es wird vor allem in esoterischen Kreisen vereinzelt als Rauschmittel verwandt, wurde aber auch schon missbräuchlich ohne großen Erfolg bei Außenseiterverfahren der → Psychotherapie benutzt.

Harmalkraut: In den Wüstengebieten Asiens beheimatetes Jochblattgewächs (Peganum harmala), das halluzinogene Wirkung hat und sowohl als Rauschmittel wie auch als → Aphrodisiakum verwendet wird. Psychoaktive Wirkstoffe sind → Harmalin, Harmin und Tetrahydroharmin.

Harmin: Einer der → psychoaktiven Wirkstoffe des → Harmalkrautes.

Harm Avoidance: Bezeichnung für die Tendenz, unangenehmen Situationen so weit wie möglich auszuweichen.

Abhängigkeitskranke weisen oft – auch bereits im Vorfeld ihrer Suchtkarriere – eine erhöhte Neigung zu Harm Avoidance auf. Das Suchtmittel ist dann eine Strategie, z.B. unangenehmen Gefühlsregungen (→ Emotionen), die situativ sehr wohl angemessen sein könnten und die grundsätzlich eine wichtige verhaltenssteuernde Wirkung haben, zu entgehen. Wer aber dergestalt hartnäckig unangenehme Situationen vermeidet und sich den Problemen des Lebens nicht stellt, bleibt zwangsläufig in seiner Entwicklung zurück. Da die Probleme des Alltags ungelöst bleiben, nimmt ihre Zahl im Laufe der Zeit zu. Damit steigt der Druck, sich ihnen zu stellen. Wird dann nicht die Strategie grundsätzlich geändert, sondern – im Gegenteil – eine Erhöhung des Konsums als Lösung gewählt (= Kopf in den Sand stecken), ist die Entwicklung einer → Abhängigkeitserkrankung nahezu zwangsläufig.

Harmelraute: Weitere Bezeichnung für das Harmalkraut.

Harm Reduction: Neudeutscher Ausdruck für Schadensbegrenzung, der in der Drogenarbeit einen gewissen Stellenwert einnimmt. Es handelt sich um Maßnahmen der tertiären → Prävention.

Bei Harm Reduction geht es darum, zunächst zu akzeptieren, dass nicht jeder Drogenkonsument unmittelbar zur → Abstinenz zu bewegen ist. Die Hilfsangebote bestehen darin, ihn in seinem Konsum zu begleiten und mögliche Risiken gering zu halten, z.B. durch Abgabe steriler Spritzen, Vergabe von → Ersatzstoffen oder → Drug checking. Die Effektivität der in den 1990er Jahren mit hohen Erwartungen ausgebauten Maßnahmen der Harm Reduction wird zunehmend in Frage gestellt. Die ausbleibende Verminderung von Neuinfektionen mit → Hepatitis und → HIV zeigt, dass weder Aufklärung noch die Zurverfügungstellung von Nadeln (→ Needle Sharing) und → Druckräumen das Gesundheitsverhalten entscheidend verändern konnten. Auch bezüglich der → Substitution wird zunehmend kritischer nachgefragt, ob die dadurch gebundenen Mittel nicht effektiver eingesetzt werden sollten (→ Sparzwang).

Harnsäure: → Gicht.

Harry: Szeneausdruck für → Heroin.

Haschisch: Getrocknetes Harz der → Cannabis-Pflanze mit → psychoaktiver Wirkung.

Haschisch-Öl: Cannabis-Produkt, das durch Extraktion mit organischen Lösungsmitteln einen → THC-Gehalt von ca. 50 % hat.

Hasch-Wiese: Szeneausdruck für die Frankfurter Parkanlage neben dem Stadtbad Mitte, in der viele Jahre lang → Drogen verkauft wurden.

Hash: Szeneausdruck für das getrocknete Harz der → Cannabis-Pflanze.

Hausarzt: Der Hausarzt ist oft der erste Helfer, zu dem ein Abhängigkeitskranker Kontakt hat. Dem Hausarzt soll deshalb im Gesundheitssystem nach Ansicht mancher Politiker eine wichtige Steuerungsfunktion zukommen, u.a. bei der → Prävention und Frühintervention (→ EARLINT, → IRIS). Im Auftrag des Bundesministeriums für Bildung und Forschung erforschen z.B. die Professoren Markus Gastpar, Essen, und Fred Rist,

Schwarzer Afghane und Haschisch Öl

Münster, inwieweit es möglich sein könnte, Suchtkranke durch den Hausarzt i.S. einer motivationalen Kurzzeittherapie für therapeutische Maßnahmen (z.B. eine → Entwöhnungsbehandlung) zu motivieren.
Viele Fachleute bezweifeln, dass Hausärzte für derartige Aktivitäten bei psychischen Krankheiten, wie → Abhängigkeitserkrankungen, hinreichend ausgebildet sind. Ohne ein entsprechendes Wissen droht die Gefahr, dass der Hausarzt in co-abhängiges Verhalten abgleitet (→ Co-Abhängigkeit). Prof. Wittchen und Mitarbeiter kamen in ihrer Studie »Sucht und Hausarztpraxis« im Auftrag des BMBF zu ernüchternden Ergebnissen. Fünf Prozent der Hausärzte wissen nicht einmal, dass Tabakabhängigkeit eine Krankheit ist. Zehn Prozent haben kein Interesse an der Thematik. 60 % der Hausärzte halten Raucherentwöhnung für wenig effektiv und für zu zeitaufwändig. Ein Drittel aller Hausärzte wissen nicht einmal, ob ihr Patient raucht oder nicht. Und nur ein verschwindend kleiner Teil vermittelt suchtkranke Patienten in geeignete Behandlungsangebote weiter.
Ähnlich entmutigend sind die Erfahrungen mit Hausärzten in Zusammenhang mit der → Substitution. Oft fehlt es in Hausarztpraxen an geeigneter psychosozialer Betreuung begleitend zur Substitution, die Kontrollen auf → Beikonsum werden häufig nicht mit der nötigen Konsequenz durchgeführt. Natürlich gibt es auch sehr engagierte Hausärzte, die sich ständig weiterbilden und die alles nur Denkbare für ihre psychisch kranken Patienten unternehmen. Auf diese wenigen aber lässt sich keine Steuerung im Suchthilfesystem aufbauen.
Psychische Krankheiten gehören in die Hände von Fachleuten. Sinnvoller wäre es, Polikliniken an psychiatrischen Abteilungen und psychiatrischen Krankenhäusern flächendeckend für suchtkranke Patienten zu öffnen.

Head Drugs: Szenebezeichnung für → Drogen, die ihre Wirkung hauptsächlich im Kopf entfalten und die – im Gegensatz zu den so genannten Body Drugs – das Körperempfinden kaum verändern.

Head Shop: Szeneausdruck für Geschäfte, in denen – ganz legal – Utensilien, die zum Drogenkonsum gebraucht werden, wie z.B. → Wasserpfeifen, Spritzbestecke oder Drogenbücher, verkauft werden.

Head Shrinker: Szeneausdruck für → Psychiater oder → Psychologen.

Health-Belief-Modell beschreibt die Vorstellung, die der Patient von der Entstehung seiner Krankheit (z.B. der → Sucht) und von der potenziellen Heilung derselben hat.

Süchtige glauben z.B. oft, dass es ihr Schicksal ist, süchtig zu sein und dass sie nichts daran ändern können. Entscheidend ist es, zu Therapiebeginn festzustellen, welche Vorstellung der Patient selbst von seiner Krankheit hat (= Attributionen zum Problem). Außerdem ist die → Selbsteffizienzerwartung von großer Bedeutung. Der therapeutische Aufbau (→ Konditionierung) neuer Verhaltensmuster gelingt nur dann, wenn dies mit den Erwartungen des Patienten an die Therapie (→ Entwöhnungsbehandlung) korreliert. Ein Arbeiten am Health-Belief-Modell steht oft vor der eigentlichen Therapie, nämlich immer dann wenn das Health-Belief-Modell dem Genesungsprozess entgegensteht oder unklar ist. Wenn ein Süchtiger glaubt, dass er sein Leben nie aus eigener Kraft meistern kann und dass Hilfe von außen kommen muss, so steht dieses Health-Belief-Modell der Therapie im Weg. Ist Einverständnis über die Genese der Krankheit hergestellt, muss dann geprüft werden, was der Patient kann, was er nicht kann (Ist-Zustand) und was er gerne können möchte (Soll-Zustand). Stärken und Schwächen des Patienten sind zu erfragen und dann ist der zu erreichende Soll-Zustand festzulegen.

Erst danach beginnt der systematische Aufbau von erwünschten Verhaltensweisen, z.B. mit Hilfe von Konditionierungsverfahren. In der Therapie wird unter anderem immer wieder das Health-Belief-Modell überarbeitet. Ständig gibt es neue Hinweise darauf, was die Krankheit begünstigt und was sie verursacht und aufrecht erhalten hat. Der Süchtige lernt, welche konkreten Probleme es gibt, die als Auslöser für seine Suchtmitteleinnahme dienen und wie er besser damit umgehen kann (→ Problemlösetraining).

Heavenly Blues: Szeneausdruck für Samen der Pflanze Rivea corymbosa.

Heavenly Guide: Szeneausdruck für → Cannabis.

Hemp: Weitere Bezeichnung für → Cannabis.

Henbane: Weitere Bezeichnung für → Bilsenkraut.

Henkerswurzel: Weitere Bezeichnung für → Alraune.

Hepa: Szeneausdruck für → Hepatitis.

Hepatitis ist ein medizinischer Fachausdruck für eine Entzündung der Leber. Eine Hepatitis kann durch die direkte Medikamenten-, → Drogen- oder → Alkoholwirkung verursacht werden, man spricht dann von einer toxischen Hepatitis.

Auch Krankheitserreger, wie z.B. Viren, können eine Entzündung verursachen, es kommt zur so genannten infektiösen Hepatitis. Man kennt mittlerweile eine Reihe von Viren, die die Leber angreifen. Den Viren wurden Buchstaben zugeordnet. Man spricht von Hepatitis-A-, -B-, -C -

und Hepatitis-D-Viren und bei Leberentzündungen, die durch diese Viren verursacht werden, von Hepatitis A, B C, D und E.
Die Symptome einer Hepatitis sind vielfältig. Oft merken die Betroffenen gar nichts von ihrer Erkrankung, insbesondere dann, wenn durch fortgesetzte Suchtmitteleinnahme ihre Wahrnehmungsfähigkeit für Körperfunktionen beeinträchtigt ist. Zeichen einer Hepatitis können sein: Übelkeit, Magenschmerzen, Durchfälle, Schwächegefühl, Kraftlosigkeit, Gelbfärbung des Augenweißes und der Haut. Schmerzen in der rechten Oberbauchgegend, der Ort, an dem die Leber sitzt, sind nicht unbedingt zu erwarten, da die Leber selbst nicht schmerzempfindlich ist. Nicht alle der o.a. Zeichen müssen vorhanden sein. Bei Menschen, die Drogen einnehmen, können die Symptome der Hepatitis leicht mit → Entzugserscheinungen verwechselt und dadurch übersehen werden.
In der Leberzelle befinden sich bestimmte Eiweißstoffe: → GOT, → GPT und → Gamma-GT. Geht eine Leberzelle zugrunde, werden diese Stoffe ins Blut abgegeben. Die Höhe von GOT, GPT und Gamma-GT im Blut nennt man → Leberwerte. Eine bestimmte Anzahl von Leberzellen stirbt auch beim gesunden Menschen täglich. Ist die Leber entzündet, werden mehr Zellen zerstört als normal und größere Mengen der Eiweißstoffe ins Blut abgeben. Die Leberwerte sind dann erhöht. Die Höhe der Leberwerte allein sagt noch nicht viel aus. Akute Leberentzündungen können z.B. mit stark erhöhten Leberwerten einhergehen, die sich aber rasch zurückbilden. Eine chronische Hepatitis kann nur leicht erhöhte Leberwerte aufweisen, letztlich aber gefährlicher sein. Die Frage, ob man sich mit einem Hepatitis-Virus angesteckt hat, kann durch Bestimmung der Leberwerte nicht geklärt werden.
Hierfür braucht man weitere Untersuchungen, die so genannte Hepatitis-Serologie: Hat man sich mit Hepatitis-Viren angesteckt, bildet der Körper Antikörper gegen die Viren. Diese Antikörper können durch eine Blutuntersuchung, die auch Hepatitis-Serologie genannt wird, nachgewiesen werden. Man muss dabei aber wissen, dass ein Teil der Antikörper auch noch im Blut ist, wenn der Virus schon lange abgetötet ist. Man spricht dann z.B. von einem Zustand nach Hepatitis B. Manche Antikörper und Teile des Virus finden sich aber nur im Blut, wenn das Virus noch aktiv ist. Sind die Tests auf solche Antikörper oder Virusbestandteile positiv, weiß man, dass z.B. eine akute Hepatitis vorliegt. Stellt man bei Kontrolluntersuchungen fest, dass sich daran nichts geändert hat, spricht man von chronischer Hepatitis. Die Einnahme von Drogen, Alkohol oder Medikamenten kann, wie gesagt, zu einer so genannten toxischen Leberent-

zündung führen. Viele Drogen enthalten Streckmittel, die Gift für die Leber sind. Diese Form der Hepatitis ist nicht ansteckend.

Anders sieht es bei den Leberentzündungen aus, die durch Viren verursacht werden. Eine Hepatitis-A- oder Hepatitis-E-Infektion kann bereits bei unsauberer Nahrungsmittelzubereitung, schmutzigen Händen oder Benutzung von unsauberen Toiletten übertragen werden. Die Hepatitis A ist allerdings meist harmlos; sie verläuft so gut wie nie chronisch und heilt schnell ab. Oft merken die Betroffenen gar nichts von der Hepatitis-A-Infektion.

Bei den anderen, durch Viren verursachten Leberentzündungen sind mögliche Infektionswege ungeschützter Geschlechtsverkehr, die Übertragung von der Mutter auf das Kind bei der Geburt oder die Verwendung unsauberer Spritzen. Auf diesem Wege kann man sich mit Hepatitis B, C oder D, aber natürlich auch mit Hepatitis A oder E infizieren. Beim normalen Zusammenleben – zum Beispiel in einer Wohngemeinschaft oder während einer → Entwöhnungsbehandlung – besteht also keine Gefahr, sich mit Hepatitis B, C oder D anzustecken.

Jede Hepatitis kann chronisch werden. Bei Hepatitis A ist dies selten der Fall. Besonders häufig kommt es bei Hepatitis C vor. 70 bis 80 % aller Hepatitis-C-Infektionen verlaufen chronisch.

Alkoholmissbrauch scheint die Ausbreitung von Hepatitis C zu begünstigen; die Gründe dafür sind unklar. Werden bei Vorliegen einer durch Viren geschädigten Leber weiterhin Drogen oder Alkohol eingenommen, so ist der Verlauf oft schlecht. Das Gleiche gilt bei regelmäßiger Medikamenteneinnahme, da viele Medikamente über die Leber entgiftet werden und damit eine Belastung darstellen.

Die Leber verfettet bei einer chronischen Hepatitis zunächst, man spricht von einer Fettleber. Später vernarbt sie unter Bildung von Narbengewebe. Dieser Vorgang ist unumkehrbar, man spricht dann von → Leberzirrhose. Die Leber kann in diesem Zustand das Blut nicht mehr richtig entgiften. Die nicht abgebauten Giftstoffe greifen viele Organe an; vor allem das Gehirn wird geschädigt. Da die Leber nun zu klein ist, um alles Blut aus dem Bauchraum zum Herzen durchzulassen, sucht sich das Blut Umgehungsstraßen. Diese sind für die große zu bewältigende Blutmenge aber nicht konstruiert. Das Risiko für innere Blutungen steigt. Bei vielen Menschen mit Leberzirrhose kommt es später zudem zu Leberkrebs. Die Wahrscheinlichkeit, an Leberkrebs zu erkranken, ist bei der Kombination von Alkoholmissbrauch und Hepatitis C besonders hoch. Etwa ein Drittel der Hepatitis-C-Infizierten entwickelt

nach 10 bis 15 Jahren eine Leberzirrhose. Etwa 15 % davon erkranken zusätzlich an → Leberkrebs.
Schutz vor einer toxischen Hepatitis bietet der Verzicht auf Alkohol, Drogen und leberschädigende Medikamente. Schutz vor Hepatitis A besteht in einer guten Hygiene (z.B. durch Händewaschen, Verwendung sauberen Wassers, Vermeidung ungewaschener Lebensmittel; evtl. auch durch Verwendung von geeigneten Desinfektionsmitteln). Schutz vor Hepatitis B, C, D und E erreicht man durch Vermeidung von ungeschütztem Geschlechtsverkehr. Wer Drogen spritzt, sollte unbedingt nur ungebrauchte Spritzen verwenden. Alle bisherigen Bemühungen aber, die Süchtigen i.S. von → Harmreduction (z.B. durch Zurverfügungstellung von Spritzen und Kondomen) zu einem weniger schädlichen Lebensstil anzuhalten, müssen diesbezüglich wohl als nicht ausreichend effektiv bzw. gescheitert betrachtet werden. Hepatitis-Viren sind wesentlich infektiöser als → HIV. Im Gegensatz zum HIV-Virus, das nach wenigen Minuten an der Luft stirbt, kann das Hepatitis-Virus wochenlang in angetrocknetem Blut überleben. Zudem sind viele Hepatitis-Infizierte symptomfrei, aber dennoch hochinfektiös.
Man geht davon aus, dass mittlerweile bis zu 80 % aller Drogenabhängigen Hepatitis-C-infiziert sind. Ca. 500 000 Menschen sind in Deutschland bereits mit Hepatitis C infiziert. Jährlich infizieren sich 5000 bis 6000 Menschen neu mit dem Virus.
Impfungen existieren bislang nur gegen Hepatitis A, B und D. Gegen Hepatitis C und E gibt es immer noch keine Impfung. Und: Die Impfungen müssen regelmäßig aufgefrischt werden.
Eine mögliche Behandlung der Hepatitis C besteht in der Gabe von→ Interferon in Verbindung mit Virustatika wie Ribavirin und Amantidin. Bei Anwendung einer Kombinationstherapie kommt es bei etwa 15 bis 40 Prozent der Behandelten zu einer anhaltenden Verminderung des Virus im Blut. Dadurch sinkt die Zahl der Virusüberträger. Hinweise auf ein schlechtes Ansprechen sind das Vorliegen des HCV-Genotyp 1, eine hohe Virusrate im Blut sowie das Vorliegen einer Zirrhose. Zur Erreichung eines Behandlungserfolges sind anhaltend hohe Interferonspiegel wünschenswert. Das Interferon muss über etwa ein Jahr dreimal pro Woche gespritzt werden. Pegyliertes Interferon, eine Zubereitungsform, die den Wirkstoff besonders langsam freisetzt, muss nur 1 x/Woche verabreicht werden. Diese so genannte Retardform soll Studien zufolge besser wirksam sein als das normale Interferon. Mögliche Nebenwirkungen der Interferonbehandlung sind grippeartige Symptome, eine Verminderung der

roten und der weißen Blutkörperchen und der Blutplättchen sowie Autoimmunreaktionen und eine depressive Verstimmung. Die Interferonbehandlung stellt eine erhebliche Belastung für die Abhängigen dar. Die Injektion des Interferons über Spritzen aktiviert meist Erinnerungen an den Konsum (→ Suchtgedächtnis), löst oft → Craving aus und stellt ein Rückfallrisiko dar. Zusätzlich können, wie oben aufgeführt, durch Interferon Nebenwirkungen auftreten, die entzugsähnlich sind und die das Verlangen nach Drogen steigern können.
Neuere, wesentlich verträglichere und kostengünstigere Verfahren, wie z.B. die Behandlung mit Mistelpräparaten, könnten evt. ebenfalls helfen. Ihre wissenschaftliche Erforschung steht aber noch aus, sodass derzeit nicht gesagt werden kann, ob ihre Wirkung gegen Hepatitis-Viren ausreichend ist.

Her: Szeneausdruck für → Kokain.

Herauswachsen aus der Sucht: Bezeichnung für den Umstand, dass ein gar nicht so kleiner Teil der Drogenkonsumenten ohne therapeutische Hilfe das Suchtproblem in den Griff bekommt. Man spricht auch von → Selbstheilern. Drohende Strafverfolgung kann dabei eine wesentliche treibende Kraft sein. Manch einer hört auf, weil sein Freund gerade inhaftiert wurde oder sich mit HIV (→ AIDS) oder → Hepatitis infiziert hat. Andere wiederum beenden ihren Konsum, weil sie einen Partner oder eine Arbeit gefunden haben, die sie nicht verlieren möchten (→ Motivation).

Herbal Ecstasy ist eine Mischung aus verschiedenen pflanzlichen Wirkstoffen mit vorwiegend anregender Wirkung. Die Strukturformeln der Wirkstoffe sind nur zum Teil bekannt.
Herbal Ecstasy ist eine legale → Droge. Entwickelt wurde es nach dem Verbot von → Ecstasy. Ein amerikanischer Hersteller kam damals auf die gewinnbringende Idee, die Marktlücke mit Herbal Ecstasy zu füllen. Er nahm legale Stoffe mit wachmachender Wirkung und verband das Produkt mit dem in der Szene gut klingenden Namen »Ecstasy«. Durch den Zusatz »Herbal« wurde unmissverständlich auf einen pflanzlichen Ursprung hingewiesen, denn pflanzliche Drogen gelten bei vielen Konsumenten als harmlos. Andere Produzenten folgten auf den attraktiven Markt.
Hauptwirkstoff des Herbal Ecstasy ist → Coffein (→ Guarana). Bis 1996 enthielt Herbal Ecstasy außerdem den Wirkstoff → Ephedrin. Aufgrund von Berichten über ephedrinbedingte Todesfälle im Zusammenhang mit dem Konsum von Herbal Ecstasy nahm der Hersteller Ephedrin aus dem

Produkt und ersetzte es durch Kawa Kawa, ein pflanzliches Beruhigungsmittel mit geringer antidepressiver Wirkung. Mittlerweile musste auch Kawa Kawa entfernt werden, da es ebenfalls Todesfälle verursacht hatte. Herbal Ecstasy wird, ähnlich wie Ecstasy, in der Regel in Tablettenform angewendet. Es ist leicht antriebssteigernd und appetitzügelnd. In der Partyszene dient es – ebenso wie Ecstasy – dazu, die natürliche Müdigkeit zu unterdrücken, um die Nacht durchtanzen zu können. → Entactogene Wirkungen hat es nicht. Es bewirkt, ähnlich wie Kaffee (nur deutlich teurer), einen leicht erhöhten Zustand der Wachheit. Bei höherer Dosierung sind → Schlafstörungen und Angstzustände nicht auszuschließen. Darüber hinaus sind bisher keine Wirkungen bekannt. Unruhezustände und Nervosität können bei chronischem Konsum auftreten. Körperliche Schäden wurden bei dem jetzt im Handel befindlichen Herbal Ecstasy (ohne Ephedrin und Kawa Kawa) bisher nicht beschrieben.

Hero: Szeneausdruck für → Heroin.

Heroin: Handelsname eines → Opiates mit der chemischen Bezeichnung Diacetylmorphin, kurz Diamorphin. Szeneausdrücke sind H (englisch ausgesprochen), Brown Sugar, Schnee, Stoff, Speedball (Heroin-LSD-Kokaingemisch). Heroin ist ein nicht verkehrsfähiges → Betäubungsmittel, aufgelistet in → Anlage 1 des → BtMG, mit hohem psychischen und körperlichem → Abhängigkeitspotenzial.

Heroin ist ein halbsynthetisches Opiat, das durch Acetylierung aus → Morphin hergestellt wird. Morphin ist der Wirkstoff des Opiums. → Opium wird aus dem Saft des → Schlafmohns (Papaver somniferum) gewonnen. Die Kapseln werden angeritzt, der austretende Saft wird gesammelt und zu Heroin weiterverarbeitet.

Opiate haben als Heilmittel und Suchtstoffe eine lange Tradition. Schon vor 4000 Jahren wurden sie nachweislich am östlichen Mittelmeer gezielt eingesetzt. Hippokrates empfahl den getrockneten Saft des Mohnes gegen Schlaflosigkeit, Fieber, Magen-Darm-Beschwerden und Schmerzen. Opium wurde gegen eine Vielzahl von Beschwerden auch im alten Europa gereicht. Die Gefahren der Droge waren allerdings auch lange bekannt. Um die Jahrtausendwende warnte Ibn Sina, einer der berühmtesten islamischen Ärzte, vor den Tücken der Droge: »Es stumpft den Intellekt ab, engt das Bewusstsein ein, durchkreuzt vernünftiges Beratschlagen, schwächt die Verdauung und bringt den Tod.« Er starb – trotz dieses Wissens – später an einer → Überdosis Opium.

Am Ausgang des Mittelalters trat → Laudanum, eine Mischung aus Wein, Opium und → Bilsenkraut, seinen Siegeszug in Europa an. Schon der gro-

ße Paracelsus empfahl es. Laudanum wurde nach und nach gegen nahezu jede Krankheit ausprobiert. Um 1900 war Opium in jeder → Apotheke erhältlich. Kleine Kinder wurden damit ruhig gestellt, es war Schlafmittel und außerdem ein häufig verschriebenes Hustenmittel. Auch als Rauschmittel wurde es zunehmend eingesetzt.
Die Romantiker, die sich als Gegenspieler zu → Vertretern der Aufklärung verstanden, experimentierten mit einer Reihe von → Drogen, vor allem mit Opium. In den aufblühenden Industriegebieten Englands wurde Opium zur Massendroge. Es war billiger als → Alkohol und wurde von den Arbeitern in großen Mengen konsumiert. Auch in China wurde

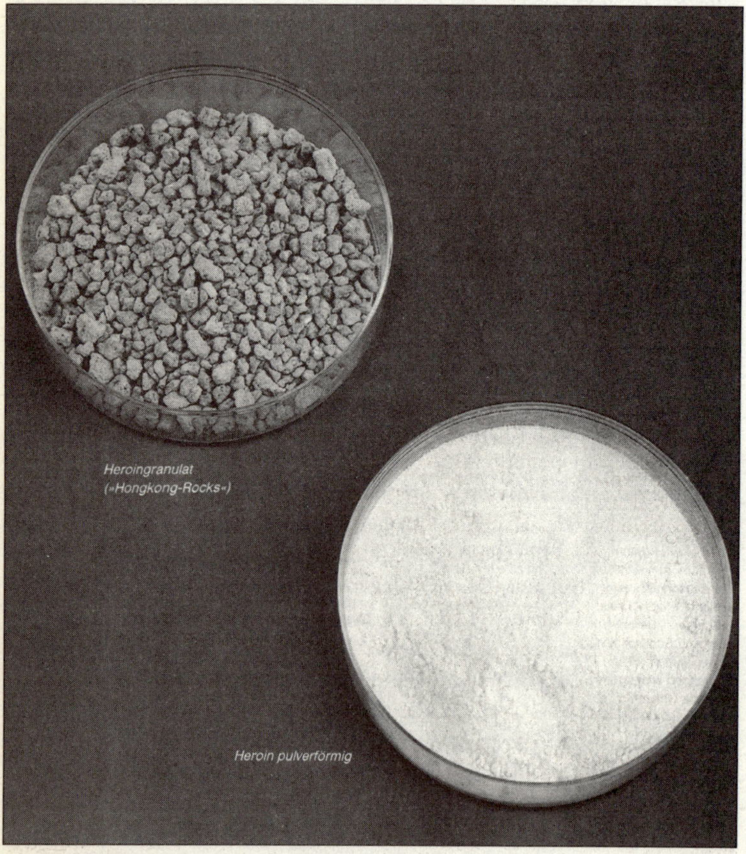

Heroin als Granulat und als Pulver

das Opium ab Mitte des 18. Jahrhunderts immer häufiger konsumiert und drohte die Volkswirtschaft zu lähmen.
Doch es sollte noch schlimmer kommen. 1804 konnte der Apotheker Friedrich Wilhelm Sertürner in Hameln aus dem Opium ein bitter schmeckendes, kristallines Pulver gewinnen, das den eigentlichen Wirkstoff darstellte: Morphin. Die Entdeckung des Morphins stellt den Beginn der modernen Anästhesie dar. Erstmals wurde aus einer pflanzlichen Droge der eigentliche Wirkstoff extrahiert (→ Droge, halbsynthetische). Gleichzeitig wurde der Grundstein für eine aufblühende Pharmaindustrie gelegt. 1814 wurde es erstmals als Schmerzmittel verwandt, 1827 lief die Massenproduktion des Morphins durch die Firma Merck an.
1898 wurde durch die Verbindung von Morphin mit Essigsäure das noch wirksamere Heroin entdeckt. 1898 begann die Massenproduktion von Heroin bei den Farbfabriken der Firma Bayer in Elberfeld. Es wurde zunächst wie Aspirin als Hausmittel vermarktet. Einige Therapeuten versuchten auch, Morphinsüchtige mit Heroin zu heilen. Kriege sorgten für einen Aufschwung der chemischen Industrie. Einerseits stellte man chemische Kampfstoffe her, andererseits lieferte man Opiate in großen Mengen zur Bekämpfung der Schmerzen von Verwundeten. Der Verbrauch von Opiaten nahm immer größere Ausmaße an. Erst durch die Unterstellung von Opiaten unter das → Opiumgesetz und später unter das → Betäubungsmittelgesetz gelang es schließlich, den Absatz in geregeltere Bahnen zu lenken.
Auf niedrigerem Niveau bestand ein Konsum im illegalen Bereich fort. Unter Prominenten war Heroin in den sechziger und siebziger Jahren weit verbreitet. Vor allem Musiker konsumierten es. Lou Reed von Velvet Underground demonstrierte im November 1974 auf der Bühne, wie man sich Heroin spritzt. Ray Charles, der fast zwanzig Jahre lang Heroin nahm, beendete nach seiner dritten Verhaftung seinen Konsum, um seine Familie nicht zu zerstören. Er machte noch vor der Gerichtsverhandlung eine Therapie und wurde »clean« (→ Abstinenz). Zwar wurde er wegen des Drogenbesitzes verurteilt, die Strafe aber zur Bewährung ausgesetzt. Punk-Ikone Iggy Pop nahm ebenso wie Keith Richards jahrelang Heroin. Marianne Faithfull, Aushängeschild der Swinging Sixties und Rolling-Stones-Freundin, stürzte mit Heroin steil ab und nahm 1969 eine Überdosis. Mehrfach stand sie mit einem Fuß im Grab. Erst Ende der achtziger Jahre schaffte sie es, von der Droge loszukommen. Anita Pallenberg, ebenfalls häufiger Gast in den Betten der Stones, war ebenfalls heroinsüchtig. 1970 starb Janis Joplin an einer Überdosis Heroin, sie war eine der pro-

minentesten Drogentoten dieser Zeit (→ Heroinintoxikation). Der in der New Yorker Bronx geborene Musiker Dion DiMucci wuchs mit Alkohol, Drogen und Gewalt auf. Mit seiner Band Dion and the Belmonds hatte er Hits wie »Teenager in Love« und »The Wanderer«. Während dieser Zeit nahm DiMucci regelmäßig Heroin und erlitt schließlich einen Einbruch seiner Karriere. Durch eine → Entwöhnungsbehandlung Anfang der sechziger Jahre schaffte er es schließlich, von der Droge wegzukommen.
Mittlerweile ist es nicht mehr in, Drogen wie Heroin zu konsumieren. Heroinabhängige Musiker sind deshalb deutlich seltener geworden, doch es gibt sie immer noch. Shaun Ryder von den Happy Mondays z.B. war seit frühester Jugend heroinsüchtig. Nur mit Mühe konnte man Ryder 1990 davon überzeugen, dass es keine gute Idee wäre, mit einer Aluminiumfolie (→ Blowen) für ein Magazinfoto zu posieren (Shaun Ryder sollte mit einem für ihn wichtigen Gegenstand fotografiert werden).
Das Heroin, das in Europa verkauft wird, stammt fast ausschließlich aus → Afghanistan. Heroin wird entweder geraucht, durch die Nase aufgesogen (»Sniefen«) oder intravenös gespritzt. Zuvor wird es in Zitronensäure gelöst und, z.B. auf einem Löffel, erhitzt. Die zum Spritzen notwendigen Utensilien werden auch → Besteck genannt. Heroin ist wesentlich besser fettlöslich als Morphin und tritt daher auch leichter ins Gehirn über. Intravenös gespritztes Heroin wird am schnellsten in den Blutkreislauf aufgenommen. Die Rauschwirkung tritt nach wenigen Sekunden ein (sog. Flash). Der maximale Spiegel im Blut besteht nach 1 bis 2 Stunden. Die Wirkdauer beträgt ca. 3 bis 5 Stunden. Das Spritzen ist mit dem höchsten Risiko abhängig zu werden verbunden.
Häufigste Anwendungsweise in der Partyszene ist das »Blowen«, auch »Folierauchen« genannt. Dabei wird Heroin auf einer Alufolie erhitzt und die Dämpfe werden inhaliert. Wird Heroin geraucht, geblowt oder auf oralem Wege aufgenommen, wird es langsamer resorbiert und der maximale Wirkspiegel später erreicht. Die Wirkungsdauer ist insgesamt länger.
Abgebaut wird Heroin in erster Linie über Glukoronidierung in der Leber (→ Hepatitis), das Glukoronid wird dann innerhalb von einem Tag zu fast 100 % über den Harn ausgeschieden. Weniger als 10 % werden über den Darm ausgeschieden.
Niedrig dosiert, hebt Heroin Unlustgefühle und Müdigkeit auf. Erregung und Angst werden abgebaut. Erst in höheren Dosierungen überwiegt die schlafanstoßende Wirkung (→ Downer). Heroin wirkt beruhigend und schaltet besser als andere Drogen unangenehme Außenreize ab. Es be-

wirkt zu Beginn des Konsums eine ungeheure Euphorie und ein Wärmegefühl, das allumfassend sein soll. Auf Partys dient Heroin in erster Linie dazu, die antriebssteigernde Wirkung von → Speed, → Ecstasy oder → Kokain aufzuheben. Bei den ständig steigenden Dosen reicht → Cannabis oft nicht mehr aus, um zur Ruhe zu kommen (außerdem hat Cannabis, was kaum bekannt ist, ebenfalls teilweise stimulierende Wirkung auf Herz und Kreislauf). Die angstlösende und aggressionsabbauende Wirkung von Heroin mindert auch paranoide Zustände und Angstanfälle, die z.B. unter Wirkung von Kokain und → Amphetaminen auftreten können.

Einige → User verwenden Heroin dazu, psychotische Zustände, die zum Beispiel im Rahmen der Einnahme von → LSD oder → Pilzen auftreten können, aufzuheben.

Die am schnellsten zu beobachtende unerwünschte Wirkung ist die Ausbildung einer psychischen → Abhängigkeit. Wenig später erfolgt die Entwicklung einer körperlichen → Abhängigkeit. Beides sind aufrechterhaltende Faktoren für den Konsum.

Ohne eine möglichst frühzeitig einsetzende psychotherapeutische Behandlung ist bei Heroinabhängigen fast immer der Weg in den sozialen Abstieg, die Kriminalität und die Verwahrlosung vorgezeichnet. Es gibt nur wenige Berichte von Konsumenten, die einen kontrollierten, periodi-

Schlafmohn, der Rohstoff für Heroin

schen Heroingebrauch betreiben. All dies gilt auch, wenn die Droge geraucht wird, nicht nur bei intravenösem Gebrauch.
Die Entzugssymptome werden von den Konsumenten als bedrohlich oder zumindest als lästig empfunden. Im Einzelnen gehören dazu Blutdruckabfall, verlangsamter Herzschlag, ausgeprägte → Schlafstörungen, ausgeprägte depressive Stimmungen, u.U. mit Selbstmordphantasien, ständige Müdigkeit, Gewichtsverlust bis hin zur völligen Abmagerung, Appetitlosigkeit, Verstopfung, Impotenz, Frösteln und Zittern, Gangunsicherheit sowie Haarausfall.
Fast alle Heroinpatienten entwickeln relativ rasch die Symptome einer Depression. Weniger bekannt ist, dass fast alle Heroinkonsumenten regelmäßig sogar an → Selbstmord denken. Es wird häufig unterschätzt, dass die → Depression auch eine häufige Ursache für den Tod von Heroinabhängigen ist. Die bewusste Einnahme einer Überdosis ist eine häufig gewählte Suizidform.
Heroin führt, mehr noch als andere Opiate, zu einer Verminderung des Wunsches nach Sexualität, gleichzeitig wird die Durchführung des Geschlechtsaktes schwieriger. Bei den Frauen erlischt fast regelhaft die Menstruation. Es gibt eine Vielzahl von Berichten über dauerhafte Hirnschäden und neurologische Schäden durch Heroin. Es ist letztlich aber nicht geklärt, ob dies auf die häufige Verunreinigung der Droge zurückzuführen ist oder auf die Droge selbst.
Aggressive Impulse werden unter Heroin kaum erlebt. Die anfängliche drogenbedingte Ausgeglichenheit weicht später Gleichgültigkeit und Abstumpfung. Je länger Heroin konsumiert wird, desto weniger sind die Betreffenden in der Lage, adäquat emotional auf ihre Umgebung zu reagieren. Es kommt zu einem zunehmenden Rückzug, die Patienten sind kaum noch in der Lage sich auf andere einzustellen.
Die regelmäßige Einnahme von Heroin kann – vorübergehend oder bleibend – zu einer deutlichen Verminderung der Hirnleistungsfähigkeit führen. Dieses als Durchgangssyndrom beschriebene Phänomen ist dadurch gekennzeichnet, dass die Konzentrationsfähigkeit und Ausdauer gestört sind. Auch das Gedächtnis funktioniert in der Regel nur unvollständig, so dass chronisch Heroinabhängige nicht in der Lage sind, kompliziertere Aufgaben zu lösen. Hinzu kommt die Instabilität des emotionalen Erlebens, die die Durchführung von Aufgaben, z.B. im Arbeitsleben fast unmöglich erscheinen lassen. Die meisten dieser Auffälligkeiten sind allerdings rückbildbar, wenn die Droge nicht mehr genommen wird. Häufig entwickeln Heroinabhängige Koordinationsstörungen, der Gang wird

unsicherer, es kommt zu einem dauerhaften Zittern der Hände oder zu Schwindelzuständen. Auch halbseitige Lähmungen und halbseitige Störungen der Sensibilität sowie Parkinson-Syndrome wurden beschrieben. Heroin unterdrückt das Immunsystem und macht anfällig für Infektionskrankheiten. Die durch das Spritzen eingeschleusten Viren und Bakterien können zu Entzündungen aller Organe führen. Heroinsüchtige leiden vermehrt unter Infektionen wie z.B. Tuberkulose. Die Gefahr einer potenziell tödlichen → Hepatitis oder einer HIV-Erkrankung (→ AIDS) ist bei Heroinkonsumenten erhöht. Auch andere Infektionskrankheiten können auf diesem Wege übertragen werden.

Gleichzeitig können sich an den Stellen, wo das Rauschgift gespritzt wurde, Abszesse bilden. Werden Nerven verletzt, so kann es auch zu Lähmungen der Arme oder Beine kommen oder zu Störungen des Gefühlsempfindens in dem Bereich, in dem die Droge injiziert wurde.

Bereits 1971 wurde ein bedrohlicher Zustand beschrieben, der bei Heroineinahme auftreten kann. Dabei lösen sich überall im Körper Muskelfasern auf, es kommt zu Wassereinlagerungen, Schwächen aller Extremitäten, die aufgelösten Muskelfasern können die Niere verstopfen, was bis zur Dialysepflicht führen kann. Auch hierbei ist nicht klar, ob es sich um eine Heroinwirkung oder eine Wirkung der Beimengungen handelt. Verbunden mit der intravenösen Applikation ist zudem die Gefahr einer Entzündung des Herzinnenraumes gegeben, was u.U. zu einer Funktionsstörung des Herzens führen kann.

Welche Störungen Heroin in der Schwangerschaft bei den Kindern auslösen kann, ist nicht genau bekannt. Es kann nach derzeitigem Stand aber nicht ausgeschlossen werden, dass es durch Heroineinnahme zu einer erheblichen Entwicklungsverzögerung der Kinder, u.U. auch zu irreparablen Schäden wie z.B. beim → Alkohol kommen kann. Die Föten sind während der Schwangerschaft sowohl durch Entzugssyndrome wie auch durch Intoxikationen gefährdet. Die Droge selbst kann zu einer Verminderung der Blutzirkulation und Sauerstoffsättigung des Blutes führen und so das Kind gefährden, ein → Entzug wiederum kann zu Fehlgeburten und verfrühten Fruchtabgängen führen. Das abrupte Absetzen der Droge kann zu Krampfanfällen, Kreislaufzusammenbrüchen oder zu psychoseartigen Zuständen führen. Es besteht die Möglichkeit, Heroinabhängige während der Schwangerschaft mit → Methadon zu substituieren, so dass zumindest die durch den Entzug bedingten Gefahren gemildert werden können. Unter Umständen kann auch versucht werden, das zunächst gegebene Methadon schon während der Schwangerschaft ganz langsam und vorsichtig zu reduzieren. Die Neugeborenen von Heroinabhängigen zeigen in der Regel heftige Entzugssymptome mit Atemstörungen, Schlaflosigkeit, permanentem Schreien, Durchfällen, Erbrechen, Muskelzuckungen und extremer Reizbarkeit. Seltener sind Krampfanfälle, Missbildungen und Unterzuckerungen sowie eine Erhöhung der Temperatur. Die Sterblichkeit der Säuglinge ist deutlich erhöht.

Ein hohes Risiko bei Heroin besteht darin, dass die Droge mit den verschiedensten, zum Teil hochgradig giftigen Stoffen gestreckt wird. Häufig verwendet werden: Mehl, Talkum, Gips, Kolchizin, Chinin, Strychnin, Milchzucker. Insbesondere bei der kombinierten Einnahme von verschiedenen Drogen kann es zu unkalkulierbaren Wirkungen kommen, die potenziell tödlich sind. Doch auch reines Heroin stellt in den USA ein besonderes Problem dar. Durch die wachsende Verfügbarkeit reinen Heroins war laut Bericht des Internationalen Suchtstoffkontrollrates (INCB) 1998 ein deutlicher Anstieg von Drogentoten in Kanada und den USA zu beobachten.

Deutschland wird in Kürze wahrscheinlich ebenfalls – wenn auch aus anderem Grund – mit dem Problem einer steigenden Zahl von Heirointoten konfrontiert werden. Die geplanten Modellprojekte zur Heroinabgabe werden vermutlich dazu führen, dass der Schwarzmarkt mit ärztlich verordnetem reinen Heroin versorgt wird. Die Ergebnisse des Schweizer Modellversuches mit einer Heroinabgabe waren nicht ermutigend. Im Unterschied zur Schweiz wird darüber hinaus die → Substitution in Deutschland weit weniger intensiv überwacht, so dass die Möglichkeit des Missbrauchs erheblich ist. Ein Ausstieg aus der Sucht wird mit der ärztlichen Abgabe von Heroin in den meisten Fällen herausgezögert werden. Positiver Effekt könnte allerdings sein, dass sich der Gesundheitszustand der Konsumenten stabilisiert.

Heroinintoxikation: Eng gefasst ist jede Einnahme von → Heroin eine Intoxikation, auf Deutsch eine Vergiftung. Im Folgenden wird beschrieben, was passiert, wenn eine → Dosis eingenommen wird, die potenziell tödlich ist.

Heroin ist eine → Droge, die relativ häufig zu tödlichen Zwischenfällen führt. Der Maler Jean Michel Basquiat starb 1988 im Alter von 27 Jahren an einer tödlichen → Überdosis. Mike Bloomfield, einer der besten Gitarristen der USA in den sechziger Jahren, starb ebenso an Heroin wie Jim Morrison von den Doors und Tommy Bolin von Deep Purple. Andere hatten mehr Glück. Blues-Gitarrist Johnny Winter kam nach langer Heroinabhängigkeit ebenso davon los wie Eric Clapton. Letzterer hatte allerdings nach seiner Therapie wegen Heroinsucht noch jahrelange schwere Alkoholprobleme.

Eine unangenehme Nebenwirkung ist auch, dass Heroin zu Übelkeit führen kann. Es lähmt wie alle Opiate die glatte Muskulatur, eine Verstopfung ist eigentlich schon nach kurzzeitigem Gebrauch zu beobachten. Heroin senkt die Krampfschwelle, so dass es unter Umständen zu Krampfanfällen kommen kann. Aufgrund des hohen → Abhängigkeitspotenzials kommt es bei Heroin bei fast allen Konsumenten rasch zur Ausbildung eines chronischen Konsums mit den bekannten nachteiligen Folgen.

Die Pupillen sind bei einer Heroinvergiftung charakteristischerweise auf Stecknadelgröße verengt (→ Pupillenverengung). Typische Vergiftungserscheinungen sind eine Reduzierung der Atmung auf 2 bis 3 Atemzüge pro Minute bis hin zum Atemstillstand. Der Herzschlag ist verlangsamt, es kann zum Herzstillstand kommen. Kommt es unter Heroineinwirkung zu Atemstillständen oder zu deutlich verlangsamter Herztätigkeit, so ist unmittelbar der Notarzt zu verständigen.

In der Zwischenzeit ist mit Mund-zu-Mund-Beatmung und Herzmassage zu beginnen. Der Notarzt kann durch Gabe eines Morphinantagonisten wie Naloxon die Heroinwirkung aufheben. Da auch die Gegenmittel z.T. gleichsinnig wie Heroin wirken, besteht die Gefahr eines Herzstillstandes oder einer Atemlähmung. Deshalb muss der Patient intensivmedizinisch betreut werden.

Bei akuter Vergiftung kommt es außerdem durch vermindert abgeatmetes CO_2 zu einer Verschiebung des Blut-pH-Wertes. Das Blut ist sauer. Der Notarzt wird deshalb in der Regel mit Natriumbicarbonat-Infusionen beginnen. Gleichzeitig wird der abfallende Blutdruck durch volumenauffüllende Infusionen gehoben. Besteht der Verdacht auf ein möglicherweise zusätzlich vorliegendes Hirnödem, so ist mit Haes-10-%-Infusionen sowie der Gabe von Kortikoiden zu beginnen. Zudem ist die Nierenfunktion regelmäßig zu überwachen wegen der Gefahr einer Muskelauflösung mit Niereninsuffizienz.

Heroin Nr. 1: Szeneausdruck für die erste Verarbeitungsstufe des → Opiums, die nur wenig reines → Heroin enthält. Hauptwirkstoff des bräunlichen Pulvers ist die Morphinbase.

Heroin Nr. 2: Szeneausdruck für die im zweiten Produktionsschritt entstehende Heroinbase. Heroin Nr. 2 ist eine Mischung aus Heroinbase und → Morphium.

Heroin Nr. 3: Szeneausdruck für 30 bis 50%iges → Heroin in Kristallform. In dieser Form wird Heroin am häufigsten verkauft.

Heroin Nr. 4: Szeneausdruck für hochwirksames, fast hundertprozentiges → Heroin, das meist aus der Türkei stammt. Bei Heroin Nr. 4 handelt es sich um ein sehr helles Pulver.

Heroin-Strich: Szeneausdruck für Örtlichkeit, an denen sich Heroinabhängige – meist unter marktüblichen Preisen – prostituieren, um so ihre Drogensucht zu finanzieren.

Heroin-Zigaretten: In den neunziger Jahren versuchte man in Großbritannien Heroin-Süchtige mit → Zigaretten, die mit → Heroin getränkt waren, zu substituieren (→ Substitutionsbehandlung) und damit von der Drogenszene zu holen. Auch die Gefahr, sich mit → AIDS zu infizieren, sollte durch die Heroin-Zigaretten reduziert werden.

herunterholen: Szeneausdruck für das Abbrechen eines durch → Halluzinogene verursachten Rausches, indem man → Benzodiazepine, → Neuroleptika oder → Opiate verabreicht.

Herva da vida: Weitere Bezeichnung für → Sinicuichi.

Herzrasen, Tachykardie, ist ein Symptom, das nach dem Konsum vieler → Drogen auftreten kann. Typisch ist Herzrasen nach der Einnahme von → Stimulanzien und → Halluzinogenen. Häufig wird vergessen, dass auch → Cannabis zu den Halluzinogenen gehört und regelhaft zu Herzrasen führt. Auch Medikamente, z.B. einzelne → Antidepressiva, können Herzrasen auslösen. Außerdem tritt Herzrasen im → Entzug auf. In der Regel ist Herzrasen harmlos; eine Gefährdung besteht vor allem bei vorbestehenden Herzfehlern und Herzrhythmusstörungen (die allerdings nicht immer dem Patienten bekannt sind). Es kann dann zusätzlich zu Herzrhythmusstörungen und zum → Herzstillstand kommen.

Herzstillstand: Herzstillstand ist eine der häufigsten Todesursachen nach Drogenkonsum. Möglich ist dies bei praktisch allen → Drogen.

→ Opiate, → Benzodiazepine und andere → Beruhigungsmittel können zu einer erheblichen Verlangsamung des Herzschlages und schließlich zum Herzstillstand führen.

Antriebssteigernde Drogen, wie zum Beispiel → Kokain, → Ecstasy oder → Amphetamine, erhöhen die Herzschlagfrequenz (→ Herzrasen). Es kann zu Herzrhythmusstörungen kommen. Der Herzschlag geht schließlich ins so genannte Kammerflimmern über, das Herz pumpt kein Blut mehr durch den Körper, der Konsument stirbt. Die meisten → Halluzinogene können ebenfalls den Herzschlag verändern und zu Herzrhythmusstörungen oder beschleunigtem Herzschlag führen. Auch hier sind tödlich verlaufende Herzstillstände möglich. Eine weitere, nicht durch akute Intoxikation verursachte Gefahr ist die Schädigung des Herzens bei chronischem Alkohol- und Drogenkonsum. Eine große Gefahr für das Herz geht zusätzlich von Verunreinigungen und Streckmitteln aus. Bekannt ist, dass chronischer Bierkonsum die Nervenfasern, die die Funktion des Herzens steuern, schädigen kann. Der Herzmuskel wird dann schlaffer und ist nicht mehr in der Lage, genügend Blut durch den Körper zu pumpen. Der Mediziner spricht dann vom »Münchener Bierherz«. Roy Black, bekannter Trinker und Schlagersänger, soll daran gestorben sein.

Het Opiumwet: Name des Gesetzes, das in den Niederlanden den Umgang mit → Betäubungsmitteln regelt.

Heu: Szeneausdruck für → Cannabis.

Hexenbeere: Weitere Bezeichnung für die → Tollkirsche.

Hexensalbe: Die Hexensalbe, auch Flugsalbe genannt, beflügelt die Fantasie der Menschen seit Jahrtausenden. Sie sollte es den Hexen und anderen Menschen ermöglichen zu fliegen. Zudem sollen es Hexensalben erlauben, sich in Tiere wie z.B. Wölfe oder Eulen zu verwandeln. Homer erwähnte sie erstmals in der Ilias II, XIV.

Die Zusammensetzung der Hexensalbe aus der Antike ist leider nicht überliefert. Es ist davon auszugehen, dass sie verschiedene → Halluzinogene enthielt. Der dadurch ausgelöste Rausch suggerierte dem Anwender wohl lediglich die Empfindung, fliegen zu können (ähnliche Beschreibungen finden sich auch in den Schilderungen von Rauschzuständen durch Halluzinogene der Neuzeit). Wahrscheinlich enthielten Hexensalben → Bilsenkraut, → Alraune, Schierling, → Tollkirsche und andere → Nachtschattengewächse. Ein weiterer Zusatz soll → Schlafmohn gewesen sein, woher wahrscheinlich die auch für Hexensalben gebräuchliche Bezeichnung »Schlafsalbe« kommt. Paracelsus berichtete, dass die Hexen auch das gekochte Fleisch von Neugeborenen den Salben zusetzten. In Hexenprozessen wurde fast immer als Punkt der Anklage aufgeführt, dass Hexensalben Bestandteile kleiner Kinder enthielten, z.B. Kinderfett. Letztlich war wohl nichts an den Gerüchten; der Kirche ging es vermutlich ausschließlich darum, die Urreligionen, deren Schamaninnen die Hexen waren, auszurotten (→ Religion).

Hibia: Weitere Bezeichnung für den → Koka-Strauch.

Hierba de la pastora: Spanische Bezeichnung für das → Kraut der Schäferin.

Hierba de la virgin: Weitere Bezeichnung für das → Kraut der Schäferin.

Hierba del diabolo: Weitere Bezeichnung für den → Stechapfel.

Hierba hedionda: Weitere Bezeichnung für den → Stechapfel.

Hierba inca: Weitere Bezeichnung für den → Stechapfel.

Hierba loca: Ein weiterer Name des Heidekrautgewächses Hierba loca (Pernettya furens) ist Taglii. Hierba loca heißt auf Deutsch »verrücktmachende Pflanze«. Nach Einnahme der Pflanze kommt es zu heftigen → Halluzinationen, verbunden mit körperlichem Missempfinden. Der Übergang in länger andauernde psychotische Zustände (→ Psychose) soll häufig sein.

Hierba santa: Spanische Bezeichnung für → Cannabis, übersetzt: »Heiliges Kraut«.

high sein: Szeneausdruck für »berauscht sein«.

Highball: Szeneausdruck für starke alkoholische Mixgetränke.

High-Dose-Dependency: Auch High-Dose-Abhängigkeit oder Hochdosisabhängigkeit genannt. Bezeichnung für eine → Abhängigkeitserkrankung, bei der hohe Dosen des Suchtmittels konsumiert werden. Oft ist die Ausbildung einer → Toleranz der Grund für die hohen Dosen. Da die Suchtmittel ab einem gewissen Punkt nicht mehr wie gewünscht wirken, man spricht auch von → Habituation, werden sie in immer höheren Dosen eingenommen. Das Gegenstück zur High-Dose-Dependency ist die → Low-Dose-Abhängigkeit.

Higuera loca: Weitere Bezeichnung für den → Stechapfel.

Hikuli: Weitere Bezeichnung für → Peyote.

Hikuli mulato: Auch – neben anderen Kakteen – als falscher Peyote bezeichnet. Eine weitere Bezeichnung ist Hikuli rosapara. Hikuli mulato ist ein Kaktus (Epithelantha micromeris), der als psychoaktive Wirkstoffe Alkaloide und Triterpene enthält. Er wächst in Nord- und Mittelamerika und wird von einigen Indianerstämmen als Heil- und Zaubermittel eingesetzt. Er soll den Umgang mit Geistern und Zauberern erleichtern. Schlechte Menschen soll er zum Wahnsinn treiben oder zum Sturz von Felswänden verleiten. Dies entspricht der lange bekannten Tatsache, dass insbesondere Menschen mit psychischen Auffälligkeiten wie z.B. → Persönlichkeitsstörungen – hier schlechte Menschen genannt – nach Halluzinogengenuss suizidal werden oder in psychotische Zustände (→ Psychose) geraten können.

Hikuli rosapara: **1.** Weitere Bezeichnung für → Hikuli mulato. **2.** Weitere Bezeichnung für → Wichikuri.

Hikuli sunamé: Kakteenart (Ariocrapus fissuratus), die in Mexiko und den südlichen USA vorkommt. Die Tarahumara-Indianer setzen sie bei religiösen Ritualen ein, weil sie glauben, sie könne Diebstähle verhindern. Der Kaktus wird zu diesem Zweck in frischem Zustand gegessen.

Hikuri: Weitere Bezeichnung für → Peyote.

Hilflosigkeit, erlernte: Das Modell der erlernten Hilflosigkeit wurde 1975 von Seligmann entwickelt. Es erklärt, wie → Depressionen entstehen, die bei einigen Suchtpatienten den Anfang ihres schädlichen Suchtmittelgebrauches darstellen (→ Komorbidität). Man unterscheidet drei Phasen bei der Entstehung der erlernten Hilflosigkeit:

1. Phase: Der Mensch erhält die Information, dass die Wahrscheinlichkeit, gelobt oder bestraft zu werden, unabhängig von seinem Verhalten ist. Das ist z.B. dann der Fall, wenn die Eltern in der Erziehung keine einheitlichen Vorgaben machen und widersprüchlich sind (Bei vielen Süchtigen sind die Eltern selbst süchtig und reagieren je nach Stimmung auf die gleiche Situation mit Bestrafung oder Billigung.)

2. Phase: Ausbildung der Überzeugung: »Egal was ich mache, ich habe keinen Einfluss auf das Geschehen« (und ob ich nun bestraft werde oder nicht).

3. Phase: Generalisierung dieser Überzeugung auf neue Lernsituationen und Ausbildung der Grundhaltung: »Ändern kann ich doch nichts« oder »Et kütt, wie et kütt«, wie der Kölner sagt.

Warum der Patient so denkt, wie er denkt, ist nachvollziehbar. Es bildet sich bei ihm die Erwartung heraus, dass er keinen Einfluss auf sein Leben hat. Die Erwartung an die eigene → Selbsteffizienz ist dadurch erheblich vermindert. Besserung erwartet der Patient allenfalls durch Hilfe von außen (→ Health-Belief-Modell). Er steht sich selbst im Weg.

In der Therapie (→ Entwöhnungsbehandlung) werden die → Denkfehler des Patienten, die das Modell der erlernten Hilflosigkeit ausmachen, aufgedeckt und durch angemessenere Überzeugungen Schritt für Schritt ersetzt.

Him: Szeneausdruck für → Heroin.

Hippies: Modeform der späten sechziger Jahre, die sich durch bunte, wenig streng geschnittene Kleidungsstücke und lange Haare auszeichnete. Die Hippies verstanden sich als Aussteiger der Gesellschaft und sahen → Drogen als Teil dieses Lebensstiles an. Insbesondere → Halluzinogene und → Opiate fanden durch die Hippies weite Verbreitung. Viele Menschen aus der Hippieszene sind an ihrem Drogenkonsum verstorben oder kamen aufgrund von exzessivem Halluzinogengebrauch in die Psychiatrie. Für andere wiederum war der Drogenkonsum nur eine Phase, sie schafften den Sprung zurück in die Normalität. Einige wenige Hippies überlebten bis heute in Reservaten, z.B. auf Goa.

Hippomanes: Von Theokrit beschriebenes Kraut, nach dessen Genuss Pferde verrückt werden. Man vermutet, dass Hippomanes identisch mit → Datura ist.

Hirnschäden: Obwohl es erst in einigen Fällen wissenschaftlich bewiesen ist, kann man davon ausgehen, dass die meisten → Drogen bei länger andauerndem Konsum Hirnschäden verursachen können. Bei Suchtmittelkonsum werdender Mütter sind auch die ungeborenen Kinder gefährdet. Chrysanthy Ikonomidou und ihre Mitarbeiter an der Berliner Charité z.B. fanden heraus, dass → Alkohol, Narkosemittel und Drogen bei Ungeborenen, Babys und Kleinkindern Hirnschäden verursachen. Sind Neugeborene durch Drogen- oder Alkoholkonsum der Mutter oder durch einen operativen Eingriff diesen Mitteln ausgesetzt, verlieren sie unwiderruflich Hirnzellen. Bei Ratten gingen in bestimmten Hirnregionen bis zu einem Viertel der Hirnzellen zugrunde.

Besonders Stoffe, die im Gehirn Empfänger für Glutamat blockieren, scheinen kritisch zu sein. Dazu gehören z.B. → PCP, → Ketamin, → Lachgas und Alkohol. Ikonomidou rät Anästhesisten deshalb, auf Ketamin und Lachgas bei Kleinkindern und während der Geburt zu verzichten. Nun ist zu untersuchen, ob die Tatsache, dass Kinder von Süchtigen oft selbst süchtig werden, vielleicht auch etwas damit zu tun hat, dass ihr Gehirn durch den Suchtmittelkonsum der Mutter bereits von Beginn ihres Lebens vorgeschädigt ist.

Hit: **1.** Szeneausdruck für eine Einzelportion → Heroin. **2.** Bezeichnung für eine plötzlich auftretende Rauschwirkung, synonym mit → Kick.

Hitze: Szeneausdruck für Polizei.

HIV.: → AIDS.

H90: Szeneausdruck für hochreines → Heroin mit einem Reinheitsgehalt von über 90 %.

Höllenkraut: Weitere Bezeichnung für die → Tollkirsche.

Holzrose: Die Holzrose (Argyreia nervosa), auch bekannt als »Woodrose« oder Hawaiianische Holzrose, ist u.a. in Indien, Australien, Hawaii, Afrika beheimatet. In tropischen Gebieten wird sie als Zierpflanze angebaut, manchmal aber auch zur Berauschung genutzt. In den Samen sind → Halluzinogene enthalten, die ähnlich wie → LSD wirken. Die in den Samen enthaltenen weiteren Giftstoffe führen zu Übelkeit und Erbrechen. Der → Rausch kann übergangslos in einen → Horror-Trip übergehen.

Hog: Szeneausdruck für → PCP.

Home Grown: Szeneausdruck für durch Eigenanbau gewonnene pflanzliche → Drogen, meist → Cannabis.

Honeymoon: Szeneausdruck für die erste Zeit des Drogenkonsums, in der die positiven Wirkungen noch die Nachteile überwiegen.

Hong Kong Rocks: Szeneausdruck für hochwirksames → Heroin in Kristallform.

Honig-Öl: Szeneausdruck für → Haschisch-Öl.

Hook: Szeneausdruck für Drogenabhängigkeit.

Hooka: Arabische → Wasserpfeife, die aus einem Krug und zwei Bambusrohren besteht und zum Rauchen von → Cannabis dient.

Hooker: Szeneausdruck für eine Prostituierte, die drogenabhängig ist.

Hope: Szeneausdruck für → Opium.

Hopfen: Der Hopfen (Humulus lupulus) ist eng mit → Cannabis verwandt und seit langem wichtiger Bestandteil von → Bier. Hopfen wirkt angstlösend, schlafanstoßend und potenzmindernd und findet sich auch in manchen pflanzlichen → Beruhigungsmitteln. Er unterliegt nicht dem → Betäubungsmittelgesetz.

Horrortrip: Szeneausdruck für ein unangenehmes Rauscherlebnis, das mit Angst und bedrohlichen → Halluzinationen verbunden ist. Meist werden Horrortrips durch → Halluzinogene ausgelöst.

Horse: Szeneausdruck für → Amphetamin-Tabletten.

Hopfen

Hot Shot: Szeneausdruck für die intravenöse Anwendung verunreinigter Drogen, die zum Tode führen kann.
Huacacachu: Weitere Bezeichnung für → Brugmansia.
Huanaco: Weitere Bezeichnung für den → Koka-Strauch.
Huanto: Weitere Bezeichnung für → Brugmansia.
Hühnertod: Weitere Bezeichnung für das → Bilsenkraut.
Hueipatl: Weitere Bezeichnung für → Tecomaxochitl.
Huffing: Szeneausdruck für die Inhalation von → Drogen aus Flaschen.
Huilca: Weitere Bezeichnung für → Yopo.
Human-net: Name einer Organisation, die sich für die Stärkung der → Therapeutischen Gemeinschaften einsetzt. Dahinter stehen Ulrich J. Osterhues und Ulrich Gresch, die maßgeblich am Aufbau von → DAYTOP in Deutschland beteiligt waren.
Humboldt Homegrown: Szeneausdruck für → Cannabis-Sorte mit hohem → THC-Gehalt.
Hundsapfel: Weitere Bezeichnung für → Alraune.
Hustensäfte: Viele Hustensäfte enthalten → Codein, → DHC oder andere → Opiate.
Die frei verkäuflichen Hustenpräparate Arpha© Hustensirup, Hustenstiller ratiopharm© Kapseln, tuss Hustenstiller und Wick Formel 44 Hustenstiller Sirup z.B. enthalten das Opiat Dextromethorphan. Süchtige missbrauchen manchmal Hustensaft in hohen Dosierungen, um eine Rauschwirkung zu erzielen oder die → Entzugserscheinungen von → Heroin oder → Methadon abzumildern.
Hybridzüchtungen: Bezeichnung für Pflanzen, deren Genmaterial durch Züchtung erhöht wurde. Sie verfügen dann z.B. über einen doppelten Chromosomensatz. Gelegentlich wird auch bei anderweitig genetisch veränderten Sorten von Hybridzüchtungen gesprochen.
Beim → Cannabis hat sich durch Hybridzüchtungen der → THC-Gehalt der Pflanzen in den letzten Jahren dramatisch erhöht. Die → Droge hat dadurch an Gefährlichkeit gewonnen. Betrug der THC-Gehalt in den Siebzigern noch 2 bis 3 %, so sind es heute bis zu 20 %. Bei dem 2003 in Hamburg sichergestellten Cannabis betrug der durchschnittliche THC-Gehalt immerhin schon 10 %.
Hydrocodon: Inhaltsstoff, der dem → Betäubungsmittelgesetz unterliegt. Unter dem Namen Dicodon wird er in Tablettenform und als Injektionslösung gehandelt.
Hydromorphon: Freiname für das halbsynthetische Dihydromorphinon. Es unterliegt dem → Betäubungsmittelgesetz und wird unter dem Namen

Dilaudid als Injektionslösung und als Palladon in Kapselform (mit unterschiedlichen Dosierungen) gehandelt.

Hyperilex: Handelsname eines amphetaminähnlich wirkenden Medikamentes, das gegen das Hyperkinetische Syndrom bei Kindern und Jugendlichen eingesetzt wird. Inhaltsstoff ist Pemolin (→ Amphetamine). In den USA sind in letzter Zeit zunehmend ungerechtfertigte Verschreibungen zu beobachten. Hyperilex wird in der Drogenszene manchmal auch als → Speed gehandelt.

Hyoscyamin: → Halluzinogen, das in vielen → Nachtschattengewächsen, wie z.B. im → Stechapfel und → Bilsenkraut, enthalten ist.

Hyoskyamos: Weitere Bezeichnung für das → Bilsenkraut.

Hypertonie: Bezeichnung für einen dauerhaft erhöhten Blutdruck, eine Krankheit, die bei Alkoholabhängigen gehäuft auftritt. Auch bei Einnahme von anderen Suchtmitteln, insbesondere → Stimulanzien und → Halluzinogenen, kann sich eine Hypertonie ausbilden. Mögliche Folgen einer Hypertonie sind Infarkte und Schlaganfälle.

Hypertriglyceridämie: Bezeichnung für einen zu hohen Wert an bestimmten Blutfetten, den Triglyceriden. Eine Hypertriglyceridämie ist bei Alkoholabhängigen häufig zu beobachten.

Hypnotika: Medizinischer Ausdruck für Medikamente, die schlafanstoßend wirken. Viele Hypnotika, wie z.B. → Benzodiazepine oder → Barbiturate, haben ein → Abhängigkeitspotenzial und werden in der Szene als Rauschmittelersatz missbraucht.

Hypoglykämie: Bezeichnung für einen zu niedrigen Blutzuckerspiegel. Eine Hypoglykämie ist bei Alkoholabhängigen eine häufige Nebenwirkung.

Hypothalamus: Der Hypothalamus ist eine Hirnregion, deren seitliche Anteile bei dem Erleben von Hunger und Durst, aber auch bei der Sexualität eine entscheidende Rolle spielen. Der Hypothalamus spielt – neben dem → ventralen Tegmentum, dem → Mandelkern und dem → Nucleus accumbens – bei der Entstehung von → Abhängigkeitserkrankungen eine wichtige Rolle.

Hypoxie: Medizinischer Fachausdruck für eine Unterversorgung des Gewebes mit Sauerstoff, die zu schweren Organschäden und zum Tod führen kann. Drogenkonsum ist eine häufige Ursache der Hypoxie.

H2O: Szeneausdruck für eine Rauchmischung aus → Cannabis und → Opium.

I

IACM: Abk. für Internationale Arbeitsgemeinschaft Cannabis als Medizin, eine Gesellschaft mit Sitz in Köln, die sich für den Einsatz der → Droge → THC als Therapeutikum einsetzt. Im Netz kann man Informationen dazu erhalten unter www.cannabis-med.org.

Iboga: Pflanze (Tabernathe iboga), die das → Alkaloid Ibogain enthält. Die Einnahme erfolgt durch Kauen der Blätter oder Trinken des Saftes. Manche Konsumenten trocknen die Blätter, zerstoßen sie dann und → sniffen das Pulver. Iboga wirkt in niedrigen Dosen stimulierend, in höheren auch halluzinogen.

Ibogain gehört zu den Indolalkaloiden und ist mit den → ß-Carbolinen verwandt. Es wurde 1901 erstmals aus der Wurzel von → Iboga isoliert, kommt aber auch in anderen Pflanzen vor. Es wirkt stimulierend, kann → Halluzinationen auslösen und soll bei → Opiat-Abhängigen die → Entzugserscheinungen mildern.

Ibotensäure: In → Fliegenpilzen und anderen → Pilzen enthaltenes → Halluzinogen, das auch synthetisch hergestellt werden kann.

ICD: Abk. für International Classification of Diseases, ein Klassifikationsschema, das weltweit von Ärzten benutzt wird. Die ICD beschreibt alle bekannten Krankheiten und ordnet sie in ein weltweit gültiges Schema ein. Das hat den Vorteil, dass Ärzte, → Psychotherapeuten, Soziologen, Biologen und alle anderen Berufsgruppen, die sich mit Krankheiten beschäftigen, bei Benutzung von ICD viel schneller und einfacher Informationen austauschen können. Zudem ist eine Verschlüsselung nach ICD wesentliche Voraussetzung dafür, dass eine Behandlung bezahlt wird.
Die psychischen Erkrankungen finden sich in der 10. Auflage unter dem Buchstaben F und sind durch unterschiedliche Zahlen gekennzeichnet. Das ICD 10 enthält auch Einteilungen zu den verschiedenen Formen von → Abhängigkeitserkrankungen und zwar unter F 1x. Das »x« wird, je nach → Droge, um die es geht, durch eine Zahl ersetzt. So steht F10 für

Störungen in Verbindung mit Alkohol und F12 für Probleme nach Cannabis-Konsum. Hinter dem Punkt kann verschlüsselt werden, welches Problem konkret vorliegt. Folgende Verschlüsselungen sind möglich (Auswahl):

- F1x.0 Akute Intoxikation: Hierunter fallen plötzlich aufgetretene, meist kurz andauernde Störungen wie z.B. kardiovaskuläre Probleme (→ Herzstillstand), Atemstillstand, Angstzustände, plötzlich auftretenes psychotisches Erleben, Erstarrungszustände, aber auch Krampfanfälle.
- F1x.1 Schädlicher Gebrauch: Hierunter fallen all diejenigen Formen des Konsums, bei dem bereits Gesundheitsschäden eingetreten sind, ohne dass eine Abhängigkeit besteht.
- F1x.2 Abhängigkeitssyndrom: Kennzeichnend für das Abhängigkeitssyndrom ist ein Konsummuster, bei dem ein starker Wunsch nach der Einnahme besteht, eine längere Zeit der Nichteinnahme des Suchtmittels für den Konsumenten unmöglich erscheint, eine Toleranzentwicklung gegenüber der Drogenwirkung, eine Ausrichtung der Lebensführung auf die Einnahme des Suchtmittels unter Vernachlässigung anderer Aktivitäten und eine Fortsetzung des Konsums trotz offensichtlicher Gesundheitsschäden besteht.
- F1x.3 Entzugssyndrom: Das Entzugssyndrom ist bei den unterschiedlichen Suchtmitteln verschieden ausgeprägt und tendenziell gekennzeichnet durch → Angst, Unruhe, → depressive Verstimmung und → Schlafstörungen (grippeähnlich bis hin zu schweren vegetativen Entgleisungen und psychosenahem Erleben).
- F1x.4: Entzugssyndrom mit → Delir. Psychoseähnlicher Zustand, der mit Einschränkung des Bewusstseins sowie potenziell lebensbedrohlichen körperlichen Symptomen verbunden ist.
- F1x.5 Psychotische Störung: Kennzeichen dieser Störung ist, dass → Halluzinationen, wahnhaftes Erleben, Auflockerung der Denkzusammenhänge auftreten oder heftige Gefühlserregungen bis zur Ekstase. Die Verschlüsselung F1x.5 sollte nur dann gewählt werden, wenn sie über eine erwartete Rauschwirkung hinausgeht (→ Drogenpsychose). Ansonsten wäre die akute Intoxikation, der Rausch (F 1x.0), zu verschlüsseln. Dauert das psychotische Erleben länger als 6 Monate, so muss die Diagnose F1x.5 geändert werden, z.B. in eine → Schizophrenie (die mit F 20 verschlüsselt wird).
- F1x.6 Durch Suchtmittel verursachtes amnestisches Syndrom: Hierunter fallen → Gedächtnisstörungen, Störungen der Aufmerksamkeit, des

Zeitempfindens und der Fähigkeit, Neues zu erlernen. Typisch sind sie für chronische Alkoholiker und → Kiffer.

- F1x.7 Durch Suchtmittel verzögert auftretende psychotische Störung: In diese Kategorie fallen bei Halluzinogen-Konsum vor allem die sog. → »Flashbacks«. Diese Form psychotischen Erlebens tritt nach einem Zeitraum auf, in welchem man nicht davon ausgeht, dass sie direkte Folge einer noch bestehenden Substanzeinwirkung ist (In diesem Fall wäre nämlich F 1x.0 zu verschlüsseln.) Typisch ist die kurze Dauer der Erlebnisse – oft nur Sekunden. Bei länger andauernden Problemen dieser Art ist eine andere Verschlüsselung zu wählen, z.B. F 1x.5 oder F 1x.6.

Zusätzlich können seit 01.01.2004 hinter der jeweiligen ICD 10-Ziffer folgende Ziffern ergänzt werden:

- »v« für »Verdacht auf«, d.h. die Diagnose ist noch nicht hinreichend gesichert; es ist unklar, ob die von der ICD geforderten Kriterien vorliegen. F10.2v bedeutet z.B., dass der Verdacht auf eine Alkoholabhängigkeit besteht, dass diese aber noch nicht gesichert ist.
- »z« für »Zustand nach«, d.h. für einen früheren Zeitraum ist die Diagnose gesichert, aktuell liegt sie aber nicht mehr vor. F11.0z bedeutet z.B., dass eine → Intoxikation mit → Opiaten vorbekannt ist, aktuell aber ausgeschlossen wurde. Man wählt derartige Zusatzkodierungen dann, wenn man erwartet, dass das vorbekannte Krankheitsbild vielleicht noch eine Bedeutung in der Therapie bekommen könnte.
- »a« für »Ausschluss von«, d.h. eine Diagnose wurde vor Durchführung der Diagnostik zwar für möglich gehalten, anhand der erhobenen Befunde dann aber ausgeschlossen.

Das → DSM IV benutzt die gleichen Buchstaben-Ziffern-Kombinationen wie die ICD, setzt bei der Beschreibung der verschlüsselten Sachverhalte aber manchmal andere Akzente.

Ice: Szeneausdruck für → Amphetamin, das durch Backen mit Backpulver – ähnlich wie beim → Crack – potenter gemacht wurde.

Ice-Cream-Man: Szeneausdruck für → Drogenhändler.

ICF: ICF ist der Name eines Klassifikationssystems, das von der Weltgesundheitsorganisation (→ WHO) herausgegeben wird. Es handelt sich um ein Internationales Klassifikationssystem der Funktionsfähigkeit und Behinderung. Im Gegensatz zur → ICD geht es bei der Einteilung der ICF nicht um die Krankheiten selbst, sondern um deren Folgen und Beeinträchtigungen. Darüber hinaus kann auch die Funktionsfähigkeit von Gesunden mit der ICF klassifiziert werden. In Deutschland spielt die ICF vor allem im Rehabilitationsbereich, also auch bei → Entwöhnungsbehandlungen, eine Rolle sowie im ambulanten Bereich bei Leistungen nach BSHG. Darüber hinaus nahm die ICF wesentlichen Einfluss auf die Gestaltung des → SGB. Die aktuelle deutschsprachige Version der ICF kann heruntergeladen werden unter www.dimdi.de.

Idiotentest: Umgangssprachliche Bezeichnung für die → medizinisch-psychologische Untersuchung (MPU), der sich in Deutschland Menschen unterziehen müssen, die ihren z.B. wegen Fahrens unter Suchtmitteleinfluss entzogenen Führerschein (→ Führerscheinentzug) wiederhaben wollen.

Igelkolben: Weitere Bezeichnung für den → Stechapfel, die sich auf das Aussehen der Früchte bezieht.

Ignatiusbohnen: Samen des Strauches Strychnos ignatius, die das Atemgift → Strychnin enthalten und manchmal wegen ihrer halluzinogenen Rauschwirkung konsumiert werden.

Imeson: Handelsname eines → Benzodiazepins, das gegen Durchschlafstörungen eingesetzt wird. Missbräuchlich wird es auch als Droge verwendet. Inhaltsstoff ist Nitrazepam.

Imker: Szeneausdruck für einen Drogenhändler, der gleichzeitig auch Zuhälter ist (→ Bienen).

Impfung: Es werden aktuell Experimente durchgeführt, Impfungen gegen Suchtstoffe zu entwickeln. Die Idee ist, dass spezifische Antikörper entwickelt werden, die z.B. an Kokainmoleküle andocken. Durch die Verbindung mit den Antikörpern werden die Drogen zu groß, um die Blut-Hirn-Schranke zu überwinden. Eine Drogenwirkung bleibt aus. Ein Kokainabhängiger hätte also nichts mehr davon, die Droge zu konsumieren. Von einem Einsatz im klinischen Alltag sind derartige Impfungen noch weit entfer3nt.

Inappetenz: Inappetenz, zu Deutsch Appetitlosigkeit, ist eine häufige Folge des Gebrauches von Suchtmitteln. Typisch ist Inappetenz nach der Einnahme von → Stimulanzien, aber auch beim Gebrauch anderer → Drogen ist sie nicht selten (→ körperliche Veränderung durch Alkohol).

Inbetweens: Szeneausdruck für eine Mischung aus → Amphetaminen und → Barbituraten.

Indian Hemp: Weitere Bezeichnung für → Cannabis.

Indikation: Unter Indikation versteht man das Vorliegen einer Krankheitkonstellation, die die Durchführung einer bestimmten Behandlung rechtfertigt. Indikation zu einer Behandlung in einer stationären→ Entwöhnungseinrichtung ist z.B. das Vorliegen einer Substanzabhängigkeit, wie sie im DSM IV beschrieben ist bzw. ein »Abhängigkeitssyndrom durch psychotrope Substanzen« nach ICD 10. Gleichzeitig muss es Hinweise darauf geben, dass eine ambulante oder teilstationäre Behandlung nicht ausreichend ist (→ Indikationskriterien stationärer Behandlung) und dass eine ausreichende → Motivation besteht.

Indikationskriterien stationärer Behandlung: Stationäre Behandlungen – sei es im psychiatrischen Akutkrankenhaus oder in Rehabilitationskliniken – dürfen nur dann durchgeführt werden, wenn ambulante oder teilstationäre Behandlungen nicht ausreichend erscheinen. Für die Notwendigkeit stationärer Behandlung gibt es einige Anhaltspunkte. Eine Krankenhausbehandlung ist meist dann indiziert (→ Indikation), wenn u.a. folgende Kriterien erfüllt sind:

- Erfolglosigkeit ambulanter Behandlung
- Ambulante Behandlung nicht ausreichend wegen unzureichender/fehlender häuslicher/familiärer Betreuung
- Komplizierende Begleiterkrankungen
- Eigen- und Fremdgefährdung (ohne und mit gerichtlicher Unterbringung)

Bestehen Zweifel an der Notwendigkeit stationärer Behandlung (→ Krankenhausverweildauer), können die Krankenkassen eine Überprüfung durch den → MDK vornehmen lassen.

Indisches Gras: Szeneausdruck für → Cannabis.

Indocybin: Handelsname eines synthetisch hergestellten → Psilocybins, das zu Versuchszwecken – allerdings ohne nennenswerten Erfolg – früher in der Medizin eingesetzt wurde.

Ingwer, deutscher: Weitere Bezeichnung für → Kalmus.

Inhalantien: Weitere Bezeichnung für → Schnüffelstoffe, gasförmige, hochgradig giftige Rauschmittel.

Inkubationszeit: 1. Medizinischer Fachausdruck für den Zeitraum zwischen dem Ansteckungszeitpunkt und dem Ausbruch der Erkrankung. In der Inkubationszeit wissen die Betroffenen meist noch nicht, dass sie infiziert sind, können aber andere schon mit Viren oder Bakterien anstecken. Bei der → Hepatitis A dauert die Inkubationszeit z. B. 10 bis 45 Tage, bei der Hepatitis B 50 bis 180 Tage. Da Drogenkonsumenten zu den Hochrisikogruppen bei den meisten Infektionskrankheiten gehören, ist es für sie wichtig, die Inkubationszeiten zu kennen. **2.** In der → Psychotherapie versteht man unter Inkubationszeit den Zeitraum zwischen dem Zeitpunkt der Lernerfahrung und dem Auftreten einer Verhaltensänderung. So kann es z.B. beim → Lernen am Modell vorkommen, dass der Beobachtende erst Monate später das Verhalten des Vorbildes zeigt.

Insektizide: → THC-reiche Cannabis-Züchtungen (→ Hybridzüchtungen) sind weniger resistent gegen Krankheitserreger als die Wildform. Zu den Risiken, bedingt durch die psychoaktiven Wirkstoffe, kommen daher mögliche Schäden durch Insektizide, die von den Züchtern häufig eingesetzt werden.

in sensu: Übersetzt ist »in sensu« gleichbedeutend mit »in der Vorstellung«. In der → Psychotherapie spielt das Durcharbeiten von Erlebnissen und Situationen »in sensu« eine wichtige Rolle. Es hat zum Ziel, dem Patienten die Zusammenhänge, die bei seiner Krankheit von Bedeutung sind (z.B. der Zusammenhang von auslösenden Situationen, → Emotionen und Reaktionen), aufzuzeigen. In-sensu-Verfahren als einzige therapeutische Intervention sind aber nur bei leichten psychischen Erkrankungen (z.B. Anpassungsstörungen) ausreichend. Bei Abhängigkeitskranken wird man immer als nächsten Schritt auf → In studio- und → In-vivo-Übungen zurückgreifen.

in studio: In der → Psychotherapie versteht man unter »In-studio«-Situationen solche, in denen ein Verhalten in einem geschützten Raum unter therapeutischer Anleitung stattfindet. Ein klassisches In-Studio-Verfahren sind → Rollenspiele. Wichtig ist, dass die Therapie nicht bei In-Studio-Übungen verbleibt, sondern dass im letzten Schritt durch → In vivo-Übungen das neu Erlernte in den Alltag übertragen und stabilisiert wird.

Interaktionelles Problemlösevorgehen, kurz IPV (nach Grawe, 1980), wird auch, aber nicht nur, in der → Entwöhnungsbehandlung eingesetzt. Die Probleme werden dabei nach dem Schema eines Problemlösezirkels in der Gruppe angegangen (→ Gruppentherapie):

1. Spezifizierung der Probleme (= horizontale Verortung des Problems als »Verhalten in Situationen«)
2. Analyse funktioneller Zusammenhänge (= vertikale Verhaltensanalyse: Einordnung des Verhaltens in ein übergeordnetes Schema → Finden übergeordneter Sinnhaftigkeit)
3. Festsetzung von Zielen (= strategische Therapieplanung)
4. Planen von Schritten (Konkretisierung von 3., Behebung von Wissensdefiziten zur Krankheit)
5. Selbstverpflichtung (= Absegnung von 4. unter Berücksichtigung, dass gegebenenfalls erneut Entscheidungen zu 4. korrigierend getroffen werden müssen)
6. Durchführung von Schritten (Erprobung des Verhaltens gemäß 4. in Richtung von Zielen nach 3.; Probehandeln → Gruppen-Feedback)
7. Bewertung der Ergebnisse (Hier: Bewertung des gesamten Problem-

lösezirkels. Ggf.: Festlegung neuer Probleme, die den o.a. Problemlösezirkel durchlaufen sollen)

Interferon ist ein Stoff, der natürlicherweise im Körper vorkommt und der neben vielen anderen so genannten Immunmodulatoren dazu dient, das Immunsystem zu steuern. Interferon wird auch als Medikament bei der Behandlung von → Hepatitis B und Hepatitis C eingesetzt – potenziell tödliche Krankheiten, die bei Süchtigen häufig vorkommen.

Internet verfügt mittlerweile über eine Vielzahl von Anbieterseiten zum Thema → Drogen. Bei den meisten handelt es sich um Do-it-yourself-Anweisungen, die den Drogenrausch möglichst genussvoll und den Konsum gefahrlos machen sollen. Die Ratschläge sind oft unprofessionell und naiv, weil die Autoren zu wenig Fachkenntnis haben. Wer sich danach richtet, riskiert nicht selten erhebliche gesundheitliche Probleme. Hilfreich sind Seiten wie www.bzga.de, www.dancecube.de oder www.drugcom.de.

Internetsucht meint, dass ein Mensch dem Surfen im Internet in seinem Leben einen derart großen Stellenwert einräumt, dass andere Aktivitäten dahinter völlig zurücktreten. Ähnlich wie bei stoffgebundenen Süchten hat das Anklicken von Internetseiten dabei stark belohnenden Charakter.

Ab welchem Ausmaß die Nutzung des Internets als krankhaft anzusehen ist, ist unklar. Immerhin handelt es sich auch um ein Kommunikationsmittel. Es kann sogar therapeutische Funktion haben. Gerade Menschen, die im Kontakt zu anderen unsicher sind, bevorzugen die Kommunikation über das Internet, weil sie kontrollierbarer ist. Körperliche Attraktivität, Gestik und Mimik spielen dort keine Rolle, beim Chatten kann jede Antwort genau abgewogen werden, bevor sie abgeschickt wird. Durch das ausschließliche Anwählen von Seiten, die den Nutzer selbst interessieren, reduziert er das Risiko, mit Menschen zu kommunizieren, die andere Interessen haben als er selbst. Da das Internet etwas sehr Kommunikatives ist, muss es keineswegs pathologisch sein, darin viel Zeit zu verbringen.

Eine → Abhängigkeitserkrankung wie z.B. → Alkoholabhängigkeit ist Internetsucht ohnehin nicht. Es ist aber in Zusammenhang mit psychischen Störungen im Laufe der Therapie gelegentlich von Bedeutung, sich der Frage zu widmen, wie viel Zeit der Patient im Internet verbringt und warum. Zeit im Netz zu verbringen kann nutzen und schaden. Menschen, z.B. mit sozialen Phobien, können das Netz dazu nutzen, in einem ersten Schritt Ängste vor der Kommunikation mit anderen abzubauen. Nachdem sie erste positive Erfahrungen im Netz gemacht haben, fällt es ihnen im zweiten Schritt dann oft leichter, auch in der dreidimensinalen Welt Kontakte zu knüpfen.

Intoxikation: Medizinischer Ausdruck für Vergiftung. Manche Autoren bezeichnen jedwede Einnahme von Suchtmitteln als Intoxikation, andere nur die Zustände, bei denen es zu vitalen Gefährdungen nach Einnahme kommt.

intravenöser Konsum: Auch i.v. Konsum genannt. Viele → Drogen lassen sich intravenös, mittels Injektion, konsumieren. Im Szenejargon heißt das spritzen oder → fixen.
Die meisten Drogen wirken so wesentlich stärker, als wenn sie geraucht, gesnifft (→ sniffen) oder geschluckt werden. Anfänglich spart der Konsument dadurch meist beim Umstieg auf den intravenösen Konsum Geld. Da das Suchtpotenzial dieser Anwendungsform aber höher ist, brauchen die meisten I.v.-Konsumenten bald schon deutlich mehr »Stoff«, der Konsum wird teurer. Das Risiko, sich mit → HIV oder → Hepatitis oder auch anderen Krankheiten zu infizieren, ist hoch. Zudem wirken → Streckmittel bei intravenösem Konsum ohne Filterung durch Darm oder Lunge. Sie verursachen dadurch i.d.R. weitaus größere Schäden. Ein rascher körperlicher Niedergang ist deshalb oft die Folge.

In vivo: Wörtlich übersetzt ist »in vivo« gleichbedeutend mit »im Leben«. In der → Psychotherapie bedeutet es, dass Übungen praxisnah im Alltag durchgeführt werden. In der → Entwöhnungsbehandlung kann eine In - vivo-Übung z.B. darin bestehen, dass der Patient (in Begleitung oder ohne) nach entsprechender Vorbereitung in der Therapie Risikosituationen aufsucht um auszuprobieren, ob ihn das in der Therapiesituation Gelernte im Alltag ausreichend schützt (→ Stimuluskontrolle). Nur durch In-vivo-Übungen ist letztlich konkret erfahrbar, wo der Patient tatsächlich steht, was er kann und was er nicht kann. → In-sensu- oder → In-Studio-Übungen bergen immer ein weitaus größeres Risiko von Fehleinschätzungen.
Das ist auch der Grund, warum → Therapeutische Gemeinschaften so erfolgreich sind. Die Therapeutische Gemeinschaft ist nichts anderes als eine Rund-um-die-Uhr-in-vivo-Übung, unterbrochen lediglich durch Informationsvermittlung im Rahmen von Psychotherapie.
Ein großes Problem ist, dass → Entwöhnungsbehandlungen oft nicht wohnortnah erfolgen (→ wohnortnahe Behandlung). Die Rentenversicherungsträger haben über Jahrzehnte wider besseres Wissen ihre Entwöhnungskliniken in strukturschwachen Regionen auf der grünen Wiese erbaut. Bei einer solchen »Therapie unter der Käseglocke« fernab der

Lebensrealität des Patienten ist es kaum möglich, in vivo zu arbeiten. Dadurch sinkt die Effizienz der Maßnahmen. Hier sind dringend Umsteuerungsprozesse notwendig: Wohnortferne Angebote müssen zu Gunsten wohnortnaher abgebaut werden.

Inzidenz: Zahl der neu aufgetretenen Krankheitsfälle, z.B. von Drogenabhängigkeit, innerhalb eines bestimmten Zeitraums bezogen auf eine festgelegte Population. Abzugrenzen davon ist die Prävalenz, die Häufigkeit einer Krankheit innerhalb einer Population. Bei rasch tödlich verlaufenden Erkrankungen wie Lungenkrebs bzw. schnell heilenden Erkrankungen ist die Inzidenz nahezu genauso hoch wie die Prävalenz. Bei potenziell chronischen Erkrankungen wie → Hepatitis C oder → Cannabis-Abhängigkeit hingegen ist die Prävalenz i.d.R. deutlich höher. Man muss bei Studien deshalb besonders darauf achten, ob Prävelanz oder Inzidenz angegeben sind (und auf welchen Zeitraum sie sich beziehen).

Ipado: Weitere Bezeichnung für den → Koka-Strauch.

Ipatu: Weitere Bezeichnung für den → Koka-Strauch.

Ipi: Weitere Bezeichnung für den → Koka-Strauch.

IRIS: Abk. für »Interventionsstudie zur Raucherentwöhnung in der hausärztlichen Praxis«, ein Forschungsprojekt, an dem u.a. die Universitäten in Tübingen, Heidelberg und Freiburg und das Zentralinistitut für seelische Gesundheit in Mannheim beteiligt sind. Ziel der Studie ist es zu überprüfen, ob und wie → Hausärzte verstärkt in die → Nicotinentwöhnung eingebunden werden können (→ Prävention).

Irrbeere: Weitere Bezeichnung für die → Tollkirsche.

J

J: Szeneausdruck, auch Jay genannt, der eine → Haschisch-Zigarette bezeichnet. »J« steht als Abk. für → Joint.

Jaad: Weitere Bezeichnung für → Khat.

Jack: 1. Szeneausdruck für → Heroin in Tablettenform. **2.** Szeneausdruck für besonders langsames Injizieren von Heroin, um die Rauschwirkung zu verlängern.

Jail: Szeneausdruck für Drogenabhängigkeit, der die Einschränkung des Handlungsspielraumes durch die → Drogen gut beschreibt.

Jailhouse Kicks: Szeneausdruck für legale → Drogen, wie z.B. → Muskatnuss, mit denen sich Gefängnisinsassen zeitweise berauschen. In vielen Gefängnissen werden allerdings auch die üblichen illegalen Drogen mit Preisaufschlägen gehandelt.

Jam: Szeneausdruck für → Kokain.

Jay: Szeneausdruck für eine → Zigarette, die → Cannabis enthält.

Jazz: Musikrichtung, die in ihrer Entstehung stark mit der Einnahme von → Cannabis verbunden war. Rhythmus und Aufbau von vielen Jazz-Stücken lassen in ihrer teils ungeordneten Struktur die Einwirkung von → Halluzinogenen beim Schreiben der Stücke erahnen.

Jeegee: Szeneausdruck für → Heroin.

Jellinek-Typen: Jellinek entwickelte 1960 eine Einteilung für Alkoholiker, die eine Zeit lang große klinische Bedeutung hatte. Jellinek unterschied

- Delta-Alkoholiker (Trinker mit konstant hohem Alkolkonsum, meist ohne Rausch),
- Gamma-Alkoholiker (Trinker mit veränderlichem Trinkmuster mit häufigen Räuschen und nur kurzen Abstinenzphasen) und
- Epsilon-Alkoholiker (Anfallsartige Phasen heftigen Trinkens, »Quartalssäufer«).

U.a. hat die mittlerweile überall gültige Einteilung nach → ICD 10, die mit der Jellinek-Typologie nicht kompatibel ist, diese verdrängt.

JGG: Abk. für Jugend-Gerichts-Gesetz (→ Jugendliche und Heranwachsende).

Jimson Weed: Weitere Bezeichnung für den → Stechapfel.

Jive: Szeneausdruck für → Marihuana.

Joint: Szeneausdruck für eine selbst gedrehte → Zigarette, die außer → Tabak auch → Cannabis enthält.

Johanniskraut: Pflanze, deren Extrakt in hohen Dosen nachgewiesenermaßen einen positiven Einfluss auf → Depressionen hat. Außerdem löst Johanniskraut Ängste und wirkt gegen Unruhe.

Präparate, die Johanniskraut enthalten, gehören zu den am häufigsten verordneten pflanzlichen → Psychopharmaka. Handelsnamen von Medikamenten, die Johanniskraut enthalten, sind:

Aristo, Aristoforat, Cesradyston, Dysto-lux, Esbericum, Felis, Florabio naturreiner Heilpflanzensaft Johanniskraut, Helarium Hypericum, Herbaneurin forte, Hewpsychon uno, Hyperforat, Hypericaps, Hypericum 300, Hypericum stada, Hyperimerck, Hyperpur, Jarsin, Johanniskraut Arkokaps, Johanniskrautdragees Jocapsan, Johanniskraut-Dragees N, Johanniskrautöl-Kapseln Jocapsan, Johanniskraut-ratiopharm, Kira, Kneipp Johanniskraut-Pflanzensaft N, Kneipp Pflanzen-Dragees Johanniskraut 300, Kytta-Modal, Loma-Hypericum, Neuroplant, Neurovege-

Ein Joint wird geraucht

talin, Psychotonin, Remotiv, Rephahyval, Sedovegan, Spilan, Texx, Tonizin, Turineurin, Valverde Johanniskraut, Viviplus. Mischpräparate, die u.a. Johanniskraut enthalten, sind Hewpsychon duo, Hyperesa, Hyperforat forte, Johanniskrautölkapseln mit Lecithin, Neurapas, Presselin Nerventabletten K1N, Sedariston Konzentrat, Sirmia Johanniskraut-Melissentonikum N.

Nebenwirkungen, die allerdings recht selten auftreten, sind Schwindel, allergische Hauterkrankungen, Erhöhung der Empfindlichkeit der Haut für Licht und Magen-Darm-Beschwerden.

Nach derzeitigem Wissensstand ist nicht mit der Entwicklung einer Abhängigkeit zu rechnen. Allerdings enthalten Johanniskrauttropfen meist → Alkohol und sind deshalb bei Menschen mit einer → Abhängigkeitserkrankung zu vermeiden.

Jones: Szeneausdruck für → Entzugserscheinungen.

Jouzmathal: Arabische Bezeichnung für → Datura, bzw. die → Metelnuss.

Joypoppen: Szeneausdruck für das Injizieren von → Drogen unter die Haut und nicht in die Vene wie beim → Fixen. Damit soll die Gefahr einer Suchtentwicklung verringert werden, was allerdings nicht gelingt. Die Gefahr der Entstehung von → Abszessen ist bei dieser Anwendungsform besonders hoch.

Johanniskraut

Joypopper: **1.** Szeneausdruck für einen Drogenkonsumenten, der nur zum Vergnügen → Drogen nimmt und nicht süchtig ist. **2.** Szeneausdruck für einen Drogenkonsumenten, der Drogen unter die Haut injiziert.

Joypowder: Szeneausdruck für → Heroin, manchmal auch für → Kokain.

Juanita: Mexikanischer Ausdruck für → Cannabis-Produkte.

Juckbohne, afrikanische: Auch Mucuna genannte Pflanze (Mucuna pruriens), deren zerriebene Samen von einigen indischen Stämmen wegen ihrer milden halluzinogenen Wirkung eingenommen werden. Man sagt der afrikanischen Juckbohne auch eine aphrodisierende Wirkung (→ Aphrodisiakum) nach.

Juckreiz kommt bei Drogenkonsumenten relativ häufig vor. Die Ursachen sind vielfältig. Beim Konsum von → Amphetaminen können sich »Speedkristalle« unter der Haut einlagern, die dann Juckreiz verursachen können. Auch → Kokain-Konsumenten klagen manchmal über Juckreiz. Alle → Upper erhöhen das Erregungsniveau und damit die Wahrscheinlichkeit, dass Reize auf der Haut als unangenehm und juckend empfunden werden. Da viele Drogen die Leber schädigen und die geschädigte Leber den Körper nicht mehr so gut entgiftet, kann auch durch die Giftstoffe Juckreiz entstehen.

Jugendalkoholismus: In Deutschland sind etwa 250 000 Kinder und Jugendliche alkoholabhängig bzw. stark gefährdet, es zu werden. Das Risiko ist besonders hoch für Kinder, in deren Familien Suchterkrankungen vorkommen oder in deren Umfeld Alkoholkonsum positiv bewertet wird. Da das Gehirn von Jugendlichen noch nicht dem von Erwachsenen entspricht (→ Corpus striatum), richtet der → Alkohol hier viel größere Schäden an. Die Persönlichkeitsentwicklung von Jugendlichen ist noch nicht abgeschlossen und kann durch Alkohol verzögert, im schlimmsten Fall irreversibel gebrochen verlaufen.

Umso kritischer ist es, dass die Alkoholindustrie mit Produkten wie den so genannten → Alcopops gerade die Gruppe der Jugendlichen anzusprechen versucht. Dem Bericht 2003 der → EBDD ist zu entnehmen, dass der Alkoholkonsum bei Jugendlichen in manchen europäischen Ländern erschreckende Formen angenommen hat. Vielerorts gilt → Binge drinking, früher Kampftrinken genannt, als schick. Um das zu verhindern, gibt es das → Jugendschutzgesetz (→ Jugendliche und Erwachsene).

Jugendgerichtsgesetz: Das Jugendgerichtsgesetz, kurz JGG, vom 11. Dezember 1974 (BGBl. I S. 3427), zuletzt geändert durch Artikel 3 des Gesetzes vom 19. Dezember 2000 (BGBl. I S. 1756), enthält Regelungen, wie mit straffälligen Jugendlichen umzugehen ist:

§ 10 des JGG enthält Angaben zu »Weisungen«:

»(1) Weisungen sind Gebote und Verbote, welche die Lebensführung des Jugendlichen regeln und dadurch seine Erziehung fördern und sichern sollen. Dabei dürfen an die Lebensführung des Jugendlichen keine unzumutbaren Anforderungen gestellt werden. Der Richter kann dem Jugendlichen insbesondere auferlegen,

1. Weisungen zu befolgen, die sich auf den Aufenthaltsort beziehen,
2. bei einer Familie oder in einem Heim zu wohnen,
3. eine Ausbildungs- oder Arbeitsstelle anzunehmen,
4. Arbeitsleistungen zu erbringen,
5. sich der Betreuung und Aufsicht einer bestimmten Person (Betreuungshelfer) zu unterstellen,
6. an einem sozialen Trainingskurs teilzunehmen,
7. sich zu bemühen, einen Ausgleich mit dem Verletzten zu erreichen (Täter-Opfer-Ausgleich),
8. den Verkehr mit bestimmten Personen oder den Besuch von Gast- oder Vergnügungsstätten zu unterlassen oder
9. an einem Verkehrsunterricht teilzunehmen.

(2) Der Richter kann dem Jugendlichen auch mit Zustimmung des Erziehungsberechtigten und des gesetzlichen Vertreters auferlegen, sich einer heilerzieherischen Behandlung durch einen Sachverständigen oder einer Entziehungskur zu unterziehen. Hat der Jugendliche das sechzehnte Lebensjahr vollendet, so soll dies nur mit seinem Einverständnis geschehen«.

In §73 JGG ist festgeschrieben, unter welchen Voraussetzungen eine »Unterbringung zur Beobachtung« erfolgen kann:

»(1) Zur Vorbereitung eines Gutachtens über den Entwicklungsstand des Beschuldigten kann der Richter nach Anhören eines Sachverständigen und des Verteidigers anordnen, dass der Beschuldigte in eine zur Untersuchung Jugendlicher geeignete Anstalt gebracht und dort beobachtet wird. Im vorbereitenden Verfahren entscheidet der Richter, der für die Eröffnung des Hauptverfahrens zuständig wäre.

(2) Gegen den Beschluss ist sofortige Beschwerde zulässig. Sie hat aufschiebende Wirkung.

(3) Die Verwahrung in der Anstalt darf die Dauer von sechs Wochen nicht überschreiten«.

Jugendliche und Heranwachsende: Jugendliche und Heranwachsende werden vom Gesetzgeber anders behandelt als Erwachsene. Hier spielt der erzieherische Aspekt eine größere Rolle als der bestrafende oder abschreckende (→ Strafverfolgung). Das so genannte → Jugendgerichtsgesetz gilt, wenn ein Jugendlicher oder ein Heranwachsender eine Straftat begangen hat. Jugendlicher ist, wer zur Tatzeit vierzehn, aber noch nicht achtzehn, Heranwachsender, wer zur Tatzeit achtzehn, aber noch nicht einundzwanzig Jahre alt ist.

Ein Jugendlicher ist strafrechtlich verantwortlich, wenn er nach seiner geistigen und sittlichen Entwicklung reif genug ist, das Unrecht der Tat einzusehen (§ 3 Satz 1 JGG). Wenn ein Heranwachsender eine Straftat begeht, kommt das Jugendgerichtsgesetz dann zur Anwendung, wenn dieser von seiner geistigen und sittlichen Entwicklung noch einem Jugendlichen gleichsteht (§ 105 Abs. 1 Nr. 1 JGG), oder es sich bei der Tat nach den Umständen oder Beweggründen um eine Jugendverfehlung handelt (§ 105 Abs. 1 Nr. 2 Jugendgerichtsgesetz).

Als Folgen einer Jugendstraftat können Erziehungsmaßregeln angeordnet werden. Erziehungsmaßregeln sind z. B. Weisungen, sich nicht mehr in der Szene aufzuhalten, eine Ausbildungsstelle anzunehmen, bei einer Familie oder in einem Heim zu wohnen, an einem sozialen Trainingskurs teilzunehmen, einen Ausgleich mit dem Verletzten zu erreichen, den Besuch von Gast- oder Vergnügungsstätten zu unterlassen (§§ 10 f JGG).

Wenn Erziehungsmaßregeln nicht ausreichen, wird mit Zuchtmitteln oder Jugendstrafe geahndet. Zuchtmittel sind Verwarnungen, Auflagen z. B. den Schaden wieder gut zu machen, sich bei dem Verletzten zu entschuldigen, Arbeitsleistungen zu erbringen, einen Geldbetrag zugunsten einer gemeinnützigen Einrichtung zu zahlen (§§ 13 ff JGG). Jugendstrafe ist der Freiheitsentzug in einer Jugendstrafanstalt (§ 17 JGG). Das Höchstmaß der Jugendstrafe ist in § 18 Abs. 1 Satz 1 JGG festgelegt. Von Zuchtmitteln oder Jugendstrafe wird abgesehen, wenn der Betreffende in einem psychiatrischen Krankenhaus oder einer Entziehungsanstalt behandelt wird. Generell geht es im Jugendstrafrecht mehr darum, den jungen Menschen auf den richtigen Weg zurückzuleiten, als ihn zu bestrafen.

Jugendschutzgesetz: Abk. JuSchG. Das Jugendschutzgesetz regelt die Abgabe legaler Suchtmittel an Unter-18-Jährige. Die Abgabe von → Alkohol an Kinder ist verboten. Für Jugendliche finden sich Regelungen im Jugendschutzgesetz (JuSchG). Dort heißt es in § 9:

»(1) In Gaststätten, Verkaufsstellen oder sonst in der Öffentlichkeit dürfen

1. Branntwein, branntweinhaltige Getränke oder Lebensmittel, die Branntwein in nicht nur geringfügiger Menge enthalten, an Kinder und Jugendliche,

2. andere alkoholische Getränke an Kinder und Jugendliche unter sechzehn Jahren weder abgegeben noch darf ihnen der Verzehr gestattet werden.«
Absatz 1 Nr. 2 gilt nicht, wenn Jugendliche von einer personensorgeberechtigten Person begleitet werden«.

Vereinfacht heißt das, dass Alkohol an Jugendliche unter 16 Jahren ohne Begleitung der Sorgeberechtigten (also meist der Eltern) grundsätzlich nicht abgegeben werden darf.

Für das Alter ab 16 Jahren ist gesetzgeberisch die o.a. unnötig differenzierte Formulierung gewählt worden. Der Gesetzgeber hat durch die medizinisch nicht zu rechtfertigende Unterscheidung zwischen Branntwein, Branntweinhaltigen Getränken in nicht nur geringer Menge, branntweinhaltigen Getränken in geringer Menge und sonstigen Alkoholika unnötig Unordnung geschaffen. So ist gerade bei den → Alcopops eine Zuordnung nicht einfach. Wie bei vielen anderen Gesetzen auch wäre eine Vereinfachung des Jugendschutzgesetzes wünschenswert. Nur verständliches Recht ist gutes Recht.

Juice: Szeneausdruck von Drogenabhängigen für → Alkohol.

Juice-Head: Szeneausdruck für Alkoholiker.

Jugendschutz – häufig wird er zu wenig beachtet

Junk: Szeneausdruck für → Heroin. Wörtlich übersetzt bedeutet »Junk« eigentlich »Abfall«.

junken: Szeneausdruck für das Spritzen von → Heroin. Manchmal wird auch das → Blowen oder → Rauchen von Heroin als Junken bezeichnet.

Junkie: Szeneausdruck für Drogenabhängigen. Früher wurden damit nur Personen bezeichnet, die sich → Heroin spritzen. Heute wird der Begriff zunehmend auf alle Personen angewandt, deren Leben durch exzessive Einnahme von → Drogen ungünstig verläuft. Auch eine Ausweitung auf nicht-stoffgebundene Suchtformen hat stattgefunden. Man spricht dann z.B. von Adrenalin-Junkies bei Extremsportlern.

Junkiejoggen: → Junkies werden vielerorts nicht gern gesehen, was u.a. damit zusammenhängt, dass viele ihre Spritzen achtlos wegwerfen (→ Umweltverschmutzung) und dass ihr Verhalten nur selten als angemessen zu betrachten ist (→ angemessenes Verhalten, → Beschaffungskriminalität, → Beschaffungsprostitution). Sie werden deshalb von der Polizei regelhaft von zentralen öffentlichen Plätzen zum Schutz der Allgemeinheit vertrieben. Die damit verbundene körperliche Aktivität der Drogenkonsumenten wird im Szenejargon auch als Junkiejoggen bezeichnet.

Jupiterbohne: Weitere Bezeichnung für das → Bilsenkraut.

Jurema: Mimosenart (Mimosa hostilis), die das halluzinogen wirksame Alkaloid N,N-Dimethyltryptamin enthält. Die Wurzel des auch Schwarze Jurema genannten Baumes wird in Brasilien einem Trank beigesetzt, den sie Ajuca oder Vinho de Jurema nennen.

JuSchG: Abk. für → Jugendschutzgesetz.

Just say know: Während man früher in der Drogenpolitik überwiegend auf Abschreckung setzte, gibt es seit einigen Jahren den Trend zu liberaleren Modellen.
»Just say know« ist der Slogan, der in der Drogenpolitik den alten Schlachtruf »Just say no!« bzw. »Keine Macht den Drogen« zunehmend verdrängt. Hinter dem Wandel steht die Überzeugung, dass durch zunehmende Aufklärung schädliche Konsummuster seitens der User vermieden werden können. Positiv erlebbare Drogenwirkungen werden ebenso geschildert wie die Gefahren der Drogen. Erfahrungen mit Rauchern haben allerdings gezeigt, dass Aufklärung allein kaum etwas bringt.

JVA: Abk. für Justizvollzugsanstalt.

Jvalana rasa: Weitere Bezeichnung für → Cannabis.

K

K: Ein »K« auf einem → BtM-Rezept bedeutet, dass das verschriebene → Betäubungsmittel für die Ausstattung eines Kauffahrteischiffes gedacht ist.

Kabak: Türkische Bezeichnung für → Cannabis.

Kaffee: Kaffee ist ein gemahlenes Pulver mit stimulierender Wirkung, also ein → Upper, der aus den Bohnen des Kaffeestrauches (Coffea arabica) gewonnen wird. → Psychoaktiver Wirkstoff ist das → Coffein.

Der Name »Kaffee« stammt nicht, wie häufig angenommen, von Kaffa, einer Region in Äthiopien. Das Wort ist vielmehr vom arabischen »Quah Wah« abgeleitet, das eigentlich »Wein« bedeutet. Da Moslems keinen Alkohol trinken dürfen, stiegen sie auf Coffein als Ersatzdroge um, behielten aber den Namen bei. Weitere Namen für »Kaffee«, aus denen die Ursprünge des Wortes Kaffee z.T. gut verkennbar sind, sind Bun, Buna, Buni, Cabi, Cafeiro, Cafeto, Chia-fei, Kahawa, Kahwa, Kahweh, K'hoxwéeh, Kopi und Quahwe.

Nicht immer wurde Kaffee, wie heute gebräuchlich, als Getränk eingenommen. Ursprünglich wurden die Kaffeebohnen gekaut, um so eine stimulierende Wirkung zu erzeugen. Sufis und Derwische nutzten die wachma-

Kaffee-Pflanze

chende Wirkung des Kaffees, um nächtelang ihren religiösen Ritualen nachgehen zu können. Die Verbindung von Tanz, Ekstase und antriebssteigernder → Droge, die damals von den Derwischen praktiziert wurde, erinnert stark an die → Techno-Bewegung der neunziger Jahre. In Ostafrika schreibt man den Kaffeebohnen göttliche Kräfte zu und verehrt die Pflanze entsprechend.

Die Verbindung zu anderen → Religionen hatte bei der Ankunft des Kaffees in Europa zunächst zur Folge, dass er als heidnischer Trank verboten wurde. Papst Clemens VIII aber ließ sich von dem Genuss einer Tasse Kaffee derart stimulieren, dass er das Getränk taufte und damit seinen Siegeszug auch in der christlichen Welt einläutete.

Heute wird Kaffee in über 80 Ländern angebaut und ist die weltweit am häufigsten konsumierte Droge. Die Einnahme erfolgt als Heißgetränk, das aus den gerösteten Bohnen hergestellt wird. Ein bewusster ritueller Umgang mit Kaffee kommt kaum noch vor. Allerdings hat die nach bestimmten Schemata zu bestimmten Zeiten vorgenommene Kaffeeeinnahme (Stichwort z.B. Kaffeekränzchen) immer noch durchaus rituellen Charakter.

Kaffee das einzige Suchtmittel, von dem bisher wenig Schädliches bekannt ist

Beim Rösten, das dem Kaffee sein charakteristisches Aroma verleiht, gehen alle Vitamine verloren – außer dem Niacin. Bereits zwei Tassen decken den täglichen Bedarf daran (→ Coffein).

Kafta: Weitere Bezeichnung für → Khat.

Kahé: Weitere Bezeichnung für den → Koka-Strauch.

Kakao: Der Kakaobaum (Thobroma cacao) wird seit ca. 4000 Jahren in Mittelamerika kultiviert. Seine Früchte wurden im Rahmen von religiösen Ritualen verzehrt. Bei den Azteken waren die Früchte sehr begehrt und wurden als Geldersatz akzeptiert. Von den spanischen Eroberern nach Europa gebracht, diente Kakao zunächst als → Aphrodisiakum. Der heute übliche Gebrauch als Getränk und in Süßwaren bürgerte sich erst später ein. Die Bezeichnung »Schokolade« stammt übrigens vom aztekischen »Xocolatl« = Getränk. Die geringfügige → psychoaktive Wirkung des Kakaos beruht auf → Coffein, Tannin und Theobromin.

Kalmus: Aronstabgewächs (Acorus calmus), das in den gemäßigten und subtropischen Zonen beider Erdhalbkugeln an ruhigen Gewässern vorkommt. → Psychoaktiv wirksam ist Asaron. Kalmus wird von kanadischen Indianern gegen Schmerzen und bei Asthma angewendet. Einige Indianerstämme kauen die Wurzel und erzeugen so einen → Meskalin-ähnlichen Rausch.

Kam: Bezeichnung der Sudanesen für → Cannabis.

Kamashwar modak: Weitere Bezeichnung für → Cannabis.

Kamille: Der Kamille (Matricaria recutita) wird in gerauchter Form eine halluzinogene Wirkung ähnlich der von → Cannabis nachgesagt. Diese beruht aller Wahrscheinlichkeit nach ausschließlich auf dem Wunschdenken der Konsumenten.

Kamm-Baumkaktus: Mexikanischer Kaktus (Pachycereus pecten aboriginum), dessen zerstampftes Fruchtfleisch von den Tamahumara mit Wasser versetzt getrunken wird. Die Wirkung soll ähnlich wie die von → Peyote sein.

Kalmus

Kampftrinken: Bezeichnung für das Trinken großer Mengen → Alkohol in Wettkampf-ähnlicher Form. Diese Form des Konsums kann zu schwersten Vergiftungen führen.
Kampftrinken, auch Komatrinken oder, neudeutsch, Binge drinking genannt, hat insbesondere unter jungen Leuten in den letzten Jahren erheblich zugenommen. Die Zahl der 12- bis 17-Jährigen, die mit Alkoholvergiftung in Krankenhäusern behandelt werden musste, ist von 2000 bis 2002 um 26 Prozent gestiegen. Es gilt in manchen Kreisen als »cool«, sich bis zur Bewusstlosigkeit zu besaufen (→ Alcopops, → Jugendalkoholismus). Da hohe Dosen Alkohol eingenommen werden, können mögliche Folgeschäden schon nach kurzer Zeit auftreten (→ Leberzirrhose, → Hepatitis, → körperliche Veränderung durch Alkohol).

Kancavu: Weitere Bezeichnung für → Cannabis.

Kancha: Weitere Bezeichnung für → Cannabis.

Kanfers elf Gesetze der Psychotherapie: Kanfers elf Gesetze der Psychotherapie sind nicht spezifisch entwickelt worden für die Therapie von Suchtkranken, gelten aber auch dort. Sie lauten im Einzelnen:

1. Verlangen Sie nicht von Ihrem Patienten, gegen seine eigenen Interessen zu handeln. (Beispiel: Wenn ein Patient nur nach Einnahme von Suchtmittel entspannt und glücklich ist, so muss man ihm zunächst Alternativen aufzeigen, bevor man es ihm wegnimmt.)
2. Denken Sie an die Zukunft, suchen Sie nach Lösungen, konzentrieren Sie sich auf die Stärken des Patienten und spezifizieren Sie Verhaltensweisen, vorausgehende Bedingungen und Zielverhalten. (Beispiel: Eine gute Therapie zeichnet sich dadurch aus, dass sie möglichst konkret ist und damit ihre Ergebnisse direkt umsetzbar sind. Statt zu sagen: »Kein Wunder, dass Sie Ihren Frust herunterspülen müssen, wenn Sie nicht ›nein‹ sagen können« könnte man formulieren: »Letzte Woche haben Sie es doch schon ganz gut geschafft, nicht bis 20.00 Uhr zu arbeiten. Vielleicht könnten Sie diese Woche versuchen, schon um 19.00 Uhr zu gehen. Langfristig sollte es doch möglich sein, dass Sie, wie die anderen Kollegen, schon um 17.00 Uhr die Arbeit zu beenden, oder?«)
3. Sie sind nur eine gut ausgebildete Fachkraft. Spielen Sie nicht Gott, indem Sie die Verantwortung für das Leben des Patienten übernehmen. (So schwer es auch fällt: Es hilft dem Patienten nicht, wenn ihm die Verantwortung abgenommen wird. Er muss seine Fehler selbst machen; der Therapeut hilft ihm, daraus zu lernen.)
4. Sägen Sie nicht an dem Ast, auf dem Ihr Patient sitzt, ohne ihm vor-

her eine Leiter zur Verfügung zu stellen. (Erst die Perspektiven klären, z.B. dass man Selbstsicherheit trainieren und üben kann. Dann erst das Absetzen der Droge, z.B. Kokain, einleiten.)

5. Der Patient hat immer Recht. (Es geht um die Lebensgestaltung des Patienten, nicht um die des Therapeuten. Der Therapeut ist nur fachlich versierter Berater und Trainer – die Entscheidung und letztendliche Bewertung, was zu tun ist, liegt immer beim Patienten.)
6. Wenn Sie ein Symptom nicht sehen, wissen Sie nicht, wie es wirklich ist. (Die Wahrnehmung und Interpretation eines Verhaltens ist nicht gleich dem Verhalten. Um Fehlinterpretationen zu vermeiden, kann auf Video- und Tonbandaufzeichnungen, → In-vivo-Übungen und → Rollenspiele zurückgegriffen werden.)
7. Sie können keinen Patienten behandeln, der nicht in der Sitzung anwesend ist (Darum ist es wichtig, den Patienten nach Möglichkeit in Therapie zu halten, auch wenn das Erreichte unzufrieden stellend scheint).
8. Streben Sie Verbesserungen in der nächsten Woche an und nicht Perfektion in der Zukunft. (Anstatt zu fordern: »Sie müssen einsehen, dass Sie nur eine Chance haben, wenn Sie lebenslang abstinent sind«, könnte man formulieren: »Nun haben Sie es schon eine Woche geschafft, nichts zu trinken. Lassen Sie uns gemeinsam schauen, wie Sie das auch nächste Woche schaffen.«)
9. Geben Sie dem Patienten nicht mehr Informationen, als er verarbeiten kann. (Im Zweifel fragen Sie den Patienten offen, wie er die Menge der Informationen, die sie ihm gegeben haben, findet.)
10. Wenn Sie während einer Sitzung mehr gearbeitet haben als ihr Patient, haben Sie etwas falsch gemacht.
11. Scheuen Sie sich nicht, dem Patienten Anerkennung für Verbesserungen zu schenken. (Abhängigkeitskranke werten sich oft selbst ab – darum ist es umso wichtiger, dass der Therapeut den Patienten lobt. Auch das Lob sollte möglichst konkret sein, damit der Patient sich unmittelbar von der Richtigkeit des Lobs überzeugen kann.)

Kanfer-Formel: Modell aus den → Lerntheorien, mit dem sich viele Verhaltensweisen als Prozesse instrumenteller → Konditionierung beschreiben lassen. Die Formel lautet:

»S – O – R – K – C«. Man spricht bei dieser Formel auch vom SORKC-Schema.

»S« ist dabei der → Stimulus, der das Verhalten, hier den Konsum, auslösen kann. Es kann sich dabei z.B. um eine Situation handeln, in der sich der Patient unwohl fühlt (z. B. Auseinandersetzung mit Arbeitskollegen oder mit dem Partner).

»O« ist die Organismusvariable, kurz → O-Variable. Darunter versteht man nicht nur die körperliche Verfassung des Menschen, sondern auch seine Grundhaltung und Einstellungen. Die Organismusvariable hat entscheidenden Einfluss darauf, ob ein → Reiz eine Reaktion auslöst oder nicht. Beispiel: Hat ein Opiatabhängiger z.B. eine Grippe, deren Symptome einem Entzug ähneln, kann diese Organismusvariable das Verlangen nach dem Suchtmittel steigern. Das Gehirn hat Grippe und Entzug sozusagen in der gleichen Schublade abgelegt und fordert dazu auf, die Symptome durch Einnahme von → Opiaten abzustellen. Ein Gleiches gilt für heroinsüchtige Patienten, die wegen einer → Hepatitis C mit → Interferon behandelt werden. Interferon macht als Nebenwirkung entzugsähnliche Symptome. Auch motivierte Patienten, die in der Therapie nicht auf derartige Zusammenhänge hingewiesen worden sind, können so rückfällig werden. Körperliche Probleme, wie z.B. eine Pankreatitis oder Hepatitis, können auch als O-Variable wirken (wie auch als negative → Verstärker = → C-) .

»R« ist die Reaktion; in diesem Fall die Einnahme des Suchtmittels.

»K« ist die Kontingenz, der zeitliche Zusammenhang, in dem die Reaktion zum Stimulus steht. Je enger der Zusammenhang zwischen Suchtmitteleinnahme und Reaktion ist, desto stärker ist die Lernerfahrung. So erklärt sich auch, warum → Crack, das wesentlich rascher im Gehirn anflutet als z.B. → Kokain oder gar gekaute Kokablätter, ein wesentlich stärkeres → Abhängigkeitspotenzial hat.

»C« schließlich ist der Verstärker, der die Auftretenswahrscheinlichkeit von »R« beeinflusst. Tritt nach Heroineinnahme z.B. Euphorie (positive Verstärkung = C+) auf, so hat das mit großer Wahrscheinlichkeit zur Folge, dass »R«, d.h. die Drogeneinnahme, zukünftig öfter zu beobachten ist. Wenn jemand nach Drogeneinnahme entspannter und weniger gehemmt ist, d.h., wenn ein vorher bestehender unangenehmer Reiz beseitigt wurde, hat das i.d.R. den gleichen Effekt (man spricht dann allerdings von einem Wegfall von C- oder negativer Verstärkung). Körperliche Probleme (z.B. Übelkeit, bedingt durch Suchtmitteleinnahme), können gegenläufig dazu als negative Verstärker (= C-) wirken.

Kanfer-Variablen: Nach Kanfer gibt es drei Variablen, die grundsätzlich menschliches Verhalten kontrollieren (→ Lerntheorien): Alpha-Variable (äußere Umgebung), Beta-Variable (Kognitionen, → Emotionen) und Gamma-Variable (biologische Determinanten, Organismusvariablen). In

der Therapie, z.B. von Abhängigkeitskranken (→ Entwöhnungsbehandlung), wird vor allem versucht, Einfluss auf die Beta-Variable, d.h. das Erleben und die Einstellungen des Patienten, zu nehmen.
Die anderen beiden Variablen sind nur in geringerem Maße beeinflussbar. So kann die Organismusvariable z.B. dadurch beeinflusst werden, dass Ernährung und Tagesstruktur verändert werden. Wer für regelmäßigen Nachtschlaf sorgt und sich gesünder ernährt, wird automatisch leistungsfähiger und damit weniger anfällig für Misserfolge. Die → Frustrationstoleranz wird erhöht. Es kann auch sinnvoll sein, die Organismusvariable durch Ausdauersport positiv zu beeinflussen; wer regelmäßig joggt, Fahrrad fährt oder schwimmt, ist i.d.R. ausgeglichener und belastbarer.
Auf die Alpha-Variable kann z.B. dahingehend Einfluss genommen werden, dass der Patient sich von Plätzen fernhält, die eine enge Verbindung zum Suchtmittelkonsum haben (→ Stimuluskontrolle). Spielen Interaktionsmuster mit engen Bezugspersonen eine wichtige Rolle, z.B. i.S. von → Co-Abhängigkeit, so kann versucht werden, über Paar- oder Familiengespräche diese Alpha-Variable positiv zu beeinflussen.

Kanna: Mittagsblumengewächs (Mesembryanthenum tortuosum), dessen berauschende Wirkung bei den südafrikanischen Hottentotten seit langem bekannt ist. Die Pflanze erzeugt → Halluzinationen und Benommenheit. Die Einnahme erfolgt durch Kauen der fermentierten Blätter.

Kapanol: Handelsname eines opiathaltigen Medikamentes, das gegen starke Schmerzen eingesetzt wird. Inhaltsstoff ist Morphinsulfat (→ Morphium). Die Entwicklung einer → Abhängigkeit ist möglich. Kapanol unterliegt dem → Betäubungsmittelgesetz.

Kapitulation: Bezeichnung für den Umstand, dass ein Abhängigkeitskranker die Überzeugung aufgibt, er könne kontrolliert konsumieren und sei nicht süchtig. Die Kapitulation ist Ausdruck der Bereitschaft des Patienten, seinen Ist-Zustand realistisch zu betrachten. Sie ist Voraussetzung dafür, dass eine Therapie mit der Aussicht auf Erfolg begonnen werden kann.

Kapuzinerkresse: → Benzyl-Senföl.

Kardiomyopathie: Bezeichnung für eine Erkrankung des Herzmuskels. Die Kardiomyopathie ist eine Krankheit, die bei Alkoholabhängigen gehäuft auftritt. Der Sänger Roy Black ging z.B. an einer Kardiomyopathie zu Grunde. Kann der Muskel trotz der Myopathie eine Zeit lang noch arbeiten, so lässt seine Funktion später dann nach. Es entsteht eine dilatative Kardiomyopathie, man spricht auch vom Münchener Bierherz. Patienten mit einer dilatativen Kardiomyopathie haben eine hohe Sterblichkeit. Heilung verspricht nur noch eine Herztransplantation, eine Operation mit hohen Risiken.

Kât: Weitere Bezeichnung für → Khat.

Kater: Bezeichnung für körperliche Missempfindungen, die am Tag nach Alkoholkonsum auftreten können. Die Ausprägung des Katers ist von der enzymatischen Ausstattung des Trinkers vor allem mit → ADH abhängig. Außerdem spielt die Hydratation der Zelle eine Rolle. Da → Alkohol den Zellen Wasser entzieht, sollte viel nichtalkoholhaltige Flüssigkeit zusätzlich getrunken werden. So lassen sich Katerbeschwerden oft vermeiden.

Kaufsucht meint im allgemeinen Sprachgebrauch, dass ein Mensch dem Einkaufen in seinem Leben einen derart großen Stellenwert einräumt, dass andere Aktivitäten dahinter völlig zurücktreten.

Um eine → Abhängigkeitserkrankung nach Definition der Weltgesundheitsorganisation (→ ICD) handelt es sich bei der Kaufsucht nicht. Unklar ist, ob sie überhaupt Krankheitswert hat. Derzeit ist es Mode geworden, allen möglichen Aktivitäten die Möglichkeit süchtiger Entartung zu unterstellen. In Zusammenhang mit anderen psychischen Erkrankungen, wie z.B. → Persönlichkeitsstörungen oder Manien, können krankhaft anmutende Auffälligkeiten im Kaufverhalten aber sehr wohl auftreten. Man darf nicht vergessen, dass die Werbung es oft sehr geschickt versteht, Begehrlichkeiten zu wecken, deren Erfüllung unerfahrene Konsumenten, z.B. Jugendliche, in eine Überschuldung führen kann. Mit Krankheit aber hat das alles nichts zu tun. Gleichwohl kann ungesteuertes Kaufverhalten zu Problemen führen. Informationen und Hilfestellungen findet man im Internet z.B. unter www.kaufsucht.org.

Kava Kava: Gleichbedeutend mit → Kawa Kawa.

Kaviar: Szeneausdruck für → DOM.

Kawain: Wirkstoff von → Kawa Kawa.

Kawa Kawa: Auch Rauschpfeffer oder Kava kava genanntes Gewächs (Piper methysticum), das in der Medizin Anwendung als pflanzliches → Antidepressivum und angstlösendes Mittel findet. Wahrscheinlich stammt es ursprünglich aus Neuguinea. Inhaltsstoffe sind Kawain, Methysticin, Yangonin und eine Reihe verwandter Stoffe, Kavapyrone genannt.

In Hawaii und Neuguinea wird Kawa Kawa im Rahmen von Stammesriten auch als → Droge benutzt. Es gilt als bedeutendste psychoaktive Droge Ozeaniens. Die Kawa-Kawa-Zeremonie der Polynesier soll Ähnlichkeiten mit den vedischen Soma-Ritualen aufweisen. Man vermutet, dass die Polynesier das Soma-Ritual aus Indien übernommen und dann Soma

durch die heimische Pflanze ersetzt haben. Der Zusammenhang mit religiösen Ritualen ist heute weitgehend verloren gegangen. Die meisten Inselbewohner trinken Kawa Kawa-Aufgüsse wie wir → Kaffee oder → Tee. Medikamente, die Kawa Kawa bzw. den Wirkstoff Kavain enthalten, sind: Aigin Kava-Hevert, Antares, Ardeydystin forte, Cefakava, Eukavan, Hewepsychon, Kavacur, Kavaform N, Kavaphyton, Kavasedon, Kavatino, kava von ct, Kavasporal forte, Kytta-Kava, Laitan, Limbao, Nervonocton, Neuronika, Sedalint und SX Kava. Bei einigen Präparaten handelt es sich um Mischpräparate, die auch noch andere pflanzliche Mittel enthalten. In kleineren Dosen wirkt Kawa Kawa anregend, enthemmend, vigilanzerhöhend (→ Upper) und sozial entängstigend. Seine Wirkung ähnelt somit in manchem der von → Ecstasy. In hohen Dosen wirkt Kawa Kawa einschläfernd. Es erhöht bei längerer Einnahme die Zahl der → GABA-Rezeptoren im Gehirn. Ein bis zwei Wochen nach Beginn der Einnahme ist eine angstlösende, antriebssteigernde Wirkung zu beobachten. Wird Kawa Kawa gegen Depressionen eingesetzt, so ist zu beachten, dass (wie bei manchen konventionellen → Antidepressiva auch) der Antrieb sich vor der Stimmung bessert. Sind die Patienten darüber nicht aufgeklärt, kann dadurch ein erhöhtes Selbstmordrisiko (→ Selbstmord)entstehen.
Nebenwirkungen sind Magen-Darm-Beschwerden, → Pupillenerweiterungen, Sehstörungen und vorübergehende Gelbfärbung der Haut. In jüngerer Zeit sind Kawa Kawa-Präparate ins Gerede geraten, weil in Einzelfällen schwere Leberschäden beobachtet wurden, z.T. mit tödlichem Ausgang. Kawa Kawa greift in das Cytochrom-P 450-System ein. Derzeit wird davon ausgegangen, dass die Leberschäden dosisabhängig auftreten. Möglicherweise besteht das Risiko für Leberschäden vor allem bei Menschen mit vorgeschädigter Leber, z.B. bei Alkoholikern. Das Bundesinstitut für Arzneimittel und Medizinprodukte (BfArM) hat eine Untersuchung dazu eingeleitet (siehe unter www.bfarm.de) und sämtlichen Kawa Kawa-Präparaten die Zulassung entzogen. In den USA und anderen Ländern sind die Präparate aber weiterhin legal erhältlich.

KCPP: Abk. für Kompetenz-Centrum Psychiatrie und Psychotherapie (→ MDK).

Kenia-Gras: Szeneausdruck für → Marihuana aus Mittelafrika (→ Cannabis).

Kerala-Gras: Weitere Bezeichnung für → Cannabis.

Kerosin: Kerosin wird ebenso wie Benzin und Lösungsmittel besonders in ärmeren Ländern als → Schnüffeldroge missbraucht. Der Konsum führt chnell zu Hirn- und Leberschäden.

Ket: Szeneausdruck für → Ketamin.

Ketama: Szeneausdruck für eine → Haschischsorte mit hohem Wirkstoffgehalt.

Ketamin: Ketamin, das in den siebziger Jahren eine kurze Blüte als → Halluzinogen erlebte, wurde in der Partyszene Ende der neunziger Jahre als → Droge wiederentdeckt. Szenenamen sind Ket, Kit Kat und Vitamin K. Ketamin erzeugt einen »Out of body«-Rausch, der lange anhält und schlecht steuerbar ist. Eigentliches Anwendungsgebiet von Ketamin ist die Anästhesie. Es wird zur Einleitung und Aufrechterhaltung von → Narkosen und bei schweren Asthmaanfällen benutzt. Die Anwendung in der Humanmedizin ist wegen der Nebenwirkungen nicht mehr häufig – wohl aber in der Tiermedizin. Handelsnamen sind: Ketamin Curamed, Ketamin Hexal, Ketamin ratiopharm, Ketanest S und Velonarcon.
Bei schlecht eingestelltem hohen Blutdruck, Schilddrüsenüberfunktion und im ersten Drittel der Schwangerschaft darf Ketamin keinesfalls gegeben werden. Auch bei bestimmten Herzvorschäden und fortgeschrittener Schwangerschaft ist große Vorsicht geboten. In Verbindung mit anderen Schlafmitteln, vor allem → Benzodiazepinen, verlängert sich die Wirkung. Die Hersteller weisen ausdrücklich darauf hin, dass nur ein in der Notfallmedizin erfahrener Arzt Ketamin verabreichen darf und das auch nur, wenn die Möglichkeit zur Beatmung besteht. Ansonsten sind tödlich verlaufende Zwischenfälle, zum Beispiel durch → Atemlähmung, Hirnödeme, Schock oder Ersticken am Erbrochenen, nicht auszuschließen. Auch allergische Reaktionen mit tödlichem Ausgang sind in Einzelfällen bereits beobachtet worden.

Keule: Name eines kleinen immergrünen Baumes (Gomortega keule), der in den chilenischen Anden wächst. Die Mapuche-Indianer essen die Früchte des Baumes wegen der → Halluzinationen, die dadurch ausgelöst werden.

Khanna: Bezeichnung für ein in Südafrika gebräuchliches Getränk, das → Cannabis und andere → Halluzinogene enthält.

Khat ist ein Staudengewächs (Catha edulis) aus Ostafrika, das unter anderem die → psychoaktiven Wirkstoffe Cathin und Cathinon enthält.
Der Name »Khat« stammt wahrscheinlich vom arabischen »kut« = Nahrung. Weitere Namen sind Abessinischer Tee, Al-qât, Arabischer Tee, Buschmanntee, Cath, Flower of paradise, Jaad, Kafta, Kât, Khatstrauch, Miraa, Mirungi, Muhulo, Muirungi, Musitate, Qaad, Qât, Somalitee, Tschat. Zur Erzeugung der Rauschwirkung werden die frischen Blätter gekaut oder als → Tee aufgegossen.

Die Benutzung von Khatblättern als Stimulantium ist älter als die von → Kaffee. In Afrika ist der Gebrauch weit verbreitet. Im Jemen beispielsweise kauen die Männer fast den ganzen Tag Khat. Hierzulande ist der Gebrauch von Khat nicht üblich, es dominieren billigere synthetische → Upper und → Coffein.

Khat wirkt stärker stimulierend als z.B. Kaffee und ist in seiner Wirkung mit → Amphetamin vergleichbar. Khat macht wach, verbessert die Stimmung. Bei hoher Dosierung führt es zu Unruhe, Nervosität, evtl. auch zu Angstzuständen, Verfolgungswahn oder wahnhaften → Psychosen. Wird Kath regelmäßig genommen, treten häufig Magenprobleme auf. Die Entwicklung einer psychischen → Abhängigkeit ist möglich.

Khoka: Weitere Bezeichnung für den → Koka-Strauch.

Kick: Szeneausdruck für plötzlich einsetzende, lustvoll erlebte Rauschwirkung. Inzwischen wird das Wort »Kick« auch für andere Lusterlebnisse verwendet, die mit → Drogen nichts zu tun haben und zum Beispiel bei Extremsportarten auftreten.

Kicking the habit: Szeneausdruck für Krampfanfälle und Muskelzuckungen, die während des → Entzuges auftreten können.

Kieli: Weitere Bezeichnung für → Tecomaxochitl.

kif: Arabische Bezeichnung für eine Rauschmischung aus Blüten und Blättern der → Cannabis-Pflanze. Davon abgeleitet wurden → kiffen und → Kiffer.

Kiff: Szeneausdruck für → Zigarette, die → Cannabis enthält.

kiffen: Szeneausdruck für das Rauchen von → Cannabis.

Kiffer: Szeneausdruck für Drogenkonsumenten, der regelmäßig → Cannabis raucht.

Killer Queen: Szeneausdruck für → Kokain.

Kimbis: Mesopotamische Bezeichnung für → Cannabis.

Kinderdealer: Szeneausdruck für minderjährige Drogenhändler, die von Großdealern gerne eingesetzt werden, weil sie noch nicht strafmündig sind (→ Jugendstrafrecht).

Kindleinkraut: Weitere Bezeichnung für → Alraune.

Kiffer

Kiste: **1.** Szeneausdruck für Justizvollzugsanstalt. **2.** Kiste ist auch die umgangssprachliche Bezeichnung für »Bett«: »War Dieter mit der Alice in der Kiste?« ist danach eine Frage nach einem vollzogenen Geschlechtsverkehr und nicht etwa nach einer gemeinsamen Inhaftierung der beiden.

Kit: Szeneausdruck für ein Injektionsbesteck, das zum intravenösen Drogenkonsum verwendet wird. Dazu gehören ein Löffel zum Aufkochen, ein Gummi zum Abbinden der Vene an Arm oder Bein, eine Spritze, ein Feuerzeug zum Erhitzen der → Droge und evtl. → Ascorbinsäure, in der sich → Heroin gut löst.

Kit Kat: Szeneausdruck für → Ketamin.

Klassische Konditionierung: → Konditionierung, klassische.

Kleif: Szeneausdruck für → Cannabis.

Kleindealer: Szeneausdruck für Drogenhändler, der nur kleine Mengen der → Droge verkauft. Kleindealer sind oft selbst süchtig und finanzieren so ihren Eigenkonsum. Bei → Cannabis sind die Kleindealer mittlerweile oft Schüler. Der Spiegel berichtete im Juni 2004 Folgendes dazu: »Als in Freudenstadt im Schwarzwald auf Initiative des Schulleiters einer Hauptschule den Drogendelikten eines Schülers polizeilich systematisch nachgegangen wurde, stellte sich heraus, dass ein Drittel aller Schüler, die die Droge konsumierten, Kleindealer waren.«

Kleinhirnatrophie: Bezeichnung für die Schrumpfung des Kleinhirns, eines für die Koordination und das Gleichgewicht wichtigen Teiles des Gehirns.

Eine Kleinhirnatrophie ist eine typische Folge langjährigen Alkoholkonsums, z.B. im Rahmen einer → Alkoholabhängigkeit oder eines → schädlichen Gebrauches. Klinisch äußert sich eine Kleinhirnatrophie in einer verwaschenen Sprache, einem unsicheren Gang und einem Zittern der Hände, die auch dann fortbestehen, wenn der Patient »trocken« ist.

Klient: Alternativbezeichnung für Patient, die in der Drogenhilfe häufig verwendet wird. Der Ausdruck Klient unterstreicht die selbständigen Anteile des Hilfesuchenden. Problematisch dabei ist, dass die Beratung eines Klienten nicht zu den Leistungspflichten von Gesetzlicher Krankenversicherung oder Rentenversicherung gehört. Sobald es um die Behandlung eines Kranken, z.B. eines Abhängigkeitskranken, geht, sollte der Ausdruck »Klient« daher strikt vermieden werden.

Knacki: Szeneausdruck für jemanden, der schon eine Haftstrafe abgesessen hat.

knarzen: Szeneausdruck für → Cannabis rauchen.

Knochenmark: → Alkohol wirkt giftig auf das Knochenmark und kann dort u.a. die Blutbildung stören.

Kodein: → Codein.

Koffein: → Coffein.

Kognitive Probe: Fachausdruck für eine verhaltenstherapeutische Technik, bei der eine in der Ausführung noch wenig beherrschte Verhaltensweise in der Vorstellung, d.h. → in sensu bzw. auf Probe, durchexerziert wird, um so die reale Ausführung zu erleichtern. Wenn ein Süchtiger sich zum Beispiel bisher nicht gegenüber seiner sehr dominanten Mutter durchsetzen kann, wird zunächst in Gedanken, als kognitive Probe, ein angemessener Umgang mit der Mutter eingeübt. Später folgen dann → In-studio und → In-vivo-Übungen.

Kognitive Therapie nach Beck: Kognitive Therapien gehören zu den wichtigsten Therapieformen, die bei der Therapie von Abhängigkeitskranken zum Einsatz kommen. Eines der wichtigsten kognitiven Verfahren stammt von Beck und seinen Mitarbeitern.

Zu den Ursprüngen: Bereits 1932 entwickelte Tolman ein kognitives Lernmodell. Tolman ging davon aus, dass Organismen nicht → Reiz-Reaktions-Verbindungen lernen, sondern dass sie Erwartungen über Zusammenhänge zwischen Umweltbedingungen und ihrem Verhalten bilden. Das heißt, es zählt nicht nur das beobachtbare Verhalten, sondern es ist wichtig, wie der Mensch das, was er sieht und erlebt, verarbeitet und interpretiert.

Erst 30 Jahre später erfuhr dieses Gedankengut weitere Verbreitung. Unter der kognitiven Wende versteht man den bislang größten Paradigmenwechsel in der Verhaltenstherapie, der Mitte der sechziger Jahre einsetzte. Man wandte sich damals von der Ansicht ab, dass nur beobachtbare Prozesse in der Therapie berücksichtigt werden und erweiterte den therapeutischen Ansatz um die »Kognitionen«. »Äußeres« und »inneres« Verhalten, Letzteres wird »Kognition« genannt, gehorchen, so die neuere, weniger orthodoxe Annahme, den gleichen Gesetzmäßigkeiten. Die kognitive Wende stellt gleichzeitig auch eine humanistische Wende für die Verhaltenstherapie dar.

Einige wichtige Protagonisten der kognitiven Wende seien genannt: Cautela entwickelte 1966 das »verdeckte Konditionieren«, Homme 1965 die »verdeckte Kontrolle«. Von Kanfer stammt das Modell der → »Selbstregulation«. Die Erforschung des sozialen Lernens trat in den sechziger Jahren mehr in den Vordergrund. Albert Bandura beschrieb das → »Lernen am Modell«. Ellis entwickelte ab 1962 die »Rational-Emotive Therapie«,

Beck ab 1967 die »Kognitive Therapie«. Auch Mahoney (1974) leistete mit seinen Modellen der Integration von Kognition und Verhalten einen wichtigen Beitrag.

Die Kognitive Therapie entwickelte sich. Beck, Albert und Beck, Aaron T. gingen davon aus, dass Kognitionen nicht mehr nur rein vermittelnde, sondern auch strukturierende und steuernde Variablen des Verhaltens sind. Beck entwickelte daraus die »Rational-emotive Therapie«, die davon ausgeht, dass wiederkehrende emotionale Probleme auf negative (irrationale) Selbstregulationen zurückzuführen sind.

→ Denkfehler, auch »Irrational beliefs« genannt, sind nach Beck (1970) die wichtigsten Ursachen für die Entstehung von Depressionen (→ Komorbidität). Sechs systematische → Denkfehler werden beschrieben:

- willkürliche Schlussfolgerungen,
- selektive Verallgemeinerungen,
- Übergeneralisierung,
- Maximierung und Minimierung,
- Personalisierung,
- verabsolutiertes, dichotomes Denken.

Stand bei Beck die Behandlung von Depressionen anfänglich im Vordergrund, so wurde die Kognitive Therapie später schrittweise auch bei anderen Krankheitsbildern angewandt. Fast immer befruchtete dies die Therapie. Insbesondere aus → Entwöhnungsbehandlungen sind Becks Ansätze der Kognitiven Therapie kaum noch wegzudenken.

Kognitive Trias: Fachausdruck aus der Verhaltenstherapie, der → Denkfehler (→ Kognitive Therapie) beschreibt, die bei Depressiven, aber auch bei Drogensüchtigen häufig sind. Die Kognitive Trias sagt, dass das Individuum sich selbst, seine Umgebung und die Zukunft negativ bewertet. In der Therapie geht es dann unter anderem darum, die negativen Bewertungen der kognitiven Trias durch angemessenere zu ersetzen.

Kohle: **1.** Kohle wird bei manchen → Drogennotfällen vom Arzt als Gegengift eingesetzt. Sie verhindert, dass noch im Darm befindliche → Drogen über die Darmschleimhaut aufgenommen werden. Einige Drogen, wie z.B. → Heroin, unterliegen einem so genannten enterohepatischen Kreislauf, d. h. sie werden in den Darm ausgeschieden und weiter unten im Darm zum Teil wieder aufgenommen. Bei Heroinvergiftungen macht es deshalb Sinn, im Abstand von einigen Stunden erneut Aktivkohle zu geben, die das Heroin im Darm bindet. **2.** Szeneausdruck für Geld.

Koka: **1.** Der Koka-Strauch (Erythroxylum coca), kurz Koka oder Coca genannt, ist ein Rotholzgewächs, das als Ausgangsstoff für Koka und → Kokain dient. Weitere Bezeichnungen sind: Batú, Botô, Cocaine tree, Gran remedio, Hibia, Huanuco, Igatúa, Ipado, Khoka, Kuka, Lawolé, Spadie und Ypadu.

Der Koka-Strauch gehört zu den Storchschnabelgewächsen. Koka wird heute außer in Süd- und Mittelamerika auch in weiten Teilen Asiens angebaut. Er stammt ursprünglich von den Nordhängen der Anden von Peru bis Kolumbien.

Die Indios verehren den Koka-Strauch seit Jahrtausenden als heilige Pflanze. Die ältesten nachgewiesenen Spuren des Kokagebrauches lassen sich bis 3000 v. Chr. zurückverfolgen. Der Konsum war zunächst Priestern und Schamanen vorbehalten. Als die Spanier den Kontinent eroberten, war der Konsum in der Bevölkerung weit verbreitet. Die Spanier verboten Koka anfänglich als »Teufelskraut«, erkannten aber schon bald die Nützlichkeit der → Droge zur Steigerung der Leistungsfähigkeit. Zudem konnten – dank Koka – teure Nahrungsmittel eingespart werden. Wirtschaftliche Überlegungen ließen so religiös bedingte Vorbehalte in den

Koka-Strauch

Hintergrund treten. Postboten in der Inkazeit kauten Koka, um lange Wegstrecken zurücklegen zu können. Der Gebrauch findet durch das Kauen von mit Pflanzenasche versetzten, getrockneten Kokablättern, Koka genannt, statt. Auch das gemeinsame Kauen mit Tabakblättern war früher häufig, spielt heute aber keine Rolle mehr.

In Europa stieß die Droge – im Gegensatz zu → Tabak und → Kaffee – lange Zeit auf wenig Interesse. Das änderte sich erst mit der Synthetisierung des wesentlich wirksameren → Kokains aus Koka. Heute wird Kokain weltweit konsumiert und stellt die westlichen Länder vor große Probleme. Die Bekämpfung des Kokaanbaus ist ein wichtiges Ziel der westlichen Länder – allen voran der USA. Wegen der Unzugänglichkeit der Bergregionen, in denen Koka angebaut wird, waren die Erfolge bislang begrenzt. Venezolanische Wissenschafter entdeckten einen Pilz der Gattung Aspergillus, der sich von Kokain ernährt. Innerhalb kurzer Zeit tötet er die Koka-Pflanzen ab. Man erhofft sich von einem großflächigen Einsatz über den Anbaugebieten eine Vernichtung der wichtigsten Quellen des Kokains.

Koka vermindert den Hunger, hebt die Stimmung, erhöht die Wachheit, unterdrückt Schmerzen und lässt die Indios so länger arbeiten, was in der kargen, nahrungsmittelknappen Andenregion ein Vorteil ist. Außerdem

Koka-Feld

enthalten Kokablätter einige wichtige Vitamine. Die Indios betrachten Koka als Nahrungsmittel, eine Einschätzung, die mit der der Bayern zu Bier vergleichbar ist. Die Indios überschreiten durch das Kauen von Koka nicht selten ihre körperlichen Belastungsgrenzen, betreiben Raubbau an sich selbst und sterben oft schon weit vor der Zeit. Außerdem entstehen Geschwüre im Mund und im Magen. Koka verengt die Gefäße der Mundschleimhaut, was nicht selten eine erhebliche Verschlechterung des Zustandes der Zähne zur Folge hat. **2.** Szeneausdruck für → Kokain.

Kokain ist eine weit verbreitete → Droge mit hohem psychischen → Abhängigkeitspotenzial. Es gehört zu den nicht verschreibungsfähigen → Betäubungsmitteln gemäß → Anlage 2 des → BtMG. Kokain ist für spezielle Eingriffe in der Medizin zugelassen. In allen anderen Fällen ist die Anwendung illegal.

Szenebezeichnungen sind Koks, Schnee, Snow, Lady, → Crack (= in Verbindung mit → Alkohol und Backpulver freigesetzte Base des Kokain), → Freebase (durch Ammoniak gelöste freie Base des Kokains), Cocktail (in Verbindung mit → Heroin).

Kokain wird aus den Blättern des Koka-Strauches (Erythroxylum coca) gewonnen, die Koka-Blätter enthalten 0,2 bis 1,5 % Kokain. Die Ureinwohner Südamerikas kannten und nutzten → Koka bereits seit über 4000 Jahren, als der Kontinent von den Europäern entdeckt wurde. In Europa stieß die Droge – im Gegensatz zu → Tabak und → Kaffee – lange Zeit auf wenig Interesse. Das änderte sich erst mit der Synthetisierung des wesentlich wirksameren Kokains aus Koka. Es wurde erstmals 1855 von dem Apotheker F. Gaedcke hergestellt. A. Niemann isolierte 1860 als Erster dann die kristalline Substanz aus den Blättern des Kokastrauches. Der Forscher starb im Übrigen kurz danach an den Folgen seiner chemischen Versuche.

Kokain war damals das erste Lokalanästhetikum, das den Namen auch verdiente. Es wird noch heute in dieser Funktion bei bestimmten Augenoperationen verwendet. Hier wird auch der gefäßverengende Effekt des Kokains genutzt, da die Narkosemittel dadurch weniger schnell vom Applikationsort durch den Blutkreislauf entfernt werden (Die anästhesierende Wirkung des Kokains wird heute von den → Usern vor allem dazu genutzt, um die Qualität der Ware zu prüfen. Dazu wird eine kleine Menge der Droge ins Zahnfleisch eingerieben – stellt sich unmittelbar darauf ein stark betäubender Effekt ein, ist der Wirkstoffgehalt hoch). Ausgehend von der chemischen Grundstruktur des Kokains wurden eine Reihe weiterer Lokalanästhetika ohne Suchtpotenzial entwickelt wie z.B.

Lidocain und Procain. Bereits um die Wende zum 20. Jahrhundert war das hohe → Abhängigkeitspotenzial von Kokain bekannt. Dennoch wurde es in großen Mengen Erfrischungsgetränken zugesetzt, z.B. bei Coca-Cola waren ursprünglich 250 mg Kokain pro Liter keine Seltenheit. Erst nach gehäuften Todesfällen wurde 1914 die Kokainzugabe zu Brausen in den USA verboten.

Auch Mediziner erprobten sich am Kokain. Freud versuchte am Anfang des 20. Jahrhunderts, Morphinsüchtige mit Kokain zu heilen. Ohne Erfolg, versteht sich. Angeblich soll er seine Traumdeutung unter Kokaineinfluss geschrieben haben. In Künstlerkreisen war Kokainkonsum zu Beginn des 20. Jahrhunderts weit verbreitet. Werke wie »Sherlock Holmes« und Stevensons »Dr. Jekyll and Mr. Hyde« sollen unter Kokaineinwirkung zu Papier gebracht worden sein, ebenso wie Gottfried Benns »Kokain«, bei dem der Titel das ja auch nahelegt. In den 1920er Jahren wurde die Droge unter Künstlern und Intellektuellen schick, es kam zu einer regelrechten Kokainwelle.

Auch politische Größen konsumierten es. Hermann Göring und andere Nazigrößen zum Beispiel griffen gerne zu dieser Droge. Es wäre interessant zu erforschen, inwieweit der Größenwahn und die → Paranoia des Dritten Reiches auf den Konsum von Kokain (und → Amphetaminen) zurückzuführen ist.

In den 1960er und 1970er Jahren Jahren wurde Kokain – zunächst in den USA, dann auch hier – wieder schicker. Die Schickeria in München oder Zürich versuchte damit dem Vorbild New York nahe zu kommen. Eine Vielzahl von Musikern frönte dem Kokainkonsum. Cass Elliot von den Mamas and Papas starb an einer → Überdosis. Don Henley von den Eagles wurde 1980 wegen Besitzes von Kokain und anderen Drogen und Verführung einer Minderjährigen verhaftet und verurteilt. Er hatte die Sechzehnjährige bis zum Rand mit Drogen abgefüllt.

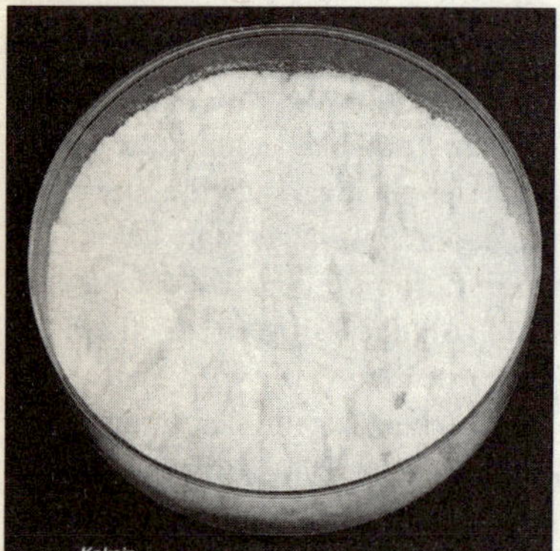

Nachdem es einige Zeit wieder ruhiger um Kokain geworden war, bekam die Droge in den späten

Kokain

1980er Jahren als so genannte Managerdroge wieder mehr Bedeutung. Zu dieser Zeit war der amerikanische Markt mit Kokain gesättigt. Die vorzugsweise kolumbianischen Kartelle richteten sich deshalb vermehrt nach Europa aus. Das in Europa verkaufte Kokain stammt zum größten Teil aus Kolumbien, Ecuador und Peru. Traditionelle Verbindungen dieser Anbaustaaten zu Portugal und Spanien erleichterten die Verbreitung ebenso wie der zunehmende Wegfall von Grenzen und das Verschwinden des »Eisernen Vorhangs«.

Seit Anfang der 1990er Jahre verbreitet sich Kokain auch in der Partyszene. Es war billig geworden, was die Verbreitung weiter förderte. Besonders problematische Anwendungen wie das Freebasen und das Crack-Rauchen spielen eine größer werdende Rolle. »Crack hält, was Ecstasy nur verspricht«, war aus Kreisen der Süchtigen zu hören.

Unter Schauspielern und Musikern ist Kokain ungebrochen »in«. Jamie Lee Curtis nahm es jahrelang ebenso wie Melanie Griffith. Robert

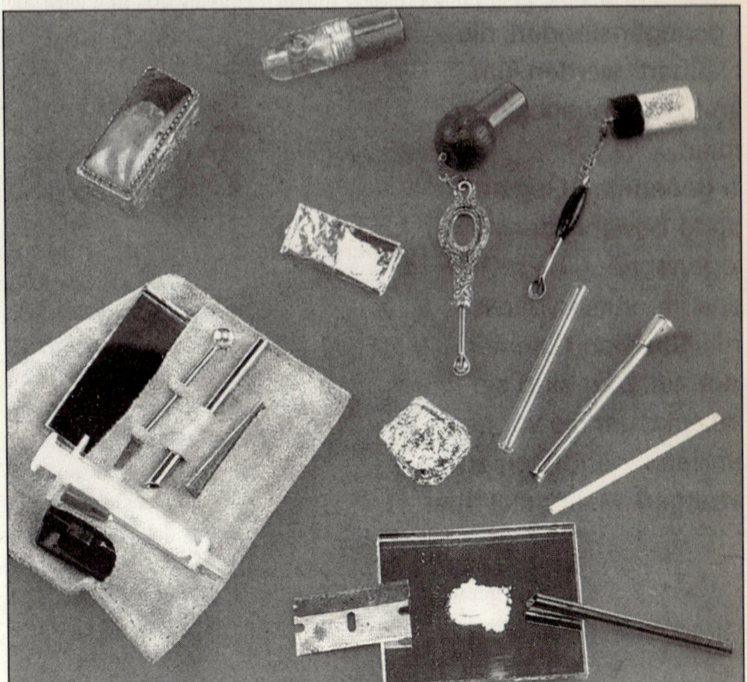

Zubehör für den Konsum von Kokain

Downey jr., der bereits im Alter von acht Jahren die ersten Drogen von seinem Vater bekam, verdankt den Drogen Verluste in Höhe von hunderttausenden Dollars, er demolierte im Rausch häufig Hotelzimmer und hatte aufgrund seiner Sucht jede Menge Beziehungsprobleme. Gemeinsam mit Charlie Sheen und Christian Slater versucht er periodisch, von den Drogen wegzukommen – bislang mit mäßigem Erfolg. Ebenso wie Johnny Depp, ebenfalls früher ein Kokser, waren die drei Schauspieler jahrelang gefangen in einem Kreis von Kokain, Randale, Geloben von Besserung mit anschließender kurzer Abstinenz und nachfolgendem Rückfall. Bleibt zu hoffen, dass es ihnen langfristig nicht so geht wie z.B. den Schauspielern John Belushi und River Phoenix oder dem Radprofi Marco Pantani, die sich zu Tode koksten.

Kokain ist ein halbsynthetisches Tropanalkaloid. Reines Kokain bildet bitter schmeckende, farblose Kristalle. Mit Säuren vermischt, entstehen gut wasserlösliche Salze. Am häufigsten wird Kokain in der Partyszene derzeit → »gesnieft«. Eine Linie (»Line«) pulverförmigen Kokains wird dabei durch ein Papierstückchen in die Nase hochzogen. Auch das Einreiben ins Zahnfleisch wird praktiziert. Manche User rauchen ihr Kokain. Auch in gespritzter Form (i.v. Konsum) ist die Einnahme möglich. Besonders gefährlich ist die Verwendung von Kokain als freie Base wie beim → Crack-Rauchen oder → Freebasen. Beim Crack wird durch Vermischung mit Backpulver und → Alkohol die Kokainbase freigesetzt, bei Freebasen geschieht das gleiche durch Erhitzung mit Ammoniak auf einer Alufolie. Crack wird geraucht, beim Basen werden die Dämpfe inhaliert. Die Base des Kokains flutet viel rascher im Gehirn an; das psychische Abhängigkeitspotenzial ist noch um einiges höher als bei anderen Anwendungsformen. Werden beim Kauen von Kokablättern nur einige wenige Milligramm Kokainhydrochlorid aufgenommen, so sind es beim Sniefen von Kokain bereits bis zu 50 Milligramm und bei Rauchen von Crack bis zu einem Gramm. Das erklärt einen Teil der unterschiedlichen Gefährlichlichkeit.

Kokain wird auf der Schleimhaut leicht resorbiert. Wird es oral aufgenommen, ist die Menge des aufgenommenen Kokains deutlich geringer als nach »Sniefen« oder Rauchen des Kokains. Wird Kokain gespritzt, gebased oder als Crack geraucht, tritt die Wirkung schnell ein. Die Wirkungsdauer beträgt dann zwischen 10 Minuten und 1 Stunde. Bei den anderen Anwendungen ist die Wirkdauer länger.

Im Gehirn blockiert Kokain die Wiederaufnahme von → Dopamin in die Nervenzellen. Wahrscheinlich hemmt Kokain die Nervenmembranpum-

pe. Dadurch erhöht sich die Menge des Botenstoffes Dopamin in den Synapsen. Wahrscheinlich blockiert Kokain auch die Noradrenalinspeicherung in den Nervenendungen. Kokain wird in der Leber eliminiert, ein Teil des Giftes wird auch über die Niere ausgeschieden.
Kokain steigert den Antrieb, wirkt (meistens) entängstigend und erhöht die Kontaktfähigkeit. Die Denkabläufe verlaufen schneller, typisch ist auch ein gehobenes Selbstwertgefühl, eine gesteigerte Sexualität und eine gehobene Stimmung. → Halluzinationen, meist akustische, seltener optische, können vorkommen. Kokain dämpft das Hungergefühl und unterdrückt natürliche Ermüdung. Während der akuten Drogenwirkungen kann es zunächst zu deutlicher Angst bis hin zu Verfolgungswahn kommen (→ Kokainintoxikation).
Nach Abklingen der Wirkungen ist Niedergeschlagenheit, eine deutliche depressive Verstimmung häufig. Bei entsprechend vorbelasteten Personen ist die Verstärkung von Suizidgedanken zu beobachten. Das höchste Risiko einer Suchtentwicklung weisen Crack-Rauchen und Freebasen auf. In beiden Fällen wirkt die basische Form des Kokains. Die Rauschwirkung tritt nach wenigen Sekunden auf. Doch auch die anderen Applikationsformen bergen die Gefahr einer Suchtentwicklung. Die Folgen auf psychosozialem Gebiet sind bei chronischer Einnahme von Kokain meist gravierend. Es kann zu erheblichen Stimmungsschwankungen mit Gereiztheit, → Aggressivität und wenig einfühlsamem Verhalten kommen. Die Betreffenden verlieren zunehmend die Möglichkeit einer realistischen Selbsteinschätzung, werden egoistisch und rücksichtslos. In der Folge kommt es oft zu Schwierigkeiten im Berufs- und Privatleben. Paranoide Entwicklungen mit Verfolgungswahn und der Entwicklung umfassender Wahnsysteme sind ebenfalls möglich. Sie können längere Aufenthalte auf geschlossenen psychiatrischen Stationen unvermeidbar werden lassen. Das Bewegungsverhalten kann sich bei chronischem Kokainkonsum deutlich verändern. Unruhe, Nervosität und stereotype Bewegungen sind typisch.
Subjektive körperliche Missempfindungen nach dem Konsum von Kokain sollen schwächer ausgeprägt sein als bei → Amphetaminen.
Chronischer Gebrauch von Kokain führt zu gravierendem körperlichen Abbau. Ausreichende Phasen der Erholung werden nicht mehr eingehalten, gleichzeitig ist die Nahrungsaufnahme durch das drogenbedingt unterdrückte Hungergefühl verringert. Bei »Sniefen« des Kokains durch die Nase sind Nasenschleimhautveränderungen bis hin zu Löchern in der Nasenscheidewand zu beobachten. Auch andere Organe können durch Min-

derdurchblutung geschädigt werden. Hirninfarkte mit halbseitigen Lähmungen, sind ebenso möglich wie Herzinfarkte. Kokain kann auch die Leber erheblich schädigen. Kokain senkt außerdem die Krampfschwelle und kann so Krampfanfälle auslösen. Tödliche Komplikationen sind auch bei sporadischem Konsum nicht auszuschließen.
Insbesondere in den ersten Wochen der Schwangerschaft ist die Gefahr von Missbildungen groß. Unter anderem können Missbildungen des Herzens auftreten, ein unvollständiger Verschluss des Rückenmarks oder der Wirbelsäule und eine Missbildung der Liquorräume (sog. Hydrozephalus). Es kann zu Missbildungen der Lippen kommen sowie zu Verformungen der Extremitäten. Nehmen Frauen während der Schwangerschaft Kokain ein, wird durch das Mittel das Geburtsgewicht der Kinder deutlich vermindert, auch die Zahl der Totgeburten steigt. Grund ist hierbei meistens eine Plazentaablösung.
Der Kokaingehalt der angebotenen Produkte schwankt stark, Überdosierungen sind so leicht möglich. Unkalkulierbar ist der Mischkonsum mit anderen Substanzen, hier kann es zu tödlichen Wechselwirkungen kommen. Bei intravenösem Gebrauch drohen bei unhygienischer Handhabung (z.B. Spritzentausch) Infektionskrankheiten wie → Hepatitis und → AIDS.

Kokain-Bilder: Drogenschmuggler malen manchmal mit → Koka-Paste, die mit Wasserfarbe versetzt wurde, Bilder, die sie dann außer Landes bringen. Am Zielort erfolgt dann die Weiterverarbeitung.

Kokainintoxikation: Auf körperlicher Ebene ist die Wirkung von → Kokain ähnlich wie bei → Amphetaminen, nur stärker. Es kommt zur Beschleunigung der Herzfrequenz, der Blutdruck und die Atemfrequenz sind erhöht. Vom Konsumenten unbemerkt, kann Kokain zu einer Erhöhung der Körpertemperatur und Überhitzung führen. Herzrasen, → Pupillenerweiterung, Hervortreten der Augäpfel, Blässe, Erhöhung der Körpertemperatur sowie Krampfanfälle, Koordinationsstörungen, Steigerung des Blutdruckes und Störungen der Herztätigkeit bis hin zum → Herzstillstand sind mögliche Zeichen einer Kokainvergiftung. Es kann zu Hirnödemen mit Benommenheit bis hin zur Bewusstlosigkeit kommen. Auch Schlaganfälle mit halbseitigen Lähmungen sind möglich.
Der Notarzt ist umgehend zu verständigen. Im Falle eines Herzversagens muss behelfsmäßig vor Eintreffen des Notarztes mit Mund-zu-Mund-Beatmung und Herzmassage begonnen werden. Der Notarzt wird bei der Akutbehandlung versuchen, den Patienten mit künstlicher Beatmung zu behandeln. Unter Umständen muss vor der Intubation mit Diazepam oder

Curare vorbehandelt werden. Wurde das Kokain oral resorbiert, sind u.U. auch eine Magenspülung und die Gabe von Medizinalkohle sinnvoll. Psychische Komplikationen wie Angstzustände und psychotisches Erleben sind ebenfalls mögliche Vergiftungserscheinungen. Bei → Halluzinationen ist ein mögliches Gegenmittel Physostigmin, das bei Bedarf wiederholt gegeben werden kann. Ergänzend kann Doxepin oder ein niedrigpotentes → Neuroleptikum gegeben werden. Wegen möglicher → Selbstmordgefahr (→ Selbstmord) ist die Weiterbehandlung zu überwachen, evtl. ist ein Aufenthalt auf der geschlossenen psychiatrischen Station die beste Lösung. Im Falle eines Hirnödemes ist mit Haes-10-%-Infusionen sowie der Gabe von Kortikoiden zu beginnen.

Kokain-Löffel: Szeneausdruck für einen Löffel, mit dem das → Kokain portioniert wird.

Kokainpfeife: Szeneausdruck für eine Pfeife, mit der → Kokain bzw. → Crack geraucht werden kann.

Koka-Paste: Aus den Blättern des → Koka-Strauches gewonnene Paste, aus der in weiteren Schritten → Kokain hergestellt werden kann.

Kokapilz: Pilz aus der Gattung Aspergillus, der bei der Bekämpfung der Rauschgiftkriminalität eine wichtige Rolle spielt. Er zerstört bei Befall von → Koka-Pflanzen diese innerhalb von wenigen Tagen. Auch kleinste Spuren von → Kokain können mit dem Pilz noch nach Wochen an Händen und an der Nasenschleimhaut nachgewiesen werden.

Kokainschock: Bezeichnung für eine wahrscheinlich allergisch bedingte Überempfindlichkeitsreaktion, bei der bereits geringste Mengen von → Kokain zum Tode führen können.

Koka-Strauch: → Koka.

Koka-Wein: Der Sizilianer Angelo Marini brachte 1865 einen mit → Koka versetzten Wein auf den Markt, der von dem damaligen Papst Leo XIII sogar mit einer Goldmedaille prämiert wurde.

Kokser: Szeneausdruck für einen Kokainkonsumenten.

Koksnase: **1.** Szeneausdruck für Kokainkonsumenten. **2.** Szeneausdruck für eine durch regelmäßigen Kokainkonsum geschädigte Nase. → Kokain greift die Schleimhäute an und zerstört sie.

Kolanuss: (Cola acuminata) enthält die → Stimulanzien → Coffein und Theobromin. Die Nüsse werden entweder frisch gekaut oder aber durch Einlegen in Wasser eingeweicht. Die Kolanuss wird in West- und Zentralafrika seit langem im Rahmen von Feierlichkeiten verwendet. Nach Einnahme kommt es zu einer Erhöhung der Wachheit und der Konzentrationsfähigkeit. Seit dem 16. Jahrhundert ist sie auch in Europa bekannt.

Anfänglich befand sich die Koka-Nuss auch in dem berühmtesten Getränk der Welt, Coca-Cola, dem sie den zweiten Namen gab. Obwohl das Rezept von Coca-Cola unbekannt ist, darf – angesichts der weiten Verbreitung des Getränkes und relativ eng umgrenzter Anbaugebiete der Kolanuss – davon ausgegangen werden, dass sie heute kein Inhaltsstoff von Coca-Cola mehr ist.

Kolumbianische Würstchen: Szeneausdruck für Kondome, die mit → Kokain oder anderen → Drogen gefüllt sind und zum Schmuggeln von Drogen von den Kurieren verschluckt werden (→ Schlucker).

Kolumbien: Kolumbien ist eines der wichtigsten Anbauländer für → Kokain. Ein großer Teil des weltweit verkauften Kokains stammt von dort.

Koma: Tiefe, potenziell tödliche Bewusstlosigkeit, die bei Drogenkonsumenten meist durch hohe Dosen von Drogen verursacht wird. Komatöse Patienten sind durch Außenreize nicht erweckbar. Leberschäden (→ Hepatitis, → Leberzirrhose), die bei dauerhaftem Drogenkonsum oft auftreten, können zum so genannten Leberkoma führen.

Komatrinken: → Kampftrinken.

Komorbidität: Fachausdruck für das gleichzeitige Vorliegen von verschiedenen Krankheitsbildern. Abhängigkeitskranke weisen zusätzlich zur eigentlichen Suchtproblematik oft eine Komorbidität mit weiteren Krankheiten auf. Neben körperlichen Folgeerkrankungen (z.B. → Hepatitis, → Pankreatitis, → AIDS oder → Lungenkrebs) sind vor allem weitere psychische Erkrankungen zu beobachten. Häufig sind depressive Störungen (→ Depression), Angststörungen. Auch → Persönlichkeitsstörungen und → Psychosen sind als → Zusatzdiagnosen nicht selten. Besonders dissoziale Persönlichkeitsstörungen kommen bei Drogenabhängigen gleichzeitig bzw. als der Sucht vorangehende Störung vor. Mindestens die Hälfte aller → Abhängigkeitskranken, so vermutet man, litten irgendwann in ihrem gesamten Leben an einer weiteren psychischen Erkrankung.

Bevor neben der → Abhängigkeitserkrankung weitere psychiatrische Diagnosen gestellt werden, muss das Abklingen der Entzugssymptomatik abgewartet werden, weil diese mit ähnlichen Symptomen einhergehen können. Im → Entzug können auch Psychose-ähnliche Zustände auftreten. Außerdem müssen körperliche, nicht substanzbezogene Ursachen (z.B. Schlaganfälle) für die psychischen Auffälligkeiten ausgeschlossen werden.

Da es oft Monate dauern kann, bis sich nach einer langen Zeit des Konsums das Rezeptorengleichgewicht im Gehirn wieder eingestellt hat, ist auch im Rahmen von → Entwöhnungsbehandlung bei der Stellung von psychiatrischen Zusatzdiagnosen Vorsicht geboten. Immer noch ist möglich, dass sich hinter der vermuteten Persönlichkeitsstörung stoffliche Veränderungen aufgrund des Suchtmittelgebrauchs verbergen.

Das gleichzeitige Vorliegen weiterer psychischer Störungen erhöht das Risiko für Komplikationen und einen ungünstigen Verlauf der Therapie. Diese zusätzlich vorhandenen Krankheitsbilder erfordern – neben einer Suchttherapie – ergänzende psychotherapeutische und pharmakologische Maßnahmen. Manche Entwöhnungskliniken bieten für Patienten mit Doppeldiagnosen spezielle → Einzeltherapien an, durch die oft erst ein Arbeiten in der → Gruppentherapie ermöglicht wird. Eine Kurzzeittherapie reicht für Patienten dieser Gruppe in der Regel nicht aus.

Konditionierung, instrumentelle: Edward Thorndike entdeckte bei Tierexperimenten ein System, wie Tiere lernen, das er »instrumentelles Konditionieren« nannte. Thorndikes »Gesetz der Wirkung« (= law of effect) besagt, dass die Auftretenswahrscheinlichkeit eines Verhaltens erhöht wird, wenn es belohnt wird, und dass diese Wahrscheinlichkeit abnimmt, wenn es bestraft wird.

Diese Form des Lernens spielt in der → Verhaltenstherapie von Süchtigen, aber auch beim Leben in → Therapeutischen Gemeinschaften eine wichtige Rolle und wird auch »operantes Konditionieren« bzw. »Lernen am Erfolg« genannt. Mithilfe von operanter Konditionierung werden – beispielsweise unter Anleitung eines Therapeuten – alte, störende Verhaltensweisen durch neue, erfolgreichere ersetzt. Erwünschtes wird gelobt, Nichterwünschtes sanktioniert. Daraus entsteht nach und nach → angemessenes Verhalten. Wenn ein Süchtiger z.B. die Erfahrung macht, dass er beliebter wird, wenn er nur einfach sachlich seine Meinung sagt, wenn

Komorbidität – in diesem Buch kann man sich umfassend informieren

ihn etwas stört (anstatt – wie früher – einfach nur aggressiv zu werden oder sich zurückzuziehen), dann wird er in Zukunft wahrscheinlich öfter seine Meinung in angemessenerer Weise sagen.

Konditionierung, klassische: Fachausdruck aus der Verhaltenstherapie, der eine Form des Lernens beschreibt, bei der durch gleichzeitiges Auftreten eines immer eine Reaktion auslösenden → Reizes (sog. unkonditionierter Reiz oder Stimulus) und eines neutralen Reizes der neutrale Reiz schließlich die Bedeutung des unkonditionierten Reizes bekommt. Die klassische Konditionierung, auch respondente Konditionierung genannt, geht auf die Experimente von Iwan Petrowitsch Pawlow (1849–1936) zurück. Pawlow trainierte im Experiment Hunden systemisch Reiz-Reaktionsketten an. Auf bestimmte → Reize, z.B. Futter (hier auch als unkonditionierter Stimulus, UCS bezeichnet), zeigen Hunde reflexartig, d.h. immer und ohne äußeres Zutun, bestimmte Reaktionen, nämlich Nahrungsaufnahme bzw. Speichelfluss, hier unkonditionierte Reaktion, UCR, genannt. Im nächsten Schritt wurde von Pawlow ein neutraler Reiz ohne spezifische Bedeutung für den Hund (= S), nämlich ein Klingelton (auf den der Hund normalerweise nicht mit Speichelfluss reagieren würde), gleichzeitig dargeboten mit dem unkonditionierten Reiz, der immer (messbaren) Speichelfluss (= UCR) zur Folge hat, nämlich dem Futter (= UCS). Dadurch erfolgte eine Koppelung von unkonditioniertem Stimulus und ursprünglich neutralem Stimulus. Nach mehrfacher gleichzeitiger Präsentation folgte später dann auf den Klingelton (jetzt konditionierter Reiz oder CS genannt) beim Hund auch eine Speichelsekretion (jetzt konditionierte Reaktion oder CR genannt) und zwar ohne dass gleichzeitig Futter geboten wurde. Man spricht hier auch von Stimulussubstitution.

Pawlow bewies damit experimentell, wie ein natürlicher Organismus lernt. Für seine Entdeckung des bedingten (klassisch konditionierten) Reflexes erhielt Pawlow 1904 den Nobelpreis.

Kennzeichen der klassischen Konditionierung ist die zeitliche und räumliche Koppelung (man nennt dies auch Kontiguitätsprinzip nach Guthrie, 1952). Das Kontiguitätsprinzip ist ein grundlegender Mechanismus des klassischen Konditionierens: Erst durch mehrfache räumliche und zeitliche Verknüpfung erwirbt der vorher neutrale Reiz Signalfunktion. (Im Gegensatz dazu erfolgt bei → operanter Konditionierung die Verstärkung nach dem Verhalten.) Es war die Leistung von J. B. Watson (1878–1958) diese Erkenntnisse auf den menschlichen Bereich zu übertragen.

Auch bei Süchtigen spielen Prozesse klassischer Konditionierung eine große Rolle. So kann z.B. der Anblick einer Spritze, ein an sich neutraler Reiz, bereits bei → Junkies heftiges Verlangen nach Drogen erzeugen (Suchtgedächtnis). Partygänger können durch das Hören von Techno plötzlich Lust auf → Ecstasy bekommen; auch das ist ein Beispiel klassischer Konditionierung. In der Therapie können solche klassischen Konditionierungen gelöscht werden, man spricht dann von → Dekonditionierung (→ Entwöhnungsbehandlung, → Lerntheorien).

Konditionierung, klassische höherer Ordnung: Bei der klassischen Konditionierung (→ Konditionierung, klassische) höherer Ordnung wird der ursprünglich neutrale, durch klassische Konditionierung aber konditionierte, d.h. verhaltensauslösende → Stimulus (= → CS) zum unkonditionierten Stimulus, also UCS, für einen weiteren neutralen → Reiz (der damit ebenfalls konditioniert wird). Ein solch neutraler Reiz kann z.B. der Gedanke an ein unangenehmes Ereignis sein oder ein Gegenstand, der damit in Verbindung steht. In der Praxis heißt das z.B.: Nicht nur tatsächliche Situationen, z.B. Versuchungssituationen (wie das Angebot, Drogen zu konsumieren), sondern schon der Gedanke daran, lösen nach einer klassischen Konditionierung höherer Ordnung bereits die CR (hier Suchtdruck bzw. das Aufsuchen kritischer, rückfallprovozierender Situationen) aus.

Konditionierung, operante: Gleichbedeutend mit → Konditionierung, instrumentelle.

Konditionierung, respondente: Gleichbedeutend mit → Konditionierung, klassische.

Konjunktivitis: Bezeichnung für eine Entzündung der Bindehaut des Auges, im Volksmund auch als Kaninchenaugen oder schlicht als rote Augen bezeichnet. Eine Konjunktivitis tritt z.B. als Folge des Konsums von → Cannabis auf. Für Eltern kann das ein erster Hinweis auf den Konsum ihres Kindes sein. (Vorsicht: Es gibt noch viele andere Ursachen für Konjunktivis). Manche → Kiffer versuchen, sie mit so genannten → Augenweißern zu kaschieren.

Konopie indyjskie: Weitere Bezeichnung für → Cannabis.

Konsumeinheit: Bezeichnung für die Menge einer → Droge, von der man ausgeht, dass sie durchschnittlich zur einmaligen Erzeugung eines Rausches eingesetzt wird. Werden Konsumenten mit lediglich einer bis drei Konsumeinheiten angetroffen, so gehen die Gerichte von einer → geringen Menge aus. Haben sie mehrere Konsumeinheiten dabei, liegt eine → nicht geringe Menge vor, womit meistens ein entsprechend höheres Strafmaß verbunden ist.

Konsummuster: Man unterscheidet harte und weiche Konsummuster. Von weichen Konsummustern spricht man, wenn die → Drogen selten, niedrigdosiert und einzeln (d.h. nicht in Form von → Mischkonsum) eingenommen werden.
Wird häufig oder in hoher Dosierung konsumiert, spricht man von einem harten Konsummuster. Die gefährlichste Form eines harten Konsummusters ist sogar noch hochdosierte Mischkonsum. Sogenannte harte Drogen wie → Heroin oder → Kokain führen mit einer höheren Wahrscheinlichkeit zur Ausbildung von harten Konsummustern als weiche wie z.B. → Cannabis oder → Alkohol. Je härter das Konsummuster ist, desto höher ist die Wahrscheinlichkeit, dass der Betreffende süchtig wird.

Kontiguitätsprinzip: → Konditionierung, klassische.

Kontraindikationen: Kontraindikation beschreibt das Vorliegen von Tatsachen, die die Durchführung einer bestimmten therapeutischen Maßnahme ausschließen. Bei den meisten Entwöhnungseinrichtungen sind organische oder psychische Begleiterkrankungen in der Regel keine Kontraindikation. Die Kliniken arbeiten z.B. im Bereich → HIV und → Hepatitis eng mit niedergelassenen Ärzten und Spezialambulanzen zusammen. Nicht aufgenommen werden können oft lediglich Patienten mit dauerhafter Pflegebedürftigkeit, schwerer geistiger Behinderung oder akuter → Psychose. Hier besteht also eine Kontraindikation (→ Indikation).

kontrollierter Konsum: Beim kontrolliertem Konsum ist die Einnahme von Suchtmitteln jederzeit vom Konsumenten steuerbar. Er hat keinen Krankheitswert. Der kontrollierte Konsum ist weitaus häufiger als der abhängige Konsum. Der Übergang in eine → Abhängigkeitserkrankung ist möglich.
Menschen, die einmal abhängig waren, sind in der Regel nicht oder nur unter größten Anstrengungen in der Lage, kontrolliert zu konsumieren. Schuld daran sind ihre fest ins Gehirn eingegrabenen Gedanken an den Konsum, das → Suchtgedächtnis. Das Suchtgedächtnis birgt auch in scheinbar harmlosen Situationen stets die Gefahr, dass der kontrollierte Konsum in einen abhängigen übergeht. Deshalb ist das Ziel jeder Suchttherapie das Erreichen einer abstinenten Lebensführung (→ Abstinenz).
Für Menschen, bei denen lediglich ein schädlicher Gebrauch vorliegt, geht es hingegen darum, den Konsum soweit kontrolliert zu reduzieren, dass weitere Schäden vermieden werden (→ Prävention). Eine Hilfe dabei können Programme wie das des → kontrollierten Trinkens von Körkel sein.

kontrolliertes Trinken: Unter kontrolliertem Trinken versteht man ein Trinkverhalten, das jederzeit vom Konsumenten steuerbar ist. Joachim Körkel und Mitarbeiter haben ein auf den → Lerntheorien beruhendes, gestuftes Programm entwickelt, mit dem Menschen ihr Trinken in den Griff bekommen können (www.kontrolliertes-trinken.de). Das Programm wendet sich nicht in erster Linie an Alkoholabhängige sondern an die breite Masse von Menschen, die einen → schädlichen Gebrauch (→ ICD) betreiben.

Koolie: Szeneausdruck für eine mit → PCP getränkte → Zigarette.

Koordinationsstörungen: Häufiges Phänomen bei Drogenkonsumenten. Im akuten Rausch können fast alle → Drogen zu Koordinationsstörungen führen, die bei Abklingen des Rausches verschwinden. Bei regelmäßigem Konsum führen viele Drogen – einschließlich → Alkohol – zu Nervenschäden, die sich u.a. in Koordinationsstörungen äußern können, die dann oft dauerhaft sind. Ursache kann eine → Kleinhirnatrophie oder eine → Polyneuropathie sein.

Kopf: Bezeichnung für eine → Dosis → Cannabis, die in einer → Wasserpfeife oder einem → Bong geraucht wird.

Kopfschmerzen sind eine häufige Folge exzessiven Alkoholkonsums. Sie sind besonders dann ausgeprägt, wenn neben dem → Alkohol, der entwässert, keine ausreichenden Mengen an nichtalkoholischen Getränken i.S. einer → Harm Reduction aufgenommen wurden. Im → Entzug treten Kopfschmerzen nach Absetzen vieler Suchtmittel auf, z.B. auch dann, wenn ein exzessiver Kaffeetrinker einen Tag einmal keinen → Kaffee trinkt. Kopfschmerzen können auch als direkte Folge der Einnahme von → Drogen auftreten, z.B. bei → Amphetaminen und → Kokain. Möglicherweise ist die suchtmittelbedingte Erhöhung des Blutdrucks der Grund dafür. → Al-

Kopfschmerzen sind eine häufige Folge exzessiven Alkoholkonsums

kohol erhöht bei chronischem Gebrauch den Blutdruck und kann dadurch zu Kopfschmerzen führen.

Korallenbaum: Die Früchte der Korallenbäume, von denen es mehrere Arten gibt, werden in Mexiko unter dem Namen → Colorines verkauft.

Korallenbohne: Weitere Bezeichnung für die → Meskalbohne.

Korn: Bezeichnung für einen → Branntwein, der aus Getreide gewonnen wird.

Körperliche Veränderung durch Alkohol: Ein reduzierter Allgemeinzustand ist die nahezu regelhafte Folge fortgesetzten Alkoholkonsums. Es bilden sich den Allgemeinzustand schädigende Mangelzustände aus. Die-Muskelmasse nimmt ab, der Appetit lässt nach (u.a. auch wegen der häufig vorliegenden Magenschleimhautentzündung). Außerdem tritt eine Rötung der Gesichtshaut auf mit erweiterten Gefäßen, sog. Teleangieektasien. Es entstehen spinnenartige Gefäßgebilde auf der Haut, die sog. Spider naevi. Außerdem schädigt der Alkohol den Magen-Darm-Trakt. Geradezu regelhaft treten Entzündungen des Ösophagus, Magenschleimhautentzündungen (→ Gastritis) und Dünndarmentzündungen (→ Gastroduodenitis) auf, die sich bis zu Geschwüren und bis zum Durchbruch entwickeln können. Auch die Bauchspeicheldrüse oder die Leber (→ Hepatitis) können sich entzünden.

Die Häufigkeit für Krebserkrankungen der Mundhöhle, der Speiseröhre, des Magens und des Darm ist deutlich erhöht. Zudem ist eine erhöhte Schweißneigung zu beobachten, kalte Hände und Füße sowie Schlaf- und Potenzstörungen. Da die Leber so mit dem Abbau des Alkohols beschäftigt ist, kann sie manche Hormone, die im Körper kreisen, nicht ausreichend abbauen. So kommt es, dass vermehrt Östrogene im Blut kreisen; männliche Alkoholiker verweiblichen dadurch und bekommen größere Brüste. Da außerdem das Wachstumshormon nicht ausreichend durch die Leber abgebaut wird, ist auch sein Spiegel oft erhöht mit der Folge, dass Nase und Ohren sich bei langjährigen Trinkern vergrößern (→ Rhinophym).

Bildet sich nach der Fettleber oder einer Hepatitis eine → Leberzirrhose aus, kann das Blut aus dem Bauchraum sie nicht mehr ausreichend passieren. Es entsteht ein Umgehungskreislauf über die Gefäße der Speiseröhre, so genannte Ösophagusvarizen. Die Gefäße der Speiseröhre sind zur Durchleitung derart großer Blutmengen ungeeignet, sie platzen nicht selten. Der Patient kann an derartigen → Ösophagusvarizenblutungen versterben. Eine Erhöhung des Blutdrucks ist bei Alkoholikern fast immer zu beobachten, damit steigt das Risiko für Infarkte. Angesichts der zahlreichen körperlichen Schäden, die Alkohol anrichtet, verwundert es nicht, dass die meisten Alkoholabhängigen deutlich früher sterben. Feuerlein spricht von einer Reduktion der Lebenserwartung um 15 % (1996).

Korsakow-Syndrom: Unter Korsakow-Syndrom versteht man eine psychische Krankheit, die durch Konzentrationsschwäche, Desorientiertheit, Gedächtnisstörungen, Kritikschwäche und rasche Ermüdbarkeit gekennzeichnet ist. Zusätzlich können neurologische Auffälligkeiten wie → Polyneuropathie und Augenmuskelstörungen auftreten. 15 bis 20 % der Patienten mit einem Korsakow-Syndrom sterben daran. Nach → ICD 10 wird das Korsakow-Syndrom mit F10.6 verschlüsselt.

Ein Korsakow-Syndrom kann nach jahrelangem → Alkohol- und Drogenkonsum auftreten und beginnt nicht selten mit einer → Wernicke-Enzephalopathie (→ Großhirnatrophie, → Kleinhirnatrophie). In letzter Zeit wird oft von einem einheitlichen Krankheitsbild, dem Wernicke-Korsakow-Syndrom, kurz WKS, gesprochen.

Kostenträger von Therapien: Therapien von → Abhängigkeitserkrankungen müssen in Deutschland vom Patienten nicht bezahlt werden, sofern der Anbieter der Therapie von den für die Maßnahme zuständigen Kostenträgern anerkannt ist und sofern bestimmte weitere, versicherten- und krankheitsbezogene Bedingungen vorliegen.

Die Finanzierung von → Entzugsbehandlungen übernimmt die Krankenkasse. Auch ambulante Therapien durch den → Hausarzt oder den Facharzt werden von den Krankenkassen bezahlt.

→ Entwöhnungsbehandlungen werden in der Regel vom Rentenversicherungsträger wie z.B. der Bundesversicherungsanstalt für Angestellte (BfA) und den Landesversicherungsanstalten (LVA) finanziert. Bei jugendlichen Süchtigen bezahlt die Entwöhnungsmaßnahme meist die Krankenkasse. Ist ein Süchtiger nicht mehr krankenversichert und ist die Rentenversicherung nicht zahlungsverpflichtet, übernimmt das zuständige Sozialamt die Kosten der Behandlungen.

Findet im Anschluss an eine Entwöhnungsbehandlung eine psychotherapeutische Behandlung statt, ist u.U. auch die Rentenversicherung und nicht die Krankenversicherung zuständig.

Klarheit über den möglichen Kostenträger verschafft im Einzelfall kostenfrei eine Suchtberatungsstelle oder ein Anruf bei Krankenkasse oder Rentenversicherungsträger.

KO-Tropfen: Szeneausdruck für eine Mischung aus Schlafmitteln und → Alkohol. KO-Tropfen werden unwissenden Opfern, vor allem in den USA, verabreicht, um sie danach ungestört zu vergewaltigen und berauben zu können. Bereits die Verabreichung von KO-Tropfen ist juristisch gesehen eine Körperverletzung.

Krankenhausbehandlung: Die Bedingungen für Krankenhausbehandlung durch das → SGB V, Richtlinien des Bundesausschusses sowie die ständige Rechtssprechung geregelt.

Stationäre Krankenhausbehandlung ist nur dann erforderlich, wenn ambulante oder teilstationäre Behandlung nicht ausreicht. Werden die Möglichkeiten ambulanter Behandlung (psychiatrische Behandlung, ambulante → Psychotherapie, Besuch von → Selbsthilfegruppen) im Vorfeld einer stationären Maßnahme, sei es eine → Entzugsbehandlung, sei es eine → Entwöhnungsbehandlung, nicht ausgeschöpft, kann es sein, dass der Kostenträger (Krankenkasse, Rentenversicherungsträger, Sozialhilfeträger) die Kostenübernahme mit Hineis auf alternative ambulante Behandlung ablehnt.

In den Richtlinien des Bundesausschusses zur Notwendigkeit von Krankenhausbehandlung vom 24.03.03 ist in § 4 (3) als Bedingung für Krankenhausbehandlung nachzulesen: »Die Behandlung einer akuten Erkrankung muss stationär erfolgen, wenn sie wegen Gefährdung von Gesundheit und Leben des Patienten nicht oder nicht rechtzeitig ambulant durchgeführt werden kann. Das schließt die Notwendigkeit einer kontinuierlichen Überwachung der Vitalparameter ein.« Diese Voraussetzungen gelten auch für Entzugsbehandlungen.

Erfolgt keine medikamentöse, häufige Arztkontakte erfordernde Behandlung während des stationären Aufenthaltes und sind keine Maßnahmen beschrieben, die ständige ärztliche Verfügbarkeit erfordern, so handelt es sich gemäß § 107 SGB V nicht um eine Krankenhausbehandlung (sondern z.B. um eine Rehabilitationsbehandlung). Dies ist insbesondere bei der Durchführung von Entzugsbehandlungen zu beachten.

Wenn von einem Arzt psychotherapeutische Gespräche geführt werden, so handelt es sich dabei um eine Leistung, die grundsätzlich auch von nichtärztlichen Berufsgruppen (z.B. Psychologen) durchgeführt werden kann. Zur Begründung, dass dadurch ständige ärztliche Verfügbarkeit in der Behandlung (und damit Krankenhausbehandlung) notwendig gewesen sein soll, ist dieses Argument deshalb nicht geeignet. Bereits Sigmund Freud hat 1927 gesagt: »Die Psychoanalyse (ist) kein Spezialfach der Medizin. (...) Die Psychoanalyse ist ein Stück Psychologie« (Aus Nachwort zur Frage der Laienanalyse). Um eine neuere Quelle zu zitieren: In der Psychotherapeutischen Praxis (2001, 3, 110) heißt es: »Durch das Psychotherapeutengesetz wird der akademische Heilberuf des Psychotherapeuten definiert. Psychotherapie ist also nicht länger etwas, das *auch* von Psychologischen Psychotherapeuten und Kinder- und Jugendpsychotherapeuten durchgeführt wird, sondern Psychotherapie hat ihre primäre – wenngleich nicht ihre ausschließliche – Heimstatt in diesen neuen Heilberufen.« In der Psychotherapeutischen Praxis heißt es weiter, es gehe nicht an, das »Spektrum der medizinischen Verrichtungen in das genuine Gebiet der Psychotherapie auszudehnen (... psychotherapeutische Behandlung von psychosomatischen Krankheiten usw.) und den Psychologen und KJP einen Teil der psychotherapeutischen Kompetenz entziehen zu wollen, indem man diesen Teil einfach freiweg als medizinisch definiert«.

Mit Hinweis auf § 72 SGB V könnte allerdings argumentiert werden, dass auch im stationären Bereich die Psychotherapie der ärztlichen Behandlung gleichzusetzen ist. Daraus würde folgen, dass ein Patient, für dessen Behandlung ständige psychotherapeutische Verfügbarkeit erforderlich ist, ebenfalls Anspruch auf Krankenhausbehandlung hat.

Kann die Notwendigkeit ständiger ärztlicher (oder psychotherapeutischer) Verfügbarkeit nicht nachgewiesen werden, so wird die Krankenkasse die Kostenübernahme in der Regel verweigern. Das Krankenhaus muss sich dann wegen Übernahme der Kosten an den zuständigen Kostenträger, meist den Rentenversicherungsträger, wenden. Es ist nicht wesentlich, ob die Klinik einen Versorgungsvertrag als Rehabilitationsklinik hat oder nicht, denn es kommt weniger auf die Ausgestaltung und Einrichtung der Behandlungsstätte als vielmehr auf die Art der Behandlung an. Rehabilitationsleistungen werden nicht nur auf Antrag, sondern auch von Amts wegen gewährt, sodass die Tatsache, dass im Vorfeld keine Kostenzusage des Rentenversicherungsträgers ausgesprochen wurde, nicht grundsätzlich dagegenspricht, dass dieser für die Übernahme der hier in Frage stehenden Kosten grundsätzlich zuständig sein könnte. Allerdings weigern sich Rentenversicherungsträger regelhaft, in Krankenhäusern erbrachte Rehabilitationsleistungen im Nachhinein zu bezahlen.

Krankenhausverweildauer: Die Verweildauer von Suchtkranken in Krankenhäusern und Rehabilitationskliniken wird durch die Krankenkassen sowie im Auftrag der Krankenkassen durch den → MDK überprüft (→ Krankenhausbehandlung). Die rechtlichen Grundlagen dazu finden sich u.a. im → Sozialgesetzbuch V.

§ 12 → SGB V schreibt vor, dass die Leistungen, die ein Krankenhaus erbringt, dem Wirtschaftlichkeitsgebot unterliegen und »das Maß des Notwendigen nicht überschreiten« dürfen. »Leistungen, die nicht notwendig oder unwirtschaftlich sind, können Versicherte nicht beanspruchen, dürfen Leistungserbringer nicht bewirken und Krankenkassen nicht bewilligen«.

Die Verordnung von Krankenhausbehandlung allein entfaltet gegenüber der Krankenkasse ebensowenig zwingend eine bindende Wirkung wie die Einschätzung des Krankenhauses (gem. BSG-Urteil vom 9.6.98 – B 1 Kr 18/96 R). Der Arzt hat die Notwendigkeit zur Aufnahme zu überprüfen und muss dabei alle Fakten berücksichtigen, die ihm ex ante zur Verfügung stehen.

Die Entscheidung der Leistungsbewilligung liegt bei der Krankenkasse (siehe BSG-Urteil vom 11.10.98 – 3/8 RK 20/87). Gemäß § 275 SGB V sind die Krankenkassen dazu verpflichtet, eine gutachterliche Stellungnahme des MDK einzuholen, wenn es nach Art, Schwere und Häufigkeit der Erkrankung erforderlich ist (siehe auch § 276 Abs. 2 SGB V). Insbesondere in den komplexen Gebieten Psychiatrie, Psychotherapie und Psychosomatik macht das einige Probleme, von denen die Sucht nicht ausgespart ist. Hier fehlen oft klare Abgrenzungskriterien. Streit zwischen MDK-Ärzten und Leistungserbringern ist damit vorprogrammiert.

Eine zu frühe Prüfung durch den MDK hat zur Folge, dass Krankenhausärzte ihre Kräfte, anstatt sie am Patienten einzusetzen, auf unnötige Berichte verlagern. Dadurch sinkt die Effizienz der eingesetzten Mittel. In gleicher Weise wird dann bei Kassenmitarbeitern und beim MDK die Arbeitskraft falsch eingesetzt. Unnötige Prüfungen kosten nur Zeit und Geld und bringen keine Kostensenkungen. Einige MDKs haben deshalb Interventionskataloge entwickelt, die es den Krankenkassenmitarbeitern erleichtern sollen, die richtigen Fälle zur richtigen Zeit vorzulegen. Diese Kataloge enthalten Informationen darüber, welche Verweildauern bei welchem Krankheitsbild in der Regel mindestens angemessen sind und wann der MDK bei welcher ICD-10-Ziffer zur Überprüfung eingeschaltet werden sollte.

Bei Patienten, die stationär in psychiatrischen Krankenhäusern behandelt werden, kann orientierend eine Unterteilung in folgende Untergruppen vorgenommen werden. Eine Prüfung durch den MDK macht vor allem bei Untergruppen Sinn, die durch Unterstreichungen kenntlich gemacht sind:

- Krisenintervention: Eine einzelne (isolierte) Krisenintervention im Krankenhaus dürfte nur selten Anlass zu kritischer Prüfung der Notwendigkeit von Krankenhausbehandlung bieten. Anders sieht das bei wiederholten Kriseninterventionen aus.

- Ersterkrankung: Niemand begibt sich gerne in ein psychiatrisches Krankenhaus. Es ist somit nur selten sinnvoll, Erstaufnahmen durch den MDK prüfen zu lassen.
- Unkomplizierte Wiedererkrankung: Hierunter sind psychiatrische Behandlungsfälle zu verstehen ohne erschwerende psychosoziale Problematik, mit guter Krankheitseinsicht, mit gutem Therapieerfolg und ohne Begleiterkrankung wie z.B. Alkohol- und/oder Drogenmissbrauch. Sie bedürfen nicht der Überprüfung durch den MDK, wenn die empfohlenen Zeiträume eingehalten werden.
- Komplizierte Wiedererkrankung: Hierunter sind psychiatrische Behandlungsfälle zu verstehen mit erschwerender psychosozialer Problematik, mit schwieriger/fehlender Krankheitseinsicht, mit verzögertem/vermindertem Therapieerfolg oder mit komplizierender Zweiterkrankung z.B. mit Alkohol- und/oder DrogenMissbrauch. Diese müssen häufiger durch den MDK überprüft werden, da die empfohlenen Zeiträume häufig überschritten werden dürften. Hier geht es vor allem darum zu prüfen, ob ein längerfristig angelegtes Konzept besteht, das dem Krankheitsverlauf gerecht wird.
- Langzeiterkrankungen: Hierunter fallen Krankenhausfälle, bei denen Patienten sehr lange oder häufig über einen langen Zeitraum im Krankenhaus behandelt werden. Eine Einschaltung des MDK sollte unbedingt erfolgen. Auch hier steht die Frage nach dem langfristigen Behandlungskonzept im Vordergrund.

In Einzelfällen kann es sinnvoll sein eine Vorlage beim MDK früher vorzunehmen:

- Wenn eine psychiatrische Klinik zwar eine → F-Diagnose angibt, den Krankenhausaufenthalt aber mit einer → ICD-10-Diagnose aus dem somatischen Bereich begründet.
- Wenn wiederholte Aufnahmen in den letzten 12 Monaten (sog. »Drehtüreffekt«) stattgefunden haben, was z.B. bei Suchtpatienten (F1) zu beobachten ist: Hier sind die Behandler zu fragen, welches die Gründe für die häufigen Aufnahmen sind, welches therapeutische Ziel eingebunden in welches längerfristig angelegte Konzept verfolgt wird und ob überhaupt eine hinreichend günstige Prognose für Krankenhausbehandlung besteht. Ist eine wesentliche Beeinflussbarkeit des Krankheitsverlaufes unwahrscheinlich (erkennbar z.B. an im Wesentlichen unveränderten Befunden bei Aufnahme, während des Verlaufes und bei Entlassung bzw. erkennbar auch an häufigen Wiederaufnahmen bei Alkoholikern ohne dass sichtbare Veränderungen des Pa-

tientenverhaltens vorliegen), so ist die Kostenübernahme zu überdenken.

- Wenn im Vorfeld der stationären Behandlung keine fachpsychiatrische oder psychotherapeutische Behandlung stattgefunden hat und ambulante Behandlung möglicherweise ausreicht: Hier ist umgehend nach Aufnahme die Notwendigkeit von Krankenhausbehandlung zu prüfen. (Aber: Bei einem Teil der Patienten gelingt der Einstieg in eine fachärztliche Behandlung erstmals über eine kurze stationäre Behandlung: Der Patient lernt erst dadurch zu akzeptieren, dass er psychisch krank ist.)
- Wenn Zweifel an der Zuständigkeit der gesetzlichen Krankenversicherung bestehen und möglicherweise der Rentenversicherungsträger vorrangig zuständig ist: Dies ist bei chronischen Krankheitsbildern der Fall, bei denen die Akuität der Behandlung nicht zwanglos gesehen werden kann. Dies gilt z.B. bei Suchterkrankungen (F1) nach erfolgter → Entgiftung und oft bei folgenden ICD-10-Ziffern: F33, F34, F4, F5 und F6. Hier ist nicht selten die Behandlung in einer Rehabilitationsklinik vorrangig indiziert und keine Notwendigkeit einer Akutbehandlung im Krankenhaus gegeben. Bestehen bei einer psychotherapeutisch ausgerichteten Klinik längere Wartezeiten, spricht vieles dafür, dass keine Akutbehandlung, sondern eine Rehabilitationsbehandlung durchgeführt wird (medizinische → Rehabilitation). Hier macht eine möglichst frühzeitige Prüfung durch den MDK Sinn, ggf. sollte bereits im Vorfeld z.B. durch eine sozialmedizinische Untersuchung der Rehabilitionsbedarf abgeklärt werden. Bei solchen Kliniken sind im Übrigen ggf. auch Fehlbelegungsprüfungen gem. → §17c KHG durchzuführen.
- Wenn Zweifel an der Richtigkeit der Erstdiagnose bestehen: Wird ein Patient z.B. über Jahre hinweg wegen einer Suchterkrankung (F1) behandelt und werden zur Begründung von Krankenhausbehandlung nun andere Diagnosen (z.B. F3, F4, F6) als Begründung genannt, so ist kritisch zu hinterfragen, inwieweit nicht die Behandlung der Suchterkrankung erste Priorität besitzt und inwieweit nach Abschluss der Entgiftungsbehandlung die weitere Behandlung überhaupt in den Zuständigkeitsbereich der gesetzlichen Krankenversicherung fällt.

Kraut: Szeneausdruck für → Marihuana.

Kraut der Jungfrau: Weitere Bezeichnung für das → Kraut der Schäferin.

Kraut der Schäferin: Auch Hierba de la Pastora, Hierba de la Virgin oder Pipiltzinzintli genannt. Lippenblütler (Salvia divinorum), der in den gemäßigten und subtropischen Breiten beider Erdhalbkugeln vorkommt.

Die Eingeborenen Mittelamerikas setzen die zerkauten Blätter der Pflanze als Rauschmittel ein. Das Kraut der Schäferin hat ohne Zweifel halluzinogene Wirkung. Der Wirkstoff ist bislang unbekannt.

Krebserkrankungen bei Alkoholikern: Krebserkrankungen und Alkoholismus sind eng miteinander verbunden. Die Lebenserwartung von Alkoholikern ist erheblich verkürzt. Wenn Krebserkrankungen auftreten, ist der Verlauf meist tödlich. Wegen der vorgeschädigten Leber ist zum Beispiel die Chemotherapie oft nicht möglich. Wissenschaftler am Kopenhagener Zentrum für prospektive Populationsstudien haben den Zusammenhang nun durch eine umfassende Studie erhärtet. Sie untersuchten eine Gruppe von 15117 Männern und 13063 Frauen im Alter von 20 bis 98 Jahren. Untersucht wurde, ob es einen statistischen Zusammenhang zwischen Alkoholkonsum und Krebserkrankungen gibt. Der Konsum von Schnaps und vergleichbar »harten« alkoholischen Getränken erhöhte das Risiko für eine Krebserkrankung des oberen Verdauungstraktes um das Dreifache. Bereits der Konsum von 7 Bieren pro Woche erhöhte das Krebsrisiko nachweislich. Gemäßigter Weingenuss hingegen hatte keine Erhöhung des Risikos zur Folge. Man vermutet, dass Weintrauben bestimmte Stoffe enthalten, die die Krebsentstehung hemmen. Möglich ist auch, dass Schimmelpilze auf dem Getreide, das zu → Bier verarbeitet wird, die Leberschäden verursachen.

Kreuzbund e.V.: Name einer Reihe von in größeren Städten vertretenen, selbstorganisierten → Selbsthilfegruppen für Alkoholiker. Die Hauptstelle sitzt in Hamm (www.kreuzbund.de).

Kreuztoleranz: Bezeichnung für den Effekt, dass bei regelmäßiger Einnahme nicht nur das ursprüngliche Suchtmittel, z.B. → Alkohol, nicht mehr in gleicher Stärke wirkt, sondern auch andere Suchtmittel, z.B. → Benzodiazepine, eine verminderte Wirkung zeigen. Hintergrund der Kreuztoleranz ist, dass entweder ein Rezeptor, an dem das Suchtmittel angreift, gleich ist und/oder aber dass Parallelen beim Abbau bestehen (→ Toleranzentwicklung).

Kriminalisierung: Bezeichnung für den Umstand, dass Personen, die gegen das → Betäubungsmittelgesetz verstoßen, strafverfolgt werden. Menschen, die bei der Strafverfolgung, z.B. von → Cannabis-Konsumenten, von Kriminalisierung reden, sind oft der Überzeugung, dass Strafverfolgung bei der Eingrenzung von Drogenproblemen nicht nützt, sondern schadet.

Kristalle: Szenebezeichnung für → Kokain, das mit Backpulver aufgebacken wurde.

Kröten: 1. Das Sekret einiger Kröten enthält Stoffe, die→ psychoaktiv wirksam sind, wie → Bufotenin, → Morphin und → 5-MeO-DMT. Diese Stoffe sollen Feinde abschrecken. Einige Indianerstämme benutzen Krötensekrete als → Droge. **2.** Synonym für Geld.

Küche: Szeneausdruck für illegales Drogenlabor.

Kumari asava: Weitere Bezeichnung für → Cannabis.

Kunden: Szeneausdruck für Drogenabhängige, manchmal auch für Besucher von Prostituierten.

KV: Abk. für Kassenärztliche Vereinigung. Die Kassenärztlichen Vereinigungen sind zuständig für den ambulanten vertragsärztlichen Bereich und damit u.a. für die Umsetzung von → Substitution und die fachpsychiatrische Behandlung.

Kwashi: Kwashi (Pancratium trianthum) ist ein in Afrika und Asien beheimatetes, hochgiftiges Zwiebelgewächs. Einige afrikanische Stämme ver-

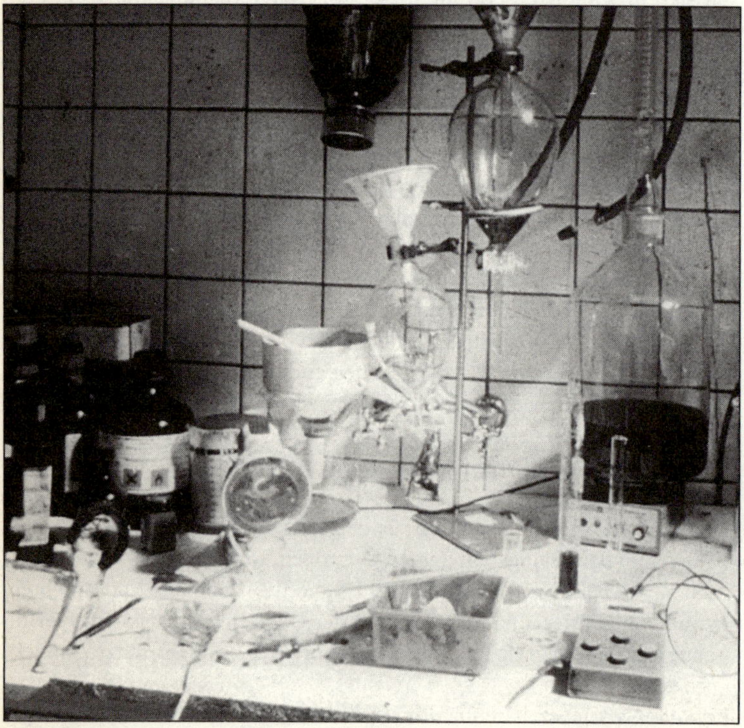

Küche: Labor zur Herstellung von Drogen

wenden die Zwiebel als Rauschgift. Dabei schneiden sie sich mit einem scharfen Stein oder Holz in die Kopfhaut und reiben dann die Zwiebel darüber. Wahrscheinlich kommt diesem Ritual religiöse Bedeutung zu (→ Religion).

L

L: Szeneausdruck für → LSD.

LA: 1. Szeneausdruck für → Lysergsäure (engl. = Lyserg Acid). 2. Szeneausdruck für lang wirksame (engl. = long acting) → Drogen.

LAAM: Name eines lang wirksamen, → Methadon-ähnlichen → Opiates, das bei der → Substitutionsbehandlung eingesetzt wird und das in → Anlage III des → BtMG aufgeführt ist.

La amarilla: Weitere Bezeichnung für → Cannabis.

Lachgas: Lachgas, chemische Formel N_2O, ein farbloses, leicht süßlich riechendes Gas, wird häufig in der Anästhesie verwendet. Weitere Anwendungsfelder von Lachgas liegen in der Lebensmittelherstellung und beim Autotuning. In der Anästhesie wird es heute als Trägergas für andere Narkosemittel verwendet. Lachgas wirkt selbst schmerzlindernd, aber kaum betäubend, weswegen andere Narkosemittel beigefügt werden müssen. In der Lebensmittelbranche dient es als Aufschäummittel, z.B. bei Sahne. Beim Autotuning erhöht es die Motorenleistung.
Die berauschende Wirkung von Lachgas ist lange bekannt. 1771 entdeckten Karl Scheele und Joseph Priestley gleichzeitig das N_2O. Der → Missbrauch von Lachgas als → Partydroge beginnt bereits ein Jahr später. Schon bald wurde die berauschende Wirkung für Lachgas-Partys genutzt. Zwischen 1830 und 1840 waren in England solche Partys groß in Mode. Das Gas wurde damals wie heute in Ballons gefüllt und inhaliert. Die Gefahren waren allerdings ebenfalls schon früh bekannt. Psychische Störungen, soziale Schwierigkeiten und auch Todesfälle wurden beschrieben. Die Todesfälle begleiten bis in die Jetztzeit den Missbrauch. 1987 z.B. starben zwei Zahnärzte an den Folgen des Missbrauchs, 1992 fand man drei Jugendliche tot auf, die sich durch Lachgas versehentlich vergiftet hatten.
Seit Ende der 1990er Jahre wird Lachgas von halbprofessionellen Anbietern gelegentlich in Ballons abgefüllt auf Partys verkauft. Lachgas unter-

liegt zwar nicht dem → BtMG; der Handel auf Partys wird allerdings strafrechtlich verfolgt wegen Verstoßes gegen das → Arzneimittelgesetz. Der Ballon wird an den Mund angesetzt, der Inhalt in die Lunge aufgenommen. Wird das Lachgas direkt aus einer Kapsel konsumiert, kann die Lippe an der Kapsel festfrieren. Meistens wird das Gas nur einige Sekunden bis höchstens eine Minute inhaliert. Noch gefährlicher ist folgende Praxis: Um die Intensität der Inhalation und damit die Wirkung zu steigern, ziehen sich manche Konsumenten eine Plastiktüte über den Kopf. Das ist hochriskant – Todesfälle durch Ersticken sind nicht auszuschließen. Weitere Gefahren drohen durch lachgasbedingte Gleichgewichtsstörungen und Stürze.
Das nicht brennbare Lachgas wird nach Inhalation in der Lunge schnell aufgenommen und hat eine Wirkungsdauer von ca. 1 bis 4 Minuten.
Lachgas dämpft das Schmerzempfinden. Es führt zu einer angehobenen Stimmung (daher der Name) und Benebelung.
Durch seine kurze Dauer ist der Lachgas-Rausch gut steuerbar. Das Erleben ist für kurze Zeit distanziert und gelöst. Es kann zu kurzfristigen emotionalen Überreaktionen kommen, bei denen die Drogenkonsumenten ihr Gefühlserleben nicht mehr steuern können. Sie reagieren unan-

Lachgas-Verkauf auf der Love-Parade in Berlin

gemessen heftig, ähnlich wie Patienten mit hysterischer → Persönlichkeitsstörung. Das Sehen verändert sich – meist in Richtung eines helleren, grobkörnigeren Bildes. Ein Prickeln und Kribbeln am ganzen Körper stellt sich ein. Ein Dröhnen und Sirren in den Ohren kann vorkommen. Eine häufige Nebenwirkung ist Übelkeit bis zum Erbrechen. Durch Umverteilung der Blutgase kann es zu einer Unterversorgung des Gehirns und anderer Organe mit Sauerstoff kommen. Lachgas kann den Gehirndruck erhöhen mit u.U. tödlichen Folgen. Das Gas senkt außerdem die Krampfschwelle und kann zu Krampfanfällen führen.

Wird zu viel Lachgas inhaliert, zum Beispiel dadurch, dass der Lachgasballon nicht rechtzeitig abgesetzt wird, so erhöht sich im Blut in schädlicher Weise die Konzentration von Kohlendioxyd, während die Konzentration von Sauerstoff abnimmt. Ab einem Anteil von 90 % in der eingeatmeten Luft tritt Bewusstlosigkeit ein. Durch den dadurch bedingten Sauerstoffmangel wird das Gehirn geschädigt. In diesem Falle ist unmittelbar mit Mund-zu-Mund-Beatmung zu beginnen. Kommt es zu Krampfanfällen, so ist zu verhindern, dass der Betreffende sich beim Krampfen verletzt (→ erste Hilfe bei Krampfanfällen). Er ist stabil hinzulegen; dann sollte der Notarzt gerufen werden. Klingt das Anfallsereignis nicht innerhalb von wenigen Minuten wieder ab, so besteht Lebensgefahr.

Bei chronischen Gebrauch sind bislang eine Reihe von psychischen Störungen beobachtet worden. Depressionen sind nicht selten. Beschrieben wurden auch Hirnschäden mit Absterben von Hirnzellen, besonders im Bereich des Hinterkopfes. Es ist bisher nicht klar, ob diese Hirnschäden durch Sauerstoffmangel, N_2O-induzierten Vitaminmangel oder die direkte Drogenwirkung verursacht werden. Lachgas kann die Blutbildung vermindern. Bei chronischer Einnahme kann es zur Hemmung von Vitamin B12-abhängigen Enzymen kommen. Die Folge können Nervenschäden sein, wie sie z.B. auch von Alkoholikern bekannt sind. In den USA, wo Lachgas von Zahnärzten häufig zur Betäubung der Patienten verwendet wird, sind einige Fälle von Missbrauch durch Zahnärzte bekannt. Sie inhalierten regelmäßig Lachgas und wurden dadurch berufsunfähig. Das Lachgas löste bei ihnen irreversible Störungen des Tastempfindens in den Fingern und Lähmungen, vor allem in Armen und Beinen, aus. Zu den Schäden bei chronischem Konsum liegen aber derzeit noch keine umfassenden Erfahrungen vor.

Bei → Mischkonsum können unberechenbare Rauschzustände und Nebenwirkungen eintreten. In Verbindung mit → Alkohol kommt es ver-

stärkt zu Übelkeit und Erbrechen. Durch Mischkonsum multiplizieren sich die gesundheitlichen Risiken.
Bei unsachgemäßer Herstellung von Lachgas können giftige Nebenprodukte wie N_2O und H_2NO_3 entstehen. Bei Konsum nicht aus dem Ballon, sondern direkt aus der Gasflasche, aus Kapseln oder Kartuschen drohen schwere Erfrierungen an den Lippen, in der Mundhöhle, an Stimmbändern und in der Lunge.

Ladung: Szeneausdruck für eine → Konsumeinheit einer → Droge.

Lady: Szeneausdruck für → LSD.

Lady Mary: Szeneausdruck für → Cannabis.

Lady Snow: Szeneausdruck für → Kokain.

Lai chourna: Weitere Bezeichnung für → Cannabis.

La mona: Weitere Bezeichnung für → Cannabis.

Lamra: Handelsname eines lang wirksamen → Benzodiazepins, das zur Behandlung von → Angst, Spannungs- und Erregungszuständen eingesetzt wird. Inhaltsstoff ist → Diazepam. Die Entwicklung einer psychischen und physischen → Abhängigkeit kann rasch erfolgen. In der Drogenszene wird das Medikament als Heroinersatz gehandelt.

Lang-tang: Weitere Bezeichnung für das → Bilsenkraut.

Langzeittherapie bezeichnet Rehabilitationsmaßnahmen für Süchtige, die in Entwöhnungskliniken durchgeführt werden. Früher dauerten derartige Maßnahmen oft länger als ein Jahr. Die Dauer einer Langzeittherapie wurde im Laufe der letzten Jahre stetig verkürzt. Dadurch ist es schwerer geworden, therapeutisch wirksame Beziehungen i.S. von → Therapeutischen Gemeinschaften aufzubauen.

La santa rosa: Weitere Bezeichnung für → Cannabis.

LAST: Abk. für Lübecker Alkohol-Screening-Test.

Latua: Auch Zauberbaum, Latué oder Arbol de los Brujos genanntes → Nachtschattengewächs (Latua pubiflora), das schon in geringen Dosen zu Mundtrockenheit, Krämpfen, Kopfschmerzen, optischen → Halluzinationen, z.T. auch zu lang anhaltenden psychotischen Zuständen führt. Wirkstoffe sind → Atropin, Hyoscyamin und Scopolamin. Tödliche Vergiftungen können schon bei Einnahme geringer Mengen auftreten. Chilenische Indianer verwendeten die Pflanze früher bei religiösen Ritualen.

Laubeel: Handelsname eines mittellang wirksamen → Benzodiazepins, das zur Behandlung von → Angst und Erregungszuständen sowie bei → Schlafstörungen eingesetzt wird. Inhaltsstoff ist Lorazepam. Die Entwicklung einer psychischen und physischen → Abhängigkeit kann rasch erfolgen. In der Drogenszene wird das Medikament als Heroinersatz gehandelt. Wie alle Benzodiazepine sollte es nur kurzfristig, nach Möglichkeit weniger als eine Woche lang, gegeben werden.

Laudanum: Laudanum, auch Tinctura opii genannt, wurde im 16. Jahrhundert wahrscheinlich von Paracelsus entwickelt. Hauptwirkstoff war das → Opium. Daneben enthielt es → Safran, Zimt, Nelken und Wein. Es wurde vor allem bei Magen-Darm-Krämpfen verschrieben, fand aber bald in großem Maße auch bei anderen Leiden Anwendung. Aufgrund des → Suchtpotenzials wurden viele Menschen von Laudanum abhängig. Prominente Opfer waren J. W. v. Goethe, E. T. A. Hoffmann und Edgar Allan Poe.

Laydown: Szeneausdruck für eine nichttödliche Überdosierung mit → Downern.

LBJ: Abk. einer halluzinogen wirkenden Substanz, die allerdings kaum verwendet wird. Über Risiken und Nebenwirkungen ist wenig bekannt.

LD: Abk. für → Letaldosis.

Leapers: Szeneausdruck für → Amphetamine.

Leary, Timothy: Der ehemalige Havard-Professor Timothy Leary wurde Ende der sechziger Jahre zur Kultfigur der Drogenszene. Er propagierte offen den Konsum von → Halluzinogenen. Aus Studentenkreisen rekrutierte er seine Jünger, mit denen er sektenähnliche Gemeinschaften aufbaute, die einen schwungvollen Drogenhandel betrieben. Die dadurch unvermeidlichen Haftstrafen führten zum sozialen Abstieg und zu mehreren, z.T. langjährigen Inhaftierungen Learys. Nach Abflauen der Hippie-Bewegung und mit der zunehmenden Integration der Ideen der 68er-Generation in den Alltag verlor Leary an Einfluss.

Leaves: Szeneausdruck für → Marihuana.

Lebanon-Heroin: Szeneausdruck für eine Mischung aus → Heroin und → Coffein aus dem Libanon. Wie bei jedem Mischkonsum verschiedener → Drogen potenzieren sich die Risiken.

Leberkrebs: Bösartige Wucherung von Leberzellen, die fast immer tödlich verläuft. Leberkrebs kommt bei Drogenkonsumenten häufiger vor als in der Normalbevölkerung. Besonders hoch ist das Risiko bei Vorliegen einer chronischen → Hepatitis oder einer → Leberzirrhose.

Leberwerte: Bezeichnung für bestimmte Eiweißstoffe im Blut, die aus zerstörten Körperzellen, vor allem aus der Leber stammen. Dazu gehören → GOT, → GPT und → Gamma-GT. Ist die Leber entzündet oder wird sie regelhaft durch Suchtstoffe wie → Alkohol geschädigt oder liegt eine virusbedingte → Hepatitis vor, wird durch Zerstörung von Leberzellen eine größere Menge dieser Eiweißstoffe ins Blut freigesetzt. Die Leberwerte sind dann erhöht. Viele Drogensüchtige und Alkoholabhängige haben erhöhte Leberwerte (→ Hepatitis). Der Bestimmung der Leberwerte kommt im Rahmen der Diagnostik, aber auch im Rahmen der Therapiebegleitung von → Abhängigkeitskranken größere Bedeutung zu. Ziel ist es, die Leberwerte in den Normbereich zurückzuführen. In der Regel ist dann davon auszugehen, dass die Leber nicht mehr weiter geschädigt wird.

Nicht immer ist der Rückgang der Leberwerte ein gutes Zeichen. Die Leberwerte können sich auch »normalisieren«, wenn die Leber fast völlig zerstört ist. Wenn z.B. eine → Leberzirrhose besteht, hat der Körper nur noch so wenig Leberzellen, dass bei fortgesetztem Konsum einfach nicht mehr so viele Zellen zerstört werden können, dass die Menge an GOT, GPT oder Gamma-GT im Blut sich erkennbar erhöhen würde.

Leberzirrhose: → Alkohol und → Drogen können das Lebergewebe derart schädigen, dass es zugrunde geht und durch Narbengewebe ersetzt wird. Die Leber wird dann hart, verkleinert sich und kann ihre Entgiftungsfunktion für den Körper nicht mehr wahrnehmen. Dieser Zustand nennt sich Leberzirrhose und ist nicht rückbildungsfähig. Sinkende → Leberwerte können über den Ernst der Lage hinwegtäuschen. Eine Vielzahl von Stoffwechselendprodukten werden, wenn die Leber erst einmal zirrhotisch geworden ist, nicht mehr entgiftet, kreisen im Körper und schädigen alle Organe, v.a. das Gehirn. Da das Blut nicht mehr gut vom Bauch durch die Leber ins Herz strömen kann, weil das Organ zu klein ist, sucht es sich Umgehungskreisläufe. Es wird über Gefäße der Bauchhaut und der Speiseröhre umgeleitet, die aber dieser Belastung nicht gewachsen sind und platzen können. Man spricht dann von einer → Ösophagusvarizen-Blutung. »Verbluten oder Verblöden«, auf diesen Nenner lässt sich das Schicksal von Menschen mit einer Leberrzirrhose verdichten. Die Transplantation von Lebern wurde als letzter Therapieversuch zwar schon probiert, die Ergebnisse waren aber nicht zufrieden stellend.

Legale Highs: Szeneausdruck für Rauschmittel, deren Konsum nicht verboten ist. Hierzu gehören → Alkohol, gerauchte → Bananenschalen, → Benzin, → Dill, → Lachgas, → Muskatnuss, → Tabak u.a. Die Legalität der → Drogen sagt nichts über die Gefährlichkeit aus, umbringen kann man sich mit diesen legalen Suchtmitteln u.U. auch.

Legalisierung von Drogen: Legalisierung von so genannten weichen → Drogen, wie z.B. von → Cannabis, ist ein immer wieder heiß diskutiertes Thema. Besonders Bündnis 90/Die Grünen, eine Partei, die ansonsten vehement gegen Gifte in der Umwelt ist, setzt sich z.B. für die Legalisierung weiterer Rauschgifte ein. Da wird zum einen das Gleichbehandlungsprinzip ins Feld geführt. Es sei schwer nachvollziehbar, dass Drogen wie → Alkohol, → Nikotin oder → Koffein legal zu erhalten sind, während auf der anderen Seite Konsumenten illegaler Drogen strafverfolgt werden, so ein häufiges Argument. Wenn man einem Alkoholtrinker zugestehe, seine Droge ohne die Androhung von → Strafverfolgung konsumieren zu können, so müsse man dieses Recht – so die Argumentation der Liberalisierungsbefürworter – auch den Konsumenten anderer Drogen zugestehen. Zumindest dann, wenn die Droge nachweislich nicht schädlicher sei als Alkohol.

Cannabis mag nicht gefährlicher sein als Alkohol, ausreichend aussagefähige Untersuchungen zum Thema gibt es nicht. Was man weiß, ist, dass – absolut gesehen – immer mehr junge Menschen Erfahrungen mit Drogen und legalen Suchtmitteln machen, weil sie so leicht verfügbar sind. Sicher ist auch, dass ein Teil der Konsumenten mit Drogen nicht umgehen kann und süchtig wird. Je jünger die Konsumenten werden – auch das ist ein unübersehbarer Trend der letzten Jahre –, desto anfälliger sind sie für die Entwicklung einer → Drogenkarriere. Ein kontrollierter Konsum mit relativ kalkulierbarem Risiko ist manchen Menschen zwar ohne Zweifel möglich. Voraussetzung ist jedoch ein ausreichend stabilisiertes Selbstbild. Und über dieses verfügen viele 12- oder 15-Jährige normalerweise noch nicht. Modelle, wie nach einer Legalisierung ein effektiver Jugendschutz (→ Jugendschutzgesetz) gewährleistet sein könnte, gibt es bislang nicht.

Ordnungspolitische Argumente stehen in der derzeitigen Legalisierungsdiskussion meist im Vordergrund. Polizei und Gerichte würden zunächst – wie dies Legalisierungsbefürworter vermuten – vielleicht durch eine dadurch bedingte Arbeitsentlastung profitieren. Parallel dazu könnte bei sinkenden Preisen die so genannte → Beschaffungskriminalität sinken. Sicher ist das allerdings nicht, da man zumindest von klassischen → Opiat-Abhängigen weiß, dass viele bereits vor Beginn der Drogenkarriere kriminell waren. Warum sollte jemand aufhören zu stehlen, nur weil ein Teil seiner bisher gesetzeswidrigen Handlungen dann erlaubt wäre? Den meisten Süchtigen ist die Gesellschaft recht herzlich egal. Allzu groß dürfte der kriminalitätssenkende Effekt also bei einer Legalisierung nicht sein. Die sinkenden Preise würden – nach den Gesetzen der Marktwirtschaft – zu steigenden Konsumentenzahlen führen. Damit würden zwangsläufig wiederum mehr Menschen süchtig. Die Folgen wären von der Allgemeinheit kaum zu tragen. Die steigende Zahl an Suchterkrankungen würde langfristig mit großer Wahrscheinlichkeit erheblich teurer werden. Das zeigt ein Rückblick in die Geschichte. Eine Trennung des Marktes von harten und weichen Drogen ist ein weiteres Argument, das zur Begründung z.B. der Legalisierung von → Haschisch häufig ins Feld geführt wird. Die dahinter stehende Hoffnung ist, dass, wenn man die Konsumenten unbehelligt ihr Hasch konsumieren lässt, sie nicht mehr in Versuchung kommen, auch Heroin zu probieren, weil die Vertriebswege entkoppelt wurden. Auch dieses Argument verkennt die Wirklichkeit. Die meisten Drogenabhängigen fangen ihre Suchtkarriere mit → Alkohol und → Nikotin an. Von einem Umstieg auf Heroin hat sie die Trennung der Alkohol- und Opiatszene nicht abgehalten. Den Süchtigen ist es egal, woher ihr Stoff kommt, ob er legal oder illegal ist. Hauptsache, die Wirkung stimmt. Die Erfahrungen der Niederländer mit den → Coffeeshops sind alles andere als ermutigend. Die Zahl der Abhängigen – auch von harten Drogen – wird mit jeder weiteren Droge, die man freigibt, steigen. Langfristig wird Legalisierung von weiteren Drogen nur die Zahl der Probleme erhöhen. Ziel einer angemessenen Drogenpolitik kann deshalb nur sein, den Konsum legaler und illegaler Drogen mit Augenmaß für Verhältnismäßigkeiten so gut es geht einzudämmen.

Legalize it: Schlachtruf der Befürworter der → Legalisierung weiterer → Drogen außer → Kaffee,→ Nikotin und → Alkohol, der Ende des 20. Jahrhunderts in manchen Kreisen sehr populär war. Vor allem Cannabis sollte straffrei genossen werden können. Wenn man sich die Wirkung von → Cannabis in Erinnerung ruft, wie z.B. Konzentrations- und Aufmerksamkeitsstörungen und Herabsetzung der geistigen Leistungsfähigkeit, so werden logische Brüche in der Argumentation der Legalize-it-Fraktion verstehbar.

Legless: Szeneausdruck für die Gang- und Standunsicherheit, die nach Einnahme hoher Dosen von → Alkohol und anderen sedierenden → Drogen auftreten kann.

Lepinal 100: Handelsname eines → Barbiturates, das wegen seiner psychoaktiven Wirkung auch als Droge missbraucht wird. Inhaltsstoff ist Phenobarbital.

Lendormin: Handelsname eines kurz wirksamen → Benzodiazepins, das gegen Schlafstörungen eingesetzt wird. Missbräuchlich wird es auch als Droge verwendet. Inhaltsstoff ist Brotizolam.

Lepinaletten: Handelsname eines → Barbiturates, das wegen seiner psychoaktiven Wirkung auch als Droge missbraucht wird. Inhaltsstoff ist Phenobarbital.

Leritin: Synthetisches → Opiat, das in den USA gelegentlich als Heroinersatz verwendet wird.

Lernen am Modell: Auch Modelllernen genannt. Albert Bandura beschrieb 1965 als Erster das Lernen am Modell, bei dem eine Änderung des Verhaltens durch bloße Beobachtung eines Vorbildes erfolgt. Bei der Entstehung von → Sucht geht man davon aus, dass das Lernen am Modell eine wichtige Rolle spielt. Jeder Mensch übernimmt sowohl von seinen Eltern wie auch von Freunden oder von Idolen aus dem Fernsehen bestimmte Verhaltensmuster. Ist eines der Elternteile abhängig oder gilt der Konsum von → Drogen in der Clique als erstrebenswert, so ist die Wahrscheinlichkeit hoch, dass der Betreffende selbst auch Suchtmittel konsumiert. Von vielen prominenten Süchtigen weiß man, dass ihre Eltern Alkoholiker waren. US-Fotograf Larry Clark beispielsweise, der jahrelang exzessiv Drogen und → Alkohol zu sich nahm, hatte einen alkoholsüchtigen Vater.

Man weiß heute, dass bei der Entwicklung schädlicher Konsummuster die Orientierung an Vorbildern – aus dem Fernsehen, Kino oder der Clique – eine wichtige Rolle spielt. Deswegen wird auch zunehmend versucht, Werbung mit Personen bei legalen Drogen zu verbieten. Zwar starb der Marlboro-Mann standesgemäß an Lungenkrebs, doch zuvor hatte er über Jahre hinweg eine Vorbildfunktion als cooler Typ für die Nikotin-Junkies in aller Welt. In der Therapie von Süchtigen spielt das Modelllernen ebenfalls eine wichtige Rolle.

Das Lernen am Modell kann aber auch beim Weg aus der → Abhängigkeit wegweisend sein. Der Schriftsteller Benjamin Stuckrad-Barre berichtete gegenüber dem »Spiegel«, wie er mit Hilfe seines Freundes Udo Lindenberg, der für ihn Vorbildfunktion hat, den Weg in die Therapie fand. In der Verhaltenstherapie wird oft gezielt danach gesucht, welche Menschen dem Patienten als sinnvolles Modell diesen können (z.B. Verwandte oder Freunde ohne Suchtprobleme). Wichtig ist, dass das Modell für den Patienten positiv besetzt ist. Viele Patienten orientieren sich an den z.B. in Therapieeinrichtungen arbeitenden → Ex-Usern. In ihnen finden sie sich wieder. Natürlich kann auch der → Psychotherapeut als Modell dienen. Süchtige Verhaltensmuster werden so nach und nach durch Lernen am Modell durch angemessenes Verhalten ersetzt. Am Modell lernen die Abhängigen oft schneller, weil nicht jede einzelne erwünschte Verhaltensweise Schritt für Schritt zunächst verstanden und aufgebaut werden muss. Auch komplexe Verhaltensmuster können durch das Lernen am Modell in das Repertoire des Patienten aufgenommen werden.

Lerntheorien: Alle menschlichen Verhaltensweisen – sofern sie nicht vererbt und instinkthaft ablaufen – sind erlernt. Das Verhalten wird dabei entweder durch Prozesse klassischer → Konditionierung (auch respondente oder Typ-I-Konditionierung genannt bzw. Signallernen oder S-R-Lernen nach Schlosberg) oder aber durch operante Konditionierung (auch instrumentelle Konditionierung oder Typ-II-Konditionierung genannt oder R-S-Lernen nach Schlosberg) aufgebaut. Dies gilt für normales Verhalten ebenso wie für pathologisches.
Die → Verhaltenstherapie baut auf den Lerntheorien auf. Ihr Ziel ist es, dass der Patient für ihn schädliche Verhaltensweisen nicht mehr zeigt, dass er sie sozusagen verlernt. Ein weiteres Ziel, das damit Hand in Hand geht, ist das Erlernen erwünschter Verhaltensweisen. Voraussetzung für diese Verlern- und Erlernprozesse ist eine möglichst präzise Analyse des Problems. Man spricht dabei von funktionaler Bedingungsanalyse. Außerdem müssen Ist-Zustand (→ Kapitulation) und Soll-Zustand, also die Therapieziele, erarbeitet und gehalten werden, damit Patient und Therapeut wissen, in welche Richtung sie gemeinsam arbeiten.
Auf dem gleichen Weg, wie krankhaftes Verhalten gelernt worden ist, wird es auch wieder verlernt. Bei pathologischem Verhalten, wie z.B. dem zwanghaften Trinken von → Alkohol bei → Alkoholabhängigkeit, kommt es darauf an, schlüssig herauszuarbeiten, welche der beiden Lernformen – klassische oder operante Konditionierung – dem jeweils zu ändernden Verhalten zugrunde liegt. Das ist deshalb unverzichtbar, weil klassisch konditioniert entstandene Verhaltensauffälligkeiten (sog. Reflexe oder Respondenten) durch Verfahren behandelt werden müssen, die auf den Mechanismen der klassischen Konditionierung beruhen. Umgekehrt müssen operant erworbene Auffälligkeiten (sog. Operante) mit Verfahren operanter Konditionierung bzw. operanter Dekonditionierung behandelt werden. Jedes verhaltenstherapeutische Verfahren ist bezüglich seiner Theorie entweder auf die klassische Konditionierung oder aber die operante Konditionierung zurückzuführen (→ Lernen am Modell ist keine grundsätzlich eigene Lernform, sondern setzt sich normalerweise aus Bausteinen beider Lernformen zusammen.) Bei komplexeren Behandlungsprogrammen können beide Lernmodelle im Wechsel Anwendung finden (wobei auch dann noch eine exakte Zuschreibung je Behandlungsmodul möglich ist). Je unabsichtlicher und je unwillkürlicher eine Verhaltensweise auftritt, umso eher handelt es sich um einen Reflex bzw. Respondenten. Besteht eine 100%ige Auftretenswahrscheinlichkeit des Verhaltens (was auf die Unwillkürlichkeit schließen lässt), so spricht auch das

für einen Reflex/Respondenten. Umgekehrt gilt, dass absichtlich und willkürlich beeinflussbar erscheinende Reaktionen in der Regel Operanten sind.

Im Folgenden weitere Hilfestellungen anhand des 4-Ebenen-Ansatzes:

- **Emotionen** wie Angst, Phobie, Depression, Wut u.ä. gelten (meistens, aber nicht immer) als Reflexe (Gefühle können nicht willentlich produziert werden). Somit fallen Angststörungen (→ ICD 10: F40, F41), Depressionen (ICD 10: F32, F33, F34), aber auch manche emotional getönte Anpassungsstörungen (ICD 10: F43) in den Bereich klassisch konditionierter Reaktionen. Sie müssen also vor allem mit Verfahren, die auf der klassischen Konditionierung aufbauen, behandelt werden.
- **Physiologische Reaktionen** (z.B. Schwitzen, Herzrasen u.ä.) sind meist Reflexe. Je mehr physiologische Reaktionen bei einer Symptomatik im Vordergrund stehen, desto wahrscheinlicher ist es, dass ein klassisch konditioniertes Verhalten vorliegt. D.h., die klassischen psychosomatischen Erkrankungen (ICD 10: F45, F50, F54) wie z.B. Asthma, Colitis ulcerosa, aber auch Allergien sind nach dieser Einschätzung Reflexe, bzw. in der Regel vor allem klassisch konditioniert entstanden (wenn man die genetische Prädisposition und den Einfluss von physiologisch wirksamen Umgebungsfaktoren wie Umweltverschmutzung einmal ausblendet). Aber: Auch physiologische Parameter sind instrumentell konditionierbar, hier ist z.B. auf die Biofeedback-Verfahren, Atemübungen und die Wirksamkeit des autogenen Trainings zu verweisen. Ratten lernten im Experiment aversive Reize durch Veränderungen der eigenen Herzfrequenz zu vermeiden (Kimmel 1974).
- **Verhaltensweisen**, sog. behaviorale Reaktionen, sind normalerweise als Operanten zu werten (Unter diesen Punkt fällt die Einnahme von Suchtmitteln.) Ihre Auftretenswahrscheinlichkeit wird durch Prozesse operanter Konditionierung erhöht oder vermindert. Verhaltensweisen sind hier i.S. der orthodoxen Verhaltenstherapie (aus der Zeit vor der kognitiven Wende) nur beobachtbare Bewegungen unter Zuhilfenahme von Muskulatur (d.h. nicht die Kognitionen). Neben Abhängigkeitserkrankungen (ICD 10: F1x.2) wären, z. B. Zwangsstörungen und Zwangshandlungen pathologische Verhaltensweisen, die nach dem hier dargelegten Verständnis als operant entstanden zu sehen sind.
- **Kognitionen**, d.h. Grundannahmen, Gedanken, Überzeugungen, sind ebenfalls meistens den Operanten zuzuschlagen. Auch hier wären somit operante Verfahren vorrangig indiziert. Aber: Je grundsätzlicher und unüberlegter Kognitionen ablaufen (z.B. Vorurteile, Klischees, Ste-

reotypien, Grundhaltungen bzw. Grundannahmen), desto mehr haben sie den Charakter von Reflexen. Ungünstige oder krankhafte Überzeugungen spielen bei der Entstehung von Abhängigkeitserkrankungen eine große Rolle (→ Denkfehler).

Es kommt in der Verhaltenstherapie darauf an, die einzelnen Elemente der Verhaltensketten aufzuschlüsseln: Alle menschlichen Erlebens- und Verhaltensweisen (Emotionen, physiologische Reaktionen, Gedanken, Verhaltensweisen) bilden – im Zusammenspiel – Ketten von Reflexen und Operanten aus. Lernprozesse bestehen letztlich immer aus Kombinationen von klassischer und operanter Konditionierung (→ Zwei-Faktoren-Theorie nach Mowrer und → Drei-Phasen-Modell nach Eysenck). Erst wenn die Lerngeschichte der psychischen Erkrankung bzw. einzelner auffälliger Verhaltensweisen verstanden ist, kann i.d.R. entschieden werden, wie sie am besten wieder verlernt werden können.

Letaldosis: Medizinischer Ausdruck für die → Dosis einer → Droge, die tödlich wirkt. Gebräuchlich ist auch die Abk. LD. LD 50 gibt dabei die Dosis an, bei der die Hälfte der vergifteten Menschen und/oder Tiere stirbt. Bei LD 100 sterben alle, die diese Dosis einnehmen.

Lethe: Opiumhaltiges Getränk, das im Mittelalter als Medikament gegen Schmerzen und Schlaflosigkeit eingesetzt wurde.

Levallorphan: Medikament, das bei Vergiftungen mit → Opiaten eingesetzt wird und deren Wirkung teilweise aufhebt.

Levoacetylmethadolhydrochlorid: Wirkstoff, der dem → Betäubungsmittelgesetz unterliegt und der unter dem Namen ORLAAM als Lösung vertrieben wird.

Levodromoran: Synthetisches → Opiat, das teilweise in der Drogenszene als Heroinersatz gehandelt wird.

Levomethadon: Bezeichnung für die linksdrehende Form des → Methadons. Es ist unter dem Namen L-Polamidon auf dem Markt und doppelt so wirksam wie die Mischung aus links- und rechtsdrehendem Methadon. Anfänglich kam es bei → Substitutionsbehandlungen und auf der Szene zu lebensgefährlichen Überdosierungen, wenn diesem Umstand bei Umstellung auf Levomethadon nicht Rechnung getragen wurde.

Lexostad: Handelsname eines mittellang wirksamen → Benzodiazepins, das zur Behandlung von → Angst und Erregungszuständen sowie bei innerer Unruhe eingesetzt wird. Inhaltsstoff ist → Bromazepam. Die Entwicklung einer psychischen und physischen → Abhängigkeit kann rasch erfolgen. In der Drogenszene wird das Medikament als Heroinersatz gehandelt.

Lexotanil: Handelsname eines mittellang wirksamen → Benzodiazepins, das zur Behandlung von Angst und Erregungszuständen sowie bei innerer Unruhe eingesetzt wird. Inhaltsstoff ist → Bromazepam. Die Entwicklung einer psychischen und physischen Abhängigkeit kann rasch erfolgen. In der Drogenszene wird das Medikament als Heroinersatz gehandelt.

Liamba: Weitere Bezeichnung für → Cannabis.

Liane der Träume: Szeneausdruck für → Ayahuasca.

Liane des Todes, auch als → Liane der Träume oder Liane der Seele bekannt. Aus ihr wird von Schamanen (→ Religion) im Amazonas ein berauschender Trank, → Ayahuasca, hergestellt. Wirkstoffe von Ayahuasca sind Harmin und Dimethyltryptamin (→ DMT).

Libanese: Szeneausdruck für grünlich-rotes → Haschisch aus dem Libanon.

Librium: Handelsname eines lang wirksamen → Benzodiazepins, das als Suchtmittel missbräuchlich oder in abhängiger Weise konsumiert wird. Inhaltsstoff ist Chlordiazepoxid. In der Drogenszene wird es als Heroinersatz gehandelt.

Liberty Caps: Szeneausdruck für psilocybinhaltige Pilze.

Lid: Szeneausdruck für 1 Unze → Cannabis.

Lid-Proppers: Szeneausdruck für → Amphetamine.

Liebeswurzel: Weitere Bezeichnung für → Alraune.

Lifestyle-Drogen: Bezeichnung für Medikamente, die von Gesunden (und nicht etwa wie üblich von Kranken) eingenommen werden, um Probleme des Alltags angenehmer zu gestalten. Hierzu gehören u.a.:

- Alprostadil (z.B. Caverject, Muse) gegen Erektionsstörungen
- Bupropion (z.B. Zyban) zur Raucherentwöhnung
- Finasterid (z.B. Propecia, Proscar) gegen Glatzenbildung
- Fluoxetin (z.B. Fluctin) als Appetithemmer bei Übergewicht
- Melatonin gegen Jetlag
- Minoxidil gegen Glatzenbildung
- Orlistat (z.B. Xenical) gegen Übergewicht
- Sibutramin (z.B. Reductil) gegen Übergewicht
- Sildenafil (Viagra) gegen Erektionsstörungen und
- Vitamin-A-Säure gegen Falten.

Allen Lifestyle-Drogen ist gemein, dass sie eingenommen werden, obwohl kein Krankheitsbild vorliegt. Wie bei allen → Drogen und Medikamenten bestehen auch hier Risiken und Nebenwirkungen, sodass es bei einigen der (vorher gesunden) Konsumenten durchaus nach Einnahme von Lifestyle-Drogen zu Krankheitssymptomen kommen kann. Viele Ärzte halten Lifestyle-Drogen deshalb schlicht für überflüssig. Abgesehen davon werden die Kosten derartiger Behandlungen im Regelfall von den Krankenkassen nicht übernommen.

Lidocain: Anästhetikum mit ähnlicher Grundstruktur wie Kokain. Es wird in Pulverform und in Ampullen in Apotheken verkauft. Wie Kokain ist Lidocain ein weißes kristallines Pulver, das in der Szene oft als Streckmittel für Kokain benutzt wird. Bei Überdosierung kann der Tod durch Herzrhythmusstörungen, Blutdruckabfall oder Atemlähmung eintreten.

Lifestyle-Drugs: Unter Lifestyle-Drugs versteht man Medikamente (engl. = drugs), die nicht zur Behandlung einer Erkrankung eingesetzt werden sondern zur Verbesserung des Lebensstil (engl. = Lifestyle). Mit → Drogen im eigentlichen Sinne haben sie nichts gemein (→ Lifestyle-Drogen).

Line: Szeneausdruck für in einer Linie auf einer ebenen Fläche angeordnetes pulverförmiges → Amphetamin oder → Kokain, das dann durch ein Röhrchen durch die Nase aufgesaugt wird.

linken: Szeneausdruck für jemanden betrügen (z.B. indem man ihm gestreckte Ware verkauft und behauptet, sie sei rein).

Liquid Ecstasy: Trotz des Namens hat Liquid Ecstasy nichts mit → Ecstasy zu tun. Die farblose, leicht ausflockende Flüssigkeit enthält kein → MDMA oder ähnliche Amphetaminderivate, sondern Gamma-Hydroxy-Buttersäure. Es handelt sich um eine farblose, leicht salzig schmeckende Flüssigkeit, chemisch Gamma-Hydroxy-Butyrsäure, kurz GHB, genannt. Durch die schlechte Einschätzbarkeit der Konzentration der illegalen Substanz sind Überdosierungen häufig.

Narkoseärzte setzen das unter dem Namen Somsanit gehandelte Medikament intravenös bei Eingriffen mit hohem Anästhesierisiko ein. Wird es als Einzelpräparat verabreicht, findet keine Lähmung des Atemzentrums statt. In geringen Dosen wird eine Euphorisierung beschrieben. In Verbindung mit anderen zentralnervös wirksamen Stoffen wird – nicht nur im Operationssaal – eine erhebliche Wirkungssteigerung erreicht. Von Bodybuildern (→ Bodybuil-

Line – Kokain wird über einen Geldschein aufgesaugt

ding, → Doping) wird behauptet, »Liquid Ecstasy« habe anabole Effekte. Der Beweis hierfür steht aber aus. Teilweise wirkt »Liquid-Ecstasy« ähnlich wie → Amphetamine bzw. sein Namensgeber Ecstasy (Methylendioxymethamphetamin = MDMA). Um die Risiken von »Liquid Ecstasy« abschätzen zu können, reicht ein Blick in die → Rote Liste. Bei Bluthochdruck, schweren Nierenschädigungen, Epilepsie und dem Einfluss von → Alkohol darf GHB nicht gegeben werden. Und hier liegt ein weiteres wesentliches Problem.

Drogen-Konsumenten haben heutzutage oft eine verhängnisvolle Neigung zum → Mischkonsum. Alkohol ist die am häufigsten konsumierte Droge – auch in der Partyszene. Er verstärkt in unvorhersehbarer Weise die Wirkung von GHB. Eine Atemdepression, d.h. eine Lähmung des Atemzentrums, ist dann nicht auszuschließen. Da → Folierauchen, also das Inhalieren von → Heroin, in der → Techno-Szene nicht mehr unbekannt ist, ergibt sich bei kombiniertem Konsum die Gefahr, dass GHB die atemlähmende Wirkung des Heroins wie auch das anderer → Opiate verstärkt. Bei kombinierter Einnahme droht das Koma.

Was im Operationssaal beherrschbar ist, wird auf der Party leicht zur Katastrophe. Bei höheren Dosen von Liquid Ecstasy kann es – relativ unvermittelt – zu heftigen Muskelschmerzen und Muskelkrämpfen verbunden mit Übelkeit und Erbrechen kommen. Atemnot und das plötzliche Auftreten von Bewusstlosigkeit sind Zeichen eines lebensbedrohlichen Zustandes. In Einzelfällen wurden solche Zwischenfälle bereits nach der Einnahme von einem Viertel Gramm »Liquid Ecstasy« beschrieben. Da – wie bei allen illegal verkauften Drogen – keine Klarheit über die Menge der eingenommenen Droge herrscht, ist das Risiko schwerer Komplikationen nicht unerheblich. Krampfanfälle können ebenso ausgelöst werden wie Schlaganfälle. → Horrortrips mit schweren Angstzuständen, Verfolgungswahn, psychotischem Erleben und erhöhter Suizidgefahr können ebenfalls zu akuter Lebensgefahr führen.

Wird dem Notarzt verschwiegen, dass der Patient GHB eingenommen hat, kann er aus Unwissenheit durch die falsche Auswahl von Notfallmedikamenten weiteren Schaden anrichten. Gegen die durch Liquid Ecstasy ausgelösten Muskelkrämpfe helfen → Barbiturate, wobei zu beachten ist, dass – gerade bei Mischintoxikationen – die lähmende Wirkung auf das Atemzentrum verstärkt wird. Ein Teil der Wirkung von »Liquid Ecstasy« kann durch die Gabe von Physostigmin (Handelsname Anticholum) aufgehoben werden. Bei Angstzuständen kann mit der vorsichtigen Gabe von → Benzodiazepinen oder → Neuroleptika versucht werden, diesen Zustand aufzufangen. Doch Achtung: Auch hier droht Atemlähmung, weswegen die Gabe nur unter der Möglichkeit der maschinellen Beatmung erfolgen sollte.

Liskantin: Handelsname eines Medikamentes, das gegen Epilepsien eingesetzt wird. Missbräuchlich wird es auch als → Droge eingesetzt. Inhaltsstoff ist Primidon.

Literatur: Schriftsteller scheinen nicht selten unter Suchtproblemen zu leiden. Vielleicht liegt das daran, dass das Schreiben von Büchern fast immer mit einem längerandauernden Rückzug aus dem öffentlichen Leben verbunden ist (→ G̶).

Sir Arthur Conan Doyle zum Beispiel schreibt in »A scandal in bohemia« die Fähigkeiten seines Detektivs Sherlock Holmes dessen Kokainkonsum zu. Sherlock Holmes spritzt sich in »The sign of the four« dann sogar die → Droge. Robert Louis Stevenson schrieb »Dr. Jekyll an Mr. Hyde« in weniger als einer Woche. Möglich war dies durch den hohen Kokainkonsum des Autors. In der Figur des Mr. Hyde sind die durch Kokain verursachten Persönlichkeitsveränderungen im Übrigen anschaulich verdichtet. Schriftsteller, die im Hauptberuf Arzt waren und somit Zugriff zu Drogen hatten, wie z.B. Sigmund Freud oder Gottfried Benn, nahmen regelmäßig → Kokain und andere Drogen.

Der Beginn der Moderne in der Literatur und die moderne Literatur selbst sind stark von Drogengebrauch und -experimenten geprägt. Die Darstellung einer neuen Sicht auf das Leben und die Entwicklung neuer Ausdrucksformen und -stile war oft mit der Suche nach einer anderen Lebensweise verbunden: Beispiele in der zweiten Hälfte des 19. Jahrhunderts waren Oscar Wilde, Joris-Karl Huysmans, Charles Baudelaire, Paul Verlaine, Arthur Rimbaud. Ein anderes Beispiel ist der deutsche Expressionismus Anfang des 20. Jahrhunderts (Georg Trakl, der junge Gottfried Benn, Walter Rheiner, Georg Heym). Als drittes Beispiel sei hier die amerikanische Beat-Literatur der fünfziger und sechziger Jahre mit den ihr zugrunde liegenden Drogenerfahrungen (ausgelebt in Nordafrika und Mexiko) genannt: William S. Burroughs, Allan Ginsberg, Lawrence Ferlinghetti, Jack Kerouac, Herbert Huncke u.a.), die dann die Literatur der folgenden Hippie-Zeit, der 68er, nachhaltig geprägt haben.

LKA: Abk. für Landeskriminalamt, einer Behörde, die u.a. auch mit der Verfolgung von Drogendelikten befasst ist.

LMAA-Pillen: Szeneausdruck für → Benzodiazepine und andere → Beruhigungsmittel, die nach Einnahme zu Gleichgültigkeit führen. LMAA ist dabei die Abk. für »Leck mich am Arsch«.

Load: Szeneausdruck für eine größere Drogenmenge.

Lockerungsentscheidungen im Maßregelvollzug: Grundsätze für Lockerungsentscheidungen im → Maßregelvollzug, also forensischen Fachabteilungen und forensische Fachkliniken, werden auf Landesebene vereinbart. Die folgenden Grundsätze zu Lockerungsentscheidungen sind Ergebnis einer Arbeitsgruppe aus Vertretern des Landesbeauftragten für den Maßregelvollzug, der Landschaftsverbände Rheinland und Westfalen als untere staatliche Maßregelvollzugsbehörden, der Maßregelvollzugseinrichtungen und des Institutes für forensische Psychiatrie der Universität Essen: »Eine Lockerung ist die Verringerung des Maßes der Freiheitsentziehung. Sie erfolgt durch eine Rücknahme der Sicherungsfunktionen des Maßregelvollzuges in institutioneller, baulicher und personeller Hinsicht. Lockerungen sind ein wesentlicher Bestandteil der Therapie. Sie richten sich nach deren Erfolg und der von dem Patienten ausgehenden Gefährlichkeit. Ausgänge oder Ausführungen im Sinne von § 18 Abs. 3 MRVG bedürfen der angemessenen Sicherung. Sobald und soweit der Zustand des Patienten es zulässt, sind die Einrichtungen verpflichtet, Lockerungen zu gewähren. Jede Lockerungsmaßnahme erfordert eine eingehende prognostische Beurteilung der von dem Patienten ausgehenden Gefährlichkeit.

Es werden folgende Lockerungsarten landeseinheitlich festgelegt:

- keine (0)
- Ausgang mit Aufsicht (1)
- Ausgang ohne Aufsicht (2)
- Urlaub (mindestens eine Übernachtung) (3)

Eine weitere Differenzierung innerhalb einer Lockerungsart kann jede Klinik in Abhängigkeit von den baulichen, personellen, situativen und konzeptionellen Gegebenheiten vornehmen. Bei erster Gewährung der Lockerungsarten 1, 2, 3 werden die Patienten mit einer jeweils neuen, in ihrer bisherigen Zeit im Maßregelvollzug so nicht erlebten Qualität der Freiheit konfrontiert. Sie werden daher im Folgenden als Schwellenlockerungen bezeichnet. Die nachfolgenden grundsätzlichen Anforderungen sind nur für die Gewährung von Schwellenlockerungen verbindlich. Voraussetzung für eine Lockerung ist eine eingehende Risikoabschätzung. Wenn aufgrund dieser Risikoabschätzung erwartet werden kann, dass der Patient die mit einer Lockerung verbundene Verminderung der Fremdbestimmung und -kontrolle nicht dazu benutzt, sich dem weiteren Vollzug zu entziehen oder diese zu einer Straftat zu missbrauchen, können Lockerungen gewährt werden. Darüber hinaus muss sich die Prognose auf eine mögliche Gefährdung des Behandlungserfolges beziehen. Die Funktionen der Lockerungen sind zu definieren. Bei jeder Lockerungsmaßnahme ist deren Zweck zu bestimmen. Bei der Prognoseerstellung sind folgende Dimensionen der Prognose zu beachten:

1. frühere Delinquenz
2. Persönlichkeitsquerschnitt und aktuelle Krankheitssymptomatik
3. Verhalten seit der Tatbegehung
4. soziale Perspektive

Die Beachtung der diesen Dimensionen zugeordneten Einzelkriterien sollte zusätzlich durch die Benutzung zumindest eines der folgenden standardisierten Kriterienkataloge sichergestellt werden: Kriterienkatalog Dittmann, HCR 20, SVR 20, PCL-R, Kriterienkatalog Weber/Leygraf. Bei der Prognoseerstellung und der Anwendung der Kriterienkataloge ist auf die Ergebnisse der Eingangsdiagnostik Bezug zu nehmen, um Entwicklungen während der Unterbringung zu berücksichtigen.

Das Entscheidungsverfahren ist zweistufig zu konzipieren. Es findet eine Meinungsbildung zunächst auf Stationsebene und dann auf der Leitungsebene statt. Die Station gibt einen Entscheidungsvorschlag ab. Die Entscheidung wird durch die therapeutische Leitung getroffen und verantwortet. Im ersten Schritt müssen die für die Prognoseentscheidung erforderlichen Daten durch alle an der Therapie Beteiligten zusammengetragen werden. Es ist ein Verantwortlicher für die Vollständigkeit der Daten, die auch Informationen von komplementären Therapiebereichen umfassen, zu benennen. Auf der Stationsebene wird ein Entscheidungsvorschlag erarbeitet. Es ist in jedem Einzelfall zu gewährleisten, dass dabei der zuständige Therapeut und weitere Mitarbeiter, die einen besonderen Bezug zum Patienten haben (z. B. Bezugspfleger oder -sozialarbeiter) beteiligt werden. Dieser Entscheidungsvorschlag wird der therapeutischen Leitung vorgelegt. Differierende Meinungen einzelner Mitarbeiter sind dabei wiederzugeben.

Im zweiten Schritt entscheidet die therapeutische Leitung über die Lockerung (§ 18 Abs. 1 MRVG) gegebenenfalls unter Einbeziehung eines externen Gutachtens (§ 18 Abs. 5 MRVG). Bei persönlichkeitsgestörten Patienten, die als Anlassdelikt ein schweres sexuelles Gewaltdelikt verübt haben, ist die Entscheidung über die erstmalige Gewährung eines unbegleiteten Ausgangs auf ein Gutachten nach Maßgabe von § 16 Abs. 3 MRVG zu stützen. Schwere sexuelle Gewaltdelikte sind Straftaten im Sinne von §§ 176a, 176b, 177, 178, 179 Abs. 4 und 5 und 181 des Strafgesetzbuches (StGB).

Wenn Gründe für die Aussetzung der Durchführung einer Lockerung vorliegen, ist jeder Mitarbeiter der Einrichtung befugt, die Durchführung der Lockerung auszusetzen. Die Aussetzung der Durchführung der Lockerung und die Gründe für diesen Schritt sind zu dokumentieren. Nach einer Analyse der zur Aussetzung der Durchführung der Vollzugslockerung führenden Gründe entscheidet die therapeutische Leitung unverzüglich über das weitere Vorgehen (weitere Aussetzung der Durchführung, Aufhebung oder Beibehaltung der Lockerungsart).

Lockerungsentscheidungen sind, da sie stets auf der Einschätzung zu einem bestimmten Zeitpunkt beruhen, regelmäßig zu überprüfen. Der Verlauf von Lockerungen sollte regelmäßig mit dem Patienten besprochen werden. Die therapeutische Leitung ist regelmäßig über den Verlauf der Lockerungen zu informieren.

Die Kliniken führen eine Dokumentation ihrer Lockerungsentscheidungen, die gewährleistet, dass das Entscheidungsverfahren und die Entscheidungsgründe nachvollziehbar sind.«

Loco-Weed: Szeneausdruck für besonders wirksames → Marihuana.

Löffel: Utensil, das zum Aufkochen von → Heroin benutzt wird. Das Auffinden von Löffeln mit Rauchspuren kann für Eltern der erste Hinweis auf eine Heroinabhängigkeit ihres Kindes sein.

Löffel abgeben, den: Szeneausdruck für »(an einer Überdosis) sterben«.

Lösungsmittel: Zu den Lösungsmitteln gehören Stoffe unterschiedlicher chemischer Struktur, z.B. Aceton, Toluol und andere Fluorkohlenwasserstoffe. Sie werden, vor allem in Slums, zur Berauschung missbraucht. Es handelt sich um hochgefährliche Rauschmittel, deren Einnahme nahezu regelhaft zu schweren Schäden führt.

Bereits Sekunden nach dem Einatmen tritt ein kurz andauernder Rausch auf. Durch fortgesetzte Einnahme können Rauschzustände stundenlang aufrecht erhalten werden. Tödliche Verläufe sind möglich. Verätzungen und Entzündungen der Nasen- und Lungenschleimhäute sind regelhaft zu beobachten. Besonders Leichtsinnige spritzen oder trinken Lösungsmittel und bringen sich damit fast sicher in akute Lebensgefahr.

Lösungsmittel lagern sich bevorzugt im fettreichen Nervengewebe ab. Schon nach kurzem Gebrauch können schwere Leber- und andere Organschäden auftreten, die meist dauerhaft bestehen bleiben und zum Tode führen können.

Lookalikes: Szeneausdruck für legale psychoaktive Stoffe, deren Wirkung illegalen Drogen ähnlich ist.

Lophophorin: Halluzinogener Wirkstoff, der sich im → Peyotl-Kaktus findet.

Lorazep: Handelsname eines mittellang wirksamen → Benzodiazepin, das zur Behandlung von Angst und Erregungszuständen sowie vor und nach Operationen zur Beruhigung eingesetzt wird. Inhaltsstoff ist → Lorazepam. Die Entwicklung einer psychischen und physischen Abhängigkeit kann rasch erfolgen. In der Drogenszene wird das Medikament als Heroinersatz gehandelt.

Lorazepam ist ein mittellang wirksames → Benzodiazepins, das zur Behandlung von Angst und Erregungszuständen eingesetzt wird. In der Drogenszene wird es als Heroinersatz gehandelt. Es ist unter folgenden Handesnamen in Deutschland erhältlich: Durazolam, Laubeel, Lorazepam-neuraxpharm, Lorazepam-ratiopharm, Somagerol, Tavor und Tolid. Die Entwicklung einer psychischen und physischen Abhängigkeit kann bei Lorazepam rasch erfolgen. Ein besonders hohes Risiko bergen dabei die Präparate, die sehr schnell anfluten, z.B. Tavor exp.

Oft reichen zur Entwicklung einer ausgeprägten → Abhängigkeitserkrankung wenige Wochen. Eine Dosiserhöhung erfolgt nicht, man spricht auch von → → Low-Dose-Abhängigkeit, und da keine negativen sozialen Folgen zu beobachten sind, wird eine derartige Abhängigkeit oft übersehen.

Lorbeerbaum: Dem Lorbeer (Laurus nobilis) wird seit der Antike → psychoaktive Wirkung nachgesagt. Im Orakel von Delphi war er fester Bestandteil des Räucherwerks. Gekaut oder geraucht soll er zu → Halluzinationen führen. Ob im Lorbeer wirklich halluzinogen wirksame Stoffe enthalten sind, ist unklar.

Loretam: Handelsname eines → Benzodiazepins, das gegen → Schlafstörungen sowie vor und nach Opertationen eingesetzt wird. Missbräuchlich wird es auch als → Droge verwendet. Inhaltsstoff ist Lormetazepam.

Lormetazepam AL: Handelsname eines → Benzodiazepins, das gegen Schlafstörungen sowie vor und nach Operationen eingesetzt wird. Missbräuchlich wird es auch als Droge verwendet. Inhaltsstoff ist Lormetazepam.

Loser: Szeneausdruck für Menschen, die wenig Erfolge vorzuweisen haben. Viele Drogenkonsumenten bezeichnen sich selbst so. Oft ist die Bezeichnung nicht abwertend gemeint.

Nicht wenige Konsumenten sind sogar stolz darauf, Loser zu sein, weil sie darin ein Zeichen ihrer Unangepasstheit sehen und Unangepasstheit für sie ein hohes Gut ist. In Therapieeinrichtungen, in denen die Wiedereingliederung in die Gesellschaft ein Hauptziel ist, kann eine solche Einstellung (→ Denkfehler, → Selbsteffizienz) sehr hinderlich für eine erfolgreiche Therapie sein.

Löschung: In der Therapie von → Abhängigkeitserkrankungen spielen Löschungsprozesse eine Rolle. Löschung, auch Extinktion genannt, ist in der → Lerntheorie der Oberbegriff für die überdauernde Verminderung der Auftretenswahrscheinlichkeit eines Verhaltens. Im Unterschied zur → Habituation ist Löschung von Dauer. Löschung kann operant oder respondent erfolgen.

Mary Cover Jones, eine Schülerin von Watson, führte 1924 die erste historisch dokumentierte Löschung eines pathologischen Verhaltens durch. In der Therapie des »Kleinen Peter«, eines knapp drei Jahre alten Heimkindes, löschte sie dessen Angst vor Kaninchen, indem sie ihn – unter Gabevon Süßigkeiten – schrittweise der angstauslösenden Kreatur näher brachte. Der Behandlungserfolg beim kleinen Peter war von Dauer und es war sogar eine Generalisierung, d.h. eine Übertragung des Lernerfolges bzgl. der Angstfreiheit gegenüber anderen Pelzträgern, beobachtbar (reguläre Löschung).

Es gibt weitere Unterformen der Löschung:

Graduierte Löschung: Bezeichnung für die schrittweise Konfrontation des Patienten mit angstauslösenden Stimuli. Im Gegensatz zur Systematischen Desensibilisierung wird bei der graduierten Löschung keine Alternativreaktion ausgelöst; wesentliche Bedeutung kommt dem Feedback des Therapeuten an den Patienten zu. Im Gegensatz zum Flooding sind die präsentierten Stimuli nicht so angstauslösend, dass eine Reaktionsverhinderung notwendig wäre.

Verdeckte Löschung (Covert Extinktion): Der Begriff »covert« ist ein Hinweis dafür, dass hier klassische Annahmen auf den kognitiven Bereich übertragen wurden. Die Veränderungen sind nicht direkt beobachtbar, also »verdeckt«. Cautela (1971) versteht unter verdeckter Löschung die Reduktion unerwünschten Verhaltens durch den (kognitiv) vorgestellten Wegfall der Konsequenzen (im Geiste durchgespielt). Verdeckte Löschung von Vermeidungsverhalten erfolgt z.B. durch den Wegfall der Vorstellung negativer Konsequenzen (z.B. soll sich ein Junge, der Angst vor Dunkelheit hat, vorstellen, er sei ein Superheld, der alle Probleme lösen kann). Bei zu löschendem Annäherungsverhalten (z.B. pathologische Aggression eines Hooligans) geht es um das kognitiv durchgespielte Ausbleiben positiver Konsequenzen.

Stellvertretende Löschung: Diese Form der Löschung beruht auf dem Lernen am Modell (Bandura). Hier führt ein Modell, z.B. der Therapeut, ein angstfreies Verhalten als Reaktion auf einen für den Patienten z.B. Angst auslösenden Stimulus (wie eine Ratte) aus. Das Modell erleidet sichtbar keinen Schaden, das Vermeidungsverhalten des Patienten wird ohne direkten Kontakt des Patienten zur bedrohlichen Situation gelöscht. Löschungsprozesse spielen auch in der Therapie von Abhängigkeitskranken eine Rolle, z.B. wenn stärkere Ängste oder Unsicherheiten vorliegen und diese Ursache für den Suchtmittelkonsum sind.

Love Drug: Szeneausdruck für → MDA und → MDE.

Low-Dose-Abhängigkeit: Auch Low-Dose-Dependency oder Niedrigdosisabhängigkeit genannt. Bezeichnung für eine Form der → Abhängigkeit, bei der der Betreffende täglich eine gewisse, stets gleich niedrige Menge des Stoffes braucht, psychisch in der Regel aber unauffällig ist und oft auch einer Arbeit nachgeht. Die Ausbildung einer → Toleranz und eine Dosiserhöhung kommen bei einer Lowdose-Abhängigkeit nicht vor, weswegen sie – auch von Fachleuten – nicht selten übersehen wird. Diese Form der Abhängigkeit kommt vor allem bei → Alkohol und Beruhigungstabletten, wie z.B. → Benzodiazepinen, vor.

L-Polamidon: → Opiat, das im Rahmen von → Substitutionsbehandlungen bei Heroinsüchtigen eingesetzt wird. Inhaltsstoff ist → Levomethadon-HCL. Die Nebenwirkungen und Risiken entsprechen denen von → Heroin, die körperlichen → Entzugserscheinungen sind aber viel heftiger, die euphorisierende Wirkung hingegen geringer.

LSA: Engl. Bezeichnung für → LSD, das »A« steht für »acid«, das eng. Wort für Säure.

LSD: LSD ist die Abk. für d-Lysergsäure-Diäthylamid. Diese → Droge wird unter den Namen Trips, Pappen, Papers, Acid, Deep Purple, Cubes in der Szene verkauft. LSD ist eine illegale Droge und in → Anlage 1 des → BtMG aufgelistet (Anm.: Unter dem Namen Super-LSD wird auf dem Markt → DOM verkauft, ein ähnlich wirkendes → Halluzinogen).

Die Wirkung der Lysergsäure, des Grundstoffes von LSD, ist schon seit Jahrhunderten bekannt. Lysergsäure ist nicht annähernd so giftig wie LSD. Sie findet sich natürlicherweise im → Mutterkorn (Claviceps purpurea), einem parasitären Pilz, der auf Getreide wächst. Ernteten im Mittelalter die Bauern Getreide, das von Mutterkorn befallen war, und verzehrten es (z.B. bei Nahrungsmittelknappheit), so verfielen sie in Rauschzustände und Krämpfe. Hände und Füße wurden – da die Durchblutung gestört war – schwarz und starben oft sogar ab. Viele Menschen sind an der Mutterkorn-Vergiftung gestorben. Damals wurde ihr seltsamer Tod in Verbindung mit göttlichem Wirken gebracht. »Antoniusfeuer« hieß ihr Leiden. Die Menschen, die derart seltsam verendeten, seien von Gott bestraft worden, nahm man an.

1943 synthetisierte Albert Hoffmann, der bei der Firma Sandoz in der Schweiz arbeitete, aus Lysergsäure Lysergsäure-Diäthylamid, kurz LSD genannt (siehe auch www.hoffmann.org). Die Entdeckung der Rauschwirkung geschah zufällig: Am 16.4.1943 musste Hoffmann sein Labor wegen einer unerklärlichen Ruhelosigkeit und visueller Wahrnehmungsstörungen früher als sonst verlassen. Er vermutete, dass nur LSD die Ursache für seine Befindlichkeitsstörung sein konnte, da es die einzige Substanz war, mit der er an diesem Tag experimentiert hatte. Um sicher zu sein, nahm er 0,25 mg LSD. Er erlebte einen Rausch mit bedrohlichen Sinnestäuschungen und Todesangst. Leider ließ er es nicht auf diesem Selbstversuch beruhen. Er forschte weiter und publizierte darüber und bescherte der Welt ein Problem (Nicht ohne Grund lautete ein Buchtitel von ihm später: »LSD, mein Sorgenkind«).
LSD ist das bislang potenteste → Halluzinogen. Bereits ein Millionstel Gramm bewirkt einen heftigen Rausch. Trotz der schon früh bekannten Gefahren von LSD wurden weitere Experimente durchgeführt. 1949 brachte Sandoz LSD unter dem Namen Delysid auf den Markt. Man hoffte auf ähnliche Verkaufserfolge wie bei den ebenfalls süchtig machenden → Barbituraten, die man zuvor auf den Markt gebracht hatte. In leichtsinniger Weise verabreichten es seit den Sechzigern bis in die 1990er Jahre einige Psychotherapeuten. Sie riskierten damit erhebliche Schäden bei ihren Patienten. Einen nachgewiesenen Nutzen hatte LSD ohnhehin nie in Medizin und Psychotherapie (→ psycholytische Therapie, → Komorbidität). Wer heute als Therapeut seinen Patienten LSD verabreicht, muss wegen Verstoßes gegen das → BtMG strafrechtlich mit Haftstrafen und zusätzlich zivilrechtlich mit hohen Geldstrafen rechnen. Die US-Amerikaner untersuchten die Wirkung von LSD in den fünfziger Jahren des letzten Jahrhunderts an Künstlern. Dem Maler Stanley Glickmann soll CIA-Agent Sidney Gottlieb, Projektleiter von MK-Ultra, 1952 in Paris LSD ohne sein Wissen in einen Drink geschüttet haben. Der Maler wurde daraufhin verrückt und hat nie wieder

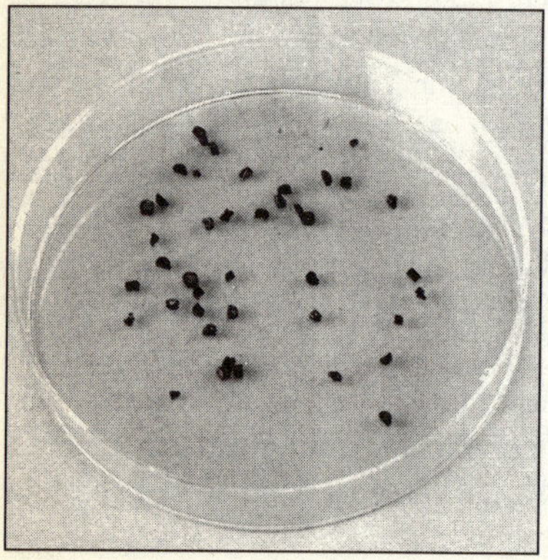

LSD in verschiedenen Formen

richtig im Leben Fuß fassen können. Auch mit Spinnen hat man Drogenversuche gemacht; die Gestalt ihrer Netze verändert sich unter LSD erheblich. Während unter → Kokain prächtigere größere Netze als im Normalzustand entstanden, wurde die unter LSD gewebten Netze ungeordneter und zum Fliegenfang unbrauchbar.
Wie schon bei → Ecstasy machte die amerikanische Armee in den fünfziger Jahren auch mit dieser Droge Menschenversuche. Bezeichnung des menschenrechts- und verfassungswidrigen Projektes der CIA: → MK-Ultra. Soldaten und Zivilisten wurde – ohne ihr Wissen – LSD verabreicht. Obwohl die Regierung solche Versuche jahrelang heftig bestritt, wurde die Beweislast schließlich so erdrückend, dass sie schließlich etliche Kanadier mit mehr als einer Million Dollar entschädigen musste, die in den fünfziger Jahren Opfer der Versuche geworden waren. Bei den LSD-Jüngern, die sich selbst → Acid-Heads nannten, war es ebenfalls üblich, ahnungslosen Opfern LSD in Drinks zu schütten. Pipgen, Mitglied der Grateful Dead, Alkoholiker und überzeugter Gegner von LSD, trank deshalb nie aus bereits geöffneten Dosen. Ein einziges Mal nahm er unwissentlich LSD, das auf den Rand einer ungeöffneten Dose getropft war. In den sechziger Jahren war es schick, mit Drogen zu experimentieren. LSD erfuhr eine enorme Popularitätssteigerung. Nicht wenige – meist spirituell orientierte Menschen – versuchten, mit LSD ihre Kreativität zu steigern. John Lennon, George Harrison, Eric Clapton, Paul McCartney, Brian Epstein, Eric Burdon und Brian Jones gehörten dazu, um nur einige zu nennen. Auch The Doors haben z.B. in ihrem Stück »When the music's over« LSD-Drogenerfahrungen verarbeitet. Natürlich hatte auch bei diesen kreativen Köpfen LSD seine Nachteile. Brian Jones, der zu Beginn eine, wenn nicht die zentrale Kraft der Rolling Stones war, wurde nach

Graffiti einer LSD-Impression

LSD-Einnahme völlig unbrauchbar für jede Tätigkeit im Aufnahmestudio. Bei anderen Künstlern sah es nicht anders aus. LSD verschaffte ihnen zwar subjektiv interessante Erlebnisse, lähmte aber meist Kreativität und Leistungsfähigkeit. Syd Barrett, Mitglied der in den sechziger Jahren sehr erfolgreichen Band Pink Floyd, wurde durch seinen chronischen LSD-Konsum wirr und unfähig zu spielen. Bei seinen letzten Auftritten stand er nur noch sinnlos auf der Bühne herum und verließ 1967 die Band. Eric Burdon geriet durch LSD mehrfach in psychotische Zustände, ruinierte seine Ehe und eine Karriere als Musiker. Erst nach der Heirat mit einer Oben-ohne-Tänzerin gelang es Burdon, von den Drogen wegzukommen und seine Probleme in den Griff zu kriegen.

Von einzelnen Therapeuten wurde LSD bis zu seinem Verbot begleitend zur Psychotherapie eingesetzt. Der Nutzen von LSD in der Medizin war von Anfang an fraglich. → Timothy Leary, ein Psychologie-Dozent an der Harvard-Universität, verhalf mit seinen Publikationen der Droge zu großer Popularität. Er wurde nach und nach zum Drogenguru dieser Generation, verlor wegen der Drogen schließlich seine Arbeit und wurde später wegen Drogenbesitzes zu 30 Jahren Haft verurteilt. Fachleute waren sich schon früh einig, dass die Risiken von LSD in keinem Verhältnis zum möglichen therapeutischen Nutzen stehen.

1966 stellte Sandoz die LSD-Produktion ein, 1967 wurde die Droge verboten. Mehr und mehr waren die Gefahren des Halluzinogens offensichtlich geworden. Ein immer unkontrollierbarer werdender Konsum forderte seine Opfer.

Von offizieller Seite war man sich bewusst geworden, dass gerade Rockmusiker mit ihrem Drogenkonsum Vorbildfunktion haben können. So war es nur folgerichtig, dass es eine Reihe von Verurteilungen gab, die natürlich auch von den Medien ausgeschlachtet wurden. Innerhalb der Szene mehrten sich die kritischen Stimmen. Die → User erlebten → Horrortrips, blieben in psychoseartigen Zuständen hängen. Um die Nebenwirkungen und Horrortrips aufzufangen, griffen einige dann zu → Heroin. Für viele war spätestens das der Anfang vom Ende. Das Junkietum war geboren. LSD verlor an Attraktivität und wurde uninteressant. Bis auf einzelne versprengte → Hippie-Gruppen nahm jahrzehntelang kaum jemand LSD. Einige Althippies überlebten im indischen Goa.

Von dort ausgehend breitete sich in den neunziger Jahren der LSD-Konsum in Zusammenhang mit der Techno-Szene wieder aus. Die alten Fehler wurden wiederholt, ohne allerdings das in den sechziger Jahren vorliegende Ausmaß zu erreichen.

LSD ist eine weiße, kristalline, hochgiftige Substanz, die schon in kleinsten Dosen → Halluzinationen hervorruft. Das körperliche → Abhängigkeitspotenzial ist gering, das psychische mittelgradig. Die häufigste Anwendungsform von LSD sind Löschpapier oder Filzstückchen, auf die der Wirkstoff aufgeträufelt worden ist. Innerhalb der Partyszene sind diese Blättchen nicht selten mit Phantasiemotiven verziert. Eines dieser Blättchen, der so genannte Trip, enthält ca. 20 bis 100 μg LSD. Die Droge wirkt sehr lange, durchschnittlich 6 bis 12 Stunden. Die Wirkung ist schlecht steuerbar.

LSD greift massiv in die menschliche Wahrnehmung ein. Optische Sinnestäuschungen sind zu beobachten, eine Veränderung des Körperempfindens kann ebenfalls auftreten. Obwohl Gegenstände verändert wahrgenommen werden, bleibt der unwirkliche Charakter des Erlebten in der Regel erhalten. Das Zeitgefühl ist unter LSD-Einfluss verändert, meist verlangsamt. Die Grenzen zwischen der eigenen Person und der Umgebung werden als gelockert bis aufgelöst empfunden. Ein solcher Zustand ähnelt dem, der von schizophrenen Patienten beschrieben wird. Die Denkabläufe werden durch LSD ebenfalls verändert. Die Konstanz der Gedankengänge ist unterbrochen, neu einschießende Ideen überlagern schnell die alten, ohne dass ein Gedanke zu Ende gedacht wurde.

Das Selbstwertgefühl ist nicht selten verändert, oft ist es gehoben. Manche Personen entwickeln die Überzeugung, fliegen zu können, andere halten sich unter Drogeneinfluss für übermäßig begabt. Müßig zu erwähnen, dass LSD weder das eine noch das andere bewirkt. Die durch LSD bewirkte Selbstüberschätzung birgt Gefahren. Nicht wenige Personen haben sich in solchen Zuständen schon aus dem Fenster gestürzt und sind gestorben oder blieben verkrüppelt.

Ca. eine halbe Stunde nach Einnahme von LSD kann es zu unangenehmen Gleichgewichtsstörungen, Gangstörungen sowie fremdartigem Erleben des eigenen Körpers kommen. Nicht selten ist auch ein leichter Brechreiz mit Schwindel, Hitze- oder Kältegefühl und Schweißausbrüchen. Die Temperatur steigt an, das Herz schlägt schneller, die Atemfrequenz nimmt zu und der Blutdruck steigt.

Wird LSD in einer gelösten Stimmung genommen, sind eher Veränderungen der Stimmung in Richtung Euphorie zu beobachten. Es kann aber unkontrollierbar zum Umschlagen in Angst und Verfolgungswahn kommen. Manche User trinken in solchen Situationen große Mengen Milch, was den Verlauf günstig beeinflussen soll.

Nach Abklingen der Rauschwirkung sind u.U. noch einige Tage nach Drogeneinnahme weitere unerwünschte Wirkungen wie Müdigkeit und Abgeschlagenheit sowie eine Verminderung der Hirnleistung und des Gedächtnisses zu beobachten. In selteneren Fällen kann es auch ohne erneute Drogeneinnahme zu Psychose-artigen Zuständen kommen, den so genannten → Flashbacks.

Bei entsprechend anfälligen Personen kann das Leistungsvermögen auch durch eine einmalige LSD-Gabe längerfristig gestört werden. Dies liegt wahrscheinlich daran, dass LSD massiv in die integrativen, für das Lernen unmittelbar wichtigen Funktionen des Gehirns eingreift, wobei die Möglichkeit, zwischen wichtigen und unwichtigen Reizen zu unterscheiden, zum Teil verloren gehen kann. Eine weitere Gefahr, die bei LSD größer ist als bei den meisten anderen Drogen, ist die, dass eine Psychose ausgelöst werden kann, die von einer Schizophrenie nicht zu unterscheiden ist.

Bei akuter Vergiftung treten → Pupillenerweiterung, eine Erhöhung des Herzschlags mit erhöhter Körpertemperatur und erhöhtem Blutdruck häufig auf. Außerdem kann es zu Gefäßkrämpfen, einer Überzuckerung oder zu Blutdruckabfall kommen. → Herzstillstände sind möglich. Unter LSD-Einfluss kann, wie bei anderen Drogen auch, unter Überdosierung eine Atemlähmung auftreten.

In jedem Falle ist bei Vergiftung mit LSD unmittelbar der Notarzt zu verständigen. Bei Verdacht auf Herzstillstand ist sofort mit Herzmassage und Mund-zu-Mund-Beatmung zu beginnen. Besteht der Verdacht auf einen plötzlichen Blutdruckabfall, so ist der Patient flach zu lagern und die Beine hochzulegen.

Stehen Vergiftungserscheinungen auf psychischem Gebiet im Vordergrund, so ist der Betreffende zunächst in einen ruhigen Raum zu verbringen und nicht mehr aus den Augen zu lassen. Grund hierfür ist die akute Selbstgefährdung. Auch in diesem Fall ist der Notarzt zu verständigen, u.U. ist hier die Verbringung in eine geschlossene psychiatrische Abteilung für eine kurze Zeit unvermeidbar. Der Notarzt wird zunächst mit beruhigenden Medikamenten wie → Valium oder mit → Neuroleptika versuchen die Situation zu entschärfen.

Lude: Szeneausdruck für Zuhälter.

Luminal: Handelsname eines → Barbiturates (Inhaltsstoff Phenobarbital), das von Ärzten gegen → Schlafstörungen und Epilepsie verordnet wird. In der Drogenszene wird es missbräuchlich verwandt. Die therapeutische Breite ist gering. Lebensgefährliche Komplikationen entstehen bei missbräuchlicher Anwendung vor allem deshalb, weil Luminal sehr langsam anflutet. Wird – in der falschen Annahme die → Droge wirke nicht – mehr eingenommen, kann es zu gefährlichen Überdosierungen kommen.

Luminaletten: Handelsname eines → Barbiturates, das wegen seiner → psychoaktiven Wirkung auch als → Droge missbraucht wird. Inhaltsstoff ist Phenobarbital.

LVA: Abk. für Landesversicherungsanstalt. Die LVA ist u.a. zuständig für die Durchführung von → Entwöhnungsbehandlungen bei Suchterkrankungen.

Lysergid: Freiname von → LSD, das in seinen Anfängen als Medikament im Umlauf war.

M

M: Szeneausdruck für → Morphium.

MA: Abk. für Morphin-Antagonisten.

Mace: Szeneausdruck für → Muskatnuss. Die Blüte der Muskatnuss erzeugt, aufgelöst in Wasser oder → Alkohol, einen leicht halluzinogen Rausch. Unangenehmer ist es, das Gewürz, also die zerriebene Nuss, in größeren Mengen einzunehmen.

Maconha: Weiterer Name für → Cannabis.

Maconha Brava: Hülsenfruchtgewächs (Zornia latifolia), dessen getrocknete Früchte als → Marihuana-Ersatz geraucht werden. Ein → psychoaktiver Wirkstoff konnte bislang nicht nachgewiesen werden.

Madi: Weitere Bezeichnung für → Cannabis.

Madjum: Szeneausdruck für Süßwaren, die → Cannabis enthalten.

Magenschleimhautentzündung: Eine Entzündung von Magen und Dünndarm tritt häufig bei fortgesetztem Alkoholkonsum, aber auch bei regelmäßiger Einnahme vieler anderer → Drogen auf (→ körperliche Veränderung durch Alkohol). Sie kann bis zum Magendurchbruch führen.

Magenwurz: Weitere Bezeichnung für → Kalmus.

Magersucht: Bei der Magersucht, auch Anorexie oder Anorexia nervosa genannt, handelt es sich trotz des Namens nicht um eine → Sucht im Sinne einer → Abhängigkeitserkrankung. Nicht wenige Magersüchtige sind aber zusätzlich abhängig, z.B. von → Stimulanzien (→ Komorbidität). In der Techno-Szene, in der eine schlanke Figur ein Schönheitsideal ist, ist Magersucht kein seltenes Krankheitsbild. → Ecstasy, das ursprünglich als → Appetitzügler entwickelt wurde, wird von Magersüchtigen auch zur Gewichtsreduktion eingesetzt.

Magic Mushroom: Szeneausdruck für einen → Pilz, der halluzinogene Wirkstoffe, z.B. → Psilocybin, enthält.

Magic Mushroom People: Aus der → Hippiebewegung stammende Gruppierung in den USA, deren Hauptdroge → psilocybinhaltige Pilze sind.

Neben der Drogeneinnahme ist eine ausgeprägte Naturnähe Kennzeichen der Magic Mushroom People.

Magic Pumpkin: **1.** Szeneausdruck für → Peyote. **2.** Szeneausdruck für → Meskalin.

Maguoon: Weitere Bezeichnung für → Cannabis.

Mahjum: Mit Butter vermengtes → Haschisch, das vor allem im indischen und arabischen Sprachraum verwendet wird. Es dient zum Backen oder Bestreichen von Gebäck.

Ma Huang: Bezeichnung für eine chinesische Teesorte, die Bestandteile des → Ephedrakrautes enthält.

Maicao: Weitere Bezeichnung für → Brugmansia.

Mainline: Szeneausdruck für die Injektion von → Drogen. Die Tätigkeit des Injizierens wird »mainlinen« genannt.

Major Tranquilizer: Heute nicht mehr gebräuchliche Bezeichnung für → Neuroleptika.

Majun-Kur: Chinesisches Entzugsverfahren, das als Vorläufer des warmen → Entzuges gelten kann. Der Süchtige bekommt dabei in absteigender Dosierung opiumhaltige Getränke. Je nach Höhe des Suchtmittelgebrauches dauert die Majun-Kur zwischen 3 Wochen und 3 Monaten.

Makiwara: Weiterer Szeneausdruck für → Polnische Suppe.

Maliasin: Handelsname eines Medikamentes, das gegen Epilepsien eingesetzt wird. Inhaltsstoff ist Barbexaclon. Es wird missbräuchlich auch als → Droge benutzt. Wirkungen und Risiken sind unter → Barbiturate nachzulesen.

MALT: Abk. für Münchener Alkoholismustest, ein → psychologischer Test, der 1977 von Feuerlein et al. entwickelt wurde.

Malva colorada: Weitere Bezeichnung für → Axocatzin.

MAM: Abk. für 6-Monoacetylmorphin. MAM ist der erste Stoff, der beim Abbau von → Heroin entsteht. Wird MAM in einer → Haaranalyse nachgewiesen, ist das ein sicherer Hinweis darauf, dass Heroin konsumiert wurde.

Manali: Weitere Bezeichnung für → Cannabis.

M&C: Szeneausdruck für eine Mischung aus → Morphium und → Kokain.

Mandelkern, auch Corpus amygdaloideum oder Amygdala genannt, ist ein Teil des Zwischenhirns, der – neben dem → ventralen Tegmentum, dem → Nucleus accumbens und Teilen des → Hypothalamus – bei der Entstehung von → Abhängigkeitserkrankungen eine wichtige Rolle spielt. Der Mandelkern ist zuständig für das Gefühlserleben und das Abrufen von Gedächtnisleistungen. Er ist nicht nur in der Lage, auf eingehende

Reize zu reagieren, sondern seine Nervenzellen können selbst Signale aussenden, die steuernd wirken. Wahrscheinlich wird im Mandelkern, wenn (hormonell gesteuerte) → Emotionen und Gefühle auftreten, eine Handlung ausgelöst (z.B. Trinkverhalten).

Mandragora: Weitere Bezeichnung für → Alraune.

maniküren: Szeneausdruck für die Aufbereitung pflanzlicher → Drogen, indem z.B. bei → Cannabis Stengel und Samen entfernt werden.

Manque: Szeneausdruck für → Entzug, auch Monkey oder Affe genannt.

MAO-Hemmer: Gruppe von → Antidepressiva, die auch in der Drogenszene missbräuchlich verwandt werden, weil sie Entzugssymptome mildern können. MAO-Hemmer hemmen das Enzym Mono-Amino-Oxidase, das Botenstoffe der Nerven abbaut. So bleiben diese Stoffe, die die Stimmung aufhellen, länger wirksam. MAO-Hemmer haben kein körperliches und wahrscheinlich auch kein psychisches → Abhängigkeitspotenzial. Nachteil ist u.a., dass sie zu gefährlichen Erhöhungen des Blutdrucks führen können, insbesondere in Kombination mit manchen Medikamenten, → Drogen und auch mit manchen Lebensmitteln wie Rotwein und tyraminhaltigen Käsesorten.

Maple Leaf: Szeneausdruck für eine Cannabis-Züchtung mit hohem → THC-Gehalt.

Maraba: Weitere Bezeichnung für → Galanga.

Maracuja: (Passiflora edulis) gehört zu den Passionsblumen. Der Saft der Maracuja-Frucht wird in Südamerika dem berauschenden Getränk Vinho de Jurema zugesetzt. Der Saft von Maracuja soll schlafanstoßend und antidepressiv wirken. Man vermutet, dass die Pflanze Stoffe enthält, die ähnlich wie → MAO-Hemmer wirken.

Mardom ghia: Weitere Bezeichnung für → Alraune.

Maria: Szeneausdruck für → Kokain.

Maria Johanna: Szeneausdruck für die getrockneten Blätter von → Cannabis.

Maria Rosa: Weitere Bezeichnung für → Cannabis.

Marihuana: Bezeichnung für die gereinigten, getrockneten und

Marihuana

zerkleinerten Blätter der → Cannabis-Pflanze (Cannabis sativa). Cannabis wird als Drogenausgangsstoff weltweit angebaut und konsumiert. Marihuana wird, mit Tabak vermengt, geraucht, aber auch in → Tees oder → Kakao gelöst oder in Kekse eingebacken eingenommen. Es enthält meist nicht so viel Wirkstoff (→ THC) wie das Haschisch genannte Harz. Der THC-Gehalt schwankt i.d.R. zwischen 1 und 15 %.

Marijuana: Weitere Bezeichnung für → Cannabis.

Mariquita: Weitere Bezeichnung für → Cannabis.

Marinol: Handelsname eines in den USA zugelassenen Medikamentes, das synthetisch hergestelltes → THC enthält (→ Cannabis, → Dronabinol).

Marley's Collie: Szeneausdruck für eine → THC-reiche Cannabis-Züchtung. Der Name Marley kommt vom Reggae-Musiker Bob Marley (der an den Folgen seines Drogenkonsums verstarb). Wie alle → Hybridzüchtungen ist Marley's Collie weniger resistent gegen Krankheitserreger als die Wildform. Zu den Risiken, bedingt durch die → psychoaktiven Wirkstoffe, kommen daher mögliche Schäden durch Insektizide.

Mary Jane: Szenebezeichnung für → THC-haltiges→ Cannabis. Es handelt sich um eine Verballhornung von → Marihuana.

Mary Warner: Szeneausdruck für die getrockneten Pflanzenteile der weiblichen → Cannabis-Pflanze.

Maßregelvollzug ist eine Form der Gefängnisstrafe, bei der therapeutische Maßnahmen zum Einsatz kommen. Die gesetzlichen Bestimmungen des Maßregelvollzuges sind im → Maßregelvollzugsgesetz geregelt. Er wurde ins Leben gerufen für psychisch kranke Straftäter – einschließlich suchtkranke Straftätern (→ Unterbringung in einer Entziehungsanstalt) – bei denen ein Gericht entschieden hat, dass aufgrund der psychischen Erkrankung zum Tatzeitpunkt verminderte Schuldfähigkeit (→ Schuld-

Maßregelvollzug, hier sind psychiatrisch kranke Straftäter sicher untergebracht

fähigkeit, verminderte) oder → Schuldunfähigkeit bestanden hat. Grundlage des Richterspruches sind im Regelfall ein oder mehrere psychiatrische Gutachten.

§ 61 des Strafgesetzbuches (StGB: in der Fassung der Bekanntmachung vom 13. November 1998 (BGBl. I S. 3322), zuletzt geändert durch Artikel 1 des Gesetzes vom 22. August 2002 (BGBl. I S. 3390), enthält gesetzliche Bestimmungen zur Frage, was unter Maßregelvollzug zu verstehen ist:

»Maßregeln der Besserung und Sicherung sind

1. die Unterbringung in einem psychiatrischen Krankenhaus,
2. die Unterbringung in einer Entziehungsanstalt,
3. die Unterbringung in der Sicherungsverwahrung,
4. die Führungsaufsicht,
5. die Entziehung der Fahrerlaubnis,
6. das Berufsverbot.

In § 62 des StGB ist der dabei zu berücksichtigende »Grundsatz der Verhältnismäßigkeit« aufgeführt: »Eine Maßregel der Besserung und Sicherung darf nicht angeordnet werden, wenn sie zur Bedeutung der vom Täter begangenen und zu erwartenden Taten sowie zu dem Grad der von ihm ausgehenden Gefahr außer Verhältnis steht.«

Sexualstraftäter machen nur einen kleinen Teil der forensisch, d.h. im Maßregelvollzug untergebrachten psychisch kranken Patienten aus. Es ist das gesamte Spektrum schwerer psychischer Erkrankungen dort vertreten. Die meisten der Insassen sind männlich; der Anteil der Frauen liegt unter 5 %.

Die Unterbringung dieser Verurteilten erfolgt nicht in normalen Gefängnissen, sondern in speziellen Maßregelvollzugskliniken oder forensischen Kliniken.

Ziel ist es einerseits, den Schutz der Allgemeinheit vor den psychisch kranken Straftätern sicherzustellen. Diese Kliniken sind daher ähnlich gut gesichert wie Gefängnisse. Obwohl in den letzten Jahren immer mehr Menschen forensisch untergebracht worden sind, ist die Zahl der Entweichungen ständig zurückgegangen. Das spricht für die Effektivität der Sicherungsmaßnahmen.

Neben der gesicherten Unterbringung spielt die Therapie eine wesentliche Rolle. Es wird versucht, durch Psycho- und Soziotherapie die der Straftat zu Grunde liegende Krankheit zu behandeln. Angestrebt ist, den straffällig gewordenen Patienten durch Therapie ein straffreies Leben und eine Wiedereingliederung in die Gesellschaft zu ermöglichen.

Im Unterschied zu normalen Freiheitsstrafen ist die Zeit der Unterbringung nicht von vornherein begrenzt. Ausschlaggebend ist, ob die psychische Verfassung der in der Forensik untergebrachten Patienten eine Entlassung zulässt (→ Überprüfung des Maßregelvollzuges). Medizinische Gutachter beurteilen regelmäßig den Therapiefortschritt und die Gefährlichkeit. Forensisch untergebrachte Patienten haben keinen Freigang. Bei Besserungen sind aber Lockerungen der Sicherung (→ Lockerungen im Maßregelvollzug) möglich. Grundlage für die gerichtliche Entscheidung, wie stark gesichert ein Patient untergebracht wird, sind auch hier psychiatrische Gutachten. Meist ist irgendwann eine Entlassung aus dem Maßregelvollzug möglich (zumal das zunehmende Alter viele Störungen abmildert). Nur unter 10 % aller Insassen bleiben dauerhaft untergebracht.

Maßregelvollzugsgesetz: Das Maßregelvollzugsgesetz, kurz MRVG, regelt die Unterbringung von psychisch kranken Straftätern. Für Nordrhein-Westfalen z. B. ist in der Fassung des Gesetzes vom 11.6.2002 (GV.237) im Folgenden aufgeführt:

»§ 1 Ziele

(1) Maßregeln der Besserung und Sicherung in einem psychiatrischen Krankenhaus oder einer Entziehungsanstalt sollen die betroffenen Patientinnen und Patienten durch Behandlung und Betreuung (Therapie) befähigen, ein in die Gemeinschaft eingegliedertes Leben zu führen. Die Sicherheit und der Schutz der Allgemeinheit und des Personals der Einrichtungen vor weiteren erheblichen rechtswidrigen Taten sollen gewährleistet werden. Therapie und Unterbringung haben auch pädagogischen Erfordernissen Rechnung zu tragen und sollen unter größtmöglicher Annäherung an allgemeine Lebens- und Arbeitsverhältnisse Mitarbeit und Verantwortungsbewusstsein der Patientinnen und Patienten wecken und fördern.

(2) Zur Förderung von Therapie und Eingliederung sollen die Einrichtungen mit geeigneten Personen, Organisationen, Behörden und Einrichtungen der Wissenschaft und Forschung zusammenarbeiten.

(3) Therapie und Beratung sind mit Zustimmung der Patientinnen und Patienten auch nach der Entlassung im Benehmen insbesondere mit der Führungsaufsicht, gesetzlichen Betreuungen, der Bewährungshilfe, der freien Wohlfahrtspflege, den Sozialbehörden, dem Sozialpsychiatrischen Dienst, der unteren Gesundheitsbehörde, den ärztlichen und nichtärztlichen Therapeuten sowie den Kostenträgern fortzusetzen. Um die Kontinuität der Behandlung der Betroffenen sicherzu-

stellen, werden Angebote der Nachsorge bereitgestellt. Die Einrichtungen sind verpflichtet, Nachsorgemaßnahmen unter den Voraussetzungen des Satzes 1 zu vermitteln. Soweit keine anderen geeigneten Angebote zur Verfügung stehen, müssen Patientinnen und Patienten auf ihren Wunsch insbesondere in Krisenfällen kurzfristig aufgenommen werden. Die Kosten sind in der Rechtsverordnung nach § 30 zu berücksichtigen.

§ 2 Einrichtungen

(1) Die Einrichtungen sind so zu gestalten, dass eine sachgerechte Therapie der Patientinnen und Patienten gewährleistet ist. Räume für die Behandlung, den Aufenthalt während der Ruhe- und Freizeit, für beschäftigungs-, arbeitstherapeutische und schulische Maßnahmen und andere angemessene Beschäftigungen sowie Gemeinschafts- und Besuchsräume sind zweckentsprechend auszugestalten.

(2) Die Räume müssen für eine gesunde Lebensführung geeignet und ausreichend mit Heizung und Lüftung, Boden- und Fensterfläche ausgestattet sein.

§ 3 Qualitätssicherung, Sicherheitsstandard

(1) Die Qualität insbesondere der Behandlung, der Behandlungsergebnisse und der Versorgungsabläufe ist zu gewährleisten. Die Träger der Einrichtungen führen regelmäßig qualitätssichernde Maßnahmen durch.

(2) Abs. 1 S. 2 gilt für Sicherheitsmaßnahmen entsprechend.

(3) Zur qualitativen Weiterentwicklung des Maßregelvollzugs, insbesondere hinsichtlich der Personalausstattung, werden Vereinbarungen zwischen dem Land und den Trägern von Einrichtungen nach § 29 Abs. 2 bis 4 getroffen, soweit nicht die Rechtsverordnung nach § 30 abschließende Regelungen trifft.

§ 4 Beiräte

(1) Die Träger der Maßregelvollzugseinrichtungen berufen für jeden Standort einen Beirat.

(2) Aufgaben des Beirates sind die Beratung der Einrichtung in konzeptionellen und organisatorischen Fragen des Maßregelvollzugs, die Unterstützung der Leitung der Einrichtung, die Hilfe bei der Wiedereingliederung der Patientinnen und Patienten und die Förderung des Verständnisses und der Akzeptanz für die Aufgaben des Maßregelvollzugs in der Öffentlichkeit. Die Mitglieder der Beiräte nehmen ihre Aufgaben ehrenamtlich wahr.

(3) Den Beiräten sollen Personen aus unterschiedlichen gesellschaftlichen

Gruppen angehören. Sie sollen überwiegend Einwohner der Gemeinde sein, in der die Einrichtung liegt. Höchstens die Hälfte der Mitglieder des Beirates kann vom Rat der Gemeinde nach S. 2 bestimmt werden.

(4) Die Mitglieder des Beirates können sich über inhaltliche und organisatorische Fragen der Durchführung des Maßregelvollzugs unterrichten lassen sowie die Einrichtung besichtigen. Ein Recht auf Akteneinsicht besteht nicht. An Entscheidungen über einzelne Patientinnen und Patienten sind die Beiräte nicht beteiligt.

(5) Das Nähere regeln die Träger der Einrichtungen in einer Geschäftsordnung.

(6) Soweit Einrichtungen des Maßregelvollzugs von Religionsgemeinschaften oder diesen gleichgestellten oder ihnen zuzuordnenden Organisationen betrieben werden, treffen diese Regelungen in eigener Zuständigkeit, die den Zielen dieses Paragraphen entsprechen.

§ 5 Einschränkungen

Die Patientinnen und Patienten unterliegen den in diesem Gesetz und auf Grund dieses Gesetzes vorgesehenen Einschränkungen ihrer Freiheit. Soweit das Gesetz eine besondere Regelung nicht enthält, dürfen den Patientinnen und Patienten nur Einschränkungen auferlegt werden, die zur Abwendung einer schwerwiegenden Störung des geordneten Zusammenlebens oder für die Sicherheit unerlässlich sind.

§ 6 Aufnahme

(1) Bei der Aufnahme werden die Patientinnen und Patienten über ihre Rechte und Pflichten mündlich und schriftlich unterrichtet. Eine Person ihres Vertrauens ist unverzüglich über die Aufnahme zu benachrichtigen. S. 1 gilt für die Vertrauensperson entsprechend.

(2) Die Patientinnen und Patienten sind unverzüglich zu untersuchen. Sie sind spätestens am nächsten Werktag der ärztlichen oder psychotherapeutischen Leitung der Einrichtung, bei selbständigen Abteilungen der fachlich unabhängigen ärztlichen oder psychotherapeutischen Leitung der Abteilung (therapeutische Leitung) vorzustellen.

(3) Die Patientinnen und Patienten sind unverzüglich darin zu unterstützen, notwendige Maßnahmen für ihre Familien und hilfsbedürftigen Angehörigen sowie ihre Vermögensangelegenheiten zu veranlassen. Sind Patientinnen und Patienten nicht in der Lage, ihre Angelegenheiten selbst zu regeln, ist die Einrichtung einer Betreuung (gesetzliche Vertretung) beim Vormundschaftsgericht anzuregen.

§ 7 Persönlicher Gewahrsam, Durchsuchung

(1) Gegenstände der Patientinnen und Patienten, insbesondere Erinnerungsstücke von persönlichem Wert und Gegenstände für Fortbildung oder Freizeit, werden ihnen belassen, soweit der Zweck der Unterbringung und das geordnete Zusammenleben und die Sicherheit nicht gefährdet werden. Eine kennzeichnende Anstaltskleidung ist unzulässig.

(2) Andere mitgebrachte Gegenstände werden auf Kosten der Patientinnen und Patienten an von ihnen benannte Personen versandt oder aufbewahrt. Soweit dies nicht möglich oder zweckmäßig ist, kann die Einrichtung die Sachen für sie veräußern. Geringwertige oder gefährliche Gegenstände können auch vernichtet werden, soweit eine andere Verwertung ausscheidet.

(3) Die Patientinnen und Patienten können während ihres Aufenthalts Gegenstände erwerben und einbringen. Soweit die Therapie, das geordnete Zusammenleben oder die Sicherheit es erfordern, können die Einbringung oder Benutzung von Gegenständen ausgeschlossen oder untersagt werden.

(4) Gegenstände, die in der Hand der Patientinnen und Patienten Sicherheitsbelange beeinträchtigen können, dürfen weggenommen oder unbrauchbar gemacht werden.

(5) Aus zwingenden Gründen der Therapie, des geordneten Zusammenlebens und der Sicherheit dürfen Räume, die Patientinnen und Patienten sowie ihre Sachen durchsucht werden. Die Patientinnen und Patienten dürfen nur in Gegenwart eines Dritten, ihre Sachen nur in ihrer oder in Gegenwart eines Dritten durchsucht werden. Für eine mit Entkleidung verbundene körperliche Durchsuchung gelten §§ 84 Abs. 1 S. 2 und 3, Abs. 2 S. 2 und 3 StVollzG entsprechend.

§ 8 Schriftwechsel, Pakete, Zeitungen

(1) Die Patientinnen und Patienten haben das Recht, Schreiben abzusenden und zu empfangen.

(2) Aus zwingenden Gründen der Therapie, des geordneten Zusammenlebens und der Sicherheit können der Schriftwechsel überwacht und Schreiben angehalten oder verwahrt werden. Absenderinnen und Absender sowie die Patientinnen und Patienten sind unverzüglich zu unterrichten. Schreiben können insbesondere angehalten werden, wenn

1. ihre Weitergabe in Kenntnis ihres Inhalts einen Straf- oder Bußgeldtatbestand verwirklichen würde,
2. ihre Weitergabe die Eingliederung anderer Patientinnen und Patienten nach deren Entlassung gefährden würde,

3. sie in Geheimschrift oder ohne zwingenden Grund in einer fremden Sprache abgefasst sind oder
4. durch ihre Weitergabe erhebliche Nachteile für die Patientinnen und Patienten oder Dritte zu befürchten sind.

(3) Der Schriftwechsel mit den gesetzlichen Vertretungen, den Rechtsanwältinnen und Rechtsanwälten, der Verteidigung, Notarinnen und Notaren, mit Volksvertretungen des Bundes und des für den Wohnsitz oder die Einrichtung zuständigen Landes, ihren Mitgliedern, den Trägern der Einrichtungen sowie ihrer Beschwerdestelle, den zuständigen Behörden, den Gerichten oder Staatsanwaltschaftenin der Bundesrepublik Deutschland, den Datenschutzbeauftragten des Bundes und der Länder sowie der Europäischen Kommission für Menschenrechte in Straßburg darf nicht unterbunden werden. Schreiben der Patientinnen und Patienten an die in S. 1 genannten Personen und Einrichtungen sowie der Schriftwechsel mit der Verteidigung werden nicht überwacht.

(4) Die vorstehenden Bestimmungen werden auch auf Telegramme, Pakete, Päckchen, einzelne Zeitungen und Zeitschriften angewendet. Pakete und Päckchen sind in Gegenwart der Patientinnen und Patienten zu öffnen, es sein denn, zwingende Gründe sprechen dagegen. § 7 gilt entsprechend.

§ 9 Besuche, Telefongespräche, Telekommunikation

(1) Die Patientinnen und Patienten dürfen regelmäßig Besuche empfangen. Zeitpunkt und Dauer werden nach einheitlichen Grundsätzen durch Hausordnung geregelt.

(2) Aus zwingenden Gründen der Therapie, des geordneten Zusammenlebens und der Sicherheit dürfen Besuche überwacht, abgebrochen, eingeschränkt, untersagt oder von einer Durchsuchung der Besucherinnen und Besucher abhängig gemacht werden. Die Unterhaltung darf nur überwacht werden, wenn dies im Einzelfall aus Gründen der Behandlung oder der Sicherheit oder der Ordnung in der Einrichtung unerlässlich ist. Besuche der Verteidigung dürfen weder überwacht noch untersagt werden.

(3) Besuche der gesetzlichen Vertretungen oder der in einer Angelegenheit der Patientinnen und Patienten tätigen Rechtsanwältinnen und Rechtsanwälte, Notarinnen und Notare dürfen nicht untersagt werden. Schriftstücke und sonstige Unterlagen, die diese Personen sowie die Verteidigungen mit sich führen, werden inhaltlich nicht überprüft. Die Übergabe anderer Gegenstände bedarf der Prüfung und der Erlaubnis der Einrichtung.

(4) Patientinnen und Patienten dürfen auf ihre Kosten unter entsprechender Anwendung der Abs. 1 und 2 Telefongespräche führen. Die Einrichtung kann unter den Voraussetzungen des S. 1 andere Telekommunikationsmittel zulassen. § 8 Abs. 2 S. 2 gilt entsprechend.

§ 10 Freizeitgestaltung

(1) Den Patientinnen und Patienten soll bei der Gestaltung ihrer Freizeit durch Angebote zur Fortbildung, sportlicher und gesellschaftlicher Betätigung geholfen werden.

(2) Einschränkungen der Freizeitgestaltung sind aus zwingenden Gründen der Therapie, des geordneten Zusammenlebens und der Sicherheit zulässig.

§ 11 Unterricht, berufliche Eingliederung

(1) Unter Berücksichtigung der Organisation der Unterbringungseinrichtung und der besonderen Fähigkeiten der Patientinnen und Patienten sind ihnen insbesondere die Erlangung eines Schulabschlusses, berufsfördernde Maßnahmen, eine Berufsausbildung, Umschulung oder Berufsausübung zu ermöglichen.

(2) Zeugnis oder Teilnahmebescheinigung enthalten keine Hinweise auf die Unterbringung.

(3) Zur Eingliederung kann ein freies Beschäftigungsverhältnis außerhalb der Einrichtung nach Maßgabe des § 18 gestattet werden.

§ 12 Ergänzende Gesundheitshilfen

(1) Die Patientinnen und Patienten, die nicht oder nicht in entsprechendem Umfang krankenversichert sind, haben gegenüber dem Träger der Einrichtung Anspruch auf Krankenbehandlung, Vorsorgeleistungen und sonstige Maßnahmen in entsprechender Anwendung des SGB-V mit Ausnahme der §§ 23, 24, 40, 41 und 76 SGB V. Bei der Krankenbehandlung nach § 39 SGB V bestimmt der Träger der Einrichtung das auch unter Sicherheitserfordernissen geeignete Krankenhaus.

(2) Während einer Beurlaubung haben die Patientinnen und Patienten mit Ausnahme einer Notfallbehandlung nur Anspruch auf ärztliche Behandlung und Pflege in der Einrichtung, die die Beurlaubung ausgesprochen hat, und auf Übernahme der Heilbehandlungskosten, die infolge einer Weisung im Rahmen der Lockerung der Unterbringung oder des Urlaubs entstehen, soweit nicht Ansprüche gegen einen Versicherungsträger vorgehen.

§ 13 Religionsausübung

(1) Den Patientinnen und Patienten darf seelsorgerische Betreuung, Teil-

nahme an Veranstaltungen in der Einrichtung und in angemessenem Umfang Besitz an grundlegenden Schriften und anderen kultischen Gegenständen im Rahmen ihrer Religionsgemeinschaft oder ihres weltanschaulichen Bekenntnisses nicht versagt werden.

(2) Zu religiösen Veranstaltungen einer anderen Religionsgemeinschaft oder eines anderen weltanschaulichen Bekenntnisses, die in der Einrichtung stattfinden, können die Patientinnen und Patienten zugelassen werden, wenn deren Seelsorgerin oder Seelsorger zustimmen.

(3) Aus zwingenden Gründen ihrer Therapie, des geordneten Zusammenlebens und der Sicherheit dürfen die Patientinnen und Patienten von Veranstaltungen in der Einrichtung ausgeschlossen werden. Hiervon ist die Seelsorgerin oder der Seelsorger vorher in Kenntnis zu setzen. Der Besitz an kultischen Gegenständen und Schriften kann aus den in S. 1 genannten Gründen eingeschränkt werden.

§ 14 Arbeit, Einkommen

(1) Die Patientinnen und Patienten sind entsprechend dem Fortschritt ihrer Behandlung und ihren Fähigkeiten zur Mitarbeit, zur eigenen Versorgung und zur Reinigung ihrer Unterkunfts- und Therapieräume anzuhalten. Für eine Tätigkeit im Rahmen der Arbeitstherapie erhalten die Patientinnen und Patienten eine Arbeitsbelohnung; sie ist vom Träger der Einrichtung unter Berücksichtigung des Arbeitsergebnisses und der Verwertbarkeit festzusetzen. Für eine Arbeit erhalten die Patientinnen und Patienten angemessenes Arbeitsentgelt. Die Höhe der Beträge ist ihnen schriftlich bekannt zu geben.

(2) Die Kostenbeteiligung der Patientinnen und Patienten erfolgt nach Maßgabe des § 10 der Justizverwaltungskostenordnung.

(3) Das Überbrückungsgeld soll nur bis zur Höhe des Betrages gebildet werden, der nach den Vorschriften des BSHG über den Einsatz des Vermögens bei der Hilfe in besonderen Lebenslagen vom Einsatz oder der Verwertung ausgenommen ist. Das Überbrückungsgeld soll den notwendigen Lebensunterhalt der Patientinnen und Patienten und ihrer Unterhaltsberechtigten für die ersten vier Wochen nach ihrer Entlassung sichern.

(4) Der Barbetrag zur persönlichen Verfügung (Taschengeld) wird wie für psychisch Kranke und seelisch oder geistig Behinderte gezahlt.

(5) Die Einrichtung hat das Überbrückungsgeld zu verzinsen. Die Höhe der Zinsen richtet sich mindestens nach dem Zinssatz für Sparguthaben mit gesetzlicher Kündigungsfrist.

§ 15 Vollstreckungsplan, Einrichtungen

(1) Das für den Maßregelvollzug zuständige Ministerium stellt im Ein-

vernehmen mit dem für die Rechtspflege zuständigen Ministerium nach Anhörung des zuständigen Landtagsausschusses und der Träger der Einrichtungen durch Rechtsverordnung einen Vollstreckungsplan für den Maßregelvollzug auf. Darin wird die Zuständigkeit der Einrichtungen geregelt. Es sollen getrennte Gruppen gebildet werden insbesondere für Patientinnen und Patienten, die einer allgemeinpsychiatrischen Behandlung bedürfen, die schwere Persönlichkeitsstörungen aufweisen, die einen Hang haben, übermäßig Alkohol oder andere berauschende Mittel zu sich zu nehmen, geistig Behinderte und Patientinnen und Patienten bis zum 24. Lebensjahr.

(2) In eine andere als die im Vollstreckungsplan vorgesehene Einrichtung können Patientinnen und Patienten auch auf ihren Antrag eingewiesen oder durch den Träger der Einrichtung verlegt werden, wenn dies ihrer Therapie, der Eingliederung, der Sicherheit dient oder aus wichtigen Gründen des Zusammenlebens erforderlich ist. Über die Einweisung entscheidet die Vollstreckungsbehörde. Vor einer Verlegung in eine Einrichtung eines anderen Trägers ist die Vollstreckungsbehörde zu hören, im Übrigen ist sie zu unterrichten.

§ 16 Therapie- und Eingliederungsplan

(1) Unverzüglich nach der Aufnahme ist für die Patientinnen und Patienten ein individueller vorläufiger Therapieplan zu erstellen. Spätestens sechs Wochen nach der Aufnahme muss ein individueller Therapie- und Eingliederungsplan vorliegen, der die Persönlichkeit, das Alter, den Entwicklungsstand und die Lebensverhältnisse berücksichtigt. Der Plan ist mit der Patientin bzw. dem Patienten und der gesetzlichen Vertretung zu erörtern.

(2) Die Therapie- und Eingliederungspläne erstrecken sich vornehmlich auf die Form der Unterbringung, die Zuweisung zu Behandlungsgruppen, medizinische, psychotherapeutische und heilpädagogische Behandlung, Pflege, Unterricht, Beschäftigungs- und Arbeitstherapie, Arbeit, Lockerung und die Eingliederung. Die Pläne sind mindestens alle sechs Monate zu überprüfen und dem therapeutischen Fortschritt der Patientinnen und Patienten anzupassen. Insbesondere ist nach einer längeren beanstandungsfreien offenen Unterbringung oder Beurlaubung der Patientinnen und Patienten zu prüfen, ob die Therapie ohne Beeinträchtigung der Sicherheitsbelange in Einrichtungen außerhalb des Maßregelvollzugs oder bei Gewährleistung der notwendigen Nachsorge nach einer Aussetzung der Vollstreckung der Unterbringung zur Bewährung in Verbindung mit Auflagen und Weisun-

gen fortgesetzt werden kann. In geeigneten Fällen soll die Leitung der Einrichtung unverzüglich die Aussetzung der Vollstreckung der Maßregel oder die Umkehrung der Vollstreckungsreihenfolge bei den Vollstreckungsbehörde anregen. Bei der Vollstreckung von Maßregeln nach § 64 StGB hat die Leitung der Einrichtung die Vollstreckungsbehörde unverzüglich zu unterrichten, wenn für einzelne Patientinnen und Patienten eine hinreichende Aussicht auf einen Behandlungserfolg nicht oder nicht mehr besteht.

(3) Spätestens nach Ablauf von jeweils drei Jahren ist zu überprüfen, ob eine Entlassung der Patientinnen und Patienten angeregt werden kann. Die Patientinnen und Patienten sind durch ärztliche oder nichtärztliche Sachverständige zu begutachten. Diese dürfen nicht für die Einrichtung arbeiten. Sie erhalten eine Vergütung unter entsprechender Anwendung des Gesetzes über die Entschädigung von Zeugen und Sachverständigen. Bei ärztlichen Erstgutachten sollen Zweitgutachten von nichtärztlichen Sachverständigen erstellt werden und umgekehrt. Die Einrichtung teilt das Ergebnis der Begutachtung ihrem Träger und der Vollstreckungsbehörde unverzüglich mit.

(4) Die zuständigen Heilberufskammern führen Listen über Sachverständige, die für die Aufgaben nach Abs. 3 geeignet sind. Sie legen nach Abstimmung mit den Trägern der Einrichtungen und der zuständigen Behörde Qualitätskriterien fest.

§ 17 Behandlung, Hygiene

(1) Die Patientinnen und Patienten erhalten die erforderliche ärztliche, soziale und psychotherapeutische Behandlung. Die Behandlung ist ihnen zu erläutern. Sie haben die notwendigen Maßnahmen zum Gesundheitsschutz und zur Hygiene zu unterstützen.

(2) Die Behandlung bedarf vorbehaltlich der Regelungen in den Abs. 3 bis 5 der Einwilligung der Patientinnen und Patienten. Können diese bei einer erforderlichen Einwilligung Grund, Bedeutung und Tragweite der Behandlung nicht einsehen oder sich nicht nach dieser Einsicht verhalten, ist die Einwilligung der gesetzlichen Vertretung erforderlich.

(3) Die Behandlung der Patientinnen und Patienten ist ohne ihre ausdrückliche Einwilligung oder die ihrer gesetzlichen Vertretung bei Lebensgefahr, bei schwerwiegender Gefahr für ihre Gesundheit oder bei Gefahr für die Gesundheit anderer Personen zulässig. Aus zwingenden Behandlungsgründen darf eine Fesselung ärztlich angeordnet werden. Eine Fesselung, die länger als 72 Stunden dauert, bedarf jeweils der Erlaubnis des Trägers der Einrichtung.

(4) Zum Gesundheitsschutz und zur Hygiene ist die zwangsweise körperliche Untersuchung außer in den Fällen der S. 2 und 3 nur zulässig, wenn sie nicht mit einem körperlichen Eingriff verbunden ist. Eine zwangsweise Ernährung ist zulässig, wenn dies zur Abwehr einer Gefahr für das Leben oder einer schwerwiegenden Gefahr für die Gesundheit der Patientinnen und Patienten erforderlich ist. Zur Durchführung einer zwangsweisen Ernährung ist das psychiatrische Krankenhaus oder die Entziehungsanstalt nicht verpflichtet, solange von einer freien Willensbestimmung der Patientinnen und Patienten ausgegangen werden kann.

(5) Maßnahmen nach den Abs. 3 und 4, die ohne Einwilligung der Patientinnen und Patienten oder ihrer gesetzlichen Vertretung durchgeführt werden, dürfen nur durch die therapeutische Leitung, bei ihrer Verhinderung durch ihre Vertretung angeordnet und nur durch Ärztinnen oder Ärzte vorgenommen werden. Die Leistung erster Hilfe ist auch ohne die Voraussetzungen des S. 1 zulässig, wenn eine Ärztin oder ein Arzt nicht rechtzeitig erreichbar und mit einem Aufschub Lebensgefahr verbunden ist.

§ 18 Maß des Freiheitsentzugs

(1) Dauer und Umfang des Freiheitsentzuges richten sich nach dem Erfolg der Therapie. Sie sind nach Maßgabe des Therapie- und Eingliederungsplans zu überprüfen und anzupassen. Gefährdungen, die von den Patientinnen und Patienten ausgehen können, sind zu berücksichtigen. Vollzugslockerungen dienen grundsätzlich der Erreichung des Behandlungszweckes. Für Patientinnen und Patienten, die aus Gründen des Behandlungszweckes keine Lockerung erhalten können, dürfen Ausführungen erlaubt werden, wenn wichtige Gründe vorliegen. Wichtige Gründe können insbesondere die Erledigung familiärer und geschäftlicher Angelegenheiten sowie die Teilnahme an Gerichtsterminen sein. Über Vollzugslockerungen und deren Aufhebung entscheidet, soweit nachfolgend nichts anderes geregelt ist, die therapeutische Leitung.

(2) Lockerungen des Vollzugs umfassen insbesondere

1. Ausführung oder Ausgang innerhalb eines Tages,
2. die Beurlaubung,
3. eine regelmäßige Beschäftigung außerhalb der Einrichtung mit und ohne Aufsicht und
4. den offenen Vollzug.

(3) Lockerungsmaßnahmen können mit Auflagen und Weisungen verbunden werden, insbesondere

1. sich der Aufsicht einer bestimmten Person zu unterstellen,
2. Anordnungen zum Aufenthaltsort und zu Verhaltensweisen außerhalb der Einrichtung zu befolgen und
3. sich an festgelegten Orten und zu festgelegten Zeiten persönlich zu melden.

(4) Vor der Bewilligung von Vollzugslockerungen nach Abs. 2 Nrn. 1 bis 4 ist die Vollstreckungsbehörde zu hören, soweit sie es im Aufnahmeersuchen angeordnet hat. Bei Patientinnen und Patienten, die hinsichtlich ihrer Anlasstat, insbesondere bei Tötungs-, schweren Gewalt- und Sexualdelikten, ihrer Störung und ihres Behandlungsverlaufs besondere Schwierigkeiten bei der Beurteilung ihrer Gefährlichkeit bieten, ist vor ersten Vollzugslockerungen, bei denen eine Aufsicht durch Bedienstete der Einrichtung nicht gewährleistet ist, das Benehmen mit der Vollstreckungsbehörde herzustellen. Soweit erforderlich ist ein kurzes Sachverständigengutachten nach Maßgabe des § 16 Abs. 3 einzuholen. Näheres zur Beteiligung der Vollstreckungsbehörde an Lockerungsentscheidungen kann das für den Maßregelvollzug zuständige Ministerium im Einvernehmen mit dem für die Rechtspflege zuständigen Ministerium regeln.

(5) Vollzugslockerungen können aufgehoben werden, wenn
1. Umstände eintreten oder nachträglich bekannt werden, die eine Versagung gerechtfertigt hätten,
2. die Patientinnen und Patienten die Lockerung missbrauchen oder
3. Auflagen und Weisungen nicht nachkommen.

(6) Die Beurlaubung aus Behandlungsgründen unterbricht die Vollstreckung nur, wenn Patientinnen und Patienten sie zu rechtswidrigen Taten missbrauchen oder sich dem Vollzug entziehen. Bei einer Beurlaubung von insgesamt mehr als 21 Tagen im Kalenderjahr sind der Träger der Einrichtung und die Vollstreckungsbehörde zu unterrichten.

§ 19 Hausordnung

Der Träger der Einrichtung erlässt eine Hausordnung. Er kann diese Aufgabe ganz oder teilweise mit der Maßgabe auf die Einrichtung übertragen, dass diese die Hausordnung mit seiner Zustimmung erlässt. Die Hausordnung soll in leicht verständlicher Sprache nähere Bestimmungen über die persönliche Wahrnehmung der Rechte und Pflichten der Patientinnen und Patienten nach diesem Gesetz unter Berücksichtigung der tatsächlichen Verhältnisse der Einrichtung enthalten. Sie ist den Patientinnen und Patienten und ihren Vertrauenspersonen alsbald nach der Aufnahme auszuhändigen und bei Bedarf zu erläutern. Hausordnungen sind der zuständigen Behörde zur Kenntnis zu geben.

§ 20 Allgemeine Sicherungsmaßnahmen, Festnahme

(1) Eingriffe in die Rechte von Patientinnen und Patienten sind schriftlich festzuhalten und zu begründen. Diese Unterlagen können Patientinnen und Patienten, ihre gesetzlichen Vertretungen sowie ihre Rechtsanwältinnen und Rechtsanwälte einsehen. Mit Zustimmung der Patientinnen und Patienten kann ihre Verteidigung alle Akten einsehen, die in der Einrichtung über sie geführt werden. Stellungnahmen der Verteidigung zum Akteninhalt sind den Akten beizufügen.

(2) Erkennungsdienstliche Maßnahmen sind auf der Grundlage polizei- oder strafprozessrechtlicher Vorschriften zu treffen. Dazugehörende Unterlagen sind getrennt von Personal- und Krankenakten aufzubewahren und werden bei der Entlassung vernichtet.

(3) Halten sich Patientinnen und Patienten ohne Erlaubnis außerhalb der Einrichtung auf, kann diese sie zurückbringen oder festnehmen lassen.

(4) Die Einrichtung berichtet der zuständigen Behörde über Entweichungen, deren Begleitumstände und die veranlassten Maßnahmen zur Wiederergreifung. Eine Entweichung liegt vor, wenn sich Patientinnen und Patienten ohne Erlaubnis aus der Einrichtung entfernt haben oder länger als erlaubt außerhalb der Einrichtung aufhalten.

§ 21 Besondere Sicherungsmaßnahmen

(1) Bei einer erheblichen Gefahr für das geordnete Zusammenleben in der Einrichtung, insbesondere bei Selbstgefährdung oder bei Fluchtgefahr, können Absonderung, Beobachtung bei Nacht, Entzug oder Vorenthaltung von Gegenständen, Entzug oder Beschränkung des Aufenthalts im Freien angeordnet werden, soweit und solange es erforderlich ist.

(2) Die in Abs. 1 genannten besonderen Sicherungsmaßnahmen bedürfen der ärztlichen Mitwirkung und der Überwachung. Jede Absonderung, die länger als eine Woche dauert, bedarf außerdem der Erlaubnis des Trägers.

(3) Maßnahmen nach Abs. 1 sind der Verteidigung, der Rechtsanwältin oder dem Rechtsanwalt oder der gesetzlichen Vertretung der Betroffenen unverzüglich mitzuteilen.

(4) Aus den in Abs. 1 genannten Gründen können auch zwingend erforderliche medizinische und psychotherapeutische Eingriffe vorgenommen werden. § 17 Abs. 5 gilt entsprechend.

§ 22 Unmittelbarer Zwang

(1) Das ärztliche, therapeutische, pflegerische und sonstige mit der Aufsicht betraute Personal der Einrichtung darf unmittelbaren Zwang anwenden, wenn dieser erforderlich ist, um die öffentliche Sicherheit oder Ordnung oder die Sicherheit oder Ordnung in der Einrichtung bei einer erheblichen Gefährdung aufrechtzuerhalten.

(2) Gegen andere Personen als Patientinnen und Patienten darf unmittelbarer Zwang angewendet werden, wenn sie es unternehmen, Patientinnen und Patienten zu befreien oder in den Bereich der Einrichtung widerrechtlich einzudringen oder wenn sie sich trotz Aufforderung zum Verlassen darin weiterhin unbefugt aufhalten.

(3) Unmittelbarer Zwang ist anzudrohen. Die Androhung darf nur dann unterbleiben, wenn die Umstände sie nicht zulassen, insbesondere unmittelbarer Zwang sofort angewendet werden muss, um eine gegenwärtige Gefahr abzuwenden.

(4) Unter mehreren möglichen und geeigneten Maßnahmen des unmittelbaren Zwangs ist diejenige zu wählen, die den Einzelnen und die Allgemeinheit voraussichtlich am wenigsten beeinträchtigt. Unmittelbarer Zwang hat zu unterbleiben, wenn ein durch ihn zu erwartender Schaden außer Verhältnis zu dem angestrebten Erfolg steht.

§ 23 Sicherheitsfachkraft

Zur Unterstützung der besonderen Belange der Sicherheit der Einrichtungen bestimmt das für den Maßregelvollzug zuständige Ministerium durch Rechtsverordnung mit Zustimmung des zuständigen Landtagsausschusses das Nähere insbesondere zur Qualifikation der Sicherheitsfachkräfte, ihrem Aufgaben- und Einsatzbereich sowie den Vorgaben zur Durchführung von Modellvorhaben.

§ 24 Anordnungen

(1) Eine Anordnung darf nicht erteilt oder befolgt werden, wenn dadurch Rechte der Patientinnen und Patienten verletzt oder Straftaten begangen würden. Erteilen oder befolgen Beschäftigte sie dennoch, sind sie hierfür verantwortlich, wenn sie die Rechtsverletzung erkennen oder aus den Umständen hätten folgern müssen.

(2) Bedenken gegen die Rechtmäßigkeit von Anordnungen sind den Anordnenden oder Vorgesetzten vorzutragen, soweit es nach den Umständen möglich ist.

§ 25 Aufwendungen

(1) Aufwendungen der Einrichtung, die die Patientinnen und Patienten durch unerlaubtes Entfernen, Selbstverletzung, Verletzung anderer

Patientinnen und Patienten oder Beschäftigter oder durch Sachbeschädigung verursachen, haben sie zu ersetzen, soweit sie dies zu vertreten haben.

(2) Forderungen dürfen nur so durchgesetzt werden, dass Therapie und Eingliederung der Patientinnen und Patienten nicht behindert werden.

§ 26 Datenschutz

(1) Einzelangaben über persönliche oder sachliche Verhältnisse der Patientinnen und Patienten (Daten) dürfen nur erhoben, gespeichert, genutzt oder übermittelt werden, soweit

a) dies zur rechtmäßigen Erfüllung der Aufgaben nach diesem Gesetz erforderlich ist,

b) eine andere Rechtsvorschrift dies erlaubt oder

c) Patientinnen und Patienten eingewilligt haben.

(2) Die Übermittlung von Daten der Patientinnen und Patienten ist ferner zulässig, soweit dies erforderlich ist

a) zur Erfüllung einer anderen gesetzlichen Pflicht,

b) zur Abwehr erheblicher Nachteile für das Gemeinwohl oder einer sonst unmittelbar drohenden Gefahr für die öffentliche Sicherheit oder zur Abwehr einer gegenwärtigen Gefahr für Leben, körperliche Unversehrtheit oder persönliche Freiheit der Patientinnen und Patienten oder Dritter

c) zur Verhütung und Verfolgung von Straftaten oder Ordnungswidrigkeiten

d) zur Abrechnung und Durchsetzung von Ansprüchen auf Grund von Maßnahmen nach diesem Gesetz.

(3) Als Übermittlung gilt auch die Weitergabe von Daten der Patientinnen und Patienten an Personen in anderen Organisationseinheiten der Einrichtung oder öffentlichen Stellen, die nicht unmittelbar mit dem Vollzug von Maßregeln der Besserung und Sicherung befasst sind.

(4) Personen oder Stellen, denen Daten übermittelt werden, dürfen diese nur zu dem Zweck verwenden, zu dem sie ihnen zulässigerweise übermittelt worden sind. Im Übrigen haben sie die Daten unbeschadet sonstiger Datenschutzvorschriften in demselben Umfang geheim zu halten wie die übermittelnde Einrichtung oder öffentliche Stelle selbst.

(5) Krankenakten dürfen nur von Ärztinnen und Ärzten sowie psychologischen Psychotherapeutinnen und psychologischen Psychotherapeuten eingesehen werden. Einer Entbindung von der ärztlichen

Schweigepflicht bei der Übermittlung von und der Einsichtnahme in Krankenakten bedarf es nicht.

(6) § 203 Strafgesetzbuch findet Anwendung. Im Übrigen gelten § 2 Abs. 1 Satz 2, §§ 3, 4 und 6 bis 8 sowie § 11 Abs. 2 des Gesetzes zum Schutz personenbezogener Daten im Gesundheitswesen vom 22. Februar 1994 (GV. NRW. S. 84) in der jeweils geltenden Fassung entsprechend.

§ 27 Umgang mit Akten von Patientinnen und Patienten

weggefallen

§ 28 Übermittlung von Daten

weggefallen

§ 29 Zuständigkeiten

(1) Für Maßregeln der Besserung und Sicherung in einem psychiatrischen Krankenhaus oder in einer Entziehungsanstalt ist das Land zuständig.

(2) Die Durchführung dieser Aufgabe mit Ausnahme der Errichtung, Änderung und Nutzungsänderung baulicher Anlagen für den Maßregelvollzug kann auf Dritte, auf Private nur teilweise übertragen werden. Soweit das Land von der Übertragungsmöglichkeit keinen Gebrauch macht und keine andere Behörde durch Rechtsverordnung nach § 33 bestimmt, ist der Direktor des Landschaftsverbandes als staatliche Verwaltungsbehörde zuständig. Im Falle des S. 2 haben die Landschaftsverbände die erforderlichen Dienstkräfte und bestehende Einrichtungen zur Verfügung zu stellen; die Kosten hierfür werden nach Maßgabe des § 30 und der darauf beruhenden Rechtsverordnung erstattet.

(3) Eine Übertragung nach Abs. 2 auf juristische Personen des öffentlichen Rechts erfolgt nach Anhörung des zuständigen Landtagsausschusses durch Rechtsverordnung der Landesregierung, die Art und Umfang der Behandlung nach § 17 Abs. 1 S. 1 und Unterbringung regelt. Das für den Maßregelvollzug zuständige Ministerium ist berechtigt, Näheres durch öffentlich-rechtlichen Vertrag mit den Übernehmenden zu vereinbaren.

(4) Privaten Trägern können die zur Durchführung bestimmter Aufgaben im Einzelfall erforderlichen hoheitlichen Befugnisse verliehen werden.

(5) Die therapeutische Leitung trifft die Maßnahmen zum Vollzug der Maßregel, soweit in diesem Gesetz oder auf Grund dieses Gesetzes nichts anderes bestimmt ist.

(6) Soweit im Falle des Abs. 2 S. 2 bei der Errichtung, Änderung und Nutzungsänderung baulicher Anlagen von Einrichtungen oder Abteilungen des Maßregelvollzugs Selbstverwaltungsahngelegenheiten der Landschaftsverbände berührt sind, sind die nach der Landschaftsverbandsordnung zuständigen Gremien anzuhören.

§ 30 Kosten

(1) Die notwendigen Kosten des Maßregelvollzugs nach diesem Gesetz trägt das Land, soweit nicht Sozialleistungsträger oder die Patientinnen und Patienten zur Erstattung der Kosten beizutragen haben.

(2) Für die Durchführung der Aufgaben nach § 29 Abs. 2 bis 4 erhalten die Träger der Einrichtungen ein jährliches Budget für Personal- und Sachkosten für jede von ihnen betriebene Einrichtung oder Abteilung. Soweit sich Patientinnen und Patienten entsprechend ihrem Therapiefortschritt in Einrichtungen befinden, die weder vollständig noch mit Abteilungen für den Maßregelvollzug zur Verfügung stehen, wird ein pauschaler Aufwendungsersatz pro Unterbringung geleistet.

(3) Das für den Maßregelvollzug zuständige Ministerium wird ermächtigt, nach Anhörung des zuständigen Landtagsausschusses im Einvernehmen mit dem für die Rechtspflege zuständigen Ministerium und dem Finanzministerium eine Rechtsverordnung *(Finanzierungsverordnung MRV vom 27.11.2002 (GV. 608))* zu erlassen über

1. die Ermittlung der Pflegesätze der psychiatrischen Krankenhäuser und Entziehungsanstalten des Maßregelvollzugs,
2. die Maßstäbe und Grundsätze des Personalbedarfs,
3. die Rechnungs- und Buchführungspflichten der Einrichtungen nach Abs. 2 S. 1,
4. die Bemessungsgrundlage für den pauschalen Aufwendungsersatz nach Abs. 2 S. 2 und
5. die Bemessung und Erhebung anteiliger Erstattungsleistungen für die Unterbringung von Patientinnen und Patienten aus anderen Ländern.

Die Verwaltungsvorschriften zur Durchführung der Abs. 1 bis 3 erlässt das für den Maßregelvollzug zuständige Ministerium im Einvernehmen mit den in S. 1 genannten Ministerien.

(4) Der Landesrechnungshof ist berechtigt, die Verwendung der Landesmittel bei den Trägern der Einrichtungen nach § 91 Landeshaushaltsordnung zu prüfen.

§ 31 Aufsicht und Verantwortung

(1) Die Aufsicht über den Maßregelvollzug führt die oder der Landesbe-

auftragte für den Maßregelvollzug. Oberste Aufsichtsbehörde ist das für den Maßregelvollzug zuständige Ministerium. Es führt die Dienst- und Fachaufsicht über die oder den Landesbeauftragten und das zugeordnete Personal. Das zuständige Ministerium kann seine Befugnisse allgemein auf die oder den Landesbeauftragten übertragen, es sei denn, eine Übertragung ist nach diesem Gesetz ausgeschlossen.

(2) Die Aufsichtsbehörden sind zur Wahrnehmung ihrer Aufgaben insbesondere berechtigt,
– die psychiatrischen Einrichtungen, in denen forensische Patientinnen und Patienten untergebracht sind, zu den üblichen Behandlungs- und Betreuungszeiten, zur Verhütung drohender Gefahren für die öffentliche Sicherheit und Ordnung auch außerhalb dieser Zeiten, zu betreten und zu überprüfen;
– die in den Einrichtungen geführten Unterlagen vollständig einzusehen und jederzeit Auskünfte daraus zu verlangen; für die Überprüfung von Krankenakten findet § 26 Abs. 5 und 6 Anwendung.

(3) Soweit der Direktor des Landschaftsverbandes nach § 29 Abs. 2 S. 2 die Aufgabendurchführung als staatliche Verwaltungsbehörde wahrnimmt, untersteht er der Dienst- und Fachaufsicht der oder des Landesbeauftragten. Er hat die Vorgaben der Landesregierung zu beachten und *ihr über alle Vorgänge zu berichten, die für sie von Bedeutung sind.*

§ 32 Besuchskommissionen

(1) Die Besuchskommissionen nach dem PsychKG vom 2. 12. 1969 (GV. 872) in der jeweils geltenden Fassung sind auch für die Einrichtungen des Maßregelvollzugs zuständig.

(2) Besuche der Besuchskommission und des Europäischen Ausschusses zur Verhütung von Folter und unmenschlicher oder erniedrigender Behandlung oder Strafe sind von den Trägern der Einrichtungen zu ermöglichen.

§ 33 Durchführungsbestimmungen

Das für den Maßregelvollzug zuständige Ministerium wird ermächtigt, nach Anhörung des zuständigen Landtagsausschusses und im Einvernehmen mit dem für Rechtspflege zuständigen Ministerium durch Rechtsverordnung
– die Anforderungen an die Ausstattung der Einrichtung nach § 2,
– die Unterrichtung der Patientinnen und Patienten nach § 6 Abs. 1,
– das Überwachen, Anhalten, Verwahren oder Untersagen von Schreiben, Telegrammen, Paketen, Päckchen, Zeitungen und Zeitschriften nach § 8 Abs. 2 – 4,

– die Bestellung von Datenschutzbeauftragten insoweit im Benehmen mit dem für den Datenschutz zuständigen Ministerium,
– die Besuchsregelung, Telefongespräche und Telekommunikation nach § 9,
– den Ausschluss von religiösen Veranstaltungen nach § 13 Abs. 3,
– die Verwendung des Überbrückungsgeldes nach § 14 Abs. 3,
– Art und Umfang der Meldungen nach § 20 Abs. 4 und
– die besonderen Sicherungsmaßnahmen nach § 21 zu regeln und die zuständigen Behörden zu bestimmen *(Verordnung zur Regelung von Zuständigkeiten nach dem MRVG vom 23.12.2001 (GV.2002, 22))*. Es erlässt die zur Ausführung dieses Gesetzes notwendigen Verwaltungsvorschriften. § 30 Abs. 3 S. 2 bleibt unberührt.

§ 34 Grundrechte

Durch dieses Gesetz werden die Grundrechte aus Artikel 2 Abs. 2 Sätze 1 und 2 (körperliche Unversehrtheit und Freiheit der Person), aus Artikel 10 Abs. 1 (Brief-, Post- und Fernmeldegeheimnis), aus Art. 13 (Unverletzlichkeit der Wohnung) und aus Artikel 14 Abs. 1 Satz 1 (Eigentum) des Grundgesetzes eingeschränkt. Diese Grundrechte können auch auf Grund dieses Gesetzes eingeschränkt werden.

§ 35 Unterbringung nach der StPO und dem JGG

Unterbringungen nach §§ 81, 126a und 453c in Verbindung mit § 463 Abs. 1 StPO sowie nach §§ 7, 73 JGG erfolgen in geeigneten Einrichtungen. §§ 15, 29 und 30 gelten entsprechend.

§ 36 Übergangsvorschrift

Die Kostenregelungen nach § 22a sowie der Organisationsplan nach §§ 13 und 24 Nr. 2 MRVG vom 18. 12. 1984 (GV. 14), zuletzt geändert durch Gesetz vom 22. 2. 1994 (GV. 84) gelten für die Landschaftsverbände bis zum Erlass der Rechtsverordnungen nach §§ 15 Abs. 1 und 30 Abs. 3 weiter; sie treten beim Inkrafttreten der entsprechenden Rechtsverordnungen außer Kraft.

Matchbox: (engl. Streichholzschachtel) Szeneausdruck für eine Maßeinheit → Marihuana. Entspricht ca. 7,5 g.

Mate-Tee: Der aus den Blättern des Mate-Teestrauches (Ilex paraguariensis) gewonnene Mate-Tee wird seit Jahrhunderten in Südamerika als → Droge verwendet. Von einigen Indianerstämmen wurde Mate-Tee wahrscheinlich auch im Rahmen von religiösen Ritualen eingesetzt. Inhaltsstoffe sind → Coffein, Theobromin und Theophyllin. Risiken und Nebenwirkungen der Droge dürften im Wesentlichen denen des → Kaffees entsprechen. Weitere Namen sind Caáchiri, Congonha, Jesuitentee und Yerbabaum. Gelegentlich benutzen Drogenhändler Mate-Tee zum Strecken von → Marihuana.

Matryguna: Weitere Bezeichnung für → Alraune.

Maus sein: Szeneausdruck für »verstorben sein«, der sich durch Verkürzung vom umgangssprachlichen mausetot ableitet. »Der ist Maus« bedeutet also: »Der ist verstorben.«

Mazar-i-sharif: Weitere Bezeichnung für → Cannabis.

MBDB: Abk. für Methylbenzodioxolbutanamin, ein Stoff, der ähnlich wie → MDMA wirkt und gelegentlich als → Ecstasy verkauft wird.

M-beta: Name von Retardtabletten, die → Morphium in unterschiedlicher → Dosis enthalten.

MCV: Abk. für Mittleres Erythrocytenvolumen. Das MCV ist bei mehr als zwei Dritteln aller Alkoholabhängigen erhöht, d.h. die roten Blutkörperchen sind größer als üblich. Daher spielt die Bestimmung des MCV neben der Bestimmung der → Gamma-GT, → GOT, → GPT, → CDT oder des → 5-Hydroxytryptophol und → psychologischen Tests zur Sicherung der Diagnose einer Alkoholabhängigkeit eine wichtige Rolle. Anders als die → Leberwerte bleibt das MCV auch nach Wochen der Abstinenz noch erhöht. Es ist also ein sichereres Kriterium als diese für einen erhöhten Konsum.

MDA: **1.** MDA wurde bereits 1910 entwickelt. Es ist die Abk. für 3,4-Methylbenzodioxolbutanamin und wird heutzutage meist als → Ecstasy verkauft. Eine halbsynthetische Herstellung aus → Muskatnuss ist möglich. MDA steht in → Anlage I des → Betäubungsmittelgesetz und ist damit illegal. Die Konsumenten verwenden Dosen von 150-200 mg pro Rausch (→ Ecstasy). **2.** Abk. für »Misuse Drug Acts«, ein britisches Gesetz, das den Umgang mit Drogen regelt.

MDE: **1.** Abk. für 3,4-Methylen-Dioxy-Ethylamphetamin, einer Droge, die als → Ecstasy verkauft wird. (→ Ecstasy). **2.** Abk. für Minderung der Erwerbsfähigkeit, einem Zustand der bei Abhängigen häufiger vorkommt als in der Normalbevölkerung.

MDEA: Weitere Bezeichnung für die Droge → MDE.

MDK: Abk. für medizinischer Dienst der Krankenversicherung. Die beim MDK angestellten Gutachter überprüfen im Auftrag der gesetzlichen Krankenversicherung u.a. die → Krankenhausverweildauern bei der Behandlung von Suchtkranken (z.B. bei → Entzugsbehandlungen) und die Notwendigkeit rehabilitativer Maßnahmen (→ Entwöhnungsbehandlung). Der Gesetzgeber gesteht dem MDK umfassende Prüfrechte zu. Er kann sämtliche Krankenunterlagen einsehen, die für eine medizinische

Beurteilung notwendig sind, ohne dass das Einverständnis des Patienten vorliegen muss. Wenn der MDK für seine Beurteilung Unterlagen anfordert (oder sie über die Krankenkassen anfordern lässt), so darf der Behandler diese Unterlagen weiter geben.
Entscheidend ist, dass, was viele nicht wissen, diese Institution unabhängig von den Krankenkassen ist. Der MDK–Gutachter ist nach § 275 (5) in seiner Beurteilung nur seinem ärztlichen Gewissen unterworfen. Wie die behandelnden Ärzte so werden auch die Ärzte des MDK von den Krankenkassen bezahlt. Die Finanzierung des MDK ist nicht abhängig von den Begutachtungsergebnissen. Und: Der MDK ist nur beratend tätig, die Krankenkasse ist letztlich die entscheidende Stelle. Allerdings ist es meist für die Krankenkasse nicht zielführend, ohne nachvollziehbaren Grund von der fachlich fundierten MDK-Bewertung abzuweichen. Als Bindeglied zwischen Krankenkassen und Behandlern kommt dem MDK eine wichtige vermittelnde Funktion zu. Die MDK-Gutachter prüfen nicht nur Einzelfälle, d.h. Behandlungen einzelner Patienten. Einige Ärzte der MDK-Gemeinschaft sind an der Erarbeitung von Grundsatzstellungnahmen zuständig und arbeiten Institutionen wie dem gemeinsamen Bundesausschuss zu. Sie beraten die Landesverbände der Krankenkassen im Rahmen der Krankenhausplanung, in Fragen der Rehabilitation, in Arbeitsgruppen mit LVA und BfA und bei der Entwicklung von Landessuchtprogrammen. Wichtige Bedeutung kommt innerhalb der MDK-Gemeinschaft dem KCPP, dem Kompetenzzentrum Psychiatrie und Psychotherapie, mit Sitz in Mecklenburg-Vorpommern und Hessen zu. Die dort arbeitenden Ärzte sind ausschließlich mit der Erstellung von Grundsatzgutachten befasst, welche – länderübergreifend – wesentliche steuernde Wirkung auf die psychiatrisch-psychotherapeutische Gutachtertätigkeit entfalten.

MDM: Weitere Bezeichnung für → MDMA.

MDMA: Abk. für 3,4-Methylendioxymethamphetamin, einer in → Anlage I des → Betäubungsmittelgesetzes stehende → Droge, deren Wirkungsspektrum zwischen → Halluzinogenen und → Amphetaminen liegt. MDMA ist der Inhaltsstoff vieler der als → Ecstasy verkauften Tabletten. MDMA wurde in den siebziger Jahren auch – ohne überzeugende Erfolge – versuchsweise in Außenseiterverfahren der Psychotherapie eingesetzt, nachdem → LSD verboten worden war (→ Ecstasy).

M-dolor: Name eines opiathaltigen Medikamentes, das gegen starke Schmerzen eingesetzt wird. Inhaltsstoff ist Morphinsulfat. M-dolor gibt es als Injektionslösung und als Retardkapsel. Die Entwicklung einer Abhängigkeit ist möglich (→ Morphium).

Medazepam: Lang wirksames → Benzodiazepin, das in Deutschland unter den Handelsnamen Medazepam AWD, Rudotel, Rusedal verkauft wird. Dieses Medikament ist wegen seines hohen → Abhängigkeitspotenzials zu länger andauernder Anwendung (> 1 Woche) nicht geeignet. In der Szene wird es als Ersatz für → Opiate gehandelt.

Medazepam AWD: Handelsname eines lang wirksamen → Benzodiazepins. Inhaltsstoff ist 10 mg Medazepam. Es wird zur Behandlung von akuten und chronischen Spannungs- und Erregungszuständen eingesetzt, findet aber auch missbräuchlich Anwendung als Rauschmittel in der Drogenszene.

Medellin-Kartell: Bezeichnung für einen Drogenhändlerring mit Sitz in Kolumbien, der 1993 durch Strafverfolgung und Festnahmen aufgelöst werden konnte.

Medikamentenabhängigkeit: Allein in Deutschland sind mindestens 1,5 Millionen Menschen medikamentenabhängig. Die Dunkelziffer dürfte noch weitaus höher liegen. Immer noch verschreiben Ärzte zu oft und zu lange Medikamente aus der Gruppe der → Benzodiazepine, → Opiate oder → Barbiturate.

Medikinet: Medikament, das als Inhaltsstoff Methylphenidat enthält und das zur Behandlung des Aufmerksamkeits-Hyperaktivitäts-Syndroms (ADHS) bei Kindern »im Rahmen einer therapeutischen Gesamtstrategie« (worauf der Hersteller ausdrücklich hinweist) verschrieben werden kann. Medikinet kann abhängig machen und wird in der Szene als → Speed gehandelt.

Medinox: Handelsname eines Medikamentes, das ein → Barbiturat enthält und süchtig machen kann.

medizinisch-psychologische Untersuchung: Abk. MPU, im Volksmund auch Idiotentest genannt. Wichtigster Teil der MPU ist die mündliche Befragung durch einen → Psychologen bzw. Facharzt für Psychiatrie und Psychotherapie. Durch die medizinisch-psychologische Untersuchung soll festgestellt werden, inwieweit es verantwortbar ist, Menschen, die meist wegen Fahrens unter Suchtmitteleinfluss ihren Führerschein verloren haben, wieder ans Steuer zu lassen.

Mehr als 100 000 deutsche Autofahrer müssen sich jedes Jahr der MPU unterziehen, etwa 60 Prozent davon sind nicht im ersten Anlauf erfolgreich. Hauptgrund dafür, dass der Führerschein nicht zurückerlangt wird, ist, dass sich der Autofahrer nicht hinreichend mit seinem problematischen Konsum auseinander gesetzt hat. Wenn jemand seinem eigenen Konsum zu unkritisch gegenüber steht, kann in der Regel nicht davon ausgegangen werden, dass er sich zukünftig »nüchtern« ans Steuer setzen wird. Das Ergebnis der MPU wird deshalb in solchen Fällen den Fortbestand des Entzuges der Fahrerlaubnis bestätigen.

Medizinischer Dienst der Krankenversicherung: Abk. → MDK.

Medomin: Handelsname eines → Barbiturates. Wirkstoff ist Heptabarbital.

Meerträubchen: Weitere Bezeichnung für das → Ephedrakraut.

Meerträubel: Weitere Bezeichnung für das → Ephedrakraut.

Megahalluzinogene: Szeneausdruck für → Drogen, deren halluzinogene Wirkung so stark und lang anhaltend ist, dass der Rausch kaum kontrollierbar ist. Dazu gehören → DOM, → Stechapfel, → Atropin und → Liquid Ecstasy.

Mehenxtohku: Bezeichnung der Mayas für den → Stechapfel.

Mehrfachabhängigkeit: Weiterer Ausdruck für die → Abhängigkeit von verschiedenen Substanzen. Man spricht auch von → Polytoxikomanie oder polyvalenter Sucht. Mehrfachabhängigkeit ist nicht selten. Fast alle Alkoholabhängigen, Opiatabhängigen oder Cannabisabhängigen sind zusätzlich nikotinabhängig. Eine reine Opiatabhängigkeit kommt heutzutage kaum noch vor. Meist werden mehrere illegale und legale Suchtmittel in abhängiger Form konsumiert.

In der Therapie stellt Mehrfachabhängigkeit oder auch nur der Konsum mehrerer Suchtmittel in auf einzelne Stoffe bezogen nicht abhängiger Form ein großes Problem dar. Viele Patienten haben den Wunsch, den Konsum der harten Drogen zu beenden und z.B. weiter → kiffen zu können. Dennoch ist die Erreichung völliger → Abstinenz prognostisch am günstigsten und stellt daher das Ziel jeder Therapie und auch der → Substitution dar. Grund für eine derartige Zielsetzung ist, dass die meisten → Drogen auf ähnliche Hirnregionen einwirken. Ihre Einnahme ist durch Vorgänge → klassischer Konditionierung aneinander gekoppelt. Kifft z.B. eine Opiatabhängiger nach erfolgreicher → Entwöhnungsbehandlung oder trinkt er → Alkohol, so entsteht über das → Suchtgedächtnis automatisch das Verlangen nach weiteren Suchtmitteln. Die Gefahr eines → Rückfalls mit harten Drogen ist dadurch erheblich erhöht. Die Tatsache, dass der Patient vor Beginn seiner Opiatabhängigkeit nicht alkohol- oder cannabisabhängig war, darf nicht zu dem Trugschluss verleiten, dass der Konsum dieser Substanzen auch nach Therapie unproblematisch sei. Das Gegenteil ist, wie o.a., der Fall.

Hinzu kommt, dass es ohne Einhaltung von Abstinenz kaum möglich, das Suchtgedächtnis des Patienten nach und nach zu löschen. Die fortgesetzte Einnahme von → Cannabis und/oder → Alkohol sorgt dafür, dass die süchtigen Verhaltensweisen schnell abrufbar bleiben, was das Risiko für Rückfälle dauerhaft erhöht.

Mehrfache Anordnung der Maßregel: § 67 f des Strafgesetzbuches StGB (in der Fassung der Bekanntmachung vom 13. November 1998, zuletzt geändert durch Artikel 1 des Gesetzes vom 22. August 2002) regelt, bie bei mehrfacher Anordnung der Maßregel (→ Maßregelvollzug) zu verfahren ist. Im Gesetzestext heißt es: »Ordnet das Gericht die Unterbringung in einer Entziehungsanstalt an, so ist eine frühere Anordnung der Maßregel erledigt.« (→ Unterbringung in einer Entziehungsanstalt).

Mellow Yellow: Szeneausdruck für getrocknete Schalen von → Bananen, denen in gerauchter Form zugesprochen wird, als mildes → Halluzinogen zu wirken.

Menali: Weitere Bezeichnung für → Cannabis.

Menschenwurzel: Weitere Bezeichnung für → Alraune.

Mental Booster: Szeneausdruck für → Drogen bzw. Medikamente, die die Hirnleistung verbessern sollen. Der Begriff deutet auf einen der vielen → Denkfehler hin, denen die Konsumenten unterliegen. Die mit dieser Bezeichnung dem Suchtmittel zugesprochene Eigenschaft trifft, auch bei → Stimulanzien, zumindest bei fortgesetzter Einnahme nicht zu. Selbst wenn kurzfristig einige Substanzen die geistige Leistungsfähigkeit erhöhen, darf nicht verkannt werden, dass dem Hoch immer ein Tief folgt, sodass im Mittel kein Gewinn vorliegt. Längerfristig schaden alle Drogen der geistigen Leistungsfähigkeit.

Meprobamat: Handelsname eines → Beruhigungsmittels. Es wird zur Behandlung von akuten und chronischen Spannungs- und Erregungszuständen und bei Einschlafstörungen eingesetzt. Bei länger dauernder Anwendung kann sich eine körperliche und psychische → Abhängigkeit ausbilden. Bei abruptem Absetzen kommt es zum → Entzug. Derzeit findet Meprobamat nur selten missbräuchlich Anwendung als Rauschmittel in der Drogenszene.

Meptid: Handelsname eines Schmerzmittels, dessen Inhaltsstoff Meptazinol-HCL ist. In hohen Dosen kann Meptid Erregungszustände auslösen.

Mescal Beans: Englische Bezeichnung für → Meskal-Bohnen.

Mescal Buttons: Szeneausdruck für getrocknete Scheiben des → Peyote-Kaktus.

Mesk: Szeneausdruck für → Meskalin.

Meskal-Bohne: Auch Colorines, Frijoles, Korallenbohne oder Rote Bohne genanntes Hülsenfruchtgewächs (Sophora secundiflora), das das zu den → Stimulanzien gehörende Cystisin enthält. Cystisin ist hoch giftig und kann zum Tod durch → Atemlähmung führen. Es wirkt – soweit bekannt – kaum halluzinogen. Welcher Stoff den → Meskalin-ähnlichen → Rausch der Bohnen erzeugt, ist nicht bekannt. Im Rio-Grande-Becken wurden Meskal-Bohnen bereits 1500 v. Chr. im Rahmen kultischer Handlungen (→ Religion) konsumiert. Auch in Mittel- und Nordamerika wurde die Pflanze von einigen Stämmen konsumiert. Nach und nach wurden die Meskal-Bohnen dort vom harmloseren → Peyote verdrängt.

Meskalin: Bezeichnung für eine → Droge aus der Gruppe der Phenetylamine, die halluzinogene Wirkung hat und die z.B. aus dem → Peyote-Kaktus (Lophophora williamsii) gewonnen werden kann. Die chemische Bezeichnung lautet 3,4,5-Trimethoxyphentenylamin. Im illegalen Handel ist es als kristallines Pulver erhältlich. Meskalin ist nach → Anlage 1 des → Betäubungsmittelgesetzes in Deutschland verboten.

Der Künstler Henry Michaux, der Anthropologe Carlos Castanedas und der Schriftsteller Antonin Artaud gehörten zu den prominentesten Meskalin-Konsumenten. Ihre Rauscherlebnisse haben sie an mehreren Stellen auch schriftlich fixiert. Der Autor Aldous Huxley bekam 1953 auf eigenen Wunsch von Humphrey Osmond, einem Stabsarzt der britischen Kriegsmarine, Meskalin verabreicht und verarbeitete dies in späteren, teilweise düster-paranoid anmutenden Schriften. Mitglieder der Native American Church of the United States Peyote sind die Einzigen, die Meskalin legal zu rituellen Zwecken konsumieren dürfen. Alle übrigen Konsumenten müssen mit Strafverfolgung rechnen. Eine zahlenmäßig große Rolle spielt die Droge derzeit nicht: In westlichen Zivilisationen wird Meskalin derzeit fast ausschließlich von Alt-Hippies und Esoterikern konsumiert.

Die Einnahme erfolgt durch Kauen von Peyote-Scheiben, so genannte Buttons, durch Einnahme von pulverisiertem Kaktus oder als Sud, der durch Auskochen gewonnen wird. Die üblicherweise eingenommene Dosis beträgt 500 mg. Die Wirkung tritt nach ca. zwei Stunden ein und dauert bis zu zwölf Stunden. Der Rausch ist → LSD-ähnlich, die Risiken und Nebenwirkungen auch. Starke Übelkeit, ein Warnsignal des Körpers, ist nach Einnahme häufig. Bei regelmäßiger Einnahme lässt die Meskalin-Wirkung nach. Es besteht dann auch → Kreuztoleranz zu anderen → Halluzinogenen, d.h. LSD und → Psilocybin wirken kaum noch.

Meskalinsterne: Bezeichnung für → Meskalin- oder → LSD-haltige Gelatinestückchen.

Meskalknopf: Weitere Bezeichnung für → Peyote.

Meskalkopf: Weitere Bezeichnung für → Peyote.

Met: Alkoholisches Getränk, das aus vergorenem Honig und verschiedenen Kräutern hergestellt wird. Weitere Bezeichnungen sind Honigwein und Honigbier. Der Alkoholgehalt beträgt ca 3 %. Bei den Germanen spielte Met bei Trankopfern (→ Religion) eine große Rolle.

Metelnuss: Weitere Bezeichnung für → Datura. Im 11. Jahrhundert n. Ch. beschrieb der arabische Arzt Avicenna die Pflanze unter dem Namen Jouzmathal. Die deutsche Bezeichnung Metel-Nuss ging mit einiger Wahrscheinlichkeit aus diesem arabischen Wort hervor.

Meter: Szeneausdruck für einen ml → Methadon. »Ich bekomme acht Meter vom Arzt« heißt also, dass der Betreffende mit 8 ml Methadon substituiert wird (→ Substitution).

Meth: Szeneausdruck für → Speed. Kommt ursprünglich von Methamphetamin.

Methadon: Name eines flüssigen, unangenehm schmeckenden → Opiates, das in der Drogenszene häufig als Heroinersatz gebraucht (wenn es ein Arzt verschreibt) bzw. missbraucht (wenn es sich der Patient selbst illegal besorgt) wird. Im Unterschied zum → Levomethadon enthält Methadon rechts- und linksdrehende Methadonmoleküle. Die Wirkung von Methadon ist ähnlich wie die von → Heroin; allerdings ist die euphorisierende Wirkung erheblich geringer. Methadon hat ein hohes körperliches und psychisches → Abhängigkeitspotenzial.

Einige Ärzte versuchen mit Hilfe von Methadon Heroinkranke zu behandeln. Man spricht dabei von einer → Substitutionsbehandlung, kurz → Substitution. Gegenüber → Heroin hat Methadon den Vorteil, dass es als Getränk eingenommen werden kann. Die schädlichen möglichen Nebenwirkungen des Rauchens oder der intravenösen Einnahme entfallen also.

Die anfänglichen Erwartungen in die Substitutionsbehandlungen haben sich – wie aufgrund ähnlicher Versuche in der Geschichte zu erwarten war – nicht erfüllt. Da Methadon keine ausgeprägt euphorisierende Wirkung hat, haben die meisten Patienten in Substitutionsprogrammen → Beikonsum. Sie beschaffen sich weiterhin illegale Drogen auf dem schwarzen Markt. Resozialisationen finden kaum statt. Von Ärzten verschriebenes Methadon kursiert mit teilweise verheerenden Folgen als Heroinersatz auf dem Schwarzmarkt. Die Zahl der Toten durch dieses Medikament ist nicht zu vernachlässigen. Prominentes Beispiel ist die Sängerin Nico. Die einstmals schönste Frau der Welt starb 1988 in Ibiza – angeblich an einem Herzinfarkt. Sie befand sich gerade in einem Methadon-

Entzugsprogramm. 1998 starben in Hamburg, das in der Substititionsbehandlung eine führende Position innerhalb Deutschlands einnimmt, erstmals mehr Menschen an Methadon als an Heroin. In anderen Städten, in denen Methadon abgegeben wird, sah es zeitweise kaum besser aus. Mit zunehmender Erfahrung der Abhängigen mit Methadon nahm die Zahl der Methadontoten zwar ab – die Sinnhaftigkeit der Substitution bleibt aber weiter fraglich. Sinnvoll ist der Einsatz von Methadon unstrittig bei → Entzugsbehandlungen. Es wird dem Patienten dabei in absteigender Dosierung gegeben und mildert so die körperlichen Entzugserscheinungen. Man spricht vom »warmem Entzug«. Mit Ende der Entzugsbehandlung ist der Patient drogenfrei und bekommt kein Methadon mehr (→ Amphetamin). Die eigentliche Arbeit für den Patienten beginnt allerdings erst danach; er muss, z.B. im Rahmen einer → Entwöhnungsbehandlung lernen, sein Leben völlig neu auszurichten.

Methamphetamin: → Amphetamin-ähnlicher Stoff, der in der Szene als → Speed verkauft wird. Methamphetamin wurde erstmals 1934 synthetisiert.

Meth Freak: Szeneausdruck für einen → Amphetamin-Abhängigen.

Methylalkohol: Lösungsmittel, das von Alkoholkranken – in Unkenntnis der Gefährlichkeit des Stoffes – als Rauschmittel eingenommen wird. Methylalkohol greift das Nervensystem an und führt zu Übelkeit, Gleichgewichtsstörungen, Erbrechen, Sehstörungen bis hin zur Erblindung, Muskelkämpfen und Lähmungen. Tödliche Vergiftungen sind möglich.

Methylendioxyamphetamin: Abk. → MDA.

Methylendioxymethamphetamin: Abk. → MDMA.

Methylphenidat: Name eines Stoffes, der zur Behandlung von Hyperaktivität und von Aufmerksamkeitsstörungen (ADHS) eingesetzt wird. Handelsnamen sind → Equasym, → Medikinet und → Ritalin. Chemisch handelt es sich dabei um einen Piperidyl-Essigsäure-Methyl-Ester. Die missbräuchliche Verschreibung unter Jugendlichen und jungen Erwachsenen ist vor allem in den USA häufig und wird manchmal von Ärzten und Lehrern aus Unkenntnis gefördert. In höherer Dosierung wirkt Methylphenidat ähnlich wie → Amphetamin. In der Szene wird es deshalb auch als → Speed gehandelt.

Methyl-Testosteron: Hormon, das beim → Doping verwendet wird und das in höheren Dosen Angstzustände und → Halluzinationen auslösen kann.

Mexican Brown: 1. Szeneausdruck für eine → Heroin-Sorte aus Mexiko, auch Mexikaner genannt. 2. Szeneausdruck für eine → Cannabis-Sorte.

Mexikaner: Szeneausdruck für halluzinogen wirksame → Pilze der Sorte »Stropharia cubensis«.

Mexikanerhüte: Szeneausdruck für psychoaktiv wirksame → Pilze aus Mexiko – meist → Psilocybe.

Mickey Finn: Szeneausdruck für ein Gemisch aus → Alkohol und Medikamenten.

Mighty Joe: Szeneausdruck für → Morphium.

Mighty Quinn: Szeneausdruck für Kapseln, die → LSD enthalten.

Migräne: Anfallsartiger, meist einseitiger → Kopfschmerz. Häufig spricht man im Alltagsgebrauch allerdings von Migräne, obwohl ein anderer → Kopfschmerz, z.B. ein Spannungskopfschmerz, ein Kopfschmerz wegen Bluthochdruck oder ein Entzugskopfschmerz vorliegt. Während es bei Migränekranken eine hohe → Komorbidität zu Angststörungen und Depressionen gibt, scheint es statistisch so zu sein, dass, wer unter Migräne leidet, ein geringeres Risiko hat, alkoholabhängig zu werden. Die Gründe dafür sind unklar. Allerdings besteht dafür eine erhöhte Gefahr für eine → Medikamentenabhängigkeit.

Mike: Szeneausdruck für ein Mikrogramm → LSD.

Mikro: Szeneausdruck für eine nur millimetergroße Portion → LSD, die für einen → Rausch reicht. Mikros bestehen meist aus Gelatine, auf die das LSD getropft ist.

Mimosen: **1.** Einige Mimosenarten enthalten Stoffe, die → Halluzinationen auslösen können. Sie werden in einigen Regionen als Rauschmittel verwendet (→ Yurema). **2.** Bezeichnung für besonders empfindliche Menschen. Viele Süchtige sind ohne den Schutz ihrer → Droge sehr empfindlich und reagieren schnell emotional zu intensiv. In einigen Fällen ist diese Empfindlichkeit so groß und so situationsunabhängig, dass man von einer → Persönlichkeitsstörung (z.B. F60.30 oder F60.4 nach → ICD 10) spricht.

Mind Booster: Szeneausdruck für → Drogen oder Medikamente, die mutmaßlich die Hirnleistungsfähigkeit verbessern sollen.

Miraa: Weitere Bezeichnung für → Khat.

Mirfudorm: Handelsname eines mittellang wirksamen → Benzodiazepins, das zur Behandlung von → Angst und Erregungszuständen sowie bei Schlafstörungen eingesetzt wird. Inhaltsstoff ist → Oxazepam. Die Entwicklung einer psychischen und physischen → Abhängigkeit kann rasch erfolgen. In der Drogenszene wird das Medikament als Heroinersatz gehandelt.

Mirungi: Weitere Bezeichnung für → Khat.

Misarai: Weitere Bezeichnung für → Cannabis.

Mischkonsum ist das potenziell gefährlichste harte Konsummuster. Jede → Droge, für sich genommen, birgt schon ein gewisses gesundheitliches Risiko. Selbst die einmalige Einnahme von → Ecstasy oder → Cannabis kann bei entsprechend dafür empfindlichen Personen (→ Set) zu unkontrollierbaren Wirkungen und Schäden führen. Beim Mischkonsum können sich Wirkungen und Nebenwirkungen der Drogen in unkalkulierbarer Weise beeinflussen. Insbesondere bei der Wirkung auf das Herz-Kreislauf-System, die Atmung, aber auch auf die Psyche können sich die Risiken erhöhen.

Es ist z.B. in der Partydrogenszene nicht unüblich, → Ecstasy nicht allein zu nehmen, sondern es mit → Speed, → Cannabis, → Alkohol oder anderen Drogen zu kombinieren. Dies ist schon deshalb unklug, weil die bei seltener Einnahme zu beobachtende so genannte → entactogene Wirkung des → Ecstasys durch die → Amphetamine weitgehend aufgehoben wird. »Speed killt den E-Film«, nennen erfahrende → User das Phänomen. Wer zusätzlich andere Drogen als Ecstasy nimmt, ist aber meist ohnehin so weit, dass Ecstasy nicht mehr entactogen wirkt. Problematisch ist weiter, dass die schädlichen Wirkungen auf das Herz-Kreislauf-System und auf das Atemzentrum bei antriebssteigernden Drogen wie Ecstasy, → Amphetaminen und → Kokain gleichsinnig sind. Die Gefahr einer Überhitzung des Körpers, die vom Konsumenten – drogenbedingt – nicht bemerkt wird, sowie einer Überlastung des Herzens steigt. Ebenso erhöht sich das Risiko für psychische Störungen wie paranoides Erleben und unbegründete → Aggressivität. Noch gefährlicher ist es, wenn Ecstasy mit Speed und Kokain oder Speed mit Kokain gemischt eingenommen wird. Da all diese antriebssteigernden Drogen auch den Blutdruck steigern, kann es bei entsprechend anfälligen Personen zu Blutdruckspitzen kommen, die in Einzelfällen sogar Schlaganfälle auslösen können.

Nicht weniger gefährlich ist die Kombination von halluzinogen wirkenden Drogen wie → LSD mit Cannabis oder → LSD mit Ecstasy, da sich hier die halluzinogenen Wirkungen addieren können. Unkontrollierbare → Horrortrips sind die mögliche Folge. Unabhängig davon verlängert sich bei Mischkonsum nicht selten die Zeit, in der die einzelnen Drogen wirksam sind. Es wird zunehmend schwieriger, die Wirkung der Drogen zu steuern.

Viele Partygänger benutzen z.B. → Cannabis, um die Wirkung der antriebssteigernden Drogen zu neutralisieren, um »runterzukommen«. Da Cannabis bei einem steigenden Konsum von Ecstasy und Co oft nicht mehr ausreicht, greifen einige folgerichtig zum stärker wirkenden → Heroin. Auch ohne Beteiligung von Heroin droht bei Mischkonsum die Gefahr, dass der Betreffende süchtig wird. Je mehr Drogen genommen werden, umso häufiger werden depressive Nachwirkungen und Entzugserscheinungen, die ihrerseits zum erneuten Konsum einladen.

Ein weiteres – viel zu wenig beachtetes – Risiko kommt hinzu: Die meisten Drogen werden über die Leber oder die Niere abgebaut. Bei einem erhöhten Konsum kann es hier zu Schäden kommen, die zum Teil auch nicht mehr umkehrbar sind. Die Wechselwirkungen der kombiniert aufgenommenen Drogen sind nicht erforscht. In jedem Fall aber, das ist unter Experten unstrittig, erhöht Mischkonsum das Risiko für Folgeschäden jedweder Art erheblich.

Miss M: Szeneausdruck für → Morphium.

Missbrauch: Juristisch gesehen ist jeder Konsum illegaler → Drogen bereits ein Missbrauch. Aus psychologischer beziehungsweise medizinischer Sicht versteht man unter Missbrauch meist ein Konsummuster, bei dem der Konsument zwar noch die Kontrolle über die Einnahme des Suchtstoffes besitzt, sich andererseits aber phasenweise durch die Einnahme von Suchtmitteln körperlich, sozial oder psychisch schädigt. In der von der Weltgesundheitsorganisation herausgegebenen → ICD 10 wird nicht von Missbrauch gesprochen, sondern von → schädlichem Gebrauch. Die zur Stellung der Diagnose notwendigen Kriterien sind unter der ICD 10-Ziffer F1x.1 beschrieben. Abzugrenzen vom schädlichen Gebrauch oder Missbrauch ist der riskante Konsum. Mit Letzterem ist ein Konsummuster gemeint, das zwar noch nicht zu Schäden geführt hat, das aber in absehbarer Zeit ein hohes Risiko für Folgeschäden in sich birgt. Einen riskanten Konsum, der nicht die Kriterien des schädlichen Gebrauches oder der → Abhängigkeit erfüllt, findet man z.B. häufig bei Wirten. Um nicht ungesellig zu wirken, müssen sie oft mittrinken, dürfen gleichzeitig nicht die Kontrolle über ihren Konsum verlieren, riskieren gleichwohl aber körperliche (und ggf. auch psychische) Schäden durch den Konsum. Sind diese Schäden eingetreten, liegt ein schädlicher Gebrauch oder Missbrauch vor.

Mister M: Szeneausdruck für → Morphium.

Mixilt: Weitere Bezeichnung für den → Stechapfel.

MJ: Szeneausdruck für → Marihuana.

MK Ultra: Name eines Projektes der CIA, bei dem ahnungslosen Personen → LSD verabreicht worden sein soll. LSD sollte als → Droge für den Einsatz im Krieg erprobt werden. Leiter des Projektes war CIA-Agent Sidney Gottlieb.

MLA-75: Name eines synthetisch hergestellten → Halluzinogens.

M-long: Opiathaltiges Schmerzmittels. Inhaltsstoff ist Morphinsulfat (→ Morphium). Die Entwicklung einer → Abhängigkeit ist möglich.

MMDA: Abk. für 3-Mcthoxy-4,5-Methylen-Dioxyphenil-isopropyl-Amin. MMDA wirkt ähnlich wie → MDA und wird gelegentlich als → Ecstasy verkauft. Es ist eine synthetisch hergestellte → Droge, die dem → Myristicin ähnelt. Auch in psychotherapeutischen Außenseiterverfahren wurde MMDA zeitweise eingesetzt, konnte sich aber nicht durchsetzen.

MMT: Abk. für N-Monon-Methyl-Tryptamin, den mutmaßlichen Wirkstoff von → Cohoba und → Epena.

Mo: Szeneausdruck für → Morphium.

Modafinil: Inhaltsstoff des Medikamentes → Vigil. Modafinil gehört zu den → Stimulanzien und unterliegt dem → Betäubungsmittelgesetz.

Mode-Droge: Bezeichnung für die → Droge, die – bedingt durch den Zeitgeist – zu einem bestimmten Zeitpunkt in größerem Maße konsumiert wird. Welche Drogen konsumiert werden, ist nicht nur vom Angebot bedingt, sondern unterliegt auch modischen Strömungen. In den späten 1960er Jahren war z.B. → LSD eine Modedroge, in den Siebzigern → Heroin, in den Achtzigern → Kokain und in den Neunzigern → Ecstasy.

Modelllernen: Auch Lernen am Modell genannt. Albert Bandura (1965) beschrieb als erster Lernen am Modell, bei dem eine Änderung des Verhaltens durch bloße Beobachtung eines Vorbildes herbeigeführt wird. Modelllernen beruht auf stellvertretender, verdeckter → Konditionierung emotionaler Reaktionen. Das heißt, der Patient beobachtet einen anderen Menschen, wie er etwas tut und je nachdem, ob dieser dafür belohnt oder bestraft wird, wird er das gleiche Verhalten zeigen oder vermeiden (ohne selbst vorher direkt damit befasst gewesen zu sein).

Das Lernen am Modell ist ein unverzichtbarer Teil beim → Selbstsicherheitstraining und beim sozialen Kompetenztraining. Bandura erweiterte dieses Konzept zur "Self-efficacy-theory" (→ Selbsteffizienz). In der Therapie von Abhängigkeitserkrankungen spielen Modelllernprozesse eine große Rolle. So beschäftigen viele → Entwöhnungskliniken → Ex-User. Diese haben meist eine noch größere Vorbildfunktion als ausgebildete Therapeuten. Auch Patienten, die sich in einem bereits fortgeschritteneren Therapiestadium befinden, können als Modell für Patienten dienen, die gerade erst die Behandlung begonnen haben.

Mogadan: Handelsname eines → Benzodiazepins, das gegen → Schlafstörungen sowie vor und nach Operationen eingesetzt wird. Missbräuchlich wird es auch als → Droge verwendet. Inhaltsstoff ist Nitrazepam.

Mogetic: Name von Retardtabletten, die → Morphium in unterschiedlicher → Dosis enthalten (→ Morphium).

Mohnstroh: Opiumhaltiges Konzentrat, das aus → Schlafmohn gewonnen wird. Wird auch als Mohnstrohsuppe bezeichnet (→ Polnische Suppe).

Möhre: Der Möhre (Daucus carota) wird immer wieder psychoaktive Wirkung nachgesagt. Das getrocknete Kraut soll geraucht → Cannabis-ähnliche Wirkung haben. Bewiesen ist das nicht, aber das Gerücht hält sich hartnäckig.

Monkey: Szeneausdruck für → Entzugserscheinungen.

Mono-Amino-Oxidase-Hemmer: Auch MAO-Hemmer genannte Gruppe von → Antidepressiva, die in der Drogenszene missbräuchlich z.B. zur Aufhebung des → »Psychokaters« nach → Ecstasy-Einnahme genommen werden. Handelsnamen von MAO-Hemmern sind z.B. Jatrosom und Parnate. MAO-Hemmer stören das Enzym Mono-Amino-Oxidase, welches Überträgerstoffe der Nerven abbaut. Sie können zu Bluthochdruckkrisen, Hirnblutungen, Krampfanfällen, Durchfällen, Sehstörungen, aber auch zu Übelkeit, Schlaflosigkeit und Angstzuständen bis hin zu Verfolgungswahn führen. In Kombination mit einer Reihe von Medikamenten, insbesondere aber in Verbindung mit → Stimulanzien (Uppern), kann es zu tödlichen Komplikationen kommen. Die Wirkung von → Alkohol und → Opiaten wird durch MAO-Hemmer verstärkt wie die von Insulin.

Mono Demetrin: Handelsname eines lang wirksamen → Benzodiazepins. Inhaltsstoff ist → Prazepam. Es wird zur Behandlung von akuten und chronischen Spannungs- und Erregungszuständen eingesetzt, findet aber auch missbräuchlich Anwendung als Rauschmittel in der Drogenszene.

monstern: Szeneausdruck für »sich hemmungslos betrinken«. Die Eagles verwendeten diesen Ausdruck beispielsweise sehr gerne. Der Begriff spielt auf die mögliche persönlichkeitsverändernde Wirkung des → Alkohols an.

Mood Stabilizer: Bezeichnung für eine Gruppe → Psychopharmaka, die zur Stimmungsstabilisierung bei bestimmten psychischen Erkrankungen, z.B. bestimmten → Persönlichkeitsstörungen, eingesetzt werden. Mood Stabilizer haben kein bzw. ein nur geringes → Abhängigkeitspotenzial und können auch in der Behandlung von → Komorbidität bei Suchtkranken, sofern keine organisch bedingten Kontraindikationen vorliegen, eingesetzt werden.

Mörderbeere: Weitere Bezeichnung für die → Tollkirsche.

Mormonentee: Bezeichnung für eine Teesorte, die Bestandteile des → Ephedrakrautes enthält.

Morning Glory: Szeneausdruck für Samen der Pflanze Rivea corymbosa, einer Winde. Auch Samen von Ipomea violacea werden in → Head Shops als Morning Glory verkauft. Weitere Pseudonyme der → Droge sind Flying Saucers, Heavenly Blues, Pearly Gates oder → Ololiqui. Wirkstoffe sind → LSD-ähnliche Stoffe. Der → Rausch ist von → Halluzinationen geprägt.

Morphacetin: Weitere Bezeichnung für → Heroin.

Morphanton: Name von Retardtabletten, die → Morphium in unterschiedlicher Dosis enthalten.

Morphin: Synonym für → Morphium.

Morphin-Antagonisten: Bezeichnung für chemische Verbindungen, die die Wirkung von → Morphium und ähnlichen → Opiaten zumindest teilweise aufheben können. Sie werden bei Vergiftungen mit Opiaten eingesetzt. In höheren Dosierungen können auch Morphin-Antagonisten zu lebensbedrohlichen Zuständen führen (→ Naloxon, → Naltrexon).

Morphin Merck: Opiathaltigen Schmerzmittel. Inhaltsstoff ist Morphin-HCL. Es ist als Injektionslösung und als Tropfen in verschiedenen Stärken erhältlich. Die Entwicklung einer → Abhängigkeit ist möglich.

Morphium: Der Name dieses → Opiates ist von Morpheus, dem griechischen Gott des Schlafes, abgeleitet. Morphium, auch Morphin genannt, wurde 1804 von dem Apotheker Friedrich Wilhelm Sertürner in Hameln aus → Opium synthetisiert. Morphium ist ein bitter schmeckendes, kristallines Pulver und der eigentliche Wirkstoff des → Schlafmohns. Die Entdeckung des Morphiums stellt den Beginn der modernen Anästhesie dar. Erstmals wurde aus einer Pflanze der eigentliche Wirkstoff extrahiert. Der Grundstein für eine blühende Pharmaindustrie war gelegt. 1814 wurde Morphium erstmals als Schmerzmittel verwandt, 1827 lief die Massenproduktion des Morphiums durch die Firma Merck an. In Verkennung des Suchtpotenzials wurde es anfänglich auch zur Behandlung der Opiumsucht eingesetzt. Den gleichen Fehler wiederholte man 1898, als man mit Hilfe des neu entdeckten, auf dem Morphium beruhenden Diamorphins, besser bekannt als → Heroin, versuchte, Morphiumsüchtige zu heilen (→ Substitution). Morphium zur Berauschung zu konsumieren, war Anfang des zwanzigsten Jahrhunderts in manchen Kreisen »in«. William S. Borroughs, Jean Cocteau, Hans Fallada und Pablo Picasso nahmen die Droge. Zumindest Borroughs und Cocteau hatten über Jahre hinweg schwere Probleme deswegen.

Seit 1929 ist Morphium in Deutschland wegen des hohen → Abhängigkeitspotenzials nicht mehr frei verkäuflich. Es unterliegt heute dem →

Betäubungsmittelgesetz und wird vor allem in Retardformen verkauft, die den Wirkstoff langsam freisetzen. Handelsnamen sind Capros Retardkapseln, Kapanol Retardkapseln, M-beta Retardtabletten, M-Dolor Retardtabletten und Injektionslösung, M-long Retardkapseln, Mogetic-Retardtabletten, Morphanton-Retard-Tabletten, Morphin retard Heumann Retardtabletten, Morphin-HCL Krewel Retardtabletten, Morphin Merck Retardtabletten, Tropfen und Injektionslösung, Morphin Puren Retardtabletten, Morphin ratiopharm Retardtabletten, Morphinsulfat-GRY-Retardtabletten, MSI Mundipharma Injektionslösung, MSR Mundipharma Zäpfchen, MST Mundipharma Retardtabletten, MST Retard-Granulat, M-Stada Retardtabletten, MST Continus Retardkapseln, Onkomorphin-Retardtabletten und Sevredol-Filmtabletten. In der Drogenszene spielt Morphium gegenüber dem potenteren → Heroin kaum noch eine Rolle. Wirkung und Risiken des Morphiums entsprechen im Wesentlichen denen des Heroins – wenngleich abgeschwächt. Grundsätzlich kann auch Morphium einen Menschen töten. Spektakulär an die Öffentlichkeit trat dies 2003 in Zusammenhang mit dem Fall der Internistin Dr. Mechthild Bach, der vorgeworfen wurde, über Jahre hinweg Patienten mit Morphiumumgebracht zu haben. Die Staatsanwaltschaft ermittelte bei Redaktionsschluss wegen Tötung von 76 Menschen. Aufgedeckt wurde der Fall Bach im Übrigen nicht etwa durch Patientenangehörige oder Kollegen der Ärztin sondern durch Prüfärzte des → MDK.

Mother's little Helpers: Szeneausdruck für Medikamente mit psychoaktiver Wirkung wie z.B. → Amphetamine, → Benzodiazepine oder → Barbiturate. Der Name ist ein Hinweis darauf, dass Tablettenabhängigkeit, über lange Zeit unbeobachtet erfolgen kann und sozial weniger geächtet wird, von Frauen mit Kindern häufiger praktiziert wird (während Drogenkonsum vor allem bei Männern vorkommt). In diesem Zusammenhang sei auch auf den gleichnamigen Song der Rolling Stones verwiesen.

Motivation: Motivation beschreibt → Emotionen und Gedanken, die mit einer bestimmten Wahrscheinlichkeit ein bestimmtes Verhalten zur Folge haben. Belohnungen (→ C+ oder → ~~C–~~) erhöhen die Motivation, ein bestimmtes Verhalten auszuführen, Bestrafungen (→ C-) verringern sie. Kurzfristig zu erwartende Belohnungen oder Bestrafungen haben einen größeren Einfluss auf die Motivation und damit auf das Verhalten als mit Verzögerung zu erwartende.

→ Drogen stellen aufgrund der Veränderungen, die sie im Hirn bewirken, starke kurzfristig wirkende Belohnungen dar und erhöhen damit bei vielen Menschen, die sie einnehmen, physiologisch zunächst einmal die

Motivation zu erneuter Einnahme. Je geringer ausgeprägt die Nebenwirkungen der Droge sind, desto größer ist die Wahrscheinlichkeit, dass sich die Motivation zu regelmäßiger Einnahme bildet. Drogen, deren Wirkung sehr rasch einsetzt, wie z.B. → Crack oder → Heroin, haben daher ein höheres psychisches → Abhängigkeitspotenzial als langsamer wirkende, wie z.B. → Koka-Blätter oder → Opium. Dadurch erklärt sich auch, warum beim Spritzen von Drogen die Wahrscheinlichkeit einer Suchtentwicklung größer ist. In dieser Form tritt die Wirkung viel schneller ein als z.B. bei Aufnahme durch den Mund oder die Lunge; die Motivation zur weiteren Drogeneinnahme ist folglich ungleich größer. Negative Auswirkungen des Konsums wie beruflicher Abstieg, soziale Verelendung und Vereinsamung sind hingegen Konsequenzen des Drogenkonsums, die sich in der Regel erst nach Monaten oder Jahren einstellen. Entsprechend gering ist die Auswirkung auf die Motivation von Drogenabhängigen.

Wesentlichen Einfluss auf die Motivation eines jeden Menschen haben seine Grundüberzeugungen oder → Grundannahmen, die er von zuhause, über Freunde oder sonstige Bezugspersonen vermittelt bekommt. Besteht z.B. die Grundüberzeugung, dass regelmäßige → Alkohol-, Drogen- oder Medikamenteneinnahme in keinem Fall ein Mittel zur Bewältigung des Lebens darstellt, ist die Gefahr gering, süchtig zu werden. Bei jeder Suchtmitteleinnahme entsteht dann eine als unangenehm erlebte → kognitive Dissonanz, die den Genuss stört und die Motivation zu erneuter Einnahme verringert.

Anders sieht es aus, wenn im Umfeld Sucht toleriert wird. Wenn die Eltern oder Mitschüler des Betreffenden z.B. starke Raucher sind oder regelmäßig Alkohol trinken, erhöhen sie die Wahrscheinlichkeit, dass ihr Kind bzw. ihr Mitschüler es ihnen gleichtut. Besteht keine generell ablehnende Grundhaltung gegenüber Sucht, ist besonders dann die Gefahr einer Drogenabhängigkeit groß, wenn die Eltern gleichzeitig vermitteln, dass die Einhaltung von Gesetzen Auslegungssache ist. Wer raucht und trinkt, braucht sich nicht zu wundern, wenn sein Kind drogenabhängig und kriminell wird (→ Lernen am Modell). Viele Konsumenten unterliegen → Denkfehlern, die die Motivation für einen Konsum erhöhen.

Daraus folgt für die Primär- → Prävention: Es bedarf eines Aufbaus von stabilen Grundüberzeugungen, die die Motivation zu einer Drogeneinnahme vermindern. Nützlich ist, wenn junge Menschen sich folgende Überzeugungen zu Eigen machen können:

1. »Es macht keinen Sinn, Drogen auch nur zu probieren, weil das Risiko einer Sucht mit all den negativen Folgen zu groß ist.«

2. »Wenn ich regelmäßig Alkohol, Drogen oder Zigaretten konsumiere, vermindere ich meine Lebensqualität, verkürze meine Lebenserwartung und gebe große Summen für Dinge aus, die meine persönliche Entwicklung behindern.«
3. »Wer denkt: ›Mir kann das nicht passieren, dass ich süchtig werde‹, ist dumm. Alle Süchtigen haben einmal so gedacht.«
4. »Ich habe noch viel im Leben vor – Drogen stören da nur.«
5. »Junkies haben ein schlechtes Image – ich will gemocht werden.«

Um gefährdete Personen durch Maßnahmen sekundärer Prävention dazu zu bewegen, ihre Motivationslage gegenüber Drogen zu ändern, kann man z.B. Prominente als Modell (→ Lernen am Modell) wählen, die der Lebenswelt der Zielgruppe entsprechen, die vielleicht schon Drogen probiert haben und die sich glaubhaft dagegen entschieden haben.

Eine Kampagne wie »Keine Macht den Drogen« war schon deshalb zum Scheitern verurteilt, weil sie mit den ausgewählten prominenten Identifikationsfiguren vor allem jene Personengruppe ansprach, deren Motivation es ohnehin nicht war, Drogen zu nehmen. Wie Lothar Matthäus zu sein, ist für potenzielle Junkies wenig attraktiv. Werden derartige Modelle gewählt, kann dies sogar zur Drogeneinnahme motivieren, weil man sich von derartigen Personen abgrenzen will.

MP: Szeneausdruck für → Methylphenidat.

MPD: Abk. für Methyl-Pyrrolidid. Name eines synthetisch hergestellten → Halluzinogens.

MPPP: Abk. für Methyl-Phenyl-Propionoxy-Piperidin. Synthetisches → Opiat, dessen Wirkung und Risiken noch ausgeprägter als die von → Heroin sind. Es wird in den USA teilweise als Heroin gehandelt.

MPTP: Abk. für Methyl-Phenyl-Tetrahydro-Pyridin. Synthetisches → Opiat, dessen Wirkungen und Risiken noch ausgeprägter als die von → Heroin sind. MPTP zerstört innerhalb kurzer Zeit besonders die Strukturen im Gehirn, in denen → Dopamin der dominierende Botenstoff ist, wie z.B. die Substantia nigra. Die Folge ist das Auftreten einer unheilbaren Krankheit, die aussieht wie ein Morbus Parkinson. In den USA ist eine Vielzahl von Todesfällen durch MPTP bekannt.

MPU: Abk. für → medizinisch-psychologische Untersuchung.

Mr. Nice: Pseudonym des Drogendealers Howard Marks, der in den siebziger Jahren wahrscheinlich der weltweit größte → Cannabis-Dealer war. Lieferungen von bis zu 50 Tonnen Cannabis soll er rund um den Erdball geschmuggelt haben. Über 20 Jahre lang konnten die CIA und die amerikanische Drogenpolizei DEA seiner nicht habhaft werden, wodurch der ehemalige Oxford-Physikstudent innerhalb der Drogenszene so etwas wie ein Volksheld wurde. 1988 wurde Mr. Nice in Spanien gefasst und an die USA ausgeliefert. Es folgte 1990 eine Verurteilung zu 25 Jahren Haft, von denen er fünf Jahre im Hochsicherheitstrakt verbüßte. Nach seiner vorzeitigen Entlassung ist er jetzt mit seinem autobiografischen Buch »Mr. Nice« auf Welttournee, erklärt Methoden der Geldwäsche und plädiert für die Legalisierung von Cannabis.

Ms.: Szeneausdruck für → Morphium.

MSI Mundipharma: Opiathaltige Injektionslösung, die gegen starke Schmerzen eingesetzt wird. Inhaltsstoff ist Morphinsulfat (→ Morphium). Es existiert in unterschiedlichen Stärken. Die Entwicklung einer → Abhängigkeit ist möglich.

MSR Mundipharma: Opiathaltiges Schmerzmittels in Zäpfchenform. Inhaltsstoff ist Morphinsulfat. Es existiert in unterschiedlichen Stärken. Die Entwicklung einer → Abhängigkeit ist möglich.

MST Mundipharma: Opiathaltiges Schmerzmittel in Tablettenform. Inhaltsstoff ist Morphinsulfat. Es existiert in unterschiedlichen Stärken. Die Entwicklung einer → Abhängigkeit ist möglich.

Das Buch von Mr. Nice im Schaufenster eines Headshops

MST Granulat: Opiathaltiges Schmerzmittels in Granulatform. Inhaltsstoff ist Morphinsulfat. Es existiert in unterschiedlichen Stärken. Die Entwicklung einer → Abhängigkeit ist möglich.

MST Continus: Opiathaltiges Schmerzmittels in Form von Retardkapseln. Inhaltsstoff ist Morphinsulfat. Es existiert in unterschiedlichen Stärken. Die Entwicklung einer → Abhängigkeit ist möglich.

Mucuna: Weitere Bezeichnung für die → Afrikanische Juckbohne.

Muggles: Szeneausdruck für → Zigaretten, die → Cannabis enthalten.

Muhulo: Weitere Bezeichnung für → Khat.

Muira Puama: Muira Puama ist der Name eines Baumes aus Südamerika. Die Rinde soll eine aphrodisierende und stimulierende Wirkung haben.

Muirungi: Weitere Bezeichnung für → Khat.

Multihabituation: Veralteter Ausdruck für die → Abhängigkeit von verschiedenen Substanzen. Heute spricht man eher von → Polytoxikomanie, polyvalenter Sucht oder → Mehrfachabhängigkeit.

Multum: Handelsname eines lang wirksamen → Benzodiazepins. Inhaltsstoff ist Chlordiazepoxid. Es wird zur Behandlung von akuten und chronischen Spannungs- und Erregungszuständen eingesetzt, findet aber auch missbräuchlich Anwendung als Rauschmittel in der Drogenszene.

Münchener Alkoholismustest: → MALT.

Mundtrockenheit: Mundtrockenheit ist ein Symptom, das nach dem Konsum von → Stimulanzien und → Halluzinogenen auftreten kann (auch bei → Cannabis). Auch Medikamente, z.B. einzelne → Antidepressiva, können zu Mundtrockenheit führen.

Mund-zu-Mund-Beatmung: → erste Hilfe bei Atemstillstand.

Murphy: Szeneausdruck für → Morphium.

Muscarin: Halluzinogen wirkendes Alkaloid, das aus dem → Fliegenpilz (Amanita muscaria) gewonnen wird.

Mushroom: **1.** Eigentlich engl: = Pilz, inzwischen Szeneausdruck für → Pilze, die → psychoaktive Wirkstoffe wie z.B. → Psilocybin enthalten. **2.** Technomagazin aus Hamburg, das inhaltlich eine große Nähe zu → Drogen hat. Es finanziert sich ausschließlich über Anzeigen und wird vor allem im norddeutschen Raum vertrieben.

Musik: Zwischen populärer Musik und Rauschmittelkonsum besteht schon seit jeher eine enge Verbindung. Während kaum einer weiß, dass Richard Strauss seine Oper »Arabella« unter Einfluss von → Kokain schrieb, ist seit den sechziger Jahren der Drogenkonsum vieler Musiker ein offenes Geheimnis. Immer wieder scheint gerade diese Berufsgruppe mit Suchtproblemen konfrontiert zu sein. Ursächlich dafür könnte sein, dass das

Leben als Musiker mit einem hohen Maß an Belastung einhergeht. Finanzielle Sicherheit gibt es i.d.R. nicht. Nur durch ständige Präsenz in den Medien und Konzerttourneen in alle Welt kann ein fortlaufender Verkauf von Tonträgern erzielt werden. Ein solcher Lebenswandel ist aber schwer mit einem intakten Privatleben in Verbindung zu bringen. Für viele scheinen Musik und Drogenkonsum eine untrennbare Einheit zu bilden, was an Ausdrücken wie »Sex & Drugs & Rock'n'Roll« abzulesen ist. Die Zahl der Musiker mit Drogenproblemen ist schier unüberschaubar. Ihre Biografien sind sehr unterschiedlich verlaufen. Viele Musiker starben – oft bevor sie überhaupt richtig bekannt geworden waren. Andere fanden nach vielen Jahren den Ausstieg. Und manche wiederum wechseln zwischen drogenfreien Phasen und heftigen Abstürzen. Hier ein paar prominente Beispiele.

Joe Cocker ist einer der bekanntesten Rockmusiker und ist bzw. war sicher der bekannteste Trinker der Welt. Schon seit früher Jugend trank er regelmäßig große Mengen → Alkohol. Später kamen andere → Drogen dazu. Die erste Verhaftung wegen Drogenbesitzes erfolgte 1968 auf dem ersten Höhepunkt seiner Karriere. 1973 erfolgte die nächste Verhaftung aus dem gleichen Grund. Inzwischen soll er abstinent sein. David Hasselhoff hingegen bekommt seine Alkoholprobleme derzeit nicht in den Griff; 2004 wurde ihm der Führerschein wegen Fahrens unter Alkoholeinfluss entzogen.

Die kalifornische Band Grateful Dead war für ihren Konsum von → LSD und anderen → Halluzinogenen bekannt. Jerry Garcia trug, schon lange vor der Grateful Dead-Zeit, den Spitznamen Captain Trips. Garcia sah in Drogen wie LSD ein Zeichen für ein neues Bewusstsein und neue ungeahnte Freiheit. Andere Bandmitglieder, wie z.B. Pipgen, neigten eher zu Alkohol und → Amphetaminen. Sie hatten Angst vor der die Wahrnehmung und das Bewusstsein auflösenden Wirkung von LSD. Ron »Pipgen« McKernan wurde zum Alkoholiker. Im Alter von 26 Jahren war er gesundheitlich ruiniert, seine Leber fast vollständig zerstört (→ Leberzirrhose). Der einst korpulente Mann war auf 50 kg abgemagert. Pipgen starb 1973 schließlich an inneren Blutungen (→ Ösophagusvarizenblutung). Der Manager der Band, Rock Scully, kam wegen Drogenhandels ins Gefängnis.

Country-Star Johnny Cash nahm anfänglich Tabletten, um selbstsicherer bei Konzerten auftreten zu können. Er steigerte dann seinen Konsum von Aufputsch- und Beruhigungsmitteln, wurde in der Folge immer öfter krank und war in Unfälle verwickelt. Aus dem schüchternen Musiker war ein selbstgerechter Unruhestifter geworden, der mit der Welt über Kreuz lag. Sowohl seine Karriere wie auch seine Ehe gingen in die Brüche. 1965 wurde Cash wegen illegaler Medikamenten-Einfuhr vor Gericht gestellt, 1966 wegen Cannabisbesitzes. 1967, nach seiner dritten Verhaftung, gab Johnny Cash seinem Leben endlich die entscheidende Wende. Nachdem er die Suchtmittel aus seinem Leben verbannt hatte, wurde er zu einem der bekanntesten Country-Sänger aller Zeiten.

Auch die Beatles nahmen von Anbeginn ihrer Karriere Alkohol, Aufputschmittel und andere Drogen. Ursache waren die unnatürlichen Belastungen, die mit den Auftritten verbunden waren. Sie spielten in kleineren Clubs wie dem »Star Club« in Hamburg und dem »Top Ten«. Teilweise waren sie in der Anfangszeit acht Stunden pro Auftritt auf den Beinen. Hinzu kamen An- und Abfahrtszeiten. Die Tabletten gaben ihnen die Möglichkeit, dennoch die nötige Energie zu entwickeln. Doch alles hat seinen Preis. Stu Sutcliffe, ein Beatles-Mitglied der Frühzeit, starb an einer Hirnblutung. Ursache waren wahrscheinlich eine angeborene Schwäche der Gefäßwand im Hirn und die Aufputschmittel, die den Blutdruck in unnatürliche Höhen gebracht und damit das Blutgefäß zum Platzen gebracht hatten. Von Bob Dylan wurde ihnen 1964 das Rauchen von Marihuana nahe gebracht. Pikanterweise rauchten die Beatles auf der Toilette des Buckingham-Palastes → Cannabis, bevor sie den Orden des Britischen Empires in Empfang nahmen. Noch 1980 wurde Paul McCartney mit 250 g Cannabis im Koffer bei seiner Einreise nach Japan verhaftet. Von einem Zahnarzt bekamen John Lennon und George Harrison dann – ohne ihr Wissen – den ersten → LSD-Trip auf einer Party verabreicht. Sie waren begeistert. »Es war, als ob ich vorher nie richtig geschmeckt, gesprochen, gesehen, gedacht oder gehört hätte«, beschrieb Harrison später einem Journalisten die Wahrnehmungsveränderungen im Rausch. Harrison starb an Krebs. Ab 1965 nahm John Lennon, der Kopf der Beatles, für längere Zeit regelmäßig LSD. Die halluzinogenen Drogen veränderte deutlich das musikalische Werk. Die Beatles setzten ungewöhnliche Instrumente ein, die Stücke wurden länger, ungeordneter, verspielter – kurz psychedelischer. → Timothy Leary erklärte 1965 die Beatles zur Avantgarde der psychedelischen Revolution. Während die Bandmitglieder der Beatles offenbar mit den Drogen – von juristischen Komplikationen einmal angesehen – keine Probleme hatten, sah es in ihrem Umfeld anders aus. Der Manager der Beatles, Brian Epstein, starb Ende der sechziger Jahre an einer Drogenüberdosis.

Der begnadete Gitarrist Jimi Hendrix hatte zeit seiner Musikerkarriere Drogenprobleme. Er nahm die ganze Palette der damals verfügbaren

Rauschmittel. 1969 wurde er wegen Heroinbesitzes auf dem Flughafen von Toronto verhaftet. Vor Gericht gab er zu, bereits LSD, Kokain und Cannabis genommen zu haben. Er kam frei, weil er glaubhaft versichern konnte, er habe das → Heroin von einem Fan geschenkt bekommen und nicht gewusst, was es sei. Obwohl er zwischenzeitlich immer wieder mit den Drogen aufhören wollte, gelang ihm das nie. Hendrix war ein unausstehlicher Charakter. Ständig lag er mit seiner Umgebung im Streit. Innerlich zerrissen war er zu längeren Beziehungen (→ Beziehungsfähigkeit) oder → Freundschaften nicht fähig. Jimi Hendrix erstickte am 18.9.1970 an seinem Erbrochenen, nachdem er Alkohol, Cannabis und eine Überdosis Schlaftabletten eingenommen hatte.
Ähnlich ging es Janis Joplin. Sie stammte aus einer ländlichen Gegend der USA und litt zeitlebens unter Minderwertigkeitsgefühlen. Auf der Bühne fand sie die Anerkennung, nach der sie sich immer gesehnt hatte. Um ihre Unsicherheit zu überwinden und auftreten zu können, begann sie, Rauschmittel einzunehmen. Sie konsumierte immer größere Mengen Alkohol, Amphetamine und später auch Heroin. Auch eine Reihe anderer Drogen probierte sie aus, stellte aber fest, dass ihr Halluzinogene wie LSD nicht lagen. Ende der sechziger Jahre war sie im Grunde durchweg angetrunken, hatte immer eine Flasche Tequila oder Ähnliches dabei. Ihre Musik wurde zunehmend schlechter, die Stimme kraftloser. Janis Joplin starb am 4. Oktober 1970 schließlich einsam in einem Hotelzimmer an einer Überdosis Heroin.
David Bowie, die Kultfigur des Glamrock, hatte in der Anfangszeit seiner Karriere heftige Drogenprobleme. In den siebziger Jahren probierte Bowie jede Droge, die er in die Finger bekam. Mitte der siebziger Jahre wäre er daran mehrfach fast gestorben. Die übertriebenen Selbstdarstellungsexzesse, die einen wesentlichen Teil seines Ruhms begründen, waren sicherlich zu einem großen Teil auch auf seinen Kokainkonsum zurückzuführen. In Los Angeles paradierte er 1975 mit dem Hitler-Gruß vor der Victoria Station. Seine Ehe mit Angie Bowie scheiterte und er floh nach Berlin. Dort kam er allmählich zur Ruhe. Sein Drogenkonsum nahm ab und er begann wieder sein Leben zu gestalten. Heute lebt er in der Schweiz in der Nähe des Genfer Sees in ruhigen und geordneten Verhältnissen.
Weniger gut erging es Jim Morrison, dem Leadsänger der Rockgruppe The Doors, der nicht nur durch seine Musik, sondern auch durch seinen Alkohol- und Drogenkonsum und die damit verbundenen Aussetzer immer wieder in die Schlagzeilen geriet. In den Sechzigern galt Morrison

als das Sexsymbol schlechthin. Obwohl er auch das gesamte Angebot an Drogen durchprobiert haben soll, war Morrison in erster Linie schwerer Alkoholiker. Ständig betrunken, torkelte Morrison von einer Peinlichkeit in die nächste. Sei es, dass er bei Freunden auf den Teppich pinkelte oder dass er sich auf der Bühne entblößte. Oft beschimpfte er sein Publikum aufs Heftigste – ein Phänomen, das auch heute noch nicht selten bei obdachlosen Alkoholikern in jeder größeren Stadt zu beobachten ist. Eigentlich nur Ausdruck psychischer Probleme Jim Morrisons (→ Komorbidität), traf dies damals den Zeitgeist. Die 68er-Generation, die sich im ständigen Streit mit dem Establishment befand, sah in Morrison einer der Ihren. Mit 27 Jahren war Morrison körperlich und psychisch am Ende. Vom Alkohol aufgedunsen, war von seiner früheren Anziehungskraft kaum noch etwas übrig. Am 3.7.1971 starb Jim Morrison an den Folgen seiner Sucht. Nicht besser ging es einer der Ikonen des → Punk, Sid Vicious. Sid Vicious ist das Pseudonym von John Simon Ritchie, unter dem er bei der Punk-Band Sex Pistols eine kurze, aber intensive Karriere machte. Mehr als die anderen Mitglieder der Sex Pistols erfüllte Sid Vicious das Klischee des drogensüchtigen, gewalttätigen Punks. Mit dem Ruhm, den die Sex Pistols unerwartet erlangten, wurde er offensichtlich nicht fertig. Ständig stand er unter Drogeneinfluss. Nachdem sich die Sex Pistols aufgelöst hatten, wusste er nichts mehr mit sich anzufangen. Die Zeit vertrieb er sich mit Nancy Spungen – einem amerikanischen Groupie. Gemeinsam zogen sie ins Chelsea Hotel in New York. Am 12.10.1978 wurde Nancy dort mit mehreren Messerstichen im Bauch ermordet aufgefunden – Sid Vicious des Mordes angeklagt. Gegen 50.000 $ Kaution – bezahlt von seiner Plattenfirma – wurde Sid Vicious zunächst wieder auf freien Fuß gesetzt. Kurz darauf kam er nach einer Schlägerei erneut in Haft. Gegen erneute Zahlung von 50.000 $ Kaution durfte er das Gefängnis am 02.02.1979 verlassen. Wenige Stunden später wurde Sid Vicious tot aufgefunden. Er hatte sich nach seiner Entlassung Heroin gespritzt und dabei vermutlich übersehen, dass die Droge durch den unfreiwilligen Entzug in der Haft nun viel stärker wirkte. Vielleicht war es auch → Selbstmord. Sid Vicious wurde 21 Jahre alt.

Kurt Cobain, Leadsänger der Grunge-Band Nirvana, wurde zu einem der prominentesten Drogenopfer. Er konsumierte Beruhigungsmittel, Heroin, → Methadon, Kokain, Alkohol. Mit dem plötzlichen Ruhm der Band kam Cobain nicht zurecht. Er verkraftete nicht, dass die grobe und heftige Musik schließlich sogar in Supermärkten gespielt wurde, so die offizielle Version. Hinter seinem exzessiven Drogenkonsum steckten aber

wohl weitaus tiefere Abgründe, deren Geschichte weiter zurückgeht. Mit Cobains unglücklicher Kindheit ging seine Plattenfirma nur zu gerne hausieren. Mehrere Versuche Cobains, mit den Drogen aufzuhören, scheiterten. Die Drogen hatten ihn hochgradig depressiv gemacht. Oft musste er sich zu Auftritten regelrecht zwingen. Cobain sprach sogar in Interviews von Selbstmord. Im März 1994 wurde er nur durch die Geistesgegenwärtigkeit von Courtney Love aus dem Koma gerettet, nachdem er eine Überdosis Champagner und → Rohypnol-Tabletten (→ Benzodiazepine) genommen hatte. Seine Plattenfirma spielte den darauffolgenden Tourneeabbruch als »Erschöpfung und schwere Grippe« herunter. Cobain sollte sich zu einer Therapie anmelden. Doch er verschwand. Am 2. April erstattete seine Mutter Suchanzeige. Am 8. April 1994 wurde er tot aufgefunden. Er hatte sich mit einer Schrotflinte den Kopf weggeschossen und damit den Schlussstrich unter sein unglückliches Leben gesetzt. Ironischerweise verkauften sich Nirvana-Platten nach dem Tod von Kurt Cobain besser als je zuvor – 50 000 Platten allein in den USA in den ersten zwei Tagen nach der Erschießung.
Suchtprobleme gibt es auch bei deutschsprachigen Musikern. Falco kam unter Drogen und Alkohol stehend 1998 durch einen Verkehrsunfall ums Leben. Sein erster Hit »Der Kommissar« handelte von Kokain, die posthum erschiene Single »Egoist« beschreibt zumindest indirekt die Auswirkungen der Droge auf die Persönlichkeit. Liedermacher Konstantin Wecker hatte wegen seines Drogenkonsums erheblichen Ärger mit der Justiz. Nach einer → Entwöhnungsbehandlung soll er Ende der neunziger Jahre den Drogen entsagt haben. Auch Udo Lindenberg bekam seine Suchtprobleme mit therapeutischer Hilfe in den Griff. Einer der Stieber Twins hatte – vermutlich bedingt durch seinen Cannabiskonsum – lange Zeit starke psychische Probleme. Die Reihe könnte problemlos fortgesetzt werden.
Seit Anfang der neunziger Jahre ist allerdings, so scheint es, eine Trendwende zu beobachten. Während es früher als schick und angesagt unter Musikern galt, Drogen zu nehmen, ist das Verhältnis zu Rauschmitteln deutlich pragmatischer geworden. Obwohl es natürlich auch z.B. in der → Techno-Szene Menschen mit Drogenproblemen gibt, käme keiner der Stars der Szene darauf, sich mit seinem Konsum zu brüsten. Wenn über Drogen gesprochen wird, dann geht es bei öffentlichen Diskussionen eher darum, das Machtmonopol des Staates in Form des → Betäubungsmittelgesetzes anzugreifen. DJs, die phasenweise Drogen genommen haben, äußern sich eher nachdenklich über diese Lebensabschnitte wie z.B. Sven

Väth. Und obwohl Techno jetzt schon über 15 Jahre alt ist, gibt es in dieser weltumspannenden Musikszene keine prominenten Drogentoten. Die enge Verbindung zwischen Drogen und Musik ist in Auflösung begriffen.

Musitate: Weitere Bezeichnung für → Khat.

Muskatnuss: Die getrockneten, zermahlenen »Nüsse« (eigentlich sind es keine echten Nüsse) des Muskatnuss-Baumes (Myristica fragrans) werden als Gewürz in der Küche verwendet. In der indonesischen Medizin spielt die Muskatnuss eine Rolle als Heilmittel gegen Rheuma, Magenschmerzen und Schlaflosigkeit. Als Rauschdroge spielt die Muskatnuss hierzulande kaum eine Rolle.

In größeren Mengen (mehr als ca 5g) eingenommen, erzeugt das Pulver der → Muskatnuss optische und akustische Halluzinationen und macht müde. Wirkstoffe sind → Myristicin, Safrol und Elemicin. Bereits 1789 beschrieb der Arzt William Cullen eine Muskatnussvergiftung bei einem seiner Patienten. Blüten und Blätter werden auch geraucht. In Ägypten dient Muskatnuss gelegentlich als → Cannabis-Ersatz. In Entwicklungsländern und bei Strafgefangenen wird Muskatnuss relativ häufig als → Droge verwendet, weil sie billig und legal ist.

Wenn auch manche Prominente wie z.B. Malcolm X oder Charlie Bird um die berauschende Wirkung wussten, so konnte sich die Muskatnuss letztlich wegen ihrer erheblichen Nebenwirkungen kaum je größerer Beliebtheit erfreuen. Heftige körperliche Missempfindungen mit ausgeprägter Übelkeit und ein intensiver → Kater am nächsten Morgen treten so gut wie immer auf. Muskatnuss ist in hohen Dosen nicht harmlos. Starke → Ängste sowie paranoides Erleben und Verfolgungswahn können ebenso auftreten wie Herzrasen, Magenschmerzen und starke Mundtrockenheit. Es hat schon Todesfälle durch Vergiftungen gegeben.

Einige Stoffe der Muskatnuss gelten in höheren Dosen (z.B., wenn das Gewürz als Rauschdroge in größeren Mengen konsumiert wird) als krebserregend.

Muskelrelaxantien sind Medikamente, die bei schmerzhaften Muskelverspannungen eingesetzt werden. Nicht wenige Muskelrelaxantien enthalten das → Benzodiazepin Tetrazepam und können abhängig machen. Dazu gehören z.B. Mobiforton, Musapam, Musaril, Muskelat, Myospasmal, Rilex, Tepam-BASF, Tethexal, Tetramdura, Tetra-saar, Tetrazep oder schlicht Tetrazepam. Da Ärzte nicht immer bei der Verschreibung von Medikamenten an Süchtige die nötige Sorgfalt walten lassen, viele Süchtige aber nach der Entgiftung unter Rückenschmerzen leiden, stellen einige der Muskelrelaxantien ein erhebliches Rückfallrisiko dar.

Mussolini: Szeneausdruck für eine besonders starke → Cannabis-Sorte.

Mustang Gold: Weitere Bezeichnung für → Cannabis.

Muta: Szeneausdruck für → Cannabis.

Mutterkorn: Parasitär auf Getreide wachsender Schlauchpilz (Claviceps purpurea), der durch Lysergsäure-Derivate halluzinogene Wirkung besitzt (→ LSD). In die befallenen Roggenähren sondert der Mutterkornpilz einen Schleim ab. Das Wachstum der befallenen Ähren wird gestört. Das Pilzmyzel bildet bei geeigneter Witterung im Herbst den Fruchtkörper (Sklerotium) aus. Das Mutterkorn selbst ist schwarz, hat die Form eines Getreidekornes und enthält stark giftige und hochwirksame Alkaloide wie Ergotamin und Ergotoxin.

Mutterkorn wurde in der Geschichte nie bewusst als Rauschmittel verwendet. Die Assyrer nannten es 600 v. Chr. eine »schädliche Pustel in der Ähre des Getreides«. Auch die Parsen warnten 350 v. Chr. vor dem Pilz. Vergiftungen waren zufällig und unbeabsichtigt, wenn Getreide, das von Mutterkorn befallen war, z.B. bei Nahrungsmittelknappheit, verzehrt wurde.

Die Folge waren Wahnvorstellungen, starke Schmerzen und Krampfanfälle. Hände und Füße wurden – da die Durchblutung durch das Mutterkorn gestört war – schwarz und fielen ab. Viele Menschen starben an der Mutterkorn-Vergiftung. Damals wurde ihr seltsamer Tod in Verbindung mit göttlichem Wirken gebracht. »Antoniusfeuer« hieß im Mittelalter ihr Leiden. Die Menschen, die derart seltsam verendeten, seien von Gott bestraft worden, nahm man an. Erst 1676, fünfhundert Jahre nach dem ersten Wüten des Antoniusfeuers, – wurde die Verursachung durch das Mutterkorn erkannt und entsprechende Kontrollen eingeführt. Man überwachte die Mehlherstellung und verhinderte so weitere Massenvergiftungen. Obwohl Mutterkorn als Wehenmittel gut wirksam ist, spielt es diesbezüglich keine Rolle in der Medizin mehr. Abkömmlinge der Lysergsäure spielen aber heute noch bei der Behandlung von → Migräne und Kreislauferkrankungen eine Rolle. Das Mutterkorn ist empfindlich gegenüber Witterungseinflüssen. Die Pharmaindustrie deckt ihren Bedarf deshalb durch Pilzkulturen in mit Nährlösung gefüllten Tanks.

Mylepsinum: Handelsname eines Medikamentes, das gegen Epilepsien eingesetzt wird. Missbräuchlich wird es auch als → Droge eingesetzt. Inhaltsstoff ist Primidon.

Myristicin: Psychoaktiver Wirkstoff der → Muskatnuss. Es kommt – in geringen Mengen – auch in → Petersilie und in → Dill vor. Aus Myristicin kann → MDMA hergestellt werden.

N

N: Ein »N« auf einem → BtM-Rezept bedeutet, dass das verschriebene → Betäubungsmittel für eine Notfallbehandlung gedacht ist.

NA: Abk. für Narcotics Anonymous, eine Selbsthilfeorganisation, bei der sich – angelehnt an die → Anonymen Alkoholiker, Drogenabhängige regelmäßig zur Bewältigung ihrer Probleme treffen.

Nabilon: Medikament, das Cannabinoide (→ Cannabis) enthält und in der Medizin ähnlich wie → Dronabinol eingesetzt wird. Es ist in Großbritannien unter dem Namen Cesamet im Handel.

Nachtschattengewächse: Die Gattung der Nachtschattengewächse ist weltweit mit vielen tausend Arten verbreitet. Zu den Nachtschattengewächsen gehören Kulturpflanzen wie Kartoffel, Tomate, Aubergine und Paprika sowie Zierpflanzen wie die Petunie.

Nachtschattengewächs

Viele der halluzinogen wirksamen Pflanzendrogen gehören ebenfalls zu den Nachtschattengewächsen. Beispiele sind → Engelstrompete, → Tabak, → Tollkirsche, → Alraune, → Stechapfel und → Bilsenkraut. Der Konsum dieser Nachtschattengewächse zur Berauschung ist wegen der Giftigkeit der Pflanzen sehr gefährlich. Der Tod kann durch → Herzstillstand erfolgen.

Nadel, hängen an der: Szeneausdruck für einen Zustand, in dem der Betreffende sich täglich → Drogen spritzt.

nadeln: Szeneausdruck für das Injizieren von → Drogen.

Nadelpark: Szeneausdruck für Grünanlagen, in denen sich → Fixer treffen, die dort nicht selten die Nadeln ihrer Spritzen liegen lassen. Für andere Parkbenutzer – insbesondere spielende Kinder – stellt das eine Gefahr dar (→ Umweltverschmutzung).

Nahrungsergänzungsmittel: Zusatzstoffe, die Lebensmitteln hinzugefügt werden können. Es handelt sich nicht um Arzneimittel oder → Betäubungsmittel. Sie unterliegen keiner Registrierungs- oder Zulassungspflicht. Überwacht werden sie durch die Lebensmittelüberwachungsbehörden der Länder. Für Nahrungsergänzungsmittel gelten die Bestimmungen des Lebensmittel- und Bedarfsgegenständegesetzes (LMBG). Eine EU-weite Regelung und eine nationale Vorschrift für Nahrungsergänzungsmittel ist in Vorbereitung.

Nahtlosigkeit: Bezeichnung für einen nicht durch Wartezeiten unterbrochenen Übergang von einer therapeutischen Maßnahme in die darauf aufbauende nächste. Ein nahtloses Ineinandergreifen therapeutischer Maßnahmen ist immer anzustreben, weil dies die Wahrscheinlichkeit für → Rückfälle senkt. Am häufigsten wird der Begriff »Nahtlosigkeit« an der Schnittstelle zwischen → Entzugsbehandlung und → Entwöhnungsbehandlung gebraucht (→ RAG, → WAG). Auch z.B. beim Übergang von einer Entzugsbehandlung in ambulante psychiatrische Behandlung oder von einer Entwöhnungsbehandlung in eine Nachsorge ist nach Möglichkeit Nahtlosigkeit zu erreichen.

Nalidin: Kombinationspräparat, das → Tilidin und → Naloxon enthält. Es wird bei starken und sehr starken Schmerzen eingesetzt. Bei länger andauernder Einnahme entwickelt sich eine deutliche körperliche → Abhängigkeit. Plötzliches Absetzen von Nalidin kann zu lebensbedrohlichen Zuständen führen. Außerdem kann das Medikament psychisch abhängig machen. Der Hersteller verbietet deshalb ausdrücklich die Anwendung bei Vorliegen einer → Sucht.

Naloxon wird als Gegenmittel bei Vergiftungen mit → Heroin und anderen → Opiaten (z.B. → Codein) eingesetzt. Es blockiert einen Teil der Rezeptoren, an denen Heroin angreift. Gefährliche Herz-Kreislauf-Komplikationen durch die Gabe von Naloxon sind nicht ausgeschlossen. Es darf daher nur in Notsituationen und nur vom Arzt gegeben werden. In Verbindung mit → Tilidin ist es als Kombinationspräparat gegen starke Schmerzen unter zahlreichen Namen im Handel (→ Tilidin).

Naltrexon: Inhaltsstoff des Medikamentes → Nemexin.

Nanacatl: Aus Südamerika stammender → Pilz, der – wegen seines Gehaltes an → Psilocybin – auch von einigen Drogenkonsumenten gelegentlich genommen wird. Nanacatl enthält weitere giftige Stoffe – tödliche Komplikationen sind möglich.

Narcanti: Handelsname eines Medikamentes, das bei Vergiftungen mit → Opiaten eingesetzt wird. Inhaltsstoff ist → Naloxon.

Narconon: Name einer Drogenhilfe-Organisation, die Scientology nahe steht. Im Internet sind Informationen über die harmlos klingende Seite www.sag-nein-zu-drogen.de zu erhalten.

Narcotics act: Name eines Gesetzes, das in den USA den Umgang mit → Betäubungsmitteln regelt.

Narcotics anonymus: → NA.

Nargil: Türkische → Wasserpfeife, die zum Rauchen von → Haschisch gebraucht wird.

Narkomanie: Weiterer Ausdruck für Drogenabhängigkeit.

Narkose: Künstlich erzeugter Tiefschlaf, der in der Chirurgie zur Vermeidung von Unruhe, Schmerzen und Angstzuständen erzeugt wird. Da im Operationssaal die Möglichkeit zu künstlicher Beatmung und Reanimation besteht, ist die Narkose gut beherrschbar. Anders sieht es aus, wenn Narkose-ähnliche Zustände durch Rauschmitteleinnahme in einem anderen Rahmen eintreten. Hier ist der Tod des Konsumenten eine häufige Folge.

Tödliche Zwischenfälle sind auch möglich, wenn der Narkosearzt nicht weiß, dass → Drogen konsumiert worden sind. Es kann aber auch sein, dass die Narkose nicht richtig wirkt, weil eine → Toleranz gegen Narkosemittel besteht.

Narkotika: Medizinischer Fachausdruck für Wirkstoffe, die die Wachheit herabsetzen. Hierzu gehören die in der Anästhesie eingesetzten → Betäubungsmittel. Manche fassen darunter auch sedierende illegale → Drogen (z.B. → Heroin).

narzisstische Persönlichkeitsstörung: Doppeldiagnosen, d.h. das Vorliegen weiterer psychischer Erkrankungen bei Süchtigen, sind häufig (→ Ko-

morbidität). Die narzisstische Persönlichkeitsstörung ist eine mögliche komorbide Störung. Dieses Krankheitsbild (nach → ICD 10 mit F60.8 verschlüsselt) beschreibt ein situationsunabhängig vorhandenes Muster von Verhaltensweisen, das von Egoismus geprägt ist.
Menschen mit narzisstischer Persönlichkeitsstörung haben wenig Einfühlungsvermögen für die Gefühle und Bedürfnisse anderer. Sie denken nur an ihren eigenen Vorteil. Beziehungen pflegen sie meist zu Leuten, von denen sie sich einen Nutzen versprechen. Ihr Auftreten ist eitel, großspurig und oft laut. Narzisstisch gestörte Menschen verlangen nach ständiger Aufmerksamkeit und Bestätigung. Ihr Denken ist von Größenideen geprägt. Sie geben sich selbstsicher und bemühen sich immer darum, das letzte Wort zu haben. Auf Kritik reagieren sie mit Wut und Enttäuschung. Sie sind schlechte Verlierer und können nach Demütigungen ausgesprochen nachtragend sein.
Hinter der Fassade der Selbstsicherheit stecken Gefühle großer Verletzlichkeit und persönlicher Unsicherheit. Länger dauernde Beziehungen werden vermieden, weil die Angst vor Enttäuschungen zu groß ist. Viele Männer mit narzisstischer Persönlichkeitsstörung sind richtige Casanovas.
Durch die Einnahme von → Uppern, wie z.B. → Kokain, kann es zu einer erheblichen Verstärkung der narzisstischen Persönlichkeitszüge kommen. Die Patienten können mit den Enttäuschungen, die das Leben mit sich bringt, nicht umgehen. Oft ziehen sie sich immer mehr zurück, werden wortkarg und oft ausgesprochen ungepflegt. Das ungepflegte Äußere ist dann ein Mittel geworden, andere Menschen auf Distanz zu halten. Die Stimmung ist meist gereizt-aggressiv. → Selbstmorde sind in dieser Phase nicht selten. In der → Psychotherapie geht es bei diesen Menschen darum, die zugrunde liegende Unsicherheit zunächst aufzudecken. Der Patient muss sie akzeptieren und sich damit natürlich auch von einem Teil seiner Größenideen verabschieden. Im nächsten Schritt geht es darum, einfühlend-selbstsicheres Verhalten aufzubauen und das vermeintlich selbstsichere, rücksichtslose Verhalten abzubauen (→ angemessenes Verhalten). Gerade bei der Personengruppe mit einer solchen Persönlichlichkeitsstörung ist der Aufbau dauerhafter persönlicher Bindungen von besonderer Wichtigkeit. Dieser Prozess kann Jahre dauern. Er findet vor allem im Rahmen ambulanter Psychotherapie, z.B. nach einer erfolgreich abgeschlossenen → Entwöhnungsbehandlung, statt.

Nase: Szeneausdruck für eine Portion → Amphetamin, → Heroin oder → Kokain, die durch die Nase eingenommen wird. Es heißt dann zur Konsumankündigung z.B.: »Ich nehme eine Nase, bevor wir fahren.«

Nationaler Drogenrat: Name eines Expertengremiums, das die Bundesregierung in wichtigen Fragen der Probleme mit → Drogen berät. Der Nationale Drogenrat besteht aus 13 Experten, die für jeweils zwei Jahre berufen werden.

Native American Church: Name einer indianischen Glaubensgemeinschaft, in deren Religion der Genuss von → Peyote eine zentrale Rolle einnimmt.

Natsch: Engl. ausgesprochener Szeneausdruck. Kommt von → Natural Highs und bezeichnet so genannte natürliche → Drogen wie → Dill, → Fliegenpilz, → Cannabis und → Muskatnuss, um nur einige zu nennen.

Natural Highs: Szeneausdruck für → Drogen pflanzlichen Ursprungs.

NBPCA: Abk. für N-Butyl-Phenyl-Cyclohexal-Amin, ein → Halluzinogen, das ähnlich wie → PCP wirkt.

NCS: Abk. für National Comorbidity Survey, eine Studie, bei der die Häufigkeit von → Komorbidität bei → Abhängigkeitserkrankungen untersucht wurde.

NDIC: Abk. für National Drug Intelligence Center, eine Behörde in den USA, die mit der Untersuchung der Drogenkriminalität befasst ist.

NDMA-Rezeptor: Struktur im Gehirn, an der u.a. → Alkohol andocken und eine Wirkung erzeugen kann.

Ne: Szeneausdruck für Norephedrin.

Nebenwirkungen: Auswirkungen eines Stoffes, die mit der Einnahme nicht beabsichtigt werden. Bei → Drogen sind z.B. → Psychosen, → Atemlähmung und plötzlicher Herztod gelegentlich auftretende Nebenwirkungen.

Nederwiet: Bezeichnung für eine besonders → THC-haltige → Cannabis-Sorte aus den Niederlanden.

Needle-Candy: Szeneausdruck für → Drogen, die man sich injizieren kann.

Needle-Freaks: Szeneausdruck für Menschen, die sich → Drogen spritzen und für die schon die Injektion an sich einen Lustgewinn bedeutet. Vermutlich liegt eine → Borderline-Persönlichkeitsstörung i.S. einer → Komorbidität vor. Durch selbst zugefügte Schnitte oder Stiche bauen manche Menschen mit einer Borderline-Persönlichkeitsstörung innere Spannungen ab.

Needle Sharing: Szeneausdruck für das gemeinsame Benutzen von Injektionsnadeln. Durch das Needle Sharing werden Krankheiten wie → Hepatitis und → AIDS verbreitet. Um das zu verhindern, gibt es in vielen deutschen Städten seit einigen Jahren kostenlos saubere Spritzen für → Junkies.

Nemexin: Handelsname eines Medikamentes, das → Naltrexon enthält. Es wird zur Unterstützung der Aufrechterhaltung der → Abstinenz bei Opiatabhängigen eingesetzt. Nemexin blockiert Opiatrezeptoren, so dass zum Beispiel → Heroin nicht mehr euphorisierend wirkt. Es kann zu einer Reihe teils heftiger Nebenwirkungen führen und darf bei schweren Leberschäden und akuter → Hepatitis nicht gegeben werden. Vor Beginn der Behandlung muss der Patient mindestens sieben bis zehn Tage opiatfrei sein. Bei Menschen, die noch nicht von → Opiaten entgiftet sind, führt die Gabe von Nemexin zu heftigen Entzugssyndromen, die unter Umständen lebensgefährlich sind. Nemexin beeinträchtigt das Reaktionsvermögen, hat aber ansonsten wenig Einfluss auf die Psyche.

neo OPT: Handelsname eines mittellang wirksamen → Benzodiazepins, das zur Behandlung von → Angst und Erregungszuständen sowie bei → Schlafstörungen eingesetzt wird. Inhaltsstoff ist → Bromazepam. Die Entwicklung einer psychischen und physischen → Abhängigkeit kann rasch erfolgen. In der Drogenszene wird das Medikament als Heroinersatz gehandelt.

Neo Codion NN: Name von Filmtabletten, die → Codein enthalten.

Nepalese: Szeneausdruck für → Haschisch aus Nepal (→ Cannabis).

Nepenthes: Name eines Zaubertrankes, der in der Odyssee erwähnt wird und der wahrscheinlich → Opium enthielt.

Nervensystem: Angriffspunkt aller → Drogen ist das zentrale Nervensystem. Drogen blockieren dort Rezeptoren, die eigentlich als Anlaufstelle für Botenstoffe gedacht sind, die der Körper selbst produziert. Die verschiedenen körpereigenen Botenstoffe unterliegen einem gut ausbalancierten Fließgleichgewicht. Es ist ein komplexes, sehr anpassungsfähiges System, das das Wunder des Lebens erst möglich macht. Drogen zerstören – im besten Fall nur vorübergehend – das komplizierte Wechselspiel. Die Folge sind Rauschzustände; möglich sind aber auch → Horrortrips und dauerhafte Schäden. Am peripheren Nervensystem sind bei chronischem Konsum ebenfalls Schäden möglich. Beispiele sind die → Polyneuropathie mit Störung des Tastempfindens und die dilatative Kardiomyopathie mit der Folge des Herztodes. Weil Drogen das Nervensystem vergiften, spricht man auch von Rauschgiften.

Netherweed: Szeneausdruck für eine → Cannabis-Züchtung aus den Niederlanden mit hohem → THC-Gehalt.

Neurocil: Stark beruhigendes Medikament aus der Gruppe der → Neuroleptika, das bei der Behandlung von → Psychosen und schweren Erregungszuständen eingesetzt wird.

Neuroleptika: Medikamente, die vom Arzt gegen → Psychosen, schwere Erregungszustände, Zwangsstörungen und in neuerer Zeit manchmal mit gutem Erfolg auch bei schweren → Persönlichkeitsstörungen eingesetzt werden. Diese Gruppe von Medikamenten wird in der Psychiatrie, z.B. bei → Drogenpsychosen, eingesetzt. Neuroleptika wirken wie folgt:

- Verminderung von → Halluzinationen (Wahrnehmungsstörungen)
- Verminderung von formalen Denkstörungen (Gedankenabreißen, Ideenflüchtigkeit, Verlangsamung des Denkens ...)
- Verminderung inhaltlicher Denkstörungen (Wahn), d.h. der pathologischen Bewertung von Sinnesreizen
- entängstigend, sedierend und (teilweise) antidepressiv (manche Neuroleptika können Depressionen aber auch verstärken)
- emotionaler Verflachung entgegen wirkend (z.B. bei Schizophrenia simplex oder cannabisinduzierten Psychosen). Hier wird von einigen Patienten allerdings auch ein gegenteiliger Effekt beschrieben.
- dämpfende Wirkung, bei niedrigpotenten Neuroleptika stärker als bei hochpotenten (Erstere werden deshalb u.a. bei Manien und starken Erregungszuständen eingesetzt)

Bei der Gruppe der Neuroleptika unterscheidet man hochpotente und niedrigpotente. Die Gruppe der hochpotenten Neuroleptika lenkt psychotisches Erleben wieder in geregelte Bahnen. Halluzinationen und Wahnvorstellungen werden zum Verschwinden gebracht oder zumindest deutlich gebessert. Zu den hochpotenten Neuroleptika gehört z.B. → Haldol, das in Notfallsituationen häufig angewandt wird.

Nebenwirkungen sind Steifigkeitsgefühl des Körpers – die Patienten fühlen sich z.T. wie eingemauert. Bei längerer Einnahme können sich auch Bewegungsstörungen herausbilden. Weitere Nebenwirkungen, die die Compliance beeinträchtigen können, sind Benommenheit, Sedierung, Verlust von Erlebnisfähigkeit, Impotenz (erektile Dysfunktion). Hochgefühle, die in einer Psychose vorkommen können, werden vermindert (Wegfall von C+), Gewichtszunahme, Unruhe, Akathisie, Parkinsonoid, Früh- und Spätdyskinesien, periorale Automatismen, ggf. Störungen des kardiovaskulären Systems, Blutbildungsstörungen (vor allem bei einzelnen der atypischen Neuroleptika) und Entwicklung eines Diabetes mellitus (vor allem bei den atypischen Neuroleptika). Mit der richtigen Dosierung lassen sich diese Nebenwirkungen aber oft auf ein Minimum beschränken bzw. ganz vermeiden. Bei Schaffung einer guten therapeutischen Anbindung mit der Möglichkeit kurzfristiger therapeutischer Korrekturen reichen in der Regel niedrigere Dosen aus. Ein ausreichend strukturiertes Setting ohne Überforderung (vor allem emotionale) lässt ebenfalls das Arbeiten mit niedrigeren Neuroleptikadosen zu. Werden die Nebenwirkungen als sehr unangenehm empfunden, kann, nach Abwägung des Kosten- Nutzen-Risikos der Versuch der Dosisreduktion unternommen werden. Einzelne Nebenwirkungen können auch durch Akineton (Biperiden) gemindert werden. Die Nebenwirkungen können ggf. durch Medikamentenumstellung auf ein atypisches Neuroleptikum (Leponex, Risperdal, Zyprexa) gemindert werden (siehe hierzu Stellungnahme von Prof. Fritze, DGPPN, vom 09.05.01).

Niedrigpotente Neuroleptika haben weniger Nebenwirkungen auf den Körper als hochpotente. Sie machen müde, nehmen Ängste und beruhigen, wirken aber nicht so stark auf psychotisches Erleben. Sie werden bei → Horrortrips, → Paranoia und Angstzuständen gegeben. Vorteil gegenüber → Benzodiazepinen ist, dass Neuroleptika nicht abhängig machen, was vom Arzt bei Drogenkonsumenten in der Regel als Vorteil gewertet wird. Allerdings sind viele Neuroleptika in → Alkohol gelöst, was die Anwendung bei Suchtkranken einschränkt. Neben den klassischen Neuroleptika gibt es eine Reihe von atypischen Neuroleptika wie z.B. Leponex und Olanzapin, die den Vorteil bieten, weniger Nebenwirkungen auf die Motorik und das Körperempfinden zu haben. Sie werden dann gegeben, wenn jemand über einen längeren Zeitraum eine Neuroleptikamedikation braucht, die klassischen Neuroleptika aber nicht verträgt.

Ein großes Problem stellt die Einnahme von → Betäubungsmitteln bei Psychotikern dar (→ Komorbidität). Die Einnahme hat auch hier oft den Charakter eines Selbstheilungsversuches, der nicht unbedingt der Primärsymptomatik gilt (also der Psychose), sondern auch gegen die Nebenwirkung der Neuroleptika gerichtet sein kann. Suchtmittel wie → Nikotin, Alkohol und → Cannabis helfen z.T. gegen die Nebenwirkungen. Dennoch kann jedem Psychosekranken nur davon abgeraten werden, Alkohol oder Cannabis zu konsumieren, da sich hierdurch das Risiko für ein Wiederaufflammen der Psychose erhöht. Zudem wird durch den Konsum die für Psychosekranke so wichtige Tagesstrukturierung ebenso behindert wie die Teilnahme an Therapiemaßnahmen. Auch wenn Neuroleptika immer noch einen schlechten Ruf bei vielen haben – ihre Erfindung bedeutete eine Revolution für psychotische Menschen. Patienten, die früher lebenslang in der Psychiatrie bleiben mussten, können dank dieser Medikamente nun zum großen Teil nach wenigen Wochen wieder in ihr altes Umfeld entlassen werden. Natürlich gab es seitdem auch Fälle, in denen Ärzte und Pfleger missbräuchlich zu hohe Dosen gaben, aber das waren Ausnahmen.

Neuroplegika: Veralteter Ausdruck für → Beruhigungsmittel.

Neurose: W. Cullen gebrauchte 1977 erstmals den Ausdruck »Neurose« für alle Erkrankungen des Nervensystems ohne bekannte Ursache. Freud verwandte den Begriff später dann für psychische Erkrankungen, deren Ursache unbewusste Konflikte sind (→ Psychoanalyse). Der Begriff wurde von Psychoanalytikern für eine Reihe von Erkrankungen verwendet. Man sprach dann z.B. von Angstneurose, Zwangsneurose und Charakterneurose. Heute spricht man bei solchen Krankheitsbildern eher von Angststörung, Zwangsstörung oder → Persönlichkeitsstörung. In den heute verwendeten Diagnoseschemata wie ICD 10 und DSM-IV findet man den Begriff nur noch am Rande.

Neurotiker: Bezeichnung für eine Person, die unter einer → Neurose leidet.

Neurotisches Paradoxon: Das Neurotische Paradoxon besteht darin, dass nicht nur Verhalten, das von positiven Konsequenzen (→ C+ bzw. ~~C-~~) verfolgt ist, überdauernd ist, sondern auch neurotisches Verhalten, das mit Einschränkungen und (psychischer) Krankheit verbunden ist (→ Lerntheorien). Eigentlich müsste sich neurotisches Verhalten wegen der Konsequenzen ja selbst löschen.

Die Frage ist: Warum lernen Neurotiker nicht aus dem, was ihnen geschieht, sondern wiederholen immer die gleichen Fehler? Mowrer versuchte 1960 eine Erklärung im Rahmen seiner Zwei-Faktoren-Theorie. Er erklärte Neurosen als eine Form konditionierter Angst und sah ihre Entstehung wie folgt:

- Faktor 1: Angst ist die konditionierte Form der Schmerzreaktion, sie steuert Verhalten zur Schmerzvermeidung (= klassische Konditionierung): → UCS (aversive, schmerzhafte, angstauslösende Situation) + CS (bedingter, neutraler Stimulus) → UCR (aversive Reaktion i.S. von Schmerz, Angst ...). Dieser Faktor beschreibt Lernprozesse der → klassischen Konditionierung. Eine bestimmte Situation ist nach gemeinsamem Auftreten mit einem aversiven Reiz negativ besetzt.
- Faktor 2: Der Neurotiker vermeidet im nächsten Schritt zukünftig die mutmaßlich angstauslösenden Situationen, auch wenn sie real gar nicht bedrohlich sind (z.B. Auseinandersetzungen mit anderen). Jede dieser Vermeidungsreaktionen wird negativ verstärkt, indem die erwartete aversive Situation nicht eintritt, und behindert damit u.U. → angemessenes Verhalten. Faktor zwei ist durch → operante Konditionierung erklärbar: CS → CR (aversive Reaktion i.S. von Vermeidungsverhalten) → ~~C-~~ (Negative Verstärkung von CR durch Wegfall von CS). Das heißt, der Neuroti-

ker vermeidet im zweiten Schritt viele eigentlich ungefährliche Situationen und fühlt sich aber in seiner Vermeidung bestärkt. Problematischerweise setzt Mowrers Zwei-Faktoren-Theorie das Vorhandensein von aversiven rsp. Schmerzreizen am Anfang jeder psychischen Erkrankung, z.B. einer → Abhängigkeitserkrankung, voraus. Diese finden sich aber lange nicht in jeder »neurotischen« Biographie. Die Zwei-Faktoren-Theorie kann zudem pathologische Reaktionen auf völlig ungefährliche Situationen (z.B. Spinnenphobie) nicht erklären. Außerdem kommen aversive Situationen mit Vermeidungsverhalten praktisch in der Biographie jedes Menschen vor, ohne dass sich stets eine Neurose ausbildet.

Neurotransmitter: Bezeichnung für chemische Botenstoffe, die im Körper für die Übertragung von Signalen von einer Nervenzelle zur anderen und von den Nerven zu den Organen zuständig sind. Es gibt sehr viele unterschiedliche Neurotransmitter, die wahrscheinlich noch längst nicht alle bekannt sind. → Dopamin, Serotonin, Noradrenalin und → Adrenalin gehören dazu. Normalerweise befinden sich diese Neurotransmitter in einem gut ausgewogenen, hervorragend funktionierenden Fließgleichgewicht. Durch Einnahme von → Drogen wird dieses Gleichgewicht empfindlich gestört. Drogen blockieren die Aufnahme, hemmen die Bildung, verhindern den Abbau oder besetzen den Wirkungsort von Neurotransmittern. Bei längerfristiger Einnahme verursachen viele Drogen unumkehrbare Schäden im System der Neurotransmitter.

New Yorker: Szeneausdruck für eine mit → Kokain präparierte → Zigarette.

nicht geringe Menge: Juristischer Begriff, der die Menge einer → Droge beschreibt, bei der man davon ausgeht, dass sie nicht nur zum Eigenverbrauch bestimmt ist. Wer mit einer nicht geringen Menge an Drogen aufgegriffen wird, ist einer Straftat schuldig und wird deutlich härter bestraft als jemand, der eine geringe Menge bei sich hat. Als nicht geringe Menge gelten z.B. näherungsweise bei → Heroin 1,5 g, bei → Kokain 5 g und bei → LSD 3 g. Der Düsseldorfer Maler Jörg Immendorf wurde beispielsweise am 16.08.2003 mit insgesamt 22,6 g Kokain (11,9 g im Hotel und 9,7 g zu Hause) aufgegriffen und – obwohl er zu diesem Zeitpunkt wegen einer Amyotrophen Lateralsklerose bereits dem Tode geweiht war – wegen Verstoßes gegen das → Betäubungsmittelgesetz angeklagt.
Letztlich kommt es bei der Bewertung, ob eine geringe oder eine nicht geringe Menge vorliegt, stets auf eine Würdigung der Gesamtumstände an. Auch wer mit einer mutmaßlich geringen Menge gefasst wird, kann deswegen nicht zwangsläufig mit einer milden Strafe rechnen.

nicht stoffgebundene Sucht: Eine fragliche Form der → Abhängigkeit stellt die nicht stoffgebundene Sucht dar. Inwieweit diese Form der Sucht in Verbindung zur Abhängigkeit von Substanzen steht (→ Substanzabhängigkeit), ist umstritten. »Abhängigkeit gibt es nicht nur in Zusammenhang mit psychoaktiven Substanzen (...). Jedes Verhalten kann zur Abhängigkeit führen und süchtig entgleisen. Dem Überspielen von Problemen und Konflikten sowie der Betäubung dienen besonders auffallend z.B. exzessives Arbeiten, Sport und Sexualität«, meint z.B. Tölle (Psychiatrie, Springer, 1996).
Zu den nicht stoffgebundenen Süchten zählen Störungen der Impulskontrolle wie z.B. Spielsucht, Kleptomanie, pathologische Eifersucht, Kaufsucht, Internetsucht und Pyromanie sowie die Essstörungen. Das alleinige Vorliegen solcher nicht stoffgebundener Abhängigkeit ist keine Indikation für eine Behandlung in einer Suchtklinik. Oft liegt aber eine Kombination mit stoffgebundenen Süchten vor, man spricht dann von → Komorbidität. Solche Patienten werden häufig in stationären Entwöhnungseinrichtungen behandelt. Behandlungsdauer und -inhalte richten sich nach der Schwere der Störungen.

nicht verschreibungspflichtige Medikamente: Hierzu gehören alle Medikamente, für die man kein Rezept eines Arztes benötigt. Die meisten Medikamente mit → Suchtpotenzial sind in Deutschland verschreibungspflichtig. Man will damit dem → Missbrauch bzw. dem → schädlichen Gebrauch vorbeugen.

Nicofrenon: Handelsname eines Pflasters, das → Nicotin enthält und bei der Entwöhnung von Rauchern eingesetzt wird.

Nicorette Membranpflaster: Handelsname eines Pflasters, das → Nicotin enthält und bei der Entwöhnung von Rauchern eingesetzt wird.

Nicorette Nasal-Spray: Handelsname eines Sprays, das → Nicotin enthält und bei der Entwöhnung von Rauchern eingesetzt wird.

Nicorette Nicotin-Kaugummi: Handelsname eines Kaugummis, der → Nicotin enthält und bei der Entwöhnung von Rauchern eingesetzt wird.

Nicotin: Nicotin ist der Hauptwirkstoff von → Tabak und gehört zu den am weitesten verbreiteten → Drogen. »Nicotin« ist abgeleitet vom Namen des Franzosen Jean Nicot, der 1570 als französischer Gesandter in Portugal als Erster → Tabakpflanzen nach Frankreich brachte. Die → Droge Nicotin hat ein hohes psychisches → Abhängigkeitspotenzial. In Deutschland gibt es etwa 17 Millionen Raucher, wobei das Geschlechterverhältnis inzwischen nahezu ausgeglichen ist. Meist wird Nicotin in Form von getrockneten, fermentierten Tabakblättern, die geraucht wer-

den, eingenommen. Beim Rauchen erreicht Nikotin schon innerhalb von 7 bis 8 Sekunden das Gehirn, wo es auf nicotinerge Rezeptoren wirkt und eine Reihe physiologischer Reaktionen auslöst. Daher hat es ein → Abhängigkeitspotenzial, das in etwa dem des → Kokain, entspricht. Tabak wird hauptsächlich geraucht als Zigarette, Zigarrillo, Zigarre oder in der Pfeife. Seltener ist die Einnahme in Form von Kautabak oder Schnupftabak. Auch die Anwendung als Kaugummi, Pflaster oder Spray ist in den industrialisierten Ländern (bei Entwöhnungen) gebräuchlich.
In niedrigeren Dosen hebt Nicotin leicht die Stimmung und erhöht die Wachheit. Nebenwirkungen sind Schwindel, Übelkeit und vermehrter Harndrang. In sehr hohen Dosen können traumartige Zustände verbunden mit Angst auftreten. Auch depressive Zustände sind möglich – vor allem im Entzug. Neuere therapeutische Anwendungsfelder sind die Behandlung von Schmerzen, der Parkinson-Krankheit und des Morbus Alzheimer. Das Herz schlägt schneller nach Einnahme (→ Herzrasen) der Blutdruck steigt, und der Hautwiderstand nimmt ab. Die Gefäße werden peripher enger gestellt, Raucher frieren daher schneller.
Nicotin gehört außerdem zu den ältesten Pflanzenschutzmitteln. Es wird im Obst- und Weinanbau sowie in Gewächshäusern eingesetzt. Die eigentliche Funktion von Nicotin ist ja auch, die Tabakpflanzen vor Insektenbefall zu schützen. Zu den weiteren Schäden: → Tabak.

Nicotinentwöhnung: → Nicotin ist eine → Droge mit einem hohen psychischen → Abhängigkeitspotenzial. In der → Entwöhnungsbehandlung von Nicotinabhängigen kommen verschiedene Verfahren zum Einsatz. Am wirksamsten ist der Einsatz von → Verhaltenstherapie in Verbindung mit dem Medikament Bupropion. Hierdurch schaffen es 35 % der so Behandelten mit dem Rauchen aufzuhören. Ähnliche Erfolge sind mit Verhaltenstherapie in Kombination mit Nicotinersatz (z.B. Nicotinpflastern) zu erzielen. Weniger wirksam ist es, Bupropion oder Nicotinersatz alleine zu verabreichen. Durch spontanen Entschluss oder ärztliche Ratschläge schaffen es nur bis zu 5 % der Patienten, mit dem Rauchen aufzuhören.

Nicotinell Kaugummi: Handelsname eines Kaugummis, das → Nicotin enthält und bei der Entwöhnung von Rauchern eingesetzt wird.

Nicotinell TTS: Handelsname eines Pflasters, das → Nicotin enthält und bei der Entwöhnung von Rauchern eingesetzt wird.

nicotinerge Rezeptoren: Name für Strukturen an der Oberfläche von Nervenzellen, an denen → Nicotin andocken kann.

Nicotin-Pflaster-ratiopharm: Handelsname eines Pflasters, das → Nicotin enthält und bei der Entwöhnung von Rauchern eingesetzt wird.

NIDA: Abk. National Institute on Drug Abuse, eine Institution mit Sitz in den USA, über deren Internetseite umfassendes Informationsmaterial abgerufen werden kann: www.nida.nih.gov.

Niederlande: Die meisten in Deutschland verkauften synthetischen → Drogen (→ Amphetamine, → Ecstasy) stammen aus den Niederlanden. Auch die Versorgung des deutschen Marktes mit → Cannabis wird zum Teil von den Niederlanden aus gedeckt. Viele Kiffer decken sich in → Coffeeshops ein und verbringen die Ware nach Deutschland.
Aufgrund der offenen Grenzen als Folge des Schengen-Abkommens sind Kontrollen des Drogenschmuggels aus den Niederlanden deutlich erschwert.
Seit Jahren fordern deshalb andere europäische Staaten die Niederlande auf, härter gegen den Drogenhandel vorzugehen.

Nierenschäden: Besonders bei der Gruppe der → Stimulanzien sind Nierenschäden eine mögliche Folge des Konsums. Viele → Drogen lähmen den Blasenmuskel und verhindern, dass die Blase entleert werden kann. Der Rückstau des Urins verursacht unter Umständen Schäden an der Niere. Nach Einnahme von → MDMA wurden in Einzelfällen Zustände beschrieben, in denen es zu einem plötzlichen Zerfall von Muskeln kam. Die Muskelfasern verstopften die Niere, und die Patienten verstarben oder mussten lebenslang durch eine künstliche Niere versorgt werden. Eine weitere Gefahr jeder Einnahme von illegalen Drogen stellt die Verunreinigung durch unsachgemäße Herstellung und Streckmittel dar, die die Niere ebenfalls unumkehrbar schädigen können.

Nikotin: → Nicotin.

Nirvana: Szeneausdruck für → Kokain.

Nitrazepam AL: Handelsname eines → Benzodiazepins, das gegen → Schlafstörungen sowie gegen bestimmte Formen der Epilepsie bei kleinen Kindern eingesetzt wird. Missbräuchlich wird es auch als → Droge verwendet. Inhaltsstoff ist Nitrazepam.

Nitrazepam neuraxpharm: Handelsname eines → Benzodiazepins, das gegen Schlafstörungen sowie gegen bestimmte Formen der Epilepsie bei kleinen Kindern eingesetzt wird. Missbräuchlich wird es auch als Droge verwendet. Inhaltsstoff ist Nitrazepam.

Nitrosoxyd: → Lachgas.

NMDA-Rezeptor: NMDA ist die Abk. für N-Methyldeaspartat, einen Rezeptor im Gehirn, der die Ausschüttung des Botenstoffes Glutamat reguliert. Dem NMDA-Rezeptor wird Bedeutung bei der Entstehung von → Abhängigkeitserkrankungen zugeschrieben. Wird → Alkohol konsumiert, so hemmt er den NMDA-Rezeptor und vermindert damit die Glutamatausschüttung.

Noctamid: Handelsname eines → Benzodiazepins, das gegen → Schlafstörungen sowie vor und nach Operationen eingesetzt wird. Missbräuchlich wird es auch als → Droge verwendet. Inhaltsstoff ist Lormetazepam.

Noctazepam: Handelsname eines mittellang wirksamen → Benzodiazepins, das zur Behandlung von Angst und Erregungszuständen sowie bei → Schlafstörungen eingesetzt wird. Inhaltsstoff ist → Oxazepam. Die Entwicklung einer psychischen und physischen → Abhängigkeit kann rasch erfolgen.

Nod: Szeneausdruck für einen durch → Drogen ausgelösten Dämmerzustand.

Nonda: Bezeichnung für eine Reihe von → Pilzen, meist Röhrlinge oder Täublinge, von denen behauptet wird, sie hätten bereits ganze Stämme in Neuguinea in den Wahnsinn getrieben.

Nooanaleptika: Veraltete Bezeichnung für → Stimulanzien.

Nooleptika: Veraltete Bezeichnung für → Beruhigungsmittel.

Nootropika: Bezeichnung für Stoffe, die – angeblich – die Hirnleistungsfähigkeit verbessern.

Nordazepam: Lang wirksames → Benzodiazepin, das in Deutschland unter dem Handelsnamen Tranxilium N Tropfen verkauft wird. Dieses Medikament ist wegen seines hohen → Abhängigkeitspotenzials zu länger

Der Ginkgo, ein Nootropikum

andauernder Anwendung nicht geeignet. In der Szene wird es als Ersatz für → Opiate gehandelt.

Norkotral: Handelsname eines → Benzodiazepins, das gegen → Schlafstörungen eingesetzt wird. Missbräuchlich wird es auch als → Droge verwendet. Inhaltsstoff ist Temazepam.

Normoc: Handelsname eines mittellang wirksamen → Benzodiazepins, das zur Behandlung von → Angst und Erregungszuständen sowie bei Schlafstörungen eingesetzt wird. Inhaltsstoff ist → Bromazepam. Die Entwicklung einer psychischen und physischen → Abhängigkeit kann rasch erfolgen. In der Drogenszene wird es als → Downer gehandelt.

Northern Lights: Szenename für eine → Cannabissorte.

Notfallpass: Von Körkel und Schindler entwickeltes Dokument, das begleitend zur → Psychotherapie oder zur Anleitung zum → kontrollierten Trinken eingesetzt wird. Alkoholkranke sollten den unter www.rueckfall-programme.de abzurufenden Notfallpass immer bei sich tragen. Er enthält die Telefonnummern von Ansprechpersonen, an die Patient oder Helfer sich in schwierigen Situationen wenden können und kann duerch selbst erarbeitete Strategien zum Umgang mit → Rückfällen ergänzt werden.

Novanox: Handelsname eines → Benzodiazepins, das gegen → Schlafstörungen eingesetzt wird. Missbräuchlich wird es auch als → Droge verwendet. Inhaltsstoff ist Nitrazepam.

Novelty Seeking: Bezeichnung für die Tendenz, ständig auf der Suche nach neuen → Reizen zu sein. Novelty Seeking ist beispielsweise bei Menschen, die → Extremsportarten betreiben und auch bei Graffitisprayern in der Regel sehr ausgeprägt. Auch Konsumenten, die Suchtmittel vor allem konsumieren, weil sie den → Kick suchen und bei der Konsumentengruppe, die Drogenkonsum als Selbsterfahrung sieht, spielt der Aspekt des Novelty Seeking eine große Rolle.

NPPCA: Abk. für N-Propyl-Phenyl-Cyclohexyl-Amin, ein synthetisches → Halluzinogen, das ähnlich wie → PCP wirkt.

NUB-Richtlinie: NUB ist die Abk. für »Neue Untersuchungs- und Behandlungsmethoden«. Die NUB-Richtlinie regelt den Umgang mit Therapien, deren Nutzen noch nicht erwiesen ist. Im Zusammenhang mit → Sucht spielt dies z.B. bei der → Substitutionsbehandlung eine Rolle. Informationen zur aktuell gültigen NUB-Richtlinie findet man z.B. unter www.dimdi.de oder unter www.indro-online.de.

Nucleus accumbens, NA abgekürzt, ist eine Hirnregion, die dafür sorgt, dass Erwartungen, → Affekte und Bedürfnisse mit dazu passenden Erinnerungen verknüpft werden. Er ist eine wichtige Umschaltstation im Gehirn. Wenn jemand zum Beispiel Hunger hat, wird dieses Bedürfnis über den Nucleus accumbens mit der Erinnerung verknüpft, wo der Kühlschrank steht und der Mensch ist dadurch in die Lage versetzt, sich Nahrung zu besorgen.

Der Nucleus accumbens spielt – neben dem → ventralen Tegmentum, dem → Mandelkern und Teilen des → Hypothalamus – bei der Entstehung von → Abhängigkeitserkrankungen eine wichtige Rolle. Entsteht zum Beispiel bei nachlassender Drogenwirkung Suchtdruck (→ Craving und auch → O-Variable in der → Kanfer-Formel), so erfolgt, ohne dass der Mensch nachdenken muss, praktisch automatisch über den NA eine Verknüpfung zur Erinnerung an Maßnahmen, mit denen der Konsum eingeleitet werden kann. Es kommt zum Konsum und der Patient erlebt dies als zwangsläufig und nicht steuerbar.

In der Therapie (→ Entwöhnungsbehandlung) von Abhängigkeitskranken versucht man dem entgegenzuwirken, indem man diese Abläufe so weit wie möglich dem bewussten Erleben zugänglich und damit steuerbar macht. Die Patienten sollen lernen, Situationen und Gefühlszustände (so genannte → Stimuli oder → Reize) zu erkennen, die Konsumverhalten (in der → VT → »R« genannt) auslösen können. Es können dann andere Reiz-Reaktionsketten gelernt werden. Chemisch werden dabei, u.a. im Nucleus accumbens, neue Verknüpfungen zwischen Nervenzellen aufgebaut.

Damit die neu gelernten Verhaltensweisen stabil sind, ist es wichtig, sie so lange zu üben, bis sie automatisch ablaufen. Man spricht auch von einer → Automatisierung des Verhaltens, die erst nach längerer Zeit erreichbar ist. Vermutlich sind erst nach einer solchen Automatisierung neue Nervenzellverbindungen entstanden, die stärker sind als die alten, mit der Sucht zusammenhängenden. Man muss sich das Erlernen und Verlernen von Verhaltensweisen ähnlich wie das Entstehen von Trampelpfaden vorstellen. Je öfter sie benutzt werden, desto deutlicher sieht man sie. Werden sie hingegen nicht benutzt, wachsen sie zu.

Nummer drei: Szeneausdruck für → Heroin.

Nutmeg: Weitere Bezeichnung für → Muskatnuss.

Nyakwana: Weitere Bezeichnung für → Epená.

O

O: Szeneausdruck für → Opium.

Oaxaca: Weitere Bezeichnung für → Tlilitzin.

Obdachlosigkeit tritt bei vielen Suchtkranken im Verlauf ihrer Erkrankung auf und stellt für die Wiedereingliederung in die Gesellschaft ein großes Problem dar. Untersuchungen ergaben, dass neben einer auffälligen Häufung anderer psychischer Erkrankungen bei den männlichen Obdachlosen 91,1 % alkoholabhängig und 17,8 % drogenabhängig waren. Wichtiger Teil der Hilfe bei Suchterkrankungen ist deshalb die Vermeidung von Obdachlosigkeit. Überzeugend lösen dies zum Beispiel Selbsthilfegemeinschaften wie → Synanon, bei denen grundsätzlich lebenslanges Wohnen möglich ist.

OCB: Name eines Herstellers von Zigarettenpapierchen, die zum Großteil aus Hanffasern bestehen und die häufig zum Drehen von → Joints benutzt werden (Die Fantastischen Vier z.B. erwähnen OCB in ihrem Stück »MfG – Mit freundlichen Grüßen«).

O.D.: Engl. ausgesprochener Szeneausdruck für »Overdose«, d.h. → Überdosis.

Öl: Szeneausdruck für Haschisch-Öl. (→ Cannabis)

off: Szeneausdruck für die Zustandsform eines Drogenkonsumenten, der verstorben ist.

Off-Label-Use: Bezeichnung für den Einsatz eines Medikamentes, das in dieser Indikation nicht

Obdachlosigkeit, das Schicksal vieler Süchtiger

zugelassen ist. Zur Frage, für welche Indikation ein Medikament zugelassen ist, kann im Zweifel die → Rote Liste zu Rate gezogen werden. Ein häufiger Off-Label-Use ist die Behandlung von Erwachsenen mit → Ritalin. Auch der Einsatz von → THC-haltigen Präparaten stellt einen Off-Label-Use dar.

Der Arzt bewegt sich beim Off-Label-Use in einem rechtlichen Graubereich. Kommt es zu Komplikationen, so muss er begründen, warum er ein Medikament eingesetzt hat in einem Bereich, für das es vom Hersteller nicht vorgesehen ist.

O.K.: Abk. für Organisierte Kriminalität. O.K. spielt im Drogenhandel eine große Rolle. Wegen der finanziellen Mittel, über die die Organisierte Kriminalität aufgrund der Drogenverkäufe verfügt, und aufgrund der Vernetzung mit anderen illegalen Geschäften wie Waffen- oder Menschenhandel sowie z.T. auch zu terroristischen Gruppierungen geht von der O.K. eine zunehmende Gefahr für die Gesellschaft aus. Eines der wenigen wirklich wirksamen Mittel gegen organisierte Kriminalität ist das Beschlagnahmen von Geldern aus illegalen Geschäften (entspricht lerntheoretisch einer Verhaltenssteuerung durch → C-). Durch die Beschlagnahme von Geldern steigt automatisch der Preis der vertriebenen Produkte, z.B. der → Drogen. Das wiederum senkt die Nachfrage (→ Angebotsstruktur).

Ololiuqui: Aztekischer Name eines Windengewächses (Turbina corymbosa bzw. Rivea corymbosa), das in der Szene als Morning Glory bekannter ist. Ololiuqui enthält → LSD-verwandte Stoffe, so genannte Mutterkornalkaloide.

Die Indianer benutzten Ololiuqui bei religiösen Zeremonien. Die Samen der Winde werden zermahlen und mit Wasser vermengt getrunken. Durch die durch die Pflanze ausgelösten → Halluzinationen glaubten sie, den Göttern nahe zu kommen. Doch sie verabreichten Auszüge der Pflanze auch unliebsamen Menschen, um sie in den Wahnsinn zu treiben. Als Wahrheitsdroge soll sie von mexikanischen Kriminellen eingesetzt werden. Die Wirkung von Ololiuqui ist ähnlich wie die von → LSD, wobei sie das Bewusstsein mehr trüben soll. Risiken und Nebenwirkungen sind ähnlich wie bei LSD. Auch → Flashbacks können auftreten. Die meisten Konsumenten berichten über Magenschmerzen nach Einnahme der schlecht schmeckenden Ololiuqui. Die Leistungsfähigkeit kann über Wochen nach Einnahme erheblich eingeschränkt sein. Zudem sollen Durchblutungsstörungen möglich sein, die zum Absterben von Fingern oder Zehen führen können.

One Way Ticket: Szeneausdruck für eine tödliche → Überdosis.

Onkomorphin: Name von Retardtabletten, die → Morphium in unterschiedlicher → Dosis enthalten.

OP: Szeneausdruck für → Opiate.

operante Konditionierung: Beim Aufbau, der Konditionierung, erwünschter Verhaltensweisen spielen operante Verfahren eine größere Rolle als klassisch konditionierte. Im Rahmen von → Entwöhnungsbehandlungen werden erwünschte Verhaltensweisen (z.B. angemessenes Sozialverhalten) systematisch belohnt, d.h. operant konditioniert.
Edward Thorndike (1874–1949) entdeckte mithilfe von Tierexperimenten das instrumentelle oder operante Konditionieren. Sein »Gesetz der Wirkung« (= law of effect) besagt, dass die Auftretenswahrscheinlichkeit eines Verhaltens erhöht wird, wenn es belohnt wird (→ C+ oder Wegfall von → C-) und dass diese Wahrscheinlichkeit erniedrigt wird, wenn es bestraft wird (C- oder Wegfall von C+).
Burhus F. Skinner (1904–1990) übertrug Thorndikes Idee auf menschliches Verhalten. Skinner beschränkte sich dabei streng auf beobachtbare Sachverhalte. Innere Prozesse wurden von Skinner zwar nicht verleugnet, er bezog sie aber – weil nicht objektivierbar – bewusst nicht ein. Skinner führte den Begriff der funktionellen Verhaltensanalyse ein, bei der anhand der Analyse des Lernprozesses untersucht wird, welche → Reize als positive Verstärker und welche als negative Verstärker dienen. Erinnert sei auch an die Verstärkungshypothese von Premack (1959, 1965), die besagt, dass Reaktionen mit hoher Auftrittswahrscheinlichkeit (= HPB), wie z.B. Essen, Trinken, Telefonieren als Verstärker für Reaktionen mit niedriger Auftrittswahrscheinlichkeit (= LPB) genutzt werden können, wenn sie nach den LPB präsentiert werden (Kontingenz). Dies macht man sich bei der Therapie zu Nutze (z.B. bei der Selbstverstärkung).
Mithilfe von operanter Konditionierung werden in der Therapie für den Patienten ungünstige Verhaltensweisen durch neue, erfolgreichere ersetzt.

Opiate sind psychoaktive Stoffe, die entweder aus dem Milchsaft des → Schlafmohns gewonnen werden oder aber synthetisch hergestellt sind. Der Körper verfügt ebenfalls über opiatähnliche Stoffe, die → Endorphine genannt werden. Ihre Gemeinsamkeit besteht darin, dass sie auf die Opiat-Rezeptoren des Körpers wirken.
Opiate sind eine Medikamentengruppe, die zur Behandlung starker Schmerzen eingesetzt wird. So hilfreich sie in dieser → Indikation sind, so sorgfältig müssen die Gefahren abgewogen werden. Opiate bergen in

hohem Maße die Gefahr der Entwicklung von → Abhängigkeitserkrankungen. Sie machen bei regelmäßiger Einnahme immer körperlich abhängig und führen bei abruptem Absetzen zu → Entzugserscheinungen. Neben der Schmerzlinderung haben viele Opiate, wie zum Beispiel → Heroin oder → Morphin, zusätzlich eine euphorisierende Wirkung. Opiate werden häufig als Rauschmittel missbraucht. Nebenwirkungen sind Schwitzen, Juckreiz, Muskelerschlaffung, aber auch gelegentlich Muskelstarre, Müdigkeit, Schwindel, → Kopfschmerzen, → Atemlähmung, Krampfanfälle, depressive Verstimmung bis zum → Selbstmord, Verlust von Antrieb und Entschlussfreudigkeit, Toleranzentwicklung, Einengung der Pupillen, Mundtrockenheit, Übelkeit und Erbrechen, Verstopfung, Verkrampfungen der Gallenwege, Gleichgewichtsstörungen, niedriger Blutdruck bis zum Schock, verlangsamter Herzschlag bis zum → Herzstillstand, Krämpfe in den Bronchien, Erhöhung der Spannung der Harnblase mit Schwierigkeiten beim Wasserlassen. In Verbindung mit → Alkohol oder anderen dämpfenden Stoffen steigt das Risiko einer Atemlähmung. Gemeinsam mit → MAO-Hemmern eingenommen, können heftige Störungen der Psyche und des Herz-Kreislauf-Systems auftreten. Bei Vergiftungen sind Beatmung und die Gabe von → Naloxon Mittel der Wahl. Auch eine Magenspülung kann versucht werden.
Die Tatsache, dass Opiate häufig als Suchtmittel missbraucht werden, hat dazu geführt, dass die meisten Ärzte sie – mit Ausnahme von → Methadon bei → Substitutionsbehandlungen – sehr zurückhaltend verordnen. Diese grundsätzlich begrüßenswerte Entwicklung hat leider den Nebeneffekt, dass Krebspatienten, die unter starken Schmerzen leiden, in Deutschland oft zu spät und zu niedrig dosiert mit Opiaten behandelt werden. Es wäre zu wünschen, wenn sich bei der Opiat-Vergabe in der Vergabepraxis eine größere indikationsbezogen differenziertere Betrachtungsweise entwickeln würde.

Opio do pobre: Brasilianische Bezeichnung für → Cannabis.

Opioide, auch als → Opiate bezeichnet, sind halb- oder vollsynthetisch hergestellte Substanzen, die in ihrer Wirkung dem → Opium ähnlich sind. Das bekannteste halbsynthetische Opioid ist → Heroin (= Diacetylmorphin), welches durch Acetylierung aus → Morphin gewonnen wird. Auch → Codein, → Methadon und → Polamidon sind Opioide.

Opiophagie: Veralteter Ausdruck für → Opiat-Abhängigkeit. Der Betroffene wird Opiophage, also Opiumesser, genannt.

Opium: Name für den getrockneten Saft des → Schlafmohns (Papaver somniferum). Schlafmohn ist eine einjährige, bis 1,5 m hoch werdende Pflanze mit wachsigen, länglichen, grob gezähnten Blättern. Die Blüten sind blasslila oder weiß mit schwarzem Fleck in der Mitte. Die Frucht besteht aus einer kugeligen Kapsel.

Der Name Opium leitet sich vom griechischen Gott Opion her. Hauptanbaugebiete des Schlafmohns sind Afghanistan, Iran, der Libanon, Mexiko, Pakistan und die Türkei und die islamisch dominierten südlichen Staaten der ehemaligen GUS.

Der Saft zur Gewinnung des Opiums wird durch Anritzen der Fruchtkapsel des Mohns gewonnen. Abends werden die grünen Kapseln ein bis zwei Wochen nach dem Abfallen der Kronblätter angeritzt. Der dabei austretende braun verfärbte Milchsaft erhärtet bis zum nächsten Morgen und wird dann abgekratzt. 20000 Mohnkapseln liefern etwa 1 kg Opium. Die getrocknete dunkelbraune Masse enthält ca. 25 Alkaloide, darunter → Codein, → Morphium, Thebain, Papaverin, Noscapin und Narcein. Der Morphingehalt des Rohopiums schwankt zwischen 5 und 25 %.

Die Anwendung des Schlafmohns ist Jahrtausende alt. Schon 4000 v. Chr. verwendeten Sumerer und Ägypter ihn als Heilpflanze. Auch in der traditionellen chinesischen Medizin z.B. als Schmerzmittel spielt er eine Rolle. In Mitteleuropa wurden opiumhaltige Tränke als Heilmittel eingesetzt. Suchtprobleme mit Opium hingegen kannte man über Jahrtausende kaum. Gegen Mitte des 17. Jahrhunderts kam in China das Opiumrauchen in Mode. Die damit verbundenen Suchtprobleme veranlassten die chinesische Regierung zu Strafmaßnahmen. Das wiederum rief die Engländer, die gut vom Opiumhandel lebten, auf den Plan. Die Einfuhrverbote der Chinesen lösten im 19. Jahrhundert die so genannten Opiumkriege aus. Es sollte noch einige Zeit dauern, bis auch die Europäer das

Opium

Gefahrenpotenzial von Opium erkannten. Opium war lange Zeit als Rauschmittel verbreitet. Honoré de Balzac, Charles Baudelaire, Edgar Allan Poe und Novalis sind Namen von Prominenten, von denen man weiß, dass sie gerne dem Opium zusprachen. Einer der bekanntesten Opiat-Abhängigen war der Künstler Jean Cocteau (1889–1963). Cocteau nahm Drogen, darunter Opium, weil er hoffte, sein Bewusstsein zu erweitern. Nur in berauschtem Zustand empfand er sich als kreativ. Gleichzeitig bemerkte Cocteau sehr wohl, welche negativen Auswirkungen das Opium auf seine Gesundheit hatte. Mindestens sechs Entziehungskuren (im Wesentlichen das, was man heute unter einer → Entzugsbehandlung versteht) unternahm Cocteau, doch stets wurde er schon bald danach rückfällig. Mit Mitte 50 empfand sich Cocteau als Folge seiner → Sucht als verlebt und abstoßend. Wegen der Missbrauchsproblematik versuchte der Gesetzgeber immer wieder, den Gebrauch einzuschränken. Durch das Opium-Gesetz vom 10.12.1929 wurde der Umgang mit Opium in Deutschland erstmals geregelt: »Mit Freiheitsstrafen bis zu drei Jahren wird bestraft, wer Stoffe und Zubereitungen ohne (...) Erlaubnis einführt, ausführt, gewinnt, herstellt, verarbeitet, Handel mit ihnen treibt, sie erwirbt, abgibt, veräußert oder sonst in Verkehr bringt, oder sie an nicht genehmigten Örtlichkeiten gewinnt, herstellt, verarbeitet, aufbewahrt, feilbietet oder abgibt.« Bis auf den Konsum war damit bereits jeder staatlich nicht legitimierte Umgang mit Opium einschließlich des Besitzes strafbar. 1971 wurde das Gesetz durch das → Betäubungsmittelgesetz abgelöst, das inhaltlich ähnlich gebaut ist, aber eine Vielzahl von weiteren Stoffen umfasst und ständig erweitert wird.

Opiumbrot: Bezeichnung für Tonerde-ähnliches Rohopium, das in Brotlaib-ähnlicher Form gehandelt wird.

Opiumesser: Veralteter Ausdruck für Opiumkonsumenten, der heutzutage in den Industrienationen kaum noch verwendet wird.

Opium-Tee: Bezeichnung für einen durch Auskochen von Schlafmohnkapseln gewonnenen Tee, der → Opium enthält.

Opium-Tinktur: Mischung aus → Opium und Methylalkohol, die ähnlich berauschend wie → Opium wirkt, aber rasch zur Erblindung führt. Opium-Tinktur wurde früher von Ärzten gegen starke Durchfälle und bei → Depressionen eingesetzt.

Optics/Optik: Szeneausdruck für Sinnestäuschungen, meist durch → Drogen, in erster Linie → Halluzinogene oder → Stimulanzien, bedingt.

Optics schieben, die: Szeneausdruck für halluzinogen gefärbten Rauschzustand: »Der schiebt voll die Optics.«

Orange: Szeneausdruck für→ Amphetamin.

Orange Wedges: Szeneausdruck → DOM-haltige Tabletten.

Orlaam: Handelsname eines → Opiates der Firma Sipako, das bei der → Substitution eingesetzt wird. Es enthält → Levacetalmethadolhydrochlorid und kann statt → Methadon benutzt werden. Vorteil von Orlaam ist, dass es eine längere Halbwertzeit hat als Methadon und nur jeden zweiten Tag eingenommen werden muss. Risiken und Nebenwirkungen entsprechen denen der anderen Opiate. Wegen des langsamen Anflutens und der langen Halbwertzeit ist die Wirkung schlecht steuerbar und die Risiken von tödlichen Komplikationen sind bei → Mischkonsum hoch.

orphan drugs: Bezeichnung für Medikamente, die bei derart seltenen Krankheiten zum Einsatz kommen, dass ihr Einsatz experimenteller Natur ist. Hintergrund ist, dass bei sehr seltenen Erkrankungen in der Regel wegen der geringen Fallzahlen keine ausreichend großen randomisierten Studien möglich sind. Grundsätzliche Erkenntnisse zu gewinnen ist daher schwierig. Mit → Drogen im Deutschen gebräuchlichen Sinne haben orphan drugs nichts zu tun.

Ösophagitis: Bezeichnung für die Entzündung der Speiseröhre, die bei Alkoholabhängigen gehäuft auftritt und in Speiseröhrenkrebs übergehen kann.

Ösophagus-Varizenblutung: Bezeichnung für eine Blutung aus erweiterten Gefäßen der Speiseröhre (die auch Ösophagus genannt wird), die bei Alkoholabhängigen gehäuft auftritt. Die erweiterten Gefäße im Ösophagus entstehen, wenn durch Alkohol (oder andere Suchtmittel oder Medikamente oder Viren) die Leber derart geschädigt ist, dass das Blut aus dem Bauchraum nicht mehr ungehindert passieren kann. Dieser Zustand wird als → Leberzirrhose bezeichnet. Es bildet sich dann ein Umgehungsblutkreislauf über die Speiseröhre aus, wobei die Gefäße in der Speiseröhre dieser hohen Belastung meist nicht auf Dauer gewachsen sind. Platzen sie, kann der Patient daran verbluten.

OTC-Arzneimittel: Bezeichnung für Arzneimittel, die »over the counter«, d.h. über die Theke, frei verkäuflich sind. OTC-Arzneimittel haben in der Regel kein → Abhängigkeitspotenzial.

Ouide: Handelsname einer Kräutermischung, die leicht entspannende Wirkung haben soll. Die Inhaltsstoffe dieser vornehmlich im Internet und über → Head Shops gehandelten Rauchmischung sind nicht bekannt.

Outdoor: Szeneausdruck für → Cannabis-Pflanzen, die unter freiem Himmel angebaut worden sind. Sie enthalten meist weniger → THC als Indoor-Planzen.

O-Variable ist in der → Kanfer-Formel die Abk. für Organismusvariable und bezeichnet im engeren Sinne körperliche Zustände, die einen Einfluss auf die Auftretenswahrscheinlichkeit eines Verhaltens haben. Wenn ein Süchtiger z.B. eine Grippe hat, so fühlt sich diese O-Variable für ihn ähnlich wie → Entzugserscheinungen an. Es entsteht dadurch dann u.U. ein Verlangen nach der Einnahme von Suchtmitteln.

Im weiteren Sinne versteht man unter der O-Variable alle Grundüberzeugungen und Annahmen, die, ohne das ein bewusstes Nachdenken erfolgt, Einfluss auf das Verhalten haben. Wenn z.B. ein Süchtiger denkt: »Ich bin ein hoffnungsloser Fall. Mir kann niemand helfen«, so wird diese Grundhaltung eine Fortsetzung des Konsums bedeuten (→ Set).

Inhalt der Therapie (→ Entwöhnungsbehandlung) ist es u.a., mögliche O-Variablen aufzuspüren und ihren Einfluss auf das Verhalten dem Patienten bewusst und damit steuerbar zu machen.

Overdose: Auch in Deutschland gebräuchlicher Szeneausdruck für → Überdosis.

overdosed: Szeneausdruck für »überdosiert«.

oxa: Handelsname eines mittellang wirksamen → Benzodiazepins, das zur Behandlung von Angst und Erregungszuständen sowie bei → Schlafstörungen eingesetzt wird. Inhaltsstoff ist → Oxazepam. Die Entwicklung einer psychischen und physischen → Abhängigkeit kann rasch erfolgen. In der Drogenszene wird das Medikament als Heroinersatz gehandelt.

Oxazepam: Name eines mittellang wirksamen → Benzodiazepins, das zur Behandlung von → Angst und Erregungszuständen sowie bei → Schlafstörungen eingesetzt wird. Handelsnamen sind Adumbran, Durazepam, Mirfudorm, Noctazepam, oxa, Oxazepam AL 10, Oxazepam-neuraxpharm, Oxazepam-ratiopharm, Oxazepam, Praxiten, Sigacalm, Stada und Uskan. Allein die Zahl der Präparate verdeutlicht, wie groß der Markt für derartige Medikamente ist. Die Entwicklung einer psychischen und physischen → Abhängigkeit kann bei Oxazepam rasch, d.h. schon nach wenigen Wochen, erfolgen. In der Drogenszene wird das Oxazepam als Ersatz für andere → Downer gehandelt.

Oxocodon: → Oxygesic.

Oxygesic: Opiathaltiges Medikament in Tablettenform, das gegen starke Schmerzen eingesetzt wird. Inhaltsstoff ist das dem → Betäubungsmittelgesetz unterliegende Oxocodon-HCL. Es existiert in unterschiedlichen Stärken und wird als Retardtablette verabreicht. Die Entwicklung einer → Abhängigkeit ist möglich.

Oz: Szeneausdruck für einen Drogen-Großhändler.

P

P: Szeneausdruck für den → Peyote-Kaktus.

Pack: Engl. ausgesprochener Szeneausdruck für eine Maßeinheit einer harten → Droge, meist ist → Heroin gemeint.

Pad: Szeneausdruck für eine Gruppe von → Kiffern, die sich die → Joints durch Herumreichen teilen.

Padanus: Die Nüsse des neuguineischen Padanus-Strauches enthalten u.a. Dimethyltryptamin. Die Eingeborenen nutzen Padanus bei reliösen Ritualen, fürchten den Strauch aber auch, weil die Nüsse – in großer Menge eingenommen – verrückt machen können (→ hängen bleiben).

Paguando: Auch Borrachero oder Totubjansush genanntes → Nachtschattengewächs (Iochroma fuchsioides), das nach Einnahme einen unangenehmen, lang anhaltenden halluzinogenen Rausch auslöst. Der Wirkstoff ist nicht bekannt. Südkolumbianische Indianer verwenden es als Heilmittel bei religiösen Ritualen.

Palladon: Medikament, das den Wirkstoff → Hydromorphon enthält.

Palo Bobo: Auch Palo Loco oder Quanttlapatziinzintli genannte Gruppe von Korbblütlern (Senecio cardiophyllus und verwandte Arten), aus deren Blättern einige Mexikaner einen berauschenden → Tee bereiten. Die Wirkstoffe gehören zur Gruppe der Pyrrolizidine.

Palo Loco: Weitere Bezeichnung für → Palo Bobo.

Panama Red: Szeneausdruck für eine rötlich gefärbte, besonders starke → Cannabis-Sorte aus Panama.

Pancake: Szeneausdruck für frisch gebackenes, unzerbröseltes → Crack, das wie ein Kuchen aussieht.

Panik: 1. Bezeichnung für plötzlich einsetzende, unkontrollierbare Angstzustände, die auch als Panikattacken bezeichnet werden. Panikattacken gibt es als eigenes Krankheitsbild ohne den Einfluss von → Drogen (das nach → ICD 10 mit F40.01 oder F41.0 verschlüsselt wird). → Stimulanzien und → Halluzinogene können aber ebenfalls zu Panikattacken i.S. einer unerwünschten Nebenwirkung führen. Zu wenig bekannt ist, dass auch → Cannabis Panik auslösen kann. Auch im → Entzug, vor allem dem → Benzodiazepinentzug, ist das Auftreten von Panik nicht selten. **2.** Szeneausdruck für eine Grundstimmung in der Drogenszene, die auftritt, wenn es zu Versorgungsengpässen kommt.

Pankreatitis: Entzündung der Bauchspeicheldrüse, eine Krankheit, die bei Alkoholabhängigen gehäuft auftritt und die in Pankreaskrebs übergehen kann.

Pantherpilz: Der mit dem → Fliegenpilz nah verwandte Pilz (Amanita pantherina) ist braun mit weißen Sprenkeln. Er kommt auch in Mitteleuropa vor. Die Einnahme führt zu → Halluzinationen. Nebenwirkungen sind Übelkeit, Erbrechen, Organschäden und der Tod.

Papa espinosa: Weitere Bezeichnung für den → Stechapfel.

Papaver bracteatum: Lateinischer Name einer Mohnart, die kaum → Morphium, dafür aber mehr Thebain enthält. Aus Thebain lassen sich medizinisch bedeutsame → Opiate gewinnen.

Papaver somniferum: → Schlafmohn.

Papaverin: Aus dem → Opium gewonnenes Alkaloid, das krampflösend wirkt und bei Magen-Darm-Krämpfen und Nierenkoliken eingesetzt wird. Es hat keine euphorisierende Wirkung und kein → Abhängigkeitspotenzial.

Paper: 1. Szeneausdruck für eine Maßeinheit → LSD, das auf Papier aufgeträufelt ist. **2.** Szeneausdruck für ein gefälschtes Rezept oder eine gefälschte Bescheinigung. **3.** Szeneausdruck für Zigarettenpapier, das zum Selbstdrehen → Joints oder → Zigaretten benutzt wird, auch als Papierchen bekannt. Hersteller sind beispielsweise Gizeh, → OCB oder Rizla. Einige Hersteller produzieren längere bzw. feinere Papers zum Drehen von großvolumigeren Joints.

Papier: Szeneausdruck für → LSD.

Pappe: Szeneausdruck für ein Papier, das mit → LSD beträufelt ist (nicht zu verwechseln mit → Pep oder → Peppen).

Paracefan: Handelsname eines Medikamentes, das beim → Opiat-Entzug sowie gegen das Gilles-de-la-tourette-Syndrom, eine Nervenkrankheit, eingesetzt wird.

Paracefan i.v.: Handelsname einer Injektionslösung, die in der Intensivmedizin beim akuten Alkoholentzugssyndrom eingesetzt wird. Inhaltsstoff ist Clonidin. Bei bestimmten Herzerkrankungen darf es nicht gegeben werden.

Paracodin: Handelsname von Kapseln bzw. Tabletten, die das → Opiat Dihydrocodeintartrat enthalten (→ Codein).

Paradiesblume: Weitere Bezeichnung für → Khat.

paradoxe Intervention: Bezeichnung für eine therapeutische Strategie, die bei Patienten zum Einsatz kommt, die der Therapie besonders ambivalent gegenüber stehen. Der Therapeut fordert dabei den Patienten z.B. nicht, wie der das erwartet, auf, den Konsum zu beenden, sondern sagt ihm, er brauche ja eigentlich keine Therapie. Je eindrücklicher der Therapeut dann die Nachteile der Therapie und die Vorteile des fortgesetzten Konsums darstellt, desto eher regt sich Widerstand beim Patienten. Der Patient weiß ja sehr wohl, welche Nachteile sein Konsum hat, es baut sich bei ihm eine kognitive → Dissonanz auf.
Um diese kognitive Dissonanz zu reduzieren, fühlt sich der Patient im besten Falle gedrängt, früher oder später die Nachteile seines Konsums zu ergänzen und sich auf die Therapie einzulassen. Vor- und Nachteile des Konsums können dann z.B. vom Patienten auf einer → Vier-Felder-Tafel festgehalten werden. Sobald gemeinsame Ziele zwischen Therapeut und Patient zum Einsatz kommen können, wird die Technik der paradoxen Intervention nicht mehr eingesetzt.

Paragraph 12 SGB V: → Wirtschaftlichkeitsgebot.

Paragraph 27 SGB V: → Wirtschaftlichkeitsgebot.

Paragraph 31 SGB V: → Wirtschaftlichkeitsgebot.

Paragraph 35 StGB: → Therapie statt Strafe.

Paragraph 36 StGB: → Therapie statt Strafe.

Paragraph 37 StGB: → Therapie statt Strafe.

Paragraph 38 StGB: → Therapie statt Strafe.

Paragraph 64 StGB: § 64 des Strafgesetzbuches regelt die »Unterbringung in einer Entziehungsanstalt«. Dort heißt es: »Hat jemand den Hang, alkoholische Getränke oder andere berauschende Mittel im Übermaß zu sich zu nehmen, und wird er wegen einer rechtswidrigen Tat, die er im Rausch begangen hat oder die auf seinen Hang zurückgeht, verurteilt oder nur deshalb nicht verurteilt, weil seine Schuldunfähigkeit erwiesen oder nicht auszuschließen ist, so ordnet das Gericht die Unterbringung in einer Entziehungsanstalt an, wenn die Gefahr besteht, dass er infolge seines Hanges erhebliche rechtswidrige Taten begehen wird« (→ Maßregelvollzug). Nach Paragraphen 64 des Strafgesetzbuches dürfen zumindest solche Süchtige, die mehrmals straffällig geworden sind, auch gegen ihren Willen in einer Entziehungsanstalt untergebracht werden. In § 64, Absatz (2), heißt es: »Die Anordnung unterbleibt, wenn eine Entziehungskur von vornherein aussichtslos erscheint.« Es muss also durch die Maßnahme der Unterbringung die Möglichkeit bestehen, den Süchtigen zu heilen oder ihn zumindest über eine gewisse Zeit daran zu hindern, rückfällig zu werden. Letzteres dürfte fast immer erreichbar sein. Es ist allerdings fraglich, ob eine solche Zwangstherapie langfristig bei den Betroffenen die erwünschte Verhaltensänderung bewirken kann.

Paranoia: Szeneausdruck, der inhaltlich nicht ganz identisch mit dem gleich lautenden medizinischen Ausdruck ist. In der Drogenszene versteht man unter Paranoia meistens heftige, drogeninduzierte Angstzustände (auch → Panikattacken genannt), die manchmal von Verfolgungswahn und → Halluzinationen begleitet sein können. »Paranoia« kann ausgelöst werden durch → Kokain, → Amphetamine und andere → Stimulanzien sowie durch alle → Halluzinogene einschließlich → Cannabis. Für den Mediziner ist Paranoia hingegen gleichzusetzen mit → Wahn.

Paraquat: Name eines Pestizids, das zur großflächigen Bekämpfung von → Cannabis-Plantagen eingesetzt wird. Besonders skrupellose Drogenhändler, die mit Paraquat besprühtes → Cannabis unter die Leute bringen, riskieren damit den Tod ihrer → Kunden. Es kommt durch Rauchen des vergifteten Cannabis zur Ausbildung der so genannten Paraquat-Lunge. Die Lunge vernarbt und verhärtet, der Betreffende erstickt langsam und qualvoll.

Paregoric: Gleichbedeutend mit → Paregorische Tinktur.

Paregorische Tinktur: Erstmals im achtzehnten Jahrhundert hergestellte flüssige Mischung aus → Opium und Kampfer. Ursprünglich wurde sie gegen Durchfall eingesetzt. Eine medizinische Bedeutung hat die auch Paregoric genannte Tinktur heutzutage nicht mehr. Vor allem in Asien wird sie gelegentlich als Droge missbraucht.

Parkinsonmittel: Wegen ihrer zentral stimulierenden Wirkung werden Medikamente gegen das Parkinson-Syndrom, vereinfacht Parkinsonmittel genannt, gelegentlich auch als → Droge missbraucht. Aufgrund der erheblichen Nebenwirkungen der meisten Parkinsonmittel (→ Rote Liste) ist das ein sehr gefährliches Unterfangen.

Parsley: Szeneausdruck für → PCP, das auf → Petersilie, → Möhrenkraut oder → Dill aufgesprüht wurde.

Partydrogen: Das Spektrum der Drogensucht ist in den letzten Jahren stark im Wandel begriffen. So genannte Partydrogen, die in Zusammenhang mit der → Techno- und House-Musik in Europa Fuß gefasst haben, sind ein relativ neues Problem. Antriebssteigernde → Drogen wie → Amphetamine und → Kokain sind seit Mitte der 1990er Jahre verstärkt auf dem Markt. Zudem spielen Substanzen wie → Ecstasy eine Rolle, die bis Mitte der achtziger Jahre kaum Bedeutung hatten. Hinzu kommt in diesem

Zusammenhang die Rennaissance von → Halluzinogenen und → Cannabis. Gab es anfangs noch eine strenge Trennung der Märkte, so hat mittlerweile eine Vermischung der Szenen stattgefunden.

Parvati: Weitere Bezeichnung für → Cannabis.

Passionsblumen: Passionsblumen wachsen in Mittel- und Südamerika. Einige Arten werden bereits seit vorkolumbianischer Zeit als Nahrungsmittel und Heilpflanzen verwendet. Die Frucht der Maracuja, auch eine Passionsblume, ist mittlerweile auch in den Industrienationen als Nahrungsmittel erhältlich. Als → Tee eingenommen, sollen Passionsblumen beruhigend wirken. Die Wirkstoffe sind nicht bekannt.

pathologischer Rausch: Unter einem pathologischen Rausch versteht man einen Zustand, der durch → Alkohol oder andere Suchtmittel zwar ausgelöst ist, dessen Verlauf aber untypisch für die stoffliche Wirkung des eingenommenen Suchtmittels ist.

Ein pathologischer Rausch zeichnet sich meist durch → Aggressivität, Gereiztheit und persönlichkeitsfremde Handlungen aus. Orientierung und Bewusstsein sind gestört, später besteht eine Gedächtnislücke für den Rauschzustand. Das Vorliegen eines pathologischen Rauschzustandes wurde früher gelegentlich als strafmildernder Umstand nach Straftaten vorgebracht. Mittlerweile ist aber fraglich, ob es so etwas wie einen pathologischen Rausch überhaupt gibt. Ein empirischer Nachweis ist bislang nicht gelungen.

Patientenschulung: Unter Patientenschulung versteht man die Aufklärung des Patienten über Krankheit und Behandlungsmöglichkeiten. Man vermeidet dadurch einen Informationsmangel, der eine Erhöhung des Therapieabbruchrisikos und des → Rückfallrisikos darstellt.

Positive Effekte der Patientenschulung sind:

- Entängstigung
- Erhöhung der Transparenz, → Erhöhung der Compliance, → Verminderung der Therapieabbrüche
- Hoffnungsvermittlung
- erhebliche therapeutische Effekte erzielbar (manchmal sogar vergleichbar mit dem therapeutischer Verfahren)
- Rückfallprävention

Auch eine Aufklärung über Alternativbehandlungen (die man u.U. selbst nicht anbietet) und über komplementäre Angebote (z.B. Selbsthilfegruppen) sollte bei Patientenschulungen nicht vergessen werden.

Pato: Weitere Bezeichnung für den → Koka-Strauch.

Pattex: Handelsname eines Klebstoffes, der von Kindern manchmal als

Schnüffeldroge (→ schnüffeln) missbraucht wird. Pattex kann – in solcher Form missbraucht – zu schweren Schäden am Nervensystem führen.

PCE: 1. Abk. für Phenyl-Cyclohexamin-Ethyl, ein synthetisches → Halluzinogen, das in den USA manchmal als → PCP oder als → LSD verkauft wird. Es wurde erfunden, um Gesetze zu umgehen, ist also eine → Designerdroge. **2.** Abk. für Poly-Chlor-Ethylen, ein Reinigungsmittel, das – missbräuchlich angewendet – narkotisierend wirkt und bei regelmäßigem Konsum rasch zu schweren Leberschäden führt.

PCP: Abk. für Phenyl-Cyclidin-Piperidin, kurz Phencyclidin, das vor allem in den USA als → Droge verwendet wird. Szeneausdrücke sind Angel Dust, Crystal, Dust, Flakes, Hog, Hyperdust, Lovelies, Mist, Monkey, Peace Pill, Peace Powder, Slumdrug, Space Base (Mischung aus → Crack und PCP), Startripper, Superweed, Wack.

Bereits 1926 wurde es erstmals hergestellt. In den 50er Jahren brachte die US-Firma Parke, Davis & Company PCP als Schmerzmittel auf den Markt. Bei den Patienten aber traten erhebliche Nebenwirkungen in Form psychotischer, angstbesetzter Zustände auf. 1965 wurde dem Mittel deshalb die Zulassung in der Humanmedizin entzogen. In der Tiermedizin wird es noch heute benutzt. In Deutschland unterliegt der Umgang mit PCP dem → BtMG.

PCP ist ein weißes, kristallines Pulver, das geschnupft, gespritzt, als Tablette oder gelegentlich auch als Spray eingenommen wird. In flüssiges PCP getunkte → Zigaretten sind als Loveleys bekannt geworden. PCP hat eine lange Wirkungsdauer von bis zu zwei Tagen. Die Wirkung ist deshalb schlecht steuerbar.

PCP wirkt vor allem halluzinogen. Wie andere → Halluzinogene auch hat es zusätzlich stimulierende und schmerzstillende Wirkung (ähnlich wie z.B. das chemisch verwandte Ketamin). Weil es das Schmerzempfinden reduziert und zudem psychoseähnliche Zustände auslöst, sind teils schwere Selbstverletzungen nicht selten. Selbstverstümmelungen mit Todesfolge sind bekannt. Die Selbstmordgefahr ist erhöht.

PCP hat ein geringes körperliches und ein wahrscheinlich mittelgradiges bis hohes psychisches → Abhängigkeitspotenzial. Weil es so billig ist, ist es relativ verbreitet. Mögliche psychische Nebenwirkungen sind eine Verminderung der Kritikfähigkeit und Selbstüberschätzung, eine Veränderung des Zeitgefühls, starke Stimmungsschwankungen, Angstzustände, → Horrortrips mit Todesängsten, Verfolgungserlebnisse, → Halluzinationen, → Aggressivität und Gewalttätigkeit, drogeninduzierte → Psychosen, Störung von Aufmerksamkeit und Konzentration, Gedächtnisstörungen sowie eine Verminderung der Fähigkeit, einen Gedankengang bis zu Ende zu verfolgen. Die Leistungsfähigkeit kann herabgesetzt sein.

Mögliche körperliche Nebenwirkungen von PCP sind → Pupillenerweiterung, Übelkeit und Erbrechen, Schwindel, Gleichgewichtsstörungen, Taubheitsgefühl an Armen und Beinen, Lähmungsgefühl, Hitze- oder Kältegefühl und Schweißausbrüche, Erhöhung der Körpertemperatur, Steigerung der Atemfrequenz, Kopfschmerzen, Magenkrämpfe, → Herzrasen und Herzrhythmusstörungen, Blutdrucksteigerung, Überzuckerung. Bei chronischem Konsum kann es zu Hirnschäden, Leberschäden, Erhöhung des Krebsrisikos, Schäden am Erbgut kommen. In der Schwangerschaft ist eine Schädigung des Kindes wahrscheinlich. Es besteht eine erhöhte Wahrscheinlichkeit für Fehlgeburten.

Bei chronischem Konsum können zusätzlich auftreten: → Entzugserscheinungen, Antriebslosigkeit, Müdigkeit, Depressivität bis hin zur → Selbstmordgefährdung, → Flashbacks (drogeninduzierte Nachhallpsychosen, die noch Monate nach der Einnahme auftreten können und bei PCP häufig sind), Orientierungslosigkeit, Verwirrtheit und intellektueller Abbau.

PC-Pill: Szeneausdruck für → PCP.

Peace heißt auf engl. Frieden, es wird aber auch als Szeneausdruck für ein Stückchen → Haschisch gebraucht.

Irrtümlich wird diese Bezeichnung mit der mutmaßlich friedlichen Grundstimmung vieler → Kiffer in Beziehung gebracht. Gemeint ist dabei eigentlich → piece = Stück, es handelt sich also schlicht um eine falsche Schreibweise.

Peace Pill: Szeneausdruck für → PCP.

Peace Trips: Szeneausdruck für durch → Halluzinationen geprägte Rauschzustände, die mit Gefühlen körperlicher Auflösung und Loslösung einhergehen.

Peanuts: Szeneausdruck für → Drogen in Tablettenform. Wird auch für Medikamente mit→ Suchtpotenzial gebraucht.

Pearl: Szeneausdruck für eine Kapsel mit → Amylnitrit.

Pearly Gates: Szeneausdruck für Samen der Pflanze Rivea corymbosa, besser bekannt als → Morning Glory.

Peddler: Szeneausdruck für Drogenhändler.

Peer Group: Bezeichnung für eine Gruppe, mit der der Mensch den größten Teil seiner Zeit verbringt. Bei Jugendlichen ist das meist die Clique, eine Gruppe ähnlich alter Personen, die in der Nachbarschaft wohnen. Das Verhalten der Peer Group hat großen Einfluss darauf, ob ein Jugendlicher zu → Drogen greift oder nicht. Deshalb sollte bei der → Prävention besonderer Wert darauf gelegt werden, Peer Groups im Sinne einer abstinenten Grundhaltung zu bestärken.

Peginterferon: Abk. für pegyliertes Interferon, eine Retardform, die den Wirkstoff langsamer freisetzt (→ Interferon, → Hepatitis).

Pemolin: Name eines → Methylphenidat-ähnlichen → Stimulanziums, das gegen Hyperaktivität eingesetzt wird. Die missbräuchliche Verwendung als → Upper ist häufig. Kurt Cobain, Sänger der Gruppe Nirvana (→ Selbstmord) widmete der → Droge ein Lied. In Deutschland wird Pemolin unter dem Handelsnamen Tradon verkauft.

Peng: Szeneausdruck für → Drogen, die gespritzt werden.

Penner: Umgangssprachliche Bezeichnung für einen obdachlosen, verwahrlosten Menschen, der nicht selten durch die regelmäßige Einnahme von Suchtstoffen in seine wenig erfreuliche Lage gekommen ist.

Pep: Szeneausdruck für → Stimulanzien.

Pentazocin: Name eines Wirkstoffes, der dem → Betäubungsmittelgesetz unterliegt und der unter dem Namen Fortral in Kapselform, als Zäpfchen und als Injektionslösung verkauft wird.

Peppen: Szeneausdruck für → Amphetamin.

Peppers: Szeneausdruck für → Amphetamin.

Pep Pills: Szeneausdruck für Tabletten, die → Amphetamine oder ähnlich wirkende Drogen enthalten.

Per: Szeneausdruck für Perchlorethylen, eigentlich ein Lösungsmittel, das aber auch als Schnüffeldroge (→ schnüffeln) eingesetzt wird. Per führt rasch zu schweren Leber- und anderen Organschäden.

Percoffedrinol: Handelsname eines Medikamentes, das → Coffein enthält und das gegen Ermüdungserscheinungen eingesetzt wird.

Perlik: Szeneausdruck für → Methamphetamin und ähnlich wirkende Stoffe. Gebräuchlicher ist die Bezeichnung → Speed.

Persönlichkeitsabbau: Allmählicher Verlust ursprünglicher Charaktereigenschaften, der in der Regel mit Intelligenzverlust, Verflachung des Gefühlserlebens und Abstumpfung der Wahrnehmung einhergeht. Mehr oder weniger ausgeprägt geht chronischer, über Jahre hinweg praktizierter Alkohol- oder Drogenkonsum eigentlich immer mit einem Persönlichkeitsabbau einher. Ursache ist die Schädigung des zentralen Nervensystems. Da der Verlauf schleichend ist und Süchtige oft über wenige soziale Beziehungen verfügen, kann ein Persönlichkeitsabbau über Jahre hinweg unerkannt bleiben.

Persönlichkeitsstörung: Hinter der Sucht stecken bei vielen Konsumenten psychische Probleme, vor allem Persönlichkeitsstörungen (→ Komorbidität). Nach der → ICD 10 werden Persönlichkeitsstörungen mit F6er-Ziffern verschlüsselt. Darunter versteht man lang andauernde, meist seit der Jugend bestehende Verhaltensmuster, die den Betroffenen erhebliche Probleme im Umgang mit sich selbst und ihrer Umgebung bereiten. Da diese Muster den Betroffenen über lange Zeit begleiten und es in der Regel auch keine plötzlich eintretenden Veränderungen wie bei anderen psychischen Krankheiten gibt, empfinden sich Menschen mit Persönlichkeitsstörungen meist nicht als krank. Die Ursache ihrer Probleme sehen sie in der Regel zunächst in ihrer Umgebung. Da die Übergänge zwischen nicht gestörten und persönlichkeitsgestörten Personengruppen fließend sind, ist die Diagnosestellung schwierig. Die Behandlung von Persönlichkeitsstörungen gehört zu den anspruchsvollsten Aufgaben in der → Psychotherapie – besonders dann, wenn gleichzeitig eine → Abhängigkeitserkrankung vorliegt (→ Borderline-Persönlichkeitsstörung, → narzisstische Persönlichkeitsstörung, → dependente Persönlichkeitsstörung).

Peru: Peru ist eines der wichtigsten Anbauländer für → Kokain. Ein großer Teil des weltweit verkauften Kokains stammt von dort.

Peter: Szeneausdruck für → Alkohol, der mit → Betäubungsmitteln versetzt wurde (→ KO-Tropfen).

Petersilie (Petroselinum crispum) findet vor allem als Gewürz Verwendung. Seit den sechziger Jahren wird sie manchmal in getrockneter Form als Cannabis-Ersatz geraucht. Obwohl einige Petersilienarten → Myristicin enthalten, ist die → psychoaktive Wirksamkeit gerauchter Petersilie wohl eher der Phantasie der Konsumenten zuzuschreiben, weil der Wirkstoffgehalt verschwindend gering ist.

Pethidin: Name eines → Opiates, das dem → Betäubungsmittelgesetz unterliegt und das unter dem Namen Dolantin in Kapselform, als Zäpfchen und als Injektionslösung verkauft wird.

Peyote: Auch Button, Devil's root, Hikuli, Hikuri, Mescal button, Meskalknopf, P, Peyotl, White mule oder Xicori genannt. Die in Mittel- und dem südlichen Nordamerika beheimatete Kakteenart (Lophophoria williamsii) ist ein plumpes, gedrungenes Gewächs. Seine → Halluzinationen auslösende Wirkung war schon den Azteken bekannt. Die Indianer verwendeten den Kaktus als Rauschmittel bei religiösen Zeremonien (→ Religion).

Pflanzen wie die Peyote, die Halluzinationen auslösen, spielten seit jeher eine wichtige Rolle bei den Initiationsriten der Indianer. Wahrscheinlich ist der Peyote-Kult schon mehr als 3000 Jahre alt. Den Schamanen erlaubte der Genuss von Peyote, so die Vorstellung, den Zugang zu göttli-

chem Wissen und Vorstellungen zur Heilung von Krankheiten, die mit dem Wirken der Götter in Verbindung gebracht wurden. Auch Hellseherei und Wahrsagerei sollten – so der Indianerglaube – im Peyote-Rausch möglich sein. Peyote galt als Allheilmittel und wurde z.B. gegen Fieber, bei → Kopfschmerzen und Sonnenstich eingesetzt. Die Indianer glaubten, dass Peyote sie stark machte und vor Gefahren schützte.
Der spanische Mönch Bernadino de Sahagún beschrieb im 16. Jahrhundert den Gebrauch von Peyote als Rauschmittel. Die christlichen Einwanderer unterdrückten in Amerika rasch den Peyote-Kult, weil er mit der fremden Religion untrennbar verknüpft war. Ihr missionarisches Vorgehen war dabei weniger von christlicher Nächstenliebe und Überzeugungskunst, als von Gewalt und Repression geprägt. Ganz ausrotten konnten die Missionare den Peyote-Gebrauch aber nicht. Bis heute werden Kaktusbestandteile als Rauschmittel verwendet. Der Zusammenhang mit göttlichen Ritualen ist allerdings fast überall einer rein hedonistischen Konsumhaltung gewichen. In der 1914 gegründeten Native American Church, einem Zusammenschluss von Gläubigen verschiedener Indianerstämme, spielt Peyote aber noch heute eine wichtige Rolle. Im Rahmen der religiösen Ausübung ist der Native American Church, die derzeit ca. 200000 Mitglieder umfasst, der Peyote-Genuss in zwölf Staaten der USA erlaubt. In den anderen Staaten der USA, wie z.B. in Kalifornien, ist der Genuss zwar weiterhin vollständig verboten, er wird aber im Rahmen der Kirchenzeremonien vielerorts geduldet.
Wer hingegen in Deutschland mit getrocknetem Peyote angetroffen wird, macht sich strafbar wegen des Verstoßes gegen das → Betäubungsmittelgesetz.
→ Peyotl wird in Scheiben geschnitten und getrocknet – so genannte Buttons entstehen. Die Buttons werden dann verzehrt. Eine Einnahme als → Tee ist ebenfalls nicht unüblich. Die Wirkung von Peyote beruht hauptsächlich auf → Meskalin und liegt zwischen → Psilocybin und → LSD – Risiken und Nebenwirkungen ebenso. Nach Einnahme des Peyote ist das Auftreten von Übelkeit häufig. Der Rausch ist relativ lang anhaltend und kann bei hohen Dosen einige Tage dauern. Während es den ursprünglichen Gebrauch in rituellem Rahmen bei einigen nordamerikanischen Indianern zwar noch vereinzelt gibt, hat Peyotl heute eher die Funktion einer Genussdroge. Eine der bekanntesten Darstellungen eines Peyote-Rausches beschrieb 1961 Carlos Castaneda in seinem Buch »Die Lehren des Don Juan«. Er sah dabei einen leuchtenden Hund und glaubte selbst zu glühen. Auch Aldous Huxley nahm Peyote und schrieb darüber (in sei-

nem Buch »The doors of perception«). In den sechziger und siebziger Jahren war es schick, mit Halluzinogenen wie Peyote zu experimentieren. Viele Menschen nahmen Drogen wie Peyote und viele bekamen dadurch erhebliche psychische Probleme. Außer einigen schwülstigen Drogenberichten und langatmigen verqueren Popsongs ist der Welt davon kaum etwas geblieben.

In den achtziger Jahren spielten Drogen wie Peyote kaum noch eine Rolle – → Halluzinogene passten einfach nicht zu der schnellen geradlinigen Musik des Punk, New Wave oder HipHop. Mit der → Techno-Bewegung erfuhr der Peyote-Kaktus als Rauschdroge – wie fast alle → Halluzinogene – erneut eine kurze Renaissance in den industrialisierten Ländern.

Peyote cimmarrón: Weitere Bezeichnung für → Hikuli Sunamé.

Peyote, falscher: Bezeichnung für Kakteen, die – ähnlich wie → Peyote – → psychoaktive Wirkstoffe enthalten, wie z.B. → Hikuli mulato.

Peyotl: Weitere Bezeichnung für → Peyote.

Pfefferminze: Die Blätter der Pfefferminze und anderer Minzen werden in der Szene in getrockneter Form manchmal als Ersatz für → Cannabis geraucht. Eine → psychoaktive Wirksamkeit ist bis heute unbewiesen. Manche Drogenhändler verkaufen auch mit → PCP beträufelte Minze. Die Wirkung entspricht dann der von → PCP.

Pfeife: Rauchgerät für → Tabak oder andere getrocknete Pflanzendrogen wie z.B. → Cannabis.

Pflanze, verrücktmachende: → Hierba loca.

Pflanzen der Götter: Bezeichnung für Pflanzen mit → psychoaktiver Wirkung, die (ursprünglich) in Zusammenhang mit religiösen Zeremonien eingesetzt wurden. Heute dient die verharmlosende Bezeichnung auch zur Verbesserung des Absatzes von Samen dieser Pflanzen in → Head Shops.

PG: Szeneausdruck für → Paregorische Tinktur.

Phantastica: Veralteter Ausdruck für → Halluzinogene.

Phantastika: Weitere Bezeichnung für → Halluzinogene.

Pharmacological Optimism: Fachausdruck für einen unter Drogensüchtigen und Ärzten weit verbreiteten → Denkfehler, der davon ausgeht, dass es für jede Beschwerde das passende Medikament gibt. Dahinter stehen ein Misstrauen gegenüber den Selbstheilungskräften des Körpers und oft auch erhebliche Selbstwertprobleme. In vielen Fällen ist auch Faulheit das Motiv – vielen Menschen ist es schlicht zu mühsam an sich zu arbeiten und sich weiter zu entwickeln.

Der → Psychotherapie oder → Selbsthilfegruppen stehen Menschen mit einer solchen Einstellung oft ablehnend gegenüber. Natürlich gibt es viele Krankheiten, bei denen die Einnahme von Medikamenten eine große Hilfe ist. Bei den Menschen, deren Denken durch den Pharmacological Optimism verzerrt ist, stellt das Extreme ihrer Grundhaltung das Problem dar. Im kombinierten Einsatz verschiedener Therapieverfahren sind nicht selten die besten Ergebnisse erzielbar.

Phenamal: Handelsname eines → Barbiturates, das wegen seiner → psychoaktiven Wirkung auch als → Droge missbraucht wird. Inhaltsstoff ist Phenobarbital.

Phenamaletten: Handelsname eines → Barbiturates, das wegen seiner psychoaktiven Wirkung auch als Droge missbraucht wird. Inhaltsstoff ist Phenobarbital.

Phencyclidin: Gleichbedeutend mit → PCP.

Phenies: Szeneausdruck für → Barbiturate.

Phenylalkylamine: Überbegriff für die chemisch ähnlich aufgebauten halluzinogen wirksame Stoffe → MDA, → MDMA und → Meskalin u.a..

Phillies ist eigentlich ein Markenname eines Tabakwarenherstellers, dessen → Blättchen z.B. zum Drehen von → Cannabis-Zigaretten genutzt werden. Phillies ist mittlerweile aber auch ein Szeneausdruck für einen – → Joint, der nicht, wie üblich, ein Gemisch aus → Tabak und → Marihuana bzw. → Haschisch, sondern ausschließlich Cannabis-Produkte enthält.

Phoenix: Aus den USA stammende Drogenhilfeorganisation, die Süchtigen hilft, zurück in ein gesellschaftlich anerkanntes Leben zu finden. Grundlage der in Phönix-Häusern angebotenen Entwöhnungsbehandlung ist die → Therapeutische Gemeinschaft.

physische Abhängigkeit: Siehe: → Abhängigkeit, körperliche.

Physostigmin: Dieses Medikament, Handelsname Anticholum, wird als Injektionslösung bei Vergiftungen mit → Amphetaminen gegeben. Es hemmt das Enzym Cholinesterase und hebt einen Teil der Amphetamin-Wirkung auf.

pick up: Szeneausdruck für »unter Drogen stehend«.

pickern: Szeneausdruck für das Injizieren von → Drogen.

Piece: Szeneausdruck für eine Portion → Cannabis. Manchmal wird der Ausdruck auch für → Heroin gebraucht.

Pihkal: Abk. für »Phenethylamines i have known and loved«, ein in den siebziger Jahren sehr populäres Buch von Alexander Shulgin und seiner Frau Ann.

Piko: Szeneausdruck für → Amphetamine und ähnlich wirkende Stoffe. Gebräuchlicher sind die Bezeichnungen → Speed oder → Upper.

Pille: Szeneausdruck für → Drogen in Tablettenform. Meist handelt es sich dabei um → Ecstasy oder andere → Amphetamin-Abkömmlinge.

Pillen-Kopf: Szeneausdruck für einen Drogensüchtigen, der von Tabletten abhängig ist.

Pilsenkraut: Weitere Bezeichnung für das → Bilsenkraut, das man früher auch dem → Bier beisetzte. Daher stammt auch der heute noch gebräuchliche Name Pils, obwohl das deutsche Reinheitsgebot den Zusatz von Bilsenkraut seit langem verbietet.

Pilze: Eine ganze Reihe von Pilzen enthalten Wirkstoffe, die → Halluzinationen auslösen können. Dazu gehören der → Fliegenpilz, der → Pantherpilz, eine Reihe von Psilocybe-Arten und einige Röhrlinge. In Pilzbüchern werden diese Pilze meist als ungenießbar oder giftig klassifiziert.

Pink: Szeneausdruck für → LSD.

Pink H: Szeneausdruck für → Heroin.

Pinks: Szeneausdruck für Tabletten, die → Barbiturate enthalten.

Pin Shot: Szeneausdruck für das Spritzen von → Drogen.

Pipiltzintzintli: Weitere Bezeichnung für das → Kraut der Schäferin.

Piracetam: Name eines Stoffes, der die Hirnleistungsfähigkeit verbessern soll. Piracetam dient auch zum Strecken von → Heroin oder → Kokain.

Piritramid: Name eines → Opiates, das dem → Betäubungsmittelgesetz unterliegt und das unter dem Namen Dipidolor als Injektionslösung verkauft wird.

Pisstest: Szeneausdruck für → Drogenschnelltest, der den Urin untersucht.

Piule: **1.** Weitere Bezeichnung für → Tlilitzin. **2.** Bezeichnung für eine Gruppe von Hülsenfruchtarten (Rynchosia longeracemosa, Rynchosia phaseoloides und Rynchosia pyramidalis), deren Rauschwirkung von südamerikanischen Indianerstämmen bei religiösen Ritualen genutzt wird.

Placebo: Scheinmedikament, das keinen Wirkstoff enthält. Es wird in der Medizin z.B. bei Vergleichsstudien eingesetzt. Man vergleicht dabei die Wirkung des Placebos auf den Krankheitsverlauf, die trotz fehlendem Wirkstoff erheblich sein kann, mit der des zu untersuchenden Medikamentes. Der Patient weiß dabei nicht, dass er ein Placebo bekommt. In der Drogenszene werden Pillen ohne Wirkstoff manchmal auch als Placebo bezeichnet. In der von den Medien geschürten → Ecstasy-Euphorie Mitte der neunziger Jahre wurden zeitweise sogar Fischfuttertabletten als Ecstasy verkauft.

Placebo-Effekt bezeichnet die Tatsache, dass auch Stoffe ohne physiologische Wirksamkeit, so genannte → Placebos, erhebliche Veränderungen bei demjenigen bewirken können, der sie einnimmt. Die Erwartungshaltung des Patienten oder Drogenkonsumenten (→ Set, → O-Variable) bestimmt dabei die Art der Wirkung. Wenn jemand zum Beispiel nach Einnahme einer Pille einen »Ecstasy-Rausch« erwartet, so wird er diesen unter Umständen auch dann erleben, wenn ihm der Dealer ein Placebo verkauft hat.

Planum: Handelsname eines → Benzodiazepins, das gegen → Schlafstörungen eingesetzt wird. Missbräuchlich wird es auch als → Droge verwendet. Inhaltsstoff ist Temazepam.

Platte: **1.** Szeneausdruck für in Plattenform gepresstes → Haschisch, meist etwa 100 Gramm. **2.** Szeneausdruck für → Obdachlosigkeit.

PMA: Abk. für Paramethoxyamphetamin, das zwar auf dem Grundgerüst des Amphetamins beruht, aber vorwiegend halluzinogene Wirkung (→ Halluzinogene) hat. PMA ist in seiner Reinform ein beige-, weiß-, gelb- oder pinkfarbenes Pulver. Es wirkt etwa fünfmal so stark wie → Meskalin und kann zu lebensbedrohlichen Zuständen führen.

PMA wird meist in Tablettenform als Ecstasy verkauft, so dass die Konsumierenden nicht wissen, dass sie PMA statt, wie erwartet → MDMA, eingenommen haben. PMA ist der Grund für eine Reihe von Todesfällen in der Partyszene.

Etwa eine Stunde nach der Einnahme erhöhen sich Körpertemperatur und Blutdruck; dadurch können Schlaganfälle auftreten. Ab einer Dosis von etwa 0,6 mg PMA pro Kilogramm Körpergewicht kommt es zu einem alkoholähnlichen Rausch, der begleitet wird von Halluzinationen und Bewegungsdrang. Taubheitsgefühle der Haut sowie ein Einschlafen der Gliedmaßen können auftreten. PMA wirkt lange, fünf Stunden und länger. Werden höhere Dosen konsumiert, kommt es zu starken Halluzinationen, → Herzrasen bis zum → Herzstillstand, Augenzuckungen, Mus-

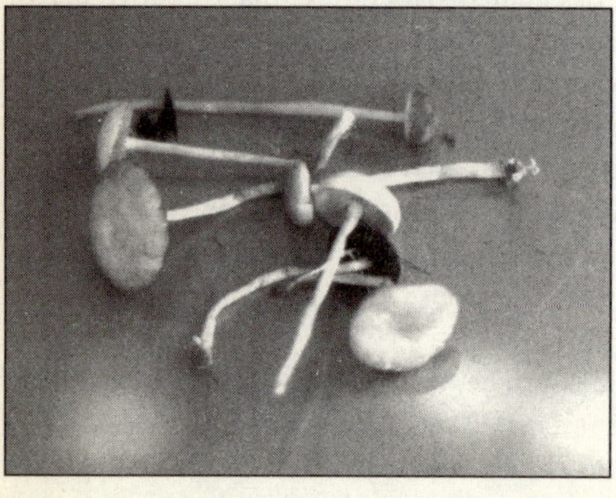

Pilze – wer sich hier nicht auskennt, riskiert tödliche Vergiftungen

kelkrämpfen, Krampfanfällen und → Atemlähmung. Der Körper erhitzt sich u.U. so stark, dass der Konsument auch daran sterben kann.

Pod: Szeneausdruck für → Cannabis.

Pola: Szeneausdruck für → Polamidon.

Polamidon: Handelsname eines Medikamentes, das das → Opiat L-Methadon enthält. Es wird beim warmen → Entzug und in der → Substitution eingesetzt.

Polnische Suppe: Szeneausdruck für eine durch Auskochen von Mohnstroh und anderen Bestandteilen des → Schlafmohns gewonnene Lösung. Zusätzlich werden oft → Barbiturate zugesetzt oder die Wirksamkeit durch Zusatz von Essig gesteigert. Der unberechenbare Wirkstoffgehalt führte zu zahlreichen, zum Teil lebensgefährlichen Komplikationen und war ein Grund dafür, warum sich die Polnische Suppe trotz der einfachen Herstellung nicht durchsetzte.

Polski Kompott: Weiterer Szeneausdruck für → Polnische Suppe.

Polyjunks: Szeneausdruck für Drogensüchtige, die mehrere → Drogen durcheinander konsumieren.

Polyneuropathie: Erkrankung der Nerven. Eine Polyneuropathie bildet sich oft als Folge jahrelangen Alkoholkonsums heraus (→ Großhirnatrophie, → Korsakow-Syndrom, → Wernicke-Enzephalopathie). Je länger Nervenbahnen sind, umso eher fallen die Schäden auf. Deshalb ist ein erstes Zeichen der Polyneuropathie oft ein strumpfförmiges Taubheitsgefühl an den Füßen und Beinen und eine handschuhförmige Taubheit an den Händen. Wenn ein Patient weniger Gefühl in den Beinen hat, geht er unsicher und breitbeinig – etwas, was auch Ungeübte bei Trinkern leicht erkennen können. Bei Taubheitsgefühl in den Händen ist er noch deutlicher behindert – er kann dann u.U. nicht einmal mehr einen Knopf zumachen. Hinzu kommt, dass Schäden am Kleinhirn (→ Kleinhirnatrophie) die Koordination bei Alkoholikern erschweren können.

Polytoxikomanie: Medizinischer Fachausdruck, der die → Abhängigkeit von mehreren Suchtstoffen bezeichnet. Ein polytoxikomanes Gebrauchsmuster ist bei Süchtigen heutzutage die Regel. Nur wenige betreiben einen Mono-Konsum, bei den meisten liegt eine Polytoxikomanie vor.

Polyvalente Sucht: Gleichbedeutend mit → Polytoxikomanie.

Poor Man's Kokain: Szeneausdruck für → Ritalin und andere → Amphetaminderivate (→ Speed).

poppen: 1. Szeneausdruck für »Geschlechtsverkehr haben«. **2.** Szeneausdruck für das Injizieren von → Drogen.

Popper: Szeneausdruck für jemanden, der sich → Drogen spritzt, nicht zu verwechseln mit den Anhängern einer Modeströmung in den Achtzigern, deren Idole Bands wie Modern Talking oder Kajagoogoo waren.

Poppers: Szeneausdruck für Ampullen oder Flaschen, die mit → Amylnitrit, seltener mit Butylnitrit, gefüllt sind. Die Ampullen werden in einem Taschentuch aufgebrochen, das austretende, brennbare (!) Gas (→ Schnüffelstoffe) wird inhaliert.

Wird Poppers versehentlich getrunken, besteht akute Lebensgefahr. Sofort nach der Inhalation setzt ein etwa fünfminütiger Rausch ein. Schwindel und Herzklopfen können auftreten, die Durchblutung wird angeregt. Schmerzen werden vermindert empfunden und der Blutdruck gesenkt, ggf. bis zum Schock. → Kopfschmerzen sind eine häufige Nebenwirkung. Schlaganfälle und Infarkte sowie ein → Herzstillstand sind möglich.

Man sagt Poppers eine sexuell stimulierende Wirkung nach. Zu diesem Zweck wird es vor allem in der Homosexuellenszene seit vielen Jahren konsumiert. Poppers erzeugen zwar keine körperliche → Abhängigkeit, wohl aber eine psychische.

Schäden am Nervensystem, dem Immunsystem und am Herzen sind bei chronischem Gebrauch als Rauschmittel möglich und können bei Poppers-Konsumenten zum Tod führen.

Poppy Stroh: Szeneausdruck für Mohnstroh.

Pot: Szeneausdruck für → Cannabis.

Potenzstörung: → körperliche Veränderung durch Alkohol.

Pot-Head: Szeneausdruck für jemanden, der häufig → Cannabis raucht.

Power: Szeneausdruck für → Amphetamin.

Prädelir: Bezeichnung für die im → Entzug auftretenden vegetativen Störungen wie Schwitzen, Frösteln und Störungen des Herz-Kreislauf-Systems. Der Ausdruck »Prädelir« ist etwas unglücklich gewählt, weil er vermuten lassen könnte, dass ihm stets (ohne Behandlung) ein → Delir folgt. Dem ist nicht so; Prädelire klingen nach einigen Tagen i.d.R. ab – unabhängig davon, ob eine Behandlung stattfindet oder nicht – und gehen nicht in ein Delir über.

Prädiktoren für ein positives Therapieergebnis: Kriterien, die ein positives Therapieergebnis bei Suchterkrankungen wahrscheinlicher machen, sind nach den Daten des MATCH-Projektes (USA, 1997):

- gute → Motivation des Patienten
- soziale Unterstützung der Abstinenzentwicklung durch das Umfeld
- weibliches Geschlecht
- geringe psychiatrische → Komorbidität.

D.h. ein weiblicher, ansonsten psychisch gesunder Mensch, der gut motiviert ist und der durch seine Umgebung unterstützt wird, hat die besten Aussichten, nach einer Suchttherapie abstinent zu leben oder kontrolliert zu konsumieren.

prall: Szeneausdruck für »unter Drogeneinfluss stehend«.

Prävalenz: Bezeichnung für die Häufigkeit, mit der ein Phänomen, z.B. Drogensucht, innerhalb einer Gesellschaft vorkommt. Man unterscheidet dabei u.a. Punktprävalenz, d.h. die Häufigkeit zu einem bestimmten Zeitpunkt, und Lebenszeitprävalenz, d.h. die Häufigkeit innerhalb einer Lebensspanne. In Studien ist genau darauf zu achten, worauf sich der Begriff der Prävalenz bezieht. Hier kommt es häufig zu Fehlinterpretationen. Davon zu unterscheiden ist die Inzidenz, die Zahl der Neuerkrankungen in einem definierten Zeitraum (z.B. einem Jahr).

Prävention heißt übersetzt »Vorbeugung«. Sie kommt nicht nur im Bereich der → Sucht zum Einsatz, sondern auch bei der Vorbeugung anderer Krankheiten (z.B. Rückenschmerzen oder Karies). Primäre Prävention ist dabei die Bezeichnung für Maßnahmen, die bei Gesunden zum Einsatz kommen mit dem Ziel, das Auftreten einer Krankheit zu verhindern. Dazu gehören z.B. Kampagnen der BZgA (Bundeszentrale für gesundheitliche Aufklärung) wie »Kinder stark machen gegen Drogen«.

Sekundäre Prävention hingegen kommt zum Einsatz, wenn eine Krankheit bereits aufgetreten ist und wenn man eine Verschlimmerung verhüten will. Hierzu gehören aufklärende Gespräche, z.B. wenn der → Hausarzt einen Patienten auf seinen hohen Alkoholkonsum anspricht mit dem Ziel, das Fortschreiten der → Alkoholabhängigkeit zu vermeiden. Manche Autoren grenzen davon noch die tertiäre Prävention ab, zu der alle Maßnahmen der → Harm Reduction gehören. Ziel einer tertiären Prävention ist es, bei einer als unheilbar erscheinenden Krankheit weitere Folgeschäden zu verhindern, z.B. durch die Abgabe von sauberen Spritzen an abstinenzunwillige → Junkies.

Oft wird Prävention als Deckmäntelchen benutzt, wenn eigentlich indizierte effektivere Maßnahmen (z.B. eine höhere Besteuerung von → Zigaretten oder das Verbot von Zigarettenautomaten) aufgrund der Befürchtung, Wählerstimmen zu verlieren, politisch nicht umgesetzt werden sollen.

Die Suchtprävention befasste sich anfänglich überwiegend mit illegalen → Drogen. Der Fokus lag auf Abschreckung, indem einseitig und in überzogener Form auf die negativen Folgen der Drogensucht hingewiesen wurde. Später wurden auch legale Drogen wie Alkohol und → Nikotin

in das Horrorszenario einbezogen. Inwieweit diese Form der Prävention wirksam war, ist schwer abzuschätzen. Sicher ist, dass Menschen, die bereits Drogenerfahrungen hatten, diese Form der Prävention schnell als einseitig erkannten und somit nicht erreicht wurden. Die als Abschreckung gedachten Maßnahmen wirkten im Einzelfall sogar konsummotivierend. Abgrenzung spielt in Subkulturen eine wichtige Rolle und welcher Szenetyp möchte z.B. mit Lothar Matthäus schon etwas gemeinsam haben. Das Schicksal der Christiane F. bot hingegen Möglichkeiten zur Identifikation und bekam für Konsumenten einer ganzen Generation Vorbildcharakter (→ Lernen am Modell).
Problematisch war auch bei früheren Präventionsansätzen, dass vor allem auf den Suchtstoff als eigentliche Gefahr abgehoben wurde. Die individuellen Verhaltensmuster der Betroffenen und der Einfluss der Umgebung auf die Entstehung einer Sucht spielten keine Rolle. Erst spät wurden auch solche Ansätze berücksichtigt. Man achtet im Moment auch mehr darauf, präventive Bemühungen nicht zu sehr auf die stoffliche Ebene einzuengen. Die sozialen und persönlichen Probleme des Einzelnen, die Defizite im Umgang mit Schwierigkeiten, die die Entwicklung einer Sucht erst möglich machen, werden heute mehr als zuvor in den Vordergrund gerückt. Ein Beispiel dafür ist die bereits erwähnte Kampagne »Kin-

Prävention – Warnhinweise sollen Raucher abschrecken

der stark machen gegen Drogen«. Heute versucht man, durch Förderung der Persönlichkeitsentwicklung Heranwachsender die Entstehung von Sucht zu verhindern. Ein Problem hierbei ist, dass es bei gefährdeten Kindern oft an geeigneten Modellen fehlt. Defizite in der Familie lassen sich auch durch die beste Prävention nur begrenzt kompensieren.

Die Präventionsarbeit heute ist in ihrer Darstellung sicherlich erheblich ausgewogener als noch vor zehn Jahren. Dadurch steigt die Glaubwürdigkeit bei Kindern und Jugendlichen und damit längerfristig wahrscheinlich auch die Effektivität. Problematisch ist, dass insbesondere szenenahe Prävention oft die notwendige Distanz zu Drogen vermissen lässt. Broschüren und Informationsveranstaltungen über → Cannabis beispielsweise sind nicht selten verharmlosend.

Auch Maßnahmen der Repression oder → Prohibition können präventive Wirkung entfalten, wenn sie nachhaltig den Konsum gesundheitsschädlicher Stoffe reduzieren. Viele der in → Anlage I bis III des → BtMG aufgeführten Stoffe würden sicher in weitaus größerem Maß Suchtprobleme verursachen, wenn der Umgang mit ihnen nicht strafbewehrt wäre. Erkennbar wird dies z.B. an der Lockerung der Strafverfolgung bei Cannabis: Die seit 1994 (→ Cannabisurteil) bestehende Möglichkeit, bei Vorliegen einer → geringen Menge von Cannabis von einer Strafverfolgung

Ernstgemeinte Prävention würde das Ende von Zigarettenautomaten bedeuten

Dieses Bild kann keinen Vegetarier zum Fleischessen verführen.

So appetitlich diese Gans für die meisten auch aussieht, einen eingefleischten Vegetarier lässt sie kalt. Wer etwas anderes glaubt, überschätzt die Wirkung der Werbung. Genauso wenig kann eine Anzeige, ein Plakat oder ein TV-Spot Nichtraucher zum Rauchen bewegen oder Junge zur Verwendung von Zahnhaftcreme. Wo kein Bedürfnis besteht, kann Werbung auch keines wecken, selbst wenn dies noch so oft behauptet wird. Doch das ist auch gar nicht ihre Aufgabe. Vielmehr soll sie die beworbene Marke begehrt machen und ihren Marktanteil erhöhen. Wir wollen nämlich gar nicht, dass Nichtraucher rauchen. Denn jede Cigarette, die man nicht bewusst genießt, ist eine zuviel.

BRITISH AMERICAN TOBACCO
GERMANY

In Deutschland vertreibt British American Tobacco (Germany) GmbH u.a. die folgenden Marken:
Lucky Strike · HB · Pall Mall · Winfield · Lord Extra · Dunhill · Gauloises Blondes · Prince

Die EG-Gesundheitsminister: Rauchen gefährdet die Gesundheit.

Prävention muss auch bei Werbung ansetzen

abzusehen, hat dazu geführt, dass die Strafandrohung ihren Schrecken verloren hat. Nicht wenige Jugendliche glauben sogar, dass das Mitführen geringer Mengen Cannabis legal sei. Die Konsumentenzahlen sind seit 1994 angestiegen und damit die Probleme mit dieser Droge. Eine ernst gemeinte Prävention müsste hier auch mit Repression gegensteuern. Ob und, wenn ja, in welchem Ausmaß einzelne Präventionsmaßnahmen eine Wirkung auf Krankheitsverläufe haben, ist umstritten. Manche Autoren behaupten, ein Viertel aller Kosten im Gesundheitswesen ließe sich durch Prävention vermeiden, andere halten sie für weitgehend wirkungslos. So muss bezweifelt werden, dass Warnhinweise auf Zigarettenpackungen als Präventionsmaßnahmen eine Auswirkung auf den Zigarettenkonsum haben. Letztlich dürfte jeder Raucher wissen, dass Rauchen ungesund ist. Einfluss auf den Konsum hat dieses Wissen allein i.d.R. nicht. Weitaus wichtiger sind konkrete Anleitung und Hinführung zu Verhaltensänderungen.

Die wichtigste Rolle bei der Prävention spielt in Deutschland die Bundeszentrale für gesundheitliche Aufklärung in Köln (www.bzga.de). Über die BZgA sind eine Reihe von Materialien kostenlos zu beziehen.

Praxisbedarf: Unter Praxisbedarf werden solche → Betäubungsmittel verstanden, die nicht für die Anwendung bei nur einem Patienten gedacht sind (siehe Urteil des OVG Münster 13 B 3082/95). Dazu gehören z.B. Betäubungsmittel, die für → Narkosen gebraucht werden (z.B. → Alfentanil, → Kokain, → Remifentanil oder → Sufentanil). Der Arzt darf Betäubungsmittel für den Praxisbedarf nach dem → BtMG in einer Menge vorhalten, die etwa seinem Bedarf von zwei Wochen entspricht.

Praxiten: Handelsname eines mittellang wirksamen → Benzodiazepins, das zur Behandlung von → Angst und Erregungszuständen sowie bei → Schlafstörungen eingesetzt wird. Inhaltsstoff ist → Oxazepam. Die Entwicklung einer psychischen und physischen → Abhängigkeit kann rasch erfolgen. In der Drogenszene wird das Medikament als Heroinersatz gehandelt.

Prazepam: Lang wirksames → Benzodiazepin, das in Deutschland unter dem Handelsnamen Demetrin verkauft wird. Dieses Medikament ist wegen seines hohen → Abhängigkeitspotenzials zu länger andauernder Anwendung nicht geeignet. In der Szene wird es als Ersatz für → Opiate gehandelt.

Preiserhöhungen als Prävention: Die Nachfrage nach einem Produkt ist unter anderem bestimmt durch seinen Preis. Je teurer ein Produkt ist, desto geringer die Nachfrage und der Absatz (→ Angebotsstrukturen). Das gilt auch im Bereich der Suchtmittel. Wird der Drogenhandel stärkerer Strafverfolgung ausgesetzt, erhöht sich der Aufwand, der von den → Dealern betrieben werden muss, um die Ware an den Endverbraucher zu liefern. Dadurch sinkt regelmäßig der Konsum. Auch im legalen Bereich sind Steuerungen über den Preis möglich. In der »Tageszeitung« vom 14. Januar 2004 war nach der Erhöhung der Zigarettenpreise zu lesen: »Deutsche rauchen weniger und billiger: Die Raucher in Deutschland haben sich erstmals seit Jahren den Griff zur Zigarette verleiden lassen. Der Zigarettenmarkt verzeichnete im vergangenen Jahr ein Minus von 2,4 Prozent, verkauft wurden aber immerhin noch 165 Milliarden Stück. Hauptgründe für den Einbruch: die wachsende Verunsicherung sowie die Steuererhöhung. Wegen der weiteren anstehenden Tabaksteuererhöhungen erwartet die Branche für 2004, dass nochmals weniger Markenzigaretten und mehr Billigangebote verkauft werden. Am stärksten verloren haben die Industriemarken, deren Absatz um 7,0 Prozent sank.«

Natürlich tritt ein präventiver Effekt nur dann ein, wenn die oben beschriebenen Effekte nicht durch das Ausweichen auf andere Suchtmittel oder verstärkten Schmuggel von Zigaretten kompensiert werden.

Doch geht die Politik oft recht halbherzig vor, da der Staat ungern auf die durch den Verkauf von → Alkohol und Zigaretten eingenommenen Steuern verzichtet. Sinkt der Verkauf tatsächlich erheblich, entstehen große Löcher im Haushalt. Trotzdem ist die mangelnde politische Konsequenz unökonomisch, weil sie die langfristigen gesundheitsschädlichen Folgen des Konsums für die Volkswirtschaft nicht hinreichend berücksichtigt.

Längerfristig auftretende Nachteile in der Bilanz aber fallen regelhaft nicht in die Regierungszeit der jeweils amtierenden Politiker, daher wird sich an der Kurzsichtigkeit vieler politischer Entscheidungen wohl auch in Zukunft nichts ändern.

Premix: Bezeichnung für bereits ab Werk gemixte Cocktails, besser bekannt als → Alcopops.

primäre Prävention: → Prävention.

Primidon: Barbituratähnlicher Stoff, der gegen Epilepsien eingesetzt wird. Handelsnamen sind Liskantin, Mylepsinum und Resimatil. Primidon hat ein psychisches und körperliches → Abhängigkeitspotenzial. Gemeinsam mit → Alkohol eingenommen, sind → Halluzinationen möglich. Ein rascher Umschlag in Apathie bis hin zu lebensbedrohlicher Lähmung von Herz und Atmung kann vorkommen. Nebenwirkungen sind Hautausschläge, Schulterschmerzen, Gleichgewichtsstörungen, Müdigkeit, →

Kopfschmerzen, Krampfanfälle, Sehstörungen, Leberfunktionsstörungen bis hin zum Leberversagen, Herzrhythmusstörungen, Blutbildungsstörungen und Allergien. Primidon wird auch missbräuchlich als → Droge benutzt. Bei Behandlung von Epilepsien bei Abhängigen sollte auf andere Medikamente zurückgegriffen werden.

Prise: Szeneausdruck für eine → Dosis → Kokain.

Probierer: Konsument, der unterschiedliche → Drogen nur gelegentlich und für kurze Zeit, nicht aber regelmäßig zu sich nimmt.

Probierkonsum: Diese Form des Konsums findet vorwiegend in der Pubertät statt. Sie ist im Rahmen eines in dieser Zeit normalen Selbstfindungsprozesses zu sehen, während dessen manche Jugendliche bewusst verschiedene Drogen konsumieren, um ihren Erfahrungshorizont zu erweitern.

Probierkonsum führt nicht zwangsläufig zum Dauerkonsum, die Mehrzahl der Konsumenten stellt den Konsum nach einer anfänglichen Probierphase wieder ein (→ Ausstiegsmotiv) oder geht zu einem seltenen Konsum über. Probierkonsum hat keinen eigenen Krankheitswert, er kann aber natürlich zu juristischen und sozialen Problemen oder zu gesundheitlichen Schäden führen. Bei einigen Konsumenten stellt der Probierkonsum den ersten Schritt in Richtung einer Suchtentwicklung dar (→ Abhängigkeit).

Problemlösetraining: → Verhaltenstherapie ist immer auch eine Therapie, die den Patienten dazu befähigen soll, seine Probleme besser als vorher zu lösen. Dieses Verständnis von → Psychotherapie entwickelte sich in den siebziger Jahren.

Problemlösetrainings sind eine Sonderform des → Selbstmanagement, und laufen alle nach ähnlichen Mustern ab. Eines der bekanntesten ist das Problemlösetraining von D'Zurilla &

Premixe – poppig gestylte Alkoholmischgetränke zielen auf jüngere Trinker ab.

Goldfried. D'Zurilla & Goldfried (1971) stellten fest, dass der ineffektiv Umang mit Problemen ein wesentliches Merkmal psychiatrischer Patienten ist. Sie machten es sich deshalb zur Aufgabe, mit ihren Patienten Problemlösefertigkeiten zu trainieren. Schon früh wurde deutlich: Es reicht nicht das Wissen um mögliche Lösungen, die Fertigkeiten müssen auch geübt werden. Bei der Lösung eines Problems müssen möglichst konkret festgelegt werden:

- Der Ausgangszustand/Ist-Zustand
- Der Zielzustand/Soll-Zustand
- Der Weg bzw. die Mittel, wie der Soll-Zustand zu erreichen ist

Viele Patienten haben bereits Probleme damit, Ist- und Soll-Zustand zu beschreiben. Sie kennen ihre Stärken und Schwächen nicht und wissen auch nicht konkret, was sie an sich ändern möchten. Sofern diese grundlegend wichtigen Informationen nicht zumindest grob bekannt sind, kann aber kein Problemlösetraining erfolgen. Der Therapeut muss dem Patienten zunächst dabei helfen, Schwächen und Stärken zu definieren und kann mit ihm dann Möglichkeiten entwickeln, wie der Soll-Zustand aussehen könnte.

Zu beachten sind dabei nach D'Zurilla & Goldfried nicht nur äußere Bedingungen, sondern auch kognitive Hemmnisse (→ Kanfer-Variablen). Die Problemlösung wird dann in fünf Stufen trainiert:

- Allgemeine Orientierung/Wissensvermittlung zum Wesen von Problemen
- Problembeschreibung (individuell)/Unterscheidung in vorrangige und nachrangige Probleme
- Erstellung (möglichst zahlreicher) Alternativen (u.U. unter Zuhilfenahme von Brainstorming)
- Treffen einer Entscheidung (bei der Auswahl der Alternativen)/Beachtung kurzfristiger und langfristiger Alternativen
- Überprüfung der Alternative

Prodine: Name einer Gruppe von Medikamenten, die stark betäubend wirken und Ausgangsstoff für die Herstellung mancher → Designerdrogen sind.

Pro Dorm: Handelsname eines → Benzodiazepins, das gegen → Angst- und Erregungszustände und damit verbundene → Schlafstörungen eingesetzt wird. Missbräuchlich wird es auch als Droge verwendet. Inhaltsstoff ist Lorazepam.

Prohibition: Bezeichnung für den Versuch des Staates, die Zugänglichkeit von Rauschmitteln durch Strafverfolgung stark einzugrenzen und den Konsum wenn möglich zu verhindern.

In den USA war z.B. von 1919 bis 1933 → Alkohol verboten. Das Gesetz wurde 1919 gegen das Veto des damaligen Präsidenten Wilson als 18. Verfassungszusatz verabschiedet. Der Alkoholkonsum ging durch die Prohibition erheblich zurück (→ Angebotsstrukturen), das ist unstrittig. Ob die → Prävention allerdings präventiven Charakter hatte, ist unklar. Nachteile bestanden in Gesundheitsschäden durch Verunreinigungen illegal gebrannten Alkohols. Verschärfungen des Gesetzes 1921 und 1929 konnten das nicht verhindern. Außerdem blühte während der Prohibition die organisierte Kriminalität. Die Mafia deckte einen Teil der Nachfrage nach Alkohol, erzielte große Gewinne und wurde durch diese Einnahmen mächtig. Die in Zeiten der Prohibition aufgebaute Infrastruktur dient der organisierten Kriminalität noch heute zum Handel von Drogen, Waffen und Menschen (z.B. Prostituierten und illegalen Arbeitskräften). Besser als Prohibition und ähnlich wirksam scheinen Handels- und Vertriebserschwernisse zu sein, z.B. die Beschränkung des Verkaufes von Suchtmitteln auf wenige, staatlich kontrollierte Stellen und die Erhebung von hohen Steuern (die nicht so hoch sein dürfen, dass Schmuggel große Gewinnspannen abwirft).

Allerdings kommen alle den Handel einschränkende Maßnahmen nicht ohne die Androhung und Anwendung von Strafen aus. Somit werden Maßnahmen der Prohibition und Repression nie ganz an Bedeutung verlieren. In den skandinavischen Ländern spielt Prohibition noch heute eine Rolle.

Promille heißt übersetzt »je Tausend«. Die Blutalkoholkonzentration wird in Promille angegeben. Ein Gramm → Alkohol pro Liter Blut bedeutet 1 Promille. Die Blutalkoholkonzentration ist u.a. von der Menge des aufgenommenen Alkohols, vom Gewicht des Konsumenten, von ggf. zusätzlich eingenommenen Drogen oder Medikamenten und vom Geschlecht des Konsumenten abhängig.

Je nach enzymatischer Ausstattung (→ ADH) erfolgen Aufnahme und Abbau des Alkohols von Mensch zu Mensch unterschiedlich. Jede Stunde verringert sich der Promillewert nur um ca. 0,1 bis 0,2 Promille. Das heißt, nach durchzechter Nacht kann am Morgen noch ein Promillewert vorliegen, der das Führen von Kraftfahrzeugen (und das Bedienen von Maschinen) verbietet (→ Fahrtüchtigkeit).

Prompting: Bezeichnung für ein Therapieverfahren, das auf den → Lerntheorien beruht und zu den operanten Konditionierungsverfahren gehört (→ Operante Konditionierung). Ziel des Prompting ist es, das aufzubauende Verhalten durch Hilfestellungen für den Patienten durchschaubar und damit kontrollierbar zu machen. Dies wird erreicht durch verbale Instruktionen (indem der Therapeut zum Beispiel konkret sagt, was der Patient in einer bestimmten Situation tun soll), durch nonverbale Instruktionen (z.B. durch Vormachen) oder durch eine Kombination von beidem. Prompting kommt u.a. in der → Entwöhnungsbehandlung zum Einsatz.

Pronervon: Handelsname eines → Benzodiazepins, das gegen → Schlafstörungen eingesetzt wird. Missbräuchlich wird es auch als → Droge verwendet. Inhaltsstoff ist Temazepam.

Prozac: Antidepressivum, das vor allem in den USA häufig missbräuchlich eingesetzt wird, um depressive Stimmungstiefs nach Drogeneinnahme aufzufangen. Prozac hat kein eigenes → Abhängigkeitspotenzial.

Prunkwinde: Name einer halluzinogen wirksamen Pflanze, die in der Szene auch als → Morning Glory bekannt ist. Ihre Samen werden auch in → Head-Shops verkauft. Wirkung und Risiken entsprechen denen von → LSD.

Psilocin ist ein → Halluzinogen und wahrscheinlich auch Abbauprodukt von → Psilocybin. Es kommt im → Teonanacatl und anderen → Pilzen vor (→ Psilocybin).

Psilocybin und → Psilocin sind die → psychoaktiven Wirkstoffe der so genannten Zauberpilze, die im Szenejargon auch Psilos und → Magic Mushrooms genannt werden.

Zauberpilze sind illegale → Drogen. Psilocybin und Psilocin sind im → BtMG in → Anlage 1 aufgeführt, d.h. alle Handlungen, die zur Gewinnung des Rauschgiftes aus Pilzen vorgenommen werden, müssen strafrechtlich verfolgt werden. Wer zum Beispiel Zauberpilze trocknet, macht sich strafbar.

Viele → Pilze sind altbekannte Rauschdrogen. Von knapp 6000 bekannten Pilzarten enthalten etwa 80 psychoaktive Wirkstoffe. Schon die alten mittel- und südamerikanischen Kulturen kannten die halluzinoge Wirkung einiger Pilze. Psilocybin und Psilocin finden sich z.B. in den → Teonanacatl-Pilzen Mexikos und Guatemalas. Sie werden wahrscheinlich seit bereits 4000 Jahren in spirituellen Zusammenkünften eingesetzt. »Fleisch der Götter« heißen die Pilze bei Indianern. Sie galten als heilig. Die europäischen Missionare und Eroberer bekämpften den Pilzkult nach ihrem Eintreffen in Südamerika, doch auch heute noch werden vereinzelt Zeremonien mit Pilzrauschgiften veranstaltet. Die zeremonielle Einbindung senkt – in deutlichem Unterschied zu der heute in Diskotheken praktizierten Anwendung – das Risiko von Komplikationen erheblich.

1957 isolierte der Schweizer Albert Hoffmann einen Wirkstoff der Pilze. Unmittelbar danach vermarktete die Firma Sandoz, die bereits → LSD auf den Markt gebracht hatte, das Rauschgift unter dem Namen Indocyn. Es erfuhr dann Anwendung im Rahmen der Psychotherapie, insbesondere bei Angststörungen und → Depressionen. Drogenguru Timothy Leary sorgte in den sechziger Jahren mit seinen Büchern für eine weitere Verbreitung auch dieser → Droge. Sie geriet dann mit Abflauen der Hippie-Bewegung weitgehend in Vergessenheit. In letzter Zeit verwenden einige junge Leute die Droge wieder häufiger. Insbesondere Anhänger der ruhigen Ambient-Richtung des → Techno scheinen eine gewisse Neigung zu den relativ sanften Pilzdrogen zu haben.
In Europa enthalten z.B. Pilze der Gattung Psilocybe und Stropharia den Wirkstoff. Einige Arten werden von den Konsumenten gesammelt oder zu Hause gezüchtet. Zauberpilze werden meist getrocknet, da sich ansonsten bei längerer Lagerung die Wirkstoffe zersetzen. Außerdem entstehen ohne Trocknung durch das Zersetzen der Pilze gefährliche Giftstoffe, die Krebs hervorrufen können. Auf den Pilzen siedeln sich in nichtgetrocknetem Zustand leicht Schimmelpilze an, die giftig sind und unter Umständen zu Leberkrebs führen können. Bis zu ihrem Verbot wurden Zauberpilze von einzelnen Psychotherapeuten im Rahmen von psychotherapeutischen Außenseiterbehandlungen eingesetzt. Die Ergebnisse waren alles andere als überzeugend. Seit dem Verbot sind Zauberpilze aus dem medizinischen Bereich völlig verschwunden.
Psilocybin wird nach oraler Einnahme von der Darmschleimhaut aufgenommen und unter Abspaltung von Phosphorsäure zu Psilocin im Körper umgewandelt. Die Verteilung im Körper erfolgt – anders als bei LSD – relativ gleichmäßig. Etwa 30 Minuten nach Einnahme wird im Gehirn die höchste Konzentration erreicht.
Die Wirkung auf die Psyche erklärt man sich wie folgt: Psilocin ähnelt in seinem Grundgerüst dem körpereigenen Stoff → Serotonin. Man vermutet, dass die Droge an die Serotonin-Rezeptoren ankoppelt und dann durch die dauerhafte Verbindung mit dem Rezeptor zu einer Reizüberflutung führt. Sinnesreize können dann nicht mehr adäquat verarbeitet werden, was zu den unten beschriebenen Rauschwirkungen führt.
Die Entgiftung geschieht auf folgendem Weg: 25 % des Psilocins werden über die Niere ausgeschieden, 65 % werden in der Leber abgebaut. Nach 24 Stunden sind etwa 90 % unwirksam gemacht. Die restlichen 10 % verbleiben noch einige Tage im Fettgewebe und werden dann nach und nach auf dem gleichen Wege abgebaut oder ausgeschieden.

Zauberpilze wirken → halluzinogen, d.h. sie rufen Störungen der Wahrnehmung hervor. Etwa 15 Minuten nach Einnahme tritt zunächst eine gewisse Benommenheit verbunden mit einem leichten Blutdruckabfall ein. Etwa zwanzig bis dreißig Minuten nach Einnahme stellt sich in der Regel ein inneres Wärmegefühl ein, bei manchen Konsumenten ist dann auch die Lust auf Sex erhöht. Schwindel, Übelkeit und Magenkrämpfe können auftreten. Das Gleichgewichtsgefühl kann gestört sein.

Nach ca. einer Stunde setzt die eigentliche halluzinogene Wirkung ein. Die Wahrnehmung ist ähnlich wie bei einer → Psychose oder wie in einem Traum verändert. Die halluzinogene Wirkung von Zauberpilzen ist allerdings nicht so stark wie die von LSD. Die Grenzen zwischen der eigenen Persönlichkeit und der Umgebung werden als verschwimmend wahrgenommen. Sinnesinformationen werden nicht fortlaufend und logisch, sondern zufällig-assoziativ wahrgenommen und interpretiert. Die Kontinuität des Erlebens wird durchbrochen. Eigentlich nicht zusammengehörende Dinge werden als zusammengehörend erlebt. Es werden Dinge optisch und akustisch wahrgenommen, die real nicht da sind. Farbvisionen, ähnlich wie bei einem Kaleidoskop, können auftreten. Das Körpergefühl ist in der Regel verändert, es reicht von einem leichten, eher schwebenden Gefühl über Gleichgewichts- und Orientierungsstörungen bis hin zu völligen Auflösungserscheinungen. Insbesondere, wenn der Konsument bei Einnahme ängstlich ist oder psychische Probleme hat, sind nach Einnahme von Zauberpilzen so genannte → Horrortrips möglich. Die psychoseähnliche Veränderung der Wahrnehmung kann plötzlich für den Betroffenen als real erlebt werden. In der Folge kann es zu unkontrollierbaren Angstzuständen kommen. Aus dieser Angst heraus sind Kurzschlussreaktionen möglich. Bei depressiven Personen besteht die Ge-

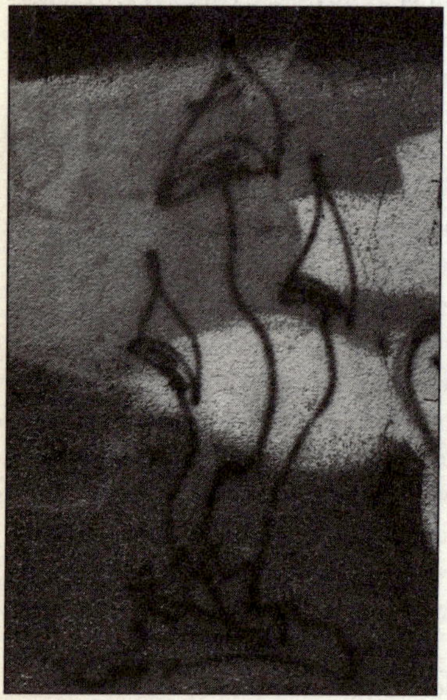

Psilocybinhaltige Pilze als Motiv eines Graffiti

fahr, dass sie unter dem Einfluss von Zauberpilzen Selbstmordversuche begehen.

Nach ca. 7 Stunden klingt der Rausch relativ abrupt ab. Der Konsument schläft dann meist ein.

Zauberpilze wirken störend auf die Körperfunktionen. Die Regulation von Körpertemperatur und Kreislaufsystem kann gestört werden. In geringerem Maße als → Amphetamine oder → Kokain führen auch Halluzinogene wie Psilocybin oder Psilocin zu einem Anstieg der Herzfrequenz und des Blutdrucks sowie der Körpertemperatur. Insbesondere bei hohen Außentemperaturen, z.B. in Diskotheken und auf Partys ist somit die Gefahr von Überhitzung des Körpers und Kreislaufzusammenbrüchen gegeben. Bei akuter Vergiftung treten eine → Pupillenerweiterung, eine Erhöhung des Herzschlags mit erhöhter Körpertemperatur und erhöhtem Blutdruck häufig auf. Außerdem kann es zu Gefäßkrämpfen, einer Überzuckerung oder zu Blutdruckabfall kommen. Tödliche Komplikationen sind selten, hierfür müssten im Mittel 6–7g des Giftes, das entspricht ca. 30 kg Frischpilzen, eingenommen werden.

Stehen Störungen auf psychischem Gebiet im Vordergrund, so ist der Betreffende zunächst in einen ruhigen Raum zu verbringen und nicht mehr aus den Augen zu lassen. Grund hierfür ist die akute Selbstgefährdung im psychoseartigen Zustand. Manchmal ist ein kurzer Aufenthalt auf einer geschlossenen psychiatrischen Station unvermeidbar. Wie bei allen Drogen lässt auch bei Zauberpilzen bei regelmäßigem Konsum die Wirkung nach. Bei Pilzen erfolgt die Toleranzbildung besonders schnell. → Kreuztoleranz besteht zu LSD, so dass bei Einnahme einer der beiden Drogen auch die Wirksamkeit der anderen nach kurzer Zeit nachlässt. Beobachtet werden bei chronischer Einnahme von Zauberpilzen → Depressionen und Angstzustände. Es kann durch die gestörte Wahrnehmung zu Schwierigkeiten im sozialen, beruflichen und schulischen Bereich kommen. Bei chronischer Einnahme ist es auch möglich, dass sich Zustandsbilder entwickeln, die von einer Psychose nicht zu unterscheiden sind. Die Gefahr ist allerdings nicht so groß wie bei LSD. Es ist nicht genau geklärt, ob die Pilze latent vorhandene Psychosen auslösen oder ob sie sie selbst verursachen. Die Klärung dieser Frage hat aber ohnehin keine praktische Relevanz.

Die Gefahr der Entwicklung einer → Sucht ist auch bei Zauberpilzen nicht auszuschließen. Sie ist allerdings nach jetziger Einschätzung nicht so hoch wie bei den meisten anderen Drogen. Durch die blutdrucksteigernde Wirkung ist das Risiko eines Schlaganfalles erhöht. Menschen mit Herzvorschäden laufen Gefahr, durch die Drogeneinnahme weitere Probleme mit dem Herzen zu bekommen, die bis zum Herzstillstand führen können. Bei längerfristigem Gebrauch können Zauberpilze zu Leberschäden führen. Durch die gemeinsame Einnahme mit anderen Drogen kann es zu unkalkulierbaren Wechselwirkungen kommen. Insbesondere bei Kombination mit antriebssteigernden Drogen wie → Amphetaminen, → Kokain oder → Ecstasy besteht die Gefahr eines Kreislaufversagens oder einer Überhitzung. Ein weiteres Risiko ist, dass der Wirkstoffgehalt der Pilze stark schwankt und letztlich nie genau festzulegen ist. Hinzu kommt, dass die Händler normale Pilze mit LSD beträufeln, um so die Kunden zu täuschen. Hier gelten dann die beim LSD beschriebenen erhöhten Risiken. Sind die Pilze nicht von kundiger Hand gesammelt worden, so besteht die Gefahr einer Verwechslung mit Giftpilzen. Sind die Pilze unsachgemäß gelagert, d.h. nicht schnell genug getrocknet worden, so besteht eine weitere Gefahr darin, dass durch die normal einsetzenden Zersetzungsprozesse der Pilze Giftstoffe entstehen, die zum Leberversagen führen können.

Psilos: Szeneausdruck für → Psilocybin oder psilocinhaltige Pilze, die früher von den Azteken Mexikos in rituellen Handlungen verwendet wurden und heute gelegentlich als halluzinogen wirksame → Droge konsumiert werden. Die Wirkung ist ähnlich wie die von → LSD, nur dauert der Rausch kürzer.

Psychedelika: Von griech. psyche = Seele und delos = sichtbar. Veralteter Ausdruck für → Halluzinogene.

psychedelisch: Der Begriff wurde von dem experimentierfreudigen englischen Stabsarzt Humphry Osmond geprägt (der unter anderem Aldous → Huxley unter → Drogen gesetzt hatte). Die Bezeichnung wurde anfangs für die Wirkung von Halluzinogenen gebraucht. Dahinter stand die Annahme, → Halluzinogene würden die Seele sichtbar machen und das Bewusstsein dadurch erweitern. Osmond hatte die Drogen auch in Erwartung therapeutischer Wirkungen bei psychisch Kranken eingesetzt. Später wurde der Begriff erweitert gebraucht und auf bestimmte Musik- und Kleidungsstile übertragen. Heute denkt man bei «psychedelisch« vor allem an Musik, die sich durch komplexe, teilweise ungeordnet wirkende Songstrukturen, ruhige Rhythmen und überlange Stücke auszeichnet und deren Anfänge auf das Musizieren unter Halluzinogeneinfluss zurückzuführen ist.

Psychiater: Ein Psychiater ist ein Arzt, der zusätzlich eine Facharztausbildung in Psychiatrie durchlaufen hat. Mittlerweile gehört auch eine Psychotherapieausbildung fest zum Ausbildungskatalog und die Berufsbezeichnung wurde in Facharzt für Psychiatrie und → Psychotherapie geändert. Für die Behandlung von Suchtkranken sind neben ärztlichen und psychologischen → Psychotherapeuten in erster Linie Psychiater zuständig, da es sich um eine psychische Erkrankung handelt. Im Gegensatz zu → Psychologen darf ein Psychiater ärztlich tätig sein und z.B. auch Medikamente verordnen.

Psychiatrie-Enquete 1975: Durch die Psychiatrie-Enquete 1975 wurde die Entwicklung von Psychiatrie und → Psychotherapie entscheidend vorangebracht. Große Irrenanstalten, in denen die Patienten mehr verwahrt als behandelt wurden, wichen dank ihr im Laufe der Zeit mehr und mehr kleinen wohnortnahen psychiatrischen Abteilungen und Kliniken. Außerdem verbesserte sich die ambulante Versorgungssituation für psychisch Kranke als Folge der Psychiatrie-Enquete. Die Patienten wurden im Laufe der Jahre immer kürzer stationär behandelt. Hospitalisierungseffekte, wie man sie früher häufig sah, gibt es heute kaum noch.

psychische Abhängigkeit: → Abhängigkeit, psychische.

PsychKG: Abk. für das Gesetz über Hilfen und Schutzmaßnahmen bei psychischen Krankheiten, das die unteren Gesundheitsbehörden zu vorsorgender und nachsorgender Behandlung u.a. von Suchtkranken verpflichtet (→ Besuchskommissionen).

psychoaktiv: Alle Stoffe, die eine Wirkung auf das zentrale Nervensystem haben, werden als psychoaktiv bezeichnet. Dazu gehören → Alkohol, → Drogen und eine ganze Reihe von Medikamenten.

Psychoanaleptika: Ausdruck für → Stimulanzien, neudeutsch → Upper genannt, manchmal auch für → Antidepressiva.

Psychoanalyse: Sigmund Freud entwickelte um die Wende vom 19. zum 20. Jahrhundert eine → Psychotherapieform, die er Psychoanalyse nannte. Freuds Ziel war es, ein Verfahren zu entwickeln, um seelische Vorgänge untersuchbar zu machen, die ansonsten kaum zugänglich waren, und mit dem → Neurosen behandelt werden können. Nach Freud gliedert sich die menschliche Psyche in drei Schichten: »Es«, »Ich« und »Über-Ich«. Vereinfacht entspricht das »Es« den Trieben und Bedürfnissen, wie sie z.B. auch Tiere haben, und ist chaotisch. Das »Über-Ich« ist bewusst und vertritt öffentliche Vorstellungen wie Moral und Anstand. Das »Ich → schließlich ist die vermittelnde Ebene zwischen »Über-Ich« und »Es«. Dem »Ich« obliegt die Realitätsprüfung. Das »Ich« ist laut Freud nicht von Geburt an da, sondern entwickelt sich im Laufe des Lebens.

Freud ging davon aus, dass psychischen Erkrankungen verdrängte und damit unbewusste Konflikte sowie unbewusste Wünsche zugrunde liegen. Mithilfe der Psychoanalyse sollten die Konflikte bewusst gemacht werden. Der → Psychotherapeut nimmt in der klassischen Psychoanalyse eine passive Rolle ein. Der Patient liegt auf einer Couch und erzählt, was er gerade denkt. Der Psychoanalytiker sitzt hinter dem Patienten auf einem Stuhl und bemüht sich, möglichst neutral zu sein. Moderne, auf der klassischen Psychoanalyse beruhende Verfahren, wie z.B. die tiefenpsychologisch orientierte Psychotherapie, werden ganz normal im Sitzen in Gesprächsform abgehalten.

Methodik und Vokabular der Psychoanalyse sind nicht nur Laien schwer vermittelbar. Freud selbst hat seine Theorie immer wieder – z.T. grundlegend – verändert. Eine wichtige Rolle spielt in der Psychoanalyse die Beziehung zwischen Arzt und Therapeut. Die Theorie besagt, dass der Patient Erfahrungen, die er mit Bezugspersonen gemacht hat, auf den Therapeuten »überträgt«, d.h. sich dem Therapeuten gegenüber z.B. verhält wie gegenüber seinem Vater. Dadurch werden seine Wünsche und Konflikte offensichtlich. Die emotionale Reaktion des Therapeuten auf den Patienten heißt »Gegenübertragung«. Wenn der Patient in der Therapie nicht richtig mitarbeitet, spricht man in der Psychoanalyse von »Widerstand«. Laut Freud ist Widerstand die Abneigung des Patienten gegenüber der Bewusstmachung bestimmter unbewusster psychischer Vorgänge und damit gegen seine Heilung. (Ganz anders ist die Sicht der → Verhaltenstherapie, die bei mangelnder Kooperation davon ausgeht, dass es ein Kommunikationsproblem zwischen Patient und Therapeut gibt.) Verlagert der Patient seine Wünsche in eine andere Person, so spricht der Analytiker von »Projektion«. In der Suchttherapie spielt die Psychoanalyse keine so große Rolle wie die Verhaltenstherapie.

Psychodelica: Veraltete Bezeichnung für → Halluzinogene.

Psychodrama: Von J. L. Moreno entwickelte Form der → Psychotherapie, bei der das dramatische Spiel die zentrale Rolle einnimmt. Moreno verband bei der Entwicklung des Psychodramas Elemente der → Psychoanalyse mit darstellender Kunst und Gruppentherapie. Ziel der Therapie ist es im Psychodrama, die Spontanität des Patienten zu fördern und zu entwickeln. Sowohl bei Kindern wie auch bei Erwachsenen ist Psychodrama anwendbar. In den Therapiestunden werden die Patienten aufgefordert, für sie problematische Alltagssituationen spielerisch darzustellen. In einem anschließenden Gespräch wird dann analysiert, welche Aussagen durch das Psychodrama-Spiel zum Ausdruck kamen. Das Gespräch dient sowohl zur Diagnostik wie auch zur Therapie. Die Kombination mit anderen kreativen Tätigkeiten wie Musik, Tanz oder bildnerischer Darstellung ist möglich. Besonders bei Menschen, die sehr kontrolliert und kopflastig an Situationen herangehen, kann Psychodrama gut helfen. Es wird übrigens nicht nur in der Psychotherapie, sondern auch in der Ausbildung von Managern, Vertretern und kaufmännischen Berufen eingesetzt.

Psychodysleptika: Veralteter Oberbegriff für Substanzen, deren Wirkung in erster Linie die Wahrnehmung qualitativ verändert. Hierzu gehören alle → Halluzinogene. Da Psychodysleptika psychoseähnliche Bilder hervorrufen, werden sie manchmal auch »Psychotomimetika« genannt. 1956 wurde für diese Gruppe von Drogen der Oberbegriff »Psychedelika« eingeführt, der vor allem in den sechziger und siebziger Jahren des 20. Jahrhunderts häufig verwendet wurde.

Psychokater: Szeneausdruck für psychische Missstimmung, die nach Abklingen der Drogenwirkung auftritt. Sie zeichnet sich aus durch Depressivität, Gereiztheit und Abgeschlagenheit. Ursache sind Störungen im Neurotransmittersystem, die durch → Drogen verursacht wurden.

Psycholeptika: Veralteter Ausdruck für → Beruhigungsmittel.

Psychologe: Ein Psychologe hat ein geisteswissenschaftliches Studium absolviert. Er darf Patienten erst dann behandeln, wenn er zusätzlich eine mehrjährige psychotherapeutische Ausbildung mit Erfolg durchlaufen hat. Er bekommt dann eine Approbation, man spricht auch vom approbierten psychologischen → Psychotherapeuten. Durch das Psychotherapeutengesetz wurden Psychologen 1999 den Ärzten im Wesentlichen gleichgestellt. Medikamente verordnen dürfen sie allerdings unverändert nicht, weil sie dafür nicht ausgebildet sind.

psychologische Tests: Da die Diagnose einer → Abhängigkeitserkrankung vor allem aufgrund psychischer Auffälligkeiten erfolgt (→ ICD), kommt der diagnostischen Erhebung dieses Bereiches besondere Bedeutung zu. Hilfreich sind zur Sicherung bzw. zum Ausschluss der Diagnose einer Suchterkrankung psychologische Tests wie z.B. der → MALT.

Psycholytika: Kaum mehr gebräuchliche Bezeichnung für → Neuroleptika.

psycholytische Therapie: Früher als Außenseitermethode praktiziertes Psychotherapieverfahren mit fraglichem Nutzen und erheblichen Risiken. In der psycholytischen Therapie wurde bis in die 1980er Jahre auch mit → Drogen, z.B. → MDMA, experimentiert.

Psychomimetika: Veralteter Ausdruck für Stoffe, deren Einnahme Zustände verursacht, die einer Psychose ähneln. Heute werden diese Stoffe in der Regel als → Halluzinogene bezeichnet. Anfänglich wurden Psychomimetika auch dazu verwendet, neue Erkenntnisse über das Wesen von psychischen Erkrankungen wie zum Beispiel der → Schizophrenie zu gewinnen.

Psychomimetische Kampfstoffe: Die USA versuchen seit Jahren, Kampfstoffe zu entwickeln, die sich für die Kriegsführung nutzen lassen. Kaum eine der bekannten → Drogen haben sie bei ihren Experimenten ausgelassen. Oft wurden Ahnungslose Opfer der Versuche. Großen Erfolg hatten die USA bei ihren Versuchen bislang nicht. Einen brauchbaren psychomimetischen Kampfstoff gibt es bis heute nicht.

Psychopharmaka: Medizinischer Fachausdruck für alle Medikamente, deren Wirkungsort das Gehirn ist und die bei der Behandlung von psychischen Erkrankungen eingesetzt werden. Dazu gehören → Neuroleptika, → Stimulanzien, Tranquilizer, → Antidepressiva und Schlafmittel, aber auch → Anti-Craving-Substanzen und Substitutionsmittel.
Folgende Gruppen von Psychopharmaka werden unterschieden:

- Neuroleptika (z.B. → Haldol)
- Tranquilizer und Schlafmittel (z.B. → Valium)
- Antidepressiva (z.B. Saroten)
- Stimulanzien (z.B. → Ritalin)
- Nootropika und Antidementiva (z.B. → Piracetam)
- Anti-Craving-Substanzen (z.B. Acamprosat)
- Substitutionsmittel (z.B. → Polamidon)

Darüber hinaus gibt es eine Reihe von legalen und illegalen »Sucht«-Stoffen, die (per Gesetz) keine Psychopharmaka sind, die aber ebenfalls eine Wirkung auf das zentrale Nervensystem haben. Dazu gehören:

- Drogen mit sedierender Wirkung (z.B. → Heroin)
- Legale Suchtmittel mit sedierender Wirkung (z.B. → Alkohol)
- Drogen mit halluzinogener Wirkung (z.B. → LSD, → Cannabis)
- Legale Suchtmittel mit halluzinogener Wirkung (z.B. → Muskatnuss)
- Drogen mit stimulierender Wirkung (z.B. → Crack, Speed)
- Legale Suchtmittel mit stimulierender Wirkung (z.B.→ Nikotin)

Auch viele Medikamente haben – zusätzlich zur Hauptwirkung – Nebenwirkungen auf das Gehirn und verändern Wahrnehmung und Erlebnisfähigkeit (was u.a. bei psychotherapeutischen Bemühungen ggf. berücksichtigt werden muss). Psychotrope Nebenwirkungen können z.B. auftreten bei folgenden Medikamentengruppen (Beispiele):

- Schmerzmittel (z.B. ASS, → Morphin, → Kokain...)
- Hustenmittel (z.B. → Codein)

- Antiepileptika (z.B. Carbamazepin)
- Antiparkinsonmittel (z.B. L-Dopa, Akineton)
- Herz-Kreislauf-Präparate (z.B. Beta-Blocker)
- Antibiotika

In seltenen Fällen kann die komplette, zur → Psychotherapie führende Symptomatik eine Nebenwirkung von Medikamenten sein. Es sollte deshalb von jedem Psychotherapeuten zu Beginn jeder Psychotherapie erfragt werden, welche Medikamente der Patient seit wann einnimmt und ob es zeitliche Zusammenhänge mit psychopathologischen Veränderungen, d.h. der psychischen Krankheit, gibt. Die Behandlung mit Psychopharmaka ist noch nicht sehr alt. Im Folgenden ein Überblick über die chronologische Entwicklung:

- Chloralhydrat (Schlafmittel)
- Veronal (→ Barbiturat)
- Megaphen (Neuroleptikum)
- Contergan (Schlafmittel)
- Tofranil (trizyklisches Antidepressivum)
- Haldol (Neuroleptikum)
- Librium (Benzodiazepin)
- Saroten (trizyklisches Antidepressivum)
- Valium (Benzodiazepin)
- Tegretal (ursprünglich Antiepileptikum, jetzt auch Einsatz bei Depressionen)
- Quilonum (Phasenprophylaxe)
- Parnate (Antidepressivum, MAO-Hemmer)
- Leponex (atyp. Neuroleptikum)
- Fevarin (Antidepressivum)
- Risperal (atypisches Neuroleptikum)

Psychopharmaka stellen einen wichtigen Baustein in der Behandlung der meisten psychischen Krankheiten dar, auch in der Therapie von Suchterkrankungen. Psychopharmakotherapie und Psychotherapie schließen sich nicht aus. Beide Verfahren ergänzen sich und führen bei vielen Krankheitsbildern in kombinierter Anwendung zu besseren Ergebnissen als die jeweilige Monotherapie. Früher glaubte man, dass Abhängigkeitskranke grundsätzlich nicht mit Psychopharmaka behandelt werden sollten, weil dies dem Suchtverhalten zu ähnlich sei. Heute sieht man das differenzierter. Zum einen haben die meisten Psychopharmaka kein → Abhängigkeitspotenzial. Außerdem ist es ein großer Unterschied, ob die Vergabe eines Stoffes vom Konsumenten gesteuert wird oder von einem Arzt.

Man weiß lange, dass das richtige Psychopharmakon, zum richtigen Zeitpunkt beim richtigen Patienten eingesetzt, den Verlauf der Erkrankung erheblich positiv beeinflussen kann. Viele Patienten werden durch eine Psychopharmakotherapie überhaupt erst psychotherapiefähig. Dies ist z.B. bei Psychosen und Manien praktisch immer der Fall, gilt aber auch für schwere Depressionen, ausgeprägte Angstzustände, Zwangsstörungen und Menschen mit schweren Persönlichkeitsstörungen. All diese psychischen Erkrankungen kommen als → Komorbidität bei Abhängigen nicht selten vor.

Die Einführung der Psychopharmaka hat zu einer dramatischen Verbesserung der Behandlungsmöglichkeiten in der Psychiatrie geführt. Stand früher oftmals die reine Verwahrung im Vordergrund, so war nach Entdeckung der Psychopharmaka oft erstmals eine effektive Behandlung möglich. Psychopharmaka haben ganz wesentlich zu einer Humanisierung der Psychiatrie beigetragen.

Folge der besseren Behandlungsmöglichkeiten waren wesentlich kürzere stationäre Aufenthalte, die allerdings natürlich auch noch andere Gründe haben, z.B. eine verbesserte ambulante Versorgungsstruktur als Ergebnis der → Psychiatrie-Enquete 1975 (siehe hierzu auch Stellungnahme von Prof. Fritze, DGPPN, vom 09.05.01)

Jahr	Durchschnittliche Verweildauer
1975	180 Tage
Anfang 90er	60 Tage
Aktuell	ca. 30 Tage

Doch natürlich gibt es auch Nebenwirkungen dieser Medikamente. Viele Psychopharmaka haben, dosisabhängig, als Nebenwirkung eine Einschränkung der Wachheit, der Aufmerksamkeit und der Konzentration zur Folge. Dazu gehören alle → Benzodiazepine und Barbiturate (Tranquilizer), Neuroleptika und viele Antidepressiva. Dies ist bei der Therapie ein Problem für Patienten aus vielen Berufen, z.B. LKW-Fahrer, Busfahrer, Taxifahrer, Menschen, die Maschinen bedienen. Es muss deshalb immer eine Kosten-/Nutzenabwägung und eine Klärung bzw. Aufklärung über versicherungsrechtliche Risiken erfolgen (ggf. von der KfZ-Versicherung schriftlich bestätigen lassen, dass ein Versicherungsschutz beim Fahren unter Medikation besteht). Ggf. kann die Suche nach Alternativpräparaten zu einer Medikation mit individuell günstigerem Wirkungs-/Nebenwirkungsprofil führen.

Viele Patienten besitzen Vorurteile gegenüber psychopharmakologischer Behandlung. Eine nicht geringe Zahl von Patienten will aber auch vorrangig medikamentös behandelt werden und steht Psychotherapie ablehnend gegenüber. Abgesehen davon, dass eine kombinierte Behandlung meist die besten Ergebnisse bringt, bestehen die Vorteile einer reinen Psychopharmakotherapie nach Teusch & Gastpar (2000) in folgenden Punkten:

- Effekte sind für den Patienten leichter überschaubar.
- Risiko, von einem Therapeuten abhängig zu werden, ist gering (siehe Helmchen 1998).
- Direkter Effekt ist sichtbar (mit Einschränkung bei Antidepressiva) → Erhöhung der Compliance.
- Schonenderer Effekt als Verhaltenstherapie, z.B. bei Zwang- und Angststörungen.
- Eine Zunahme belastender Gefühle, die bei einer Psychotherapie häufig auftreten, kommt praktisch nicht vor.

Mitarbeit von Familie und Partner ist leichter möglich (da Schuldzuweisungen fehlen und die Behandlung zum → Health-Belief-Modell des Patienten oft besser passt ...).

Auch Behandlung von nicht Deutsch sprechenden Patienten ist möglich. Für die Therapie von Abhängigkeitserkrankten muss allerdings gesagt werden, dass eine rein medikamentöse Behandlung keine Therapieerfolge verspricht. Hier zeigt eine Kombination aus Psychotherapie, soziotherapeutischen Maßnahmen, Maßnahmen zum Wiedereintritt in den Arbeitsmarkt und ggf. zusätzlich auch Psychopharmakatherapie die besten Ergebnisse. Psychopharmaka sind also keine Wundermittel, haben aber durchaus nützliche Eigenschaften, die nicht sämtlich durch Psychotherapie ersetzbar sind.

Psychopharmaka, pflanzliche: Medikamente, die vor allem gegen → Angst und innere Unruhe sowie gegen → Depressionen eingesetzt werden. Sie haben meist kein → Suchtpotenzial und werden daher in der Drogenszene kaum missbräuchlich verwendet. Für die medikamentöse Behandlung von Menschen mit Suchterkrankungen sind sie deshalb gut geeignet. Allerdings ist zu beachten, dass pflanzliche Psychopharmaka manchmal in → Alkohol gelöst sind und dadurch ein Suchtpotenzial und Rückfallrisiko bergen.

Psychorelaxantien: Kaum gebräuchliche Bezeichnung für → Beruhigungsmittel.

Psychose: Psychische Erkrankung, die durch umfangreiche Störungen der Wahrnehmung und des Erlebens geprägt ist. Menschen mit einer Psychose erleben Dinge, die in der Realität nicht vorhanden sind. Sie haben →

Halluzinationen oder Wahnvorstellungen – das Denken ist ungeordnet. Zudem kann es zu Veränderungen des Gefühls kommen. Im Extremfall sind die Patienten völlig gefühlsverarmt und erstarrt. Stärkere Ängste können vorkommen. Die Behandlung besteht in der Gabe von → Neuroleptika unter begleitender → Psychotherapie.

Psychotherapeut: Ärzte oder → Psychologen können sich zum Psychotherapeuten ausbilden lassen. Voraussetzung, um zu Lasten der gesetzlichen Krankenversicherung psychotherapeutisch behandeln zu können, ist eine Approbation. Diese bekommt, wer mit Erfolg als Arzt oder Psychologe eine mehrjährige Ausbildung an einem anerkannten Lehrinstitut durchlaufen hat. Bei Kindern und Jugendlichen können auch Sozialarbeiter und Sozialpädagogen mit Zusatzausbildungen psychotherapeutisch tätig werden. Soll eine Abrechnung über die Kassenärztliche Vereinigung (KV) erfolgen, ist zusätzlich eine KV-Zulassung erforderlich. Im Zweifel sollte man als Patient bei seiner Krankenkasse im Vorfeld erfragen, ob die geplante → Psychotherapie bei dem ausgewählten Therapeuten bezahlt wird.

Psychotherapie: Die Behandlung von psychischen Erkrankungen durch nichtmedikamentöse Verfahren – meist durch Gespräche. Es gibt eine Reihe von unterschiedlichen Psychotherapierichtungen wie z.B. → Psychoanalyse, → Gesprächstherapie, → Psychodrama und → Verhaltenstherapie. Letztere hat sich bei der Behandlung vieler Krankheiten, u.a. der Sucht, als am erfolgreichsten erwiesen.

Psychotika: Weitere Bezeichnung für → Halluzinogene.

Psychotogene: Weitere Bezeichnung für → Halluzinogene.

Psychotomimetika: Weitere Bezeichnung für → Halluzinogene.

Psychotonika: Veralteter Ausdruck für → Stimulanzien.

psychotrop: Veralteter Ausdruck für → psychoaktiv, d.h. für »auf das Gehirn und damit das Erleben, Fühlen und die Wahrnehmung wirkend«. Der Begriff kommt aus dem Griechischen und bedeutet soviel wie »auf die Seele wirkend«.

Psychotropika: Kaum gebräuchlicher Ausdruck für → Halluzinogene.

PsychPV: Abk. für Psychiatrie-Personalverordnung. Die PsychPV dient der Personalbemessung in psychiatrischen, psychotherapeutischen, psychosomatischen und kinder- und jugendpsychiatrischen Abteilungen. Sie hat als Bundesverordnung keinen Gesetzescharakter, besitzt aber dennoch im Bereich der stationären und teilstationären Behandlung psychisch Kranker einen wichtigen Stellenwert. Die gesetzliche Ermächtigung der PsychPV ist durch § 19 des Krankenhausfinanzierungsgesetzes geregelt.

Die PsychPV erlaubt eine Zuordnung eines jeden Patienten in der Psychiatrie zu einem bestimmten Behandlungsbereich (Beispiele: siehe unten). Viermal im Jahr ordnet jedes psychiatrische Krankenhaus an einem festgelegten Stichtag jeden psychiatrischen Patienten, der sich an diesem Tag in der Klinik befindet, einem der Behandlungsbereiche zu (so genannte Stichtagserhebung). Entscheidend für die Zuordnung am Erhebungstag sind – neben der ICD-10-Diagnose – das psychopathologische Bild und Gefährdungsaspekte und der daraus resultierende Behandlungsbedarf des Patienten. Die so gewonnenen Daten lassen Rückschlüsse darauf zu, wie viel Personal – nach einem festgelegten Schlüssel – die Klinik braucht. Die Ergebnisse aus der Stichtagserhebung dienen dann z.B. als Grundlage bei Pflegesatzverhandlungen.
In den Behandlungsbereichen A1 bis A6 werden Krankheitsbilder der allgemeinen Psychiatrie erfasst, in den Bereichen G1 bis G6 gerontopsychiatrische Fälle und in KJ1 bis KJ4 kinder- und jugendpsychiatrische Fälle. Für den Bereich Sucht sind folgende Einstufungen möglich (S = Sucht):

- S1 Regelbehandlung,
- S2 Intensivbehandlung,
- S3 Rehabilitative Behandlung,
- S4 Lang andauernde Behandlung Schwer- und Mehrfachkranker,
- S5 Psychotherapie,
- S6 Tagesklinische Behandlung.

Problematisch bei der Anwendung der PsychPV auf die Krankenhausbehandlung von Suchtkranken ist, dass die in den Gruppen S3 bis S6 weiter aufgeführten Maßnahmen nicht in den Bereich der Akutversorgung, sondern z.B. in den der → Entwöhnung oder unter das → BSHG fallen. Entwöhnungsbehandlungen und Maßnahmen nach BSHG aber gehören nicht in die primäre Zuständigkeit von Krankenhäusern. Die entsprechenden Gesetze und Bundessozialgerichtsurteile werden durch die PsychPV nicht aufgehoben, weil es sich bei Letzterer eben nur um eine Verordnung handelt. Die Krankenkassen verweisen bei der Durchführung von Rehabilitationsmaßnahmen und BSHG-Maßnahmen (und einer damit verbundenen PsychPV-Einstufung nach S3 bis S6) in Akutkrankenhäusern deshalb oft darauf, dass sie für eine Kostenübernahme nicht zuständig sind.

Psyquil: Handelsname einer Injektionslösung, die gegen Übelkeit und Erbrechen sowie zur Beruhigung vor Operationen eingesetzt wird. Inhaltsstoff ist Triflupromazin-HCL. Die Entwicklung einer psychischen und körperlichen → Abhängigkeit ist möglich.

Pumpe: Szeneausdruck für Spritze.

Punks: Jugendbewegung, die Ende der siebziger Jahre in England entstand und dann auf das übrige Europa übergriff. Die Mitglieder zeichneten sich u. a. durch bunte Kleider, Irokesenfrisuren, einfach strukturierte, laute Musik und in der Regel auch durch einen erhöhten Drogen- und Alkoholkonsum aus. Der Suchtmittelkonsum wurde für viele Punks zum Problem; manchmal endete er auch tödlich. Punk-Idol Sid Vicious von der Band Sex Pistols, der vorher schon mehrfach wegen Drogenbesitzes verhaftet worden war, starb an einer Überdosis → Heroin. Hugh Cornwell von den Stranglers wurde wegen des Besitzes von Heroin, → Kokain und → Cannabis zu einer Gefängnisstrafe von zwei Monaten verurteilt, um nur zwei Beispiele prominenter Punks mit Drogenproblemen zu nennen.

Punktnüchternheit: Bezeichnung für die Fähigkeit eines Konsumenten, situationsangemessen, d.h. auf den Punkt gebracht, nüchtern sein zu können. Das bedeutet z.B.: Keine Suchtmittel im Straßenverkehr, in der Schwangerschaft, im Arbeitsleben oder in Verbindung mit Medikamenteneinnahme. Romy Schneider z.B., die im Laufe ihrer Karriere häufig größere Mengen an Suchtmitteln konsumierte, konnte, wenn sie es wollte, nüchtern am Filmset erscheinen (Der Regisseur des Filmes »Der gekaufte Tod« hatte ihr dies beispielsweise zur Auflage gemacht.)
Punktnüchternheit setzt eine gewisse Kontrolle des Konsumenten über die Suchtmitteleinnahme voraus. Wenn völlige → Abstinenz nicht erreichbar oder für den Patienten nicht erstrebenswert ist, kann es eine therapeutische Alternative sein, den Patienten zu Punktnüchternheit zu befähigen. Prof. Jobst Böning plädert in der Broschüre »Suchtforschung auf neuen Wegen« (des Bundesministeriums für Bildung und Forschung) für eine veränderte Kultur des Substanzgebrauches, die neben dem → Lernen am Modell der Punktnüchternheit eine zentrale Rolle zuschreibt: Es sei »erforderlich, im Umgang mit Alkohol eine Art Verhaltenskodex zu schaffen, den man schon im Kindergarten und im Elternhaus vorbildhaft erfahren sollte. Es gehört sich einfach nicht, heutzutage als Verkehrsteilnehmer noch zu trinken, während der Schwangerschaft, am Arbeitsplatz, während schwerer Erkrankungen oder zu unrechter Zeit oder am falschen Ort.«

Punktyl: Handelsname eines → Benzodiazepins, das gegen → Angst- und → Schlafstörungen eingesetzt wird. Missbräuchlich wird es auch als → Droge verwendet. Inhaltsstoff ist → Lorazepam.

Pupillenerweiterung: Alle → Stimulanzien und die meisten → Halluzinogene führen zu einer erheblichen Pupillenerweiterung. Auch bei Einfall von Licht verengen sich die Pupillen dann kaum oder gar nicht. → Atropin wird deswegen in der Augenheilkunde zum Weittropfen der Pupillen benutzt, weil der Arzt den Augenhintergrund dann besser sieht. Früher nutzten Frauen aus kosmetischen Gründen Atropin, Belladonna genannt: Eine Pupillenerweiterung, die aufgrund der Aufregung auch bei Verliebten zu beobachten ist, signalisiert dem Gegenüber Verlangen. Nachteile der erweiterten Pupillen sind eine erhöhte Lichtempfindlichkeit, die Sehkraft kann erheblich herabgesetzt werden. Wenn jemand häufig mit ungewöhnlich weiten Pupillen angetroffen wird, ist dies ein relativ sicherer Hinweis, dass er Drogen nimmt (→ Pupillometrie).

Pupillenverengung: Sedierende → Drogen, vor allem → Opiate, verengen die Pupille, unter Umständen bis auf Stecknadelgröße (→ Steckies). Wenn eine Person auch in dunklen Räumen enge Pupillen hat, kann dies ein Hinweis darauf sein, dass diese Opiate genommen hat. In → Entwöhnungseinrichtungen fallen → Rückfälle oft als Erstes durch die Pupillenveränderung auf.

Pupillometrie: Die Tatsache, dass → Drogen die Pupillengröße und die Pupillenreaktion verändern (→ Pupillenerweiterung, → Pupillenverengung), macht man sich in der Pupillometrie zu Nutze. Es handelt sich dabei um ein recht sicheres Verfahren, das im Gegensatz zu → Drogenschnelltests wenig störanfällig ist. Allerdings kann durch eine Pupillometrie nicht festgestellt werden, welche Droge konkret konsumiert wurde.

Purple Haze: Szeneausdruck für → LSD.

Purple Heart: Szeneausdruck für Tabletten, die → Barbiturate enthalten.

pushen: Szeneausdruck für »mit Drogen handeln«.

Pusher: Szeneausdruck für Drogenhändler.

Punktnüchternheit – die Werbung macht es einem nicht leicht.

Pyromanie: Psychische Erkrankung, die aus einem als unkontrollierbar erlebten Umgang mit Feuer besteht. Das Anzünden und Betrachten von Feuer wird dabei als lustvoll erlebt. Manche Autoren sehen in Pyromanie eine Form nichtstoffgebundener → Sucht. Sie kommt auch als → Komorbidität bei → Abhängigkeitserkrankungen vor.

Q

Q: Szeneausdruck für → Drogen, die geraucht werden.

Qaad: → Khat.

Qat: → Khat.

Quahthlanacatl: Name eines in Mexiko und Mittelamerika wachsenden → Pilzes, dessen hauptsächlicher → psychoaktiver Wirkstoff → Psilocybin ist.

Qualitätsschwankung: Illegale → Drogen unterliegen keiner Qualitätskontrolle. Der Wirkstoffgehalt der einzelnen Drogen schwankt stark. So enthielten z.B. 142 von → Eve & Rave analysierte Tabletten Dosierungen zwischen 50 und 250 mg → MDMA oder sogar ganz andere Wirkstoffe. Wenn ein unerfahrener Konsument bereits eine halbe Stunde, nachdem er eine 50-mg-Tablette eingeworfen hat, die nächste Tablette einwirft und dabei zufällig eine 250-mg-Tablette mit → Ecstasy erwischt, so kann es zu erheblichen Komplikationen kommen. Der → THC-Gehalt unterschiedlicher Cannabissorten schwankt stark, ebenso der bei → Kokain, → Heroin oder → LSD. Letztlich kann der Konsument nie genau wissen, wie viel Wirkstoff er zu sich nimmt. Dieses Risiko ist vom Konsumenten nicht zu umgehen – außer durch Drogenverzicht.

Hinzu kommt, dass Drogen nicht selten mit anderen Wirkstoffen oder unwirksamen Stoffen gestreckt werden. Die bereits erwähnten 142 von Eve & Rave analysierten Tabletten, die als Ecstasy verkauft worden waren, enthielten nur zu 57 % MDMA. Die anderen enthielten entweder → MDEA, → MDBD, → MDA, → 2CB, → DOB, → Amphetamine, Met-Amphetamine, → Koffein, → Ascorbinsäure oder Paracetamol. Zudem waren die Tabletten verunreinigt durch Produkte, die bei unsachgemäßer Herstellung entstanden waren. Zum Teil können diese Verunreinigungen erhebliche Gesundheitsschäden hervorrufen.

Bekannter ist das Problem der Verunreinigung seit langem bei Stoffen wie → Heroin, wo sich die Zwischenhändler nicht scheuen, die Ware sogar

mit hochwirksamen Giften wie Strychnin zu vermengen. Andere beliebte Streckmittel beim Heroin sind Talkum, Milchzucker oder Gips.
Wenn es bei der Einnahme von Drogen zu Zwischenfällen kommt, so muss dies also nicht unbedingt an der Droge liegen. Verunreinigungen oder Beimischungen können Ursache für die Komplikationen sein. Selbst eher harmlose Beimischungen wie → Coffein sind in hoher Dosierung nicht ohne Risiko und können zu Schweißausbrüchen, Erbrechen, Übelkeit und Angstanfällen führen. Bei Komplikationen steht der Notarzt fast immer vor dem Problem, dass er nicht genau weiß, welches Gift die Beschwerden verursacht hat. Selbst wenn der Konsument so genau wie möglich angibt, was er genommen hat, hilft das oft nicht weiter. Dies macht auch die notärztliche Behandlung so schwer.
Innerhalb der Szene kursieren Gerüchte, dass man sich an den auf den Ecstasy-Tabletten befindlichen Aufdrucken orientieren könne, um sich zu schützen. Das ist falsch. Hat sich eine Tablette als »qualitativ hochwertig« herausgestellt, so dauert es in der Regel nur wenige Wochen, bis ähnlich oder gleich aussehende Imitate im Umlauf sind, die entweder keinen Wirkstoff oder andere Wirkstoffe enthalten. So waren in den → Niederlanden beispielsweise innerhalb eines Jahres über 100 unterschiedliche »Tauben« auf dem Schwarzmarkt aufgetaucht, nachdem sich die ersten Taubentabletten durch gute Qualität ausgezeichnet hatten. Die Qualitätsschwankungen illegaler Drogen sind ein erheblicher Risikofaktor des Konsums. Daran würde sich auch durch Drogenanalysen, so genanntes → Drug checking, nichts ändern (sofern es erlaubt wäre).

Quartalstrinker: In der Einteilung nach Jellinek wird diese Form des Alkoholkonsums als Gamma-Alkoholiker bezeichnet (→ Jellinek-Typen). Es handelt sich um Menschen, die monatelang einen unauffälligen Trinkstil pflegen und die dann, ohne erkennbaren Grund, exzessiv anfallsartig über Wochen hinweg → Alkohol konsumieren. Man vermutet, dass diese Form von Alkoholabhängigkeit genetische Ursachen hat. Möglicherweise stehen phasenweise verlaufende → Depressionen hinter den Trinkattacken. Der Alkoholkonsum wäre dann als Versuch einer Selbstheilung zu werten. Der Behandlung der der Alkoholabhängigkeit zu Grunde liegenden Depression mit → Antidepressiva und → Psychotherapie käme dann besondere Bedeutung zu.

Quantlapatzinzintli: Weitere Bezeichnung für → Palo Bobo.

Quarterback: Szeneausdruck für eine kleine Portion → Drogen.

Quarz: Szeneausdruck für Rauchdrogen.

quarzen: Szeneausdruck für das Rauchen von → Drogen. Mittlerweile wird das Wort auch in Zusammenhang mit Nikotinkonsum benutzt.

Quath: → Khat.

Quecksilber: Bei Raumtemperatur flüssiges Metall, das leicht in den gasförmigen Zustand übergeht. Die Inhalation führt zu einem heftigen halluzinogenen Rausch mit Gleichgewichtsstörungen, → Schlaflosigkeit und Sprachstörungen. Quecksilber ist extrem giftig und greift Gehirn, peripheres Nervensystem sowie Leber und andere innere Organe an.

Quelle: Szeneausdruck für Drogengroßhändler oder Drogenfabrikant.

Quit and Win 2000: Name einer seit 1994 laufenden internationalen Kampagne in Kooperation zwischen der Weltgesundheitsorganisation → WHO und dem KTL-PHC-Institute (Helsinki), die alle 2 Jahre stattfindet und bei der es um die Möglichkeiten des Ausstiegs bei → Tabakabhängigkeit geht.

Quit-line: Bezeichnung für eine Telefonberatung des Deutschen Krebsforschungsinstitutes in Heidelberg, die zum Ziel hat, Menschen vom Rauchen abzubringen (→ Nicotinentwöhnung).

Qunnab: Weitere Bezeichnung für → Cannabis.

Qunnubu: Assyrische Bezeichnung für → Cannabis.

R

Radedorm: Handelsname eines → Benzodiazepins, das gegen → Schlafstörungen und bei bestimmten Epilepsieformen bei Kindern eingesetzt wird. Missbräuchlich wird es auch als → Droge verwendet. Inhaltsstoff ist Nitrazepam.

Radepur: Handelsname eines lang wirksamen → Benzodiazepins. Inhaltsstoff ist Chlordiazepoxid. Es wird zur Behandlung von akuten und chronischen Spannungs- und Erregungszuständen eingesetzt, findet aber auch missbräuchlich Anwendung als Rauschmittel in der Drogenszene.

Radiator Fluid: Szeneausdruck für hochprozentigen → Alkohol.

Radler: Bezeichnung für ein Mischgetränk, bestehend aus Orangenlimonade und → Bier.

Radler, saurer: Bezeichnung für ein Mischgetränk, bestehend aus Wasser und → Bier.

RAG: Abkürzung für »Rheinische Arbeitsgemeinschaft für Rehabilitation«, der sowohl die gesetzlichen Krankenkassen wie auch Mitarbeiter der → LVA angehören. Die RAG hat zum Ziel, die Versorgung von Suchtkranken in Nordrhein zu verbessern und die an der Schnittstelle zwischen → Entzugsbehandlung und → Entwöhnungsbehandlung auftretenden Probleme zu minimieren. Aufgrund des Wirkens der RAG sind nahtlose Verlegungen von Entzugsbehandlungen in Entwöhnungsbehandlungen in Nordrhein leichter als in anderen Bundesländern möglich.

Rainbow: Szeneausdruck für → Barbiturate.

Rakete: Veralteter Szeneausdruck für eine → Zigarette, die → Cannabis enthält.

Ramras: Weitere Bezeichnung für → Cannabis.

Rapé dos Indios, wie die Früchte des Maulbeerbaumgewächses (Maquira sclerophylla) auch genannt werden, wurden früher von Indianern des Amazonasgebietes zu Schnupfpulver verarbeitet, das bei Volksfesten zur Berauschung eingesetzt wurde.

Rapifen: Handelsname eines → Narkose-Medikamentes, das das → Opioid → Afentanil enthält.

Rare: Szeneausdruck für die Inhalation von → Heroin, manchmal auch von → Kokain (→ Folierauchen).

Rasenwurz: Weitere Bezeichnung für das → Bilsenkraut.

Rasterfahndung: Computergestützte Fahndungsmethode, bei der durch Zusammenführung aller bundesweit erfassten Daten die Erfolgsquote bei der Aufdeckung von Drogenhändler-Organisationen besonders hoch ist.

Rational-emotive Therapie: Die von Albert und Aaron T. Beck entwickelte Therapie geht davon aus, dass wiederkehrende emotionale Probleme auf negative irrationale Gedanken zurückzuführen sind. Die Rational-emotive Therapie beruht auf den → Lerntheorien. Anfangs wurde die Rational-emotive Therapie zur Behandlung von → Depressionen entwickelt. Sie wird inzwischen aber auch in der Suchttherapie mit Erfolg eingesetzt.

Rattenbeere: Weitere Bezeichnung für die → Tollkirsche.

Rauchen: Viele → Drogen können in gerauchter Form konsumiert werden, z.B. → Cannabis, → Kokain, → Heroin oder → Tabak. Wenn unter jungen Leuten vom »Rauchen« die Rede ist, ist damit nicht immer das Rauchen von Tabak gemeint. Die Frage z.B.: »Hast du was zum Rauchen dabei?« wird meist als Frage zu verstehen sein, ob der Angesprochene → Marihuana oder → Hasch mit sich führt.

Raucherentwöhnung: → Zyban, → Nicotinentwöhnung.

Rauchopium: Bezeichnung für → Opium, das zu Pillen gerollt in der Pfeife geraucht wird.

Rauchverbote sind ein wirksames Mittel zur → Prävention der mit → Tabakkonsum verbundenen Krankheiten. In vielen Ländern gelten bereits Rauchverbote am Arbeitsplatz. Damit sollen vor allem nichtrauchende Mitarbeiter vor den Gesundheitsschäden des Passivrauchens geschützt werden. Natürlich profitieren davon aber auch die Raucher (auch wenn das längst nicht alle erkennen). Wenn für jede→ Zigarette bei jedem Wetter das Firmengebäude verlassen werden muss und – wie es manche Firmen, z.B. der → MDK Rheinland-Pfalz, praktizieren – die Zeit des Rauchens von der Arbeitszeit abgezogen wird (= → C-), hat das durchaus zur Folge, dass weniger geraucht wird. In der → Verhaltenstherapie wird ein derartiger Ansatz zur Verhaltensänderung als → Aversionstherapie bezeichnet.

Inzwischen ist darüber hinaus in vielen Ländern das Rauchen an öffentlichen Plätzen und in öffentlichen Verkehrsmitteln eingeschränkt oder ganz verboten. In Norwegen und in Irland ist Rauchen in Restaurants nur noch in abgeschiedenen Ecken erlaubt, in denen nicht gegessen und getrunken werden darf. Schweden folgte ab 01.06.2005 mit einer derartigen Regelung. Andere Länder denken ebenfalls über eine Ausweitung von Rauchverboten nach. In Kalifornien ist auch das Rauchen am Strand verboten. Volkswirtschaftlich werden Länder mit derartigen Regelungen mittelfristig Vorteile bekommen. Je mehr Orte mit Rauchverboten belegt werden, desto weniger wird geraucht werden und desto geringer sind die Lasten, die die Allgemeinheit zur Behandlung von Tabak-assoziierten Krankheiten und Arbeitsausfällen aufwenden muss. Die Stadt New York hat mit rigiden Rauchverboten in Restaurants, Bars und Diskotheken (und einer Erhöhung der Tabaksteuer) erreicht, dass die Zahl der Raucher allein in New York zwischen 2002 und 2003 um 100 000 sank.

Rausch: Vorübergehender psychischer Zustand, der durch die Einnahme bestimmter Stoffe wie → Alkohol und → Drogen erzeugt werden kann. Die Qualität des Erlebens ist verändert, einschließlich des Gefühlserlebens. Zudem ist die Steuerungsfähigkeit im Rausch eingeschränkt (→ Fahrtüchtigkeit).

Rauschbeere: Name eines auf der nördlichen Hemisphäre verbreiteten Heidekrautgewächses (Vaccinium uliginosum), das wahrscheinlich schon in der frühen Steinzeit zur Berauschung verwandt wurde. Der Wirkstoff ist nicht bekannt. Eventuell handelt es sich um Mutterkornalkaloide, die von einem Pilz produziert werden, der nicht selten auf den Früchten wächst.

Rauschpfeffer: Deutscher Name von → Kawa Kawa, der heutzutage kaum noch verwendet wird.

Rave: Party, auf der eine der zahlreichen Spielarten von → Techno-Musik gespielt wird. Auf Raves werden nachgewiesenermaßen mehr → Drogen konsumiert als in einer vergleichbaren Gruppe der Normalbevölkerung. Eine Gleichsetzung von Techno = Drogen, wie sie in den Medien seit Mitte der 1990er Jahre oft praktiziert wurde, ist aber dennoch überzeichnet. Die mit Abstand am häufigsten konsumierten Rauschmittel auf Raves sind ohnehin, wie auf anderen Partys auch, → Alkohol und → Zigaretten.

Raver: Mensch, für den der Besuch von → Raves Teil seines Lebensstil ist.

Rebound-Phänomen: Bezeichnung für die Tatsache, dass nach Absetzen eines Medikamentes die Symptome, gegen die das Medikament eingesetzt wurde, verstärkt auftreten. Es handelt sich hierbei um eine überkompensierte Gegenregulation des Körpers. Beim Absetzen von → Benzodiazepinen kann es z.B. für einige Tage zu → Schlafstörungen und → Ängsten kommen.

Recht auf Rausch: Ein so genanntes Recht auf → Rausch, wie es von Legalisierungsbefürwortern von → Cannabis oft gefordert wird, gibt es nicht. Die Strafvorschriften des → Betäubungsmittelgesetzes, die den unerlaubten Umgang mit Cannabisprodukten mit Strafe bedrohen, sind im strafbewehrten Verbot am Maßstab des Art. 2 Abs. 1 in der angedrohten Freiheitsentziehung an Art. 2 Abs. 2 Satz 2 GG zu messen. Bei der vom Verhältnismäßigkeitgrundsatz geforderten Beurteilung der Eignung und Erforderlichkeit des gewählten Mittels zur Erreichung des erstrebten Zwecks sowie bei der in diesem Zusammenhang vorzunehmenden Einschätzung und Prognose der dem Einzelnen oder der Allgemeinheit drohenden Gefahren steht dem Gesetzgeber ein Beurteilungsspielraum zu, welcher vom Bundesverfassungsgericht nur in begrenztem Umfang überprüft werden kann.
Bei einer Gesamtabwägung zwischen der Schwere des Eingriffs und dem Gewicht sowie der Dringlichkeit der ihn rechtfertigenden Gründe muss die Grenze der Zumutbarkeit für die Adressaten des Verbots gewahrt werden (Übermaßverbot oder Verhältnismäßigkeit im engeren Sinne). Die Prüfung an diesem Maßstab kann dazu führen, dass ein an sich geeignetes und erforderliches Mittel des Rechtsgüterschutzes nicht angewandt werden darf, weil die davon ausgehenden Beeinträchtigungen der Grundrechte des Betroffenen den Zuwachs an Rechtsgüterschutz deutlich überwiegen, so dass der Einsatz des Schutzmittels als unangemessen erscheint.
Soweit die Strafvorschriften des Betäubungsmittelgesetzes Verhaltensweisen mit Strafe bedrohen, die ausschließlich den gelegentlichen Eigenverbrauch geringer Mengen von Cannabis-Produkten vorbereiten und nicht mit einer Fremdgefährdung verbunden sind, verstoßen sie deshalb nicht gegen das Übermaßverbot, weil der Gesetzgeber es den Strafverfolgungsorganen ermöglicht, durch das Absehen von Strafe (vgl. § 29 Abs 5

Rauchverbote sollen Nichtraucher schützen

BtMG) oder Strafverfolgung (vgl. § 153 ff. stop, §§ a BtMG) einem geringen individuellen Unrechts- und Schuldgehalt der Tat Rechnung zu tragen. In diesen Fällen werden die Strafverfolgungsorgane nach dem Übermaßverbot von der Verfolgung der in § 31 a BtMG bezeichneten Straftaten grundsätzlich abzusehen haben. Der Gleichheitssatz gebietet nicht, alle potenziell gleich schädlichen → Drogen gleichermaßen zu verbieten oder zuzulassen. Der Gesetzgeber konnte ohne Verfassungsverstoß den Umgang mit Cannabis-Produkten einerseits, mit → Alkohol oder → Nikotin andererseits unterschiedlich regeln. (GG Art. 2. 3 Abs. 1; BtMG 29 Abs. 1 Nr. 1,3,5, Abs. 3 Satz 1 und 2 Nr. 4, 30 Abs. 1 Nr. 4; BverfG, Beschl. v. 3.3.1994; NJW 1994, 1577).

Rechtliche Folgen: Der Besitz von in den Anlagen des → BtMG aufgeführten Suchtmitteln stellt einen Verstoß gegen das BtMG dar. Er kann erhebliche rechtliche Folgen haben, die den gesamten Lebenslauf des Konsumenten nachhaltig und unumkehrbar beeinflussen können.

Nicht nur das BtMG droht mit Strafe. So kann auch der Besitz von so genannten »weichen Drogen« für Schüler z.B. den Verweis von der Schule zur Folge haben – unabhängig von weiterer Strafverfolgung. Oft sind durch Drogenbesitz bestimmte berufliche Perspektiven auf Dauer verbaut. Der US-Schauspieler Bill Murray wollte beispielsweise ursprünglich Arzt werden, musste wegen → Marihuana-Besitzes dann aber das College verlassen (und bekam außerdem eine Bewährungsstrafe). Selten ergeben sich aus einem derartigen Karrierebruch Lebensläufe wie die von Bill Murray. Wer vorbestraft ist, kann in Deutschland z.B. nicht Arzt, Richter, Anwalt, Lehrer oder Polizist werden. Auf diese Gefahr wird im Rahmen der → Prävention derzeit noch kaum hingewiesen.

Red Beans: Szeneausdruck für → Meskal-Bohnen, auch → Rote Bohnen genannt.

Red Bull: → Coffein- und taurinhaltiges Erfrischungsgetränk.

Reefer: **1.** Szeneausdruck für → Cannabis. **2.** Szeneausdruck für Cannabis-Konsumenten.

Re-Entry: Szeneausdruck für das Abklingen des Rauschzustandes und den damit verbundenen Wiedereintritt in die Realität.

Reflextherapie nach Salters ist eine Form des → Selbstsicherheitstrainings und beruht auf den → Lerntheorien. Salter stellte 1949 seine an die Theorie der höheren Nerventätigkeit von Pawlow angelehnte Therapie vor (→ klassische Konditionierung). Folgende Verhaltensregeln, die auch in der Therapie von Abhängigen (→ Entwöhnungsbehandlung) eine Rolle spielen, sollen die → Selbstsicherheit erhöhen:

1. Verbales Äußern von Emotionen.
2. Mimischer Ausdruck von Gefühlen.
3. Widersprechen und Angreifen des Gegenübers, mit Ansprechen von unterschiedlichen Wahrnehmungen.
4. Gezielter Gebrauch des Wortes »ich« statt z.B. »man«.
5. Annehmen von Lob.
6. Fähigkeit zur Flexibilität.

Schon die Umsetzung einiger der o.a. Punkte hat nach Salters für den Patienten ein größeres Maß an Selbstsicherheit zur Folge.

Rehabilitation: Im ursprünglichen Sinne die Herstellung der Unversehrtheit. In der Sozialmedizin versteht man darunter therapeutische Maßnahmen, mit denen die Arbeitsfähigkeit wieder hergestellt oder zumindest verbessert wird. Manchmal dient eine Rehabilitationsmaßnahme auch dazu, die drohende Verschlechterung der Arbeitsfähigkeit durch eine Erkrankung aufzuhalten. Voraussetzung ist, dass eine behandlungsfähige Krankheit, zum Beispiel eine Suchterkrankung, vorliegt.

Kostenträger einer Rehabilitationsmaßnahme sind in Deutschland die Rentenversicherungsträger, d.h. in erster Linie BfA und LVA. Bei Kranken ohne Ansprüchen gegenüber dem Rentenversicherer bezahlt die Krankenkasse oder das Sozialamt.

Ort der Rehabilitationsmaßnahmen für Suchtkranke sind z.B. Fachkliniken, die → Entwöhnungsbehandlungen durchführen. Bei der medizinischen Rehabilitation bereitet die Abgrenzung der Zuständigkeit bezüglich der Kostenträgerschaft manchmal Probleme. Bei Vorliegen eines chronischen Krankheitsbildes und dem Fehlen von Zeichen einer akuten Zuspitzung ist meist nicht die Krankenversicherung für die Behandlung zuständig, sondern der Rentenversicherer. Diese Argumentation folgt einem Urteil des Bundessozialgerichtes vom 14.5.85 (4a RJ 13/84). Derzeit ist es aber immer noch teilweise so, dass teilstationäre und stationäre Rehabilitationsmaßnahmen psychisch Kranker, als »Krankenhausbehandlung getarnt«, zu Lasten der gesetzlichen Krankenversicherung in Krankenhäusern durchgeführt werden.

Ein besonderes Problemfeld liegt im Fehlen wohnortnaher Rehabilitationsangebote für Süchtige. Leider führen viele Kliniken der Rentenversicherungsträger Behandlungen wohnortfern »auf der grünen Wiese« durch. Ein solches Setting birgt für die Behandlung der meisten Patienten Nachteile. Die unter der »Käseglocke« der Rehabilitationsmaßnahme erzielten Verbesserungen sind oft nicht oder nur ungenügend auf den Alltag des Patienten übertragbar. Die eigentlich unerlässlichen Übungsmaßnahmen im direkten Umfeld des Patienten (zu Hause, auf der Arbeit, beim Freizeitverhalten vor Ort) können von einer fernab gelegenen Rehabilitationsklinik nicht geleistet werden. Es fehlt an geeigneten wohnortnahen Rehabilitationsangeboten nicht nur im stationären, sondern auch im ambulanten Bereich. Hier sind die Rentenversicherungsträger aufgefordert, adäquate Angebote zu schaffen. Lediglich einige Großstädte halten inzwischen ambulante Rehabilitationsmaßnahmen vor.

Reihenfolge der Vollstreckung: § 67 des Strafgesetzbuches StGB (in der Fassung der Bekanntmachung vom 13. November 1998, zuletzt geändert durch Artikel 1 des Gesetzes vom 22. August 2002) regelt die Reihenfolge der Vollstreckung von → Maßregelvollzug und Haftstrafe. In dem Gesetz heißt es:

»(1) Wird die Unterbringung in einer Anstalt nach den §§ 63 und 64 neben einer Freiheitsstrafe angeordnet, so wird die Maßregel vor der Strafe vollzogen.

(2) Das Gericht bestimmt jedoch, dass die Strafe oder ein Teil der Strafe vor der Maßregel zu vollziehen ist, wenn der Zweck der Maßregel dadurch leichter erreicht wird.

(3) Das Gericht kann eine Anordnung nach Absatz 2 nachträglich treffen, ändern oder aufheben, wenn Umstände in der Person des Verurteilten es angezeigt erscheinen lassen.

(4) Wird die Maßregel ganz oder zum Teil vor der Strafe vollzogen, so wird die Zeit des Vollzugs der Maßregel auf die Strafe angerechnet, bis zwei Drittel der Strafe erledigt sind. Dies gilt nicht, wenn das Gericht eine Anordnung nach § 67d Abs. 5 Satz 1 trifft (→ Dauer der Unterbringung).

(5) Wird die Maßregel vor der Strafe vollzogen, so kann das Gericht die Vollstreckung des Strafrestes unter den Voraussetzungen des § 57 Abs. 1 Satz 1 Nr. 2 und 3 zur Bewährung aussetzen, wenn die Hälfte der Strafe erledigt ist. Wird der Strafrest nicht ausgesetzt, so wird der Vollzug der Maßregel fortgesetzt; das Gericht kann jedoch den Vollzug der Strafe anordnen, wenn Umstände in der Person des Verurteilten es angezeigt erscheinen lassen«.

Reise: Szeneausdruck für Rauschzustand, der durch → Halluzinogene hervorgerufen wird.

Reise-Agentur: Szeneausdruck für Drogenhändler, der → Halluzinogene verkauft.

Reiz: Nach den → Lerntheorien ist ein Reiz, auch Stimulus genannt, eine Situation, ein Gegenstand oder auch ein Gedanke, die bzw. der mit einer gewissen Wahrscheinlichkeit ein bestimmtes Verhalten zur Folge haben. Als Abk. für derartige Reize wird der Buchstabe »S« verwandt (→ CS, → UCS, → Lerntheorien, → Konditionierung, klassische und operante). Übertragen auf den Suchtbereich kann z.B. bestimmte Musik wie Techno (das hier dann ein CS ist) bei einem Partydrogenabhängigen das Verlangen nach → Ecstasy hervorrufen. In der Therapie geht es darum, Reize, die ein Konsumverhalten zur Folge haben, zu identifizieren. Kennt der Patient auslösende Reize, kann er → Rückfälle besser vermeiden (→ Stimuluskontrolle).

Release: Name einer Selbsthilfeorganisation, die Süchtigen beim Ausstieg aus der Drogensucht hilft.

Religion: Über Jahrtausende hinweg wurde die Wirkung von → Drogen nicht auf chemische Veränderungen im Gehirn zurückgeführt, sondern auf göttliches Wirken. Das führte dazu, dass ihr Konsum i.d.R. eng begrenzt war auf die Priester oder Schamanen der jeweiligen Kultur. Nur im Rahmen von festgelegten Ritualen (→ Setting) war es diesen auserwählten Personen erlaubt, die Drogen zu konsumieren.

Zum Schamanen wurden oft Menschen gewählt, die psychisch krank waren oder unter Epilepsie litten (→ Komorbidität). Man betrachtete Zustände wie psychotisches Erleben oder epileptische Erkrankung damals im Unterschied zu heute (→ ICD) nicht als krank, sondern als Besonderheit, die den Betreffenden als Auserwählten beschrieb.

Bei der im westlichen Kulturkreis führenden Religion, dem Christentum, sieht es nicht anders aus. Hier ist Alkohol die Leitdroge – sie soll das Blut unseres Gottes darstellen. Es wird zum Höhepunkt der Messe vom Auserwählten Gottes, dem Priester, konsumiert. Das Volk darf dabei zuschauen, bekommt aber nur etwas vom nicht psychoaktiven Leib Christi, dem Brot. Kaum jemand ist sich heute noch darüber im Klaren, dass die zu positive Sicht der Droge → Alkohol im westlichen Kulturkreis auf Machtkämpfe zwischen Priestern unterschiedlicher Religionen zurückzuführen sind, bei denen sich die christlichen Priester letztlich mit Lüge (festgehalten u.a. in der Hexenbulle), Folter und Ritualmorden (Hexenverbrennungen) durchgesetzt haben.

Die Vorgaben des → BtMG sind deshalb nicht nach wissenschaftlichen Erkenntnissen entwickelt worden, weil ihre Wurzeln auf dem religiösen-Verdrängungswettbewerb der Religionen beruhen und weil die in Teilen fundamentalistisch-christlichen USA eine Anpassung der Drogengesetze i.S. einer wissenschaftlichen Nachvollziehbarkeit massiv und erfolgreich behindern.

Remedacen: Name eines → Codeinhaltigen Medikamentes, das in der Szene missbräuchlich als Heroinersatz gehandelt wird. Die Tabletten heißen im Szenejargon Remmies.

Remestan: Handelsname eines → Benzodiazepins, das gegen → Schlafstörungen eingesetzt wird. Missbräuchlich wird es auch als → Droge verwendet. Inhaltsstoff ist Temazepam.

Remifentanil: I.v.-Narkosemittel, das zu den→ Opioiden gehört. Es ist als Ultiva-Injektionslösung in Deutschland auf dem Markt ist und unterliegt dem → Betäubungsmittelgesetz.

Remmie: Szeneausdruck für → Remedacen.

Repression: Maßnahmen, bei denen durch Strafandrohung der Konsum illegaler→ Drogen und damit verbunden das Auftreten oder die Verschlimmerung von Suchterkrankungen erschwert oder ganz verhindert

Religion und Rauschmittel hängen seit jeher eng zusammen

werden sollen (→ Vier-Säulen-Modell, → Angebotsstrukturen, → Straftatbestand, → Betäubungsmittelgesetz).

Reserpin: Wirkstoff von Rauwolfia serpentina. Reserpin wirkt schlafanstoßend, in hoher Dosierung auch euphorisierend.

Resimatil: Handelsname eines Medikamentes, das gegen Epilepsien eingesetzt wird. Missbräuchlich wird es auch als → Droge eingesetzt. Inhaltsstoff ist Primidon.

Resin: Szeneausdruck für → Cannabis. Kommt von lat. resina = Harz.

Resorption: Medizinischer Fachausdruck für die Aufnahme von Stoffen über Körpermembrane in den Körper. Dies kann über die Schleimhäute von Mund, Nase, Magen, Darm oder auch über die Lunge geschehen. Die Geschwindigkeit der Resorption eines Stoffes hängt von verschiedenen Faktoren wie Fettlöslichkeit, Wasserlöslichkeit, Bindung an Trägerstoffe, Größe der eingenommenen Partikel, Füllungszustand des Magens ab. Je schneller die Resorption einer → Droge abläuft, desto höher ist aus – lerntheoretischer Sicht – die Gefahr der Entwicklung einer Suchterkrankung.

Resozialisierung: Wiedereingliederung von Abhängigkeitserkrankten in die Gesellschaft, die von Sozialpädagogen, Sozialarbeitern, → Psychologen, Ärzten und anderen Berufsgruppen in interdisziplinärer Zusammenarbeit unterstützt wird.

respiratorische Depression: Medizinischer Fachausdruck für → Atemlähmung, ein Zustand, der als mögliche lebensbedrohliche Komplikation nach Drogeneinnahme auftreten kann. Neben dem → Herzstillstand ist die respiratorische Depression die häufigste Todesursache bei Drogenabhängigen.

RET: Abk. für → Rational-emotive Therapie.

Response Cost gehört zu den auf operanten Konditionierung beruhenden Bestrafungsverfahren (→ Aversionstherapie). Es hat zum Ziel, unerwünschtes Verhalten abzubauen, indem positive Verstärker (z.B. Geld, Tokens) entzogen werden, wenn das unerwünschte Verhalten auftritt. Dies spielt z.B. in JVA oder in Drogenentwöhnungseinrichtungen eine Rolle. Der Entzug von Belohnung bei Response Cost ist mit weniger unerwünschten Nebenwirkungen verbunden als direkte Bestrafung. Response Cost setzt das Vorhandensein bzw. die Möglichkeit des Erwerbs positiver Verstärker voraus.

In der → Entwöhnungsbehandlung spielt Response Cost eine große Rolle: Drogenabhängige können durch angemessenes Verhalten in der Entwöhnungsbehandlung Privilegien (= positive Verstärker) wie vermehrten Ausgang oder Kontrolle über eigenes Geld erwerben (verbunden mit Titeln, die dies ausdrücken, wie z.B. »Verantwortlicher«), wenn sie sich an die Hausordnung halten. Bei Fehlverhalten, z.B. Beschimpfungen von Mitpatienten, Unpünktlichkeit oder Ähnlichem, werden diese Privilegien wieder entzogen. Auch in der Entwöhnung von Nikotinabhängigkeit spielt Response Cost eine Rolle: Für jede gerauchte → Zigarette muss z.B. ein bestimmter Betrag an eine Hilfsorganisation gespendet werden.

Reward Dependance: Bezeichnung für einen Charakterzug, der das starke Ansprechen auf Belohnung und Bestätigung beschreibt. Menschen mit einer ausgeprägten Reward Dependance sind vom Lob und der Bestätigung ihrer Umgebung stark abhängig und sind wenig in der Lage, sich selbstständig zu motivieren. Nicht wenige Abhängigkeitskranke weisen diese Charaktereigenschaft auf, insbesondere Alkohol- und Medikamentenabhängige. Wird bei Menschen mit derartigen Persönlichkeitszügen von ihrer näheren Umgebung Suchtmittelkonsum als etwas Positives gesehen und wird derartiges Verhalten gelobt (Beispiel eines Kölner Trinkerliedes: »Trink doch ene mit, stelle dich nit so an ...«), so werden sie konsumieren. Auch in Umgebungen, in denen Suchtmittelkonsum nicht aktiv belohnt wird, sind Menschen mit erhöhter Reward Dependance gefährdet. Sie versuchen, es allen recht zu machen und geraten dadurch häufig in für sie unlösbar scheinende Konflikte, die dann mittels Suchtmitteleinnahme erträglicher gemacht werden.

Rhinophym: Bezeichnung für die knollenartige Vergrößerung der Nase, die bei Alkoholabhängigen gehäuft vorkommt. Ursache ist vermutlich, dass das Wachstumshormon in der Leber, die mit Alkoholabbau beschäftigt ist, nicht mehr schnell genug abgebaut werden kann.

Riamba: Ostafrikanische Bezeichnung für → Cannabis.

Rindswurz: Weitere Bezeichnung für das → Bilsenkraut.

riskanter Konsum ist eine Konsumform, die ein hohes Risiko für körperliche oder psychische Probleme birgt. Der Konsum von Abhängigkeitskranken ist zwar praktisch immer riskant, darf damit aber nicht gleichgesetzt werden. Es gibt riskanten Konsum durchaus bei Konsumenten, die nicht abhängig sind. Dazu gehören:

- Hochdosierter häufiger Konsum (z.B. → Kampftrinken)
- Konsum illegaler Suchtmittel mit hohem → Abhängigkeitspotenzial (z.B. → Kokain)
- Mischkonsum (z.B. → Methadon und → Alkohol)
- Konsum in Verbindung mit anderen angenehmen Stimuli (z.B. »die Zi-

garette danach«). Durch die Verbindung verschiedener → UCR (z.B. Sex & Drugs & Rock'n'Roll) verbinden sich auch die auslösenden Stimuli (→ Reiz). Das eine geht nicht mehr ohne das andere (→ Kontiguitätsprinzip). Die Zahl der diskriminativen Hinweisreize, auch S D genannt, die Erwartungslust auslösen können, steigt.

Ritalin: Handelsname eines Medikamentes, das in der Szene als → Speed verkauft wird. Inhaltsstoff ist → Methylphenidat. Eingeführt wurde Methylphenidat in den fünfziger Jahren als Wachmacher und Appetitzügler. In dieser Indikation wird es allerdings kaum noch eingesetzt. Viel wichtiger ist mittlerweile die Verwendung in der Kinder- und Jugendpsychiatrie. Dort wird es Kindern mit Aufmerksamkeitsstörungen und Hyperaktivität (verschlüsselbar unter den → ICD 10-Ziffern »F90 Hyperkinetische Störungen«) gegeben.

Ritalin fällt als → Amphetamin-Verwandter in Deutschland unter das → Betäubungsmittelgesetz. Überraschenderweise werden viele der hyperaktiven Kinder nach Gabe von Ritalin ruhiger und können sich besser konzentrieren. Voraussetzung ist natürlich, dass die Diagnose stimmt. Zu beachten ist, dass die regelmäßige Ritalingabe das Wachstum der Kinder stört, weswegen man immer wieder Behandlungspausen einlegen muss. Nebenwirkungen können bestehen in Appetitlosigkeit, Schlafstörungen und Haarausfall. Bei hochdosiertem Gebrauch kann Ritalin zu schwerer Angst, psychotischen Zuständen, Muskelkrämpfen und im Entzug zu → Depressionen führen. Die Entwicklung einer psychischen → Abhängigkeit ist möglich. Über mögliche Spätfolgen bei den Kindern weiß man bislang wenig. Vielfach findet – vor allem in den USA – eine verantwortungslose, missbräuchliche Anwendung von Ritalin statt. Dort stieg seit 1990 die Zahl der Verordnungen um 700 %. In den USA werden nach Auskunft der UNO in einigen Lehranstalten bereits bis zu 40 Prozent der Schüler wegen Hyperaktivtät mit Ritalin und ähnlichen Medikamenten behandelt. Auf den Schulhöfen wird das Medikament als Drogen unter Namen wie Poor Man's Cocaine, Smarties und Vitamin R gehandelt. In Deutschland ist der Umgang mit Ritalin zum Glück sachgerechter – schwarze Schafe unter den Ärzten, die ohne saubere → Indikationsstellung Kindern Ritalin verordnen, sind selten. Um fehlerhafte Diagnosen und Fehlbehandlungen der Kinder zu vermeiden, sollte die Verordnung von Ritalin durch → Hausärzte und Kinderärzte nach Möglichkeit unterbleiben. Hier sind Kinder- und Jugendpsychiater die richtigen Ansprechpartner (siehe auch unter www.kinderpsychiater.org/linksads.htm).

Ritas: Szeneausdruck für → Ritalin und ähnliche Präparate.

Rivotril: Handelsname eines → Benzodiazepins, das gegen Epilepsien eingesetzt wird. Missbräuchlich wird es auch als → Droge eingesetzt. Inhaltsstoff ist Clonazepam.

Roach: Szeneausdruck für das Ende eines → Joints.

Roach Holder: Szeneausdruck für eine Pinzette, mit der ein → Joint so gehalten werden kann, dass auch der letzte Rest rauchbar ist.

Rock'n'Roll: Musikrichtung, die in ihren Anfängen ganz maßgeblich gekennzeichnet war durch die Einnahme von Rauschmitteln. Sex & Drugs & Rock'n'Roll galten früher als untrennbar. Drogenkonsum spielt zwar auch heute noch bei einigen Rock'n'Roll-Musikern eine Rolle. Drogenexzesse und Drogentote sind inzwischen aber seltener als in den sechziger und siebziger Jahren.

Rocks: Szeneausdruck für basisch gelöstes → Kokain in Kristallform, bekannter als → Crack.

Rohrglanzgras (Phalaris arundinacea) wird eine mit Halluzinationen verbundene Rauschwirkung nachgesagt. Der → Rausch soll von unangenehmen körperlichen Empfindungen begleitet sein.

Rohypnol: Handelsname eines → Benzodiazepins, das gegen → Schlafstörungen sowie vor und nach Operationen eingesetzt wird. Es gehört zu den am häufigsten missbräuchlich verwendeten Medikamenten. Häufigster Szenename ist Ropie. Inhaltsstoff ist Flunitrazepam. Die Rohypnol-Tabletten mit 2 mg Flunitrazepam sind → BtM-pflichtig, Rohypnol 1 mit 1mg Wirkstoff kann auf normalen Rezepten verschrieben werden.

Rollenspiel: In Diagnostik und Therapie von Süchtigen sind Rollenspiele von Bedeutung. Sie können als → Einzeltherapie oder → Gruppentherapie erfolgen. Rollenspiele dienen u. a. der Ursachenfindung, also der Diagnostik. So kann z.B. der Therapeut vorübergehend die Rolle des Partners, mit dem der Patient Streit hat, übernehmen und dadurch ganz konkret (→ in studio) erleben, wo die Probleme in der Kommunikation liegen. Auch → Denkfehler des Patienten lassen sich durch Rollenspiele aufdecken. Wichtiger noch sind Rollenspiele zur Einübung selbstsicheren Verhaltens. In diesem Fall sind die Rollenspiele ein therapeutisches Mittel. Die Patienten können im Rollenspiel lernen, wie sie mit → Stress, Kritik und Angriffen besser umgehen können, ohne z.B. aggressiv zu werden (→ Aggressivität). Sowohl Mitpatienten wie auch Therapeuten können beim Rollenspiel Modellfunktion übernehmen (→ Lernen am Modell).

Romilar: Name eines opiathaltigen Hustenmittels, das wegen seiner Gefährlichkeit vom Markt genommen werden musste.

Room Organizer: Szeneausdruck für → Amylnitrit.

Rosa Maria: Weitere Bezeichnung für → Cannabis.

Roses: Szeneausdruck für Tabletten, die → Benzedrin enthalten.

Rote Bohnen: Szeneausdruck für die Frucht von Sophora secundiflora, besser bekannt als → Meskal-Bohne.

Rote Liste: Jährlich herausgegebenes Arzneimittelverzeichnis des Bundesverbandes der pharmazeutischen Industrie, in dem alle in Deutschland erhältlichen Medikamente i.S. des Gesetzes über den Verkehr mit Arzneimitteln (AMG § 2, § 4 Abs. 1) enthalten sind. Unter www.fachinfo.de kann die jeweils aktuelle Rote Liste im Internet eingesehen werden. Alle in Deutschland erhältlichen Medikamente sind dort mit Zusammensetzung, Anwendungen, Nebenwirkungen, Wechselwirkungen, Gegenanzeigen, Packungsgrößen und Preisen aufgeführt. Der Umgang mit → Betäubungsmitteln ist in der Roten Liste ebenfalls detailliert beschrieben. Da alle Medikamente mit psychoaktiver Wirkung aufgelistet sind, erfreut sich die Rote Liste auch bei Drogenkonsumenten einiger Beliebtheit.

Rote Pillen: Szeneausdruck für Kügelchen, die → Heroin oder andere → Opiate enthalten.

Roter Libanese: Szeneausdruck für eine → Cannabissorte.

Roxanne: Szeneausdruck für basisch gelöstes → Kokain in Kristallform, bekannter als → Crack.

Rudotel: Handelsname eines lang wirksamen → Benzodiazepins. Inhaltsstoff ist → Medazepam. Es wird zur Behandlung von Unruhe-, → Aggressions- und → Angstzuständen nichtpsychotischer Genese und bei psychosomatischen Beschwerden eingesetzt, findet aber auch missbräuchlich Anwendung als Rauschmittel in der Drogenszene.

Rückbildung pathologischer Befunde im Alkoholentzug: Bei einer → Entzugsbehandlung von Alkoholkranken dauert es bis zur Rückbildung pathologischer Befunde meist nur einige Tage bis höchstens zwei Wochen. Krankhaft erhöhte Laborparameter, wie → Leberwerte, bilden sich nach durchschnittlich zwei bis 5 Wochen zurück (Soyka 1995), der Glukosestoffwechsel des Gehirns bleibt noch bis zu einem Monat nach Ende des Entzuges gestört (Volkow et al. 1994). Zudem weiß man, dass der Schlaf auch vier Wochen nach Abschluss des Entzuges noch gestört sein kann (Hemmeter et al. 1993) und dass depressive Syndrome sich erst zwischen dem 10. und 24. Tag zurückbilden (Dorus et al. 1987). Einschränkungen der Leistungsfähigkeit des Gehirns können in Form sog. kognitiver Einbußen noch Monate nach Abschluss der → Entzugsbehandlung bestehen (Drake et al. 1995). Ein weiterbestehendes depressives Bild oder Schlafstörungen stellen ebenso wie Einschränkungen der geistigen Leistungsfähigkeit ein erhöhtes Rückfallrisiko dar (Scholz 1996).

Alle o.a. Befunde deuten an, wie wichtig es ist, den Patienten nicht lediglich zu entziehen, sondern ihn einer adäquaten Weiterbehandlung (z.B. einer ambulanten oder stationären → Entwöhnungsbehandlung) zuzuführen. Eine Entzugsbehandlung allein macht i.d.R. keinen Sinn. Leider haben in den letzten Jahren viele Kliniken lediglich die Entzugsbehandlungen verlängert, um das Rückfallrisiko zu vermindern. Die Verbesserung des Schnittstellenmanagements wurde hingegen oft vernachlässigt. Angesichts der Tatsache, dass nach Abschluss des Entzuges ständige ärztliche Verfügbarkeit nicht mehr notwendig ist (siehe hierzu § 107 SGB V), fällt dieser Teil der Behandlung aber nicht mehr in den Bereich Krankenhausbehandlung. Bei kritischer Überprüfung der → Krankenhausverweildauer durch Krankenkassen und → MDK bleiben so arbeitende Entzugsstationen deshalb zunehmend auf den Kosten solch (unnötig) langer Entzugsbehandlungen sitzen.

Langfristig kann die Lösung nur darin bestehen, mehr integrierte Angebote mit einer besseren Vernetzung von Entzugsbehandlungen und weiterführenden rehabilitativen Angeboten (ambulante und stationäre Entwöhnung) zu schaffen.

Rückfall: Bezeichnung für das erneute Auftreten eines unerwünschten Verhaltensmusters, hier: erneute Suchtmitteleinnahme. Rückfälle oder zumindest der gelegentlich wiederkehrende Wunsch, erneut → Drogen zu nehmen, gehören untrennbar zu jeder Suchterkrankung. Das gilt nicht nur für Menschen. In der empfehlenswerten Broschüre »Suchtforschung auf neuen Wegen« des Bundesministeriums für Bildung und Forschung wird auf Seite 60 der Rückfall der Maus Sandy 112/4 in einem Experiment des Zentralinstitut für Seelische Gesundheit in Mannheim (ZI) beschrieben. Sandy 112/4 hatte früher im Experiment große Mengen → Alkohol konsumiert. Die Forscher hatten sie dann entzogen. Nach dem Entzug wurde Sandy vor die Wahl gestellt, entweder Wasser oder aber 5%ige, 10%ige oder 20%ige Alkohollösung zu trinken. Obwohl sie die freie Wahl hatte, trank sie zunächst ausschließlich Wasser. Dann setzten sie die Forscher unter → Stress. Das Ergebnis: Sandy wählte nur noch die 20%ige Alkohollösung und betrank sich, bis sie einen Alkoholspiegel von 2 Promille hatte. Prof. Spanagel vom ZI ergänzte zu diesem Experiment, dass Stress eine Möglichkeit sei, tierexperimentell Rückfälle auszulösen. Eine weitere Möglichkeit sei die Injektion winziger Alkoholmengen in die Blutbahn oder die Präsentation von → Reizen, bei denen (durch →

klassische Konditionierung) eine Verbindung zum Suchtverhalten aufgebaut worden sei.

Die auslösenden Faktoren für den Rückfall im Tierexperiment spielen auch bei menschlichen Suchtkranken eine Rolle. Stresssituationen, das Essen einer Schnapspraline oder der Kontakt zu drogenassozierten Situationen (z.B. eine → Techno-Party) können zum erneuten Konsum führen. Lebenslang sind Abhängigkeitskranke durch ihr → Suchtgedächtnis einem erhöhten Risiko ausgesetzt.

Daraus ergeben sich zur Rückfallprophylaxe Konsequenzen: Ziel einer jeden Suchttherapie muss eine abstinente Lebensführung sein (→ Abstinenz), denn dies ist prognostisch am günstigsten. Schon eine Schnapspraline, passives Mitkiffen oder Restalkohol in angeblich alkoholfreiem Bier können konsumanbahnend wirken. Stress ist zu vermeiden. Wo er nicht vermeidbar ist, muss der Patient im Umgang damit intensiv geschult werden (z.B. durch → Problemlösetraining).

Als Drittes ist der Vermeidung von Risikosituationen Beachtung zu schenken (→ Stimuluskontrolle) oder – wo das nicht möglich ist – es muss umfassend mit dem Patienten geübt werden, wie er sich in solchen Situationen richtigerweise verhält.

Nicht immer werden sich – trotz besten Bemühens – Rückfälle ganz vermeiden lassen. Wichtig ist, was man daraus macht. Aus Fehlern kann man lernen. Die therapeutische Arbeit mit Rückfällen inzwischen Teil nahezu jeder Drogentherapie geworden.

Die Patienten werden dort abgeholt, wo sie stehen (unter Beachtung des vom Gesetzgeber vorgeschriebenen Wirtschaftlichkeitsgebotes). Rückfällig gewordene Patienten werden nicht mehr unbedingt entlassen. Dafür gibt es gute Gründe. Heute weiß man: Auch motivierte Patienten können rückfällig werden (→ Motivation).

Schematisiert läuft ein Rückfall oft wie folgt ab:

1. Der Patient gerät in eine Risikosituation (ein Freund bietet ihm Drogen an).
2. Er verfügt über keine ausreichenden Bewältigungsstrategien (z.B. das Angebot bestimmt abzulehnen und den Ort zu verlassen.) →
3. Er bemerkt sein aufsteigendes Verlangen nach den Drogen und zweifelt an seiner Selbsteffizienz (und denkt z.B.: »Wenn ich jetzt schon wieder so geil nach dem Zeug bin, wie soll ich es je schaffen, clean zu bleiben.«)
4. Er wird erstmalig rückfällig, was eigentlich nicht so dramatisch wäre, wenn unmittelbar danach eine Aufarbeitung der Situation im Rahmen

der Therapie erfolgen würde. Wenn keine therapeutische Bearbeitung erfolgt, geht es meist so weiter.

5. Die Tatsache, dass der Patient – trotz vorhandener Abstinenzmotivation – rückfällig geworden ist, erzeugt in ihm eine kognitive → Dissonanz und Selbstabwertung (Der Patient denkt: »Ich will wohl doch nicht ernsthaft clean bleiben, sonst hätte ich doch nicht konsumiert.« Und »Ich bin ein Versager – ich schaffe das nie.«) Man bezeichnet das auch als Abstinenzverletzungssyndrom.
6. Der Patient wird dauerhaft rückfällig (»Jetzt ist eh alles verloren.«) Anm.: Die Gedanken unter Punkt 5. und 6. sind typische → Denkfehler, die darauf beruhen, dass der Patient zu rasch Schlussfolgerungen zieht, bevor er seine Situation ausreichend analysiert hat.

Es gilt jeweils herauszufinden, was letztlich zum Rückfall geführt hat. Greift ein Patient z.B. im Rahmen einer Belastungssituation wie der Heimfahrt zu Familie oder Freunden am Wochenende erneut zu Drogen, so muss mit ihm rückblickend bearbeitet werden, welches scheinbar irrelevante Fehlverhalten er im Vorfeld begangen hat, das dann erst den Rückfall ermöglicht hat. Es muss herausgefunden werden, welche – akut nicht anders als durch Alkohol oder Drogen zu ertragenden → Spannungen – der Patient zukünftig anders lösen kann. Warnende Hinweisreize werden transparent gemacht, sodass der Patient z.B. bei einer erneuten Heimfahrt früher reagieren und somit den Rückfall verhindern kann. So kann der Rückfall zum Motor eines wesentlichen Therapiefortschrittes werden.

Natürlich muss nach einem Rückfall sorgfältig geprüft werden, ob der Patient ausreichend therapiemotiviert ist. Ansonsten droht ein Abgleiten des Therapeuten in → Co-Abhängigkeit. Der Patient, auch der abhängigkeitskranke, hat laut Gesetz eine Mitwirkungspflicht (siehe z.B. § 1 SGBV). Liegen eine ausreichende Mitarbeit oder eine ausreichende Veränderungsbereitschaft nicht vor, dürfen weitere Behandlungen zu Lasten der Allgemeinheit – mit Ausnahme zur Abwendung akut lebensbedrohlicher Zustände – nicht erfolgen.

Rückprägungstherapie: Bezeichnung für eine Therapiemethode, die von Jochen Wolffgramm aus Tübingen entwickelt wurde und die auf den → Lerntheorien und der Vorstellung eines → Suchtgedächtnisses beruht. Wolffgramm geht davon aus, dass Sucht vor allem dann entsteht, wenn eine Erwartungshaltung (→ Set) bei der Drogeneinnahme besteht. Die Patienten erwarten Abläufe, die im Suchtgedächtnis wie folgt abgespeichert sind: Verlangen – Erwartung der Drogenwirkung – Einnahme der

→ Droge – Wirkung. Eine derartige Haltung ist typisch für Abhängigkeitskranke. Viele → User beenden den Konsum, wenn sie keine weitergehenden Erwartungen an eine Drogenwirkung mehr haben (→ Ausstiegsmotive, → Selbstheiler).

Wenn das Gehirn keine Erwartungen hat und es kommt dann zu einer Drogeneinnahme, ist die Ausbildung einer Sucht unwahrscheinlich. Zu dieser Annahme passt, dass Patienten, denen → Ecstasy Anfang des 20. Jahrhunderts als Appetitzügler verabreicht wurde, sich nicht etwa am eintretenden Rausch erfreuten sondern sich über die komischen Nebenwirkungen beklagten. Ein weiteres Argument für Wolffgramms Hypothese: → Opiate, die im Rahmen einer Schmerztherapie vom Arzt in fest definierten Abständen dem Patienten verabreicht werden, haben nur selten die Ausbildung einer Opiatabhängigkeit zur Folge.

In der Rückprägungstherapie verabreicht Wolffgramm seinen suchtkranken Patienten zunächst das Stresshormon Prednisolon. Er versetzt das Gehirn damit in einen lernbereiten Zustand. Dann verabreicht er die Droge nach einem festen Schema und nicht nach den Wünschen des Patienten. Weitere psychotherapeutische oder soziotherapeutische Maßnahmen erfolgen nicht. Der ursprünglich im Suchtgedächtnis abgespeicherte Zusammenhang zwischen Bedürfnis und Bedürfniserfüllung soll so gelöscht bzw. überschrieben werden. Wolffgramm hat sich das Verfahren patentieren lassen. Unklar ist, ob Vorteile gegenüber konventionellen Behandlungen bestehen. Eine Vergabe von Suchtmitteln nach einem vom Arzt festgelegten Schema gibt es ja bereits seit langem beim »warmen« → Entzug und im Rahmen der → Substitution. Es ist eher unwahrscheinlich, dass das simple, aus Tierversuchen abgeleitete Modell der Rückprägungstherapie tatsächlich besser hilft. Der Einsatz von bestimmten Hormonen zur Erhöhung der Empfänglichkeit für neue Lernerfahrungen, wie Wolffgramm ihn vornimmt, ist allerdings schon interessant, zumal bekannt ist, dass eine durch Drogeneinnahme veränderte Rezeptorendichte die Therapie erschwert.

Rum: Bezeichnung für einen → Branntwein, der aus Zuckerrohr gewonnen wird.

Run: Szeneausdruck für eine durchgehende exzessive Einnahme einer → Droge. Der Ausdruck wird vor allem bei → Crack und → Freebase verwandt.

runterkommen: 1. Szeneausdruck für das Abklingen der Rauschwirkung. **2.** Szeneausdruck für die Tatsache, dass jemand, der abhängig war oder ist (also »drauf« war oder ist), jetzt eine abstinente Lebensführung anstrebt.

Rusedal: → Medazepam.

Rush: Szeneausdruck für plötzlich einsetzende Drogenwirkung von → Stimulanzien. Der Rush ist geprägt von Unruhe und Nervosität.

S

S: Ein »S« auf einem → BtM-Rezept bedeutet, dass das → Betäubungsmittel für eine → Substitution verschrieben wurde.

Safer Use: Szeneausdruck für einen Umgang mit → Drogen, der die Risiken des Konsums minimieren soll. Safer Use ist also Teil einer → akzeptierenden Drogenarbeit (→ Harm Reduction). Dazu gehören das ausschließliche Verwenden von sterilen Einwegspritzen, das Vermeiden von → Mischkonsum. → Drug checking und die Abgabe von pharmakologisch getesteten Ersatzstoffen wie → Methadon.

Safran, das teuerste Gewürz der Welt, wird aus den Narbenschenkeln des Safrankrokus (Crocus sativus) gewonnen. Als Gewürz, in niedriger Dosierung, hat Safran keine Auswirkung auf die Psyche. In mittelhoher Dosierung erzeugt er Euphorie und Heiterkeit, in höherer Dosierung, die sich kaum jemand leisten kann, hat Safran eine → opiatähnliche Wirkung. Wirkstoffe sind wahrscheinlich ätherische Öle. Mögliche Komplikationen sollen Lähmungen, → delirante Zustände und Blindheit sein. In der minoischen Kultur wurde Safran von den Priestern als rituelle Substanz mit berauschender Wirkung verwendet. Echter Safran ist heutzutage kaum im Handel, meist werden Fälschungen aus der Färberdistel, Kurkuma oder Ringelblume verkauft.

Safrol: Aus der → Sassafras-Staude gewonner Stoff, der als Ausgangsstoff zur Gewinnung von → Ecstasy dienen kann.

Sakra: Weitere Bezeichnung für das → Bilsenkraut.

Säkularisierung bedeutet im engeren Sinne die Einziehung kirchlicher Besitztümer durch den Staat. Im weiteren Sinne ist damit die Loslösung von Überzeugungen und Lebensführung von kirchlichen Vorgaben gemeint. Die Säkularisierung ist Grundlage der Demokratie. Sie hat aber auch den Boden für die heute bestehenden Suchtprobleme bereitet.

Nahezu alle → Religionen verbieten den Konsum von Suchtmitteln ganz oder schränken ihn zumindest stark ein. Der Konsum von → Drogen erfolgt in der Regel im Rahmen religiöser Handlungen und nur durch bestimmte Personen wie Schamanen und Priester und nur im Rahmen von zeitlich begrenzten und an bestimmte Räumlichkeiten gebundenen Zeremonien (→ Setting). Als Beispiel sei das Trinken von Wein während der Christenmesse genannt. Durch die engen Vorgaben der Religionen war der Suchtmittelkonsum früher begrenzt. → Abhängigkeitserkrankungen, wie sie heute weltweit ein Problem darstellen, gab es vor der Säkularisierung nicht.

Erst mit der Trennung von Staat und Kirche und mit der damit verbundenen Loslösung des Suchtmittelkonsums aus dem religiösen Kontext konnten die Probleme mit Suchtmitteln, wie wir sie heute kennen, entstehen.

Salat: Szeneausdruck für → Cannabis-Blätter.

Salbei: Manche Salbeiarten enthalten halluzinogen wirksame Stoffe, z.B. die Art → Salvia divinorum.

Salt Shot: Szeneausdruck, gleichbedeutend mit → Salzschuss.

Salvia divinorum: Pflanze, deren Blätter von den Mazteka-Indianern gekaut werden, um halluzinogene Rauschzustände zu erzeugen. Sie wird auch Zaubersalbei genannt. Der Aufguss als → Tee ist ebenso möglich wie das Rauchen der getrockneten Blätter.

Der Hauptwirkstoff ist Salvinorin A. Dieses Diterpen hat schon in geringen Mengen eine starke halluzinogene Wirkung. Die Wirkung setzt beim Rauchen schnell ein und hält zwischen fünf und ca. 30 Minuten an. Werden die Blätter gekaut oder als Tee getrunken, setzt die Wirkung nach ca. 10 Minuten ein und kann etwa eine Stunde dauern. Tödliche Vergiftungen sind möglich.

Salzschuss: Szeneausdruck für das Injizieren von Salzwasser, das von anderen Konsumenten einem Drogen-User mit Heroinüberdosis gespritzt wird. Außer dem Gefühl, etwas getan zu haben, hat der Salzschuss medizinisch keinen Nutzen. Unter Umständen fügt man dem Vergifteten damit sogar weiteren Schaden zu.

San Pedro: Weitere Bezeichnung für → Aguacolla, einen meskalinhaltigen Kaktus. Im Unterschied zu → Peyote enthält San Pedro wenig → Meskalin. Da er schneller wächst und einfacher zu kultivieren ist, erfreut er sich unter Drogenkonsumenten dennoch einiger Beliebtheit. In den getrockneten → Buttons des San Pedro sind weitere Giftstoffe enthalten, die zu üblen Missempfindungen führen können.

Santa Claus: Szeneausdruck für Drogenhändler.

Santa Rosa: Weitere Bezeichnung für → Cannabis.

Saroten: Häufig verwendetes → Antidepressivum, das kein → Abhängigkeitspotenzial hat. In der Drogenszene wird es hoch dosiert gelegentlich als Speed-Ersatz gehandelt.

Sassafras-Staude: Aus dieser Staude kann ein Öl gewonnen werden, das → Safrol enthält. Aus Safrol wiederum können → MDMA und andere Amphetamin-Abkömmlinge hergestellt werden.

Satansapfel: Weitere Bezeichnung für → Alraune.

Satanskraut: Weitere Bezeichnung für die → Tollkirsche.

Satar: Name einer Gewürzmischung ohne → psychoaktive Wirkung aus dem Libanon, die zum Strecken von → Cannabis benutzt wird.

Sativex: Name eines → THC-haltigen Sprays von Bayer.

Saubohne: Weitere Bezeichnung für das → Bilsenkraut.

Säure: Szeneausdruck für → LSD.

Scag: Szeneausdruck für → Heroin.

Scene: Hier: engl. ausgesprochener Ausdruck für eine Gruppe von Leuten, die sich aufgrund ihres Interesses für → Drogen kennen. Manchmal gibt es kurzfristig – meist in Verbindung mit einer neu aufgetretenen Mode – Subscenes innerhalb der Drogenscene. Anfang der neunziger Jahre erfolgten der Drogenkonsum und Verkauf innerhalb der Techno-Szene weitgehend separat vom übrigen Drogenverkauf. Mit dem Jahrtausendwechsel sind die Grenzen zwischen den beiden Scenes nahezu völlig verwischt.

Schadensminimierung: Maßnahmen, die die Verschlimmerung einer bereits bestehenden Krankheit verhindern sollen. Bei → Abhängigkeitserkrankungen gehörten dazu z.B. die → Substitution und das Zurverfügungstellen von sauberen Spritzen (→ Vier-Säulen-Modell).

Schädlicher Gebrauch von Suchtmitteln ist nach der → ICD 10 ein Konsummuster, das bereits zur gesundheitlichen Schäden (z.B. → Leberzirrhose) geführt hat, das aber ansonsten die Kriterien, die für die Diagnose einer → Abhängigkeitserkrankung gefordert werden, nicht erfüllt. Rechtliche Folgen (z.B. Inhaftierung) oder andere soziale Folgen (z.B. Ablehnung des Konsums durch Partner oder Familie) reichen zur Stellung der Diagnose »Schädlicher Gebrauch« nicht aus.
Je nach Suchtmittel ist nach ICD 10 die Ziffer F10.1 (Schädlicher Gebrauch von → Alkohol), F11.1 (Schädlicher Gebrauch von → Opioiden), F12.1 (Schädlicher Gebrauch von → Cannabis), F13.1 (Schädlicher Gebrauch von → Sedativa oder → Hypnotika), F14.1 (Schädlicher Gebrauch von → Kokain), F15.1 (Schädlicher Gebrauch von → Stimulanzien einschließlich → Koffein), F16.1 (Schädlicher Gebrauch von → Halluzino-

genen), F10.1 (Schädlicher Gebrauch von → Tabak), F10.1 (Schädlicher Gebrauch von → Lösungsmitteln) und F19.1 (Schädlicher Gebrauch multipler oder sonstiger → psychotroper Substanzen) zu verschlüsseln.

Schatten: Szeneausdruck für einen Zustand, der mit geistiger Verwirrtheit einhergeht und oft durch → Drogen verursacht wird. »Der hat 'nen Schatten«, heißt es dann z.B. dass der Konsument psychisch auffällig ist (→ Komorbidität).

schieben: Szeneausdruck für das Einführen von → Drogen in den Enddarm.

Schieß die Rita: Szeneausdruck für die Injektion von → Ritalin.

schießen: Szeneausdruck für das Spritzen von → Drogen.

Schifffahrt: In der Schifffahrt stellten Suchtmittelgebrauch, vor allem das situationsunangemessene (→ Punktnüchternheit) Trinken von → Alkohol, ein großes Problem dar. Viele Havarien werden durch alkoholisierte Kapitäne verursacht: Im Februar 2002 verursacht ein Schiffsführer mit 1,2 → Promille im Hamburger Hafen eine Ölpest. Als im Januar 2002 ein Containerschiff auf dem Rhein einen Tanker rammt, wird beim Kapitän ein Alkoholspiegel von 2,2 Promille gemessen. Mit 2,8 Promille rammt im August 2001 der Schiffsführer eines Frachters im Hamburger Hafen einen Tanker. 3,0 Promille Blutalkohol sorgen im März 2001 dafür, dass der Kapitän eines anderen Frachters eine Fähre für die Mole hält und dort anlegen will. Mit 3,1 Promille im Blut setzt im April 2003 ein Kapitän seinen Frachter auf der Elbe auf Grund. Und im Juni 2004 kentert der Tanker Ena II im Hamburger Hafen und setzt große Mengen Schwefelsäure frei – Schiffsführer Mike K. hatte 2,1 Promille Alkohol im Blut.

Werte über 2 Promille sind – sofern nicht ein präkomatöser Zustand vorliegt – ein deutlicher Hinweis auf eine erhebliche → Toleranz und stehen meist in Verbindung mit einer Alkoholabhängigkeit. Viele Schiffsleute sind Alkoholiker. Das Leben an Deck ist oft eintönig, für die Seeleute ist es berufsbedingt nur schwer möglich, normale Sozialkontakte zu pflegen. Dies begünstigt die Entwicklung von Abhängigkeitserkrankungen. Alkoholkontrollen werden nur sporadisch durchgeführt. Wird jemand mit Alkohol am Steuer ertappt, bedeutet das noch lange nicht, dass er die Fahrt nicht weiterführen kann. Das Seeamt kann erst nach einem Unfall Fahrverbote aussprechen. Das Recht ist hier wesentlich laxer als bei Autofahrern (→ Fahrtüchtigkeit, → Fahrerlaubnisverordnung).

Schimmel-Afghane: Szeneausdruck für eine besonders wirksame → Haschisch-Sorte, die vom Schimmelpilz Aspergillus niger befallen ist. Sie steht im Verdacht, die Entwicklung von Krebserkrankungen besonders zu begünstigen.

Schizophrenie: Bezeichnung für eine Gruppe schwerer psychischer Erkrankungen, die in der → ICD-10 unter der Ziffer F20 beschrieben werden. In dieser Kategorie sind schwere psychiatrische Krankheitsbilder zusammengefasst, bei denen psychotisches oder psychosenahes Erleben im Vordergrund steht und die keine nachgewiesene organische Ursache haben (in Abgrenzung zu F0 und F1). Längere und wiederholte Krankenhausaufnahmen sind bei Patienten mit einer Schizophrenie keine Ausnahme.

Medikamentöse Einstellung und Optimierung der Therapie bedürfen oft bis zu drei Monaten, in schwierigen Fällen auch länger. Eine teilstationäre Behandlung im Anschluss an die stationäre Behandlung empfiehlt sich oft für einige Wochen. Bedingt durch die Schizophrenie sind die Patienten in ihrer eigenen Wahrnehmung und in der Bewertung ihres eigenen Krankheitsbildes erheblich eingeschränkt. Krankheitseinsicht und Compliance können erheblich vermindert sein und eine adäquate Behandlung erschweren. Viele Patienten sehen die Notwendigkeit weiterer Medikamenteneinnahme nach Entlassung aus dem Krankenhaus nicht, setzen die Medikamente ab, werden wieder psychotisch und müssen dann erneut stationär behandelt werden (»Drehtüreffekt«).

Längerfristig angelegten Konzepten mit einer guten Verzahnung zwischen ambulanter, teilstationärer und stationärer Behandlung kommt bei diesen Bildern besondere Bedeutung zu. Der Gesetzgeber hat hier mit Einführung der ambulanten Soziotherapie (§ 37a SGBV) und ambulanter psychiatrischer Behandlungspflege eine Möglichkeit geschaffen, Schnittstellenprobleme erheblich zu reduzieren und Krankenhausbehandlung zu vermeiden. Wiedereingliederungshilfen gehen nicht zu Lasten der Krankenkasse, sondern müssen beim übergeordneten Sozialhilfeträger beantragt werden.

In diesem Lexikon findet sich das Stichwort »Schizophrenie« deshalb, weil der Verlauf dieser Erkrankung durch die Einnahme von Suchtmitteln erheblich beeinflusst werden kann. → Alkohol, → Kokain und sämtliche anderen → Stimulanzien (z.B. → Speed), alle → Halluzinogene und auch → Cannabis können die Prognose einer Schizophrenie deutlich verschlechtern. Gerade bei Cannabis wird dieser Effekt von Laien und sogar von Fachleuten immer wieder ignoriert. Dabei gibt es hierzu längst Studien mit eindeutiger Aussage (z.B. Caspari 1999 oder Andreasson et al. 1987).

Schizogene: Weitere Bezeichnung für → Halluzinogene. Die Bezeichnung beruht darauf, dass diese Stoffgruppe Zustände auslösen kann, die von einer → Schizophrenie im Einzelfall nicht zu unterscheiden sind. Im Szenejargon heißt es dann, der → User sei »hängen geblieben«.

Schlafapfel: Weitere Bezeichnung für die → Tollkirsche.

Schlafbeere: **1.** Weitere Bezeichnung für die → Tollkirsche. **2.** Name eines → Nachtschattengewächses (Withania somnifera), das die Assyrer wahrscheinlich bereits zur → Narkose und als Schlafmittel einsetzten. Die Pflanze soll beruhigend und stärkend wirken. Inhaltsstoffe sind so genannte Withanolide.

Schlafkirsche: Weitere Bezeichnung für die → Tollkirsche.

Schlafkraut: **1.** Weitere Bezeichnung für die → Tollkirsche. **2.** Weitere Bezeichnung für das → Bilsenkraut.

Schlafmittel, auch → Sedativa genannt, sind eine heterogene Gruppe von Medikamenten, die gegen → Schlafstörungen eingesetzt werden. Viele von ihnen wie die aus der Gruppe der → Benzodiazepine oder → Barbiturate haben ein hohes → Abhängigkeitspotenzial.

Schlafmohn: Der Milchsaft aus den Fruchtkapseln des Schlafmohns (Papaver somniferum) ist Grundstoff für die Herstellung von → Opium, → Morphium und → Heroin. Die Pflanze enthält zirka 40 → Alkaloide, zu denen Morphin, Papaverin, → Codein, Narcotin und → Thebain gehören. Schlafmohn gehört zu den nicht verkehrsfähigen Betäubungsmitteln und steht in → Anlage 2 des → BtMG. Weitere Bezeichnungen sind Calocatanos, Feldmohn, Magenkraut, Magsomkraut, Odinskraut und Ölmagen. Schlafmohn ist eine alte Kulturpflanze, die bereits im Neolithikum in Mittel- und Südeuropa angebaut wurde. Die Entdeckung des Opiums fand nicht in Südostasien – dahin verbreitete sich der Schlafmohn erst später –, sondern in Mitteleuropa statt. Bei den Germanen wurde der Odinskraut genannte Schlafmohn gegen eine Reihe von Krankheiten eingesetzt. Man schrieb die heilsame Wirkung dem Gott Odin zu. Von Europa ausgehend hat sich der

Schlafmohn – angeritze Mohnkapseln

Schlafmohn über die gemäßigten und tropischen Regionen fast der ganzen Welt verbreitet. Die Sumerer erwähnen ihn als »Pflanze des Glücks« 3000 v. Christus. In der Ilias des Homer taucht Schlafmohn erstmals in der Literatur auf. Er muss über Jahrtausende hinweg über Völkergrenzen weit verbreitet gewesen sein. Die Gallier wussten um seine Wirkung ebenso wie die Wikinger und die Ägypter. In der minoischen Kultur war Schlafmohn Bestandteil religiöser Rituale. Er verbreitete sich von Kreta ausgehend über ganz Griechenland. Die Chinesen verwendeten Schlafmohn mindestens seit dem 3. Jahrhundert als Narkotikum bei Operationen. Der persische Arzt Ibn Sina, einer der berühmtesten Ärzte des Mittelalters, führte den Schlafmohn in die islamische Medizin ein. Er starb übrigens an einer → Überdosis Opium. Islamische Geheimbünde banden die Pflanze über Jahrhunderte hinweg in ihre Rituale ein. In Teilen Chinas wurde Schlafmohn im 15. Jahrhundert offenbar als → Aphrodisiakum verwendet. Zu dieser Zeit war die Pflanze wahrscheinlich im südostasiatischen Raum bereits weit verbreitet. 1670 mischte der englische Arzt Thomas Sydenham Opium, → Safran, Zimt, Nelkenpulver und Wein. Er nannte das Getränk → »Laudanum« und verwendete es als Allheilmittel. Ob er oder Paracelsus das Laudanum erfand, lässt sich nicht genau zurückverfolgen. Wahrscheinlich waren schon lange zuvor ähnliche Mischungen Teil der mitteleuropäischen Volksmedizin. Schnell verbreitete sich Laudanum, das zunehmend auch als Rauschmittel benutzt wurde. Kleinkinder wurden mit Mohnschnullern bis weit ins zwanzigste Jahrhundert hinein ruhig gestellt.

Der zunehmende Missbrauch des Opiums in den zwanziger Jahren mit all den bekannten Folgen führte schließlich zum weltweiten Verbot. Nur in Indien und Pakistan darf Opium noch gehandelt werden. Der Missbrauch konnte dadurch erheblich eingeschränkt werden. Ganz ausgerottet wurde er aber nie. In der Kinderbuchserie »Mecki«, die in den 1950er Jahren sehr populär war, raucht die Hauptfigur Mecki in mehreren Bänden Opium, und auch bei Tim und Struppi spielt Opium in »Der blaue Lotus« eine Rolle.

Das Opium wurde zunehmend durch → Heroin verdrängt. Heute spielt Schlafmohn als Grundstoff des Heroins eine Rolle. Hauptanbaugebiete sind Afghanistan, Thailand, Türkei und Mexiko. Das Rauchen der Blätter oder der Aufguss von Pflanzenteilen als → Tee ist in den Industrienationen kaum noch gebräuchlich.

Schlafschwamm: Die Römer verwendeten mit → Opium und anderen → Drogen versetzte Schwämme, um künstlich Schlaf herbeizuführen, so genannte Schlafschwämme.

Schlafstörungen: Eine Störung des Schlafes ist die häufigste unerwünschte Folge des Suchtmittelkonsums. → Stimulanzien, neudeutsch → Upper genannt, führen fast immer zu Schlafstörungen. Viele Konsumenten nehmen deswegen zusätzlich so genannte → Downer, um besser schlafen zu können. Aber auch → Alkohol (→ körperliche Veränderung durch Alkohol) und → Beruhigungsmittel können den Schlaf negativ beeinflussen. Sie verändern die Qualität des Schlafes, machen ihn weniger erholsam. Auf der anderen Seite können Schlafstörungen vor Beginn einer → Abhängigkeit bestanden haben und schrittweise durch zu lange oder missbräuchliche Verwendung von → Beruhigungsmitteln, → Alkohol oder → Drogen in die Sucht führen.

Der erste Schritt zur Therapie von Schlafstörungen besteht in einer Regulation des Tag-Nacht-Rhythmus. Oft reicht es schon, um den Schlaf zu verbessern, auf Alkohol und Drogen zu verzichten, regelmäßig zur gleichen Zeit ins Bett zu gehen und einige Dinge zu ändern wie nicht zu spät zu essen, kein Fernsehen im Bett und kalte Fußbäder vor dem Zubettgehen. Ist der Schlaf dadurch nicht ausreichend zu verbessern, können pflanzliche Mittel ohne → Abhängigkeitspotenzial wie Baldrian, Hopfen, Lavendelblüten oder Melisse zum Einsatz kommen oder aber sedierende Antidepressiva (die ebenfalls nicht süchtig machen).

Dringend abzuraten ist hingegen von der Gabe von → Benzodiazepinen und → Barbituraten zur Behandlung von Schlafstörungen, da sie die Schlafqualität verschlechtern und schon nach kurzer Zeit abhängig machen können.

Schlangengrube: Szeneausdruck für die geschlossene Psychiatrie.

Schlucker: **1.** Bezeichnung für einen Alkoholabhängigen. **2.** Bezeichung für Drogenkuriere, die die Drogen schmuggeln, indem sie sie – in Plastikbeutel verpackt – vor der Abreise verschlucken und am Zielort wieder ausscheiden. Diese Form des Schmuggels ist hochgradig riskant – wenn einer der Beutel platzt, droht der Tod durch Vergiftung mit dem Rauschmittel.

Schmack: Szeneausdruck für → Heroin und → Kokain.

Schmerzmittel: Die regelmäßige Einnahme von Schmerzmitteln ist aus medizinischer Sicht fast nie sinnvoll und kann langfristig zu erheblichen körperlichen Schäden wie z.B. Nierenversagen mit nachfolgender Dialysepflicht führen. Meist haben chronische Schmerzen einen psychischen

Hintergrund, der mit → Psychotherapie, ggf. zusätzlich mit → Antidepressiva, behandelt werden sollte. Einige Schmerzmittel, wie z.B. → Opiate, führen immer zu körperlicher → Abhängigkeit und können auch psychische Abhängigkeit verursachen. Sie sollten nur bei starken und stärksten Schmerzen gegeben werden.

Schmier: Szeneausdruck für Polizei.

Schnaps: Bezeichnung für ein Getränk, das durch Destillation einen Alkoholgehalt von 40 % und mehr aufweist.

Schnee: Szeneausdruck für → Kokain.

Schnüffler: 1. Veralteter Szeneausdruck für Polizist. **2.** Szeneausdruck für jemanden, der → Schnüffelstoffe inhaliert.

schnüffeln: Szeneausdruck für die Inhalation von Lösungsmitteln, sog. → Schnüffelstoffen.

Schnüffelstoffe sind alle → Drogen, die gasförmig konsumiert werden, ohne dass zuvor ein Verbrennungsprozess stattfand. → Poppers und → Lachgas gehören dazu, aber auch → Benzin, bestimmte Klebstoffe und Lacke.

Insbesondere bei Kindern und Jugendlichen in ärmeren Ländern sind Schnüffelstoffe weit verbreitet. In Südafrika sind laut Bericht des Internationalen Suchtstoffkontrollrates (INCB) neun von zehn Kindern »Schnüffler«. Am häufigsten werden Klebstoffe und Lösungsmittel inhaliert. Schnüffelstoffe sind billig, legal erhältlich und daher bei armen Süchtigen beliebt. Hierzulande sind in Baumärkten und Kaufhäusern etwa 1500 Stoffe erhältlich, die missbräuchlich als Schnüffelstoffe eingesetzt werden können.

Der → Rausch tritt normalerweise innerhalb weniger Minuten, manchmal nur Sekunden, ein und dauert 20 bis 30 Minuten. Anfänglicher Benommenheit und Koordinationsstörungen folgen Euphorie, Enthemmung und → Halluzinationen. Die eigentliche Rauschwirkung ähnelt der von → Halluzinogenen. Folgen des Konsums können sein: Schleimhautreizungen, Zerstörung der Atemwege, Übelkeit, Erbrechen, später auch Leber- und Nierenschäden. Das Hirn kann irreversibel geschädigt werden (→ Nervensystem). Konzentrationsstörungen, Leistungsstörungen , aber auch schwere → Psychosen sind möglich.

Schnüffelstoffe gehören zu den gefährlichsten Drogen. Der Tod kann durch → Atemlähmung oder → Herzstillstand oder nach (oft rasch) erfolgtem körperlichen Abbau durch Ausfälle anderer Organe erfolgen.

schnupfen: Szeneausdruck für die Einnahme von antriebssteigernden → Drogen wie → Nikotin, → Kokain oder → Amphetaminen über die Nase. Einzige legale Form des Schnupfens ist die Einnahme von Schnupftabak (gleichbedeutend mit → Sniefen und → sniffen).

Schoolboy: Szeneausdruck für → Codein.

Schuldfähigkeit, verminderte: § 21 des Strafgesetzbuches (StGB: In der Fassung der Bekanntmachung vom 13. November 1998 (BGBl. I S. 3322), zuletzt geändert durch Artikel 1 des Gesetzes vom 22. August 2002 (BGBl. I S. 3390) enthält gesetzliche Bestimmungen zur »Verminderten Schuldfähigkeit« (→ Schuldunfähigkeit).

In § 21 StGB heißt es: »Ist die Fähigkeit des Täters, das Unrecht der Tat einzusehen oder nach dieser Einsicht zu handeln, aus einem der in § 20 bezeichneten Gründe bei Begehung der Tat erheblich vermindert, so kann die Strafe nach § 49 Abs. 1 gemildert werden.«

Wer im Zustand der Schuldunfähigkeit eine Straftat begeht, wird unter Umständen nach § 63 oder § 64 in einer Einrichtung des → Maßregelvollzuges untergebracht.

Schuldunfähigkeit: § 20 des Strafgesetzbuches (StGB: In der Fassung der Bekanntmachung vom 13. November 1998 (BGBl. I S. 3322) enthält gesetzliche Bestimmungen zur »Schuldunfähigkeit wegen seelischer Störungen« (→ Schuldfähigkeit, verminderte).

In § 20 StGB heißt es: »Ohne Schuld handelt, wer bei Begehung der Tat wegen einer krankhaften seelischen Störung, wegen einer tief greifenden Bewusstseinsstörung oder wegen Schwachsinns oder einer schweren anderen seelischen Abartigkeit unfähig ist, das Unrecht der Tat einzusehen oder nach dieser Einsicht zu handeln.«

→ Wer im Zustand der Schuldunfähigkeit eine Straftat begeht, wird unter Umständen nach § 63 oder § 64 in einer Einrichtung des → Maßregelvollzuges untergebracht.

Schuss: Szeneausdruck für die Injektion von → Drogen.

Schwarzer Afghane: Szeneausdruck für schwarze → Cannabis-Sorte.

Schweigepflicht: → Zeugnisverweigerungsrecht.

Schweißneigung, erhöhte: → körperliche Veränderung durch Alkohol.

Schwindelbeere: Weitere Bezeichnung für die → Tollkirsche. Der Ausdruck bezieht sich auf eine der Wirkungen dieser Pflanzendroge.

Scopolamin: Halluzinogen wirkendes → Alkaloid, das in einer Reihe von → psychoaktiven Pflanzen wie z.B. → Tollkirsche, → Datura und → Stechapfel vorkommt. Es wurde 1888 erstmals von E. Schmidt isoliert.

Scopolamin ist ein hochpotentes → Halluzinogen. Es bewirkt Halluzinationen und eine Auflösung des Zeitempfindens, die sich bis in psychoseähnliche Zustände steigern können. Angstzustände und Unruhe können hinzukommen. Auf körperlicher Ebene kommt es zu Mundtrockenheit, Sehstörungen, Gleichgewichtstörungen, im schlimmsten Fall auch zu Herzrhythmustörungen und komatösen Zuständen. Im Gegensatz zu → Atropin, das in niedrigeren Dosen erregend wirkt, bleibt bei Scopolamin der Patient eher in einem halbwachen Zustand, in dem seine Willenskraft deutlich beeinträchtigt ist, der Patient aber noch in der Lage ist, zu sprechen und zu denken. Eine Zeit lang wurde es deswegen auch als Wahrheitsserum verwendet. Ab einer Dosis von 50 mg sind tödliche Komplikationen häufig. Eine körperliche → Abhängigkeit erzeugt Scopolamin nicht, psychische Abhängigkeit ist wegen der heftigen Nebenwirkungen selten.

Einige Jazzer benutzten es in den fünfziger Jahren als Droge. Wegen der unangenehmen Nebenwirkungen kam man rasch davon ab. In der DDR wurde es bis Mitte der achtziger Jahre in der Psychiatrie zur Ruhigstellung benutzt. Es soll zur Beruhigung von Geisteskranken in nicht zu hoher Dosierung gut geeignet sein, wird zu diesem Zweck aber heutzutage nicht mehr eingesetzt.

Scopoletin: Scopoletin kommt in zahlreichen Pflanzen wie z.B. der → Tollkirsche vor und hat wahrscheinlich eine geringfügige halluzinogene Wirkung.

Score: Szeneausdruck für Drogenvorrat.

Scosolanin: Halluzinogen wirkendes → Alkaloid, das in einigen → Nachtschattengewächsen enthalten ist.

Scot: Szeneausdruck für → Heroin.

Sebil: Weitere Bezeichnung für → Yopo.

SECA-Haus: Bezeichnung für Einrichtungen, die sich um die soziale Wiedereingliederung chronisch Suchtkranker (vor allem abgebauter Alkoholiker, die ohne Hilfe nicht abstinent leben können) kümmern. Kostenträger sind i.d.R. Sozialhilfeträger.

SECA-Häuser arbeiten nach dem Prinzip der → Therapeutischen Gemeinschaft. Dadurch kommen die Häuser mit wenig professionellen Helfern (z.B. Sozialarbeitern oder Sozialpädagogen) aus und sind dennoch effizient. Auch hoffnungslos erscheinende Suchtkarrieren erfahren durch die liebevollen, familienähnlichen Strukturen oft noch eine Wende. Manche Bewohner schaffen nach einiger Zeit im SECA-Haus die Rückkehr in ein selbstständiges Leben. Andere verbleiben dort bis zum Tod (wobei die meisten dann vorzeitig an Krebs sterben als Folge des vorangegangenen, langjährigen Alkoholkonsums).

Sedativum: Bezeichnung für Suchtmittel mit schlafanstoßender Wirkung.

Sedativa, im Szenejargon als → Downer bezeichnet, sind alle → Drogen, die müde machen, sich zu entspannen helfen, meist auch angstlösend sind. Der Antrieb ist – dosisabhängig – mäßig bis stark vermindert (→ Alkohol, → Benzodiazepine und → Barbiturate können in höheren Dosen auch paradox wirken, d.h. die Aggressivität erhöhen und Unruhe hervorrufen.) Wegen ihrer stimmungsaufhellenden, euphorisierenden Wirkung (z.B. bei → Heroin) werden manche dieser Drogen (besonders die → Opiate) auch → Euphorika genannt. Zu den Downern gehören u.a.:

- Alkohol
- Benzodiazepine
- Barbiturate
- CBD (und andere → Cannabinoide)
- → Codein
- Distraneurin (Clomethiazol)
- Fentanyl und Fentanylderivate
- Heroin
- → Methadon
- → Morphium
- → MPPP
- → MPTP
- → Opium
- Polamidon

Pharmakologisch bilden die hier aufgeführten Stoffe keine Einheit. Weil die Wirkungen der genannten Rauschgifte aber in vielem ähnlich sind, werden sie gemeinsam dargestellt (Alkohol z.B. bildet wahrscheinlich mit körpereigenen Neurotransmittern Produkte, die Opiaten, wie z.B. Heroin, nahe stehen). → THC, der Hauptwirkstoff von → Cannabis, ist hier nicht aufgeführt. THC ist ein Halluzinogen, das eher antriebssteigernd wirkt. Seine Wirkung wird durch CBD und andere Cannabinoide allerdings abgemildert, weswegen Cannabis in der Szene auch als Downer eingesetzt wird. In der Partyszene werden Sedativa dazu eingesetzt, die Nebenwirkungen von → Uppern wie Schlaflosigkeit, Überdrehtheit, → Paranoia (s.o.) aufzuheben. Opiate werden zudem zum Abfangen von psychotischen Zuständen benutzt.

Bei Beginn des Downer-Konsums bestehen meist wenig Beeinträchtigungen. Diese stellen sich in der Regel erst bei chronischem Konsum ein (d.h. zu → C- besteht eine sehr geringe Kontingenz in der Phase, in der das Suchtverhalten erlernt wird). Fast alle Downer können aber bei regelmäßigem Konsum zu Schäden führen. MPPP und MPTP, die vor allem in

den USA als Superheroin verkauft werden, können zu schwersten Hirn- und Nervenschäden bis hin zu parkinsonähnlichen Schüttellähmungen führen. Alkohol kann bei Dauerkonsum nahezu jedes Organ schädigen (→ körperliche Schäden durch Alkohol).
Werden Opiate auf Aluminiumfolie erhitzt (d.h. geblowt), lösen sich Metallverbindungen, die das Gehirn unumkehrbar schädigen können. Bei intravenösem Konsum von Sedativa drohen Infektionen mit→ HIV, → Hepatitis- und anderen Viren. Bei einer Vergiftung mit Downern sind Übelkeit und Erbrechen, Schock, Bewusstlosigkeit und Herz-Kreislauf-Vergiftungen häufig. Mögliche Todesursachen sind → Herzstillstand und Atemlähmung. Die den illegalen Downern oft beigemischten Streckmittel sorgen für weitere unkalkulierbare Risiken.
Da diese negativen → Verstärker nur selten bzw. mit großem zeitlichen Abstand auftreten, die Drogenwirkung – gerade zu Beginn des Konsums – nahezu immer verlässlich auftritt, haben die negativen Verstärker bei Fehlen entsprechend stützender Kognitionen (wie z.B. die Grundüberzeugung: Drogen sind gefährlich für mich) wenig Einfluss auf die Konsumhäufigkeit.

Seed: Szeneausdruck für Samen → THC-haltiger → Cannabis-Sorten.

Seed – Samen THC-haltiger Hanfsorten werden in den Niederlanden verkauft

Sekara: Weitere Bezeichnung für das → Bilsenkraut.

Sekundäre Prävention: → Prävention.

Selbstbeobachtung ist eine wesentliche Voraussetzung für → Selbstmanagement, d.h. der selbstständigen Verhaltenssteuerung in die erwünschte Richtung.

Jede Steuerung, hier die des eigenen Verhaltens, setzt immer ausreichende Informationen voraus. Die Selbstbeobachtung kann z.B. in Form von Verhaltenstagebüchern erfolgen. Es wäre ein Fehler, bestimmte Verhaltensmuster ändern zu wollen, ohne dass die Ausgangslage durch hinreichende Selbst- oder Fremdbeobachtung vorab geklärt ist.

Selbstbetrug: Ohne ein gehöriges Maß an Selbstbetrug ist die Entwicklung einer Suchterkrankung nicht möglich. Jeder regelmäßige Drogenkonsum führt über kurz oder lang zu Problemen, die bei sorgfältiger Abwägung des Für und Wider zur Reduzierung oder Einstellung der Suchtmitteleinnahme führen müssten. Eine weitere Einnahme oder Steigerung des Konsums ist nur möglich, wenn man einen Teil der Realität ausblendet (→ Verharmlosung, → Gedanken, erlaubnisgebende, → Neurotisches Paradoxon).

Selbsteffizienz: Engl.: self efficiacy. Von Bandura 1977 geprägter Ausdruck, der die Überzeugung beschreibt, inwieweit der Patient sich selbst für fähig hält, ein Problem zu lösen. Man bezeichnet dies auch als Selbstwirksamkeit bzw. Selbstwirksamkeitsüberzeugung. US-Wissenschaftler vom National Institute of Health haben herausgefunden, dass Jugendliche, die ihre Aussicht auf Erfolg, also ihre Selbsteffizienz, besonders gering einschätzen, gefährdet sind, Probleme mit Suchtmitteln zu bekommen. Die Forscher interpretieren den Griff zu Suchtmitteln, z.B. → Alcopops, als Kompensation.

Wichtiges Ziel in der Therapie und in der → Prävention ist die Erhöhung der Selbsteffizienz. Je mehr ein Mensch überzeugt ist, seine Probleme meistern zu können, desto geringer ist sein Risiko, suchtkrank zu werden bzw. nach einer → Entzugsbehandlung oder einer → Entwöhnungsbehandlung rückfällig zu werden.

Selbstentzug: Versuch des Abhängigen, ohne therapeutische und medizinische Hilfe den Körper zu entgiften. Oft ist der Selbstentzug nicht von dauerhaftem Erfolg gekrönt, weil sich an den süchtigen Verhaltensweisen und den zusätzlich oft vorliegenden psychischen Auffälligkeiten des Konsumenten durch den Selbstentzug nichts ändert. Süchtige, die bereit sind, ihren Lebensstil grundsätzlich in Frage zu stellen und zu ändern, bleiben nach einem Selbstentzug allerdings nicht so selten drogenfrei, wie es allgemein vermutet wird. Genaue Zahlen über diese so genannten → Selbstheiler kennt man nicht.

Selbstheiler: Bezeichnung für Personen, denen ohne professionelle Hilfe der Ausstieg aus der Sucht gelingt. Obwohl genaue Zahlen fehlen, gehen Fachleute davon aus, dass ein großer Teil der Alkohol- und Drogenabhängigen ihre Suchtprobleme eigenständig ohne fremde Hilfe löst. Man leitet dies daraus ab, dass in epidemiologischen Studien eine viel höhere Zahl an Suchtkranken gefunden wurde als dies in Abgleich zu der Zahl derjenigen, die letztlich Anschluss an das Suchthilfesystem finden, zu erwarten wäre. In älteren Jahrgängen ist der Anteil an Suchtkranken dann deutlich niedriger, als nach der Zahl (der zum großen Teil auch noch erfolglos) behandelten Patienten zu vermuten wäre. Wahrscheinlich finden wesentlich mehr Suchtkranke als Selbstheiler zu unproblematischem Konsum oder → Abstinenz zurück als durch Therapie.

Selbstheilungsversuch: Viele Suchtkranke waren bereits vor Beginn ihrer Suchterkrankung anderweitig psychisch krank (→ Komorbidität). Man weiß z.B., dass bei vielen Alkoholabhängigen Ängste (→ ICD 10-Diagnosen: F40 und F41) bzw. depressive Störungen (ICD 10: vor allem F32, F33, F34) im Vorfeld der → Sucht vorliegen. Der Alkohol, der entängstigend und stimmungsaufhellend wirkt, wird von den von → Ängsten oder → Depressionen geplagten Menschen wie ein Medikament i.S. eines Selbstheilungsversuches eingesetzt. Anfänglich funktioniert dies auch. Bei chronischem Alkoholkonsum aber treten dann praktisch immer die nachteiligen Folgen des Konsums in den Vordergrund. Zudem lässt die ursprünglich erwünschte Wirkung aufgrund von → Toleranzentwicklung nach.

Die Einnahme des Suchtmittels zur Selbstheilung bleibt deshalb i.d.R. ein Versuch. Eine erfolgreiche Behandlung von Ängsten bzw. Depressionen besteht in → Psychotherapie, ggf. können zusätzlich bei beiden Krankheitsbildern → Antidepressiva gegeben werden.

Der Berufsverband der Ärzte für Kinder- und Jugendpsychiatrie und -psychotherapie stellte fest, dass fast alle Erwachsenen mit einer Hyperaktivitätsstörung, auch ADHS genannt, rauchen. Die Münchener Forscher Johanna und Klaus Henning fanden dabei heraus, dass das → Nikotin den → Dopamin-Stoffwechsel beeinflusst. Während bei hyperaktiven Nichtrauchern der Dopamin-Spiegel zu niedrig war, stellte er sich bei hyperaktiven Rauchern als normal dar. Auch hier scheint ein Selbstheilungsversuch durch das Rauchen vorzuliegen. Wegen der Schäden, die mit dem Tabakrauchen verbunden sind, sind auch hier zur Behandlung der Hyperaktivität andere Maßnahmen sinnvoller, z.B. → Verhaltenstherapie, ggf. in Verbindung mit einer → Psychopharmakatherapie (→ Methylphenidat).

Bei Drogenabhängigen ist die Drogeneinnahme ebenfalls oft als Selbstheilungsversuch zu werten. Neben Ängsten und Depressionen sind hier gehäuft Persönlichkeitsstörungen wie dissoziale Persönlichkeitsstörungen (ICD 10: F60.2), die emotional instabile Persönlichkeitsstörung (ICD 10: F60.3), → Borderline-Persönlichkeitsstörung oder die → narzisstische Persönlichkeitsstörung (ICD 10: F60.8) als primäre Erkrankung festzustellen. Persönlichkeitsstörungen werden i.d.R. psychotherapeutisch über längere Zeiträume behandelt. Zusätzlich können in vielen Fällen Psychopharmaka, z.B. → Mood Stabilizer, eingesetzt werden.

Selbsthilfegruppen sind ein wichtiges, vielleicht sogar das wichtigste Element in der Suchthilfe. Es handelt sich dabei um Zusammenschlüsse von Betroffenen, die gemeinsam nach Lösungen für ihre Probleme suchen (→ Therapeutische Gemeinschaft).

Selbsthilfegruppen gibt es sowohl für die Süchtige wie auch für ihre Angehörigen und Partner. In Deutschland treffen sich regelmäßig über 200000 Frauen und Männer in über 8000 Selbsthilfegruppen. Beispiele sind → Al-Anon, → Alateen, → Anonyme Alkoholiker, → Anonyme Esssüchtige, → Anonyme Raucher, → Anonyme Spieler-Interessengemeinschaft, → Blaues Kreuz, BKD, → Elternkreise, → Cinderella, → Deutscher Guttempler-Orden, → Kreuzbund, → Narcotics Anonymous, → Synanon und → Way & Sun.

Die Teilnahme an Selbsthilfegruppen ist kostenlos und freiwillig. Verschwiegenheit ist Grundlage jeder Selbsthilfegruppe, in den meisten Gruppen kennen die Teilnehmer auch nur die Vornamen der anderen Mitglieder. Auch stationäre → Entwöhnungsbehandlungen basieren zu einem wesentlichen Teil auf Selbsthilfe. Im Rahmen von Therapeutischen Gemeinschaften helfen und unterstützen sich die Betroffenen ähnlich wie in Selbsthilfegruppen.

Selbstinstruktionstraining: Wie alle Verfahren des Selbstmanagements, beruht auch das von Meichenbaum und Goodmann (1969, 1971) entwickelte Selbstinstruktionstraining auf der Methode des → operanten Konditionierens. Es wird vor allem in der Therapie von Kindern und Jugendlichen (auch in der → Entwöhnungsbehandlung) eingesetzt mit dem Ziel, auffälliges Verhalten zu reduzieren bzw. den Patienten zu befähigen, problematische Situationen besser zu lösen. Beim → Selbstinstruktionstraining steht die Selbstverbalisation, d.h. das Zu-sich-selbst-sprechen, im

Vordergrund. Meichenbaum geht beim Selbstinstruktionstraining in fünf Schritten vor:

Der erste Schritt besteht aus → Lernen am Modell: Ein Erwachsener führt die vom Kind zu lösende Aufgabe vor.

Im zweiten Schritt steht die offene externale Führung, d.h. die Durchführung unter Anleitung, im Vordergrund: Das Kind versucht dabei die gleiche Aufgabe unter den laut ausgesprochenen Anweisungen des Erwachsenen zu lösen.

Es folgt der Übergang in eine offene Selbstführung: Das Kind löst die Aufgabe selbstständig und sagt dabei zu sich selbst laut, was es gerade tut.

Ausblendende (→ Fading), offene Selbstführung kennzeichnet den nächsten Schritt: Das Kind löst die Aufgabe, instruiert sich dabei aber nur noch flüsternd.

Verdeckte Selbstinstruktion kennzeichnet den fünften Schritt: Das Kind geht die Aufgabe nur noch in Gedanken durch und steuert durch lautlose Selbstverbalisation.

Aufbauend auf dem Selbstinstruktionstraining wurden weitere ähnliche Verfahren entwickelt wie z.B. das → Problemlösetraining von D'Zurilla & Goldfried (1971).

Selbstkontrolle: Der Begriff geht auf Skinner (1953) zurück. Selbstkontrolle ist eine Sonderform des → Selbstmanagements und bezeichnet in einer konflikthaften Situation das Unterbrechen einer (für den Patienten ungünstigen) Verhaltenskette durch (willentliche) Selbstregulation. *Beispiel: Selbstkontrolle kann (z.B. bei Alkoholabhängigkeit) zur (vom Patienten) eigengesteuerten Unterbrechung einer Verhaltenskette bei Vorliegen eines Konfliktes genutzt werden (z.B. indem der Patient vor der Türe einer Kneipe umkehrt, weil er das Risiko des → Rückfalls erkennt).* Zwei Arten der Selbstkontrolle werden unterschieden:

Typ 1: Widerstehen der Versuchung (z.B. Versuchung = Zigarette führt nicht zu ursprünglicher Reaktion = Rauchen),

Typ 2: Heldenhaftes Verhalten. (Der Süchtige begibt sich in eine → Entzugsbehandlung trotz dort zu erwartender aversiver Reize, nämlich Entzugssymptome.) Das nur scheinbare Paradoxon dabei ist: Die Person zeigt – dank Selbstkontrolle – nicht das erwartete, bislang praktizierte und von direkter Belohnung gefolgte Verhalten (was unter Ausblendung kognitiver Prozesse zu erwarten wäre), sondern – aufgrund von Selbstregulationsprozessen – das auf langfristige Sicht mit aufgeschobener, aber größerer Verstärkung verbundene Verhalten. Die Reaktionskette mit eigentlich zu erwartender hoher Auftretenswahrscheinlichkeit wird unterbrochen. Selbstkontrollprozesse können durch die schriftliche, möglichst konkrete Formulierung von Therapiekontrakten (die natürlich im Laufe der Therapie bezüglich ihrer Einhaltung kontrolliert und ggf. auch modifiziert werden müssen) in ihrer Wirksamkeit optimiert werden.

Selbstmanagement bezeichnet die Fähigkeit des Menschen, sein Verhalten eigenständig zu steuern. Das Erarbeiten von Möglichkeiten zum Selbstmanagement ist Bestandteil jeder → Verhaltenstherapie. Der Patient weiß im Idealfall in der Verhaltenstherapie immer, was warum gemacht wird – ein unschätzbarer Vorteil der Verhaltenstherapie gegenüber der → Psychoanalyse, auch aus humanistischer Sicht.

Die Selbstmanagementfähigkeiten des Patienten nehmen im Laufe jeder Verhaltenstherapie zu, was schrittweise den Einfluss des Therapeuten zurückschraubt. Fremdbestimmung durch den Therapeuten wird so durch Selbstbestimmung ersetzt. Beachtet werden muss aber auch: Vollständige Selbstbestimmung ist von vielen Patienten gewünscht, kann aber nie ein realistisches Ziel sein. Selbst- und Fremdbestimmung stehen im Leben stets in wechselseitiger Beeinflussung. Der Patient muss seine Erwartungen immer mit denen der Umgebung (z.B. des Partners, der Eltern, der Freunde, des Arbeitgebers) abgleichen. Unrealistischen Erwartungen von Patienten bezüglich des angestrebten Ausmaßes an Selbstbestimmung muss frühzeitig entgegengetreten werden.

Selbstmanagement setzt sich aus verschiedenenen Bausteinen zusammen, nämlich → Selbstbeobachtung, → Selbstkontrolle (→ Selbstregulation) und → Selbstverstärkung.

Selbstmelder: Bezeichnung für Patienten, die sich – ohne zuvor Kontakt zu einer Drogenberatungsstelle oder einem Therapeuten gehabt zu haben – direkt bei einer Entwöhnungsklinik zur Therapie anmelden.

Selbstmanagementtherapie – dieses Buch von Kanfer ist ein Klassiker

Selbstmord: Auch Suizid, Selbsttötung oder Freitod genannt. Selbstmord ist eine häufige Todesursache bei Süchtigen. Studien belegen eine bis zu 75 Mal höhere Selbstmordrate bei Alkoholabhängigen. Viele an einer Überdosis gestorbene Drogenkonsumenten sind in Wirklichkeit Opfer eines verdeckten Selbstmordes. Oft sind es Menschen, die jahrelang Drogen konsumiert haben, denen die → Drogen »nichts mehr bringen«, die sich aber eine Rückkehr in die Normalität nicht mehr vorstellen können (→ Ausstiegsmotiv). Oft völlig vereinsamt, nehmen sie sich mit einer → Überdosis das Leben. Häufiger noch ist, dass hochgradig depressive Süchtige »es darauf ankommen lassen«, sich also bewusst hohe Drogendosen spritzen – wohl wissend, dass es ihr Tod sein könnte.

Da bei vielen Abhängigkeitskranken eine weitere psychische Krankheit vorliegt (→ Komorbidität), z.B. eine → Persönlichkeitsstörung, und die meisten psychischen Krankheiten mit einem erhöhten Selbstmordrisiko einhergehen, ist im Einzelfall schwer zu entscheiden, welche psychische Erkrankung Auslöser für die Selbsttötung war. Fast immer spielen zusätzliche auslösende Faktoren, wie z.B. Tod eines Freundes, Verlassenwerden vom Lebenspartner, eine Rolle. Die meisten Drogen verschlechtern – auch ohne Vorliegen weiterer psychischer Probleme – bei Dauerkonsum die Stimmung und erhöhen damit das Selbstmordrisiko. Drogen wie → Kokain, → Ecstasy und → Amphetamine erhöhen zudem Antrieb und → Aggressivität, was das Risiko für Selbsttötungen weiter erhöht. Zudem sinkt in berauschtem Zustand bei allen Suchtmitteln die Hemmschwelle. Im Einzelfall ist es schwierig nachzuvollziehen, was letztlich zum Selbstmord geführt hat.

Prominente Selbstmörder, in deren Leben Suchtmittel eine wichtige Rolle gespielt haben, sind z.B.: Chet Baker, Kurt Cobain, Ian Curtis, Brian Epstein, Judy

Selbstmord-Opfer Jimi Hendrix (hier in einem Pochoir von Pencl)

Garland, Rex Gildo, Hermann Göring, Ernest Hemingway, Jimi Hendrix, Adolf Hitler, Janis Joplin, Jack London, Marilyn Monroe, Jim Morrison, Michael Pfleghar, Elvis Presley, Mark Rothko, Sid Viciousw.

Selbstregulation: Ausdruck aus der → Verhaltenstherapie, der die Fähigkeit beschreibt, das eigene Verhalten selbstständig zu beobachten, zu bewerten und zu verändern. Selbstregulation ist eine Teilmenge des → Selbstmanagements, nämlich die Bezeichnung für die intrapsychischen Vorgänge, die dem von außen beobachtbaren Verhalten zugrunde liegen. Selbstregulation erfolgt nach Kanfer in drei Schritten:
1. Selbstüberwachung, 2. Selbstbewertung (self evaluation), 3. Selbstverstärkung (self reinforcement).
Die Fähigkeit des Einzelnen zur Selbstregulation ist Voraussetzung für ein erfülltes Leben. Süchtige sind oft dazu nur bedingt in der Lage. Durch eine Therapie (→ Entwöhnungsbehandlung) werden sie in die Lage versetzt, ihr Leben selbst zu regulieren. Viele Süchtige gestalten ihre Handlungen situationsabhängig und ihrem Gefühl folgend, aber mit wenig Nachdenken über mögliche Folgen. Wenn sie z.B. Krach mit dem Partner haben und Lust auf → Drogen oder → Alkohol bekommen, um den Ärger nicht mehr spüren zu müssen, dann machen sie das in der Regel, ohne lange über mögliche Konsequenzen nachzudenken. Ziel der Therapie ist es, Mechanismen zur Selbstregulation aufzubauen, sprich den Patienten zu planvollem, durchdachtem und nicht selbstschädigendem Verhalten zu befähigen.
Vollständige Selbstregulation ist dabei aber kein realistisches Ziel. Selbst- und Fremdregulation stehen stets in wechselseitiger Beeinflussung. Bandura spricht vom reziproken Determinismus bzw. vom Interaktionismus (siehe z.B. Kanfer & Karoly 1972, Bandura

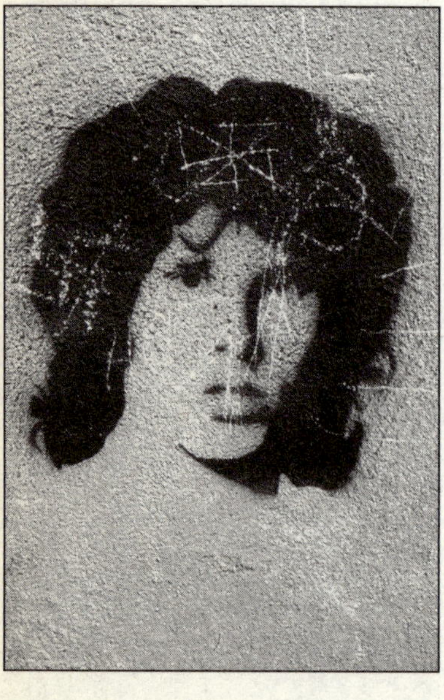

**Selbstmord –
auch Jim Morrison (hier in einem Pochoir von Ute B.) starb daran**

1974). Unrealistischen Erwartungen von Patienten bezüglich des angestrebten Ausmaßes an Selbstreulation muss frühzeitig entgegengetreten werden.

Selbstsicherheit ist Grundlage eines selbstbestimmten Lebens. Auch wenn es oft nicht auf den ersten Blick erkennbar ist, haben die meisten Süchtigen das Problem, nicht selbstsicher genug zu sein. Selbstunsicheres Verhalten (z.B. Nichtaussprechen von Wünschen und Kritik) trägt oft Züge von Vermeidungsverhalten. Dahinter stehen (meist unausgesprochene) Ängste vor befürchteten aversiven → Reizen und soziale Angst (Wolpe 1958). Mit Selbstsicherheit, die es in der Therapie aufzubauen gilt, ist nicht etwa das rücksichtslose, egoistische Auftreten, sondern das angemessene Umsetzen der eigenen Interessen unter Rücksichtnahme auf die Gefühle und Wünsche der anderen gemeint (→ angemessenes Verhalten). Zur Selbstsicherheit gehört z.B. auch Kompromissfähigkeit, aber auch Ausdauer beim Verfolgen der eigenen Ziele. Teil der Therapie bei Süchtigen ist es, ihnen Verhaltensweisen und Einstellungen zu vermitteln, die Ausdruck größerer Selbstsicherheit sind.

Selbstsicherheitstraining: Viele Abhängige haben Probleme, selbstsicher aufzutreten (→ Selbstsicherheit). Dies ist oft der Grund, warum → Drogen oder → Alkohol eingenommen werden. Die Selbstunsicherheit wird mit dem Suchtmittel überdeckt (→ Selbstheilungsversuch). Um abstinent leben zu können, müssen die meisten Suchtkranken daher erst einmal lernen, wie man sich selbstsicher verhält. Selbstsicherheit ist dabei nicht mit Rücksichtslosigkeit oder egoistischem Verhalten zu verwechseln. Es geht darum zu lernen, wie man Wünsche so äußert, dass andere Menschen sie wahrnehmen und darauf reagieren, ohne sich andererseits »auf die Füße getreten« zu fühlen. Hier das rechte Maß zu finden, ist nicht immer einfach.

Wie immer im Leben, so gilt auch hier: »Übung macht den Meister«. Selbstsicherheit entsteht nur dadurch, dass man sich von Misserfolgen nicht beirren lässt und aus Fehlern lernt. Für Suchtkranke,

Selbstmord – Ian Curtis, Sänger der Gruppe Joy Division hatte heftige Drogenprobleme

die meist über eine niedrigere → Frustrationstoleranz verfügen, ist das nicht immer einfach.

Selbstsicherheitstrainings beruhen auf den → Lerntheorien. Die → Reflextherapie von Salters kann als Vorläufer des Selbstsicherheitstrainings aufgefasst werden. Aber erst durch Wolpe (1958) erfuhr der Ansatz von Salters ca. 10 Jahre später breitere Resonanz. Wolpe verstand Selbstunsicherheit als Ausdruck sozialer Angst und verknüpfte Elemente der Reflextherapie mit denen der → systematischen Desensibilisierung. Er entwickelte daraus ein Selbstsicherheitstraining, für das er folgende Punkte als wichtig ansah:

- Ermutigung zur Selbstbehauptung durch den Therapeuten mithilfe verbaler Instruktion und Information.
- Verhaltensübungen, die ihrem Schwierigkeitsgrad entsprechend hierarchisch geordnet sind. Ziel: Bisher gehemmte Gefühle werden offen geäußert.
- Soziale Verstärkung beim Äußern neuen Verhaltens; Ziel: Durchsetzung angemessener Forderungen.

Das bekannteste Selbstsicherheitstraining ist das Assertiveness Trainings-Programm (→ ATP). Wie alle Kompetenztrainings ist auch das ATP von Ullrich & Ullrich de Muynck (1976, 1977) ein Verfahren, das auf der → operanten Konditionierung beruht. Sofern der Abbau von selbstunsicherem Verhalten Teil des ATP ist, kann von → Dekonditionierung gesprochen werden. Meist geht es aber beim Selbstsicherheitstraining um den Aufbau von bestimmten Verhaltensweisen, also um Konditionierung. Zum Oberbegriff »Selbstsicherheitstraining« gehören Begriffe wie → Selbstmanagement, → Selbstregulation, → Selbstbeobachtung, → Selbstkontrolle, → Selbstverstärkung und Selbstbestrafung.

Selbstüberschätzung: Bezeichnung für die Tatsache, dass die Risiken einer Situation unterschätzt und die eigenen Möglichkeiten zur Bewältigung überschätzt werden. Viele Drogensüchtige haben eine gefährliche Neigung zur Selbstüberschätzung. Sie glauben, trotz gegenläufiger Erfahrungen anderer Konsumenten, mit → Drogen kontrolliert umgehen zu können, und denken, dass ihnen schon nichts dabei passieren kann. Für nicht wenige endet diese Selbstüberschätzung tödlich. Auch in alltäglichen Situationen überschätzen sich Süchtige oft selbst. Es fehlt das realistische Maß. Die Selbstüberschätzung ist in der Regel als Überkompensation einer tiefverwurzelten → Selbstunsicherheit zu verstehen.

Selbstverstärkung: Selbstbelohnung und Selbstbestrafung sind die wesentlichen Steuerungsmittel in Selbstmanagementprozessen. Sie verändern die Auftretenswahrscheinlichkeit von Verhalten. Bei der Selbstverstärkung rsp. Selbstbestrafung entscheidet der Betreffende selbst, welche Konsequenz er auf ein Verhalten folgen lässt (also → C+, → ~~C-~~, → C-, → ~~C+~~). Häufig erfolgt Selbstbelohnung verdeckt, z.B. als Covert Conditioning (Cautela, 1965) in Form von (nicht laut ausgesprochenem) Selbstlob („Das hast du gut gemacht!»). Auch andere Verstärker, z.B. Münzverstärkung (Ayllon, 1968), können vom Patienten selbst eingesetzt werden. Patienten sollten in der Therapie systematisch dazu angeleitet werden, sich selbst für erwünschte Verhaltensweisen zu belohnen (z.B. eine Kaffeepause zu machen, wenn man eine schwierige Aufgabe gelöst hat) bzw. auf unerwünschte Verhaltensweisen eine negative Konsequenz folgen zu lassen (z.B. Anziehen und Loslassen eines Gummibandes am Handgelenk, wenn – trotz Nichtraucherwunsch – erneut eine Zigarette geraucht wurde). Eine Bestrafung hat dabei vor allem eine diskriminative Funktion, d.h. der Patient merkt, dass er gerade etwas falsch macht. Automatisierte Prozesse werden so deutlicher ins Bewusstsein gerückt und damit veränderbar. Meist ist es so, dass der Therapeut zunächst gezielt erwünschte Verhaltensweisen lobt (Fremdverstärkung) und dass dies der Patient zunehmend im Laufe der Therapie selbst übernimmt (→ Selbstinstruktionstraining).

Selbstwirksamkeit: → Selbsteffizienz.

Self Efficiacy: → Selbsteffizienz.

Senorita: Szeneausdruck für → Ololiuqui.

Serotonin, chemisch 5-Hydroxy-Tryptamin (Abk. 5HT), ist ein wichtiger Neurotransmitter im Gehirn. Serotonin hat Einfluss auf die Stimmung, die Wahrnehmung, die Spannung von Muskeln und die Darmbewegung. Wahrscheinlich sind noch lange nicht alle Wirkungen dieses Transmitters erforscht. Aufnahme und Abgabe von Serotonin in die Schaltstellen der Nervenzellen sowie der Abbau von Serotonin unterliegen einem fein austarierten Fließgleichwicht. Bei bestimmten psychischen Erkrankungen und nach der Einnahme von → Drogen ist dieses Gleichgewicht gestört. Bei Einnahme von → Ecstasy werden zum Beispiel die Serotoninspeicher in den Schaltstellen der Nerven fast vollständig geleert – ein heftiger → Psychokater ist die Folge. Inwieweit durch Störung des Serotoninhaushaltes Dauerschäden im Gehirn entstehen, ist nicht bekannt. Neuere Forschungsergebnisse legen nahe, dass derartige Schäden im Einzelfall rasch entstehen.

Servicestellen, gemeinsame: Mit Einführung des am 01.07.2001 in Kraft getretenen SGB IX wurde gemäß den darin enthaltenen § 22 und 23 die

Institution der gemeinsamen Servicestellen (an denen alle Kostenträger beteiligt sind) geschaffen. Diese Servicestellen sollen sicherstellen, dass die Patienten zeitnah in den Genuss der notwendigen Leistungen (z.B. Entwöhnungsmaßnahmen) kommen.

Set: Ursprünglich aus der Psychologie stammender Ausdruck, der den geistigen, körperlichen und seelischen Zustand eines Menschen in Zusammenhang mit Lernerfahrungen beschreibt. Intelligenz, Einfühlungsvermögen, emotionale Grundstimmung, Grundhaltungen, Charaktereigenschaften im weitesten Sinne, Veranlagung für psychische Erkrankung (die nicht immer sichtbar sein müssen) und körperliche Fitness sind nur einige Faktoren, die Einfluss auf das Set haben. In vielem entspricht das Set-Konzept dem der → O-Variable.

Timothy Leary wandte den Begriff »Set« auf Drogenerfahrungen an und machte ihn damit im Laufe der Zeit zum Szeneausdruck. Drogenkonsumenten verstehen heute unter Set den Zustand, in dem der Konsument sich befindet, bevor er → Drogen nimmt. Das Set hat Auswirkungen auf die Qualität des Rauschzustandes. Ängstlich eingestellte Menschen sollen eher → Horrortrips haben als ausgeglichene, depressive Menschen durch Drogeneinnahme noch depressiver werden. Bewiesen ist diese Annahme bis heute nicht, doch es spricht einiges dafür, dass das Set in dieser Art Einfluss auf die Drogenwirkung hat.

Der Begriff »Set« hat in Zusammenhang mit der → Harm Reduction in der Techno-Szene eine Renaissance erfahren. Unter Berücksichtigung von Set, → Setting und der richtigen Auswahl der Drogen soll → kontrollierter Konsum von Drogen populär gemacht werden. Wer dafür sorgt, dass er in guter seelischer Verfassung ist, wenn er Drogen nimmt, kann – so die Vorstellung – gefahrlos konsumieren können. Da das Set des Einzelnen aber im Vorfeld nie exakt erfasst werden kann – abgesehen davon, dass sich lange nicht jeder der → User überhaupt die Mühe macht –, ist schon deshalb jeder Drogenkonsum mit unkalkulierbaren Risiken verbunden.

Setting: Aus der Psychologie stammender Szeneausdruck, der die Umgebung des Konsumenten, in der er → Drogen nimmt, bezeichnet. In Zusammenhang mit Drogen soll die bewusste Gestaltung des Settings Rauscherlebnisse schöner und gefahrloser machen. Angenehme Räumlichkeiten, entspannende Musik, bequeme Sitzgelegenheiten und die Anwesenheit von Freunden sollen den Rausch angenehmer machen, während eine unpersönliche kalte Umgebung eher zu unangenehmen Rauscherlebnissen führen soll. In Grenzen trifft dies sicher zu. Ein gefahrloser

Drogenkonsum ist durch die bewusste Auswahl des Settings aber natürlich nicht möglich.

Sevredol: Name eines opiathaltigen Schmerzmittels in Tablettenform. Inhaltsstoff ist Morphinsulfat (→ Morphium). Es existiert in unterschiedlichen Stärken und unterliegt dem → Betäubungsmittelgesetz. Die Entwicklung einer → Abhängigkeit ist möglich.

SGB V: SGB V ist die Abk. für Sozialgesetzbuch V (→ Krankenhausverweildauer, → MDK). Verschiedene Paragraphen des SGB V sind im Bereich der Behandlung von Suchtkranken von Bedeutung.

Shake: Szeneausdruck für anfallsartiges Zittern, das durch Drogeneinnahme verursacht wird.

Shang-La: Name eines Staudengewächses (Phytolacca acinosa), das in den gemäßigten Breiten beider Erdhalbkugeln wächst. In China wird die Pflanze seit langem in der Medizin und bei religiösen Zeremonien benutzt. Der Rausch ist halluzinogen; der Wirkstoff ist nicht bekannt.

Shanin: Name einer Petunienart (Petunia violacea), die von den Eingeborenen Ecuadors als Rauschmittel eingesetzt wird. Die Einnahme der → Droge soll dem Konsumenten ermöglichen zu fliegen. Der Wirkstoff der Pflanze ist nicht bekannt.

Shanshi: Weit verbreitete Pflanze (Coriaria thymifolia), die seit langem dafür bekannt ist, bei Weidevieh zu tödlichen Vergiftungen zu führen. Viele Menschen, die die Früchte der Pflanze aßen, starben daran. Einige Bauern in den südamerikanischen Anden scheinen trotz der großen Giftigkeit der Pflanze durch bewusste Einnahme der Früchte einen künstlichen Rauschzustand herbeizuführen, der von Halluzinationen und Wahnvorstellungen begleitet ist. Der Wirkstoff ist nicht bekannt.

Shaping: Bezeichnung für ein Therapieverfahren, das auf den → Lerntheorien beruht und zu den operanten Konditionierungsverfahren gehört (→ operante Konditionierung). Unter Shaping versteht man den schrittweisen Aufbau von komplexen, bisher im Verhalten des Patienten nicht angelegten Verhaltensweisen vom Beginn der Verhaltenskette an (z.B. Anschauen eines unaufgeräumten Zimmers als ersten Schritt bis hin zu selbstständigem Aufräumen als erwünschtem Zielverhalten). Kleinste Veränderungen in die richtige Richtung werden beim Shaping positiv verstärkt. Ähnlich wie das → Chaining ist das Shaping eine sehr aufwändige Methode, die nur bei anderweitig nicht zu lösenden Problemen, meist bei Kindern mit Kooperationsproblemen (z.B. bei Langzeithospitalisation) aber auch bei Suchtkranken mit Abbausyndromen, zum Einsatz kommt.

She-to: Weitere Bezeichnung für → To-Shka.

Shiitake: Japanischer Speisepilz, der – mit → LSD beträufelt – als → Magic Mushroom verkauft wird.

Shit: Engl.= Scheiße. Szeneausdruck für → Cannabis, der auf der optischen Ähnlichkeit des Harzes der Pflanze mit Fäkalien beruht.

Shiu-Lang: Hahnenfußgewächs (Ranunculus acris), das nach Einnahme delirienartige Zustände mit Angst und → Halluzinationen hervorruft und zum Tode führen kann. In chinesischen Kräuterbüchern wird ausdrücklich vor der Pflanze gewarnt. Der Wirkstoff ist nicht bekannt.

Shiva Muli: Weitere Bezeichnung für → Cannabis.

Shore: Szeneausdruck für → Heroin.

Shotgun: Szeneausdruck für eine Rauchtechnik, bei der ein Helfer durch das Einblasen von Luft in die Wasserpfeife die Lungen des Drogenkonsumenten mit Rauch vollbläst.

Shulgin, Alexander: Nur wenige Forscher haben mit ihren Entdeckungen so viel Unheil über die Menschheit gebracht wie Alexander Shulgin. Im Jahre 1976 brachte Shulgin die in Vergessenheit geratene → psychoaktive Wirkung von → MDMA ins Bewusstsein der Öffentlichkeit zurück. Shulgin gilt als »Stiefvater« des MDMA, ohne seine Publikationen und seine dadurch zum Ausdruck gekommene Geltungssucht wären die Probleme, die seitdem durch Ecstasy verursacht wurden, wahrscheinlich vermeidbar gewesen.

In zahlreichen Experimenten mit MDMA und mehr als 170 weiteren Designerdrogen, u.a. auch → DOM, entwickelte Shulgin eine Vielzahl von Stoffen, deren therapeutischer Nutzen (absehbar?) gegen Null ging. Außerdem soll Shulgin im Auftrag der CIA bzw. des Pentagon das MDMA an illegalen Menschenversuchen beteiligt gewesen sein.

Sicherstellungsmengen: Ausdruck des Bundeskriminalamtes, mit dem, bezogen auf ein Jahr, die Menge an → Drogen beschrieben wird, die von der Polizei sichergestellt wurde. Die Höhe der Sicherstellungsmengen ist

Shit – vor dem Konsum wird er erhitzt

von verschiedenen Faktoren abhängig. Zum einen spielt natürlich eine Rolle, wie viele Drogen im Umlauf sind. Zum anderen ist aber auch nicht ohne Bedeutung, in welchem Maß an welchen Stellen Personen auf Drogenbesitz hin kontrolliert werden. Die → Steigerungsraten bei den synthetischen Drogen, die seit Beginn der neunziger Jahre festzustellen sind, sind z.B. wahrscheinlich zum einen auf einen steigenden Konsum, zum anderen aber auch auf eine intensivierte Strafverfolgung bestimmter Konsumentengruppen zurückzuführen.

Siddhi: Weitere Bezeichnung für → Cannabis.

17c-Prüfung: Der Gesetzgeber hat festgelegt, dass die Notwendigkeit der von Krankenhäusern erbrachten Leistungen von einer unabhängigen außenstehenden Institution, dem → MDK, überprüft werden kann (siehe hierzu § 12 SGB V und § 275 SGB V). So soll ein Missbrauch zu Lasten der Allgemeinheit verhindert werden.

Ein Mittel zur Überprüfung sind – neben Einzelfallprüfungen – so genannte 17c-Prüfungen. Sie dienen dazu, Krankenhäuser systematisch durch den MDK im Auftrag der Krankenkassen nach Fehlbelegungen absuchen zu lassen. Grundlage war früher § 17a des Krankenhausfinanzierungsgesetzes (geregelt über eine Richtlinie gemäß §§ 213 und 282 SGB V). In § 17a KHG hieß es: »Die Krankenkassen wirken durch gezielte Einschaltung des Medizinischen Dienstes der Krankenversicherung darauf hin, dass Fehlbelegung vermieden und bestehende Fehlbelegungen zügig abgebaut werden« (→ Indikationskriterien stationärer Behandlung). Ab 01.01.03 gilt der § 17c KHG, dessen entscheidende Änderung gegenüber dem alten § 17a darin besteht, dass das Einverständnis der Klinik zur Durchführung einer solchen Prüfung nicht erforderlich ist.

Bei einer § 17c-Prüfung wird durch den MDK eine bestimmte Anzahl von Krankenakten aus einem vorher definierten Zeitraum herausgesucht und überprüft. Werden dabei Fälle gefunden, bei denen Patienten stationär behandelt wurden, obwohl ambulante oder teilstationäre Behandlung möglich gewesen wäre oder obwohl vorrangig eine medizinische Rehabilitationsbehandlung indiziert war, so wird dies als Fehlbelegung vom MDK statistisch erfasst. Gleiches gilt für Patienten, bei denen nur noch nach einer geeigneten Wohnform gesucht wird und bei denen es keine medizinisch-therapeutischen Gründe für weitere Krankenhausbehandlung gibt. Die Ergebnisse der 17c-Prüfung werden bei den darauf folgenden Pflegesatzverhandlungen berücksichtigt.

Sigacalm: → Oxazepam.

Sinicuichi: In Nord-, Mittel- und Südamerika verbreitetes Weiderichgewächs (Heimia salicifolia), das wegen seiner halluzinogenen Wirkung von einigen Eingeborenenstämmen als Rauschmittel benutzt wird. Weitere Namen sind Abre-o-sol und Herva da vida. Aus den fermentierten Blättern wird ein berauschendes Getränk hergestellt. Der Rausch ist von Schwindel, Müdigkeit und optischen → Halluzinationen geprägt. Akustische Halluzinationen sind eher selten. Wirkstoff ist wahrscheinlich ein → Alkaloid namens Cyrogenin.

Sinngemäße Anwendung für die Vollstreckung von Maßregeln: § 463 der Strafprozessordnung (StPO), in der Fassung vom 7. April 1987 (BGBl. I S. 1074, 1319), zuletzt geändert durch Artikel 6 des Gesetzes vom 11. Oktober 2002 (BGBl. I S. 3970) regelt die sinngemäße Anwendung für die Vollstreckung von Maßregeln der Besserung und Sicherung:

»(1) Die Vorschriften über die Strafvollstreckung gelten für die Vollstreckung von Maßregeln der Besserung und Sicherung sinngemäß, soweit nichts anderes bestimmt ist.

(2) § 453 gilt auch für die nach den §§ 68a bis 68d des Strafgesetzbuches zu treffenden Entscheidungen.

(3) § 454 Abs. 1, 3 und 4 gilt auch für die nach § 67c Abs. 1, § 67d Abs. 2 und 3, § 67e Abs. 3, den §§ 68e, 68f Abs. 2 und § 72 Abs. 3 des Strafgesetzbuches zu treffenden Entscheidungen. In den Fällen des § 68e des Strafgesetzbuches bedarf es einer mündlichen Anhörung des Verurteilten nicht. § 454 Abs. 2 findet unabhängig von den dort genannten Straftaten in den Fällen des § 67d Abs. 2 und 3, des § 67c Abs. 1 und des § 72 Abs. 3 des Strafgesetzbuches entsprechende Anwendung. Zur Vorbereitung der Entscheidung nach § 67d Abs. 3 des Strafgesetzbuches sowie der nachfolgenden Entscheidungen nach § 67d Abs. 2 des Strafgesetzbuches hat das Gericht das Gutachten eines Sachverständigen namentlich zu der Frage einzuholen, ob von dem Verurteilten auf Grund seines Hanges weiterhin erhebliche rechtswidrige Taten zu erwarten sind. Dem Verurteilten, der keine Verteidiger hat, bestellt das Gericht für das Verfahren nach Satz 4 einen Verteidiger.

(4) § 455 Abs. 1 ist nicht anzuwenden, wenn die Unterbringung in einem psychiatrischen Krankenhaus angeordnet ist. Ist die Unterbringung in einer Entziehungsanstalt oder in der Sicherungsverwahrung angeordnet worden und verfällt der Verurteilte in Geisteskrankheit, so kann die Vollstreckung der Maßregel aufgeschoben werden. § 456 ist nicht anzuwenden, wenn die Unterbringung des Verurteilten in

der Sicherungsverwahrung angeordnet ist.

(5) § 462 gilt auch für die nach § 67 Abs. 3 und Abs. 5 Satz 2, den §§ 67a und 67c Abs. 2, § 67d Abs. 5, den §§ 67g und 69a Abs. 7 sowie den §§ 70a und 70b des Strafgesetzbuches zu treffenden Entscheidungen.

(6) Für die Anwendung des § 462a Abs. 1 steht die Führungsaufsicht in den Fällen des § 67c Abs. 1, des § 67d Abs. 2, 4 und des § 68f des Strafgesetzbuches der Aussetzung eines Strafrestes gleich.«

Sinsemilla: Szeneausdruck für → Cannabis-Züchtungen mit hohem → THC-Gehalt.

Sitter: Szeneausdruck für einen Menschen, der einen Drogenkonsumenten bei seinem Rauscherlebnis in nüchternem Zustand begleitet, um in Notfällen Hilfe zu leisten.

Sit-in: Treffen zur gemeinsamen Einnahme von → Drogen.

Skid Row: Szeneausdruck für Treffpunkte von Süchtigen.

Skills Training: Bezeichnung für das Training von Fähigkeiten, z.B. im Rahmen einer → Psychotherapie. → Abhängigkeitskranke haben in der Regel eine Vielzahl nützlicher Fähigkeiten zur Problembewältigung nie gelernt.

Ein wesentlicher Grund für den Konsum besteht darin, dass sie mit einer Situation überfordert sind und dass sie Probleme für nicht lösbar halten (→ Selbsteffizienz). Ein Skills Training, z.B. im Rahmen einer → Entwöhnungsbehandlung, kann die Einstellung des Patienten zu seinen Möglichkeiten grundsätzlich verändern und damit die Basis für ein suchtmittelfreies Leben schaffen (→ Abstinenz).

Skinpopping: Szeneausdruck für das Spritzen von → Drogen unter die Haut. Grund ist der Wunsch, durch diese Anwendungsform nicht abhängig zu werden, was erfahrungsgemäß nicht gelingt. Der Rausch tritt bei Skinpopping nicht so rasch ein wie bei intravenöser Injektion. Häufig kommt es zu schlecht heilenden Abszessen.

Sledging: Beschreibung für einen Zustand nach Drogenkonsum, in dem sich der Patient nicht mehr bewegen oder nicht mehr äußern kann. Das Sledging geht häufig in ein Koma über bzw. endet tödlich.

Sleepers: Szeneausdruck für → Drogen, die schlafanstoßend wirken, wie z.B. → Benzodiazepine, → Barbiturate, → Heroin oder → Methadon.

Slowness: Szeneausdruck für depressive Nachschwankungen und Antriebsstörungen, die nach dem Rausch auftreten. Besser bekannt als → Psychokater.

Smack: Szeneausdruck für → Heroin.

smart drugs: Szeneausdruck für → Drogen oder Medikamente, die die Hirnleistungsfähigkeit verbessern sollen.

Smarties: Szeneausdruck für → Drogen in Tablettenform (→ Ritalin).

Smart Shops: Bezeichnung für niederländische Geschäfte, in denen Pflanzendrogen, Drogenbücher und das zum Drogenkonsum nötige Zubehör wie zum Beispiel → Wasserpfeifen verkauft werden. Der geläufigere Name für derartige Geschäfte ist Head Shops.

Smoke-in: Szeneausdruck für das Zusammenfinden zum Zwecke des gemeinsamen → Cannabis-Rauchens.

Snappers: Szeneausdruck für Ampullen, die → Opium enthalten.

sniefen: Szeneausdruck für das Einnehmen von → Drogen über die Nase – meist → Amphetamine oder → Kokain. Der Wirkungseintritt ist beim Sniefen nicht ganz so schnell wie beim Spritzen. Es dauert meist einige Minuten, bis die Drogen wirken. Der → Rausch ist dafür länger anhaltend. Auch diese Form der Anwendung kann natürlich zu → Abhängigkeit führen. Außerdem schädigt Sniefen die Nasenschleimhäute und kann zu Löchern in der Nasenscheidewand führen.

sniffen: Szeneausdruck für die Drogeneinnahme durch die Nase.

snorten: Szeneausdruck für die Drogeneinnahme durch die Nase. Zu Risiken und Nebenwirkungen → sniefen.

Snow: Szeneausdruck für → Kokain, manchmal auch für besonders reines → Heroin.

Snowball: Szeneausdruck für eine Mischung aus → Heroin und → Kokain, die in Form eines weißen Bällchens, daher der Name, oder auch in Tablettenform verkauft wird.

Snuff: Szeneausdruck für → Drogen, die geschnupft werden.

Sodbrennen ist die Bezeichnung für den mit unangenehmem Brennen verbundenen Rückfluss von Magensäure in die Speiseröhre – bei Rauchern ein häufiges Phänomen. Ein Teil der zurückgeflossenen Magensäure wird normalerweise durch das Bikarbonat des Speichels gebunden, was ihre Wirkung abschwächt. Wissenschaftler des Northern General Hospital in Sheffield, Großbritannien, haben herausgefunden, dass bei Rauchern diese Selbstreinigungsfunktion des Körpers gestört ist. Das dürfte die stärkeren Beschwerden erklären. Wenn die Patienten aufhörten zu rauchen, erhöhte sich die Bildung des Bikarbonats im Speichel signifikant und die Beschwerden besserten sich.

Soft hemp: Weitere Bezeichnung für → Cannabis.

Solanazeen: Weitere Bezeichnung für → Nachtschattengewächse.

Soma: Bislang nicht identifizierte → Droge, die in der indischen Mythologie eine große Rolle spielt. Bei Soma soll es sich um den Saft einer Pflanze handeln, die übernatürliche Kräfte verleiht. Soma galt als Gottheit, der 120 der 1000 heiligen Hymnen des Rigweda gewidmet sind. Vielleicht handelt es sich bei Soma um den → Fliegenpilz und andere → Pilze mit → psychoaktiver Wirkung. Auch die → Harmalraute, das → Ephedrakraut, das → Mutterkorn sind als Kandidaten im Gespräch. Als Amitra, der Unsterblichkeitstrank, wurde Soma im vedischen Opferritual den Göttern nahe gebracht und von den Brahmanenpriestern getrunken. In der nachvedischen Zeit wurde Soma mit dem Mond in Verbindung gebracht und galt seitdem als Mondgott. Aldous Huxley benannte in seinem Roman »Schöne neue Welt« mit Soma eine Droge, die dazu dient, die Massen ruhig zu stellen. Im heutigen Indien werden zahlreiche Getränke, die unterschiedliche Rauschmittel enthalten, als Soma verkauft.

Somagerol: Handelsname eines mittellang wirksamen → Benzodiazepins, das zur Behandlung von → Angst und Erregungszuständen, vor und nach Operationen zur Beruhigung sowie bei → Schlafstörungen eingesetzt wird. Inhaltsstoff ist → Lorazepam. Die Entwicklung einer psychischen und physischen → Abhängigkeit kann rasch erfolgen.

Somalitee: Weitere Bezeichnung für → Khat.

Sonin: Handelsname eines → Benzodiazepins, das gegen → Schlafstörungen eingesetzt wird. Missbräuchlich wird es auch als → Droge verwendet. Inhaltsstoff ist Loprazolam.

Sonnenöffner: Weitere Bezeichnung für → Sinicuichi.

Sonntagsschuss: Szeneausdruck für eine → Heroin-Injektion, der ein besonders positives Rauscherlebnis folgt.

SORKC-Schema: → Kanfer-Formel.

Sozialgesetzbuch V: Abk. → SGB V.

sozioökonomischer Status, kurz SES, hat statistisch gesehen wesentlichen Einfluss auf das Risiko, krank zu werden und auf die Lebenserwartung. Personen mit niedrigerem SES ernähren sich im Mittel schlechter, bewegen sich weniger und sterben früher. Sie haben auch ein höheres Risiko, abhängig zu werden. Zum Beispiel ist nach einer Berechnung von Helmert die Quote der Raucher in der Gruppe mit einem Haushaltseinkommen unter 700 Euro doppelt so hoch wie in der Gruppe mit einem Einkommen von über 3250 Euro. Für andere Rauschmittel gilt vermutlich Ähnliches. Es besteht hier eine erhebliche gesundheitliche Ungleichheit. Für Jugendliche ergibt sich ein erhöhtes Risiko, süchtig zu werden, nach den bisherigen Ergebnissen der HSBC-Studie vor allem in Verbindung mit dem Schultyp (www.hbsc.org oder www.hbsc-germany.de). Gymnasiasten haben ein weitaus geringeres Risiko, süchtig zu werden als Schüler anderer Schulformen. Vielleicht ist es bei Erwachsenen auch weniger das Einkommen als die Art des Berufes bzw. das Vorhandensein oder Nichtvorhandensein von Arbeitslosigkeit, die das Risiko, abhängig zu werden, verändern.

spaced sein: Szeneausdruck für »berauscht sein«. Kommt von engl. space = Weltall.

Space Cake: Bezeichnung für einen Kuchen oder Keks, der → THC-haltiges → Cannabis enthält.

Spadie: Weitere Bezeichnung für den → Koka-Strauch.

Spannungsdreieck der Sucht: Mit diesem Begriff versucht man der Tatsache Ausdruck zu verleihen, dass → Sucht maßgeblich von drei Faktoren beeinflusst wird: 1. der → Droge, 2. der individuellen Disposition und 3. der Umgebung. Dieser Zusammenhang wird auch neudeutsch mit Drug, → Set und → Setting umschrieben.

Zu der Droge ist zu sagen, dass ein Stoff nur dann zur Ausbildung einer Sucht führen kann, wenn er eine psychoaktive, das heißt eine auf das Gehirn und damit auf das Erleben und Empfinden ausgerichtete Wirkung hat. Je stärker die → psychoaktive Wirkung ist, je schneller die Drogenwirkung einsetzt und je geringer die negativen Auswirkungen auf die Psyche sind, desto größer ist die Gefahr, dass eine → Abhängigkeit entsteht. Nicht bei jedem wirken Drogen gleich. Manche Menschen haben z.B. nach exzessivem Alkoholkonsum wenig Nebenwirkungen (→ Kater). Wer aufgrund seiner Enzym- und Rezeptorausstattung wenig Nebenwirkungen nach dem Konsum hat, ist gefährdeter, süchtig zu werden. Sicher spielt eine erbliche Komponente eine Rolle bei der Entstehung von Sucht, doch da auch Umgebungs- und Erziehungsfaktoren von Geburt an einen Einfluss auf den Menschen haben, ist schwer zu entscheiden, wie groß die erbliche Komponente ist. Adoptivkinder, die von Alkoholikern abstammen, haben aber selbst dann ein erhöhtes Risiko, süchtig zu werden, wenn sie bei nichtsüchtigen Adoptiveltern aufwachsen.

Erkenntnisse bieten auch Ergebnisse aus der Zwillingsforschung: Bei eineiigen Zwillingen (also genetisch identischen Menschen) ist, sofern ein Zwilling bereits abhängig ist, das Risiko für den anderen Zwilling doppelt so hoch wie bei zweieiigen (26-70 % bei den Eineiigen zu 12-32 % bei den zweieiigen). Das Beispiel mit den Zwillingen zeigt aber auch: Keinesfalls ist irgendjemand – gleich welche Erbmasse er hat – dazu verdammt, süchtig zu werden. Weitere Faktoren müssen dazukommen.

Wichtig ist, das persönliche Risiko einzuschätzen: Menschen, die z.B. unter Ängsten, Selbstunsicherheit, depressiver Verstimmung oder emotionaler Instabilität leiden und Menschen, die sich wenig zutrauen, sind gefährdeter (→ Komorbidität). Das Gleiche gilt aber auch für Personen, die sehr von sich eingenommen sind und ständig Größenphantasien haben → narzisstische Persönlichkeitsstörung). Man kann vereinfachend sagen, dass alle Extreme die Anfälligkeit für Suchterkrankungen steigern.
Auch die Bildung und die soziale Schicht spielen eine Rolle. Je höher das Einkommen und je höher die Bildung, desto geringer ist das Risiko für Suchterkrankungen. Das gilt – entgegen weitverbreiteter Ansichten – im Übrigen auch für sog. Managerdrogen wie → Kokain. Das heißt aber natürlich nicht, dass jemand mit wenig Geld oder geringer Bildung zwangsläufig süchtig wird.
Als dritter Faktor spielt die Umgebung eine Rolle. Je weiter verbreitet legale oder illegale Suchtmittel in einer Gesellschaft sind, desto größer ist die Wahrscheinlichkeit, dass ein Individuum zum Konsumenten wird. Je mehr Konsumenten es gibt, desto größer wird die Anzahl der Süchtigen. Eltern, Verwandte, Lehrer und ganz besonders die engsten Freunde, die → Peer-Group, haben ganz wesentlichen Einfluss auf das Konsumverhalten. Dazu kommen übergeordnete gesellschaftliche Strömungen, als Beispiel sei die Zunahme des → Ecstasy-Konsums in Verbindung mit dem Anwachsen der → Techno-Szene zu nennen.
Die Gesellschaft hat ganz wesentlichen Einfluss auf die Anzahl ihrer Süchtigen. In kaum einem Land der westlichen Welt wird mehr → Alkohol pro Kopf getrunken als in Deutschland; das ist kein Schicksal, sondern Folge des gesellschaftlichen Konsens und von politischen Entscheidungen.
Das System der Suchthilfe muss – will es effektiv sein – an allen drei Ecken des Spannungsdreieckes ansetzen. Trotz der oben aufgeführten Tatsachen muss immer der Einzelne betrachtet werden; was statistisch erwiesen ist, gilt noch lange nicht für den Einzelfall.

Sparzwang: Aufgrund knapper werdender öffentlicher Mittel besteht in den meisten Haushalten ein Sparzwang, der Auswirkungen auf das Suchthilfesystem hat und wahrscheinlich künftig noch in weitaus stärkerem Maße haben wird.
Als eine Auswirkung der Sparmaßnahmen in Nordrhein-Westfalen wurde z.B. Anfang 2004 »inforum – Das Info-Medium zur Sucht in NRW« (Nummer 4-2003) eingestellt. Die Zeitung »inforum« hatte sich zu einem gern gelesenen Medium in der Suchtkrankenhilfe entwickelt. Viele Sucht-

beratungsstellen sind in ihrer Existenz bedroht. Es ist denkbar, dass es in einigen Jahren diese kostenlosen Beratungsangebote nicht mehr gibt.
Auch im Bereich der Arbeitsämter werden Fördermaßnahmen rigoros zusammengestrichen, wenn sie bestimmte Effizienzmaßstäbe nicht erfüllen. Vor allem Suchtkranke, die häufiger als andere derartige Fördermaßnahmen nicht erfolgreich beenden, sind davon betroffen.
Jede therapeutische Maßnahme wird von den Krankenkassen und den Rentenversicherungsträgern derzeit auf den Prüfstand gestellt. Da die Erfolge im Suchthilfesystem – zumindest von außen betrachtet – alles andere als hoch sind, ist damit zu rechnen, dass hier ein enormer Druck entsteht. Da außerdem immer weniger Ärzte für Tätigkeiten am Patienten zur Verfügung stehen und da eine Arbeit im Suchtbereich für Ärzte als wenig attraktiv gilt, ist – zumindest in strukturschwachen Gebieten – damit zu rechnen, dass eine ganze Reihe von Suchtkliniken schließen wird. Es ist als nahezu zwangsläufige Folge der notwendigen Einsparungen damit zu rechnen, dass die Suchthilfe im Laufe der nächsten Jahre wieder erheblich weniger niederschwellig sein wird und dass Selbsthilfegruppen, wie z.B. → Synanon, und → Therapeutische Gemeinschaften wieder an Bedeutung gewinnen werden.

Spasmolytica: Bezeichnung für Medikamente, die ärztlicherseits gegen krampfartige Bauchschmerzen eingesetzt werden. Spasmolytica haben kein eigenes → Suchtpotenzial. In der Drogenszene werden sie missbräuchlich in Kombination mit → Alkohol eingesetzt, dessen Rauschwirkung sie stärken sollen.

späterer Beginn der Unterbringung: § 67 c des Strafgesetzbuches StGB (in der Fassung der Bekanntmachung vom 13. November 1998, zuletzt geändert durch Artikel 1 des Gesetzes vom 22. August 2002) regelt den späteren Beginn der Unterbringung im → Maßregelvollzug:

»(1) Wird eine Freiheitsstrafe vor einer zugleich angeordneten Unterbringung vollzogen, so prüft das Gericht vor dem Ende des Vollzugs der Strafe, ob der Zweck der Maßregel die Unterbringung noch erfordert. Ist das nicht der Fall, so setzt es die Vollstreckung der Unterbringung zur Bewährung aus; mit der Aussetzung tritt Führungsaufsicht ein.

(2) Hat der Vollzug der Unterbringung drei Jahre nach Rechtskraft ihrer Anordnung noch nicht begonnen und liegt ein Fall des Absatzes 1 oder des § 67b nicht vor, so darf die Unterbringung nur noch vollzogen werden, wenn das Gericht es anordnet. In die Frist wird die Zeit nicht eingerechnet, in welcher der Täter auf behördliche Anord-

nung in einer Anstalt verwahrt worden ist. Das Gericht ordnet den Vollzug an, wenn der Zweck der Maßregel die Unterbringung noch erfordert. Ist der Zweck der Maßregel nicht erreicht, rechtfertigen aber besondere Umstände die Erwartung, dass er auch durch die Aussetzung erreicht werden kann, so setzt das Gericht die Vollstreckung der Unterbringung zur Bewährung aus; mit der Aussetzung tritt Führungsaufsicht ein. Ist der Zweck der Maßregel erreicht, so erklärt das Gericht sie für erledigt.«

Special K: Szeneausdruck für → Ketamin.

Speed: Engl. = Geschwindigkeit. Szeneausdruck für → Amphetamine und amphetaminähnlich wirkende → Drogen wie z.B. → Ritalin, die den Antrieb steigern, sprich »schnell« machen.

Speedball: Szeneausdruck für eine Mischung aus → Heroin und → Amphetamin bzw. → Kokain.

Speed-Narben: Szeneausdruck für tiefe Narben, die nach → Speed-Konsum durch Einlagerung von → Amphetamin-Kristallen in der Haut entstehen können.

spicken: Szeneausdruck für das unbemerkte Beimengen von → Drogen in Nahrungsmittel. Der Betroffene nimmt die Drogen dann ohne sein Wissen auf. Handelt es sich um→ Halluzinogene, so sind neben den Halluzinationen meist schwere Angstzustände die Folge.
Ziel ist entweder das Berauben des Gegenübers, der durch das Spicken wehrlos gemacht werden soll. Menschen mit merkwürdigem Humor betreiben es auch zur Belustigung. Spicken erfüllt den Tatbestand der Körperverletzung. Bei tödlichen Komplikationen kann die Anklage u.U. auf Mord lauten.

Spider naevi: Bezeichnung für spinnenartige Neubildung von Gefäßen (→ körperliche Veränderung durch Alkohol).

Spike: Szeneausdruck für Injektionsbesteck, das für die Einnahme von → Drogen verwendet wird.

Spitzkegeliger Kahlkopf: Der spitzkegelige Kahlkopf (Psilocybe semilanceata) wird mindestens seit dem Mittelalter als Hexenmittel und Rauschdroge eingesetzt. Wirkstoffe sind → Psilocin, → Psilocybin und Baeocystin.

Splash: **1.** Szeneausdruck für → Amphetamine. **2.** Szeneausdruck für das durch → Amphetamine ausgelöste Rauscherlebnis.

Spliff: Szeneausdruck für Zigarette, die → Cannabis enthält.

Splint: Szeneausdruck für Zigarette, die → Cannabis enthält.

splitten: Szeneausdruck für den Abbruch einer → Entgiftungsbehandlung oder → Entwöhnungsbehandlung.

Spraydose, Alkohol aus der: → Awol.

Stachelnuss: Weitere Bezeichnung für den → Stechapfel.

Star Dust: Szeneausdruck für → Kokain.

Startle-Reaktion: Bezeichnung für die Messung der Höhe des Lidschlages nach Präsentation eines Schreckreizes. Interessant ist, dass sich nach Untersuchungen von Dr. R. Spanagel (Mannheim) anhand der Startle-Reaktion mit großer Wahrscheinlichkeit beurteilen lässt, ob bei einem Patienten ein positives → Craving vorliegt. Reagiert ein Patient nach Zeigen eines als angenehm empfundenen Bildmotivs nach Präsentation eines Schreckreizes mit weniger hohem Lidschlag, also weniger schreckhaft, so liegt mit großer Wahrscheinlichkeit positives Craving vor. Die veränderte Startle-Reaktion ist dabei ein Hinweis auf die abgelaufenen Prozesse → klassischer Konditionierung. Den Patienten sind diese Vorgänge allerdings nicht bewusst.

Staurodorm: Handelsname eines → Benzodiazepins, das gegen → Schlafstörungen eingesetzt wird. Missbräuchlich wird es auch als → Droge verwendet. Inhaltsstoff ist Flurazepam.

Stechapfel: Der weiße Stechapfel (Datura stramonium) ist ein → Nachtschattengewächs, das einen von → Halluzinationen geprägten → Rausch

Stechapfel

hervorrufen kann. Wirkstoffe sind vor allem → Atropin, Hyoscyamin und → Scopolamin. Der Stechapfel wird 30 bis 100 cm hoch. Die Blätter sind gezähnt, die Blüten weiß bis violett und trichterförmig ähnlich wie die der verwandten → Engelstrompete. Der Stechapfel blüht zwischen Juni und September. Seinen Namen hat er von den stacheligen, zunächst grünen, dann braunen Früchte, wenn sie reif sind, aufplatzen und schwarze Samen freisetzen.

Der Stechapfel war über viele Jahrhunderte wichtiger Bestandteil der Hexenkunst in Europa, spielt aber auch in Nordamerika seit langem eine Rolle als Rauschmittel bei den Indianern. Bis Anfang des 20. Jahrhunderts wurde Stechapfel mit → Tabak vermischt als Asthmamittel genutzt. Pferden wurden Blätter des Stechapfels in den After geschoben, um ihnen mehr Temperament zu verleihen und sie teurer verkaufen zu können.

Die Anwendung geschieht durch das Rauchen getrockneter Blätter. Früher war es auch üblich, Pflanzenbestandteile des Stechapfels → Bier oder Wein zuzusetzen. Die Rauscherlebnisse werden überwiegend als unangenehm empfunden. Nebenwirkungen sind Mundtrockenheit, Schwindel, Blutdruckkrisen, Herzrhythmusstörungen, Fieber, → Schlaflosigkeit, Angstzustände bis hin zu Wahnvorstellungen und → Psychosen. Tödliche Vergiftungen sind möglich. Der Wirkstoffgehalt schwankt stark, weshalb die Gefahr einer tödlichen Überdosierung sehr hoch ist.

Weitere Namen sind Amaymustak, Amayuhc, Cojon del diabolo, Concombre à chien, Concombre Zombi, Dornapfel, El-rita, Fêng-ch'ieh-êrh, Hierba del diabolo, Hierba inca, Higuera loca, Miaya, Mixitl, Papa espinosa, Peruanischer Apfel, Schlafkraut, Schwarzkümmel, Stachelnuss, Stink Weed, Tatula, Teufelsapfel, Tschxwiotilija, Toloache, Xholo, Yoshu chosen asago und Zigeunerapfel.

Steckies: Szeneausdruck für stecknadelgroße Pupillen nach Einnahme von → Opiaten wie z.B. → Heroin (→ Pupillenverengung).

Steigerungsrate bezieht sich in der Drogenliteratur meist auf die → Sicherstellungsmengen des Bundeskriminalamtes. Wenn in einem Jahr, im Vergleich zum Vorjahr, mehr → Drogen sichergestellt werden, folgert man daraus, dass auch mehr konsumiert wird und spricht von einer positiven Steigerungsrate. Werden weniger Drogen konsumiert als im Vorjahr, nennt man das negative Steigerungsrate.

Steppenraute, syrische: Weitere Bezeichnung für das → Harmalkraut.

Stereo-Effekt: Szeneausdruck für ein verstärktes Rauscherlebnis, das durch Einnahme mehrerer → Drogen hervorgerufen wird.

Stesolid: Handelsname eines lang wirksamen → Benzodiazepins. Inhaltsstoff ist → Diazepam. Es wird zur Behandlung von akuten und chronischen Spannungs- und Erregungszuständen, bei Wundstarrkrampf, im Status epilepticus sowie vor Operationen eingesetzt, findet aber gelegentlich auch missbräuchlich Anwendung als Rauschmittel in der Drogenszene.

stiff sein: Szeneausdruck für »betrunken sein«.

Stimulantien: → Stimulanzien.

Stimulanzien, im Szenejargon → Upper genannt, sind → Drogen bzw. Medikamente, die Müdigkeit unterdrücken, die Konzentrationsfähigkeit erhöhen, das Selbstbewusstsein steigern, die Stimmung heben und den Antrieb verbessern. Pharmakologisch bilden die unten aufgeführten Rauschmittel keine Einheit. Weil aber die Wirkungen ähnlich sind, werden sie gemeinsam als Stimulanzien bezeichnet. Zu den Stimulanzien gehören Stoffe wie:
→ Amphetamin (→ Speed), → Base (basische Form des Kokains), Cathin (→ Khat), → Coca-Blätter, → Coffein (→ Kaffee und schwarzer → Tee), → Crack (basische Form des → Kokains), → Ecstasy (→ MDMA, MBDB u.a.), → Ephedrin, → FreeBase (basische Form des → Kokains), → Guarana, Kokain, Metamphetamin, → Nicotin, → Ritalin.
Die Stärke der hier besprochenen Drogen ist sehr unterschiedlich. Coffein ist ein sehr schwaches Stimulantium, Crack ein sehr starkes. Ecstasy hat zusätzlich zu seiner stimulierenden Wirkung halluzinogen-ähnliche Effekte. Im Folgenden werden die Wirkungen von Stimulanzien aus lerntheoretischer Sicht erklärt: Kurzfristig bewirken Stimulanzien eine Verbesserung der Stimmung (= → C +), eine Steigerung des Antriebs, einen Wegfall zwanghafter Grübelei (→ C-), eine Hebung des Selbstbewusstseins (C+), eine Enthemmung (→ C-) mit dem Effekt besserer Möglichkeit zur Kontaktaufnahme (C+). All diese Effekte stellen sich unmittelbar nach Einnahme der Droge mit enger Kontingenz ein. Jc schneller die o.a. Drogenwirkung eintritt (= höhere Kontingenz) und je stärker sie ist (stärkerer C+), desto höher ist der Lerneffekt und damit die Wahrscheinlichkeit zur Wiederholung der Einnahme, d.h. der Auftretenswahrscheinlichkeit des potenziell problematischen Verhaltens. Crack, die basische Form des Kokains, die schneller im Hirn anflutet als Kokain, hat daher z.B. ein höheres → Suchtpotenzial als Kokain.
Neben der Rauschwirkung haben die hier beschriebenen Drogen allerdings auch körperliche Nebenwirkungen (C-). Alle Stimulanzien stören mehr oder weniger die körpereigene Wahrnehmung, indem sie Hunger

und Müdigkeit unterdrücken (kann allerdings auch als C+ empfunden werden) und den Wärmehaushalt durcheinander bringen. Zusätzlich kann es zu Erschöpfungszuständen kommen. Stimulanzien erhöhen den Blutdruck, bei entsprechend vorgeschädigten Personen kann es zu Infarkten und Schlaganfällen kommen. Zudem greifen sie am Herzen an, beschleunigen den Herzrhythmus, können zu Unregelmäßigkeiten des Herzschlages führen bis hin zum → Herzstillstand. Sie führen zu körperlichem Abbau, Beschleunigung der Alterung, Verlust an Attraktivität. Hinzu kommen psychosoziale Probleme wie Vereinsamung durch Selbstbelohnung vs. Fremdbelohnung, Persönlichkeitsveränderungen (→ Aggressivität gesteigert, Einfühlungsvermögen vermindert, → Angst bis hin zu paranoidem Erleben) juristische Probleme. Aber: Viele dieser C- treten erst mit größerem zeitlichen Abstand zur Drogeneinnahme oder nach längerer Konsumdauer auf, d.h. die Kontingenz der nachteiligen Wirkung ist erheblich geringer als bei der belohnenden Rauschwirkung. Die Wahrscheinlichkeit, dass die negativen Auswirkungen des Suchtmittelkonsums die Häufigkeit der Einnahme verringern, ist damit geringer als die Wahrscheinlichkeit einer verstärkten Einnahme (eben wegen der geringeren Kontingenz).

Stimulanzien erzeugen praktisch keine körperliche → Abhängigkeit (Im Gegensatz zu den Downern fehlt damit also ein wichtiger C-.) Es treten aber bei chronischer Einnahme von Stimulanzien psychische Probleme (→ Schlafstörungen, Angstzustände, Verfolgungswahn, → Halluzinationen, schwere → Depressionen mit erhöhter Suizidalität) und soziale Probleme auf, die sich in der Regel erst nach längerer Zeit einstellen, wenn das Suchtverhalten bereits automatisiert abläuft.

Die negativen Auswirkungen haben daher oft zunächst wenig verhaltensmodifizierende Wirkung, stellen aber manchmal den Hinweisreiz zur Aufnahme einer Therapie dar. Oft versuchen die Konsumenten, die unerwünsch-

Stimulanzien – hier präsentiert Gina Wild eine K-fee-Dose

ten Nebenwirkungen durch Erhöhung der Dosis (z.B. gegen die Depressionen) bzw. durch Einnahme weiterer Drogen (wie z.B. Heroin gegen psychotische Episoden, Schlafstörungen oder Angstzustände) zu unterdrücken. Der Wegfall dieser drogenbedingten nachteiligen Wirkung kann damit oft für einige Zeit erreicht werden (→ Selbstheilungsversuch).

Stimulus: Abk. S., auch Reiz genannt. Fachausdruck aus der → Psychotherapie, der Situationen oder innere Zustände beschreibt, die ein Verhalten auslösen können. Kanfer hat dies z.B. mit der Formel S-O-R-K-C für die → operante Konditionierung beschrieben.

Ein Stimulus löst dabei – abhängig von der Bedürfnislage des Organismus (O = → Organismusvariable) eine bestimmte Reaktion (= R) aus. Wenn ein Alkoholiker z.B. eine Flasche → Bier vor sich stehen sieht, kann diese Stimulus, d.h. Auslöser für das Trinkverhalten, sein. Ob er tatsächlich trinkt, ist von seiner Einstellung und seiner körperlichen Verfassung abhängig. Genau dies meint Kanfer mit der Organismusvariable. Die Konsequenz (= C), die auf das Trinken erfolgt, z.B. Glücksgefühle (→ C+)/Entspannung (→ ~~C-~~) oder aber Schuldgefühle/Übelkeit (→ C-), wird entscheidenden Einfluss darauf haben, ob der Patient in in der gleichen Situation später wieder trinkt, d.h., ob der Stimulus das Trinkverhalten später auch in gleicher Weise auslösen wird.

Es gibt natürlich aber auch wesentlich schwieriger zu erkennende Stimuli als den oben beschriebenen. In der Therapie lernt der Patient, Stimuli, die zum → Rückfall führen können, zu identifizieren und sein Verhalten entsprechend so zu verändern, dass es nicht zur Suchtmitteleinnahme kommt. Man nennt dies → Stimuluskontrolle. Es ist es wichtig, dass der Patient lernt, bestimmte Stimuli zu vermeiden (z.B. Szeneplätze) oder die Umgebung umzustrukturieren bzw. mit Risikosituationen bewusster umzugehen (z.B. indem er nur in drogenfreier Begleitung über Szeneplätze geht).

Stimuluskontrolle ist ein wichtiger Bestandteil jeder → Entwöhnungsbehandlung. Man bezeichnet mit diesem Begriff aus den → Lerntheorien die Umstrukturierung der Umgebung dergestalt, dass die Ausführung eines unerwünschten Verhaltens unwahrscheinlicher wird. Beispielsweise kann ein Alkoholiker sein Verhalten dahingehend ändern, dass er nicht mehr in bestimmte Kneipen geht. Dadurch verringert sich die Gefahr eines → Rückfalls. Für einen → Partydrogen-Abhängigen kann es i.S. von Stimuluskontrolle nützlich sein, → Raves zu meiden oder bestimmte drogenassoziierte → Musik nicht mehr zu hören. Beeinflusst wird bei Stimuluskontrolle die → Kanfer-Variable Alpha. Stimuluskontrolle ist eine Form der → Selbstkontrolle, gehört also zum → Selbstmanagement. Die Erkennung wichtiger diskriminativer Hinweisreize (→ Skills Training) ist Voraussetzung für Stimuluskontrolle und Selbstkontrolle.

Stoff: Szeneausdruck für → Droge.

Stoffungebundene Süchte: Der Begriff → Sucht hat in den letzten Jahrzehnten eine ständige Ausweitung erfahren. Oft wird er jetzt auch bei Verhaltensweisen angewandt, die den Alltag des Betroffenen ähnlich stark dominieren wie das die Beschaffung und Einnahme des Suchtmittels bei einem Süchtigen tut. Man spricht dann von Fresssucht, Klausucht, Spielsucht oder Internetsucht. In der Beilage der Wochenzeitung »Das Parlament« beschäftigte sich z.B. die Ausgabe vom 12. Januar 2004 »Aus Politik und Zeitgeschichte« mit diesem Thema, und zwar mit der → Droge Politik, der Arbeitssucht, der Kaufsucht, der Magersucht und anderen Essstörungen sowie dem Einfluss sozialer Ungleichheit auf den Konsum → psychoaktiver Substanzen im Jugendalter (die Beilage kann bezogen werden unter: parlament@fsd.de).

stolperclean: Szeneausdruck für den Zustand eines Drogenabhängigen, der nach Therapie oder nach einem Aufenthalt in der → JVA – abgesehen von gelegentlichen → Rückfällen – drogenfrei lebt, d.h. → »clean« ist.

stoned: Szeneausdruck für »berauscht sein« – meist in Verbindung mit müdemachenden oder halluzinogen wirkenden → Drogen.

Stool Pigeon: Szeneausdruck für Spitzel.

STP: Von T. → Leary geprägter Szeneausdruck für → DOM. STP, ist die Abk. für »Serenity, Tranquility and Peace«. Wegen der unangenehmen Nebenwirkungen und den hohen Komplikationsrisiken wird STP kaum benutzt. Lediglich ausgebrannte → Halluzinogen-User, die schon alles andere probiert haben, greifen manchmal dazu.

Strafaussetzung zur Bewährung: → Therapie statt Strafe, → Therapie statt Strafvollzug, → Strafverfolgung.

Strafloser Konsum von BtM: Das deutsche → Betäubungsmittelgesetz ist ein merkwürdiges Konstrukt. Der Konsum von → Drogen ist im Gegensatz zum Besitz nicht strafbar. Wie aber soll jemand konsumieren, wenn er zuvor nicht auch Drogen besessen hat. Wenn jemand Rauschgift nur zum Mitgenuss oder in verbrauchsgerechter Menge zum sofortigen Verbrauch an Ort und Stelle besitzt, kann der Richter unter Umständen von → Strafverfolgung absehen (BtMG § 29 Abs. 1 Nr. 1; stop267; BHG. Beschl. v. 24.11.1992; StV 1993, 132).

Strafmilderung: → Strafverfolgung, → Therapie statt Strafe.

Straftatbestand: Der Umgang mit den in den → Anlagen I bis III aufgeführten → Betäubungsmitteln erfüllt unter den unten aufgeführten Voraussetzungen den Tatbestand einer Straftat, hat also → Strafverfolgung zur Konsequenz. Die Voraussetzung für die Erfüllung eines Straftatbestandes sind in § 29 des → Betäubungsmittelgesetzes (»Straftatbestände«) festgeschrieben. § 29 Abs. 1 enthält einen langen Katalog von Möglichkeiten, eine Tat zu begehen. Dadurch soll annähernd lückenlos eine wirkungsvolle Bekämpfung des illegalen Umgangs mit Betäubungsmitteln sichergestellt werden. Mit Geld- oder mit Freiheitsstrafe bis zu fünf Jahren wird bestraft, wer Betäubungsmittel

- unerlaubt anbaut
- unerlaubt herstellt
- unerlaubt Handel treibt (= mit Gewinnabsicht verkauft)
- unerlaubt einführt oder ausführt (= über die Landesgrenzen)
- unerlaubt veräußert (= zum Selbstkostenpreis weitergibt)
- unerlaubt abgibt (= verschenkt)
- unerlaubt sonstig in den Verkehr bringt (z. B. zufällig findet und behält)
- unerlaubt erwirbt (= selber kauft)
- unerlaubt sich verschafft in sonstiger Weise (= in Besitz nimmt z. B. durch Diebstahl, Raub oder Erpressung)
- unerlaubt ausgenommene Zubereitungen herstellt
- unerlaubt besitzt
- unerlaubt durchführt
- unerlaubt verschreibt
- unerlaubt verabreicht
- unerlaubt zum Verbrauch überlässt
- missbräuchlich in Apotheken abgibt
- missbräuchlich bewirbt
- Verschreibungen erschleicht
- wer öffentlich oder eigennützig eine Gelegenheit zum unbefugten Erwerb oder zur unbefugten Abgabe mitteilt
- wer eine Gelegenheit zum unbefugten Verbrauch, Erwerb oder zur Abgabe verschafft oder gewährt
- wer zum unbefugten Verbrauch verleitet
- wer öffentlich zum Verbrauch auffordert.

Der Konsum wird in der Auflistung nicht erwähnt. Damit bleibt er straffrei. Der Konsum setzt i.d.R. (Ausnahme z.B., wenn die Einnahme nach

→ Spicken erfolgt ist) allerdings sowohl Besitz voraus als auch den – wie auch immer gearteten – Erwerb, was wiederum unter Strafe gestellt ist. Diese willkürlich anmutende Konstruktion trägt dem juristischen Grundsatz Rechnung, dass Selbstschädigung straffrei ist. Erwerb und Besitz aber tragen die Gefahr der Weitergabe in sich, was andere gefährden könnte und deshalb unter Strafe gestellt ist.

Der Strafrahmen für vorsätzliche Verstöße gegen das BtMG reicht bis zu fünf Jahren Freiheitsstrafe. Bei Fahrlässigkeitstaten liegt die obere Grenze bei einem Jahr. Die besonders schweren Fälle (§ 29 Abs. 3: gewerbsmäßiges Handeln oder die Gesundheit mehrerer Menschen durch sein Handeln gefährden) werden mit Freiheitsstrafe nicht unter einem Jahr geahndet. Dies gilt auch für den, der Betäubungsmittel an Personen unter 18 Jahren abgibt, dabei über 21 Jahre alt ist und den, der Betäubungsmittel in → nicht geringen Mengen herstellt, abgibt, Handel treibt oder besitzt (§ 29 a). Mit einer Freiheitsstrafe nicht unter zwei Jahren wird bestraft, wer dabei als Mitglied einer Bande handelt (§ 30 Abs. 1 Nr. 1, Gleiches gilt für die Weitergabe mit Todesfolge § 30 Abs. 1 Nr. 3).

Straftaten: Der Umgang mit Stoffen, die in der Anlage I bis III des → BtMG aufgeführt sind, ist i.d.R. als Straftat zu werten (→ Betäubungsmittelgesetz, → Straftatbestand und → Strafverfolgung).

Strafverfolgung: Die Strafverfolgung von Delikten in Zusammenhang mit → Betäubungsmitteln (→ Straftatbestand) ist in Deutschland im → Betäubungsmittelgesetz geregelt. In den §§ 29, 29a, 30 und 30a »Straftaten« heißt es dort:

»§ 29 Straftaten

(1) Mit Freiheitsstrafen bis zu fünf Jahren oder mit Geldstrafe wird bestraft, wer

1. Betäubungsmittel unerlaubt anbaut, herstellt, mit ihnen Handel treibt, sie, ohne Handel zu treiben, einführt, ausführt, veräußert, abgibt, sonst in den Verkehr bringt, erwirbt oder sich in sonstiger Weise verschafft,
2. eine ausgenommene Zubereitung (§ 2 Abs. 1, Nr. 3) ohne Erlaubnis nach Abs. 1, Nr. 2 herstellt,
3. Betäubungsmittel besitzt, ohne zugleich im Besitz einer schriftlichen Erlaubnis für den Erwerb zu sein,
5. entgegen § 11 Abs. 1 Satz 2 Betäubungsmittel durchführt,
6. entgegen § 13 Abs. 1 Betäubungsmittel

a) verschreibt,
b) verabreicht oder zum unmittelbaren Verbrauch überlässt,

7. entgegen § 13 Abs. 2 Betäubungsmittel in einer Apotheke oder tierärztlichen Hausapotheke abgibt,
8. entgegen § 14 Abs. 5 für Betäubungsmittel wirbt,
9. unrichtige oder unvollständige Angaben macht, um für sich oder einen anderen oder für ein Tier die Verschreibung eines Betäubungsmittels zu erlangen,
10. einem anderen eine Gelegenheit zum unbefugten Erwerb oder zur unbefugten Abgabe von Betäubungsmitteln verschafft oder gewährt, eine solche Gelegenheit öffentlich oder eigennützig mitteilt oder einen anderen zum unbefugten Verbrauch von Betäubungsmitteln verleitet,
11. ohne Erlaubnis nach § 10 a einem anderen eine Gelegenheit zum unbefugten Verbrauch von Betäubungsmitteln verschafft oder gewährt, oder wer eine außerhalb einer Einrichtung nach § 10 a bestehende Gelegenheit zu einem solchen Verbrauch eigennützig oder öffentlich mitteilt,
12. öffentlich, in einer Versammlung oder durch Verbreiten von Schriften (§ 11 Abs. 3 des Strafgesetzbuches) dazu auffordert, Betäubungsmittel zu verbrauchen, die nicht zulässigerweise verschrieben worden sind,

Strafverfolgung – wer Drogenhanf anbaut muss mit ihr rechnen

13. Geldmittel oder andere Vermögensgegenstände einem anderen für eine rechtswidrige Tat nach Nummer 1, 5, 6, 7, 10, 11 oder 12 bereitstellt oder
14. einer Rechtsverordnung nach § 11 Abs. 2 Satz 2 Nr. 1 oder § 13 Abs. 3 Satz 2 Nr. 2 oder 3 zuwiderhandelt, soweit sie für einen bestimmten Tatbestand auf diese Strafvorschrift verweist.

Die Abgabe von sterilen Einmalspritzen an Betäubungsmittelabhängige und die öffentliche Information darüber sind kein Verschaffen und kein öffentliches Mitteilen einer Gelegenheit zum Verbrauch nach Satz 1 Nr. 11.

(2) In den Fällen des Absatzes 1 Nr. 1, 2, 5 oder 6 Buchstabe b ist der Versuch strafbar.

(3) In besonders schweren Fällen ist die Strafe Freiheitsstrafe nicht unter einem Jahr. Ein besonders schwerer Fall liegt in der Regel vor, wenn der Täter

1. in den Fällen des Absatzes Nr. 1, 5, 6, 10, 11 oder 13 gewerbsmäßig handelt,
2. durch eine der in Absatz 1 Nr. 1, 6 oder 7 bezeichneten Handlungen die Gesundheit mehrerer Menschen gefährdet.

(4) Handelt der Täter in den Fällen des Absatzes 1 Nr. 1, 2, 5, 6 Buchstabe b, Nr. 10 oder 11 fahrlässig, so ist die Strafe Freiheitsstrafe bis zu einem Jahr oder Geldstrafe.

(5) Das Gericht kann von einer Bestrafung nach den Absätzen 1, 2 oder 4 absehen, wenn der Täter die Betäubungsmittel lediglich zum Eigenverbrauch in geringer Menge anbaut, herstellt, einführt, ausführt, durchführt, erwirbt, sich in sonstiger Weise verschafft oder besitzt.

(6) Die Vorschriften des Absatzes 1 Nr. 1 sind, soweit sie das Handeltreiben, Abgeben oder Veräußern betreffen, auch anzuwenden, wenn sich die Handlung auf Stoffe oder Zubereitungen bezieht, die nicht Betäubungsmittel sind, aber als solche ausgegeben werden.

§ 29a Straftaten

(1) Mit Freiheitsstrafe nicht unter einem Jahr wird bestraft, wer

1. als Person über 21 Jahre Betäubungsmittel unerlaubt an eine Person unter 18 Jahren abgibt oder sie ihr entgegen § 13 Abs. 1 verabreicht oder zum unmittelbaren Verbrauch überlässt oder
2. mit Betäubungsmitteln in nicht geringer Menge Handel treibt, sie in nicht geringer Menge herstellt oder abgibt oder sie besitzt, ohne sie auf Grund einer Erlaubnis nach § 3 Abs. 1 erlangt zu haben.

(2) In minder schweren Fällen ist die Strafe Freiheitsstrafe von drei Monaten bis zu fünf Jahren.

§ 30 Straftaten

(1) Mit Freiheitsstrafe nicht unter zwei Jahren wird bestraft, wer
1. Betäubungsmittel unerlaubt anbaut, herstellt oder mit ihnen Handel treibt (§ 29 Abs. 1 Nr. 1) und dabei als Mitglied einer Bande handelt, die sich zur fortgesetzten Begehung solcher Taten verbunden hat,
2. im Falle des § 29 a Abs. 1 Nr. 1 gewerbsmäßig handelt,
3. Betäubungsmittel abgibt, einem anderen verabreicht oder zum unmittelbaren Verbrauch überlässt und dadurch leichtfertig dessen Tod verursacht oder
4. Betäubungsmittel in nicht geringer Menge ohne Erlaubnis einführt.

(2) In minder schweren Fällen ist die Strafe Freiheitsstrafe von sechs Monaten bis zu fünf Jahren.

§ 30 a Straftaten

(1) Mit Freiheitsstrafe nicht unter fünf Jahren wird bestraft, wer Betäubungsmittel in nicht geringer Menge unerlaubt anbaut, herstellt, mit ihnen Handel treibt, sie ein- oder ausführt (§ 29 Abs. 1 Satz 1 Nr. 1) und dabei als Mitglied einer Bande handelt, die sich zur fortgesetzten Begehung solcher Taten verbunden hat.

(2) Ebenso wird bestraft, wer
1. als Person über 21 Jahre eine Person unter 18 Jahren bestimmt, mit Betäubungsmitteln unerlaubt Handel zu treiben, sie, ohne Handel zu treiben, einzuführen, auszuführen, zu veräußern, abzugeben oder sonst in den Verkehr zu bringen oder eine dieser Handlungen zu fördern, oder
2. mit Betäubungsmitteln in nicht geringer Menge unerlaubt Handel treibt oder sie, ohne Handel zu treiben, einführt, ausführt oder sich verschafft und dabei eine Schusswaffe oder sonstige Gegenstände mit sich führt, die ihrer Art nach zur Verletzung von Personen geeignet und bestimmt sind.

(3) In minder schweren Fällen ist die Strafe Freiheitsstrafe von sechs Monaten bis zu fünf Jahren.«

Unter bestimmten Voraussetzungen sieht der Gesetzgeber Möglichkeiten zur Strafmilderung vor:

»§ 31 Strafmilderung oder Absehen von Strafe

Das Gericht kann die Strafe nach seinem Ermessen mildern (§ 49, Abs. 2 des Strafgesetzbuches) oder von einer Bestrafung nach § 29 Abs. 1, 2, 4 oder 6 absehen, wenn der Täter

1. durch freiwillige Offenbarung seines Wissens wesentlich dazu beigetragen hat, dass die Tat über seinen eigenen Tatbeitrag hinaus aufgedeckt werden konnte, oder
2. freiwillig sein Wissen so rechtzeitig einer Dienststelle offenbart, dass Straftaten (...), von deren Planung er weiß, noch verhindert werden können.

§ 31a Absehen von Verfolgung

(1) Hat das Verfahren ein Vergehen nach § 29 Abs. 1, 2 oder 4 zum Gegenstand, so kann die Staatsanwaltschaft von der Verfolgung absehen, wenn die Schuld des Täters als gering anzusehen wäre, kein öffentliches Interesse an der Strafverfolgung besteht und der Täter die Betäubungsmittel lediglich zum Eigenverbrauch in geringer Menge anbaut, herstellt, einführt, ausführt, durchführt, erwirbt, sich in sonstiger Weise verschafft oder besitzt. Von der Verfolgung soll abgesehen werden, wenn der Täter in einem Drogenkonsumraum Betäubungsmittel lediglich zum Eigenverbrauch, der nach § 10 a geduldet werden kann, in geringen Mengen besitzt, ohne zugleich im Besitz einer schriftlichen Erlaubnis für den Erwerb zu sein.
(2) Ist die Klage bereits erhoben, so kann das Gericht in jeder Lage des Verfahrens unter den Voraussetzungen des Absatzes 1 mit Zustimmung der Staatsanwaltschaft und des Angeschuldigten das Verfahren einstellen (...) Der Beschluss ist nicht anfechtbar.«

Auch bereits verurteilte Straftäter müssen nicht zwingend ihre Gesamtstrafe im Gefängnis verbringen. Für drogenabhängige behandlungswillige Straftäter mit Haftstrafen unter zwei Jahren besteht die Möglichkeit der Zurückstellung von Strafverfolgung, besser bekannt als »Therapie statt Strafe«:

»§ 35 Zurückstellung von Strafverfolgung

(1) Ist jemand wegen einer Straftat zu einer Freiheitsstrafe von nicht mehr als zwei Jahren verurteilt worden und ergibt sich aus den Urteilsgründen oder steht sonst fest, dass er die Tat auf Grund einer Betäubungsmittelabhängigkeit begangen hat, so kann die Vollstreckungsbehörde mit Zustimmung des Gerichts des ersten Rechtszuges die Vollstreckung der Strafe, eines Strafrestes oder der Maßregel der Unterbringung in einer Erziehungsanstalt für längstens zwei Jahre zurückstellen, wenn der Verurteilte sich wegen seiner Abhängigkeit in einer seiner Rehabilitation dienenden Behandlung befindet oder zusagt, sich einer solchen zu unterziehen, und deren Beginn gewährleistet ist. Als Behandlung gilt auch der Aufenthalt in einer staatlich anerkannten

Einrichtung, die dazu dient, die Abhängigkeit zu beheben oder einer erneuten Abhängigkeit entgegenzuwirken.

(2) Gegen die Verweigerung der Zustimmung durch das Gericht des ersten Rechtszuges steht der Vollstreckungsbehörde die Beschwerde nach dem Zweiten Abschnitt des Dritten Buches der Strafprozessordnung zu. Der Verurteilte kann die Verweigerung dieser Zustimmung nur zusammen mit der Ablehnung der Zurückstellung durch die Vollstreckungsbehörde nach den §§ 23 bis 30 des Einführungsgesetzes zum Gerichtsverfassungsgesetz anfechten. Das Oberlandesgericht entscheidet in diesem Falle auch über die Verweigerung der Zurückstellung; es kann die Zustimmung selbst erteilen.

(3) Absatz 1 gilt entsprechend, wenn auf eine Gesamtfreiheitsstrafe von nicht mehr als zwei Jahren anerkannt worden ist, oder auf eine Freiheitsstrafe oder Gesamtfreiheitsstrafe von mehr als zwei Jahren anerkannt worden ist und ein zu vollstreckender Rest der Freiheitsstrafe oder der Gesamtfreiheitsstrafe zwei Jahre nicht übersteigt, und im Übrigen die Voraussetzungen des Abs. 1 für den ihrer Bedeutung nach überwiegenden Teil der abgeurteilten Straftaten erfüllt sind.

(4) Der Verurteilte ist verpflichtet, zu den Zeitpunkten, die die Vollstreckungsbehörde festsetzt, den Nachweis über die Aufnahme und über die Fortführung der Behandlung zu erbringen; die behandelnden Personen oder Einrichtungen teilen der Vollstreckungsbehörde einen Abbruch der Behandlung mit.

(5) Die Vollstreckungsbehörde widerruft die Zurückstellung der Vollstreckung, wenn die Behandlung nicht begonnen oder nicht fortgeführt wird und nicht zu erwarten ist, dass der Verurteilte eine Behandlung derselben Art alsbald beginnt oder wieder aufnimmt, oder wenn der Verurteilte den nach Abs. 4 geforderten Nachweis nicht erbringt. Von dem Widerruf kann abgesehen werden, wenn der Verurteilte nachträglich nachweist, dass er sich in Behandlung befindet. Ein Widerruf nach Satz 1 steht einer erneuten Zurückstellung der Vollstreckung nicht entgegen.

(6) Die Zurückstellung der Vollstreckung wird auch widerrufen, wenn

1. bei nachträglicher Bildung einer Gesamtstrafe nicht auch deren Vollstreckung nach Abs. 1 in Verbindung mit Abs. 3 zurückgestellt wird oder
2. eine weitere gegen den Verurteilten erkannte Freiheitsstrafe oder freiheitsentziehende Maßregel der Besserung und Sicherung zu vollstrecken ist.

(7) Hat die Vollstreckungsbehörde die Zurückstellung widerrufen, so ist sie befugt, zur Vollstreckung der Freiheitsstrafe oder der Unterbringung in einer Entziehungsanstalt einen Haftbefehl zu erlassen. Gegen den Widerruf kann die Entscheidung des Gerichts des ersten Rechtszuges herbeigeführt werden. Der Fortgang der Vollstreckung wird durch die Anrufung des Gerichts nicht gehemmt. § 462 der Strafprozessordnung gilt entsprechend.«

Für noch nicht verurteilte, drogenabhängige, therapiemotivierte Straftäter gilt Ähnliches, festgeschrieben in § 37 → BtMG. Wenn nach Ermittlung des Falles durch die Kriminalpolizei die Staatsanwaltschaft von hinreichendem Tatverdacht ausgeht und eine Anklageerhebung beabsichtigt, regelt § 37 die Möglichkeit, doch von einer Anklageerhebung abzusehen. Die Vorschrift soll ermöglichen, dass unter bestimmten Voraussetzungen eine begonnene Therapie fortgesetzt werden kann und nicht durch eine Hauptverhandlung oder eine Strafverbüßung abgebrochen werden muss. § 37 ermöglicht also Therapie statt Strafe, während § 35 lediglich Therapie statt Strafvollstreckung bzw. Therapie vor Strafvollstreckung ermöglicht:

»§ 37 Absehen von Verfolgung

(1) Steht ein Beschuldigter in Verdacht, eine Straftat auf Grund einer Betäubungsmittelabhängigkeit begangen zu haben, und ist keine höhere Strafe als eine Freiheitsstrafe bis zu 2 Jahren zu erwarten, so kann die Staatsanwaltschaft mit Zustimmung des für die Eröffnung des Hauptverfahrens zuständigen Gerichts vorläufig von der Erhebung der öffentlichen Klage absehen, wenn der Beschuldigte nachweist, dass er sich wegen seiner Abhängigkeit der in § 35 Abs. 1 bezeichneten Behandlung unterzieht, und seine Resozialisierung zu erwarten ist. Die Staatsanwaltschaft setzt Zeitpunkte fest, zu denen der Beschuldigte die Fortdauer der Behandlung nachzuweisen hat. Das Verfahren wird fortgesetzt, wenn

1. die Behandlung nicht bis zu ihrem vorgesehenen Abschluss fortgeführt wird,
2. der Beschuldigte den nach Satz 2 geforderten Nachweis nicht führt,
3. der Beschuldigte eine Straftat begeht und dadurch zeigt, dass die Erwartung, die dem Absehen von der Erhebung der öffentlichen Klage zugrunde lag, sich nicht erfüllt hat, oder
4. auf Grund neuer Tatsachen oder Beweismittel eine Freiheitsstrafe von mehr als zwei Jahren zu erwarten ist. In den Fällen des Satzes 3 Nr. 1, 2 kann von der Fortsetzung des Verfahrens abgesehen werden,

wenn der Beschuldigte nachträglich nachweist, dass er sich weiter in Behandlung befindet. Die Tat kann nicht mehr verfolgt werden, wenn das Verfahren nicht innerhalb von zwei Jahren fortgesetzt wird.

(2) Ist die Klage bereits erhoben, so kann das Gericht mit Zustimmung der Staatsanwaltschaft das Verfahren bis zum Ende der Hauptverhandlung, in der die tatsächlichen Feststellungen letztmals geprüft werden können, vorläufig einstellen. Die Entscheidung ergeht durch unanfechtbaren Beschluss. Absatz 1 Satz 2 bis 5 gilt entsprechend. Unanfechtbar ist auch eine Feststellung, dass das Verfahren nicht fortgesetzt wird (Abs. 1 Satz 5).

(3) Die in § 172 Abs. 2 Satz 3, § 396 Abs. 3 und § 467 Abs. 5 der Strafprozessordnung zu § 153a der Strafprozessordnung getroffenen Regelungen gelten entsprechend.«

Eine ähnliche Regelung sieht das BtMG auch für noch nicht volljährige Drogenabhängige vor:

»§ 38 Jugendliche und Heranwachsende

(1) Bei Verurteilung zu Jugendstrafe gelten die §§ 35 und 36 sinngemäß. Bei Verurteilung zu Jugendstrafe von unbestimmter Dauer richtet sich die Anwendung der §§ 35 und 36 nach dem erkannten Höchstmaß der Strafe.
Neben der Zusage des Jugendlichen nach § 35 Abs. 1 Satz 1 bedarf es auch der Einwilligung des Erziehungsberechtigten und des gesetzlichen Vertreters. Im Falle des § 35 Abs. 7 Satz 2 findet § 83 Abs. 2 Nr. 1, Abs. 3 Satz 2 des Jugendgerichtsgesetzes sinngemäß Anwendung. Abweichend von § 36 Abs. 4 gelten die §§ 22 bis 25a des Jugendgerichtsgesetzes entsprechend. Für die Entscheidungen nach 3 36 Abs. 1 Satz 3 und Abs. 2 sind neben § 454 Abs. 3 der Strafprozessordnung die §§ 58, 59 Abs. 2 bis 4 und § 60 des Jugendgerichtsgesetzes ergänzend anzuwenden.

(2) § 37 gilt sinngemäß auch für Jugendliche und Heranwachsende.«

Strafvollzugsgesetz: Das Strafvollzugsgesetz, kurz StVollzG, regelt den Vollzug der Freiheitsstrafe und der freiheitsentziehenden Maßregeln der Besserung und Sicherung. Aufgeführt ist im Folgenden die Fassung vom 16. März 1976 (BGBl. I S. 581), zuletzt geändert durch Artikel 1 des Gesetzes vom 5. Oktober 2002 (BGBl. I S. 3954).

In § 3 ist geregelt die »Gestaltung des Vollzuges«:

»(1) Das Leben im Vollzug soll den allgemeinen Lebensverhältnissen soweit als möglich angeglichen werden.

(2) Schädlichen Folgen des Freiheitsentzuges ist entgegenzuwirken.

(3) Der Vollzug ist darauf auszurichten, dass er dem Gefangenen hilft, sich in das Leben in Freiheit einzugliedern«.

§ 84 regelt die »Durchsuchung«:

»(1) Gefangene, ihre Sachen und die Hafträume dürfen durchsucht werden. Die Durchsuchung männlicher Gefangener darf nur von Männern, die Durchsuchung weiblicher Gefangener darf nur von Frauen vorgenommen werden. Das Schamgefühl ist zu schonen.

(2) Nur bei Gefahr im Verzug oder auf Anordnung des Anstaltsleiters im Einzelfall ist es zulässig, eine mit einer Entkleidung verbundene körperliche Durchsuchung vorzunehmen. Sie darf bei männlichen Gefangenen nur in Gegenwart von Männern, bei weiblichen Gefangenen nur in Gegenwart von Frauen erfolgen. Sie ist in einem geschlossenen Raum durchzuführen. Andere Gefangene dürfen nicht anwesend sein.

(3) Der Anstaltsleiter kann allgemein anordnen, dass Gefangene bei der Aufnahme, nach Kontakten mit Besuchern und nach jeder Abwesenheit von der Anstalt nach Absatz 2 zu durchsuchen sind.«

In § 109 heißt es zum »Antrag auf gerichtliche Entscheidung«: »

(1) Gegen eine Maßnahme zur Regelung einzelner Angelegenheiten auf dem Gebiet des Strafvollzuges kann gerichtliche Entscheidung beantragt werden. Mit dem Antrag kann auch die Verpflichtung zum Erlass einer abgelehnten oder unterlassenen Maßnahme begehrt werden.

(2) Der Antrag auf gerichtliche Entscheidung ist nur zulässig, wenn der Antragsteller geltend macht, durch die Maßnahme oder ihre Ablehnung oder Unterlassung in seinen Rechten verletzt zu sein.

(3) Das Landesrecht kann vorsehen, dass der Antrag erst nach vorausgegangenem Verwaltungsvorverfahren gestellt werden kann«.

§ 110 regelt die »Zuständigkeit«:

»Über den Antrag entscheidet die Strafvollstreckungskammer, in deren Bezirk die beteiligte Vollzugsbehörde ihren Sitz hat. Durch die Entscheidung in einem Verwaltungsvorverfahren nach § 109 Abs. 3 ändert sich die Zuständigkeit der Strafvollstreckungskammer nicht.«

§ 111 legt fest, wer die »Beteiligten des Verfahrens« sind:

»(1) Beteiligte des gerichtlichen Verfahrens sind

1. der Antragsteller,
2. die Vollzugsbehörde, die die angefochtene Maßnahme angeordnet oder die beantragte abgelehnt oder unterlassen hat.

(2) In dem Verfahren vor dem Oberlandesgericht oder dem Bundesgerichtshof ist Beteiligte nach Absatz 1 Nr. 2 die zuständige Aufsichtsbehörde.«

In § 112 sind »Antragsfrist« und »Wiedereinsetzung« festgeschrieben:

»(1) Der Antrag muss binnen zwei Wochen nach Zustellung oder schriftlicher Bekanntgabe der Maßnahme oder ihrer Ablehnung schriftlich oder zur Niederschrift der Geschäftsstelle des Gerichts gestellt werden. Soweit ein Verwaltungsvorverfahren (§ 109 Abs. 3) durchzuführen ist, beginnt die Frist mit der Zustellung oder schriftlichen Bekanntgabe des Widerspruchsbescheides.

(2) War der Antragsteller ohne Verschulden verhindert, die Frist einzuhalten, so ist ihm auf Antrag Wiedereinsetzung in den vorigen Stand zu gewähren.

(3) Der Antrag auf Wiedereinsetzung ist binnen zwei Wochen nach Wegfall des Hindernisses zu stellen. Die Tatsachen zur Begründung des Antrags sind bei der Antragstellung oder im Verfahren über den Antrag glaubhaft zu machen. Innerhalb der Antragsfrist ist die versäumte Rechtshandlung nachzuholen. Ist dies geschehen, so kann die Wiedereinsetzung auch ohne Antrag gewährt werden.

(4) Nach einem Jahr seit dem Ende der versäumten Frist ist der Antrag auf Wiedereinsetzung unzulässig, außer wenn der Antrag vor Ablauf der Jahresfrist infolge höherer Gewalt unmöglich war.«

§ 113 des StVollzG legt fest, wann ein »Vornahmeantrag« gestellt werden kann:

»(1) Wendet sich der Antragsteller gegen das Unterlassen einer Maßnahme, kann der Antrag auf gerichtliche Entscheidung nicht vor Ablauf von drei Monaten seit dem Antrag auf Vornahme der Maßnahme gestellt werden, es sei denn, dass eine frühere Anrufung des Gerichts wegen besonderer Umstände des Falles geboten ist.

(2) Liegt ein zureichender Grund dafür vor, dass die beantragte Maßnahme noch nicht erlassen ist, so setzt das Gericht das Verfahren bis zum Ablauf einer von ihm bestimmten Frist aus. Die Frist kann verlängert werden. Wird die beantragte Maßnahme in der gesetzten Frist erlassen, so ist der Rechtsstreit in der Hauptsache erledigt.

(3) Der Antrag nach Absatz 1 ist nur bis zum Ablauf eines Jahres seit der Stellung des Antrags auf Vornahme der Maßnahme zulässig, außer wenn die Antragstellung vor Ablauf der Jahresfrist infolge höherer Gewalt unmöglich war oder unter den besonderen Verhältnissen des Einzelfalles unterblieben ist.«

In § 114 ist festgehalten, wann es zu einer »Aussetzung der Maßnahme« kommen kann:

»(1) Der Antrag auf gerichtliche Entscheidung hat keine aufschiebende Wirkung.

(2) Das Gericht kann den Vollzug der angefochtenen Maßnahme aussetzen, wenn die Gefahr besteht, dass die Verwirklichung eines Rechts des Antragstellers vereitelt oder wesentlich erschwert wird und ein höher zu bewertendes Interesse an dem sofortigen Vollzug nicht entgegensteht. Das Gericht kann auch eine einstweilige Anordnung erlassen; § 123 Abs. 1 der Verwaltungsgerichtsordnung ist entsprechend anzuwenden. Die Entscheidungen sind nicht anfechtbar; sie können vom Gericht jederzeit geändert oder aufgehoben werden.

(3) Der Antrag auf eine Entscheidung nach Absatz 2 ist schon vor Stellung des Antrags auf gerichtliche Entscheidung zulässig.«

§ 115 des StVollzG enthält Angaben zur »gerichtliche(n) Entscheidung«:

»(1) Das Gericht entscheidet ohne mündliche Verhandlung durch Beschluss.

(2) Soweit die Maßnahme rechtswidrig und der Antragsteller dadurch in seinen Rechten verletzt ist, hebt das Gericht die Maßnahme und, soweit ein Verwaltungsvorverfahren vorhergegangen ist, den Widerspruchsbescheid auf. Ist die Maßnahme schon vollzogen, kann das Gericht auch aussprechen, dass und wie die Vollzugsbehörde die Vollziehung rückgängig zu machen hat, soweit die Sache spruchreif ist.

(3) Hat sich die Maßnahme vorher durch Zurücknahme oder anders erledigt, spricht das Gericht auf Antrag aus, dass die Maßnahme rechtswidrig gewesen ist, wenn der Antragsteller ein berechtigtes Interesse an dieser Feststellung hat.

(4) Soweit die Ablehnung oder Unterlassung der Maßnahme rechtswidrig und der Antragsteller dadurch in seinen Rechten verletzt ist, spricht das Gericht die Verpflichtung der Vollzugsbehörde aus, die beantragte Amtshandlung vorzunehmen, wenn die Sache spruchreif ist. Anderenfalls spricht es die Verpflichtung aus, den Antragsteller unter Beachtung der Rechtsauffassung des Gerichts zu bescheiden.

(5) Soweit die Vollzugsbehörde ermächtigt ist, nach ihrem Ermessen zu handeln, prüft das Gericht auch, ob die Maßnahme oder ihre Ablehnung oder Unterlassung rechtswidrig ist, weil die gesetzlichen Grenzen des Ermessens überschritten sind oder von dem Ermessen in einer dem Zweck der Ermächtigung nicht entsprechenden Weise Gebrauch gemacht ist.

Wenn der Verurteilte mit dem Strafvollzug nicht einverstanden ist, kann nach § 116 StVollzG »Rechtsbeschwerde« eingelegt werden:

»(1) Gegen die gerichtliche Entscheidung der Strafvollstreckungskammer ist die Rechtsbeschwerde zulässig, wenn es geboten ist, die Nachprüfung zur Fortbildung des Rechts oder zur Sicherung einer einheitlichen Rechtsprechung zu ermöglichen.

(2) Die Rechtsbeschwerde kann nur darauf gestützt werden, dass die Entscheidung auf einer Verletzung des Gesetzes beruhe. Das Gesetz ist verletzt, wenn eine Rechtsnorm nicht oder nicht richtig angewendet worden ist.

(3) Die Rechtsbeschwerde hat keine aufschiebende Wirkung. § 114 Abs. 2 gilt entsprechend.

(4) Für die Rechtsbeschwerde gelten die Vorschriften der Strafprozessordnung über die Beschwerde entsprechend, soweit dieses Gesetz nichts anderes bestimmt.«

§ 117 regelt dabei die »Zuständigkeit für die Rechtsbeschwerde«:

»Über die Rechtsbeschwerde entscheidet ein Strafsenat des Oberlandesgerichts, in dessen Bezirk die Strafvollstreckungskammer ihren Sitz hat.«

§ 118 StVollzG legt »Form, Frist, Begründung« fest:

»(1) Die Rechtsbeschwerde muss bei dem Gericht, dessen Entscheidung angefochten wird, binnen eines Monats nach Zustellung der gerichtlichen Entscheidung eingelegt werden. In dieser Frist ist außerdem die Erklärung abzugeben, inwieweit die Entscheidung angefochten und ihre Aufhebung beantragt wird. Die Anträge sind zu begründen.

(2) Aus der Begründung muss hervorgehen, ob die Entscheidung wegen Verletzung einer Rechtsnorm über das Verfahren oder wegen Verletzung einer anderen Rechtsnorm angefochten wird. Ersterenfalls müssen die den Mangel enthaltenden Tatsachen angegeben werden.

(3) Der Antragsteller als Beschwerdeführer kann dies nur in einer von einem Rechtsanwalt unterzeichneten Schrift oder zur Niederschrift der Geschäftsstelle tun«.

In § 119 ist festgelegt, wie »Entscheidung über die Rechtsbeschwerde« zu treffen ist:

»(1) Der Strafsenat entscheidet ohne mündliche Verhandlung durch Beschluss.

(2) Seiner Prüfung unterliegen nur die Beschwerdeanträge und, soweit die Rechtsbeschwerde auf Mängel des Verfahrens gestützt wird, nur

die Tatsachen, die in der Begründung der Rechtsbeschwerde bezeichnet worden sind.

(3) Der Beschluss, durch den die Beschwerde verworfen wird, bedarf keiner Begründung, wenn der Strafsenat die Beschwerde einstimmig für unzulässig oder für offensichtlich unbegründet erachtet.

(4) Soweit die Rechtsbeschwerde für begründet erachtet wird, ist die angefochtene Entscheidung aufzuheben. Der Strafsenat kann an Stelle der Strafvollstreckungskammer entscheiden, wenn die Sache spruchreif ist. Sonst ist die Sache zur neuen Entscheidung an die Strafvollstreckungskammer zurückzuverweisen.

(5) Die Entscheidung des Strafsenats ist endgültig«.

§ 120 StVollzG legt die »entsprechende Anwendung anderer Vorschriften« fest:

»(1) Soweit sich aus diesem Gesetz nichts anderes ergibt, sind die Vorschriften der Strafprozessordnung entsprechend anzuwenden.

(2) Auf die Bewilligung der Prozesskostenhilfe sind die Vorschriften der Zivilprozessordnung entsprechend anzuwenden.«

Die »Kosten des Verfahrens« werden in § 121 StVollzG behandelt:

»(1) In der das Verfahren abschließenden Entscheidung ist zu bestimmen, von wem die Kosten des Verfahrens und die notwendigen Auslagen zu tragen sind.

(2) Soweit der Antragsteller unterliegt oder seinen Antrag zurücknimmt, trägt er die Kosten des Verfahrens und die notwendigen Auslagen. Hat sich die Maßnahme vor einer Entscheidung nach Absatz 1 in anderer Weise als durch Zurücknahme des Antrags erledigt, so entscheidet das Gericht über die Kosten des Verfahrens und die notwendigen Auslagen nach billigem Ermessen.

(3) Absatz 2 Satz 2 gilt nicht im Falle des § 115 Abs. 3.

(4) Im Übrigen gelten die §§ 464 bis 473 der Strafprozessordnung entsprechend.

(5) Für die Kosten des Verfahrens nach den §§ 109 ff. kann auch ein den dreifachen Tagessatz der Eckvergütung nach § 43 Abs. 2 übersteigender Teil des Hausgeldes (§ 47) in Anspruch genommen werden.«

§ 136 enthält Vorschriften zur → »Unterbringung in einem psychiatrischen Krankenhaus«:

»Die Behandlung des Untergebrachten in einem psychiatrischen Krankenhaus richtet sich nach ärztlichen Gesichtspunkten. Soweit möglich, soll er geheilt oder sein Zustand so weit gebessert werden, dass er nicht mehr gefährlich ist. Ihm wird die nötige Aufsicht, Betreuung und Pflege zuteil.«

§ 137 legt fest, unter welchen Voraussetzungen die → »Unterbringung in einer Entziehungsanstalt« zu erfolgen hat:

»Ziel der Behandlung des Untergebrachten in einer Entziehungsanstalt ist es, ihn von seinem Hang zu heilen und die zu Grunde liegende Fehlhaltung zu beheben.«

§ 138 enthält Regelungen zur »Anwendung anderer Vorschriften«:

»(1) Die Unterbringung in einem psychiatrischen Krankenhaus oder in einer Entziehungsanstalt richtet sich nach Landesrecht, soweit Bundesgesetze nichts anderes bestimmen. § 51 Abs. 4 und 5 sowie § 75 Abs. 3 gelten entsprechend.

(2) Für die Erhebung der Kosten der Unterbringung gilt § 50 entsprechend mit der Maßgabe, dass in den Fällen des § 50 Abs. 1 Satz 2 an die Stelle erhaltener Bezüge die Verrichtung zugewiesener oder ermöglichter Arbeit tritt und in den Fällen des § 50 Abs. 1 Satz 4 dem Untergebrachten ein Betrag in der Höhe verbleiben muss, der dem Barbetrag entspricht, den ein in einer Einrichtung lebender und einen Teil der Kosten seines Aufenthalts selbst tragender Sozialhilfeempfänger zur persönlichen Verfügung erhält. Bei der Bewertung einer Beschäftigung als Arbeit sind die besonderen Verhältnisse des Maßregelvollzugs zu berücksichtigen. Zuständig für die Erhebung der Kosten ist die Vollstreckungsbehörde; die Landesregierungen können durch Rechtsverordnung andere Zuständigkeiten begründen. Die Kosten werden als Justizverwaltungsabgabe erhoben.

(3) Für das gerichtliche Verfahren gelten die §§ 109 bis 121 entsprechend.«

Strahlengriffel: Beim Strahlengriffel (Actinidia polygama) handelt es sich um eine → psychoaktive Pflanze. Man sagt vom Strahlengriffel, dass er, in getrockneter Form gegessen, Tiere in Schlaf versetzt. Er wird von einigen Konsumenten als Rauschmittel benutzt. Worauf seine psychoaktive Wirkung beruht, ist unklar. Er wird auch als Chinese cat powder oder Chinesischer Katzenpuder bezeichnet, weil er in Tiergärten zur Betäubung von Wildkatzen eingesetzt wird.

straight: Engl. = gerade. Szeneausdruck für jemanden, der sein Leben geradlinig und konsequent meistert. In der Regel werden z.B. → Ex-User als »straight« bezeichnet.

Stramonium: Halluzinogen wirksames → Alkaloid, das z.B. in → Stechapfel und in der → Tollkirsche vorkommt. Schon relativ geringe Dosen des Giftes können zum Tod führen.

Straße: Szeneausdruck für → Kokain oder → Amphetamin, das in einer Linie, auch Line genannt, angeordnet ist und dann über ein Röhrchen über die Nase inhaliert wird.

Strawberry Fields: Szeneausdruck für → LSD-Trips. Besungen wurden derartige Drogenerfahrungen z.B. von den Beatles.

Strecken: Bezeichnung für das Vermischen von → Drogen mit nicht psychoaktiven Substanzen, um den Gewinn zu erhöhen. → Hasch wird z.B. mit Schuhcreme oder Dung gestreckt und → Heroin mit → Strychnin.

Streckmittel: Bezeichnung für billige Stoffe, mit denen → Drogen vermischt werden, um den Gewinn zu erhöhen.

Streetworker: Engl. = Straßenarbeiter. Bezeichnung für einen Mitarbeiter des Drogenhilfesystems, der versucht, den Süchtigen vor Ort auf der Straße zu helfen. Meist sind es Sozialarbeiter oder Sozialpädagogen, die diesen Beruf ausüben. Der Streetworker sucht die Stellen in der Stadt auf, an denen sich die Süchtigen am häufigsten aufhalten, hilft ihnen bei Behördenangelegenheiten, juristischen und medizinischen Problemen und der Suche nach einem Therapieplatz. Streetworker bauen die Hemmungen und → Ängste ab, die nicht wenige Abhängige vor professioneller Hilfe haben. Ohne die Streetworker wären viele Süchtige von der Drogenhilfe nicht zu erreichen.

Streifenkörper: → Corpus striatum.

Stress: Der Zusammenhang zwischen → Stress und Suchtmittelkonsum wurde mittlerweile auch tierexperimentell nachgewiesen. Ist bei Ratten, die man zu Tabakrauchern gemacht hat, das Stresshormon Corticosteron erhöht, so müssen sie mehr → Nikotin inhalieren, um die gleiche Wirkung zu erzielen. Rhesusaffen, die man von ihren Müttern trennt, weisen hohe Stresshormonspiegel auf, sind aggressiv und gereizt und trinken als erwachsene Tiere extrem viel → Alkohol (wenn man ihn ihnen verfügbar macht). Das erinnert sehr an das, was man von vielen menschlichen Abhängigkeitskranken kennt.

Mittlerweile kann man Knock-out-Mäuse (das sind Mäuse, bei denen gezielt bestimmte Gene ausgeschaltet wurden) züchten, denen ein bestimmter Rezeptor für Stresshormone fehlt, der Corticotropin-Releasing Hormone-Rezeptor Typ 1. Dieser Rezeptor scheint eine wichtige Rolle bei der Stressverarbeitung und bei der Entstehung von → Sucht zu spielen. Solange die Mäuse nicht Stress ausgesetzt sind, trinken sie nicht mehr Alkohol als ihre gentechnisch unveränderten Verwandten. Setzt man sie aber starkem Stress aus, so steigt – im Gegensatz zu den normalen Mäusen – die Menge des getrunkenen Alkohols um das Fünffache an. Der genetisch begründete Rezeptordefekt stellt im Falle der Mäuse ein eindeutig erhöhtes Risiko für die Entwicklung eines pathologischen Trinkverhaltens dar. Erst der Stress bzw. die mangelnden Möglichkeiten der Stressbewältigung bringen dann die Sucht zum Vorschein.

Vermutlich ist es beim Menschen ähnlich. Jeder Mensch ist – je nach genetischer Ausstattung – unterschiedlich gefährdet in Bezug auf die Ausbildung einer Sucht. Menschen, in deren Familie gehäuft Abhängigkeitskranke vorkommen, sind einem größeren Risiko ausgesetzt. Erstgradige Verwandte von Alkoholabhängigen sind bis zu sieben Mal mehr gefährdet als der Durchschnitt, selbst abhängig zu werden.

Damit es zur Ausbildung einer → Abhängigkeitserkrankung kommt, müssen aber noch weitere Faktoren dazukommen: 1. die Verfügbarkeit des Suchtmittels, 2. eine konsumbejahende Einstellung des Menschen und 3. Stress, der mangels alternativer Bewältigungsmöglichkeiten als nicht zu bewältigen erscheint (→ Spannungsdreieck der Sucht). Entscheidend sind bei Punkt 3 die individuelle → Frustrationstoleranz (→ Frustrations-Agressions-Hypothese) und inwieweit der Betroffene es z.B. über seine Eltern (→ Lernen am Modell) gelernt hat, mit Problemen adäquat umzugehen (→ Selbsteffizienz).

Die Erkenntnisse aus der Stressforschung machen deutlich, wie wichtig es ist, dass Abhängigkeitskranke zum einen lernen, welcher Zusammenhang zwischen Stress und Suchtmitteleinnahme besteht und dass sie darüber hinaus darin trainiert werden, mit Stress und Problemen anders umzugehen. Sie lernen dies in der Therapie z.B. durch Teilnahme am → ATP, → Stressimpfungstraining, → Selbstinstruktionstraining, → Problemlösetraining oder → Interaktionellen Problemlösevorgehen oder aber auch durch die täglichen Erfahrungen beim Leben in einer → Therapeutischen Gemeinschaft. Das Erlernen eines Entspannungsverfahrens, z.B. der Jacobsen Relaxation oder des Autogenen Trainings, oder das Praktizieren einer Ausdauersportart können die Stresstoleranz ebenfalls erhöhen.

Stressimpfungstraining: Chronischer → Stress spielt bei der Entstehung von → Abhängigkeitserkrankungen eine wichtige Rolle. In der Therapie geht es deshalb unter anderem darum, die Patienten im Umgang mit Stress zu schulen, um so die Gefährdung für einen → Rückfall zu mindern. Das von Meichenbaum (1974, 1977, 1985) entwickelte Stressimpfungstraining (SIT), ein kognitives Verfahren, zielt darauf ab, Stress-bedingtes, unangemessenes Verhalten mittels Selbstverstärkung operant zu dekonditionieren (→ Dekonditionierung), sprich abzubauen.

Das Stressimpfungstraining, eine Form des → Selbstmanagements, ist von

Selbstverbalisationen (d.h. vom Sprechen mit sich selbst – laut oder unhörbar) begleitet. Durch das Zusichselbstsprechen wird das Handeln bewusst gemacht und gesteuert.
Das SIT wird von Meichenbaum in drei Phasen eingeteilt.
Unterrichtsphase: Der Patient gewinnt in dieser ersten Phase ein rationales Verständnis für die Entstehung und Aufrechterhaltung seiner Stressreaktionen und den Zusammenhang mit seinem Konsum. Es geht um Fragen wie: Was sagt er zu sich selbst in Stresssituationen und welche Auswirkungen hat das auf seine Reaktionen? Die Unterrichtsphase hat vor allem die Aufgabe, Informationen über die Problematik und die Zusammenhänge zu vermitteln.
Übungsphase: Besteht aus vier Unterpunkten: 1. Vorbereitung auf einen Stressor, 2. Konfrontation mit einem Stressor, 3. Erleben des Gefühls der Überwältigung, 4. → Selbstverstärkung. In der Übungsphase geht es um den Aufbau von bewusst gesteuerten Bewältigungsreaktionen. Gemeinsam mit dem Patienten werden konkrete brauchbare Selbstverbalisationen erarbeitet. Um auf Stress nicht (wie bisher) unangemessen emotional oder gar aggressiv zu reagieren, sagt der Patient z.B. zu sich selbst: »Ganz ruhig. Du schaffst das schon. Jetzt langsam vorgehen und einen Schritt nach dem anderen machen«. In der Übungsphase wird ein Abbau des unangemessenen Verhaltens (wie Überreaktionen im Stress) durchgeführt mit anschließender Selbstverstärkung (d.h. der Patient lobt sich für die erreichten Fortschritte). In der Unterrichts- und der Übungsphase finden die therapeutischen Maßnahmen → in sensu oder → in studio statt. Eine Umsetzung in den Alltag erfolgt erst in der dritten Phase, der
Anwendungsphase: Hat zum Ziel, das in Phase zwei Geübte in → In-vivo-Situationen, also in den Alltag, das richtige Lebens zu übertragen (→ Automatisierung des Verhaltens). Erst durch die dritte Phase des SIT ist es möglich, den veränderten Umgang mit Stress in das Leben des Patienten stabil zu integrieren. Die Erfolge in Phase drei haben zur Konsequenz, dass sich die → Selbsteffizienz des Patienten erhöht und damit die Wahrscheinlichkeit, dass es nicht zu einem → Rückfall kommt.

Strich: Ausdruck für einen öffentlichen Ort, an dem Prostituierte und → Stricher ihre Dienstleistungen anbieten bzw. erbringen.

Stricher: Szeneausdruck für männliche Prostituierte.

Strohblume: (Helichrysum foetidum) Ein in Afrika, Asien, Australien und Europa beheimateter Korbblütler, dessen Blätter von den Eingeborenen Südafrikas geraucht werden, um in Trance zu fallen. Wie die Strohblume wirkt, ist bislang nicht bekannt. Zwar wurden die Giftstoffe Cumarin und Diterpen gefunden, diese haben aber keine → psychoaktive Wirkung.

Strychnin wurde 1818 erstmals aus der Ignatiusbohne (Strychnos ignatii) isoliert. Es ist ein bitter schmeckendes Atemgift, das wegen seiner Beschaffenheit gelegentlich zum Strecken von → Heroin verwendet wird und die Möglichkeit tödlicher Komplikationen erheblich erhöht. Es ist in niedriger Dosierung auch eine stimulierende → Droge ähnlich wie → Yohimbin. Adolf Hitler soll es – neben → Kokain – regelmäßig genommen haben. Es ist möglich, dass das Parkinson-Syndrom, unter dem Adolf Hitler gegen Ende seines Lebens gelitten hat, durch seinen Drogenkonsum verursacht war.

Sturzneigung: Alle sedierenden Suchtmittel (→ Opiate, → Benzodiazepine, → Barbiturate, → Alkohol) erhöhen die Sturzneigung. In diesem Zusammenhang ist besonders kritisch zu werten, dass Benzodiazepine zu den bei alten Menschen am häufigsten verordneten Medikamenten gehören. Wenn alte Menschen stürzen, brechen sie sich nicht nur häufiger etwas, ihre Heilung verläuft zudem langsamer und es droht immer die Gefahr, dass sie zum Pflegefall werden. Eine → Prävention sollte deswegen auch zum Ziel haben, die Zahl der Verordnung von Benzodiazepinen bei älteren Leuten deutlich zu verringern, zumal in den meisten Fällen gar keine Indikation für die Verschreibung besteht (→ Off-Label-Use).

Substanzabhängigkeit: Statt des Ausdruckes → Sucht benutzt man in therapeutischen Kreisen lieber den neutraleren Begriff »Substanzabhängigkeit«. Beobachtbare Kriterien einer Substanzabhängigkeit sind nach DSM IV S. 227 ein »unangepasstes Muster des Substanzgebrauches«, das »in klinisch bedeutsamer Weise zu Beeinträchtigungen oder Leiden« führt. Neben der nicht notwendigerweise vorliegenden körperlichen Abhängigkeit (Kriterium 1 und 2) sind kennzeichnend:

- Die Substanz wird häufig in größeren Mengen oder länger als beabsichtigt eingenommen (Kriterium 3).
- Es gibt den anhaltenden, aber erfolglosen Wunsch oder erfolglose Versuche, den Substanzgebrauch zu verringern oder zu kontrollieren (Kriterium 4).
- Der Patient verbringt viel Zeit mit Aktivitäten, um sich die Substanz zu beschaffen (Kriterium 5).
- Wichtige soziale und berufliche oder Freizeitaktivitäten werden aufgrund des Substanzgebrauches aufgegeben oder eingeschränkt (Kriterium 6).

- Der Substanzmissbrauch wird fortgesetzt trotz Kenntnis der dadurch verursachten Probleme (Kriterium 7).

Die → ICD 10 definiert Abhängigkeit ganz ähnlich.

Das Muster der Substanzabhängigkeit hat sich in den letzten Jahren verändert. Suchtkranke, die lediglich von einem Stoff abhängig sind, gibt es kaum noch (DHS: Drogenabhängigkeit). Die meisten Patienten sind polytoxikoman.

Substanzen, psychotrope sind alle Stoffe, die Einfluss auf das zentrale Nervensystem haben und Denken, Fühlen oder die Wahrnehmung beeinflussen. Dazu gehören alle → Drogen, → Alkohol und viele Medikamente. Im DSM IV, dem Diagnostischen und statistischen Manual psychischer Störungen, werden die psychotropen Substanzen in elf Kategorien eingeteilt:

→ Cannabis, → Alkohol, → Amphetamine und ähnlich wirkende Sympathikomimetika, → Kokain, → Halluzinogene, → Inhalantien, → Nikotin, → Opiate, → Phencyclidin oder ähnlich wirkende Arylcyclohexylamine, → Sedativa, → Hypnotika oder Anxiolytika → Eine Restkategorie des DSM IV beschreibt die → Abhängigkeit von anderen, unbekannten Substanzen (→ ICD).

Substitution: → Substitutionsbehandlung.

Substitutionsbehandlung: Auch Substitution genannte Behandlung, bei der dem Süchtigen vom Arzt, der aus Gründen der Qualitätssicherung seit 01.07.2002 die Fachkunde »Suchtmedizinische Grundversorgung« besitzen muss, ein Stoff gegeben wird, der in der Wirkung der → Droge ähnlich ist. Voraussetzung ist eine → Begründete Verschreibung. Darüber hinaus müssen Ärzte, die im niedergelassenen Bereich substituieren wollen, eine Zustimmung der → KV besitzen.

- Substitution i.S. der → BtMVV ist die Abgabe eines in → Anlage III des → BtMG stehenden → Betäubungsmittels zur
- Behandlung einer Opiatabhängigkeit mit dem Ziel der schrittweisen Wiederherstellung der → Abstinenz
- Unterstützung der Behandlung einer neben der Opiatabhängigkeit bestehenden schweren Erkrankung oder der
- Verringerung der Risiken einer Opiatabhängigkeit während einer Schwangerschaft oder nach der Geburt.
- Wichtig ist, dass der Zweck der Behandlung nicht anders (z.B. über eine → Entzugsbehandlung und eine → Entwöhnungsbehandlung) erreicht werden kann. Darüber hinaus unterliegt der verschreibende Arzt umfassenden Dokumentationspflichten. Verordnet werden die Betäu-

bungsmittel auf einem → BtM-Rezept, das mit dem Buchstaben »S« gekennzeichnet ist. Es gibt Höchstdosen für die Verordnung von Betäubungsmitteln, nachzulesen in der → Roten Liste.

Die Substitution muss beendet werden, wenn

- medizinische Ausschlussgründe vorliegen (z.B. eine → Pankreatititis oder die Einnahme von → MAO-Hemmern) oder wenn
- keine psychosoziale Betreuung besteht oder
- Patient dauerhaft nicht an den weiteren Behandlungs- und Betreuungsmaßnahmen (mit dem Ziel der Abstinenz) teilnimmt, oder wenn er
- → Beikonsum betreibt oder
- das Substitutionsmittel nicht bestimmungsgemäß verwendet.

Die Grenzen der Substitution sind also vom Gesetzgeber eng gefasst. Umso mehr verwundert es, dass sich mittlerweile über 40 % aller Opiatabhängigen in Substitution befinden. Das legt den Verdacht des Missbrauchs nahe.

Der therapeutische Nutzen von Substitution ist ohnehin fraglich. In ohne Zweifel guter Absicht geschaffen, hat sie die in sie gesetzten Erwartungen nie erfüllt. Ein Blick in die Geschichte hätte sicherlich schon früher die Problematik verdeutlichen können. Die Idee, durch Substitution Abhängigkeitskranke zu heilen, ist durchaus nicht neu. So war → Heroin nach seiner Entdeckung über längere Zeit dazu benutzt worden, Morphinsüchtige zu behandeln – mit wenig Erfolg, wie man sich aus heutiger Sicht denken kann.

Auch der Alkoholabhängigkeit versuchte man mit substituierenden Maßnahmen Herr zu werden. In Meyers Konversationslexikon von 1888 ist zu lesen: »In sehr wirksamer Weise« könne die Trunksucht bekämpft werden »durch Beförderung der Verbreitung derjenigen Getränke, die einen Ersatz für den → Branntwein gewähren: Begünstigung des Konsums von leichtem Wein und besonders von gutem, billigen Bier, von Kaffee und Thee«.

Obwohl alle Versuche, Süchtige durch Substitution zu heilen, kläglich gescheitert sind, hat die Idee bis in die Jetztzeit für manche Menschen nicht an Faszination verloren. Heroinabhängigen wird immer noch → Methadon gegeben, obwohl die Ergebnisse der letzten Jahre mit dieser Behandlungsform alles andere als überzeugend sind. Methadon ist ein → Opiat wie → Heroin und hat ähnliche Wirkungen und Risiken. In der Drogenszene wird es als Heroinersatz gehandelt.

Die Idee der Substitutionsbehandlung ist, dass der Betreffende sich gesundheitlich stabilisiert, weil die vom Arzt verordnete → Droge keine

Streckmittel enthält. Außerdem hofft man, dass der Patient den Kontakt zur Drogenszene verliert, weil er sein Suchtmittel vom Arzt bekommt. Diese Hoffnungen haben sich für die meisten der Substitierten nicht erfüllt. Da Methadon die euphorisierende Wirkung des Heroins fehlt, greifen viele der Teilnehmer von Substitutionsprogrammen zusätzlich zu Heroin oder → Kokain. Über diesen → Beikonsum von illegalen Drogen – der eigentlich gemäß den Vorgaben zum Ausschluss des Patienten aus der Substitutionsbehandlung führen muss – bleiben viele der substituierten Patienten in Kontakt mit der Szene. Ausschließen ließe sich Beikonsum nur dann weitgehend, wenn engmaschig Urinkontrollen durchgeführt würden. Hierzu fehlt in vielen Praxen aber die Zeit. Da zudem jeder von dem Programm ausgeschlossene Patient einen finanziellen Verlust für die Arztpraxis darstellen würde, scheint das Interesse an Urinkontrollen in nicht wenigen Praxen auch nicht sonderlich hoch zu sein. Müßig zu erwähnen, dass die anfänglich außerdem verfolgte Idee, substituierte Patienten sogar in den Arbeitsmarkt zu integrieren, nur noch selten diskutiert wird. Bei ehrlicher Betrachtung müsste man inzwischen eingestehen, dass auch dieser Ansatz, mithilfe von Substitution Süchtigen zu helfen, gescheitert ist.

Zu dieser nüchternen Feststellung scheint man noch nicht bereit. Mittlerweile befinden sich in Deutschland fast die Hälfte aller Opiatabhängigen in Substitution. Eine große Zahl von Arbeitsplätzen hängt davon ab – leider nicht auf Patientenseite. So erklärt sich auch, warum hier eine Kehrtwende noch nicht vollzogen wird. Wegen des nicht zufrieden stellenden Erfolges der Methadon-Substitution wird jetzt die Vergabe von Heroin an Süchtige im Rahmen von Modellprojekten in einzelnen Städten durchgeführt. Man hofft, dass durch Vergabe des Originalstoffes der Beikonsum abnimmt, weil Heroin den Wünschen der Konsumenten eher entspricht. Problematisch ist dabei, dass die Wirkung von Heroin mit einer Berufstätigkeit kaum vereinbar ist. Wahrscheinlich wird auch die Substitution mit Heroin nicht die gestellten Erwartungen erfüllen. Am Grundproblem ändert sich durch Substitution nichts und der Beikonsum wird auch bei den mit Heroin substituierten Patienten zu beobachten sein, da viele Patienten mehrfachabhängig sind (→ Mehrfachabhängigkeit).

Zunächst wurde die heute praktizierte Substitution im Rahmen von Leistungen des Bundessozialhilfegesetzes übernommen. Seit 01.07.1999 ist die gesetzliche → Krankenversicherung für die Finanzierung zuständig. Seitdem ist wegen des Subsidiaritätsprinzips nur dann der Sozialhilfeträger zuständig, wenn keine gesetzliche Krankenversicherung die Leistung übernimmt. Natürlich haben die Krankenkassen zu überprüfen, ob die Substitutionsbehandlung notwendig und wirtschaftlich ist (§ 12 SGB V). Insofern ist unklar, wie mit dauersubstituierten Patienten in Zukunft umgegangen wird. Vieles spricht dagegen, dass die Krankenkassen hier die Kosten weiter für längere Zeiträume übernehmen werden. Zwar sind die Kosten der Substitution pro Tag und pro Patient billiger als die einer stationären Entwöhnungsmaßnahme. Weil die Patienten aber über Jahre hinweg substituiert werden und sich am eigentlichen Problem nichts ändert, übersteigen die Kosten schnell die konventioneller Therapien.

Die Vergabe von Drogen im Rahmen von Substitutionsbehandlungen, so wie sie im Moment durchgeführt werden, ergibt nur in wenigen Fällen Sinn. Bei Patienten, die so krank sind, dass ihre Lebenserwartung auf nur noch wenige Monate verkürzt ist, kann das Leiden in ihrer letzten Lebensphase verkürzt werden.

Für die übrigen Patienten könnte die Lösung in Programmen bestehen, bei denen die Substitution nur den ersten Baustein dargestellt. Es gilt, die Substitution wieder so zu gestalten, wie sie vom Gesetzgeber gedacht war. Zentrales Element ist die Vernetzung der Therapiebausteine und die stärkere Strukturierung der Maßnahme. Die Patienten könnten – zeitlich befristet – an einem Substitutionsprogramm teilnehmen, um eine Anbindung an Therapeuten zu schaffen. Opiatabhängigen Patienten, die oft große Angst vor Therapie haben, könnte diese genommen werden, indem man zunächst für ca. drei Monate einen Ersatzstoff verabreicht und die Patienten gleichzeitig an einem Therapieprogramm teilnehmen lässt. Sie haben so eine Möglichkeit, sich von den Vorteilen der Therapie zu überzeugen. Die Substitution würde in diesem Konzept eine Therapieanbahnende und motivierende Funktion haben. Ziel wäre es, den Patienten aus der Szene zu lösen und an weiterführende Maßnahmen heranzuführen. Im zweiten Schritt erfolgt dann eine → Entzugsbehandlung und schließlich eine → Entwöhnungsbehandlung einschl. → Adaptionsphase und Nachsorge. Wer nicht zu weiteren Maßnahmen bereit ist, wird nach Abschluss der Entzugsbehandlung von weiterer Behandlung ausgeschlossen (mit Ausnahme von Notfallbehandlungen).

Entscheidender Vorteil in dem hier vorgestellten Modell ist, dass die Substitution zeitlich befristet ist und dass der Ersatzstoff nach einigen Monaten schrittweise ausgeschlichen wird. Am Ende der Therapie kann der Patient suchtmittelfrei in die Gesellschaft reintegriert werden. Ein solches Programm wäre – auf lange Sicht – nicht nur weitaus preiswerter als die Substitutionsbehandlung, wie sie jetzt durchgeführt wird. Es wäre auch ein Verfahren, das dem Patienten mehr hilft als die bisherige Praxis. Wer Patienten längerfristig substituiert, erschwert oder verbaut dem hier in Rede stehenden, meist hochgradig ambivalenten Patienten den Weg zurück in eine selbstbestimmte Zukunft.

Natürlich wird auch mit dem hier vorgestellten Procedere nicht jeder Patient erreicht werden. Doch Ambivalenz und Complianceprobleme sind kein Suchtspezifikum. Es wird Zeit, mit → Abhängigkeitserkrankungen endlich so umzugehen wie mit anderen Krankheiten auch. Wenn ein Patient für therapeutische Maßnahmen nicht ausreichend motiviert ist, d.h. die vom § 1 SGB V geforderte Mitarbeit vom Patienten nicht gegeben ist, so ist er von der Leistung auszuschließen. Einem Diabetiker gesteht man zu, dass er nicht an Gewicht abnimmt und dass er die Einstellung seiner Blutzuckerwerte vernachlässigt. Wenn ein Abhängigkeitskranker sich nicht dafür entscheidet, seinen Konsum aufzugeben, so ist das von therapeutischer Seite zu akzeptieren. Viele Therapeuten tun sich schwer, dies zu akzeptieren; ihr Verhalten ähnelt dem co-abhängiger Angehöriger (→ Co-Abhängigkeit).

Sucht: Umgangssprachlicher Ausdruck, der ein Verhaltensmuster beschreibt, bei dem der Betreffende große Zeit mit der Einnahme eines Stoffes verbringt und alles andere in seinem Leben dieser Beschäftigung unterordnet. Ursprünglich kommt Sucht von »siechen« = »krank sein« und nicht etwa von »suchen«. 1957 definierte die Weltgesundheitsorganisation WHO (→ ICD) den Begriff »Sucht« über ein unbezwingbares Verlangen nach einem Suchtmittel mit der Tendenz einer Dosissteigerung und Schädigung des Einzelnen oder der Gesellschaft.

Alle Suchtmittel haben eine unmittelbare, stoffgebundene Wirkung auf das Gehirn. Diese wird von denjenigen, die sie konsumieren, als angenehm und belohnend empfunden. Die Selbstbelohnung ist ein Kennzeichen jeder Sucht und sichtbarer Ausdruck der Isolierung des Süchtigen. Dahinter steht eine tiefe Unsicherheit jedes Süchtigen, die ihn daran hindert, anderen zu vertrauen, sich auf sie einzulassen. Grund für diese Unsicherheit sind in der Regel wenig aufbauende Beziehungen zu engen Bezugspersonen in der Vergangenheit wie z.B. zu Eltern oder Stiefeltern. Manchmal haben auch emotionale oder sexuelle Missbrauchssituationen die Entwicklung ausreichender Selbstsicherheit verhindert. Im Wesentlichen ist der Begriff »Sucht« inhaltsgleich mit → Substanzabhängigkeit oder Abhängigkeitserkrankung.

Allerdings hat – gerade in der Laienpresse – der Begriff »Sucht« in den letzten Jahrzehnten eine erhebliche Ausweitung auf Tätigkeiten erfahren, die nichts mit der Einnahme von Stoffen zu tun haben und deren gemeinsames Kennzeichen die Verschaffung von Glücksgefühlen in Abwesenheit von Dritten ist. Man spricht von Spielsucht, Arbeitssucht, Schokoladensucht oder Sucht nach dem Kick (z.B. bei Extremsportlern). Die WHO hat deswegen schon 1964 den Begriff »Sucht« durch »Abhängigkeit« ersetzt. Die seit 1991 im Wesentlichen unverändert gültigen Kriterien der WHO zur Definition von Abhängigkeit sind in der → ICD 10 festgeschrieben.

Ob Sucht eine Krankheit ist oder nicht, war lange Zeit umstritten. Obwohl rein rechtlich die Angelegenheit klar ist, haben viele Menschen immer noch Probleme damit, in ihr eine Krankheit zu sehen und nicht einfach nur eine Willensschwäche, der mit erzieherischen oder rechtlichen Maßnahmen zu begegnen ist. Schon Robert Musil klagte Anfang des 20. Jahrhunderts über die Süchtigen gegenüber bestehenden zahlreichen Vorurteile. Suchtkranke sind die Personen mit dem niedrigsten sozialen Ansehen – eine Einschätzung, die sich unverändert durch nahezu alle Kulturen zieht. Umso erstaunlicher ist es, dass es dennoch in den letzten Jahrzehnten gelungen ist, z.B. in Deutschland ein umfassendes Suchthilfesystem (→ System) aufzubauen. Angesichts knapper werdender Ressourcen ist es allerdings fraglich, ob dieser Zustand, der letztlich zu Lasten anderer Patientengruppen geht, auf längere Sicht Bestand haben wird. Es ist zu erwarten, dass die gesellschaftliche Konsensbildung hier zu anderen Schwerpunktbildungen finden wird (→ Sparzwang).

Sucht, polyvalente: Anderer Ausdruck für → Polytoxikomanie oder → Mehrfachabhängigkeit.

Suchtberatungsstelle: Anlaufstelle, an der sich Menschen, die Probleme mit Suchtmitteln (→ Alkohol und → Drogen) haben, kostenfrei anonym beraten lassen können. Aufgrund der angespannten Finanzlage der Städte und Kommunen werden vielerorts Suchtberatungsstellen abgebaut. Eine kostenlose Beratung ist auch über die gesetzliche Krankenversicherung und den Rentenversicherungsträger (LVA, BfA ...) möglich.

Suchtdruck: Umgangssprachlicher Ausdruck für das Verlangen nach der → Droge, welches vom Konsumenten oft als unaushaltbar empfunden wird. Fachleute sprechen meist vom → Craving, was im Wesentlichen das Gleiche bedeutet.

Suchtgedächtnis: Bezeichnung für die Tatsache, dass bestimmte → Reize bei Süchtigen lebenslang das Verlangen nach der Einnahme von Suchtmitteln, auch → Craving genannt, auslösen können. Hintergrund ist, dass alle Erfahrungen im Gehirn abgespeichert werden und zwar umso inten-

siver, je stärker emotional besetzt die Erfahrungen sind (→ Emotionen). Da die meisten Drogenerfahrungen aufgrund ihres direkten Einflusses auf Neurotransmitter wie → Dopamin oder → GABA sehr intensiv erlebt werden, bleiben sie lange erinnerbar. Sämtliche Reize, die mit der Drogeneinnahme in Verbindung stehen, können lebenslang das Verlangen nach Einnahme der → Droge auslösen.
Ein wesentlicher Bestandteil der Therapie besteht darin, dem Patienten ein Verständnis für sein Suchtgedächtnis zu vermitteln und ihm beizubringen, wie er mit → Suchtdruck angemessen umgehen kann (→ Stimuluskontrolle, → Selbstmanagement). Je länger der Patient abstinent lebt (→ Abstinenz), desto weniger ausgeprägt werden sich normalerweise die Erinnerungen des Suchtgedächtnisses aufdrängen. Die neuen Erfahrungen und Verhaltensweisen verdrängen schrittweise die alten aus der Zeit als Abhängiger. Man bezeichnet diesen Vorgang nach Wolffgramm auch als Rückprägung. Im besten Falle ist nach Jahrzehnten das Suchtgedächtnis fast völlig gelöscht.

Suchtgefährdung: Man geht heute davon aus, dass bei der Entstehung von → Sucht verschiedene Faktoren eine Rolle spielen (bio-psycho-soziales Modell). Erbliche Faktoren spielen dabei ebenso eine Rolle wie bestimmte Persönlichkeitszüge, familiäre Problematiken, ungünstige Bedingungen in der sozialen Umgebung sowie die jeweilige Verfügbarkeit der → Droge, die sowohl von politisch geprägten Vorgaben und Gesetze, wie auch z.T. von regionalen Faktoren abhängt (→ Spannungsdreieck der Sucht). Eine wesentliche Rolle spielt auch, mit welchen Personen (→ Peer-Group) der Heranwachsende Umgang pflegt. Von einer erhöhten Suchtgefährdung ist auszugehen, wenn mehrere der unten aufgeführten Faktoren zusammenkommen:

1. Genetische Faktoren:

- Einer oder mehrere Verwandte (Eltern/Geschwister) sind suchtkrank.
- Nach Einnahme des Suchtmittels werden relativ wenig Nebenwirkungen (z.B. → »Kater«) verspürt.
- Nach Einnahme des Suchtmittels wird eine besonders positive Wirkung verspürt.

2. Persönlichkeitsbedingte Faktoren:

- Die Person wurde im Vorfeld durch unsoziales oder gar kriminelles Verhalten auffällig.
- Mangelnde Fähigkeit, sich auszudrücken und seine Wünsche und Vortsllungen gegenüber anderen zu äußern.
- Neigung zur Abwertung eigener Leistung; geringes Selbstwertgefühl.

- Vorliegen der Überzeugung, am Lauf der Dinge nichts ändern zu können; Unterschätzung der eigenen Möglichkeiten.
- Negative Bewertung des eigenen Körpers und des Aussehens.

3. Familiäre Probleme

- Einer oder beide Eltern oder enge Verwandte sind suchtkrank. Das führt nicht nur zur direkten Belastung des Heranwachsenden, es kann auch zu ungünstiger Modellwirkung kommen. Außerdem sind Defizite in der Erziehung und Wissensvermittlung damit vorprogrammiert.
- Häufige Streitigkeiten in der Familie, hohes Maß an Aggressivität. Gewalttätigkeit und Missbrauch fördern das Risiko.
- Gefühlskaltes, kontrollierendes Klima im Elternhaus. Mangelnde Förderung der individuellen Entwicklung des Heranwachsenden.
- Zugehörigkeit zu einer Randgruppe (Unterschicht, Sekte, Ausländer ...).

4. Schulische Probleme:

- Unter- oder Überforderung durch falsch gewählten weiterführende Schule.
- Mangelnde Fähigkeit, sich den Regeln der Schule anzupassen.
- Ungünstige Verhältnisse in der Schule (Lehrermangel, Lage in sozialem Brennpunkt, inkompentente Schulleitung).

5. Probleme im sozialen Milieu (soweit oben noch nicht aufgeführt):

- Leichte Verfügbarkeit von Suchtmitteln über die lokale Drogenszene oder Ärzte.
- Politisch gewollte reduzierte Repression gegenüber Suchtmitteln (z.B. durch Aufstellung von Zigarettenautomaten, lasche Kontrolle des Verkaufes von Alkohol an Minderjährige, Einrichtung von → Coffeeshops, Abgabe von Opiaten durch Ärzte, z.B. im Rahmen der so genannten → Substitution).
- Hoher Anteil von sozial Schwachen in der Umgebung.
- Mangel an adäquaten Freizeitangeboten für Heranwachsende.
- Häufiger Aufenthalt des Heranwachsenden an öffentlichen Plätzen ohne strukturiertes Freizeitangebot (»Abhängen«).
- Hohe Identifikation mit einer Subgruppe, in der Suchtmitteleinnahme positiv bewertet ist.
- Anbindung an eine Peer-Group mit hoher Akzeptanz für Suchtmittel.

Im Rahmen der Vorsorgeuntersuchung nach Vollendung des 13. und 14. Lebensjahres bietet es sich an, zu überprüfen, ob nach o.a. Kriterien eine Suchtgefährdung vorliegt. Erziehern und Sozialarbeitern und -pädagogen bietet sich oft die Möglichkeit, eine Suchtgefährdung zu erkennen und ggf. geeignete therapeutische Maßnahmen ins Gespräch zu bringen.

Suchthilfesystem: → System.

Suchtmedizinische Grundversorgung: Bezeichnung für eine Zusatzausbildung, Fachkunde genannt, die nur Ärzte erwerben können und die notwendig ist, um z.B. → Substitutionsbehandlungen durchführen zu können. Ärzte ohne diese Fachkunde gelten dafür als nicht ausreichend qualifiziert.

Suchtpersönlichkeit: Die früher weit verbreitete Annahme, es gebe eine für Süchtige typische Persönlichkeit, die sog. Suchtpersönlichkeit, hat sich bis heute nicht erhärten lassen. → Sucht entsteht immer aus einem komplexen Zusammenwirken von bio-psycho-sozialen Einflussfaktoren. Dies ist unter dem Stichwort → Spannungsdreieck der Sucht und unter dem Stichwort → Suchtgefährdung differenzierter dargelegt. Da Suchtmittel, insbesondere bei chronischer Einnahme, häufig zu (zum Teil unumkehrbaren) Persönlichkeitsveränderungen führen, ist zudem im Einzelfall schwer zu entscheiden, ob die Auffälligkeiten der Persönlichkeit Ursache oder Folge der Sucht sind.

Suchtpotenzial: Bezeichnung für die Fähigkeit eines Stoffes, das Verhalten eines Menschen im Sinne einer unbeabsichtigt häufigen Einnahme zu steuern. Wird auch als → Abhängigkeitspotenzial bezeichnet. Das Suchtpotenzial einer → Droge ist umso stärker, desto positiver und intensiver der → Rausch erlebt wird und desto schneller die Wirkung eintritt. → Crack, eine Droge, die stark euphorisierend und unmittelbar nach Einnahme wirkt, hat deshalb ein stärkeres Suchtpotenzial als zum Beispiel → Atropin, das nur langsam anflutet und dessen Rausch meist mit unangenehmen körperlichen Nebenwirkungen verbunden ist.

Sufenta: Handelsname eines Medikamentes, das das → Opioid → Sufentanil enthält.

Sufentanil: Narkosemittel, das als Injektionslösung unter verschiedenen Handelsnamen in Deutschland auf dem Markt ist und das dem → Betäubungsmittelgesetz unterliegt.

Sugar: Szeneausdruck für → Drogen in zuckerähnlicher Form, z.B. → Kokain oder → Amphetamine.

Sugar Cube: Szeneausdruck für Zuckerwürfel, auf den → LSD geträufelt wurde.

Suizid: Gleichbedeutend mit → Selbstmord.

Super-LSD: Szeneausdruck für → DOM.

Super Caps: Szeneausdruck für → Meerträubelextrakte mit dem Wirkstoff → Ephedrin.

Super-Skunk: Bezeichnung für eine → THC-reiche → Cannabis-Sorte. Der Name »Skunk« (Stinktier) leitet sich vom Geruch der Züchtung ab.

Sweeties: Szeneausdruck für Süßwaren, deren Konsum bei Drogenkonsumenten in der Regel erhöht ist. Zum einen hat Schokolade selbst wahrscheinlich eine geringfügige psychoaktive Wirkung (→ Kakao). Manche → Drogen wie – z.B. → Cannabis – können den Appetit auf Süßwaren verstärken. Wichtiger aber noch dürfte sein, dass Süchtige jede Anstrengung – sieht man einmal von der Beschaffung von Drogen ab – vermeiden. Sie kaufen nur Brot, das sie kaum kauen müssen, tragen Schuhe mit Klettverschlüssen und in keinem Fall Hemden, die man bügeln muss. Kurzkettige Kohlenhydrate wie z.B. Süßwaren brauchen kaum gekaut zu werden und sind leicht zu verdauen. Das macht sie für tendenziell faule Menschen attraktiv.

Synanon: Die Selbsthilfegemeinschaft Synanon wurde 1971 von Betroffenen gegründet. Sinn und Zweck war es, hilfesuchende Süchtige aufzunehmen und ihnen die Möglichkeit zu bieten, ein eigenverantwortliches Leben ohne → Alkohol, → Drogen und ohne kriminelles Verhalten zu lernen. Heute leben in zwei Häusern in Berlin und auf dem Gut Schmerwitz im Land Brandenburg ständig rund 300 Erwachsene und Kinder. Voraussetzung für das Zusammenleben sind folgende drei Regeln: 1. Keine Drogen, kein Alkohol, keine sonstigen Suchtmittel. 2. Keine körperliche Gewalt oder deren Androhung. 3. Kein Tabak.

Synanon ist – entgegen vieler Gerüchte – weder politisch noch weltanschaulich gebunden. Bei Synanon gibt es keine Sozialarbeiter, Therapeuten, → Psychologen oder Ärzte. Inzwischen lässt Synanon seine Arbeit aber durch Mediziner und Wissenschaftler beratend begleiten. Grundprinzip des Zusammenlebens ist die → Therapeutische Gemeinschaft. Für die Aufnahme bei Synanon sind keine Bewerbung, Kostenzusage oder Ähnliches nötig. Es gibt keine Altersbegrenzung. Jeder, der den Wunsch hat, ohne Suchtmittel und Kriminalität leben zu lernen, kann jederzeit – tags und nachts – ohne Vorbedingungen zu Synanon kommen. Auch insofern unterscheidet sich Synanon von den Fachkliniken. Alle Synanon-Mitglieder nehmen regelmäßig am so genannten »Synanon-Spiel« teil. Dabei handelt es sich um eine besondere Form des Gruppengesprächs, in dem jeder über sich und seine Probleme reden kann. Obwohl das Spiel eine andere Geschichte hat, ähnelt es im Wesentlichen einer psychotherapeutischen Gruppensitzung. Einen Teil des Geldes, das die Wohngemeinschaft zum Leben braucht, erwirtschaftet sie sich in so genannten Zweckbetrieben selbst.

Schwierig ist für viele Süchtige die Kontaktsperre, die Synanon Neuaufgenommenen abverlangt: Im ersten halben Jahr besteht Synanon auf Unterbrechung der Verbindung der Neuaufgenommenen zu ihren Verwandten, Freunden und Bekannten (→ Stimuluskontrolle). Diese können jedoch jederzeit Kontakt aufnehmen und Auskunft erhalten. Paare leben in der ersten Zeit getrennt. Eine Ausnahme besteht bei Paaren mit Kindern. Der Aufenthalt bei Synanon ist prinzipiell unbegrenzt und auf Lebenszeit möglich. Nur wer massiv gegen die Regeln des Zusammenlebens verstößt, muss die Gemeinschaft verlassen. Aufgrund der hohen Effektivität von Synanon und dem zunehmenden öffentlichen Sparzwang ist zu erwarten, dass die Angebote von Synanon zukünftig mehr nachgefragt werden.

Synhexyl: Bezeichnung für synthetisches → THC, das vor allem in der Medizin Anwendung findet. Es hat gegenüber → Cannabis den Vorteil, dass sein Wirkstoffgehalt exakt bekannt ist. Sollte THC in der Medizin einmal verstärkt Anwendung finden, dann am ehesten in Form solcher synthetischen Produkte. Dem Vorteil der Stoffreinheit stehen im Vergleich zu Cannabis allerdings erheblich höhere Kosten gegenüber.

Synthetika: Veralteter Ausdruck für künstlich hergestellte → Drogen.

System: **1.** Szeneausdruck für die Gemeinschaft von Menschen, die ihr Leben im gesetzlich vorgegebenen Rahmen führen. Manchmal wird der Begriff enger gefasst und bezeichnet dann nur den Staatsapparat. In der Regel wird von Drogenkonsumenten das so genannte System abgelehnt (Anm.: Das gilt allerdings nicht für die Inanspruchnahme von Sozialhilfe, Arbeitslosengeld, Therapie, → Substitution, Wohngeld u.ä.). **2.** Szeneausdruck für → Sucht. Süchtig sein wird dann als »im System sein« bezeichnet. Diese Verwendung des Ausdrucks ist selten. **3.** Ist in Verbindung mit Krankenbehandlung vom System die Rede, so ist damit das Gesundheitssystem bzw. das Suchthilfesystem gemeint. Im → Aktionsplan Drogen und Sucht heißt es dazu: »Deutschland steht mit diesem Hilfe- und Beratungssystem im europäischen und internationalen Vergleich ganz vorn.« Manche halten die Vielzahl der Angebote für Suchtkranke mittlerweile für kontraproduktiv. Werden zu viele niedrigschwellige Angebote gemacht (→ Substitution, → nachgehende Sozialarbeit, Druckräume), so kann dies zur Folge haben, dass viele Süchtige höhere Ziele, die für sie grundsätzlich erreichbar wären, aus Bequemlichkeit gar nicht mehr anstreben. Außerdem ist zu monieren, dass Suchtkranke durch das enge bestehende Versorgungssystem in diesem Bereich deutlich besser gestellt sind als z.B. Patienten mit → Psychosen, Manien oder → Demenzen. Hier wird in Zukunft darüber nachzudenken sein, wie die knappen Mittel gerechter als bisher unter den psychisch Kranken verteilt werden können (→ Sparzwang).

systematische Desensibilisierung: Ein nach dem Prinzip der → klassischen Konditionierung funktionierendes Verfahren nach Wolpe. Es spielt auch bei → Entwöhnungsbehandlungen eine Rolle und zwar dann, wenn Ängste vorliegen (→ Komorbidität).

Bei der systematischen Desensibilisierung wird durch die mehrfache Darbietung des → Reizes (= S) unter der Bedingung der Nichtverstärkung (angenehme Atmosphäre, entspannter Patient) für eine → Löschung des (pathologischen) Vermeidungsverhaltens gesorgt. Einer Angsthierarchie folgend werden dabei Teile des angstauslösenden Reizes (→ CS) schrittchenweise dargeboten, ohne dass es zur Auslösung der Angstreaktion, also von → CR, kommt. Es wird eine Verknüpfung von angenehmen Reizen (→ UCS) in Wohlfühlatmosphäre mit dem ursprünglich aversiv besetzten Reiz (CS) geschaffen. Das im Rahmen klassischer Konditionierungsprozesse vor Therapiebeginn entstandene Vermeidungsverhalten und die damit verbundenen physiologischen und emotionalen Reaktionen werden so klassisch dekonditioniert (→ Dekonditionierung, → Expositionsverfahren).

Systemversagen: Die Kosten für nicht zugelassene Therapieverfahren, z.B. der Einsatz von → Cannabis-Produkten als Medikament, dürfen von der Krankenversicherung nicht übernommen werden. Der Gesetzgeber möchte damit verhindern, dass Gelder der Solidargemeinschaft für Mittel verwendet werden, deren Nutzen nicht erwiesen ist (→ Wirtschaftlichkeitsgebot).

Allerdings kann es im Einzelfall sein, dass die Prüfprozeduren des Gesundheitssystems für ein Therapieverfahren so langwierig sind, dass es dem Patienten nicht zugemutet werden kann, auf die betreffende Entscheidung zu warten. Man spricht dann von Systemversagen. In Verbindung mit Medikamenten liegt allerdings fast nie ein Systemversagen vor. Hier liegt in der Regel ein konkretes Versagen des Herstellers vor, der z.B. gar nicht erst einen Antrag auf Zulassung seines Medikamentes in einer bestimmten Indikation gestellt hat. So liegt z.B. von keiner einzigen Pharmafirma, die → Methylphenidat (→ Ritalin) herstellt, in Deutschland ein Antrag für die Behandlung von Erwachsenen mit Hyperkinetischem Syndrom vor. Nicht wenige Ärzte würden gerne erwachsene Hyperkinetiker mit Methylphenidat behandeln, sie bewegen sich dabei aber unverändert rechtlich in einer Grauzone, weil das Medikament nur für Kinder zugelassen ist (→ Off-Label-Use).

Szene: 1. Informeller Zusammenschluss von Menschen, die ein gemeinsames Interesse, z.B. → Drogen, verbindet. **2.** Orte, an denen Drogen verkauft und konsumiert werden. Es gibt Orte in jeder Stadt, an denen sich die Szene trifft. In Berlin sind das zum Beispiel der Bahnhof Zoo und die Haltestelle Kottbusser Tor, in Frankfurt die Taunusanlage, in Hamburg das Viertel St. Georg. In der Umgebung solcher Szenetreffpunkte häuft sich schon bald der Dreck, Spritzen liegen herum (→ Umweltverschmutzung), Passanten werden belästigt, die Kriminalität steigt und es kommt zu einem Ansteigen der Prostitution. Für die Mehrheit der Menschen stellt die Drogenszene eine unzumutbare Belastung dar. Daher gibt es stetige Bestrebungen der Städte, größere Ballungen der Szene zu verhindern. Ein Mittel ist die ständige Vertreibung, ein weiteres die Einrichtung von so genannten → Druckräumen, in denen die Konsumenten sich ihre Drogen spritzen können.

Szeneausdrücke: → Drogen werden innerhalb der Drogenszene oft nicht mit dem pharmakologischen Namen bezeichnet, sondern mit den verschiedensten Pseudonymen belegt. Die häufigsten Szeneausdrücke finden sich an den entsprechenden Stellen in diesem Lexikon. Es gibt bei der

Der Bahnhof Zoo – der bekannteste Szeneplatz für Drogen in Deutschland

Verwendung starke regionale Unterschiede: In Bayern gebräuchliche Bezeichnungen werden unter Umständen in Mecklenburg-Vorpommern nicht verstanden und umgekehrt. Je länger eine Droge auf dem Markt ist und je größer ihr Konsumentenkreis ist, desto mehr Szeneausdrücke existieren. Meist stammen die Ausdrücke aus dem Englischen und werden auch englisch ausgesprochen. Allerdings werden sie ansonsten wie deutsche Worte gebraucht und z.B. auch so dekliniert. Grund für die Verwendung von Szeneausdrücken ist zum einen die Verschlüsselung: Außenstehende, z.B. Eltern, Lehrer oder auch Strafverfolger, sollen bei Drogengesprächen nicht mitbekommen, worum es geht. Zum anderen hat die Szenesprache auch eine identitätsbildende Funktion. Die Abgrenzung der Subkultur von der Außenwelt, dem → System, wird dadurch verstärkt, das Zusammengehörigkeitsgefühl steigt.

T

Tabac: → Weitere Bezeichnung für → Tabak.

Tabaco del diabolo: → Tabak des Teufels.

Tabak: Die Tabakplanze stammt ursprünglich aus Amerika. Die dortigen Ureinwohner verwendeten sie im Rahmen religiöser Handlungen (→ Religion). In Nordamerika überwog dabei die Einnahme in gerauchter Form, während in Mittel- und Südamerika Tabakblätter eher gekaut oder getrocknet als Tabakpulver geschnupft wurden. Tabak galt früher als »Pflanze der Götter«. Man glaubte, dass die Priester im Nikotinrausch in Kontakt zu den Göttern treten könnten. Auch wurde Tabak gegen Schlangenbisse und Verletzungen durch Tiere eingesetzt.

Durch die Entdeckung des amerikanischen Kontinentes wurde Tabak auch in Europa bekannt. 1570 brachte Jean Nicot (daher der Name → Nicotin), französischer Gesandter in Portugal, als Erster Tabakpflanzen nach Frankreich. Während des Dreißigjährigen Krieges verbreitete sich das Tabakrauchen in Europa und Asien – vermutlich wegen seiner den Hunger unterdrückenden Wirkung. Nur im 16. Jahrhundert wurde Tabak versuchsweise als Medikament eingesetzt – dann erkannte man, dass er dazu nicht

Tabakpflanze

nur nicht taugte, sondern dass die Pflanze schädlich ist. Trotzdem wurde weiter geraucht.
Von den 60 bekannten Nicotian-Arten werden aktuell nur drei als Grundstoff für Tabak angebaut. Tabak ist die Bezeichnung für die getrockneten Blätter der Tabakpflanze (Nicotiana tabacum), die wegen des in ihnen enthaltenen → psychoaktiven → Alkaloids → Nikotin konsumiert wird. Darüber hinaus enthält Tabak über 4000 weitere, z.T. psychoaktive Inhaltsstoffe. Eingenommen wird Tabak in Form von → Zigaretten, Zigarren, Pfeifentabak oder Kautabak. Meist werden getrocknete und fermentierte Blätter geraucht, einige Indianerstämme rauchen auch unfermentierte Blätter. Der Gebrauch als Schnupftabak und Kautabak spielt heutzutage kaum noch eine Rolle.
Nikotin ist ein schwaches → Stimulanzium. Es wirkt anregend, unterdrückt Müdigkeit und Hunger. Nikotin besitzt ein hohes → Abhängigkeitspotenzial. In Deutschland darf es nach dem → Jugendschutzgesetz nicht an Personen unter 16 Jahren abgegeben werden (eine Vorgabe, die angesichts des Vorhandenseins von Zigarettenautomaten eine Farce ist). Wurden 1950 in der Bundesrepublik Deutschland lediglich 500 Zigaret-

Tabakgeschäft in Köln

ten pro Kopf geraucht, so sind es heute knapp 2000. In Deutschland ist nach Angaben des Statistischen Bundesamtes von einer Anzahl von etwa 18 Millionen Rauchern auszugehen. Ca. 22 % der Frauen und 35 % der Männer sind Raucher. Ein Drittel aller Jungen und Mädchen im Alter von 12-Jahren aber hat bereits Erfahrungen mit Tabakkonsum. In der Gruppe der 35-40-Jährigen ist der durchschnittliche Anteil der Raucher mit 41 % am höchsten. Von 1992 bis 1999 hat sich das Geschlechterverhältnis bei Rauchern verschoben. Bei den Männern nahm der Anteil der Raucher um 5,7 % ab, bei den Frauen um 3,3 % zu. Inzwischen ist die Geschlechterverteilung nahezu ausgeglichen und damit auch Folgeerscheinungen wie der Tod durch Lungenkrebs oder Herz-Kreislauferkrankungen.
In hohen Dosen, die beim Gebrauch in westlichen Ländern in der Regel nie erreicht werden, kann Nikotin zu Angstzuständen, Verfolgungswahn verbunden mit Übelkeit, Erbrechen und Durchfällen führen. Tödliche Vergiftungen sind möglich, weswegen Raucher ihren Tabak immer gut vor Kindern verstecken sollten. Wenn ein Kleinkind nur eine Zigarette isst, kann es daran sterben.

Zwei Tabakraucher

Die Inhaltsstoffe des Tabaks schädigen jede Körperzelle. Ohne den Tabakkonsum wären die Bewohner der westlichen Länder erheblich gesünder. Tabak schwächt das Immunsystem und erhöht die Wahrscheinlichkeit für Schäden an Herz und Kreislauf. Die Gefäße verkalken mit der Folge, dass Schlaganfälle und Herzinfarkte auftreten können. Prinzipiell sind aber nicht nur Herz und Gehirn gefährdet, jedes Organ kann von der Gefäßverkalkung betroffen sein. Außerdem werden zahlreiche Krebserkrankungen auf den Tabakrauch zurückgeführt. Mindestens 40 Inhaltsstoffe der Tabakpflanze sind krebserregend. 75 % aller Fälle von chronischer Bronchitis und 90 % aller Lungenkrebsfälle gehen laut WHO (2002) auf das Tabakrauchen zurück. Auch das Risiko für Mundhöhlenkrebs, Kehlkopfkrebs, Speiseröhrenkrebs, Magenkrebs, Bauchspeicheldrüsenkrebs, Gebärmutterkrebs, Nierenkrebs und Blasenkrebs wird durch Tabakrauchen erhöht.

Raucher sterben im Schnitt etwa 13 Jahre früher. Im → Aktionsplan Drogen und Sucht wird von jährlich 100 000 tabakbedingten Todesfällen allein in Deutschland ausgegangen; die → DHS schätzt bis zu 140 000. Dagegen treten die etwa 1500 Todesfälle wegen illegaler Drogen deutlich in den Hintergrund.

Tabak ist ein gutes Beispiel dafür, dass die Legalität einer Droge und damit ihre Verfügbarkeit enormen Einfluss auf die Verbreitung hat. Er ist die am weitesten verbreitete Droge weltweit (→ Angebotsstrukturen).

Eine ernst gemeinte → Prävention sollte generelle Werbeverbote durchsetzen und Zigarettenautomaten und den Verkauf von Tabakwaren in Supermärkten, Kiosken und Tankstellen verbieten. Verstöße gegen das Jugendschutzgesetz sollten konsequenter als bisher geahndet werden. Dass allerdings Derartiges tatsächlich passiert, ist unwahrscheinlich. Der Staat glaubt, auf die Einnahmen durch die Tabaksteuer (die bei Einschränkung des Verkaufes sinken würde) nicht verzichten zu können. So erhöhten sich von 1993 bis 1999 in Deutschland die Ausgaben für Tabakwaren um 23 % auf 41,2 Milliarden DM und damit auch die staatlichen Einnahmen.

Die durch Tabak verursachten volkswirtschaftlichen Schäden sind enorm. Man geht von einem Tabak-bedingten volkswirtschaftlichen Schaden von 16 Milliarden Euro durch Tabak allein in Deutschland aus und es dürfte sich hierbei um eine eher konservative Schätzung handeln. Erhöhte Krankenstände und geringere Arbeitsleistungen belasten die Produktivität. Im statistischen Mittel fällt ein Raucher pro Zigarette sechs Minuten aus. Schnell summieren sich dadurch enorme Kosten für den Arbeitgeber: Das

Siegburger Ingenieursbüro Strunk & Partner errechnete für seine acht Raucher bei einem Stundensatz von DM 65 einen Schaden von 104000 DM. Die Firma reagierte, bot Nichtraucherprämien an und sparte nicht nur über 100000 DM. Die Mitarbeiter sind jetzt motivierter und leistungsfähiger und erwirtschafteten zusätzlich 79000 DM. Wegen der wirtschaftlichen Nachteile, die durch Tabak verursacht werden, zahlen einige Betriebe, wie z.B. die Bicycles Räder AG in Bielefeld und die Rudolf Wild Werke in Eppelheim, ihren Mitarbeitern inzwischen Prämien, wenn sie mit dem Rauchen aufhören.

Andere Betriebe gehen weniger freundlich mit Rauchern um. → Rauchverbote am Arbeitsplatz nehmen allerorten zu und wurden gerichtlich als zulässig bestätigt. Die Firma Emitec in Lohmar zieht ebenso wie der → MDK Rheinland-Pfalz die Rauchzeiten von der Arbeitszeit ab. Kontrolliert wird das über eine Stechuhr. Wer mit dem Rauchen aufhören will, dem zahlt Emitec die Entwöhnungsbehandlung.

Der Kampf gegen die Tabakabhängigkeit macht volkswirtschaftlich Sinn, doch die Widerstände der Industrie sind groß. Werbeverbote und Rauchverbote sollen den Konsum einschränken, werden aber nur zäh umgesetzt. Die Steuereinnahmen auf Tabak sind erheblich. Niemand denkt momentan daran, Tabak in das Betäubungsmittelgesetz aufzunehmen. Die wirtschaftliche Abhängigkeit von dem mächtigen Industriezweig der Tabakindustrie ist derzeit wohl einfach zu groß, zudem wäre ein solcher Schritt der Allgemeinheit derzeit nicht zu vermitteln.

Das gesellschaftliche Ansehen von Rauchern war nie besonders hoch. Statistisch gesehen ist Rauchen auch heute mit niedrigem sozialen Status assoziiert. Fast die Hälfte aller Arbeitslosen (47 %) sind Raucher, bei den Erwerbstätigen sind es nur 36 %. Bus-, Taxi- und Fernfahrer rauchen mit jeweils 52 % am häufigsten. Die geringsten Raucherquoten finden sich bei Lehrern, Ärzten und Apothekern mit jeweils 18 %. Geschiedene rauchen mit über 44 % übrigens deutlich häufiger als Verheiratete.

Wer etwas auf sich hält, bleibt Nichtraucher. In den USA ist es inzwischen fast unmöglich, als Raucher in Führungspositionen zu gelangen. Wer raucht, gilt als schwacher Charakter. Schon Johann Wolfgang von Goethe äußerte sich abfällig über das Rauchen: »Das Rauchen macht dumm. Es macht unfähig zum Denken und Dichten. Es ist auch nur für Menschen, die Langeweile haben, die ein Dritteil ihres Lebens verschlafen, ein Drittel mit Essen und Trinken verbringen und anderen notwenigen oder überflüssigen Dingen hindudeln und alsdann nicht wissen, obgleich sie immer vita breves sagen, was sie mit dem letzten Drittel anfangen sollen. Für solche faulen Türken ist der liebevolle Umgang mit den Pfeifen und der behagliche Ausdruck der Dampfwolke, den sie in die Luft blasen, eine geistvolle Unterhaltung, weil sie ihnen über die Stunden hinweghilft. (...) Und was kostet der Greuel! Schon jetzt gehen 25 Millionen Taler in Deutschland in Tabakrauch auf, die Summe kann auf 40, 50, 60 Millionen ansteigen. Und kein Hungriger wird gesättigt und kein Nackter bekleidet. Was könnte mit dem Gelde geschehen! Aber es liegt im Rauchen auch eine arge Unhöflichkeit, eine impertinente Ungeselligkeit. Die Raucher verpesten die Luft weit und breit und ersticken jeden honetten Menschen, der nicht zu seiner Verteidigung zu rauchen vermag. Wer ist denn imstande, in das Zimmer eines Rauchers zu treten, ohne Übelkeit zu empfinden? Wer kann darin verweilen, ohne umzukommen?« (Johann Wolfgang von Goethe an Karl Ludwig v. Knebel, 1776/1806). Informationen zum Rauchen findet man im Internet z.B. unter www.rauchen.de.

Tabak des Teufels: Auch Tupa genannte Lobelie (Lobelia tupa), deren Blätter von chilenischen Indianern als halluzinogenes Rauschmittel geraucht werden. Wirkstoffe sind wahrscheinlich Lobelandin, Lobelanidin und Norlobelanindin.

Tabakfreies Europa: Name eines Aktionsplanes der Weltgesundheitsorganisation, bei dem es um Aktionen zum Nichtraucherschutz, zur Raucherentwöhnung sowie zur Repression und Marktregulierung geht. Im Ausschuss Tabakfreies Europa sind die Weltbank, die Europäische Kommission, → WHO-Experten und Vertreter führender nichtstaatlicher Organisationen vertreten.

Tabs: Szeneausdruck für → Drogen in Tablettenform.

Tachykardie: → Herzrasen.

Tafil: Handelsname eines mittellang wirksamen → Benzodiazepins, das zur Behandlung von Angst und Erregungszuständen sowie bei Schlafstörungen eingesetzt wird. Inhaltsstoff ist Alprazolam. Die Entwicklung einer psychischen und physischen → Abhängigkeit kann rasch erfolgen. In der Drogenszene wird das Medikament als Heroinersatz gehandelt.

Taglli: Weitere Bezeichnung für → Hierba loca.

Taique: Name eines Strauches (Desfontainia spinosa), der in den Hochlagen von Mittel- und Südamerika wächst. Die Medizinmänner einiger kolumbianischer Eingeborenenstämme trinken einen aus Blättern der Pflanze bereiteten → Tee, der ihnen bei der Diagnosestellung helfen soll. Von Taique ist bekannt, dass es die Konsumenten »verrückt« machen kann.

Take: Szeneausdruck für das Ziehen an einem → Joint.

Take-Home-Dosis: Beschreibung für die zunehmend übliche Praxis, Patienten, die sich in → Substitution befinden, die Ration an → Methadon nicht mehr täglich in der Praxis zu verabreichen, sondern für längere Zeiträume mitzugeben. Der Arzt darf dem Patienten dabei die → Dosis für bis zu sieben Tage mitgeben; bei Auslandsaufenthalten bis zu 30 Tagen (und muss dies der zuständigen Landesbehörde unverzüglich auch anzeigen).
Problem dabei ist, dass der bestimmungsgemäße Gebrauch des Suchtmittels so nicht mehr sicherzustellen ist. Somit ist kritisch zu hinterfragen, ob dann noch eine → Begründete Verschreibung vorliegt. Wäre Letzteres nicht mehr der Fall, würde der verschreibende Arzt einen Verstoß gegen das → Betäubungsmittelgesetz begehen.

Take-off: Szeneausdruck für die einsetzende Rauschwirkung.

Tar: Szeneausdruck für → Opium.

Tarakola: Weitere Bezeichnung für → Cannabis.

Tavor: Handelsname eines rasch wirksamen Medikamentes aus der Gruppe der → Benzodiazepine, das gut gegen → Ängste wirkt und nicht so müde macht wie andere Benzodiazepine. Inhaltsstoff ist → Lorazepam. In der Psychiatrie wird es bei starken, nicht anders zu beherrschenden Angstzuständen eingesetzt. Gut wirksam ist es zum Beispiel bei akuten → Psychosen. Die durch Tavor entängstigten Patienten sind eher in der Lage, sich in der ungewohnten Situation zurechtzufinden und akzeptieren dann auch eher die Notwendigkeit der Einnahme von → Neuroleptika. Tavor sollte nur in Akutsituationen gegeben werden, weil es rasch zu einer psychischen und körperlichen → Abhängigkeit kommen kann. Die missbräuchliche Anwendung durch Ärzte und in der Drogenszene ist weit verbreitet.

TCP: → Halluzinogen, das ähnlich wie das chemisch verwandte → PCP wirkt.

Tea: Szeneausdruck für → Marihuana.

Techno: Mitte der 1980er Jahre entstandene Musikbewegung, deren Leitdroge → Ecstasy war. Die Medien schrieben der Techno-Szene reißerisch über lange Zeit Drogenexzesse zu. Die Wirklichkeit hingegen sah anders aus. Zwar lag der Drogenkonsum der Techno-Szene deutlich über dem vergleichbarer Altersgenossen. Drogentote aber blieben – anders als z.B. in der Geschichte von Rock'n'Roll oder Punk – die absolute Ausnahme.

Tecomaxochitl: Auch Hueipatl oder Kieli genannt. Mit → Datura verwandter Strauch (Solandra brevicalyx), der Cuscohygrin, Hyoscyamin, Nortropin, Scopin, Scolpolamin und Tropin enthält. Mittelamerikanische Indianer bereiten aus Tecomaxochitl einen → Tee zu, der → Halluzinationen auslöst.

Tee: 1. Aufguss von Pflanzenteilen mit kochendem Wasser, der teilweise → psychoaktive Stoffe wie → Coffein enthält. Weitere Bezeichnungen sind Châ oder Chai. Am gängigsten ist in industrialisierten Ländern der schwarze Tee, der aus dem Teestrauch (Camellia sinensis) gewonnen wird. Verwendet werden die getrockneten und fermentierten Blätter, die zwischen 1 % und 5 % Coffein enthalten. Eine Tasse schwarzer Tee enthält etwa 50 mg → Coffein, hier Teein genannt. Die Wirkung des Coffeins ist allerdings milder, weil Gerbstoffe des Tees die Aufnahme im Magen verzögern. Je länger der Tee zieht, desto mehr Gerbstoffe lösen sich und umso schonender ist seine Wirkung (desto bitterer schmeckt er allerdings auch).

Der Teestrauch wurde bereits 200 v. Chr. in China erwähnt. Wahrscheinlich war er dort aber bereits wesentlich länger in Gebrauch. Den ersten Tee soll sich einer Legende nach der Kaiser Sheng-Nung im Jahr 2737 v. Chr. unbeabsichtigt zubereitet haben. Aus hygienischen Gründen trank der Kaiser stets nur abgekochtes Wasser. Eines Tages, als er, über Regierungsgeschäften brütend, unter einem Teebaum saß, soll ein Teeblatt in sein noch heißes Wasser geweht worden sein. Das Teeblatt verfärbte das

Techno-Jünger beim Feiern auf der Love-Parade

Wasser und sorgte für einen Geschmack, der dem Kaiser gefiel. Von nun an genoss er täglich Tee. Buddha-Jünger Bodhidharma soll den Tee dann ca. 500 n. Chr. – gemeinsam mit dem Buddhismus – nach Indien importiert haben. 1610 brachten holländische Kaufmänner den Tee von Japan nach Amsterdam. Er verbreitete sich von dort aus über ganz Europa. Tee wird meist in Form von heißen Aufgüssen getrunken, wobei die Pflanzenteile überbrüht oder ausgekocht werden. Seltener ist das Kauen. Die Wirkung des Coffeins ist abhängig davon, wie lange der Tee zieht. Anregend, belebend wirkt der Tee vor allem dann, wenn er weniger als drei Minuten zieht. Lässt man den Tee länger ziehen, so sorgen die sich dann lösenden Gerbstoffe für eine Abschwächung der anregenden Wirkung. **2.** Szeneausdruck für ein Getränk, das neben den legal verwendbaren Pflanzenteilen auch → Cannabis enthält.

Teer: Szeneausdruck für → Opium.

Teile: Szeneausdruck für → Drogen in Tablettenform.

Teleangieektasien: → körperliche Veränderung durch Alkohol.

temazep: Handelsname eines → Benzodiazepins, das gegen → Schlafstörungen eingesetzt wird. Missbräuchlich wird es auch als → Droge verwendet. Inhaltsstoff ist Temazepam.

Temgesic: Name eines opiathaltigen Medikamentes, das gegen starke Schmerzen eingesetzt wird. Temgesic gibt es als Injektionslösung und als Sublingualtablette. Die Entwicklung einer psychischen und körperlichen → Abhängigkeit ist möglich.

Temple balls: Szeneausdruck für → Haschisch in Kugelform.

Teonanacatl ist der Sammelbegriff der Azteken für → Pilze mit → psychoaktiver Wirkung. Dazu gehört z.B. der mexikanische Zauberpilz (Psilocybe mexikana). Wirkstoffe der Pilze sind meist → Psilocin und → Psilocybin. Teonanacatl wurde früher im Rahmen von schamanistischen Ritualen eingesetzt.

Tertiäre Prävention: → Prävention.

Teufelsapfel: Weitere Bezeichnung für den → Stechapfel.

Teufelsauge: Weitere Bezeichnung für die → Tollkirsche.

Teufelsdroge: Szeneausdruck für → Heroin.

Teufelskirsche: Weitere Bezeichnung für die → Tollkirsche.

Teufelskraut: Weitere Bezeichnung für die → Tollkirsche.

Teufelsrakete: Szeneausdruck für → PCP.

Teufelstrompete: Weitere Bezeichnung für den → Stechapfel.

Thai-Stick: Szeneausdruck für zum Stäbchen aufgerolltes → Marihuana. Manchmal sind Thai-Sticks zusätzlich mit → Opium getränkt.

THC: 1. Abk. für Tetra-Hydro-Cannabinol, den Wirkstoff von → Cannabis. Wenn von THC die Rede ist, ist meist das Delta-9-Tetra-Hydro-Cannabinol gemeint, das in erster Linie für die Rauschwirkung verantwortlich gemacht wird. Etwa ab 10 mg THC setzt die → psychoaktive Wirkung ein. Es gibt insgesamt etwa 80 Abkömmlinge des THC (→ Cannabinoide), die geringere oder gar keine Wirkung auf die Psyche haben.
THC unterliegt in Deutschland dem → Betäubungsmittelgesetz und ist in → Anlage II (und nicht etwa in → Anlage I wie Cannabis) aufgelistet. Hintergrund ist, dass man die Forschung mit standardisierten, THC-haltigen Medikamenten nicht gänzlich ausschließen möchte. Es ist sogar angedacht, THC in Anlage III zu verschieben, was eine Verschreibungsfähigkeit auf einem → Betäubungsmittelrezept bedeuten würde.
1964 wurde in Jerusalem von Y. Gaoni und R. Mechoulam erstmals THC isoliert. Seit 1966 ist auch die synthetische Herstellung von THC bekannt, was für die Forschung eine erhebliche Erweiterung ihrer Möglichkeiten bedeutete. Seitdem sind Versuche mit genau bekannten THC-Dosen möglich.
Der Gehalt an THC in Hanfpflanzen hingegen schwankt zwischen den einzelnen Sorten und je nach Standort stark (bis um den Faktor 100). Während → Faserhanf nahezu THC-frei ist, enthalten tropische Hanfsorten, die starker Sonneneinstrahlung ausgesetzt waren, bis zu 25 % THC. In Indien haben sich für unterschiedlich starke Hanfprodukte unterschiedliche Bezeichnungen eingebürgert: Bhang, Charas und Ganja. Normal ist bei Drogenhanf ein THC-Gehalt von 2 bis 10 %. War in den sechziger Jahren noch ein THC-Gehalt von 1 bis 5 % bei → Marihuana üblich, so hat sich dieser durch Züchtung inzwischen auf ca. 10–20 % erhöht. Allerdings wird der höhere THC-Gehalt heutzutage öfter durch Verschnitt verringert. Ein und dieselbe Sorte Cannabis produziert, je weiter nördlich sie im Freiland angepflanzt wird, desto geringere Mengen an THC. Wahrscheinlich hängt der THC-Gehalt u.a. vom Ausmaß der Sonnenbestrahlung ab. Je näher am Äquator die Cannabis-Pflanze wächst, desto mehr THC enthält sie in der Regel. In unseren Breiten wachsender Hanf enthält nur in sonnigen Sommern höhere Mengen an THC. Einen Einfluss hat auch die Höhenlage. Je höher das Anbaugebiet liegt, desto niedriger ist der THC-Gehalt.
Ziel der Agrarforschung ist es, Sorten mit möglichst geringem THC-Gehalt zu züchten, die auch in Ländern der Europäischen Union angebaut werden können. Es gibt Dünnschichtchromatografie-Verfahren, mit denen der THC-Gehalt rasch festgestellt werden kann und die bei der Züch-

tungsauswahl eingesetzt werden. Es bleibt abzuwarten, ob es durch gentechnische Eingriffe sogar gelingt, völlig THC-freie Hanfsorten herzustellen. Bleibt Faserhanf sich selbst überlassen, nimmt der THC-Gehalt von Generation zu Generation wieder zu, bis er dem der Wildform entspricht.

Der Syntheseweg bis zum THC verläuft wie folgt: Vereinfacht gesagt, wird zunächst in der Pflanze aus Geranyl-Pyrophosphat und Olivtol-Säure Cannabigerol synthetisiert. Aus Cannabigerol entsteht im nächsten Schritt Cannabidiol (CBD). Die Umwandlung von CBD zu THC läuft dann unter Verbrauch von Sauerstoff ab und wird durch UV-Licht beschleunigt. Es entstehen vier verschiedene Varianten des THC, die in der Pflanze in unterschiedlichen Mengenverhältnissen vorkommen. Je nachdem, ob sich die Doppelbindung des Geraniolteils des THC-Moleküls am ersten oder am sechsten Molekül befindet, spricht man von D1-THC oder D6-THC. Von beiden THC-Varianten gibt es dann sowohl ein cis-Isomer wie auch ein trans-Isomer. Vermutlich ist nur das trans-THC psychoaktiv. Auffallend ist, dass D1-THC in den meisten Hanfsorten wesentlich häufiger vorkommt als D6-THC.

Hanfsorten, die aufgrund ihres → Genotyps nicht (bzw. fast nicht) in der Lage sind, aus CBD THC zu bilden, werden als Faserhanf bezeichnet.

THC-haltige Blütenstände

Sorten, die viel THC produzieren, gelten als Drogenhanf. Einige afrikanische Cannabis-Sorten sollen sogar gar kein CBD, sondern ausschließlich THC enthalten (Turner, 1973). Dies würde erklären, warum diese Sorten einen Rausch ohne jegliche Sedierung auslösen. Sollte sich diese Vermutung bestätigen, gibt es wohl einen Syntheseweg, der unter Umgehung von CBD (zum Beispiel über CBC) abläuft.
THC ist gut in Fett oder Alkohol löslich, aber kaum in Wasser. Bei Temperaturen unter 20°C ist THC in Form von Haschisch eine feste Masse, darüber geht es in eine ölige Flüssigkeit über. Deswegen wird Haschisch vor dem Konsum meist mit einem → Feuerzeug erhitzt, was zusätzlich die Menge psychoaktiv wirksamer Metaboliten erhöht. Abhängig von der Länge der Seitenkette am Molekül, spricht man von Methyl-THC, Propyl-THC oder Pentyl-THC. Je länger die Seitenkette ist, desto länger anhaltend ist die Wirkdauer.
THC-haltiger Hanf gehört zwar zu den → Halluzinogenen, weist aber gegenüber den klassischen Halluzinogenen einige zusätzliche Eigenschaften auf. Im Tierversuch mit Mäusen verlängert THC die Schlafdauer nach Gabe von → Barbituraten (→ Kreuztoleranz). In Verbindung mit → Amphetaminen kann es zu einer Verstärkung der Stimulazion führen (→ Stimulanzien). Es ist möglich, dass dies nicht nur von THC abhängt sondern auch von den anderen, in der Pflanze enthaltenen → Cannabinoiden. THC stimuliert Teile des limbischen Systems und wirkt dadurch auch anregend, es erhöht den Hunger und stört das Zeitempfinden.
Der Stoff verändert im Gehirn u.a. den → Serotonin-Spiegel. Bei niedrigen THC-Dosen steigt bei Menschen, die diese Droge nicht gewöhnt sind (→ Gewöhnung), der Serotonin-Spiegel stark an. Die Folgen sind Übelkeit, Rötung der Augen (→ Konjunktivitis), eine Verlangsamung, eine Einschränkung der Wahrnehmungsfähigkeit für Außenreize und eine reduzierte Hirnleistungsfähigkeit, die sich in Tests nachweisen lässt (Die von manchen Konsumenten berichtete, durch THC gesteigerte Wahrnehmungsfähigkeit nach innen – was immer darunter zu verstehen ist – lässt sich leider nicht messen). Bei chronischem Gebrauch stellt sich der Körper auf die → Intoxikation ein; der Anstieg des Serotonins fällt geringer aus. Die Folge ist, dass manche ihren Konsum steigern, um die gleiche Rauschwirkung wie zuvor zu erzielen (→ Toleranzentwicklung), was allerdings zum Teil dadurch überflüssig wird, dass THC in erheblichen Mengen und über lange Zeit im Fettgewebe gespeichert wird. Noch Wochen nach dem Konsum lassen sich beim chronischen → Kiffer unter Umständen Abbauprodukte nachweisen.

2. Name einer Sprayergruppe aus Berlin. Die drei Buchstaben stehen hier als Abk. für »The Hopeless Cases«, sind aber gleichzeitig eine Anspielung auf die beliebte Droge.

3. Abk. für »The Holy Church«, ein Szeneausdruck für → Cannabis. Der Ausdruck ist aus einer Umdeutung der Abk. THC für Tetra-Hydro-Cannabinol entstanden.

THC-Butter: Werden Bestandteile von → THC-haltigem Hanf, z.B. → Haschisch, mit Butter versetzt, so lösen sich daraus die fettlöslichen → Cannabinoide. Nach Abtrennung der festen Pflanzenbestandteile von dem Gemisch entsteht die so genannte THC-Butter, auch Ghee oder Gee genannt.

THC-COOH: THC-COOH, ausgeschrieben: Delta-9-Tetrahydrocannabinol-9-Carbonsäure, ist ein Abbauprodukt des → THC, das noch lange Zeit nach dem Konsum im Urin nachgewiesen werden kann (→ Drogenschnelltests, → Haaranalyse).

THC-Pharma: Name einer Firma in Frankfurt/M., die aus → Faserhanf → THC für medizinische Zwecke gewinnt. Dieses THC wird dann an bestimmte → Apotheken verschickt, die daraus Arzneimittel für individuelle Verschreibungen herstellen. Da es sich hierbei nicht um Fertigarzneimittel handelt, unterliegen sie nicht der Zulassungspflicht. Gleichwohl sind sie natürlich nicht frei verkäuflich, da THC in → Anlage II steht.

Thebain: Opiumalkaloid, das – im Gegensatz zu den klassischen → Opiaten – stimulierend wirkt und keine körperliche → Abhängigkeit erzeugen soll. Die Entwicklung psychischer Abhängigkeit ist in jedem Fall möglich. Aus Thebain kann → Codein hergestellt werden.

The herb: Weitere Bezeichnung für → Cannabis.

The Holy Church: Szeneausdruck für → Cannabis. Der Ausdruck ist aus einer Umdeutung der Abk. → THC entstanden.

Theke: Szeneausdruck für → Apotheke.

Thekenbrüche: Szeneausdruck für Einbrüche in → Apotheken.

Therapeutische Basisvariablen: Unter therapeutischen Basisvariablen versteht man Eigenschaften und Vorgehensweisen, die jeden Therapeuten – gleich welcher Ausrichtung – auszeichnen sollten. Dies sind:

- Empathie (nach Rogers, 1970)
- Kongruenz (nach Rogers, 1970)
- Unterstützung des Patienten beim Verstehenlernen seiner Probleme
- Informationsvermittlung und transparentes Handeln bezüglich der Therapieziele
- Patientenzentrierte Strukturierung des Therapieablaufes

- Ermutung zu, Anleitung beim Erlernen von Verhaltensalternativen
- Selbst-Bewusst-Sein des Therapeuten (= Echtheit)

therapeutische Breite: Unter der therapeutischen Breite eines Medikamentes versteht man das Verhältnis der tödlichen → Dosis zur Wirkdosis. Je größer die therapeutische Breite ist, desto geringer ist das Risiko für tödliche Überdosierungen. → Benzodiazepine z.B. haben eine große therapeutische Breite, sich damit versehentlich oder absichtlich umzubringen ist schwer (→ Selbstmord). Angaben zur therapeutischen Breite verlieren an Verlässlichkeit, wenn mehrere Substanzen konsumiert werden. Dann können schon deutlich geringere Dosen der einzelnen Substanz zum Tod führen. Ein besonderes Problem stellt dies bei der → Substitution dar, da die meisten Patienten → Beikonsum betreiben (und nicht, wie es vorgesehen ist, deswegen von der → Substitution ausgeschlossen werden).

Therapeutische Gemeinschaft: Abk.: TG. Bezeichnung für das therapeutisch wirksame, zeitlich begrenzte Zusammenleben von Menschen mit ähnlichen psychischen Krankheitsbildern. Die Therapeutische Gemeinschaft spielt in der → Entwöhnung von Suchtkranken seit vielen Jahrzehnten eine große Rolle. In Therapieeinrichtungen wie → DAYTOP und → Synanon ist sie das hauptsächlich wirksame therapeutische Mittel.

Entstanden ist die TG aus der Selbsthilfe. Dahinter steht der Gedanke, dass Suchtkranke in Gemeinschaft miteinander und voneinander lernen können, wie sie die → Abhängigkeitserkrankung überwinden können. Professionelle Helfer spielen in Therapeutischen Gemeinschaften traditionell keine oder nur eine Nebenrolle. Viel wichtiger sind die → Ex-User, an deren Vorbild sich die Abhängigen ausrichten können.

Während klassische → Psychotherapien immer die Gefahr bergen, den Patienten zum passiven Konsumenten therapeutischer Leistung zu machen, besteht ein derartiges Risiko bei der Therapeutischen Gemeinschaft nicht. Das Prinzip beruht im Wesentlichen auf dem → Lernen am Modell. Gerade aus der → Entzugsbehandlung kommende Patienten schauen sich in der TG das Verhalten von den Süchtigen an, die in ihrer Entwicklung in Richtung → Abstinenz bereits weiter sind. Später geben sie dann ihr neu erworbenes Wissen in gleicher Weise an Neuankömmlinge weiter. Das Wissen wird so von einem Süchtigen zum anderen transferiert.

Doch es geht in der TG nicht nur um Wissen. Die sinnvoll durchstrukturierte Alltagsgestaltung innerhalb der Therapeutischen Gemeinschaft ist zur Erreichung dauerhafter Abstinenz fast noch wichtiger. → Sucht ist eine Krankheit, die einsam macht. Die TG setzt dem das Prinzip der Gemeinsamkeit entgegen. Man lebt und arbeitet zusammen. Die Patienten kochen und putzen zusammen und gestalten gemeinsam suchtmittelfreie Freizeit. Der dabei erlebte familienartige Zusammenhalt ist ein ebenso wichtiger motivierender Faktor wie die Erfahrung, selbstständig und ohne Hilfe den Alltag bewältigt zu bekommen.

Das meiste innerhalb der TG läuft nach festen Regeln ab. Die Regeln werden im Idealfall von den Patienten selbst aufgestellt. Auch über die Einhaltung der Regeln wachen die Patienten selbst. Es wird in der TG vor allem mit → operanter Konditionierung gearbeitet (auch wenn das nicht in Kenntnis der → Lerntheorien geschieht). Wer sich als Patient bzw. als Bewohner der TG nicht an die selbst aufgestellten Regeln hält, wird im Rahmen von → Gruppentherapie-ähnlichen Veranstaltungen von den anderen Patienten darauf angesprochen, zurechtgewiesen und muss ggf. als Konsequenz seiner Fehlhandlungen unangenehme Dinge machen, wie z.B. Gemeinschaftsräume putzen (→ C-). Wer sich hingegen im Sinne der Regeln verhält, also erwünschtes Verhalten zeigt, dem werden von der Gruppe Vergünstigungen zugestanden (→ C+). Er darf dann z.B. Verantwortung für einen Bereich übernehmen (z.B. die Küche) und kann dort zeigen, dass er in der Lage ist, selbst zu kochen und andere dazu anzuleiten, ihm dabei zu helfen. Da die meisten Süchtigen eine geringe → Selbstwirksamkeitserfahrung haben, ist dies eine therapeutisch ganz wichtige neue Erfahrung.

Das unmittelbare, alltagsnahe und oft emotional besetzte Eingehen auf erwünschtes und unerwünschtes Verhalten ist aus verhaltenstherapeutischer Sicht ideal. Es bietet optimale Voraussetzungen für die Erreichung der gewünschten Verhaltensänderungen. Ein entscheidender Vorteil der TG ist, dass jeder in der Gemeinschaft aus eigener Erfahrung weiß, was Sucht ist und wie man sich als Süchtiger fühlt. Therapeutische Gemeinschaften sind in ihrer Effizienz den herkömmlichen Entwöhnungsbehandlung vermutlich nicht nur nicht unterlegen, sondern sogar überlegen. Da eine Therapeutische Gemeinschaft dem Prinzip nach ohne teure professionelle Fachkräfte auskommt, ist sie, obwohl sie auf längere Zeiträume ausgelegt ist, auch noch deutlich preiswerter. Angesichts der knappen Kassen (→ Sparzwang) ist es durchaus möglich, dass die TG eine Renaissance erlebt. Dafür müssten die Rentenversicherungsträger und die Krankenkassen allerdings grundsätzlich ihre in den letzten Jahrzehnten in der Suchttherapie verfolgte Strategie ändern.

Therapie: Gezielt eingesetzte Maßnahmen, die zur Heilung oder zumindest zur Besserung einer bereits bestehenden Krankheit führen sollen. Bei → Abhängigkeitserkrankungen kann eine Therapie viele Bausteine enthalten, z.B. das Leben in einer → Therapeutischen Gemeinschaft, unterschiedlichste → Psychotherapie-Verfahren und medikamentöse Behandlung mit Anti-Craving-Substanzen (→ Vier-Säulen-Modell).

Therapiedauer: Umfassende Verhaltensänderungen, wie sie ein Abhängigkeitskranker auf dem Weg zur Erreichung von → Abstinenz durchführen muss, brauchen Zeit. Früher dauerte die Therapie bei Drogenabhängigen in Entwöhnungskliniken bis zu zwei Jahren. Individuelle Anpassungen der Therapiezeit an persönliche Gegebenheiten des Patienten gab es kaum. Heute werden überwiegend individuell angepasste Therapien angeboten, wie sie bei der psychotherapeutischen Behandlung anderer psychischer Erkrankungen üblich sind. Die Therapiedauer beträgt bei einer stationären → Entwöhnungsbehandlung nur noch etwa sechs Monate zuzüglich einer ein- bis viermonatigen Adaptionsphase. Eine Entwöhnungsbehandlung muss bei sozial gut integrierten Patienten oder bei Therapievorerfahrung nicht zwingend stationär erfolgen: oft reicht eine Kurzzeitherapie. Wenn Patienten noch einen Arbeitsplatz haben, kann es auch sinnvoller sein, wenn sie eine → ambulante Therapie machen.

Bei der erfolgten Flexibilisierung sowohl der Entzugs- wie auch der Entwöhnungstherapie wird eine sorgfältige Therapieplanung im Vorfeld zunehmend wichtiger. Ansonsten sinkt die Effektivität der Maßnahmen bei verkürzten Therapiezeiten drastisch (DHS: Drogenabhängigkeit; Herbst, 1992). Hier kommt besonders den zuweisenden Stellen, also den Drogenberatungsstellen, aber auch den Kostenträgern eine besondere Verantwortung zu.

Leider ist vor allem in vielen Kliniken, die Entzugsbehandlungen durchführen, die Erstellung eines strukturierten Gesamttherapieplanes keine Selbstverständlichkeit. Oft wird lediglich eine Entzugsbehandlung durchgeführt, ohne dass die weitere Therapie (z.B. eine ambulante oder stationäre Entwöhnungsbehandlung) konkret in die Wege geleitet wird. Bei Entwöhnungseinrichtungen wird nicht immer die nötige Sorgfalt bei der Planung der ambulanten Psychotherapie und der Nachsorge aufgewendet. Die Prognose aber ist ganz wesentlich davon abhängig, wie gut der Gesamttherapieplan über die Grenzen der sektorisierten Versorgungslandschaft hinaus ist.

Ein weiterer Aspekt gewinnt mit der Verkürzung von Therapiezeiten an Gewicht: Mit immer kürzer werdenden stationären Therapiezeiten wird es schwieriger, wenn nicht gar unmöglich, eine wirksame → Therapeutische Gemeinschaft aufzubauen. Da Therapeutische Gemeinschaften weitgehend ohne professionelle Helfer auskommen, wäre es durchaus überlegenswert, darüber nachzudenken, ob es effizienzsteigernd wäre, mit weniger professionellen Helfern, dafür aber länger zu behandeln. Erst wenn die erwünschten Verhaltensweisen automatisiert, d.h. ohne Nachdenken, ablaufen, kann eine weitere abstinente Lebensführung als einigermaßen wahrscheinlich angenommen werden (→ Automatisierung des Verhaltens). Vieles spricht dafür, die inhaltliche Ausgestaltung von Entwöhnungsbehandlungen in Zeiten enger werdender Ressourcen grundsätzlich neu zu überdenken (→ Sparzwang).

Therapiehindernisse: Wenn Patienten mit einer → Abhängigkeitserkrankung nicht an → Entzugsbehandlungen oder → Entwöhnungsbehandlungen teilnehmen, so hat dies nur bedingt mit der Angebotsstruktur zu tun. Das deutsche Suchthilfesystem ist eines der am besten ausgebauten der Welt. Dennoch finden Abhängigkeitserkrankte mehrheitlich keinen Zugang zu den suchttherapeutischen Angeboten. In anderen westlichen Ländern sieht die Situation kaum besser aus.

Laut der ECA-Studie in den USA nutzen nur 11,2 % der Suchtkranken spezialisierte Einrichtungen. Die ganz überwiegende Mehrzahl der in Deutschland wegen Verstößen gegen das → BtMG inhaftierten Personen nutzt die Möglichkeiten von → Therapie statt Strafe nicht. In der TACOS-Studie hatten 59,9 % der Alkoholkranken keinerlei Kontakt zu suchtspezifischen Angeboten und weitere 13,7 % nur geringfügige Kontakte. Den Weg in Fachkliniken finden in Deutschland nur 0,8 % der Alkoholiker (Wienberg 1992). Tröstlich ist dabei lediglich Folgendes: Etwa Dreiviertel der Personen, die in der Lebenszeitprävalenz die Kriterien einer Abhängigkeit erfüllen, remittieren ohne spezifische Therapie. Man spricht dabei von → Selbstheilern.

Gründe für die Nichtinanspruchnahme suchtspezifischer Hilfen (laut TACOS-Studie):

- Ich habe das Gefühl, dass das Trinken kein so großes Problem in meinem Leben darstellt.
- Ich habe gedacht, dass ich allein damit fertig werden würde.
- Ich fühlte mich nicht in der Lage, meine Probleme mit anderen zu besprechen.
- Ich habe gedacht, dass eine Behandlung mich viel Zeit und Energie kosten würde.
- Ich habe mir Sorgen gemacht, was andere über mich denken würden.

- Ich habe geglaubt, dass eine Behandlung mir nicht helfen würde.
- Es war mir unangenehm oder peinlich, Hilfe in Anspruch zu nehmen.
- Ich war zu stolz, um Hilfe in Anspruch zu nehmen.
- Ich wusste nicht, wohin ich gehen sollte, um Hilfe zu bekommen.

Änderungsbereitschaft entsteht bei Abhängigen oft erst dann, wenn gravierende Probleme durch das Suchtmittel auf der körperlichen Ebene (z.B. durch → Hepatitis, Nierenversagen, kardiale Probleme), psychischer Ebene (Angstzustände, → Depressionen, beginnender Hirnabbau), psychosozialen Ebene (Vereinsamung, Arbeitslosigkeit) oder juristischen Ebene (drohende Inhaftierung, Zwangsvollsteckung) auftreten. Die ursprünglich als positiv erlebte Wirkung des Suchtmittels (= → C+) wird dann durch die neuen, immer stärker werdenden unangenehmen Folgen (= → C-) relativiert. Die Bereitschaft des Patienten zu einer Veränderung seines Verhaltens ist in so einem Moment erhöht (teachable moment). Allerdings dürfen die Probleme nicht so groß werden, dass der Patient sie für unlösbar hält (denn dann geht er auch nicht davon aus, dass Psychotherapie hilft).

Eine wesentliche Ursache, warum suchtkranke Menschen sich nicht in Therapie begeben, ist mangelnde → Motivation. Die Einnahme des Suchtmittels wird als etwas so Wichtiges eingeschätzt, dass ein Verzicht darauf undenkbar erscheint. Viele Süchtige denken nicht, dass eine Therapie sie überhaupt in die Lage versetzen könnte, abstinent zu leben. Auch bei denjenigen, die Kontakt zu therapeutischen Angeboten suchen, besteht vielfach eine große Ambivalenz. Als Erstes muss zu Beginn jeder Therapie eine Klärung des Therapieziels des Patienten und eine Abklärung des Anteils von Eigen- und Fremdmotivation erfolgen. Auch während der Therapie muss stets neu hinterfragt werden: Sind die Ziele des Therapeuten (noch) die des Patienten? Oft wünschen sich Patienten z.B., kontrolliert konsumieren zu können, während der Therapeut in Richtung → Abstinenz arbeitet.

Auch nach erfolgreicher Entzugsbehandlung und Entwöhnung können Hindernisse auftreten, die der weiteren Therapie entgegenstehen. Der Gesundheitszustand ist stabilisiert, die psychosozialen Beeinträchtigungen sind durch »Therapiebekanntschaften« vermindert, juristische Konsequenzen (»Therapie statt Strafe«) gemildert → d.h. die → C- sind wieder schwächer als bei Antritt der Therapie. Außerdem ist die Drogenwirkung durch Abklingen der Toleranz nach einer Therapie wieder stärker, d.h. → C+ ist wieder verstärkt nach erneuter Suchtmitteleinnahme zu erwarten. Dadurch steigt die Gefahr eines → Rückfalls. Konsequenz: Der

Patient muss durch den Therapeuten auf diese veränderte (»verschlechterte«) Verstärkersituation vorbereitet sein und wachsamer auf Rückfall-anbahnende Stimuli achten als zu Beginn der Therapie.

Therapie-Sofort-Programm: Konsumenten, die jahrelange Drogenerfahrungen haben und in deren Leben vieles schiefgelaufen ist, riskieren manchmal ganz bewusst durch Einnahme von hohen Dosen ihren Tod. (→ Selbstmord) Diese Menschen wollen sich zwar nicht unbedingt umbringen, lassen es in ihrer Verzweiflung aber darauf ankommen, durch das Rauschgift zu sterben. Wie viele der Rauschgifttoten eigentlich Selbstmordopfer sind, weiß bis heute keiner so genau. Als man bei den Drogentoten untersuchte, ob es im Vorfeld des Todes Auffälligkeiten gab, stellte man fest, dass überdurchschnittlich viele der Verstorbenen einige Wochen vor ihrem Tod als so genannter → Drogennotfall in Krankenhäuser eingeliefert worden waren. Anfang der neunziger Jahre war die Situation für einige Abhängige noch fatal. Oft mussten Drogensüchtige viele Monate auf einen Platz in einer Therapieeinrichtung warten. Jemandem, der mit einer Drogenvergiftung ins Krankenhaus eingeliefert worden war, konnte man nicht direkt im Anschluss daran die Möglichkeit bieten, eine → Entwöhnungsbehandlung zu machen. Und so verließen die meisten Notfallpatienten nach wenigen Tagen die Intensivstation. Einige kamen bald darauf durch → Drogen um. In einigen Großstädten wurden deshalb Therapie-Sofort-Programme ins Leben gerufen. In Berlin z.B. wurde 1992 von der Senatsverwaltung für Jugend und Familie ein solches Programm geschaffen. Dank der schnellen und reibungslosen Zusammenarbeit von Kostenträgern, Entzugs- und Therapie-Einrichtungen und der Drogenberatungsstelle Drogennotdienst (DND) konnten nun innerhalb kürzester Zeit in Krisensituationen ein Entgiftungsplatz und ein Platz in einer Entwöhnungsbehandlung vermittelt werden. Bürokratische Hürden wurden durch die Kostenträger konsequent abgebaut. Patienten, die nicht in der Lage gewesen wären, lange auf einen Therapieplatz zu warten, schaffen es nicht selten, über Therapie-Sofort-Programme ein neues Leben zu beginnen.

Therapie statt Strafe: Die Voraussetzungen, trotz Verstoßes gegen das → Betäubungsmittelgesetz nicht verurteilt zu werden und stattdessen eine Therapie antreten zu können, sind in § 37 → BtMG geregelt. Voraussetzungen dafür sind folgende: Der Betreffende muss eine Straftat begangen haben. In Betracht kommen alle Straftaten, nicht nur Verstöße gegen das Betäubungsmittelgesetz (Diebstahl, Hehlerei, Erpressung usw.). Es muss ein hinreichender Verdacht, der zur Anklage führen könnte, bestehen, dass der Betreffende die Straftat begangen hat. Es muss wenigstens der Verdacht einer → Abhängigkeit bestehen. Bei Gelegenheitskonsumenten liegt dieser z. B. nicht vor. Sie kommen somit nicht in den Genuss von Therapie statt Strafe. Die Straftat muss aufgrund der Betäubungsmittelabhängigkeit begangen worden sein. Erforderlich ist ein Zusammenhang zwischen der Abhängigkeit und der Straftat. Es reicht nicht aus, dass eine entsprechende Abhängigkeit zur Tatzeit bestand. Ein Beispiel für einen solchen Zusammenhang ist der Drogenabhängige, der Diebstähle begeht, um seine → Sucht zu finanzieren. Des Weiteren darf lediglich eine Straferwartung von bis zu zwei Jahren, aber eben nicht darüber hinausgehend vorliegen. Der Betreffende muss sich als weitere Voraussetzung in eine anerkannte Einrichtung begeben, die dazu dient, seine Abhängigkeit zu behandeln. Es reicht aus, dass sich der Beschuldigte zum Zeitpunkt der Entscheidung in Therapie befindet. Der Antritt der Behandlung muss nachgewiesen werden. Bei Abbruch der Therapie wird das Strafverfahren fortgesetzt. Im Gegensatz zu § 35 BtMG ist bei § 37 eine Prognose über den Therapieerfolg zu stellen. Das freiwillige Antreten der Therapie ist für eine vorläufige Einschätzung ausreichend. Der Anwendung des § 37 steht nicht entgegen, dass der Beschuldigte ein Wiederholungstäter ist. Die Ermittlungen müssen vor Anwendung des § 37 abgeschlossen sein und alle Beweismittel müssen gesichert sein. So kann im Falle eines Therapieabbruchs das Verfahren fortgeführt werden. § 37 Abs. 1 ist eine Kann-Bestimmung, d.h. die Entscheidung, Anklage zu erheben oder davon abzusehen, liegt im Ermessen der Staatsanwaltschaft. Diese hat in jedem Einzelfall zwischen dem Strafverfolgungsanspruch des Staates und dem allgemeinen und individuellen Interesse am Therapieerfolg abzuwägen. Im Gegensatz zu § 31 a bedarf die Staatsanwaltschaft bei § 37 Abs. 1 der Zustimmung des für die Eröffnung des Hauptverfahrens zuständigen Gerichts, wenn sie von der Anklage absehen will.

Therapie statt Strafvollzug: Drogensüchtige Straftäter können Haftverschonung gewährt bekommen, wenn sie bestimmte Voraussetzungen erfüllen (→ Betäubungsmittelgesetz, → Strafverfolgung, → Therapie statt Strafe). Geregelt ist dies in den § 35–38 des → BtMG. Man muss unterscheiden zwischen Therapie statt Strafe (§ 37 BtMG) und Therapie statt → Strafvollzug (nach § 35 BtMG).

In § 35 »Zurückstellung der Strafvollstreckung« heißt es:

»(1) Ist jemand wegen einer Straftat zu einer Freiheitsstrafe von nicht mehr als zwei Jahren verurteilt worden und ergibt sich aus den Urteilsgründen oder steht sonst fest, dass er die Tat aufgrund einer Betäubungsmittelabhängigkeit begangen hat, so kann die Vollstreckungsbehörde mit Zustimmung des Gerichts des ersten Rechtszuges die Vollstreckung der Strafe, eines Strafrestes oder der Maßregel der Unterbringung in einer Erziehungsanstalt für längstens zwei Jahre zurückstellen, wenn der Verurteilte sich wegen seiner Abhängigkeit in einer seiner Rehabilitation dienenden Behandlung befindet oder zusagt, sich einer solchen zu unterziehen, und deren Beginn gewährleistet ist. Als Behandlung gilt auch der Aufenthalt in einer staatlich anerkannten Einrichtung, die dazu dient, die Abhängigkeit zu beheben oder einer erneuten Abhängigkeit entgegenzuwirken.

(2) Gegen die Verweigerung der Zustimmung durch das Gericht des ersten Rechtszuges steht der Vollstreckungsbehörde die Beschwerde nach dem Zweiten Abschnitt des Dritten Buches der Strafprozessordnung zu. Der Verurteilte kann die Verweigerung dieser Zustimmung nur zusammen mit der Ablehnung der Zurückstellung durch die Vollstreckungsbehörde nach den §§ 23 bis 30 des Einführungsgesetzes zum Gerichtsverfassungsgesetz anfechten. Das Oberlandesgericht entscheidet in diesem Falle auch über die Verweigerung der Zurückstellung; es kann die Zustimmung selbst erteilen.

(3) Absatz 1 gilt entsprechend, wenn:

1. auf eine Gesamtfreiheitsstrafe von nicht mehr als zwei Jahren anerkannt worden ist, oder
2. auf eine Freiheitsstrafe oder Gesamtfreiheitsstrafe von mehr als zwei Jahren anerkannt worden ist und ein zu vollstreckender Rest der Freiheitsstrafe oder der Gesamtfreiheitsstrafe zwei Jahre nicht übersteigt, und im Übrigen die Voraussetzungen des Abs. 1 für den ihrer Bedeutung nach überwiegenden Teil der abgeurteilten Straftaten erfüllt sind.

(4) Der Verurteilte ist verpflichtet, zu den Zeitpunkten, die die Vollstreckungsbehörde festsetzt, den Nachweis über die Aufnahme und über die Fortführung der Behandlung zu erbringen; die behandelnden Personen oder Einrichtungen teilen der Vollstreckungsbehörde einen Abbruch der Behandlung mit.

(5) Die Vollstreckungsbehörde widerruft die Zurückstellung der Vollstreckung, wenn die Behandlung nicht begonnen oder nicht fortgeführt wird und nicht zu erwarten ist, dass der Verurteilte eine Behandlung derselben Art alsbald beginnt oder wieder aufnimmt, oder wenn der Verurteilte den nach Abs. 4 geforderten Nachweis nicht erbringt. Von dem Widerruf kann abgesehen werden, wenn der Verurteilte nach-

träglich nachweist, dass er sich in Behandlung befindet. Ein Widerruf nach Satz 1 steht einer erneuten Zurückstellung der Vollstreckung nicht entgegen.

(6) Die Zurückstellung der Vollstreckung wird auch widerrufen, wenn

1. bei nachträglicher Bildung einer Gesamtstrafe nicht auch deren Vollstreckung nach Abs. 1 in Verbindung mit Abs. 2 zurückgestellt wird oder
2. eine weitere gegen den Verurteilten erkannte Freiheitsstrafe oder freiheitsentziehende Maßregel der Besserung und Sicherung zu vollstrecken ist.

(7) Hat die Vollstreckungsbehörde die Zurückstellung widerrufen, so ist sie befugt, zur Vollstreckung der Freiheitsstrafe oder der Unterbringung in einer Entziehungsanstalt einen Haftbefehl zu erlassen. Gegen den Widerruf kann die Entscheidung des Gerichts des ersten Rechtszuges herbeigeführt werden. Der Fortgang der Vollstreckung wird durch die Anrufung des Gerichts nicht gehemmt. § 462 der Strafprozessordnung gilt entsprechend.«

Die Zurückstellung der Strafvollstreckung gemäß § 35 BtMG soll betäubungsmittelabhängigen Verurteilten sowohl den Aufschub einer noch ausstehenden als auch die Unterbrechung einer bereits begonnenen Strafvollstreckung ermöglichen. Die Therapie tritt an Stelle der Strafe, wird auf diese angerechnet und steht somit gleichrangig neben der Strafvollstreckung. Auch bei schlechter Prognose und hoher Strafe ermöglicht diese Vorschrift sofort oder nach Absitzen eines Teils der Strafe eine Therapie, wenn eine verbindliche Erklärung über die Bereitschaft zur Therapie des Betreffenden vorliegt. Eine Zurückstellung der Strafvollstreckung nach § 35 setzt u. a. voraus, dass jemand:

- eine Straftat begangen hat, und deshalb
- rechtskräftig verurteilt ist,
- dass der Verurteilte betäubungsmittelabhängig war oder ist,
- die Straftat auf dieser Abhängigkeit beruhte – also kausal mit dieser zusammenhängt (z. B. Erwerb von Drogen),
- dass die verhängte Strafe unter zwei Jahren liegt,
- dass der Betreffende therapiebedürftig und –bereit ist,
- dass eine Kostenzusage des Kostenträgers vorliegt,
- dass der Verurteilte die Zusage für einen Therapieplatz hat und der Therapiebeginn feststeht.

Liegen die materiellen Voraussetzungen einer Zurückstellung der Strafvollstreckung vor, kann die Vollstreckungsbehörde die Vollstreckung zurückstellen, sofern

- ein Antrag des Verurteilten vorliegt,
- die Mitwirkung eines Verteidigers sichergestellt ist,
- die Zustimmung des Gerichts des ersten Rechtszuges vorliegt und
- eine Stellungnahme dieses Gerichts vorliegt.

In § 36 BtMG ist die Anrechnung und Strafaussetzung zur Bewährung geregelt:

»(1) Ist die Vollstreckung zurückgestellt worden und hat sich der Verurteilte in einer staatlich anerkannten Einrichtung behandeln lassen, so wird die vom Verurteilten nachgewiesene Zeit seines Aufenthaltes in dieser Einrichtung auf seine Strafe angerechnet, bis infolge der Anrechnung zwei Drittel der Strafe erledigt sind. Die Entscheidung über die Anrechnungsfähigkeit trifft das Gericht zugleich mit der Zustimmung nach § 35 Abs. 1. Sind durch die Anrechnung zwei Drittel der Strafe erledigt oder ist eine Behandlung in der Einrichtung zu einem früheren Zeitpunkt nicht mehr erforderlich, so setzt das Gericht die Vollstreckung des Restes der Strafe zur Bewährung aus, sobald verantwortet werden kann zu erproben, ob der Verurteilte keine Straftaten mehr begehen wird.

(2) Ist die Vollstreckung zurückgestellt worden und hat sich der Verurteilte einer anderen als der in Abs. 1 bezeichneten Behandlung seiner Abhängigkeit unterzogen, so setzt das Gericht die Vollstreckung der Freiheitsstrafe oder des Strafrestes zur Bewährung aus, sobald verantwortet werden kann zu erproben, ob er keine Straftaten mehr begehen wird.

(3) Hat sich der Verurteilte nach der Tat einer Behandlung seiner Abhängigkeit unterzogen, so kann das Gericht, wenn die Voraussetzungen des Absatzes 1 Satz 1 nicht vorliegen, anordnen, dass die Zeit der Behandlung ganz oder zum Teil auf die Strafe angerechnet wird, wenn dies unter Berücksichtigung der Anordnungen, welche die Behandlung an den Verurteilten gestellt hat, angezeigt ist.

(4) Die §§ 56a bis 56g des Strafgesetzbuches gelten entsprechend.

(5) Die Entscheidungen nach den Absätzen 1 bis 3 trifft das Gericht des ersten Rechtszuges ohne mündliche Verhandlung durch Beschluss. Die Vollstreckungsbehörde, der Verurteilte und die behandelnden Personen oder Einrichtungen sind zu hören. Gegen die Entscheidung ist sofortige Beschwerde möglich. Für die Entscheidungen nach Ab-

satz 1 Satz 3 und nach Absatz 2 gilt § 454 Abs. 3 der Strafprozessordnung entsprechend; die Bestimmungen über die Aussetzung des Strafrechtes erteilt das Gericht.«

In § 37 BtMG ist das Absehen von Verfolgung geregelt:

»(1) Steht ein Beschuldigter in Verdacht, eine Straftat aufgrund einer Betäubungsmittelabhängigkeit begangen zu haben, und ist keine höhere Strafe als eine Freiheitsstrafe bis zu 2 Jahren zu erwarten, so kann die Staatsanwaltschaft mit Zustimmung des für die Eröffnung des Hauptverfahrens zuständigen Gerichts vorläufig von der Erhebung der öffentlichen Klage absehen, wenn der Beschuldigte nachweist, dass er sich wegen seiner Abhängigkeit der in § 35 Abs. 1 bezeichneten Behandlung unterzieht, und seine Resozialisierung zu erwarten ist. Die Staatsanwaltschaft setzt Zeitpunkte fest, zu denen der Beschuldigte die Fortdauer der Behandlung nachzuweisen hat. Das Verfahren wird fortgesetzt, wenn

1. die Behandlung nicht bis zu ihrem vorgesehenen Abschluss fortgeführt wird,
2. der Beschuldigte den nach Satz 2 geforderten Nachweis nicht führt,
3. der Beschuldigte eine Straftat begeht und dadurch zeigt, dass die Erwartung, die dem Absehen von der Erhebung der öffentlichen Klage zugrunde lag, sich nicht erfüllt hat, oder
4. aufgrund neuer Tatsachen oder Beweismittel eine Freiheitsstrafe von mehr als zwei Jahren zu erwarten ist. In den Fällen des Satzes 3 Nr. 1, 2 kann von der Fortsetzung des Verfahrens abgesehen werden, wenn der Beschuldigte nachträglich nachweist, dass er sich weiter in Behandlung befindet. Die Tat kann nicht mehr verfolgt werden, wenn das Verfahren nicht innerhalb von zwei Jahren fortgesetzt wird.

(2) Ist die Klage bereits erhoben, so kann das Gericht mit Zustimmung der Staatsanwaltschaft das Verfahren bis zum Ende der Hauptverhandlung, in der die tatsächlichen Feststellungen letztmals geprüft werden können, vorläufig einstellen. Die Entscheidung ergeht durch unanfechtbaren Beschluss. Absatz 1 Satz 2 bis 5 gilt entsprechend. Unanfechtbar ist auch eine Feststellung, dass das Verfahren nicht fortgesetzt wird (Abs. 1 Satz 5).

(3) Die in § 172 Abs. 2 Satz 3, § 396 Abs. 3 und § 467 Abs. 5 der Strafprozessordnung zu § 153a der Strafprozessordnung getroffenen Regelungen gelten entsprechend.«

§ 38 BtMG schließlich erfasst die Vorgaben für Besonderheiten im Umgang mit Kindern und Jugendlichen:

»(1) Bei Verurteilung zu Jugendstrafe gelten die §§ 35 und 36 sinngemäß. Bei Verurteilung zu Jugendstrafe von unbestimmter Dauer richtet sich die Anwendung der §§ 35 und 36 nach dem erkannten Höchstmaß der Strafe. Neben der Zusage des Jugendlichen nach § 35 Abs. 1 Satz 1 bedarf es auch der Einwilligung des Erziehungsberechtigten und des gesetzlichen Vertreters. Im Falle des § 35 Abs. 6 Satz 2 findet § 83 Abs. 2 Nr. 1, Abs. 3 Satz 2 des Jugendgerichtsgesetzes sinngemäß Anwendung. Abweichend von § 36 Abs. 4 gelten die §§ 22 bis 25a des Jugendgerichtsgesetzes entsprechend. Für die Entscheidungen nach § 36 Abs. 1 Satz 3 und Abs. 2 sind neben § 454 Abs. 3 der Strafprozessordnung die §§ 58, 59 Abs. 2 bis 4 und § 60 des Jugendgerichtsgesetzes ergänzend anzuwenden.«

(2) § 37 gilt sinngemäß auch für Jugendliche und Heranwachsende.«

Bis zu 70 % aller Patienten in Drogenentwöhnungseinrichtungen sind mittlerweile dort auf der Grundlage der o.a. Gesetze. Aber: Trotz der Möglichkeit, Therapie statt eines Aufenthaltes in der Justizvollzugsanstalt zu machen, nimmt nur etwa jeder fünfte in Frage kommende Häftling dieses Angebot in Anspruch. Das liegt nur zum Teil an mangelnder Aufklärung in den → JVAs. Viele Drogenberater besuchen → Klienten in Haft und klären sie über die Möglichkeit Therapie statt Strafe« auf. Es scheint aber so zu sein, dass ein großer Teil der süchtigen Straftäter nicht motiviert zu sein scheint, Therapie zu machen (→ Motivation). Von denjenigen, die nach § 35 die Therapie antreten, bricht ein größerer Teil ab als von denen, die »freiwillig« Therapie machen. Es gibt daher Überlegungen, die Therapie in den Strafvollzug zu verlagern.

Theriak: Name eines Heilmittels, das der Leibarzt von Nero, Andromachus, verordnete, und das → Opium enthielt.

Thiopental: Kurz wirkendes → Barbiturat, das in der Anästhesie eingesetzt wird. Bei missbräuchlicher Anwendung als → Droge sind tödliche → Atemlähmungen vorgekommen.

Thlepelakano: Weitere Bezeichnung für → Zazatechichi.

Thrombose: Medizinischer Ausdruck für die Verstopfung eines Blutgefäßes. Mögliche Folge sind Schwellungen von Armen oder Beinen, weil das Blut nicht richtig abfließen kann, oder das Absterben von Körperteilen, weil sie nicht richtig mit Blut versorgt werden. Bei Drogensüchtigen, die sich ihre Drogen spritzen, sind Thrombosen nicht selten. Sie können zu dauerhaften Behinderungen führen.

Thujon: Ein auch in manchen → Alcopops enthaltenes, starkes Nervengift.

Thymoleptika: Veralteter Ausdruck für → Antidepressiva.

Tiamon Mono: Handelsname von Kapseln bzw. Tabletten, die das → Opiat Dihydrocodeintartrat enthalten (→ Codein).

Ticket: Szeneausdruck für → LSD, das auf Papier aufgeträufelt ist. »Ein Ticket lösen« heißt in diesem Zusammenhang »sich mit LSD zu berauschen«.

Tiger: Szeneausdruck für einen durch → Opiate ausgelösten → Rausch. Man spricht auch vom Ritt auf dem Tiger, was die Gefährlichkeit des Unterfangens andeutet.

Tilidin: Medikament, das gegen starke und stärkste Schmerzen wirkt. Bei länger andauernder Einnahme entwickelt sich eine deutliche körperliche → Abhängigkeit. Plötzliches Absetzen kann zu lebensbedrohlichen Zuständen führen. Außerdem kann das Medikament psychisch abhängig machen. Die Hersteller verbieten deshalb ausdrücklich die Anwendung von Tilidin bei Vorliegen einer → Sucht.

In Deutschland ist Tilidin vor allem als Kombinationspräparat, das Tilidin und → Naloxon enthält, auf dem Markt. Handelsnamen sind: Andolor Tropfen, Findol, Gruntin Tropfen, Nalidin, Tilicomp beta, Tilidalor, Tilidin AL comp, Tilidin comp. Heumann Tropfen, Tilidin comp. stada, Tilidin N BASF, Tilidin N Lichtenstein, Tilidin ratiopharm plus Tropfen, Tilidin saar, Tiligetic, Tilimerck-Lösung, Tili-Puren Tropfen, tilnalox von ct, Valoron N, Valoron N retard.

Time-out: Bei Time-out-Verfahren, die auch in der Therapie von Abhängigkeitskranken eingesetzt werden, wird eine → Dekonditionierung (i.S. → operanter Konditionierung) dadurch erreicht, dass sämtliche Verstärker unmittelbar nach Auftreten des Problemverhaltens (z.B. Suchtmitteleinnahme) entzogen werden.

Time-out kommt dann zum Einsatz, wenn unklar ist, welcher Verstärker nach dem Verhalten auf welche Weise wirkt. Auffällige Jugendliche z.B., bei denen man nicht sicher ist, ob die z.B. mit der Anwendung von → Response Cost verbundene Zuwendung nicht (unerwünscht) positive Verstärkerwirkung hat, werden für einen (vorher mit dem Kind fest definierten) Zeitraum in einen so genannten Time-out-Raum, d.h. in eine Situation weitgehender Reizabschirmung, gebracht.

Wichtig ist auch hier, dass der Verstärkerentzug kontingent erfolgt. Die Länge ist weniger entscheidend als die Kontingenz und die Transparenz des Vorgehens.

Tin: Szeneausdruck für → Opium.

Tlilitzin: Vor allem im südlichen Mexiko als Heilmittel bekannte Windenart (Ipomoea violacea), die nach Einnahme → Halluzinationen bewirkt.

Meist wird der pulverisierte Samen eingenommen. Tlilitzin war bereits bei den Azteken bekannt.

TMA: Abk. für eine Substanz (= Tri-Methoxy-Methamphetamin), die zwar auf dem Grundgerüst des → Amphetamins beruht aber vorwiegend halluzinogene Wirkung hat. PMA wirkt etwa fünfmal so stark wie → Meskalin und kann zu lebensbedrohlichen Zuständen führen (→ Halluzinogene).

törnen: Szeneausdruck, der die berauschende Wirkung einer Droge beschreibt, z.B. »Der Stoff törnt gut«.

Toá: Weitere Bezeichnung für → Brugmansia.

toaten: Szeneausdruck für → Cannabis-Rauchen.

Todeskraut: **1.** Weitere Bezeichnung für die → Tollkirsche. **2.** Szeneausdruck für Pflanzenteile, die mit → PCP beträufelt wurden.

Toke: Szeneausdruck für die Inhalation an einer Zigarette, die → Cannabis enthält.

Toleranz: Unter Toleranz versteht man den Effekt, dass bei längerfristiger Einnahme die Wirkung einer → Droge nachlässt. Um die gleiche Wirkung zu erzielen, wird eine immer höhere Dosis benötigt. Man spricht auch von → Gewöhnung oder → Habituation.

Tolid: Handelsname eines mittellang wirksamen → Benzodiazepins, das zur Behandlung von Angst und Erregungszuständen sowie bei → Schlafstörungen eingesetzt wird. Inhaltsstoff ist → Lorazepam. Die Entwicklung einer psychischen und physischen → Abhängigkeit kann rasch erfolgen. In der Drogenszene wird das Medikament als Heroinersatz gehandelt.

Tollbeere: Weitere Bezeichnung für die → Tollkirsche.

Tollkirsche: Die ursprünglich in Europa beheimatete Tollkirsche (Atropa belladonna) ist ein → Nachtschattengewächs. Sie ist eine 50 bis 150 cm hohe Staude mit eiförmigen Blättern, violett-braunen Blüten und Beeren, die im reifen Zustand fast schwarz sind. Wirkstoffe sind → Atropin, → Hyoscyamin und → Scopolamin.

Schon die Griechen versetzten Wein gelegentlich mit dem Saft der Tollkirsche. Frauen benutzten die Pflanze über Jahrhunderte hinweg als Kosmetikum, um ihre Pupillen zu erweitern. Daher der Name → Belladonna = »schöne Frau«. Die Tollkirsche spielte im Mittelalter eine wichtige Rolle bei der Herstellung von Hexentränken. Sie war auch in → Hexensalben enthalten. Heute ist die Tollkirsche als Kulturfolger auch in Indien und Nordamerika zu finden.

Wie der deutsche Name schon sagt, kann die Einnahme der Pflanze zu Geisteskrankheit, früher Tollheit genannt, führen. Heute würde man von drogeninduzierter Psychose, → Drogenpsychose oder Hängenbleiben sprechen. Die Schotten nutzten dies 1035 nach Christus. Sie ließen das Essen ihrer Kriegsgegner, den Norwegern unter König Sven Knut, mit Tollkirsche vergiften und überwältigten sie dann (heute würde man so etwas → Spicken nennen).

Atropin spielt in der Anästhesie und der Notfallmedizin eine wichtige Rolle. Da Atropin auch halluzinogen wirkt, wird es gelegentlich in der Drogenszene als Rauschmittel missbraucht. Die Tollkirsche selbst spielt heute als Rauschgift keine große Rolle mehr. Gelegentlich weisen unbeabsichtigte Todesfälle durch → Atemlähmung oder → Herzstillstand nach Tollkirschenkonsum darauf hin, dass der Konsum aber immer noch nicht ganz ausgestorben ist.

Tollkraut: **1.** Weitere Bezeichnung für den → Stechapfel. **2.** Weitere Bezeichnung für das → Bilsenkraut. **3.** Bezeichnung für ein → Nachtschattengewächs (Scopolia carniolica), das → Scopolamin, Hyoscyamin und andere → Alkaloide enthält. Nach Einnahme können → Halluzinationen und psychoseähnliche Zustände auftreten, daher der Name.

Toloache: Mexikanische Bezeichnung für eine ganze Reihe von → Datura-Arten mit → psychoaktiver Wirkung, wie z.B. → Dornapfel und → Stechapfel. Toloache wird wegen seiner halluzinogenen Wirkung, die vor

Tollkirsche

allem auf → Hyoscyamin und → Scopolamin beruht, für ein Heilmittel gehalten. Die Einnahme erfolgt in Form eines → Tees, der aus Datura-Blättern, über die heißes Wasser gegossen wird, besteht. Der → Rausch ist durch erhöhte Müdigkeit, optische und akustische → Halluzinationen, Steigerung des Tastempfindens, Orientierungslosigkeit und manchmal auch Wahnvorstellungen geprägt. Begleitet ist der Rausch von Mundtrockenheit, Übelkeit, evtl. auch Störungen der Herz-Kreislauf-Funktionen und nachfolgend einem ausgeprägten, oft über Tage anhaltenden depressiven Zustand.

Tonga: Weitere Bezeichnung für → Brugmansia.

toomstoned: Szeneausdruck für »heftig berauscht«.

Torna loco auf Deutsch »Pflanze, die verrückt macht«, ist die mexikanische Bezeichnung für ein → Nachtschattengewächs (Datura ceratocaula), das in den gemäßigten bis subtropischen Regionen beider Erdhalbkugeln verbreitet ist. Der von → Halluzinationen geprägte Rausch beruht vor allem auf → Hyoscyamin und → Scopolamin. Torna loco galt bei den Azteken als Heilmittel und heilige Pflanze. Heute wird Torna loco nur noch selten als Rauschmittel benutzt.

To-Shka: Bezeichnung der Eingeborenen Mittelamerikas für einen braunen Lamellenpilz (Stropharia cubensis), der in den gemäßigten und subtropischen Zonen beider Erdhalbkugeln verbreitet ist. To-Shka heißt übersetzt »berauschender Pilz«. Mexikanische Eingeborene benutzen den Pilz als Rauschmittel. Wirkstoff ist → Psilocybin. Weitere Bezeichnungen sind Dishitjoleraja, was so viel heißt wie »göttlicher Pilz, der auf Scheiße wächst« und She-to, was »Weidlandpilz« bedeutet.

Totubjansush: Weitere Bezeichnung für → Paguando.

toxisch heißt »giftig«. Alle → Drogen sind ab einer gewissen → Dosis toxisch.

Tracks: Szeneausdruck für Narben an Einstichstellen bei → intravenösem Drogenkonsum.

Tradon: Handelsname eines → Amphetamin-ähnlich wirkenden Medikamentes, das gegen das Hyperkinetische Syndrom bei Kindern und Jugendlichen eingesetzt wird. Inhaltsstoff ist Pemolin. In den USA sind in letzter Zeit zunehmend häufiger ungerechtfertigte Verschreibungen zu beobachten. Tradon wird in der Drogenszene manchmal auch als → Speed gehandelt.

Training Interpersoneller Problemlösungsfertigkeiten: Das Training Interpersoneller Problemlösefertigkeiten, kurz TIP (nach Platt & Spivack, 1976), kommt auch in der → Entwöhnungsbehandlung von Abhängigkeitskranken zum Einsatz (→ Gruppentherapie). Besonders effektiv ist es bei psychisch schwer gestörten Patienten (→ Komorbidität). Das TIP besteht aus 20 Übungseinheiten, einer Kennenlernphase und 19 Programmschritten (PS):

PS 1: Sei dein eigener Problemlöser!
(Schulung in Problemidentifikation.)

PS 2–4: Setze dich mit den Tatsachen auseinander!
(Unterscheidung zwischen Meinung und Tatsache vermitteln.)

PS 5: Wie gehe ich mit Tatsachen um? (Vermittlung unterschiedlicher Umgehensweisen mit Tatsachen.)

PS 6: Gefühle beachten!

PS 7: Gefühle mitteilen!

PS 8-9: Problemlösungstricks – Gedächtnistraining
(innere Monologe/Selbstverbalisationstraining).

PS 10: Nur keine übereilten Entschlüsse!
(Wichtige Entscheidungen brauchen Zeit.)

PS 11: Definiere deine Probleme!
(Einführung in die → Selbstmanagement-Technik.)

PS 12: Alternativen finden! (Brainstorming für alternatives Verhalten mit anschließender Bewertung.)

PS 13: Bedenke die Folgen! (Erinnere: SORKC-Schema.)

PS 14: Setze das Gelernte in die Tat um!

PS 15: Berücksichtige die Tatsachenbeurteilung
(= Feedback) von anderen!

PS 16–17: Sprich mit anderen! (Vertreten eigener Standpunkte, Schaffen von Verbindlichkeiten, »am Ball bleiben«.)

PS 18: Letzte Einzelschritte (Rekursionen im Problemlösungszirkel.)

PS 19: Geh mit deiner Problemlösefertigkeit in die Praxis! (Transfer.)

Tramadol: → Opiathaltiges Schmerzmittel, das als Kapseln, als Tropfen und als Injektionslösung in verschiedenen Stärken in Deutschland angeboten wird.
Handelsnamen sind: Amadol, Tradol-Puren, Trama, Tramabeta, Tramadol, Trama-Dorsch, Tramadura, Tramagetic, Tramagit, Tramal, Tramamerck, Trama-Sanorania, Tramedphano, Tramundin. Wie alle → Opiate kann die Einnahme von Tramadol zu körperlicher und psychischer → Abhängigkeit führen.

Tranquase: Handelsname eines lang wirksamen → Benzodiazepins. Inhaltsstoff ist → Diazepam. Es wird zur Behandlung von akuten und chronischen Spannungs- und Erregungszuständen sowie vor Operationen eingesetzt, findet aber auch missbräuchlich Anwendung als Rauschmittel in der Drogenszene.

Tranquilizer: Bezeichnung für Medikamente mit beruhigender, angstlösender Wirkung. Dazu gehören → Benzodiazepine und → Barbiturate. Tranquilizer können süchtig machen und werden in der Szene als Drogenersatz gehandelt. Im Englischen werden → Beruhigungsmittel wie die o.a. als Minor Tranquilizer bezeichnet. Unter Major Tranquilizern versteht man dort → Neuroleptika.

Transketolasedefizienz: Bezeichnung für einen Mangel am Enzym Transketolase, der meist erblich bedingt ist. Liegt eine Transketolasedefizienz vor, so ist bei Alkoholabhängigen das Risiko größer, eine → Wernicke-Enzephalopathie zu entwickeln.

Tranxilium: Handelsname eines lang wirksamen → Benzodiazepins. Inhaltsstoff ist → Dikaliumcloracepat in Kapseln, Filmtabletten und Injektionslösungen und → Nordazepam bei Tranxilium in Tropfenform. Es wird zur Behandlung von akuten und chronischen Spannungs- und Erregungszuständen und als Schlafmittel eingesetzt, findet aber auch missbräuchlich Anwendung als Rauschmittel in der Drogenszene.

Trap: Szeneausdruck für Drogenversteck.

Trebe: Bezeichnung für → Obdachlosigkeit.

Trecalmo: Handelsname eines mittellang wirksamen → Benzodiazepins, das zur Behandlung von → Angst und Erregungszuständen sowie bei → Schlafstörungen eingesetzt wird. Inhaltsstoff ist Clotiazepam. Die Entwicklung einer psychischen und physischen Abhängigkeit kann rasch erfolgen. In der Drogenszene wird das Medikament als → Downer gehandelt.

Trichterwinden: Viele Trichterwinden enthalten → Halluzinogene und werden als → Drogen gebraucht (→ Ololiuqui).

Trinktagebuch: Das Trinktagebuch ist ein wichtiges diagnostisches Werkzeug, das begleitend zur Therapie eingesetzt wird. Es kommt bei Menschen zum Einsatz, die nicht bereit sind, abstinent zu leben (→ Abstinenz, → kontrolliertes Trinken). In einem Trinktagebuch wird für jeden Tag notiert, ob → Alkohol getrunken wurde oder nicht. Wenn Alkohol getrunken wird, sollte Art und Menge des Alkohols notiert werden, wo getrunken wurde, welche Personen anwesend waren und was der Auslöser für das Trinken war (→ Stimulus). Durch Führen eines Trinktagebuches bekommt der Patient einen Überblick über sein Trinkverhalten (→ Kanfer-Formel) und damit eine Steuerungsmöglichkeit (→ Stimuluskontrolle). Vordrucke für ein Trinktagebuch erhält man z.B. unter www.kontrolliertes-trinken.de.

Trip: 1. Szeneausdruck für eine Portion → LSD oder **2.** für einen Rauschzustand, der durch ein → Halluzinogen hervorgerufen wurde.

Tripsville: Szeneausdruck aus den siebziger Jahren für San Francisco, wo zu dieser Zeit viel → LSD konsumiert wurde.

trocken: Szeneausdruck für einen ehemaligen Alkoholiker, der ohne die Einnahme von → Alkohol sein Leben bestreitet. Man spricht vom »trockenen Alkoholiker«.

Truck Driver: Szeneausdruck für → Stimulanzien.

True hemp: Weiterer Ausdruck für → Cannabis.

Trüffel: Szeneausdruck für → Psilocibin-oder psilocinhaltige Pilze. Mit den Speisetrüffeln haben diese »Trüffeln« nur die Zugehörigkeit zur Gattung der Pilze gemeinsam.

Tryasal Codein: Name von Tabletten, die 30 oder 50 mg → Codein(phosphat) enthalten.

Tryptamine: Bezeichnung für eine Gruppe von Stoffen, die teilweise → psychoaktiv sind. Zu den Tryptaminen gehören z.B. → Serotonin und → Bufotenin. Eine Reihe von → Designerdrogen gehören ebenfalls zu den Tryptaminen.

Tschat: Weitere Bezeichnung für → Khat.

Tsuwiri: Weitere Bezeichnung für → Hikuli sunamé.

Türkischer Honig: Szeneausdruck für besonders hochkonzentriertes → Heroin aus der Türkei.

Tufah al-jinn: Weitere Bezeichnung für → Alraune.

Tupa: Weitere Bezeichnung für den → Tabak des Teufels.

Turbo-Entzug: Auch narkosegestützter Entzug genannt. Szeneausdruck für eine Form der → Entzugsbehandlung, die sich kurzfristig großer Beliebtheit bei → Alkoholabhängigen und → Opiatabhängigen erfreute. Wegen zahlreicher mit dem Turbo-Entzug verbundener Nachteile konnte er sich nicht gegenüber der herkömmlichen Entzugsbehandlung durchsetzen. Der Patient wird in → Narkose versetzt und durch Gabe von Medikamenten werden die Rezeptoren, an denen die Drogen wirken, blockiert. Dadurch kommt es zu heftigsten, körperlich belastenden Entzugserscheinungen, die nur körperlich Gesunde überhaupt verkraften. Der Patient erlebt sie nicht bewusst, da er in Narkose liegt. Nach dem Aufwachen besteht keinesfalls Wohlbefinden. Über Tage oder Wochen bestehen Entzugserscheinungen, die weitere Behandlung im stationären Rahmen erfordern. Weil diese Form der Entzugsbehandlung unnötige Risiken birgt und zudem teurer ist, wird sie von den Krankenkassen nicht bezahlt. Die Kosten von mehreren tausend Euro muss der Patient selbst tragen.

Turkey: Szeneausdruck für körperliche → Entzugserscheinungen.

turnen: Szeneausdruck für »sich berauschen«.

Tussoret: Handelsname von Kapseln, die → Codein enthalten. Es gibt sie als Tagkapseln mit 40,72 mg Codeinphosphat und als Nachtkapseln mit 67,87 mg.

Tüte: Szeneausdruck für → Cannabis-haltige → Zigarette.

Typ-A-Konditionierung: Bei Typ-A-Konditionierungen hat der → UCS (= unkonditionierter Stimulus) abhängig von der Bedürfnisstärke oder Triebstärke der Person nicht immer die vollständige Verhaltenskette von → UCR (= unkonditionierte Reaktion) zur Folge. Der UCS löst u.U. nur Teile der UCR aus – je nach Triebstärke.

Typ-B-Konditionierung: Bei Typ-B-Konditionierungen hat der → UCS (= unkonditionierter Stimulus) unabhängig von der Bedürfnisstärke oder Triebstärke der Person immer die vollständige Verhaltenskette von → UCR (= unkonditionierte Reaktion) zur Folge. Das Gleiche gilt für den daran gekoppelten → CS (= konditionierter Stimulus), wenn auch oft in abgeschwächter Form (→ Typ-A-Konditionierung) und die daran gekoppelte → CR (= konditionierte Reaktion).

Tüte als Titelbild des Spiegels

U

Überdosis: In der Medizin bezeichnet Überdosis die Menge eines Medikamentes, bei der die Nebenwirkungen des Medikamentes die erwünschten Wirkungen überwiegen. Mögliche Folge ist der Tod. Bei Drogenkonsum wird der Begriff in ähnlichem Sinne gebraucht.

Überprüfung des Maßregelvollzuges: § 67 e des Strafgesetzbuches StGB (in der Fassung der Bekanntmachung vom 13. November 1998, zuletzt geändert durch Artikel 1 des Gesetzes vom 22. August 2002) regelt, wann und wie die Unterbringung in einer Einrichtung des → Maßregelvollzuges zu überprüfen ist:

»(1) Das Gericht kann jederzeit prüfen, ob die weitere Vollstreckung der Unterbringung zur Bewährung auszusetzen ist. Es muss dies vor Ablauf bestimmter Fristen prüfen.

(2) Die Fristen betragen bei der Unterbringung in einer Entziehungsanstalt sechs Monate, in einem psychiatrischen Krankenhaus ein Jahr, in der Sicherungsverwahrung zwei Jahre.

(3) Das Gericht kann die Fristen kürzen. Es kann im Rahmen der gesetzlichen Prüfungsfristen auch Fristen festsetzen, vor deren Ablauf ein Antrag auf Prüfung unzulässig ist.

(4) Die Fristen laufen vom Beginn der Unterbringung an. Lehnt das Gericht die Aussetzung ab, so beginnen die Fristen mit der Entscheidung von neuem.«

Überweisung in den Vollzug einer anderen Maßregel: § 67 a des Strafgesetzbuches StGB (in der Fassung der Bekanntmachung vom 13. November 1998, zuletzt geändert durch Artikel 1 des Gesetzes vom 22. August 2002) regelt die »Überweisung in den Vollzug einer anderen Maßregel« (→ Maßregelvollzug):

»(1) Ist die Unterbringung in einem psychiatrischen Krankenhaus oder einer Entziehungsanstalt angeordnet worden, so kann das Gericht nachträglich den Täter in den Vollzug der anderen Maßregel überweisen, wenn die Resozialisierung des Täters dadurch besser gefördert werden kann.

(2) Unter den Voraussetzungen des Absatzes 1 kann das Gericht nachträglich auch einen Täter, gegen den Sicherungsverwahrung angeordnet worden ist, in den Vollzug einer der in Absatz 1 genannten Maßregeln überweisen.

(3) Das Gericht kann eine Entscheidung nach den Absätzen 1 und 2 ändern oder aufheben, wenn sich nachträglich ergibt, dass die Resozialisierung des Täters dadurch besser gefördert werden kann. Eine Entscheidung nach Absatz 2 kanndas Gericht ferner aufheben, wenn sich nachträglich ergibt, dass mit dem Vollzug der in Absatz 1 genannten Maßregeln kein Erfolg erzielt werden kann.

(4) Die Fristen für die Dauer der Unterbringung und die Überprüfung richten sich nach den Vorschriften, die für die im Urteil angeordnete Unterbringung gelten.«

UCR: Abk. für »unkonditionierte Reaktion« (unconditioned reaction). UCR spielen bei der klassischen → Konditionierung eine große Rolle. Eine UCR ist eine Reaktion, die – unabhängig von Erfahrungen, Einstellungen oder Umgebung – immer dann abläuft, wenn ein bestimmter → Reiz, der → UCS, auftritt. Praktisch alle Menschen reagieren z.B. mit einem Zusammenzucken (= UCR), wenn plötzlich und unerwartet ein lautes Geräusch (= UCS) auftritt.

→ Drogen lösen durch ihre physiologische Wirksamkeit i.S. eines UCS immer einen Rausch aus, die → UCR.

Treten verschiedene UCS gleichzeitig auf, d.h. raucht (= UCS 1) z.B. jemand immer dann, wenn er Alkohol trinkt (= UCS 2), so werden die dadurch ausgelösten Rauschwirkungen (= UCR) im Gehirn aneinander gekoppelt. Bei der Therapie ist dann zu beachten, dass der eine Reiz Hinweischarakter für den anderen haben kann. Sobald der Patient sich eine → Zigarette anzündet, möchte er z.B. Alkohol trinken und umgekehrt. Auch zunächst neutrale Reize können, wenn sie häufig gemeinsam mit der UCS auftreten, das ursprünglich an den UCS gebundene Verhalten auslösen. Wenn jemand z.B. → Techno häufig in Verbindung mit → Ecstasyeinnahme erlebt, so werden diese beiden Dinge aneinander gekoppelt. Hört derjenige später Techno, so hat er u.U. automatisch Lust auf Ecstasy. Der ursprünglich neutrale Reiz »Techno« ist zum konditionierten Reiz (CS) geworden, der dann eine konditionierte Reaktion (CR), die Drogeneinnahme, zur Folge hat. Aufgabe der Therapie ist es, derartige Reiz-Reaktionsketten zu indentifizieren und die Verknüpfung durch neue

Lernprozesse aufzuheben. Man spricht dann auch von Dekonditionierung.

UCS: Abk. für Unconditionierter Stimulus (unconditioned stimulus), auch unkonditionierter → Reiz genannt. UCS spielen bei der klassischen → Konditionierung eine große Rolle. Ein UCS ist nach den → Lerntheorien ein Reiz, der unabhängig von Erfahrungen eine bestimmte Reaktion auslöst. Das heißt, ein UCS löst immer, wenn er auftritt, eine bestimmte Reaktion aus, unabhängig von der Verfassung (→ Set, → O-Variable) und der Situation (→ Setting).

Suchtmittel, gleich ob → Alkohol, → Kaffee, → Tabak oder → Drogen, wirken alle physiologisch wie unconditionierte Stimuli durch ihre direkt auf das Gehirn einwirkenden, rauscherzeugenden Effekte. Den erzeugten »Lustzustand« bzw. die biochemisch induzierte Frustverminderung oder aber auch paranoides Erleben (z.B. bei → Horrortrips) kann man im Wesentlichen als UCR, d.h. als unkonditionierte Reaktion auf den UCS, bezeichnen.

Zwar tritt nach Drogeneinnahme immer eine UCR auf; wie ein → Rausch erlebt und bewertet wird, hängt aber stark von der Erwartung und den → Grundannahmen des Konsumenten ab, dem so genannten → Set, und der Umgebung, auch → Setting genannt. Bei ausgeprägt vorliegenden Abstinenzüberzeugungen (d.h. Einstellungen, dass → Abstinenz ein hohes Gut ist) des Konsumenten wird der Konsum von Suchtmitteln so starke kognitive Dissonanzen hervorrufen, dass Unlust überwiegt. Anders wird ein Rausch in der Regel erlebt, wenn der Konsum grundsätzlich bejaht wird und mit der Einnahme positive Erwartungen verbunden sind. Hier ist die Wahrscheinlichkeit eines angenehmen Rausches viel größer.

Ultiva: Handelsname eines Medikamentes, das das → Opioid → Remifentanil enthält.

Umgebung und Drogenwirkung: Die Umgebung, in der eine → Droge genommen wird, bestimmt ganz wesentlich ihre Wirkung. Wer → Ecstasy z.B. auf einem Selbsterfahrungswochenende zu sich nimmt, um »in sein Inneres zu schauen«, macht eine völlig andere Erfahrung als der → Raver, der unter Einfluss von → MDMA stehend die Nacht durchtanzt.

Die Drogen wiederum verändern die Wahrnehmung der Umgebung. Es liegt eine wechselseitige Beeinflussung vor. Zum Teil werden Sinneseindrücke intensiver erlebt, zum Teil ist die Trennung zwischen unterschiedlichen Wahrnehmungsqualitäten aufgehoben. Das kann positiv getönte Rauscherlebnisse bewirken, ein Umschlag in → Horrortrips ist – je nach Umgebung und Droge – möglich. Jede Umgebung wird die Droge etwas anders wirken lassen. Schon eine einzige unfreundliche Anmache auf einer Party kann reichen, den Drogentrip zum »üblen Film« werden zu lassen. Wer nach einer Party z.B. noch einen längeren einsamen Heimweg durch unbewohntes Industriegebiet hat, sollte sich gut überlegen, ob er auf der Party → Halluzinogene nimmt. Unpersönliche Großveranstaltungen bergen ein hohes Risiko unangenehmer Rauscherlebnisse mit Komplikationen (→ Setting).

umsteigen: Szeneausdruck für den Wechsel vom Konsum weicherer → Drogen, wie z.B. → Cannabis oder → Alkoho, zu härteren wie → Kokain oder → Heroin.

Umweltverschmutzung: Der Konsum von Suchtmitteln geht oft mit erheblicher Umweltverschmutzung einher. → Fixer werfen ihre oft infektiösen Spritzen einfach achtlos fort und verschmutzen damit nicht nur die Umwelt, sondern gefährden auch direkt die Gesundheit anderer. Raucher verschmutzen durch den Konsum selbst die Luft, zusätzlich belasten nicht ordnungsgemäß entsorgte Zigarettenkippen und Zigarettenpackungen die Umwelt. Alkoholtrinker gehen kaum besser mit der Umwelt um. Dosen und Flaschen, in denen vorher z.B. –> Bier oder → Alcopops waren, werden oft nicht regelgerecht entsorgt. Die Achtlosigkeit, mit der die Konsumenten von Suchtmitteln mit ihrer Umwelt umgehen, hat auch

Umweltverschmutzung kann auch eine Nebenwirkung von Sucht sein

mit ihrer Pathologie, d.h. der Suchtkrankheit oder den weiteren psychischen Störungen, zu tun. Menschen, die über eine niedrige Frustrationstoleranz verfügen, die grundsätzliche Dinge im Umgang mit anderen nie gelernt haben und deren Charakter die Kriterien einer → Persönlichkeitsstörung (→ Komorbidität) erfüllt, lernen oft erst im Rahmen einer Therapie, welches Verhalten angemessen ist (→ angemessenes Verhalten).

Unbegründete Verschreibung: → Begründete Verschreibung.

United Nations Ad Hoc Interagency Task Force on Tobacco Control: 1999 unter Führung der Weltgesundheitsorganisation (→ WHO) ins Leben gerufene Initiative, die die internationale Zusammenarbeit bei der Untersuchung der sozialen und ökonomischen Auswirkungen von → Tabak sowie die Entwicklung geeigneter präventiver Strategien (→ Prävention) fördern soll.

Unterbringung in einer Entziehungsanstalt: § 64 des Strafgesetzbuches StGB (in der Fassung der Bekanntmachung vom 13. November 1998, zuletzt geändert durch Artikel 1 des Gesetzes vom 22. August 2002) regelt die »Unterbringung in einer Entziehungsanstalt« (Anm.: Gemäß Entscheidung des BVerfG vom 16. März 1994 gilt: § 64 ist insoweit mit Artikel 2 Abs. 1 und Abs. 2 Satz 2 des Grundgesetzes unvereinbar und nichtig, als er die Anordnung der Unterbringung unter den Voraussetzungen seines ersten Absatzes auch dann vorsieht, wenn eine hinreichend konkrete Aussicht eines Behandlungserfolgs nicht besteht). In diesem Zusammenhang ist auch auf §137 des → Strafvollzuggesetzes hinzuweisen.

In § 64 StGB heißt es:

»(1) Hat jemand den Hang, alkoholische Getränke oder andere berauschende Mittel im Übermaß zu sich zu nehmen, und wird er wegen einer rechtswidrigen Tat, die er im Rausch begangen hat oder die auf seinen Hang zurückgeht, verurteilt oder nur deshalb nicht verurteilt, weil seine Schuldunfähigkeit erwiesen oder nicht auszuschließen ist, so ordnet das Gericht die Unterbringung in einer Entziehungsanstalt an, wenn die Gefahr besteht, dass er infolge seines Hanges erhebliche rechtswidrige Taten begehen wird.

(2) Die Anordnung unterbleibt, wenn eine Entziehungskur von vornherein aussichtslos erscheint.«

Unterbringung in einem psychiatrischen Krankenhaus: § 63 des Strafgesetzbuches StGB (in der Fassung der Bekanntmachung vom 13. November 1998, zuletzt geändert durch Artikel 1 des Gesetzes vom 22. August 2002) regelt die »Unterbringung in einem psychiatrischen Krankenhaus«. In diesem Zusammenhang ist auch auf § 136 des → Strafvollzuggesetzes hinzuweisen. In dem Gesetz heißt es: »Hat jemand eine rechtswidrige Tat im Zustand der → Schuldunfähigkeit (§ 20) oder der → verminderten Schuldfähigkeit (§ 21) begangen, so ordnet das Gericht die Unterbringung in einem psychiatrischen Krankenhaus an, wenn die Gesamtwürdigung des Täters und seiner Tat ergibt, dass von ihm infolge seines Zustandes erhebliche rechtswidrige Taten zu erwarten sind und er deshalb für die Allgemeinheit gefährlich ist« (→ Maßregelvollzug).

Unterbringung zur Beobachtung: § 81 der Strafprozessordnung (StPO), in der Fassung vom 7. April 1987 (BGBl. I S. 1074, 1319), zuletzt geändert durch Artikel 6 des Gesetzes vom 11. Oktober 2002 (BGBl. I S. 3970), regelt die Unterbringung zur Beobachtung. In § 81 heißt es:

»(1) Zur Vorbereitung eines Gutachtens über den psychischen Zustand des Beschuldigten kann das Gericht nach Anhörung eines Sachverständigen und des Verteidigers anordnen, dass der Beschuldigte in ein öffentliches psychiatrisches Krankenhaus gebracht und dort beobachtet wird.

(2) Das Gericht trifft die Anordnung nach Absatz 1 nur, wenn der Beschuldigte der Tat dringend verdächtig ist. Das Gericht darf diese Anordnung nicht treffen, wenn sie zu der Bedeutung der Sache und der zu erwartenden Strafe oder Maßregel der Besserung und Sicherung außer Verhältnis steht.

(3) Im vorbereitenden Verfahren entscheidet das Gericht, das für die Eröffnung des Hauptverfahrens zuständig wäre.

(4) Gegen den Beschluss ist sofortige Beschwerde zulässig. Sie hat aufschiebende Wirkung.

(5) Die Unterbringung in einem psychiatrischen Krankenhaus nach Absatz 1 darf die Dauer von insgesamt sechs Wochen nicht überschreiten.«

Untersuchungshaft: Die Untersuchungshaftvollzugsordnung, kurz UvollzO, vom 12. Februar 1953 in der Fassung vom 15. Dezember 1976 regelt die Bedingungen der Untersuchungshaft.

In der UvollzO heißt es zum »Zweck« der Untersuchungshaft: »Die einstweilige Unterbringung soll die Allgemeinheit schon vor rechtskräftiger Anordnung der Unterbringung in einem psychiatrischen Krankenhaus oder einer Entziehungsanstalt vor Personen schützen, die dringend verdächtigt sind, im Zustand der Schuldfähigkeit oder der verminderten Schuldunfähigkeit eine rechtswidrige Tat begangen zu haben (§ 126a StPO). Auf die Sicherung des Strafverfahrens wird Bedacht genommen.«

Die Einrichtungen, die für eine Untersuchungshaft geeignet sind, sind im UVollzO unter »Anstalten« beschrieben:

»(1) Die einstweilige Unterbringung wird in einem öffentlichen psychiatrischen Krankenhaus oder einer öffentlichen Entziehungsanstalt vollzogen.

(2) Die Unterbringung in einer Justizvollzugsanstalt ist für höchstens vierundzwanzig Stunden und nur dann zulässig, wenn eine sofortige Überführung in eine der in Abs. 1 genannten Anstalten nicht möglich ist. Dabei sind alle Sicherungsmaßnahmen zu treffen, die sich aus dem Zweck der Anordnung der einstweiligen Unterbringung ergeben«.

Auch Regelungen über »Einleitung und Durchführung des Vollzuges« sind festgehalten:

»(1) Für die Einleitung der einstweiligen Unterbringung gilt Nummer 15 entsprechend.

(2) Für den Vollzug der einstweiligen Unterbringung gelten, soweit nicht Rücksichten auf das Verfahren entgegenstehen oder anderes bestimmt ist, die Vorschriften über den Vollzug der Unterbringung gemäß §§ 63 StGB, 64 StGB entsprechend«.

Unverletzlichkeit des Eigentums: Artikel 14 des Grundgesetzes für die Bundesrepublik Deutschland vom 23. Mai 1949 (BGBl. S. 1), zuletzt geändert durch Gesetz vom 26. Juli 2002 (BGBl. I S. 2863) regelt die Unverletzlichkeit des Eigentums:

»(1) Das Eigentum und das Erbrecht werden gewährleistet. Inhalt und Schranken werden durch die Gesetze bestimmt.

(2) Eigentum verpflichtet. Sein Gebrauch soll zugleich dem Wohle der Allgemeinheit dienen.

(3) Eine Enteignung ist nur zum Wohle der Allgemeinheit zulässig. Sie darf nur durch Gesetz oder auf Grund eines Gesetzes erfolgen, das Art und Ausmaß der Entschädigung regelt. Die Entschädigung ist unter gerechter Abwägung der Interessen der Allgemeinheit und der Beteiligten zu bestimmen. Wegen der Höhe der Entschädigung steht im Streitfalle der Rechtsweg vor den ordentlichen Gerichten offen.«

Unverletzlichkeit der Wohnung: Artikel 13 des Grundgesetzes für die Bundesrepublik Deutschland vom 23. Mai 1949 (BGBl. S. 1), zuletzt geändert durch das Gesetz vom 26. Juli 2002 (BGBl. I S. 2863) schützt die Wohnung vor staatlichen Zugriffen. Dort heißt es:

»(1) Die Wohnung ist unverletzlich.

(2) Durchsuchungen dürfen nur durch den Richter, bei Gefahr im Ver-

zuge auch durch die in den Gesetzen vorgesehenen anderen Organe angeordnet und nur in der dort vorgeschriebenen Form durchgeführt werden.

(3) Begründen bestimmte Tatsachen den Verdacht, dass jemand eine durch Gesetz einzeln bestimmte besonders schwere Straftat begangen hat, so dürfen zur Verfolgung der Tat auf Grund richterlicher Anordnung technische Mittel zur akustischen Überwachung von Wohnungen, in denen der Beschuldigte sich vermutlich aufhält, eingesetzt werden, wenn die Erforschung des Sachverhalts auf andere Weise unverhältnismäßig erschwert und aussichtslos wäre. Die Maßnahme ist zu befristen. Die Anordnung erfolgt durch einen mit drei Richtern besetzten Spruchkörper. Bei Gefahr im Verzuge kann sie auch durch einen einzelnen Richter getroffen werden.

(4) Zur Abwehr dringender Gefahren für die öffentliche Sicherheit, insbesondere einer gemeinen Gefahr oder einer Lebensgefahr, dürfen technische Mittel zur Überwachung von Wohnungen nur auf Grund richterlicher Anordnung eingesetzt werden. Bei Gefahr im Verzuge kann die Maßnahme auch durch eine andere gesetzlich bestimmte Stelle angeordnet werden; eine richterliche Entscheidung ist unverzüglich nachzuholen.

(5) Sind technische Mittel ausschließlich zum Schutze der bei einem Einsatz in Wohnungen tätigen Personen vorgesehen, kann die Maßnahme durch eine gesetzlich bestimmte Stelle angeordnet werden. Eine anderweitige Verwertung der hierbei erlangten Erkenntnisse ist nur zum Zwecke der Strafverfolgung oder der Gefahrenabwehr und nur zulässig, wenn zuvor die Rechtmäßigkeit der Maßnahme richterlich festgestellt ist; bei Gefahr im Verzuge ist die richterliche Entscheidung unverzüglich nachzuholen.

(6) Die Bundesregierung unterrichtet den Bundestag jährlich über den nach Absatz 3 sowie über den im Zuständigkeitsbereich des Bundes nach Absatz 4 und, soweit richterlich überprüfungsbedürftig, nach Absatz 4 erfolgten Einsatz technischer Mittel. Ein vom Bundestag gewähltes Gremium übt auf der Grundlage dieses Berichts die parlamentarische Kontrolle aus. Die Länder gewährleisten eine gleichwertige parlamentarische Kontrolle.

(7) Eingriffe und Beschränkungen dürfen im Übrigen nur zur Abwehr einer gemeinen Gefahr oder einer Lebensgefahr für einzelne Personen, auf Grund eines Gesetzes auch zur Verhütung dringender Gefahren für die öffentliche Sicherheit und Ordnung, insbesondere zur Behe-

bung der Raumnot, zur Bekämpfung von Seuchengefahr oder zum Schutze gefährdeter Jugendlicher vorgenommen werden.«

Upper: Szeneausdruck für alle antriebssteigernden, aufputschenden → Drogen, wie z.B. → Amphetamine oder → Kokain. Meistens sind mit Uppern illegale Substanzen gemeint, manche → User bezeichnen auch → Coffein und → Nicotin als Upper.

Ups: Szeneausdruck für antriebssteigernde → Drogen.

User: Szeneausdruck für jedwede Form von Drogenkonsumenten, ob süchtig oder nicht.

Uskan: Handelsname eines mittellang wirksamen → Benzodiazepins, das zur Behandlung von → Angst und Erregungszuständen sowie bei → Schlafstörungen eingesetzt wird. Inhaltsstoff ist → Oxazepam. Die Entwicklung einer psychischen und physischen → Abhängigkeit kann rasch erfolgen.

Utter: Weiterer Ausdruck für → Cannabis.

V

Valiquid: Handelsname eines lang wirksamen → Benzodiazepins. Inhaltsstoff ist → Diazepam. Es wird zur Behandlung von akuten und chronischen Spannungs- und Erregungszuständen, bei Ein- und Durchschlafstörungen, bei funktionellen Störungen und vor chirurgischen Eingriffen eingesetzt, findet aber gelegentlich auch missbräuchlich Anwendung als Rauschmittel in der Drogenszene.

Valium: Handelsname eines lang wirksamen → Benzodiazepins, das zur Behandlung von → Angst, Spannungs- und Erregungszuständen, bei → Schlafstörungen sowie vor und nach operativen Eingriffen eingesetzt wird. Inhaltsstoff ist → Diazepam. Valium wurde von der Firma Hoffmann-LaRoche entwickelt und 1963 auf den Markt gebracht.
Valium wirkt entängstigend und beruhigend. Die Entwicklung einer psychischen und physischen Abhängigkeit kann rasch erfolgen. In der Drogenszene wird das Medikament als → Downer gehandelt. Bei länger andauernder Einnahme von Valium verändert sich das Gefühlserleben, der Affekt verflacht. Höhen und Tiefen können nicht mehr erlebt werden. Der Schlaf ist zwar länger, aber weniger erholsam. Die → User werden antriebsarm und klagsam; die Persönlichkeit erscheint wie ausgetauscht. Auch paradoxe Reaktionen wie unerklärliche → Aggressivität ist möglich.

Valley: Szeneausdruck für die Ellenbeuge, deren Venen sich besonders gut zur intravenösen Drogeneinnahme eignen (zumindest so lange, wie sie nicht vom → User → »zerschossen« sind).

Valocordin-Diazepam: Handelsname eines lang wirksamen → Benzodiazepins, das zur Behandlung von → Angst, Spannungs- und Erregungszuständen und bei → Schlafstörungen eingesetzt wird. Inhaltsstoff ist → Diazepam. Die Entwicklung einer psychischen und physischen → Abhängigkeit kann rasch erfolgen. In der Drogenszene wird das Medikament manchmal als → Downer gehandelt.

Valoron: Name eines Medikamentes, das → Tilidin enthält, und von → Heroin-Abhängigen gerne als Heroinersatz verwendet wird. Lange Jahre behauptete der Hersteller des Medikamentes, sich auf Tierversuche berufend, das Medikament mache nur sehr selten abhängig. Über Jahre hinweg konnte der Hersteller Berichte über das körperliche und psychische → Abhängigkeitspotenzial des → Opiates aus den Medien fernhalten. Schließlich aber handelte er doch: Durch Zusatz von → Naloxon wurde das Mittel für Abhängige unattraktiv (→ Valoron N).

Valoron N: Neue Version von → Valoron, die → Naloxon enthält und dadurch für → Opiat-Abhängige uninteressant ist.

Väter, suchtkranke: Kinder suchtkranker Väter sind gefährdeter, selbst psychische Probleme zu bekommen, als Kinder psychisch gesunder Väter. Sind die Väter drogenabhängig, ist das Risiko höher als wenn sie alkoholabhängig sind. Das ergab eine Untersuchung der Universität in Buffalo, New York, und der Old Dominion Universität in Norfolk, Virginia an 120 Familien mit Kindern im Alter von acht bis zwölf Jahren. Drogenabhängige Väter kümmern sich weniger um ihre Kindern und sind häufiger gewalttätig. Die Kinder drogenabhängiger Väter leiden daher öfter unter → Ängsten und → Depressionen und weisen häufiger Defizite in ihrem Sozialverhalten auf.

Vendedor: Szeneausdruck für Drogenverkäufer.

Venenkur: Szeneausdruck für → Entwöhnungsbehandlungen. Hintergrund ist, dass nach längerem→ intravenösen Drogenkonsum die Venen so schlecht sind, dass der Konsument keine → Drogen auf diesem Weg mehr einnehmen kann. Manche Süchtige spritzen sich dann die Drogen in die Leistenvenen, in die Muskulatur oder in die Halsvenen. Um die Venen wieder auf Vordermann zu bringen, entschließen sich manche Süchtige zu Therapie (ohne allerdings diese → Motivation offen zu legen). Während einer mehrmonatigen Entwöhnungsmaßnahme bauen sich die Venen wieder auf, der Süchtige ist gleichzeitig mit allem Lebensnotwendigen versorgt und genießt therapeutische Zuwendung – daher der Name Venenkur (→ Langzeittherapie).

ventrales Tegmentum: Abk. VT Name einer Hirnregion, die eine wichtige Rolle bei der Verarbeitung von belohnenden → Reizen spielt. Wenn man Ratten eine Elektrode ins Gehirn einbaut, über die die Ratten selbst direkt das ventrale Tegmentum elektrisch stimulieren können, tun sie das permanent, vernachlässigen dabei Essen und Trinken und sterben schließlich. Auch → Drogen wirken – direkt oder indirekt – auf diese Hirnregion ein. In einer Untersuchung von heroinabhängigen Patienten mit Hilfe der Positionsemissionstomographie (PET) konnte man feststellen, dass kurz nach Heroineinnahme, während des intensivsten Rauschzustandes, das ventrale Tegmentum stark aktiviert war. Auch beim Orgasmus ist diese Hirnregion aktiv. Man ist sich heute ziemlich sicher, dass bei allen Drogen die Wirkung auf das ventrale Tegmentum – neben weiteren Hirnregionen wie dem → Mandelkern, dem → Nucleus accumbens und Teilen des → Hypothalamus – von entscheidender Bedeutung ist.

Chemisch durch die Drogen bedingte Veränderungen dieser Hirnregionen sind wohl entscheidend dafür, dass die Suchtmittel von manchen Menschen dauerhaft und in schädlicher oder gar abhängiger Weise konsumiert werden. Im Tierexperiment ließ das Interesse von Nagetieren deutlich nach, sobald bestimmte Hirnregionen wie das ventrale Tegmentum chemisch oder mechanisch ausgeschaltet wurden. Intensiv wird nach Substanzen geforscht, die auf das VT einwirken. Ob man allerdings jemals geeignete Medikamente findet, die – ohne → Psychotherapie oder das Leben in → Therapeutischen Gemeinschaften – abhängigkeitskranke Menschen heilen, ist fraglich, da auch die normalen Belohnungsreize des täglichen Lebens über die gleichen Hirnareale gesteuert werden. Es wäre also zu befürchten, dass das Leben bei Ausschalten von Hirnregionen an Qualität verlieren würde. Einfache mechanistische Vorstellungen von → Abhängigkeitserkrankungen werden der Sache wohl nie gerecht.

verdeckte Sensibilisierung: Dieses von Cautela (1966) entwickelte, auch Covert Sensitization genannte Verfahren beruht auf der → klassischen Konditionierung und ist den aversiven Verfahren zuzurechnen (→ Aversionstherapie). Es kommt auch bei → Entwöhnungsbehandlungen zum Einsatz. In der Vorstellung werden bei diesem Verfahren angenehme → Reize (z.B. ein Bierglas) mit unangenehmen Reizen verknüpft (z.B. plastisch dargestellte Situation des Erbrechens). Das im Rahmen klassischer Konditionierung entstandene (unerwünschte) Biertrinken wird durch Verknüpfung mit aversiven Reizen so dekonditioniert (→ Dekonditionierung). Verdeckte Sensibilisierung sollte – ebenso wie andere aversive Verfahren – nur in Kombination mit anderen Psychotherapieelementen eingesetzt werden.

Verhaltensstörung: Bezeichnung für von der Norm abweichendes Verhalten, das außerdem für den Betreffenden oder seine Umgebung belastend ist und Krankheitswert hat. Wann eine Verhaltensstörung Krankheitswert haben kann, ist in Klassifikationssystemen wie DSM oder → ICD festgelegt. Drogenkonsumenten weisen in der Regel eine Vielzahl von Verhaltensstörungen auf (→ Komorbidität), die durch Aufklärung, → Selbsthilfegruppen, → Psychotherapie, Strafandrohung oder pädagogische Maßnahmen korrigiert werden können.

Verhaltenstherapie ist eine Form der → Psychotherapie, die die Entstehung psychischer Erkrankungen im wesentlichen auf unzureichende oder fehlerhafte Lernerfahrungen zurückführt (Lerntheorien). Sie ist die erfolgreichste Behandlungsmethode bei → Abhängigkeitserkrankungen. Lernerfahrungen können sich sowohl im Verhalten wie auch im Erleben und Denken des Patienten niederschlagen. Die Verhaltenstherapie basiert auf den → Lerntheorien wie → klassischer Konditionierung (Pawlow), operanter → Konditionierung (Thorndike) und → Lernen am Modell (Bandura). Der Patient wird in der Therapie, vereinfacht gesagt, dazu befähigt, pathologisches Verhalten zu verlernen. Am Ende der Therapie soll ein Patient stehen, der selbstständig Problemlösungsstrategien entwickeln und umsetzen kann (→ Automatisierung des Verhaltens).

Der Verhaltenstherapie liegt das am besten nachzuvollziehende theoretische Konstrukt zugrunde. Sie ist deshalb leichter vermittelbar als andere Psychotherapieformen. Im Gegensatz zu anderen Psychotherapieformen strebt die Verhaltenstherapie eine kontinuierliche, die Therapie begleitende Messung und Bewertung von Effekten an. Im Idealfall weiß der Patient zu jedem Zeitpunkt der Therapie, was er gerade macht und warum.

Am Beginn der Verhaltenstherapie steht die funktionale → Bedingungsanalyse. Sie ist wesentlicher Teil der Diagnostik und versucht, das Entstehen des Krankheitsbildes anhand der Lerntheorien zu erklären. Darauf aufbauend wird im Laufe der Therapie versucht, im Sinne eines größeren Wohlbefindens des Patienten positiv einwirkende Ereignisse (z.B. positive → Verstärker) in ihrem Einfluss zu verstärken. Negative Faktoren, die dazu beitragen, das Problem aufrechtzuerhalten, werden soweit wie möglich in ihrem Einfluss reduziert.

Nach Dr. Hermann Wendt läuft die Verhaltenstherapie in idealisierter Form in sechs Phasen ab:

1. Anamnese und Diagnose
2. Beruhigung und Entspannung
3. Abbau und Löschung
4. Aufbau und Stärkung – Kompetenztraining
5. Kognitive Umstrukturierung, Reattributierung
6. Selbstregulation

In der Suchttherapie spielt die Verhaltenstherapie eine dominierende Rolle, was nicht nur an ihrer hohen Effizienz liegt. Sie ist zudem mit pädagogischen Elementen gut kombinierbar. Da bei Beratung und Therapie von Abhängigkeitskranken an vielen Stellen Sozialpädagogen und Erzieher, also Berufsgruppen mit pädagogischem Hintergrund, arbeiten, ist dies ein wichtiger Vorteil gegenüber z.B. der tiefenpsychologisch ausgerichteten Psychotherapie.

Verharmlosung: Fast alle Menschen, die regelmäßig Suchtmittel einnehmen, neigen zur Verharmlosung ihres Rauschmittels (→ Denkfehler). Die Verharmlosung ist Teil eines umfassenden → Selbstbetruges, ohne den → Sucht nicht möglich ist. Durch die Verharmlosung wird der Konsum als etwas Vernünftiges, zumindest aber als etwas wenig Gefährliches dargestellt. Würden die Risiken und der Nutzen des Konsums realistisch einander gegenübergestellt, käme es zu einem inneren Spannungszustand, einer so genannten kognitiven → Dissonanz. Einerseits ist da die lustvoll erlebte Drogeneinnahme, auf der anderen Seite drohen Schäden an Gesundheit und sozialer Einbindung, oft auch Strafverfolgung. Durch Verharmlosung der → Droge wird diese innere Spannung abgebaut. Die Betreffenden weigern sich systematisch, die Gefährlichkeit von Drogen zu akzeptieren, und können so genussvoller konsumieren.
Bei legalen Drogen sieht das nicht anders aus als bei illegalen. In Bayern wird das → Bier als »Grundnahrungsmittel« verniedlicht; viele Menschen trinken es dort schon mittags und riskieren damit gesundheitliche Schäden. Die Bezeichnung »Lebenswasser« oder »Aquavit« für hochprozentigen → Alkohol sind weitere Beispiele von Verharmlosung. Ähnliches beobachtet man bei der unter jungen Leuten weit verbreiteten Droge → Cannabis. Die Schäden, die Cannabis an Erbgut, Immunsystem und Psyche hervorrufen kann, werden von vielen → Kiffern völlig verdrängt; praktisch irrelevante Therapiemethoden mit Cannabis hingegen groß herausgestellt. Ein gutes Beispiel für die Verharmlosung von Drogen sind die Broschüren von → Eve & Rave. → »Ecstasy ist eine Harmoniedroge (...), Speed ist eine Leistungsdroge, Haschisch und Gras sind Entspannungsdrogen«, heißt es in deren Broschüre »Partydrogen«.
Die Neigung zur Verharmlosung ist über alle Kulturen hinweg bei den Konsumenten verbreitet. So nennen die Indianer eine alles andere als lebensfördernde Droge »Lebenskraut« (→ Sinicuichi). Wer aufmerksam die weiteren Bezeichnungen der Drogen liest, wird auf eine ganze Reihe weiterer verharmlosender Ausdrücke stoßen.

Verletzung von Privatgeheimnissen: § 203 des Strafgesetzbuches StGB (in der Fassung der Bekanntmachung vom 13. November 1998, zuletzt geändert durch Artikel 1 des Gesetzes vom 22. August 2002) regelt, was bei Verletzung von Privatgeheimnissen zu tun ist. Die Kenntnis dieses Paragraphen ist für alle in der Suchthilfe tätigen Personen von Bedeutung. In § 203 StGB heißt es:

»(1) Wer unbefugt ein fremdes Geheimnis, namentlich ein zum persönlichen Lebensbereich gehörendes Geheimnis oder ein Betriebs- oder Geschäftsgeheimnis, offenbart, das ihm als

1. Arzt, Zahnarzt, Tierarzt, Apotheker oder Angehörigen eines anderen Heilberufs, der für die Berufsausübung oder die Führung der Berufsbezeichnung eine staatlich geregelte Ausbildung erfordert,
2. Berufspsychologen mit staatlich anerkannter wissenschaftlicher Abschlussprüfung,
3. Rechtsanwalt, Patentanwalt, Notar, Verteidiger in einem gesetzlich geordneten Verfahren, Wirtschaftsprüfer, vereidigtem Buchprüfer, Steuerberater, Steuerbevollmächtigten oder Organ oder Mitglied eines Organs einer Rechtsanwalts-, Patentanwalts-, Wirtschaftsprüfungs-, Buchprüfungs- oder Steuerberatungsgesellschaft,
4. Ehe-, Familien-, Erziehungs- oder Jugendberater sowie Berater für Suchtfragen in einer Beratungsstelle, die von einer Behörde oder Körperschaft, Anstalt oder Stiftung des öffentlichen Rechts anerkannt ist.

4a. Mitglied oder Beauftragten einer anerkannten Beratungsstelle nach den §§ 3 und 8 des Schwangerschaftskonfliktgesetzes,

5. staatlich anerkanntem Sozialarbeiter oder staatlich anerkanntem Sozialpädagogen oder
6. Angehörigen eines Unternehmens der privaten Kranken-, Unfall- oder Lebensversicherung oder einer privatärztlichen Verrechnungsstelle anvertraut worden oder sonst bekannt geworden ist, wird mit Freiheitsstrafe bis zu einem Jahr oder mit Geldstrafe bestraft.

(2) Ebenso wird bestraft, wer unbefugt ein fremdes Geheimnis, namentlich ein zum persönlichen Lebensbereich gehörendes Geheimnis oder ein Betriebs- oder Geschäftsgeheimnis, offenbart, das ihm als

1. Amtsträger,
2. für den öffentlichen Dienst besonders Verpflichteten,
3. Person, die Aufgaben oder Befugnisse nach dem Personalvertretungsrecht wahrnimmt,
4. Mitglied eines für ein Gesetzgebungsorgan des Bundes oder eines Landes tätigen Untersuchungsausschusses, sonstigen Ausschusses oder Rates, das nicht selbst Mitglied des Gesetzgebungsorgans ist, oder als Hilfskraft eines solchen Ausschusses oder Rates,
5. öffentlich bestelltem Sachverständigen, der auf die gewissenhafte Er-

füllung seiner Obliegenheiten auf Grund eines Gesetzes förmlich verpflichtet worden ist, oder

6. Person, die auf die gewissenhafte Erfüllung ihrer Geheimhaltungspflicht bei der Durchführung wissenschaftlicher Forschungsvorhaben auf Grund eines Gesetzes förmlich verpflichtet worden ist, anvertraut worden oder sonst bekannt geworden ist. Einem Geheimnis im Sinne des Satzes 1 stehen Einzelangaben über persönliche oder sachliche Verhältnisse eines anderen gleich, die für Aufgaben der öffentlichen Verwaltung erfasst worden sind; Satz 1 ist jedoch nicht anzuwenden, soweit solche Einzelangaben anderen Behörden oder sonstigen Stellen für Aufgaben der öffentlichen Verwaltung bekannt gegeben werden und das Gesetz dies nicht untersagt.

(3) Einem in Absatz 1 Nr. 3 genannten Rechtsanwalt stehen andere Mitglieder einer Rechtsanwaltskammer gleich. Den in Absatz 1 und Satz 1 Genannten stehen ihre berufsmäßig tätigen Gehilfen und die Personen gleich, die bei ihnen zur Vorbereitung auf den Beruf tätig sind. Den in Absatz 1 und den in Satz 1 und 2 Genannten steht nach dem Tod des zur Wahrung des Geheimnisses Verpflichteten ferner gleich, wer das Geheimnis von dem Verstorbenen oder aus dessen Nachlass erlangt hat.

(4) Die Absätze 1 bis 3 sind auch anzuwenden, wenn der Täter das fremde Geheimnis nach dem Tod des Betroffenen unbefugt offenbart.

(5) Handelt der Täter gegen Entgelt oder in der Absicht, sich oder einen anderen zu bereichern oder einen anderen zu schädigen, so ist die Strafe Freiheitsstrafe bis zu zwei Jahren oder Geldstrafe.«

Verminderte Schuldfähigkeit: → Schuldfähigkeit, verminderte.

Verordnung über Arbeitsstätten: Diese vom 20.3.1975 stammende Verordnung regelt u.a., wie der Arbeitnehmer am Arbeitsplatz vor Schäden durch Tabakrauch (→ Tabak) zu schützen ist (→ Rauchverbote).

verpeilt: Szeneausdruck für »psychisch auffällig nach Einnahme von Drogen«. Vor allem → psychotisches Erleben nach Drogeneinnahme ist hiermit gemeint.

verpimpeln: Szeneausdruck für das Verschneiden von → Drogen.

verschieben: Szeneausdruck für das Verkaufen von → Drogen.

Verschnitt: Mit Streckmitteln vermischte → Droge.

Verschreibung: → Betäubungsmittel (was dazu zählt, ist vom Gesetzgeber im → BtMG festgelegt) dürfen nicht frei verkauft werden. Sie unterliegen einer strengen Kontrolle. Der Umgang mit vielen Betäubungsmitteln ist gänzlich verboten, diese Stoffe sind in → Anlage I des BtMG aufge-

führt. Eine Anwendung der in → Anlage II aufgeführten Stoffe ist zwar bestimmten Berufsgruppen unter Auflagen erlaubt; diese Stoffe dürfen aber nicht verschrieben werden.
Lediglich die in → Anlage III aufgeführten Betäubungsmittel dürfen von Ärzten unter der Voraussetzung, dass eine → Begründete Verschreibung vorliegt, verschrieben werden. Erlaubt ist die Verschreibung nur zu diagnostischen Zwecken (z.B. zur Allergietestung) oder zu therapeutischen Zwecken (z.B. zur Schmerzbehandlung bei Krebspatienten). Nicht erlaubt ist hingegen der Einsatz von Betäubungsmitteln für eine Studie oder eine Analyse, ohne dass eine Erlaubnis der Bundesopiumstelle (§ 3 BtMG) vorliegt. Jede Verschreibung erfordert darüber hinaus eine exakte Dokumentation nach einem festgelegten Schema (das u.a. in der → Roten Liste aufgeführt ist).

VERSO: Abk. für Versorgungsbedarf bei früher Suchtgefährdung, eine Studie, die in Köln und Bielefeld an 600 Jugendlichen durchgeführt wurde. In der VERSO-Studie wurde festgestellt, welches → Einstiegsalter bei den unterschiedlichen Suchtmitteln besteht.

Verstärker: Darunter versteht man in der → Psychotherapie alle Ereignisse, Situationen und körperlichen Zustände, die eine Veränderung menschlichen Verhaltens bewirken. Paradoxerweise nennt man auch Bestrafungen Verstärker, obwohl sie die Wahrscheinlichkeit eines Verhaltens nicht verstärken, sondern verringern. Man spricht dann von einem negativen Verstärker. Als positiven Verstärker bezeichnet man Verstärker, die die Auftretenswahrscheinlichkeit des Verhaltens erhöhen, die also wie Lob wirken oder mit Lust verbunden sind.
Man kennt primäre Verstärker, das sind all jene Verstärker, die bei jedem Menschen ohne Lernerfahrungen wirken, z.B. → Drogen oder liebevolle Zuwendung. Sekundäre Verstärker wirken erst nach Lernerfahrungen. Wenn jemand beispielsweise viele gute Erfahrungen auf Partys bei → Techno-Musik gemacht hat, bekommt Techno-Musik sekundär einen Verstärkerwert. Tertiäre und generalisierte Verstärker haben durch übergreifende kulturelle Akzeptanz für jeden Menschen einen Wert wie z.B. Geld.
Das Leben von Süchtigen wird von einer Vielzahl von z.T. gegensätzlich wirkenden Verstärkern bestimmt. Auf der einen Seite sind da die Drogen, deren Einnahme als lustvoll erlebt wird, und die Möglichkeit, durch Dealen oder anderweitiges kriminelles Handeln schnell an Geld zu kommen (positive Verstärker). Strafverfolgung, → Obdachlosigkeit, Verlust von Arbeitsplatz, Freunden, sozialen Bindungen, gesundheitliche Schäden, drogeninduzierte → Psychosen oder → Beschaffungsprostitution

sind weniger angenehm (negative Verstärker). Bevor ein Süchtiger sich zu einer Therapie entschließt, müssen in der Regel in Verbindung mit dem Suchtmittel die negativen Verstärker die positiven deutlich überwiegen (→ Motivation).

Vertriebsstrukturen des Drogenhandels gehorchen im Großen und Ganzen den Gesetzen der freien Marktwirtschaft (→ Angebotsstrukturen). Produktionsort und Vertriebsweg einer Ware haben ganz wesentlichen Einfluss auf die Qualität und den Preis. Wird im Ausland produziert, so kann die Produktion zwar billiger sein, aber es fallen Transportkosten an. Auch die Qualität kann schlechter sein. Wenn eine → Droge illegal ist, erhöhen sich die Transportkosten enorm. Es müssen dann weitaus größere Anstrengungen unternommen werden, um den Kunden zu beliefern. Die Ware kann dann nicht einfach auf den üblichen Transportwegen nach Deutschland geschafft werden. Es werden von den Händlern Schmuggler bezahlt, u.U. auch Informanten, die mitteilen, wo und wann Kontrollen von polizeilicher Seite geplant werden. Das hohe Risiko einer möglichen Strafverfolgung lassen sich die zwischengeschalteten Personen natürlich entsprechend vergüten.

Verstärker – viele Konsumenten empfinden die Drogenwirkung als positiv wegen der entspannenden, stimmungsaufhellenden Wirkung

Die zusätzlichen Kosten werden an den Konsumenten weitergegeben. Unter Umständen wird er dann kriminell, um seine Drogen zu finanzieren. Natürlich zwingt die Sucht niemanden in die Kriminalität. Es gibt keinen Grund, die so genannte → Beschaffungskriminalität grundsätzlich anders zu behandeln als die Kriminalität von Nichtsüchtigen. Die Hemmschwelle, kriminell zu werden, sinkt aber bei den meist erheblich in ihrem Sozialverhalten gestörten Süchtigen bei steigendem Preis der Droge und gleichzeitig ineffizienter Strafverfolgung.
Illegalität hat auch Einfluss auf die Qualität der Ware. Um Risiken möglicher Verhaftung zu minimieren, wird von den Drogenproduzenten und Händlern viel Wert darauf gelegt, dass die am Handel Beteiligten so wenig wie möglich voneinander wissen. So kann keiner den anderen belasten. Nachteil des fehlenden Kontaktes ist, dass Zwischenhändler weniger Hemmungen haben, die Ware durch billige Zusatzstoffe gewinnbringend zu strecken. Die Qualität der Ware sinkt mit zunehmender Strafbewehrung deutlich. Je nach Streckmittel – → Heroin wird z.B. mit → Strychnin gestreckt – entstehen zusätzliche gesundheitliche Risiken. Parallel dazu steigt die Gefahr von → Überdosierungen.

Viagrapops: Bezeichnung für frei verkäufliche Alkoholmixgetränke, so genannte → Alcopops, die zudem Kräuter enthalten. Eine erektionsfördernde Wirkung wie das Medikament Viagra haben derartige Getränke aber nicht. Im Gegenteil: Im Übermaß genossen, sind sie sexuellen Aktivitäten durchaus abträglich.

Vibes: Abk. für Vibrations und Szeneausdruck für Gefühle oder Zustände, die u.a. durch → Drogen ausgelöst oder verstärkt werden; entspricht in etwa dem des deutschen Wortes »Stimmung«.

Vibrations: Szeneausdruck für Gefühlszustände, nicht nur in Verbindung mit der Einnahme von → Drogen.

Vierfeldertafeln sind ein Hilfsmittel zur Entscheidungsfindung, das auch in der Suchttherapie, genauer der Verhaltenstherapie, Anwendung findet. Mithilfe der vom Patienten auszufüllenden Vierfeldertafeln kann geprüft werden, wo der Patient steht und welche Entscheidung ihm am meisten nutzt. Sie wird immer wieder im Laufe der Therapie zur Ermittlung des Therapiestandes eingesetzt und verdeutlicht dem Patienten, wo er gerade steht. Der Einsatz von Vierfeldertafeln wirkt der Tendenz entgegen, dass Therapeut und Patient in unterschiedliche Richtungen arbeiten:

	Pro ☺	Kontra ☹
Abstinenz		
Konsum		

Statt »Abstinenz« und »Konsum« können in der ersten Spalte natürlich auch andere alternative Verhaltensweisen stehen, z.B. »Auszug von zu Hause« vs. »Verbleib bei den Eltern« oder »Besuch von Raves« vs. »Vermeidung derartiger Orte« ...

Vier-Phasen-Modell nach Wille: Die → Substanzabhängigkeit verläuft nach Wille (1994) in vier Phasen. Im Anfangsstadium dominiert die euphorisierende Wirkung, die negativen Wirkungen werden unterschätzt. Gestützt wird das Verhalten durch die permissive oder fördernde Haltung der gleichgesinnten → Peer-Group. Das Individuum spürt unter Drogeneinfluss Angstfreiheit und ein gesteigertes Selbstwertgefühl. Im zweiten Stadium, dem kritischen Gewöhnungsstadium, lässt die positive Drogenwirkung allmählich nach, die Dosis muss zur Erreichung der gleichen Wirkung erhöht werden, Konflikte in Beruf und Schule spitzen sich zu. Die sozialen Kontakte reduzieren sich zunehmend auf Kontakte zu anderen Abhängigen. Probleme werden verleugnet und nach außen projiziert. Störungen von Konzentration, Reaktionsvermögen und Gedächtnis werden offensichtlich. Die dritte Phase, das so genannte Sucht- oder Abhängigkeitsstadium, ist gekennzeichnet durch starke Dosissteigerung, Kontrollverlust, Beziehungsabbrüche und beruflichen Abstieg. Oft beginnt hier der Einstieg in Kriminalität oder Prostitution. Persönlichkeitsveränderungen wie Reizbarkeit, → Aggressivität und Selbstmitleid sind ebenso typisch wie eine Abnahme der körperlichen und geistigen Leistungsfähigkeit. In der vierten Phase der Drogenabhängigkeit, dem chronischen → Abbaustadium, nimmt die Drogenverträglichkeit deutlich ab. Grundlage sind beginnende Organschäden. → Obdachlosigkeit, Vereinsamung und Verwahrlosung stellen sich ein. Der körperliche Abbau schreitet voran. Kennzeichnend sind ein Persönlichkeitsabbau mit Antriebsverlusten, extremen Stimmungsschwankungen und ein geistiger Abbau. Je später der Patient sich in Therapie begibt, desto gravierender sind die zu korrigierenden Defizite. Ein Therapiebeginn in Phase eins nach Wille ist meist günstiger als in Phase vier.

Vier Phasen nach Prohaska und DiClemente: Prochaska und DiClemente (1986) teilen die Entwicklung eines Suchtkranken vom unkontrollierten Konsum in Richtung → Abstinenz in vier Phasen auf. Die vier Phasen laufen nacheinander wie folgt ab:
- Percontemplation (Frage nach der Verhaltensänderung)
- Contemplation (Entschluss zur Verhaltensänderung)
- Action (Durchführung der Verhaltensänderung)
- Maintanance (Aufrechterhaltung der Verhaltensänderung)

Kommt es zum → Rückfall, Relapse, müssen die vier Phasen unter Umständen erneut durchlaufen werden: Relapse, → Percontemplation, → Contemplation ...

Vier-Säulen-Modell: Unter Vier-Säulen-Modell versteht man eine Drogenpolitik, die auf den Säulen → Prävention, → Therapie, → Schadensminimierung und → Repression beruht.

Vigil: Handelsname eines Medikamentes, das zur Gruppe der → Psychoanaleptika gehört. Inhaltsstoff ist Modafinil. Es wird gegen Narkolepsie, eine Sonderform der Epilepsie, eingesetzt und manchmal auch als → Stimulantium, → Upper, in der Drogenszene eingenommen. Bei unsachgemäßer Anwendung bzw. Verschreibung ist das Risiko für psychische und körperliche Komplikationen erheblich.

Vijaya: Weiterer Ausdruck für → Cannabis.

Vilca: Weitere Bezeichnung für → Yopo.

Vinho de Jurema: Trank mit halluzinogener Wirkung, der Bestandteile der Wurzel des Baumes Mimosa hostilis enthält (→ Jurema).

Viper: Szeneausdruck für körperlich und psychisch abgebauten Drogenabhängigen.

Virola: Mit der → Muskatnuss verwandter Baum, aus dessen Rinde die Indianer Kolumbiens eine Paste mit halluzinogener Wirkung gewinnen. Wirkstoff ist vor allem → Myristicin (→ Epená).

Visano N: Handelsname eines → Beruhigungsmittels, dessen Inhaltsstoff Meprobamat ist. Es wird zur Behandlung von akuten und chronischen Spannungs- und Erregungszuständen und bei psychischen verursachten Problemen des Magen-Darm-Traktes eingesetzt. Bei längerdauernder Anwendung kann sich eine psychische und körperliche → Abhängigkeit ausbilden. Beim abrupten Absetzen kommt es zu → Entzugserscheinungen.

Vitamin A: Szeneausdruck für → Amphetamin.

Vitamin K: Szeneausdruck für → Ketamin.

Vitamin R: Szeneausdruck für → Ritalin.

Vogel: Szeneausdruck für einen Drogenkurier.

Vollmond: Szeneausdruck für das Eintreffen einer Drogenlieferung.

Vorläufige Maßnahmen der Unterbringung: § 453 c der Strafprozessordnung (StPO), in der Fassung vom 7. April 1987 (BGBl. I S. 1074, 1319), zuletzt geändert durch Artikel 6 des Gesetzes vom 11. Oktober 2002 (BGBl. I S. 3970) regelt den Umgang mit vorläufigen Maßnahmen im Widerrufsverfahren beim → Maßregelvollzug:

»(1) Sind hinreichende Gründe für die Annahme vorhanden, dass die Aussetzung widerrufen wird, so kann das Gericht bis zur Rechtskraft des Widerrufsbeschlusses, um sich der Person des Verurteilten zu versichern, vorläufige Maßnahmen treffen, notfalls, unter den Voraussetzungen des § 112 Abs. 2 Nr. 1 oder 2, oder, wenn bestimmte Tatsachen die Gefahr begründen, dass der Verurteilte erhebliche Straftaten begehen werde, einen Haftbefehl erlassen.

(2) Die auf Grund eines Haftbefehls nach Absatz 1 erlittene Haft wird auf die zu vollstreckende Freiheitsstrafe angerechnet. § 33 Abs. 4 Satz 1 sowie die §§ 114 bis 115a und § 119 gelten entsprechend«.

Vorschaltverfahrensgesetz: Das Gesetz über das Vorschaltverfahren bei Anträgen auf gerichtliche
Entscheidung betreffend die Vollzugsangelegenheiten von Gefangenen und Untergebrachten (siehe auch → Strafvollzugsgesetz, → Maßregelvollzug) wird auch als Vorschaltverfahrengesetz bezeichnet. Im Folgenden ist die Version vom 20. Februar 1979 aufgeführt:

»§ 1 Widerspruchsverfahren

(1) Anträge auf gerichtliche Entscheidung, die sich gegen Maßnahmen der Vollzugsbehörden im Vollzug der Freiheitsstrafe, der wie Freiheitsstrafe zu vollziehenden Haft, der freiheitsentziehenden Maßregeln der Besserung und Sicherung, der Jugendstrafe, des Jugendarrestes und der Untersuchungshaft richten, können erst nach vorausgegangenen Widerspruchsverfahren gestellt werden, soweit nicht die Maßnahme von einer obersten Landesbehörde oder einer Landesmittelbehörde getroffen wurde.

(2) Dies gilt auch, wenn mit dem Antrag auf gerichtliche Entscheidung die Verpflichtung zum Erlass einer abgelehnten Maßnahme begehrt wird.

(3) Abweichend von der Regelung in den Absätzen 1 und 2 kann, ohne dass eine Entscheidung über den Widerspruch vorliegt, Antrag auf gerichtliche Entscheidung dann gestellt werden, wenn über den Widerspruch nicht innerhalb von drei Monaten entschieden worden ist. Das Gericht kann bereits vor Ablauf dieser Frist angerufen werden,

wenn dies wegen besonderer Umstände des Falles geboten ist. Liegt ein zureichender Grund dafür vor, dass über den Widerspruch noch nicht entschieden ist, so setzt das Gericht das Verfahren bis zum Ablauf einer von ihm bestimmten Frist, die verlängert werden kann, aus.

§ 2 Keine Vollzugshemmung

(1) Der Widerspruch hat keine aufschiebende Wirkung.

(2) Die für die Entscheidung über den Widerspruch zuständige Behörde kann die Vollziehung der angefochtenen Maßnahme aussetzen.

§ 3 Einlegung des Widerspruchs

(1) Der Widerspruch ist bei der Behörde, welche die Maßnahme getroffen oder die beantragte Maßnahme abgelehnt hat, schriftlich oder zur Niederschrift eines Bediensteten dieser Behörde einzulegen.

(2) Der Widerspruch muss innerhalb einer Woche eingelegt werden, nachdem die Maßnahme oder die Ablehnung dem Widerspruchsführer bekannt gegeben worden ist.

(3) Die Frist wird auch durch Einlegung des Widerspruchs bei der nächsthöheren Behörde gewahrt.

(4) War der Widerspruchsführer ohne Verschulden verhindert, die Widerspruchsfrist einzuhalten, so endet die Frist drei Tage nach Wegfall des Hindernisses.

§ 4 Entscheidung über den Widerspruch

(1) Die Behörde, welche die Maßnahme getroffen oder die beantragte Maßnahme abgelehnt hat, kann dem Widerspruch abhelfen. Hilft sie dem Widerspruch nicht ab, so legt sie diesen mit ihrer Stellungnahme unverzüglich der nächsthöheren Behörde zur Entscheidung vor.

(2) Die Widerspruchsentscheidung ist zu begründen und dem Widerspruchsführer mit einer Rechtsmittelbelehrung zuzustellen.«

Voyager: Szeneausdruck für jemanden, der unter dem Einfluss von → Halluzinogenen steht.

Vp: Abk., die in Verbindung mit Medikamenten, für »verschreibungspflichtig« steht und die sich auf dem Rezept findet. Verschreibungspflichtige Medikamente dürfen deshalb nur mit einer → Verschreibung abgegeben werden, weil sie ein größeres Risiko für Nebenwirkungen (zu denen u.a. ein → Suchtpotenzial gehört) und Schäden bergen als frei verkäufliche oder nur apothekenpflichtige (= Ap). Die meisten Medikamente mit Suchtpotenzial sind verschreibungspflichtig (=Vp) oder sogar nur auf → BtM-Rezept erhältlich (→ Anlage III). Seit 01.01.2004 werden nicht verschreibungspflichtige Medikamente, d.h. Medikamente ohne Vp-Zusatz auf dem Rezept, nicht mehr von der gesetzlichen Krankenversicherung bezahlt.

VT: **1.** Abk. für → Verhaltenstherapie, eine Form der → Psychotherapie, die bei der Behandlung von Abhängigkeitskranken eine große Rolle spielt. **2.** Abk. für → ventrales Tegmentum, eine Hirnregion, die bei der Entstehung von → Abhängigkeitserkrankungen eine wichtige Rolle spielt.

VTP ist die Abk. für »Verhaltenstrainingsprogramm zum Aufbau sozialer Kompetenz«. Entwickelt wurde es von Feldhege & Krauthan (1979). Ziel des VTP ist es, die Patienten in die Lage zu versetzen, Kontrolle über ihr Leben zu bekommen. Es gehört zu den → Selbstsicherheitstrainings. Vier Bereiche werden beim VTP regelhaft einbezogen:

- Kommunikation: Verbesserung im Umgang mit Partnern, Freunden und Bekannten.
- Kontakt: Verbesserung bei der Aufnahme und Aufrechterhaltung von Kontakten zu fremden Personen.
- Selbstbehauptung: Verbesserung zur Durchsetzung berechtigter Ansprüche und Forderungen.
- Verbesserung der Bewältigung von Belastungssituationen.

VTP findet in (möglichst homogenen) Gruppen statt, z.B. im Rahmen von → Entwöhnungsbehandlungen. Jedes Problemfeld wird durch die Vermittlung sowohl von »Wissenstechnik« wie auch von »Verhaltenstechnik« bearbeitet und beübt. Die Wissensvermittlung geht dem Einüben des Verhaltens voraus. Im Gegensatz zum → ATP werden die einzelnen Punkte in → Gruppentherapien erarbeitet und sind nicht vorgegeben. Die größere Flexibilität gegenüber dem ATP stellt eine Chance dar, kann einzelne Patienten aber auch überfordern.

W

Wacky Stick: Szeneausdruck für einen → Joint, der zusätzlich mit → PCP beträufelt wurde.

WAG: Abkürzung für »Westfälische Arbeitsgemeinschaft für Rehabilitation«, der sowohl die gesetzlichen westfälischen Krankenkassen wie auch Mitarbeiter der → LVA angehören. Die WAG hat zum Ziel, die Versorgung von Suchtkranken zu verbessern und die an der Schnittstelle zwischen → Entzugsbehandlung und → Entwöhnungsbehandlung auftretenden Probleme zu minimieren. Aufgrund des Wirkens der WAG sind nahtlose Verlegungen von Entzugsbehandlungen in Entwöhnungsbehandlungen in Westfalen leichter als in anderen Bundesländern möglich (→ Nahtlosigkeit).

Wahn: Bezeichnung für eine durch Außenstehende nicht korrigierbare, objektiv falsche oder zumindest hochgradig unwahrscheinliche Überzeugung des Betreffenden. Wenn zum Beispiel jemand felsenfest behauptet, er habe Kontakt zu Außerirdischen, so liegt mit hoher Wahrscheinlichkeit ein Wahn vor. Schwieriger wird die Beurteilung bei realitätsnäheren Vorstellung wie z.B. beim Verfolgungswahn oder bei einem → Eifersuchtswahn.

Wahn gehört zu den inhaltlichen Denkstörungen und kommt vor allem bei → Psychosen vor. In der Drogenszene sind Verfolgungen und Untreue durchaus nicht selten, so dass die Einschätzung, ob bei Verfolgungsideen oder Eifersucht ein Wahn vorliegt oder nicht, sehr schwierig sein kann. → Kokain, → Amphetamine, → Ecstasy, alle → Halluzinogene und auch → Alkohol können zur Ausbildung eines Wahnes führen. Während bei chronischer Einnahme von Halluzinogenen meist weitere psychische Auffälligkeiten vorliegen, kann bei Einnahme von → Stimulanzien der Wahn ausgestanzt bei ansonsten intakter Persönlichkeit vorliegen. Ist der Wahn stark angstgeprägt, können die Betreffenden zur Gefahr für sich und andere werden. Sie fühlen sich dann unter Umständen – wenn auch zu Unrecht – schon bei Kleinigkeiten bedroht und werden aggressiv.

Die Behandlung besteht in absoluter Drogenabstinenz und der Gabe von → Neuroleptika. Die medikamentöse Behandlung von isolierten Wahnvorstellungen mit Neuroleptika ist aber oft nicht so erfolgreich wie die von psychotischen Mischbildern oder → Halluzinationen. Psychotherapeutisch ist Wahn ebenfalls nur schwer beeinflussbar.

Waldnachtschatten: Weitere Bezeichnung für die → Tollkirsche.

Walkerbeere: Weitere Bezeichnung für die → Tollkirsche.

Ware: Szeneausdruck für → Drogenlieferung.

Warm Gun: Engl. = warmes Gewehr. Szeneausdruck für Spritze.

Wasserlilie, blaue: Auch Ninfa oder Quetzalaxochiatl genannte Pflanze (Nymhaea ampla), die wegen ihrer halluzinogenen Wirkung in der neuen Welt als → Droge verwendet wird. Wahrscheinlich besitzt die Pflanze auch narkotische Wirkung. Diskutiert werden Apomorphin, Nuciferin und Nornuciferin als mögliche Wirkstoffe.

Wasserpfeifen, auch Blubber oder Bong genannt, werden zum Rauchen von → Tabak, aber auch zur gerauchten Einnahme anderer → Drogen (am häufigsten → Marihuana) eingesetzt. Dabei wird der Rauch, der beim Verbrennen der Rauchmischungen entsteht, durch Wasser geleitet und erst dann inhaliert. Es werden dabei wesentlich größere Mengen an Rauch inhaliert als beim Rauchen eines → Joints. Die einsetzende Rauschwirkung ist heftiger, daher wohl der Name Bong.

Beim Wasserpfeifenrauchen sollen, so die Vermutung der Konsumenten, die Krebs erregenden Bestandteile des Rauches eliminiert werden können. Das ist ein Irrtum, wie eine Studie des Syrian Center for Tobacco Studies ergab. Die gemeinsame Untersuchung von Forschern aus Syrien, Münster und den USA ergab sogar, dass beim Wasserpfeiferauchen deutlich mehr Krebs erregende Stoffe und auch mehr giftiges Kohlenmonoxid inhaliert werden. Der aufgenommene Nikotinanteil war hingegen in etwa gleich. Zwei Vorteile bietet die Wasserpfeife dennoch gegenüber dem Rauchen von → Zigaretten oder → Joints: Zum einen ist der eingeatmete Rauch kühler, reizt also zumindest thermisch weniger die Atemwege. Außerdem ist wegen der umständlicheren Anwendung der Wasserpfeife im Gegensatz zu Zigaretten Kettenrauchen eher selten.

Wasserpfeifen existieren in allen erdenklichen Formen und Farben. Sie bestehen meist aus Glas oder Kunststoff. Obwohl sie in Deutschland legal in → Head-Shops erhältlich sind, kann ihr Besitz Nachteile mit sich bringen, da sie i.d.R. als Hinweis auf den Konsum illegaler Drogen gewertet werden (deren Rückstände nach Gebrauch auch in den Geräten nachweisbar sind).

wasted: Szeneausdruck für »heftigst berauscht sein«.

Way & Sun ist ein eingetragener gemeinnütziger Verein, der als besonders förderungswürdig anerkannt ist. Der Verein hat sich das Ziel gesetzt, auf die zunehmende Gefahr der so genannten → Partydrogen (z.B. → Ecstasy, → Amphetamine) mit Hilfsangeboten an die Betroffenen zu reagieren. Aufgrund der relativen Abgeschlossenheit der → Techno-Szene halten Way & Sun den Anteil der Drogenkonsumenten für nicht nicht genau erfassbar. Way & Sun versucht, im Präventionsbereich die Elemente von Öffentlichkeitsarbeit und Beratung mit der Durchführung von Musikveranstaltungen mit Performances und anderen künstlerischen Aktivitäten zu verbinden. Ohne erhobenen Zeigefinger, aber mit alkoholfreiem Getränkeausschank sollen den betroffenen Jugendlichen auf diesen Veranstaltungen Alternativen zum Leben mit Drogen angeboten werden. Way & Sun führen drogen- und alkoholfreie Partys an bekannten Veranstaltungsorten des Berliner Nachtlebens durch, die auch von Patienten aus den Entwöhnungskliniken gerne besucht werden. Ziel von Way & Sun ist es aufzuzeigen, dass die Vitalität der Techno-Bewegung auch ohne → Drogen möglich ist und dass es Wege aus der Abhängigkeit gibt. In sozialpädagogisch betreuten Begegnungsstätten für drogengefährdete und drogenabhängige Jugendliche leisten die Vereinsmitglieder ehrenamtlich Arbeit auf der Beratungs- und Betreuungsebene. Dieses als ausdrücklich niedrigschwellig zu charakterisierende Angebot umfasst Kontaktgespräche und Einzelberatung, sozialpädagogische und psychologische Leistungen sowie Workshops, in denen eine kreative Auseinandersetzung mit der Grundlage und Voraussetzung von elektronischer Musik, dem Computer, stattfindet. Ziel ist die Änderung einer konsumorientierten Haltung des Abhängigen in die Rolle des kreativen Produzenten. Angesichts des gesellschaftlichen Ausmaßes dieser Jugendkultur und ihrer Drogenproblematik und Auswirkungen, zu denen viele der bestehenden Drogenberatungsstellen noch nur unzureichend Zugang finden, ist die Arbeit von Way & Sun eine sinnvolle Ergänzung. Weil diese Selbsthilfeorganisation aus der Szene selbst kommt, wird sie von den meisten → Ravern gut angenommen. Für viele Jugendliche stellten Way & Sun eine Art Familienersatz dar.

WD: Abk. für → Wirkdosis.

Weckamine: Bezeichnung für eine Gruppe von Eiweißstoffen, die stimulierende Wirkung haben.

Weckies: Szeneausdruck für antriebssteigernde → Drogen.

Weed: Szeneausdruck für → Cannabis.

Wein: Bezeichnung für ein → alkoholhaltiges Getränk, das durch die Vergärung von Trauben gewonnen wird. Der Alkoholgehalt beträgt zwischen 11 % und 13 %. Likörweine können auch höhere Alkoholgehalte aufweisen.

Weißer Riese: Szeneausdruck für → Kokain.

Weißer Tod: Szeneausdruck für hochreines → Heroin.

Weltgesundheitsorganisation: → WHO.

Werbung: Wenn ein → Betäubungsmittel in → Anlage I des → Betäubungsmittelgesetzes aufgeführt ist, darf es nicht beworben werden. Bei den beschränkt legal anwendbaren Betäubungsmittel ist die Bewerbung auf Fachkreise zu beschränken, d.h. die Personengruppen, die beruflich damit zu tun haben, z.B. Ärzte und Apotheker (→ Erlaubnis zum Verkehr mit Betäubungsmitteln). Geregelt ist das in §14 → BtMG, der auch Vorgaben zur Kennzeichnung macht:

»§ 14 Kennzeichnung und Werbung

(1) Im Betäubungsmittelverkehr sind die Betäubungsmittel unter Verwendung der in den Anlagen aufgeführten Kurzbezeichnungen zu kennzeichnen. Die Kennzeichnung hat in deutlich lesbarer Schrift, in deutscher Sprache und auf dauerhafte Weise zu erfolgen (...).

Wein – ein in der westlichen Hemisphäre beliebtes Getränk

(5) Für in Anlage I bezeichnete Betäubungsmittel darf nicht geworben werden. Für in Anlage II und III bezeichnete Betäubungsmittel darf nur in Fachkreisen (...) geworben werden (...).«

Wernicke-Enzephalopathie: Bei bis zu 12 % aller Alkoholabhängigen kommt es im Laufe des Lebens zu der Ausbildung eines hirnorganisch bedingten Krankheitsbildes, das sich Wernicke-Enzephalopathie nennt. Ursache ist ein Mangel am lebenswichtigen Thiamin. Oft beginnt die Krankheit mit Magen-Darm-Problemen und Fieber. In der Folge bilden sich dann eine Eintrübung des Bewusstseins, Gangstörungen und Lähmungen von Augenmuskeln heraus. Typisch ist eine Hirnatrophie, vor allem um den dritten Ventrikel herum. Der Übergang zum → Korsakow-Syndrom ist fließend, weswegen man auch vom Wernicke-Korsakow-Syndrom (WKS) spricht.

White Angel: Szeneausdruck für → DOM, manchmal auch für → PCP.

White Lady: Szeneausdruck für → Kokain.

White Mule: Weitere Bezeichnung für → Peyote.

White Nurse: Szeneausdruck für hochreines → Heroin.

White Stuff: Szeneausdruck für → Kokain, manchmal auch für sehr reines → Heroin.

WHO: Abk. für World Health Organization, die auch als Weltgesundheitsorganisation bekannt ist. Die WHO gibt z.B. das auch im Suchtbereich bedeutsame Diagnosensystem → ICD heraus. Auf der WHO-Webseite www.who.int ist über die Aufgben der WHO zu lesen: »The World Health Organization, the United Nations specialized agency for health, was established on 7 April 1948. WHO's objective, as set out in its Constitution, is the attainment by all peoples of the highest possible level of health. Health is defined in WHO's Constitution as a state of complete physical, mental and social well-being and not merely the absence of disease or infirmity.« Der Anspruch der WHO an Gesundheit ist damit sehr hoch.

Wichowaka: Wort der mexikanischen Tarahumera, das »Wahnsinn« bedeutet und gleichzeitig die Bezeichnung für einen Kaktus mit halluzinogener Wirkung ist (→ Cawe).

Wichuriki: Bezeichnung der mexikanischen Indianer für eine Gruppe von Kakteen (Mammillaria craigii, Mammillaria grahamii und Mammillaria senilis), die nach Einnahme einen halluzinogenen → Rausch erzeugen.

Widerruf der Aussetzung: § 67 g des Strafgesetzbuches StGB (in der Fassung der Bekanntmachung vom 13. November 1998, zuletzt geändert durch Artikel 1 des Gesetzes vom 22. August 2002) regelt den Widerruf der Aussetzung bei Anordnung der Unterbringung in einer Einrichtung des → Maßregelvollzuges (→ Unterbringung in einer Entziehungsanstalt). Damit soll verhindert werden, dass Lockerungen im Maßregelvollzug missbraucht werden (→ Therapie statt Strafe). In §67g heißt es:

»(1) Das Gericht widerruft die Aussetzung einer Unterbringung, wenn der Verurteilte

1. während der Dauer der Führungsaufsicht eine rechtswidrige Tat begeht,
2. gegen Weisungen gröblich oder beharrlich verstößt oder
3. sich der Aufsicht und Leitung des Bewährungshelfers oder der Aufsichtsstelle beharrlich entzieht und sich daraus ergibt, dass der Zweck der Maßregel seine Unterbringung erfordert.

(2) Das Gericht widerruft die Aussetzung einer Unterbringung nach den §§ 63 und 64 auch dann, wenn sich während der Dauer der Führungsaufsicht ergibt, dass von dem Verurteilten infolge seines Zustandes rechtswidrige Taten zu erwarten sind und deshalb der Zweck der Maßregel seine Unterbringung erfordert.

(3) Das Gericht widerruft die Aussetzung ferner, wenn Umstände, die ihm während der Dauer der Führungsaufsicht bekannt werden und zur Versagung der Aussetzung geführt hätten, zeigen, dass der Zweck der Maßregel die Unterbringung des Verurteilten erfordert.

(4) Die Dauer der Unterbringung vor und nach dem Widerruf darf insgesamt die gesetzliche Höchstfrist der Maßregel nicht übersteigen.

(5) Widerruft das Gericht die Aussetzung der Unterbringung nicht, so ist die Maßregel mit dem Ende der Führungsaufsicht erledigt.

(6) Leistungen, die der Verurteilte zur Erfüllung von Weisungen erbracht hat, werden nicht erstattet.«

Wilder Tiger: In den zwanziger Jahren des 20 Jhds. gebräuchliche Bezeichnung für → Heroin-Pillen, die zu dieser Zeit massenhaft verbreitet waren.

Willensschwäche: Für viele Menschen ist → Sucht nach wie vor keine Krankheit, sondern Ausdruck einer Willensschwäche. Dieses Verständnis greift zu kurz. Auch wenn → Psychotherapie von Abhängigen im Wesentlichen mit kognitiver Umstrukturierung, Veränderung von Motivation und Erarbeitung von Problemlösestrategien arbeitet, die letztlich auch eine Veränderung des Wollens und Könnens (d.h. eine Erhöhung der Willensstärke) zur Folge haben, so darf man nicht übersehen, dass auch genetische und soziale Faktoren bei der Entstehung eine ganz wesentliche Rolle spielen und Berücksichtigung finden müssen.

Allein der Wille aufzuhören, reicht zur Heilung längst nicht immer. Es müssen bei vielen Patienten auch Techniken und Hintergründe von Fachleuten vermittelt werden, damit der Konsum reduziert bzw. eingestellt werden kann. Die große Zahl von → Selbstheilern bei allen Konsumentengruppen spricht allerdings wiederum dafür, dass eine veränderte Willensbildung bei vielen Konsumenten der entscheidende Faktor ist.

Wing Ding: Szeneausdruck für »orientierungslos sein nach Drogeneinnahme«.

wired: Szeneausdruck für verwirrt und unruhig.

Wirkdosis: Medizinischer Fachausdruck für die → Dosis einer → Droge, bei der innerhalb eines bestimmten Zeitraumes bei einer bestimmten Prozentzahl von Individuen eine Wirkung eintritt. Die Abk. lautet WD. WD 50 bedeutet, dass bei 50 Prozent der Menschen, die diese Droge einnehmen, eine Wirkung eintritt.

Wirtschaftlichkeitsgebot: § 12 SGB V schreibt vor, dass die Leistungen, die ein Krankenhaus oder ein sonstiger Behandler erbringt, dem Wirtschaftlichkeitsgebot unterliegen und »das Maß des Notwendigen nicht überschreiten« dürfen. Es heißt dort weiter: »Leistungen, die nicht notwendig oder unwirtschaftlich sind, können Versicherte nicht beanspruchen, dürfen Leistungserbringer nicht bewirken und Krankenkassen nicht bewilligen«.

Im Zweifel muss die Krankenkasse überprüfen, ob die Leistung, die sie bezahlen soll, diesen Kriterien genügt. Braucht sie dafür medizinischen Sachverstand, ist nach Willen des Gesetzgebers ein in seiner Begutachtung unabhängiger Arzt des → MDK einzuschalten. Unter Berufung auf § 12 SGB V überprüfen die Krankenkassen z.B., ob eine → Entzugsbehandlung in voller Länge notwendig war oder nicht. Liegen keine gravierenden Komplikationen im → Entzug vor, dürfte es im Regelfall schwierig sein zu begründen, warum eine Entzugsbehandlung eines Alkoholabhängigen länger als 14 Tage Krankenhausbehandlung erfordern soll.

WKS: Abk. für Wernicke-Korsakow-Syndrom (→ Korsakow-Syndrom, → Wernicke-Enzephalopathie).

Wodka: Bezeichnung für einen → Branntwein, der aus Kartoffeln gewonnen wird.

wohnortnahe Behandlung: Seit Jahrzehnten ist unstrittig, dass alle Patienten, besonders aber psychisch Kranke, wohnort- und damit alltagsnah behandelt werden sollten (→ in vivo). Auf Seite 23 der 4. Auflage der Psychiatrie-Personalverordnung heißt es dazu: »Klinisch (teil-)stationäre Psychiatrie soll integraler Bestandteil eines gemeindepsychiatrischen Versorgungsnetzes sein, das auch und gerade für die chronisch und schwer kranken Menschen zuständig bleibt. Wer infolge der Schwere und des chronischen Verlaufes seiner Erkrankung von Ausgliederung aus seiner vertrauten Umgebung bedroht ist, bedarf in besonderem Maße wohnortnaher Behandlung, damit sie/er nicht durch wohnortferne Behandlung weiter entwurzelt wird«. Nur durch wohnortnahe Behandlung kann sichergestellt werden, dass der Patient sich seinen Problemen vor Ort stellt und sie übend bewältigt.

Leider ist es im Suchtbereich immer noch so, dass es zwar ausreichend wohnortnahe Möglichkeiten für Entzugsbehandlungen gibt, dass derartige Angebote im Entwöhnungsbereich aber vielerorts fehlen. Dem alten Kurgedanken folgend, wurden von den Rentenversicherungsträgern bis tief in die neunziger Jahre des letzten Jahrhunderts noch Rehabilitationskliniken auf der grünen Wiese gebaut. Besser wäre es gewesen, in den Städten wohnortnah ambulante und stationäre Entwöhnungsangebote aufzubauen.

Wolfsauge: Weitere Bezeichnung für die → Tollkirsche.

Wolfskirsche: Weitere Bezeichnung für die → Tollkirsche.

Womandrake: Weitere Bezeichnung für → Alraune.

Woodrose: Weitere Bezeichnung für die → Holzrose.

Workaholic: Bezeichnung für einen Menschen, bei dem die Arbeit eine Suchtmittel-ähnliche Funktion eingenommen hat (→ Arbeitssucht).

Works: Szeneausdruck für Injektionsbesteck.

Wurzel des Folterknechts: Weitere Bezeichnung für → Alraune.

Wutbeere: Weitere Bezeichnung für die → Tollkirsche.

X

Xanax: Handelsname eines mittellang wirksamen → Benzodiazepins, das zur Behandlung von Panikstörungen eingesetzt wird, wenn psychotherapeutische Alternativen nicht erfolgreich waren. Inhaltsstoff ist → Alprazolam. Die Entwicklung einer psychischen und physischen → Abhängigkeit kann rasch erfolgen. In der Drogenszene wird das Medikament als → Downer gehandelt.

Xerxes: Szeneausdruck für → Meskalin.

Xholo: Weitere Bezeichnung für den → Stechapfel.

Xicori: Weitere Bezeichnung für → Peyote.

Ximovan: Handelsname eines Schlafmittels, das – obwohl chemisch anders aufgebaut – in Wirkungen und Nebenwirkungen einem → Benzodiazepin entspricht. Die Einnahme kann zur Entwicklung von → Sucht führen. Missbräuchlich wird Ximovan auch als → Droge verwendet. Inhaltsstoff ist Zopiclon.

XTC: Szeneausdruck für → MDMA, besser bekannt als → Ecstasy.

Y

Yaaseep tit: Weiterer Ausdruck für → Cannabis.

Yaba: Szeneausdruck für → Methamphetamin und ähnlich wirkende Stoffe. Gebräuchlicher ist die Bezeichnung → Speed.

Yabruh: Weitere Bezeichnung für → Alraune.

Yage: Getränk mit stark halluzinogenen Eigenschaften, das durch Auskochen der Liane Ayahuasca gewonnen wird. Peruanische Indianer trinken Yage im Rahmen von Geisterbeschwörungen. W. S. Burroughs widmete ihr den Reisebericht »Auf der Suche nach Yage« (→ Ayahuasca).

Yahooka: Name einer internationalen Suchmaschine im Internet für alles, was mit dem Thema → Cannabis zusammenhängt.

Yahutli: Name eines Korbblütlers (Tagetes lucida), der von mexikanischen Indianern geraucht wird, um → Halluzinationen zu erzeugen. Der Wirkstoff ist bislang nicht bekannt.

Yaje: Weitere Bezeichnung für → Ayahuasca.

Yakee: Weitere Bezeichnung für → Epená.

Yamba: Senegalesische Bezeichnung für → Cannabis.

Yellow Jackets: Szeneausdruck für → Barbiturate. Die erste Generation dieses Medikamentes kam in den USA in gelben Kapseln auf den Markt. Mittlerweile ist es der Handelsname einer Sorte von → Herbal XTC-Kapseln, die in erster Linie → Ephedrin und → Guarana enthalten.

Yellow Sunshine: Szeneausdruck für → LSD.

Yohimbe (Pausinystalia yohimba) ist ein Baum, dessen Rinde in Afrika seit langem als → Aphrodisiakum eingesetzt wird. 1896 synthetisierte der deutsche Chemiker Spiegel aus der Pflanze des Yohimbebaumes das eigentlich wirksame → Yohimbin. Yohimbin wirkt ähnlich wie → Kokain und soll in höheren Dosierungen zusätzlich halluzinogene Wirkung haben. Es wird bei der Behandlung von Impotenz und in der Anästhesie eingesetzt. Gefährliche Wechselwirkungen mit anderen → Drogen und Medikamenten können ebenso wie → Überdosierungen lebensgefährlich sein. Während Pflanzenteile (noch) frei verkäuflich sind, ist Yohimbin verschreibungspflichtig.

Yohimbin: Wirkstoff des → Yohimbe, gehört zu den Indolalkaloiden. Es wurde Ende des neunzehnten Jahrhunderts erstmals aus der Rinde des Yohimbe-Baumes isoliert. Als Medikament wird es bei Potenzschwäche eingesetzt. Weil es die Monoaminooaxidase hemmt, also ein → MAO-Hemmer ist, wirkt Yohimbin antidepressiv. Es darf deshalb nicht mit tyraminhaltigen Speisen gemeinsam eingenommen werden (z.B. bestimmten Käsesorten). In höheren Dosen kann es → Halluzinationen auslösen.

Yopo: Von den Otomac-Indianern aus einer Mimosenart (Anadenathera peregrina, früher Piptadenia peregrina) gewonnene Substanz mit halluzinogener Wirkung, die bei Geisterbeschwörungen eingesetzt wird. Üblicherweise wird aus den Schoten des Hülsenfrüchtlers ein mit Kalk versetztes berauschendes Schnupfpulver gewonnen. Starke körperliche Nebenwirkungen wie Schwitzen und Frieren sollen häufig neben den erwünschten → Halluzinationen auftreten. Der Rausch ist von → Aggressivität mit unter Umständen heftigen Selbstverletzungen und Muskelkrämpfen begleitet. Weitere Namen des Baumes sind Cohoba, Huilca, Sebil und Vilca. Wirkstoffe sind Abkömmlinge des Tryptamins und → ß-Carboline.

Yoshu chosen asago: Weitere Bezeichnung für den → Stechapfel.

Ypadu: Weitere Bezeichnung für den → Koka-Strauch.

Yun-Shi: Name eines strauchartigen Hülsenfruchtgewächses (Caesalpina separia), das in der chinesischen Volksmedizin als Heilmittel geschätzt wird. Die Einnahme von Blüten der Pflanze soll das Schweben über dem Boden und die Kontaktaufnahme zu den Geistern ermöglichen. Wirkstoffe sind wahrscheinlich → Alkaloide.

Yuppie-LSD: Szeneausdruck für → Ketamin.

Z

Zahnkraut: Weitere Bezeichnung für das → Bilsenkraut.

Zauberdunst: Szeneausdruck für → PCP.

Zauberpferd: In den zwanziger Jahren des 20. Jhds. gebräuchliche Bezeichnung für → Heroin-Pillen, die zu dieser Zeit massenhaft verbreitet waren.

Zauberpilz: Als Zauberpilze werden heutzutage alle → Pilze bezeichnet, die einen → Rausch auslösen können. Ursprünglich stand die Bezeichnung nur für den Göttlichen Dungpilz (Psilocybe cubensis), der in subtropischen und tropischen Gefilden wächst. Der Zauberpilz spielte früher eine Rolle bei schamanistischen Ritualen und wird heute vor allem in esoterischen Kreisen benutzt. Wirkstoff ist → Psilocybin, der Rausch ist von optischen → Halluzinationen und Veränderungen der Körperwahrnehmung geprägt.

Zauberwurzel: Weitere Bezeichnung für → Alraune.

Zazatechichi: In Mittel- und Südamerika verbreiteter Strauch (Calea zazatechichi), der von mexikanischen Indianern als Pflanzenschutzmittel und Rauschgift benutzt wird. Auch der Einsatz als Abführmittel und gegen Fieber ist bekannt. Nach Einnahme eines aus getrockneten Blättern hergestellten → Tees treten optische und akustische → Halluzinationen auf.

Zazatechino: Weiterer Ausdruck für → Cannabis.

Zero-zero: Szeneausdruck für → Haschisch, das mit → Opium versetzt ist. Manchmal wird auch besonders stark → THC haltiges Haschisch als Zero-Zero bezeichnet.

Zeugnisverweigerungsrecht: Das Recht, vor Gericht die Aussage zu verweigern, haben nach der Strafprozessordnung (StPO) folgende Personengruppen:

»§ 52 Zeugnisverweigerungsrecht der Angehörigen

(1) Zur Verweigerung des Zeugnisses sind berechtigt

1. Der Verlobte des Beschuldigten
2. Der Ehegatte des Beschuldigten, auch wenn die Ehe nicht mehr besteht,
3. Wer mit dem Beschuldigten in gerader Linie verwandt oder verschwägert, in der Seitenlinie bis zum dritten Grad verwandt oder bis zum zweiten Grad verschwägert ist oder war.«

So positiv das Zeugnisverweigerungsrecht für Angehörige auch ist, es wird in der Drogenszene nicht selten missbraucht. Zeuginnen werden da plötzlich zu Verlobten erklärt – der Richter ist dagegen machtlos, wenn die Betreffende nicht widerspricht. Abschnitt (2) des § 52 StPO regelt das Zeugnisverweigerungsrecht bei Minderjährigen und (3) die Belehrung zu diesem Paragraphen. Auch aus beruflichen Gründen kann die Aussage unter Umständen verweigert werden:

»§ 53 Zeugnisverweigerungsrecht aus beruflichen Gründen

(1) Zur Verweigerung des Zeugnisses sind ferner berechtigt

1. Geistliche (...)
2. Verteidiger (...)
3. Rechtsanwälte, Patentanwälte, Notare, Wirtschaftsprüfer, vereidigte Buchprüfer, Steuerberater und Steuerbevollmächtigte, Ärzte, Zahnärzte, Apotheker und Hebammen über das, was ihnen in dieser Eigenschaft anvertraut worden oder bekannt geworden ist.

3a. Mitglieder oder Beauftragte einer anerkannten Beratungsstelle nach § 3 des Gesetzes über Aufklärung, Verhütung, Familienplanung und Beratung vom 27. Juli 1992 über das, was ihnen in dieser Eigenschaft anvertraut oder bekannt geworden ist.

3b. Berater für Fragen der Betäubungsmittelabhängigkeit in einer Beratungsstelle, die eine Behörde oder eine Körperschaft, Anstalt oder Stiftung des öffentlichen Rechtes anerkannt oder bei sich eingerichtet hat, über das, was ihnen in dieser Eigenschaft anvertraut oder bekannt geworden ist. (...)

(2) Die in Absatz 1, Nr. 2 bis 3d Genannten dürfen das Zeugnis nicht verweigern, wenn sie von der Schweigepflicht entbunden sind«, heißt es einschränkend in Absatz 2.

Alle Gründe, die ein Zeugnisverweigerungsrecht begründen, können nach § 76 der StPO auch ein Gutachterverweigerungsrecht zur Folge haben.

Ziele Konopie: Polnischer Szeneausdruck für → Cannabis.

Zigarette: Bezeichnung für einen fein geschnittenen → Tabak in einer Papierumhüllung. Zigaretten sind ohne und mit Filter erhältlich. Es gibt sie vorgefertigt und zum Selbstdrehen. Die Zigarette stammt aus Amerika, allerdings wurde der Tabak dort ursprünglich in Maisblätter gewickelt.

Zigarettenromane: Bezeichnung für kurze Texte, die auf Papphüllen gedruckt sind, welche wiederum als Verpackung für Zigarettenschachteln dienen. Ziel der Zigarettenromane ist es, die gesetzlich aus Gründen der → Prävention vorgeschriebenen, auf die Schachteln gedruckten Warnhinweise zu überdecken.

Zigeunerapfel: Weitere Bezeichnung für den → Stechapfel.

Zitronensäure wird heißem Wasser zugesetzt, um → Heroin aufzulösen. Für Eltern kann das Auffinden von Zitronensäure oder anderer Hilfsmittel zum Konsum (Löffel, Stauschlauch, Spritze ...) das Erste sein, das auf die Abhängigkeit ihres Kindes hinweist.

Zivi: **1.** Umgangssprachliche Bezeichnung für jemanden, der seinen Zivildienst ableistet, z.B. in einer → Entwöhnungseinrichtung. **2.** Szeneausdruck für einen Zivilbeamten bzw. Zivilfahnder.

ZNA: Szeneausdruck für eine Mischung aus → Dill und Glutamat, die halluzinogene Wirkung hat.

Zoll: Zur Grenzsicherung abgestellte staatliche Institution, die u.a. für → Einfuhr/Ausfuhr von → Betäubungsmitteln kontrolliert.

Zombie: Szeneausdruck für körperlich oder psychisch abgebauten Drogenkonsumenten.

zonkey-stoned: Szeneausdruck für einen heftigen Rauschzustand.

Zumachen: **1.** Szeneausdruck für die Ausblendung von Teilen der Wirklichkeit durch die Einnahme von Drogen. **2.** Szeneausdruck für die Verweigerung der Kommunikation mit anderen, z.B. wenn einem ein Thema zu unangenehm wird.

Zurückstellung von Strafverfolgung: → Strafverfolgung.

Zusatzdiagnosen: Neben der → Abhängigkeitserkrankung selbst liegen bei nicht wenigen Patienten weitere psychische und/oder

Zigaretten – auch ein Müllproblem

körperliche Erkrankungen vor. Man bezeichnet diese Zusatzdiagnosen auch als → Komorbidität.

Zutatenverzeichnis listet auf, welche Stoffe in einem Produkt enthalten sind. Während dies z.B. für Limo oder Cola vorgeschrieben ist, muss auf → Alcopops nur der Alkoholgehalt angegeben werden. Der Konsument weiß also nicht, was er darüber hinaus einnimmt. Die meisten Alcopops enthalten viel Zucker, manche auch → Koffein oder → Thujone und natürlich Farbstoffe und Konservierungsmittel.

Zwangstherapie: → Paragraph 64.

2CT: 2CT-2 und 2CT-7 sind halluzinogen wirksame synthetische → Drogen, die in den 60er Jahren von A. Shulgin entdeckt wurden. Chemisch ist 2CT nahe verwandt mit 2CB. Ihr Gebrauch verstößt gegen das → Betäubungsmittelgesetz. 2CT-2 und 2CT-7 gewannen in den 90er Jahren vereinzelt wieder an Bedeutung in der → Techno-Szene als → Partydrogen.

Nach Einnahme treten ein Wärmegefühl und eine Veränderung der Wahrnehmung auf. Als Nebenwirkungen werden Übelkeit und Muskelverspannung mit verlangsamter Reaktionsfähigkeit genannt. Die Wirkung der Substanz ist lang anhaltend und kann bis zu 15 Stunden andauern. Das Auftreten heftiger → Halluzinationen mit → Angstzuständen bis hin zu anhaltenden → Psychosen ist möglich.

Wegen der geringen Verbreitung gibt es wenig gesicherte Informationen über Risiken und Langzeitschäden. Es ist aber ziemlich wahrscheinlich, dass derartige Schäden an Herz, Hirn und Leber auftreten können.

Zwei-Faktoren-Theorie: Mowrer beschrieb 1950 die Entstehung von → Neurosen anhand der → Lerntheorien mithilfe einer Zwei-Faktoren-Theorie als so genannte konditionierte → Angst. Faktor 1 bedeutet, dass die Angst im ersten Schritt die konditionierte Form der Schmerzreaktion ist. Das heißt, jede Angst wird im Laufe des Lebens durch Erfahrung mit körperlichem oder seelischem Schmerz in Verbindung gebracht. Schmerz erleidet niemand gerne. Die Angst hilft einem, Schmerz zu vermeiden, und steuert das Verhalten in Richtung einer Schmerzvermeidung. Faktor 2 besagt, dass jede Vermeidungsreaktion belohnt wird, indem die erwartete schmerzerzeugende Situation nicht eintritt. Bei Menschen mit einer Neurose ist dieses Verhalten zu stark ausgeprägt und behindert damit angemessenes Verhalten. Viele Süchtige sind bereits vor ihrer → »Drogenkarriere« neurotisch strukturiert. Sie vermeiden Situationen, die mit Angst verbunden sind, weil sie den seelischen Schmerz fürchten. Sie gehen Auseinandersetzungen mit anderen oft aus dem Weg und haben Schwierigkeiten, Probleme zu lösen. Viele → Drogen dämpfen zudem die Angst und helfen so neurotischen Menschen – allerdings nur unvollkommen –, mit ihrer Angst umzugehen (→ Selbstheilungsversuch).

2-MF: Abk. für 2-Methyl-Fentanyl, ein synthetisches → Opiat, das vereinzelt als → Droge gehandelt wird.

Zyban: Handelsname eines Medikamentes, das ursprünglich als → Antidepressivum entwickelt wurde, mittlerweile aber auch in der Raucherentwöhnung verwendet wird. Wirkstoff ist Bupropion. Zyban dämpft das Verlangen nach einer → Zigarette und wirkt zudem stimmungsaufhellend. Raucher sollen damit eine 10fach verbesserte Chance haben, ihre → Sucht zu beenden (→ Nikotinentwöhnung). Des Weiteren hemmt Zyban ist den Appetit. Die häufig bei Exrauchern zu beobachtende Gewichtszunahme, die insbesondere bei Frauen gefürchtet ist, fällt somit möglicherweise geringer aus. Allerdings hat auch Zyban Nebenwirkungen, zu denen zum Beispiel das erhöhte Risiko für Krampfanfälle gehört.

LITERATUR (AUSWAHL)

Abel, E. L.: Marihuana and memory: acquisition or retrieval? Science 173/1971, S. 1038-1040

Adam, O., Forth, W.: Coffein – Umgang mit einem Genussmittel, das auch pharmakologische Wirkung entfalten kann. Deutsches Ärzteblatt 43/2001, S. A-2816, B-2412, C-2242

Advisory Committee on Drug Dependence: The amphetamines and lysergic acid diethylamide. London, 1970

Agurell, S.: Cactaceae alkaloids. I. Lloydia 32/1969, S. 206-216

Aktion Psychisch Kranke (Hrsg.): Innovative Handlungsstrategien bei Alkoholproblemen – Frühe Intervention in der medizinischen Basisversorgung und ambulanten Entgiftung. Lambertus, Freiburg, 1997

Alston T. A.: Inhibition of vitamin B12-dependent microbial growth by nitrous oxide. Life Sci. 16/1991, S. 1591,

Aliyev, N. A. u.a.: Trial of interferon at chronic alcoholism. Psychiatry Research 54/1994; S. 209-216

Ameijden, U. C., van den Hoek, J. a. R., van Haastrecht, H. J. A., Coutinho, R. A.: The Harm Reduction Approach and Risk Factors for Human Immundeficiency Virus (HIV) Seroconversion in Injecting Drug Users. Amsterdam. American Journal of Epidemiology 136/1992, S. 128-134

Amendt, G.: Sucht, Profit, Sucht. Zweitausendundeins, Frankfurt/M., 1984

Ammon, H. T. P.: Arzneimittelneben- und Wechselwirkungen. Wissenschaftliche Verlagsgesellschaft, Stuttgart, 1991

Andreasson, S., Allebeck, P., Engstrom, A., Rydberg, U.: Cannabis and schizophrenia: A longitudinal study of swedish consumpts. Lancet 26/1987, S. 1483-1486

Andritsch, F.: Zum aktuellen Stand der Versorgung chronisch Abhängigkeitskranker in der Bundesrepublik Deutschland. Suchtgefahren 35/1989, S. 312-316

Änggard, E. u.a.: Pharmacokinetic and clinical studies on amphetamine dependent subjects. Europ. J. Clin. Pharmacol. 3, 3, 1970

Anton, R. F., Moak, D. H., Latham, P.: The Obsessive Compulsive Drinking Scale. A self-rated instrument for the quantification of thoughts about alcohol and drinking behavior. Alcoholism Clin. Exp. Res. 19/1995, S. 92-99

Antons, K., Schulz, W.: Normales Trinken und Suchtentwicklung. Hogrefe, Göttingen, 1990 (Bd. I, 2. Aufl.) 1987 (Bd. II, 2. Aufl.)

Appel, Christa (Hrsg.): Kinder alkoholabhängiger Eltern – Ergebnisse der Suchtforschung. Lambertus, Freiburg, 1994

Arbeitskreis Frauen und Sucht Bremen (Hrsg.): Frauen und Sucht. Neuland, Geesthacht, 1995

Arend, H.: Alkoholismus – Ambulante Therapie und Rückfallprophylaxe. Beltz, Weinheim, 1994

Arenz-Greiving, Ingrid.: Selbsthilfegruppen für Suchtkranke und Angehörige. Ein Handbuch für Leiterinnen und Leiter. Lambertus, Freiburg, 1998

Ariens, E. J.: Molecular pharmacology – a basis for drug design. Fortschr. Arzneimittelforsch. 10/1996, S. 429-436,

Ariens, E. J.: Receptor theory and structure-action relationships; Adv. Drug. Res. 3/1966, S. 235-249,

Ariens, E. J.: Drug design (medical chemistry). Acad. Press, New York-London (Series of monographs, 11/I–IV) S. 1971-1973

Arnold, W.: Modern trends of the chemical analysis in the drug scene. In: Maes, R.A.A. (Hrsg.): Topics in forensic and analytical toxology. Elsevier Science, Amsterdam-New York, 1984, S.36-53

Arnold, W.: Moderne Methoden in der klinisch- und forensisch-toxikologischen Analytik. Fresenius Z. Anal. Chem., 320/1985, S. 680-682,

Arnold, W.: Rückfall in die Sucht? Kontrolle bei Drogen- und Tablettensüchtigen. Kriminalstatistik 7/1989, S. 394-396,

Arnold, W., Püschel, K.: Besondere Aspekte radioimmunologischer Untersuchungsbefunde bei Rauschgifttodesfällen. Zentralbl. Gesamte Rechtsmed. 20/1980, S. 13-15,

Arnold, W., Püschel, K.: Haare als wichtiges Untersuchungsmaterial in der Rechtsmedizin. Ann. Univ. Sarav. Med. (Suppl.) 4/1984, S. 33-35

Arnold, W., Poser, W., Möller, M. (Hrsg.): Suchtkrankheiten, Diagnose, Therapie und analytischer Nachweis. Springer, Berlin-Heidelberg-New York, 1988

Artmaier, H., Hitzler, R., Huber, F., Pfadenhauer, M.: Techno zwischen Lokalkolorit und Universalstruktur. Stadtjugendamt München, 1997

Auterhoff, H., Kovar, K.-A.: Identifizierung von Arzneistoffen. Wissenschaftliche Verlagsgesellschaft, Stuttgart, 1985

Azzi, A., Brodbeck, U., Zahler, P. (Hrsg.): Enzymes, receptors and carriers of biological membranes. Springer, Berlin-Heidelberg-New York-Tokio, 1984

Bader, A.: Halluzinogene Drogen und künstlerische Kreativität. Confin. psychiat. 16/1973, S. 159-176

Baker, R., von Ilsemann, S.: Einstürzende Wände – Jahrelang bemühte sich die CIA, Drogentests an ahnungslosen Versuchspersonen zu verheimlichen. Spiegel 11/1999

Banger, M.: Wilmsdorff, M. v., Baier, M.: Score – gesteuerte Behandlung des akuten Alkoholentzugssyndroms. Krankenhauspsychiatrie 8/1997, S. 56-61

Bardeleben, U. von, Petitjean, S., Stohler, R., Natsch, C., Ladewig, D.: Substitution als Behandlungsmöglichkeit Opiatabhängiger. Psychiatr. Prax. 21/1994, S. 7-9

Barthels, M.: Subjektive Theorien über Alkoholismus; Versuch einer verstehenden und erklärenden Psychologie des Alkohols. Aschendorf, Münster, 1991

Barrau, J.: Observations et travaux rècents sur le végétaux hallucinogènes de la Nouvelle-Guinée. J. Agric. Trop. Bot. Appl. 9/1962, S. 245-249
Baselt, R. Z., Cravey, R.H.: Disposition of Toxic Drugs and Chemicals. In: Man Year book. Medical Publishers, Chicago-London, 1989
Baselt, R. C.: Urine drug screening by immunoassay: Interpretation of results. In: Baselt, R. C. (Hrsg.): Advances in analytical toxicology, Vol. 1, Biomedical Publications, 1994, S. 81-123
Bateson, G.: The cybernetics of self: A theory of alcoholism. In: Bateson, G.: Steps to an ecology of mind. New York, Ballantine, 1972
Batra, A.: Tabakabhängigkeit und moderne Raucherentwöhnungsmethoden. In: Mann, K., Buchkremer, G. (Hrsg.): Sucht, Grundlagen – Diagnostik – Therapie. Fischer, Stuttgart, 1996
Batra, A.: Buchkremer, G.: Nichtraucher in 6 Wochen. Ein Ratgeber für alle, die das Rauchen aufgeben wollen. Alfred Preuß, Ratingen, 1997
Battegay, R.: Zur Drogenabhängigkeit vom Typ Cannabis. Schweiz. Med. Wschr., 99. 27, S. 965-971
Battersby, A. R.: Alkaloid biogenesis. Q. Rev. 15/1961, S. 259-265
Baudelaire, C.: Die künstlichen Paradiese. Hegner, Köln, 1972
Bauer, G.: Rauschgift – Ein Handbuch. Schmidt-Römhild, Lübeck, 1972
Baumann, H.: Die griechische Pflanzenwelt in Mythos, Kunst und Literatur. Hirmer, München, 1982
Baumgartner, W. A.: Hair analysis for drugs of abuse: Solving the problems of urinanalysis. Testimony Janus foundation, 1987, S. 1-12,
Beck, A. T. & Greenberg, A. L.: Kognitive Therapien bei der Behandlung von Depressionen. In: Hoffmann, N.: Grundlagen kognitiver Therapien.Huber, Bern, 1979
Beck, A. T. u.a.: Kognitive Therapie der Sucht. Beltz, Weinheim, 1997
Becker, H. S.: Außenseiter – Zur Soziologie abweichenden Verhaltens. Fischer, Frankfurt/M., 1981
Behr, H. G.: Weltmacht Droge. Econ, Wien-Düsseldorf, 1980
Behu: Neues Medikament für Alkoholkranke: Campral R in Deutschland zugelassen. Nda 2/1996, S. 48-49,
Benazzi, F., Mazzoli, M.: Psychiatric illness associated with »ecstasy«, in: Lancet, 338/1991, S.1335
Benesch, H.: Der Ursprung des Geistes. Deutsche Verlagsanstalt, Stuttgart, 1977
Beng, T. H.: Monoamine oxidase inhibitors. J. Pharm. Sci. 61/1972, S. 821-837
Benkert, O., Hippius, H.: Psychiatrische Pharmakotherapie. Springer, Berlin-Heidelberg-New York, 1980
Berger, H., Legnarao, A., Reuband, K.H. (Hrsg.): Alkoholkonsum und Alkoholabhängigkeit. Kohlhammer, Stuttgart, 1997
Berger, H., Reuband, K. H., Widlitzek, U.: Wege in die Heroinabhängigkeit. Juventa, München, 1980

Berger, H. u.a. (Hrsg.): Frauenalkoholismus. Kohlhammer, Stuttgart, 1989

Bericht über die Lage der Psychiatrie in der Bundesrepublik Deutschland: Zur psychiatrischen und psychotherapeutischen Versorgung der Bevölkerung »Psychiatrie-Enquete«, Bundesdrucksachen 7/4200. Bonn, 1975

Beringer, K.: Der Meskalinrausch. Springer, Berlin, 1927. Neudruck Julius Springer, Berlin, 1969

Bernauer, K.: Alkaloide aus Calebassenarten und südamerikanischen Strychnosarten. Fortschr. Chem. Organ. Naturstoffe 17/1959, S. 183-189

Bernauer, K., Schneider, F.: Alkaloide. In: Ullmans Enzyklopädie der technischen Chemie. Verlag Chemie, Weinheim, 1973

Beyer, H.: Stationäre Rehabilitation. In: DHS, Jahrbuch Sucht 1997, Neuland, Geesthacht, 1996

Beutel, M. (Hrsg.): Motivation in der Suchttherapie. Intrapsychischer Prozess und versorgungspolitische Aufgabe. Neuland, Geesthacht, 1998

Bieler, J.: (1996). Rückfallkritische Situationen, Rückfälle und Veränderungen der allgemeinen Lebenssituation nach einer Therapie. Roderer, Regensburg, 1996

Bien, T. H., Miller, W., Tonigan, S. J.: Brief interventions for alcohol problems: a review. Addiction, 88/1993, S. 315-335

Biener, K.: Sozial- und Präventivmedizinische Studien zum Drogenproblem der Jugend. Suchtgefahren 3/1997, S. 14-17

Biermann, K.: Mass spectrometry of selected natural products. Fortschr. Chem. Organ. Naturstoffe 24/1966, S. 1-12

Biggio, G., Cibin, M., Diana, M., Fadda, F., Ferrara, S. D., Gallimberti, L., Gessa, G. L., Mereu, G. P., Rossetti, Z. L., Serra, M.: Suppression of Voluntary Alcohol Intake in Rats and Alcoholics by Gamma-Hydroxybutyric Acid: A non 4-GABAergic Mechanism. In: Biggio, G., Concas, A., Costa, E. (Hrsg.): GABAergic Synaptic Transmission. Raven, New York, 1992

Bilitza, K. W. (Hrsg.): Suchttherapie und Sozialtherapie. Vandenhoek & Ruprecht, Göttingen, 1993

Bingol, N., Fuchs, M., Diaz, V.: Teratogenicity of cocaine in humans. J. Pediatr., 110/1987, S. 93-96

Biniek, E.: Drogenabhängigkeit, Therapie und Rehabilitation. Wissenschaftliche Buchgesellschaft, Darmstadt, 1987

Bloch S., Crouch, E. C.: Therapeutic factors of group psychotherap. Oxford Univ. Press, Oxford, 1985

BMG: Repräsentativerhebung 1990 zum Konsum und Mißbrauch von illegalen Drogen, alkoholischen Getränken, Medikamenten und Tabakwaren. Grundauswertung für die alten und neuen Bundesländer. Bonn, 1991

Böcker, M.: Segensreiches Kraut – immer mehr Schwerkranke nutzen Cannabis als Medizin. Der Spiegel, 14/1999

Böger, P. (Hrsg.): Wirkstoffe im Zellgeschehen. Universitätsverlag, Konstanz, 1985

Böllinger, L.; Stöver, H., Fetzek, L.: Drogenpraxis, Drogenrecht, Drogenpolitik. Leitfaden für Drogenbenutzer, Eltern, Drogenberater, Ärzte und Juristen. 4. neu bearb. Aufl., Frankfurt/M., 1995

Böning, J.: Supportive medikamentöse Rückfallprophylaxe bei der Alkoholabhängigkeit. Nervenheilkunde 15/1996, S. 72-79

Bönner, K. H.; Feuerlein, W., Körkel, J. u.a. (Hrsg.): Ambulante und stationäre Suchttherapie. Möglichkeiten und Grenzen. Fachverband Sucht e. V., Bonn, 1995

Böpple, F., Knüfer, R.: Generation XTC. Techno und Ekstase, Volk und Welt, Berlin, 1996

Booth, B., Yates, M., Petty, F., Brown, K.: Patient factors predicting early alcohol-related readmissions for alcoholics: Role of alcoholism severity and psychiatric co-morbidity. Journal of Studies on Alcohol 52/1991, S. 37-43

Bose, A. K.: Aphrodisiaks – a psychological perspective. Indian. J. Hist. Sci. 16/1981, S. 100-103

Bové, F. J.: The Story of Ergot. S. Karger, Basel, 1970

Braun, J., Dormann, A.: Klinikleitfaden Innere Medizin. Gustav Fischer, Stuttgart, 6. Aufl., 1996

Brennecke, R.; Schel: Sozialmedizin. Enke, Stuttgart, 1993

Bron, B.: Drogenabhängigkeit und Psychose. Springer, Berlin-Heidelberg-New York, 1982

Bron, B.: Drogeninduzierte Intoxikation und Psychosen. Fortschr. Med. 105/1987, S. 73-76. 93-96, 111f.

Bron, B., Fröscher, W., Gehlen, W.: Differentialdiagnostische und syndromgenetische Probleme und Aspekte drogeninduzierter Psychosen bei Jugendlichen. Fortschr. Neurol. Psychiatr. 44/1976, S. 673.68

Bron, B., Fröscher, W., Gehlen, W.: Analyse chronischer psychotischer Zustandsbilder bei jugendlichen Drogenkonsumenten. Fortschr. Neurol. Psychiatr. 45/1977, S. 53-75

Brown, S.: Treating Adult Children of Alcoholics. Wiley, Chichester, 1997

Bruce, C. R., Andersen, M. E., Fraser, S. F. u.a.: Enhancement of 2000m rowing performance after caffeine ingestition. Med. Sci. Sports Exerc. 2000/32, S. 1958-1963

Bschor, F.: Die Entwicklung der Drogenscene bis heute. Z. Allgemeinmed. 53/1977, S. 1251-1262,

Bschor, F., Kunze, R. (Hrsg.): Der Drogen-Notfall – Erkennung und Behandlung. Nicolaische Verlagsbuchhandlung, Berlin, 1980

Buchkremer, G., Batra, A.: Therapie der Tabakabhängigkeit 1996. In: Längle, G., Mann, K., Buchkremer, G. (Hrsg.): Sucht – Die Lebenswelten Abhängiger (Studien zu Lebenswelten behinderter Menschen). Attempo, Tübingen, 1996

Bühringer, G., Spies, G., Künzel, J.: Methadon-Substitution bei Opiatabhängigen. Zeitschrift für klinische Psychologie, 24 (2)/1995, S. 184-192
Bündnis 90/Die Grünen (Hrsg.): Ecstasy und Techno. Bonn, 1996
Büro für Suchtprävention (Hrsg.): Ecstasy – XTC, Adam, MDMA. Wirkung, Risiken und Vorbeugung. Hamburg, 1996
Buffum, J.: Pharmacosexolgy: The effects og drugs on sexual funktion – a review. J. Psychodelic Drugs 14/1982, S. 1-2, 5-14
Bundeskriminalamt (Hrsg.): Schaubild: Amphetaminderivate in Tablettenform, MDMA (sog. Ecstasy/XTC), MDA, MDE – Häufige oder auffällige Erscheinungsformen 1993/94. BKA, Wiesbaden, 1994
Bundeskriminalamt (Hrsg.): Bundeskriminalblatt Nr. 178/95 – Sonderausgabe »Ecstasy/XTC«. BKA, Wiesbaden, 1995
Bundeskriminalamt (Hrsg.): Rauschgiftjahresbericht für die Bundesrepublik Deutschland. 1995, S. 35-37 und 68, 1996
Bundeskriminalamt (Hrsg): Polizeiliche Drogenbekämpfung. BKA, Wiesbaden (BKA-Schriftenreihe, Bd. 49), 1982
Bundeskriminalamt (Hrsg.): Polizeiliche Kriminalstatistik Bundesrepublik Deutschland, Berichtsjahr 1994. BKA, Wiesbaden, 1995
Bundesministerium für Bildung und Forschung (Hrsg.): Suchtforschung auf neuen Wegen. Bonn, 2004
Bundesministerium für Gesundheit (Hrsg.): Modellprogramm Kompakttherapie im Verbund der Drogenhilfe. Qualifizierte Entzugsbehandlung und stationäre Kurzzeittherapie. Nomos, Baden-Baden, 1996
Bundesministerium für Gesundheit (Hrsg.): Modellprogramm mobile Drogenprävention. Abschlußberichte des Modellprogramms. Nomos, Baden-Baden, 1997
Bundesministerium für Gesundheit (Hrsg.): Drogen- und Suchtbericht 1999. Berlin, 2000
Bundesverband der Pharmazeutischen Industrie (Hrsg.): Rote Liste 1984-1995 (Verzeichnis der Fertigarzneimittel der Mitglieder des Bundesverbandes). BPJ, Aulendorf, 1984-1995
Bundeszentrale für gesundheitliche Aufklärung (Hrsg.): Expertise zur Primärprävention des Substanzgebrauches. Köln, 1992
Bundeszentrale für gesundheitliche Aufklärung (Hrsg.): Fortschreibung der Expertise zur Primärprävention des Substanzgebrauches. Köln, 1994
Bundeszentrale für gesundheitliche Aufklärung (Hrsg.): Evaluation der Kampagne »Keine Macht den Drogen«. Köln, 1994
Bundeszentrale für gesundheitliche Aufklärung (Hrsg.): Ecstasy. Köln, 1995
Bundeszentrale für gesundheitliche Aufklärung (Hrsg.): Praxisansätze und Theorieforschung der geschlechtsbezogenen Suchtprävention in der Jugendphase. Köln, 1996

Bundeszentrale für gesundheitliche Aufklärung (Hrsg.): Der Konsum von Ecstasy. Köln, 1997

Bundeszentrale für gesundheitliche Aufklärung (Hrsg.): Bekanntheit, Konsum und Kauf von Alcopops. Köln, 1998

Bundeszentrale für gesundheitliche Aufklärung (Hrsg.): Die Drogenaffinität Jugendlicher in der Bundesrepublik Deutschland. Köln, 1994

Bunge, A. D. G. v.: Beiträge zur Kenntnis der Flora Rußlands und der Steppen Central-Asiens. Mém. Sav. Etr. St. Petersburg, 7/1847

Burian, W. (Hrsg.): Haschisch – Prohibition oder Legalisierung? Beltz, Weinheim, 1982

Bush, P. J.: Drugs, alcohol and sex. Marek, New York, 1980

Bye, R. A. Jr.: Hallucinogenic Plants of the Tarahumara. J. Ethnopharmacol. 1/1979, S. 23-48

Campbell, T. N.: Origin of the Mescal Bean Cult. Am. Anthrop. 60/1958, S. 156-160

Caroll, K. M., Rounsaville, B. J., Gordon, L. T., Wirtz, P. W., Gawin, F.: One-Year Follow-up of Psychotherapy and Pharmacotherapy for Cocaine Dependence: Delayed Emergence of Psychotherapy Effects. Archives of General Psychiatry 51/1994, S. 989-999

Caspari, D: Cannabis and schizophrenia: results of a follow-up study. Eur. Arch. Psychiatry Clin. Neuroscience. 249/1999, S. 45-49

Cassard, G.: Zur Feststellung der nicht geringen Menge im Betäubungsmittelstrafrecht. NStZ 6/1995, S. 257-262

Cerletti, A.: Experimentelle Möglichkeiten der Abschätzung des Drogenabhängigkeitpotenzials. Bull. Schweiz. Akad. Med. Wiss. 27/1971,S. 31-38

Chick, J.: UK Multicentre Study of Naltrexone as Adjunctive Therapy in the Treatment of Alcoholism: Efficacy Results. Arch. Gen. Psychiatry 49/1992, S. 876-880

Choi, H. K., Atkinson, K., Karlson, E.W., Willet, W., Curhan, G.: Alcohol intake and risk of incident gout in men: a prospective study. Lancet, 363/2004, S. 1277-1281

Coignerai-Weber, C.: Therapie für Haschisch-Abhängige? Beltz, Weinheim, 1983

Cohen S.: The psychotomimetic agents. Fortsch. Arzneimittelforschung 15/1971, S. 144-151

Coladi, M. I., Williams, J. L., Green, A. R.: The hyperthermic and neurotoxic effects of »Ecstasy« (MDMA) an 3,4 methylenedioxyamphetamine (MDA) in the Dark Agouti (DA) rat, a model of the CYP2D6 poor metaboliser phenotype. British Journal of Pharmacology, 115/1995, S. 1281-1289

Connell, P. H.: Amphetamine psychosis. Chapman & Hall, London, 1958

Cooper, J. M.: Stimulants and narcotics. Steward, J. H. (Ed.): Handbook of South American Indians. Bur. Am. Ethnol. Bull. 143/5/1949, S. 525-558

Coper, H.: Cocain and Cocainismus. Dt. Ärzteblatt, 5/1981, S. 173-180
Coper, H.: Pharmakokinetic moderner Rauschgifte. Beitr. Gerichtl. Med. 29/1972, S. 144-1512
Corisini, R. J., Rosenberg, B.: Mechanism of group psychotherapy: processes and dynamics. Journal of abnormal and social psychology, 51/1955
Cotton, P.: ›Harm Reduction‹ Approach May Be Middle Ground. JAMA 271/1994, S. 1641-1642, 1644-1645
Covey, L. S., Glassman, A. H., Stetner, F.: Major Depression Following Smoking Cessation. Am. J. Psychiatry 154/1997, S. 263-265
Cronholm, B. u.a. (Hrsg.): Rauschmittel. Urban & Schwarzenberg, München-Berlin-Wien, 1971
Crossland, J.: Psychotropic drugs and neurohumoral substances in the central nervous system. Prog. Med. Chem. 5/1967, S. 251-261
Currie, C. u. a.: Health and health behaviour among young people. In: WHO Region Office for Europe, Health Policy for children and adolescents, Nr. 1, Kopenhagen, 2000
Currie, C., Samdal, O., Boyce, W., Smith, R. (Hrsg.): Health Behaviour in school-aged Children – a WHO Cross-National Study (HBSC), Research Protocoll for the 2001/2002 Survey, Edinburgh 2001
Daly, D. D., Yoss, R. E.: The treatment of narcolepsy with methyl phenylpiperidylacetate; a preliminary report. Proceedings of the Staff Meeting of the Mayo Clinic, 31/1956, S. 620-625
Daunderer, M.: Drogen – Diagnostik und Therapie. Ecomed, Landsberg am Lech, 1991
Daunderer, M.: Akute Intoxikationen – Hausärztliche und klinische Therapie. Urban & Schwarzenberg, München-Wien-Baltimore, 1981
Daunderer, M.: »Drogenbuch« für Klinik und Praxis. Ecomed, Landsberg am Lech, 1990
Daunderer, M., Wegner, N.: Vergiftungen – Erste-Hilfe-Maßnahmen des behandelnden Arztes. Springer, Berlin-Heidelberg-New York, 1978
Davison, K.: Schizophrenieähnliche Symptome durch Drogen? Med. Trib. 4/1976, S. 14-19
Deckers, Daniel: Zahl der Konsumenten von Kokain nimmt zu. Frankfurter Allgemeine Zeitung, 9.10.1998
Degkwitz, R. u.a.: Zum Drogenkonsum Jugendlicher. Lambertus, Freiburg im Breisgau, 1972
DeJong, R., Bühringer, G. (Hrsg.): Ein verhaltenstherapeutisches Jugendprogramm zur stationären Behandlung von Drogenabhängigen. Röttger, München, 1978
Delay, J., Pichot, P.: Medizinische Psychologie. Georg Thieme, Stuttgart, 1973
De Leon, George: The therapeutic community – status and evaluation. Inter. J. of Addictions, 20 (6 & 7)/1985

Denzin, N. K.: The Alkoholic Self, Beverly Hills, Self, 1987
Deutsche Gesellschaft für Verhaltenstherapie (Hrsg.): Verhaltenstherapie – Theorien und Methoden. Tübingen, 5. Aufl., 1993
Deutsche Hauptstelle gegen die Suchtgefahren (Hrsg.): Drogen- und Rauschmittelmißbrauch. Hoheneck, Hamm, 1972
Deutsche Hauptstelle gegen die Suchtgefahren (Hrsg.): Sucht und Delinquenz, Rechtsfragen und therapeutische Möglichkeiten. Hoheneck, Hamm (Probleme der Suchtgefahren, Bd. 25), 1983
Deutsche Hauptstelle gegen die Suchtgefahren (Hrsg.): Zahlen zur Gefährdung durch Alkohol, Tabak, Rauschmittel und Medikamente im Jahre 1983 (DHS-Informationsdienst 37, Nr. 1/2), Neuland, Geesthacht, 1984
Deutsche Hauptstelle gegen die Suchtgefahren (Hrsg.): Jahrbuch 1989 zur Frage der Suchtgefahren. Neuland, Geesthacht, 1889
Deutsche Hauptstelle gegen die Suchtgefahren (Hrsg.): Medikamentenabhängigkeit. Hamm, 3. Aufl., 1991
Deutsche Hauptstelle gegen die Suchtgefahren (Hrsg.): Alkoholismus. Hamm, 3. Aufl., 1991
Deutsche Hauptstelle gegen die Suchtgefahren (Hrsg.): Tabakabhängigkeit. Hamm, 1994
Deutsche Hauptstelle gegen die Suchtgefahren (Hrsg.): Drogenabhängigkeit. Hamm, 1995
Deutsche Hauptstelle gegen die Suchtgefahren (Hrsg.): Jahrbuch Sucht 1997, Hamm. 1996
Deutsche Hauptstelle gegen die Suchtgefahren: (Hrsg.): Jahrbuch Sucht 2004. Neuland, Geesthacht, 2003
Deutsche Hauptstelle gegen die Suchtgefahren (Hrsg.): Alkohol. Konsum und Mißbrauch. Alkoholismus – Therapie und Hilfe. Lambertus, Freiburg, 1996
Deutsche Hauptstelle gegen die Suchtgefahren (Hrsg): Alkoholabhängigkeit. Motivation und Diagnose. Lambertus, Freiburg, 1996
Deutscher Verein für öffentliche und private Fürsorge (Hrsg.): Fachlexikon der sozialen Arbeit. Kohlhammer, Stuttgart, 5. Aufl., 2002
Deutsches Jugendinstitut (Hrsg.): Kindliche Entwicklungspotenziale. Normalität, Abweichungen und ihre Ursachen. Verl. Dt. Jugendinst., München, 1999
Dilling, H., Mombour, W., Schmidt, M. H.: ICD 10. WHO, Bern, 1993
Dilling, H. (Hrsg.): World Health Organisation, Internationale Klassifikation psychischer Störungen: ICD 10, Kapitel V (F); Klinisch-Diagnostische Leitlinien; 2. Aufl., Hans Huber, Bern-Göttingen-Toronto-Seattle, 1993
Dimaio, V. J. M., Garriott, J. C.: Four deaths due to intravenous injection of cocaine. For. Sci. Int., 12/1978, S. 119-125
Doll, A.: Endlich reden. Frauen von alkoholabhängigen Männern berichten. Galgenberg, Hamburg, 1990

Domes, R.: Zur Lebenswelt von Ecstasykonsumenten in der Technoszene. Institut für Psychologie der TU Berlin, 1996

Dornbusch, R. L., Fink, M., Freedman, A. M.: Marihuana, memory and perception. Amer. J. Psychiat. 128/1971, S. 194-198

Douglas, M. (Hrsg.): Constructive Drinking. Perspectives on Drinking from Anthropology. Cambridge University Press, Cambridge, 1998

DROBS Jugend- und Drogenberatungs-Zentrum Hannover (Hrsg.): Ecstasy Raves-Guides. DROBS, Hannover, 3. Aufl., 1995

DROBS Jugend- und Drogenberatungs-Zentrum Hannover (Hrsg.): Ecstasy – LSD – Speed: Eine Information für Eltern, Lehrer, Erzieher. DROBS, Hannover, 1994

Drogenbeauftragte der Bundesregierung (Hrsg.): Aktionsplan Drogen und Sucht. BMGS, Berlin, 2003

Duerr, H-P.: Traumzeit: Über die Grenze von Wildnis und Zivilisation. Syndikat, Frankfurt/M., 1978

Dukes, M. N. G. (Hrsg.): Meyler's side effect of Drugs. Excerpta Medica, Amsterdam-Oxford-Princeton, 1980

Eccles, J. C., Zeier, H.: Gehirn und Geist. Kindler, München, 1980

Egg, R. (Hrsg.): Drogentherapie und Strafe. (Schriftenreihe der Kriminol. Zentralstelle, Bd. 3). Wiesbaden, 1988

Egg, R., Kurze, M.: Drogentherapie in staatlich anerkannten Einrichtungen. Kriminol. Zentralstelle, Wiesbaden, 1989

Eliade, M., Jünger, E.: Drogen und Rausch. Stuttgart, 1968

Ellis, A., Grieger, R.: Praxis der rational-emotiven Therapie. Urban & Schwarzenberg, München, 1979

Emboden, W. A. Jr.: Narcotic Plants of the World. Macmillan, New York, 1979

Erdheim, M.: Die gesellschaftliche Produktion von Unbewußtheit. Suhrkamp, Frankfurt/M., 1983

Erhard, G., Ruschig, H.: Arzneimittel: Entwicklung, Wirkung, Darstellung. Verlag Chemie, Weinheim, 1972

Eugster, C. H.: Wirkstoffe aus dem Fliegenpilz. Naturwissenschaften, 56/1968, S. 305-313

Evans-Pritchard, E. E.: Theories of primitiv religion. Oxford Univ. Press, Oxford, 1965

Eve & Rave: Partydrogen – Safe-the-Night-Info zu Ecstasy, Speed, LSD und Kokain. Berlin,. 3. Aufl., 1997

Fadiman, J.: Genista canariensis – a minor psychedelic. Econ. Bot. 19/1965, S. 383-384

Fachverband Sucht e.V. (Hrsg.): Suchttherapie unter Kostendruck. Entwicklungen und Perspektiven. Neuland, Geesthacht, 1998

Farnsworth, N. R.: Hallucinogenic Plants. Science 162/1968, S. 1086-1092

Fernandes, M.: Klinische Pharmakologie der Rauschmittel. Hippokrates 43/1972, S. 157-159, 464-483

Feuerlein, W.: Alkoholismus. Thieme, Stuttgart, 1979

Feuerlein, W.: Cannabis heute – Bestandsaufnahme zum Haschischproblem. Akadem. Verlagsgesellschaft, Wiesbaden, 1980

Feuerlein, W.: Grundkonzepte der Behandlung süchtiger Patienten. In: Möller, H. J.: Therapie psychiatrischer Erkrankungen. Thieme, Stuttgart, 1993

Feuerlein, W., Küfner, H., Soyka, M.: Alkoholismus – Missbrauch und Abhängigkeit. Thieme, Stuttgart, 5. überarb. Aufl., 1998

Feuerlein, W., Küfner, H., Soyka, M.: Diagnostiküberblick S. 217-237 und Kapitel Diagnostik. In: Mann, K., Buchkremer, G. (Hrsg.): Sucht. Grundlagen-Diagnostik-Therapie. Fischer, Stuttgart, 1996

Feuerlein u. a.: Münchner Alkoholismustest (MALT). Manual. Beltz, Weinheim, 1997

Fiedler, Peter: Verhaltenstherapie in und mit Gruppen, Psychologische Psychotherapie in der Praxis. Beltz Taschenbuch 44, Weinheim, 1999

Fiore, M. C., Jorenby, D. E., Baker, T. B., Kenford, S. L.: Tobacco dependence and the nicotine patch. Clinical guidelines for effective use. JAMA 268 (19)/1992, S. 2687-2694

Fiore, M. C., Smith, S. S., Jorenby, D. E., Baker, T. B.: The Effectiveness of the Nicotine Patch for Smoking Cessation: A Meta-Analysis. JAMA 271/1994, S. 1940-1947

Fischer-Jung, T., Kurz, F.: Tausender auf die Hand – mit findigen Methoden machen Unternehmer aus Kettenrauchern Abstinenzler. Der Spiegel, 12/1999

Fleck, U.: Intoxikationspsychosen. Fortschr. Neurol. Psychiatr. 15/1943 , S. 27-36

Fleischmann, H.: Chronisch mehrfach beeinträchtigte Alkoholabhängige (CMA) und Alkoholkranke in Entwöhnungstherapie (EWT) – zwei unterschiedliche Alkoholabhängiger im psychiatrischen Krankenhaus. Sucht 47 (5)/2001

Flenker, I., Möller, H.: Drogen – Cannabis als Arzneimittel. Dt. Ärztebl., 98 (17)/2001, S. 1104-1106

Fliegel, S. u.a.: Verhaltenstherapeutische Standardmethoden. Beltz, Weinheim, 4. Aufl., 1998

Forth, W., Hentschler, D., Rummel, W. (Hrsg.).: Allgemeine und spezielle Pharmakologie und Toxikologie. Bibliographisches Institut, Mannheim-Wien-Zürich, 1992

Fortmann, S. P., Killen, J. D.: Nicotine Gum and Self-Help Behavioral Treatment for Smoking Relapse Prevention: Results From a Trial Using Opulation-Based Recruitment. Journal of Consulting and Clinical Psychology 63/1995, S. 460-468

Franzkowiak, P.: Risikofaktoren und das prinzipiell richtige Leben. In: Trojan, A./Stumm, B. (Hrsg.): Gesundheit fördern statt kontrollieren. Fischer, Frankfurt/M., 1992

Fredrickson, P. A., Hurt, R. D., Lee, G. M., Wingender, L., Croghan, I. T., Lauger, G., Gomez-Dahl, L., Offord, K. P.: High dose transdermal nicotine therapy for heavy smokers: safety, tolerabilitiy and measurement of , S. 215-222nicotine and cotinine levels. Psychopharmacology 122/1995

Freitag, M., Hurrelmann, K.: Illegale Alltagsdrogen. Juventa, Weinheim 1999

Friedberg, C.: Des Banisteropsis utilisés comme drogue en Amérique du Sud. L. Agric. Trop. Bot. Appl. 12/1965, S. 403-437, 550-594, 729-780

Fritze, J.: Ecstasy und Analoga – Modedrogen ohne therapeutischen Nutzen. Dt. Ärztebl. 28/29/1997, S. A 1920, B 1616, C 1512

Fuchs, R., Rainer, L., Rummel, M. (Hrsg.): Betriebliche Suchtprävention. Hogrefe, Göttingen, 1998

Fuchs, W.: Biographische Forschung. Westdeutscher Verlag, Opladen, 1984

Füller, I., Glaeske, G., Nette, A.: Medikamentenmißbrauch – Frauen und Medikamente. Gesellschaftliche Situation. asj-Praxis 5, Neuland Verlag, Geesthacht, 1990

Furst, P. T. (Hrsg.): Flesh of the Gods. Praeger Publishers, New York, 1972

Furst, P. T. (Hrsg.): Hallucinogens in precolumbian art. Spec. Publ. Mus. Texas Techn. Univ. 7/1974, S. 55-102

Furst, P. T. (Hrsg.): Hallucinogenes and Culture. Chandler & Sharp Publishers, San Francisco, 1976

Freye, E.: Kokain und Ecstacy und verwandte Designerdrogen. Wirkungsweise, Überdosierung, therapeutische Notfallmaßnahmen. Barth, Heidelberg-Leipzig, 1997

Funke, W. u.a.: Trierer Alkoholismusinventar. Hogrefe, Göttingen, 1987

Gabriel, E.: Die Süchtigkeit:Psychopathologie der Suchten. Neuland, Geesthacht, 1974

Geldmacher-von Mallinckrodt, M.: Einfache Untersuchungen auf Gifte im klinisch-chemischen Laboratorium. Thieme, Stuttgart, 1976

George, D. T., Benkelfat, C., Rawlings, R. R., Eckhardt, M. J., Phillips, M. J., Nutt, D. J., Wynne, D., Murphy, D. L., Linnoila, M.: Behavioral and Neuroendocrine Responses to m-Chlorophenylpiperazine in Subtypes of Alcoholics and in Healthy Comparison Subjects. Am. J. Psychiatry 154/1997

Gericke, C. A., Ludolph, A. C.: Chronic Abuse of Zolpidem. JAMA 272/1994, S. 1721-1722

Gerlach G.: Die Untersuchung von Rauschmittelkonsumenten. Dt. Ärztebl. 34/1977, S. 2075-2078

Geschwinde, T.: Rauschdrogen – Marktformen u. Wirkungsweisen, Berlin-Heielberg-New York, 3. Aufl., 1996

Gierig-Hunzinger, B., Hintermüller-Grob, A., Müller-Pantli, E., Walser, B.: Frauenalkoholismus. Ursachen–Folgen–Behandlung. Edition Soziothek, Bern, 1997

Ginko und BKK-Landesverband NW (Hrsg.): Alcopops – der riskante Kick aus der Flasche. Ginko, Mülheim, 2003

Glaeske, G.: Zur Epidemiologie und zum Abhängigkeitspotenzial von Tranquilizern und anderen Psychopharmaka. In: DHD (Hrsg.): Jahrbuch 1987 zur Frage der Suchtgefahren. Neuland, Geesthacht, 1987, S. 107-136

Göbel, H.: Die Kopfschmerzen: Ursache, Mechanismen, Diagnostik und Therapie in der Praxis. Springer, Berlin-Heidelberg, 1997

Gödecke, H., Karkos, J.: Die arzneiliche Verwendung von Cannabisprodukten. Bundesgesundheitsbl. 39/1996, S. 206-209

Goldstein, A.: Addiction. From biology to drug policy. Freeman, New York 1993

Gonçalves de Lima, O.: Observações sôbre o vinho de jurema utilizado pelos índios Pancarú de Tacaratú. Arquiv Inst. Pesquisas Agron. 4/1946, S. 45-80

Gordis, E.: Unraveling the Brain Chemistry Behind Alcohol Abuse. JAMA 272/1994, S. 1733

Gorman, A. L. F., Hermann, A., Thomas, M. V.: Intracellular calcium and the control of neuronal pacemaker activity. Fed. Proc. 40/1981, S. 2233-2239

Grawe, K. (Hrsg.): Verhaltenstherapie in Gruppen. Urban & Schwarzenberg, München, 1980

Gresch, H. U.: Die effektive und kostengünstige medizinische Rehabilitation Drogenabhängiger in Therapeutischen Gemeinschaften. humannet, 2003

Griffith, Edwards u.a.: Alkoholkonsum und Gemeinwohl. Strategien zur Reduzierung des schädlichen Gebrauchs in der Bevölkerung. Enke, Stuttgart, 1997

Grof, S., Halifax, J.: The Human encounter with Death. E.P. Dutton, New York, 1976

Gross, G., Huber, G.: Aktuelle Aspekte des Drogenmißbrauchs Jugendlicher. Dt. Med. Wochenschr. 97/1972, S. 33-42

Gross, W.: Sucht ohne Drogen. Fischer, Frankfurt/M., 1990

Groß, A., Syka, M.: Pharmakotherapie bei Methadon-substituierten Opiatabhängigen. Psychopharmakotherapie 4/1997

Grote, G., Völkel, M., Weyershausen, K.: Das Lexikon der prominenten Selbstmörder. Lexikon Imprint Verlag, Berlin, 2000

Grotenhermen, F., Bialas, B.: Cannabinoide in der Medizin. Rhein. Ärztebl. 12/2003, S. 21

Guntrip, H.: Schizoid phenomena, object relations and the self. Int. Univ. Press, New York, 1968

Häfner, H.: Zur Epidemiologie von Alkohol- und Drogenabhängigkeit – Bericht über eine Tagung der WHO. Fortschr. Med. 91/1973, S. 617-621

Halifax, J.: Shamanic Voices – a Survey of Visionary Narratives. E.P. Dutton, New York, 1979

Hagiwara, S., Beyerly, L.: Calcium channel. Ann. Rev. Neurosci. 4/1983, S. 69-125
Hamburgische Landesstelle gegen die Suchtgefahren (Hrsg.): Cannabiskonsum und Cannabisabhängigkeit. Hamburg, 1994
Hand, I.: Expositions-Reaktions-Management in der strategisch-systemischen Verhaltenstherapie. Verhaltenstherapie 3/1993, S. 61-65
Harfst, G.: Rauschgift-Scenen-Jargon von A – Z. Selbstverl., 1984
Harner, M. J.: Hallucinogens and Shamanism. Oxford University Press, Oxford, 1973
Harrison, P., Harrison, M.: Aphrodisiacs: From A to Z. Jupiter, London, 1979
Hartwich, K.: Die menschlichen Genußmittel. Chr. Herm. Tauchnitz, Leipzig, 1911
Hautzinger, Martin (Hrsg.): Kognitive Therapie der Depression. Urban & Schwarzenberg, München, 1981
Heckmann, W.: Don't legalize it! In: Kommunalpolitische Beiträge, 1979
Heckmann, W. u.a.: Drogennot- und Todesfälle. Eine differentielle Untersuchung der Prävalenz und Ätiologie der Drogen-Mortalität: Drogentodesfälle in Berlin, Bremen, Hamburg, Drogennotfälle in Bremen, Hamburg. Nomos, Baden-Baden, 1993
Hegnauer, R.: Chemotaxonomie der Pflanzen – Eine Übersicht über die Verbreitung und die systematische Bedeutung der Pflanzenstoffe, Bd. 1-5. Birkhäuser, Basel, 1962-1969
Heigl-Evers, A., Helas, I., Vollmer, H. C.: Suchttherapie – psychoanalytisch, verhaltenstherapeutisch. Vandenhoek und Ruprecht, Göttingen, 1991
Heim, R.: Nouvelle investigations sur le champignons hallucinogènes. Edit. Mus. Nat. Hist. Nat., Paris, 1967
Heim, R.: Les champignons toxiques et hallucinogènes. N. Boubee & Cie., Paris, 1963
Heim, R., Wasson, R.G.: Les champignons hallucinogènes du Mexique. Ed. Mus. Nat. Hist. Nat., Paris, 1958
Heinemann, C.: Nachlassende Wirkung initialer Rauscherlebnisse und Dosissteigerung beim Haschischkonsumenten. Med. Klin. 68, 1973
Heintges, T., Erhardt, A., Wenning, M., Häussinger, D.: Pegyliertes (PEG) Interferon – eine neue Therapieoption bei chronischer Hepatitis C, Dt. Ärztebl., 98/4/2001, S. A182-A184
Hell, D., Baumann, U., Angst, J.: Drogenkonsum und Persönlichkeit. Dt. Med. J. 22/1971, S. 511-514
Helmert, U.: Einkommen und Rauchverhalten in der Bundesrepublik Deutschland. Gesundheitswesen 61/1999 (1), S. 31-37
Herbig, R.: Depression und Alkoholismus. In: Schwoon, D., Krausz, M.: Suchtkranke. Die ungeliebten Kinder der Psychiatrie. Enke, Stuttgart, 1990
Herbst, K.: Verlaufsanalyse bei Drogenabhängigkeit. Sucht 38/1992

Herbst, K., Kraus, L., Scherer, K.: Repräsentativerhebung 1995 zum Gebrauch psychoaktiver Substanzen bei Erwachsenen in Deutschland. IFT, München, 1996

Hermann, A., Gorman, A. L. F.: Effects of 4-aminopyridine on potassium currents in a molluscan neuron. J. Gen. Physiol. 78/1881, S. 63-86

Hermann, A.; Hartung, K.: Ca2+ activated K + conductance in molluscan neurones. Cell Calcium 4/1983, S. 378-405

Herz, A.: Biologische und pharmakologische Aspekte der Drogensucht. In: Spektrum der Wissenschaft (Hrsg.): Gehirn und Nervensystem. Spektrum der Wissenschaft, Heidelberg, 1984, S. 195-205

Herz, A.: Neurobiologische Grundlagen des Suchtgeschehens. Nervenarzt 66/1995, S. 3-14

Hester, R. K., Miller, W. R. (Hrsg.): Handbook of alcoholism treatment approaches. Allyn and Bacon, Boston, 1995

Higgins, S. T., Budney, A. J.: Treatment of Cocaine Dependence Through the Principles of Behavior Analysis and Behavioral Pharmacology. In: Onken, L. S., Blaine, J. D., Boren, J. J. (Hrsg.): Behavioral Treatments for Drug Abuse and Dependence. NIDA Research Monograph 137. National Institutes of Drug Abuse, Rockville, 1993

Hinsch, R., Pfingsten, U.: Gruppentraining sozialer Kompetenz GSK. Beltz PVU, Weinheim, 4. Aufl., 2002

Hjalmarson, A., Franzon, M., Westin, A., Wiklund, L.: Effect of Nicotine Nasal Spray on Smoking Cessation: A Randomized, Placebo-Controlled, Double-blind Study. Archives of Internal Medicine 154/1994, S. 2567-2572

Hoffer, A., Osmomd, H.: The Hallucinogens. Academic Press, New York, 1967

Hoffmann, M., Weithmann, G., Rothenbacher, H.: Bildung von Teilgruppen bei Alkoholabhängigen in stationärer Entzugsbehandlung mit dem Trier Alkoholismusinventar. Sucht 43/1997

Hofmann, A.: Die psychotropen Wirkstoffe der mexikanischen Zauberpilze. Verhandl. naturf. Ges., Basel 2/1960, S. 239-256

Hofmann, A.: Die Wirkstoffe der mexikanischen Zauberdroge Ololiuqui. Planta Medica, 9/1961

Hofmann, A.: Die Mutterkornalkaloide. Enke, Stuttgart, 1946

Hofmann, A.: Psychomimetic agents. In: Burger, A. (Hrsg.): Chemical Constitution and Pharmacodynamic Action. M. Dekker, New York, Vol. 2, 1968

Hofmann, A.: LSD – mein Sorgenkind. Die Entdeckung einer »Wunderdroge«. dtv, München, 1993

Horn, K.: Gesundheitserziehung im Verhältnis zu anderen sozialisatorischen Einflüssen. Grenzen individueller Problemlösungsmöglichkeiten. In: BzgA Europäische Monographien zur Forschung in Gesundheitserziehung 5. Köln, 1983

Huber, G.: Psychiatrie. Lehrbuch für Studierende und Ärzte. Schattauer, Stuttgart, New York, 1994
Hughes, J. R.: An Algorithm for Smoking Cessation. Archives of Family Medicine 3/1994, S. 280-285
Huether, G.: Lost in »ecstasy«. Warning Users of substituted amphetamines. Lancet, 6.12.1996
Hurrelmann, K., Klocke, A., Melzer, W., Ravens-Sieberer, U. (Hrsg.): Jugendgesundheitssurve., Juventa, Weinheim, 2003
Hyman, S. E., Nestler, E. J.: Initiation and Adaptation: A Paradigm for Understanding Psychotropic Drug Action. Amer. J. Psychiatry 153/2/1996, S. 151-162
INDRO e.V.: Ecstasy. Ein Ratgeber zur Droge MDMA. INDRO e. V., Münster, 1996
Jarvik, M. E., Saniga, S. S., Herskovic, J. E., Weiner, H., Oisboid, D.: Potentiation of Cigarette Craving and Satisfaction by two Types of Meals. Addictive Behaviors, 14/1989, S. 35-41
Jellinek, M. E.: Alcoholism: A genus and some of its species. Can. Med. Assoc. J. 83/1960, S. 1341-1345
John, U.: Motivationsarbeit mit Alkoholabhängigen. Psychiatr. Praxis 22, 1995
Johnson, D. A. u.a.: Stroke and Phenylpropanolamine Use. Lancet 970/1983
Joyce, C. R. B., Curry, S. H.: The Botany and Chemistry of Cannabis. J. and A. Churchill, London, 1970
Jünger, E.: Heliopolis. Rückblick auf eine Stadt. Heliopolis, Tübingen, 1949
Jugendwerk der Deutschen Shell: Jugend 1997. Leske und Budrich, Opladen, 1997
Kampe, H., Kunz, D., Overbeck-Larisch, M., Steier, M., Schuchmann, M.: Über das Drogenverlangen bei Drogenabhängigen. Sucht 42/1996
Kampman, K., Volpicelli, J. R., Alterman, A., Cornish, J., Weinrieb, R., Epperson, L., Sparkman, Th., O'Brian, C. P.: Amantadine in the early treatment of cocaine dependence: a double-blind, placebo-controlled trial. Drug and Alcohol Dependence 41/1996, S. 25-33
Kanfer, F. H., Reinecker, H. S., Schmelzer, D.: Selbstmanagement-Therapie. Springer, Berlin, 1991
Katzung, W. & Harfst, G.: Ecstasy. Synthetische Amphetamin-Drogen vom XTC-Typ. Verlag und Medienagentur, Würzburg, 1996
Kaufmann, E., Kaufmann, P. N.: Familientherapie bei Alkohol- und Drogenabhängigkeit. Lambertus, Freiburg, 1983
Keeley, E. C., Pirwitz, M. J., Landau, C., Lange, R. A., Hillis, L. D., Foerster, E. H., Conrad, K., Willard, J. E.: Intranasal Nicotine Spray Does Not Augment the Adverse Effects of Cigarette Smoking on Myocardial Osygen Demand or Coronary Arterial Dimensions. Amer. J. Med. 171/1996, S. 357-363

Keller, T., Binz, R., Regenscheit, P., Bernhard, W., Dirnhofer, R.: Ionenmobilitätsspektrometrie. Kriminalistik 1:67-70

Keup, W. (Hrsg.): Mißbrauch chemischer Substanzen. Deutsche Hauptstelle gegen die Suchtgefahren, Hamm, 1975

Keup, W.: Folgen der Sucht. Thieme, Stuttgart-New York, 1980

Keup, W. (Hrsg.): Behandlung der Sucht und des Mißbrauchs chemischer Stoffe. Thieme, Stuttgart-New York, 1981

Keup, W. (Hrsg.): Biologie der Sucht. Springer, Berlin-Heidelberg-New York-Tokio, 1985

Kielholz, P., Ladewig, D.: Über Drogenabhängigkeit bei Jugendlichen mit besonderer Berücksichtigung des Haschischrauchens. Dt. Med. Wochenschr. 95/3/1970

Killer-Pilz gegen Koka-Pflanzen. Spiegel 9/1999

Kindermann, W.: Drogenabhängig. Lebenswelten zwischen Szene, Justiz, Therapie und Drogenfreiheit. Lambertus, Freiburg, 1989

Kirchgässer, P.: Haschisch und Marihuana. Dissertation, München, 1969

Kleiber, D., Soellner, R: Entwicklungstendenzen, Konsummuster und Einflußfaktoren des Cannabiskonsums in der Bundesrepublik Deutschland. BINAD-FO 9/1997, S. 12-14

Kleiber, D., Kovar, K. A.: Auswirkungen des Cannabiskonsums. Wissenschaftliche Verlagsgesellschaft, Stuttgart, 1998

Kleiner, D. (Hrsg.): Langzeitverläufe bei Suchtkranken. Springer, Berlin, 1987

Klinkhammer, G.: Drogenkongreß der freien Demokraten. Dt. Ärztebl. 27. 1997, S. A1856, B1568, C1464

Klüver, H.: Mescal, the »Divine« Plant and its Physiological Effects. Kegan Paul, London, 1928

Knaup, H., Niejahr, E.: Hilfe für Süchtige. Spiegel 47/1998

Koch-Grüngerg, T.: Vom Roraima zum Orinoco. Band 3. Strecker und Schröder, Stuttgart, 1923

Köhnlein, H. E., Weller, S., Vogel, W., Nobel, J., Pabst, K.: Erste Hilfe. Thieme, Stuttgart-New York, 7. Aufl., 1985

Körkel, J., Kruse G: Mit dem Rückfall leben. Abstinenz als Allheilmittel? Psychiatrie Verlag, Bonn, 3. u. wes. erw. Aufl., 1997

Körkel, J. (Hrsg.): Der Rückfall des Suchtkranken. Flucht in die Sucht. Springer, Berlin-Heidelberg, 2. Aufl., 1992

Körkel, J., Lauer, G., Scheller, R. (Hrsg.): Sucht und Rückfall. Brennpunkte deutscher Rückfallforschung. Enke, Stuttgart, 1995

Körkel, J., Schindler, C.: Rückfallprävention mit Alkoholabhängigen – Das strukturierte Trainingsprogramm S.T.A.R. Springer, Berlin u.a. ,2003

Körner, H.: Die Entpotenzialisierung und die Entkriminalisierung von Cannabiskonsumenten. In: Böllinger, L. (Hrsg.): Cannabis-Wissenschaft. Peter Lang, Frankfurt/M., 1997

Kohut, H.: Narzißmus. Frankfurt/M., 1973
Koordinationsstelle der bayrischen Suchthilfe (Hrsg.): Partydrogen – Herausforderung in der Suchtarbeit. München, 1998
Kosten, T. R.: Client Issues in Drug Abuse Treatment: Addressing Multiple Drug Abuse. In: Pickens, R. W., Leukefeld, C. G., Schuster, C. R. (Hrsg.): Improving Drug Abuse Treatment. NIDA Research Monograph 106, National Institute on Drug Abuse, Rockville, 1991
Kovar, K. A., Muszinsky, I., Burmester, J. (Hrsg.): Ecstacy today and in the Future. Sonderband der Zeitschrift Sucht, 1997
Kranzler, H. R., Burleson, J. A., Del Boca, F. K., Babor, T. F., Korner, P., Brown, J., Bohn, M. J.: Buspirone Treatment of Anxious Alcoholics: A Placebo-Controlled Trial. Archives of General Psychiatry 51/1994, S. 720-731
Krausz, M., Haasen, C. (Hrsg.): Langzeitperspektiven süchtigen Verhaltens. Lambertus, Freiburg, 1996
Kreuzer, A.: Straßenverkehrsdelinquenz in Verbindung mit Drogenmißbrauch. Blutalkohol 11/1974, S. 329-337
Kreuzer, A.: Drogen und Delinquenz. Akademische Verlagsgesellschaft, Wiesbaden, 1975
Kreuzer, A.: Jugend – Rauschdrogen – Kriminalität. Akademische Verlagsgesellschaft, Wiesbaden, 1980
Kreuzer, A.: Zur forensischen Begutachtung »gefährlicher« Drogen. NJW 24/1982, S. 1310-1314
Kunze, H., Kaltenbach, L. (Hrsg.): Psychiatrie-Personalverordnung. W. Kohlhammer, Stuttgart-Berlin-Köln, 1992
Kuschinsky, K., Lüllmann, H.: Kurzes Lehrbuch der Pharmakologie und Toxikologie. Thieme, Stuttgart, 1987
Krylov, E.: Effectiveness of Psychotropic Drugs for the Treatment of the Alcohol Withdrawal Syndrome. In: Koehler u.a.
Kryspin-Exner, K.: Drogen – Psychotrope Stoffe als Sucht- und Heilmittel. Jugend u. Volk, Wien-München, 1971
Krysta, J. H., Webb, E., Cooney, N., Kranzler, H. R., Charney, D. S.: Specifity of Ethanollike Effects Elicited by Serotonergic and Noradrenergic Mechanisms. Archives of General Psychiatry 51/1994
Küfner, H.: Die Entwöhnungsbehandlung. In: Möller, H. J.: Therapie psychiatrischer Erkrankungen. Thieme, Stuttgart, 1993
Küfner, H.: Die Zeit danach – Alkoholkranke in der Nachsorgephase. In: Schwoon, D., Krausz, M.: Die ungeliebten Kinder in der Psychiatrie. Enke, Stuttgart, 1990
Küfner, H., Bühringer, G.: Alkoholismus. In: Hahlweg, K., Ehlers, A. (Hrsg.): Psychische Störungen und ihre Behandlung. Enzyklopädie der Psychologie (Themengebiet D, Serie II, Bd. 2). Hogrefe, Göttingen, 1997

Küfner, H., Mann, K.: Die Entwöhnungsbehandlung. In: Möller, H. J. (Hrsg.): Therapie psychiatrischer Erkrankungen. Thieme, Stuttgart, 2000

Kuhlmann, T.: Ecstasy, eine Designerdroge der Techno-Szene. Psychiatrische Praxis, 23/1996, S. 266-269

Kuhlmann, T.: Harm Reduction – zum Paradigmenwechsel in der Drogenarbeit. Psychiat. Prax. 23, 1996

Kuntz, H.: Ecstasy – auf der Suche nach dem verlorenen Glück. Vorbeugung und Wege aus Sucht und Abhängigkeit. Beltz, München, 1998

Kuzmin, A. V., Patkina, N. A., Sofzonov, A. G.: Centrally active calcium channal modulators and drug-induces reward. Possible implications in the pharmacotherapy of drug/alcohol addiction and related psychiatric disorders. International Parm. Connections 1/1994

La Barre, W.: The Peyote cult. Yale University Press, New Haven, 1938

Lachner, G., Wittchen, H. U.: Das Composite International Diagnostic Interview Substance Module (CIDI-SAM). Ein neues Instrument zur klinischen Forschung und Diagnostik. In: Mann, K., Buchkremer, G. (Hrsg.): Sucht. Grundlagen–Diagnostik–Therapie. Fischer, Stuttgart, 1996

Ladewig, D., Bardeleben, U. von: GABA an NMDA Medications in the Treatment of Alcoholism. Referat auf dem Weltkongreß für Psychiatrie in Madrid, 1996

Ladewig, D., Knecht, T., Leher, P., Fendl, A.: Acamprosat – ein Stabilisierungsfaktor in der Langzeitentwöhnung von Alkoholabhängigen. Therapeutische Umschau 50/1993, S. 182-188

Ladewig, D., Battegay, R., Labhardt, F.: Stimulanzien: Abhängigkeit und Psychosen. Dt. med. Wschr. 94/1969, S. 101

Längle, G., Mann, K., Buchkremer, G. (Hrsg.): Sucht – die Lebenswelten Abhängiger (Studien zu Lebenswelten behinderter Menschen). Attempto, Tübingen, 1996

Landeskriminalamt Baden-Württemberg im Auftrag des Innenministeriums Baden-Württemberg: Rauschgift ohne mich. Stuttgart, 10. Aufl., 1997

Langbein, K., Martin, H. P., Sichrovski, P., Weiss, H.: Bittere Pillen. Kiepenheuer & Witsch, Köln, 1983

Lassen, H. C., Hinriksen, E., Neukirch, R. u.a.: Treatment of tetanus: severe bone marrow depression after prolonged nitrous oxide anesthesia, Lancet 1/1956, S. 527-530

Layzer, R. B., Fishman, R. A., Schafer, J. A.: Neuropathy following abuse of nitrous oxide. Neurology 28/1978, S. 485-487

Leete, E.: Alkaloid biogenesis. In: Biogenesis of natural compounds. Pergamon, Oxford, 1966

Lehofer, M.: Arousal of Ex-Addicts as Predictor for Relapse. Vortrag auf dem X. Weltkongreß für Psychiatrie in Madrid 1996. Exzerpt aus dem Conifer Information System

Leucht, E.: Rauschgifte und ihre Identifikation. Diagnostik 6/1973, S. 101-105
Leurs, R., Meyer, C., Neumann, C., Schmidt, C., Ulrich, A.: Ein Joint für die große Pause – eine neue Drogenwelle bedroht die deutschen Schulen. Der Spiegel 27/2004
Lewin, L.: Phantastica. Die betäubenden und erregenden Genußmittel. G. Stilke, Berlin, 1927
Lewin, L.: Phantastic. Narcotic and Stimulating Drugs – Their Use and Abuse. Routledge & Kegan Paul, London, 1964
Liebowitz, M. R.: The chemistry of love. Little Brown, Boston-Toronto, 1983
Linden, M., Hautzinger, M.: Verhaltenstherapie. Springer, Berlin u.a., 2. Aufl., 1993
Lindenmeyer, J., Schneider, R.: Qualitätssicherung in der Suchtbehandlung. In: Laireiter, A. R., Vogel, H.: Qualitätssicherung in der Rehabilitation Abhängigkeitskranker. Neuland, Geesthacht, 1998
Linehan, M.: Dialektisch behaviorale Therapie der Borderline-Persönlichkeitsstörung. Cip-Medien, München, 1996
Linehan, M.: Dialektisch behaviorale Therapie der Borderline-Persönlichkeitsstörung – Trainingsmanual, Cip-Medien, München, 1996
Lintner, E.: Rauschgiftbilanz 1996. In: Drogen-Report, 1/97, 1997
Loimer, N., Werner, E., Hollerer, E., Pfersmann, V., Schmidsiegel, B., Presslich, O.: Soziale und gesundheitliche Stabilisierung Drogenabhängiger durch Methadon. Wiener Med. Wochenschrift, 1991
Lowinson, J. H., Ruiz, P. (Hrsg.): Substance abuse – clinical problems and perspectives. Williams & Wilkins, Baltimore-London, 1981
Lundberg, G. D., White, J. M., Hoffman, K. I.: Drugs (other than or in addition to ethylalcohol) and driving behavior – A collaborate study of the California Association of Toxicologists. J. Forensic sci. 24/1979, S. 207-215
Lutz, R.: Therapietheorie zur Förderung genußvollen Erlebens und Handelns. In: Zielke, M. u. a.: Fortschritte der angewandten Verhaltensmedizin. Springer, Berlin u.a., 1990
Maas, K. (Hrsg.): Themen zur Chemie, Toxikologie und Analytik der Rauschgifte. Hüthig, Heidelberg, 1975
Malamed, S. F.: Sedation – a guide to patient management. Mosby, St. Louis, 3rd ed., 1995
Mann, K., Widmann, U.: Zur Neurobiologie der Alkoholabhängigkeit. Fortschr. Neurol. Psychiat. 63/1995
Mann, K., Buchkremer, G. (Hrsg.): Sucht/Grundlagen – Diagnostik – Therapie. Fischer, Stuttgart, 1996
Mann, K., Buchkremer, G. (Hrsg.): Suchtforschung und Suchttherapie in Deutschland. Neuland, Geesthacht, 1995

Mann, K.: Diagnostik der Störungen durch psychotrope Substanzen, In: Möller, H. J. (Hrsg.): Therapie psychiatrischer Erkrankungen, Thieme, Stuttgart, 2000

Mann, K. und Stetter, F.: Konzept einer Station zur Entgiftung und Motivierung von Suchtpatienten. In: Möller, H. J. (Hrsg.): Therapie psychiatrischer Erkrankungen. Thieme, Stuttgart, 2000

Mann, P.: Hasch – Zerstörung einer Legende. Fischer, Stuttgart, 1987

Mantek, M.: Frauen-Alkoholismus. Reinhardt, München u.a., 1979

Maremmani, I., Zolesi, O. u.a.: Methadone Doses and Psychopathological Symptoms during Methadone Maintenance. Psychoactive Drug 25/1993, S. 253-256

Markou, A., Weiss, F., Gold, L. H., Caine, B., Schulteis, G., Koob, G. F.: Animal models of drug Craving. Psychopharmacology 112/1993, S. 163

Marlatt, A., Vandenbos, G. (Hrsg.): Additive behaviors: Readings on Etiology, Prevention and Treatment. Amer. Psychological Ass., Washington, 1998

Martin, W. R. (Hrsg.): Drug addition. Springer, Berlin-Heidelberg-New York (Handbook of experimental pharmacology, Vol. 45/1), 1971

McDougle, C. J., Clack, J. E., Malison, R. T., Zimmermann, R. C., Kosten, T. R., Heninger, G. R., Price, L. H.: Noradrenergic Dysregulation During Discontinuation of Cocain Use in Addicts. Archives of General Psychiatry 51/1994, S. 713-719

McGrady, B. S., Delaney, S. I.: Self help Groups. In: Hester, R. K., Miller, W. R. (Hrsg.): Handbook of alcoholism treatment approaches. Boston: Allyn and Bacon, 1995, S. 160-175.

Meert, T. F., Awouters, F., Niemegeers, K. H. L., Janssen P. A. J.: Ritanserin Reduces Abuse of Alcohol, Cocaine and Fentanyl in Rats. Pharmacopsychiat. 24/1991, S. 159-163

Meggendorfer, F.: Intoxikationspsychosen. In: Bunke, O. (Hrsg.) Handbuch der Geisteskrankheiten, Bd. VII, TI, III. Springer, Berlin u.a., 1928, S. 151-400

Megges, G., Wasilewski, J.: Stellungnahme der Toxikologen der LKÄ und des BKA zur Präzisierung des Begriffs »nicht geringe Menge« i. S. §§ 29, 30 Betäubungsmittelgesetz (6. Symposium »Toxikologie« am 21./22.5.1984, Berlin), 1984

Megges, G., Steinke, W., Wasilewski, J.: Die Präzisierung des Begriffs »nicht geringe Menge« im Sinne des Betäubungsmittelgesetzes. NStZ 4/1985, S. 163-164

Meissner, D.: Drogen – bei Neumond vor Marokko. Spiegel 1/1999

Mergern, A.: Beschaffungskriminalität – Interdependenz von Sucht, Spiel und Vermögensdelikten. Kriminalistik Verlag, Heidelberg, 1990

Metter, D.: Die Hypoglykämie als Ursache von Verkehrsunfällen. Blutalkohol 26/1989, S. 312-314

Meyer, C., Rumpf, H. J., Hapke, U., Dilling, H. und John, U.: Lebenszeitprävalenz psychischer Störungen in der Erwachsenenbevölkerung – Ergebnisse der TACOS-Studie. Nervenarzt 71/2000, S. 535-542

Mielck, A.: Soziale Ungleichheit und Gesundheit. Empirische Ergebnisse, Erklärungsansätze, Interventionsansätze, Hans Huber, Bern, 2000

Miller, W. R. u.a.: What works? A methodological analysis of the alcohol treatment outcome literatur. Hester, R. K., Miller, W. R. (Hrsg.): Handbook of alcoholism treatment approaches. Allyn and Bacon, Boston, 1995

Milroy, C. M./Clark, J. C./Forrest, A. R. W.: Pathology of deaths associated with »ecstasy« and »eve« misuse. In: J. Clin. Pathol. 49/1996, S. 149-153

Ministerium für Frauen, Jugend, Familie und Gesundheit des Landes Nordrhein-Westfalen (Hrsg.): Sicherheit und Therapie im Maßregelvollzug. Düsseldorf, 2000

Mittermeyer, H. J.: Drogen und Straßenverkehr. Dt. Apotheker Zeitung 126/1986, S. 521-525

Modell, J. G. u.a.: Obsessive and compulsive characteristics of alcohol abuse and dependence: Quantification by a newly developed questionaire. Alcohol Clin. Exp. Res. 16/1992, S. 266-271

Möller, H. J.: Therapie psychiatrischer Erkrankungen. Thieme, Stuttgart-New York, 2000

Mohr, K.: Schon die RG-Produktion erschweren ... Gegen das illegale Abzweigen chemischer Basisstoffe. Kriminalistik 3/1983, S. 122-124

Moorey, S.: Drug abusers. In: Scott, J. u.a.: Cognitive Therapy in clinical practice. Routledge, London, 1991

Moreau de Tours, J.: Du Hashisch et de l'alienation mentale. Masson, Paris, 1845

Müller, H. R., Schacke, J., Stimmer, F.: Gemeindenahe Suchtkrankenhilfe – Versorgungswirklichkeit und Entwicklungsmöglichkeiten am Beispiel einer Region. Neuland, Geesthacht, 1990

Müller-Ebeling, C., Rätsch, C.: Isoldes Liebestrank – Aphrodisiaka in Geschichte und Gegenwart. Kindler, München, 1986

Munzinger, M.: Vergiftungen durch Rauschmittel. Opiate, Halluzinogene, Weckamine. Notfallmed., 4/1978, S. 650-657

Musshoff, F., Madea, B.: Haaranalytik – zunehmende Bedeutung in Medizin und Rechte. Dt. Ärztebl., Jg. 101, 25, 18.06.2004

Mutschler, E.: Arzneimittelwirkungen. Wissenschaftliche Verlagsgesellschaft, Stuttgart, 1991

Meyerhoff, B. J.: Peyote Hunt: The Sacred Journey of the Huichol Indians. Cornell University Press, Ithaca-New York, 1974

Nahas, G. G.: Keep off the Grass. Pergamon Press, Oxford-New York-Toronto-Sydney-Paris-Frankfurt/M., 1979

Naranjo, C. A., Bremner, K. E.: Clinical pharmacology of serotonin-altering medications for decreasing alcohol consumption. Alcohol and Alcoholism, Suppl. 2/1993, S. 221-229

Naranjo, P.: Etnofarmacologia de las plantas psicotropicas de America. Terapia 24/1969

Naranjo, P.: Ajahuasca – Religion y Medicina. Editorial Universitaria, 1970

Bundesminister für Jugend, Familie, Frau und Gesundheit und Bundesminister des Inneren (Hrsg.): Nationaler Rauschgiftbekämpfungsplan (1990). Maßnahmen der Rauschgiftbekämpfung und der Hilfe für Gefährdete und Abhängige. 1990

Negrin, J.: The Huichol Creation of the World. E. B. Crocker Art Gallery, Sacramento, 1975

Neuendorff, S., Schiel, J.: Die anonymen Alkoholiker – Portrait einer Selbsthilfeorganisation. Beltz, Weinheim, 1982

Niaura, R. S., Rohsenow, D. J., Binhoff, J. A., Pedraza, M., Abrams, D. B.: Relevance of Cue Reactivity to Understanding Alcohol and Smoking Relapse. Journal of Abnormal Psychology 97/1988, S. 133-152

Nicholson, R. G.: Amphetamine addiction. Br. Med. J. 101/1954

Niederecker, M., Naber, D., Soyka, M., Garwers, C., Völkl, G., Hippius, H.: Methadonbehandlung opiatabhängiger Patienten. Nervenheilkund e 11/1992, S. 178-182

Niedersächsische Landesstelle gegen die Suchtgefahren (Hrsg.): Ecstasy. Konsum, Mißbrauch, Präventionsstrategien. Hannover, 1995

Niehoff, Sozialmedizin systematisch. Uni-Med, Lorch, 1995

Nimtz-Köster, Renate: Ständig unter Strom – kann die Psychopille Ritalin überdrehten Kindern und ihren Eltern helfen? Der Spiegel 52/1998

Nimtz-Köster, Renate: Ich wurde untragbar – unbehaust irren Zehntausende psychisch Kranker durch die Großstädte. Der Spiegel 11/1999

Novaco, R.W.: The cognitive regulation of anger and stress. In: Kendall u.a.: Cognitive behavioral interventions. Academic Press, New York, 1979

Nowak, M.: Die Lust nach Extase – Party- oder Designerdrogen. In: Nowak, M., Schifman, R., Brinkmann, R. (Hrsg.): Drogensucht. Entstehungsbedingungen und therapeutische Praxis. Schattauer, Stuttgart-New York,1996

O'Brien, C. P., Volpicelli, L. A., Volpicelli, J. R.: Naltrexone in the Treatment of Alcoholism. A Clinical Review. Alcohol 13/1996, S. 35-39

O'Malley, S. S., Jaffe, A. J., Chang, G. u.a.: Naltrexone and coping skills therapy for alcohol dependence. A controlled study. Archiv of General Psychiatry 49/1992, S. 881-887

O'Reilly, E.: Sobering tales: Narratives over Alcoholism and Recover., 1997

Osterhues, U. J.: Zwanzig Jahre Daytop – zwanzig Jahre Erfahrung. München, 1992

Osmond, H.: Oluliuqui – The ancient Aztec narcotic – Remarks on the effects of Rivea corymbosa. J. Ment. Sci., 101/1955, S. 526-537
Ott, J.: Hallucinogenic Plants of North America. Wingbow Press, Berkley, Cal., 1976
Ott, J., Bigwood, J. (Hrsg.): Teonanacatl – Hallucinogenic Mushrooms of North America. Madrona Publishers, Seattle-Washington, 1978
Parnefjord, R.: Das Drogentaschenbuch. Enke, Stuttgart, 1997
Partydroge Ecstasy: Psychopillen, die Endlosnacht oder Einstieg in die Sucht. Stern, 38/1994
Pauser, W.: Friede! Freude!! Eierkuchen!!! Hunderttausende auf Techno-Demonstrationen: Aber wofür oder wogegen demonstrieren sie. Die Zeit, 28/1995, S. 65-66
Pavlova, O. O.: Clinico-psychological peculiarities of women alcoholics deprived of parental rights. Problems of Narcology 3/1992
Pelletier, S. W.: Chemistry of Alcaloids. Van Nostrand Reinhold Company, New York, 1970
Penkert, W., Sonnewald, B.: Mortalitätsrisiko und Szenenentwicklung – Die Berliner Drogentodesfälle 1983-1987. Suchtgefahren 33/1987
Peters, U. H.: Wörterbuch der Psychiatrie und medizinischen Psychologie. Urban & Schwarzenberg, München-Wien-Baltimore, 3. Aufl., 1984
Petry, J.: Alkoholismus – Kulturhistorische, psychosoziale und psychotherapeutische Aspekte. Neuland, Geesthacht, 1998
Petry, J.: Alkoholismus. In: Linden, M., Hautzinger, M.(Hrsg.): Verhaltenstherapie. Springer, Berlin u.a. 1993
Petry, J.: Alkoholismustherapie. Gruppentherapeutische Motivierungsstrategie. Psychologie Verlags Union, 3. überarb. u. erw. Aufl., 1998
Petry, J.: Behandlungsmotivation. Grundlagen und Anwendungen in der Suchttherapie. Beltz Psychologie Verlags Union, Weinheim, 1993
Platt, J. J.: Heroin addiction. 2 Bde. Krieger, Malabar/Florida, 1995
Plowman, T., Gyllenhall, L. O., Lindgren, J. E.: Latua publiflora: Magic Plant from Southern Chile. Bot. Mus. Leafl., Harvard Univ., 23/1971
Pope, H. J. Jr.: Tabernante iboga – an African narcotic plant of social importance. Econ. Bot. 23/1969
Poser, W., Poser, S.: Medikamente – Mißbrauch und Abhängigkeit. Thieme, Stuttgart, 1996
Poser, W.: Nachsorge und Selbsthilfe. In: Möller, H. J. (Hrsg.): Therapie psychiatrischer Erkrankungen. Thieme, Stuttgart, 2000
Powell, J., Gray, J., Bradley, B.: Subjective Craving for opiates: Evaluation of a cue exposure protocol for use with detxified opiate addicts. British Journal of Clinical Psychology 32/1993, S. 39-53
Rabes, M., Harm, W.: XTC und XXL – Ecstasy. Rowohlt, Reinbek b. Hamburg, 1997

Rätsch, C.: Enzyklopädie der psychoaktiven Pflanzen. AT, Aarau, 1998
Raffauf, R. J.: A Handbook of Alkaloids and Alkaloid-Containing Plants. Wiley Interscience, New York, 1970
Rakete, G., Flüsmeier, U.: Ecstasy, eine explorative Studie zum Konsum und Mißbrauch von Ecstasy. Wiener Zeitschrift für Suchtforschung 18., 3/1995, S. 3-16
Rathmayer, W.: Gifte und Nervenforschung – Neue Erkenntnisse durch den gezielten Einsatz von Neurotoxinen. In: Sund, H., Timmermann, M. (Hrsg.): Auf den Weg gebracht. Universitätsverlag, Konstanz, 1979, S. 185-196
Reichel-Dolmatoff, G.: Amaconian Cosmos: The Sexual and Religios Symbolism of the Tukano Indians. Chicago University Press, Chicago, 1971
Reichel-Dolmatoff, G.: Beyond the Milky Way: Hallucinatory Imagery of the Tukano Indians. UCLA Latin American Center Publications, Los Angeles/Cal., 1978
Reinecker, H. S., Schmelzer, D.: Verhaltenstherapie, Selbstregulation, Selbstmanagement. Hogrefe, Göttingen, 1996
Reker, M.: Die qualifizierte Entzugsbehandlung Drogenabhängiger. Wer kümmert sich um den Notfall? In: FDR-Berichte 3/4.96
Reker, T., Richter, D., Bätz, B., Luedtke, U., Koritsch, H. D., Reymann, R.: Kurzfristige Effekte der stationären Akutbehandlung alkoholabhängiger Patienten eine prospektive multizentrische Evaluationsstudie. Nervenarzt 75/3/2004, S. 234-241
Reuband, K. H.: Rauschmittelkonsum. Akademische Verlagsgesellschaft, Wiesbaden, 1976
Reuter, H.: Calcium channel modulation by neurotransmitters, enzymes and drugs. Nature 301/1983, S. 569-574
Richards, H. G. H., Stephans, A.: Sudden death associated with taking of amphetamines by an asthmatic. Med. Sci.-Law, 13/1973, S. 35-38
Riederer, P., Laux, G, Pöldinger, W.: Neuro-Psychopharmaka, Bd. 2: Tranquilizer und Hypnotika. Springer, Wien-New York, 1995
Rink, J. (Hrsg.): Zur Wirklichkeit der Abstinenzabhängigkeit. Kritische Betrachtungen zu Grundannahmen der Drogentherapie. Neuland, Geesthacht, 1995
Rist, F.: Therapiestudien mit Abhängigen. In: Mann, K., Buchkremer, G. (Hrsg.): Sucht/Grundlagen – Diagnostik – Therapie. Fischer, Stuttgart, 1996
Rivier, L. and Lingren, J.-E.: Ayahuasca – South American hallucinogenic drink: ethnobotanical and chemical investigations. Econ. Bot. 24/1972
Rouhier, A.: La plante qui fait le le yeux émerveillés – le Peyotl. Gaston Doin et Cie, Paris, 1927, S. 101-129
Roediger, E.: Wen bereichert Campral? 4/1996, S.46-47
Rommelspacher, H.: Cannabis – als Arzneimittel nur von geringem Nutzen. Dt. Ärztebl., 97/51-52/2000, S. A 3473
Rose, J. E.: Nicotine Ediction and Treatment. Ann. Rev. Of Medicine 47/1996

Rost, W.-D.: Psychoanalyse des Alkoholismus. Theorie–Diagnostik–Behandlung. Klett-Cotta, Stuttgart, 4. Aufl., 1994
Roth, L.: Nikotin. Ecomed, Landsberg, 1998
Roy, M., Roy, A., Smeison, D., Weinberger, L., Williams, J.: Reduces Blue Cone ERG in Cocaine Patients. Vortrag auf dem Weltkongreß für Psychiatrie 1996 in Madrid
Rubin, E., Lieber, C. S.: Alcohol, alcoholism and drugs. Science, 172/1971, S. 112-130
Rübsamen, K.: Analytische und forensische Aspekte der kriminaltechnischen Untersuchung von Betäubungsmitteln. NStZ 7/1991, S. 310-315
Rump, A. F. E., Theison, M., Klaus, W.: The pathophysiology of cocaine cardiotoxicity, in: For Sci Int 71/1995, S. 103-115
Sahenk, Z., Mendell J. R., Couri, D. u.a.: Polyneuropathy from inhalation of N2O cartridges through a whipped cream dispenser. Neurology 28/1978, S. 485-487
Sahihi, A.: Designer-Drogen – Gifte, Sucht und Szene. Heyne, München, 1997
Saitz, R., Mayo-Smith, M. F., Roberts, M. S. Redmond, H. A., Bernard, D. R., Calkins, D. R.: Individualized Treatment for Alcohol Withdrawal: A Randomized Double-Blind Controlled Trial. JAMA 272/1994, S. 519-523
Sakman, B., Neher, E. (Hrsg.): Single-channel recording. Plenum Press, New York-London, 1984
Sandermann, H.: Membranbiochemie – Eine Einführung. Springer, Berlin-Heidelberg-New York-Tokyo, 1983
Saß, H., Soyka, M., Mann, K., Zieglgänsberger, W.: Relapse Prevention by Acamprosate. Arch. Gen. Psychiat. 53/1996, S. 673-680
Saß, H., Wittchen, H. U., Zaudig, M.: Diagnostisches und Statistisches Manual Psychischer Störungen DSM IV. Hogrefe, Göttingen, 1996
Saunders, N., Walder, P.: Ecstasy. Ricco Bilger, Zürich, 1994
Schadewaldt, H.: Medizinhistorische Betrachtungen zum Rauschgiftproblem. Ärzte Praxis 3/1971, S. 3591 ff. 3635 ff.
Schäfer, H.: Die Rauschgiftkriminalität als epochaltypisches Phänomen. Blutalkohol 19/1982, S. 497-516
Schall, U., Bender, S., Lodemann, E., Lutz, K. H., Rösinger, C., Gastpar, M:: Drogen- und Medikamentenmißbrauch im Verlauf einer ambulanten substitutionsgestützten Behandlung von Opiatabhängigen mit Levomethadon. Sucht 40/1994, S. 315-324
Schediwy, D.: Zwischen Sucht und Suche – Frauenalkoholismus und Adoleszenz. Centaurus, Herbholzheim, 1995
Scherer S., Vogt, I. (Hrsg.): Drogen und Drogenpolitik – Ein Handbuch. Campus, Frankfurt/M., 1989
Schlenger, R.: 50 Jahre LSD. Gastvorlesung mit Dr. Albert Hoffmann. Deutsche Apotheker Zeitung, 133 (32), 12.8.1993

Schlüter-Dupont, L.: Alkoholismustherapie – Pathogenetische, psychodynamische, klinische und therapeutische Grundlagen. Schattauer, Stuttgart, 1990
Schmidt, G.: Rückfälle von als suchtkrank diagnostizierten Patienten aus systemischer Sicht. In: Körkel, J. (Hrsg.): Der Rückfall des Suchtkranken. Springer, Berlin-Heidelberg, 2. Aufl., 1992
Schmidt, L.: Alkoholkrankheit und Alkoholmissbrauch. Definition – Ursachen – Folgen – Behandlung – Prävention. Kohlhammer, Stuttgart, 4. bearb. und erw. Aufl. 1997
Schmidt, L. G., Dufeu, P., Kuhn, S., Rommelspacher, H.: Perspektiven einer Pharmakotherapie der Alkoholabhängigkeit. Nervenarzt 66/1995, S. 323-330
Schmoldt, A.: Hirnschäden durch Ecstasy? MDMA: Medizinische und pharmakologische Aspekte. In: Ecstasy: Prävention des Missbrauchs, Dokumentation der Fachtagung: Konsum und Mißbrauch von Ecstasy. Bestandsaufnahme, Erfahrungsaustausch und Präventionsstrategien. Neuland, Geesthacht, 1995
Schöchlin, C., Engel, R. R.: Pharmakologische Rückfallprophylaxe bei Alkoholikern – eine Metaanalyse von Studien zu Anti-Craving-Substanzen. Fortschr. Neurol. Psychiat. 64 SH2, 1996
Scholz, H.: Syndrombezogene Alkoholismustherapie. Ein verlaufsorientierter Stufenplan für die Praxis. Hogrefe, Stuttgart, 1996
Schrappe, O.: Gewöhnung und Süchte. Nervenarzt 39/1968, S. 337-350
Schrappe, O. (Hrsg.): Methoden der Behandlung von Alkohol, Drogen- und Medikamentenabhängigkeit (Gemeinsamkeiten und Unterschiede). Schattauer, Stuttgart-New York, 1983
Schreiber, L. H.: Drogenabhängigkeit und Spielsucht im Vergleich. Kriminalistik Verlag, Heidelberg, 1992
Schreiber, L H.: Pathologisches Glücksspielverhalten unter dem Aspekt neurochemischer Erkenntnisse. Sucht, 7/1994, S. 359-361
Schröder, E., Rufer, C., Schmiechen, R: Arzneimittelchemie, Bd. I, Grundlagen, Nerven, Muskeln und Gewebe, Bd. 6. Thieme, Stuttgart, 1976
Schroers, A.: Ecstasy. Ein Ratgeber zur Droge MDMA. Indroe, Münster, 1996
Schultes, R. E.: A Contribution to Our Knowledge of Rivea Corymbosa – The Narcotic Ololiuqui of the Aztecs. Harvard Botanical Museum, Cambrigde/Mass., 1941
Schultes, R. E.: A new narcotic snuff from the Nothwest Amazon. Bot. Mus. Leafl. Harvard Univ. 16/1954, S. 241-260
Schultes, R. E.: Ein halbes Jahrhundert Ethnobotanik amerikanischer Halluzinogene. Planta Medica, 13/1965
Schultes, R. E.: The botanical origins of South America snuffs. In: Efron, D., Holmstedt, B. and Kline, N. S. (Eds.): Ethnopharmacological Search of Psychoactive Drugs. Public Health Serv. Publ. No. 1645/1967, S. 33-57
Schultes, R. E.: Hallucinogens of plant origin. Science. 163/1969, S. 245-254

Schultes, R. E.: The plant kingdom and hallucinogens. Bull. Narcotics 21, No. 3 (1969) S. 3-16; No. 4 (1969) S. 15-27; 22. No. 1 (1970) S. 25-53
Schultes, R. E.: The botanical and chemical distribution of hallucinogens. Ann. Rev. Pl. Physiol. 21/1970, S. 571-598
Schultes, R. E.: The utilization of hallucinogens in primitiv societies – use, misuse or abuse? In: Keup, W. (Hrsg.): Drug Abuse – Current Concepts and Research. Charles C. Thomas, Springfield, III., 1972, S. 17-26
Schultes, R. E.: Hallucinogenic Plants. Golden Press, New York, 1976
Schultes, R. E., Hoffman, A.: The Botany and Chemistry of Hallucinogens. Charles C. Thomas, Springfield/III. 1973
Schultes, R. E., Hoffmann, A.: Pflanzen der Götter – die magischen Kräfte der Rausch- und Giftgewächse. AT Verlag, Solothurn, 1997
Schultes, R. E. Holmstedt, B.: De plantis toxicariis e Mundo Novo tropicale commentationes II. The vegetal ingrediens of myristicaceous snuffs of the northwest Amazon. Rhodora, 70, 1968, S. 113-160
Schuster, P.: »Red Bull« – Mythos, Mode, Marketing. Das Erfrischungsgetränk – Mineralwasser-Zeitung, 1995
Schuster, P., Wittchen, H. U.: Ecstasy- und Halluzinogengebrauch bei Jugendlichen – Gibt es eine Zunahme? Verhaltenstherapie, 6/1996, S. 222-232
Schwoon, D., Krausz, M. (Hrsg.): Psychose und Sucht. Krankheitsmodelle, Verbreitung, therapeutische Ansätze. Lambertus, Freiburg, 1992
Schwoon, D., Krausz, M.: Suchtkranke – Die ungeliebten Kinder der Psychiatrie. Enke, Stuttgart, 1990
Schwoon, D.: Motivationsbehandlung bei Alkoholkranken. In: Schwoon, D., Krausz, M.: Suchtkranke – Die ungeliebten Kinder der Psychiatrie. Enke, Stuttgart, 1990
Senatsverwaltung für Schule, Jugend und Sport Berlin: 3. Drogenbericht. Drucksache 13/545, Berlin, 1997
Senatsverwaltung für Schule, Jugend und Sport Berlin: Jahresbilanz 1998. Berlin, 1999
Sharon, D.: Wizard of the Four Winds – A Shaman's Story. The Free Press, New York, 1978
Shedlin M, Wallechinsky D: Laughing gas, nitrous oxide. And/Or Press, Berkeley/Cal., 1973
Shiffman, S., Mason, K. M., Henning, J. E.: Tobacco dependence treatments. Review and prospectus. Ann. Rev. of Public Health 19/1998, S. 335-338
Shulgin, A. T., Sargent, T. and Naranjo, C.: The Chemistry and Pharmacology of Nutmeg and Several Related Phenolisopropylamines. In: Efron, D. H., Kline N. S. (Hrsg.): Ethnopharmacological Search for Psychoactive Drugs. Public Health Serv. Publ. No. 1645/1967
Siegrist, J.: Medizinische Soziologie. München-Wien-Baltimore, Urban & Schwarzenberg, 5. Aufl., 1995

Slotkin, J. S.: The Peyote Religion. The Free Press, Glencoe/Ill., 1956
Sobell, M. B., Sobell, L.: Problem drinkers. Guided self change treatment. Guilford Press, New York, 1993
Sommers, J., Tapert, S. F., Marlatt, G. A.: Harm Reduction – Grundlagen, Anwendungen und Möglichkeiten. In: Krausz, Michael, Haasen, Christian (Hrsg.): Langzeitperspektiven süchtigen Verhaltens. Lambertus, Freiburg, 1996
Sonderskov, J., Olsen, J., Sabroe, S., Meillier, L., Overvald, K.: Nicotine Patches in Smoking Cessation: A Randomized Trial among Over-the Counter Customers in Denmark. Amer. J. of Epidemiology 145/1997, S. 309-318
Soyka, M.: Anti-Craving-Substanzen in der Rückfallprophylaxe der Alkoholabhängigkeit. Sucht 41/1995, S. 265-276
Soyka, M.: Anti-Craving-Substanzen in der Therapie des Alkoholismus. Nervenheilkunde 16/1997, S. 372-376
Soyka, M.: Die Alkoholkrankheit – Diagnose und Therapie. Chapmann und Hall, Weinheim, 1995
Soyka, M.: Klinische Erfahrungen mit »zugelassenen« Anti-Craving-Substanzen. Fortschr. Neurol. Psychiat. 64 SH 2, 1996
Soyka, M., Hippius, H.: Acamprosat in der Behandlung von Alkoholabhängigen. Psychopharmakotherapie 3/1996, S. 98-103
Soyka, M. Psychopathological characteristics in alcohol halluzinosis and paranoid schizophrenia. Acta Psychiatr. Scand. 81/1999
Soyka, M., Preuss, U. W.: Therapie der Abhängigkeit – Grundkonzepte. In: Möller, H. J. (Hrsg.): Therapie psychiatrischer Erkrankungen. Thieme, Stuttgart, 2000
Soyka, M., Preuss, U. W.: Körperlicher Entzug. In: Möller, H. J. (Hrsg.): Therapie psychiatrischer Erkrankungen. Thieme, Stuttgart, 2000
Soyka, M.: Pharmakotherapie des chronischen Alkoholismus und der Drogenabhängigkeit. In: Möller, H. J. (Hrsg.): Therapie psychiatrischer Erkrankungen. Thieme, Stuttgart, 2000
Soyka, M. und Rüster, P.: Modell einer ambulanten Betreuungs- und Nachsorgeeinrichtung für Alkoholkranke. In: Möller, H. J. (Hrsg.): Therapie psychiatrischer Erkrankungen. Thieme, Stuttgart, 2000
Soyka, M.: Methadonsubstitution bei Opiatabhängigkeit, In: Möller, H. J. (Hrsg.): Therapie psychiatrischer Erkrankungen. Thieme, Stuttgart, 2000
Sozialpsychiatrische Informationen 21/1991: Themenschwerpunkt: Der immer wiederkehrende Patient
Spruce, R.: In: Wallace, A. R. (Hrsg.): Notes of a Botanist on the Amazon and Andes. Macmillan, London, 1908. (Reprinted ed.) Johnson Reprint, New York, 1970
Staak, M.: Betäubungsmittelmißbrauch. Süringer, Berlin-Heidelberg-New York-London-Paris-Tokyo, 1988

Stacy, C. B., DiRocco, A., Gould, R. J.: Methionine in the treatment of nitrous oxide-induced neuropathy an myeloneuropathy. J. Neurol. 239/1992 (7) S. 401-403
Stafford, W. E.: Identity of cohoba – the narcotic snuff of ancient Haiti. J. Wash. Acad. Science, 6/1916, S. 387-424
Stafford, W. E.: Narcotic plants and stimulants of the ancient Americans. Ann. Rep. Smithson. Inst., 1920, 1922
Stark, W. (Hrsg.): Lebensweltbezogene Prävention und Gesundheitsförderung. Lambertus, Freiburg, 1989
Stefanis, C., Dornbush, R., Fink, M.: Hashish – Studies of Long-Term Use. Raven Press, New York, 1977
Steinbrecher, W., Solms, H. (Hrsg.): Sucht und Mißbrauch, körperliche und psychische Gewöhnung sowie Abhängigkeit von Drogen, Medikamenten und Alkohol. Thieme, Stuttgart, 1975
Stetter, F., Mann, K.: Zum Krankheitsverlauf Alkoholabhängiger nach einer stationären Entgiftungs- und Motivationsbehandlung. Nervenarzt 68/1997, S. 574-581
Stübing, G.: Drogenmißbrauch und Drogenabhängigkeit. Deutscher Ärzteverlag, Köln, 1984
Suarez, R. V., Riemersma, R.: »Ecstasy« and sudden cardiac death. In: Am. J. Forensic Med. Pathol. 9/1988, S. 339-341
Süß, H. M.: Zur Wirksamkeit der Therapie bei Alkoholabhängigen. Ergebnisse einer Metaanalyse. Psychol. Rundschau 46, 1995, S. 248-266
Suruda, A. J., McGlothlin, J. D.: Fatal abuse of nitrous oxide in the workplace, J. Occup. Med. 32/8/1990, S. 682
Susskind, D. J.: The idealized self-image: A new technique in confidence training. Behav. Ther. 1/1970, S. 538-541
Sweeney, B., Bingham, R. M., Amos, R. J. u.a.: Toxicity of bone marrow in dentists exposed to nitrous oxide. Br. Med. J. 291/1985, S. 567
Swift, R. M.: Effect of naltrexone on human alcohol consumption. J. Clin. Psychiatry 56 (Suppl. 7)/1995
Täschner, K. L.: Wirkung und Gefährlichkeit von Haschisch. 1983
Täschner, K. L.: Das Cannabis-Problem. Akademische Verlagsgesellschaft, Wiesbaden, 1979
Täschner, K. L.: Das Cannabisproblem. Deutscher Ärzte-Verlag, Köln, 1986
Täschner, K. L.: Rausch und Psychose. Kohlhammer Verlag, Stuttgart, 1980
Täschner, K. L.: Haschisch – Traum oder Wirklichkeit. Akademische Verlagsgesellschaft, Wiesbaden, 1981
Täschner, K. L., Wanke, K.: Drogenabhängigkeit bei Jugendlichen. Med. Klin. 67/1972, S. 515-520
Talbot F: Psychic disturbances in nitrous oxide analgesia. Br. Dent. J. 36/1915, S. 668

Tashkin, D. P., Shapiro, B. J., Frank, I. M.: Acute pulmonary physiological effects of smoked marijuana and oral -9-THC in healthy young men. N. Engl. J. Med. 289/1973, S. 336-341

Taylor, N.: Flight from Reality. Duell, Slone and Pearce, New York, 1949

Teale, J. D., Clough, J. M., King, L. J.: The incidence of cannabinoids in fatally injured drivers: an investigation by radioimmunoassay and high pressure liquid chromatography. J. For. Sci. Soc. 17/1977, S. 177-183

Thamm, B. G.: Drogenfreigabe – Kapitulation oder Ausweg? Deutsche Polizeiliteratur, Hilden, 1989

Therapieladen e.V.: Ecstasy Hotline: Let's talk about Drugs. Berlin, 1995

Thomasius, R.: Ecstasy (MDMA) – Forschungsergebnisse und -perspektiven. Eine Information der Forschungsgruppe »Designer-Drogen« an der Psychiatrischen Klinik der Universität Hamburg, Hamburg, 1996

Thomasius, R., Jarchow, C: Ecstacy – Psychotrope Effekte, Komplikationen, Nebenwirkungen. Dt. Ärztebl. 94/1997, S. 372-376

Thomasius, R.: Familiendiagnostik bei Drogenabhängigen. Springer, Berlin u.a., 1996

Thome, J., Wiesbeck, G. A., Becker, T.: Zum Abhängigkeitspotenzial der Nicht-Benzodiazepin-Hypnotika Zolpidem und Zoplicon. Nervenheilkunde 10/1997

Three found dead and laughing gas is blamed (asphyxiation from nitrous oxide inhalation). Los Angeles/Cal., The New York Times 141, S. 1, 8.3. 1992

Tölle, R.: Psychiatrie. Springer, Berlin u.a., 11. Aufl., 1996

Tokarski, G. F., Paganussi, P., Urbanski, R., Carden, D., Rouge, B., Forebach, C., Tomlanovich, M. C.: An evaluation of cocaine induced chest pain. In: Annals of Emergency Medicine 19/1990, S. 1088-1092

Tossmann, H. P.: Schüler und die Droge Haschisch. In: Kollehn, Weber (Hrsg.): Der drogengefährdete Schüler. Schwann, Düsseldorf, 1985

Toumbourou, J., Hamilton, M.: Perceived Client and Program moderators of successful Therapeutic Community Treatment for Drug addiction. Intern. Journal of the Addictions, 28 (11)/1993, S. 1127-1146

Tretter, F.: Ökologie der Sucht. Das Beziehungsgefüge Mensch – Umwelt – Droge. Hogrefe, Göttingen, 1998

Tresz, R. Z.: Leitfaden für Instrukteure und Ermittlungsbeamte auf dem Gebiet der Rauschmittelbekämpfung. (BKA Schriftenreihe, Bd. 56), Bundeskriminalamt, Wiesbaden 1988

Turner, D. M.: Der psychedelische Reiseführer. Nachtschatten Verlag, Solothurn, 1994

Ullrich de Muynck, R., Ullrich, R.: Das Assertiveness-Trainingsprogramm (ATP) – Einüben in Selbstvertrauen und soziale Kompetenz. 3 Bde. Pfeiffer, München, 1976

Ulrich, A.: Drogen – Tod ohne Warnung, die Ersatzdroge Methadon gerät in Verruf. Der Spiegel 10/1999

Uscategui-M. N.: The present distribution of narcotics and stimulants amongst the indian tribes of Colombia. Bot. Mus. Leafl. Harvard Univ. 18/1959, S. 273-304

van Treeck, B.: Partydrogen. Schwarzkopf & Schwarzkopf, Berlin, 1997

van Treeck, B.: Der Drogennotfall. Schwarzkopf & Schwarzkopf, Berlin, 1998, 2. Aufl. 1999

van Treeck, B.: Drogen- und Sucht-Lexikon. Lexikon Imprint Verlag, Berlin, 1999, 2. Aufl. 2000, 3. Aufl. (Bechtermünz, Augsburg) 2001

van Treeck, B. (Hrsg.): Drogen. Schwarzkopf & Schwarzkopf, Berlin, 2. Aufl. 2003

van Treeck, B., Zunker, K.: Kommentar zu den AWMF-Leitlinien für substanzbezogene Störungen. Sucht 49/6/2003

van Treeck, B.: Das große Cannabis-Lexikon. Lexikon Imprint Verlag, Berlin, 2000

Veltrup, C.: Erfassung des »Craving« bei Alkoholabhängigen mit Hilfe eines neuen Fragebogens (Lübecker Craving-Risiko-Rückfall-Fragebogen). Wiener Klin. Wochenschrift 106/1994, S. 75-79

Vetter, C.: Migräne – hohe Komorbidität bei psychiatrischen Erkrankungen. Dt. Ärztebl. 100/44, S. C2223

Villavicencio, M.: Geografica de la Republica del Equador. R. Craigshead, New York, 1858

Völger, G., Welck, K.: Rausch und Realität – Drogen im Kulturvergleich (3 Bände). Rowohlt, Reinbek b. Hamburg, 1982, 2. Aufl. 1995

Vogler, R. E., Revenstorf: Alkoholmissbrauch (Verhaltenstherapie). Urban & Schwarzenberg, München, 1998

Vogt, I.: Alkoholikerinnen – Eine qualitative Studie. Lambertus, Freiburg, 1986

Vogt, I.: Zur Geschichte des Alkohols und die Alkoholwirtschaft. In: Scheerers S., Vogt, I. (Hrsg.): Drogen und Drogenpolitik – Ein Handbuch. Campus, Frankfurt/M., 1989

Vogt, I.: Drogenpolitik. Herder & Herder, Freiburg i. B., 1975

Vollenweider, F. X., Vollenweider, M. I. F.: Eine Droge berauscht die Wissenschaft. Psychologie heute, Mai/1993

Yablonsky, L.: Die therapeutische Gemeinschaft. Beltz, Weinheim-Basel, 1990

Wahl, K., Honig, M. S., Gravenhorst, L.: Wissenschaftlichkeit und Interessen. Suhrkamp, Frankfurt/M., 1982

Walder, P., Amendt, G.: Ecstasy & Co. Rowohlt, Reinbek b. Hamburg, 1997

Ward, S: Domains of Variables for Understanding and Improving Retention in Therapeutic Communitys. Intern. J. of the Addictions, 29/5/1994, S. 593-607

Wasson, R. G.: The divine mushroom: primitive religion and hallucinatory agents. Proc. Am. Phil. Soc. 102/1958, S. 221-223

Wasson, R. G.: The hallucinogenic mushrooms of Mexico and psilocybin – A bibliography. Bot. Mus. Leafl. Harvard Univ. 20/1962, S. 25-73

Wasson, R. G.: Soma. Divine Mushroom of Immortality. Harc, Brace and World, New York, 1968

Wasson, R. G.: Marina Sabina and her Mazatec Mushroom Velada. Harcourt, Brace, Jovanovic, New York, 1974

Wasson, R. G., Hofman, A. and Ruck, C. A. P.: The Road to Eleusis. Unveiling the Secrets of the Mysteries. Harcourt, Brace, Jovanovic, New York, 1978

Wasson, V. P., Wasson, R. G.: Mushrooms – Russia and History. Pantheon Books, New York, 1957

Watzl, H., Rockstroh, B. (Hrsg.): Abhängigkeit und Mißbrauch von Alkohol und Drogen. Hogrefe, Göttingen, 1997

Weber, G., Schneider, W.: Herauswachsen aus der Sucht illegaler Drogen. Selbstausstieg, kontrollierter Gebrauch und therapiegestützter Ausstieg. Hrsg.: Institut zur Förderung qualitativer Drogenforschung und akzeptierender Drogenarbeit. VWG-Verlag, Berlin, 1997

Weithmann, G., Lenz-Bücker, U., Rothenbacher; H.: Unterschiedliche Formen der Chronifizierung bei suchtkranken Patienten eines Krankenhauses. Psychiatr. Praxis 16/1989

Weltgesundheitsorganisation (WHO): Internationale Klassifikation psychischer Störungen ICD 10, Kapitel V (F). Hans Huber, Bern-Göttingen-Toronto, 1991

Wenig, C., Fleischmann, H.: Die Behandlung mehrfachgeschädigter Abhängiger. In: H. E. Klein & Fleischmann, H. (Hrsg.): Suchtkranke im psychiatrischen Krankenhaus. Neuland, Geesthacht, 1992

Wetli, C. V., Wright, R. K.: Death caused by recreational cocaine use. J. Am. Med. Ass. 241/1979, S. 2519-2522

Wetter, D. W., Fiore, M. C., Baker, T. B., Young, T. B.: Tobacco Withdrawal and Nicotine Replacement Influence Objective Measures of Sleep. Consulting and Clinical Psychology 63/1995, S. 658-667

Wetterling, T., Veltrup, C., Junghanns, K.: Craving – ein ausreichend fundiertes Konzept? Fortschr. Neurol. Psychiat. 64/1996, S. 142-152

Wienberg, G.: Die vergessene Mehrheit. Zur Realität der Versorgung alkohol- und medikamentenabhängiger Menschen. Psychiatrie-Verlag, Bonn, 1992

Wiesbeck, G. A., Weijers, H. G., Böning, J.: Ritanserin als supportives Rezidiprophylaktikum in der Behandlung der primären Alkoholabhängigkeit – Ergebnisse einer internationalen Multicenterstudie. Fortschr. Neurol. Psychiatr. 64 SH 2, 1996

Wilkens, W.: Designer Drogen. Eine Himmelfahrt zur Hölle, Grundlageninformationen zu synthetischen Rauschmitteln. Jugend hilft Jugend u. Hamburger Fortbildungsinstitut Drogen, Hamburg, 1995

Wilcox, D. M.: Alcoholic thinking: Language, Culture and Belief in Alcoholics. Praeger, Westport, 1998

Windle, M., Searles, J. S. (Hrsg.): Children of Alcoholics. Critical Perspectives. Guilford Press, New York, 1990

Winckler, P.: Der pathologische Rausch – Mythos oder zuverlässige Diagnose. Nervenarzt, 1999

Wise, R. A.: The neurobiology of Craving: Implication for the understanding and treatment of addiction. J. Abnormal Psychology 97/1988, S. 118-132

Working Group for the Study of Transdermal Nicotine in Patients With Coronary Artery Desease: Nicotine Replacemant therapy for Patients with Coronary Artery Desease. Archives of Internal Medicine 154/1994, S. 989-995

Wrusch, V.: Frauenalkoholismus und Lebenslauf. Biographische Analysen. Lit, Münster, 1995

Yalom, I. D.: Theorie und Praxis der Gruppenpsychotherapie. Pfeiffer, München, 1985

Zabaneh, R. I., Ejaz, A., Christiansen, B.: Nicotine Scores Again: In-Hospital Withdrawal. JAMA 272/1994

Zielke, M., Sturm, J. (Hrsg.): Handbuch stationäre Verhaltenstherapie. PVU, Weinheim, 1994

Zilker, T. R., Brauer, R. B., Nathrath, W., Schweigart, U., Hölscher, A. H., Heidecke, C. D., Siewert, J. R.: Liver transplantation for the treatment of fulminant hepatic failure induced by the ingestion of ecstasy. In: Abstracts of the International Congress of the European Association of Poison Centres and Clinical Toxicologists, EAPCCT, Abstract 40, 1996

Zimmermann, A., Padilla, G. M., Cameron, I. L. (Hrsg.): Drugs and the cell cycle. Academic Press, New York, 1973

Zimmermann, P.: Drogenschmuggel im Körper. Kriminalistik 8-9/1995, S. 556-559

Zimmermann, R., Hilpert, R.: Wischtest zur Drogendetektion. Kriminalistik 8-9/1995, S. 567 f.

Zurhold, H.: Drogen Konkret. Substanzen – Wirkungen – Konsumformen – Safer-Use-Hinweise. Hrg. v. Institut zur Förderung qualitativer Drogenforschung, akzeptierender Drogenarbeit und rationaler Drogenpolitik e.V. (INDRO), Münster, 1995

DER AUTOR

Dr. Bernhard van Treeck ist Facharzt für Psychiatrie und Psychotherapie und besitzt die Zusatzbezeichnungen »Rehabilitationswesen« und »Sozialmedizin« und die Fachkunde »Suchtmedizinische Grundversorgung«. Dr. van Treeck war mehrere Jahre Leiter einer Suchtklinik in Berlin. Aktuell ist er einer der ärztlichen Leiter des Kölner Lehrinstitutes für Verhaltenstherapie (www.klvt.de) und berät als Koordinator Psychiatrie des MDK Nordrhein die Landesverbände der Krankenkassen. Außerdem ist er in verschiedenen Arbeitsgruppen des Landesprogramms gegen Sucht des Landes Nordrhein-Westfalen sowie auf Bundesebene in der »SEG 3 – Versorgungsstrukturen« aktiv. Buchveröffentlichungen von ihm sind (Auswahl): »Partydrogen«, »Der Drogennotfall«, »Das große Cannabis-Lexikon«, »Das große Graffiti-Lexikon« und »Drogen«.

IMPRESSUM
Bernhard van Treeck
DROGEN- UND SUCHT-LEXIKON
Überarbeitete und erweiterte Neuausgabe

ISBN 3-89602-542-2

BILDNACHWEIS
Die Abbildungen auf den Seiten 30, 54, 94, 127, 145, 146, 158, 192, 214, 240, 241, 278, 286, 289, 333, 334, 336, 356, 380, 388, 528 sind mit freundlicher Genehmigung der Broschüre »Rauschgift ohne mich« des Landeskriminalamtes Baden-Württemberg entnommen. Das Titelbild und die Abbildungen auf den Seiten 41, 104, 161, 162 stammen von Boris Hoppek (www.borishoppek.de). Die übrigen Abbildungen sind aus dem Privatarchiv des Autors.